DIREITO CONSTITUCIONAL
TEORIA, HISTÓRIA E MÉTODOS DE TRABALHO

CLÁUDIO PEREIRA DE SOUZA NETO
DANIEL SARMENTO

DIREITO CONSTITUCIONAL
TEORIA, HISTÓRIA E MÉTODOS DE TRABALHO

2ª edição, 9ª reimpressão

Belo Horizonte

2025

© 2012 Editora Fórum Ltda.
2014 2ª edição
2016 1ª reimpressão
2016 2ª reimpressão
2017 3ª reimpressão
2019 4ª reimpressão
2019 5ª reimpressão
2019 6ª reimpressão
2021 7ª reimpressão
2021 8ª reimpressão
2025 9ª reimpressão

É proibida a reprodução total ou parcial desta obra, por qualquer meio eletrônico, inclusive por processos xerográficos, sem autorização expressa do Editor.

Conselho Editorial

Adilson Abreu Dallari
Alécia Paolucci Nogueira Bicalho
Alexandre Coutinho Pagliarini
André Ramos Tavares
Carlos Ayres Britto
Carlos Mário da Silva Velloso
Cármen Lúcia Antunes Rocha
Cesar Augusto Guimarães Pereira
Clovis Beznos
Cristiana Fortini
Dinorá Adelaide Musetti Grotti
Diogo de Figueiredo Moreira Neto (in memoriam)
Egon Bockmann Moreira
Emerson Gabardo
Fabrício Motta
Fernando Rossi
Flávio Henrique Unes Pereira

Floriano de Azevedo Marques Neto
Gustavo Justino de Oliveira
Inês Virgínia Prado Soares
Jorge Ulisses Jacoby Fernandes
Juarez Freitas
Luciano Ferraz
Lúcio Delfino
Marcia Carla Pereira Ribeiro
Márcio Cammarosano
Marcos Ehrhardt Jr.
Maria Sylvia Zanella Di Pietro
Ney José de Freitas
Oswaldo Othon de Pontes Saraiva Filho
Paulo Modesto
Romeu Felipe Bacellar Filho
Sérgio Guerra
Walber de Moura Agra

FÓRUM
CONHECIMENTO JURÍDICO

Luís Cláudio Rodrigues Ferreira
Presidente e Editor

Coordenação editorial: Leonardo Eustáquio Siqueira Araújo
Aline Sobreira de Oliveira

Rua Paulo Ribeiro Bastos, 211 – Jardim Atlântico – CEP 31710-430
Belo Horizonte – Minas Gerais – Tel.: (31) 99412.0131
www.editoraforum.com.br – editoraforum@editoraforum.com.br

Técnica. Empenho. Zelo. Esses foram alguns dos cuidados aplicados na edição desta obra. No entanto, podem ocorrer erros de impressão, digitação ou mesmo restar alguma dúvida conceitual. Caso se constate algo assim, solicitamos a gentileza de nos comunicar através do e-mail editorial@editoraforum.com.br para que possamos esclarecer, no que couber. A sua contribuição é muito importante para mantermos a excelência editorial. A Editora Fórum agradece a sua contribuição.

S729d   Souza Neto, Cláudio Pereira de

Direito constitucional: teoria, história e métodos de trabalho / Cláudio Pereira de Souza Neto ; Daniel Sarmento – 2. ed., 9. reimpr. Belo Horizonte : Fórum , 2014.

624 p.
ISBN 978-85-7700-867-4

1. Direito constitucional. 2. Direito público. 3. Direitos humanos. 4. Metodologia. I. Sarmento, Daniel. II. Título.

CDD: 341.2
CDU: 342

Informação bibliográfica deste livro, conforme a NBR 6023:2002 da Associação Brasileira de Normas Técnicas (ABNT):

SOUZA NETO, Cláudio Pereira de; SARMENTO, Daniel. *Direito constitucional*: teoria, história e métodos de trabalho. 2. ed., 9. reimpr. Belo Horizonte: Fórum, 2014. 624 p. ISBN 978-85-7700-867-4

Cláudio dedica o livro a Ana Luiza e Lucas.
Daniel dedica o livro a Cíntia, João Pedro e Francisco.

Nota Prévia

As citações em língua estrangeira constantes do texto foram traduzidas livremente pelos autores.

SUMÁRIO

NOTA À 2ª EDIÇÃO 17

APRESENTAÇÃO...19

CAPÍTULO 1
CONCEITOS PRELIMINARES...23
1.1 Supremacia constitucional...23
1.2 A Constituição como norma..26
1.3 O problema da legitimidade intergeracional...28
1.4 O controle de constitucionalidade...29
1.5 A dificuldade contramajoritária 35
1.6 Cultura e sentimento constitucional 40
1.7 A constitucionalização do Direito 43
1.8 Bloco de constitucionalidade e tratados internacionais sobre direitos humanos.......47
1.9 Constituição em sentido formal, instrumental, material e ideal......................53
1.10 Classificações das constituições..55
1.10.1 Observação prévia 55
1.10.2 Constituições escritas ou dogmáticas e não escritas ou históricas 56
1.10.3 Constituições flexíveis, semirrígidas, rígidas, super-rígidas e imutáveis 56
1.10.4 Constituições sintéticas e analíticas 59
1.10.5 Constituição dirigente e Constituição garantia 61
1.10.6 Constituição monista, pluralista (ou compromissória) e imparcial 63
1.10.7 Constituições normativas, nominais, semânticas e simbólicas........................65
1.10.8 Constituições outorgadas, promulgadas e cesaristas..66
1.10.9 Constituições heterônomas..67

CAPÍTULO 2
CONSTITUCIONALISMO..69
2.1 Introdução...69
2.2 O constitucionalismo antigo e medieval 70
2.3 O constitucionalismo moderno..72
2.3.1 O modelo inglês de constitucionalismo...74
2.3.2 O modelo francês de constitucionalismo 76
2.3.3 O modelo constitucional norte-americano..78
2.4 O constitucionalismo liberal-burguês..80
2.5 O constitucionalismo social...82
2.6 Da Constituição como proclamação política à Constituição normativa.......86
2.7 Constituição e crise da soberania estatal: "mal-estar da Constituição" ou advento do constitucionalismo transnacional? 88

CAPÍTULO 3
A TRAJETÓRIA CONSTITUCIONAL BRASILEIRA 97
3.1 Introdução..97
3.2 A Constituição de 1824 98
3.2.1 Antecedentes e outorga..98
3.2.2 Traços essenciais da Constituição de 1824 101
3.2.3 A vida constitucional sob a égide da Carta de 1824 105
3.3 A Constituição de 1891 108
3.3.1 Antecedentes e Assembleia Constituinte 108
3.3.2 Traços essenciais da Constituição de 1891 110
3.3.3 A República Velha sob a Constituição de 1891..113
3.4 A Constituição de 1934 116
3.4.1 Antecedentes e Assembleia Constituinte 116
3.4.2 A Constituição de 1934: principais características..119
3.4.3 A curta vida da Constituição de 1934 122
3.5 A Constituição de 1937 123
3.5.1 A outorga da Carta 123
3.5.2 Traços fundamentais da Carta de 1937...125
3.5.3 A Constituição de 1937 na vida nacional 128
3.6 A Constituição de 1946 131
3.6.1 Antecedentes e Assembleia Constituinte 131
3.6.2 Traços essenciais da Constituição de 1946 133
3.6.3 A Constituição de 1946 na realidade nacional...135
3.7 A Constituição de 1967 142
3.7.1 Antecedentes e Assembleia Constituinte 142
3.7.2 Traços gerais da Constituição de 1967..144
3.7.3 A Constituição de 1967 e o recrudescimento da Ditadura Militar 145
3.8 A Constituição de 1969 148
3.8.1 Outorga, natureza e principais inovações..148
3.8.2 A Constituição de 1969 na vida nacional 150

CAPÍTULO 4
A ASSEMBLEIA CONSTITUINTE DE 1987/88 E A EXPERIÊNCIA BRASILEIRA SOB A CONSTITUIÇÃO DE 1988..155
4.1 Introdução..155
4.2 Antecedentes, convocação e natureza da Assembleia Constituinte...............155
4.3 Composição da Assembleia Constituinte...159
4.4 Os trabalhos da Assembleia Nacional Constituinte 161
4.5 Traços essenciais da Constituição de 1988 170
4.6 A trajetória da Constituição de 1988 176
4.7 Conclusão...182

CAPÍTULO 5
TEORIA DA CONSTITUIÇÃO E FILOSOFIA CONSTITUCIONAL 183
5.1 Nota preliminar...183
5.2 Teorias da Constituição...184
5.2.1 A teoria constitucional do constitucionalismo liberal: o idealismo constitucional..... 184

5.2.2	A Constituição como fato social: os fatores reais de poder	185
5.2.3	O positivismo constitucional de Hans Kelsen	186
5.2.4	A Constituição como "decisão política fundamental" (Carl Schmitt)	189
5.2.5	A Constituição como processo de integração (Rudolf Smend)	190
5.2.6	A Constituição total: a tentativa de integração das dimensões normativas, sociais e políticas (Herman Heller)	191
5.2.7	Norma, realidade e concretização da Constituição: as teorias concretista (Konrad Hesse) e estruturante (Friedrich Müller) da Constituição	192
5.2.8	A teoria da Constituição dirigente	195
5.2.9	O constitucionalismo da efetividade	197
5.2.10	Pós-positivismo e neoconstitucionalismo	199
5.3	Filosofia política e teoria constitucional	206
5.3.1	Liberalismo igualitário e Constituição	206
5.3.2	Teoria constitucional e comunitarismo: a Constituição e os valores comunitários	210
5.3.3	Teoria constitucional e libertarianismo	214
5.3.4	O republicanismo na teoria constitucional	216
5.3.5	O procedimentalismo na teoria constitucional	219
5.3.6	O minimalismo judicial	225
5.3.7	O constitucionalismo popular e a Constituição como inspiração para a política	227
5.3.8	Pragmatismo e teoria constitucional	231
5.3.9	Pós-Modernidade e teoria constitucional	233
5.4	A título de conclusão: a teoria constitucional no momento das grandes sínteses	236
5.4.1	Descrição e prescrição	237
5.4.2	Normatividade, realidade e moralidade	237
5.4.3	Procedimento e substância	238
5.4.4	Indivíduo e comunidade	239
5.4.5	Jurisdição e política constitucional	240

CAPÍTULO 6
O PODER CONSTITUINTE ORIGINÁRIO 243

6.1	Introdução	243
6.2	Poder constituinte: elementos da história do conceito	244
6.3	A titularidade do poder constituinte	247
6.4	Características do poder constituinte originário: inicial, ilimitado, indivisível, incondicionado e permanente?	252
6.4.1	Um poder inicial?	252
6.4.2	Um poder juridicamente ilimitado?	253
6.4.3	Um poder incondicionado?	258
6.4.4	Um poder indivisível?	260
6.4.5	Um poder permanente?	262
6.5	Um poder de fato ou de direito?	262
6.6	Os cenários do poder constituinte	266
6.6.1	Revolução vitoriosa	267
6.6.2	A criação de um novo Estado por agregação	269
6.6.3	Emancipação política	270
6.6.4	O colapso	270

6.6.5	Grave crise	271
6.6.6	O golpe de Estado	272
6.6.7	A transição pacífica	273
6.6.8	Momentos constitucionais sem Constituição	274
6.6.9	Poder constituinte supranacional? O caso da União Europeia	275
6.7	O poder constituinte sem mistificações teológicas	278

CAPÍTULO 7
O PODER CONSTITUINTE DERIVADO 281

7.1	Introdução	281
7.2	O poder de reforma constitucional: generalidades e limitações	282
7.2.1	Limites formais	286
7.2.1.1	Generalidades e Direito Comparado	286
7.2.1.2	Os limites formais às emendas na Constituição de 1988	288
7.2.2	Os limites circunstanciais	291
7.2.3	Limites temporais	291
7.2.4	Limites materiais: as "cláusulas pétreas"	293
7.2.4.1	Generalidades	293
7.2.4.2	Algumas linhas de justificação dos limites materiais ao poder de reforma	295
7.2.4.3	Os limites materiais expressos ao poder de reforma na Constituição Federal de 1988	301
7.2.4.3.1	A forma federativa de Estado	303
7.2.4.3.2	O voto direto, secreto, universal e periódico	305
7.2.4.3.3	A separação dos poderes	306
7.2.4.3.4	Os direitos e garantias individuais	307
7.2.4.4	As cláusulas pétreas implícitas e o problema da "dupla revisão"	317
7.2.5	A revisão constitucional	321
7.2.6	A aprovação de tratado internacional de direitos humanos de acordo com o procedimento previsto no art. 5º, §3º, da Constituição	324
7.3	O poder constituinte decorrente	327
7.3.1	Elaboração e reforma das constituições estaduais: procedimento	327
7.3.2	Os limites às constituições estaduais	328
7.3.3	Existe o "princípio da simetria"?	335
7.3.4	As constituições estaduais: o papel que atualmente desempenham	337
7.3.5	A lei orgânica do município é manifestação do poder constituinte decorrente?	337

CAPÍTULO 8
MUTAÇÃO CONSTITUCIONAL 341

8.1	Conceito e generalidades	341
8.2	Mecanismos de atuação da mutação constitucional	344
8.2.1	Evolução jurisprudencial e mutação constitucional	345
8.2.2	Mutação constitucional e atuação do legislador	349
8.2.3	Mutação constitucional, Governo e Administração Pública	352
8.2.4	Mutação, costume e convenção constitucional	353
8.3	Os limites da mutação constitucional	356

CAPÍTULO 9
NORMAS CONSTITUCIONAIS 361
9.1   Introdução..361
9.2   Texto normativo e norma constitucional...362
9.3   Algumas características das normas constitucionais..363
9.4   Especificidades de algumas normas constitucionais..366
9.4.1   O preâmbulo...366
9.4.2   As disposições constitucionais transitórias..367
9.5   Tipologia das normas constitucionais 369
9.5.1   Classificações das normas constitucionais quanto à eficácia jurídica 369
9.5.2   Classificação das normas constitucionais quanto ao seu objeto 375
9.6   Princípios e regras constitucionais..379
9.6.1   Nota histórica 379
9.6.2   Alguns critérios para distinção entre princípios e regras 381
9.6.3   Importância dos princípios e das regras no sistema constitucional................388
9.6.4   Valores e postulados normativos...391

CAPÍTULO 10
INTERPRETAÇÃO CONSTITUCIONAL 395
10.1   Introdução..395
10.2   Notas históricas: do formalismo legalista ao pós-positivismo..........................396
10.3   Quem interpreta a Constituição?...403
10.3.1 A pluralização do universo de intérpretes..403
10.3.2 Os diálogos interinstitucionais e sociais e a questão da "última palavra"......405
10.4   Os elementos tradicionais de interpretação aplicados à interpretação
        constitucional...413
10.4.1 O elemento gramatical e os limites textuais para a atividade do intérprete...........414
10.4.2 O elemento histórico, o originalismo e a vontade do constituinte 416
10.4.3 O elemento sistemático e a unidade do sistema constitucional.......................419
10.4.4 O elemento teleológico e as finalidades sociais da Constituição.....................420
10.5   Novas ideias na interpretação constitucional 421
10.5.1 A pré-compreensão 421
10.5.2 Interpretação constitucional, problema e sistema: os limites da tópica..............423
10.5.3 Interpretação, realidade constitucional e concretização normativa 424
10.5.4 Interpretação constitucional e avaliação das consequências............................426
10.5.5 Interpretação da Constituição e argumentação moral 430
10.5.6 Consideração das capacidades institucionais..434
10.6   Princípios específicos de interpretação constitucional......................................438
10.6.1 Princípio da unidade da Constituição e concordância prática........................439
10.6.2 Princípio da força normativa da Constituição 442
10.6.3 Princípio da correção funcional 446
10.6.4 Princípio das razões públicas..449
10.6.5 Princípio do cosmopolitismo: o diálogo internacional na interpretação
        constitucional...452
10.6.6 Princípio da interpretação conforme à Constituição..457
10.6.7 Princípio de presunção graduada de constitucionalidade dos atos normativos:
        alguns parâmetros para a autocontenção judicial..460

CAPÍTULO 11
OS PRINCÍPIOS DA PROPORCIONALIDADE E DA RAZOABILIDADE 467
11.1 Introdução..467
11.2 O subprincípio da adequação 472
11.3 O subprincípio da necessidade 476
11.4 O subprincípio da proporcionalidade em sentido estrito................478
11.5 A proporcionalidade como proibição de proteção deficiente 482
11.6 O princípio da razoabilidade 485
11.6.1 Razoabilidade e proporcionalidade 485
11.6.2 Alguns significados da razoabilidade na doutrina constitucional e na filosofia......486
11.6.3 Diferentes significados da razoabilidade na jurisprudência constitucional 490
11.6.4 Dimensões da razoabilidade: propostas para futuro aprofundamento 492

CAPÍTULO 12
COLISÃO ENTRE NORMAS CONSTITUCIONAIS...................................495
12.1 Introdução..495
12.2 Há conflito entre normas constitucionais? Categorização, teoria interna dos direitos fundamentais, juízo de adequação e a "justiça para ouriços" 497
12.3 Os critérios clássicos para a solução de antinomias e a sua insuficiência no cenário constitucional 503
12.3.1 O critério hierárquico: a inexistência de norma constitucional originária inconstitucional..503
12.3.2 Ainda o critério hierárquico: a inexistência de ordem rígida de preferência entre as normas constitucionais..505
12.3.3 O critério cronológico: a revogação de normas constitucionais por emendas supervenientes..508
12.3.4 O critério de especialidade 510
12.4 A composição de uma nova norma..511
12.5 A ponderação 512
12.5.1 Origem e desenvolvimento da ponderação 513
12.5.2 Quem pondera e em que contextos? 515
12.5.3 A técnica da ponderação...518
12.5.4 Ponderação, democracia e desenho institucional 521
12.5.5 Ponderação e regras constitucionais 524
12.5.6 Alguns parâmetros gerais para a ponderação...................................526
12.6 Tratados internacionais de direitos humanos dotados de hierarquia constitucional e o critério da norma mais favorável.........................527

CAPÍTULO 13
AS LACUNAS CONSTITUCIONAIS E SUA INTEGRAÇÃO 531
13.1 Lacunas constitucionais, reserva de Constituição e silêncio eloquente.............531
13.2 A analogia constitucional 536
13.3 Costume e convenção constitucional 537
13.4 A equidade constitucional..542
13.5 A inexistência de hierarquia entre os critérios para suprimento de lacunas constitucionais..546

CAPÍTULO 14
DIREITO CONSTITUCIONAL INTERTEMPORAL 547
14.1   Introdução 547
14.2   A aplicação imediata da Constituição e a proteção do direito adquirido,
        do ato jurídico perfeito e da coisa julgada 548
14.3   Constituição e ordem constitucional anterior: existe "desconstitucionalização"?...553
14.4   Constituição e direito infraconstitucional anterior: a recepção 555
14.4.1 Recepção e mudança no processo legislativo 557
14.4.2 Recepção, federação e alteração de competência legislativa 559
14.4.3 Não recepção: revogação ou inconstitucionalidade superveniente? 560
14.4.4 Recepção provisória: a lei "ainda" constitucional e a inconstitucionalidade
        progressiva 564
14.5   Repristinação constitucional: constitucionalidade superveniente? 566
14.6   Declaração de inconstitucionalidade e efeitos repristinatórios 568
14.7   Emendas constitucionais e Direito Intertemporal 569

REFERÊNCIAS 571

ÍNDICE DE ASSUNTO 613

ÍNDICE DA LEGISLAÇÃO 617

ÍNDICE ONOMÁSTICO 623

NOTA À 2ª EDIÇÃO

Nesta nova edição, foram corrigidos erros de redação da versão original, atualizada a legislação e jurisprudência e aprimorados alguns capítulos. O livro incorporou também uma nova seção no Capítulo 5, sobre o minimalismo judicial.

Os autores agradecem a acolhida recebida pela primeira edição do livro, não só no meio acadêmico, mas também nos tribunais e entre os operadores do direito. O reconhecimento de professores, alunos, magistrados, procuradores e advogados é um estímulo fundamental para que o texto seja permanentemente aprimorado.

Agradecem ainda a Letícia Mello, que ofereceu importante contribuição ao trabalho de revisão do texto que agora se publica, identificando inúmeros dos erros que tinham lugar na redação original; a Ademar Borges, que elaborou diversas sugestões de atualização jurisprudencial; e a Aline Osório, que reviu minuciosamente vários capítulos e formulou diversas sugestões de conteúdo acolhidas nesta nova edição.

APRESENTAÇÃO

O presente livro trata de Teoria da Constituição, história do constitucionalismo e das constituições brasileiras e apresenta os principais métodos de trabalho empregados no campo constitucional. A obra resultou da nossa reflexão e trabalho conjunto ao longo de vários anos, concretizando um projeto que já acalentávamos há bastante tempo.

A partir do advento da Constituição de 1988, o Direito Constitucional vem se tornando em nosso país cada vez mais importante. É verdade que ainda estamos muito longe da concretização do ideário do constitucionalismo democrático. Não obstante, a Constituição é hoje vista como autêntica norma jurídica e seus princípios e valores se irradiam por todo o ordenamento, inspirando a interpretação e aplicação das normas em todos os ramos do Direito. Não há como conhecer, por exemplo, o Direito Civil, o Direito Penal ou o Direito Processual, prescindindo do instrumental fornecido pelo Direito Constitucional. Ocorre que, além do aumento da sua importância, o Direito Constitucional também se tornou muito mais complexo. Não apenas a dogmática constitucional está cada vez mais sofisticada, como também o estudo do Direito Constitucional vem demandando incursões em outras áreas do conhecimento, como a Filosofia, a Ciência Política, a Sociologia e a História.

Um dos nossos propósitos neste volume é facilitar ao leitor o acesso ao debate teórico mais denso no domínio constitucional, hoje travado sobretudo no âmbito dos melhores programas de pós-graduação em Direito, mas fazê-lo numa linguagem simples, sem rebuscamentos desnecessários. Nossa intenção é construir uma ponte entre as discussões complexas, muitas vezes interdisciplinares, existentes no âmbito da teoria constitucional contemporânea, e o estudante ou profissional do Direito que esteja interessado no aprofundamento dos seus conhecimentos no campo constitucional.

O nosso trabalho incorpora uma dimensão *crítica*. Em cada assunto examinado, expomos o pensamento convencional e, sempre que possível, a jurisprudência do STF sobre a matéria. Mas o fazemos de forma problematizada, buscando iluminar as raízes históricas e as bases filosóficas dos institutos, e formulando, inúmeras vezes, concepções alternativas. Subjacente à obra existe a crença de que o Direito Constitucional deve exercer um papel emancipatório, contribuindo para a construção de uma sociedade mais livre, igualitária e democrática, e que a função do estudioso nesse campo não é apenas expor os institutos e dogmas da disciplina, mas também tentar interferir na realidade, para aproximá-la do ideário do constitucionalismo democrático e inclusivo.

Outra característica do livro é a sua abertura para a interdisciplinaridade, sobretudo para História e para a Filosofia Política. Pensamos que o Direito Constitucional, pela sua própria natureza, reclama uma visão interdisciplinar, que em muito enriquece o seu estudo. Além da interdisciplinaridade, nossa obra procurou também adotar um olhar cosmopolita, ao discutir o pensamento de autores estrangeiros e examinar as constituições e a jurisprudência constitucional de outros países. Não se trata, contudo, de um cosmopolitismo "colonizado". O uso de teorias e construções estrangeiras é sempre mediado por uma reflexão a propósito da sua aplicabilidade ao Brasil, tendo em conta o nosso ordenamento constitucional e a nossa realidade social.

No que concerne ao temário, nos preocupamos em incorporar à obra alguns assuntos relevantes que, em nossa opinião, não têm sido suficientemente discutidos pela literatura constitucional brasileira. É o caso, por exemplo, do funcionamento da Assembleia Nacional Constituinte, que analisamos no Capítulo 4. Outro tema importante abordado nesta obra, que não costuma ser explorado nos livros didáticos sobre Direito Constitucional, diz respeito às diversas correntes da Filosofia Política contemporânea — como liberalismo igualitário, comunitarismo, libertarianismo, procedimentalismo, republicanismo, pós-modernismo etc. — e suas projeções sobre a Teoria Constitucional, o que abordamos no Capítulo 5.

Essa obra se beneficiou das contribuições de diversas pessoas, a quem agradecemos profundamente. Os professores Diego Werneck Arguelles e Rodrigo Brandão fizeram sugestões relevantes sobre alguns capítulos. Mônica Campos de Ré, além de ter formulado sugestões, foi uma importante incentivadora da empreitada. Rodrigo Naummam e Siddartha Legalle ajudaram na pesquisa de partes da obra. Juliana Cesário Alvim prestou inestimável auxílio na revisão do texto. Aline Osório reviu, generosamente, parte desta 2ª edição, e fez valiosas sugestões para melhoria do texto. Somos também muito gratos a Luís Cláudio Rodrigues Ferreira, Presidente da Editora Fórum, pelo entusiasmo com que acolheu este projeto.

Os autores também agradecem aos mestres e colegas com quem têm podido conviver ao longo de sua trajetória acadêmica, e cujas lições se refletem em várias ideias constantes do texto, especialmente a: Alexandre Santos de Aragão, Álvaro Ricardo de Souza Cruz, Ana Paula de Barcellos, Antonio Cavalcanti Maia, Christian Lynch, Eduardo Val, Eduardo Mendonça, Fábio Zambitte, Flavia Piovesan, Gilberto Bercovici, Gustavo Binenbojm, Gustavo Sampaio, Gustavo Tepedino, Ingo Wolfgang Sarlet, Jane Reis Gonçalves Pereira, Joaquim Barbosa, José Adércio Leite Sampaio, José Vicente Santos de Mendonça, Luis Roberto Barroso, Luiz Fux, Martonio Mont'Alverne Barreto Lima, Pedro Villas Boas, Ricardo Lobo Torres, Ricardo Lodi Ribeiro, Rodrigo Brandão, Rogério Nascimento, Virgílio Afonso da Silva, Vivaldo Barbosa e Walter Rothenburg.

Cláudio Pereira de Souza Neto, com gratidão, compartilha a alegria pela conclusão deste volume com os familiares Maria Emília, Wilson, Luiza e Nazareth. A Ana Luiza e Lucas, filhos queridos, dedica este trabalho.

Cláudio é igualmente grato aos amigos de advocacia. Luis Roberto Barroso e Roberto Caldas, antes colegas de escritório e hoje magistrados, são exemplos não só de excelência técnica, mas também de comprometimento humanístico. Beatriz Sena e Felipe Santa Cruz são sócios com quem compartilha o sonho e o desafio de construir um escritório em Brasília. Wadih Damous, Marcello Oliveira, Mauro Abdon Gabriel, Marcus Vinícius Cordeiro, Renan Aguiar, Ronaldo Cramer e Sergio Fisher são companheiros de vida, de advocacia e de participação cidadã.

Cláudio agradece ainda aos amigos do Conselho Federal da OAB: tem sido um privilégio poder conviver e cooperar com os grandes advogados que se reúnem naquele histórico colegiado. É uma honra e um desafio integrar a sua Diretoria, eleita para o triênio 2013-2015, de que fazem parte advogados tão competentes e dedicados como Marcus Vinícius Furtado Coelho, Cláudio Lamachia, Cláudio Stabile e Antônio Oneildo.

Ao lado desses colegas, tem sido possível dar contribuições efetivas à concretização da Constituição Federal de 1988.

Daniel Sarmento agradece a Deborah Duprat, pela interlocução permanente no campo constitucional, que dá mais sentido e prazer à sua atuação no Ministério Público Federal, e pelo compartilhamento de utopias. Expressa a sua gratidão pelo apoio a este projeto e, mais ainda, pela amizade de vida inteira, a Gustavo Binenbojm, Leonardo Lobo de Almeida e Ricardo Lodi Ribeiro. A Teresa Sarmento, agradece pelo amor incondicional de mãe. A João Pedro e a Francisco, pela alegria e orgulho sem limites. Seu maior agradecimento se dirige a Cíntia Jardim, principal estimuladora dessa aventura intelectual, pela compreensão, pelo conforto nas horas difíceis, pelos conselhos nem sempre seguidos, pela comunhão de vidas, pelo amor, por ser quem é.

CAPÍTULO 1

CONCEITOS PRELIMINARES

1.1 Supremacia constitucional

Os ordenamentos jurídicos são sistemas hierarquizados, em cujo ápice as constituições estão situadas. As leis só são válidas se estão de acordo com a Constituição quanto ao seu teor e se tiverem sido editadas em conformidade com os procedimentos prescritos constitucionalmente. A imagem de uma pirâmide costuma representar a estrutura escalonada do ordenamento jurídico. No cume da pirâmide, mais estreito, situa-se a Constituição; no estrato intermediário, as leis; na base, mais larga, as sentenças e os atos administrativos.[1] Mesmo que atualmente o Direito deva ser concebido em termos mais pluralistas e horizontais, verificando-se a crescente interação entre diferentes sistemas jurídicos,[2] a analogia com a pirâmide oferece uma aproximação ainda parcialmente válida, servindo para descrever a dinâmica ordinária de validação hierarquizada das normas que integram o ordenamento jurídico.

A posição superior das constituições decorre, em primeiro lugar, da importância de seu conteúdo material. É assim desde o constitucionalismo liberal do século XVIII. O constitucionalismo liberal positivou os "direitos naturais": as liberdades básicas, a igualdade formal, a segurança, a propriedade. Os direitos naturais eram invocados para limitar o exercício do poder político, estabelecendo esferas de liberdade individual protegidas contra o arbítrio eventual das autoridades públicas. Quando, com as "revoluções burguesas", o liberalismo tornou-se a ideologia vitoriosa, os direitos passaram a ser previstos expressamente nas declarações de direitos e nas constituições. Antes

---

[1] Cf. KELSEN, Hans. *Teoria pura do direito*, 6. ed.
[2] Cf. NEVES, Marcelo. *Transconstitucionalismo*.

considerados acima do direito positivo, os direitos naturais, uma vez positivados, desceram ao seu patamar. Nesse momento, não eram mais apenas direitos naturais, mas também direitos positivados.[3] A antiga primazia do direito natural (superior) sobre o direito positivo (inferior) foi substituída pela superioridade das normas constitucionais sobre as infraconstitucionais.

Outro conteúdo próprio das constituições — a organização do Estado — também reclama que se situem as normas constitucionais em posição hierarquicamente superior. As constituições liberais, além de fixarem catálogos de direitos, possuíam também normas que instituíam órgãos do Estado, distribuíam competências entre eles e estabeleciam procedimentos para sua atuação. As constituições, com o objetivo de conter os excessos da maioria, estabeleceram arranjos institucionais como o bicameralismo, a federação e a separação dos poderes. Sem esses mecanismos de controle, garantidos em constituições providas de supremacia, o Estado de Direito seria colocado em risco.

A supremacia constitucional decorre, em sua origem, dessa função exercida pelas constituições. Se é função da Constituição limitar o exercício do poder, as suas normas devem ser superiores às produzidas ordinariamente. A essa justificação de cunho material agrega-se outra, política. A Constituição, como será estudado no Capítulo 6, é criação do poder constituinte. Por meio da Constituição, o poder constituinte, titularizado pelo povo, cria os poderes constituídos, os quais são incumbidos de produzir o direito ordinário: as leis, os atos administrativos e as decisões judiciais. A criatura não pode agir em desconformidade com os desígnios de seu criador; não pode ir além dos termos da delegação recebida. A relação de hierarquia entre poder constituinte e poderes constituídos é transferida para o interior do ordenamento jurídico, traduzindo-se como superioridade da Constituição sobre as leis e demais normas jurídicas.

No contexto do primeiro constitucionalismo liberal, a posição hierarquicamente superior das normas constitucionais fundamentava-se no conteúdo dessas normas.[4] Ao longo do século XIX e, principalmente, do século XX, essa condição paulatinamente se inverteu. As constituições produzidas desde então, ao preverem em seus dispositivos uma variedade de matérias, foram muito além do teor substantivo do constitucionalismo liberal. As maiorias formadas durante o processo constituinte, considerando a supremacia da Constituição, procuravam inserir no texto constitucional os temas de seu interesse, com o objetivo de protegê-los e de lhes conferir maior estabilidade. Dessa forma, o que passou a conferir o *status* constitucional era o pertencimento ao texto da Constituição. A supremacia material converteu-se em supremacia formal.[5]

Atualmente, não há dúvida de que as constituições são providas de supremacia formal em relação ao restante do direito interno do país. Todavia, afirmar que as constituições são dotadas de supremacia formal não mais significa desconhecer que, em grande parte, suas normas são também as mais importantes do ordenamento. A Constituição Federal de 1988 contém princípios constitucionais fundamentais, como o princípio republicano, o princípio democrático, o princípio do Estado de Direito, a cidadania, a dignidade da pessoa humana; direitos civis dos cidadãos, como a vida, a liberdade e

---

[3] Cf. SALDANHA, Nelson. Liberalismo e Estado liberal. *Revista Forense*, v. 81, n. 291, p. 93; e LIMA, Viviane Nunes Araújo. *A saga do zangão*: uma visão sobre o direito natural.
[4] Cf. BANDEIRA DE MELLO, Oswaldo Aranha. *A teoria das Constituições rígidas*, p. 37 et seq.
[5] Cf. SCHMITT, Carl. *Teoría de la Constitución*, p. 37.

a igualdade; direitos sociais básicos, como a saúde, a educação e a previdência social. As normas que veiculam essas matérias são "materialmente constitucionais". Além da supremacia formal, é inegável que a Constituição de 1988 também possui supremacia material, por incorporar a "reserva de justiça" da democracia brasileira.[6]

Isso não impede que o texto constitucional possua normas cujo teor nada tem de especial ou de tipicamente constitucional. Nossa Constituição Federal, por exemplo, contém detalhes do regime jurídico dos servidores públicos, tais como o prazo de validade de concurso público (CF, art. 37, III), ou do sistema de pagamento, pelo Estado, de suas dívidas decorrentes de decisões judiciais, dispondo extensamente sobre os chamados precatórios (CF, art. 100; e ADCT, art. 33). Tais normas são superiores apenas sob o ponto de vista formal. Nem por isso deixam de limitar e condicionar a atividade legislativa, administrativa e jurisdicional do Estado. A atividade estatal só é válida na medida em que sejam respeitadas também essas normas constitucionais, ainda que seu conteúdo não tenha a mesma relevância.

São dois os principais fundamentos invocados para afirmação da supremacia da Constituição. Um é substantivo e se liga ao conteúdo da Constituição; o outro é genético, dizendo respeito à sua origem.[7] O fundamento objetivo é complexo e comporta inúmeras variações e nuances. Em síntese, a ideia é a de que existem direitos e princípios tão essenciais que devem ser postos fora do alcance das maiorias. Por isso, eles são "entrincheirados" pela Constituição, que os protege até do legislador democraticamente eleito. Como visto acima, o jusnaturalismo seguia esse caminho, mas não é necessário aderir a qualquer teoria de direito natural para aceitá-lo. Basta reconhecer que existem certos valores — não importa se históricos ou transcendentes — que são tão importantes que devem ser subtraídos da luta política cotidiana.

Uma conhecida versão desta justificativa é a teoria do pré-compromisso, bem simbolizada pela história grega de Ulisses e das sereias, contada no Canto XII da *Odisseia*, de Homero.[8] O barco de Ulisses passaria ao largo da ilha das sereias, cujo canto é irresistível, levando sempre os marujos a se descontrolarem e a naufragarem. Sabendo disso, o herói mitológico ordena aos marinheiros que tapem os próprios ouvidos com cera, e que amarrem os braços dele, Ulisses, ao mastro do navio, para impedir que conduzisse o barco em direção à ilha (ele não quis que seus ouvidos fossem também tapados, para não se privar do privilégio de ouvir o canto das sereias). Mas Ulisses, astutamente, antecipa que, ao passar próximo da ilha, poderia perder o juízo e determinar aos marujos que o soltassem do mastro. Por isso, ordena aos seus marinheiros, de antemão, que não cedam em nenhuma hipótese àquele seu comando. Ulisses instituiu um pré-compromisso: ciente das suas paixões e fraquezas futuras, delas se protegeu. Na teoria constitucional, traça-se um paralelo entre essa estratégia do herói grego e a decisão do povo de editar uma Constituição, que impõe limitações às suas deliberações futuras. É que o povo, em

---

[6] Cf. VIEIRA, Oscar Vilhena. *A Constituição e sua reserva de justiça*: um ensaio sobre os limites materiais ao poder de reforma.
[7] Cf. SARMENTO, Daniel. Ubiqüidade constitucional: os dois lados da moeda. *In*: SARMENTO, Daniel. *Livres e iguais*: estudos de direito constitucional, p. 183-184.
Luís Roberto Barroso desenvolve argumentação semelhante, mas denomina, respectivamente de "objetivo" e "subjetivo" os fundamentos para a supremacia constitucional que aqui designaremos como substantivo e genético (*Curso de direito constitucional contemporâneo*: os conceitos fundamentais e a construção do novo modelo, 2. ed., p. 143-144).
[8] Neste sentido, cf. ELSTER, Jon. *Ulysses and the Sirens*: Studies in Rationality and Irrationality.

momentos de maior lucidez, pode também perceber a sua suscetibilidade a cometer erros graves, pondo em risco princípios importantes. Por isso, ele se pré-compromete, por meio de mecanismo que impede que, no futuro, possa sacrificar esses princípios. A supremacia constitucional, neste sentido, é um arranjo institucional voltado à preservação de princípios superiores, adotada por um povo ciente das suas próprias limitações e fragilidades.

A outra justificativa, não menos complexa, diz respeito à origem da Constituição. Em apertada síntese, afirma-se que, pelo menos do ponto de vista ideal, as constituições são o resultado de uma intensa mobilização cívica do povo, que ocorre apenas em momentos extraordinários da história nacional, e não se reproduz na vida política cotidiana.[9] Foi assim, por exemplo, na Assembleia Constituinte brasileira de 87/88, que teve um nível de participação popular inédito na história do país. Com isso, as decisões contidas na Constituição são equiparadas aos desígnios do próprio povo. Em outros momentos da vida nacional, o povo não permanece tão engajado no debate das questões públicas. A imensa maioria das pessoas mergulha nos seus afazeres privados, deixando as decisões políticas para os seus representantes — os "políticos". A supremacia da Constituição, sob esse ângulo, protegeria as deliberações do povo, expressas na sua Constituição, daquelas tomadas pelos representantes, no dia a dia da política.

Estas duas ideias fornecem parte da justificativa da supremacia constitucional. Nenhuma delas, porém, é isenta de problemas. Alguns desses problemas serão examinados ainda neste capítulo, como o que concerne à legitimidade da imposição, por uma geração, de decisões que as subsequentes têm de acatar. Outros serão discutidos ao longo desse volume.

A supremacia constitucional se impõe por meio de dois institutos jurídicos importantes: a rigidez da Constituição, que demanda para alteração dos preceitos constitucionais um procedimento mais difícil do que aquele exigido para elaboração da legislação infraconstitucional; e o controle de constitucionalidade dos atos normativos, que permite a invalidação daqueles que contrariem a Constituição. Mas ela depende ainda mais de outro elemento, de natureza sociológica, que os textos normativos não têm como impor: a existência de uma cultura constitucional, caracterizada pela generalizada adesão do povo à Constituição estatal, que ocorre quando este a toma como algo que é seu, e pelo qual vale a pena lutar.

1.2 A Constituição como norma

A Constituição é norma jurídica. Esta afirmação parece uma obviedade desnecessária. Mas nem sempre foi assim. Como se aprofundará no próximo capítulo, descontada a exceção norte-americana, a ideia que prevalecia no mundo constitucional até meados do século XX era de que as constituições não eram normas jurídicas, mas proclamações políticas, que se destinavam a inspirar a atuação do legislador.[10] Elas não incidiam diretamente sobre as relações sociais, não geravam direitos subjetivos para os cidadãos, nem podiam ser aplicadas pelos juízes na resolução de casos concretos. Só as leis editadas pelos parlamentos obrigavam e vinculavam; não as solenes e abstratas provisões contidas nos textos constitucionais. O paradigma jurídico vigente era o legalista.

---

[9] Neste sentido, cf. ACKERMAN, Bruce. *We the People*, v. 1, Foundations, p. 3-93.
[10] Cf. GARCÍA DE ENTERRÍA, Eduardo. *La Constitución como norma y el Tribunal Constitucional*, p. 41.

Este cenário se alterou de forma muito significativa. Na Europa, esta mudança começou a ocorrer depois do final da II Guerra Mundial, num cenário de descrença em relação aos poderes políticos majoritários, surgido após a derrota do nazismo. A realidade histórica tinha revelado a necessidade de criação de mecanismos para a contenção dos abusos do legislador e das maiorias políticas. As constituições do pós-guerra, neste sentido, incorporaram direitos fundamentais, que passaram a ser considerados diretamente aplicáveis, independentemente da vontade do legislador. Ao lado disso, elas também criaram ou fortaleceram a jurisdição constitucional, dotando de garantias processuais a supremacia da Constituição. Produziu-se, neste quadro, uma nova cultura jurídica, em que a Constituição finalmente passou a ser vista como norma.[11]

No Brasil, esta mudança é mais recente, tendo ocorrido após a promulgação da Constituição de 88.[12] Embora já contássemos com a possibilidade de controle de constitucionalidade desde o advento da República, nossa sociedade não enxergava a Constituição como autêntica norma jurídica. Exemplos disso não faltam: a Constituição de 1824 falava em igualdade, mas a principal instituição do país era a escravidão negra; a de 1891 instituíra o sufrágio universal, mas todas as eleições eram fraudadas; a de 1937 disciplinava o processo legislativo, mas, enquanto ela vigorou, o Congresso esteve fechado e o Presidente legislava por decretos; a Carta de 1967/69 garantia os direitos à liberdade, à integridade física e à vida, mas as prisões ilegais, o desaparecimento forçado de pessoas e a tortura campeavam nos porões do regime militar.

Até 1988, a lei valia muito mais do que a Constituição no tráfico jurídico, e, no Direito Público, o decreto e a portaria ainda valiam mais do que a lei. As constituições até eram generosas na consagração de direitos, mas estes dependiam quase exclusivamente da boa vontade dos governantes de plantão para saírem do papel — o que normalmente não ocorria. Em contextos de crise, as fórmulas constitucionais não eram seguidas, e as Forças Armadas arbitravam boa parte dos conflitos políticos ou institucionais que eclodiam no país. Embora o controle de constitucionalidade existisse no papel, ele não tinha muita importância prática no cotidiano da justiça brasileira. Os juízes e tribunais não tinham o hábito de exercê-lo, e nem mesmo de aplicar a Constituição diretamente a casos concretos. E o ensino jurídico contribuía para este estado de coisas: dedicava-se pouco tempo ao estudo do Direito Constitucional, que era lecionado mais como disciplina propedêutica do que como um ramo essencial do direito positivo.

Sob a égide da Constituição de 88, este panorama vem se alterando significativamente. A Constituição ganhou relevo muito maior na vida política e social, e passou a ser vista como norma jurídica pelos seus aplicadores e destinatários. Ela se tornou um ingrediente relevante no equacionamento dos conflitos políticos, e se incorporou à gramática das reivindicações da sociedade civil e dos movimentos sociais. O Poder Judiciário passou a empregar a Constituição de forma frequente e rotineira, não só na resolução das grandes questões sociais e políticas, como também no julgamento dos

---

[11] A propósito, cf. ZAGREBELSKY, Gustavo. *Il diritto mite*: legge diritti giustizia.
[12] Uma corrente importante do pensamento constitucional, surgida logo após a promulgação da Constituição, dedicou-se à crítica da falta de eficácia social das constituições brasileiras, e à defesa de superação daquele modelo, por meio do pleno reconhecimento do caráter normativo da Constituição de 88. Esta linha, que pode ser designada como "doutrina constitucional da efetividade", tem como marco fundamental a obra de Luís Roberto Barroso, *O direito constitucional e a efetividade de suas normas*: limites e possibilidades da Constituição brasileira. *Vide*, a propósito, o Capítulo 5.

pequenos litígios com que se defronta no seu dia a dia. Passou também a exercer, com mais frequência e ousadia, o controle de constitucionalidade dos atos normativos.

É verdade que muitas das normas constitucionais estão longe da efetividade, e que ainda há uma enorme distância entre as promessas generosas contidas na Constituição de 88 e o quadro social brasileiro. Não há como negar a persistência no Brasil da exclusão social, da generalizada violação de direitos humanos dos grupos desfavorecidos, e da confusão entre o público e o privado no exercício do poder político — realidades francamente incompatíveis com a Constituição. Apesar disso, pode-se celebrar o fato de que se instalou no senso comum dos operadores do Direito a ideia de que a Constituição é norma jurídica, que pode e deve ser aplicada diretamente à realidade social, incidindo sobre casos concretos, independentemente de regulamentação dos seus dispositivos pelo legislador ordinário.

1.3 O problema da legitimidade intergeracional

Uma das questões mais importantes do debate constitucional é estabelecer em qual proporção se afigura legítimo que uma Constituição prefigure os caminhos e decisões do povo do futuro. Quando reconhecemos que as constituições, em geral, aspiram vigorar por muito tempo e disciplinar a coexistência política de sucessivas gerações ao longo da trajetória de uma nação, somos confrontados com uma pergunta fundamental: por que e até que ponto, pode uma geração adotar decisões vinculativas para as outras que a sucederão? Não seria esta uma fórmula de governo dos mortos sobre os vivos?

O art. 28 da Constituição francesa de 1793 continha uma resposta firme para esta indagação: "um povo tem sempre o direito de rever, de reformar e de mudar a sua constituição. Uma geração não pode sujeitar as suas leis às gerações futuras". Em linha semelhante, Thomas Paine e Thomas Jefferson questionaram a possibilidade de vinculação das gerações futuras pelos desígnios dos seus antepassados, expressos numa Constituição. Jefferson chegou a sugerir, durante os debates anteriores à promulgação da Constituição norte-americana, a realização de uma convenção constituinte a cada 19 anos, a fim de evitar o "governo dos mortos sobre os vivos".[13]

O problema se agrava quando consideramos a presença, no texto constitucional, das chamadas "cláusulas pétreas". De fato, diante de uma norma constitucional indesejada que não configure cláusula pétrea, não ficam os poderes políticos do povo presente de mãos completamente atadas, pois sempre é possível buscar a mudança desejada, por meio dos procedimentos de reforma estabelecidos pela própria Constituição. Nesse caso, apenas será necessário um esforço maior, pois as constituições rígidas, como será esclarecido, preveem para alteração dos seus dispositivos um procedimento mais agravado e complexo. No entanto, diante das cláusulas pétreas a vinculação é total, pois só a ruptura da ordem jurídica, com a emergência de um novo poder constituinte originário permitiria a sua superação.

Proibir as gerações futuras de deliberar sobre determinadas questões é algo de enorme gravidade, pois, com isto, elas ficam privadas da capacidade de escolher os seus próprios caminhos. Permite-se, desta forma, que a maioria do passado crie obstáculos

---

[13] Cf. VIEIRA, Oscar Vilhena. *A Constituição e sua reserva de justiça*: um ensaio sobre os limites materiais ao poder de reforma, p. 67.

incontornáveis para a prevalência da vontade das maiorias do presente e do futuro. As minorias de ontem podem até converter-se na maioria de amanhã, mas suas escolhas jamais prevalecerão, a não ser que ocorra ruptura institucional. Os vencedores do jogo democrático "ganham mas não levam".

Mas, se é verdade que as constituições limitam o conteúdo de deliberações futuras, não é menos correto que elas também definem as regras do jogo que viabilizam estas deliberações. Com efeito, se a cada nova questão surgida no cenário político fosse necessário definir questões como o "quem" decide (competência), e o "como" se decide (procedimento), seria muito difícil deliberar sobre qualquer tema. As constituições, ademais, protegem instituições e direitos que são pressupostos para o funcionamento democrático da política — como o direito de voto ou a liberdade de expressão —, que permitem que a minoria de hoje possa aspirar converter-se na maioria do futuro, sem precisar recorrer à força. Portanto, pode-se dizer que embora a Constituição limite a política, ela também a capacita a alcançar decisões, além de conferir legitimação democrática a estas decisões.[14]

De todo modo, a questão da autonomia das gerações tem enorme relevância no contexto brasileiro, em virtude das características do nosso processo constituinte e da Constituição dele resultante. A Constituição de 1988 tem inegáveis virtudes, dentre as quais seguramente a mais importante é o seu compromisso visceral com a promoção dos direitos humanos e a defesa da democracia. É a Constituição que coroou o processo político de transição de um Estado de exceção, violento e autoritário, para um novo regime, cuja proposta é a de ser democrático e inclusivo. Mas é também excessivamente detalhista, perdendo-se muitas vezes, como afirmou Luís Roberto Barroso, "no varejo das miudezas".[15]

Não é o momento para adiantar as soluções que a teoria constitucional engendrou para o problema. Retornaremos a ele em diversas seções deste volume. Introdutoriamente, cumpre apenas deixar registrado que o constitucionalismo democrático, além de valorar positivamente o fato de a Constituição ser dotada de supremacia, procura atribuir a importância devida às deliberações populares e às decisões da maioria dos representantes do povo. Esse compromisso central com a democracia e o autogoverno de cada geração inspira muitas das propostas e soluções apresentadas ao longo deste livro. A adequada harmonização entre constitucionalismo e democracia deve orientar o constituinte reformador, quando lhe couber alterar nosso texto constitucional. Mas também cria exigências para a interpretação constitucional, como se verá posteriormente.

1.4 O controle de constitucionalidade

Não examinaremos neste volume o fenômeno da inconstitucionalidade, nas suas diversas modalidades, nem tampouco os instrumentos processuais existentes para viabilizar o controle de constitucionalidade dos atos normativos. Nosso propósito aqui é apenas o de esboçar algumas ideias preliminares sobre o tema, mostrando a complexidade dos seus fundamentos.

---

[14] Cf. HOLMES, Stephen. El precompromiso y la paradoja de la democracia. *In*: ELSTER, Jon; SLAGSTAD, Rune (Ed.). *Constitucionalismo y democracia*, p. 217-262.

[15] BARROSO, Luís Roberto. Doze anos da Constituição brasileira de 1988. *In*: BARROSO, Luís Roberto. *Temas de direito constitucional*, p. 13.

Da supremacia constitucional resulta a invalidade dos atos normativos contrários à Constituição. A Constituição, sob o ângulo formal, cria os poderes do Estado conferindo-lhes suas atribuições. Cabe a estes, assim, se ater aos termos da delegação recebida, pois "todo ato de uma autoridade delegada, contrário aos termos da comissão, é nulo".[16] Por isso, as leis e atos normativos que ofendam preceitos constitucionais são desprovidos de fundamento de validade, não podendo criar direitos e obrigações. Extrai-se, portanto, a invalidade dos atos normativos contrários à Constituição da superioridade do poder constituinte em face dos poderes constituídos.[17]

O controle de constitucionalidade deve ser efetuado por todos os poderes do Estado, não apenas pelo Poder Judiciário. O controle realizado pela Administração Pública e pelo Legislativo é denominado *controle político*, em oposição ao controle judicial, realizado pelo Judiciário no contexto da prestação jurisdicional. Embora o controle jurisdicional costume despertar maior atenção, os mecanismos de controle político são também muito importantes. Dentre os diversos mecanismos de controle político existentes no ordenamento jurídico brasileiro, cabe citar o veto aos projetos de lei apostos pelo Chefe do Poder Executivo nos planos federal, estadual ou municipal, motivados pela inconstitucionalidade do ato normativo (art. 66, §1º, CF); a atuação das Comissões de Constituição e Justiça (CCJ), existentes em todas as casas legislativas, que podem determinar o arquivamento de projetos de lei tidos como contrários à Constituição; e a possibilidade que se reconhece à Administração Pública de recusar-se a cumprir lei reputada inconstitucional.

No constitucionalismo contemporâneo, o controle jurisdicional de constitucionalidade assumiu papel extremamente relevante. Já se disse que a jurisdição constitucional "reinventou" a Constituição.[18] A associação entre a supremacia da Constituição e o controle judicial de constitucionalidade foi feita de forma precursora nos Estados Unidos.[19] O texto da Constituição norte-americana não prevê o controle judicial de constitucionalidade das leis, mas a Suprema Corte do país, em decisão redigida pelo seu então Presidente, John Marshall, o inferiu da supremacia constitucional, no conhecido precedente *Marbury v. Madison*,[20] julgado em 1803, em que se ressaltou:

---

[16] HAMILTON, Alexander; MADISON, James; JAY, John. *O federalista*: textos selecionados por Francisco C. Weffort, p. 168.

[17] Neste sentido, o texto clássico de Ruy Barbosa: "A Constituição é a vontade direta do povo. A lei, a vontade dos seus representantes (...) Entre duas delegações legislativas de eminência desigual, a constituinte e a ordinária, o tribunal, inclinando-se à segunda, implicitamente inverteria a ordem racional, traduzida no preceito elementar de que, entre as prescrições antinômicas de duas autoridades de categoria diversa, a menos alta cede à mais elevada" (*Atos inconstitucionais*, p. 60).

[18] Veja-se o título da importante obra de SAMPAIO, José Adércio Leite. *A Constituição reinventada pela jurisdição constitucional*.

[19] Porém, antes da "invenção" do controle de constitucionalidade nos Estados Unidos, houve experiências precursoras de limitação dos poderes políticos com base em normatividade tida como superior. São exemplos o instituto da *graphé paranomom*, existente na Grécia Antiga, que permitia a invalidação de atos tidos como violadores de normas superiores, com a punição das autoridades culpadas; e a doutrina que concebia o Judiciário como guardião da superioridade da *common law* sobre o direito escrito, adotada na Inglaterra no início do século XVII, por influência do Lord Edward Coke, no julgamento do *Bonham's Case*, mas abandonada naquele país após a Revolução Gloriosa de 1688. Sobre o tema, cf. CAPPELLETTI, Mauro. *O controle judicial de constitucionalidade das leis no direito comparado*, p. 49-63.

[20] 5 U.S. (1 Cranch) 137, 2 L.Ed. 60. Para uma descrição do caso e do seu contexto político, cf. CHEMERINSKY, Erwin. *Constitutional Law*: Principles and Policies, p. 39-47.

Não há outra opção entre estas alternativas: ou a Constituição é lei superior, imodificável pelos meios ordinários, ou ela está no mesmo nível que os atos legislativos ordinários, e aí, como qualquer um deles, pode ser alterada quando assim desejar o legislador. Se a primeira alternativa é válida, então um ato legislativo contrário à Constituição não é lei. Se a segunda alternativa for verdade, então as constituições escritas são tentativas absurdas da parte do povo de limitar um poder pela sua própria natureza ilimitável.
Certamente, todos os que elaboraram constituições escritas as contemplaram como a lei fundamental e superior da nação, e, por consequência (...), um ato do legislativo que viole a constituição é nulo. (...)
Se duas leis conflitam uma com a outra, os tribunais têm que decidir sobre a sua aplicação. Então, se uma lei se opõe à Constituição, se ambas a lei e a Constituição se aplicam a um determinado caso, então a corte tem que decidir o caso de acordo com a lei, desconsiderando a Constituição, ou de acordo com a Constituição, desconsiderando a lei... Se, então, as cortes devem levar em consideração a Constituição, e se a Constituição é superior a qualquer ato ordinário da legislatura, a Constituição e não este ato ordinário deve dar a solução para o caso para o qual ambos são aplicáveis.

No modelo norte-americano, o controle de constitucionalidade (*judicial review*) pode ser exercido por todo e qualquer juiz, diante de um caso concreto que lhe seja apresentado. O controle é, portanto, *difuso*, porque pode ser exercitado por todo e qualquer órgão do Poder Judiciário, e *concreto*, já que só pode ocorrer no julgamento de algum litígio intersubjetivo. Porém, sendo os precedentes judiciais naquele país vinculantes, como é característico da *common law*, as decisões da Suprema Corte que afastam uma lei, apesar de proferidas em casos concretos, tornam-se obrigatórias para todos os órgãos do Poder Judiciário quando apreciarem a mesma questão, vinculando também a Administração Pública.

Hans Kelsen, no início do século passado, concebeu o controle de constitucionalidade em outros termos.[21] Para o jurista austríaco, seria fundamental dotar a Constituição de algum mecanismo por meio do qual se pudesse retirar da ordem jurídica as normas editadas que a contrariassem. Do contrário — pensava Kelsen — seria como se a Constituição consagrasse uma cláusula derrogatória tácita, permitindo que as normas supervenientes com ela incompatíveis excepcionassem os preceitos constitucionais com os quais conflitassem. Mas Kelsen não defendia a atribuição do controle de constitucionalidade a todos os juízes, como no modelo norte-americano. Para ele, os juízes não estariam bem aparelhados para o exercício desta função. Daí por que Hans Kelsen preconizou que este poder fosse concedido com exclusividade a uma Corte Constitucional especializada, composta por juízes investidos em seus cargos por mandatos fixos, indicados pelos órgãos políticos representativos. A Corte atuaria não em casos concretos, mas de forma abstrata, como uma espécie de "legislador negativo", invalidando atos normativos que afrontassem a Constituição. O controle proposto por Hans Kelsen era, portanto, *concentrado*, porque monopolizado pela Corte Constitucional, e *abstrato*, uma vez que realizado "em tese", sem que houvesse qualquer caso concreto submetido à apreciação jurisdicional. O jurista austríaco defendia, ademais, que a invalidação da lei inconstitucional produzisse efeitos apenas prospectivos, com eficácia *ex nunc*, como ocorre na revogação das leis.

---

[21] *Vide*, a propósito, o texto clássico de Hans Kelsen, publicado originariamente em 1928, *Jurisdição constitucional*, p. 123-186.

A sugestão de Kelsen foi acolhida na Constituição austríaca de 1920, bem como na Constituição da Checoslováquia do mesmo ano. Depois da II Guerra Mundial, a concepção kelseniana do controle de constitucionalidade exerceu grande influência no delineamento do sistema de jurisdição constitucional de diversos outros Estados europeus.[22] Ao longo da segunda metade do século XX, houve progressiva tendência de expansão da jurisdição constitucional em todo o mundo, com a sua atual adoção pela ampla maioria dos países, espalhada por todos os continentes.[23]

Sem embargo, a associação direta entre a supremacia da Constituição e o controle judicial de constitucionalidade — chamada por alguns de "lógica de Marshall"[24] — não é isenta de críticas. É possível afirmar-se numa ordem jurídica a superioridade da Constituição em face da legislação, mas, ainda assim, não se acolher a possibilidade de controle jurisdicional de constitucionalidade, confiando-se em outros meios para assegurar a prevalência da Lei Maior,[25] como a separação de poderes ou a força da opinião pública. Pode-se, por exemplo, considerar que os órgãos políticos representativos tendem a ser mais fiéis aos valores da Constituição do que o Poder Judiciário, ou temer-se que os juízes, no exercício da jurisdição constitucional, convertam-se em déspotas, diante da possibilidade de imporem as suas preferências ideológicas, ou mesmo os seus interesses de classe, em detrimento daqueles adotados pela maioria do povo.[26] Aliás, até o final da II Guerra Mundial, a maioria dos países que contavam com constituições rígidas, tidas como superiores, não adotava o controle jurisdicional de constitucionalidade das leis.

Portanto, a instituição do controle jurisdicional de constitucionalidade não é consequência lógica inexorável da atribuição de supremacia à Constituição. Trata-se de uma escolha sobre o desenho institucional do Estado, que deve ser feita tomando em conta uma comparação entre riscos e vantagens envolvidos na adoção do instituto, que podem variar, dependendo do contexto histórico e das tradições jurídicas e políticas de cada sociedade.[27]

---

[22] Sobre a expansão da jurisdição constitucional na Europa após a II Guerra Mundial, cf. COMELLA, Víctor Ferreres. *Constitutional Courts and Democratic Values*: a European Perspective, p. 3-26. De acordo com o jurista espanhol, dos 27 países que compõem a União Europeia, 18 possuem cortes constitucionais detentoras do monopólio do controle jurisdicional de constitucionalidade, seguindo, neste ponto, o modelo kelseniano. Cabe ressaltar, todavia, que a grande maioria destes países admite também, ao lado da fiscalização abstrata de constitucionalidade, o controle concreto, que pode ser apreciado pela Corte Constitucional no julgamento de questões prejudiciais de inconstitucionalidade suscitadas em litígios submetidos ao Poder Judiciário, ou em ações específicas, propostas diretamente perante a própria corte, como a reclamação constitucional alemã (*Verfassungsbeschwerde*), ou o recurso de amparo espanhol. Sobre os diversos modelos europeus de jurisdição constitucional. *Vide*, ainda, FAVOREU, Louis. *As cortes constitucionais*.

[23] Cf. GINSBURG, Tom. The Global Spread of Constitutional Review. *In*: WHITTINGTON, Keith E.; KELEMEN, R. Daniel; CALDEIRA, Gregory A. (Ed.). *The Oxford Handbook of Law and Politics*, p. 81-98.

[24] Cf. SANTIAGO NINO, Carlos. *La constitución de la democracia deliberativa*, p. 261-269.

[25] Neste sentido, *vide*, por exemplo, TUSHNET, Mark V. *Taking the Constitution away from the Courts*. Na teoria constitucional mais sofisticada, mesmo ardorosos defensores do controle de constitucionalidade não o veem como uma consequência lógica inafastável da supremacia da Constituição, mas sim como uma escolha institucional desejável, em razão dos resultados positivos que tende a produzir, no sentido da melhor proteção dos direitos fundamentais. Nessa linha, cf. DWORKIN, Ronald. The Moral Reading and the Majoritarian Premise. *In*: DWORKIN, Ronald. *Freedom's Law*: the Moral Reading of the American Constitution, p. 34.

[26] Uma boa síntese dos argumentos contrários ao controle judicial de constitucionalidade pode ser colhida em MENDES, Conrado Hübner. *Direitos fundamentais, separação de poderes e deliberação*, p. 89-104. O autor, todavia, não se opõe à jurisdição constitucional, mas defende uma concepção modesta do instituto, baseada na ideia de diálogo interinstitucional entre poderes para definição do sentido da Constituição.

[27] No mesmo sentido, Dieter Grimm, que foi Vice-Presidente da Corte Constitucional alemã, e é um defensor da jurisdição constitucional: "a questão de se um país deve adotar ou não o controle judicial de constitucionalidade

De toda sorte, essa é a escolha que a grande maioria das democracias contemporâneas vem fazendo, e que faz bastante sentido, sobretudo em ambientes institucionais como o nosso, em que a política majoritária, praticada pelos órgãos representativos, não inspire tanta confiança no que concerne à garantia de direitos básicos. Em quadros como esse, o controle jurisdicional de constitucionalidade pode se converter numa peça importante nas engrenagens do Estado, protegendo as minorias políticas e sociais do arbítrio das maiorias, salvaguardando direitos fundamentais e assegurando a observância das regras do jogo democrático. O insulamento do Poder Judiciário diante dos resultados da política eleitoral pode funcionar aqui não como defeito, mas como virtude, possibilitando que ele exerça de forma mais independente o papel de guardião da Constituição. Ademais, em Estados federais, o controle de constitucionalidade desempenha também um papel crucial na preservação da partilha constitucional das competências entre os entes políticos. Isso porque, sem ele, um ente poderia editar norma que invadisse competência alheia sem que fosse possível invalidá-la. De todo modo, conforme aprofundaremos mais a frente, o risco de incursão excessiva da política pela jurisdição constitucional existe, e não pode ser menosprezado.

Nosso país conta com a possibilidade de controle jurisdicional de constitucionalidade das leis desde o advento da República, quando, por influência de Ruy Barbosa, se adotou o modelo norte-americano, em sua pureza.[28] Ou seja, atribuiu-se a todos os juízes nacionais a possibilidade de realizarem, em casos concretos, o controle de constitucionalidade das leis (controle difuso e concreto). A partir da Emenda Constitucional nº 16/65, o modelo se tornou mais complexo, com a introdução do controle abstrato e concentrado de constitucionalidade, inspirado na matriz kelseniana, que passou a conviver lado a lado com o controle concreto e difuso, num sistema misto.[29] O controle abstrato, todavia, não desempenhava papel relevante no sistema até a Constituição de 88, porque só podia ser deflagrado por iniciativa do Procurador-Geral da República, que, àquela época, era agente público livremente nomeado pelo Presidente da República e a ele politicamente subordinado. Naquele contexto, era praticamente impossível que houvesse o questionamento, no controle abstrato de constitucionalidade, de atos normativos cuja subsistência interessasse ao Governo Federal. Aliás, naquela quadra histórica, o controle difuso e concreto tampouco desfrutava de maior importância prática em nosso sistema jurídico. Afinal, numa cultura jurídica e política que não levava a Constituição muito a sério, vendo-a mais como um repositório de proclamações retóricas, não sobrava muito espaço para a jurisdição constitucional.

---

não é de princípios, mas sim pragmática. Tal escolha requer um juízo de custo e benefício. A resposta pode variar de acordo com o tempo e as circunstâncias; cada país tem que achar a sua própria solução" (Jurisdição constitucional e democracia. *Revista de Direito do Estado – RDE*, n. 4, p. 6).

[28] O controle foi instituído pelo Decreto nº 848/1890, que criou a Justiça Federal, sendo, em seguida, consagrado na Constituição de 1891 e mantido em todas as nossas constituições subsequentes. Sobre a trajetória histórica do controle e constitucionalidade no Brasil, cf. STRECK, Lenio Luiz. *Jurisdição constitucional e hermenêutica*, p. 415-453.

[29] O sistema misto já se prenunciava na chamada "representação interventiva", disciplinada pelas constituições de 1934 e 1946 (há diferenças significativas no tratamento dado por estas constituições ao instituto). Naquelas constituições, a intervenção federal nos Estados por violação de "princípio constitucional sensível" dependia do reconhecimento da afronta pelo STF, no julgamento da referida representação. A representação interventiva acabou sendo empregada para controle abstrato de constitucionalidade, mas apenas de atos normativos estaduais, e o parâmetro utilizado não era a totalidade da Constituição Federal em vigor, mas tão somente determinados princípios constitucionais indicados pelo constituinte (os princípios ditos "sensíveis"). A propósito, cf. MENDES, Gilmar Ferreira. *Jurisdição constitucional*, p. 60-66.

Sob a égide da Constituição de 88, nosso sistema de jurisdição constitucional dilatou-se se ainda mais, com a introdução de novas ações de inconstitucionalidade,[30] ao lado de significativa ampliação do elenco dos legitimados ativos para provocação do controle abstrato de constitucionalidade.[31] Na atualidade, o Brasil continua tendo um sistema misto de jurisdição constitucional, mas com predomínio cada vez mais visível do controle concentrado e abstrato.[32] Isto porque, considerando-se a amplitude do leque dos órgãos e entidades que podem ajuizar ações diretas no STF, bem como a abrangência de temas tratados na Constituição, é muito improvável que medida que suscite alguma polêmica não venha a ser questionada diretamente na Corte. Para alguns dos legitimados ativos — como os partidos políticos da oposição —, esta via se torna um poderoso instrumento nas suas lutas, praticamente sem custos políticos ou financeiros, de que podem se valer para tentar reverter derrotas na arena legislativa.[33] Como as decisões do STF no controle abstrato — inclusive aquelas concessivas de medida cautelar — são dotadas de eficácia *erga omnes* e efeitos vinculantes em relação aos demais órgãos do Poder Judiciário e Administração Pública,[34] consolida-se a hegemonia da nossa Suprema Corte no campo da jurisdição constitucional.

Ao lado disso, a maior consciência de direitos presente em nossa sociedade, o elevado grau de pluralismo político e social nela existente, o fortalecimento da independência do Poder Judiciário e a mudança na nossa cultura jurídica hegemônica, que passou a ver os preceitos constitucionais — inclusive aqueles mais vagos e abstratos — como normas jurídicas vinculantes, são fatores que contribuíram, cada um ao seu modo, para que a jurisdição constitucional ganhasse um destaque na vida pública nacional até então inédito.[35]

---

[30] No atual sistema, além do controle difuso e concreto de constitucionalidade, que pode ser realizado em qualquer espécie de processo judicial, existem as seguintes ações ligadas ao controle de constitucionalidade: Ação Direta de Inconstitucionalidade – ADI (art. 102, I, "a", CF; Lei nº 9.898/99); Ação Direta de Inconstitucionalidade por Omissão – ADI por Omissão (art. 103, §2º, CF; Lei nº 9.898/99); Ação Declaratória de Constitucionalidade – ADC (art. 102, I, "a", CF; Lei nº 9.868/99); Arguição de Descumprimento de Preceito Fundamental – ADPF (art. 102, §1º, CF; Lei nº 9.882/99); Mandado de Injunção – MI (art. 5º, LXXI, CF); Representação de Inconstitucionalidade (art. 125, §2º, CF). Além delas, há também o procedimento voltado à edição de Súmula Vinculante (art. 103-A, Lei nº 11.417/2006). Para um minucioso exame de cada uma destas medidas, cf. BARROSO, Luís Roberto. *O controle de constitucionalidade no direito brasileiro*: exposição sistemática da doutrina e análise crítica da jurisprudência.
A maior parte destas ações já figurava no texto originário da Constituição. A ADC foi instituída pela EC nº 3/93, e a Súmula Vinculante pela EC nº 45/2004. A ADPF, embora já estivesse prevista no texto constitucional originário, só ganhou vida após a sua regulamentação, pela Lei nº 9.882/99.

[31] O elenco, estabelecido no art. 103, *caput*, da Constituição, é o seguinte: Presidente da República, Mesa do Senado Federal, Mesa da Câmara dos Deputados, Mesa de Assembleia Legislativa ou da Câmara Legislativa do Distrito Federal, Governador de Estado ou do Distrito Federal, Procurador-Geral da República, Conselho Federal da Ordem dos Advogados do Brasil, partido político com representação no Congresso Nacional e confederação sindical ou entidade de classe de âmbito nacional.

[32] Esta afirmação não envolve qualquer juízo de valor, mas é constatação de um fato. No mesmo sentido, veja-se VIEIRA, Oscar Vilhena. Supremocracia. *In*: SARMENTO, Daniel (Org.). *Filosofia e teoria constitucional contemporânea*, p. 483-502.

[33] Para análises empíricas sobre a questão, cf. VIANNA, Luiz Werneck; BURGOS, Marcelo Baumann; SALLES, Paula Martins. Dezessete anos de judicialização da política. *Tempo Social – Revista de Sociologia da USP*, v. 19, n. 2, p. 39-85; e TAYLOR, Matthew M. *Judging Policy*: Courts and Policy Reform in Democratic Brazil, p. 90-108.

[34] A eficácia contra todos e o efeito vinculante das decisões de mérito na ADI, ADI por Omissão e ADC estão previstos no art. 103, §2º, CF. A Lei nº 9.882/99 estendeu o mesmo regime às decisões de mérito proferidas na ADPF (art. 10, §3º). A jurisprudência do STF é reiterada no sentido de que as decisões concessivas de medida cautelar nestas ações também se revestem dos mesmos efeitos — *e.g.*, MC na Rcl. nº 2.256-1, Rel. Min. Gilmar Mendes. *DJU*, 22 abr. 2003.

[35] Para um detido exame dos diversos fatores políticos, jurídicos e culturais que vêm reforçando a importância da jurisdição constitucional no cenário brasileiro pós-88, cf. BRANDÃO, Rodrigo. *Supremacia judicial versus diálogos constitucionais*: a quem cabe a última palavra sobre o sentido da Constituição?, p. 65-180.

Este fenômeno de expansão da jurisdição constitucional e do seu papel político-social tem sido denominado de *judicialização da política*.[36]

1.5 A dificuldade contramajoritária

A progressiva ampliação do controle de constitucionalidade não ocorre sem objeções. A atribuição ao Poder Judiciário da competência para controlar a constitucionalidade de leis aprovadas pela maioria dos representantes do povo exige uma justificação complexa, tendo em vista o ideário democrático, que postula o poder do povo de se autogovernar.

A legitimidade democrática da jurisdição constitucional tem sido questionada em razão da apontada "dificuldade contramajoritária"[37] do Poder Judiciário, que decorre do fato de os juízes, apesar de não serem eleitos, poderem invalidar as decisões adotadas pelo legislador escolhido pelo povo, invocando, muitas vezes, normas constitucionais de caráter aberto, que são objeto de leituras divergentes na sociedade. Pessoas diferentes, de boa-fé, podem entender, por exemplo, que o princípio constitucional da igualdade proíbe, que é compatível, ou até que ele exige as quotas raciais no acesso às universidades públicas. Como podem considerar que o princípio da dignidade da pessoa humana impõe o reconhecimento do direito à prática da eutanásia, ou que o veda terminantemente. Casos como estes revelam a possibilidade de que se estabeleça um profundo desacordo na sociedade sobre a interpretação correta de determinadas normas constitucionais. A crítica ao controle jurisdicional de constitucionalidade insiste que, em casos assim, a decisão sobre a interpretação mais correta da Constituição deve caber ao próprio povo ou aos seus representantes eleitos e não a magistrados.

O tema — central na teoria constitucional norte-americana[38] —, não despertava maior interesse no Brasil até pouco tempo atrás. A razão do desinteresse era compreensível: nosso Poder Judiciário quase não se valia da jurisdição constitucional, pecando nesta área muito mais por omissão do que por excesso. Portanto, a dificuldade contramajoritária não era uma questão real no Brasil. Contudo, o quadro mudou nos últimos anos, com o crescente ativismo jurisdicional no exercício do controle de constitucionalidade. Neste novo contexto, o tema passou a ser objeto de atenção cada vez maior na

---

[36] Sobre a judicialização da política no Brasil, *vide* ARANTES, Rogério B. Constitucionalism: the Expansion of Justice and the Judicialization of Politics in Brazil. *In*: SIEDER, Rachel; SCHJOLDEN, Line; ANGELL, Alan (Ed.). *The Judicialization of Politics in Latin America*, p. 232-262; BARROSO, Luís Roberto. Constituição, democracia e supremacia judicial: direito e política no Brasil contemporâneo. *Revista de Direito do Estado – RDE*, n. 16, p. 3-42; CITTADINO, Gisele Guimarães. Judicialização da política, constitucionalismo democrático e separação de poderes. *In*: VIANNA, Luiz Werneck (Org.). *A democracia e os três poderes no Brasil*, p. 17-42; e VIANNA, Luiz Werneck *et al*. *A judicialização da política e das relações sociais no Brasil*. Para uma perspectiva comparativa, cf. HIRSCHL, Ran. *Towards Juristocracy*: the Origins and Consequences of the new Constitutionalism; SWEET, Alec Stone. *Governing With Judges*: Constitutional Politics in Europe; e TATE, C. Neal; VALLINDER, Torbjörn (Ed.). *The Global Expansion of Judicial Power*.

[37] A expressão "dificuldade contramajoritária" foi cunhada em obra clássica da teoria constitucional norte-americana: BICKEL, Alexander. *The Least Dangerous Branch*: the Supreme Court at the Bar of Politics.

[38] O tema da dificuldade contramajoritária do controle de constitucionalidade é verdadeira obsessão da teoria constitucional norte-americana, sobre o qual já foram escritas centenas de obras. Para uma detalhada reconstrução histórica do debate, cf. FRIEDMAN, Barry. The Birth of an Academic Obsession: the History of the Countermajoritarian Difficulty, Part Five. *Yale Law Journal*, v. 112, n. 2, p. 153-259.

academia[39] e na sociedade. No Brasil, em que o controle de constitucionalidade está expressamente previsto em sede constitucional, o debate que tem relevo prático não é aquele concernente à adoção ou rejeição do instituto — afinal, esta questão já foi decidida pelo constituinte —, mas sim sobre a maneira e intensidade com que os juízes, em geral, e o STF, em particular, devem empregá-lo: de modo mais ousado e ativista; de maneira mais modesta e deferente em relação às opções realizadas pelos poderes políticos; ou de outra forma qualquer.

A dificuldade contramajoritária não reside tanto no fato de as constituições subtraírem do legislador futuro a possibilidade de tomar decisões importantes. O cerne do debate está no reconhecimento de que, diante da vagueza e abertura de boa parte das normas constitucionais, bem como da possibilidade de que elas entrem em colisões, quem as interpreta e aplica também participa do seu processo de criação.[40] Daí a crítica de que a jurisdição constitucional acaba por conferir aos juízes uma espécie de poder constituinte permanente, pois lhes permite moldar a Constituição de acordo com as suas preferências políticas e valorativas, em detrimento daquelas adotadas pelo legislador eleito.[41] Esta visão levou inúmeras correntes de pensamento ao longo da história a rejeitarem a jurisdição constitucional, ou pelo menos o ativismo judicial no seu exercício.

No constitucionalismo francês, por exemplo, a ideia do controle de constitucionalidade foi por muito tempo rechaçada, pelo temor de que sua adoção pudesse permitir a criação de um "governo de juízes". Os franceses preferiam confiar no Parlamento do que no Judiciário para velar pela guarda das suas constituições. A posição se assentava na crença em um legislador virtuoso, que, nas palavras de Maurizio Fioravanti, "não pode lesar os direitos individuais porque é necessariamente justo; e é assim porque encarna em si a vontade geral do povo ou da nação".[42] Ao lado da valorização da lei, também se manifestava, no fundo, a desconfiança nos juízes, que tinha origem no período anterior à Revolução Francesa, quando o Judiciário era visto como intrinsecamente corrupto, atuando quase sempre em prol dos seus próprios interesses ou daqueles dos membros que o compunham.[43]

---

[39] Entre as diversas obras nacionais que tratam do tema, cf. BINENBOJM, Gustavo. *A nova jurisdição constitucional brasileira*: legitimidade democrática e instrumentos de realização; CRUZ, Álvaro Ricardo de Souza. *Jurisdição constitucional democrática*; MELLO, Cláudio Ari. *Democracia constitucional e direitos fundamentais*; MENDES, Conrado Hübner. *Direitos fundamentais, separação de poderes e deliberação*; SAMPAIO, José Adércio Leite. *A Constituição reinventada pela jurisdição constitucional*; SOUZA NETO, Cláudio Pereira de. *Jurisdição constitucional, democracia e racionalidade prática*; STRECK, Lenio Luiz. *Jurisdição constitucional e hermenêutica*; e VIEIRA, Oscar Vilhena. *Supremo Tribunal Federal*: jurisprudência política, 2. ed.

[40] Cf. TROPER, Michel. Justice constitutionelle et démocratie. In: TROPER, Michel. *Pour une théorie juridique de L'État*, p. 317-328; e BINENBOJM, Gustavo. *A nova jurisdição constitucional brasileira*: legitimidade democrática e instrumentos de realização, p. 55-74.

[41] Este ponto foi observado em famoso discurso de Francisco Campos, proferido na abertura dos trabalhos do STF em 1941: "Juiz da atribuição dos demais Poderes, sois o próprio juiz das vossas. O domínio da vossa competência é a Constituição, isto é, o instrumento em que se define e se especifica o Governo. No poder de interpretá-la está o de traduzi-la nos vossos próprios conceitos. Se a interpretação e particularmente a interpretação de um texto que se distingue pela generalidade, a amplitude e a compreensão dos conceitos, não é operação puramente dedutiva, mas atividade de natureza plástica construtiva e criadora, no poder de interpretar há de incluir-se, necessariamente, por mais limitado que seja, o poder de formular... A Constituição está em elaboração permanente nos tribunais incumbidos de aplicá-la; é o que demonstra o nosso Supremo Tribunal e, particularmente, a Suprema Corte Americana. Nos Tribunais incumbidos da guarda da Constituição funciona, igualmente, o poder constituinte" (O Supremo Tribunal Federal na Constituição de 1937. In: CAMPOS, Francisco. *Direito constitucional*, v. 2, p. 403).

[42] FIORAVANTI, Maurizio. *Los derechos fundamentales*: apuntes de historia de las Constituciones, p. 73.

[43] Cf. BON, Pierre. La légitimité du Conseil Constitutionneil français. In: AA. VV. *Legitimidade e legitimação da justiça constitucional*: Colóquio no 10º aniversário do Tribunal Constitucional – Lisboa, 28 e 29 de maio de 1993, p. 141-142.

Na Alemanha da década de 1920, sob a vigência da Constituição de Weimar, de 1919, a objeção democrática ao controle judicial de constitucionalidade foi suscitada por Carl Schmitt,[44] que protagonizou célebre controvérsia com Hans Kelsen sobre o assunto. Para Schmitt,[45] a indeterminação das normas constitucionais tornava essencialmente política a tarefa de controlar a constitucionalidade das leis. Diante disso, ele defendeu que tal faculdade fosse atribuída não aos juízes ou a qualquer corte em particular, mas ao Chefe de Estado, que representaria a unidade do povo alemão, e poderia atuar como uma espécie de "poder neutro". De acordo com Schmitt, a concessão ao Poder Judiciário da faculdade de controlar a validade das leis editadas pelo Legislativo acarretaria uma indevida "politização da justiça", e poderia contribuir para uma perniciosa fragmentação da unidade estatal, ao favorecer o pluralismo.

A proveniência ideológica das críticas lançadas contra a jurisdição constitucional tende a oscilar de acordo com as inclinações políticas adotadas pelos tribunais. Nos Estados Unidos, esta dinâmica é facilmente perceptível. Nas primeiras décadas do século passado, quando a Suprema Corte adotava posição política conservadora, limitando seriamente a possibilidade de o Estado atuar no mercado e na sociedade em favor dos interesses dos grupos mais fracos, a crítica era capitaneada por juristas e políticos situados à esquerda do espectro político, que defendiam a autocontenção judicial.[46] Quando, após a década de 1950, o ativismo jurisdicional voltou-se à defesa de direitos fundamentais de minorias, como os negros e presos, e à tutela de liberdades não econômicas, a crítica passa a ser esboçada a partir da direita, com os originalistas.[47] E nos últimos tempos, em que a Suprema Corte vem caminhando a passos largos para o flanco conservador, foram juristas de esquerda que passaram a contestar a *judicial review*, elaborando a teoria do constitucionalismo popular.[48] Com esta constatação,

---

[44] Cf. SCHMITT, Carl. *La defensa de la Constitución*.

[45] A posição de Schmitt sobre a jurisdição constitucional é melhor compreendida quando se conhece a sua teoria constitucional, de forte inclinação autoritária, que parte de uma leitura antiliberal da democracia, profundamente avessa ao pluralismo. Veja-se, a propósito, o Capítulo 5, em que essa concepção é apresentada. Sobre os debates constitucionais da República de Weimar, cf. CALDWELL, Peter. *Popular Sovereignty and the Crisis of German Constitutional Law*: the Theory & Practice of Weimar Constitutionalism.

[46] Nos anos 30, a Suprema Corte norte-americana entrou em grave atrito com o Presidente Roosevelt, por invalidar diversas normas aprovadas durante o seu governo que buscavam proteger direitos dos trabalhadores e regular a economia, visando à superação da crise econômica vivida no país. Em 1937, o Presidente propôs medida legislativa voltada à mudança da composição da Corte: para cada juiz do Tribunal que completasse 70 anos e não se aposentasse, ele poderia indicar um outro (a medida ficou conhecida como *Court Packing Plan*). A proposta acabou não sendo aprovada no Congresso, mas a Suprema Corte, na mesma época, mudou a sua orientação jurisprudencial, refreando o seu ativismo e passando a aceitar uma maior intervenção estatal na ordem econômica. No discurso feito por ocasião da apresentação da referida proposta, em 1937, Roosevelt — certamente um esquerdista para os padrões norte-americanos —, criticou aquele cenário de ativismo judicial em tom exasperado: "Desde que surgiu o movimento moderno de progresso social e econômico através da legislação, a Corte tem, cada vez com maior frequência e ousadia, se valido do seu poder de vetar leis aprovadas pelo Congresso ou pelos legislativos estaduais... Nos últimos quatro anos, a boa regra de conceder-se às leis o benefício da dúvida razoável vem sendo posta de lado (...) A Corte, para além do uso apropriado das suas funções judiciais, tem se colocado impropriamente como uma terceira casa do Congresso — um superlegislativo (...). Nós chegamos a um ponto em que a Nação deve tomar uma atitude para salvar a Constituição da Corte, e para salvar a Corte de si mesma" (Senate Report n. 711, reproduzido em: MURPHY, Walter F.; FLEMING, James E.; BARBER, Sotirios A. *American Constitutional Interpretation*, p. 320-321).

[47] Cf. BERGER, Raoul. *Government by Judiciary*: the Transformation of the Fourteenth Amendment; e BORK, Robert. H. *The Tempting of America*: the Political Seduction of the Law.

[48] Cf. KRAMER, Larry D. *The People by Themselves*: Popular Constitutionalism and Judicial Review; e TUSHNET, Mark V. *Taking the Constitution away from the Courts*. Vide, a propósito, o Capítulo 5.

não se pretende negar a sinceridade dos críticos, nem tampouco desmerecer os seus argumentos, mas apenas mostrar como este tema, como tanto outros do debate constitucional, nunca é plenamente dissociável da política.

Há, na teoria constitucional, aqueles que simplesmente descartam a existência da dificuldade contramajoritária do controle de constitucionalidade. Um dos argumentos é empírico: nega-se a premissa de que o Poder Judiciário, ao exercer o controle de constitucionalidade, atue contra a vontade da maioria popular. Afirma-se que, com frequência, ele julga em sintonia com a opinião pública, que nem sempre é bem representada pelo Legislativo.[49] No cenário brasileiro, este argumento impressiona, haja vista a ampla crise da nossa democracia representativa, que se reflete em frequentes pesquisas de opinião, nas quais nossa população brasileira afirma não confiar no Poder Legislativo e nos partidos.

Outro argumento recorrente é o de que a democratização da jurisdição constitucional teria superado a dificuldade contramajoritária. Aduz-se, nesta linha, que a jurisdição constitucional brasileira se abriu à participação democrática da sociedade civil, com a ampliação do elenco dos legitimados ativos para propositura de ações diretas, bem como com a posterior incorporação ao nosso processo constitucional da figura do *amicus curiae*[50] e da possibilidade de realização de audiências públicas. Tais medidas democratizaram o acesso ao controle de constitucionalidade, e pluralizaram as vozes presentes nos debates constitucionais travados no Judiciário, o que, de acordo com alguns, teria tornado a nossa jurisdição constitucional uma instância de "representação argumentativa" da sociedade brasileira, supostamente superior à própria representação político-eleitoral.[51]

Noutra linha, afirma-se que a democracia não equivale à mera prevalência da vontade das maiorias, mas corresponde a um ideal político mais complexo, que também envolve o respeito aos direitos fundamentais e a valores democráticos.[52] Não fosse assim,

---

[49] No cenário americano, cf. FRIEDMAN, Barry. *The Will of the People*: How Public Opinion Has Influenced the Supreme Court and Shaped the Meaning of the Constitution; e POWE JR., Lucas A. *The Supreme Court and the American Elite*: 1789-2008.

[50] O *amicus curiae* é um terceiro que ingressa no processo constitucional trazendo argumentos que buscam influenciar a decisão judicial. A sua atuação, inaugurada na fiscalização de constitucionalidade abstrata brasileira a partir das Leis nº 9.868/99 e nº 9.882/99, e posteriormente também estendida ao controle concreto, vem permitindo que entidades representativas da sociedade civil assumam um papel destacado na jurisdição constitucional brasileira. Sobre o tema, cf. MEDINA, Damares. *Amicus Curiae*: amigo da corte ou amigo da parte?

[51] A afirmação de que o Tribunal Constitucional realiza a representação argumentativa da sociedade é de Robert Alexy: "A proposição fundamental 'todo poder provém do povo' exige conceber não só o parlamento como, ainda, o tribunal constitucional como representação do povo. A representação ocorre, certamente, de modo diferente. O parlamento representa o cidadão politicamente, o tribunal argumentativamente. Com isso, deve ser dito que a representação do povo pelo tribunal constitucional tem mais um caráter idealístico do que aquela do parlamento. O cotidiano da exploração parlamentar contém o perigo de que maiorias imponham-se desconsideradamente, emoções determinem o que ocorre, dinheiro e relações de poder dominem e simplesmente sejam cometidos erros graves. Um tribunal constitucional que se dirige contra tal não se dirige contra o povo, mas em nome do povo, contra os seus representantes políticos" (Direitos fundamentais no Estado constitucional democrático. *In*: ALEXY, Robert. *Constitucionalismo discursivo*, p. 53-54).
Esta ideia foi exposta e defendida pelo Min. Gilmar Mendes no voto que proferiu no julgamento da ADI nº 3.510, que tratou da pesquisa em células-tronco embrionárias. O Ministro ressaltou que a ampla participação da sociedade civil nos debates travados no STF naquele feito, por meio da intervenção dos *amici curiae* e da audiência pública realizada, teriam contribuído para o êxito da "representação argumentativa".

[52] Nesta linha, cf. BARAK, Aharon. *The Judge in a Democracy*; DWORKIN, Ronald. The Moral Reading and the Majoritarian Premise. *In*: DWORKIN, Ronald. *Freedom's Law*: the Moral Reading of the American Constitution; e ZAGREBELSKY, Gustavo. *Principî e voti*: la Corte Costituzionale e la politica.

poder-se-ia considerar democrático, por exemplo, o governo nazista, que ascendeu ao poder pela via eleitoral, e governou na maior parte do tempo com o respaldo da maioria da população alemã. Daí por que seria perfeitamente compatível com a democracia o controle jurisdicional de constitucionalidade voltado à proteção de tais direitos e valores.

Estes argumentos, aqui só rapidamente esboçados, são parcialmente procedentes. Não há dúvida de que muitas vezes a vontade majoritária da população apoia as decisões proferidas no controle de constitucionalidade, não se vendo representada nos atos normativos ou nas omissões legislativas do parlamento. Também é verdade que o processo constitucional brasileiro vem se abrindo mais à sociedade.[53] E não é menos certo que a democracia não se esgota no respeito ao princípio majoritário, pressupondo também o acatamento das regras do jogo democrático, as quais incluem a garantia de direitos básicos, visando à participação igualitária do cidadão na esfera pública, bem como a proteção às minorias estigmatizadas.[54]

Porém, a procedência, como dito, é apenas parcial. Na verdade, a relação entre jurisdição constitucional e democracia envolve uma *tensão sinérgica*. Há sinergia, porque o exercício adequado do controle de constitucionalidade pode proteger pressupostos necessários ao bom funcionamento da democracia, como as regras equânimes do jogo político e os direitos fundamentais. Comprova essa sinergia a constatação de que o surgimento ou o fortalecimento da jurisdição constitucional na maior parte dos países se deu no momento em que estes se democratizavam ou redemocratizavam, e não em cenários de autoritarismo. Da análise histórica, verifica-se que controle de constitucionalidade e democracia, embora não se pressuponham, quase sempre florescem juntos.

Mas há também uma tensão potencial entre a jurisdição constitucional e a democracia. Se a imposição de limites para a decisão das maiorias pode ser justificada em nome da democracia, o exagero revela-se antidemocrático, por cercear em demasia a possibilidade do povo de se autogovernar.[55] O problema se agrava quando a jurisdição constitucional passa a ser concebida como o fórum central para o equacionamento dos conflitos políticos, sociais e morais mais relevantes da sociedade, ou como a detentora do poder de ditar a "última palavra" sobre o sentido da Constituição. Em outras palavras, a dificuldade democrática pode não vir do remédio — o controle judicial de constitucionalidade — mas da sua dosagem.

A concepção "eufórica" da jurisdição constitucional, referida no parágrafo anterior, gera consequências negativas tanto no plano descritivo quanto na esfera normativa. Sob o prisma descritivo, transmite-se uma imagem muito parcial do fenômeno constitucional, que não é captado com todas as suas nuances e riquezas, enfatizando-se apenas a ação de um dentre os vários agentes importantes da concretização constitucional. Sob

---

[53] Cf. BINENBOJM, Gustavo. *A nova jurisdição constitucional brasileira*: legitimidade democrática e instrumentos de realização, p. 279-280.

[54] Cf. DAHL, Robert Alan. *Sobre a democracia*, p. 97-113; e HABERMAS, Jürgen. Popular Sovereignty as Procedure. *In*: BOHMAN, James; REHG, William (Ed.). *Deliberative Democracy*: Essays on Reason and Politics, p. 35-66.

[55] A relação entre constitucionalismo e democracia constitui um dos debates mais fecundos da Teoria Política e da Filosofia Constitucional, que vem atravessando o tempo, desde o advento do constitucionalismo moderno no século XVIII. Na literatura contemporânea, cf. HABERMAS, Jürgen. O Estado democrático de direito: uma amarração paradoxal de princípios contraditórios?. *In*: HABERMAS, Jürgen. *Era das transições*, p. 153-173; MICHELMAN, Frank Isaac. *Brennan and Democracy*, p. 3-62; e SANTIAGO NINO, Carlos. *La constitución de la democracia deliberativa*.

o ângulo normativo, favorece-se um governo à moda platônica, de presumidos sábios,[56] que são convidados a assumir uma posição paternalista diante de uma sociedade infantilizada.[57] E se não é correto, no debate sob a legitimidade da jurisdição constitucional, idealizar o Legislativo como encarnação da vontade geral do povo, tampouco se deve cometer o mesmo erro em relação ao Judiciário, supondo que os juízes constitucionais sejam sempre agentes virtuosos e sábios, imunes ao erro, sem agenda política própria e preocupados apenas com a proteção dos direitos fundamentais, dos valores republicanos e dos pressupostos da democracia.

Pelo que se expôs acima, percebe-se a complexidade do debate sobre a dificuldade contramajoritária. Não é esse o espaço adequado para examinar as inúmeras respostas que a teoria constitucional e a filosofia política vêm dando a esta questão,[58] nem tampouco para apresentar a nossa visão sobre o ponto. Apenas adiantamos que nossa proposta envolve dois aspectos, que serão examinados no capítulo sobre a interpretação constitucional: (a) a adoção de uma teoria de diálogos constitucionais, que negue tanto à jurisdição constitucional como aos poderes políticos majoritários a prerrogativa de dar a "última palavra" sobre o significado das normas constitucionais; e (b) a definição de diferentes *standards* de deferência do Poder Judiciário no exercício do controle de constitucionalidade, em face de atos ou omissões dos outros poderes, que sejam sensíveis ao princípio democrático.

1.6 Cultura e sentimento constitucional

Os livros de Direito Constitucional destacam, não sem razão, o papel essencial do Poder Judiciário na garantia da normatividade constitucional. Porém, nem sempre se dá a mesma relevância a outro elemento, que é no mínimo tão importante: a existência na sociedade de uma cultura constitucional. A observância efetiva da Constituição depende da adesão do povo para o qual a Constituição se destina; pressupõe o reconhecimento que lhe é conferido pela comunidade política; demanda, fundamentalmente, a disseminação de uma cultura constitucional, e o respeito pelas instituições políticas básicas do Estado Democrático de Direito. Se a Constituição não é levada a sério pela sociedade, de pouco adiantará um sistema judiciário robusto e uma jurisdição constitucional atuante. A Constituição será desrespeitada e violada no cotidiano, seja pelo cidadão, seja pelos agentes públicos e lideranças políticas. Para que a ordem constitucional se estabilize e se efetive, é necessário que na sociedade não predomine a "vontade de poder", mas a "vontade de constituição".[59]

Karl Loewenstein designou de *sentimento constitucional* este elemento psicossocial e sociológico, de cuja presença tanto depende o sucesso da experiência constitucional em

---

[56] Cf., em tom ainda mais cético do que o nosso, LIMA, Martonio Mont'Alverne Barreto. Jurisdição constitucional: um problema da teoria da democracia política. *In*: SOUZA NETO, Cláudio Pereira de *et al*. *Teoria da Constituição*: estudos sobre o lugar da política no direito constitucional, p. 199-261. Também MENDES, Conrado Hübner. *Controle de constitucionalidade e democracia*.

[57] Para crítica semelhante, no contexto germânico, cf. MAUS, Ingeborg (Org.). *O Judiciário como superego da sociedade*.

[58] Algumas delas, como o procedimentalismo, o substancialismo e o constitucionalismo popular, serão expostas, neste volume, no Capítulo 5, que trata das teorias constitucionais.

[59] Cf. HESSE, Konrad. *A força normativa da Constituição*.

cada Estado.[60] Para o jurista alemão, o desenvolvimento do sentimento constitucional depende de fatores imponderáveis, mas pode ser estimulado por meio da educação cívica.

O florescimento da cultura constitucional na sociedade contribui decisivamente para a garantia da Constituição. A opinião pública que se insurge contra práticas contrárias à Constituição; uma cidadania que se mobiliza e protesta nas ruas contra estas violações; um eleitorado consciente, que pune nas urnas os políticos infiéis aos valores constitucionais, são instrumentos extremamente importantes para a preservação da autoridade e para a efetivação da Lei Maior.

Não se exige para tanto nenhum tipo de culto fetichista ao texto constitucional pelo cidadão, como se ele fosse provido de alguma sacralidade.[61] Pelo contrário, a idolatria constitucional, ao fechar os olhos para as imperfeições da Constituição, pode anestesiar o espírito crítico e limitar a imaginação institucional, recursos essenciais para a luta por justiça.[62] Mas é necessário, para a vitalidade da experiência constitucional, que o cidadão comum se identifique com os valores e princípios básicos da sua Constituição, tomando-a como algo valioso e importante, que também é seu, e não como um mero instrumento técnico-jurídico do mundo dos advogados.[63] Quando se atinge essa identificação popular com a Constituição, ela se torna um meio importante de integração social,[64] o que favorece a cristalização de uma identidade nacional, independentemente da existência no povo de outros traços identitários compartilhados, ligados a aspectos como religião, etnia, história, língua ou cultura. Este é um fenômeno positivo importante, tendo em vista, de um lado, a necessidade de integração entre o povo para a harmonia e estabilidade social, e, do outro, o crescente pluralismo que caracteriza as sociedades contemporâneas.

A adesão do cidadão aos princípios constitucionais básicos, ligados sobretudo à democracia e aos direitos fundamentais, tem sido chamada de "patriotismo constitucional".[65] O patriotismo constitucional é hoje concebido como modelo democrático

---

[60] Karl Loewenstein definiu o sentimento constitucional como "aquela consciência na comunidade que, transcendendo a todos os antagonismos e tensões existentes — político-partidárias, econômico-sociais, religiosas ou de outro tipo, integra a detentores e destinatários do poder no marco de uma ordem comunitária obrigatória, justamente a Constituição, submetendo o processo político ao interesse da comunidade" (*Teoría de la Constitución*, p. 200). Sobre o sentimento constitucional, cf. LUCAS VERDÚ, Pablo. *El sentimiento constitucional*.

[61] Sobre o culto quase religioso à Constituição no cenário norte-americano, cf. LEVINSON, Sanford. *Constitutional Faith*.

[62] Cf. BALKIN, Jack M. *Constitutional Redemption*: Political Faith in an Unjust World, p. 73-103.

[63] Mark V. Tushnet elaborou uma distinção conceitual entre Constituição espessa (*thick Constitution*) e fina (*thin Constitution*), que é de interesse para nossa exposição. A primeira envolve todos os preceitos constitucionais, e a segunda apenas os valores e princípios fundamentais da Constituição, de forte conteúdo moral, como igualdade, liberdade de expressão, República, democracia etc. Como afirma Tushnet, seria pretender demais desejar que o cidadão comum se sensibilizasse com as questões eminentemente técnicas envolvendo as normas da Constituição espessa, que muito provavelmente não lhe dizem nada. Mas não é desarrazoado esperar que ele se identifique e se mobilize em favor dos valores constitucionais básicos do seu Estado, contidos na "Constituição fina". Cf. TUSHNET, Mark V. *Taking the Constitution away from the Courts*, p. 9-14.

[64] É influente na teoria constitucional germânica a concepção de Rudolf Smend, elaborada no contexto da Constituição de Weimar, que via na integração o papel essencial da Constituição. Cf. SMEND, Rudolf. *Constitución y derecho constitucional*.

[65] Cf. CAVALCANTI, Antonio Maia. A idéia de patriotismo constitucional e sua integração à cultura político-jurídica brasileira. In: PINZANI, Alessandro; DUTRA, Delamar José Volpato (Org.). *Habermas em discussão*; CITTADINO, Gisele Guimarães. Patriotismo constitucional, cultura e história. *Direito, Estado e Sociedade*, n. 31, p. 58-68; HABERMAS, Jürgen. O Estado-Nação europeu frente aos desafios da globalização o passado e o futuro da soberania e da cidadania. *Novos Estudos – CEBRAP*, n. 43, p. 87-101; MÜLLER, Jan-Werner. *Constitutional Patriotism*; e ROSENFELD, Michel. Habermas's Call for Cosmopolitan Constitutional Patriotism in an Age of Global Terror: a Pluralist Appraisal. *Constellations*, v. 14, n. 2, p. 159-181.

para integração das sociedades plurais contemporâneas, em substituição ao antigo nacionalismo e a outros vínculos identitários particularistas. No núcleo do patriotismo constitucional está também o reconhecimento das diferenças, a formação de "acordos para discordar", de contextos propícios para se "viver e deixar viver".[66] Em outras palavras, ele não envolve qualquer tendência à "homogeneização" cultural. Pelo contrário, implica o respeito à diversidade e ao pluralismo, acolhidos nas constituições democráticas.

O ideal é que a adesão à Constituição pelos cidadãos e forças políticas e sociais não se dê por razões de mero cálculo estratégico, mas envolva um genuíno sentimento de fidelidade a princípios compartilhados.[67] Esta expectativa não é exagerada, quando se parte da premissa de que os indivíduos não são agentes racionais que buscam acima de tudo a maximização dos seus próprios interesses pessoais — como pretende a escola da *rational choice*[68] —, mas pessoas humanas complexas, que também se movem por afetos, por símbolos, por altruísmo e pela busca do bem comum.

A vigente Constituição é nossa primeira razoavelmente efetiva. Isso se deve, em parte, às instituições judiciárias, ao sistema de controle de constitucionalidade, às técnicas de aplicação da Constituição desenvolvidas pelos juristas. Mas também pode ser atribuído a um contexto político e social propício, refratário à ditadura e aberto à democracia e aos direitos fundamentais. A luta contra o regime militar, pela reabertura democrática e pelo respeito aos direitos humanos desabilitou a tradição política brasileira de resolução das crises políticas pela via da ruptura institucional. A sociedade brasileira vem, desde então, manifestando seu compromisso com a solução dos conflitos políticos por meio dos mecanismos previstos na própria Constituição. A cultura constitucional brasileira, embora ainda incompleta, tem sido um elemento decisivo — possivelmente o principal — para que, sob a vigência da atual Constituição, estejamos vivendo o período de estabilidade institucional mais longo de nossa história.

O desafio apresentado ao Brasil é o de fazer com que a Constituição seja apropriada pelas práticas cotidianas da sociedade, sobretudo para garantir o pleno respeito aos direitos fundamentais dos excluídos. Não há dúvidas de que parte considerável da população brasileira ainda se sujeita a práticas autoritárias e opressivas. Nas favelas do Rio de Janeiro, a população é submetida à violência do tráfico de drogas ou da polícia. Na fronteira agrícola, ainda se pratica o trabalho escravo. Nessas partes do território, não vigora plenamente o Estado Democrático de Direito. Para a superação dessas disfunções da vida brasileira, certamente os poderes constituídos devem exercer um papel central. Porém, é igualmente necessário o aprofundamento da cultura constitucional democrática.

---

[66] Cf. GALSTON, William A. Diversity, Toleration, and Deliberative Democracy: Religious Minorities and Public Schooling. *In*: MACEDO, Stephen (Ed.). *Deliberative Politics*: Essays on Democracy and Disagreement, p. 42.

[67] Usando a terminologia de John Rawls, esta adesão não seria apenas um *modus vivendi*, adotado para viabilizar o convívio de grupos diferentes na sociedade, mas, no plano ideal, atingiria o *status* de um "consenso sobreposto" (*overlapping consensus*) entre diferentes concepções de mundo e grupos identitários presentes na comunidade política. Sobre estas categorias, cf. RAWLS, John. *O liberalismo político*, p. 157-203.

[68] Para uma aplicação da teoria da *rational choice* ao constitucionalismo — na nossa opinião, mal sucedida —, cf. BUCHANAN, James M.; TULLOCK, Gordon. *The Calculus of Consent*: Logical Foundations of Constitutional Democracy.

1.7 A constitucionalização do Direito

As constituições contemporâneas desempenham um papel central no ordenamento jurídico. Além de limitarem os poderes políticos, as suas normas podem incidir diretamente sobre as relações sociais. Além disso, seus preceitos e valores são considerados vetores para interpretação e aplicação de todo o Direito, impondo a releitura dos conceitos e institutos existentes nos mais variados ramos do ordenamento. A Constituição não é vista mais como uma simples *norma normarum* — cuja finalidade principal é disciplinar o processo de produção de outras normas.[69] Ela passa a ser enxergada como a encarnação dos valores superiores da comunidade política, que devem fecundar todo o sistema jurídico.

No Brasil de hoje, a constitucionalização do Direito é uma realidade.[70] É difícil, nos dias atuais, encontrar um processo judicial em qualquer área em que dispositivos constitucionais não sejam invocados pelas partes, e depois empregados na fundamentação da respectiva decisão judicial. E isto ocorre não só nas *grandes* questões, mas também na resolução dos *pequenos* conflitos: em modestas reclamações trabalhistas, em demandas nos juizados especiais, em singelas ações previdenciárias. Os livros de doutrina nas mais diversas áreas — Direito Civil, Penal, Tributário, Administrativo, Processual, Trabalhista etc. — têm de dedicar boa parte do seu texto à discussão da Constituição, abordando a maneira como as normas constitucionais repercutem naquele ramo do ordenamento, sob pena de incorrerem em grave lacuna. Até nos debates políticos e nas reivindicações da sociedade civil, o discurso constitucional vem, em alguma medida, penetrando. A Constituição invadiu novos domínios, tornando-se praticamente ubíqua em nosso Direito. E este processo não ocorre só no Brasil. Pelo contrário, algo similar acontece ou aconteceu, em maior ou menor escala, nos mais diversos países.

Em passado não tão distante, nos países do sistema jurídico romano-germânico se concebia o Código Civil como a principal norma jurídica de uma comunidade.[71] Nesses códigos estariam contidos os mais importantes princípios jurídicos, que corresponderiam a um "direito natural racional", alicerçado em valores do liberalismo burguês, como a proteção praticamente absoluta da propriedade privada e da autonomia da vontade na celebração de negócios jurídicos. Ao longo do século XX, com a intensificação da intervenção do Estado sobre as relações sociais, assistiu-se a um fenômeno de inflação legislativa, que levou à crise daquele paradigma de ordenamento jurídico, que tinha em seu centro o Código Civil. Foi a chamada "Era da Descodificação".[72] Com o tempo, a Constituição foi substituindo o Código Civil, convertendo-se na norma jurídica mais relevante do ordenamento, com o papel de costurar e conferir unidade axiológica às suas diferentes partes.

---

[69] Esta era, basicamente, a visão de KELSEN, Hans. *Jurisdição constitucional*, p. 153. Para uma análise crítica desta posição, cf. PRIETO SANCHÍS, Luis. Presupuestos ideológicos y doctrinales de la jurisdición constitucional. In: PRIETO SANCHÍS, Luis. *Justicia constitucional y derechos fundamentales*, p. 21-100.

[70] Sobre a constitucionalização do Direito no Brasil, cf. BARROSO, Luís Roberto. Neoconstitucionalismo e constitucionalização do direito: o triunfo tardio do direito constitucional no Brasil. *Revista de Direito Administrativo – RDA*, n. 240, p. 1-42; e SARMENTO, Daniel. Ubiqüidade constitucional: os dois lados da moeda. In: SARMENTO, Daniel. *Livres e iguais*: estudos de direito constitucional, p. 167-205.

[71] Cf. GIORGIANNI, Michele. O direito privado e as suas atuais fronteiras. *Revista dos Tribunais*, v. 87, n. 747, p. 41; e TEPEDINO, Gustavo. Premissas Metodológicas para a Constitucionalização do direito civil. In: TEPEDINO, Gustavo. *Temas de direito civil*, p. 4.

[72] Cf. IRTI, Natalino. *L'età della decodificazione*.

O fenômeno de constitucionalização do Direito teve causas diversas. Uma delas foi a ampliação das tarefas das constituições, que, a partir do advento do Estado Social, deixaram de tratar apenas da organização do Estado e da garantia de direitos individuais, passando a disciplinar muitos outros temas, como a economia, a família, o meio ambiente etc.[73] Outra foi a sedimentação da ideia, acima explorada, de que a Constituição é norma jurídica e não mera proclamação política, o que se relaciona com a difusão e fortalecimento da jurisdição constitucional. Uma terceira foi o surgimento de uma cultura jurídica que passou a valorizar cada vez mais os princípios, vendo-os não mais como meios para integração de lacunas, mas como normas jurídicas revestidas de grande importância no sistema, capazes de incidir diretamente e de dirigir a interpretação de regras mais específicas.[74]

A constitucionalização do Direito envolve dois fenômenos distintos, que podemos chamar de "constitucionalização-inclusão" e de "constitucionalização releitura".[75] A constitucionalização-inclusão consiste no tratamento pela Constituição de temas que antes eram disciplinados pela legislação ordinária ou mesmo ignorados. Na Constituição de 88, este é um fenômeno generalizado, tendo em vista a inserção no texto constitucional de uma enorme variedade de assuntos — alguns deles desprovidos de maior relevância. Já a constitucionalização releitura liga-se à impregnação de todo o ordenamento pelos valores constitucionais. Trata-se de uma consequência da propensão dos princípios constitucionais de projetarem uma *eficácia irradiante*, passando a nortear a interpretação da totalidade da ordem jurídica. Assim, os preceitos legais, os conceitos e institutos dos mais variados ramos do ordenamento, submetem-se a uma *filtragem constitucional*:[76] passam a ser lidos a partir da ótica constitucional, o que muitas vezes impõe significativas mudanças na sua compreensão e em suas aplicações concretas.

Uma das primeiras expressões da eficácia irradiante dos princípios constitucionais sobre a totalidade do ordenamento jurídico foi o caso *Lüth*, julgado pela Corte Constitucional alemã em 1958,[77] considerado um marco no constitucionalismo germânico. A Corte, naquele importante julgado, assentou que as cláusulas gerais do Direito Privado devem ser interpretadas de acordo com a ordem de valores contida na Constituição:

---

[73] Veja-se, a propósito, o Capítulo 2.
[74] Confira-se, a propósito, o Capítulo 9.
[75] Cf. SOUZA NETO, Cláudio Pereira de; MENDONÇA, José Vicente Santos de. Fundamentalização e fundamentalismo na interpretação do princípio da livre iniciativa. *In*: SOUZA NETO, Cláudio Pereira de; SARMENTO, Daniel (Org.). *A constitucionalização do direito*: fundamentos teóricos e aplicações específicas, p. 710. Observe-se que Louis Favoreau, em texto importante sobre o fenômeno da constitucionalização do Direito, denominou de forma diferente as mesmas hipóteses ora analisadas: batizou o que aqui designamos de constitucionalização-inclusão como "constitucionalização-elevação"; e o que chamamos de constitucionalização-releitura de "constitucionalização-transformação". Cf. FAVOREU, Louis. La constitucionalization du droit. *In*: AA. VV. *L'unité du droit*: mélanges en hommage à Roland Drago, p. 37.
[76] Cf. SCHIER, Paulo Ricardo. *Filtragem constitucional*: contribuindo para uma dogmática jurídica emancipatória.
[77] BVerfGE 7, 198. Tratava-se de discussão relativa à legalidade de um boicote contra um filme dirigido pelo cineasta Veit Harlan, notório colaborador do regime nazista, organizado pelo Presidente do Clube de Imprensa de Hamburgo, Erich Lüth, em 1950. A produtora e a distribuidora do filme se insurgiram contra o boicote e obtiveram decisão injuntiva da Justiça Estadual de Hamburgo, determinando a sua cessação, com base no art. 826 do Código Civil alemão, segundo o qual "quem causar danos intencionais a outrem, e de maneira ofensiva aos bons costumes, fica obrigado a compensar o dano". Inconformado com o julgamento, Lüth interpôs queixa constitucional para o Tribunal Constitucional. A Corte acolheu o recurso, fundamentando-se no entendimento de que as cláusulas gerais do direito privado, como os "bons costumes" referidos no art. 826 do BGB, devem ser interpretadas de acordo com a ordem de valores sobre a qual se assenta a Constituição, levando em consideração os direitos fundamentais — como a liberdade de expressão —, o que não fora feito pela Corte de Hamburgo.

É igualmente verdadeiro, no entanto, que a Lei Fundamental não é um documento axiologicamente neutro. Sua seção de direitos fundamentais estabelece uma ordem de valores, e esta ordem reforça o poder efetivo destes direitos fundamentais. Este sistema de valores, que se centra na dignidade da pessoa humana, em livre desenvolvimento dentro da comunidade social, deve ser considerado como uma decisão constitucional fundamental, que afeta a todas as esferas do direito público ou privado. Ele serve de metro para aferição e controle de todas as ações estatais nas áreas da legislação, administração e jurisdição. Assim é evidente que os direitos fundamentais também influenciam o desenvolvimento do direito privado. Cada preceito do direito privado deve ser compatível com este sistema de valores e deve ainda ser interpretado à luz do seu espírito.

O conteúdo legal dos direitos fundamentais como normas objetivas é desenvolvido no direito privado através dos seus dispositivos diretamente aplicáveis sobre esta área do direito. Novos estatutos devem se conformar com o sistema de valores dos direitos fundamentais. O conteúdo das normas em vigor também deve ser harmonizado com esta ordem de valores. Este sistema infunde um conteúdo constitucional específico ao direito privado, orientando a sua interpretação.

No Brasil, a constitucionalização tem provocado a releitura dos institutos mais importantes e tradicionais do Direito Civil, como a propriedade, a posse, o contrato, a família etc., de modo a torná-los compatíveis com os valores humanitários da Constituição. Formou-se no país escola de "Direito Civil-Constitucional", capitaneada por autores como Gustavo Tepedino,[78] Maria Celina Bodin de Moraes[79] e Edson Fachin,[80] os quais têm se dedicado à tarefa de revisitar a dogmática civilista a partir da ótica constitucional.[81] As consequências deste novo "olhar" constitucional sobre o Direito Civil envolvem o reconhecimento da chamada "eficácia horizontal" direta dos direitos fundamentais.[82] A nova ótica se traduz, ainda, nas tendências à personalização e à despatrimonialização deste ramo do ordenamento. Em outras palavras, trata-se de reconhecer, a partir dos princípios constitucionais, a prioridade dos valores existenciais sobre os valores meramente patrimoniais no âmbito jurídico-privado.

No Direito Administrativo, a constitucionalização tem provocado mudanças igualmente importantes em conceitos e institutos fundamentais.[83] A ideia, antes sagrada, da impossibilidade da impugnação judicial do mérito do ato administrativo, vem

---

[78] Cf. TEPEDINO, Gustavo. *Temas de direito civil*; e TEPEDINO, Gustavo (Coord.). *Problemas de direito civil-constitucional*.

[79] Cf. MORAES, Maria Celina Bodin de. A caminho de um direito civil-constitucional. *Revista de Direito Civil*, n. 65, p. 21-32; MORAES, Maria Celina Bodin de. *Danos à pessoa humana*: uma leitura civil-constitucional dos danos morais.

[80] Cf. FACHIN, Edson. *Teoria crítica do direito civil*; e FACHIN, Edson (Coord.). *Repensando os fundamentos do direito civil brasileiro contemporâneo*.

[81] No Brasil, os primeiros passos no reconhecimento da constitucionalização do Direito Civil devem ser creditados aos civilistas e não aos constitucionalistas, que só se interessaram pelo tema posteriormente. Trata-se de um fenômeno incomum no Direito Comparado, em que, de um modo geral, os civilistas mantiveram-se refratários a uma influência maior da Constituição sobre os domínios da sua disciplina, preocupados, talvez, com a manutenção da "integridade" dos seus institutos tradicionais.

[82] Cf. SARMENTO, Daniel. *Direitos fundamentais e relações privadas*, 2. ed. Sobre o tema na literatura nacional, veja-se também: PEREIRA, Jane Reis Gonçalves. Apontamentos sobre a aplicação das normas de direito fundamental nas relações jurídicas entre particulares. In: BARROSO, Luís Roberto (Org.). *A nova interpretação constitucional*: ponderação, direitos fundamentais e relações privadas, p. 119-192; SARLET, Ingo Wolfgang. Direitos fundamentais e direito privado: algumas considerações em torno da vinculação dos particulares aos direitos fundamentais. In: SARLET, Ingo Wolfgang (Org.). *A Constituição concretizada*: construindo pontes com o público e o privado, p. 129-173; SILVA, Virgílio Afonso da. *Constitucionalização do direito*: os direitos fundamentais nas relações entre particulares; e STEINMETZ, Wilson Antônio. *A vinculação dos particulares aos direitos fundamentais*.

[83] Cf. BINENBOJM. *Uma teoria do direito administrativo*: direitos fundamentais, democracia e constitucionalização.

cedendo espaço para o controle calcado em princípios, como a proporcionalidade, a impessoalidade, a moralidade e a eficiência. A noção de supremacia do interesse público sobre o particular também tem perdido terreno, diante da valorização dos direitos fundamentais, concebidos como "trunfos" em face de interesses eventualmente majoritários.[84] O próprio princípio da legalidade administrativa, segundo o qual o Estado só pode agir quando autorizado por lei, tem sido repensado em razão do reconhecimento da força normativa da Constituição. Afinal, se as normas constitucionais são, em regra, diretamente aplicáveis, independentemente de mediação legislativa, não faz muito sentido exigir que a Administração se abstenha de agir sob o pretexto da inércia do legislador.[85]

Muitos outros exemplos poderiam ser dados, ligados à constitucionalização de ramos tão variados como o Direito Penal, o Processo Civil e o Direito do Trabalho. O fato incontestável é que os princípios e valores da Constituição estão mudando a fisionomia do ordenamento jurídico brasileiro.

Sem embargo, excessos na constitucionalização do Direito são objeto de críticas importantes. No que tange à constitucionalização-inclusão, pode-se questionar a legitimidade democrática do entrincheiramento constitucional de decisões políticas conjunturais ou de interesses corporativos que conseguiram prevalecer na arena constituinte.[86] Afinal, trata-se de restrições às deliberações da política majoritária, muitas vezes moralmente injustificáveis. Ademais, uma consequência prática indesejável deste fenômeno é o aumento da frequência das emendas constitucionais. Isto porque, se a Constituição trata de tantos assuntos, é natural que a cada mudança no equilíbrio das forças políticas, ou a cada alteração social mais significativa, haja necessidade de se emendar a Constituição.

Por outro lado, esta "banalização" constitucional gera outro efeito colateral pernicioso. Ela equipara temas tipicamente constitucionais, cujo tratamento deve realmente demandar um processo de deliberação mais complexo, com outros sem a mesma estatura, que deveriam ser decididos na esfera da política ordinária. Com isso, passa-se a exigir, para a simples implementação de programas de governo referendados nas eleições, o apoio de 3/5 dos integrantes de cada casa do Congresso — maioria qualificada necessária para a aprovação das emendas constitucionais. Esta dificuldade muitas vezes é equacionada da pior maneira possível, com barganhas não republicanas envolvendo o governo e parlamentares.

No que concerne à constitucionalização-releitura, é preciso avaliar até que ponto é legítimo, numa democracia, restringir a liberdade de conformação do legislador em nome da irradiação dos valores constitucionais, sobretudo diante da constatação de

---

[84] Cf. SARMENTO, Daniel (Org.). *Interesses públicos versus interesses privados*: desconstruindo o princípio da supremacia do interesse público. A obra reúne artigos de Alexandre Santos de Aragão, Daniel Sarmento, Gustavo Binenbojm, Humberto Ávila e Paulo Ricardo Schier, que rejeitam a existência do princípio em questão. Para uma visão distinta na doutrina contemporânea, cf. OSÓRIO, Fábio Medina. Existe uma supremacia do interesse público sobre o privado no direito administrativo brasileiro?. *Revista de Direito Administrativo – RDA*, n. 220, p. 69-107.

[85] Caso paradigmático ocorreu quando o Conselho Nacional de Justiça editou resolução vedando o nepotismo no âmbito do Poder Judiciário. Muitos tribunais recusaram-se a cumprir a resolução, alegando violação a vários princípios constitucionais, dentre os quais o da legalidade. Porém, o Supremo Tribunal Federal julgou válido o ato normativo questionado, afirmando que este apenas explicitara e concretizara a proibição em questão, que já decorria diretamente de princípios constitucionais da Administração Pública como os da moralidade administrativa, da impessoalidade e da eficiência. Cf. ADC nº 12, Rel. Min. Carlos Britto. *DJe*, 18 dez. 2009.

[86] Cf. COUTO, Cláudio Gonçalves. Constituição, competição e políticas públicas. *Lua Nova – Revista de Cultura e Política*, n. 65, p. 95-135.

que o grande "agente" desta irradiação é o juiz, que não é eleito. O elevado grau de indeterminação das normas empregadas no processo de "filtragem constitucional" agrava o problema. Em regra, serão necessários procedimentos hermenêuticos mais complexos, como ponderações e interpretações construtivas, nos quais o julgador terá participação mais ativa na definição do resultado.

Aqui, dois registros são necessários. Em primeiro lugar, não se deve supor que seja possível extrair da Constituição, pela via hermenêutica, as respostas para todos os problemas jurídicos e sociais. Quem defende que tudo ou quase tudo já está decidido pela Constituição, e que o legislador é um mero executor das medidas já impostas pelo constituinte, nega, por consequência, a autonomia política ao povo para, em cada momento da sua história, realizar as suas próprias escolhas. Se é verdade que constituições substantivas, como a brasileira, vão muito além de apenas estabelecer as "regras do jogo", não é menos certo que um espaço mínimo para o jogo político deve ser preservado da voracidade da jurisdição constitucional.[87] O excesso de constitucionalização do Direito — a *panconstitucionalização* — reveste-se, portanto, de um viés antidemocrático.

Em segundo lugar, é fundamental que haja racionalidade e transparência na atuação jurisdicional que produz a irradiação dos princípios constitucionais, constitucionalizando o ordenamento. As decisões judiciais devem ser racionalmente justificadas, de forma a demonstrar não só às partes do litígio, mas também ao público em geral, que o resultado alcançado é o mais adequado à ordem jurídica e às peculiaridades do caso.[88] Quanto mais uma decisão envolver alguma margem de valoração do intérprete, maior deve ser o cuidado empregado na fundamentação.

Em suma, a constitucionalização do Direito — pelo menos na sua dimensão de "constitucionalização-releitura" —, é fenômeno positivo, que semeia por todo o ordenamento os valores emancipatórios contidos na Constituição. Porém, ela deve respeitar espaços mínimos de liberdade de conformação do legislador, derivados do princípio democrático, e ser realizada com rigor metodológico, tendo-se sempre presente a exigência de justificação pública das decisões judiciais.

1.8 Bloco de constitucionalidade e tratados internacionais sobre direitos humanos

Entende-se por bloco de constitucionalidade o conjunto de normas a que se reconhece hierarquia constitucional num dado ordenamento. Tais normas, ainda que não figurem no documento constitucional, podem ser tomadas como parâmetro para o exercício do controle de constitucionalidade.

---

[87] Na teoria jurídica alemã existe um debate interessante que confronta as visões da Constituição como "moldura" e como "fundamento". A primeira concepção preservaria maior espaço para as deliberações políticas e a segunda tenderia a extrair mais vinculações substantivas da Constituição, por meio dos instrumentos da hermenêutica constitucional. Veja-se, a propósito ALEXY, Robert. Posfácio. *In*: ALEXY, Robert. *Teoria dos direitos fundamentais*; BÖCKENFÖRDE, Ernst-Wolfgang. Les méthodes d'interprétation de la Constitution: un bilan critique. *In*: BÖCKENFÖRDE, Ernst-Wolfgang. *Le droit, l'État et la Constitution démocratique*, p. 249-250; STARCK, Christian. La suprematie de la Constitution et la justice constitutionnelle. *In*: STARCK, Christian. *La Constitution*: cadre et mesure du droit, p. 26-30; e SILVA, Virgílio Afonso da. *Constitucionalização do direito*: os direitos fundamentais nas relações entre particulares, p. 107-131.

[88] Cf. PERELMAN, Chaïm. La motivation des décisions de justice: essai de synthèse. *In*: PERELMAN, Chaïm; FORIERS, Paul. *La motivation des décisions de justice*, p. 413-426.

O conceito de "bloco de constitucionalidade" tem a sua origem no Direito Constitucional francês. O Conselho Constitucional da França, em decisão proferida em 1971,[89] afirmou que, como o Preâmbulo da Constituição do país, editada em 1958, se refere à Declaração dos Direitos do Homem e do Cidadão, e ao Preâmbulo da Constituição de 1946, esses textos teriam também se incorporado à ordem constitucional vigente. Tal orientação foi extremamente importante para o constitucionalismo francês, pois permitiu que a jurisdição constitucional do país se estendesse à proteção de um amplo elenco de direitos fundamentais, ausentes do texto constitucional. Na sua redação atual, o preâmbulo daquela Constituição se reporta ainda à Carta do Meio Ambiente de 2003, que, dessa forma, também integra o bloco de constitucionalidade do país.[90] A Constituição francesa não é, portanto, composta apenas por seu texto, mas também por aqueles outros diplomas normativos.

Em diversos outros países, as constituições aludem a tratados internacionais de direitos humanos, incorporando-os ao bloco de constitucionalidade. É assim, por exemplo, na Argentina, cuja Constituição, a partir da reforma aprovada em 1994, atribuiu hierarquia constitucional a diversos tratados e declarações de direitos humanos enumeradas em seu texto.[91] Também a Constituição da Venezuela concedeu hierarquia constitucional aos tratados internacionais sobre direitos humanos. O mesmo se deu na Constituição austríaca, em relação à Convenção Europeia de Direitos Humanos e aos seus protocolos adicionais.

No ordenamento jurídico brasileiro, todas as normas contidas no texto constitucional integram o bloco de constitucionalidade. Também o integram preceitos constantes de emendas constitucionais que não foram incorporados ao texto da Constituição. Além disso, existem princípios constitucionais não escritos, que podem ser extraídos pela via hermenêutica da ordem constitucional, que também compõem nosso bloco de constitucionalidade. Nesta matéria, o principal debate travado no país diz respeito aos tratados internacionais sobre direitos humanos.

Com efeito, o art. 5º, §2º, da Constituição Federal dispõe que "os direitos e garantias expressos nesta Constituição não excluem outros decorrentes do regime e dos princípios por ela adotados, ou dos tratados internacionais em que a República Federativa do Brasil seja parte." A partir deste preceito, um importante segmento da doutrina brasileira, capitaneado por Antônio Augusto Cançado Trindade[92] e Flávia

---

[89] Decisão nº 71-44 DC, de 16.07.1971.

[90] A redação atual do Preâmbulo da Constituição Francesa de 1958 é a seguinte: "O povo francês proclama solenemente sua adesão aos direitos humanos e aos princípios da soberania nacional tal como foram definidos pela Declaração de 1789, confirmada e completada pelo Preâmbulo da Constituição de 1946, assim como aos direitos e deveres definidos na Carta do Meio Ambiente de 2003".

[91] De acordo com o art. 75, XXII, da Constituição da Argentina, os tratados e declarações de direitos que possuem hierarquia constitucional naquele país são: a Declaração Americana de Direitos e Deveres do Homem; a Declaração Universal de Direitos Humanos; a Convenção Americana sobre Direitos Humanos; o Pacto Internacional de Direitos Civis e Políticos e seu Protocolo Facultativo; a Convenção sobre a Prevenção e Sanção do Delito de Genocídio; a Convenção Internacional sobre a Eliminação de todas as Formas de Discriminação Racial; a Convenção sobre a Eliminação de todas as Formas de Discriminação contra a Mulher; a Convenção contra a Tortura e outros Tratamentos Cruéis, Desumanos e Degradantes; e a Convenção sobre os Direitos da Criança. A propósito do bloco de constitucionalidade na Argentina, cf. MANILI, Pablo Luis. *El bloque de constitucionalidad*: la recepción del derecho internacional de los derechos humanos en el derecho constitucional argentino.

[92] CANÇADO TRINDADE, Antônio Augusto. Memorial em prol de uma nova mentalidade quanto a proteção dos direitos humanos nos planos internacional e nacional. *Arquivos de Direitos Humanos*, n. 1, p. 3-55.

Piovesan,[93] passou a sustentar que os tratados internacionais sobre direitos humanos adotados pelo Brasil têm hierarquia constitucional. Vários argumentos foram empregados para sustentar esta tese. Invocou-se a própria redação do texto constitucional, bem como a história do preceito, que teria sido incluído na Carta de 88 exatamente com o propósito de alçar à hierarquia constitucional os tratados sobre direitos humanos.[94] Mas o argumento mais importante é de natureza substantiva. A hierarquia constitucional serviria para proteger mais intensamente os direitos humanos contidos nos tratados, em convergência com o espírito da Constituição de 88 e com a tendência mundial, surgida após o final da Segunda Guerra Mundial, de conceber tais direitos como limites à própria soberania estatal. Para essa corrente, na hipótese de colisão entre norma contida em tratado internacional de direitos humanos e preceito da própria Constituição, deve prevalecer aquela que seja mais favorável ao titular do direito.

O saudoso internacionalista Celso Duvivier de Albuquerque Mello[95] ia ainda mais longe, ao defender a hierarquia *supraconstitucional* dos tratados internacionais sobre direitos humanos.

Contudo, nenhuma destas posições prevaleceu no STF. Num primeiro momento, a Corte, em julgamento sobre a validade da prisão civil do depositário infiel — autorizada pela Constituição, mas vedada pela Convenção Interamericana de Direitos Humanos —, afirmou que os tratados internacionais sobre direitos humanos teriam hierarquia de lei.[96] Quando eles se confrontassem com leis internas, dever-se-ia aplicar o critério cronológico ou o critério de especialidade para resolução da antinomia, mas não o hierárquico. O Supremo seguiu, nesta matéria, a mesma orientação que vinha adotando sobre a hierarquia dos demais tratados internacionais, firmada em precedente do ano de 1977.[97] Um dos argumentos invocados para sustentar tal posição foi a rigidez constitucional. A incorporação dos tratados no ordenamento interno depende

---

[93] PIOVESAN, Flávia. *Direitos humanos e o direito constitucional internacional*, 7. ed., p. 51-91. A autora defende a posição da hierarquia constitucional dos tratados dos direitos humanos desde a 1ª edição da citada obra, que é de 1996.

[94] Neste sentido, cf. CANÇADO TRINDADE, Antônio Augusto. Memorial em prol de uma nova mentalidade quanto a proteção dos direitos humanos nos planos internacional e nacional. *Arquivos de Direitos Humanos*, p. 46. O professor Cançado Trindade destaca que a inserção do art. 5º, §2º, no texto constitucional resultou do acolhimento de sugestão feita por ele à Assembleia Nacional Constituinte, na qualidade de Consultor Jurídico do Itamaraty. De acordo com pesquisa realizada por Alexandre Dantas Coutinho Santos, tal proposta, formulada por Cançado Trindade durante a 11ª Reunião da Subcomissão dos Direitos Políticos e Garantias Individuais da Assembleia Constituinte, realizada em 29 de abril de 1987, foi discutida e aceita na ocasião. Cf. SANTOS, Alexandre Dantas Coutinho. *A harmonização entre os tratados internacionais de direitos humanos e o direito interno no sistema interamericano de proteção*, p. 40-42.

[95] MELLO, Celso Duvivier de Albuquerque. O §2º do art. 5º da Constituição Federal. *In*: TORRES, Ricardo Lobo (Org.). *Teoria dos direitos fundamentais*, p. 25-26.

[96] HC nº 72.131/RJ, Rel. p/ acórdão Min. Moreira Alves. Julg. 22.11.1995. Consta do voto proferido pelo Min. Celso de Mello no referido julgamento: "inexiste, na perspectiva do modelo constitucional vigente no Brasil, qualquer precedência ou primazia hierárquico-normativa dos tratados ou convenções internacionais sobre o direito positivo interno, sobretudo em face das cláusulas inscritas na Constituição da República (...). A circunstância do Brasil haver aderido ao Pacto de São José da Costa Rica — cuja posição, no plano da hierarquia das fontes jurídicas, situa-se no mesmo nível de eficácia e autoridade das leis ordinárias internas — não impede que o Congresso Nacional, em tema de prisão civil por dívida, aprove legislação comum instituidora desse meio excepcional de coerção processual".

[97] RE nº 80.004, Rel. Min. Cunha Peixoto. Tratava o caso de conflito entre a legislação interna e a Convenção de Genebra – Lei Uniforme sobre Letras de Câmbio e Notas Promissórias. Na ocasião, o Supremo, revendo posição anterior que dava primazia aos tratados sobre a legislação infraconstitucional, afirmou a paridade hierárquica entre os mesmos, e resolveu a colisão em favor da lei nacional, porque editada posteriormente.

de aprovação, pelo Congresso Nacional, de decreto legislativo, em que é suficiente a obtenção do quórum de maioria simples (arts. 47 e 49, I, CF). Por isso — dizia-se — atribuir hierarquia constitucional aos tratados de direitos humanos importaria em tornar a Constituição flexível nesse ponto.

Para superar essa orientação, o Congresso Nacional, por meio da Emenda Constitucional nº 45/2004, inseriu, no art. 5º da Constituição, o §3º: "Os tratados e convenções internacionais sobre direitos humanos que forem aprovados, em cada Casa do Congresso Nacional, em dois turnos, por três quintos dos votos dos respectivos membros, serão equivalentes às emendas constitucionais". De acordo com esse preceito, o tratado internacional sobre direitos humanos que for submetido ao procedimento nele prescrito, que é semelhante ao de aprovação de emendas constitucionais, pode alterar a Constituição. Quanto aos tratados internalizados por meio desse procedimento não há duvida: eles integram a Constituição, compondo o "bloco de constitucionalidade". Em caso de conflito entre tratado incorporado dessa forma e preceito constitucional, deverá prevalecer a norma mais favorável ao titular do direito.[98] Mas a circunstância de determinado tratado internacional de proteção dos Direitos Humanos ter sido internalizado em conformidade com o §3º do art. 5º da Constituição Federal, passando a integrá-la, não impede que leis sejam aprovadas conferindo proteção mais ampla aos direitos fundamentais. Uma lei ordinária que confira maior proteção não será considerada inconstitucional.

Até o presente momento, apenas a *Convenção sobre os Direitos das Pessoas com Deficiência* e seu *Protocolo Facultativo* foram submetidos a esse procedimento. Em decorrência disso, passaram a fazer parte, de nosso catálogo de direitos fundamentais, outros direitos específicos das pessoas com deficiência, além dos já existentes no texto constitucional originário.

Após a edição da EC nº 45/2004, o STF, com composição bastante renovada, revisitou o tema da hierarquia dos tratados internacionais sobre direitos humanos. Mais uma vez, a questão veio à baila em discussão sobre a validade da prisão civil do depositário infiel, tendo em vista a vedação estabelecida na Convenção Americana de Direitos Humanos.[99] Tratava-se, portanto, de tratado internacional aprovado antes da promulgação da EC nº 45, cuja incorporação, naturalmente, não seguira o procedimento nela previsto. A Corte mudou o seu entendimento anterior, passando a atribuir hierarquia supralegal, mas infraconstitucional, aos tratados internacionais de direitos humanos que não tenham sido incorporados pela forma estabelecida pela EC nº 45. Pelo novo posicionamento, estes tratados internacionais sobre direitos humanos prevalecem sobre a legislação interna, ressalvada apenas a própria Constituição. Todavia, eles não integram o bloco de constitucionalidade, já que se situam em patamar hierárquico inferior ao da Constituição. Com isso, o direito brasileiro aproximou-se, quanto ao tema, de ordenamentos como o alemão (Lei Fundamental de Bonn, art. 25) e o francês (Constituição Francesa, art. 55).[100]

---

[98] Esses conflitos podem suscitar questões que a singela aplicação de tal critério não tem como resolver. Veja-se, a propósito, o Capítulo 12.
[99] RE nº 466.343-1, Rel. Min. Cezar Peluso. *DJe*, 05 jun. 2009.
[100] Segundo o art. 25 da vigente Constituição alemã, "as normas gerais do Direito Internacional Público constituem parte integrante do direito federal. Sobrepõem-se às leis e constituem fonte direta para os habitantes do território federal". De acordo com o art. 55 da Constituição francesa, "os tratados e acordos regularmente ratificados

No citado julgamento, nenhum ministro sustentou a tese da hierarquia legal dos tratados internacionais sobre direitos humanos. Formaram-se na Corte duas posições: uma, perfilhada pelo Ministro Celso de Mello — que reviu seu posicionamento anterior sobre o assunto —, reconhece a estatura constitucional aos referidos tratados; outra, majoritária, capitaneada pelo Ministro Gilmar Mendes, lhes atribui hierarquia supralegal, mas infraconstitucional. Em julgados subsequentes, essa nova orientação se consolidou.[101]

Há quem afirme que o art. 5º, §3º, da Constituição teria natureza interpretativa, explicitando a estatura constitucional dos tratados de direitos humanos incorporados anteriormente à sua introdução.[102] Argumento adicional em favor da atribuição de hierarquia constitucional a tais tratados liga-se à dinâmica da recepção. Como se sabe, um novo texto constitucional (inclusive o decorrente de emenda constitucional) pode recepcionar as normas infraconstitucionais anteriores, editadas por meio de veículo formal diferente do que ele estabelece, bastando que haja compatibilidade material entre as normas. Nessa hipótese, entende-se que a norma anterior passa a valer com novo *status*. Um exemplo importante é o do Código Tributário Nacional, que foi aprovado originariamente em 1965, por meio de Decreto-Lei, quando não existia em nosso ordenamento a lei complementar. Como a partir da Constituição de 1967 — e também na Carta de 88 — passou-se a exigir a edição de lei complementar para o estabelecimento de normas gerais em matéria tributária, entende-se que o CTN foi recepcionado como lei complementar. Há quem sustente que o mesmo fenômeno teria ocorrido com os tratados internacionais sobre direitos humanos incorporados antes da Emenda Constitucional nº 45. Como o art. 5º, §3º, da Constituição, instituído por aquela emenda, deu aos novos tratados sobre direitos humanos hierarquia constitucional, isso teria implicado a recepção dos tratados antigos com esta mesma estatura.[103]

Consideramos correta a atual posição majoritária do STF sobre o tema,[104] endossada no voto do Ministro Gilmar Mendes proferido no RE nº 466.343-1. Com efeito, por um lado, a tese da hierarquia legal dos tratados em questão, que antes prevalecia no STF, não estava em consonância com a valorização dos direitos humanos que se extrai da Constituição. Ela não lhes proporcionava proteção suficiente, por deixá-los

---

ou aprovados possuem, desde a sua publicação, autoridade superior à das leis, sob reserva, em cada caso, de aplicação pela outra parte".

[101] Nesta linha, por exemplo, o HC nº 94.013/SP (Rel. Min. Carlos Britto. Julg. 10.02.2009): "O Pacto de San José da Costa Rica (ratificado pelo Brasil – Decreto 678 de 6 de novembro de 1992), para valer como norma jurídica interna do Brasil, há de ter como fundamento de validade o §2º do art. 5º da Magna Carta. A se contrapor, então, a qualquer norma ordinária originariamente brasileira que preveja a prisão civil por dívida. Noutros termos: o Pacto de San José da Costa Rica, passando a ter como fundamento de validade o §2º do art. 5º da CF/88, prevalece como norma supralegal em nossa ordem jurídica interna e, assim, proíbe a prisão civil por dívida. Não é norma constitucional — à falta do rito exigido pelo §3º do art. 5º —, mas a sua hierarquia intermediária de norma supralegal autoriza afastar regra ordinária brasileira que possibilite a prisão civil por dívida".

[102] Neste sentido, cf. LAFER, Celso. *A internacionalização dos direitos humanos*: Constituição, racismo e relações internacionais, p. 16-18.

[103] Cf. FRANCISCO, José Carlos. Bloco de constitucionalidade e recepção dos tratados internacionais. *In*: TAVARES, André Ramos; LENZA, Pedro; LORA ALARCÓN, Pietro de Jesus (Coord.). *Reforma do Judiciário*: analisada e comentada: Emenda Constitucional 45/2004, p. 99-105. Esta posição foi acolhida pelo STJ no RHC nº 18.799, Rel. Min. José Delgado. *DJ*, 08 jun. 2006.

[104] No mesmo sentido, cf. BARROSO, Luís Roberto. Constituição e tratados internacionais: alguns aspectos da relação entre direito internacional e direito interno. *In*: TIBURCIO, Carmen; BARROSO, Luís Roberto. *Direito constitucional internacional*, p. 216-222.

excessivamente expostos à vontade do legislador ordinário. E também não era compatível com a crescente abertura do constitucionalismo aos influxos do Direito Internacional. Contudo, a tese da hierarquia constitucional de todos os tratados sobre direitos humanos, conquanto sedutora, envolve problemas insuperáveis.

O principal é o de que, além de uma inflação constitucional sem precedentes, ela geraria absoluta incerteza sobre as normas que efetivamente compõem a nossa Constituição. O Brasil é signatário de dezenas — talvez centenas — de tratados internacionais que, dependendo da visão do intérprete, podem ser qualificados como relativos a direitos humanos. Só no âmbito da Organização Internacional do Trabalho são mais de 70 tratados que o país incorporou, a maioria deles com dezenas de preceitos. Não é razoável que se tenha uma Constituição composta por muitos milhares de preceitos, e, pior do que isso, que sequer se saiba se determinada norma a integra ou não a Constituição. A adoção da tese provocaria grande insegurança quanto à extensão e o teor da Constituição: quais tratados teriam natureza constitucional? Quais normas efetivamente integrariam seu texto? Essa incerteza enfraqueceria a força normativa da Constituição, submetendo os cidadãos e agentes públicos a um sistema constitucional de complexidade praticamente incontrolável.

Por outro lado, o ganho em matéria de proteção de direitos fundamentais não seria tão significativo se a tese da estatura constitucional fosse adotada. Primeiramente, porque a hierarquia supralegal, mas infraconstitucional, dos tratados, já concede uma tutela bastante reforçada aos direitos humanos, salvaguardando-os inclusive do legislador. O *status* supralegal dos tratados internacionais sobre direitos humanos enseja, inclusive, a possibilidade de exercício do chamado *controle de convencionalidade* das leis,[105] por todos os juízes e tribunais brasileiros no julgamento de casos concretos, fundado na aplicação do critério hierárquico para resolução de antinomias.[106] O exercício deste controle impõe a não aplicação da legislação interna infraconstitucional sempre que ela se afigurar incompatível com tratados internacionais de direitos humanos, bem como o dever de interpretar as normas internas à luz não só da Constituição, como também dos

---

[105] O controle de convencionalidade também pode ser exercido por cortes internacionais. A Corte Interamericana de Direitos Humanos, por exemplo, o realiza frequentemente, como ocorreu no julgamento do caso *Gomes Lund e outros vs. Brasil*, em que se afirmou a incompatibilidade entre a Convenção Interamericana de Direitos Humanos e a Lei de Anistia brasileira, na parte em que anistiara os crimes envolvendo graves violações de direitos humanos, cometidos por agentes do regime contra seus opositores, durante a ditadura militar. Sobre o controle de convencionalidade, cf. MAZZUOLI, Valério de Oliveira. *O controle jurisdicional da convencionalidade das leis*; e SAGÜÉS, Néstor Pedro. Obligaciones internacionales y control de convencionalidad. *Estudios Constitucionales*, p. 117-135.

[106] A Corte Interamericana de Direitos Humanos tem firme jurisprudência no sentido de que o exercício do *controle de convencionalidade*, que tem por parâmetro não só o texto da Convenção Interamericana, mas a sua interpretação por aquele tribunal, é um dever dos juízes e tribunais nacionais, decorrentes da sua vinculação ao Pacto Interamericano. Neste sentido, no julgamento do caso *Almonacid Arellano y otros v. Chile*, realizado em 2006, a Corte Interamericana ressaltou: "La Corte es consciente que los jueces y tribunales internos están sujetos al imperio de la ley y, por ello, están obligados a aplicar las disposiciones vigentes en el ordenamiento jurídico. Pero cuando un Estado ha ratificado un tratado internacional como la Convención Americana, sus jueces, como parte del Estado, también están sometidos a ella, lo que les obliga a velar porque los efectos de las disposiciones de la Convención no se vean mermadas por la aplicación de leyes contrarias a su objeto y fin, y que desde un inicio carecen de efectos jurídicos. En otras palabras, el Poder Judicial debe ejercer una especie de 'control de convencionalidad' entre las normas jurídicas internas que aplican en los casos concretos y la Convención Americana de Derechos Humanos. En esta tarea, el Poder Judicial debe tener en cuenta no solamente el tratado, sino también la interpretación que del mismo ha hecho la Corte Interamericana".

tratados internacionais de direitos humanos de que o país seja parte.[107] De acordo com Néstor Pedro Sagüés,[108] ao lado do *controle destrutivo de convencionalidade*, que envolve a invalidação das normas internas contrárias aos tratados internacionais de direitos humanos, deve-se empreender também o *controle construtivo de convencionalidade*, que consiste em buscar *ajustar* a legislação interna à normativa internacional pela via hermenêutica, no afã de construir interpretações da primeira que se compatibilizem com parâmetros internacionais de proteção dos direitos humanos.

Além disso, a Constituição já possui um elenco extremamente generoso de direitos fundamentais, tendo incorporado praticamente todos os mais importantes que figuram na normativa internacional de direitos humanos. E possui cláusulas abertas, como o princípio da dignidade da pessoa humana, que permitem o reconhecimento de outros direitos pela via hermenêutica. Não bastasse, há sempre a possibilidade de submeter o antigo tratado, até então despido de estatura constitucional, a novo procedimento de incorporação, pautado pelo procedimento do art. 5º, §3º, da Constituição, de modo a inseri-lo no bloco de constitucionalidade.

E o argumento da recepção, apesar de engenhoso, não procede. É que a melhor interpretação do art. 5º, §3º, CF, não é no sentido de que todos os tratados sobre direitos humanos devem ser necessariamente aprovados pela maioria qualificada de 3/5 nas duas casas do Congresso, convertendo-se em normas constitucionais. Uma interpretação como essa produziria um resultado paradoxal: dito preceito constitucional, editado no afã de favorecer os direitos humanos, acabaria dificultando a sua incorporação em nosso ordenamento. É preferível a tese de que o art. 5º, §3º, da Constituição institui um novo caminho, não exclusivo, para a internalização dos tratados sobre direitos humanos. Agora, existem duas possibilidades: um procedimento mais singelo, igual ao dos demais tratados, que importa na incorporação do texto sobre direitos humanos com hierarquia supralegal, mas infraconstitucional; e outro, mais difícil, que enseja a inserção do tratado no bloco de constitucionalidade. Assentada esta premissa, perde sustentação a tese da recepção qualificada dos antigos tratados sobre direitos humanos, pois se afasta a ideia de que a estatura necessária dos novos tratados sobre a matéria seja a constitucional. Nessa perspectiva, a recepção não altera a natureza infraconstitucional, mas supralegal, dos tratados de direitos humanos incorporados antes da EC nº 45/2004.

1.9 Constituição em sentido formal, instrumental, material e ideal

A palavra "Constituição" é empregada em diversos sentidos diferentes. Algumas vezes, fala-se em Constituição para aludir-se às normas jurídicas dotadas de superior hierarquia no ordenamento do Estado, independentemente do seu conteúdo. Essa é a Constituição "em sentido formal", ou Constituição formal.

Outras vezes, alude-se à Constituição para fazer referência ao principal texto jurídico que contém estas normas superiores. É a Constituição em sentido instrumental

---

[107] Cf. FERRER MAC-GREGOR, Eduardo. Interpretación conforme y control difuso de convencionalidad. El nuevo paradigma para el juez mexicano. *In*: BOGDANDY, Armin von; PIOVESAN, Flávia; ANTONIAZZI, Mariela Morales (Coord.). *Estudos avançados de direitos humanos*: democracia e integração jurídica: emergência de um novo direito público.

[108] SAGÜÉS, Néstor Pedro. Perspectivas actuales del control de convencionalidad desde el caso argentino. Disponível em: <http://www.corteidh.or.cr/index.php/en/court-today/galeria-multimedia>.

ou documental. Nas palavras de Jorge Miranda, "o documento onde se inserem ou depositam normas constitucionais diz-se Constituição em sentido instrumental".[109] Podem existir normas integrantes da Constituição em sentido formal que não estejam inseridas neste documento, como costumes constitucionais reconhecidos, ou preceitos dotados de estatura constitucional previstos em tratados internacionais sobre direitos humanos.

Também se fala em Constituição "em sentido material". A expressão "Constituição em sentido material" é ambígua, pois é usada com diversos significados diferentes, sendo dois os mais comuns.[110] No primeiro, ela é associada às chamadas "normas materialmente constitucionais", que são aquelas que tratam de temas considerados como de natureza essencialmente constitucional — notadamente a organização do Estado e os direitos fundamentais —, não importa onde estejam positivadas.[111] Em todos os Estados modernos existem normas jurídicas, escritas ou não, que organizam o exercício do poder político, distribuindo competências e fixando procedimentos para a elaboração de outras normas. Daí por que todos os Estados possuem Constituição, nesse sentido material,[112] embora nem todos tenham Constituição em sentido formal ou em sentido instrumental.

No sentido acima, a Constituição material se refere a normas jurídicas e não à realidade social subjacente. Tal como a Constituição formal, ela está na esfera do "dever ser", e não no plano do fato social. Porém, Constituição material e Constituição formal não se confundem, representando dois círculos que se tangenciam. Por um lado, há, na Constituição formal, preceitos que não versam sobre temas tipicamente constitucionais — e estes abundam na Constituição de 88. Mas, por outro, podem existir normas materialmente constitucionais situadas fora da Constituição formal.

Porém, fala-se também em Constituição em sentido material num significado diferente, para aludir não às normas jurídicas dotadas de um conteúdo próprio, mas à realidade social subjacente a estas normas. Neste outro sentido, a Constituição material é concebida como a estrutura básica da comunidade política, como o seu "modo de ser", compreendendo as mais importantes relações de poder político, social e econômico travadas nesta comunidade.[113] Do ponto de vista histórico, este sentido descritivo precede a qualquer outro, já estando presente no pensamento político clássico, na Antiguidade greco-romana.[114]

Nesta concepção, a Constituição material aproxima-se do conceito sociológico de Constituição, formulado por Ferdinand Lassale,[115] que será detidamente explicado

---

[109] MIRANDA, Jorge. *Manual de direito constitucional*, v. 2, p. 11.

[110] Cf. SAMPAIO, José Adércio Leite. Teorias constitucionais em perspectivas: em busca de uma Constituição pluridimensional. *In*: SAMPAIO, José Adércio Leite (Coord.). *Crise e desafio da Constituição*: perspectivas críticas da teoria e das práticas constitucionais brasileiras, p. 11.

[111] Neste sentido, cf. BONAVIDES, Paulo. *Curso de direito constitucional*, p. 63-64; e CAETANO, Marcello. *Direito constitucional*, v. 1, p. 399.

[112] Cf. JELLINEK, Georg. *Teoría general del Estado*, p. 457.

[113] Neste sentido, veja-se a definição de Constituição material de Gustavo Zagrebelsky: "Logicamente e temporalmente anterior a qualquer Constituição formal (...) deve existir uma organização, uma ordem concreta capaz de exprimi-la. As forças, materiais e espirituais, que mantêm junta esta organização estável num conjunto de relações (ações-reações) são o que chamamos de Constituição material" (*Manuale di diritto costituzionale*, v. 1, p. 25).

[114] Cf. GRIMM, Dieter. Condiciones y consecuencias del nacimiento del constitucionalismo moderno. *In*: GRIMM, Dieter. *Constitucionalismo y derechos fundamentales*, p. 49-50.

[115] LASSALE, Ferdinand. *A essência da Constituição*. Lassale, como será explicado em outro capítulo, adotava uma visão extremamente cética sobre a possibilidade de as normas constitucionais regularem com efetividade os

em outro capítulo sobre teorias constitucionais. É a Constituição concebida como "os fatores reais de poder" presentes numa dada sociedade, e não como um mero "pedaço de papel" contendo normas jurídicas.

Fala-se, ainda, em Constituição num sentido ideal, para se fazer referência ao sistema normativo do Estado que corresponde a um determinado modelo: o modelo do constitucionalismo, que envolve a contenção do poder dos governantes e a garantia de direitos dos governados. Foi neste sentido que a Declaração dos Direitos do Homem e do Cidadão, elaborada na França, em 1789, proclamou, em seu art. 16, que "toda sociedade, na qual a garantia dos direitos não é assegurada nem a separação de poderes determinada, não tem Constituição".

No apogeu do positivismo jurídico, o conceito ideal de Constituição foi desprezado, tido como uma descabida abstração jusnaturalista. A Constituição, para o positivismo, poderia ser dotada de qualquer conteúdo, do mais liberal e democrático ao mais totalitário.[116] Contudo, após o final da II Guerra Mundial, com a crise do positivismo jurídico que então se instaurou, diversas correntes jurídicas e filosóficas — não necessariamente filiadas ao jusnaturalismo — voltaram a identificar a Constituição a um conteúdo mínimo de Justiça.[117] Este conteúdo, no entanto, não precisa necessariamente coincidir com aquele sustentado nos primórdios do constitucionalismo e afinado com a ideologia liberal-burguesa então dominante, podendo envolver outros temas e objetos, como os direitos sociais e a justiça distributiva.

Como se verá no Capítulo 5, diversas visões contemporâneas sobre o fenômeno constitucional buscam, a partir de perspectivas diferentes, articular de modo coerente estas várias facetas ou dimensões da Constituição, que envolvem norma, fato e valor. Nenhuma dessas dimensões pode ser negligenciada numa teoria constitucional que seja descritivamente adequada, e prescritivamente comprometida com o ideário do constitucionalismo democrático, que, ao fim e ao cabo, é o que justifica a própria ideia de Constituição.

1.10 Classificações das constituições

1.10.1 Observação prévia

São inúmeras as classificações das constituições, que se baseiam nos mais diferentes critérios. Em muitos casos, as constituições concretas não se identificam integralmente com nenhum "tipo ideal".[118] Isso é inevitável. Sempre que se formula um conceito capaz de abarcar uma quantidade significativa de fenômenos, parcela da complexidade inerente a cada fenômeno é desconsiderada. O mesmo ocorre na classificação das constituições. Mas tais conceitos e classificações facilitam a comunicação no âmbito da disciplina, consistindo em parte relevante de sua linguagem comum. E exercem importante função didática, possibilitando uma primeira aproximação de nossa Constituição atual, mas também de constituições de outros países e de textos

---

fatores reais de poder presentes na sociedade. No entanto, nem todos os que concebem a Constituição material em sentido sociológico comungam deste mesmo ceticismo.

[116] Cf. KELSEN, Hans. *Teoria pura do direito*, 6. ed., p. 304-313.

[117] Veja-se, por exemplo, CANOTILHO, José Joaquim Gomes. *Direito constitucional e teoria da Constituição*, p. 1004-1005; e RAWLS, John. *O liberalismo político*, p. 305-342.

[118] WEBER, Max. A "objetividade" do conhecimento nas ciências sociais. *In*: COHN, Gabriel (Org.). *Weber*.

constitucionais que vigoraram em outro momento histórico. A seguir, serão apresentadas as principais classificações, as quais serão acompanhadas, quando necessário, de ponderações quanto a importantes casos excepcionais, que não se enquadram perfeitamente em nenhum dos tipos ideais propostos.

1.10.2 Constituições escritas ou dogmáticas e não escritas ou históricas

Quanto à forma, as constituições classificam-se em escritas ou dogmáticas e não escritas ou históricas. As primeiras — *escritas, dogmáticas, codificadas* — são as mais comuns. A Constituição está reunida em um texto, editado em um determinado momento da história do país. Mas constituições escritas não são incompatíveis com o reconhecimento de elementos constitucionais não escritos, como costumes constitucionais, normas implícitas etc. As constituições brasileiras foram, sem exceção, todas constituições escritas, editadas para institucionalizar os novos regimes políticos que foram se sucedendo com o tempo.

As constituições não escritas ou históricas são as que não estão positivadas em um texto escrito único, editado em determinado momento da vida nacional. É um modelo que praticamente desapareceu, tendo o seu exemplo típico na Constituição britânica. Essa é composta por uma variedade de convenções constitucionais, por precedentes judiciais e também por documentos escritos que foram editados ao longo do tempo, dentre os quais a Carta Magna, o *Habeas Corpus Act* e a *Bill of Rights*. As constituições não escritas ou históricas são integradas, portanto, também por textos escritos, os quais, contudo, não se reduzem a um documento que abarque a totalidade ou, pelo menos, a maior parte da Constituição.

1.10.3 Constituições flexíveis, semirrígidas, rígidas, super-rígidas e imutáveis

Esta classificação leva em conta a abertura para alterações formais na Constituição. Constituições flexíveis são aquelas que podem ser alteradas da mesma maneira como se edita a legislação ordinária. Rígidas são as que demandam um procedimento mais complexo para mudança dos seus preceitos do que o exigido para a elaboração da legislação infraconstitucional. Nas constituições semirrígidas, uma parte dos dispositivos, tida como mais relevante, é dotada de rigidez, e a outra não é, podendo ser modificada pelo legislador da mesma maneira como são elaboradas as leis ordinárias. Já as constituições super-rígidas são aquelas em que parte das normas constitucionais é dotada de rigidez, mas há elementos que não podem ser modificados de nenhuma forma. As imutáveis, finalmente, são constituições insuscetíveis de qualquer alteração formal.

O conceito de rigidez constitucional foi proposto por James Bryce, para quem a característica específica dessas constituições "reside no fato de que estas constituições possuem uma autoridade superior à das outras leis do Estado, e podem ser alteradas através de método diferente daquele através dos quais as outras leis podem ser editadas ou revogadas".[119] Para Bryce, onde as constituições são flexíveis, a sua diferença em

---

[119] BRYCE, James. *Studies in History and Jurisprudence*, v. 1, p. 167.

relação às normas ordinárias decorre da matéria versada, mas não da superioridade hierárquica, tida como inexistente. Isso porque, nas constituições flexíveis, o conflito entre a norma constitucional anterior e a lei superveniente resolve-se não pelo critério hierárquico, mas pelo critério cronológico, levando à prevalência da lei. Como o processo de edição da lei é igual ao de alteração da Constituição, considera-se que a lei posterior incompatível com a Constituição a derroga.

O objetivo da exigência de rigidez é tornar mais estáveis os princípios fundamentais e a estrutura básica do Estado, permitindo a sua alteração apenas quando apoiada por uma expressiva maioria da sociedade, e não por qualquer maioria eventual. É o modelo que se tornou mais frequente no mundo contemporâneo, sobretudo após a II Guerra Mundial, sendo o que mais se coaduna com a ideia de supremacia constitucional.

Há diversos mecanismos para tornar a Constituição rígida. A Constituição de 1988 adota vários desses mecanismos. Uma proposta de emenda constitucional (PEC) só pode ser apresentada por um terço, no mínimo, dos membros da Câmara dos Deputados ou do Senado Federal, pelo Presidente da República ou por mais da metade das assembleias legislativas das unidades da Federação (CF, art. 60, I, II e III), enquanto, para se alterar a legislação ordinária, basta, em regra, a apresentação de projeto de lei por um deputado ou por um senador (CF, art. 61). A proposta de emenda constitucional é discutida e votada em cada casa do Congresso Nacional, em dois turnos, considerando-se aprovada se obtiver, em ambas, três quintos dos votos dos respectivos membros (CF, art. 60, §2º), e, para a modificação da legislação ordinária, é suficiente a aprovação pela maioria simples dos votos, estando presente a maioria absoluta dos membros da casa legislativa (CF, art. 47). Ao contrário da legislação ordinária, a Constituição não pode ser emendada na vigência de estado de sítio, de estado de defesa ou de intervenção federal (CF, art. 60, §1º). Dentre outros mecanismos que tornam a Constituição rígida, não adotados entre nós, pode-se citar a exigência de aprovação da reforma constitucional diretamente pelo povo, por referendo; ou pelos estados-membros, nos Estados federais; ou ainda por diferentes legislaturas que se sucedam no tempo.

As constituições flexíveis caracterizam-se pela possibilidade de alteração dos seus preceitos por meio de procedimento igual ao previsto para a modificação da legislação ordinária, inexistindo garantias formais para a estabilidade constitucional. Na história constitucional brasileira, a Carta de 1937 funcionou, na prática, como Constituição flexível. É que, como o Poder Legislativo estava fechado, tanto a legislação ordinária como as emendas constitucionais eram editadas unilateralmente pelo então Presidente da República Getúlio Vargas.[120]

---

[120] De acordo com a Constituição de 1937 (art. 174), havia dois diferentes caminhos para mudança da Constituição. Quando a proposta fosse apresentada pelo Presidente da República, bastava a aprovação do seu texto pelo Legislativo, por maioria simples. Caso o Parlamento não aprovasse a proposta, o Presidente tinha a faculdade de convocar um plebiscito para decidir a questão. Quando a proposta fosse de iniciativa da Câmara dos Deputados, era necessária a aprovação da medida nas duas casas legislativas, por maioria absoluta. Nesse caso, se o Presidente discordasse da medida, podia devolvê-la à Câmara, para que fosse submetida de novo às duas casas parlamentares na legislatura subsequente. Se ela fosse de novo aprovada, o Presidente podia convocar plebiscito para resolver o impasse. Ocorre que, durante a vigência da Constituição de 1937, o Parlamento esteve fechado, e, de acordo com a Constituição, quando ele não estivesse funcionando, competia ao Presidente exercer as suas funções. Com base nisto, o Chefe do Poder Executivo editou unilateralmente 21 "leis constitucionais" alterando preceitos da Carta de 1937.

No Reino Unido, a Constituição também é considerada flexível, pois o Parlamento pode aprovar lei com qualquer conteúdo, não estando juridicamente vinculado ao respeito das convenções e documentos constitucionais do país. Ditos documentos não têm de observar, na sua elaboração, uma forma diferente daquela exigida para aprovação das leis. A flexibilidade formal é, portanto, um dos elementos centrais do modelo inglês de democracia (*Westminster model*).[121] Não obstante, o nível de enraizamento cultural e político dos valores constitucionais é tão elevado no Reino Unido que torna pouco provável a sua subversão pelo legislador.

Na história constitucional brasileira, há um exemplo de Constituição semirrígida, que foi a Carta de 1824. Parte de seu texto podia ser alterada por meio do mesmo procedimento previsto para a alteração da legislação ordinária, enquanto outra parte demandava a adoção de um procedimento mais complexo, envolvendo, por exemplo, a confirmação da modificação por duas legislaturas subsequentes e o assentimento de maioria qualificada (arts. 174 a 177 da Constituição). O procedimento mais complexo era empregado apenas para processar propostas relativas aos limites e às atribuições dos poderes, bem como aos direitos políticos e sociais (art. 178). A escolha do procedimento de alteração a ser adotado dependia da matéria de que se tratasse.[122]

A Constituição Federal de 1988, além de ser dotada de rigidez, possui ainda um núcleo intangível. Por essa razão, é possível defini-la como super-rígida (nem todos autores adotam esta categoria, e os que não o fazem qualificam a nossa Constituição como rígida). O núcleo imutável da Constituição é composto pelas chamadas "cláusulas pétreas", as quais estão fixadas em seu no art. 60, §4º.[123] Compreendem *a forma federativa de Estado; o voto direto, secreto, universal e periódico; a separação dos Poderes; os direitos e garantias individuais*. Como será esclarecido mais adiante no Capítulo 7, essas cláusulas não são propriamente imutáveis. O que não pode haver é o atingimento do "núcleo essencial" dos princípios nelas veiculados. Alterações pontuais, modificativas de redação ou de detalhes específicos podem acontecer, e têm ocorrido normalmente no Brasil sob o atual sistema constitucional.

Antes da II Guerra Mundial não era comum o emprego de cláusulas pétreas. Depois daquele conflito, elas vêm sendo adotadas por uma grande parte das novas constituições, como a alemã, a portuguesa, a espanhola e a italiana.

As constituições "imutáveis" são impraticáveis. Com a passagem do tempo, elas se tornam obsoletas e ilegítimas. Consagrar a imutabilidade constitucional, além de profundamente antidemocrático, pelo desrespeito ao direito à autodeterminação das gerações futuras, é temerário, pois se aumenta o risco de ruptura institucional. Paradoxalmente, o excesso de "estabilidade" se converte em fonte de instabilidade. Dentre as

---

[121] Cf. LIJPHART, Arend. *Patterns of Democracy*: Government Forms and Performance in Thirty-Six Countries, p. 19.

[122] Sobre o ponto, veja-se o esclarecimento de José Antônio Pimenta Bueno ao comentar a nossa Constituição Imperial: "Os trâmites que temos indicado prevalecem somente no caso de que a disposição inserida na Constituição tenha caráter constitucional, pois que se tiver caráter de disposição, posto que legislativa, puramente ordinária, pode ser alterada sem essas formalidades pelo poder legislativo ordinário. Por ligação das matérias, integridade, método e clareza, a Constituição inclui em si artigos como os arts. 6º e 7º, que não são constitucionais, e seria sem dúvida errôneo iguálá-los aos que têm esta importância e caráter. Para distinguir essas duas classes de disposições o art. 178 estabeleceu com clareza a linha de demarcação, e expressou que só são constitucionais aqueles artigos que dizem respeito aos limites e atribuições respectivas dos poderes políticos e aos direitos políticos e individuais dos cidadãos, e não outros quaisquer" (*Direito público brasileiro e análise da Constituição do Império*, p. 479).

[123] Discute-se a existência também de cláusulas pétreas implícitas, além destas. *Vide*, a propósito, o Capítulo 7, que trata do poder constituinte reformador.

constituições atualmente em vigor, a da Finlândia, de 1919, expressamente consagrou a sua imutabilidade em seu art. 95, que determinou: "A presente lei constitucional será, em todas as suas partes uma lei constitucional irrevogável que não poderá ser emendada, interpretada nem derrogada e da qual nenhuma autoridade poderá desviar-se senão do modo estabelecido pelas leis constitucionais em geral". Nada obstante, ela já foi alterada diversas vezes, por meio do procedimento agravado previsto na Lei Orgânica do Parlamento finlandês, de 1928.

Os conceitos de rigidez e flexibilidade constitucional foram formulados tendo em vista apenas o procedimento formal de alteração das constituições. Mas há a possibilidade da alteração da Constituição sem modificação em seu texto. O fenômeno é chamado "mutação constitucional" e será estudado em capítulo próprio. As constituições formalmente muito rígidas só conseguem sobreviver ao tempo se forem capazes de assumir novos significados, por meio da mutação constitucional. É o caso da Constituição norte-americana, a qual, apesar do procedimento extremamente rígido de alteração, tem conseguido se atualizar historicamente. Depois de mais de dois séculos de vigência, apenas 27 emendas foram aprovadas nos Estados Unidos. Isto, porém, não significa que a Constituição norte-americana mude pouco, mas sim que as mudanças ocorrem de outra maneira, por meio de processos informais de modificação constitucional. Constituições formalmente muito rígidas e incapazes de se adaptar, pela via da mutação, tendem a não resistir às pressões do tempo, logo perecendo.

Sob o ponto de vista concreto, a distinção peremptória entre constituições rígidas e flexíveis perde, atualmente, muito de seu sentido. Hoje, poucos são os países que deixam de adotar constituições dotadas de rigidez. Mas há constituições muito mais rígidas do que outras. É, por exemplo, incomparavelmente mais fácil alterar a Constituição brasileira do que a norte-americana, que demanda a aprovação da mudança por 2/3 dos membros das duas casas legislativas, seguida da sua aceitação por 3/4 dos Estados, que decidem pelos dos seus legislativos ou por meio de convenções especiais. Por isso, a relação entre rigidez e flexibilidade é melhor representada por um gradiente do que por categorias binárias. A reflexão atual sobre o tema inclina-se ao estudo dos graus de rigidez, e dos fatores que contribuem para o enrijecimento ou para a flexibilização do regime constitucional. Para aferir o grau de rigidez e estabilidade da Constituição, deve-se verificar não apenas as suas regras sobre reforma, mas também outros fatores, relativos ao funcionamento concreto das instituições e à dinâmica da sociedade.[124]

1.10.4 Constituições sintéticas e analíticas

As constituições *sintéticas* são curtas. Em geral, limitam-se a definir os princípios gerais que devem orientar a organização do Estado e, quando muito, a estabelecer alguns direitos individuais e políticos. As constituições liberais costumam ser constituições sintéticas, restringindo-se à fixação de direitos fundamentais e ao estabelecimento das linhas gerais da estrutura estatal. O caso mais conhecido de Constituição sintética é

---

[124] Veja-se, nesse sentido, o estudo seminal de LUTZ, Donald S. Toward a Theory of Constitutional Amendment. *In*: LEVINSON, Sanford (Ed.). *Responding to Imperfection*: the Theory and Practice of Constitutional Amendment, p. 237-274. Também BRANDÃO, Rodrigo. Rigidez constitucional e pluralismo político. *In*: SOUZA NETO, Cláudio Pereira de; SARMENTO, Daniel; BINENBOJM, Gustavo (Coord.). *Vinte anos de Constituição Federal de 1988*, p. 255-291.

a Constituição norte-americana, composta por apenas 7 artigos, e 27 emendas subsequentes.[125] As constituições sintéticas, quando cuidam de institutos jurídicos e instituições estatais, limitam-se, em geral, a fixar aspectos basilares, deixando à legislação infraconstitucional o desenvolvimento e detalhamento necessários dos temas tratados.

As constituições analíticas, ao contrário, descem a minúcias, fixando detalhes dos institutos jurídicos constitucionalizados. Nossa atual Constituição é uma típica Constituição analítica. Dispõe, por exemplo, sobre o prazo do estágio probatório dos servidores públicos (art. 41, *caput*); a idade ou o tempo de contribuição para o cidadão obter o direito de se aposentar (art. 40, §1º, I, II e III); o número de vereadores que as cidades devem possuir (art. 29, IV, alíneas "a" a "x"); a possibilidade de os membros do Ministério Público admitidos antes do início da sua vigência advogarem (ADCT, art. 29, §3º).

Em decorrência do detalhamento excessivo, a Constituição Federal de 1988 costuma ser definida não apenas como analítica, mas como "prolixa", tratando-se de uma das mais extensas do mundo. Um exemplo caricatural está no fato de, em seu art. 242, §2º, prever que o Colégio Pedro II, localizado no Rio de Janeiro, além de público e gratuito, será mantido na esfera federal. Em sua redação originária, chegou a definir, no art. 192, §3º, o limite de juros anuais em 12%.[126] O preceito foi revogado pela Emenda Constitucional nº 40, de 2003, mas durante anos serviu como álibi para a não aplicação do texto constitucional em sua íntegra, legitimando a adoção de teorias restritivas da normatividade constitucional.[127]

É da tradição brasileira a confecção de constituições analíticas. A menor que tivemos, de 1891, tinha 90 artigos no seu corpo permanente, e outros 9 nas disposições transitórias e a atual possui, atualmente, 250 artigos no seu corpo permanente, e 97 no Ato das Disposições Transitórias.[128] Além desta tradição, alguns fatores explicam o excessivo tamanho do nosso texto constitucional: o modelo constitucional social e dirigente adotado; a dinâmica do funcionamento da Assembleia Constituinte — dividida inicialmente em 24 subcomissões temáticas, depois agrupadas em 8 comissões —; as pressões que fizeram, naquele momento, os diversos grupos de interesse, corporações e movimentos sociais, que visavam à inclusão na Constituição das suas reivindicações; e a desconfiança então existente em relação ao legislador futuro.

Como já salientado, o caráter detalhista da Constituição produz importantes impactos na realidade política brasileira, interferindo no funcionamento concreto das instituições nacionais. Para o governo executar suas diretrizes políticas aprovadas nas

---

[125] Porém, tal Constituição só pode ser definida como sintética se considerarmos exclusivamente o seu texto. Desde o início de sua vigência, no final do século XVIII, vem se produzindo extensa jurisprudência, a qual, para muitos, também é parte daquela Constituição. A inferência de que se trata de Constituição sintética relaciona-se apenas ao texto constitucional.

[126] De acordo com o preceito, agora revogado, "as taxas de juros reais, nelas incluídas comissões e quaisquer outras remunerações direta ou indiretamente referidas à concessão de crédito, não poderão ser superiores a doze por cento ao ano; a cobrança acima deste limite será conceituada como crime de usura, punido, em todas as suas modalidades, nos termos que a lei determinar".

[127] Cf. CASTRO, Carlos Roberto de Siqueira. Mandado de injunção: limitação da taxa de juros: eficácia das normas constitucionais programáticas: considerações acerca do art. 192, §3º, da Constituição Federal. *Revista Forense*, v. 93, n. 339, p. 53-83.

[128] Além destes, como antes salientado, também integram o bloco de constitucionalidade diversos preceitos constantes de emendas constitucionais que não foram reproduzidos no corpo da Constituição, bem como a Convenção sobre Direito das Pessoas com Deficiência, que tem 50 artigos, e o seu Protocolo Facultativo, com 18 artigos.

urnas, tem sido necessário alterar o texto constitucional, devendo, para isso, obter maioria de três quintos dos votos em cada casa do Congresso Nacional. Essa maioria somente é obtida por meio de coligações excessivamente amplas, ocasionando, não raro, a perda de identidade programática do governo e estimulando a relativização da observância das regras da ética pública. O caráter excessivamente analítico da Constituição, infelizmente, agrava algumas das disfunções do "presidencialismo de coalizão"[129] praticado no Brasil. Ademais, impõe restrições muitas vezes injustificáveis às deliberações majoritárias.

Não se pode, contudo, esquecer que a Constituição Federal de 1988 foi elaborada por uma assembleia constituinte muito democrática. Participaram da constituinte os mais diversos setores da sociedade brasileira. Dificilmente teria outra feição um texto constitucional resultante de tão ampla participação popular. Por essa razão, não são legítimas reformas tendentes a desfigurar a obra do constituinte originário, produzidas em contexto em que não haja um nível semelhante de mobilização cívica ao existente em 87/88. A crítica ao caráter excessivamente analítico da Constituição não pode servir para chancelar a revogação de direitos fundamentais conquistados pelo povo brasileiro naquele momento histórico. Serve apenas para alertar para a inconveniência de emendas constitucionais tendentes a inserir na Constituição novos detalhes, bem como para desaconselhar interpretações que ampliem ainda mais o escopo da Constituição, com o propósito de impedir a livre atuação do legislador legitimado pelo voto popular.

Mas o intérprete não pode tampouco esquivar-se de aplicar normas constitucionais, sob o argumento de que está corrigindo os excessos do constituinte. Isto comprometeria a ideia, conquistada a duras penas, de que a Constituição — toda a Constituição — é norma jurídica dotada de imperatividade. A sociedade ficaria refém da teoria constitucional preferida pelo intérprete do momento — e existem tantas —, quando não de suas idiossincrasias. O melhor é curvar-se às preferências do constituinte, evitando-se, em regra, apenas interpretações excessivamente extensivas das normas constitucionais.

1.10.5 Constituição dirigente e Constituição garantia

As constituições "garantia" apenas estruturam e limitam o exercício do poder político. São constituições liberais, sintéticas, em regra, cuja função é estabelecer anteparos de proteção do indivíduo contra o poder do Estado e organizar o governo com base no compromisso com a moderação. Trata-se do modelo clássico de Constituição, que havia sido concebido pelo constitucionalismo do século XIX. Em sua origem, as constituições modernas eram constituições-garantia.

As constituições dirigentes ou programáticas também podem estabelecer "garantias" da liberdade individual ante o poder do estado. Todavia, além de realizarem essa função, prescrevem objetivos a serem perseguidos, fixando um estado ideal de coisas que o constituinte deseja ver concretizado no futuro. A Constituição dirigente oferece às futuras gerações um plano de desenvolvimento econômico e social. Não apenas limita a atividade governamental futura: antecipa o teor que essa atividade deve conter, definindo, mesmo que por meio de princípios gerais, a própria substância das leis a

---

[129] Sobre o presidencialismo de coalizão, veja-se ABRANCHES, Sérgio. Presidencialismo de coalizão: o dilema institucional brasileiro. *Dados – Revista de Ciências Sociais*, p. 5-34.

serem editadas. A decisão constituinte não vincula o legislador apenas negativamente: vincula-o também de modo positivo.[130] Elas são típicas do constitucionalismo social.

Exemplo expressivo de Constituição dirigente é a Constituição portuguesa de 1976, resultante da Revolução dos Cravos. Em seu texto original, chegava a prescrever a "transição para o socialismo" (art. 2º),[131] em preceito hoje já revogado. Canotilho, um de seus mais importantes intérpretes, descreve-a nos seguintes termos:

> Trata-se de uma lei fundamental não reduzida a um simples instrumento de governo, ou seja, um texto constitucional limitado à individualização dos órgãos e à definição de competências e procedimentos da ação dos poderes públicos. A idéia de "programa" associava-se ao caráter dirigente da Constituição. A Constituição comandaria a ação do Estado e imporia aos órgãos competentes a realização das metas programáticas nela estabelecidas.[132]

A Constituição Federal de 1988 também é uma Constituição dirigente. Além de conter um amplo catálogo de direitos fundamentais e de estruturar o exercício do poder político, contempla os objetivos a serem perseguidos pelo Estado e pela sociedade. Logo no início do texto, em seu art. 3º, a Constituição impõe o dever do Estado de "construir uma sociedade livre, justa e solidária"; "garantir o desenvolvimento nacional"; "erradicar a pobreza e a marginalização e reduzir as desigualdades sociais e regionais"; "promover o bem de todos, sem preconceitos de origem, raça, sexo, cor, idade e quaisquer outras formas de discriminação". No art. 170, determina que "a ordem econômica (...) tem por fim assegurar a todos existência digna, conforme os ditames da justiça social, observados os seguintes princípios: (...) redução das desigualdades regionais e sociais; busca do pleno emprego".[133] Nessas, e em inúmeras outras normas, a Constituição de 1988 estabelece o modelo de Nação que o constituinte concebe para o futuro.

Atualmente, fala-se em crise do constitucionalismo dirigente. Esta crise está ligada a diversos fatores, como a globalização econômica, que diminui o poder real dos Estados-nacionais de implementarem os projetos consagrados nas suas constituições;

---

[130] Cf. CANOTILHO, José Joaquim Gomes. *Constituição dirigente e vinculação do legislador*: contributo para a compreensão das normas constitucionais programáticas, p. 21 *et seq*.

[131] De acordo com o seu art. 2º, "a República Portuguesa é um Estado democrático (...) que tem por objetivo assegurar a transição para o socialismo mediante a criação de condições para o exercício democrático do poder pelas classes trabalhadoras".

[132] CANOTILHO, José Joaquim Gomes. *Direito constitucional e teoria da Constituição*, p. 217. O autor, hoje, é um forte crítico do dirigismo constitucional tal qual concebido no texto originário da Constituição de 1976: "Subjacente ao programa constitucional está toda uma filosofia do sujeito e uma teoria da sociedade cujo voluntarismo desmedido e o holismo planetário conduzirão à arrogância de fixar a própria órbita das estrelas e dos planetas. (...) A má utopia do sujeito de progresso histórico alojou-se em constituições plano e balanço onde a propriedade estatal dos meios de produção se misturava em ditadura partidária e coerção moral e psicológica. Alguns — entre os quais me incluo — só vieram a reconhecer isto tarde e lentamente demais". Cf. CANOTILHO, José Joaquim Gomes. Rever ou romper com a constituição dirigente?: Defesa de um constitucionalismo moralmente reflexivo. *Cadernos de Direito Constitucional e Ciência Política*, v. 4, n. 15, p. 7-17.

[133] Cf. BERCOVICI, Gilberto. A problemática da Constituição dirigente: algumas considerações sobre o caso brasileiro. *Revista de Informação Legislativa*, v. 36, n. 142, p. 35-51; LIMA, Martonio Mont'Alverne Barreto. Subdesenvolvimento e constituição dirigente: uma possível abordagem materialista. *In*: LIMA, Martonio Mont'Alverne Barreto; BELLO, Enzo (Org.). *Direito e marxismo*; OLIVEIRA, Fábio Corrêa Souza de. *Morte e vida da Constituição dirigente*; e STRECK, Lenio Luiz. A permanência do caráter compromissório (e dirigente) da Constituição brasileira e o papel da jurisdição constitucional: uma abordagem à luz da hermenêutica filosófica. *Revista do Instituto de Pesquisas e Estudos*, n. 39, p. 75-119.

a emergência de ordens jurídicas internacionais e regionais, disputando espaço com o constitucionalismo estatal; os problemas econômicos e políticos enfrentados pelo *Welfare State*. Tais fenômenos serão analisados no Capítulo 2.

O juízo positivo sobre os projetos generosos assumidos pela Constituição portuguesa de 1976 e pela Constituição brasileira de 1988 não impede o reconhecimento de que o dirigismo constitucional apresenta problemas graves sob o ponto de vista da legitimação democrática. Todas as constituições limitam a liberdade decisória das gerações futuras, mas as constituições dirigentes o fazem em maior extensão, ao definirem caminhos que devem ser necessariamente seguidos pelas forças políticas do futuro. Portanto, a Constituição dirigente agrava o problema da legitimidade intergeracional, ainda quando forneça às futuras gerações um projeto bom e generoso.

Também quanto a esse aspecto, nossas observações não têm o propósito de questionar a legitimidade do texto constitucional de 1988, mas sim de fornecer mais um parâmetro para a interpretação. A Constituição dirigente de 1988 deve ser interpretada em termos pluralistas, de modo a ficar menos espessa na atribuição de conteúdo à legislação futura e mais densa na garantia das condições para que possam coexistir em harmonia os mais diversos projetos de sociedade.[134] A Constituição de 1988, além de dirigente, é pluralista. Embora determine, por exemplo, ser objetivo da República promover a redução das desigualdades sociais e regionais, não prescreve um único caminho para o estado e a sociedade alcançarem esse objetivo. O problema será discutido na seção seguinte e voltaremos a ele no Capítulo 5.

1.10.6 Constituição monista, pluralista (ou compromissória) e imparcial

Constituições "monistas" ou "ortodoxas"[135] são as constituições vinculadas a uma ideologia determinada. É o que acontecia com as constituições do bloco socialista, que contemplavam um projeto ideológico global de sociedade: o socialismo. Em seu art. 1º, a Constituição da União das Repúblicas Socialistas Soviéticas de 1936 determinava ser a União Soviética um "Estado socialista de trabalhadores e camponeses". Em seu art. 2º, estabelecia que "a base política da URSS" apoiava-se na "derrocada do poder dos proprietários rurais e capitalistas" e na "ditadura do proletariado". Essa Constituição, atualmente revogada, aderia de modo exclusivo a um dos lados do debate ideológico do início do século XX. Tratava-se de Constituição monista.

Constituições "pluralistas" ou "compromissórias" são aquelas que possuem normas inspiradas em ideologias diversas. Geralmente resultam de um "compromisso" entre os diversos grupos participantes do momento constituinte.[136] O conceito de Constituição compromissória foi formulado a propósito da Constituição alemã de 1919, a chamada Constituição de Weimar. Quando, no momento constituinte, nenhum grupo tem força suficiente para, sozinho, tomar a decisão soberana, a Constituição resulta de um compromisso entre as correntes antagônicas.[137]

---

[134] Cf. CANOTILHO, José Joaquim Gomes. Rever ou romper com a constituição dirigente?: Defesa de um constitucionalismo moralmente reflexivo. *Cadernos de Direito Constitucional e Ciência Política*, v. 4, n. 15, p. 9, 16-17.

[135] Sobre a dicotomia "ortodoxas" e "ecléticas", cf. JACQUES, Paulino. *Curso de direito constitucional*, p. 25.

[136] "Numa sociedade plural e complexa, a constituição é sempre um produto do 'pacto' entre forças políticas e sociais" (CANOTILHO, José Joaquim Gomes. *Direito constitucional e teoria da Constituição*, p. 218).

[137] Cf. SCHMITT, Carl. *Teoría de la Constitución*, p. 52 *et seq.*

A Carta de 1988 é exemplo típico de Constituição compromissória. Durante a constituinte de 1987-1988, atuaram as mais diversas forças políticas, inspiradas em diferentes ideologias. Na verdade, a constituinte foi a mais plural da história do Brasil. Era natural que dela resultasse uma Constituição pluralista.[138] Observem-se, por exemplo, os princípios constitucionais da ordem econômica (art. 170). A Constituição contempla, de um lado, a livre-iniciativa e o direito de propriedade — princípios de índole liberal —, e, de outro lado, os valores sociais do trabalho, a função social da propriedade, a defesa do consumidor e a busca do pleno emprego, inspirados em ideologias mais intervencionistas.[139]

Por fim, há, em teoria, a possibilidade de se conceber a Constituição em termos imparciais, circunscrita à esfera da neutralidade política. A *Constituição imparcial* não tem a pretensão de instituir um amplo projeto econômico e social. Ela visa a garantir que a interação democrática entre os diversos grupos plurais ocorra de maneira justa e pacífica: protege os direitos fundamentais, os procedimentos democráticos e as instituições políticas básicas.[140] Mas não se pronuncia sobre a forma de organizar a vida econômica e social. Isto, porém, não a torna igual a uma Constituição garantia. Num contexto de profunda desigualdade social, a Constituição imparcial deve se ocupar também da promoção das condições básicas de vida para todos, atuando em prol da inclusão social, até para viabilizar a interação democrática em bases igualitárias. Tal conteúdo tem o potencial de se tornar objeto de consenso racional entre doutrinas razoáveis nas democracias contemporâneas.[141] Uma Constituição assim concebida pode ser aceita e legitimada por diferentes ideologias, servindo de base para a interação cidadã entre pessoas que discordam sobre os mais variados aspectos da vida em sociedade.[142]

Sem embargo, a defesa de um modelo imparcial não se presta a subtrair legitimidade à Constituição Federal de 1988. As constituições são o resultado de processos políticos concretos, e não das teorizações abstratas dos estudiosos. O que tais cogitações podem fazer legitimamente é auxiliar na interpretação constitucional. Neste sentido, é possível defender, por exemplo, que o fato de uma dada norma inserir-se na esfera da imparcialidade política — como a que protege a liberdade de expressão ou o direito ao ensino básico — é elemento importante para legitimar uma postura mais ativista do Poder Judiciário na sua proteção. O Judiciário, nessa perspectiva, deve evitar, na interpretação da Constituição, extrair posições ideológicas fechadas sobre assuntos politicamente controvertidos, deixando, com isso, espaço para que as maiorias, de tempos em tempos, tomem as decisões pertinentes.

---

[138] Cf. MAUÉS, Antonio G. M. *Poder e democracia*: o pluralismo político na Constituição de 1988.

[139] Sobre o tema, cf. COMPARATO, Fábio Konder. A ordem econômica na Constituição brasileira de 1988. *Cadernos de Direito Econômico e Empresarial – Revista de Direito Público*, n. 93, p. 263-276; e SOUZA, Washington Peluso Albino de. Conflitos ideológicos na constituição econômica. *Revista Brasileira de Estudos Políticos*, n. 74/75, p. 17-39.

[140] Como se observa, a Constituição imparcial só pode ser assim considerada se elevarmos o Estado Democrático de Direito à condição de paradigma inquestionável, como tem ocorrido no contexto presente. No que se refere à disputa — que se espera sepultada — entre democracia ou ditadura, o Estado Democrático de Direito não é, obviamente, imparcial. É antes a afirmação de um dos lados da disputa, o que defende a democracia e os direitos fundamentais, rechaçando o autoritarismo e a opressão política ou social.

[141] Cf. COHEN, Joshua. Procedure and Substance in Deliberative Democracy. *In*: BOHMAN, James; REHG, William (Ed.). *Deliberative Democracy*: Essays on Reason and Politics, p. 407-437; e NEVES, Marcelo. Do consenso ao dissenso: o Estado Democrático de Direito a partir e além de Habermas. *In*: SOUZA, Jessé de (Org.). *Democracia hoje*: novos desafios para a teoria democrática contemporânea, p. 136 *et seq*.

[142] Sobre a exigência de justificação imparcial do conteúdo da Constituição, cf. RAWLS, John. *O liberalismo político*, p. 265 *et seq*.

1.10.7 Constituições normativas, nominais, semânticas e simbólicas

As constituições podem ser classificadas também quanto à aptidão para produzir efeitos concretos na realidade social e política. Considerando esse aspecto, Karl Loewenstein elaborou classificação das constituições, que rotulou de "ontológica", dividindo-as em *normativas, nominais e semânticas*.[143]

Constituições "normativas" são as que efetivamente conformam o processo político e as relações sociais, sendo objeto de plena observância pela sociedade. As relações de poder, de fato, se desenvolvem em conformidade com as regras e os princípios fixados no texto constitucional. A Constituição normativa é uma Constituição "para valer". Evidentemente, ela é violada algumas vezes, mas geralmente as ofensas à Constituição são combatidas e sancionadas. A Constituição Federal de 1988 é a primeira Constituição brasileira que, pelo menos em parte, pode-se considerar relativamente normativa. Se comparada às nossas Constituições anteriores, a Carta de 1988 é a que tem sido capaz de dirigir com maior intensidade da realidade política e social brasileira. Apesar de muitos de seus preceitos ainda estarem longe da realidade, a luta pela efetividade constitucional é uma marca importante do constitucionalismo pós-1988.

Constituições "nominais" são as que *não* correspondem à forma como a sociedade se organiza efetivamente. As condições sociais e econômicas para a Constituição ser de fato respeitada não estão presentes. Porém, o conceito não é de todo pejorativo na concepção de Loewenstein. A Constituição nominal, mesmo não sendo capaz de incidir de modo imediato sobre a realidade, exerce a importante função de prover objetivos a serem alcançados e parâmetros para a crítica das práticas sociais concretas.

Por fim, há ainda as constituições "semânticas". São constituições que, além de não serem capazes de limitar o exercício do poder político, funcionam como instrumento para legitimação de regimes contrários à tradição democrática do constitucionalismo. Elas legalizam o exercício autoritário do poder. Uma Constituição que, após um golpe militar, conceda amplos poderes discricionários aos golpistas, eliminando os direitos dos seus opositores, será semântica A Carta de 1937, sobretudo pelas suas disposições transitórias, ao legitimar o fechamento do Congresso, a intervenção automática em todos os Estados e o amplo exercício de poderes discricionários por Getúlio Vargas, até a realização de um plebiscito que nunca ocorreu, pode ser qualificada como Constituição semântica.

A categoria das constituições simbólicas foi formulada por Marcelo Neves.[144] Trata-se de Constituição que não corresponde minimamente à realidade, não logrando subordinar as relações políticas e sociais subjacentes. Ela não é tomada como norma jurídica verdadeira, não gerando, na sociedade, expectativas de que seja cumprida. Neste ponto, ela se assemelha à categoria da Constituição nominal, de Loewenstein. Porém, a apreciação de Marcelo Neves do fenômeno é mais negativa do que a do autor alemão. Para Neves, as constituições simbólicas tendem a servir como álibi para manutenção do *status quo*. Ademais, a insinceridade normativa pode corromper a separação que deve existir entre o sistema jurídico e outros subsistemas sociais, permitindo que elementos que deveriam ser estranhos ao processo de aplicação de normas jurídicas — como o

---

[143] Cf. LOEWENSTEIN, Karl. *Teoría de la Constitución*, p. 216 *et seq.*
[144] Cf. NEVES, Marcelo. *A constitucionalização simbólica*.

fato de o indivíduo ser ou não rico, ou politicamente poderoso — se infiltrem sistematicamente nessa área, em detrimento dos valores da igualdade e do Estado de Direito.

1.10.8 Constituições outorgadas, promulgadas e cesaristas

As constituições *outorgadas* são as impostas pelos governantes, elaboradas sem a participação do povo. O líder político, ou grupo instalado no poder, decreta a Constituição do país, que, em geral, possui traços autoritários. Na história brasileira há três constituições formalmente outorgadas: a Constituição de 1824, a Constituição de 1937, e Constituição de 1969 (também conhecida como Emenda Constitucional nº 1 à Constituição de 1967).

Já as constituições *promulgadas* são elaboradas por assembleias constituintes. Em nossa história constitucional, as Constituições de 1891, 1934, 1946, 1967 e 1988 foram formalmente promulgadas. A Constituição Federal de 1988 foi aprovada pela constituinte mais democrática e participativa da história brasileira. Os constituintes foram eleitos democraticamente e os trabalhos ocorreram em um ambiente de liberdade, abertura e participação popular.

É frequente a conceituação da Constituição promulgada como democrática. Cabem duas ressalvas a esta conceituação. Em primeiro lugar, há constituições formalmente promulgadas cuja elaboração não pode ser qualificada de democrática, em razão dos constrangimentos impostos à assembleia constituinte. Foi o caso da Constituição de 1967, que, embora elaborada pelo Congresso Nacional, investido de poderes constituintes, não teve origem efetivamente democrática. A atribuição de poderes constituintes ao Congresso Nacional foi feita por meio de um ato institucional (o Ato Institucional nº 4). O período de deliberação do Congresso Constituinte era curtíssimo: de 12 de dezembro de 1966 a 24 de janeiro de 1967. Os trabalhos do Congresso ocorreram com base em um texto previamente elaborado pelo governo, transcorrendo de acordo com rígido procedimento, também previamente definido pelo Presidente por meio de ato institucional. O Congresso, embora eleito, não era integrado por representantes da esquerda, muitos dos quais tinham sido cassados, estavam presos ou no exílio, e pairava permanentemente sob aquela Assembleia a ameaça do poder militar, constrangendo os trabalhos dos constituintes. A referida Assembleia Constituinte não foi, portanto, verdadeiramente democrática. Apesar de formalmente promulgada, é possível qualificá-la como semioutorgada, tamanhos foram os constrangimentos impostos à Assembleia Constituinte pelo regime militar.

Ademais, nem toda Constituição elaborada de forma democrática apresentará conteúdo democrático. Imagine-se uma assembleia constituinte, eleita pelo povo após uma revolução fundamentalista muçulmana, que trabalhe com liberdade, mas produza um texto negando direito de voto às mulheres e impondo a estrita observância da *sharia* islâmica. Não parece adequado chamá-la de democrática. Da mesma forma, pode haver constituições cuja elaboração não seja democrática, mas que resultem em textos de teor democrático. É o caso da Constituição do Japão, imposta pelas forças de ocupação norte-americanas em 1946, após o final da II Guerra Mundial, mas cujo conteúdo é democrático.

Há ainda as constituições *cesaristas*. São constituições elaboradas unilateralmente pelo líder político do país, e depois submetidas à aprovação popular. Não há participação de representantes eleitos pelo povo na redação do texto. Esse tipo de Constituição surge em contextos políticos em que o líder se comunica direto com as massas, sem intermediários. A Constituição francesa de 1852, que instituiu o Segundo Império, comandado por Luís Napoleão, foi um exemplo típico.[145] Outro, mais contemporâneo, é a Constituição chilena de 1980. O texto constitucional, sancionado por meio do Decreto-Lei nº 3.464, de 11 de agosto de 1980, pelo então Presidente Augusto Pinochet, foi em seguida submetido à aprovação popular, em plebiscito realizado um mês depois, quando o país estava sob estado de sítio. A Constituição brasileira de 1937 previa a sua aprovação em referendo popular. Este, porém, nunca veio a ocorrer, razão pela qual não é classificada como cesarista, mas como outorgada.

Não há nada de errado na realização de referendo para aprovar constituições que foram elaboradas de modo democrático, por assembleias constituintes eleitas. Pelo contrário, o referendo aprofunda a legitimação democrática da Constituição, não sendo suficiente para convertê-la em cesarista. Por isso, independentemente do juízo que se faça sobre o seu conteúdo, não é cesarista a atual Constituição da Venezuela, de 1999, elaborada por Assembleia Constituinte democraticamente eleita e depois confirmada pelo voto popular.

1.10.9 Constituições heterônomas

A maioria das Constituições é produzida por agentes do próprio Estado a que se destina. Isso aconteceu com todas as constituições brasileiras. Algumas foram elaboradas mais democraticamente, por representantes eleitos pelos cidadãos, outras foram impostas por líderes políticos detentores do poder. Mas, outorgadas ou promulgadas, foram todas feitas por brasileiros. É o que deveria sempre ocorrer, pois o poder de auto-organização é uma dimensão fundamental da soberania nacional. Uma nação que não é capaz de dar a si própria uma Constituição, não é uma nação plenamente soberana.

Porém, existem também as constituições heterônomas, ou hetero-constituições. São constituições impostas por outras nações. Isto ocorreu no Japão, logo após o fim da II Guerra Mundial. O projeto de Constituição foi escrito, em 1946, pelas forças aliadas de ocupação, comandadas pelo general norte-americano MacArthur.[146] A Constituição instituiu uma monarquia parlamentarista, em que o Imperador exerce apenas funções simbólicas. Ela vedou que o Japão possuísse forças armadas. Por insistência dos japoneses, foram alterados alguns aspectos periféricos do projeto, mas nenhum essencial ao modelo imposto. O texto foi submetido ao Parlamento, que o aprovou, em cenário em

---

[145] A própria Constituição atual da França, editada em 1958, se aproxima do cesarismo. À época da sua elaboração, vigia no país a Constituição de 1946, que consagrava o parlamentarismo. A França atravessava séria crise política e houve apelos para que o General De Gaulle, herói nacional, que comandara a resistência à ocupação nazista durante a II Guerra Mundial, assumisse o Executivo. Ele aceitou a missão com uma condição: que fosse feita nova Constituição, porque a então vigente tornava o país, na sua opinião, ingovernável. Ele nomeia um grupo que redige um projeto de Constituição prevendo o semipresidencialismo como regime de governo e reforçando os poderes do Executivo. Este projeto é submetido ao parecer de dois órgãos — o Comitê Consultivo Constitucional, criado para a ocasião, e composto majoritariamente por pessoas indicadas pelo Parlamento; e o Conselho de Estado —, que o aprovam. Em seguida, o projeto é submetido a um referendo, que também o aprova, por ampla maioria. Veja-se, a propósito, BURDEAU, Georges; HAMON, Francis; TROPER, Michel. *Droit constitutionnel*, p. 419-430.

[146] Cf. SONOBE, Itsuo. Human Rights and Judicial Review in Japan. *In*: BEATTY, David (Ed.). *Human Rights and Judicial Review*: a Comparative Perspective, p. 137.

que outra escolha não teria sido possível. Não se pode afirmar que os japoneses fizeram sua própria Constituição. A decisão constituinte foi tomada alhures.

No Canadá, também ocorreu fenômeno peculiar. O texto constitucional canadense que trata da organização do poder político foi editado em 1867 pela Inglaterra, quando o país era sua colônia, sendo então conhecido como *British North America Act*. Apenas em 1982 ocorreu o processo de "nacionalização" (*patriation*) do referido texto, que se deu por meio de aprovação simultânea pelos poderes legislativos canadense e britânico. Em 1982, no contexto da nacionalização da Constituição, foi introduzida no país a Carta Canadense de Direito e Liberdades, que também tem estatura constitucional, versando sobre direitos fundamentais e controle de constitucionalidade.

O processo de descolonização, nas suas sucessivas ondas, envolveu, com frequência, a imposição de constituições heterônomas pela antiga metrópole. Além do caso canadense, de 1867, pode-se citar a Constituição da Austrália, de 1901, da África do Sul, de 1909, da Nigéria, de 1946, da Jamaica, de 1962, das Bermudas, de 1962, de Malta, de 1964, das Ilhas Maurício, de 1968, e de Fiji, de 1970.[147]

Há, ademais, situações intermediárias, em que, apesar de a Constituição não ser elaborada por outra nação, o processo constituinte se sujeita a fortes constrangimentos externos. É o caso da atual Constituição alemã, de 1949.[148] Ela foi redigida quando a Alemanha era ocupada pelas potências aliadas, que impuseram algumas exigências para a elaboração do texto — contidas nos chamados "documentos de Frankfurt" —, notadamente no que concerne à adoção do federalismo, da democracia e à ampla proteção de direitos fundamentais. O próprio procedimento constituinte foi estabelecido pelas forças de ocupação, que impuseram a elaboração da Lei Fundamental de Bonn[149] por assembleia composta por representantes eleitos pelos Legislativos dos Estados, com posterior ratificação do texto por pelo menos 2/3 dos parlamentos estaduais. Durante os procedimentos constituintes, os aliados chegaram a intervir, cobrando um maior grau de descentralização no pacto federativo, tendo alcançado um acordo sobre o tema com os constituintes alemães.

Observe-se, contudo, que o fato de a Constituição ter origem heterônoma nem sempre impede que, com o tempo, seja ela legitimada pelo povo. A Constituição japonesa é amplamente reconhecida por aquela nação, não tendo sido substituída por outra, mesmo depois do fim da ocupação norte-americana. O *British North America Act* foi mantido e nacionalizado, por decisão dos próprios canadenses. E a Constituição alemã — que não é propriamente heterônoma, mas teve uma origem certamente maculada pela excessiva intervenção externa — acabou adquirindo ampla legitimidade entre o povo do país. A ideia de heteronomia está ligada, portanto, à origem da Constituição. A história particular do país pode levar o povo a aderir ao texto constitucional posteriormente, legitimando-o com o tempo como a *sua* Constituição.

---

[147] Cf. DE VERGOTTINI, Giuseppe. *Diritto costituzionale comparato*, p. 146-150.

[148] Cf. CURIE, David P. *The Constitution of the Federal Republic of Germany*, p. 8-10; e HEUN, Werner. *The Constitution of Germany*: a Contextual Analysis, p. 9-12.

[149] A Constituição alemã foi à época designada como Lei Fundamental, e não como Constituição, pois era concebida como um documento provisório, uma vez que, na ocasião, o país estava dividido entre Alemanha Ocidental e Alemanha Oriental, e o texto só incidia sobre a primeira, de orientação econômica capitalista, e não sobre a segunda, filiada ao comunismo. Postergou-se a elaboração da Constituição definitiva para momento subsequente à reunificação. Porém, quando esta ocorreu, em 1990, não houve a elaboração de nova Constituição, mas extensão da validade territorial da Lei Fundamental de Bonn para o novo território. Apesar disso, a designação "Lei Fundamental" (*Grundgesetz*) se manteve, porque já incorporada ao uso.

CONSTITUCIONALISMO
TRAJETÓRIA HISTÓRICA E DILEMAS CONTEMPORÂNEOS

2.1 Introdução

A ideia de Constituição, tal como a conhecemos hoje, é produto da Modernidade, sendo tributária do Iluminismo e das revoluções burguesas dos séculos XVII e XVIII, ocorridas na Inglaterra, nos Estados Unidos e na França.[1] Ela está profundamente associada ao constitucionalismo moderno, que preconiza a limitação jurídica do poder político, em favor dos direitos dos governados. Não obstante, fala-se também em constitucionalismo antigo e em constitucionalismo medieval, para aludir a determinadas concepções sobre o poder político existentes na Antiguidade greco-romana e na Idade Média.[2] Evidentemente, o constitucionalismo e as concepções sobre a Constituição que lhe são subjacentes têm variado bastante ao longo do tempo, influenciadas pelas profundas mudanças sociais, políticas e econômicas que vêm ocorrendo no mundo. Por isso, e pela sua importância central nos domínios do Direito, da Política e da Filosofia, a Constituição tem sido objeto privilegiado de estudo no âmbito da História dos Conceitos.[3]

O presente capítulo dedica-se à análise da trajetória histórica do constitucionalismo. Faremos aqui apenas um breve registro sobre o constitucionalismo antigo e medieval, dirigindo as nossas atenções sobretudo ao fenômeno constitucional na

---

[1] Cf. GRIMM, Dieter. *Constitución y derechos fundamentales*, p. 27-28; e SALDANHA, Nelson. *Formação da teoria constitucional*, p. 13.
[2] Cf. FIORAVANTI, Maurizio. *Constitución*: de la antigüedad a nuestros días; e MCILWAIN, Charles Howard. *Constitutionalism*: Ancient and Modern.
[3] Sobre a História dos Conceitos, cf. KOSELLECK, Reinhart. *Futuro passado*: contribuição à semântica dos tempos históricos.

Modernidade. Serão apresentados os três principais modelos de constitucionalismo moderno que foram o inglês, o francês e o norte-americano. E analisaremos, também, dois processos históricos distintos, ambos fundamentais no conhecimento das bases históricas e teóricas da nossa disciplina: a evolução do constitucionalismo liberal em direção ao constitucionalismo social, com a ampliação das tarefas do Estado e das constituições; e a mudança na concepção de Constituição, que, de proclamação política dirigida aos poderes públicos, desprovida de efeitos normativos, foi se tornando autêntica norma jurídica, cujas violações sujeitam-se ao controle judicial. O capítulo se encerra com uma breve discussão sobre a crise contemporânea do constitucionalismo estatal, decorrente da erosão da soberania do Estado, no contexto da globalização, e a possibilidade de construção de constitucionalismos em outras esferas, como a internacional, a regional e a societal. As especificidades da evolução do constitucionalismo no Brasil serão examinadas nos dois capítulos seguintes.

2.2 O constitucionalismo antigo e medieval

Na Grécia, entre os séculos VI e IV a.C., floresceram algumas ideias e instituições que podem ser vistas como correspondentes a um modelo antigo de constitucionalismo. Na *polis* grega vigorou, durante certo período, a democracia direta, por meio da qual os cidadãos, sem intermediários, deliberavam em assembleias (*ecclesia*) reunidas em praça pública (*ágora*) sobre os principais assuntos de interesse geral. Esta participação política era restrita aos homens livres, sendo excluídas as mulheres, os escravos, os estrangeiros e seus descendentes (os *metecos*).[4] Havia ainda funções públicas, exercidas por magistrados, muitas vezes escolhidos por sorteio entre os cidadãos, para mandatos curtos, que se subordinavam plenamente às deliberações das assembleias.

A organização política da *polis* era chamada de *politeia*, expressão que muitos traduzem como Constituição. Tratava-se, todavia, de um conceito ora empírico, que designava a forma de ser da comunidade política,[5] ora ideal, que indicava um modelo a ser seguido para a realização do bem comum, mas que não se revestia de um conteúdo propriamente jurídico, que caracteriza a Constituição em sentido moderno, vista como norma de hierarquia superior, reguladora do processo político e das relações entre indivíduos e Estado.[6]

Havia na Grécia um regime político que se preocupava com a limitação do poder das autoridades e com a contenção do arbítrio.[7] Contudo, esta limitação visava antes a busca do bem comum do que a garantia de liberdades individuais. A liberdade, no pensamento grego, cingia-se ao direito de tomar parte nas deliberações públicas da cidade-Estado, não envolvendo qualquer pretensão à não interferência estatal na esfera pessoal. Não se cogitava na proteção de direitos individuais contra os governantes, pois se partia da premissa de que as pessoas deveriam servir à comunidade política,

---

[4] Cf. GAUDEMET, Jean. *Institutions de l'antiquité*, p. 145-214.
[5] Cf. MCILWAIN, Charles Howard. *Constitutionalism*: Ancient and Modern, p. 26.
[6] Cf. MCILWAIN, Charles Howard. *Constitutionalism*: Ancient and Modern, p. 23-40. Em sentido contrário, atribuindo um sentido também normativo à ideia de politeia, veja-se a longa exposição em DOGLIANI, Mario. *Introduzione al diritto costituzionale*, p. 33-72.
[7] Cf. LOEWENSTEIN, Karl. *Teoría de la Constitución*, p. 155-156.

não lhe podendo antepor direitos de qualquer natureza.[8] Tal concepção se fundava numa visão organicista da comunidade política: o cidadão não era considerado em sua dignidade individual, mas apenas como parte integrante do corpo social.[9] O cidadão virtuoso era o que melhor se adequava aos padrões sociais, não o que se distinguia como indivíduo.[10] A liberdade individual não era objeto da especial valoração inerente ao constitucionalismo moderno.

Em Roma, tampouco se cogitava de constitucionalismo em sentido moderno, como fórmula de limitação do poder político em favor da liberdade dos governados. Sem embargo, algumas instituições do período republicano romano já prenunciavam a concepção moderna de separação dos poderes, notadamente a sua repartição por instituições como o Consulado, o Senado e a Assembleia, representativas de estamentos diferentes da sociedade, de forma a propiciar o equilíbrio entre deles.[11] Tratava-se da ideia de governo misto, advogada por pensadores como Políbio e Cícero, que também se prestava à finalidade de moderação do poder político.[12]

Por outro lado, embora não tenha ocorrido na Roma Antiga o desenvolvimento de uma doutrina de direitos individuais similar a que se cristalizou na Modernidade, a concepção então vigente já não demandava, como na Grécia, a absoluta submissão do indivíduo à coletividade. De fato, já despontava ali a valorização da esfera individual e da propriedade, concomitante à sofisticação do Direito Privado romano e ao reconhecimento de direitos civis ao cidadão de Roma, como o direito ao casamento (*jus connubium*), à celebração de negócios jurídicos (*jus commercium*), à elaboração de testamento (*faccio testamenti*) e à postulação em juízo (*legis acciones*).[13]

Já a Idade Média, que se inicia com a queda do Império Romano, correspondeu a um período caracterizado pelo amplo pluralismo político. Não havia qualquer instituição que detivesse o monopólio do uso legítimo da força, da produção de normas ou da prestação jurisdicional. O poder político fragmentara-se por múltiplas instituições, como a Igreja, os reis, os senhores feudais, as cidades, as corporações de ofício e o Imperador, sem que houvesse qualquer divisão clara de competências entre elas, nem uma supremacia inconteste de qualquer uma. Não existia nada semelhante ao Estado Moderno, titular de soberania no âmbito do seu território.

Naquele quadro, não havia como cogitar-se em Constituição no sentido moderno. Porém, essa própria dispersão do poder, ao limitar cada um dos seus titulares, é tida

---

[8] Fustel de Coulanges, em texto clássico, afirma que uma das características da Cidade Antiga — a referência é tanto à Grécia como à Roma — é a ausência de liberdade individual diante da onipotência do Estado (*A cidade antiga*, p. 345-352).

[9] Exemplo clássico desta visão organicista pode ser colhido no pensamento de Aristóteles: "(...) o Estado é por natureza claramente superior à família e ao indivíduo, uma vez que o todo é necessariamente superior à parte; por exemplo, se o corpo inteiro for destruído, não haverá mão ou pé, a não num sentido equívoco... A prova de que o Estado é uma criação da natureza e superior ao indivíduo é que este, quando isolado, não é autossuficiente, e aí está a sua relação com o todo" (Politics. In: ARISTOTLE. *The works of Aristotle*, v. 2, p. 446). Sobre o organicismo, cf. ZIPPELIUS, Reinhold. *Teoria geral do Estado*, p. 35-38.

[10] Cf. VERNANT, Jean-Pierre. *As origens do pensamento grego*.

[11] Cf. LOEWENSTEIN, Karl. *Teoría de la Constitución*, p. 156-157.

[12] A ideia de governo misto já fora antes desenvolvida na Grécia por Aristóteles, mas em sentido diferente. Para Aristóteles, a Constituição mista propiciava a representação das diferentes classes sociais no exercício do poder, em busca de um almejado equilíbrio, sem, no entanto, envolver a identificação de cada uma destas classes com um órgão específico de governo. Para a evolução da ideia de governo misto, cf. PIÇARRA, Nuno. *A separação de poderes como doutrina e princípio constitucional*, p. 31-40.

[13] Cf. GAUDEMET, Jean. *Institutions de l'antiquité*, p. 362-363.

por autores como Maurizio Fioravanti como um componente do constitucionalismo medieval.[14]

Por outro lado, é no final da Idade Média que se desenvolve uma ideia que antecipa, em alguns aspectos, o constitucionalimo moderno. Surgiram pactos, celebrados entre reis e certos estamentos sociais superiores, que reconheciam aos integrantes desses estamentos certos direitos e prerrogativas, erigindo limitações jurídicas ao exercício do poder político. Destes pactos estamentais, o mais conhecido é a Magna Carta, firmada em 1215 na Inglaterra pelo Rei João Sem Terra, pelo qual esse se comprometia a respeitar determinados direitos dos nobres ingleses. O Rei se obrigava, por exemplo, a não criar novos tributos sem prévia autorização dos nobres, concedida em assembleia, obtendo, como contrapartida, o reconhecimento do seu poder.[15] A esses pactos faltava, contudo, a universalidade que caracteriza as constituições modernas, uma vez que eles não reconheciam direitos extensivos a todos os cidadãos, mas apenas liberdades e franquias que beneficiavam os estamentos privilegiados.

2.3 O constitucionalismo moderno

O constitucionalismo moderno sustenta a limitação jurídica do poder do Estado em favor da liberdade individual. Ele surgiu na Modernidade, como forma de superação do Estado Absolutista, em que os monarcas não estavam sujeitos ao Direito[16] — eram *legibus solutos*. Alguns desenvolvimentos históricos foram essenciais para o surgimento do constitucionalismo moderno, como a ascensão da burguesia como classe hegemônica; o fim da unidade religiosa na Europa, com a Reforma Protestante; e a cristalização de concepções de mundo racionalistas e antropocêntricas, legadas pelo Iluminismo.

O Absolutismo exerceu um papel fundamental na formação do Estado moderno e no estabelecimento das bases que permitiram o desenvolvimento da economia capitalista. Na Idade Média, havia a convivência de ordenamentos jurídicos particulares, como os das corporações de ofício e dos feudos, com ordenamentos jurídicos com pretensões universalistas: o direito romano e o direito canônico. A fragmentação verificada no período medieval era um obstáculo grave ao desenvolvimento das forças econômicas emergentes. Cada feudo tinha suas próprias regras jurídicas, sua própria moeda, seu próprio sistema de pesos e medidas. O pluralismo impedia a expansão do comércio, reduzindo os limites dos mercados. A partir da organização dos Estados modernos, a pluralidade de fontes de produção normativa cede lugar ao ordenamento jurídico estatal. O Estado moderno se construiu tanto em luta contra as organizações políticas menores, no sentido da unificação do poder, quanto em luta contra a Igreja, com o intuito de obter a secularização do poder político. A anterior situação de pluralismo jurídico é substituída pelo monismo, com a monopolização da produção normativa pelo Estado.[17]

Não por coincidência um dos principais teóricos do absolutismo, Thomas Hobbes, justifica a centralização do poder por meio de pressupostos modernos e individualistas.

---

[14] Cf. FIORAVANTI, Maurizio. *Constitución*: de la antigüedad a nuestros días, p. 35.
[15] Cf. COMPARATO, Fábio Konder. *A afirmação histórica dos direitos humanos*, p. 57-76.
[16] Cf. MATTEUCCI, Nicola. *Organización del poder y libertad*, p. 29.
[17] Cf. BOBBIO, Norberto. *O positivismo jurídico*: lições de filosofia do direito, p. 27; e WOLKMER, Antônio Carlos. *Pluralismo jurídico*: fundamentos de uma nova cultura no direito, p. 2 *et seq*.

Para sair do "Estado de Natureza", que é por ele considerado como um estado de guerra de todos contra todos, os indivíduos abrem mão de toda a sua liberdade, por meio do contrato social, em favor do Estado. Na obra de Hobbes, o contrato social somente pode consistir numa doação quase total e incondicionada de cada um ao soberano. O direito é produto da autoridade do soberano e não das leis da natureza: *autoritas non veritas facit legem*. Não importa o conteúdo do ato normativo, deve ele ser considerado válido, desde que tenha emanado do soberano.[18]

Porém, realizada a centralização da produção normativa pelo Estado absolutista, o poder ilimitado dos governantes que o caracterizava passou a significar um entrave para a continuidade do desenvolvimento do capitalismo: a burguesia emergente pretendia proteger a liberdade, a propriedade e os contratos também do eventual arbítrio dos governantes. Emerge a noção de que também os governantes deveriam se submeter a ordenamentos jurídicos providos de estabilidade e racionalidade. Daí a plena convergência entre os interesses da classe econômica ascendente — a burguesia — e o ideário do constitucionalismo, de contenção do poder estatal em favor da liberdade individual.

Por outro lado, com o fim da unidade religiosa no continente europeu, extinguira-se a possibilidade de fundamentação do poder político na vontade divina, uma vez que essa justificativa deixara de se alicerçar na crença generalizada dos governados. A reação contra as guerras e perseguições religiosas deflagradas pela Reforma e Contrarreforma nutriram a ideia de que era necessário promover a tolerância e fomentaram o desenvolvimento da concepção segundo a qual deveriam ser reconhecidos determinados direitos invioláveis aos súditos.[19] Era necessário fornecer uma base racional e secularizada para o poder político, sob pena de se perpetuar o cenário de guerra e instabilidade que vitimava gravemente o continente europeu.

Naquele contexto, passou-se a valorizar o indivíduo, concebido como um ser racional, titular de direitos, cuja dignidade independia do lugar que ocupasse no corpo coletivo. Evolui-se para o reconhecimento de direitos universais, pertencentes a todos. A sociedade não mais era concebida como um organismo social, formado por órgãos que exerciam funções determinadas (clero, nobres, vassalos). Ela passa a ser concebida como um conjunto de indivíduos, como uma sociedade "atomizada", formada por unidades iguais entre si. As atividades sociais (o trabalho, por exemplo) deixam de ser atributos naturais relativos ao lugar ocupado no organismo social, e passam a decorrer da vontade livremente declarada pelos indivíduos. O contrato se torna o instituto por excelência de formalização de vínculos sociais.

Em harmonia com essa visão, desenvolveram-se diversas teorias de contrato social, que passaram a justificar a existência do Estado em nome dos interesses dos indivíduos, que sairiam ganhando com a superação do "Estado de Natureza" e a fundação da sociedade civil.[20] A versão liberal do contratualismo, que teve em John Locke o seu mais importante formulador, sustentava a ideia de que, ao celebrar o contrato social, as pessoas alienam para o Estado apenas uma parcela da liberdade irrestrita de que desfrutavam no Estado da Natureza, retendo, no entanto, determinados

---

[18] HOBBES, Thomas. *Leviatã*: ou matéria, forma e poder de um Estado eclesiástico e civil, p. 79.
[19] Para uma densa e extensa análise sobre as relações entre a reforma protestante, a contrarreforma e o constitucionalismo, cf. SKINNER, Quentin. *As fundações do pensamento político moderno*, p. 393-464.
[20] Cf. BOBBIO, Norberto. Contrato e contratualismo no debate atual. *In*: BOBBIO, Norberto. *O futuro da democracia*: uma defesa das regras do jogo, p. 129-149.

direitos naturais, que todos os governantes devem ser obrigados a respeitar.[21] Esse jusnaturalismo difere daquele que predominara na Antiguidade e na Idade Média por duas razões fundamentais. Em primeiro lugar, por não se basear na vontade divina, nem em imposições extraídas da Natureza, mas em princípios acessíveis à razão humana. Em segundo lugar, por conferir primazia aos direitos individuais.[22] O jusnaturalismo antigo e medieval era objetivista: a lei natural correspondia a uma ordem objetiva, criada por Deus, a qual não poderia deixar de ser observada pelo Estado. O jusnaturalismo moderno, de tipo lockeano, é subjetivista: identifica determinados "direitos naturais", atribuídos aos indivíduos, que não podem ser violados pelas autoridades públicas, tendo sido ressalvados no pacto social.

O constitucionalismo moderno se assenta em três pilares: a contenção do poder dos governantes, por meio da separação de poderes; a garantia de direitos individuais, concebidos como direitos negativos oponíveis ao Estado; e a necessidade de legitimação do governo pelo consentimento dos governados, pela via da democracia representativa. Porém, na prática, o terceiro destes pilares nem sempre foi valorizado como os dois primeiros, pela generalizada adoção do voto censitário e masculino nos Estados constitucionais até meados do século XX, com base na justificativa de que apenas os homens mais instruídos, de melhor condição social, reuniriam as condições que lhes permitiriam expressar, por meio do seu voto, a vontade da Nação.[23]

O constitucionalismo moderno conheceu três versões mais influentes: a inglesa, a norte-americana e a francesa. Neste item, não serão examinadas as experiências constitucionais destes Estados, mas apenas destacados os lineamentos gerais dos modelos constitucionais a eles associados. Há também, por outro lado, duas fases distintas do constitucionalismo moderno, que correspondem ao Estado Liberal-Burguês e ao Estado Social. E, ainda, é discutível se a crise do Estado Social e da soberania estatal ensejou o surgimento de outro modelo de constitucionalismo, que pode ser rotulado de pós-moderno. Essas questões serão discutidas nos próximos itens deste capítulo.

2.3.1 O modelo inglês de constitucionalismo

Na Inglaterra, não chegou a haver propriamente absolutismo. Desde o final da Idade Média, o poder real encontrava-se limitado por determinados costumes e pactos estamentais — dos quais o mais conhecido é a Magna Carta de 1215, mencionada acima. Por isso, o constitucionalismo inglês tem raízes que mergulham nestas tradições e atos solenes, que remontam à invasão normanda da ilha em 1066.[24] Sem embargo, o século marcante na definição do modelo constitucional inglês foi o XVII, caracterizado pelas fortes tensões entre a Coroa e o Parlamento e por diversas reviravoltas políticas, que culminaram na Revolução Gloriosa de 1688, a qual depôs a dinastia dos *Stuarts*. Aquela revolução assentou o princípio da supremacia política do Parlamento inglês, em

---

[21] Cf. LOCKE, John. *Segundo tratado sobre o governo*: ensaio relativo à verdadeira origem, extensão e objetivo do governo civil.
[22] Cf. LOPES, José Reinaldo de Lima. *O direito na história*: lições introdutórias, p. 180-183.
[23] Cf. LOSURDO, Domenico. *Democracia ou bonapartismo*: triunfo e decadência do sufrágio universal.
[24] Cf. BARNETT, Hilaire. *Constitutional and Administrative Law*, p. 3.

um regime pautado pelo respeito aos direitos individuais.[25] No curso do século XVII, foram editados três documentos constitucionais de grande importância: a *Petition of Rights*, de 1628; o *Habeas Corpus Act*, de 1679; e o *Bill of Rights*, de 1689, que garantiam importantes liberdades para os súditos ingleses, impondo limites à Coroa e transferindo poder ao Parlamento.

Uma ideia central do constitucionalismo inglês é a de respeito às tradições constitucionais. Apesar da existência de diversos documentos constitucionais escritos, não há um texto constitucional único que os consolide e organize. Inexiste, portanto, uma Constituição escrita na Grã-Bretanha.[26] Entende-se que a autoridade do Direito Constitucional não provém apenas dos referidos textos esparsos, mas também de convenções constitucionais e de princípios da *common law*, desenvolvidos pelos tribunais.

A ideia do exercício do poder constituinte, por meio de ruptura com o passado, com a refundação do Estado e da ordem jurídica, é estranha ao modelo constitucional inglês, que se assenta no respeito às tradições imemoriais. Nesse sentido, o constitucionalismo britânico é historicista, já que baseia a Constituição e os direitos fundamentais nas tradições históricas do povo inglês, e não em um ato de vontade do constituinte ou no exercício abstrato da razão.[27]

Desenvolveu-se na Inglaterra o princípio constitucional de soberania do Parlamento, segundo o qual o Poder Legislativo pode editar norma com qualquer conteúdo. Não há a possibilidade de invalidação das suas decisões por outro órgão.[28] Daí o caráter flexível da Constituição britânica, que pode ser alterada pela mesma forma como são editadas as leis. Sem embargo, a profundidade do enraizamento dos valores constitucionais na Inglaterra torna pouco provável a sua violação por atos parlamentares.

Contudo, há na Inglaterra contemporânea uma tendência à alteração deste modelo de soberania irrestrita do Parlamento, pelo menos em matéria de direitos fundamentais. A mais importante expressão desta inflexão foi a aprovação, em 1998, do *Human Rights Act*, que possibilitou ao Judiciário britânico a declaração de incompatibilidade de leis editadas pelo Legislativo com os direitos previstos naquele estatuto. Tal declaração não acarreta a invalidação da lei, mas cria um relevante fato político, gerando forte pressão para a revogação da norma violadora de direitos humanos.[29] Mencione-se, ainda, a edição do *Constitutional Reform Act*, em 2005, que previu, dentre outras medidas, a criação da Suprema Corte do Reino Unido, que passou a ocupar o ápice da estrutura do Poder Judiciário britânico, em substituição ao Comitê de Apelação da Câmara dos Lordes, com o objetivo de garantir uma maior independência judicial frente ao Parlamento. A Suprema Corte do Reino Unido foi efetivamente instalada em outubro de 2009.[30]

---

[25] A sucessão de convulsões políticas na Inglaterra do século XVII e a sua influência sobre o modelo constitucional inglês são detalhadamente estudadas em MATTEUCCI, Nicola. *Organización del poder y libertad*, p. 79-160.

[26] Destaque-se, porém, que surgiu na Inglaterra o documento que talvez possa ser considerado como a primeira Constituição escrita: o *Instrument of Government*, outorgado por Oliver Cromwell em 1653 na fase republicana da Revolução Inglesa, tendo vigorado por apenas quatro anos.

[27] Cf. CANOTILHO, José Joaquim Gomes. *Direito constitucional e teoria da Constituição*, p. 49-50; e FIORAVANTI, Maurizio. *Los derechos fundamentales*: apuntes de historia de las Constituciones, p. 26-35.

[28] O principal formulador desta teoria foi o jurista inglês do século XVIII William Blackstone, autor da célebre obra *Commentaries on the Laws of England*, publicada entre 1765 e 1769.

[29] Sobre o tema, veja-se: BARNETT, Hilaire. *Constitutional and Administrative Law*, p. 929-940; e CYRINO, André Rodrigues. Revolução na Inglaterra?: Direitos humanos, corte constitucional e declaração de incompatibilidade das leis: novel espécie de *judicial review*?. *Revista de Direito do Estado – RDE*, n. 5, p. 267-288.

[30] Veja-se, a propósito, KAVANAGH, Aileen. A New Supreme Court for the United Kingdom: Some Reflections on Judicial Independence, Activism and Transparency. *Oxford Legal Studies Research Paper*.

O modelo constitucional inglês é hoje francamente recessivo. No mundo contemporâneo, acabou prevalecendo a fórmula baseada na edição de constituição escrita. Como exceções, além da Grã-Bretanha, figuram apenas Israel[31] e a Nova Zelândia.

2.3.2 O modelo francês de constitucionalismo

O constitucionalismo moderno na França tem como marco inicial a Revolução Francesa, iniciada em 1789, que, como poucos outros eventos na história, representou um verdadeiro rompimento em relação ao passado.[32] Os revolucionários franceses não tinham a intenção de apenas modificar pontualmente o Antigo Regime. Muito mais que isso, eles visavam a formar um novo Estado e uma nova sociedade, erigida sobre o ideário Iluminista da igualdade, da liberdade e da fraternidade. Sob a perspectiva da teoria constitucional, esta vontade de ruptura com o passado se expressou na teoria do poder constituinte, elaborada originariamente pelo Abade Emanuel Joseph Sieyès, em sua célebre obra *Qu'est-ce que le Tier État?*.[33] Por essa teoria, examinada mais detidamente no Capítulo 6, o poder constituinte exprimiria a soberania da Nação, estando completamente desvencilhado de quaisquer limites impostos pelas instituições e pelo ordenamento do passado. Ele fundaria nova ordem jurídica, criando novos órgãos e poderes — os poderes constituídos — que a ele estariam vinculados.

Tal ideia exprime, no cenário político-institucional, a visão Iluminista de que é possível e desejável conformar racionalmente o futuro. A Constituição deve corresponder a uma lei escrita, não se confundindo com um repositório de tradições imemoriais, ao contrário da fórmula inglesa. Ela pode romper com o passado e dirigir o futuro da Nação, inspirando-se em valores universais centrados no indivíduo.[34] Tais valores estavam bem sintetizados na *Declaração dos Direitos do Homem e do Cidadão*, de 1789, cuja definição de Constituição, estabelecida no seu art. 16, bem expressava o pensamento liberal: "Toda sociedade, na qual a garantia dos direitos não é assegurada nem a separação de poderes determinada, não tem Constituição".

O protagonista do processo constitucional no modelo constitucional francês é o Poder Legislativo, que teoricamente encarna a soberania e é visto como um garantidor mais confiável dos direitos do que o Poder Judiciário. Historicamente, esta concepção deveu-se tanto à desconfiança que os franceses nutriam em relação ao Judiciário, visto como uma instituição corrompida e associada ao Antigo Regime, como à valorização da lei, concebida, a partir da influência do pensamento de Rousseau, como a expressão da

---

[31] O caso de Israel é discutível, já que naquele país, apesar da inexistência de uma Constituição, foram editadas onze "leis fundamentais", sendo que duas delas estabelecem direitos fundamentais. E a Suprema Corte de Israel, a partir da decisão do caso *United Mizhari Bank Ltd v. Migdal Coop. Vill.*, em 1995, entendeu que, mesmo sem previsão expressa em qualquer diploma normativo, lhe assiste o poder de declarar a invalidade de leis que violem essas últimas duas leis fundamentais. Veja-se, a propósito, JACKSON, Vicki C.; TUSHNET, Mark V. *Comparative Constitutional Law*, p. 452-454. Essa orientação tem gerado intensa polêmica. Ela foi defendida por Aharon Barak — ex-Presidente da Suprema Corte israelense —, em *The Judge in a Democracy*, p. 229-230, e criticada por Ran Hirschl (*Towards Juristocracy*: the Origins and Consequences of the new Constitutionalism, p. 50-74).

[32] Um bom resumo sobre a Revolução Francesa encontra-se em BLUCHE, Fréderic; RIALS, Stephane; TULARD, Jean. *A Revolução Francesa*.

[33] SIEYÈS, Emmanuel Joseph. *Qu'est-ce que le Tier État?*.

[34] Essa ideia francesa foi contestada pelo pensamento político conservador em obra clássica de BURKE, Edmund. *Reflections on the Revolution in France*. A obra é do final do século XVIII.

vontade geral do povo.[35] Isto levou, na prática, a que a Constituição acabasse desempenhando o papel de proclamação política, que deveria inspirar a atuação legislativa, mas não de autêntica norma jurídica, que pudesse ser invocada pelos litigantes nos tribunais.

Porém, o culto à lei, emanada do Poder Legislativo, acabou se desvirtuando no legalismo formalista, em que os juízes eram vistos como aplicadores autômatos de normas elaboradas pelo legislador e os direitos fundamentais valiam apenas nos limites das leis que os consagravam.

A história política francesa é repleta de turbulências e mudanças de regime e praticamente cada uma delas ensejou a elaboração de nova Constituição. Foram 13 constituições ao todo, editadas, respectivamente, nos anos de 1791, 1793, 1795, 1799, 1804, 1814, 1830, 1848, 1852, 1875, 1946 e 1958 (ainda em vigor).[36] Nesse contexto de grande instabilidade constitucional, o papel de "Constituição real" da sociedade acabou sendo desempenhado por outra norma: o Código Civil.[37] De acordo com a concepção francesa, no Código Civil deveriam estar plasmadas regras racionais, estáveis e universais para disciplina da vida social, sintonizadas com a ideologia liberal-burguesa, assentada na proteção à propriedade e no respeito à autonomia da vontade. Esta concepção foi acolhida pelo renomado Código de Napoleão de 1804.

O modelo constitucional francês foi o mais influente ao longo do século XIX e início do século XX. Porém, no que concerne à supremacia do Legislativo, ele vem sendo superado pela difusão global da jurisdição constitucional, ocorrida a partir da segunda metade do século passado. Aliás, na própria França, essa também é uma tendência que se verifica sob a égide da atual Constituição, que instituiu o controle preventivo de constitucionalidade das leis, confiado ao Conselho Constitucional, o qual passou a desempenhar um papel cada vez mais importante na vida pública francesa, sobretudo a partir dos anos 70.[38] Recentemente, aprovou-se na França a possibilidade de controle de constitucionalidade *a posteriori*, o que representa a quebra de um verdadeiro tabu no constitucionalismo francês.[39]

---

[35] Cf. CAPPELLETTI, Mauro. *O controle judicial de constitucionalidade das leis no direito comparado*, p. 95-98.
[36] Sobre a trajetória constitucional francesa, cf. BURDEAU, Georges; HAMON, Francis; TROPER, Michel. *Droit constitutionnel*, p. 289-413.
[37] Cf. FRANGI, Marc. *Constitution et droit privé*, p. 6-7.
[38] Nos anos 70, houve duas inovações importantes, que aumentaram significativamente a relevância da jurisdição constitucional do sistema francês. Em 1971, o Conselho Constitucional, em famosa decisão sobre liberdade de associação, adotou a orientação de que normas contidas na Declaração dos Direitos do Homem e do Cidadão de 1789, por estarem referidas no preâmbulo da Constituição de 1958, integravam o "bloco de constitucionalidade" do país — juntamente com o Preâmbulo da Constituição de 1946, além das chamadas "Leis Fundamentais da República" — podendo assim fundamentar o exercício do controle de constitucionalidade. Tal orientação tornou muito mais fértil a jurisprudência do Conselho Constitucional em matéria de proteção de direitos fundamentais. E, em 1974, foi aprovada uma emenda constitucional que possibilitou a provocação do controle de constitucionalidade por 60 deputados ou senadores. Isto ampliou o acesso à jurisdição constitucional às minorias políticas, que até então só podia ser deflagrada pelo Presidente da República, Primeiro-Ministro, Presidente do Senado e Presidente da Assembleia Nacional. Veja-se, a propósito, LUCHAIRE, François. Procédures et techniques de protection des droits fondamentaux: Conseil Constitutionnel français. *In*: FAVOREU, Louis (Dir.). *Cours constitutionnelles européennes et droits fondamentaux*: actes du 2e. Colloque d'Aix-en-Provence, 19-21 février 1981, p. 55-103.
[39] Em 2008, aprovou-se emenda constitucional na França, regulamentada em 2010, que instituiu no país a chamada "Questão Prioritária de Constitucionalidade" (*QPC – Question Prioritaire de Constitutionnalité*). Ela dispôs que as partes podem arguir incidentalmente a inconstitucionalidade de lei, por ofensa a direitos e liberdades fundamentais garantidos pela Constituição francesa, no âmbito de processos judiciais ou administrativos. Os magistrados da Justiça Comum ou do contencioso administrativo devem encaminhar a questão suscitada à Corte de Cassação ou ao Conselho de Estado (instâncias finais nas respectivas áreas), que, por sua vez, podem provocar o Conselho Constitucional, cuja decisão terá eficácia geral. São pressupostos da questão prioritária:

2.3.3 O modelo constitucional norte-americano

As origens do constitucionalismo norte-americano antecedem a promulgação da Constituição do país, bem como a sua Declaração de Independência. O fato de a colonização dos Estados Unidos ter sido realizada em boa parte por imigrantes que escapavam da perseguição religiosa na Europa contribuiu decisivamente para que se enraizassem na cultura política norte-americana ideias como a necessidade de limitação do poder dos governantes e de proteção das minorias diante do arbítrio das maiorias.

A Constituição dos Estados Unidos foi aprovada pela Convenção da Filadélfia, em 1787, e depois ratificada pelo povo dos estados norte-americanos, vigorando desde então. Ela substituiu os Artigos da Confederação, de 1781, criando um novo modelo de organização política, que é o Estado Federal. Inovou também ao instituir o presidencialismo e o sistema de freios e contrapesos, associado à separação de poderes. Trata-se de um texto constitucional extremamente sintético, composto originariamente de apenas 7 artigos, que, ao longo dos seus mais de 220 anos de vigência, sofreu 27 emendas. É extremamente difícil modificar formalmente a Constituição norte-americana.[40] Porém, a plasticidade das cláusulas constitucionais mais importantes abriu a possibilidade de atualização daquela Constituição pela via interpretativa, para adaptá-la às novas demandas e valores que emergiam com as grandes mudanças experimentadas pela sociedade americana ao longo do tempo. Por isso, nada obstante a rigidez formal de seu texto, a Constituição dos Estados Unidos é uma *living Constitution*.[41]

O modelo constitucional norte-americano também bebeu nas fontes do jusnaturalismo liberal, como evidencia o texto de Declaração de Independência do país.[42] E a ideia de ruptura com o passado, por meio do exercício do poder constituinte, é igualmente cultivada nos Estados Unidos, inclusive pela valorização da sabedoria e do espírito público dos constituintes — os ditos "Pais Fundadores" (*Founding Fathers*) —, que chega às raias da mistificação.

O modelo constitucional dos Estados Unidos representa a tentativa de conciliação entre dois vetores. De um lado, o vetor democrático, de autogoverno do povo, captado

---

a) que a lei questionada seja aplicável ao litígio ou procedimento em andamento; b) que não haja decisão anterior do Conselho Constitucional sobre a sua validade (salvo caso de mudança relevante das circunstâncias, em que o Conselho pode ser instado a pronunciar-se de novo); e c) que a questão constitucional não seja considerada "desprovida de caráter sério" (*déporvue de caractère sérieux*). A lei questionada, caso julgada inconstitucional pelo Conselho Constitucional, será invalidada com efeitos *erga omnes*. Veja-se, a propósito, ROUSSEAU, Dominique (Dir.). *La question prioritaire de constitutionnalité*.

[40] De acordo com o art. 5º da Constituição americana, ela só pode ser alterada por proposta: (a) de 2/3 dos representantes das duas casas do Legislativo Federal — Câmara de Representantes e Senado; ou (b) de 2/3 dos legislativos estaduais. Em ambos os casos, a emenda tem de ser posteriormente aprovada por 3/4 dos Estados, por meio dos respectivos poderes legislativos ou de convenções específicas convocadas para este fim.

[41] A ideia de *living Constitution* é objeto de intenso debate nos Estados Unidos, sendo combatida por uma importante corrente do pensamento constitucional do país, identificada como o chamado "originalismo" — crença segundo a qual a Constituição deve ser interpretada de acordo com as leituras das cláusulas constitucionais existentes na época da sua aprovação. Sobre a ideia de *living Constitution*, veja-se o Capítulo 10, bem como STRAUSS, David A. *The Living Constitution*.

[42] A Declaração de Independência, redigida por Thomas Jefferson, inicia com a seguinte proclamação (tradução livre): "Nós consideramos as seguintes verdades como auto evidentes: que todos os homens são criados iguais, que eles são dotados pelo seu Criador de certos direitos inalienáveis, entre os quais a vida, a liberdade e a busca da felicidade. E é para assegurar esses direitos que os governos são instituídos, derivando os seus justos poderes do consentimento dos governados". Sobre a influência da Declaração de Independência no constitucionalismo norte-americano, cf. HENKIN, Louis. *The Age of Rights*, p. 83-108.

pelas palavras que abrem o preâmbulo da Carta americana (*We, the People of the United States...*).[43] Do outro, o vetor liberal, preocupado com a contenção do poder das maiorias para defesa de direitos das minorias.[44] O arranjo estabelecido pela Constituição norte-americana busca, concomitantemente, fundar o exercício do poder político no consentimento dos governados e estabelecer mecanismos que evitem que esse poder se torne opressivo, ameaçando a liberdade individual. Mas é completamente alheia ao constitucionalismo norte-americano a compreensão de que caiba à Constituição dirigir o futuro do país. No pensamento constitucional americano, associa-se o papel da Constituição à organização do Estado e à imposição de limites à ação dos governantes, mas não à definição dos rumos da vida nacional.

Uma ideia essencial do constitucionalismo estadunidense, derivada da sua matriz liberal, é a concepção de que a Constituição é norma jurídica que, como tal, pode e deve ser invocada pelo Poder Judiciário na resolução de conflitos, mesmo quando isto implique em restrição ao poder das maiorias encasteladas no Legislativo ou no Executivo. Apesar do silêncio do texto constitucional a tal propósito, desenvolveu-se no direito norte-americano a noção de que os juízes, ao decidirem conflitos, podem reconhecer a invalidade de leis que contrariem a Constituição, deixando de aplicá-las ao caso concreto. Esta posição, sustentada por Hamilton no *Federalista* nº 78,[45] foi formulada na jurisprudência da Suprema Corte pelo Juiz John Marshall, no célebre julgamento do caso *Marbury v. Madison*, em 1803, tendo se cristalizado posteriormente como princípio fundamental do Direito Constitucional norte-americano. Em suma, no modelo constitucional dos Estados Unidos, a supremacia da Constituição não é apenas uma proclamação política, como na tradição constitucional francesa, mas um princípio jurídico judicialmente tutelado.

É verdade que o controle judicial de constitucionalidade das leis (*judicial review*) sofre até hoje contestações nos Estados Unidos, sendo frequentemente apontado como um instituto antidemocrático, por transferir aos juízes, que não são eleitos, o poder de derrubar decisões tomadas pelos representantes do povo, com base nas suas interpretações pessoais sobre cláusulas constitucionais muitas vezes vagas, que se sujeitam a diversas leituras.[46] Contudo, a jurisdição constitucional não apenas criou profundas

---

[43] Sobre as credenciais democráticas do constitucionalismo americano, cf. ACKERMAN, Bruce. *We the People*, v. 1, Foundations, p. 3-57.

[44] Uma crítica importante ao constitucionalismo norte-americano, feita por autores situados à esquerda do espectro político, é a de que a proteção das minorias seria apenas uma fórmula retórica para assegurar os interesses das elites — minoritárias apenas do ponto de vista numérico, mas não no sentido da sua participação no poder social — diante das pressões democráticas vindas do povo. Neste sentido: cf. BEARD, Charles A. *An Economic Interpretation of the Constitution of the United States*; BERCOVICI, Gilberto. *Soberania e Constituição*: para uma crítica do constitucionalismo, p. 118-134; e GARGARELLA, Roberto. *La justicia frente al gobierno*, p. 17-80.

[45] *O Federalista* é uma coletânea de 85 artigos jornalísticos publicados em periódico nova-iorquino pelos autores Alexander Hamilton, James Madison e John Jay, sob o pseudônimo de Publius, que visavam a convencer o público do Estado de Nova York a votar favoravelmente à ratificação da Constituição dos Estados Unidos. No *Federalista* nº 78, de autoria de Hamilton, consignou-se: "não há posição que se apoie em princípios mais claros que a de declarar nulo o ato de uma autoridade delegada, que não esteja afinada com as determinações de quem delegou essa autoridade. Consequentemente, não será válido qualquer ato legislativo contrário à Constituição. Negar tal evidência corresponde a afirmar que o representante é superior ao representado, que o escravo é mais graduado que o senhor, que os delegados do povo estão acima do próprio povo" (HAMILTON, Alexander; MADISON, James; JAY, John. *O federalista*, p. 471).

[46] Cf. KRAMER, Larry D. *The People by Themselves*: Popular Constitutionalism and Judicial Review; e TUSHNET, Mark V. *Taking the Constitution away from the Courts*.

raízes no Direito Constitucional daquele país, como também acabou se disseminando por todo o mundo, sobretudo a partir da segunda metade do século XX.[47]

2.4 O constitucionalismo liberal-burguês

O constitucionalismo liberal-burguês baseou-se na ideia de que a proteção dos direitos fundamentais dependia, basicamente, da limitação dos poderes do Estado. Naquele modelo, os direitos fundamentais eram concebidos como direitos negativos, que impunham apenas abstenções aos poderes políticos. O Estado era visto como o principal adversário dos direitos, o que justificava a sua estrita limitação, em prol da liberdade individual. Tal limitação era perseguida também por meio da técnica da separação dos poderes, que visava a evitar o arbítrio e favorecer a moderação na ação estatal.[48]

Tal visão correspondia, na Economia Política, à defesa do Estado mínimo, que confiava na "mão invisível do mercado" para promover o bem comum. O Estado deveria ausentar-se da esfera econômica, para que essa permanecesse sujeita apenas à ação "espontânea" das forças do próprio mercado. O constitucionalismo liberal-burguês assentava-se numa estrita separação entre sociedade e Estado.[49] Esse deveria velar pela segurança das pessoas e proteger a propriedade, mas não lhe competia intervir nas relações travadas no âmbito social, nas quais se supunha que indivíduos formalmente iguais perseguiriam os seus interesses privados, celebrando negócios jurídicos. Tal concepção pode ser ilustrada com a visão então corrente sobre as relações de trabalho, que rechaçava qualquer possibilidade de intervenção coativa do Estado em favor do trabalhador. Se um indivíduo estivesse disposto a vender a sua força de trabalho, submetendo-se a uma jornada diária de 16 horas por um salário que mal permitisse a aquisição de alimentos, e outro se dispusesse a comprá-la nesses termos, não caberia ao Estado se imiscuir no negócio privado.

O constitucionalismo liberal-burguês afirmava o valor da igualdade, mas essa era vista a partir de uma perspectiva formal. Ele combateu os privilégios estamentais do Antigo Regime e a concepção organicista de sociedade, que tornava os direitos e os deveres, de cada um, dependentes da respectiva posição na estrutura social. Porém, ignorava a opressão que se manifestava no âmbito das relações sociais e econômicas, que permitiam ao mais forte explorar o mais fraco.[50] O constitucionalismo liberal-burguês não incorporava, dentre as suas funções, a promoção da igualdade material entre as pessoas.

Contudo, existia uma nítida contradição entre o discurso e a prática do constitucionalismo liberal-burguês no que tange à igualdade, que se evidenciava, por exemplo, no emprego de critérios censitários para o reconhecimento de direitos políticos. Afirmava-se

---

[47] Cf. TATE, C. Neal; VALLINDER, Torbjörn (Ed.). *The Global Expansion of Judicial Power*.
[48] De acordo com Carl Schmitt, que chamava este modelo de "Estado Burguês de Direito", o constitucionalismo liberal se baseia em dois princípios: um princípio de divisão e um princípio de organização. "O princípio de divisão — liberdade do indivíduo em princípio ilimitada, poder do Estado em princípio limitado — encontra a sua expressão em uma série de direitos de liberdade ou direitos fundamentais", enquanto "o princípio de organização está contido na teoria da separação de poderes (...) que atua no interesse do controle recíproco e da limitação do poder". Cf. SCHMITT, Carl. *Dottrina della Costituzione*, p. 173.
[49] Cf. GRIMM, Dieter. Condiciones y consecuencias del nacimiento del constitucionalismo moderno. *In*: GRIMM, Dieter. *Constitucionalismo y derechos fundamentales*, p. 57-60.
[50] Cf. SARMENTO. *Direitos fundamentais e relações privadas*, p. 21-31.

a igualdade de todos perante a lei, mas, contraditoriamente, conferia-se apenas aos integrantes da elite econômica o direito de voto, o que impedia que as demandas das classes subalternas fossem trazidas para o espaço institucional dos parlamentos e tivessem peso no governo e na elaboração das normas jurídicas. Tal contradição era ainda mais acentuada em países, como o Brasil e os Estados Unidos, em que vicejava a escravidão negra.

A ideia de liberdade alentada pelo constitucionalismo liberal-burguês era muito mais identificada à autonomia privada do indivíduo, compreendida como ação livre de interferências estatais, do que à autonomia pública do cidadão, associada à soberania popular e à democracia.[51] Além disso, a liberdade era concebida em termos estritamente formais, como ausência de constrangimentos externos, impostos pelo Estado à ação dos indivíduos. Não havia qualquer preocupação com a liberdade real das pessoas, que pressupõe a existência de condições materiais mínimas necessárias para que cada um possa fazer conscientemente as suas escolhas e persegui-las em sua vida particular. Ademais, o foco centrava-se mais sobre as liberdades econômicas do que sobre as liberdades existenciais. O discurso constitucional da época voltava-se à proteção da propriedade privada e do mercado, mas não se insurgia, por exemplo, contra a ação estatal que proibia ou penalizava os estilos de vida alternativos, que desafiassem a moralidade tradicional, em questões como a vida familiar, a sexualidade, o papel dos gêneros etc.

É verdade que o direito de propriedade, na gênese do pensamento liberal, integrava o discurso insurgente contra a antiga ordem feudal, ao afirmar que a propriedade não podia ser um privilégio dos estamentos privilegiados.[52] Mas essa dimensão logo se perde, tornando-se a defesa da propriedade um instrumento de garantia do *status quo*, marcado pela desigualdade econômica. É certo que o constitucionalismo liberal-burguês consagrava liberdades políticas, além de adotar, como antes visto, arranjos institucionais voltados à sua proteção. Há, porém, quem sustente que mesmo o arcabouço político do constitucionalismo liberal, que limita e divide o poder do Estado, tinha um propósito oculto, que era evitar a intervenção estatal na esfera econômica e impedir que se alterassem as relações sociais de poder que tinham lugar na sociedade.[53]

Este não é o espaço próprio para a análise da tese. Contudo, é fato incontestável que as liberdades e garantias não eram efetivas para os membros mais pobres da sociedade. Pelo contrário, a condição da grande maioria da população era de opressão e miséria. As condições de trabalho dos operários durante a Revolução Industrial, por exemplo, eram desumanas. Não havia educação ou saúde públicas, nem tampouco descanso remunerado. Não era incomum que as mulheres parissem no local de trabalho e crianças se dedicassem a atividades insalubres e perigosas. Esse contexto deu margem à crítica ao formalismo da igualdade liberal-burguesa, plantando as sementes para a emergência de um novo constitucionalismo, mais comprometido com a dignidade humana e a igualdade material.

---

[51] Veja-se, nesta linha, o clássico estudo de CONSTANT, Benjamin. De la liberté des anciens comparée a celles des modernes. *In*: CONSTANT, Benjamin. *Écrits politiques*.

[52] Isso pode ser observado na forma como um dos precursores do liberalismo, John Locke, justifica o direito de propriedade. Locke sustenta que a propriedade só pode decorrer o trabalho, por meio do qual o homem transforma a natureza. O argumento é desenvolvido no célebre Capítulo V do *Segundo Tratado sobre o Governo*, um dos textos doutrinários mais importantes do jusnaturalismo moderno. Com as revoluções burguesas, o discurso perde sua carga crítica e revolucionária, para se converter em argumento conservador, de proteção do *status* da burguesia.

[53] Cf. LEAL, Victor Nunes. A divisão de poderes no quadro político da burguesia. *Revista de Ciência Política*, n. 20, p. 127-142.

2.5 O constitucionalismo social

Uma série de fatores contribuiu para a crise do Estado Liberal no final do século XIX e início do século XX. Na Europa Ocidental, a industrialização acentuara dramaticamente o quadro de exploração humana, que o Estado absenteísta não tinha como equacionar. A pressão social dos trabalhadores e de outros grupos excluídos, aliada ao temor da burguesia diante dos riscos e ameaças de rupturas revolucionárias inspiradas no ideário da esquerda, levaram a uma progressiva mudança nos papéis do Estado, que ensejou, por sua vez, a cristalização de um novo modelo de constitucionalismo.[54]

No plano das ideias, contribuíram para esse desfecho diversas vertentes de pensamento, como o marxismo,[55] o socialismo utópico[56] e a doutrina social da Igreja Católica,[57] que, embora divergindo profundamente quanto à solução, convergiam na crítica aos abusos a que conduzira o individualismo exacerbado do capitalismo selvagem, que prosperara sob a fachada do constitucionalismo liberal-burguês.

A progressiva extensão do direito de voto a parcelas da população até então excluídas do sufrágio também contribuiu para a mudança de cenário, ao permitir que demandas voltadas à alteração do *status quo* penetrassem nos órgãos do Estado. A democratização política, ao romper a hegemonia absoluta da burguesia no Parlamento, abrira espaço também para a democratização social.[58]

Com a mudança, o Estado passou a atuar mais ativamente na seara econômica e a disciplinar as relações sociais de forma muito mais intensa. O mercado livre havia gerado não só grande desigualdade social, como também patologias no seu próprio funcionamento, possibilitando o surgimento de monopólios e oligopólios, em prejuízo da livre concorrência.[59] No início do século XX, o liberalismo econômico entra em crise profunda. O desemprego e a inadimplência eram crescentes. Os produtos perdiam preço nos mercados internos e no mercado internacional. Esses processos se estimulavam reciprocamente. A economia de mercado, sem amarras, se mostrava incompatível com o desenvolvimento econômico e com a estabilidade social. A crise, que culmina

---

[54] Cf. BONAVIDES, Paulo. *Do Estado liberal ao Estado social*.

[55] O marxismo via o constitucionalismo liberal, e o discurso de afirmação de direitos individuais que proclamava, como mero artifício para legitimação da dominação de classe existente na sociedade capitalista. Para uma crítica marxista aos direitos do homem, vistos como "direitos do homem egoísta (...) indivíduo destacado da comunidade, limitado a si próprio, ao seu interesse privado e ao seu capricho pessoal" (cf. MARX, Karl. A questão judaica. *In*: MARX, Karl. *Manuscritos econômicos e filosóficos*, p. 13-59 – o trecho citado está na página 33).

[56] Para uma síntese das críticas dos socialistas utópicos como Charles Fourier, Robert Owen e Louis Blanc ao regime capitalista, cf. CHATELET, François; DUHAMEL, Olivier; PISIER-KOUCHNER, Èvelyne. *História das idéias políticas*, p. 139-147.

[57] A encíclica papal *Rerum Novarum*, editada por Leão XIII, em 1891, foi o primeiro documento pontifício a consagrar a chamada "doutrina social da Igreja", baseada em crítica aos excessos do capitalismo e ao individualismo exacerbado do individualismo liberal e contendo uma exortação para que o Estado assumisse uma posição mais ativa no cenário socioeconômico, em favor dos mais pobres. Seguiram-se outros documentos na mesma linha, como as encíclicas *Quadragesimo Anno* (1931), de Pio XII, e *Mater et Magistra* (1961), de João XXIII. Sobre a influência da doutrina social da Igreja na edificação do constitucionalismo social, cf. ZAGREBELSKY, Gustavo. *Il diritto mite*: legge diritti giustizia, p. 97-118.

[58] A correlação entre a extensão do direito de voto e o advento do Estado Social é afirmada em estudo clássico do sociólogo inglês T. H. Marshall (*Class, Citizenship and Social Development*: Essays). Sem embargo, a pertinência desta correlação no contexto brasileiro é questionada com propriedade pelo historiador José Murilo de Carvalho, diante da constatação de que o Estado Social no país se formou durante a ditadura de Vargas, quando não vigiam os direitos políticos. Cf. CARVALHO, José Murilo de. *A cidadania no Brasil*: um longo caminho.

[59] Cf. GRAU, Eros Roberto. *A ordem econômica na Constituição de 1988*: interpretação e crítica, p. 44 *et seq*.

com a quebra da Bolsa de Nova York em 1929, demandava, para o seu enfrentamento, a enérgica atuação estatal, e não a sua abstenção.

De mero garantidor das regras que deveriam disciplinar as disputas travadas no mercado, o Estado foi se convertendo num ator significativamente mais importante — algumas vezes até no protagonista — dentro da arena econômica, exercendo diretamente muitas atividades de produção de bens e serviços. O Estado passa a realizar, por exemplo, grandes obras públicas. Os investimentos públicos geram empregos diretos e indiretos, reaquecendo o consumo. Os fornecedores privados voltam a produzir e vender. A partir da indução estatal, reinicia-se um ciclo econômico virtuoso. O constitucionalismo social é comprometido com esse novo papel do Estado. Se, no constitucionalismo liberal, o Estado era o "guarda noturno", que se dedicava apenas à garantia da segurança dos negócios privados, no constitucionalismo social ele assume um papel muito mais ambicioso na vida econômica.

No novo cenário, o Estado incorpora funções ligadas à prestação de serviços públicos. No plano teórico, a sua atuação passa a ser justificada também pela necessidade de promoção da igualdade material, por meio de políticas públicas redistributivas e do fornecimento de prestações materiais para as camadas mais pobres da sociedade, em áreas como saúde, educação e previdência social.[60] Naquele contexto, foi flexibilizada a proteção da propriedade privada, que passou a ser condicionada ao cumprimento da sua função social,[61] e relativizada a garantia da autonomia negocial, diante da necessidade de intervenção estatal em favor das partes mais débeis das relações sociais.

A mudança no perfil do Estado refletiu-se também na sua engenharia institucional. A separação de poderes foi flexibilizada, para possibilitar uma atuação mais forte dos poderes públicos na seara social e econômica. A produção de normas cresceu exponencialmente, para dar conta das demandas por regulação em sociedades cada vez mais complexas, deixando de ser monopolizada pelo Legislativo. Mas é a função administrativa a que mais se avolumou, pela crescente necessidade de prestação de serviços e de intervenção estatal direta ou indireta na ordem econômica.

Nem sempre o Estado Social pautou-se pelo respeito à lógica do Estado de Direito. Em diversos países, a crise do liberalismo levou o ideário constitucionalista a ser visto como relíquia de museu. A necessidade de construção de um Estado mais forte, para atender às crescentes demandas sociais, foi utilizada como pretexto para aniquilação dos direitos individuais e das franquias democráticas.[62] Este fenômeno foi intenso nas

---

[60] Cf. FORSTHOFF, Ernst. Problemas constitucionales del estado social. *In*: FORSTHOFF, Ernst; ABENDROTH, Wolfgang; DOEHRING, Karl. *El Estado social*.

[61] A fórmula clássica sobre a função social da propriedade foi aquela acolhida pelo art. 153 da Constituição de Weimar: "a propriedade obriga". De acordo com essa nova lógica, a propriedade deixava de ser um direito absoluto e sacrossanto, convertendo-se em um instituto condicionado por interesses sociais, e que poderia envolver, além das faculdades conferidas ao seu titular, também deveres do mesmo em relação à coletividade. Sobre a função social da propriedade, cf. BERCOVICI, Gilberto. *Constituição econômica e desenvolvimento*: uma leitura a partir da Constituição de 1988, p. 117-169; e COMPARATO, Fábio Konder. Direitos e deveres fundamentais em matéria de propriedade. *In*: STROZAKE, Juvelino José (Org.). *A questão agrária e a justiça*, p. 130-147.

[62] O exemplo paradigmático desta posição é o pensamento constitucional de Carl Schmitt, que imputava às técnicas do constitucionalismo liberal — separação de poderes, garantia de direitos individuais, pluralismo político, democracia representativa etc. — parte da responsabilidade pela crise alemã durante a República de Weimar, defendendo a sua substituição por um modelo de Estado autoritário, com poderes concentrados no Executivo, fundado numa "democracia" de caráter plebiscitário. Veja-se, a propósito, os textos de Carl Schmitt: The Liberal Rule of Law; e State Ethics and the Pluralist State. *In*: JACOBSON, Arthur; SCHLINK, Bernhard (Ed.). *Weimar*: a Jurisprudence of Crisis, p. 294-300; 301-312. A teoria constitucional de Carl Schmitt é resumida no Capítulo 5.

décadas de 1930 e 1940, com a instauração de regimes totalitários (Alemanha e Itália), ou, mais frequentemente, autoritários (Brasil, durante o Estado Novo). Nestas situações, pode-se falar em Estado Social, mas não em constitucionalismo social.

O constitucionalismo social não renega os elementos positivos do liberalismo — a sua preocupação com os direitos individuais e com a limitação do poder — mas antes pugna por conciliá-los com a busca da justiça social e do bem-estar coletivo. Ele implica a adoção de perspectiva que enriquece o ideário constitucionalista, tornando-o mais inclusivo e sensível às condições concretas de vida do ser humano, no afã de levar as suas promessas de liberdade e de dignidade também para os setores desprivilegiados da sociedade.

Houve duas fórmulas diferentes de recepção do Estado Social no âmbito do constitucionalismo democrático. Na primeira, que tem como exemplo paradigmático a evolução do Direito Constitucional norte-americano a partir dos anos 30,[63] os valores de justiça social e de igualdade material não foram formalmente incorporados à Constituição. Essa, no entanto, deixou de ser interpretada como um bloqueio à introdução de políticas estatais de intervenção na economia e de proteção dos grupos sociais mais vulneráveis. Nesse caso, não há propriamente constitucionalismo social, mas sim um constitucionalismo que não impede o desenvolvimento do Estado Social — cuja sorte torna-se dependente das inclinações da política majoritária —, por não entrincheirar tão fortemente a proteção da propriedade e das liberdades econômicas.

Na outra fórmula, adotada em diversos países europeus, bem como no Brasil, a própria Constituição acolhe os valores do Estado Social. As primeiras constituições deste tipo foram a mexicana, de 1917, e a alemã, de Weimar, de 1919.[64] As constituições dessa natureza têm, de modo geral, um perfil muito mais ambicioso, pois não se limitam a tratar da estrutura do Estado e da definição de direitos negativos. Além disso, elas se imiscuem na disciplina de temas como a economia, as relações de trabalho e a família. São constituições não apenas do Estado, mas também da sociedade. Muitas delas incorporam direitos sociais, que envolvem demandas por prestações materiais do Estado, como educação, moradia, saúde e previdência social. Tais constituições não excluem os direitos individuais clássicos, mas esses passam a ser vistos sob nova ótica, não mais

---

[63] Nos Estados Unidos, até meados da década de 30, prevalecia na Suprema Corte uma orientação jurisprudencial economicamente libertária, que impedia, a não ser em hipóteses extremamente excepcionais, a intervenção do Estado na economia, bem como a sua atuação no campo de relações contratuais para proteger as partes mais frágeis. O período é conhecido como Era de *Lochner* — uma alusão ao caso *Lochner v. New York*, julgado pela Suprema Corte em 1905, em que se invalidou uma lei que limitava a jornada de trabalho dos padeiros, sob a alegação de que a dimensão substantiva da cláusula do devido processo legal da Constituição norte-americana vedava que o Estado interferisse no campo das relações contratuais, para impedir as partes de celebrarem livremente contratos de trabalho. Esta fase só foi superada no final da década de 1930, durante o período do *New Deal*, depois de um forte atrito entre o Presidente Franklin Roosevelt — que buscava combater a profunda crise econômica em que o país estava mergulhado por meio de políticas públicas intervencionistas —, e a Corte Suprema, que se opunha firmemente a estas políticas, a partir de uma leitura ultra-libertária da Constituição. Contudo, o *New Deal* não levou nem a uma mudança formal da Constituição estadunidense, que levasse à incorporação de uma dimensão mais social àquele texto, nem tampouco ao reconhecimento, pela via jurisprudencial, de algum dever estatal constitucionalmente imposto de garantia de direitos sociais ou de promoção de justiça distributiva. A Constituição, contudo, deixou de ser concebida como um obstáculo para a implementação de políticas públicas de viés social. Tudo dependeria, portanto, da legislação e da vontade das maiorias políticas de cada momento. Veja-se, a propósito, BREST, Paul *et al. Processes of Constitutional Decision-Making*, p. 337-354; e TRIBE, Laurence H. *American Constitutional Law*, p. 567-581.

[64] Veja-se, a propósito, BERCOVICI, Gilberto. *Constituição econômica e desenvolvimento*: uma leitura a partir da Constituição de 1988, p. 11-43; e HERRERA, Carlos Miguel. Estado, Constituição e direitos sociais. *In*: SOUZA NETO, Cláudio Pereira de; SARMENTO, Daniel (Coord.). *Direitos sociais*: fundamentos, judicialização e direitos sociais em espécie, p. 5-24.

como simples exigências de abstenção estatal. Adota-se a premissa de que a função do Estado diante destes direitos não é tão somente a de não violá-los, mas também a de protegê-los ativamente, diante de ameaças representadas pela ação de terceiros, bem como de garantir as possibilidades materiais para o seu efetivo gozo. Mas, por outro lado, tais direitos — sobretudo aqueles dotados de dimensão eminentemente patrimonial — têm a sua proteção relativizada, quando não condicionada a uma função social.

Esse segundo modelo tornou-se atualmente hegemônico. A maior parte das constituições elaboradas a partir da segunda metade do século passado seguiu, com maior ou menor sucesso, dita fórmula.

Porém, é certo que o constitucionalismo social enfrenta crise desde as décadas finais do século passado, relacionada aos retrocessos que ocorreram no *Welfare State*. A globalização econômica reduziu a capacidade dos Estados de formular e implementar políticas públicas para atender aos seus problemas sociais e econômicos, na medida em que gerou o fenômeno de desterritorialização do poder.

A globalização realizou-se sob a influência do pensamento neoliberal, que preconiza a redução do tamanho do Estado, a desregulação econômica e a restrição dos gastos sociais. Até pouco tempo atrás, os Estados que não seguiam esta fórmula — apelidada de "Consenso de Washington" —, eram criticados por agências internacionais, como o FMI e o Banco Mundial, que lhes negavam crédito, sinalizando para que os investidores internacionais também os abandonassem. Por outro lado, com a grande mobilidade do capital, as empresas passaram a se instalar em países que lhes oferecessem condições mais vantajosas, penalizando aqueles em que os custos de produção — dentre os quais se computam os salários e encargos sociais — fossem mais elevados.

No cenário geopolítico, a falência dos Estados socialistas, simbolizada pela queda do Muro de Berlim, em 1989, parecia apontar para a vitória inexorável do regime capitalista, que, agora sem um rival com o qual disputasse influência, poderia atuar sem fazer muitas concessões. E, para completar o quadro, despontava o crescente déficit público de muitos Estados, inclusive do 1º Mundo, potencializado pelo grande aumento da expectativa de vida da população, gerando expressiva elevação dos gastos em saúde pública e previdência social. Esse déficit provocou a necessidade de discussão sobre o redimensionamento das prestações sociais, ameaçando conquistas históricas das classes desfavorecidas. Em tal contexto, muitos já anunciavam a morte do Estado Social e do modelo constitucional que lhe corresponde.

De fato, a partir da década de 1980, começam a se tornar hegemônicas propostas de retorno ao modelo de Estado que praticamente não intervinha na esfera econômica. Sob o estímulo da globalização da economia, se inicia um processo de reforma do Estado que alcança escala mundial. Reduzem-se as barreiras alfandegárias e não alfandegárias ao comércio internacional e ao fluxo de capitais. Os Estados diminuem ou eliminam a proteção que reservavam à empresa nacional. Desterritorializa-se o processo produtivo. A nova dinâmica da produção global estimula os Estados a flexibilizarem suas relações de trabalho, com o intuito de atrair investimento produtivo e de alcançar maior competitividade no mercado global. Ameaçados pela inflação, que leva à necessidade de redução dos gastos públicos, os Estados privatizam suas empresas e extinguem monopólios públicos. A atuação direta do Estado na economia é significativamente reduzida.[65]

---

[65] Cf. JAYASURIYA, Kanishka. Globalization, Sovereignty, and the Rule of Law: From Political to Economic Constitutionalism?. *Constellations*, v. 8, n. 4, p. 442-460.

Contudo, a recente crise econômica mundial, deflagrada, nos últimos anos, a partir dos Estados Unidos — coração do capitalismo global — não corrobora esta visão de ocaso do constitucionalismo social. A crise foi causada por ausência de regulação estatal, e não por excesso dela, e o quadro vem sendo enfrentado em vários países por meio da ampliação da intervenção do Estado na economia, e não com a insistência nas políticas neoliberais. Na economia, mais que um simples retorno ideológico ao Estado Social, o que hoje se verifica é uma atitude mais pragmática dos governos, que têm buscado soluções que efetivamente funcionem, quer signifiquem o aumento da intervenção estatal quer importem no inverso.

No que toca aos direitos sociais, o fim do constitucionalismo social seria moralmente inaceitável em países subdesenvolvidos ou em desenvolvimento, caracterizados por grande injustiça social e desigualdade material. Não há, em contextos como o nosso, como subtrair do constitucionalismo um conteúdo social, que imponha, por cima das deliberações da política ordinária, o dever do Estado e da sociedade de reduzirem a miséria e a desigualdade, e possibilitarem a fruição efetiva de direitos fundamentais pelos integrantes dos setores mais vulneráveis da sociedade.

2.6 Da Constituição como proclamação política à Constituição normativa

Prevalecia no cenário mundial, até poucas décadas atrás, a visão inspirada na matriz francesa do constitucionalismo, que concebia a Constituição como uma proclamação política, que deveria inspirar o Poder Legislativo, mas não como uma autêntica norma jurídica, geradora de direitos para o cidadão, que pudesse ser invocada pelo Judiciário na solução de casos concretos.[66] A principal exceção a esta forma de conceber o constitucionalismo era representada pelos Estados Unidos.

De forma um tanto esquemática, pode-se afirmar que, até meados do século XX, no modelo hegemônico na Europa continental e em outros países filiados ao sistema jurídico romano-germânico, a regulação da vida social gravitava em torno das leis editadas pelos parlamentos, com destaque para os códigos. A premissa política subjacente a esta concepção era a de que o Poder Legislativo, que encarnava a vontade da Nação, tinha legitimidade para criar o Direito, mas não o Poder Judiciário, ao qual cabia tão somente aplicar aos casos concretos as normas anteriormente ditadas pelos parlamentos.

A imensa maioria dos países não contava, até a segunda metade do século XX, com mecanismos de controle judicial de constitucionalidade das leis, que eram vistos como institutos antidemocráticos, por permitirem um "governo de juízes".[67] Mesmo em alguns países em que existia a jurisdição constitucional — como o Brasil, em que ela foi implantada em 1890 e incorporada à Constituição de 1891 — o controle de constitucionalidade não desempenhava um papel relevante na cena política ou no dia a dia dos tribunais.

---

[66] Cf. ZAGREBELSKY. *Il diritto mite*, p. 52-96.

[67] Veja-se, neste sentido, a influente obra do autor francês Édouard Lambert sobre o "governo de juízes", publicada originariamente em 1921, em que se criticava a jurisdição constitucional norte-americana, apontada como instituto antidemocrático e conservador. Cf. LAMBERT, Édouard. *Le gouvernement des juges et la lutte contre la législation sociale aux États-Unis*: l'expérience américaine du contrôle judiciaire de la constitutionnalité des lois.

Tal quadro começou a se alterar ao final da II Guerra Mundial na Europa.[68] As gravíssimas violações de direitos humanos perpetradas pelo nazismo demonstraram a importância de criação de mecanismos de garantia de direitos que fossem subtraídos do alcance das maiorias de ocasião, para limitar os seus abusos. Na Alemanha, a Lei Fundamental de 1949, que é referência central no novo modelo de constitucionalismo, instituiu diversos mecanismos de controle de constitucionalidade e criou um Tribunal Constitucional Federal, que se instalou em 1951 e passou a exercer um papel cada vez mais importante na vida alemã. Na Itália, a Constituição de 1947 também apostou no controle de constitucionalidade, instituindo uma Corte Constitucional, que começou a funcionar em 1956. Na própria França, berço de um modelo de constitucionalismo avesso à jurisdição constitucional, o cenário se modificou substancialmente sob a égide da atual Constituição de 1958, que instituiu um modelo de controle de constitucionalidade originalmente apenas preventivo, confiado ao Conselho Constitucional, que tem crescido em importância sobretudo a partir dos anos 70, e hoje envolve também o controle repressivo. Também na década de 70, países como Portugal e Espanha se redemocratizaram, libertando-se de governos autoritários, e adotaram constituições de caráter mais normativo, garantidas por meio da jurisdição constitucional.

Fora da Europa, o fenômeno também se manifestou em muitas regiões.[69] Após a descolonização, diversos Estados asiáticos e africanos adotaram constituições protegidas por mecanismos de jurisdição constitucional, com destaque para a Índia. No Canadá, a adoção de uma Carta de Direitos e Liberdades, em 1982, foi acompanhada pela criação de mecanismos de controle de constitucionalidade, que têm reforçado a tutela dos direitos fundamentais e dos valores constitucionais no país. Nos anos 80 e 90, na América Latina, diversos países, como o Brasil, foram superando regimes militares e implantando democracias constitucionais, com a adoção ou ampliação das fórmulas de tutela judicial da Constituição. Dinâmica semelhante se passou nos países do Leste Europeu, após a queda do Muro de Berlim e o esfacelamento do regime soviético, onde a reconstrução constitucional de antigos Estados também foi acompanhada pela adoção desse novo modelo de constitucionalismo. Da mesma forma, a refundação política da África do Sul, após a derrocada do regime do *apartheid*, passou pela elaboração de uma Constituição repleta de direitos fundamentais, que conferiu grande poder à Corte Constitucional.

Em suma, o que se observa atualmente é uma tendência global à adoção do modelo de constitucionalismo em que as constituições são vistas como normas jurídicas autênticas, que podem ser invocadas perante o Poder Judiciário e ocasionar a invalidação de leis ou outros atos normativos. Em outras palavras, tornou-se hegemônico o modelo norte-americano de constitucionalismo, mas com um diferencial importante: muitas destas novas constituições que contemplam a jurisdição constitucional são inspiradas pelo ideário do Estado Social. São constituições ambiciosas, que incorporam direitos prestacionais e diretrizes programáticas vinculantes, que devem condicionar as políticas públicas estatais. Ademais, elas não tratam apenas da organização do Estado e das suas

---

[68] Cf. SWEET, Alec Stone. *Governing With Judges*: Constitutional Politics in Europe.
[69] Cf. HIRSCHL, Ran. *Towards Juristocracy*: the Origins and Consequences of the new Constitutionalism; ROBINSON, David. *The Judge as Political Theorist*: Contemporary Constitutional Review; SIEDER, Rachel; SCHJOLDEN, Line; ANGELL, Alan (Ed.). *The Judicialization of Politics in Latin America*; e TATE, C. Neal; VALLINDER, Torbjörn (Ed.). *The Global Expansion of Judicial Power*.

relações com os indivíduos, mas também disciplinam relações privadas, enveredando por temas como economia, relações de trabalho, família e cultura.

Voltaremos ao tema no Capítulo 5, quando abordaremos o chamado "neoconstitucionalismo". Trata-se de ambicioso modelo constitucional que tem se difundido nas últimas décadas, envolvendo mudanças significativas não apenas no tipo das constituições, como também na teoria jurídica subjacente. Por ora, cumpre apenas salientar que a conjugação do constitucionalismo social com o reconhecimento do caráter normativo e judicialmente sindicável dos preceitos constitucionais gerou efeitos significativos do ponto de vista da importância da Constituição no sistema jurídico — ela assumiu uma centralidade outrora inexistente —, bem como da partilha de poder no âmbito do aparelho estatal, com grande fortalecimento do Poder Judiciário, e, sobretudo, das cortes constitucionais e supremas cortes, muitas vezes em detrimento das instâncias políticas majoritárias.

Sem embargo, a afirmação da generalização do modelo constitucional baseado na força normativa da Constituição não deve ser tomada como sustentação da tese, de resto infundada, de que as constituições, em geral, estariam sendo efetivadas de forma satisfatória em todo o globo, garantindo universalmente o acesso pleno e igualitário aos direitos fundamentais. Infelizmente, o quadro empírico atual não dá amparo a análises tão otimistas. Os valores do constitucionalismo são razoavelmente assegurados apenas em poucos países desenvolvidos, em regiões muito circunscritas do planeta. Na maior parte do mundo, as promessas do constitucionalismo ainda são pouco mais do que utopias longínquas para a maior parte da população.

2.7 Constituição e crise da soberania estatal: "mal-estar da Constituição" ou advento do constitucionalismo transnacional?

O constitucionalismo moderno foi erigido a partir de um pressuposto fático, que hoje já não se verifica plenamente: o Estado nacional soberano, detentor do monopólio da produção de normas, da jurisdição e do uso legítimo da força no âmbito do seu território, que não reconhece qualquer poder superior ao seu.

O Estado continua sendo o principal ator político no mundo contemporâneo. Porém, a globalização, impulsionada por avanços em campos como os transportes, a informática e as telecomunicações, diminuiu a importância das fronteiras políticas e impulsionou o fenômeno de desterritorialização do poder. Atualmente, o Estado nacional perdeu em parte a capacidade que tinha para controlar os fatores econômicos, políticos, sociais e culturais que atuam no interior das suas fronteiras, pois esses são cada vez mais influenciados por elementos externos, sobre os quais os poderes públicos não exercem quase nenhuma influência. Os vasos comunicantes da economia fazem, por exemplo, com que uma crise econômica em um país possa afetar dramaticamente as políticas públicas de outro Estado. As empresas e as entidades da sociedade civil cada vez menos atuam exclusivamente no interior das fronteiras do Estado-Nação. Novos campos se desenvolvem ou se reconfiguram — como o universo digital ou a seara das competições esportivas internacionais —, que contam com regras próprias, independentes de qualquer Estado. Ademais, há fenômenos relevantes que não são geograficamente localizados, como o fluxo de mensagens e dados pela internet, e sobre eles o poder dos Estados nacionais é muito limitado.

No mundo contemporâneo, os Estados nacionais, sozinhos, não conseguem enfrentar alguns dos principais problemas com que se deparam em áreas como a economia, o meio ambiente e a criminalidade. Em paralelo, surgem novas entidades internacionais ou supranacionais, no plano global ou regional, que exercem um poder cada vez maior e tensionam a soberania estatal e a supremacia constitucional. Ao lado disso, se desenvolve na sociedade global, desde o final da II Guerra Mundial, um "cosmopolitismo ético", que cobra dos Estados mais respeito aos direitos humanos, não aceitando a invocação da soberania ou de particularismos culturais como escusa para as mais graves violações à dignidade humana.[70]

Nesse quadro, surgem fontes normativas e instâncias de resolução de conflitos alheias ao Estado, que não se subordinam ao Direito estatal, inclusive ao emanado da Constituição. Aqui, existem fenômenos muito heterogêneos, que têm em comum apenas o fato de envolverem o exercício de poder político fora do âmbito dos Estados nacionais, bem como o seu impacto sobre a soberania constitucional. Vale mencionar, de forma muito sintética, três destes fenômenos: a emergência do Direito Comunitário, sobretudo no contexto europeu; o fortalecimento do Direito Internacional dos Direitos Humanos; e a difusão global de uma *lex mercatoria*, composta por práticas aceitas pelos agentes do comércio internacional, que se situam às margens dos ordenamentos estatais.

Quanto ao surgimento e fortalecimento do Direito Comunitário, esse é um fenômeno muito mais intenso na Europa do que no resto do mundo.[71] Atualmente, a União Europeia conta com órgãos independentes dos Estados que a integram, que exercem funções executivas, legislativas e jurisdicionais. O surgimento e expansão do Direito Comunitário foram viabilizados por decisões dos Estados europeus, que abriram mão de parte dos seus poderes tradicionais, transferindo competências relevantíssimas para a esfera regional, como a de emitir moeda e a de regular inúmeros temas de importância capital.

As normas criadas pela União Europeia vinculam os Estados independentemente da sua concordância e são dotadas de aplicabilidade imediata,[72] vale dizer, não dependem de qualquer procedimento de incorporação nos Estados para se tornarem eficazes nos seus ordenamentos. Ademais, elas possuem supremacia em face do direito interno dos Estados.[73] Essa supremacia é postulada pelos mais "europeístas" inclusive em relação às constituições estatais, o que tem gerado acaloradas discussões no cenário jurídico-político e até mesmo conflitos entre Cortes Constitucionais e o Tribunal de Justiça das Comunidades Europeias.[74]

Tal é a magnitude do processo de europeização do Direito que muitos juristas passaram a sustentar, com apoio na jurisprudência do Tribunal de Justiça das Comunidades Europeias, a existência de um Direito Constitucional Europeu,[75] apesar do fato de

---

[70] Cf. STEINER, Henry Steiner; ALSTON, Philip (Ed.). *International Human Rights in Context*, p. 3-402.
[71] Cf. CAMPOS, João de Mota; CAMPOS, João Luís de Mota. *Manual de direito comunitário*; e QUADROS, Fausto. *Direito da União Européia*.
[72] O princípio da aplicabilidade imediata do Direito Comunitário, hoje universalmente aceito no âmbito europeu, surgiu de uma construção jurisprudencial do Tribunal de Justiça da Comunidade Europeia, a partir do caso *Van Gend en Loos v. Holanda*, julgado em 1962.
[73] O princípio da supremacia do Direito Comunitário também resultou de construção jurisprudencial do Tribunal de Justiça da Comunidade Europeia, estabelecida a partir do caso *Flaminio Costa v. E.N.E.L.*, julgado em 1964.
[74] Veja-se, sobre a questão, NEVES, Marcelo. *Transconstitucionalismo*, p. 133-146.
[75] Cf. CANOTILHO, José Joaquim Gomes. *Brancosos e a interconstitucionalidade*: itinerários dos discursos sobre a historicidade constitucional, p. 199-258; PIRES, Francisco Lucas. *Introdução do direito constitucional europeu*: seu

ter sido malograda até o momento a tentativa de aprovação de uma Constituição formal para a União Europeia. Naturalmente, esse fenômeno impacta o constitucionalismo, porque põe em xeque a concepção de supremacia das constituições estatais, indica a possibilidade de coexistência de mais de uma ordem constitucional vigente no mesmo território e até sugere a possibilidade de existência de Constituição sem Estado.[76]

Contudo, é certo que tal processo não tem qualquer paralelo com a integração regional que ocorre no âmbito do Mercosul, de que participa o Brasil.[77] O Mercosul funciona de acordo com o modelo padrão do Direito Internacional: as suas normas só vinculam os Estados que a elas aderem; elas se submetem ao processo legislativo de incorporação dos tratados e atos internacionais para ingressarem em nosso ordenamento; e gozam de hierarquia infraconstitucional.[78]

Em relação à proteção internacional dos direitos humanos, trata-se de fenômeno surgido após o final da II Guerra Mundial, resultante de uma reação contra as atrocidades cometidas durante aquele conflito, sobretudo pelo regime nazista. Até então, prevalecia na matéria a lógica emergente da Paz de Westfalia,[79] segundo a qual as intervenções internacionais de Estados estrangeiros ou organismos internacionais em favor de direitos humanos seriam inadmissíveis, por importarem em violação da soberania nacional para tratamento de questões domésticas. Porém, a constatação de que o Estado pode ser responsável pela violação maciça de direitos humanos, não sendo, em certos contextos, a instituição mais confiável para protegê-los, levou à construção de um Direito Internacional dos Direitos Humanos. A premissa básica deste novo ramo do Direito Internacional é de que a proteção dos direitos da pessoa humana não deve se restringir à competência exclusiva dos Estados, ou à sua jurisdição doméstica privativa. Instituições internacionais e a própria sociedade civil global podem e devem atuar neste campo. Naturalmente, essa concepção implica a relativização da noção de soberania estatal, em prol dos direitos humanos.

Tal processo, cujo marco normativo inicial foi a Declaração Universal dos Direitos Humanos, aprovada pela ONU em 1948, vem se desenvolvendo tanto no plano global, como em esferas regionais — europeia, interamericana e africana —, com a aprovação de inúmeros tratados internacionais de direitos humanos de natureza cogente, bem como com a criação de órgãos e mecanismos de fiscalização e monitoramento desses direitos, alguns dotados de natureza jurisdicional, como a Corte Europeia de Direitos Humanos,

---

sentido, problemas e desafios; SWEET, Alec Stone. *Governing With Judges*: Constitutional Politics in Europe, p. 153-204; e VIEIRA, José Ribas (Org.). *A Constituição européia*: o projeto de uma nova teoria constitucional.

[76] Sobre esta questão, veja-se o debate entre Dieter Grimm e Habermas, o primeiro criticando e o segundo defendendo a ideia de Constituição Europea: GRIMM, Dieter. *Una costituzione per l'Europa?*; e HABERMAS, Jürgen. *Una Costituzione per l'Europa*: osservazioni su Dieter Grimm. *In*: ZAGREBELSKY, Gustavo; PORTINARO, Pier Paolo; LUTHER, Jörg (Org.). *Il futuro della Costituzione*, p. 339-367, 369-375.

[77] Sobre o Mercosul, veja-se CASELLA, Paulo Borba. *Mercosul*: exigências e perspectivas: integração e consolidação do espaço econômico; e PEREIRA, Ana Cristina Paulo. *Direito institucional e material do Mercosul*.

[78] No Agravo na Carta Rogatória nº 8.279 (Rel. Min. Celso de Mello. DJ, 10 ago. 2000), o STF afirmou: "A recepção de acordos celebrados pelo Brasil, no âmbito do MERCOSUL está sujeita à mesma disciplina que rege o processo de incorporação, à ordem positiva interna, dos tratados internacionais em geral (...). A Constituição brasileira não consagrou, em tema de convenções internacionais ou de tratados de integração, nem o princípio do efeito direto, nem o postulado da aplicabilidade imediata".

[79] A chamada Paz de Westfalia designa uma série de tratados celebrados em 1648, que puseram fim à Guerra dos Trinta Anos e à pretensão do Sacro Império Romano-Germânico de dominar toda a Cristandade. Ela introduziu novos princípios no sistema internacional, como o da soberania dos Estados no âmbito dos seus territórios, e da respectiva igualdade jurídica.

a Corte Interamericana de Direitos Humanos e o Tribunal Penal Internacional.[80] Na esfera da proteção internacional de direitos humanos, não se admite a invocação pelo Estado da sua soberania, ou mesmo dos termos da sua Constituição, com o objetivo de se defender de acusações de violação de direitos garantidos em tratados internacionais.

É verdade que existe uma ampla convergência axiológica entre a proteção internacional dos direitos humanos e o constitucionalismo estatal. Afinal, ambos visam à contenção do arbítrio e à garantia de direitos. Aliás, boa parte das constituições contemporâneas recebeu decisiva influência do processo de internacionalização dos direitos humanos, o que resultou na incorporação, em muitos dos textos constitucionais do 2º pós-guerra, de boa parte dos direitos humanos previstos em tratados e documentos internacionais. Mesmo em países em que isto não ocorreu, como os Estados Unidos, há uma influência crescente da jurisprudência internacional sobre direitos humanos sobre a jurisdição constitucional.[81] Ademais, algumas Constituições, como a brasileira (art. 5º, §§2º e 3º), a argentina — depois da reforma de 1994 —, a colombiana e a sul-africana, contemplam expressamente mecanismos de abertura do Direito Constitucional ao Direito Internacional dos Direitos Humanos.

Sem embargo, podem ocorrer conflitos entre as constituições estatais e os tratados internacionais de direitos humanos, ou entre as decisões das cortes constitucionais ou supremas cortes estatais e aquelas dos tribunais internacionais de direitos humanos,[82] e surge a controvérsia sobre como solucioná-las. A questão é difícil de ser resolvida e tem como pano de fundo alguns dos temas mais complexos da Filosofia Política, como os que envolvem a tensão entre o universalismo dos direitos humanos e o respeito à diferença cultural,[83] bem como a complexa relação entre soberania popular e direitos

---

[80] Veja-se, a propósito, PIOVESAN, Flávia. *Direitos humanos e o direito constitucional internacional*, 9. ed.

[81] Em casos recentes e importantes da Suprema Corte norte-americana, como *Laurence v. Texas* (2003), em que foi declarada inconstitucional a lei que criminalizava a prática de sodomia entre homossexuais e *Roper v. Simmons* (2005), em que foi reconhecida a inconstitucionalidade da aplicação de pena de morte a pessoas que, na data do fato criminoso, tivessem menos de 18 anos de idade, as decisões invocaram fartamente a jurisprudência da Corte Europeia de Direitos Humanos, além de julgados de outros países. Esta invocação do Direito Comparado e da jurisdição internacional nas decisões judiciais norte-americanas tem suscitado grande discussão naquele país, e forte reação de setores conservadores do pensamento jurídico. Cf. CHOUDRY, Sujit. Migration as a new Metaphor in Comparative Constitutional Law. In: CHOUDRY, Sujit (Ed.). *The Migration of Constitutional Ideas*, p. 1-35.

[82] Em matéria de conflito normativo temos na Constituição brasileira, por exemplo, o princípio da unicidade sindical, que impõe a existência de um único sindicato por profissão ou categoria econômica na mesma base territorial (art. 8º, II, CF), em franco desacordo com vários tratados internacionais de direitos humanos, que asseguram, de forma muito mais ampla, a liberdade sindical (*e.g.*, art. 22 do Pacto Internacional dos Direitos Civis e Políticos, art. 8º do Pacto Internacional dos Direitos Econômicos, Sociais e Culturais, art. 16 da Convenção Americana de Direitos Humanos, Convenção nº 87 da Organização Internacional do Trabalho sobre Liberdade Sindical).
Em relação ao conflito entre decisões do Judiciário nacional e de cortes internacionais de direitos humanos, há a controvérsia recente sobre a validade da Lei de Anistia editada durante o regime militar, na parte em que garantia a impunidade dos agentes do regime por graves crimes contra os direitos humanos cometidos durante o regime de exceção. Esta lei foi considerada válida pelo STF em face da Constituição de 1988, no julgamento da ADPF nº 153 (Rel. Min. Eros Grau. *DJe*, 06 ago. 2010) e entendida como contrária à Convenção Interamericana de Direitos pela Corte Interamericana no julgamento do caso *Gomes Lund vs. Brasil*, decidido em 14.12.2010. No momento de conclusão desse volume pende no STF o julgamento de Embargos de Declaração opostos em face da decisão do STF acima referida, em que se objetiva que a Corte se manifeste sobre a tensão entre as referidas decisões.

[83] Há um amplo debate multidisciplinar a propósito da possibilidade e legitimidade da aplicação dos direitos humanos em contextos culturais em que os mesmos não estão enraizados. Sobre o tema, a literatura é riquíssima. Veja-se, em especial, APPIAH, Kwame Anthony. *Cosmopolitanism*: Ethics in a World of Strangers; BALDI, Cesar (Org.). *Direitos humanos na sociedade cosmopolita*; BENHABIB, Seyla. *The Claims of Culture*: Equality and Diversity in the Global Era; HERRERA FLORES, Joaquín. *Los derechos humanos como productos culturales*; KYMLICKA, Will. *Multicultural Citizenship*: a Liberal Theory of Minority Rights; e SEN, Amartya. *Identity and Violence*: the Illusion of Destiny.

fundamentais. Equacioná-la de forma adequada é uma das mais importantes tarefas da teoria constitucional contemporânea.

Finalmente, cabe referir à chamada *lex mercatoria*,[84] de grande importância no mundo dos negócios internacionais. A crescente mobilidade do capital e dos meios de produção no mundo atual dá hoje a alguns empresários o poder de escolha sobre onde localizar as sedes das suas empresas, as suas fábricas etc., de acordo com os marcos regulatórios nacionais que lhes sejam mais convenientes. Atualmente, grandes empresas multinacionais tornaram-se protagonistas da vida econômica mundial, concentrando um poder gigantesco. Essas empresas buscam planejar a sua atuação e disciplinar o seu relacionamento recíproco valendo-se de regras próprias de conduta, que não se confundem com as leis de qualquer Estado Nacional, mas que representam praxes aceitas pelos agentes dos mercados em que operam, que alimentam expectativas de que as mesmas sejam mantidas e honradas. Elas são amplamente utilizadas nas arbitragens internacionais, que, em determinadas áreas, assumem um papel mais relevante do que o do próprio Judiciário na resolução de conflitos. Tais regras acabam tendo uma importância até maior do que as leis estatais na disciplina do comércio internacional, e muitas vezes contrariam essas leis.

Num cenário de globalização, os Estados nacionais são muitas vezes forçados a adaptar o seu ordenamento às imposições da *lex mercatoria*, sob pena de serem abandonados pelas empresas e investidores, em prejuízo da sua economia e do seu mercado de trabalho. Ocorre que a *lex mercatoria*, orientada pela busca da eficiência econômica, muitas vezes entra em choque com demandas sociais democraticamente articuladas no âmbito dos Estados. Porém, a convergência entre a *lex mercatoria* e as expectativas e imposições de instituições internacionais, como o FMI, o Banco Mundial e a OMC, acaba restringindo de forma significativa o leque de opções dos Estados na regulação da atividade econômica, o que atinge sobretudo os países periféricos e subdesenvolvidos, restringindo, na prática, a sua soberania.

Esses e outros fenômenos correlatos vêm impactando fortemente o constitucionalismo contemporâneo. A imagem tradicional da ordem jurídica estatal como uma pirâmide, em cujo vértice localizar-se-ia a Constituição soberana do Estado nacional perde parte de seu sentido.[85] Nesse cenário, há quem aponte a existência de um "mal-estar da Constituição".[86] Ao invés da imagem da pirâmide, há quem prefira, por mais fidedigna, a ideia de rede, em razão da presença no Direito de inúmeras cadeias normativas, emanadas de distintas fontes, mas incidentes sobre o mesmo território, que se entrelaçariam numa trama complexa. Fala-se em pluralismo constitucional,[87]

---

[84] Marcelo Neves definiu a *lex mercatoria* como "ordem jurídico-econômica mundial no âmbito do comércio transnacional, cuja construção e reprodução ocorre primariamente mediante contratos e arbitragens decorrentes de comunicações e expectativas recíprocas estabilizadas normativamente entre atores e organizações privadas" (*Transconstitucionalismo*, p. 166-167).

[85] Neste sentido, veja-se José Joaquim Gomes Canotilho: "A pirâmide jurídica deve ser superada impondo-se uma visão muito mais complexa e realista do direito da ordem jurídica. O direito ordenamental num Estado tem agora vários parceiros concorrentes: o direito constitucional, que continua a reivindicar a primazia normativa; o direito comunitário que reclama o status de *lex superior*, inclusive em relação ao direito constitucional, os princípios gerais de direito e os *Bill of Rights*, nacionais ou transnacionais" (*Direito constitucional e teoria da Constituição*, p. 1027).

[86] Cf. CANOTILHO, José Joaquim Gomes. Mal-estar da Constituição e pessimismo pós-moderno. *Lusíada – Revista de Ciência e Cultura*, n. 1, p. 55-65.

[87] Cf. COHEN, Jean L. Sovereignty in the Context of Globalization: a Constitutional Pluralist Perspective. In: BESSON, Samantha; TASIOULAS, John (Ed.). *The Philosophy of International Law*, p. 261-280; e WALKER, Neil. The Idea of Constitutional Pluralism. *The Modern Law Review*, v. 65, n. 3, p. 317-359.

em transconstitucionalismo ou em "constitucionalismo multinível",[88] para aludir à convivência, nem sempre isenta de tensões, entre diversas esferas constitucionais com pretensões regulatórias incidentes sobre um mesmo território. Em tal contexto, chega-se a sugerir a emergência de um neofeudalismo jurídico, caracterizado pela pluralidade das fontes normativas e jurisdicionais, em que o papel da Constituição estatal seria significativamente restringido.[89]

No novo quadro, a ideia de constitucionalismo é empregada em vários sentidos diferentes. Além da ideia de Constituição regional, defendida no contexto europeu, há também os que identificam o surgimento de uma espécie de constitucionalismo global, a partir do processo de constitucionalização do Direito Internacional, cujas fontes mais importantes estariam, cada vez mais, desempenhando no cenário contemporâneo um papel semelhante ao que tradicionalmente exerciam as constituições dos Estados, ao limitarem os poderes públicos e privados e instituírem parâmetros normativos para o controle dos seus atos.[90] O Direito Internacional está deixando de ser um ramo que regula apenas as relações que os Estados travam entre si e vem incorporando paulatinamente o indivíduo como sujeito de direito e destinatário final das suas normas.[91] Ademais, no seu âmbito, existem hierarquias normativas e até mesmo princípios cogentes, cuja imperatividade sequer depende do consentimento do Estado, como aqueles que vedam as agressões bélicas e proíbem as violações maciças de direitos humanos, cuja ofensa pode até ensejar a intervenção internacional. Isto justificaria, para essa linha de pensamento, que se reconhecesse a existência de um novo tipo de constitucionalismo na esfera mundial, em que a Constituição seria representada pela Carta da ONU e pelos principais tratados internacionais de direitos humanos.

Outra concepção alude ao surgimento de constituições privadas, que, ignorando fronteiras, disciplinariam determinados campos — ou subsistemas sociais. Estas constituições privadas não teriam a forma de tratados, nem estariam vinculadas a entidades internacionais de caráter público, mas surgiriam no curso do processo de desenvolvimento e autonomização de esferas sociais dotadas de racionalidade própria. A chamada "constituição privada", nesta ótica, não corresponderia a uma espécie de Constituição global unitária. De acordo com Gunther Teubner — principal expositor dessa teoria — seriam diversas as constituições privadas, emergindo de uma multiplicidade de subsistemas autônomos da sociedade-mundo, que, embora desvinculadas de Estados, adquiririam determinadas características típicas das constituições, como a supremacia em face de outras normas produzidas na mesma área.[92] Um exemplo deste tipo de constitucionalização teria ocorrido na área das comunicações digitais (internet).

---

[88] Cf. PERNICE, Ingolf. Multilevel Constitutionalism in the European Union. *European Law Review*, v. 27, n. 5, p. 511-529.

[89] Cf. FARIA, José Eduardo. *O direito na economia globalizada*, p. 322-332.

[90] Cf. FASSBENDER, Bardo. We the Peoples of the United Nations: Constituent Power and Constitutional Form in International Law. In: LOUGHLIN, Martin; WALKER, Neil (Ed.). *The Paradox of Constitutionalism*: Constituent Power and Constitutional Form, p. 269-290; e PAULUS, Andreas. The International Legal System as a Constitution. In: DUNOFF, Jeffrey L.; TRACHTMAN, Joel P. (Ed.). *Ruling the World?*: Constitutionalism, International Law and Global Governance, p. 69-109.

[91] Cf. CANÇADO TRINDADE, Antônio Augusto. Memorial em prol de uma nova mentalidade quanto a proteção dos direitos humanos nos planos internacional e nacional. *Arquivos de Direitos Humanos*, n. 1, p. 3-55.

[92] Cf. TEUBNER, Gunther. Costituzionalismo societario: alternative alla teoria costituzionale stato-centrica. In: TEUBNER, Gunther. *La cultura del diritto nell'epoca della globalizzazione*: l'emergere delle costituzioni civili, p. 105-138; e TEUBNER, Gunther. Fragmented Foundations: Societal Constitutionalism beyond the Nation State. In: DOBNER, Petra; LOUGHLIN, Martin. *The Twilight of Constitutionalism?*, p. 327-341.

Neste campo, normas privadas superiores teriam sido criadas, desempenhando um papel similar ao das constituições estatais na política nacional.

Note-se que esses supostos processos de constitucionalização, acima referidos, não se confundem com aquele outro, muito mais discutido no cenário brasileiro, de ampliação da influência da Constituição estatal sobre o ordenamento jurídico. Essa constitucionalização alternativa, no cenário da globalização, diz respeito a mudanças paradigmáticas que estariam em curso em certos campos jurídicos, que aproximariam o papel das suas normas fundamentais — formalmente positivadas ou não — àquele tradicionalmente exercido pela Constituição no âmbito estatal.[93] Na verdade, existe até uma tensão latente entre esses diferentes processos de constitucionalização, pois se um — o mais "tradicional" — tende a fortalecer a Constituição do Estado-Nação, o outro tem o potencial de debilitá-la.

Há certo modismo intelectual no emprego inflacionado da ideia de Constituição para se referir a fenômenos muito distintos que vêm ocorrendo no cenário de globalização. Por exemplo, tratar como constituições as normas quase sempre informais que surgem em espaços transnacionais ainda pouco organizados institucionalmente, como pretende a teoria das constituições privadas, parece um evidente exagero, que força, muito além do razoável, o limite semântico da palavra "constituição". Também a ideia de constitucionalização do Direito Internacional Público é bastante discutível. No plano descritivo, os poderes e o nível de organização política da comunidade internacional estão muito longe daqueles desfrutados pelo Estado para legitimar a comparação. A comunidade internacional não possui ainda, por exemplo, os meios necessários para o uso da força na hipótese de descumprimento das suas decisões. Ou alguém imaginaria, durante o governo Bush, a possibilidade de se obrigar os Estados Unidos, pela força, a cessar as gravíssimas violações aos direitos humanos cometidas contra os prisioneiros de Guantánamo? Na verdade, em que pese a ocorrência de importantes avanços nos últimos tempos, a esfera internacional ainda se parece mais com um Estado de Natureza hobbesiano, em que prevalece a força do mais poderoso, do que com uma democracia constitucional.

No plano prescritivo, é problemático cogitar da Constituição abstraindo do seu fundamento na soberania popular, e essa não se manifesta na seara supranacional, pois, apesar do paulatino desenvolvimento de uma opinião pública internacional, ainda não existe nada que se possa comparar a um verdadeiro "povo" mundial.[94] Ademais, a tentativa de transplantar a ideia de Constituição para o âmbito supraestatal importaria, no atual estágio, em atentado à democracia, uma vez que ainda não há, fora do Estado, qualquer possibilidade de instituição de mecanismos de governança baseados no autogoverno popular, como a eleição dos dirigentes políticos por sufrágio universal.[95] É até possível que o Estado Nacional seja uma formação política passageira, como foram a *polis* grega e o feudo. Em 1795, o filósofo Emmanuel Kant, um dos pensadores mais

---

[93] Sobre este outro sentido da ideia de constitucionalização do Direito, cf. LOUGHLIN, Martin. What is Constitutionalization?. In: DOBNER, Petra; LOUGHLIN, Martin (Ed.). *The Twilight of Constitutionalism?*, p. 47-69.

[94] Sobre os déficits democráticos desta nova configuração sociopolítica da Humanidade e possíveis mecanismos para a sua correção, cf. HABERMAS, Jürgen. The Postnational Constellation and the Future of Democracy. In: HABERMAS, Jürgen. *The Postnational Constellation*: Political Essays, p. 58-112.

[95] No mesmo sentido, cf. GRIMM, Dieter. The Achievement of Constitutionalism and its Prospects in a Changed World. In: DOBNER, Petra; LOUGHLIN, Martin. *The Twilight of Constitutionalism?*, p. 3-22.

influentes na construção do ideário do constitucionalismo, defendia que, no futuro, para garantir a paz perpétua, seria conveniente que a Humanidade constituísse uma espécie de federação de repúblicas, com a instituição de um Direito cosmopolita e a afirmação de uma cidadania universal.[96] Porém, a ideia de um Estado mundial é ainda uma utopia distante[97] — ou uma distopia, dependendo da perspectiva do observador. É verdade que o Estado-Nação plenamente soberano, regido por uma Constituição juridicamente ilimitada, não existe mais, se é que ele chegou algum dia a existir. Porém, em que pese a crise que atravessa, o Estado continua sendo o protagonista no cenário jurídico-político e cabe sobretudo a ele assegurar o respeito aos direitos e a garantia das condições materiais necessárias para a convivência humana em sociedade, num marco de respeito à igual dignidade de todas as pessoas.[98] Nesse cenário, o constitucionalismo estatal ainda é absolutamente central, o que não exclui a necessidade de que ele dialogue com outras esferas normativas, sobretudo quando exista entra elas uma ampla convergência de objetivos, como se dá, por exemplo, com o Direito Internacional dos Direitos Humanos ou com o Direito Internacional Ambiental.

Enfim, a Constituição estatal exerce ainda o papel fundamental nas engrenagens da sociedade contemporânea. Mas o constitucionalismo estatal não pode ser autista. Não pode se fechar às influências externas e ao diálogo com outras fontes e instâncias transnacionais. Não se trata de subserviência ou de renúncia à soberania, mas de abertura para a possibilidade de aprendizado mútuo, por meio de "fertilizações cruzadas"[99] entre diferentes sistemas normativos. Afinal, como salientou Marcelo Neves no fecho da sua obra notável sobre o "transconstitucionalismo",[100] o ponto cego, o outro pode ver.[101] Em outras palavras, o diálogo constitucional entre diferentes esferas pode enriquecê-las, permitindo que as respectivas imperfeições e incompletudes sejam percebidas e eventualmente corrigidas.[102]

---

[96] Cf. KANT, Emmanuel. A paz perpétua: um projeto filosófico. *In*: KANT, Emmanuel. *A paz perpétua e outros opúsculos*, p. 119-171.

[97] Para uma defesa contemporânea desta ideia cosmopolita, cf. HÖFFE, Otfried. *A democracia no mundo de hoje*.

[98] No mesmo sentido, e com grande ênfase no argumento democrático em favor da centralidade do constitucionalismo estatal, cf. VIEIRA, Oscar Vilhena. Globalização e Constituição Republicana. *In*: PIOVESAN, Flávia (Coord.). *Direitos humanos, globalização econômica e integração regional*: desafios do direito constitucional internacional, p. 449-490.

[99] A expressão é de SLAUGHTER, Anne-Marie. Judicial Globalization. *Virginia Journal of International Law*, v. 40, n. 4, p. 1103-1124.

[100] O propósito do transconstitucionalismo — conceito cunhado e desenvolvido com grande originalidade por Marcelo Neves — é analisar o convívio e as influências recíprocas entre ordens jurídicas diferentes — como a constitucional-estatal, a regional, a internacional e as ordens locais extraestatais — no tratamento de problemas constitucionais comuns. Do ponto de vista prescritivo, a teoria do transconstitucionalismo recusa a primazia absoluta de qualquer destas ordens. Nas palavras de Marcelo Neves: "O transconstitucionalismo não toma uma única ordem jurídica ou um tipo determinado de ordem como ponto de partida ou ultima ratio. Rejeita tanto o estatalismo quanto o internacionalismo, o supranacionalismo, o transnacionalismo e o localismo como espaço de solução privilegiado dos problemas constitucionais. Aponta, antes, para a necessidade de construção de 'pontes de transição', da promoção de 'conversações constitucionais', do fortalecimento de entrelaçamentos constitucionais entre as diversas ordens jurídicas: estatais, internacionais, transnacionais, supranacionais e locais (...). As ordens envolvidas na solução do problema constitucional específico, no plano de sua própria autofundamentação, reconstroem continuamente a sua identidade mediante o entrelaçamento constitucional com a(s) outra(s): a identidade é rearticulada através da alteridade" (*Transconstitucionalismo*, p. XVIII).

[101] NEVES, Marcelo. *Transconstitucionalismo*, p. 265.

[102] Sobre a necessária influência do Direito Internacional dos Direitos Humanos e do Direito Comparado na interpretação constitucional, veja-se o Capítulo 10.

Ademais, em certas áreas, em que o poder do Estado é ineficaz para enfrentar determinados problemas — como o combate ao aquecimento global —, ou não é plenamente confiável para lidar com outros de forma exclusiva — como a proteção dos direitos humanos —, o fortalecimento de esferas normativas supranacionais deve ser festejado e não lamentado, ainda que o preço a ser pago possa ser certa erosão da soberania estatal. Aqui, menos soberania pode significar mais constitucionalismo.[103]

De qualquer forma, tais mudanças históricas estão em pleno desenvolvimento, o que nos impede de fazer qualquer balanço ou juízo definitivo sobre elas. Sem embargo, dois diagnósticos extremos se nos afiguram prematuros e injustificados: não se avista no horizonte nem o "crepúsculo" do constitucionalismo, como pensam os mais pessimistas, nem a sua definitiva consagração numa espécie de Constituição global, como preferem os sonhadores.

---

[103] Há quem defenda a ideia de um "constitucionalismo compensatório" na esfera supranacional, para suplantar os déficits e a ineficácia do constitucionalismo estatal em certas áreas e questões. Veja-se, a propósito, PETERS, Anne. Compensatory Constitutionalism: the Function and Potential of Fundamental International Norms and Structures. *Leiden Journal of International Law*, v. 19, n. 3, p. 579-610.

CAPÍTULO 3

A TRAJETÓRIA CONSTITUCIONAL BRASILEIRA

3.1 Introdução

Na acidentada história institucional do Brasil, não faltaram constituições. Foram oito até agora, editadas respectivamente em 1824, 1891, 1934, 1937, 1946, 1967, 1969[1] e 1988. Mas, se sobram constituições, faltou-nos constitucionalismo. A maior parte das constituições que tivemos não logrou limitar de forma eficaz a ação dos governantes em favor dos direitos dos governados. Muitas delas foram pouco mais que fachadas, que visavam a emprestar uma aparência de legitimidade ao regime, mas que não subordinaram efetivamente o exercício do poder, que se desenvolvia quase sempre às suas margens.[2] No nosso conturbado processo político, abundam os golpes e desvios em relação às constituições vigentes, com ou sem rompimento formal com elas. O autoritarismo, a confusão entre o público e o privado, a exclusão social e a violação dos direitos mais básicos de amplos segmentos da população são patologias crônicas da trajetória nacional, que têm persistido renitentemente, a despeito da retórica das nossas constituições.

Tais problemas não devem ser debitados à qualidade dos textos constitucionais que tivemos. A maior parte estava em sintonia com as tendências do constitucionalismo da época em que vigoraram. A questão maior foi a falta de efetividade destas constituições, cujos comandos não condicionavam, de fato, a ação dos detentores dos poderes

---

[1] Há controvérsia sobre se o documento de 1969 consubstanciou nova constituição ou mera alteração à Carta de 1967, como será analisado a seguir. A posição que sustentamos é a de que se tratou de uma nova constituição. Veja-se, a propósito, o item 3.8 deste Capítulo.
[2] Cf. COMPARATO, Fábio Konder. Prefácio. *In*: FAORO, Raymundo. *A República inacabada*, p. 19.

político, econômico e social.[3] Infelizmente, na nossa trajetória institucional, entre a realidade e o texto constitucional, tem mediado quase sempre uma distância enorme.[4]

É verdade que esse hiato vem diminuindo desde a promulgação da Constituição de 1988. Desde então, o país tem vivido um período de estabilidade institucional e a Constituição tem começado a ser levada mais "a sério". Estamos ainda muito distantes do Estado Democrático de Direito prometido pelo constituinte de 88, pois a desigualdade e o patrimonialismo antirrepublicano ainda contaminam profundamente as nossas instituições e relações sociais, mas os avanços em relação ao passado já são inquestionáveis.

Neste capítulo, será examinada a trajetória constitucional do país. Serão panoramicamente analisados não apenas os nossos diversos textos constitucionais, mas também o seu contexto sociopolítico e a sua interação com a realidade empírica subjacente. Pela sua importância, a Constituição de 88 será objeto de um capítulo próprio.

3.2 A Constituição de 1824

3.2.1 Antecedentes e outorga

Em 1822, D. Pedro I proclama a Independência do Brasil e torna-se o primeiro Imperador do país. Na época, o Brasil era um país agrário, com uma economia baseada na monocultura latifundiária, sustentada pela mão de obra escrava. A população era de cerca de 5 milhões de pessoas, dentre as quais havia aproximadamente 800 mil índios e mais de um milhão de escravos.[5]

O processo de independência ocorrido no Brasil foi absolutamente distinto do padrão adotado por outros países da América Latina, que, à mesma época, também se libertavam do jugo de sua antiga metrópole (Espanha). Naqueles países, os processos de libertação nacional foram mais violentos, envolvendo conflitos armados de maior monta, e deles decorreu a instauração de regimes republicanos, tendo à frente integrantes da elite local. Contudo, deles não resultou unidade, mas a fragmentação do antigo domínio espanhol numa multiplicidade de países diferentes. Já no Brasil, a independência resultou em configuração absolutamente distinta: manteve-se a unidade nacional, adotou-se a monarquia e preservou-se no poder a mesma dinastia que governara o país nos tempos de Colônia: os Bragança. É certo que também tivemos aqui, muito antes do advento da República, movimentos de viés republicano, inspirados na Revolução norte-americana e no Iluminismo, como a Inconfidência Mineira de 1789 a Revolução Pernambucana de 1817 e a Confederação do Equador de 1824.[6] Todavia, nenhum destes movimentos vingou, talvez pela escassa penetração desse ideário mais avançado no tecido social brasileiro.

Quando foi proclamada a independência, o Brasil integrava, desde 1815, o Reino Unido de Portugal, Brasil e Algarve. Em 1808, a família real portuguesa, fugindo de

---

[3] Cf. BARROSO, Luís Roberto. *O direito constitucional e a efetividade de suas normas*, 4. ed., p. 7-9.
[4] Como registraram Paulo Bonavides e Paes de Andrade, "o problema constitucional do Brasil (...) passa por uma enorme contradição entre a constituição formal e a constituição material" (*História constitucional do Brasil*, p. 9).
[5] Cf. CARVALHO, José Murilo de. *A cidadania no Brasil*: um longo caminho, p. 19. Boris Fausto apresenta números um pouco diversos: sem fazer alusão aos índios, fala em cerca de 3.600.000 pessoas, dentre os quais cerca de 1.100.000 escravos (*História do Brasil*, p. 137).
[6] Cf. BONAVIDES, Paulo. A Constituição do Império e as nascentes do constitucionalismo brasileiro. In: BONAVIDES, Paulo et al. *As constituições brasileiras*: notícia, história e análise crítica, p. 9-11.

Napoleão, migrara para o Brasil, instalando-se com a sua Corte na cidade do Rio de Janeiro, que, por algum tempo, se tornou a sede do império português. No período em que a Corte portuguesa esteve no Brasil, uma série de medidas importantes foram adotadas, como a abertura dos portos brasileiros às "nações amigas", a revogação da proibição da instalação de manufaturas no país e da impressão de jornais e livros, a fundação de escolas e universidades e a criação do Banco do Brasil.[7]

Contudo, desde 1817, começara em Portugal a pressão pelo retorno ao país da família real. Em 1820, eclode uma revolução constitucionalista no Porto, que, além de exigir o imediato retorno de D. João VI, pretendia limitar o absolutismo monárquico em Portugal, bem como restringir a relativa autonomia obtida pelo Brasil desde 1808, que contrariava os interesses da burguesia lusitana, reinstituindo em nosso país o regime colonial pretérito.[8] Ainda no Brasil, João VI vê-se forçado a jurar a Constituição a ser elaborada em Lisboa pelas Cortes. Em 1821, pressionado pelos compatriotas, D. João retorna a Portugal, deixando à frente do governo brasileiro, como príncipe regente, o seu filho primogênito, Pedro I.

O Brasil chegou a eleger e enviar representantes para as Cortes portuguesas,[9] mas esses, ao chegarem a Lisboa, depararam-se com um ambiente absolutamente refratário às pretensões nacionais, sem qualquer chance de sucesso nos seus objetivos, que não envolviam ainda a conquista da independência do país, mas tão somente a garantia de alguma autonomia diante de Portugal.[10] As Cortes hostilizam os representantes brasileiros e passam a exigir também o retorno de Pedro I, que, no entanto, resolve desacatá-las, permanecendo no país, no famoso episódio do "Fico". Algumas medidas draconianas impostas pelas Cortes elevaram a temperatura nas relações entre Brasil e Portugal e, alguns meses depois, Pedro I, estimulado pelo chamado "partido dos brasileiros",[11] proclamava a independência.

Meses antes desta proclamação, já estava prevista a realização de eleições para uma Assembleia Constituinte no Brasil, que haviam sido convocadas por meio de decreto expedido em 3 de junho de 1822.[12] As eleições ocorrem após o 7 de setembro e, em maio de 1823, começa a se reunir no Rio de Janeiro a constituinte. Na abertura dos seus trabalhos, D. Pedro I profere famoso discurso — no qual já se apresentava como

---

[7] Cf. GOMES, Laurentino. *1808*: como uma rainha louca, um príncipe medroso e uma corte corrupta enganaram Napoleão e mudaram a história de Portugal e do Brasil; e IGLESIAS, Francisco. *Trajetória política do Brasil 1500-1964*, p. 97-105.

[8] Cf. FAORO, Raymundo. *Os donos do poder*, p. 268-272.

[9] O Brasil elegeu uma bancada de aproximadamente 70 deputados para as Cortes, dos quais apenas 50 exerceram de fato os seus mandatos. De Portugal, participaram 130 deputados.

[10] Cf. CERQUEIRA, Marcelo. *A Constituição na história*: origem e reforma, p. 251-254.

[11] No cenário político brasileiro da época, havia três grupos principais. Um era conhecido como "partido" português, formado basicamente por comerciantes ligados aos monopólios portugueses, pugnava pela manutenção dos laços com Portugal e o retorno ao regime colonial. Outro era o "partido" brasileiro, em que predominavam proprietários rurais e elementos que se beneficiavam da autonomia adquirida pelo país e do comércio exterior. Havia, ainda, um grupo "radical", composto sobretudo por profissionais urbanos, como jornalistas, médicos, professores e padres, que postulava a implantação de um regime republicano no país. Cf. LOPEZ, Adriana; MOTA, Carlos Guilherme. *História do Brasil*: uma interpretação, p. 332.

[12] Nas palavras de Emília Viotti da Costa, a convocação da Assembleia Constituinte antes do 7 de setembro, "não era ainda uma proclamação formal de Independência, pois o texto da convocação ressalvava a união com 'a grande família portuguesa', na realidade difícil de ser mantida depois de todos os atos de desrespeito às ordens das Cortes" (*Da Monarquia à República*: momentos decisivos, p. 53).

"Imperador Constitucional e Defensor Perpétuo do Brasil" — em que se compromete a defender a futura Constituição, desde que essa, nas suas palavras, "fosse digna do Brasil e de mim".[13]

Na fala imperial já se revela não só a ambiguidade do compromisso de Pedro I com o constitucionalismo, mas também a complexidade do ambiente político ideológico do momento: superada a era revolucionária na Europa e derrotado o Império Napoleônico, vivia-se um período de restauração das monarquias. Como não era mais possível o retorno puro e simples ao absolutismo de outrora, que encontrava limites no enraizamento de algumas conquistas do liberalismo, desenhava-se uma fórmula compromissória que envolvesse a participação efetiva do monarca no exercício do poder. Mas, no caso brasileiro, a promessa condicional de D. Pedro deixava claro que a última palavra seria sua, e ela não tardaria a se fazer ouvida.

Na Assembleia Constituinte, prevalecia o sentimento liberal, que só não se estendia à questão da escravidão. Os seus trabalhos se encaminhavam para a adoção de uma monarquia constitucional, pautada no princípio da separação de poderes, com a instituição de rígidos limites ao poder do Imperador.[14] Nesse sentido, foi elaborado projeto por uma comissão composta por sete integrantes,[15] na qual se sobressaiu a atuação de Antônio Carlos de Andrada — tanto assim que o projeto passou à história como o Projeto Antonio Carlos. Porém, descontente com os rumos que tomava a constituinte, com a qual se indispôs em diversas ocasiões, Pedro I, em 12 de novembro de 1823, dissolve aquela Assembleia, prendendo ou exilando diversos parlamentares. Sem embargo, compromete-se o Imperador a convocar outra constituinte, perante a qual prometia apresentar um projeto de Constituição "duplicadamente mais liberal do que a extinta Assembléia acabara de fazer".[16]

Pedro I cria uma comissão, composta por dez integrantes, à qual delega a função de elaborar um novo projeto de Constituição e a batiza de Conselho de Estado. Rapidamente, o Conselho de Estado cumpre a sua missão, sob a liderança de José Joaquim Carneiro Campos, futuro Marquês de Caravelas. Afora alguns aperfeiçoamentos redacionais, a principal mudança substantiva introduzida pelo projeto, em relação ao anterior, da constituinte dissolvida, foi a criação do Poder Moderador, instituição central e controvertida da nova ordem constitucional a ser implantada no país.

Embora houvesse dissolvido a Assembleia Constituinte de 1823, Pedro I não desejava a pecha de tirano. Por isso, valeu-se do artifício de submeter o projeto de Constituição ao crivo das câmaras municipais, pedindo que encaminhassem sugestões. Ao invés disso, quase todas as que se manifestaram pediram que D. Pedro de imediato jurasse o

---

[13] De acordo com Raymundo Faoro, a expressão fora copiada literalmente do preâmbulo da Constituição francesa de 1814, outorgada por Luís XVIII, na tentativa de restabelecer a tradição monárquica do país (*Os donos do poder*, p. 288).

[14] De acordo com Caio Prado Jr., o projeto de 1823 correspondia plenamente aos anseios da classe hegemônica, representada pelos proprietários rurais. O caráter conservador do liberalismo esposado pelo projeto se revela na sua opção pelo voto censitário bem como no reconhecimento dos contratos (?!) entre senhores e escravos. Cf. PRADO JUNIOR, Caio. *Evolução política do Brasil*: colônia e império, p. 57.

[15] Compunham a comissão Antônio Carlos de Andrada, Antônio Luiz Pereira da Cunha, Pedro de Araújo Lima, José Ricardo da Costa Aguiar, Manuel Ferreira Câmara, Francisco Moniz Tavares e José Bonifácio de Andrada e Silva.

[16] Cf. BONAVIDES, Paulo; ANDRADE, Paes de. *História constitucional do Brasil*, p. 75.

projeto como a nova Constituição do Brasil, o que foi feito.[17] A mais forte reação contrária partiu de Pernambuco, onde Frei Caneca se insurgiu contra o projeto, acusando-o de ser "inteiramente mau, pois não garante a independência do Brasil, ameaça a sua integridade, oprime a liberdade dos povos, ataca a soberania da Nação, e nos arrasta ao maior dos crimes contra a divindade, qual o perjúrio, e nos é apresentado da maneira mais coativa e tirânica".[18] Essa oposição culminou na Confederação do Equador, que tinha a pretensão de fundar uma república federal englobando diversas províncias do Nordeste, mas que foi derrotada nas armas antes do final de 1824.

Em 25 de março de 1824 entra em vigor a nova Constituição. Em que pese a existência de interpretações divergentes,[19] a submissão do projeto de Constituição ao crivo das câmaras municipais não expurgou a primeira das nossas Cartas da mácula da outorga.[20] Não nascia bem o constitucionalismo brasileiro.

3.2.2 Traços essenciais da Constituição de 1824

A ideologia subjacente à Constituição do Império corresponde a uma fórmula de compromisso entre o liberalismo conservador e o semiabsolutismo. A sua principal influência foi a Constituição francesa de 1814, outorgada por Luís XVIII no contexto da Restauração. Os traços liberais da Carta de 1824 se revelam sobretudo na garantia de um amplo elenco de direitos individuais (art. 179). Mas essa faceta liberal é temperada pelo elitismo conservador da Constituição, que se observa na adoção de um modelo censitário de direitos políticos (arts. 92 a 96). Nesse ponto, o liberalismo da Constituição de 1824 aproxima-se do modelo então hegemônico no constitucionalismo europeu, que ainda não havia incorporado às constituições a sua dimensão democrática. Já o lado semiabsolutista da Carta tem o seu ápice na previsão do Poder Moderador (arts. 98 a 101), que consistiu numa deturpação das teorias de Benjamin Constant. Composta por 179 artigos, a Carta Imperial já inaugurava a tradição brasileira de textos constitucionais extensos e analíticos.

A Constituição de 1824 consagrava como forma de governo a monarquia hereditária (art. 3º), atribuindo à dinastia de Pedro I a linhagem real da Coroa brasileira (art. 4º). A pessoa do Imperador era considerada sagrada e inviolável, e o monarca não estava sujeito a qualquer mecanismo de responsabilização (art. 99). Mantinha-se como religião oficial a católica, embora se permitisse o culto doméstico e particular de outras crenças (art. 5º). A relação entre a Igreja Católica e o Estado era regulada pelo regime do padroado, segundo o qual os clérigos eram pagos pelo próprio governo, o que os

---

[17] Nas palavras de Francisco Iglesias, "De posse do documento [o projeto de Constituição], o governo adotou forma inteligente para disfarçar a outorga. Remeteu cópias às municipalidades, com o pedido de sugestões. Poucas atenderam; a matéria era complexa e as Câmaras, em sua quase totalidade, não tinham quem pudesse ler, estudar ou sugerir algo" (*Trajetória política do Brasil 1500-1964*, p. 138).

[18] CANECA, Frei Joaquim do Amor Divino. Voto sobre o juramento do Projeto de Constituição oferecido por Pedro II. *In*: MELLO, Evaldo Cabral de (Org.). *Frei Joaquim do Amor Divino Caneca*, p. 566.

[19] Cf. CAETANO, Marcello. *Direito constitucional*, 2. ed., p. 500.

[20] Afonso Arinos de Mello Franco sustenta que a aprovação do Ato Adicional de 1834 pela Câmara dos Deputados retirou da Carta de 1824 o seu caráter de texto outorgado (*Direito constitucional*: teoria da Constituição: as Constituições do Brasil, p. 119). Não concordamos com esta interpretação, seja porque não houve na ocasião deliberação parlamentar sobre todo o texto da Constituição, seja porque a aprovação de mudança superveniente não tem o condão de legitimar o texto originário da Carta.

equiparava a funcionários públicos. Ao Imperador competia "nomear bispos e prover os benefícios eclesiásticos" (art. 102, II), assim como conceder ou negar beneplácito às bulas papais e decisões emanadas da Santa Fé (art. 102, XIV) para que tivessem validade no território brasileiro.

Ao invés dos tradicionais três poderes, a Constituição de 1824 consagrava quatro: Legislativo, Judiciário, Executivo e Moderador, sendo este último a principal inovação no desenho institucional da Carta, decorrente, como ressaltado, de uma leitura enviesada da teoria de Benjamin Constant.

O Poder Legislativo seguia a tradição europeia do bicameralismo de moderação,[21] dividindo-se em duas casas: a Câmara dos Deputados e o Senado, os quais, em conjunto, formavam a Assembleia Geral. A Câmara de Deputados era constituída por deputados eleitos para legislaturas de quatro anos (arts. 14 e 35), enquanto o Senado era composto por senadores vitalícios, designados pelo Imperador dentre os três nomes mais votados na província em que surgisse a vaga (arts. 40 e 43), sendo os Príncipes da Casa Imperial senadores por direito próprio a partir dos 25 anos de idade (art. 46). Observe-se que o Senado não exercia a função de representar os estados. O Brasil não se organizava de forma federativa. Sua função era a de Câmara conservadora, devendo moderar os excessos da Câmara dos Deputados. Por essa razão, o ordenamento estabelecia exigências mais rígidas de idade e renda para a eleição de senadores que para a eleição de deputados.

As eleições eram indiretas: os votantes escolhiam os eleitores (eleição de primeiro grau), que, por sua vez, elegiam os titulares dos cargos disputados (eleição de segundo grau). Votavam os homens com mais de 25 anos (21 anos, se casados ou oficiais militares, ou em qualquer idade, se bacharéis ou clérigos). As mulheres e os escravos não tinham direito ao voto, mas os libertos podiam participar das eleições de primeiro grau. Havia ainda restrições censitárias para o exercício dos direitos políticos: 100 mil réis por ano para ser eleitor de primeiro grau, e 200 mil para ser votante nas eleições de segundo grau.[22] Ainda mais rígidas eram as exigências para disputa de cargo eletivo. Além de todas aquelas demandadas do eleitor, impunha-se, ademais, que, para concorrer a deputado, o cidadão tivesse renda superior a 400 mil réis anuais e fosse católico (art. 95). Já para o Senado, era necessária a idade mínima de 40 anos, notável saber e capacidade, além de renda anual superior a 800 mil réis (art. 95).

Ao Poder Judiciário era prometida independência (art. 151), mas, paradoxalmente, se franqueava ao Imperador, como atribuição do Poder Moderador, a autoridade de suspender magistrados por queixas contra eles recebidas (art. 154). Seus integrantes eram juízes de Direito "perpétuos" (art. 153), jurados e juízes de paz. Na cúpula do Judiciário foi prevista a instituição do Supremo Tribunal de Justiça (art. 164), com competência constitucional circunscrita ao julgamento de recursos de revista, conflitos de jurisdição e ações penais contra certas autoridades. O Tribunal, que foi efetivamente instituído em 1829, era composto por dezessete ministros. A Carta de 1824 não contemplou qualquer

---

[21] Aconselhava Montesquieu que o Poder Legislativo fosse formado por duas casas distintas e independentes entre si, na qual uma estivesse voltada para a representação do povo, e a outra para a representação do corpo de "pessoas dignificadas pelo nascimento, pelas riquezas ou pelas honrarias". Esta formação do corpo legislativo levaria a moderação do poder, pois "sendo composto por duas partes, uma paralisará a outra por sua mútua faculdade de impedir" (*O espírito das leis*, p. 123).

[22] A Constituição não condicionou o direito de voto à alfabetização, mas, entre 1824 e 1842, a legislação exigia que a cédula eleitoral fosse assinada, o que limitou na prática o voto dos analfabetos. Porém, entre 1842 e 1881, os analfabetos puderam votar livremente. Cf. NICOLAU, Jairo Marconi. *A história do voto no Brasil*, p. 11.

mecanismo de controle judicial de constitucionalidade das leis. A única referência expressa ao controle de constitucionalidade é feita para atribuir a função ao próprio Poder Legislativo: caberia à Assembleia promover a "guarda da Constituição" (art. 13, IX). A única possibilidade de controle externo ao Legislativo era o emprego da prerrogativa imperial, inerente ao Poder Moderador, de interferir nos demais poderes. Não por outra razão, há quem identifique o Poder Moderador como instituto antecedente do controle judicial da constitucionalidade das leis.[23]

O Poder Executivo era titularizado pelo Imperador (art. 102), que o exercia com o auxílio dos Ministros de Estado. Durante o 2º Reinado, porém, cultivou-se o hábito de composição do Conselho de Ministros a partir das forças políticas que obtivessem a maioria das cadeiras nas eleições para a Câmara dos Deputados. Por isso, alguns passaram a identificar uma forma particular de parlamentarismo brasileiro, decorrente do costume. Porém, a Carta de 1824 não tinha nada de parlamentarista. O Executivo não dependia da confiança do Parlamento e os Ministros respondiam apenas perante o Imperador. O parlamentarismo não seria compatível com a enorme concentração de poderes nas mãos do Imperador, decorrente do exercício do Poder Moderador em cumulação com a chefia do Executivo. A existência, na prática, de um governo de gabinetes, nos moldes do parlamentarismo, deveu-se a fatores que vão do temperamento do Imperador às condições políticas concretas verificadas entre nós. Mas não resultou das instituições positivadas na Carta de 1824.

O Poder Moderador, como já salientado, era uma singularidade brasileira. Nem mesmo na França, pátria de Benjamin Constant, ele chegara a ser experimentado. De acordo com a Carta de 1824, o Poder Moderador era "a chave de toda a organização Política", sendo "delegado ao Imperador, como Chefe Supremo da Nação, para que vele sobre a manutenção da Independência, equilíbrio, e harmonia dos demais Poderes Políticos" (art. 98). Dentre as competências que lhe foram atribuídas pela Carta, destacam-se a nomeação dos senadores (art. 101, I), a aprovação e suspensão das resoluções dos Conselhos das províncias (art. 101, IV), a prorrogação ou adiamento da Assembleia Geral e dissolução da Câmara dos Deputados (art. 101, V) e a suspensão de magistrados (art. 101, VIII). Tamanha era a concentração de poderes ensejada pela instituição do Poder Moderador, que Paulo Bonavides e Paes de Andrade a caracterizaram, não sem algum exagero, como "a constitucionalização do absolutismo".[24]

Na verdade, o modelo adotado no Brasil não correspondia com fidelidade às teorias de Benjamin Constant — pensador liberal-conservador, extremamente preocupado com a contenção do arbítrio dos governantes em prol das liberdades individuais. Para Constant, o Poder Moderador deveria ser um poder neutro, que agisse sempre de forma imparcial, para manter o equilíbrio e a concórdia dentre os demais poderes, e garantir o respeito aos direitos individuais. Isto não seria possível se esse poder neutro fosse atribuído ao titular de qualquer dos outros poderes ditos "ativos", como ocorreu na Carta de 1824, em que o Imperador cumulava o Poder Moderador com a chefia do Executivo.[25]

---

[23] Cf. LYNCH, Christian Edward Cyrill. A voz do Leviatã pela boca de Behemoth: o estado de exceção, o poder moderador e o controle normativo de constitucionalidade como meios de expressão da unidade da soberania popular. *In*: MACEDO, Paulo Emílio Vauthier Borges de (Org.). *Direito e política*: Anais do II Congresso Brasileiro.

[24] Cf. BONAVIDES, Paulo; ANDRADE, Paes de. *História constitucional do Brasil*, p. 96.

[25] Nas palavras do autor francês, "o vício de quase todas as Constituições foi não ter criado um poder neutro, mas ter posto num dos poderes ativos a soma total da autoridade de que tal poder deve ser investido. Quando esta

Durante o Império, o mais aceso debate constitucional gravitava exatamente em torno do Poder Moderador. De um lado, figuravam os juristas e políticos conservadores, como Pimenta Bueno,[26] que não só defendiam tal poder, como também advogavam a exegese de que os ministros de Estado não participavam do seu exercício, que se concentrava na figura do Imperador. Com isso, diante da irresponsabilidade jurídico-política do Imperador, evitava-se qualquer tipo de controle sobre o Poder Moderador. No outro flanco, alguns autores liberais questionavam a legitimidade da instituição. Frei Caneca chegou a caracterizá-la como "a chave mestra da opressão da nação brasileira e o garrote mais forte da liberdade dos povos".[27] Outros, como Zacarias de Góes Monteiro, defendiam a corresponsabilidade dos Ministros pelos seus atos, como forma de ensejar algum tipo de controle sobre aquele poder estatal.[28] Para esses, o rei deveria "reinar mas não governar".

A forma de Estado adotada foi a unitária. O território nacional foi dividido em províncias (art. 2º), cujos Presidentes eram nomeados e destituídos livremente pelo Imperador (art. 165). O regime era bastante centralizado política e administrativamente,[29] o que veio a ser abrandado pelo Ato Adicional de 1834, que atribuiu uma relativa autonomia às províncias, mas foi logo neutralizado pela Lei de Interpretação do Ato Adicional, editada em 1840, como será adiante analisado. As províncias contavam também com Conselhos Gerais, compostos por membros eleitos para mandatos de quatro anos, escolhidos com base nas mesmas regras adotadas para as eleições dos deputados (art. 74). Tais conselhos, que eram embriões de um Poder Legislativo local, tinham como principal função discutir e deliberar sobre questões de interesse das províncias, elaborando também projetos normativos para atendimento de suas necessidades e urgências (art. 81). Não obstante, tais projetos só entravam em vigor depois de aprovados pelo poder central — a Assembleia Geral —, ou, quando esta não estivesse reunida, pelo Imperador (arts. 84 a 88).

A Carta de 1824 continha, para a época, um generoso elenco de direitos individuais, espalhados nos 35 incisos do seu art. 179. Encontraram espaço nesse elenco a legalidade, a liberdade de expressão e de imprensa, a liberdade de religião, a liberdade

---

soma de autoridade viu-se reunida ao poder legislativo (...) houve uma arbitrariedade e tirania sem fim (...). Quando a mesma soma de autoridade se viu reunida no poder executivo, houve despotismo" (CONSTANT, Benjamin. Princípios de Política. *In*: CONSTANT, Benjamin. *Escritos sobre a política*, p. 20).

[26] Nas palavras de José Antônio Pimenta Bueno, o Poder Moderador "é a suprema inspeção da Nação, é o alto direito que ela tem e que não pode exercer por si mesma, de examinar o como os diversos poderes políticos, que ela criou ou confiou a seus mandatários são exercidos. É a faculdade que ela possui de fazer com que cada um deles se conserve em sua órbita, e concorra harmoniosamente com outros para o fim social, o bem-estar nacional: é quem mantém seu equilíbrio, impede seus abusos, conserva-os na direção de sua alta missão; é enfim a mais elevada força social, o órgão político mais ativo, o mais influente de todas as instituições fundamentais da nação" (Direito público brasileiro e a análise da Constituição do Império. *In*: KUGELMAS, Eduardo (Org.). *José Antônio Pimenta Bueno, Marquês de São Vicente*, p. 280). Ainda de acordo com o jurista, "os ministros de Estado não são agentes, nem intervêm no exercício deste último poder [o Moderador] (...) assinando tais atos seu nome não aparece senão para autenticar o reconhecimento, a veracidade da firma imperial, não são pois responsáveis por eles" (p. 292).

[27] CANECA, Frei Joaquim do Amor Divino. Voto sobre o juramento do Projeto de Constituição oferecido por Pedro II. *In*: MELLO, Evaldo Cabral de (Org.). *Frei Joaquim do Amor Divino Caneca*, p. 561.

[28] Segundo Zacarias de Góes e Vasconcelos, "diz o bom senso que declarar (em país livre) irresponsável uma pessoa, a quem se confiam tão transcendentes funções, implicaria grave absurdo, se a sua inviolabilidade não fosse protegida pela responsabilidade de funcionários, sem os quais nada se pudesse levar a efeito" (Da natureza e limites do poder moderador. *In*: OLIVEIRA, Cecília Helena de Salles (Org.). *Zacarias de Góes e Vasconcelos*, p. 78).

[29] Cf. CARVALHO, José Murilo de. Federalismo e centralização no império brasileiro: história e argumento. *In*: CARVALHO, José Murilo de. *Pontos e bordados*: ensaios de história e política, p. 155-188.

profissional, a irretroatividade da lei, o juiz natural, a vedação da tortura, a pessoalidade da pena, a inviolabilidade do domicílio e o direito de propriedade, dentre outros. Sem embargo do seu conservadorismo, a Constituição de 1824 já manifestava uma certa "sensibilidade precursora para o social",[30] ao antecipar institutos que seriam típicos do constitucionalismo do século seguinte: o direito aos "socorros públicos" e à instrução primária gratuita (art. 179, XXXI e XXXII). Paradoxalmente, apesar de a sociedade e a economia brasileiras se assentarem sobre a escravidão negra, afirmou-se também no texto constitucional o princípio da igualdade. Infelizmente, a efetividade daqueles direitos foi mínima.[31] Não é exagero dizer que o arcabouço jurídico liberal importado da Europa não passou de fachada. Nesse tópico, a Constituição foi pouco mais que um "pedaço de papel", no sentido de Ferdinand Lassale.

Outro traço característico da Constituição Imperial foi o seu caráter semirrígido.[32] As normas consideradas substancialmente constitucionais demandavam um processo bastante complexo para alteração, enquanto as partes restantes da Carta podiam ser modificadas por meio do mesmo procedimento empregado para a edição da legislação ordinária. De acordo com o art. 178 daquela Constituição, exigiam alteração por este procedimento especial apenas os preceitos relacionados "aos limites e atribuições respectivas dos Poderes Políticos, e aos direitos políticos e individuais dos cidadãos". Para estes, a proposta de mudança constitucional só poderia ser apresentada depois de decorridos quatro anos da vigência da Constituição, mediante o apoio de pelo menos um terço dos deputados (art. 174). A proposição seria lida três vezes, com intervalos de seis dias entre as leituras, seguindo-se à deliberação sobre a admissibilidade de discussão da matéria. Se admitida, prosseguia-se por meio do procedimento legislativo ordinário (art. 175), que envolvia a aprovação do projeto pelas duas casas legislativas por maioria simples, bem como a sanção e promulgação imperial, visando à edição de uma lei "autorizadora". Essa lei impunha aos eleitores que, no próximo pleito eleitoral para deputados, conferissem aos seus mandatários o especial poder para alteração da Constituição. Na legislatura subsequente, por fim, discutia-se e aprovava-se, se fosse o caso, a reforma pretendida. Não havia no texto constitucional qualquer limite material ao poder de reforma da Carta.

3.2.3 A vida constitucional sob a égide da Carta de 1824

Em 1831, em meio a intensa crise, D. Pedro I abdica do trono em favor de seu filho Pedro II, então com cinco anos de idade, retornando a Portugal na tentativa de recuperar a trono daquele país, usurpado por seu irmão D. Miguel. Inicia-se o período da Regência (1831-1840), um dos mais conturbados da história nacional, marcado por inúmeros conflitos, movimentos separatistas e revoltas populares em todo o país,

---

[30] A expressão é de BONAVIDES, Paulo; ANDRADE, Paes de. *História constitucional do Brasil*, p. 100.
[31] Cf. BARROSO, Luís Roberto. *O direito constitucional e a efetividade de suas normas*, p. 9-12; e COSTA, Emília Viotti. *Da Monarquia à República*: momentos decisivos, p. 61.
[32] A semirrigidez também era uma ideia colhida da obra de Benjamin Constant. Aliás, o art. 178 da Carta foi praticamente copiado de texto do pensador francês, para quem, "tudo o que não se refere aos limites e às atribuições respectivas dos poderes, aos direitos políticos e aos direitos individuais não faz parte da Constituição, mas pode ser modificado pelo concurso do rei e das duas câmaras" (Princípios de Política. *In*: CONSTANT, Benjamin. *Escritos sobre a política*, p. 295).

como a Cabanagem, a Sabinada, a Balaiada e a Guerra dos Farrapos. De acordo com a Constituição, o novo Imperador só alcançaria a maioridade aos 18 anos (art. 121). Durante a sua menoridade, o país deveria ser governado pelo parente mais próximo, com mais de 25 anos (art. 122). Na ausência de parentes com idade superior àquela, como ocorria no caso, a Assembleia Geral deveria eleger uma regência trina (art. 123), o que de fato ocorreu.

Em 1834, é aprovada a primeira e única alteração formal à Carta de 1824: o chamado "Ato Adicional de 1834", que substituiu a regência trina pela regência uma. Doravante, o regente passaria a ser escolhido pelos eleitores para mandato de quatro anos (arts. 26 a 29). Outra mudança importante introduzida pelo Ato Adicional foi a ampliação da autonomia das províncias, com a criação das Assembleias Legislativas Provinciais (art. 1º), em substituição aos conselhos gerais. Às Assembleias foram atribuídos diversos novos poderes, dentre os quais competências legislativas próprias (art. 10). Ademais, o Ato Adicional extinguiu o Conselho de Estado (art. 32) — órgão de aconselhamento do Imperador previsto na Carta de 1824, que era mal visto pelos liberais.

O Ato Adicional resultou de um movimento reformista liberal, que encontrou algum eco na Câmara dos Deputados, e que pugnava por reformas profundas no regime, como a extinção do Poder Moderador, a instauração de uma monarquia federativa, e o fim da vitaliciedade do Senado.[33] Contudo, não houve espaço político para que a reforma fosse tão longe. Ademais, os avanços descentralizadores obtidos pelo Ato Adicional não perduraram muito. Em 1840, no contexto de uma reação conservadora conhecida como "Regresso", é editada a Lei nº 105 — a chamada Lei Interpretativa —, que, a pretexto de interpretar o Ato Adicional, alterou-lhe significativamente a substância, para restringir os poderes das Assembleias Legislativas Provinciais. Outra mudança promovida pelo Ato Adicional também teve vida curta: em 1841, uma lei ordinária recriaria o Conselho de Estado.

Em 1840, ocorre o chamado "Golpe da Maioridade". Pressionada pelo Partido Liberal e atendendo aos anseios de parte da população, a Assembleia Geral proclama a maioridade de Pedro II, que tinha então apenas 14 anos, possibilitando a sua ascensão ao trono, apesar da clareza do texto constitucional, que fixava em 18 anos completos o momento da maioridade. Finda-se aí o período de regência e tem início o 2º Reinado.

Durante o 2º Reinado, e sobretudo a partir de 1847, constrói-se no país um arremedo de parlamentarismo.[34] Naquele ano, um decreto do Imperador criara o cargo de Presidente do Conselho de Ministros, e a esse cabia a formação do gabinete. De temperamento conciliador, Pedro II adotou o hábito de nomear aquela autoridade a partir de indicação feita pelo partido que obtivesse maioria nas últimas eleições para a Câmara. Para se manter na função, o gabinete deveria gozar da confiança não só do Imperador, como também da Câmara dos Deputados. Porém, algumas vezes em que a Câmara deixou de apoiar o gabinete de sua escolha, Pedro II valeu-se da sua autoridade de titular do Poder Moderador para dissolvê-la e convocar novas eleições legislativas. Como o Imperador e o governo tinham grande peso nessas eleições, Pedro II acabava conseguindo manter o gabinete de sua preferência.[35] Tal mecanismo ensejou grande

---

[33] Cf. BONAVIDES, Paulo; ANDRADE, Paes de. *História constitucional do Brasil*, p. 109-119.
[34] Cf. FAUSTO, Boris. *História do Brasil*, p. 179-180.
[35] Como observou com ironia um observador privilegiado deste processo — o Senador Nabuco de Araújo —, "o Poder Moderador chama quem quer para organizar o ministério; o ministério faz a eleição; a eleição faz a maioria. Eis aqui o sistema representativo em nosso país" (*apud* GRAHAM, Richard. *Clientelismo e política no Brasil do século XIX*, p. 114).

rotatividade no governo. Houve, no total, 36 gabinetes durante o 2º Reinado, propiciando intensa alternância no poder entre os dois grandes partidos imperiais — o Liberal e o Conservador —, sem que de tal alternância resultasse maior instabilidade política.

Em relação ao quadro partidário, teoricamente, o Partido Liberal seria mais identificado com a descentralização e limitação dos poderes imperiais, e o conservador mais inclinado às teses opostas.[36] Contudo, na prática, as diferenças decorriam muito mais de disputas de grupos por poder e recursos do que de orientações programáticas. Ficou conhecida a frase do político pernambucano Holanda Cavalcanti, de que "nada se assemelha mais a um Saquarema do que um Luzia no poder" ("Saquarema" era a alcunha dos conservadores e "Luzia" a dos liberais).

Durante todo o Império, pouca penetração teve na vida do país o ideário constitucionalista. É certo que, durante o 2º Reinado, não houve maiores arroubos autoritários por parte do Imperador. Sem embargo, o liberalismo da Constituição mal arranhava a epiderme das nossas relações políticas e sociais. O constitucionalismo liberal era, como assinalou Roberto Schwartz, uma *ideia fora de lugar*,[37] importada da Inglaterra e da França, mas que não se aclimatara bem à atmosfera cultural brasileira, influenciada pela herança antiliberal da colonização portuguesa.[38] Sob o verniz da Constituição, mantinha-se e se alimentava o patrimonialismo, o desprezo pelos direitos fundamentais e — maior das chagas da história nacional — a escravidão.

A escravidão, apesar de sequer mencionada no texto constitucional, era a instituição central da sociedade e da economia do país. As paulatinas limitações à escravidão e a sua posterior — e tardia — abolição, foram as mais importantes mudanças ocorridas no país durante o 2º Reinado. O fim da escravidão foi impulsionado pelo movimento abolicionista, que, ao longo da segunda metade do século XIX, foi fincando raízes na consciência de setores da população; pelo aumento da imigração, que aportava nova mão de obra para a nossa agricultura, diminuindo o custo econômico da abolição do trabalho escravo; e também pelas pressões inglesas, motivadas não só por razões humanitárias, como também por interesses comerciais.

Em 1826, cedendo às pressões inglesas, o Brasil celebra com aquele país um tratado, que entraria em vigor em 1830, pelo qual se comprometia a encerrar o tráfico negreiro, reservando-se à Inglaterra o poder de inspecionar em alto-mar os navios suspeitos do comércio de escravos. Em 1831, é editada uma primeira lei nacional para dar cumprimento àquele tratado, proibindo o tráfico, instituindo severas penas para os traficantes e declarando livres os escravos que chegassem ao país após a sua edição. A lei não teve nenhuma eficácia: era "para inglês ver" (vem daí essa expressão). A Inglaterra reagiu contra a continuidade do tráfico de escravos, decretando o *Bill Aberdeen*, que autorizava a marinha inglesa a atacar e apreender os navios negreiros e a julgar em seus tribunais os responsáveis. Em 1850, nova lei brasileira proscreve o tráfico — a Lei Eusébio de Queiroz — esta com maior eficácia, reduzindo drasticamente o fluxo de africanos para o país. Em 1871, é editada a Lei do Ventre Livre, declarando libertos os filhos de escravas nascidos após a sua promulgação. Em 1885, a tentativa dos conservadores de arrefecer os ímpetos abolicionistas por meio de concessões pontuais dava mais um passo com a

---

[36] Cf. MOTTA, Rodrigo Patto Sá. *Introdução à história dos partidos políticos brasileiros*, p. 23-44.
[37] Cf. SCHWARTZ, Roberto. As ideias fora do lugar. In: SCHWARTZ, Roberto. *Ao vencedor as batatas*: forma literária e processo social nos inícios do romance brasileiro, p. 11-31.
[38] Sobre esta herança, consulte-se a obra clássica de FAORO, Raymundo. *Os donos do poder*, p. 1-240.

Lei Saraiva-Cotegipe, também conhecida como Lei dos Sexagenários, que estabeleceu a liberdade dos escravos com mais de 60 anos. O fim da escravidão institucionalizada só ocorreria com a Lei Áurea, promulgada pela Princesa Isabel em 13 de maio de 1888. Com ela, o Brasil tornava-se o último país do Ocidente a abolir oficialmente a escravatura.

Contudo, isto não foi suficiente para a inclusão social da população afrodescendente. A falta de condições materiais dos ex-escravos, a discriminação que sofriam, e a inexistência de qualquer política pública voltada a remediar esta terrível situação, criada por mais de três séculos e meio de cativeiro, geraram um sistema social profundamente injusto, cujas consequências ainda não foram extirpadas. A lógica da escravidão penetrou profundamente a nossa cultura e sociabilidade, e, do seu veneno, ainda não conseguimos nos livrar. Infelizmente, cumpriu-se o vaticínio de Joaquim Nabuco: "a escravidão permanecerá por muito tempo como a característica nacional do Brasil".[39]

O 2º Reinado aproximava-se do fim, com crises nas relações do Imperador com o clero e com o Exército, e perda de suporte do regime na maior parte dos segmentos sociais, inclusive na elite rural, que, com a abolição, deixara de apoiá-lo. Em 15 de novembro de 1889, a Carta Imperial é revogada pelo Decreto nº 1, que proclama a República. Apesar das virtudes pessoais de D. Pedro II, reconhecidas por amplos setores da sociedade brasileira, nossa primeira experiência constitucional legou ao constitucionalismo uma marca que apenas recentemente começaria a ser enfrentada: a franca incoerência entre as proclamações constitucionais e a realidade social brasileira.

3.3 A Constituição de 1891

3.3.1 Antecedentes e Assembleia Constituinte

Por ocasião da queda da monarquia, em novembro de 1889, as bases de sustentação do regime monárquico estavam profundamente desgastadas. Concorreram para a crise do regime monárquico sobretudo após a "questão religiosa",[40] a "questão militar"[41] e a emancipação dos escravos sem indenização ao ex-proprietários. O movimento republicano vinha ganhando corpo no país, desde o começo da década de 1870.[42] Pedro II estava muito envelhecido, e a opinião pública tinha aversão ao seu genro estrangeiro, o Conde D'Eu, visto como possível futuro governante.

---

[39] NABUCO, Joaquim. *Minha formação*, p. 49.

[40] A "questão religiosa" ocorreu durante a década de 1870 e foi deflagrada quando bispos da Igreja Católica começaram a excluir maçons de suas dioceses e a interditar templos dirigidos por padres ligados à maçonaria. A maçonaria tinha forte influência no governo — o Presidente do Conselho de Ministros à época era o Visconde do Rio Branco, um grão-mestre maçom. D. Pedro II mandou prender os bispos, que tendo em vista o regime do *padroado* então vigente, eram considerados agentes do Estado. O fato gerou reações até do Papa Pio IX, que defendia a supremacia da Igreja sobre o "poder temporal". Porém, em 1875 foi dada ao caso uma solução que atendeu aos interesses da Igreja: os bispos punidos foram anistiados e caiu o gabinete do Visconde de Rio Branco.

[41] A "questão militar" dizia respeito a diversos acontecimentos ocorridos na década de 1880, que geraram tensões entre o Exército brasileiro e políticos monarquistas, especialmente aqueles ligados ao Partido Conservador. O seu estopim foi a punição do coronel Antônio de Sena Madureira, por defender publicamente a abolição da escravidão, haja vista a proibição de que os militares se manifestassem sobre questões políticas. As reações contra essa e outras punições infligidas a militares do Exército geraram na Força grande unidade e acirraram sentimentos negativos contra a monarquia e o poder civil, que já vinham se disseminando desde o fim da Guerra do Paraguai.

[42] Ocorreu em 1870, por exemplo, o lançamento do importante Manifesto Republicano, que teve Quintino Bocaiúva como principal redator.

Na campanha republicana, aliaram-se políticos civis, de diversas inclinações ideológicas, e militares, numa união precaríssima, condenada a desfazer-se pouco depois da proclamação da República. Adeptos do federalismo que antes apoiavam a monarquia, como Ruy Barbosa e Joaquim Nabuco, também aderiram ao movimento republicano, justificando a adesão pela dificuldade de implantação da federação no regime monárquico. Havia, basicamente, três linhas no movimento republicano do final do 2º Reinado. Uma, de viés liberal e urbano, associava a República à garantia dos direitos individuais, à federação e ao fim do regime escravista. Outra vertente, originária do Estado de São Paulo, ligava-se à burguesia cafeeira e adotava uma perspectiva conservadora, interessando-se pela autonomia das províncias, mas não pela defesa dos direitos individuais ou pelo fim da escravidão. A terceira linha era positivista, influenciada pelas ideias filosóficas de Auguste Comte, que defendia uma ditadura republicana como a forma ideal de governo para a época, e tinha grande penetração nos nossos meios militares, bem como entre os políticos do Rio Grande do Sul.

Foram os militares, sob a chefia de Deodoro da Fonseca,[43] que promoveram o movimento que resultou na Proclamação da República. Neste movimento, praticamente não houve participação popular. O povo não passou de mero expectador atônito dos acontecimentos de novembro de 1889.[44] Sem embargo, parece um exagero equiparar o advento da República a um mero pronunciamento militar, como sugerem alguns autores,[45] haja vista as várias outras forças que lhe deram suporte, bem como a sua correlação com fenômenos mais profundos que se desenrolavam na sociedade, na cultura e na economia do país.[46]

Proclamada a República, o Imperador e a família real foram exilados, partindo imediatamente para a Europa. Não houve conflito armado na instauração do novo regime, cuja formalização se deu por meio do Decreto nº 1, que instituiu o governo provisório, chefiado pelo próprio Deodoro, e composto tanto por militares — Benjamin Constant e Eduardo Wandenkolk —, como por civis — Ruy Barbosa, Quintino Bocaiúva e Aristides Lobo. Tal decreto definiu o caráter republicano e federal do Estado, e atribuiu às antigas províncias a condição de Estados federais (art. 2º). Tendo em vista a dissolução do Legislativo então decretada, o país passaria a ser regido autocraticamente pelo governo provisório até as eleições para a Assembleia Constituinte.

Em 3 de dezembro de 1889, é editado o Decreto nº 29, nomeando uma comissão de cinco juristas para elaboração de anteprojeto de Constituição, composta por Saldanha Marinho, Américo Brasiliense, Santos Werneck, Rangel Pestana e Magalhães de Castro. Depois da sua elaboração, o anteprojeto foi encaminhado para revisão a Ruy Barbosa,

---

[43] José Murilo de Carvalho noticia que, logo após a proclamação, iniciou-se uma disputa historiográfica, mas revestida de claro conteúdo político, sobre quem teria sido o protagonista daquele processo, na qual havia três grupos: uma corrente ligada à velha-guarda militar, que apontava a liderança de Deodoro; outra, próxima dos positivistas, militares ou não, que destacava o papel de Benjamin Constant (não o filósofo francês, mas o militar e professor brasileiro); e a terceira, relacionada aos civis liberais, que sustentava a liderança de Quintino Bocaiúva. Cf. CARVALHO, José Murilo de. *A formação das almas*: o imaginário da República no Brasil, p. 35-54.

[44] Cf. CARVALHO, José Murilo de. *Os bestializados*: o Rio de Janeiro e a República que não foi. Inclusive, passou à história a insuspeita afirmação do republicano histórico e integrante do Governo Provisório, Aristides Lobo, sobre a proclamação da República: "O povo assistiu a tudo aquilo bestializado, atônito, surpreso, sem conhecer o que significava. Muitos acreditavam, sinceramente, estar vendo uma parada".

[45] Esta parece ser a posição de BARROSO, Luís Roberto. *O direito constitucional e a efetividade de suas normas*, p. 13.

[46] Cf. CERQUEIRA, Marcelo. *A Constituição na história*: origem e reforma, p. 301-302; e COSTA, Emília Viotti. *Da Monarquia à República*: momentos decisivos, p. 449-492.

que o alterou significativamente, conferindo-lhe a sua fisionomia definitiva. O texto, apesar de mais analítico, era fortemente inspirado na Constituição norte-americana, da qual o jurista baiano era profundo admirador. Da Carta norte-americana, Ruy importaria o modelo de federalismo dual, ainda que mais centralizado aqui, o presidencialismo e o controle jurisdicional de constitucionalidade das leis. O Anteprojeto foi publicado como o Decreto nº 510, que vigorou como Constituição Provisória, até o final da Assembleia Constituinte. Tal Decreto convocava a eleição para a constituinte, direta e sem restrições censitárias, a ocorrer em 15 de setembro de 1890. Finalmente, em 15 de novembro de 1890, no primeiro aniversário da Proclamação da República, instalava-se a Assembleia Constituinte. Eram 205 deputados e 63 senadores, compondo um corpo legislativo formado por muitos bacharéis e militares.[47]

Na Constituinte, partiu-se do texto da Constituição Provisória então em vigor, que foi tomado como projeto. Foi escolhida uma comissão de 21 parlamentares, um de cada Estado da federação então existente, para proferir parecer sobre ele. A Comissão pouco inovou no texto que lhe fora apresentado.[48] As principais mudanças sugeridas e depois aprovadas pelo Plenário foram a adoção de eleições diretas para Presidente da República e para o Senado, a ampliação das competências tributárias e processuais dos Estados e a transferência para estes das terras devolutas. O tema mais polêmico durante os trabalhos da constituinte foi a federação,[49] em torno do qual se defrontaram um grupo ultrafederalista, em que militavam Julio de Castilhos, Campos Salles e Epitácio Pessoa, que pretendia ampliar a autonomia estadual, e outro favorável a um federalismo mais centralizado, em que despontavam Ruy Barbosa[50] e Amaro Cavalcanti. Questões que seriam centrais para a vida constitucional do país no período vindouro, como o estado de sítio, sequer foram debatidas. Em 24 de fevereiro de 1891 era promulgada a Constituição de 1891.

3.3.2 Traços essenciais da Constituição de 1891

A Constituição de 1891 era a encarnação, em texto legal, do liberalismo republicano e moderado que havia se desenvolvido nos EUA. Importaram-se dos Estados Unidos as instituições e os valores do liberalismo, para uma sociedade que nada tinha de liberal: o exemplo acabado do "idealismo na Constituição".[51] O pensamento de Ruy Barbosa se impusera quase integralmente na Constituinte, diante de outras correntes de

---

[47] Cf. IGLESIAS, Francisco. *Trajetória política do Brasil 1500-1964*, p. 199.
[48] Cf. BONAVIDES, Paulo; ANDRADE, Paes de. *História constitucional do Brasil*, p. 224-225; e FRANCO, Afonso Arinos de Mello. *Curso de direito constitucional brasileiro*, p. 130.
[49] Cf. BONAVIDES, Paulo; ANDRADE, Paes de. *História constitucional do Brasil*, p. 226-227; LYNCH, Christian Edward Cyril; SOUZA NETO, Cláudio Pereira de. O constitucionalismo da inefetividade: a Constituição de 1891 no cativeiro do Estado de Sítio. *In*: ROCHA, Cléa Carpi da (Org.). *As Constituições brasileiras*: notícia, história e análise crítica, p. 35-42.
[50] Tornou-se conhecida a crítica de Ruy aos excessos dos ultrafederalistas, que, durante a constituinte, queriam implantar no Brasil uma federação ainda mais descentralizada que a norte-americana: "Ontem, de federação, não tínhamos nada. Hoje, não há federação que nos baste" (BARBOSA, Ruy. O *habeas-corpus*. *In*: BARRETO, Vicente (Org.). *O liberalismo e a Constituição*: textos selecionados de Ruy Barbosa, p. 188).
[51] A expressão é de Oliveira Vianna, em obra clássica, em que critica a inadaptação das Constituições brasileiras de 1824 e de 1891 à realidade e cultura brasileira. Cf. OLIVEIRA VIANNA, Francisco José de. *O idealismo na Constituição*.

pensamento, como o positivismo, que tinha então grande força na sociedade brasileira.[52] A influência norte-americana foi sentida até na mudança do nome do país, que passou a se chamar oficialmente de "Estados Unidos do Brasil". O texto aprovado em 1891 é o mais enxuto de todas as constituições que tivemos: 90 artigos no corpo permanente, acrescidos de 9 dispositivos nas disposições transitórias.

Do ponto de vista da partilha espacial de poder, adotou-se, como já destacado, o federalismo, inspirado no modelo norte-americano. A federação era concebida como "união perpétua e indissolúvel das suas antigas Províncias" (art. 1º). Cada uma delas passava a constituir um Estado, dotado de autonomia política e financeira, e com poder para elaborar a sua constituição e as suas leis (art. 63). Os Estados deveriam prover as necessidades dos seus governos com os recursos que arrecadavam. Suas competências eram as remanescentes (art. 65, §2º), pois a Constituição fixava expressamente apenas aquelas atribuídas à União. O modelo de federalismo era o dual, também vigente nos Estados Unidos, de pronunciada separação entre as esferas federal e estadual, com reduzido espaço para a cooperação entre elas. A autonomia dos municípios foi garantida no texto constitucional (art. 68), mas não se lhes conferiu a estatura de entidade federativa.

O sistema de governo escolhido foi o presidencialista, mais uma vez decalcado do constitucionalismo americano. O Poder Legislativo era bicameral, composto de Câmara de Deputados e Senado. No bicameralismo federativo esposado, a Câmara representava o povo, tendo cada Estado um número de deputados proporcional à sua população (art. 28, §1º), enquanto o Senado, que era presidido pelo Vice-Presidente da República, representava os Estados (art. 30), sendo composto por três senadores de cada unidade da federação. Deputados e senadores eram eleitos diretamente, sendo o mandato daqueles de 3 anos, e o destes últimos de 9 anos. No Senado, haveria renovação a cada triênio de um terço da representação.

O Poder Executivo era exercido pelo Presidente da República, que, em consequência do regime presidencialista, cumulava as funções de Chefe de Estado e de Chefe de Governo. O seu substituto ou sucessor era o Vice-Presidente, eleito simultaneamente, mas sem a necessidade de integrar a mesma chapa partidária (art. 41, §1º). Presidente e Vice eram eleitos por sufrágio direto e universal e maioria absoluta de votos, para mandatos de 4 anos, vedada a reeleição para o período imediatamente subsequente (art. 43 e 47). Não havendo quem alcançasse a maioria absoluta, realizar-se-ia eleição indireta no Congresso, entre os dois candidatos mais votados (art. 47, §2º). Excepcionalmente, os primeiros Presidente e Vice-Presidente seriam eleitos indiretamente pela própria Constituinte (art. 1º, Disposições Transitórias).

O Poder Judiciário também foi organizado pela Constituição em bases federativas, com uma Justiça Federal e outra Estadual. Na cúpula de todo o sistema, o Supremo Tribunal Federal, que fora criado um ano antes, pelo Decreto nº 510, com inspiração na Suprema Corte norte-americana. O Tribunal era composto por quinze juízes escolhidos pelo Presidente e aprovados pelo Senado entre cidadãos de notável saber e reputação ilibada (art. 56). Note-se que o texto constitucional aludia ao "notável saber", não exigindo expressamente que esse fosse jurídico, o que, no governo de Floriano Peixoto,

---

[52] Contudo, os positivistas obtiveram outras vitórias importantes no nascimento da República, como na escolha da bandeira brasileira, desenhada por Décio Villares e adotada por Decreto do Governo Provisório de 19 de novembro de 1889, contendo o polêmico mote de Augusto Comte — "Ordem e Progresso". Veja-se, a propósito, CARVALHO, José Murilo de. *A formação das almas*: o imaginário da República no Brasil, p. 109-128.

chegou a dar margem a escolhas pelo Presidente de pessoas sem formação em Direito.[53] Outro ponto importante foi a previsão do controle de constitucionalidade das leis, que acabara de ser instituído pelo Decreto nº 848 do Governo Provisório, e passou a ter assento constitucional. O modelo adotado foi o norte-americano, do controle difuso e concreto: todos os juízes e tribunais exercem o controle e podiam deixar de aplicar leis e outros atos normativos a casos concretos que lhes fossem submetidos, quando as normas contrariassem a Constituição. Comentando o art. 59, §1º, da Constituição de 1891, Ruy Barbosa sintetizava o "princípio fundamental" que informa o modelo: "a autoridade, reconhecida expressamente no texto constitucional, a todos os tribunais, federais, ou locais, de discutir a constitucionalidade das leis da União, e aplicá-las, ou desaplicá-las, segundo esse critério".[54]

Os direitos políticos foram concedidos aos cidadãos brasileiros maiores de 21 anos, excluindo-se os analfabetos, os mendigos, os praças militares e os integrantes de ordens religiosas que impusessem renúncia à liberdade individual (art. 70). Manteve-se a abolição do voto censitário, que já fora determinada pelo Decreto nº 200-A, do Governo Provisório.[55] Não houve qualquer referência restritiva expressa às mulheres no texto constitucional, mas a discriminação de gênero era tão enraizada que sequer se discutia se elas podiam ou não votar ou se candidatar: nem precisava ser dito que as mulheres não tinham direitos políticos, pois isto seria "natural".

No plano dos direitos individuais, a Constituição revelou a sua inspiração liberal. O art. 72 incorporou um vasto elenco de liberdades públicas, como as de religião, de expressão, de associação, de reunião, de locomoção e profissional. Naturalmente, a propriedade foi garantida "em toda a sua plenitude" (§17). Diversas garantias penais e processuais foram previstas, como a ampla defesa, o juiz natural, a pessoalidade da pena, e a proibição das sanções de banimento, galés e de morte, salvo, no último caso, em tempo de guerra. Foi constitucionalizado o *habeas corpus*, cabível "sempre que o indivíduo sofrer ou se achar em iminente perigo de sofrer violência, ou coação, por ilegalidade ou abuso de poder" (§22). Como o texto não circunscrevera o remédio à tutela de liberdade de locomoção, abriu-se espaço para desenvolvimento no STF da chamada "doutrina brasileira do *habeas corpus*",[56] impulsionada pelo magistério e pela corajosa atuação advocatícia de Ruy Barbosa,[57] ampliando essa garantia constitucional para diversas outras situações em que se configurasse a arbitrariedade estatal, mas não estivesse envolvido o direito de ir e vir.[58]

O elenco de direitos fundamentais endossava, ainda, importantes bandeiras republicanas ao abolir os privilégios de nascimento, foros de nobreza e ordens honoríficas

---

[53] O propósito evidente era de desprestigiar a Corte, mas as nomeações não foram aprovadas pelo Senado. Veja-se, a propósito, COSTA, Emília Viotti. *O Supremo Tribunal Federal e a construção da cidadania*, p. 32.
[54] BARBOSA, Ruy. *Commentarios à Constituição Federal brasileira*: colligidos e ordenados por Homero Pires, v. 1, p. 133.
[55] Cf. LEAL, Victor Nunes. *Coronelismo, enxada e voto*, p. 225.
[56] A obra histórica de referência sobre a doutrina brasileira do *habeas corpus* é de RODRIGUES, Leda Boechat. *História do Supremo Tribunal Federal*.
[57] Cf. BARBOSA, Ruy. O *habeas-corpus*. In: BARRETO, Vicente (Org.). *O liberalismo e a Constituição*: textos selecionados de Ruy Barbosa, p. 134-138.
[58] Ao julgar *habeas corpus* em que o então senador Ruy Barbosa era simultaneamente autor e paciente, decidiu o STF, por exemplo, que "as imunidades parlamentares estabelecidas no art. 19 da Constituição da República, asseguram ao senador da República, publicar os seus discursos proferidos no Parlamento pela imprensa, onde, quando e como lhe convier" (HC nº 3.536, Rel. Min. Oliveira Ribeiro. Julg. 06.05.1914).

(art. 72, §2º) e constitucionalizar a separação entre Estado e Igreja (art. 72, §3º) — que já fora determinada antes pelo Decreto nº 119-A do Governo Provisório —, estabelecendo o caráter secular dos cemitérios e a laicidade do ensino público. Porém, diferentemente da Carta do Império — neste ponto, à frente do seu tempo — a Constituição de 1891 não demonstrou nenhuma sensibilidade para o social, estatuindo apenas direitos individuais defensivos, voltados à limitação do arbítrio estatal, sem qualquer abertura para os direitos de natureza positiva.

Em relação aos mecanismos de reforma, a Constituição de 1891 era rígida. O art. 90 da Carta estabelecia o procedimento para as alterações constitucionais: considerava-se proposta a reforma constitucional quando (a) fosse apresentada por pelo menos um quarto dos membros da Câmara ou do Senado, e fosse aceita, em três discussões, por dois terços dos votos em ambas as casas; *ou* (b) quando a mudança fosse solicitada por dois terços das Assembleias Legislativas dos Estados, que decidiriam por maioria, no decurso de um ano. Aceita a proposta, seria ela aprovada se obtivesse, no ano seguinte, a anuência de, no mínimo, dois terços dos votos nas duas casas do Legislativo Federal. Ademais, tal Constituição consagrava limites materiais para o poder de reforma: vedava qualquer projeto tendente a abolir "a forma republicana federativa, ou a igualdade de representação dos Estados no Senado" (art. 90, §4º).

Em suma, tratava-se de uma Constituição perfeitamente liberal, bastante comprometida, no seu texto, com o Estado de Direito. Na prática, porém, a vida constitucional na República Velha esteve muito distante do liberalismo, marcada pelo coronelismo, pela fraude eleitoral e pelo arbítrio dos governos.

3.3.3 A República Velha sob a Constituição de 1891

Sob a perspectiva do constitucionalismo, a República começa muito mal. A Assembleia Constituinte elegera para o primeiro mandato Deodoro da Fonseca e Floriano Peixoto, respectivamente como Presidente e Vice-Presidente da República.[59] Deodoro imediatamente entra em choque com o Congresso e decreta o seu fechamento ainda no ano de 1891, prometendo novas eleições e uma futura revisão da Constituição recém-aprovada, visando a fortalecer a União e o Poder Executivo. Instala-se uma crise política e militar, que leva Deodoro à renúncia, ainda antes da metade do seu período presidencial. De acordo com a Constituição, quando isto ocorresse, novas eleições deveriam ser convocadas (art. 42). Contudo, valendo-se de uma interpretação capciosa da Carta de 1891, Floriano mantém-se no poder até o final do mandato.[60]

O autoritarismo foi o traço essencial do Governo Floriano, que violou direitos fundamentais, perseguiu opositores, censurou a imprensa e ignorou a Constituição. Foi um período conturbado, com graves incidentes políticos e militares, como a Revolução

---

[59] Eles não compunham a mesma chapa, o que era possível no regime da Constituição de 1891, e representavam segmentos diferentes das Forças Armadas: Deodoro, a velha-guarda, e Floriano, os jovens militares radicais e positivistas.
[60] A tese de Floriano Peixoto era de que, no primeiro mandato presidencial, não incidiria a regra geral, prevista no art. 42 da Constituição, mas sim o estabelecido no art. 1º, §2º, das Disposições Transitórias, segundo o qual "o Presidente e o Vice-Presidente, eleitos, na forma deste artigo, ocuparão a Presidência e a Vice-Presidência durante o primeiro período presidencial".

Federalista no Rio Grande do Sul e a Revolta da Armada. A decretação do estado de sítio e a intervenção federal foram rotineiras, sem observância dos seus limites constitucionais, com prisão e desterro de opositores, inclusive parlamentares. O Presidente atritou-se com o Supremo Tribunal Federal, recusou-se a cumprir decisões judiciais e chegou até a inviabilizar o funcionamento da Corte, ao não nomear ministros para composição do seu quórum mínimo de funcionamento.[61]

Em 1894, elege-se para a Presidência o civil paulista Prudente de Morais, um porta-voz dos interesses da burguesia cafeicultora, pondo termo à fase militar do regime. Durante este período, rebenta no sertão da Bahia a Guerra de Canudos, movimento popular messiânico e antimoderno, que impõe vexames ao Exército e termina no massacre de miseráveis.[62] Prudente de Morais é sucedido por outro paulista, Campos Salles, que consolida o modelo republicano civil e oligárquico, que perduraria por toda a República Velha, instaurando a chamada "Política dos Governadores". Essa consistia num arranjo político informal, pelo qual o governo central dava apoio aos grupos dominantes na política local, que, em contrapartida, respaldavam integralmente o Presidente.[63]

Este contexto alimentou o coronelismo:[64] os chefes políticos locais no meio rural eram quase senhores feudais nas suas terras, e a sua vontade era, na prática, a lei.[65] Inclusive porque, pelos arranjos políticos costumeiros da época, os agentes da lei — juízes, delegados etc. — eram indicados pelos próprios coronéis. Neste quadro, os direitos individuais proclamados pela Constituição não passavam de ficção. Sob o ângulo eleitoral, os coronéis controlavam "rebanhos" de eleitores que deles dependiam, fenômeno potencializado pela inexistência do voto secreto no Brasil, que retirava a liberdade do eleitor: as eleições eram "a bico de pena".

Como se não bastasse, era generalizada a fraude eleitoral em todos os níveis, tornando praticamente impossível a eleição de candidatos não oficiais. Cabia ao Poder Legislativo a realização das eleições, apuração dos votos e diplomação dos eleitos, o que dava margem a inúmeros desvios. No âmbito da União, instalara-se no Congresso órgão chamado "Comissão de Verificação dos Poderes", que tinha por incumbência oficializar o resultado das urnas nos pleitos federais, homologando as eleições. A opacidade do processo de homologação permitia que, independentemente do número de votos recebidos por um candidato, fosse ele barrado, não tendo a sua eleição reconhecida.

---

[61] Cf. VIEIRA, Oscar Vilhena. *Supremo Tribunal Federal*: jurisprudência política, p. 74. Conta-se, ainda, que reagindo diante de *habeas corpus* concedido pela Corte, Floriano teria ameaçado: "eles concedam a ordem, mas depois procurem saber quem dará habeas corpus aos ministros do Supremo Tribunal Federal". Cf. SAMPAIO, José Adércio Leite. *A Constituição reinventada pela jurisdição constitucional*, p. 356.

[62] Veja-se a obra clássica de CUNHA, Euclides da. *Os sertões*: campanha de Canudos.

[63] Na síntese de Francisco Iglesias, "o Presidente da República estabelece acordos com os presidentes dos Estados (...) de modo a obter total apoio de todos os seus atos: os presidentes dos estados apoiariam o da República, bem como levariam os deputados obedientes às suas ordens (e então havia quase unanimidade entre Executivo e a representação parlamentar de cada unidade federativa, pois havia praticamente um só partido). Em troca desse apoio, que garantia ao governo livre ação, o presidente da República apoiava toda a política dos Estados, o que significava sobretudo a nomeação dos funcionários em cada local feita por indicação dos chefes regionais: Justiça, polícia, escola e mais atividades eram assim escolhas de gente de confiança absoluta do presidente de estado. Este, por sua vez, compunha-se com os chefes municipais, usando o mesmo artifício: apoio irrestrito em troca de apoio, ou melhor, favores" (*Trajetória política do Brasil 1500-1964*, p. 208).

[64] Sobre o coronelismo, veja-se a obra clássica de LEAL, Victor Nunes. *Coronelismo, enxada e voto*: o município e o regime representativo no Brasil.

[65] Cf. CARVALHO, José Murilo de. *A cidadania no Brasil*: um longo caminho, p. 56-57.

Tratava-se da "degola", que ensejava um amplo controle do governo sobre o resultado dos pleitos eleitorais. Era assim que funcionava a "democracia" brasileira: "na base, o bico-de-pena substituiu a eleição; no alto, a degola ocupou o lugar das apurações".[66]

Durante a República Velha, consolidou-se o domínio político dos Estados de São Paulo e Minas Gerais, conhecido como "política do café com leite", que envolvia um acordo implícito para a alternância na Presidência da República entre políticos de São Paulo (produtor de café) e de Minas (produtor de leite). O extrato social hegemônico era a oligarquia rural, que preponderava num sistema econômico baseado na agricultura e no latifúndio.

Enquanto vigorou a Constituição de 1891, o predomínio do Poder Executivo era incontestável e se expressava com frequência na decretação do estado de sítio. Foram ao todo onze decretações, todas aprovadas por um Legislativo de "obedientes clientes".[67] Apesar de protestos e de algumas impugnações judiciais, prevaleceu, na prática, a visão conservadora de que o estado sítio era uma espécie de "interregno constitucional, durante o qual o governo estava livre para agir de forma plenamente discricionária".[68] Muito frequentes foram também as intervenções federais nos Estados, decretadas não só em situações de efetiva crise do pacto federativo, como também para asfixiar eventual oposição ao governo central que, a despeito dos arranjos da política dos governadores, conseguisse se organizar no âmbito estadual. O Poder Judiciário, que fora formalmente fortalecido pela Constituição de 1891, com a instituição do controle de constitucionalidade das leis, muitas vezes não quis, outras não pôde, controlar os abusos do Executivo. Apesar de alguns episódios pontuais de resistência, o Supremo Tribunal Federal foi, em geral, bastante dócil diante dos desmandos dos governantes de plantão.[69]

Durante a sua vigência, a Constituição de 1891 sofreu apenas uma emenda constitucional, em 1926. Aprovada durante a presidência de Arthur Bernardes, a emenda caracterizou-se por seu viés centralizador e antiliberal. Dentre outras medidas, ela ampliou as hipóteses de intervenção da União nos Estados; proibiu o controle judicial sobre a decretação do estado sítio ou sobre os atos praticados na sua vigência, sobre a intervenção nos Estados e sobre posse, legitimidade e perda de mandatos políticos estaduais ou federais; e limitou o cabimento do *habeas corpus* aos casos de constrangimento ou ameaça à liberdade de locomoção, encerrando a doutrina brasileira do *habeas corpus*.

Ao longo da década de 1920, as bases políticas, sociais e econômicas do sistema rural-oligárquico entram em crise. Surge o tenentismo, movimento de oposição ao regime que congregava setores do jovem oficialato do Exército e se baseava num vago ideário que englobava lutas contra a fraude eleitoral, o poder das oligarquias e a

---

[66] FAORO, Raymundo. *Os donos do poder*, p. 628.
[67] A expressão é de Christian Edward Lynch e Cláudio Pereira de Souza Neto (O constitucionalismo da inefetividade: a Constituição de 1891 no cativeiro do estado de sítio. *In*: ROCHA, Cléa Carpi da (Org.). *As Constituições brasileiras*: notícia, história e análise crítica, p. 47).
[68] LYNCH, Christian Edward Cyril; SOUZA NETO, Cláudio Pereira de. O constitucionalismo da inefetividade: a Constituição de 1891 no cativeiro do estado de sítio. *In*: ROCHA, Cléa Carpi da (Org.). *As Constituições brasileiras*: notícia, história e análise crítica, p. 47.
[69] É conhecida — e provavelmente exagerada — a crítica de João Mangabeira ao STF: "O órgão que, desde 1892 até 1937, mais falhou à República, não foi o Congresso Nacional. Foi o Supremo Tribunal. (...) O órgão que a Constituição criara para seu guarda supremo, e destinado a conter, ao mesmo tempo, os excessos do Congresso e as violências do Governo, a deixava desamparada nos dias de risco ou de terror, quando exatamente mais necessitada estava ela da lealdade, da fidelidade e da coragem dos seus defensores" (*Ruy*: o estadista da República, p. 70).

corrupção do governo. Na mesma época, uma nova classe média se afirma nos principais centros urbanos, com aspirações e valores divergentes daqueles das tradicionais elites agrárias que até então governavam o país. Por outro lado, ganha vulto no país a "questão social", com o aumento da força política dos trabalhadores nas cidades, que passaram a se organizar melhor e a reivindicar direitos. Em 1929, a crise econômica mundial, inaugurada pela quebra da Bolsa de Nova Iorque, atinge em cheio o país, gerando desemprego e recessão. Era esse, em traços largos, o pano de fundo dos acontecimentos de 1930, que viriam a encerrar a República Velha.

O estopim da Revolução de 1930 foi a sucessão do Presidente Washington Luís. Pela "política dos governadores", seria a vez de Minas Gerais indicar o próximo Presidente, mas o acordo fora rompido por Washington Luís, que lançou o paulista Júlio Prestes como seu candidato. Em reação, Minas se une ao Rio Grande do Sul e à Paraíba, formando a Aliança Liberal, e lançando a chapa integrada por Getúlio Vargas, como candidato à Presidência, e João Pessoa, para a Vice-Presidência. A derrota dessa chapa, em eleição suspeita, e o clima gerado pelo assassinato de João Pessoa auxiliaram o desencadeamento da Revolução, ocorrido em 3 de outubro de 1930. Depois de alguns confrontos militares, a Revolução se sagra vitoriosa, e, em poucos dias, Getúlio Vargas assume o governo. Era o final do regime constitucional instaurado em 1891.

Num balanço geral, pode-se dizer que a Constituição de 1891 teve pouquíssima efetividade. Entre o país constitucional — liberal e democrático — e o país real — autoritário e oligárquico —, manteve-se sempre um abismo intransponível.

3.4 A Constituição de 1934

3.4.1 Antecedentes e Assembleia Constituinte

Em 11 de novembro de 1930, Getúlio Vargas edita o Decreto nº 19.398 em vigor até aprovação da Constituição de 1934, institucionalizando e regulamentando o Governo Provisório por ele chefiado, que perduraria até 1934.[70] De acordo com o Decreto, o Governo Provisório exerceria "discricionariamente, em toda a sua plenitude, as funções e atribuições, não só do Poder Executivo, como também do Poder Legislativo" até a aprovação de nova Constituição (art. 1º). Confirmou-se no Decreto a dissolução do Congresso, das Assembleias Legislativas e Câmaras Municipais de todo o país e se atribuiu ao Governo Provisório o poder de designar interventores nos Estados (art. 11), os quais, por seu turno, nomeariam prefeitos para todos os municípios (art. 11, §4º). As garantias constitucionais foram suspensas, excluindo-se do Poder Judiciário a apreciação dos atos do Governo Provisório e dos interventores federais (art. 5º). Em suma, estruturava-se ali, ainda que provisoriamente, um governo de exceção.

Durante o Governo Provisório, diversas medidas relevantes foram adotadas. Foi editado um Código Eleitoral, criando a Justiça Eleitoral e o voto secreto, estendendo o direito de voto às mulheres, instituindo a representação classista e adotando o sistema proporcional nas eleições, em substituição ao sistema distrital que antes vigorava.[71]

---

[70] Para Afonso Arinos de Mello Franco, este Decreto foi "uma Constituição Provisória, e como tal deve ser encarado pela História de nosso Direito Constitucional" (*Curso de direito constitucional*, p. 172).
[71] Cf. PORTO, Walter Costa. *O voto no Brasil*: da Colônia à 6ª República, p. 260.

Foram criados os Ministérios da Educação, da Saúde e do Trabalho, Indústria e Comércio, que desenhavam um perfil mais social e interventor do Estado brasileiro. As primeiras regras de proteção ao trabalhador urbano foram editadas, bem como normas de inspiração nacionalista, que ampliaram a intervenção do Estado sobre a economia, por meio de medidas como a nacionalização do subsolo, das águas, jazidas minerais e fontes energéticas.[72]

À época, o ambiente constitucional externo era de crise do liberalismo. Nos Estados Unidos, o modelo do absenteísmo estatal estava sendo abandonado, com as políticas intervencionistas do Presidente Roosevelt, conhecidas como o *New Deal*. Na Europa, a crise do liberalismo era ainda mais profunda, atingindo não só a sua dimensão econômica, mas também a sua faceta política. Na Itália, os fascistas governavam desde 1922. Ao longo da década de 1930, na Espanha e em Portugal, os governos autoritários de direita, de Franco e de Salazar, subiriam ao poder. Na Alemanha, o nazismo começava a mostrar a sua brutalidade. O constitucionalismo social procurava conciliar respeito aos direitos individuais e a democracia com a promoção da igualdade material por meio de direitos sociais e da intervenção do Estado na economia. Seu exemplo mais conhecido foi a Constituição alemã de Weimar de 1919.[73] Porém, tal Constituição — principal influência estrangeira na elaboração da nossa Constituição de 1934[74] — sucumbiria no início da década de 1930, após a ascensão dos nazistas ao poder.[75]

No cenário interno, forças heterogêneas disputavam espaço político no âmbito do Governo Provisório. De um lado, os tenentistas, agora no poder, não desejavam eleições imediatas, nem tampouco assembleia constituinte. Preferiam prolongar por algum tempo o Governo Provisório, para viabilizar as mudanças sociais que queriam ver implantadas. Na outra banda, segmentos mais liberais, que também exerciam influência no governo, desejavam a imediata reconstitucionalização do país.[76]

A reconstitucionalização demorou mais do que o tempo necessário à estabilização da nova ordem. Tal demora foi uma das causas da malograda Revolução Constitucionalista de São Paulo, que eclodiu em julho de 1932. A chamada Revolução Constitucionalista foi inspirada por vários interesses e correntes de pensamento heterogêneos. Se, de um lado, havia realmente setores imbuídos do ideário constitucionalista, que lutavam pela bandeira legítima do fim do regime de exceção, do outro havia também elementos da antiga oligarquia rural, perdedores na Revolução de 1930, que pretendiam um retorno ao *status quo* anterior. Sobre o movimento pairava, ainda, a sombra do separatismo, alimentada por um sentimento de superioridade de São Paulo em relação ao resto do

---

[72] Cf. BERCOVICI, Gilberto. Tentativa de instituição de democracia de massas no Brasil: instabilidade constitucional e direitos sociais na Era Vargas. *In*: SOUZA NETO, Cláudio Pereira de; SARMENTO, Daniel (Org.). *Direitos sociais*: fundamentos, judicicialização e direitos sociais em espécie, p. 32.

[73] Sobre os debates constitucionais na República de Weimar, veja-se: JACOBSON, Arthur J.; SCHLINK, Bernhard (Ed.). *Weimar*: a jurisprudence of crisis; BERCOVICI, Gilberto. *Constituição e estado de exceção permanente*: atualidade de Weimar.

[74] Sobre a influência da Constituição de Weimar sobre a Constituição brasileira de 1934, veja-se: GUEDES, Marco Aurélio Peri. *Estado e ordem econômica e social*: a experiência constitucional da República de Weimar e a Constituição brasileira de 1934.

[75] O ato final da derrocada da Constituição de Weimar deu-se com a aprovação pelo Parlamento do Ato de Habilitação, em 1933, que conferiu ao governo — leia-se, a Hitler — o poder de alterar unilateralmente a Constituição como lhe conviesse.

[76] Cf. SKIDMORE, Thomas. *Brasil*: de Getúlio a Castelo, p. 27-31.

país, que alguns setores da sociedade paulista cultivavam. Militarmente o movimento fracassou em poucos meses. Mas evidenciou que não seria mais possível continuar postergando a elaboração da nova Constituição, de cuja edição ele foi um catalisador.

O primeiro passo para a Constituinte, porém, fora dado ainda antes que eclodisse a Revolução Constitucionalista. Em 14 de maio de 1932, o Governo Provisório editou o Decreto nº 21.402, que fixou o dia 3 de maio de 1933 para as eleições da Assembleia, e criou comissão para elaboração de anteprojeto de Constituição. Em 1º de novembro de 1932, foi editado o Decreto nº 22.040, regulamentando o funcionamento de tal comissão. De acordo com ele, uma subcomissão ficaria encarregada de elaborar o anteprojeto, que depois seria encaminhado para apreciação da comissão. A subcomissão, que, por reunir-se no Palácio do Itamaraty, ficou conhecida como Comissão do Itamaraty, era presidida por Afrânio Mello Franco. O seu perfil ideológico era heterogêneo: havia liberais, como Afrânio Mello Franco e Carlos Maximiliano; integrantes mais próximos ao pensamento social de esquerda, como João Mangabeira e José Américo de Almeida, e pensadores que aderiam a um autoritarismo nacionalista de direita, como Oliveira Vianna.

Em 5 de abril de 1933, outro Decreto é editado — o Decreto nº 22.621 —, dispondo sobre a convocação da Assembleia Nacional Constituinte, seus componentes e regimento interno. Ele determinava que a constituinte seria composta por 254 deputados. Destes, 214 seriam eleitos pelo sistema proporcional e os outros 40 seriam representantes classistas, eleitos pelos sindicatos legalmente reconhecidos e por associações de profissionais liberais e de funcionários públicos.[77] Finalmente, em 19 de agosto de 1933 foi editado o Decreto nº 23.102, que fixou em 15 de novembro do mesmo ano a data de instalação da Assembleia Constituinte, o que de fato ocorreu.

Os trabalhos da constituinte partiram do texto elaborado pela Comissão do Itamaraty. Apesar do disposto no Decreto nº 22.040, decidiu-se não submeter os trabalhos do grupo à comissão geral prevista naquele ato normativo, para poupar tempo. A Assembleia Constituinte, diferentemente de outras que tivemos na história do país, não cumulou suas funções com a atividade legislativa ordinária. Ela ocupou-se apenas da elaboração da Constituição e da eleição indireta do Presidente da República, dissolvendo-se logo em seguida.[78]

Instalada a constituinte, formou-se uma Comissão Constitucional para apreciar o anteprojeto da Comissão Itamaraty, composta por 26 membros — um de cada Estado, um do Distrito Federal, um do Território do Acre, e quatro representantes classistas — presidida pelo jurista Carlos Maximiliano. Em março de 1934, essa "Comissão dos 26" apresentou o parecer e o substitutivo ao anteprojeto da Comissão do Itamaraty. Sobre tal substitutivo trabalhou a Assembleia Constituinte até 16 de julho de 1934, data da promulgação da nova Constituição.

No dia seguinte à promulgação, realiza-se eleição indireta para a Presidência da República, em que Getúlio Vargas se sagra vencedor. As próximas eleições deveriam ser diretas, como previa a nova Constituição. Mas não viriam a ocorrer, em razão do golpe do Estado Novo.

---

[77] Cf. BONAVIDES, Paulo; ANDRADE, Paes de. *História constitucional do Brasil*, p. 277.
[78] BONAVIDES, Paulo; ANDRADE, Paes de. *História constitucional do Brasil*, p. 290.

3.4.2 A Constituição de 1934: principais características

A Constituição de 1934 inaugurou o constitucionalismo social no Brasil. Rompendo com o modelo liberal anterior, ela incorporou uma série de temas que não eram objeto de atenção nas constituições pretéritas, voltando-se à disciplina da ordem econômica, das relações de trabalho, da família, da educação e da cultura. A partir dela, pelo menos sob o ângulo jurídico, a questão social não poderia mais ser tratada no Brasil como "caso de polícia", como se dizia na República Velha. Tratava-se de uma Constituição extensa, composta por 187 artigos no seu corpo permanente, somados a outros 26 nas disposições transitórias. Do ponto de vista institucional, ela manteve o federalismo, a separação de poderes e o regime presidencialista. Contudo, houve mudanças significativas no desenho das instituições.

No que tange ao federalismo, a Constituição de 1934 consagrou um modelo cooperativo, inspirado na Constituição de Weimar. Nesse modelo, além das competências privativas da União e dos Estados, foram também previstas competências concorrentes (art. 10), que demandavam a articulação de iniciativas e esforços entre os poderes central e estadual. Os Estados foram autorizados a editar leis para suplementar as normas federais em certas matérias (art. 5º, §3º). Por outro lado, houve uma tendência centralizadora, que se evidencia pela ampliação da competência privativa da União — por exemplo, o Direito Processual, que, na Constituição de 1891, era da competência legislativa dos Estados, agora passara à esfera normativa da União.

No que tange ao Poder Executivo, foi suprimida a figura do Vice-Presidente. O Presidente continuaria a ser eleito para mandatos de quatro anos, vedada a reeleição para o período subsequente (art. 52). As eleições ocorreriam por sufrágio universal direto e secreto. Mas, como se sabe, não chegou a haver qualquer eleição presidencial sob a égide daquela Constituição, salvo a indireta de Getúlio Vargas, realizada pela própria Constituinte.

No Poder Legislativo, houve mudanças profundas. Pela Constituição, ele seria composto pela Câmara dos Deputados, "com a colaboração do Senado Federal" (art. 22). Portanto, o Senado deixara de ser um órgão do Legislativo, que se tornava unicameral. Pela Constituição de 1934, o Senado teria como funções "promover a coordenação entre os poderes federais entre si, manter a continuidade administrativa, velar pela Constituição, colaborar na feitura das leis e praticar os demais atos de sua competência" (art. 88). Doravante, os senadores não participariam mais do processo legislativo, salvo em determinados temas definidos pela própria Constituição, como estado de sítio, sistema eleitoral, organização judiciária federal e tributos e tarifas (art. 91). O Senado seria composto por dois representantes de cada Estado e do Distrito Federal, eleitos por sufrágio direto e universal para mandatos de oito anos (art. 89), realizando-se a cada quatro anos eleições para renovação de metade dos seus membros (art. 89, §1º).

Na Câmara dos Deputados havia dois tipos de representantes, ambos com mandatos de quatro anos: os representantes do povo, eleitos por sufrágio universal e direto, pelo sistema proporcional; e os representantes das profissões,[79] em total equivalente a

---

[79] A representação profissional foi um dos temas mais debatidos durante a Assembleia Constituinte. Tratava-se de uma bandeira do tenentismo, inspirada na experiência corporativista de vários países europeus, que não era aceita pelos nossos liberais. A ideia não foi acolhida pela Comissão Itamaraty, mas acabou abraçada durante a Constituinte. É praticamente consensual que a representação profissional funcionou muito mal no país, no

um quinto da representação popular (art. 23), eleitos indiretamente pelas associações profissionais, que eram divididas em quatro grupos: lavoura e pecuária; indústria, comércio e transportes; profissões liberais e funcionários públicos (art. 23, §3º). Com exceção dessa última categoria, a representação profissional seria paritária, pois para cada representante de associação de empregados haveria também um representante de associação de empregadores (art. 23, §5º).

No âmbito do Poder Judiciário foi mantida a estrutura federativa prevista na Constituição de 1891. A Justiça Eleitoral, instituída dois anos antes pelo Governo Provisório, ganhou assento constitucional (arts. 82 e 83). O Supremo Tribunal Federal passou a ser chamado de Corte Suprema e a sua composição foi fixada em 11 ministros,[80] número que poderia ser elevado até 16, por lei de iniciativa do próprio Tribunal. Embora tenha previsto a criação da Justiça do Trabalho, voltada para "dirimir questões entre trabalhadores e empregados, regidos pela legislação social" (art. 122), a Constituição de 1934 não a inseriu no âmbito do Poder Judiciário, inscrevendo-a na esfera do Executivo.

Foi mantido o regime de controle de constitucionalidade da Constituição anterior, com três inovações relevantes: a instituição do princípio da reserva de plenário, segundo o qual "só pela maioria absoluta dos votos da totalidade dos seus juízes, poderão os tribunais declarar a inconstitucionalidade de lei ou de ato do poder público" (art. 179); a previsão da competência do Senado para suspender a execução das normas declaradas inconstitucionais pelo Poder Judiciário (art. 91, inciso IV) — mecanismo importante para aclimatar ao sistema jurídico brasileiro, em que os precedentes judiciais não eram vinculantes, o controle difuso de constitucionalidade, importado dos Estados Unidos, país em que sempre houve a vinculação aos precedentes —; e a criação de um mecanismo de controle preventivo obrigatório de constitucionalidade das leis federais que decretavam a intervenção da União nos Estados, nos casos de violação dos chamados princípios constitucionais sensíveis, previstos no art. 7º da Constituição. Essa última inovação será o embrião a partir do qual, mais a frente, desenvolver-se-á no Brasil o controle concentrado e abstrato de constitucionalidade.[81]

O sistema de direitos fundamentais sofreu sensíveis alterações, que revelam o caráter social da Constituição de 1934. A Constituição estatuía um amplo elenco de direitos e garantias individuais, que incluía as tradicionais liberdades civis, e no qual figuraram, pela primeira vez no Brasil, o mandado de segurança (art. 113, nº 33) e a ação popular (art. 113, nº 38). O direito de propriedade foi garantido. Porém, não mais poderia "ser exercido contra o interesse social ou coletivo" (art. 113, XVII): chega ao nosso Direito a ideia de função social da propriedade.[82]

A maior novidade no campo dos direitos foi a previsão de direitos sociais. Esses não estavam arrolados na declaração de direitos, mas nos títulos que cuidavam da

---

reduzido espaço de tempo em que foi adotada, dentre outras razões pela manipulação governamental nas escolhas dos representantes. Sobre o tema, cf. TAVARES, Ana Lucia Lyra. *A Constituição de 1934 e a representação profissional*.

[80] O Governo Provisório, desde 1931, já havia reduzido o número de Ministros de 16 para 11. Na época, Getúlio Vargas aposentou compulsoriamente seis Ministros, nomeando outros dois para a Corte. Cf. COSTA, Emília Viotti. *O Supremo Tribunal Federal e a construção da cidadania*, p. 70.

[81] Cf. MENDES, Gilmar Ferreira. *Controle de constitucionalidade*: aspectos jurídicos e políticos, p. 176-178.

[82] Aqui também foi marcante a influência da Constituição de Weimar, que consagrou a célebre fórmula de segundo a qual "a propriedade obriga e o seu uso e exercício devem ao mesmo tempo representar uma função no interesse social" (art. 153).

"ordem econômica e social", e da "família, da educação e da cultura". Merece destaque o elenco de direitos trabalhistas, estabelecido no art. 121 da Constituição, dentre os quais figuravam o salário mínimo, o limite de oito horas da jornada de trabalho, o repouso semanal remunerado, as férias anuais remuneradas e a indenização por dispensa sem justa causa. Tais direitos não se aplicavam, todavia, ao trabalho rural, tendo sido previsto apenas que este seria objeto de regulamentação especial, que atenderia "quanto possível" aos direitos e demais preceitos previstos no art. 121. O constituinte não ousara enfrentar as oligarquias rurais.

O texto constitucional ainda previa o amparo aos desvalidos, à maternidade e à infância, o socorro à família numerosa e o combate à mortalidade infantil (art. 138); bem como o ensino primário gratuito, de frequência obrigatória, e a tendência à gratuidade do ensino posterior ao primário, visando a torná-lo mais acessível (art. 150, Parágrafo único, alíneas "a" e "b"). Enfim, na ordem jurídica brasileira depois da Constituição de 1934, os direitos fundamentais não poderiam mais ser concebidos exclusivamente como direitos de defesa, que limitavam a ação do Estado. Agora, ao lado desses direitos negativos, surgiam direitos positivos, que reclamavam a atuação dos poderes públicos em seu favor, e não o absenteísmo estatal. Ademais, os direitos voltavam-se também para as relações entre particulares, como era o caso dos direitos trabalhistas, que visavam a proteger os trabalhadores da exploração pelos seus patrões, diante do reconhecimento da intrínseca desigualdade de poder existente entre eles.

A Constituição de 1934 também inaugura no Brasil a disciplina constitucional da economia,[83] consagrando, de forma ampla, a possibilidade de intervenção do Estado na seara econômica.[84] O nacionalismo era um traço marcante no regime então estabelecido, que consagrou medidas como a nacionalização das minas, riquezas do subsolo, águas e fontes de energia hidrelétrica, tornando a sua exploração dependente de concessão federal (art. 119); e ainda criou diversas restrições para o exercício de atividades econômicas e profissionais por pessoas e empresas estrangeiras (arts. 119, §1º; 131; 132; 133; 135 e 136).

No que tange aos seus mecanismos de reforma, a Constituição de 1934 era rígida e contemplava dois procedimentos diferentes, a partir da distinção que estabelecia entre revisão e emenda (art. 178). A revisão, que demandava um procedimento mais complexo, ocorreria sempre que as modificações pretendessem alterar a estrutura política do Estado ou a competência dos poderes da soberania; nos demais casos, haveria emenda. Na emenda, o procedimento começaria com proposta formulada pela quarta parte dos deputados ou senadores; ou por mais da metade das Assembleias Legislativas, no decurso de dois anos, cada uma delas manifestando-se pela maioria dos seus membros. Daí, a emenda precisaria ser aprovada pela maioria absoluta da Câmara dos Deputados e do Senado Federal, durante dois anos consecutivos, a não ser que

---

[83] A afirmação deve ser temperada. Não há dúvida que as constituições anteriores também incidiam sobre a economia, quando, por exemplo, asseguravam o direito de propriedade. A novidade da Constituição de 1934 estava em dedicar-se explicitamente ao tema, consagrando um extenso título sobre a "Ordem Econômica e Social", que continha diversos preceitos disciplinando a economia e buscando de alguma maneira dirigir o mercado, para fins de promoção de finalidades predeterminadas politicamente.

[84] A rigor, em matéria econômica a Constituição basicamente absorveu mudanças que já haviam sido decretadas durante o Governo Provisório. Cf. BERCOVICI, Gilberto. Tentativa de instituição de democracia de massas no Brasil: instabilidade constitucional e direitos sociais na Era Vargas. In: SOUZA NETO, Cláudio Pereira de; SARMENTO, Daniel (Org.). Direitos sociais: fundamentos, judicialização e direitos sociais em espécie, p. 32.

obtivesse dois terços dos votos em ambas as casas, hipótese em que passaria a valer imediatamente. Já no caso de revisão, o procedimento começaria por iniciativa de dois quintos da Câmara ou do Senado; ou de dois terços das Assembleias Legislativas, por meio de deliberação por maioria absoluta em cada uma delas. Então, Câmara e Senado deveriam aceitar a revisão por maioria de votos, elaborando um anteprojeto. Para a sua aprovação, o anteprojeto teria de ser submetido, na legislatura seguinte, a três discussões e votações em cada uma das casas, em duas sessões legislativas. Não haveria reforma da Constituição durante o estado de sítio (art. 178, §4º), nem seriam admitidos projetos tendentes a abolir a forma republicana federativa (art. 178, §5º).

3.4.3 A curta vida da Constituição de 1934

Foi curtíssima a vida da Constituição de 1934: promulgada em julho de 1934, ela vigorou apenas até novembro de 1937, quando foi outorgada a Carta do Estado Novo. Os componentes liberais e democráticos da Constituição de 1934 não resistiram à radicalização do regime e do clima social da época.

Na República Velha, não havia partidos políticos de expressão nacional. Os primeiros se afirmam durante o governo de Vargas, posicionando-se nos extremos do espectro ideológico: à direita, a Ação Integralista Brasileira, de inspiração nitidamente fascista; à esquerda, a Aliança Nacional Libertadora, que era integrada por pessoas ligadas ao Partido Comunista, então na ilegalidade, e por alguns tenentistas. Em comum, apenas a rejeição à democracia liberal. Tais partidos se antagonizavam no cenário político e conseguiam, em alguma medida, mobilizar as massas, provocando grandes manifestações populares, fenômeno até então inédito no Brasil, em que a política sempre havia sido predominantemente elitista, com reduzido envolvimento popular.[85]

Em 11 de julho de 1935, invocando a Lei de Segurança Nacional recém-editada, que proibia a existência de partidos que visassem "à subversão, pela ameaça ou violência, da ordem política nacional", o Governo dissolve a Aliança Nacional Libertadora, adotando como pretexto um discurso de Luís Carlos Prestes, seu Presidente de honra, que clamara pela derrubada do "governo odioso" de Vargas. Meses depois, eclode a Intentona Comunista, rebelião militar armada, que atingiu as cidades de Natal, Recife e Rio de Janeiro. A partir de então, "as instituições políticas de 1934 só conservariam aparência de vida".[86]

Abre-se uma fase de autoritarismo ascendente. O Congresso, cedendo a pressões do governo,[87] aprova, em 18 de dezembro de 1935, três emendas constitucionais. A primeira e mais importante permitia à Câmara, com a colaboração do Senado, autorizar o Presidente a "declarar a comoção intestina grave (...) equiparada ao estado de guerra, em qualquer parte do território nacional". As Emendas nºs 2 e 3, por sua vez, autorizavam o Poder Executivo, por decreto, a punir, respectivamente, servidores militares e civis envolvidos em "movimento subversivo das instituições sociais". Em

---

[85] Cf. MOTTA, Rodrigo Patto Sá. *Introdução à história dos partidos políticos brasileiros*, p. 66.
[86] BARROSO, Luís Roberto. *O direito constitucional e a efetividade de suas normas*, p. 21.
[87] De acordo com Marcelo Cerqueira, naquele momento "a oposição foi calada pelo arbítrio e senadores e deputados presos e desconsideradas as suas imunidades parlamentares" (*Cartas constitucionais*: Império, República e autoritarismo, p. 66).

21 de março de 1936 o Governo declara a comoção intestina grave, inicialmente por 90 dias, prazo depois prorrogado sucessivamente por mais três vezes.[88] Durante esse período, estiveram suspensas em todo país as garantias constitucionais. Houve prisões políticas, censura e perseguição de opositores.

A partir do final de 1936, começam a se articular as candidaturas para a eleição presidencial, marcada para janeiro de 1938. De um lado, Armando Salles de Oliveira, um liberal que expressava os interesses da burguesia paulista, insatisfeita com a Revolução de 1930. Do outro, José Américo de Almeida, político paraibano, ligado ao tenentismo, que deveria ser o candidato da situação, embora Vargas evitasse manifestar apoio à sua candidatura. Ainda disputava o pleito Plínio Salgado, líder da Ação Integralista Brasileira. A Constituição de 1934 não admitia a reeleição, mas crescia em segmentos da sociedade, alimentada pelo Governo, a aspiração de que Getúlio Vargas se mantivesse no poder: era o "continuísmo". A Constituição tornara-se um obstáculo para os planos políticos de Vargas.

Nesse ambiente, o governo lança mão de um estratagema ardiloso, valendo-se da ameaça comunista para romper com a ordem constitucional. Em 30 de setembro de 1937, o General Góes Monteiro divulga um suposto plano comunista para tomada do poder, que ficou conhecido como Plano Cohen. Tratava-se de uma farsa, utilizada para levar o Congresso a aprovar a declaração do estado de guerra. Nesse ínterim, a ideia do golpe se fortalece nos meios militares e entre os políticos próximos a Getúlio Vargas. O desfecho não tardaria: em 10 de novembro de 1937, tropas da Polícia Militar, com o apoio do Exército, cercam o Congresso e impedem o ingresso de parlamentares nas suas instalações. Na mesma noite, Vargas divulga, em comunicação radiofônica, uma "Proclamação ao Povo Brasileiro", em que justifica a ruptura com a Constituição e a outorga da nova Carta: as medidas seriam necessárias em razão da "profunda infiltração comunista" e da inaptidão da Constituição de 1934 para assegurar a paz, a segurança e o bem-estar da Nação. Não houve resistência armada. O golpe de Estado de 1937 ocorreu sem derramamento de sangue.

3.5 A Constituição de 1937

3.5.1 A outorga da Carta

A Carta de 1937 foi outorgada em 10 de novembro daquele ano. O seu texto foi redigido pelo jurista Francisco Campos, ex-Ministro da Educação, que acabara de assumir a pasta da Justiça do Governo Vargas — um intelectual de forte inclinação autoritária, que chegava às raias do fascismo.[89]

---

[88] Cf. CAETANO, Marcello. *Direito constitucional*, 2. ed., p. 563.
[89] A tônica fascista do pensamento constitucional de Francisco Campos está muito clara em discurso que proferiu em 1935, intitulado "A Política e Nosso Tempo", como se percebe no seguinte trecho: "As massas encontram-se sob a fascinação da personalidade carismática. Esta é o centro da integração política. Quanto mais volumosas e ativas as massas, tanto mais a integração política só se torna possível mediante o ditado de uma vontade pessoal. O regime político das massas é a ditadura. A única forma natural de expressão da vontade das massas é o plebiscito, isto é, o voto-aclamação, apelo, antes do que escolha. Não o voto democrático, expressão relativista e cética de preferência, de simpatia, do pode ser que sim pode ser que não, mas a forma unívoca, que não admite alternativas, e que traduz a atitude da vontade mobilizada para a guerra. (...) Há uma relação de contraponto entre a massa e César. (...) Essa relação entre o cesarismo e a vida, no quadro das massas, é, hoje, fenômeno comum. Não há, a estas horas, país que não esteja à procura de um homem, isto é, de um líder carismático ou marcado pelo destino para dar às aspirações

Tal autoritarismo[90] foi a marca distintiva da Constituição, que, diferentemente da que a antecedeu, não fez concessões à democracia liberal.

No preâmbulo da Constituição, firmado por Getúlio Vargas, sua outorga era justificada pelo perigo comunista e pela suposta ameaça de uma guerra civil. Falava-se na "extremação de conflitos ideológicos, tendentes, pelo seu desenvolvimento natural, a resolver-se em termos de violência, colocando a Nação sob a funesta iminência de guerra civil", e na "infiltração comunista, que se torna cada dia mais profunda, exigindo remédios de caráter radical e permanente". Afirmou-se que no regime anterior, "não dispunha o Estado dos meios normais de preservação e defesa da paz, da segurança e do bem-estar do povo". Invocou-se o apoio das Forças Armadas e da opinião nacional, "justificadamente apreensivas diante dos perigos que ameaçam a nossa unidade e da rapidez com que se vem processando a decomposição das nossas instituições civis e militares".

Porém, as justificativas não tinham lastro na realidade. Nem o Brasil encontrava-se na iminência de uma guerra civil, nem a ameaça de tomada de poder pelos comunistas era séria. As agitações por que passava o país podiam ser enfrentadas sem o rompimento da ordem constitucional.[91] Todavia, sem a ruptura, Vargas não teria como manter-se à frente do governo.

Para compensar a outorga, a Constituição prometia, no seu art. 187, a convocação de um plebiscito nacional para aprová-la, que seria regulamentado por Decreto do Presidente. Contudo, o plebiscito jamais foi convocado, o que levou alguns juristas à afirmação de que, juridicamente, a Carta de 37 não teve valor.[92] O próprio Francisco Campos, em texto de 1945, publicado já depois que ele se afastara do governo, afirmou que Constituição de 1937 não teria passado de "documento de valor puramente histórico", que "entrou para o imenso material que, tendo ou podendo ter sido jurídico, deixou de ser ou não chegou a ser jurídico, por não haver adquirido ou haver perdido a sua vigência".[93]

Na verdade, a Constituição de 1937 não teve maior importância prática, pois não forneceu parâmetros jurídicos para a ação do Estado. Até 1945, o país viveu sob estado de emergência, com o Congresso fechado, numa genuína ditadura. Ainda assim, analisaremos abaixo, sucintamente, os traços principais da Carta de 37.

---

da massa uma expressão simbólica, imprimindo a unidade de uma vontade dura e poderosa ao caos de angústia e de medo que compõe o *pathos* ou a *demonia* das representações coletivas. Não há hoje um povo que não clame por um César" (CAMPOS, Francisco. *O Estado Nacional*: sua estrutura, seu conteúdo ideológico).

[90] Na linguagem coloquial, muitas vezes se confunde o autoritarismo com o totalitarismo, que, contudo, são fenômenos diversos. Como esclareceu Karl Loewenstein — ao que consta, o precursor desta distinção, elaborada exatamente em estudo sobre a Era Vargas citado na nota abaixo — o Estado autoritário é "uma organização política na qual o único detentor do poder — uma só pessoa, uma assembléia, um comitê, uma junta ou um partido — monopoliza o poder político sem que seja possível aos destinatários do poder uma participação real na formação da vontade estatal (...). O termo autoritário se refere mais à estrutura governamental que à ordem social". Já o termo totalitário "faz referência a toda ordem socio-econômica e moral da dinâmica estatal; o conceito, portanto, aponta mais a uma conformação da vida do que ao aparato governamental" (LOEWENSTEIN, Karl. *Teoría de la Constitución*, p. 76, 78). A ditadura Vargas foi um caso típico de Estado autoritário, mas não de totalitarismo, já que não tinha a pretensão de conformar integralmente a vida das pessoas, ao contrário de regimes como o nazista e o stalinista, que se qualificam como totalitários. Sobre o totalitarismo, veja-se a obra clássica de ARENDT, Hannah. *The origins of totalitarianism*.

[91] No mesmo sentido, LOEWENSTEIN, Karl. *Brazil under Vargas*, p. 37-38.

[92] Cf. FRANCO, Afonso Arinos de Mello. *Curso de direito constitucional brasileiro*, p. 208-209; MARTINS, Waldemar Ferreira. *História do direito constitucional brasileiro*, p. 108-109; CERQUEIRA, Marcelo. *Cartas constitucionais*: Império, República e autoritarismo, p. 79.

[93] *Apud* MARTINS, Waldemar Ferreira. *História do direito constitucional brasileiro*, p. 109.

3.5.2 Traços fundamentais da Carta de 1937

A Constituição de 1937 previu um modelo de Estado autoritário e corporativista. As suas principais influências foram as Constituição da Polônia de 1935,[94] elaborada durante o governo do Marechal Pilsudsky — fato que valeu à Carta de 37 o apelido de "Polaca" —, e a Constituição portuguesa de 1933, que vigorou durante o Estado Novo português, de Salazar. Ela continha 187 artigos: 174 no seu corpo permanente, e 13 nas "disposições transitórias e finais". Foram esses últimos os que, na prática, valeram.

A Carta de 1937 dissolveu o Poder Legislativo não apenas da União, como também dos Estados e Municípios (art. 178). As novas eleições só ocorreriam depois da realização de plebiscito previsto para que o povo brasileiro se manifestasse pela confirmação ou não da Carta, o que, como já dito, nunca ocorreu. Enquanto não fosse eleito o novo Parlamento, caberia ao Presidente da República expedir decretos-leis sobre todas as matérias da competência legislativa da União (art. 180). E o Presidente tinha ainda o poder de confirmar ou não o mandato dos governadores dos Estados então em exercício, nomeando interventores nos casos de não confirmação (art. 176, *caput* e Parágrafo único). No âmbito dos Estados, caberia aos governadores confirmados ou aos interventores a outorga das constituições estaduais. Até que as novas Assembleias Legislativas se reunissem, o Executivo desempenharia todas as suas funções (art. 181). Foi decretado estado de emergência por tempo indeterminado no país (art. 186), o que implicou a suspensão de inúmeras garantias constitucionais.

No seu corpo permanente, mantinha a Carta o regime federativo da Constituição de 1934, inclusive com a mesma divisão política e territorial (art. 3º). Previram-se competências privativas da União (arts. 15, 16 e 20) e competências exclusivas dos Estados (arts. 21 e 23), aos quais também se facultava suplementar a legislação federal, suprindo-lhes as eventuais lacunas e atendendo aos interesses locais. Contudo, nada disso saiu do papel, pois prevaleceu durante a vigência da Carta a centralização unitária,[95] sobretudo pela nomeação dos interventores pelo governo federal.

A Carta de 37 manteve nominalmente os três Poderes tradicionais: Executivo, Legislativo e Judiciário. Não havia, porém, a preocupação com o equilíbrio e a harmonia entre eles. Isso não apenas na prática política ditatorial, senão também no próprio texto constitucional, que definia o Presidente da República como "autoridade suprema do Estado", a quem competia a coordenação dos órgãos representativos, a direção da política interna e externa, a promoção e orientação da política legislativa de interesse nacional, além da superintendência da administração do país (art. 73). Dentre as suas competências e prerrogativas estavam as de declarar estado de guerra ou de emergência (art. 74, alínea "k" e art. 166); dissolver a Câmara dos Deputados quando essa não aprovasse as medidas tomadas durante aqueles períodos (art. 76, alínea "b", e art. 167, Parágrafo único); designar dez membros do Conselho Federal (art. 50); adiar, prorrogar e convocar o Parlamento (art. 75, alínea "e"); e indicar um dos candidatos nas eleições à Presidência (art. 75, alínea "a").

O mandato presidencial seria de seis anos (art. 80), sendo as eleições indiretas, realizadas por um colégio eleitoral composto por (a) eleitores designados pelas Câmaras

---

[94] Marcelo Cerqueira realizou comparação sistemática entre a Carta de 1937 e a Constituição polonesa de 1935 em seu livro *Cartas constitucionais*: Império, República e autoritarismo, p. 71-77.

[95] Cf. SILVA, José Afonso da. A Constituição dos Estados Unidos do Brasil, de 1937. *In*: BONAVIDES, Paulo *et al. As Constituições brasileiras*: notícia, história e análise crítica, p. 82-83; HORTA, Raul Machado. Autonomia do Estado no direito constitucional brasileiro. *In*: HORTA, Raul Machado. *Estudos de direito constitucional*, p. 498-502.

Municipais, em número proporcional à população dos Estados, até o máximo de 25 por Estado; (b) 50 eleitores, designados pelo Conselho da Economia Nacional, dentre empregadores e empregados em número igual; e (c) 25 eleitores, designados pela Câmara dos Deputados e outros 25 designados pelo Conselho Federal, dentre cidadãos de notória reputação (art. 82). Mas se o Presidente indicasse candidato, haveria eleição direta entre este e aquele escolhido pelo colégio eleitoral (art. 84, Parágrafo único).

O Poder Legislativo seria exercido pelo Parlamento Nacional com a colaboração do Conselho da Economia Nacional e do Presidente da República (art. 38). O Parlamento compunha-se de duas Casas: a Câmara dos Deputados e o Conselho Federal. A Câmara seria formada por deputados, eleitos para mandatos de quatro anos (art. 39, §2º), mediante sufrágio indireto, em que figurariam como eleitores em cada Estado os vereadores e dez cidadãos eleitos diretamente em cada Município (arts. 46 e 47). O número de deputados por Estado seria proporcional à respectiva população, com um mínimo de três e máximo de dez (art. 49).

O Conselho Federal compor-se-ia de um representante por Estado, além de outros dez indicados pelo Presidente da República, todos apontados para mandatos de seis anos (art. 50). Os representantes dos Estados seriam eleitos pelas respectivas Assembleias Legislativas, ressalvado o direito do Governador de vetar o nome escolhido (art. 50, Parágrafo único). O presidente do Conselho seria um Ministro de Estado, também apontado pelo Chefe do Executivo (art. 56).

Já o Conselho de Economia Nacional seria integrado por representantes dos vários ramos da produção nacional designados pelas associações profissionais ou sindicatos reconhecidos em lei, garantida a igualdade de representação entre empregadores e empregados (art. 57, *caput*). Tal órgão, além de ter poderes deliberativos sobre assuntos de assistência e contratação coletiva de trabalho, emitiria pareceres sobre os projetos que interessassem diretamente à produção nacional (art. 61).

O Poder Judiciário tinha sua estrutura extremamente simplificada, por meio da mutilação de diversos dos seus órgãos. A Constituição não aludia à Justiça Eleitoral e suprimia a Justiça Federal de 1º e 2º graus. A Justiça do Trabalho, embora prevista (art. 139), continuava fora do Poder Judiciário. Havia alusão à possibilidade de criação, por lei, de uma justiça voltada ao julgamento dos crimes contra "a segurança do Estado e estrutura das instituições" (art. 172), o que veio a ocorrer com a edição de decreto-lei, em 1938, que instituiu o Tribunal de Segurança Nacional. Na cúpula do Judiciário, mantinha-se o Supremo Tribunal Federal, composto por 11 Ministros nomeados pelo Presidente e aprovados pelo Conselho Federal, mas esse número poderia ser ampliado até 16, por proposta do próprio STF (arts. 97 e 98).[96] Preservava-se o controle difuso de constitucionalidade, mas com uma heterodoxa inovação: permitia-se, no caso de declaração de inconstitucionalidade de uma lei, que o Presidente a submetesse de novo ao Parlamento. Se esse confirmasse a norma, por dois terços dos membros de cada uma das casas, ficaria sem efeito a declaração de inconstitucionalidade (art. 96, Parágrafo único).[97]

---

[96] A Carta baixou a idade da aposentadoria compulsória dos juízes de 75 para 68 anos, o que acarretou a saída imediata de cinco ministros — Edmundo Lins, Presidente da Corte, Hermenegildo Barros, Ataulfo de Paiva, Candido Mota e Carlos Maximiliano (cf. RODRIGUES, Leda Boechat. *História do Supremo Tribunal Federal*, p. 40-41) —, logo substituídos por Vargas, propiciando uma maioria confortável para o governo no âmbito do STF, que não ofereceu maior resistência diante dos abusos perpetrados durante o Estado Novo.

[97] Como o Legislativo esteve fechado durante o Estado Novo, o próprio Presidente chegou a editar um decreto-lei (DL nº 1.564/1939) cassando decisão do STF que exercera o controle de constitucionalidade sobre outro

Quanto à alteração das suas disposições, a Carta de 1937 previa dois caminhos diferentes: o que era deflagrado por iniciativa do Presidente da República e o que decorria de iniciativa da Câmara dos Deputados (art. 174). No primeiro caso, as mudanças podiam ser aprovadas por maioria simples no Legislativo. Se o Parlamento rejeitasse a proposta, o Presidente poderia convocar um plebiscito para que o povo decidisse definitivamente sobre a questão. Quando a iniciativa fosse da Câmara, o quórum de aprovação seria de maioria absoluta. Nesse caso, aprovada a emenda, ela seria encaminhada ao Presidente, que, se discordasse, poderia devolvê-la à Câmara, para que fosse submetida à nova deliberação nas duas casas na próxima legislatura. Se a medida ainda assim fosse aprovada, era facultado ao Presidente convocar um plebiscito para que desse a última palavra sobre a proposta. Não havia, em nenhuma das hipóteses, qualquer limite material expresso ao poder de reforma.

Como o Parlamento não funcionou durante o Estado Novo, o Presidente da República arvorou-se à condição de constituinte derivado, modificando unilateralmente a Carta de 1937, por meio da edição de "leis constitucionais". Portanto, na prática, a Carta de 1937 funcionou como uma Constituição flexível, pois não havia qualquer diferença entre o processo de edição de normas infraconstitucionais e o de alteração da Constituição: em ambos os casos, bastava a manifestação singular da vontade do Presidente, que governava com poderes ditatoriais.

A Constituição de 1937 também estabelecia um catálogo de direitos (art. 122). O texto constitucional deixava muito a desejar nessa matéria, incorporando limitações de má inspiração, como a admissibilidade de pena de morte em diversas situações que tangenciavam o crime político (art. 13), e a previsão de censura prévia da imprensa e de outros meios de comunicação (art. 15, alínea "a"). Contudo, se os direitos previstos tivessem sido respeitados, o regime teria sido muito menos autoritário do que foi. Dentre os direitos individuais consagrados constavam as liberdades públicas tradicionais. A Carta não contemplou a proteção do direito adquirido, do ato jurídico perfeito e da coisa julgada, nem tampouco o mandado de segurança e a ação popular, que figuravam na Constituição de 1934.

Manteve-se, da Carta de 1934, a previsão de direitos trabalhistas (art. 137). Mas aqui, mais uma vez, o viés autoritário do regime se revelou, com a proibição da greve e do *lock-out*, reputados como "recursos anti-sociais (...) incompatíveis com os superiores interesses da produção nacional" (art. 139). A Constituição de 1937 também cuidou da família, da educação, da cultura, e da ordem econômica. Nessa última parte, seguiu a linha intervencionista e nacionalista da Constituição de 1934, e aprofundou os seus traços corporativistas (art. 140).

Em síntese, a filosofia geral da Carta de 1937 baseava-se numa rejeição às técnicas da democracia liberal,[98] como o sufrágio direto, desprezado porque se entendia que o povo não tinha interesse e não estava preparado para participar da tomada de decisões na sociedade de massas; e a separação de poderes, pois se considerava que o

---

decreto-lei do regime, invocando o art. 180 da Carta, que lhe permitia desempenhar as funções do Parlamento enquanto esse não se reunisse. Houve protestos no STF, mas, naturalmente, a posição do governo prevaleceu. Cf. LOEWENSTEIN, Karl. *Brazil under Vargas*, p. 115-120.

[98] Cf. CAMPOS, Francisco. Diretrizes do Estado Nacional. *In*: CAMPOS, Francisco. *O Estado Nacional*: sua estrutura, seu conteúdo ideológico, p. 39 *et seq*.

desenvolvimento e a modernização nacionais deveriam ser perseguidos por um governo forte, capitaneado por um Presidente em contato direto com as massas, sem os entraves da política parlamentar e partidária. Apesar disso, ela impunha limites significativos ao exercício do poder que, se houvessem sido observados, teriam conferido uma fisionomia distinta ao regime. O que teve lugar durante o período foi, porém, a manifestação do poder sem a observância de limites jurídicos.

3.5.3 A Constituição de 1937 na vida nacional

Como já salientado, a Constituição de 1937 não desempenhou papel importante durante o Estado Novo, até porque a maior parte das instituições de que cuidou jamais saiu do papel.

Do ponto de vista da repartição espacial de poder, o Brasil foi um autêntico Estado unitário. Vargas nomeou interventores para todos os Estados, com exceção de Minas Gerais, e esses, naturalmente, curvavam-se diante do poder central. As relações entre a União e os Estados não se regeram minimamente pela Constituição, mas sobretudo pelo Decreto-Lei nº 1.202/39, conhecido como "Código dos Interventores".[99]

Sob o ângulo da repartição horizontal de poder, o governo cumulou as funções do Executivo e do Legislativo, legislando amplamente por intermédio de decretos-lei, com base no art. 180 da Carta. O Judiciário não refreou as arbitrariedades do regime. Até 1945, o país esteve sob estado de emergência, com suspensão de diversas garantias constitucionais, e, de acordo com o art. 170 da Constituição, os atos praticados pelo governo em virtude do estado de emergência eram imunes ao controle jurisdicional. Ademais, pairava sobre o Judiciário o temor de que o governo, valendo-se dos seus poderes de exceção, previstos no art. 177 do texto constitucional,[100] aposentasse compulsoriamente os magistrados, o que lhes retirava em boa parte a independência para agir em contrariedade ao regime.

No campo dos direitos fundamentais, abundaram as violações. Houve perseguição generalizada a opositores, com prisões, exílios e tortura, sobretudo de comunistas,[101] mas também de integralistas[102] e liberais. A censura sobre a imprensa era institucionalizada, acompanhada de uma onipresente propaganda do regime, sob a égide do Departamento de Imprensa e Propaganda (DIP), pautada pelo ufanismo e pelo culto à personalidade

---

[99] Cf. FRANCO, Afonso Arinos de Mello. *Curso de direito constitucional brasileiro*, p. 214. As linhas gerais desta importante norma foram analisadas por LOEWENSTEIN, Karl. *Brazil under Vargas*, p. 61-70.

[100] O art. 177 permitia ao Governo, no prazo de 60 dias contados da data da Constituição, a aposentadoria ou reforma de servidores civis e militares, "no interesse do serviço público ou por conveniência do regime". Essa faculdade foi prorrogada, por tempo indeterminado, pela Lei Constitucional nº 2, de 16 de maio de 1938. Havia ampla discussão doutrinária sobre a incidência desta norma sobre os juízes, tendo em vista a garantia constitucional da vitaliciedade da magistratura (art. 91, alínea "a"), que foi sanada pela Lei Constitucional nº 8/42, que "esclareceu" a sua aplicabilidade também sobre os membros do Poder Judiciário.

[101] Dois episódios marcantes, lembrados pela História e pela literatura nacional, foram a prisão arbitrária de Graciliano Ramos, considerado simpatizante do comunismo, e a deportação de Olga Benário, ativista comunista judia e companheira de Luís Carlos Prestes, entregue, grávida, aos nazistas, vindo a morrer em campo de concentração. Veja-se a propósito, respectivamente, RAMOS, Graciliano. *Memórias do cárcere*; e MORAIS, Fernando. *Olga*.

[102] Os integralistas inicialmente apoiavam o governo Vargas. Mas, depois da dissolução dos partidos e de perceberem que não teriam espaço no governo, partiram para o confronto. A repressão volta-se contra eles após um malsucedido atentado que promoveram em maio de 1938 contra a residência do Presidente da República, que ficou conhecido como o "*putsch* integralista".

de Getúlio.[103] Os partidos políticos foram proibidos, bem como as associações civis que promovessem propaganda política, com a edição do Decreto-Lei nº 37, de 2 de novembro de 1937. Não havia sequer partido da situação: diferentemente de outros governos autoritários, que tornavam a sua agremiação o partido único nacional, o Estado Novo aboliu completamente a atividade partidária.

É verdade que ocorreram avanços no campo dos direitos sociais, com a continuidade e o aprofundamento das conquistas iniciadas a partir da Revolução de 1930,[104] que proporcionaram significativa melhora na qualidade de vida dos mais pobres — sobretudo do trabalhador urbano — em comparação com os padrões oligárquicos e excludentes da República Velha. Neste campo, merece destaque, pela sua grande relevância, a edição da Consolidação das Leis do Trabalho – CLT, em 1943.

O advento do Estado Social não seguiu, no Brasil, o caminho percorrido na Europa Ocidental, em que, num primeiro momento, foram assegurados concretamente os direitos individuais e políticos, ditos de 1ª geração, e depois, como conquista decorrente de pressões sociais e eleitorais, vieram os direitos sociais, considerados de 2ª geração.[105] Na verdade, a consagração dos direitos sociais na Era Vargas pautou-se por uma lógica diferente. Embora, obviamente, os novos direitos correspondessem às aspirações e aos interesses do povo, especialmente dos trabalhadores urbanos, sua concessão resultou mais do impulso governamental do que da reivindicação organizada da cidadania.[106] O contexto era de "cidadania regulada".[107]

Em regra, os direitos sociais não eram assegurados em bases universalistas, para todos os cidadãos, mas sim aos pertencentes a determinadas categorias profissionais ou econômicas que eram objeto de regulação estatal. O direito a saúde, por exemplo, só era efetivamente garantido para os trabalhadores que mantinham relação formal de emprego. Esta lógica combinava-se com o modelo de sindicalismo oficial então adotado, caracterizado pela subordinação do sindicato ao Estado, com o controle governamental das atividades e reivindicações dos trabalhadores, dentro do arcabouço jurídico do corporativismo.[108]

Durante o Estado Novo, amplia-se a intervenção do Estado na economia, com a criação de novos órgãos e empresas estatais. O nacionalismo econômico, subjacente à Constituição de 1937, era perseguido por meio de políticas voltadas ao fortalecimento da

---

[103] Cf. D'ARAÚJO, Maria Celina. *O Estado Novo*, p. 34-38.
[104] Saliente-se que os direitos sociais não nasceram no Brasil com a Revolução de 1930. Nas últimas duas décadas da República Velha, já haviam sido editadas no Brasil as primeiras normas de proteção ao trabalhador e de previdência social. Porém, não há dúvida de que houve uma expansão e aprofundamento destes direitos após a Revolução. Cf. BERCOVICI, Gilberto. Tentativa de instituição de democracia de massas no Brasil: instabilidade constitucional e direitos sociais na Era Vargas. *In*: SOUZA NETO, Cláudio Pereira de; SARMENTO, Daniel (Org.). *Direitos sociais*: fundamentos, judicialização e direitos sociais em espécie, p. 48-49; GOMES, Ângela Maria de Castro. *A invenção do trabalhismo no Brasil*, p. 19-146.
[105] Esta visão convencional das gerações dos direitos, em que primeiro surgem os individuais e políticos e depois os sociais foi desenvolvida em obra clássica de MARSHALL, T. H. *Cidadania, classe social e status*. O trabalho de Marshall era sobre a Inglaterra, mas sua concepção passou a ser repetida como uma narrativa universal, mesmo em contextos em que ela não retrata bem a realidade histórica, como o brasileiro.
[106] Cf. CARVALHO, José Murilo de. *A cidadania no Brasil*: um longo caminho, p. 110-126; LUCA, Tânia Regina de. Direitos sociais no Brasil. *In*: PINSKY, Jayme; PINSKY, Carla Bassanezi. *História da cidadania*, p. 469-493.
[107] A ideia de "cidadania regulada" foi desenvolvida por SANTOS, Wanderlei Guilherme dos. *Cidadania e justiça*: a política social na ordem brasileira.
[108] Sobre o sindicalismo no Estado Novo, veja-se: VIANNA, Luiz Werneck. *Liberalismo e sindicato no Brasil*, p. 199-242.

indústria nacional, implementadas no contexto de uma sociedade que se urbanizava e modernizava. Aumenta o tamanho do Estado e a administração pública se profissionaliza, com a introdução de novas práticas voltadas à racionalidade e à eficiência do serviço público, sob a liderança do Departamento Administrativo do Serviço Público (DASP).

A Carta de 1937 sofreu 21 modificações, formalizadas por meio das chamadas "leis constitucionais", editadas unilateralmente pelo Executivo, tendo em vista o não funcionamento do Parlamento. As primeiras dez foram impostas durante o governo Vargas, e as onze subsequentes, que já apontavam para a liberalização do regime, foram editadas por José Linhares, depois da deposição de Getúlio, num intervalo de menos de três meses.

A Revolução de 1930 modernizou o país, fixando as bases do Brasil contemporâneo. O seu legado mais importante foi a garantia de muitos dos direitos sociais que, até hoje, são titularizados pelos trabalhadores. O Estado Novo e a Constituição de 1937, porém, corromperam muito do legado moral da Revolução de 1930. A dimensão democratizante da criação da justiça eleitoral, com a respectiva moralização das eleições foi em grande parte corroída pelo autoritarismo do Estado Novo e de sua malsinada Carta Política. Mesmo a efetividade dos direitos sociais no Estado Novo teve pouca relação com a Carta de 37, decorrendo muito mais da vasta legislação editada na época, bem como dos desígnios e inclinações ideológicas de Getúlio Vargas e do contexto social propício à sua instituição.

A II Guerra Mundial foi definitiva para o fim do Estado Novo. O Brasil, depois de adotar uma posição inicial ambígua, acabou cerrando fileiras com os aliados. Assim, o país rompeu relações com as potências do Eixo em 1941, e, em 1942, entrou na guerra, vindo a participar efetivamente de campanhas na Itália no ano de 1944. Ao final da guerra, era flagrante a contradição: o país, que combatera na Europa contra o totalitarismo, mantinha-se internamente uma ditadura. Além disso, setores da sociedade e da imprensa começavam a se mobilizar, exigindo a liberalização do regime.[109]

Neste quadro, o próprio Vargas toma iniciativas no sentido da distensão política, no afã de evitar o naufrágio do regime que parecia se avizinhar. Em 28 de fevereiro de 1945, edita a Lei Constitucional nº 9, acompanhada de uma lista de *consideranda*, nas quais afirma que estavam criadas "as condições necessárias para que entre em funcionamento o sistema dos órgãos representativos previstos na Constituição"; que as eleições diretas eram preferíveis às indiretas; e que "a eleição de um Parlamento dotado de poderes especiais, para, no curso de uma legislatura, votar, se o entender conveniente, a reforma da Constituição, supre, com vantagem o plebiscito de que trata o art. 187 desta última". A norma em questão modifica a Constituição, para instituir as eleições diretas para o Legislativo e o Executivo federais e estaduais, e prevê a edição de lei, no prazo de 180 dias, para fixar as datas dos pleitos eleitorais para Presidente, Governador dos Estados, Parlamento e Assembleias Legislativas. Em abril de 1945, o governo decreta anistia para os presos políticos, e, em maio, edita o Decreto-Lei nº 7.586, marcando as eleições federais para o dia 2 de dezembro do mesmo ano. No mesmo Decreto-Lei, autoriza-se a formação de partidos políticos, que deveriam ter, obrigatoriamente, atuação em âmbito nacional.[110]

---

[109] Cf. SKIDMORE, Thomas. *Brasil*: de Getúlio a Castelo, p. 72-73.
[110] Cf. MOTTA, Rodrigo Patto Sá. *Introdução à história dos partidos políticos brasileiros*, p. 83.

Dos inúmeros partidos que surgiram naquele momento, três se destacavam: a UDN, que agrupava a oposição liberal ao Estado Novo; o PSD, com fortes bases rurais, formado a partir dos interventores nomeados por Getúlio, que apoiava o Presidente; e o PTB, também varguista, que representava o trabalhismo, formado por elementos ligados aos sindicatos. Além desses, também desempenhava papel relevante no quadro partidário o PCB, que fora fundado em 1922, mas que, afora breves períodos nos anos 20, estivera até então na ilegalidade, para a qual em breve retornaria. Articularam-se, nesse ínterim, as candidaturas à Presidência: apresentaram-se ao pleito o Brigadeiro Eduardo Gomes, pela UDN; o General Eurico Gaspar Dutra, pelo PSD; e Yedo Fiúza, pelo PCB.

Porém, surge um movimento em favor da continuidade de Getúlio no poder. Um grupo defendia o adiamento das eleições, e a realização de uma assembleia constituinte, com Vargas no poder. Outro advogava que o Presidente se lançasse candidato às novas eleições. Eram todos chamados de "queremistas". Vargas adotava uma posição dúbia sobre o movimento, pois não o encorajava explicitamente, mas tampouco o desautorizava.[111] A repercussão popular da iniciativa gerava dúvidas sobre o desenlace do processo eleitoral.

Este contexto, e algumas medidas polêmicas de Getúlio, precipitaram a sua derrubada pelas Forças Armadas. Em 29 de outubro, os militares, sob a liderança do General Góes Monteiro, dão um golpe de Estado, depondo o Presidente, que não esboça reação e se retira para sua fazenda em São Borja. Assume o governo o então Presidente do STF, José Linhares, que edita leis constitucionais removendo algumas das disposições mais autoritárias da Carta de 37,[112] e toma as medidas necessárias para a convocação da Constituinte. Em 31 de janeiro de 1946, ele transmite o poder ao novo Presidente eleito, Eurico Gaspar Dutra, escolhido em um pleito regular, com o apoio de Vargas.

3.6 A Constituição de 1946

3.6.1 Antecedentes e Assembleia Constituinte

A Assembleia Constituinte de 1946 foi contemporânea de uma importante "onda" de constitucionalismo global, que se seguiu ao fim da II Guerra Mundial. Mais ou menos na mesma época, vários estados elaboraram constituições que hoje são referência mundial, como a Itália (1947), a Alemanha (1948) e a Índia (1949), e outros aprovaram textos que acabariam não resistindo ao tempo, como a França (1946).[113] Depois da derrota dos nazistas e fascistas, as ideias de democracia e de respeito aos direitos humanos voltavam à moda, após a fase de desprestígio que haviam atravessado nas décadas de 1920 e 1930. O fenômeno também alcançara o cenário brasileiro. Parcelas

---

[111] Cf. SKIDMORE, Thomas. *Brasil:* de Getúlio a Castelo, p. 75.

[112] A Lei Constitucional nº 12 revogou o art. 177 da Constituição, que dava ao governo o poder de aposentar ou reformar discricionariamente servidores civis ou militares; a Lei Constitucional nº 14 extinguiu o Tribunal de Segurança Nacional; a Lei Constitucional nº 16 revogou o art. 186 da Carta, que declarara estado de emergência por prazo indeterminado; e a Lei Constitucional nº 18 extinguiu a faculdade de cassação política das decisões dos tribunais no controle de constitucionalidade.

[113] Segundo Afonso Arinos de Mello Franco, entre 1946 e 1949, 16 países de fora das Américas editaram novas constituições. Em nosso continente, houve textos novos ou mudanças substanciais entre 1945 e 1949 em outros 12. Esses 28 países representavam, à época, cerca de um terço das nações do mundo. Cf. FRANCO, Afonso Arinos de Mello. *Curso de direito constitucional brasileiro*, v. 2, p. 223-224.

expressivas da opinião pública tinham passado a clamar pela redemocratização e reconstitucionalização do país.

A Lei Constitucional nº 9, editada por Vargas, não previa a convocação de Assembleia Constituinte, mas sim a eleição do Parlamento com poderes para alterar a Carta de 37. Porém, respondendo a uma consulta formulada pela OAB, o Tribunal Superior Eleitoral, que voltara a funcionar, declarou, por meio da Resolução nº 215/45, que "o Parlamento Nacional, que será reeleito a 2 de dezembro, terá poderes constituintes, isto é: apenas sujeito aos limites que ele mesmo prescrever".[114]

Com base nessa orientação, José Linhares aprova a Lei Constitucional nº 13, com dois artigos. O primeiro estabelecia que os parlamentares eleitos em 2 de novembro de 1945 reunir-se-iam "no Distrito Federal, sessenta dias após as eleições, em Assembléia Constituinte, para votar, com poderes ilimitados, a Constituição do Brasil". O segundo dizia que, promulgada a Constituição, a Câmara dos Deputados e o Senado Federal passariam a funcionar como Legislativo ordinário. A Lei Constitucional nº 15, igualmente ditada por Linhares, também tratou da Constituinte. Ela reiterou os seus poderes ilimitados, mas ressalvou a sua obrigação de respeitar o resultado das eleições presidenciais que ocorreriam antes da sua instalação. Determinou, ainda, que, enquanto não fosse promulgada a nova Constituição, o Presidente cumularia os poderes do Executivo com os da legislatura ordinária.

Pelo resultado das eleições, a maior bancada na Constituinte seria a do PSD, com 54% dos representantes. Depois vinha a UDN, com 26%, o PTB, com 7,5%, e o PCB, com 4,7%. Os outros 7,3% estavam dispersos dentre vários partidos menores.[115] Getúlio Vargas concorre a deputado federal por 9 Estados e a senador por outros 5, como facultava a legislação eleitoral da época, e se elege deputado em 5, e senador em 2, optando pela vaga do Rio Grande do Sul no Senado, a que se candidatara pelo PSD.[116] Porém, ele praticamente não participou dos trabalhos da Constituinte.

Em 2 de fevereiro de 1945, instalou-se a Assembleia Constituinte, que funcionaria de forma exclusiva. Até a promulgação da nova Constituição, o Presidente Dutra desempenharia também as funções legislativas, nos termos estabelecidos pela Lei Constitucional nº 15.[117]

Na Assembleia, formou-se uma Comissão da Constituição, encarregada de elaborar o projeto, composta por 37 membros, de forma proporcional às respectivas bancadas.[118] Esta Comissão dividiu-se em 10 subcomissões temáticas. O ponto de partida de seus trabalhos foi o texto da Constituição de 1934. A Comissão elaborou o chamado "projeto primitivo", que foi submetido ao Plenário, no qual recebeu inúmeras emendas. Daí, o texto voltou à Comissão de Constituição e às subcomissões, que, com base nas emendas aprovadas, redigiu o denominado "projeto revisto", o qual, mais uma vez, foi apreciado pelo plenário, com apresentação de destaques. O "projeto revisto" retornou em seguida

---

[114] Cf. PORTO, Walter Costa. *O voto no Brasil*: da Colônia à 6ª República, p. 283.

[115] Cf. COMPARATO, Fábio Konder. A Constituição brasileira de 1946: um interregno agitado entre dois autoritarismos. In: BONAVIDES, Paulo et al. *As Constituições brasileiras*: notícia, história e análise crítica, p. 101.

[116] Cf. FAUSTO, Boris. *História do Brasil*, p. 399.

[117] Este sistema foi objeto de intensa controvérsia política e jurídica no âmbito da Assembleia Constituinte. Veja-se, sobre os debates então travados, BONAVIDES, Paulo; ANDRADE, Paes de. *História constitucional do Brasil*, p. 369-380.

[118] Cf. FRANCO, Afonso Arinos de Mello. *Curso de direito constitucional brasileiro*, p. 232-233.

para a Comissão de Constituição, para os últimos retoques.[119] Em 18 de setembro, esse texto seria solenemente aprovado e promulgado como a nova Constituição do país.

3.6.2 Traços essenciais da Constituição de 1946

A Constituição de 1946 buscou conciliar liberalismo político e democracia com o Estado Social. Desprovida de grandes pretensões inovadoras, ela se afastou do autoritarismo da Carta de 37, acolhendo as fórmulas e instituições do liberalismo democrático — como separação de poderes e pluripartidarismo — sem, no entanto, abdicar dos direitos trabalhistas e da intervenção do Estado na ordem econômica. Tratava-se de uma Constituição analítica, como é da tradição brasileira, com 222 artigos no seu corpo permanente, e outros 36 no Ato das Disposições Constitucionais Transitórias.

No plano da organização territorial do poder, buscou-se restaurar o federalismo, asfixiado durante o Estado Novo. O federalismo seria bidimensional, congregando União e Estados, mas se assegurou ampla autonomia para os municípios, por meio da eleição de prefeitos e vereadores, e do reconhecimento da sua autoadministração, do seu poder tributário próprio e da sua competência para organização dos serviços públicos locais (art. 28). A Constituição consagrou um extenso rol de competências da União (arts. 5º, 15 e 16), atribuindo as remanescentes aos Estados (art. 18, §1º), que, em certas matérias, também poderiam legislar de forma complementar ou supletiva em relação às normas federais (art. 6º).

Quanto à estrutura do poder político, adotou-se um modelo tradicional de separação de poderes. Em reação contra os abusos do regime pretérito, o constituinte preocupou-se em restituir a dignidade ao Legislativo e ao Judiciário. Instituiu um sistema rígido de separação de poderes, vedando tanto o exercício cumulativo de funções, como a sua delegação (art. 36, §§1º e 2º). Esta rigidez excessiva revelar-se-ia, com o tempo, um dos problemas da Constituição. Notadamente no que toca ao processo de elaboração legislativa, a proibição das delegações para o Executivo, numa sociedade de massas, cada vez mais complexa, gerou um descompasso entre a capacidade técnica do Congresso em produzir normas na velocidade necessária, e as demandas da vida social, sobretudo na esfera econômica.[120]

O Poder Legislativo foi estruturado de forma bicameral, com Câmara dos Deputados e Senado. A Câmara era composta por deputados eleitos nos Estados, Distrito Federal e Territórios, pelo sistema proporcional, para mandatos de quatro anos (arts. 56 e 57). Cada Território teria um deputado, e os Estados e o Distrito Federal elegeriam um número de representantes proporcional à sua população, não inferior a sete, sendo o número máximo fixado por lei (art. 58, *caput* e §1º). O Senado, por seu turno, seria composto por três senadores eleitos por cada Estado pelo sistema majoritário, para mandatos de oito anos (art. 60, *caput* e §§1º e 2º). A cada quatro anos ocorreria renovação parcial do quadro de senadores, com eleições, alternadamente, na proporção de um ou dois terços (art. 60, §3º). Não se cogitou de representação classista em nenhuma das casas.

Quanto ao Poder Executivo, manteve-se o presidencialismo e restabeleceu-se a figura do Vice-Presidente, que estivera ausente das Constituições de 1934 e 1937 (art. 79).

---

[119] Cf. FRANCO, Afonso Arinos de Mello. *Curso de direito constitucional brasileiro*, p. 234-235.
[120] Cf. BARROSO, Luís Roberto. *O direito constitucional e a efetividade de suas normas*, p. 26-27.

Presidente e Vice seriam eleitos diretamente para mandatos de cinco anos (art. 82). As eleições para os dois cargos eram simultâneas, mas não se exigia que ambos integrassem a mesma chapa, o que acabaria gerando crises institucionais no futuro. Proibiu-se a reeleição presidencial para o período imediatamente subsequente (art. 139, I, alínea "a").

Ao Poder Judiciário foi integrada a Justiça do Trabalho (art. 94, V), que antes se inseria na alçada do Executivo. A Justiça Eleitoral voltou à Constituição (art. 94, IV), e se instituiu um Tribunal Federal de 2ª instância — o Tribunal Federal de Recursos (arts. 103 a 105). A Constituição não previu a existência da Justiça Federal de 1º grau, que só será recriada durante o governo militar. Na cúpula do Judiciário, permanecia o Supremo Tribunal Federal, com 11 Ministros, indicados pelo Presidente e aprovados pelo Senado (arts. 98 e 99). As garantias da magistratura — vitaliciedade, inamovibilidade e irredutibilidade de vencimentos — foram prestigiadas (art. 95). Foi mantido o sistema difuso de controle de constitucionalidade. Não mais havia a possibilidade, contemplada na Carta de 37, de revisão das decisões judiciais por órgãos políticos.

Em relação aos direitos individuais, houve poucas mudanças em relação à Constituição de 1934. Tais direitos foram positivados no extenso rol do art. 141, em que figuravam as liberdades públicas tradicionais, como a liberdade de expressão — agora sem a previsão de censura prévia como na Carta de 37 —, a liberdade de religião, a liberdade profissional, a liberdade de associação e a liberdade de reunião, assim como os direitos de natureza processual. O mesmo ocorre com os remédios constitucionais do *habeas corpus*, do mandado de segurança e da ação popular. Volta à Constituição a garantia do direito adquirido, da coisa julgada e do ato jurídico perfeito. Em inovação relevante, consagra-se o direito à inafastabilidade da prestação jurisdicional. Foram vedadas as penas de morte, de banimento, de confisco e de caráter perpétuo, ressalvada, quanto à primeira, a legislação militar em caso de guerra externa.

No campo dos direitos políticos, assegurou-se o sufrágio "universal" — apesar de os analfabetos permanecerem sem direito de voto —, direto e secreto. O voto passou a ser obrigatório para homens e mulheres alfabetizados.[121] Pela primeira vez, os partidos políticos receberam menção no texto constitucional, no dispositivo que vedou a organização, registro e funcionamento daqueles "cujo programa ou ação contrarie o regime democrático, baseado na pluralidade de partidos e na garantia dos direitos fundamentais do homem" (art. 141, §13º).[122]

Os direitos trabalhistas continuaram protegidos em sede constitucional (art. 157). Surge, como novidade, o direito à "participação obrigatória e direta do trabalhador nos lucros da empresa" (inciso IV). Contudo, o novo direito permaneceria letra morta, pois a sua eficácia estava condicionada à edição de lei regulamentadora, que não chegou ser elaborada. Em relação à greve — que foi um dos temas mais polêmicos durante a constituinte —, adotou-se um típico "compromisso dilatório": a Constituição reconheceu o direito, mas determinou que o seu exercício seria regulado por lei (art. 158).[123] A mesma

---

[121] Desde 1932, as mulheres tinham direito de voto, mas ele era obrigatório apenas para os homens e para mulheres que exercessem profissão pública remunerada. Com a Constituição de 1946, o voto passa a ser obrigatório também para as mulheres.

[122] Paradoxalmente, tal preceito, inserido no elenco dos direitos individuais, serviria de base para decisão do TSE, proferida em 1947, que colocaria o PCB de novo na ilegalidade, cassando o mandato dos seus deputados.

[123] Entendeu-se, na época, que fora recepcionado o Decreto-Lei nº 9.070/46, editado por Dutra, que vedada a greve numa extensa gama de atividades, consideradas fundamentais, e ainda permitia que outras fossem assim

técnica seria empregada em relação aos sindicatos, outro tema que suscitou intensas controvérsias na Assembleia Constituinte: foi assegurada a liberdade da associação profissional ou sindical, mas caberia à lei disciplinar "a sua forma de constituição, a sua representação legal nas convenções coletivas de trabalho e o exercício de funções delegadas pelo poder público". Manteve-se, assim, o espaço para a subsistência do modelo viciado de sindicalismo oficial que existia no país desde a Revolução de 1930.[124]

Na ordem econômica e social, permanece a linha geral intervencionista e nacionalista. A propriedade estava condicionada ao "bem-estar social" (art. 147). A União poderia, mediante lei especial, não só intervir no domínio econômico, como também "monopolizar determinada indústria ou atividade" (art. 146). Diversas foram as restrições impostas às atividades econômicas de pessoas e do capital estrangeiro em áreas reputadas estratégicas. Contudo, a questão agrária não foi equacionada. A Constituição, seguindo a linha das que a antecederam, exigia pagamento de indenização prévia em dinheiro para qualquer tipo de desapropriação, o que praticamente inviabilizava a realização da reforma agrária nos marcos constitucionais.[125]

A Constituição dedicou um título à família, à educação e à cultura. No que tange à família, a influência conservadora da Igreja Católica se manifestou pela previsão do caráter indissolúvel do casamento (art. 163). Na linha do Estado Social, proclamou-se a obrigação do Estado de dar assistência à maternidade, à infância, à adolescência e às famílias de prole numerosa (art. 164); de garantir o direito à educação, sendo gratuito e obrigatório o ensino primário (art. 168, I e II); e de amparar a cultura (art. 174).

No que concerne à mudança dos seus dispositivos, a Constituição de 1946 era rígida. De acordo com o seu art. 217, a emenda poderia ser proposta por um quarto dos deputados federais ou senadores, ou mais da metade das Assembleias Legislativas, manifestando-se cada uma delas pela maioria dos seus membros. Ela seria aprovada se obtivesse votação de maioria absoluta nas duas casas em duas discussões, durante duas sessões legislativas ordinárias consecutivas. Porém, se a emenda obtivesse em ambas as casas, por duas votações, a maioria de dois terços, poderia ser aprovada imediatamente, dentro da mesma sessão legislativa. Como limite circunstancial, foi proibida a reforma da Constituição durante o estado de sítio. Adotaram-se, como cláusulas pétreas, a Federação e a República.

3.6.3 A Constituição de 1946 na realidade nacional

A Constituição de 1946 vigorou formalmente por mais de 20 anos, sendo derrogada em janeiro de 1967 por nova Carta. Houve, sob a sua égide, momentos de democracia e estabilidade institucional, e outros, extremamente conturbados, em que a Constituição

---

consideradas por ato do Ministro do Trabalho. Cf. COMPARATO, Fábio Konder. A Constituição brasileira de 1946: um interregno agitado entre dois autoritarismos. In: BONAVIDES, Paulo et al. As Constituições brasileiras: notícia, história e análise crítica, p. 102-103.

[124] Cf. VIANNA, Luiz Werneck. Liberalismo e sindicato no Brasil, p. 268.

[125] Cf. BERCOVICI, Gilberto. Tentativa de instituição de democracia de massas no Brasil: instabilidade constitucional e direitos sociais na Era Vargas. In: SOUZA NETO, Cláudio Pereira de; SARMENTO, Daniel (Org.). Direitos sociais: fundamentos, judicicialização e direitos sociais em espécie, p. 46-48; e COMPARATO, Fábio Konder. A Constituição brasileira de 1946: um interregno agitado entre dois autoritarismos. In: BONAVIDES, Paulo et al. As Constituições brasileiras: notícia, história e análise crítica, p. 105-107.

teve pouca importância. O primeiro momento se estende de 1946 até setembro de 1961, quando, no contexto de séria crise política, foi aprovada a Emenda nº 4, que instituiu o parlamentarismo. O segundo momento vai de 1961 até o golpe militar de 1964, e passa pela volta ao presidencialismo, com a edição da Emenda nº 6, em janeiro de 1963. E o terceiro momento corresponde ao período em que a Constituição conviveu com o arbítrio militar, estendendo-se de abril de 1964 até a sua revogação, em janeiro de 1967.

Na primeira fase, o Brasil experimentou, pela primeira vez na sua história, uma vida política razoavelmente democrática, com eleições livres e regulares e relativo respeito às liberdades públicas, apesar das diversas turbulências políticas por que passou. O mandato de Dutra transcorre sem maiores incidentes constitucionais,[126] e, em 1950, elege-se Getúlio Vargas, derrotando o candidato da UDN, Brigadeiro Eduardo Gomes.

No seu governo, Vargas aprofunda o seu projeto de trabalhismo e nacionalismo econômico, sofrendo implacável oposição de setores da sociedade civil, das Forças Armadas e da alta burguesia.[127] Em 4 de agosto de 1954, um atentado frustrado contra o líder oposicionista e jornalista Carlos Lacerda — que vinha movendo ferina campanha contra Getúlio — acaba vitimando o major da Aeronáutica Rubem Vaz. Investigação paralela do homicídio conduzida pela Aeronáutica aponta o chefe da guarda pessoal do Presidente, Gregório Fortunato, como mandante do crime. Reagindo à forte pressão castrense e de parcela da opinião pública em favor da sua renúncia, e pressentindo a iminência de golpe militar caso não se afastasse, Getúlio Vargas se suicida, em 24 de agosto de 1954, provocando enorme comoção social.

Assume o governo o Vice-Presidente, Café Filho, para completar o seu mandato. Em 3 de outubro de 1955, ocorrem novas eleições para a Presidência, com a vitória de Juscelino Kubitschek, candidato pelo PSD, e do Vice João Goulart, do PTB, que concorrera pela mesma chapa. As forças antivarguistas passam a conspirar abertamente para impedir a posse dos eleitos, nos quais enxergavam a continuidade da linha "populista" de Vargas. O argumento "jurídico" de que se valiam estas forças era o de que Juscelino não havia obtido a maioria absoluta dos votos — o que não tinha nenhuma procedência, pois a Constituição de 1946 não exigia esta maioria qualificada para a eleição presidencial (art. 81). Nesse ínterim, Café Filho sofre um ataque cardíaco, afastando-se do governo e sendo substituído pelo Presidente da Câmara dos Deputados, Carlos Luz — que, pela Constituição, era o próximo na linha de substituição do Presidente (art. 79, §1º). Porém, rumores indicavam que Carlos Luz participava das conspirações para impedir a posse de Juscelino. Neste contexto, o Marechal Lott, ex-Ministro da Guerra, desfecha um golpe preventivo para assegurar a ascensão ao governo do Presidente eleito,[128] afastando Carlos Luz do poder. O Congresso apoia a manobra militar, e vota o nome de Nereu Ramos, Vice-Presidente do Senado, para encerrar o mandato, até o empossamento dos eleitos.

A esta altura, Café Filho, já restabelecido, tenta reassumir o seu posto, sendo impedido pelo Congresso, que aprova também a decretação de estado de sítio. Contra o ato do Congresso que decretara o seu impedimento, Café Filho impetra um mandado de

---

[126] O principal incidente neste período foi o fechamento do PCB, decretado pelo TSE.
[127] Cf. SKIDMORE, Thomas. *Brasil*: de Getúlio a Castelo, p. 110-180.
[128] SKIDMORE, Thomas. *Brasil*: de Getúlio a Castelo, p. 188-198.

segurança no STF. A Corte, em curiosa solução, decide, por maioria de votos, suspender o mandado de segurança até que cessasse o estado de sítio, evitando imiscuir-se na controvérsia político-militar, apesar da sua inequívoca dimensão jurídico-constitucional.[129]

Juscelino Kubitschek é empossado, e seu governo, marcado pelo desenvolvimentismo e pela transferência da capital para Brasília,[130] transcorre sem rompimento da legalidade constitucional, apesar da ocorrência de dois levantes militares,[131] sem maiores consequências. Ele é sucedido por Jânio Quadros, escolhido nas eleições presidenciais de 3 de outubro de 1960. Líder carismático independente em ascensão meteórica, Jânio fora candidato pelo pequeno PTN (Partido Trabalhista Nacional), com forte apoio da UDN. Eleito a partir de um discurso conservador e moralista, derrotou o Marechal Lott, que concorrera por coligação formada pelo PTB, PSD e PSB. Recorde-se que a Constituição de 1946 permitia a eleição de Presidente e de Vice-Presidente pertencentes a chapas distintas, e, assim, João Goulart venceu o pleito para a Vice-Presidência, derrotando Milton Campos — o candidato da chapa de Jânio.

Em 25 de agosto de 1961, com apenas sete meses de governo, Jânio Quadros, de personalidade excêntrica, renuncia, motivado por razões que até hoje não foram plenamente esclarecidas.[132] Naquela ocasião, João Goulart estava em viagem oficial à China de Mao Tsé-Tung, e logo se articula um movimento de "veto militar" à sua posse como Presidente. Jango havia sido Ministro do Trabalho de Getúlio, e era associado, por amplos segmentos das Forças Armadas, ao "populismo" e ao "sindicalismo", que abominavam. Nesse ínterim, assume temporariamente a Presidência da República o Presidente da Câmara dos Deputados, Ranieri Mazzilli. O "veto militar" a Goulart não será inteiramente bem sucedido, em razão da chamada "Campanha da Legalidade", liderada pelo então Governador do Rio Grande do Sul, Leonel Brizola, que contava com a adesão do 3º Exército, sediado naquele Estado. Rapidamente, costura-se uma solução de compromisso, que resultou na aprovação às pressas da Emenda Constitucional nº 4, promulgada em 2 de setembro de 1961, que instituiu o regime parlamentarista de governo no Brasil. Inicia-se uma segunda fase de vigência da Constituição de 1946.

---

[129] Mandado de Segurança nº 3.557. O caso foi amplamente analisado em RODRIGUES, Leda Boechat. *História do Supremo Tribunal Federal*, p. 165-235, t. IV, onde se encontram reproduzidos todos os votos dos ministros do STF. Dentre estes, cabe destacar, pela defesa da Constituição, o voto do Ministro Ribeiro da Costa, que concedera a ordem; bem como, pela visão realista sobre os limites da capacidade da Constituição formal para limitar os "fatores reais de poder", o voto do Ministro Nelson Hungria, que denegara o *writ*. Deste último, colhem-se os seguintes excertos: "Afastado o 'manto diáfano da fantasia sobre a nudez rude da verdade', a resolução do Congresso não foi senão a constatação da impossibilidade material em que se acha o Sr. Café Filho, de reassumir a presidência da República, em face da imposição dos tanques e baionetas do Exército, que estão acima das leis, da Constituição e, portanto, do Supremo Tribunal Federal (...). Contra uma insurreição pelas armas, coroada de êxito, somente valerá uma contra-insurreição com maior força. E esta, positivamente, não pode ser feita pelo Supremo Tribunal Federal, posto que esse não iria cometer a ingenuidade de, numa inócua declaração de princípios, expedir mandado para cessar a insurreição. Aqui está o nó górdio que o Poder Judiciário não pode cortar, pois não dispõe da espada de Alexandre".

[130] A transferência da capital para o "planalto central da República" já estava prevista desde a Constituição de 1891 (art. 3º), sendo reiterada pela Constituição de 1934 (art. 4º das Disposição Transitórias), e determinada, mais uma vez, pela Constituição de 1946, no art. 4º do Ato das Disposições Transitórias. Cf. CAETANO, Marcello. *Direito constitucional*, 2. ed., p. 584-585.

[131] Foram os levantes de Jacareacanga (1956) e Aragarças (1959).

[132] Especula-se que o seu objetivo era o de continuar como Presidente, assumindo novos poderes, fora das limitações impostas pela Constituição. De acordo com essa tese, Jânio esperava com o apoio popular — que provavelmente superestimava —, bem como com o temor difundido entre as Forças Armadas e setores importantes da opinião pública de um governo esquerdista do seu sucessor legal, o Vice-Presidente João Goulart.

De acordo com a Emenda nº 4, denominada de "Ato Adicional", o Executivo passaria a ser exercido pelo Presidente e pelo Conselho de Ministros, sendo este último o responsável pela direção da política do Governo e da administração federal (art. 1º). O Presidente da República passaria a ser eleito indiretamente pelo Congresso Nacional (art. 2º). Caberia a ele exercer as funções de Chefe de Estado, dentre as quais designar o Presidente do Conselho de Ministros, e, por indicação deste, os demais Ministros de Estado (art. 3º, I). O nome do Presidente do Conselho de Ministros teria de ser submetido à Câmara dos Deputados, que o aprovaria por maioria absoluta de votos, podendo o Presidente da República, em caso de recusa, indicar, sucessivamente, mais dois nomes. Após a terceira recusa, a escolha passaria ao Senado Federal, que não poderia designar nenhum dos nomes recusados pela Câmara. Durante todo o tempo, o Conselho de Ministros dependeria da confiança da Câmara dos Deputados (art. 11). Esta, por iniciativa de 50 deputados, poderia aprovar, por maioria absoluta, moção de desconfiança contra o Conselho de Ministros, ou de censura contra qualquer de seus membros, o que levaria à sua exoneração coletiva ou individual (art. 12). Diante de três moções de desconfiança sucessivas, o Presidente da República poderia dissolver a Câmara dos Deputados, convocando novas eleições. Entrementes, ele poderia nomear um Conselho de Ministros provisório. Ao Presidente do Conselho de Ministros foram atribuídas as funções inerentes à chefia de Governo (art. 18). A Emenda nº 4 previu, ainda, que lei, aprovada por maioria absoluta de votos, complementaria a organização do sistema parlamentar[133] (art. 22), e que tal lei poderia "dispor sobre a realização do plebiscito que decida da manutenção do sistema parlamentar ou volta do sistema presidencial, devendo, em tal hipótese, fazer-se a consulta plebiscitária nove meses antes do termo do atual período presidencial" (art. 25).

O parlamentarismo perduraria por apenas 14 meses, de setembro de 1961 até janeiro de 1963. Nesse período, sucederam-se no cargo diversos Presidentes do Conselho de Ministros:[134] Tancredo Neves, Auro Moura Andrade, Francisco Brochado Rocha e Hermes Lima. O sistema não estava funcionando bem,[135] e João Goulart trabalhava intensamente para recuperar a plenitude dos poderes presidenciais. Até mesmo alguns dos seus adversários defendiam a volta do presidencialismo, por entenderem necessária no Brasil a presença de um Executivo forte. Em 16 de setembro, é editada a Lei Complementar nº 2, convocando o plebiscito para 6 de janeiro de 1963 — antecipando-se, portanto, à data prevista na Emenda nº 4. Realizado o plebiscito, a vontade das urnas surgiu inequívoca: 76,97% do eleitorado manifestou-se pelo retorno do presidencialismo.[136] A mudança é formalizada por meio da Emenda Constitucional nº 6, de 23 de janeiro de 1963.

Vencida essa batalha, João Goulart aproxima-se cada vez mais da esquerda, prometendo Reformas de Base — inclusive a tão necessária reforma agrária — e aprovando

---

[133] Surgia aí, no ordenamento brasileiro, a figura da lei complementar, posteriormente regulada pelas Constituições de 1967, 1969 e 1988.

[134] Houve uma indicação do Presidente recusada pela Câmara dos Deputados: o jurista Santiago Dantas, escolhido após a renúncia de Tancredo Neves.

[135] Como assinalou Francisco Iglesias, não se deve enxergar no malogro desta breve experiência parlamentarista a sua inviabilidade no Brasil. Nas suas palavras, "a fase parlamentarista não deve ser encarada como experiência séria, pois resultou de um expediente para evitar guerra civil, não da convicção da superioridade do sistema de tanto êxito em várias nações e aqui mesmo praticado durante o Império — um parlamentarismo que é antes um arremedo do verdadeiro sistema que se praticava em outras nações" (*Trajetória política do Brasil 1500-1964*, p. 288).

[136] Foram cerca de 2 milhões de votos a favor do parlamentarismo e quase 9,5 milhões pelo retorno do presidencialismo. Cf. PORTO, Walter Costa. *O voto no Brasil*: da Colônia à 6ª República, 2. ed., p. 308.

restrições ao capital estrangeiro. O ambiente era turbulento e polarizado. Militares, setores do empresariado, proprietários rurais e segmentos da classe média, com apoio da grande mídia e do governo norte-americano, inquietavam-se contra o que viam como a radicalização do regime e tramavam a deposição do Presidente. Do outro lado, insuflado por sindicalistas e por outros líderes da esquerda, que queriam reformas imediatas, Jango adotava um discurso cada vez mais contundente. No país, sucediam-se greves — algumas em apoio às reformas, que sofriam resistência no Congresso —, ocupações de terras por camponeses, bem como manifestações populares de ambos os lados da contenda política. A situação econômica também era grave, com a inflação cada vez mais alta. Em 13 de março de 1964, Goulart promove um gigantesco "Comício das Reformas" no Rio de Janeiro, de enorme repercussão, em que anuncia dois novos decretos, nacionalizando refinarias privadas de petróleo e sujeitando à desapropriação terras improdutivas localizadas nas margens de estradas e ferrovias. Poucos dias depois, o Presidente anistia marinheiros, punidos por terem se reunido para reivindicar melhores salários e a possibilidade de concorrerem em eleições. Em 30 de março, Jango comparece para discursar em assembleia de sargentos no Automóvel Clube do Brasil. A atitude, vista como estímulo à quebra da hierarquia na caserna, foi apresentada como a gota d'água para a deflagração do golpe militar, que já vinha sendo gestado há tempos e envolvia uma rede bastante mais ampla de interesses.

Em 31 de março de 1964, ocorre o golpe militar, com a simples movimentação de tropas, sem confrontos armados efetivos. Em 1º de abril, antes mesmo que João Goulart saísse do país, o Presidente do Senado, Auro Moura Andrade, declara vaga a Presidência da República, que é formalmente assumida pelo Presidente da Câmara, Ranieri Mazzilli. Esse a ocuparia por poucos dias, sendo logo substituído pelo General Humberto Castelo Branco. Era o início da ditadura militar e da terceira fase de vigência da Constituição de 1946.[137]

A formalização do golpe deu-se por meio do Ato Institucional nº 1 (AI-1), editado em 9 de abril de 1964, e assinado pelos comandantes das Forças Armadas. O redator do texto seria, uma vez mais, Francisco Campos, com o auxílio do jurista conservador Carlos Medeiros da Silva.[138] No seu preâmbulo, o Ato Institucional apresentava-se como emanação do poder constituinte originário, proveniente da "Revolução vitoriosa". Ele não buscava fundamento de validade na Constituição de 1946. Era apenas por uma concessão dos militares, protagonistas da tal "Revolução vitoriosa", que a Constituição continuaria a valer naquilo que não contrastasse com o Ato Institucional editado. Vale a pena conferir algumas passagens significativas do referido preâmbulo:

> A revolução vitoriosa se investe no exercício do Poder Constitucional. Este se manifesta pela eleição popular ou pela revolução. Esta é a forma mais expressiva e radical do Poder Constituinte. Assim, a revolução vitoriosa, como o Poder Constituinte, se legitima por si mesma. (...) Nela se contém a força normativa, inerente ao Poder Constituinte. Ela edita normas jurídicas, sem que nisto seja limitada pela normatividade anterior à sua vitória. Os Chefes da revolução vitoriosa, graças à ação das Forças Armadas e ao apoio inequívoco da Nação, representam o povo e em seu nome exercem o Poder Constituinte, de que o povo é o único titular. (...)

---

[137] Veja-se, sobre este período, GASPARI, Elio. *A ditadura envergonhada*, p. 45-125.
[138] Cf. SKIDMORE, Thomas. *Brasil*: de Getúlio a Castelo, p. 48.

Para demonstrar que não pretendemos radicalizar o processo revolucionário, decidimos manter a Constituição de 1946, limitando-nos a modificá-la, apenas na parte relativa aos poderes do Presidente da República, a fim de que este possa cumprir a missão de restaurar no Brasil a ordem econômica e financeira e tomar urgentes medidas destinadas a drenar o bolsão comunista, cuja purulência já se havia infiltrado, não só na cúpula do governo, como nas suas dependências administrativas.

O AI-1 determinou a realização de eleição indireta para a escolha do próximo Presidente e Vice-Presidente da República, a ocorrer no Congresso em dois dias da data da sua edição (art. 2º). Os mandatos dos eleitos encerrar-se-iam, em tese, em 31 de janeiro de 1966. Em 11 de janeiro, o Congresso, já expurgado de boa parte dos parlamentares oposicionistas, limitou-se a homologar o nome de Castelo Branco, imposto pelos militares.

Ademais, o AI-1 facilitou a aprovação de emendas constitucionais encaminhadas pelo Presidente: agora, elas teriam de ser apreciadas em 30 dias a contar do seu recebimento, sendo aprovadas por maioria absoluta nas duas casas, em duas votações (art. 3º). Ele também ampliou os poderes presidenciais no processo legislativo (arts. 4º e 5º), e conferiu ao Presidente o poder de decretar estado de sítio, submetendo-o à apreciação do Congresso em 48 horas.[139] Foram suspensas, por seis meses, as garantias de vitaliciedade e estabilidade (art. 7º), permitindo-se, naquele interregno, a demissão, dispensa, aposentadoria compulsória, reforma ou transferência para a reserva de servidores civis e militares e magistrados que tivessem atentado contra "a segurança do país, o regime democrático e a probidade da administração pública" (art. 7º, §1º), o que seria apurado por meio de investigação sumária, sem possibilidade de apreciação judicial daqueles atos, salvo quanto às suas formalidades extrínsecas.[140] Os Comandantes das Forças Armadas, e o Presidente, após a sua eleição, foram autorizados a suspender direitos políticos pelo prazo de dez anos e a cassar mandatos legislativos federais, estaduais ou municipais, excluindo-se qualquer controle judicial sobre tais atos (art. 10).

Com base nesses poderes excepcionais concedidos pelo AI-1, o governo passa a perseguir os adversários do regime, realizando tortura[141] e prisões arbitrárias. A repressão atinge fortemente o movimento estudantil, os sindicatos e os militantes sociais do meio rural, sobretudo do Nordeste, associados à bandeira da reforma agrária. No Congresso, cinquenta parlamentares tiveram o seu mandato cassado, o que também ocorreu com vários políticos de expressão nacional, como Leonel Brizola, Miguel Arraes, Jânio Quadros e Juscelino Kubitschek.[142]

O AI-1 não havia alterado o cronograma das eleições para Governador, que ocorrem em outubro de 1965, com vitórias da oposição em Estados importantes, como a Guanabara e Minas Gerais. O resultado das urnas assustou os militares e forneceu argumento para que a "linha-dura" insistisse na edição de novos atos institucionais.[143]

Assim, em 5 de novembro de 1965, Castelo Branco edita o AI-2, que afirmava, em seu preâmbulo, também representar exercício do poder constituinte originário, uma

---

[139] De acordo com o art. 206 da Constituição de 1946, este poder era até então do Congresso, e a decretação do estado de sítio fazia-se por lei.
[140] De acordo com Boris Fausto, foram atingidos 49 juízes, e cerca de 1.400 servidores civis e de 1.200 militares (*História do Brasil*, p. 467-468).
[141] Cf. GASPARI, Elio. *A ditadura envergonhada*, p. 129-151.
[142] Cf. FAUSTO, Boris. *História do Brasil*, p. 467.
[143] Cf. SKIDMORE, Thomas. *Brasil*: de Getúlio a Castelo, p. 99.

vez que a "Revolução" não se esgotara. Dentre as diversas mudanças que introduziu, destaca-se a extinção dos partidos políticos então existentes (art. 18). No novo sistema que seria instituído, a formação de um partido dependeria de iniciativa de, no mínimo, 120 deputados e 20 senadores (art. 1º do Ato Complementar nº 4/1965). Na prática, isto só permitia a existência de dois partidos: um da situação e outro representando a oposição consentida. Naquele modelo, foram instituídos a ARENA, partido do governo, e o MDB, que lhe fazia oposição, nos estreitos limites que o regime tolerava. Apesar do seu caráter discricionário, o governo militar preocupava-se em manter alguma aparência democrática, e por isso não chegou ao ponto de abolir os partidos políticos, como fizera Vargas em 1938, ou de decretar o unipartidarismo.

Além disso, o AI-2 tornou permanente a eleição indireta para a Presidência (art. 9º); autorizou o Presidente a baixar atos complementares dos atos institucionais, bem como a editar decretos-leis em matéria de segurança nacional (art. 30); e deu-lhe ainda o poder de determinar o recesso do Congresso, das Assembleias Legislativas e das Câmaras de Vereadores, situação em que o Executivo correspondente legislaria por meio de decretos-leis (art. 31). Ademais, ele ampliou a composição do STF para 16 ministros — o que permitiu ao governo construir uma maioria mais confortável na Corte —; instituiu a Justiça Federal de 1º grau, e transferiu para a Justiça Militar a competência para julgamento dos crimes contra a segurança nacional, dentre outras medidas.

Já o AI-3, editado por Presidente Castelo Branco em 7 de fevereiro de 1966, estendeu as eleições indiretas também para os pleitos para governador de Estado. Com isso, reduzia-se o risco de derrotas eleitorais para a oposição.

Naquele período, além dos Atos Institucionais também foram editadas diversas emendas à Constituição, gerando um sistema constitucional altamente confuso, para dizer o mínimo, em que pouco sobrara do texto originário da Constituição de 46. Até a promulgação da Constituição de 1967, o regime militar aprovaria mais 14 emendas: da Emenda nº 7 até a Emenda nº 20. Dentre elas, cabe destacar a Emenda nº 9/64, que reduziu o período presidencial para quatro anos (art. 82) e prorrogou o mandato de Castelo Branco para até 15 de março de 1967; a Emenda nº 10/64, que autorizou a desapropriação para fins de reforma agrária com pagamento em títulos da dívida pública; a Emenda nº 16/65, que instituiu "a representação contra inconstitucionalidade de lei ou ato de natureza normativa, federal ou estadual, encaminhada pelo Procurador-Geral da República" (art. 1º);[144] e a Emenda nº 18/65, que promoveu ampla reforma tributária.

Em 1967, a Constituição tinha se tornado uma verdadeira colcha de retalhos. Surge a ideia de elaborar outra Constituição, que institucionalizasse de forma definitiva

---

[144] Tal representação corresponde hoje à Ação Direta de Inconstitucionalidade. A sua introdução tornou o sistema de jurisdição constitucional brasileiro misto, pois temos aqui, desde então, tanto o controle abstrato e concentrado, exercitado pelo STF sobre as normas em tese, como o controle difuso e concreto, à disposição de qualquer juiz e tribunal no exame das lides a eles submetidas. Pode parecer paradoxal que um governo de exceção tenha querido instituir novo mecanismo de controle de constitucionalidade, que, afinal, representa instrumento de fiscalização do respeito aos limites do exercício do poder político. Mas não havia paradoxo algum. É que "o diabo morava nos detalhes": a representação de inconstitucionalidade só podia ser promovida pelo Procurador Geral da República, que, à época, era funcionário de confiança, escolhido e exonerado livremente pelo Presidente. Assim, não havia qualquer risco de que as suas ações viessem a contrariar os interesses do regime. Por outro lado, como as decisões na representação de inconstitucionalidade possuíam eficácia *erga omnes*, tal ação, na prática, diminuía os poderes dos juízes e tribunais ordinários na jurisdição constitucional, transferindo-os para o STF, que, pela sua composição política, era tido como mais confiável pelo governo. Além disso, pela representação era possível o controle dos atos normativos dos Estados, que podiam eventualmente ser governados pela oposição.

o regime. Para convocar a nova Assembleia Constituinte, Castelo Branco valer-se-ia, mais uma vez, de Ato Institucional: o AI-4, decretado em 7 de dezembro de 1966.

3.7 A Constituição de 1967
3.7.1 Antecedentes e Assembleia Constituinte

Os militares que governavam o país não formavam um bloco monolítico, ideologicamente homogêneo. Havia, *grosso modo*, dois grupos principais. De um lado, os da "linha-dura", que queriam a radicalização do regime e a intensificação da perseguição aos opositores, não se importando em manter o poder indefinidamente com as Forças Armadas. Do outro, os "moderados", que pretendiam devolver o poder mais rapidamente aos civis, depois de expurgarem da vida política os elementos considerados mais "perigosos", e rechaçavam alguns "excessos" cometidos pelos primeiros no combate à oposição e à esquerda, como a tortura e o homicídio. Nenhum dos grupos demonstrava grande apreço pela democracia e pelos direitos humanos, mas o segundo era menos radical e mais preocupado em manter as aparências do regime. Durante todo o período militar, tais grupos disputariam a hegemonia — no mais das vezes, nos bastidores da caserna, mas, em alguns momentos, de forma mais visível — e diversos acontecimentos da história constitucional da época resultaram de oscilações no pêndulo do poder entre essas duas correntes.

Este foi o caso do nascimento e da morte da Constituição de 1967. A sua elaboração refletiu o propósito do grupo moderado — hegemônico durante o governo de Castelo Branco, que era um dos seus maiores líderes — de reconstitucionalizar o país. Tratava-se de uma reconstitucionalização muito limitada, eis que a Constituição de 1967 continha traços autoritários, e seria aprovada por uma Constituinte tutelada pelos militares. Ainda assim, o objetivo era o de institucionalizar alguns limites para o exercício do poder, para, se tudo corresse bem, devolvê-lo depois aos civis mais "confiáveis". Porém, após a aprovação da Constituição, a balança se inverteu durante o governo de Costa e Silva — um integrante da "linha-dura" —, e, ainda mais, depois do AI-5, em 1968, e da assunção do Executivo por Junta Militar, em 1969. A Constituição duraria pouco mais de dois anos e meio: promulgada em janeiro de 1967, seria substituída por outro texto outorgado em outubro de 1969 pelos Ministros da Marinha, do Exército e da Aeronáutica.

O AI-4, editado por Castelo Branco em 7 de fevereiro de 1966, convocara o Congresso para se reunir extraordinariamente, de 12 de dezembro de 1966 até 24 de janeiro de 1967, com vistas a discutir, votar e promulgar projeto da Constituição que seria apresentado pelo Presidente (art. 1º, *caput* e §1º). Naquele interregno, o Congresso também deliberaria sobre matérias que lhe fossem submetidas pelo Executivo (art. 1º, §2º) e o Senado continuaria a praticar os atos da sua competência privativa (art. 1º, §3º).

Tal Ato Institucional disciplinava detalhadamente o funcionamento da Constituinte. O Presidente do Senado deveria designar os integrantes de uma Comissão Mista, composta por onze deputados e onze senadores, indicados pelas lideranças dos partidos, observando-se a respectiva proporcionalidade (art. 2º). Àquela Comissão, que escolheria seu Presidente, Vice-Presidente e Relator, caberia dar parecer sobre o projeto, concluindo pela sua aprovação ou rejeição (art. 3º). Em seguida, o projeto seria votado em sessão conjunta das duas casas do Congresso, no prazo de quatro dias (art. 4º).

Depois da aprovação, poderiam ser apresentadas emendas perante a Comissão, com apoio de pelo menos um quarto dos membros de qualquer das casas legislativas (arts. 5º e 6º). Tais emendas seriam submetidas à discussão do plenário do Congresso, devendo ser aprovadas por maioria absoluta em cada casa (art. 7º). Em 24 de janeiro, a Constituição teria de ser impreterivelmente promulgada. Caso o processo de apreciação das emendas não tivesse se ultimado até 21 de janeiro, promulgar-se-ia o texto do projeto do governo, aprovado antes da fase de apresentação de emendas (art. 8º).[145]

Sem dúvida, o prazo estabelecido era absolutamente insuficiente para que o Congresso deliberasse sobre a nova Constituição.[146] Somando-se isto ao ambiente político existente, de ameaça permanente ao mandato dos parlamentares constituintes, bem como a prévia cassação de boa parte dos oposicionistas, pode-se concluir que a Assembleia Constituinte em questão não era muito mais do que uma fachada de que se valeu o regime para evitar a outorga pura e simples da nova Constituição. Na verdade, não houve uma efetiva Assembleia Constituinte, livre e soberana, mas pouco mais que um procedimento para homologação e legitimação do texto que saíra do forno do regime militar.[147]

Para elaboração do projeto de Constituição, o Executivo, por meio do Decreto nº 58.198, de 15 de abril de 1966, nomeara comissão de juristas, integrada por Levi Carneiro (Presidente), Themístocles Cavalcanti, Orozimbo Nonato e Miguel Seabra Fagundes (este último acabou se afastando).[148] Ocorre que o governo não concordou com o resultado do trabalho da comissão de juristas, considerado excessivamente liberal. Assim, o projeto foi encaminhado a Carlos Medeiros da Silva, então Ministro da Justiça, que o reviu integralmente, conferindo-lhe uma fisionomia mais autoritária. Este novo projeto, depois de revisto pelo Presidente, foi encaminhado pelo governo à Assembleia Constituinte.

Na Assembleia Constituinte, instalada em 12 de dezembro de 1966, o projeto seria aprovado por Comissão Mista por treze votos a oito. Os representantes do MDB na comissão votaram contra o projeto, acusando-o de autoritário.[149] Em seguida, o projeto foi aprovado pelo plenário, e, na fase subsequente, recebeu número significativo de emendas, algumas das quais foram acolhidas pelas duas casas, mas nada que alterasse de forma mais substantiva o texto encaminhado pelo governo. Os prazos previstos no AI-4 foram rigorosamente cumpridos, e assim, em 24 de janeiro de 1967, promulgou-se formalmente a nova Constituição Federal, que entrou em vigor em 15 de março do mesmo ano (art. 189) — mesmo dia da posse do Presidente Costa e Silva.[150]

---

[145] Como ressaltou Marcelo Cerqueira, o procedimento previsto continha uma óbvia inversão, já que "primeiro, o projeto seria aprovado em globo; e segundo, as emendas seria então discutidas" (*A Constituição na história*: origem e reforma, p. 359). Evidentemente, a inversão não fora inocente. Por meio dela, seria possível, se houvesse algum atraso na análise das emendas, promulgar como Constituição o texto intacto do projeto do governo, e ainda alegar que ele fora aprovado pelo Congresso.

[146] A explicação oficial dada à exiguidade desde prazo era o fato de que Castelo Branco, cujo mandato encerrar-se-ia em 15 de março de 1967, queria transmitir o cargo ao seu sucessor eleito, Costa e Silva, já com a nova Constituição aprovada.

[147] Nas palavras de Paulo Bonavides e Paes de Andrade, "não houve propriamente uma tarefa constituinte, mas uma farsa constituinte" (*História constitucional do Brasil*, p. 432).

[148] Cf. CERQUEIRA, Marcelo. *A Constituição na história: origem e reforma*, p. 359.

[149] Cf. PORTO, Walter Costa. *O voto no Brasil: da Colônia à 6ª República*, p. 314.

[150] O General Arthur da Costa e Silva foi eleito em 3 de outubro de 1966 pelo Congresso Nacional, em eleição com chapa única, e o seu candidato a Vice era o Deputado Pedro Aleixo. O MDB resolvera não participar do processo, para não lhe emprestar legitimidade.

3.7.2 Traços gerais da Constituição de 1967

Um dos traços característicos da Constituição de 1967 foi a concentração do poder, tanto no sentido vertical — centralização no pacto federativo —, como no horizontal — hipertrofia do Executivo.[151] Sem embargo, houve preocupação com a preservação de uma fachada liberal, que se verifica, por exemplo, no extenso capítulo de direitos e garantias individuais, inserido no art. 150. Tratava-se, por outro lado, de mais um texto constitucional analítico, composto por 189 artigos.

No que tange à partilha espacial do poder, manteve-se o federalismo bidimensional, ainda que com reduzido nível de descentralização política. A Constituição enunciou as competências da União (art. 8º), cabendo ao Estado as remanescentes (art. 13, §1º), bem como a possibilidade de legislar supletivamente sobre determinados temas inseridos na competência federal (art. 8º, §2º). A autonomia dos Municípios, embora formalmente consagrada (art. 16), foi esvaziada com a previsão de escolha dos prefeitos das capitais e das estâncias hidrominerais pelo Governador do Estado, com prévia aprovação da Assembleia Legislativa; e a dos prefeitos dos Municípios declarados de interesse da segurança nacional pelo Presidente da República (art. 16, §1º). O federalismo foi também fragilizado pela fórmula de repartição das competências e das receitas tributárias, que concentrou os recursos na União, induzindo os Estados à vassalagem política.[152]

O Poder Executivo foi fortalecido, com a atribuição de competência para a edição de decretos com força de lei, em matéria de segurança nacional ou finanças públicas (art. 58). Estes decretos, que acabaram sendo usados para quase tudo, tinham vigência imediata, mas o Congresso podia aprová-los ou rejeitá-los em 60 dias, vedada a apresentação de emendas. A ausência de deliberação implicava aprovação por decurso de prazo. Também no processo de elaboração das leis, estabeleceu-se que a não apreciação de projetos do Executivo em determinados prazos importava em aprovação por decurso de prazo. Portanto, ampliou-se o poder do Presidente no processo legislativo, às expensas do Congresso Nacional.

O mandato do Presidente seria de quatro anos (art. 77, §3º). As eleições presidenciais eram indiretas, por maioria absoluta, realizadas por colégio eleitoral formado pelo Congresso Nacional e por delegados das Assembleias Legislativas (arts. 76, *caput* e §1º, e 77, §1º). Cada Assembleia Legislativa indicava três delegados, e mais um por cada quinhentos mil eleitores inscritos no Estado (art. 76, §2º). O Vice-Presidente, que exercia também a função de Presidente do Congresso Nacional, era eleito pela mesma chapa do Presidente da República (art. 79, §§1º e 2º). Não havia a possibilidade de reeleição do Presidente para o mandato consecutivo (art. 146, alínea "a").

O Poder Legislativo seguia o modelo bicameral, composto pela Câmara dos Deputados e pelo Senado (art. 29). Na Câmara, os deputados federais eram eleitos por sufrágio direto e universal, pelo sistema proporcional, para mandatos de quatro anos (art. 41, *caput* e §1º). O número de deputados por Estado seria fixado em lei, "em proporção que não exceda de um para cada trezentos mil habitantes, até vinte e cinco deputados, e, além deste limite, um para cada milhão de habitantes" (art. 41, §2º), respeitado o número mínimo de sete deputados por Estado (art. 41, §4º). Tratava-se

---

[151] Cf. BARROSO, Luís Roberto. *O direito constitucional e a efetividade de suas normas*, p. 36.
[152] Cf. CAVALCANTI; Themístocles Brandão; BRITO, Luiz Navarro de; BALEEIRO, Aliomar. *Constituição brasileira*: 1967, p. 50.

de fórmula que favorecia os Estados menos populosos, onde a ARENA costumava ter desempenho superior ao MDB. Já o Senado Federal era composto por três representantes de cada Estado, eleitos diretamente, pelo sistema majoritário, para mandatos de oito anos, renovando-se a representação a cada quatro anos, alternadamente, por um ou dois terços (art. 43, *caput* e §1º).

Quanto ao Poder Judiciário, não houve mudanças significativas em relação à Constituição de 1946, com as alterações impostas pelo AI-2. As garantias da magistratura foram preservadas (art. 108), mas foram conservadas as cláusulas que excluíam da apreciação judicial os atos praticados pelo "Comando Supremo da Revolução", dentre os quais os expedidos por força dos atos institucionais (art. 173). A sistemática de controle de constitucionalidade, com as mudanças introduzidas pela Emenda nº 16/65, foi mantida.

Como antes ressaltado, o capítulo dos direitos e garantias individuais era generoso, ainda que insincero. No art. 150 da Carta de 1967 estão presentes todos os direitos consagrados na Constituição de 1946, com outros acréscimos importantes — mas que não tiveram nenhuma efetividade — como a imposição de "respeito à integridade física e moral do detento e presidiário" (§14º). O mesmo pode ser dito a propósito dos direitos sociais (arts. 158, 167, §4º e 169). Também na ordem econômica não houve grandes inovações, mantendo-se a linha intervencionista e nacionalista que vinha pautando as constituições brasileiras desde 1934.

A Constituição de 1967 era rígida, ainda que não fosse tão difícil a sua alteração. As propostas de emenda podiam ser apresentadas pelo Presidente da República, por um quarto dos membros da Câmara ou do Senado, ou por mais da metade das Assembleias Legislativas dos Estados, manifestando-se cada uma delas pela maioria dos seus membros (art. 50, incisos I a III e §§3º e 4º). As emendas eram aprovadas pelo quórum de maioria absoluta, em duas votações sucessivas em cada casa do Congresso (art. 51). Não se admitia proposta de emenda tendente a abolir a Federação ou a República (art. 50, §1º), nem tampouco se aceitava a mudança da Constituição durante o estado de sítio (art. 50, §2º). Porém, tais regras sobre a reforma constitucional não tiveram qualquer eficácia. Quando o regime quis alterar a Carta de 67, fê-lo sem nenhuma cerimônia, recorrendo ao odioso expediente da edição de atos institucionais: foram impostos outros 12 atos institucionais até o advento da Constituição de 1969, além de inúmeros atos complementares, que também repercutiram sobre a Carta.

3.7.3 A Constituição de 1967 e o recrudescimento da Ditadura Militar

Costa e Silva era próximo à corrente "linha-dura" das Forças Armadas. Naturalmente, não morria de amores pela Constituição de 1967 que, mesmo não primando pela democracia, impunha relevantes limitações ao seu poder discricionário. Durante o seu governo, houve o endurecimento no regime. Mas, do outro lado, se articularam reações contra a ditadura provenientes de vários flancos: oposição do movimento estudantil, promovendo protestos e manifestações de grande porte; greves de trabalhadores; reações de setores da Igreja Católica. Nesta época, surge também a resistência armada ao governo militar.[153]

---

[153] Anteriormente, já tinha havido um foco de resistência armada no campo, na Serra do Caparaó, em 1966, que fora desbaratado pelo Exército em janeiro de 1967.

A linha-dura queria recrudescer ainda mais a ditadura e pressionava o Presidente a fazê-lo. O pretexto para a ação foi um discurso sem maior importância, proferido pelo então Deputado Márcio Moreira Alves no Congresso, que propunha um boicote à parada do Sete de Setembro, e ainda sugeria, ironicamente, que as mulheres fizessem uma greve de sexo contra os militares enquanto durasse a repressão, como na peça *Lisístrata*, do grego Aristófanes. Os militares reagiram com indignação e o Presidente solicitou à Câmara autorização para processar o parlamentar, por crime contra a segurança nacional.[154] Porém, a Câmara agiu com independência, rejeitando o pedido, em votação realizada no dia 12 de dezembro de 1968.[155]

A reação foi imediata: no dia 13 de dezembro, foi convocada uma reunião do Conselho de Segurança Nacional, em que se aprovou a decretação do AI-5. Das 23 autoridades presentes, todas se manifestaram favoravelmente à medida draconiana, com exceção do Vice-Presidente Pedro Aleixo, que sugeriu uma alternativa mais "suave": a decretação do estado de sítio. No mesmo dia, o AI-5 foi editado, juntamente com o Ato Complementar nº 38, que colocava o Congresso em recesso, por tempo indeterminado.

De todos os atos institucionais editados durante o período militar, o AI-5 foi certamente o mais duro. Ele permitiu que o Presidente decretasse o recesso do Congresso, das Assembleias Legislativas e das Câmaras de Vereadores, que só voltariam a funcionar quando convocados por ele próprio, transferindo-se, nesse ínterim, toda a atividade legislativa para o Poder Executivo correspondente (art. 2º, *caput* e §1º). Autorizou o Presidente a decretar livremente a intervenção nos Estados e Municípios, "sem as limitações previstas na Constituição" (art. 3º). Possibilitou a suspensão dos direitos políticos de quaisquer cidadãos pelo prazo de dez anos, bem como a cassação de mandatos eletivos federais, estaduais ou municipais (art. 4º). Determinou que a suspensão dos direitos políticos também implicava a proibição de atividades ou manifestações sobre assunto político, e podia ainda envolver a imposição de restrições à liberdade de locomoção (art. 5º). Suspendeu as garantias da magistratura, e possibilitou ao Presidente a demissão, remoção, aposentadoria ou colocação em disponibilidade de magistrados, assim como de servidores ou empregados públicos, bem como a demissão, reforma ou transferência para a reserva de militares (art. 6º). Autorizou que o Presidente suspendesse as liberdades de reunião e de associação, e que instituísse a censura (art. 9º). Suspendeu o *habeas corpus* para os crimes políticos, contra a segurança nacional, a ordem econômica e social e a economia popular (art. 10), e excluiu a apreciação judicial de todos os atos praticados em seu nome (art. 11). Tratava-se da cristalização, em documento jurídico, da ditadura nua e crua. Embora a Constituição de 1967 tenha sido formalmente mantida (art. 1º), dali para frente ela não teria mais qualquer força para limitar o poder.

Com base no AI-5, abriu-se um amplo ciclo de cassações de mandatos e expurgos no funcionalismo, que atingiu em cheio as universidades. Três Ministros do STF foram cassados — Victor Nunes Leal, Evandro Lins e Silva e Hermes Lima —, e outros dois deixariam a Corte em solidariedade aos colegas. A censura aos meios de comunicação se institucionalizou, atingindo também a atividade artística. Nada mais podia ser pu-

---

[154] A autorização era necessária em razão da imunidade formal conferida aos parlamentares pelo art. 34, §1º da Constituição de 1967.
[155] Cf. SKIDMORE, Thomas. *Brasil*: de Getúlio a Castelo, p. 160-167.

blicado ou veiculado que pudesse desagradar ao governo, ou que ameaçasse a moral tradicional e conservadora, de que os militares se faziam porta-vozes. Embora não houvesse no AI-5 nenhuma autorização legal para tortura, desaparecimento forçado de pessoas ou assassinatos, tais práticas tornaram-se os métodos corriqueiros de trabalho das forças de repressão.[156] Na feliz expressão de Elio Gaspari, se até o AI-5 a ditadura era "envergonhada", depois dele ela se tornou "escancarada".[157]

Com a edição do AI-5, desfez-se a expectativa de que a Constituição pudesse institucionalizar o regime. Tornara-se claro que o governo militar só seguiria a Constituição se e quando isso lhe conviesse. Quando não lhe interessasse cumpri-la, bastava editar um novo ato institucional. E, de fato, seriam editados outros doze atos institucionais até a outorga da Constituição de 1969 — do AI-6 ao AI-17 —, impondo medidas diversas, como a mudança do número de Ministros do STF de 11 para 16 (AI-6) e a suspensão de eleições (AI-7).

Em agosto de 1969, o Presidente Costa e Silva sofre um derrame que o deixa paralisado. Era necessário substituí-lo, mas os ministros militares não cogitavam em seguir as regras do jogo, que indicavam a sua sucessão pelo Vice-Presidente Pedro Aleixo, que, além de civil, deixara de ser confiável, ao votar contra a decretação do AI-5. A solução veio por meio da decretação do AI-12, que investiu os Ministros da Marinha, do Exército e da Aeronáutica — respectivamente, Augusto Rademaker, Aurélio Lyra Tavares e Márcio de Souza e Mello — na Chefia do Executivo, "enquanto durar o impedimento temporário do Presidente da República" (art. 1º). Desfechava-se um verdadeiro golpe dentro do golpe.[158]

Dias depois, a Junta Militar decretou outros dois truculentos atos institucionais: o AI-13, possibilitando o banimento de brasileiro que se tornasse "inconveniente, nocivo ou perigoso à Segurança Nacional"; e o AI-14, estendendo a possibilidade de aplicação da pena de morte à guerra "psicológica adversa" (?), "revolucionária ou subversiva".[159] Em 14 de outubro de 1969, é editado o AI-16, declarando a vacância dos cargos de Presidente e Vice-Presidente da República e marcando eleições indiretas para escolha dos sucessores para o dia 25 do mesmo mês. Até lá, a Junta Militar continuou à frente do governo.

O Congresso, que estava de recesso desde a decretação do AI-5, foi convocado às pressas para referendar o nome do General Emílio Garrastazu Médici — mais um

---

[156] Sobre a tortura no regime militar, veja-se o dossiê: ARQUIDIOCESE DE SÃO PAULO. *Brasil*: nunca mais.

[157] *A ditadura envergonhada* e *A ditadura escancarada* são os títulos dos dois primeiros volumes da série de cinco livros intitulada *As ilusões armadas*, em que Elio Gaspari cobre o período que vai das vésperas do golpe militar até a posse do Presidente João Batista de Figueiredo, em março de 1979. Na abertura do volume *A ditadura escancarada*, registra o autor: "Escancarada, a ditadura firmou-se. A tortura foi o seu instrumento extremo de coerção e o extermínio, o último recurso da repressão política que o Ato Institucional nº 5 libertou das amarras da legalidade. A ditadura envergonhada foi substituída por um regime a um só tempo anárquico nos quartéis e violento nas prisões. Foram os Anos de Chumbo" (GASPARI, Elio. *A ditadura escancarada*, p. 13).

[158] Cf. BARROSO, Luís Roberto. Vinte anos da Constituição brasileira de 1988: o Estado a que chegamos. *In*: SOUZA NETO, Cláudio Pereira de; SARMENTO, Daniel; BINENBOJM, Gustavo (Org.). *Vinte anos da Constituição Federal de 1988*, p. 30.

[159] O AI-13 e o AI-14 foram editados no contexto da reação dos militares contra o sequestro do Embaixador norte-americano Charles Elbrick, realizado no Rio de Janeiro, por militantes da ALN e do MR-8, em que se obteve sua troca por quinze presos políticos. Os primeiros banidos foram, exatamente, esses prisioneiros trocados pelo Embaixador. Já a pena de morte, prevista no AI-14, nunca chegou a ser aplicada. As forças da ditadura prefeririam matar suas vítimas "informalmente", em execuções sumárias ou em sessões de tortura.

da "linha-dura" — que os militares já haviam escolhido.[160] Antes disso, porém, os três Ministros militares outorgaram, em 17 de outubro de 1969, a Constituição de 1969.

3.8 A Constituição de 1969

3.8.1 Outorga, natureza e principais inovações

A Constituição de 1969 foi outorgada pela Junta Militar que governava o Brasil, sob a forma de emenda constitucional: era a Emenda Constitucional nº1. Invocou-se, como fundamento jurídico da outorga, o AI-5 e o AI-16. O primeiro estabelecia, no seu art. 2º, §1º, que, enquanto o Congresso estivesse em recesso, o Presidente poderia legislar sobre todas as matérias; e o segundo dispunha, no seu art. 3º, que, até a posse do novo Presidente da República, a Chefia do Executivo seria exercida pelos Ministros militares. Para justificar a medida, afirmou-se, nos *consideranda* da Carta outorgada, que, tendo em vista os referidos atos institucionais, "a elaboração de emendas à Constituição, compreendida no processo legislativo (art. 49, I), está na atribuição do Poder Executivo Federal".

Naqueles *consideranda*, foi inserida uma lista dos preceitos da Constituição de 1967 que "salvo emendas de redação, continuam inalterados". Em seguida, reproduziu-se integralmente o novo texto constitucional, já com todas as mudanças incorporadas, que foram inúmeras.[161] Até o nome oficial do país foi alterado, de "Brasil", para o mais pomposo "República Federativa do Brasil", que se mantém até hoje.

Discute-se se o texto em questão consubstanciou nova Constituição, ou se, ao contrário, representou simples emenda constitucional, como pareciam crer os seus autores. A segunda posição foi sustentada por alguns juristas mais próximos ao regime militar,[162] mas a primeira é amplamente majoritária em doutrina.[163] Entendemos que não se tratou de simples emenda, mas de Constituição — se é que merece esse nome uma norma editada de forma tão ilegítima.[164] Isto não apenas pela extensão das mudanças promovidas, como também pelo seu fundamento de validade. É que as emendas, como emanação de um poder constituinte derivado, têm o seu fundamento na própria Constituição que modificam. Porém, a assim chamada Emenda nº 1 não foi outorgada com fundamento na Constituição de 1967, mas sim com base no suposto poder constituinte originário da "Revolução vitoriosa", que se corporificava, mas não se exauria, nos atos institucionais editados pelos militares.

---

[160] Fora disputada nos bastidores militares a escolha do novo Presidente, provocando algumas tensões. Daí a edição do AI-17, dando ao Presidente o poder de "transferir para a reserva, por período determinado, os militares que hajam atentado, ou venham a atentar, comprovadamente, contra a coesão das Forças Armadas, divorciando-se, por motivos de caráter conjuntural ou objetivos políticos de ordem pessoal ou de grupo, dos princípios basilares e das finalidades precípuas de sua destinação constitucional" (art. 1º). Veja-se, a propósito: SKIDMORE, Thomas. *Brasil*: de Getúlio a Castelo, p. 197-203.

[161] De acordo com Paulino Jacques, o novo texto realizara "cerca de 120 modificações de fundo e 180 de forma na Constituição de 1967" (*A Constituição explicada*, p. 23).

[162] Veja-se, por exemplo: FERREIRA FILHO, Manoel Gonçalves. *O poder constituinte*, p. 72-74.

[163] Nas palavras de José Afonso da Silva, "Teórica e tecnicamente, não se trata de emenda, mas de nova constituição. A emenda só serviu como mecanismo de outorga, uma vez que, verdadeiramente se promulgou texto integralmente reformulado" (*Curso de direito constitucional positivo*, 5. ed., p. 78). Na mesma linha, MELLO FILHO, José Celso de. *Constituição Federal anotada*, p. 12.

[164] Veja-se, sobre este debate, o capítulo que trata do Poder Constituinte.

Seria enfadonho e desnecessário expor aqui o sistema e as principais instituições da Carta de 1969, que coincidem, no geral, com as da Constituição de 1967, explicadas no item anterior. Assim, far-se-á apenas um breve registro das principais mudanças promovidas pela nova Carta, que continha, quando da sua outorga, 201 artigos.[165]

Houve modificações importantes no que concerne ao funcionamento dos poderes. O mandato presidencial foi ampliado de quatro para cinco anos (art. 75, §3º).[166] O Vice-Presidente deixou de cumular sua função com a de Presidente do Congresso, como ocorria na Constituição de 1967. Doravante, o Congresso seria presidido pelo Presidente do Senado Federal. Os poderes presidenciais foram reforçados, com a ampliação da competência do Presidente (art. 81, V), bem como das hipóteses de sua iniciativa privativa no processo legislativo (art. 57, IV a VI). Na mesma linha, aumentou-se o campo de incidência do decreto-lei, estabelecendo-se, ainda, que a sua rejeição pelo Congresso não importava em nulidade dos atos praticados durante a sua vigência (art. 55, II e III e Parágrafo único).

No âmbito do Legislativo, houve uma sensível redução do número de deputados federais, com a adoção de novos critérios adotados para definição do quantitativo de parlamentares por Estado. As variações do número de deputados por Estado passaram a ser determinadas em razão da diferença nos respectivos eleitorados, e não mais daquela entre o tamanho das populações (art. 39). A diminuição na representação também ocorreu nas Assembleias Legislativas, cujo número de deputados estaduais passou a ser atrelado à representação do Estado na Câmara de Deputados (art. 13, §6º). Houve, também, restrição à imunidade parlamentar material, que passou a excluir os crimes contra a honra ou contra a segurança nacional (art. 32): os militares não queriam passar de novo pelos "dissabores" de outro caso como o do Deputado Moreira Alves. Instituiu-se, ainda, a hipótese de perda de mandato por infidelidade partidária (art. 35, V).[167]

Quanto ao Judiciário, a Carta de 1969 fixou em onze o número de Ministros do STF (art. 118), mantendo a redução que fora estabelecida pelo AI-6. O Ministério Público, que, na Constituição de 1967, estivera inserido no capítulo do Poder Judiciário, passou a constar da parte que tratava do Poder Executivo (arts. 94 a 96).

No campo dos direitos fundamentais, houve claros retrocessos. Autorizou-se o legislador a condicionar o ingresso do cidadão em juízo à prévia exaustão das vias administrativas (art. 160, §4º); criou-se nova restrição à liberdade de expressão, pela proibição de "publicações e exteriorizações contrárias à moral e aos bons costumes" (art. 160, §8º); e incorporou-se à Constituição a possibilidade, estabelecida no AI-14, de imposição de pena de morte em outros casos além do de guerra externa (art. 160, §11). Ademais, ampliou-se o prazo máximo do estado de sítio, afora casos de guerra, de 60 para 180 dias (art. 156), e diminuiu-se o quórum para o afastamento das imunidades parlamentares durante o seu interregno, de 2/3 para maioria absoluta dos membros da casa legislativa respectiva (art. 157, Parágrafo único).

---

[165] Ao longo do tempo, outros foram sendo acrescentados à Carta de 69, de modo que, por ocasião da sua revogação pela Constituição de 1988, ela continha 217 artigos.

[166] Em 1977, a Emenda Constitucional nº 8 ampliaria mais uma vez este mandato, desta vez para seis anos.

[167] Depois do episódio envolvendo a negativa do Congresso em conceder autorização para processar o deputado Márcio Moreira Alves, em que vários deputados da ARENA votaram contra o governo, o regime quis se assegurar do pleno controle sobre a sua base parlamentar.

Foi dificultado o processo de mudança da Constituição. Retirou-se o poder de iniciativa das Assembleias Legislativas, e a iniciativa de deputados e senadores agora só poderia ser deflagrada por 1/3 dos membros de cada casa (art. 47), e não por 1/4 deles, como ocorria na Constituição de 1967. Por outro lado, o quórum para aprovação das emendas foi elevado, de maioria absoluta para 2/3 em cada casa (art. 48).

A Carta de 1969 manteve expressamente o AI-5, bem como seus atos complementares (art. 182). Porém, deixou entreaberta a porta de saída do regime de exceção, ao permitir que o Presidente, ouvido o Conselho de Segurança Nacional, revogasse aquele malsinado Ato Institucional ou qualquer dos seus dispositivos (art. 182, Parágrafo único). Embora, como regra, tenha-se previsto a realização de eleições diretas para o cargo de Governador do Estado (art. 13, §2º), estabeleceu-se que seriam indiretos os pleitos para aquele cargo que ocorreriam em 1970, sendo as Assembleias Legislativas os colégios eleitorais (art. 189).

3.8.2 A Constituição de 1969 na vida nacional

É possível dividir em três momentos o período de vigência da Carta de 69: o primeiro, que corresponde aos "anos de chumbo", abrange o governo Médici; o segundo, em que se inicia um lento processo de distensão do regime, ocorre durante os governos de Geisel e Figueiredo; e o terceiro, que começa com a derrota da ARENA nas eleições indiretas para a Presidência da República e a escolha de um Presidente civil, transcorre durante o governo de José Sarney, já finda a ditadura militar. Neste subitem, serão examinados os dois primeiros momentos. O terceiro será analisado no próximo capítulo, que versa sobre a elaboração da Constituição de 88.

Médici era um militar da "linha-dura". Seu governo correspondeu ao auge da repressão durante a ditadura. A tortura generalizou-se e saiu do controle até das lideranças do regime e da hierarquia militar.[168] A guerrilha foi derrotada[169] e os focos de oposição ao governo, quase completamente asfixiados. Prosseguiu, implacável, a censura aos meios de comunicação e às artes. Em razão de uma conjuntura externa favorável, o Brasil experimentou uma fase de grande crescimento da economia. No entanto, tal crescimento não resultou em melhoria nas condições de vida da maior parte da população brasileira. Era seguido o receituário conservador de "primeiro crescer o bolo, para depois reparti-lo". Como se sabe, a partilha do bolo não chegou a ocorrer.[170] Naquele período, capitalizando o "milagre econômico" e a conquista do tricampeonato mundial na Copa do Mundo de 1970, o governo valeu-se intensamente de propaganda ufanista para estigmatizar os seus opositores, sintetizada no lema *Brasil: ame-o ou deixe-o*.

Durante o governo Médici, a Constituição de 1969 seria emendada duas vezes. A primeira alteração — chamada de Emenda nº 2 (a própria Constituição era tratada como Emenda nº 1) foi promulgada em 9 de maio de 1972 e previa eleições indiretas

---

[168] Cf. GASPARI, Elio. *A ditadura envergonhada*, p. 17-44.
[169] Sobre a luta armada de resistência à ditadura militar no Brasil, veja-se: GORENDER, Jacob. *Combate nas trevas*: a esquerda brasileira: das ilusões perdidas à luta armada; ROLLEMBERG, Denise. Esquerdas revolucionárias e luta armada. *In*: FERREIRA, Jorge; DELGADO, Lucilia de Almeida Neves (Org.). *Brasil Republicano*: o tempo da ditadura: regime militar e movimentos sociais em fins do século XX, p. 45-90.
[170] Cf. FURTADO, Celso. *O Brasil pós-"milagre"*; TAVARES, Maria da Conceição; ASSIS, José Carlos. *O grande salto para o caos*: a economia política e a política econômica do regime autoritário.

para os governadores dos Estados em 1974. Já a Emenda nº 3, de 15 de junho de 1972, possibilitaria a posse de parlamentares federais nos cargos de Ministro de Estado, Secretário de Estado ou Prefeito de Capital, sem perda dos respectivos mandatos.

Em 15 de janeiro de 1974, o Colégio Eleitoral escolhe o General Ernesto Geisel para a substituição de Médici.[171] Diferentemente do seu antecessor, Geisel não era partidário da "linha-dura": no arco ideológico do regime militar, ele pertencia ao grupo moderado.[172] Geisel deu início a um processo de abertura "lenta, gradual e segura" do regime. Em 1974, ocorreram eleições parlamentares em clima de relativa liberdade e com ótimos resultados para a oposição, que venceu no Senado, nas vagas que estavam em disputa, e perdeu por pouco na Câmara dos Deputados, conseguindo formar bancada suficiente para barrar as propostas de emenda constitucional do governo. No início de 1976, o Presidente entra em confronto com a linha-dura militar, depois de dois casos emblemáticos de tortura e homicídio praticados pelas forças de repressão em São Paulo.[173] Os enfrentamentos com a linha-dura se estendem ao ano de 1977, quando Geisel demite o seu Ministro do Exército, Silvio Frota, que planejava sucedê-lo, e chegou a tramar um golpe para derrubá-lo do poder.

É certo que houve também recuos e retrocessos na distensão do regime. O processo de abertura era feito de "sístoles e diástoles", como afirmava uma das maiores lideranças do regime.[174] Dentre as "sístoles", a mais séria foi o famigerado "Pacote de Abril", imposto por Geisel em 1977.

Temendo novas derrotas eleitorais, e sem base parlamentar suficiente para aprovar reformas na Constituição, o Presidente, em 1º de abril de 1977, invocando os poderes do AI-5, decreta o recesso do Congresso Nacional, do qual se aproveita para editar unilateralmente as Emendas Constitucionais nº 7 e nº 8. A Emenda nº 7 alterou diversos dispositivos constitucionais atinentes ao Poder Judiciário. Dentre outra mudanças, criou a ação avocatória — que permitia ao STF, a pedido do Procurador-Geral da República, avocar qualquer causa em trâmite no país, quando houvesse "imediato risco de grave lesão à ordem, à saúde, à segurança ou às finanças públicas" (art. 119, I, alínea "o") — bem como o Conselho Nacional de Justiça, órgão composto por sete Ministros do Supremo, com competência disciplinar sobre todo os órgãos judiciais (art. 120). Já a Emenda nº 8, dentre outras medidas, perenizou as eleições indiretas para governadores de Estado (art. 13, §2º);[175] estabeleceu números mínimos e máximos de

---

[171] Desta vez, o MDB, que havia boicotado as eleições de Castelo Branco, Costa e Silva e Médici, lançou a candidatura de Ulisses Guimarães e Barbosa Lima Sobrinho (Vice). Evidentemente, o partido não almejava vencer as eleições, o que se afiguraria impossível, mas ganhar um espaço para denunciar a ilegitimidade daquele processo eleitoral, que apenas homologava o nome imposto pelos militares. Nas palavras de Carlos Chagas, Ulisses era "um anti candidato, para denunciar a anti eleição, imposta pela anti Constituição" (*A guerra das estrelas*, p. 220). O placar do Colégio Eleitoral seria avassalador: 400 votos para Geisel contra apenas 76 para Ulisses.

[172] Cf. SKIDMORE, Thomas. *Brasil*: de Getúlio a Castelo, p. 315-322.

[173] Em outubro de 1975, o jornalista Wladimir Herzog, Diretor de Jornalismo da TV Cultura, havia sido torturado e assassinado nas dependências do DOI-CODI de São Paulo, tendo-se simulado o seu suicídio por enforcamento. Em circunstâncias semelhantes, as forças de repressão em São Paulo mataram também o sindicalista Manuel Fiel Filho, em janeiro de 1976. Em resposta, o Presidente demitiu o Comandante do 2º Exército responsável pela área, General Ednardo D'Avila, sinalizando para a linha-dura que não aceitaria mais acontecimentos daquele tipo.

[174] A expressão é de Golbery do Couto e Silva, uma das mais poderosas autoridades durante o regime militar, que também compunha o grupo dos "moderados". *Sístoles* são as contrações dos músculos do coração, e *diástoles* os movimentos de distensão desses mesmos músculos.

[175] A Carta de 69 tinha previsto eleições diretas para governador, mas excepcionara as eleições de 1970 (art. 189), e, posteriormente, a Emenda Constitucional nº 2 também havia consagrado eleições indiretas para o mesmo cargo nos pleitos de 1974.

deputados federais por unidade federativa (art. 39, §2º), de modo a fortalecer a representação parlamentar dos Estados menos populosos, em que a ARENA era mais forte; determinou que 1/3 dos senadores seriam eleitos indiretamente nos Estados (art. 41, §2º);[176] facilitou a aprovação de emenda à Constituição, reduzindo o quórum de 2/3 para a maioria absoluta dos congressistas (art. 48); e ampliou a mandato presidencial, de cinco para seis anos (art. 75, §3º) — norma que não se aplicaria ao próprio Presidente Geisel.

Apesar disso, o processo de abertura continuou. Naquele período, outro fenômeno extremamente importante foi a reorganização da sociedade civil, que tinha no combate ao regime militar um ponto de convergência.[177] Instituições como a OAB (Ordem dos Advogados do Brasil), a ABI (Associação Brasileira de Imprensa) e a CNBB (Conferência Nacional dos Bispos do Brasil) intensificaram a sua atividade reivindicatória em prol da democratização do país e do respeito aos direitos humanos.[178] Paralelamente a isto, surgia no Brasil um novo sindicalismo, muito mais combativo e independente do que aquele que vicejara na Era Vargas.[179] Ele se articulou sobretudo na região do ABC paulista, promovendo grandes greves nos anos de 1978 e 1979. Mas, na contramão de tal processo, e em reação a ele, bolsões da direita radical nas Forças Armadas, insatisfeitos com a abertura, passaram a promover atos terroristas a partir do final dos anos 70. Antes de encerrar o seu mandato, Ernesto Geisel propôs e o Congresso aprovou a Emenda Constitucional nº 11, revogando os atos institucionais e complementares.[180]

O escolhido pelos militares para a sucessão de Geisel foi o General João Batista de Figueiredo, que tomou posse em 15 de março de 1979.[181] No seu mandato, ele deu continuidade ao processo de abertura do país,[182] aprovando a Lei de Anistia, que permitiu a volta ao país de centenas de pessoas que haviam se exilado ou fugido para o exterior, dentre as quais os mais importantes líderes da esquerda, bem como a libertação de inúmeros presos políticos.[183] Na mesma época, foi aprovada a Lei Orgânica dos

---

[176] Tais senadores passariam a ser conhecidos como "biônicos".

[177] Cf. CARVALHO, José Murilo de. *A cidadania no Brasil*: um longo caminho, p. 178-190.

[178] Emblemática foi a leitura, em 08 de agosto de 1977, da *Carta aos brasileiros*, do Professor da Faculdade de Direito da USP Goffredo Telles Junior, em que clama pelo retorno à democracia e ao Estado de Direito. Cf. TELLES JÚNIOR, Goffredo. *Carta aos brasileiros*: 1977: manifesto de repúdio da ditadura, e de exaltação do "Estado de Direito Já".

[179] Cf. MATTOS, Marcelo Badaró. *O sindicalismo brasileiro após 1930*, p. 60-70.

[180] A Emenda nº 11 continha também uma novidade polêmica, que foi muito criticada pela oposição: introduzia a figura do "estado de emergência", similar ao estado de sítio, que implicava a suspensão de diversas garantias constitucionais, e podia ser decretado pelo Presidente para "impedir ou impelir atividades subversivas" (art. 158).

[181] Nas eleições indiretas, o MDB — mais uma vez, sem nenhuma chance de vitória — lançou como candidato o General Euler Bentes Monteiro, que recebeu 225 votos, contra 355 dados à Figueiredo. Cf. PORTO, Walter Costa. *O voto no Brasil*: da Colônia à 6ª República, p. 326.

[182] Cf. SILVA, Francisco Carlos Teixeira da. Crise da ditadura militar e o processo de abertura política no Brasil, 1974-1985. *In*: FERREIRA, Jorge; DELGADO, Lucilia de Almeida Neves (Org.). *Brasil Republicano*: o tempo da ditadura: regime militar e movimentos sociais em fins do século XX, p. 245-282.

[183] A Lei de Anistia envolveu aspecto que hoje é objeto de intensa controvérsia tanto política como jurídica. Apesar da ambiguidade do seu texto, ela foi editada visando a anistiar "os dois lados", ou seja, a proteger também os responsáveis por graves violações aos direitos humanos cometidas durante a ditadura. Nos últimos tempos, esta dimensão da Lei de Anistia vem sendo justamente criticada, sob a alegação de que, ao assegurar a impunidade dos crimes da ditadura, ela violaria gravemente os direitos humanos. Este aspecto da Lei de Anistia foi impugnado no STF por meio da ADPF nº 153, proposta pelo Conselho Federal da OAB, mas a Corte considerou que ele não ofenderia a Constituição de 1988 (Rel. Min. Eros Grau. *DJe*, 06 ago. 2010). Não obstante, a Corte Interamericana de Direitos Humanos, seguindo a sua pacífica e reiterada jurisprudência na matéria, decidiu, no caso *Gomes Lund vs. Brasil*, julgado em 14.12.2010, que a anistia às graves violações de direitos humanos cometidas no regime militar brasileiro afronta a Convenção Interamericana de Direitos Humanos.

Partidos Políticos, possibilitando a reorganização partidária sob bases mais pluralistas e democráticas.[184] Ela encerrou o bipartidarismo brasileiro, permitindo a formação de alguns dos principais partidos que ainda hoje ocupam o cenário político nacional, como o PT, o PMDB, o PDT e o PTB. Na base de sustentação do governo, a ARENA foi sucedida pelo PDS.

Durante o mandato de Figueiredo, intensificou-se o terrorismo de direita, com a explosão de bombas e realização de sequestros. O incidente mais sério foi a tentativa de explosão de bomba no Riocentro, em 30 de abril de 1981, durante um festival de música que contava com a presença de milhares de pessoas. A bomba acabou explodindo no automóvel em que estavam os militares que a transportavam, que foram as únicas vítimas do atentado frustrado. O governo permitiu que se abafasse a apuração do caso, feita por meio de um inquérito farsesco instaurado pelo Exército, que confirmou a absurda versão oficial dos fatos, isentando os militares de toda a responsabilidade no episódio, e pondo a culpa na esquerda.[185]

Em 1980, fora editada a Emenda Constitucional nº 15, restabelecendo eleições diretas para o cargo de Governador de Estado. Assim, em 1982 ocorreram eleições gerais, em que a oposição ganhou o governo de nove Estados, dentre os quais São Paulo, Rio de Janeiro e Minas Gerais, e ampliou bastante a sua representação no Congresso. No ano seguinte, se inicia o que talvez tenha sido o maior movimento popular na história do país: a campanha pelas eleições presidenciais diretas. Em 1983, o Deputado Dante de Oliveira encabeçara proposta de emenda constitucional reinstituindo as eleições diretas para a Presidência, já incidentes na sucessão do Presidente Figueiredo. A missão era praticamente impossível, pois, desde a promulgação da Emenda Constitucional nº 22/82, o quórum necessário para aprovar mudanças na Constituição voltara a ser o de 2/3 dos membros de cada casa. No entanto, houve uma imensa mobilização popular, liderada por políticos da oposição e artistas de renome, que terminou em gigantescos comícios no Rio de Janeiro e em São Paulo.[186]

Em lamentável recaída autoritária, Figueiredo impôs estado de emergência em Brasília para impedir manifestações populares no dia da votação. No dia 25 de abril, a emenda é derrotada na Câmara dos Deputados: eram necessários 320 votos para aprová-la, num total de 479 congressistas, mas ela só obteve 298. Apesar da derrota, houve um grande saldo positivo na campanha das *Diretas Já*, no sentido de engajamento cívico da população e de fortalecimento da sociedade civil. Plantaram-se ali algumas das sementes que germinariam, poucos anos depois, na Assembleia Constituinte de 87/88.

---

[184] Especula-se, porém, que um dos objetivos do regime ao estabelecer o multipartidarismo era enfraquecer as frentes de oposição congregadas no MDB.

[185] O episódio provocou o pedido de demissão de Golbery do Couto e Silva, eminência parda do governo Figueiredo e integrante do grupo dos "moderados", que não aceitou o tratamento dado à questão pelo Presidente, em sintonia, neste ponto, com a "linha-dura" militar. Cf. SKIDMORE, Thomas. *Brasil*: de Getúlio a Castelo, p. 442-452.

[186] O movimento *Diretas Já* se iniciou em 1983. No começo, os comícios se realizavam em diversas cidades, reunindo, contudo, um número pouco expressivo de participantes. O movimento ganhou força a partir do Comício da Praça da Sé, em São Paulo, do qual participaram cerca de 300 mil pessoas. Na Candelária, no Rio de Janeiro, deu-se histórico comício em que participaram aproximadamente um milhão de pessoas. O último ato da campanha foi um grande comício no Vale do Anhangabaú, em São Paulo, que mobilizou quase um milhão e meio de pessoas. Estima-se que, no total, cerca de cinco milhões de pessoas tenham saído às ruas para exigir eleições diretas para a Presidência da República. Cf. LEONELLI, Domingos; OLIVEIRA, Dante de. *Diretas Já*: 15 meses que abalaram a ditadura.

As eleições presidenciais de 1985 foram mais uma vez indiretas, mas, daquela vez, os militares não tiveram mais o controle sobre o processo. O PDS, que ainda tinha maioria no Colégio Eleitoral, em disputada convenção realizada num ambiente de intensos conflitos internos, escolheu como candidato o Deputado Paulo Maluf, sobre o qual pesavam graves acusações de corrupção e improbidade. As oposições lançam o nome de Tancredo Neves, político mineiro experiente e moderado. No PDS, houve uma importante defecção. Um expressivo número de políticos do partido não aceitara a candidatura de Maluf, criando a Frente Liberal — que mais tarde daria origem ao PFL —, a qual passou a apoiar o nome de Tancredo nas eleições indiretas, fornecendo-lhe o candidato a Vice-Presidente: o maranhense José Sarney. Apesar das eleições serem indiretas, houve grande pressão popular em favor da candidatura de Tancredo. Em 15 de janeiro de 1985, reuniu-se o Colégio Eleitoral, e o resultado foi uma arrasadora vitória da chapa encabeçada por Tancredo Neves, que recebeu 480 votos, contra 180 dados a Maluf.

Em trágica fatalidade, Tancredo Neves adoeceu gravemente, vindo a falecer antes de tomar posse. Em contexto de grande comoção popular pela perda, a Presidência foi assumida por José Sarney. Figueiredo, contrariado, resolve não transmitir o cargo para o sucessor e, literalmente, sai do governo pela porta dos fundos do Palácio do Planalto. Terminava melancolicamente o regime militar.

A ASSEMBLEIA CONSTITUINTE DE 1987/88 E A EXPERIÊNCIA BRASILEIRA SOB A CONSTITUIÇÃO DE 1988

4.1 Introdução

No presente capítulo, examinaremos os antecedentes próximos e a dinâmica de funcionamento da Assembleia Constituinte de 1987/88, as características centrais da Constituição e os traços mais salientes da sua incidência sobre as relações políticas e sociais até o momento.

Não há dúvida de que o Brasil tem muito a celebrar pelos mais de vinte e cinco anos da Constituição de 88 — uma Constituição democrática e humanista, voltada à construção de um Estado Democrático de Direito, que tem logrado, mais do que qualquer outra em nossa história, absorver e arbitrar as crises políticas que o país tem atravessado. Sem embargo, não mistificaremos a Assembleia Constituinte da Constituição de 88. O processo constituinte brasileiro será examinado a partir de uma perspectiva crítica, atenta tanto às suas inegáveis virtudes como aos seus vícios e imperfeições. Essa dimensão crítica da análise não deve ser tomada como desapreço à ordem constitucional vigente, mas como um esforço de compreensão da trajetória institucional e da realidade constitucional do país, em toda a sua complexidade.

4.2 Antecedentes, convocação e natureza da Assembleia Constituinte

Como visto no capítulo anterior, o movimento que resultou na convocação da Assembleia Nacional Constituinte de 1987/88 só se tornou viável no contexto da crise da ditadura militar e da lenta transição do regime de exceção em direção à democracia, que se iniciou no governo do Presidente Ernesto Geisel. A transição do regime autoritário em direção à democracia não foi liderada pelos setores mais radicais da sociedade e do segmento político, mas por uma coalizão formada entre as forças moderadas que davam suporte ao governo militar e os setores também moderados da oposição.[1] Tratou-se de modelo conhecido como "transição com transação",[2] em que as mudanças foram negociadas, não resultando de rupturas violentas. No processo político que se desenvolveu no país, o início da transição decorreu de iniciativa de elementos do próprio regime autoritário, que, durante a sua fase inicial, ditaram o seu ritmo e impuseram os seus limites. As forças do regime autoritário, mesmo depois de perderem o protagonismo no processo histórico de redemocratização, mantiveram um amplo poder de barganha, e até mesmo de veto.[3]

A bandeira de convocação da Assembleia Constituinte apareceu pela primeira vez em manifesto do MDB intitulado "Carta de Recife", no ano de 1971, mas sem maiores repercussões, até pela absoluta inviabilidade da proposta em plena fase dos "anos de chumbo".[4] A partir de 1977, já no contexto de liberalização do regime militar, o tema foi retomado de forma mais consistente pelo partido, que aprovou a convocação da Constituinte por unanimidade, na sua convenção daquele ano. No mesmo ano, a CNBB publicou documento denominado "Exigências Cristãs para uma Ordem Política", também cobrando a convocação de Assembleia Nacional Constituinte. Merece destaque a atuação da OAB no mesmo sentido, também a partir de 1977. O Presidente do Conselho Federal da OAB entre 1977-1979, Raymundo Faoro, foi um incansável defensor da tese. Faoro, também acadêmico de grande importância, publicou sobre o tema um texto clássico,[5] em que postulou que apenas uma nova Assembleia Constituinte, investida de soberania, poderia conferir legitimidade ao Estado brasileiro, fundando sobre bases mais democráticas o poder político. Na Conferência Nacional da OAB de 1980, aprovou-se a "Declaração de Manaus", na qual se bradava pela volta do poder constituinte ao povo, "seu único titular legítimo".[6] Tal pregação conquistou muitos adeptos no meio jurídico e fora dele.

Fator decisivo no movimento pró-constituinte foi a campanha das *Diretas Já*, que mobilizou intensamente a sociedade brasileira nos anos de 1983/84. A anticlimática derrota no Congresso da Emenda Dante de Oliveira evidenciou a ilegitimidade do regime constitucional da época, bem como a urgência da instauração de uma nova ordem jurídico-política.

Em 1985, com a eleição indireta de Tancredo Neves e José Sarney no Colégio Eleitoral — o primeiro, um líder moderado da oposição; o segundo, uma antiga liderança

---

[1] Cf. O'DONNEL, Guillermo. Notes for the Study of Processes of Political Democratization in the Wake of the Bureaucratic-Authoritarian State. *In*: O'DONNEL, Guillermo. *Counterpoints*: Selected Essays on Autoritarianism and Democratization, p. 110-129; MARENCO, André. Devagar se vai ao longe?: a transição para a democracia no Brasil em perspectiva comparada. *In*: MELO, Carlos Ranulfo; SÁEZ, Manuel Alcântara (Org.). *Democracia brasileira*: balanço e perspectivas para o século XXI, p. 73-105.

[2] SHARE, Donald; MAINWARING, Scott. Transição por transação: democratização no Brasil e na Espanha. *Dados – Revista de Ciências Sociais*, v. 29, n. 2, p. 207.

[3] Cf. MARTÍNEZ-LARA, Javier. *Building democracy in Brazil*: the politics of constitutional change, 1985-1995, p. 84-85.

[4] MARTÍNEZ-LARA, Javier. *Building democracy in Brazil*: the politics of constitutional change, 1985-1995, p. 35.

[5] FAORO, Raymundo. *Assembléia constituinte*: a legitimidade resgatada. O trabalho consta também da obra recentemente editada: FAORO, Raymundo. *A República inacabada*, p. 169-263.

[6] Anais da VIII Conferência Nacional da Ordem dos Advogados do Brasil.

civil do regime militar —, dá-se mais um passo em direção à Constituinte. A referida chapa, denominada Aliança Democrática, assumira formalmente o compromisso de convocação de uma Assembleia Constituinte.[7] O trágico falecimento de Tancredo não postergou o cumprimento do compromisso: em julho de 1985, honrando a promessa de campanha de Tancredo, Sarney enviou ao Legislativo a Proposta de Emenda Constitucional nº 43, prevendo a atribuição de poderes constituintes ao Congresso Nacional, que se reuniria em 1º de fevereiro de 1987, e seria composto, na sua grande maioria, por parlamentares eleitos no pleito de 1986. Além disso, tal como fora programado por Tancredo, Sarney nomeou uma Comissão Provisória de Estudos Constitucionais, presidida pelo jurista Afonso Arinos de Mello Franco, que ficou encarregada de elaborar um anteprojeto de Constituição.

A fórmula adotada foi objeto de fortes críticas dentre os setores mais progressistas da sociedade, que preferiam a convocação de uma Assembleia Constituinte exclusiva, que não cumulasse os seus trabalhos àqueles da legislatura ordinária, e que se dissolvesse assim que concluída a sua obra.[8] Contestava-se, ademais, a presença, na Assembleia Constituinte, dos senadores empossados em 1982, cujos mandatos expirar-se-iam apenas em 1990, sob o argumento de que o povo não os teria eleito para elaborar nova Constituição. A nomeação da Comissão de "notáveis" presidida por Afonso Arinos também foi objeto de críticas de setores à esquerda, que não aceitavam o protagonismo do Presidente da República na definição da agenda da Constituinte.[9] O modelo adotado parece ter resultado de um compromisso com as forças do regime autoritário, travado ainda antes do óbito de Tancredo Neves, pois ditas forças temiam que uma Assembleia Constituinte exclusiva pudesse resvalar para o "radicalismo",[10] ou até para o "revanchismo" contra os militares — leia-se, a sua responsabilização pelas gravíssimas violações de direitos humanos perpetradas durante a ditadura, como já estava então ocorrendo na Argentina.

A Comissão Afonso Arinos era composta por 50 personalidades ilustres, originárias de áreas e com inclinações ideológicas bastante heterogêneas.[11] Ela elaborou um texto extenso, com 436 artigos no corpo permanente e outros 32 nas disposições transitórias, mas de teor avançado e democrático, que adotava o regime parlamentarista de governo. Seu conteúdo, sobretudo pela opção parlamentarista, desagradou ao Presidente Sarney, que decidiu não enviá-lo à Constituinte para que servisse de base

---

[7] No manifesto de lançamento da Aliança Democrática, intitulado "Compromisso com a Nação", figurava a convocação de Assembleia Constituinte. Cf. PILATTI, Adriano. *A constituinte de 1987-1988*: progressistas, conservadores, ordem econômica e regras do jogo, p. 21.
[8] Cf. FAORO, Raymundo. Constituinte ou congresso com poderes constituintes. In: FAORO, Raymundo et al. *Constituição e constituinte*, p. 11-28; REALE, Miguel. Razões da constituinte congressual. In: REALE, Miguel. *De Tancredo a Collor*, p. 82-84 (texto originariamente publicado na Folha de S. Paulo, 11 nov. 1986).
[9] Cf. PILATTI, Adriano. *A constituinte de 1987-1988*: progressistas, conservadores, ordem econômica e regras do jogo, p. 21.
[10] Cf. FERNANDES, Florestan. Quem paga o Pacto?. In: FERNANDES, Florestan. *Que tipo de República*, 2. ed., p. 57-60.
[11] Uma lista com dados biográficos de todos os integrantes encontra-se em Osny Duarte Pereira (*Constituinte*: anteprojeto da comissão Afonso Arinos, p. 18-21). De acordo com José Afonso da Silva, que participou da comissão, a sua composição, sob o prisma ideológico, era muito parecida com aquela que acabaria prevalecendo na Assembleia Constituinte. Cf. SILVA, José Afonso da. Influência do anteprojeto da comissão de estudos constitucionais sobre a Constituição de 1988. In: SILVA, José Afonso da. *Um pouco de direito constitucional comparado*, p. 228-254.

para os seus trabalhos,[12] encaminhando-o ao Ministério da Justiça, onde foi arquivado.[13] Sem embargo, o seu texto, que recebera ampla divulgação, exerceu influência durante a elaboração da Constituição de 88.

O projeto de emenda convocando a Constituinte, apresentado por Sarney, foi aprovado pelo Congresso Nacional e promulgado como a Emenda Constitucional nº 26, em 27 de novembro de 1985. O Deputado Flávio Bierrenbach, relator originário da Proposta de Emenda, ainda tentou alterar a fórmula nela prevista, apresentando um substitutivo que determinava a realização de um plebiscito, para que o povo se manifestasse sobre duas questões: se a nova Constituição deveria ser elaborada pelo Congresso Nacional ou por uma assembleia exclusiva; e se os senadores eleitos em 1982 poderiam ou não participar da Constituinte.[14] Mas seu substitutivo foi rejeitado, prevalecendo a proposta de Sarney, de uma Assembleia Constituinte congressual, que cumularia suas funções com aquelas ordinárias do Poder Legislativo Federal. Tal escolha teve implicações sérias para os trabalhos da Constituinte, na medida em que ensejou uma indevida confusão entre a política ordinária, típica das atribuições cotidianas do Congresso, com a extraordinária, envolvida na elaboração de uma Constituição, contribuindo para que se inserissem no texto constitucional temas e questões sem estatura para ali figurarem.[15]

De acordo com a Emenda Constitucional nº 26/85, os membros do Congresso reunir-se-iam "unicameralmente, em Assembléia Nacional Constituinte, livre e soberana, no dia 1º de fevereiro de 1987, na sede do Congresso Nacional" (art. 1º). A Assembleia Constituinte seria instalada pelo Presidente do STF, que presidiria a eleição do seu Presidente (art. 2º). A nova Constituição seria promulgada "depois da aprovação de seu texto, em dois turnos de discussão e votação, pela maioria absoluta dos membros da Assembléia Nacional Constituinte" (art. 3º).

A convocação da Assembleia Constituinte por Emenda Constitucional levou alguns juristas e políticos da época a defenderem a tese de que ela não corresponderia ao exercício de autêntico poder constituinte originário, mas sim de um poder derivado e, como tal, limitado pela norma que o convocara.[16] Contudo, esse posicionamento, francamente minoritário na doutrina, é absolutamente incorreto. A Emenda nº 26/85 foi apenas o veículo formal empregado para a convocação da Assembleia Nacional Constituinte de 87/88, mas não o seu fundamento de validade. Esse repousava na vontade, presente na sociedade brasileira e evidenciada em movimentos como o das *Diretas Já*,

---

[12] Segundo Nelson Jobim, que participou ativamente da Assembleia Constituinte, de nada adiantaria o envio por Sarney de anteprojeto de Constituição ao Congresso. Nas suas palavras, "o Presidente Sarney não tinha força política para enviar um Projeto à Assembléia Constituinte, pois seria rejeitado (...) porque havia disputa naquele momento entre Ulysses e Sarney" (A constituinte vista por dentro: vicissitudes, superação e efetividade de uma história real. *In*: SAMPAIO, José Adércio Leite (Coord.). *Quinze anos de Constituição*, p. 10).

[13] Cf. BONAVIDES, Paulo; ANDRADE, Paes de. *História constitucional do Brasil*, p. 453-454.

[14] Veja-se, a propósito: BIERRENBACH, Flávio. *Quem tem medo da constituinte*.

[15] No mesmo sentido, BARROSO, Luís Roberto. Vinte anos da Constituição brasileira de 1988: o Estado a que chegamos. *In*: SOUZA NETO, Cláudio Pereira de; SARMENTO, Daniel; BINENBOJM, Gustavo (Org.). *Vinte anos da Constituição Federal de 1988*, p. 33. Destaque-se, contudo, que durante a Assembleia Constituinte os parlamentares deram total prioridade à elaboração da Constituição, em detrimento do desempenho das funções legislativas ordinárias. Cf. COELHO, João Gilberto Lucas. O processo constituinte. *In*: GURAN, Milton (Coord.). *O processo constituinte 1987-1988*, p. 42-43.

[16] Tal posição foi advogada, entre outros, por FERREIRA FILHO, Manoel Gonçalves. *O poder constituinte*, p. 168-170; e RAMOS, Saulo. *A assembléia constituinte*: o que pode e o que não pode: natureza, extensão e limitação dos seus poderes.

de romper com o passado de autoritarismo e de fundar o Estado e a ordem jurídica brasileira sobre novas bases mais democráticas.[17] Tratava-se de autêntica manifestação da soberania popular, e essa não necessita, para exteriorizar-se, do recurso à revolução violenta, podendo também eclodir em contextos de transição pacífica, como ocorreu no Brasil.[18] Em meados dos anos 80, o país vivia um típico "momento constitucional", caracterizado pela efervescência política e pela genuína mobilização popular em prol de um "recomeço".[19] Era essa a verdadeira fonte de autoridade da Assembleia Constituinte e não a Emenda Constitucional nº 26. Por isso, a Assembleia Constituinte "livre e soberana" de 1987/88 traduziu autêntica expressão do poder constituinte originário.

4.3 Composição da Assembleia Constituinte

A Assembleia Nacional Constituinte que se reuniu em 1º de fevereiro de 1987 era composta por 559 membros — 487 deputados federais e 72 senadores. Dentre os constituintes, todos os deputados federais e 49 dos senadores haviam sido eleitos no pleito ocorrido em 1986. Os demais 23 senadores tinham sido eleitos no pleito de 1982.

Nas eleições de 1986, o povo escolhera simultaneamente os parlamentares e os governadores de Estado. O pleito realizou-se em momento em que o Plano Cruzado do Presidente José Sarney ainda estava produzindo efeitos positivos na economia, o que contribui para explicar o enorme sucesso eleitoral do PMDB, partido ao qual o Presidente estava filiado, que conseguiu obter bancada superior à maioria absoluta da Assembleia Constituinte. Em fevereiro de 1987, as bancadas dos partidos representados na Constituinte eram as seguintes:[20]

(continua)

Partidos	Total	Deputados	Senadores/86	Senadores/82
PMDB	306	260	38	8
PFL	132	118	7	7
PDS	38	33	2	3
PDT	26	24	1	1
PTB	18	17	-	1
PT	16	16	-	-
PL	7	6	-	1

---

[17] No mesmo sentido, SILVA, José Afonso da. *Poder constituinte e poder popular*, p. 78-81; BARROSO, Luís Roberto. Vinte anos da Constituição brasileira de 1988: o Estado a que chegamos. *In:* SOUZA NETO, Cláudio Pereira de; SARMENTO, Daniel; BINENBOJM, Gustavo. *Vinte anos da Constituição Federal de 1988*, p. 33-34.
[18] Cf. SAMPAIO, José Adércio Leite. Teoria e prática do poder constituinte: como legitimar ou desconstruir 1988: 15 anos depois. *In:* SAMPAIO, José Adércio Leite (Coord.). *Quinze anos de Constituição*, p. 22-32.
[19] "Momento constitucional" e "recomeço" (*new beginning*) são categorias empregadas por Bruce Ackerman para explicar o fenômeno do poder constituinte. Veja-se, a propósito: ACKERMAN, Bruce. *We the People*, v. 1.
[20] Reproduziu-se aqui o quadro apresentado em: PILATTI, Adriano. *A constituinte de 1987-1988*: progressistas, conservadores, ordem econômica e regras do jogo, p. 24. Dados um pouco diferentes, mas que caracterizam um mesmo panorama geral, se encontram em: FLEISCHER, David. Perfil sócio-econômico e político da constituinte. *In:* GURAN, Milton (Coord.). *O processo constituinte 1987-1988*, p. 30; KINZO, Maria D'Alva Gil. O quadro partidário e a constituinte. *In:* LAMOUNIER, Bolívar (Org.). *De Geisel a Collor*: o balanço da transição, p. 108; e LOPES, Júlio Aurélio Vianna. *A carta da democracia*: o processo constituinte da ordem pública de 1988, p. 53.

(conclusão)

Partidos	Total	Deputados	Senadores/86	Senadores/82
PDC	6	5	-	1
PCB	3	3	-	-
PC do B	3	3	-	-
PSB	2	1	-	1
PSC	1	1	-	-
PMB	1	-	1	-
Constituintes	559	487	49	23

Contudo, tais números não devem induzir à apressada conclusão de que teria havido uma força absolutamente hegemônica na Constituinte — o PMDB — capaz de impor as suas concepções sobre as demais agremiações políticas. O PMDB não representava uma única força política. A bancada incluía parlamentares de inclinações absolutamente heterogêneas, que percorriam quase todo o arco ideológico. Apesar de herdeiro do MDB — partido de oposição ao regime militar — um número bastante elevado dos componentes do PMDB participara da base de sustentação do governo autoritário, tendo integrado a ARENA e só depois migrado para o PMDB.[21]

Ao longo dos mais de 20 meses que perdurou a Assembleia Constituinte, houve um percentual significativo de troca de partidos: cerca de 15% dos congressistas mudaram a sua filiação partidária.[22] A alteração mais relevante foi o surgimento do PSDB, em junho de 1988, formado, sobretudo, a partir de dissidentes do PMDB.[23]

Do ponto de vista ideológico, os estudos sobre a Assembleia Constituinte apontam para o seu caráter altamente plural, com predominância do Centro. É curioso que, embora a Constituição de 1988 seja normalmente tachada de "progressista", os partidos então identificados com a esquerda — PDT, PT, PCB, PC do B e PSB — tinham bancadas que, somadas, totalizavam não mais que 50 constituintes, ou seja, cerca de 9% da Assembleia.

A clivagem ideológica não esclarece plenamente o comportamento dos constituintes, uma vez que os mesmos atuavam também a partir de diversas outras variáveis, como os interesses regionais e o dos segmentos sociais aos quais estavam politicamente vinculados. O percentual de novos parlamentares federais na Assembleia Constituinte foi de 49% — taxa de renovação dentro da média nacional, considerando as legislaturas anteriores. Apenas 24,2% dos constituintes não tinham experiência anterior em cargos eletivos.[24] Mais da metade deles (50,80%) ingressara na vida político-eleitoral a partir do prévio exercício de cargos públicos da elite burocrática do Estado,[25] enquanto um

---

[21] Cf. FLEISCHER, David. Perfil sócio-econômico e político da constituinte. In: GURAN, Milton (Coord.). O processo constituinte 1987-1988, p. 37-38.

[22] Cf. SOUZA, Celina de. Federalismo e descentralização na Constituição de 1988: processo decisório, conflitos e alianças. Dados – Revista de Ciências Sociais, v. 44, n. 3, p. 541.

[23] A bancada do PSDB na Constituinte contava com 45 integrantes, dos quais 38 eram egressos do PMDB, quatro do PFL, um do PDT, um do PTB e um do PSB.

[24] Cf. SOUZA, Celina de. Federalismo e descentralização na Constituição de 1988: processo decisório, conflitos e alianças. Dados – Revista de Ciências Sociais, v. 44, n. 3, p. 516.

[25] Dados constantes no caderno "Quem é quem na Constituinte", publicado pelo jornal Folha de S. Paulo, em 19 jan. 1987.

percentual bem menor dos integrantes da Constituinte (11,64%) tinha a sua origem política na participação em movimentos sociais organizados.

Do ponto de vista da representação regional, havia uma distorção em favor dos Estados menos populosos do Norte e do Centro-Oeste, e em desfavor daqueles do Sudeste, se levados em consideração os respectivos eleitorados. É que a Assembleia Constituinte era composta também pelos senadores — e os Estados no Senado têm sempre a mesma representação, independentemente de sua população. Além disso, o número de deputados eleitos por Estado fora estabelecido de acordo com as regras que vinham do "Pacote de Abril" do Presidente Geisel, que, ao impor limites mínimo e máximo de representação, favorecera os Estados com menor eleitorado.

Sob a perspectiva de gênero, as mulheres estavam absolutamente sub-representadas na Assembleia Constituinte, contando com apenas 26 congressistas (4,6% do total). O fenômeno também ocorria com afrodescendentes e indígenas: havia apenas 11 constituintes negros — pretos ou mulatos — (2%)[26] e nenhum indígena.[27] A média de idade dos constituintes era de 48 anos.[28] Cerca de 86,9% deles tinham curso superior, com absoluto predomínio do Direito: nada menos que 243 parlamentares possuíam formação jurídica.[29]

4.4 Os trabalhos da Assembleia Nacional Constituinte

A Assembleia Nacional Constituinte foi instalada no dia 1º de fevereiro de 1987, sob a Presidência do então Presidente do STF, Ministro José Carlos Moreira Alves. Logo na segunda sessão da Constituinte, os Deputados Plínio de Arruda Sampaio e Roberto Freire levantaram questão de ordem a propósito da legitimidade da participação dos senadores eleitos em 1982 naquela Assembleia, uma vez que não tinham recebido delegação expressa do povo para elaboração da nova Carta. O Ministro Moreira Alves decidiu a questão de ordem em favor da participação daqueles 23 senadores na Constituinte, diante do teor da EC nº 26/85. Contra a sua decisão, foi interposto recurso para o Plenário, que confirmou a decisão de Moreira Alves, por 394 votos contra 124, registrando-se 17 abstenções.

Superada a discussão sobre a composição da Constituinte, passou-se à eleição do seu Presidente. Apresentaram-se ao pleito dois candidatos, Ulysses Guimarães (PMDB)[30] e Lysâneas Maciel (PDT), tendo havido arrasadora vitória do primeiro, por 425 votos contra 69, e 18 abstenções.

---

[26] Cf. JOHNSON III. Ollie A. Representação racial e política no Brasil: parlamentares negros no Congresso Nacional (1983-1999). *Estudos Afro-Asiáticos*, n. 38. Tabela 1.

[27] De acordo com Robério Nunes, no pleito eleitoral de 1986 houve sete candidatos indígenas, mas nenhum conseguiu se eleger (Breve balanço dos direitos das comunidades indígenas: alguns avanços e retrocessos desde a Constituição de 1988. *In*: SOUZA NETO, Cláudio Pereira de; SARMENTO, Daniel; BINENBOJM, Gustavo (Org.). *Vinte anos da Constituição Federal de 1988*, p. 572).

[28] Cf. FLEISCHER, David. Perfil sócio-econômico e político da constituinte. *In*: GURAN, Milton (Coord.). *O processo constituinte 1987-1988*, p. 33.

[29] FLEISCHER, David. Perfil sócio-econômico e político da constituinte. *In*: GURAN, Milton (Coord.). *O processo constituinte 1987-1988*, p. 36.

[30] Ulysses, à época, era também Presidente da Câmara dos Deputados e do PMDB. A sua candidatura à Presidência da Constituinte fora precedida de uma batalha interna no PMDB contra Fernando Lyra, em torno da Presidência da Câmara dos Deputados.

O próximo passo seria a definição de um Regimento Interno para elaboração da Constituição.[31] As discussões sobre este regimento se estenderam por mais de dois meses, diante das fortes divergências existentes sobre vários pontos. Dentre os temas controvertidos, dois podem ser destacados: (a) a soberania da Assembleia Nacional Constituinte para adotar decisões que modificassem a ordem constitucional vigente, antes da promulgação da nova Carta; e (b) a forma de tramitação e votação do texto constitucional a ser elaborado.[32]

A primeira questão era a que mais provocava discussões, não apenas na própria Assembleia Constituinte, como também na sociedade civil. De um lado, correntes à esquerda sustentavam que a Constituinte, por estar plenamente investida de soberania, já poderia assumir desde logo o controle sobre os rumos da vida nacional e eliminar imediatamente o "entulho autoritário" legado pelo regime militar. Do outro, defendia-se que a soberania da Assembleia Constituinte fora conferida tão somente para a elaboração da nova Constituição, não se manifestando fora deste quadro.[33] A essa última linha aderiram segmentos conservadores, bem como o Presidente Sarney, que buscava preservar os seus poderes e o seu mandato. Acabou prevalecendo, inclusive no Regimento Interno, a segunda posição. Não houve, durante a Constituinte, nenhuma deliberação destinada a produzir efeitos antes da promulgação da nova Carta. O Regimento Interno apenas previu a possibilidade de a Constituinte sobrestar qualquer medida que pudesse ameaçar os seus trabalhos e a sua soberania, faculdade que não chegou a ser exercida.

No que tange ao procedimento, o quadro político então delineado não comportava nem que se partisse de um anteprojeto elaborado fora da Assembleia Constituinte — como fora o da Comissão de Notáveis presidida por Afonso Arinos — nem que se atribuísse a um grupo parlamentar a função de redação de um projeto, para ulterior submissão ao Plenário, como ocorrera na Constituinte de 1946. Quanto à primeira possibilidade, essa era vista como uma indevida usurpação da soberania da Constituinte para conduzir os seus trabalhos. Quanto à segunda, ela não era aceita, porque reduziria a participação daqueles que não integrassem a comissão eventualmente escolhida, desigualando o papel dos constituintes. No quadro das disputas políticas internas no PMDB, ocorrera o vazamento de um projeto de Regimento Interno que estava sendo elaborado pela assessoria de Ulysses Guimarães, no qual se previa a redação de um Projeto de Constituição por uma comissão, para posterior apreciação pelo Plenário.[34] Porém, houve intensa reação contra tal modelo, pois se afirmava que ele implicaria discriminação contra os congressistas que não participassem desta comissão — em geral, os integrantes do chamado "baixo clero" — cujo papel na elaboração do novo texto constitucional seria amesquinhado. Não se aceitava a adoção deste procedimento, que era acusado de criar uma distinção entre "constituintes de 1ª e de 2ª classe".

---

[31] O Regimento Interno, que teve como Relator o Senador Fernando Henrique Cardoso, foi promulgado como a Resolução nº 2/87 da Assembleia Nacional Constituinte, em 24 de março de 1987. Os debates travados durante a sua elaboração foram bem sintetizados por PILATTI, Adriano. *A constituinte de 1987-1988*: progressistas, conservadores, ordem econômica e regras do jogo, p. 28-52.

[32] Cf. COELHO, João Gilberto Lucas. O processo constituinte. In: GURAN, Milton (Coord.). *O processo constituinte 1987-1988*, p. 42.

[33] Em defesa desta posição, cf. REALE, Miguel. Razões da constituinte congressual. In: REALE, Miguel. *De Tancredo a Collor*, p. 95-97.

[34] Cf. JOBIM, Nelson de Azevedo. A constituinte vista por dentro: vicissitudes, superação e efetividade de uma história real. In: SAMPAIO, José Adércio Leite (Coord.). *Quinze anos de Constituição* p. 11; BONAVIDES, Paulo; ANDRADE, Paes de. *História constitucional do Brasil*, p. 455-456.

Naquele quadro, a solução engendrada buscava integrar todos os constituintes na tarefa de elaboração do novo texto magno. Previu-se a criação de 24 subcomissões temáticas, que elaborariam textos sobre os temas de sua competência e os entregariam a 8 comissões temáticas, cada uma congregando 3 subcomissões. As comissões redigiriam projetos sobre as suas áreas, os quais seriam, por sua vez, enviados a uma Comissão de Sistematização. Essa última elaboraria novo projeto, a partir dos trabalhos das comissões temáticas, que seria submetido ao Plenário da Constituinte, em dois turnos de votação. Cada comissão temática teria 63 membros titulares e outros 63 suplentes, dotando-se de Mesa composta por Presidente, 1º e 2º Vice-Presidentes e Relator. As subcomissões também teriam Mesa com a mesma composição, e o número dos seus integrantes variava em torno de 21 titulares e 21 suplentes — algumas tinham um pouco mais, outras um pouco menos que isso. Já a Comissão de Sistematização deveria ser composta por 49 titulares, mais os 8 presidentes das comissões e os 32 relatores das subcomissões e comissões, além de 49 suplentes.

Todos os constituintes seriam titulares de uma comissão temática e suplentes de outra. A composição das comissões e subcomissões decorria de indicações partidárias, devendo corresponder, na medida do possível, ao critério de proporcionalidade dos partidos. Em cada comissão e subcomissão haveria a eleição, por voto secreto, de um Presidente, ao qual caberia indicar o relator e os vice-presidentes.

Uma das consequências decorrentes da fórmula adotada foi o caráter analítico da Constituição, já que, ao se criar uma subcomissão dedicada a tratar de determinado assunto, esse, naturalmente, se tornava objeto de disciplina constitucional. Ademais, a escolha dos temas das subcomissões já importava na definição das questões que ingressariam na nova ordem constitucional.[35]

As funções de presidente e de relator das comissões e subcomissões temáticas eram de grande importância na elaboração da nova Constituição. A escolha dos seus ocupantes resultou de um acordo de lideranças, protagonizado pelos líderes do PMDB e do PFL na Constituinte, respectivamente Mário Covas[36] e José Lourenço.[37] Ao PMDB, naturalmente, coube o maior quinhão de indicações, pela sua hegemonia numérica na Constituinte, e o partido priorizou a escolha das relatorias. Um fator que deslocou os trabalhos nessa fase para a esquerda da composição mediana da Assembleia foi a atuação de Mário Covas, líder do partido majoritário na Constituinte. Embora o PMDB abrigasse diversas tendências, Covas, que era da sua ala progressista, distribuiu os cargos preferencialmente entre peemedebistas de mesma inclinação ideológica.[38]

---

[35] A forma um tanto improvisada como se deu a escolha dos temas das subcomissões, a partir do exame de constituições estrangeiras, é relatada por Nelson de Azevedo Jobim, que teve parte ativa neste processo (A constituinte vista por dentro: vicissitudes, superação e efetividade de uma história real. *In*: SAMPAIO, José Adércio Leite (Coord.). *Quinze anos de Constituição* p. 11; BONAVIDES, Paulo; ANDRADE, Paes de. *História constitucional do Brasil*, p. 11-12).

[36] Mário Covas fora eleito para a função em 18 de março de 1987, derrotando, por 143 votos contra 107, o Deputado Luiz Henrique. Cf. MARTÍNEZ-LARA, Javier. *Building democracy in Brazil*: the politics of constitutional change, 1985-1995, p. 98.

[37] Cf. PILATTI, Adriano. *A constituinte de 1987-1988*: progressistas, conservadores, ordem econômica e regras do jogo, p. 64.

[38] Cf. PILATTI, Adriano. *A constituinte de 1987-1988*: progressistas, conservadores, ordem econômica e regras do jogo, p. 65-66; e JOBIM, Nelson de Azevedo. A constituinte vista por dentro: vicissitudes, superação e efetividade de uma história real. *In*: SAMPAIO, José Adércio Leite (Coord.). *Quinze anos de Constituição*, p. 12.

As Subcomissões começaram a trabalhar em 1º de abril de 1987 e os seus trabalhos se estenderam até 25 de maio daquele ano. Elas eram regimentalmente obrigadas a realizar entre 5 e 8 audiências públicas, tendo algumas organizado caravanas para outros Estados, visando a facilitar o contato com as respectivas populações.[39] Os grupos mais variados foram ouvidos nas audiências públicas — Ministros de Estado, lideranças empresariais e sindicais, intelectuais, associações de moradores, entidades feministas e de defesa dos homossexuais, representantes do movimento negro, ONGs ambientalistas, indígenas, empregadas domésticas, meninos de rua etc. O contraditório foi intenso. Se o tema em discussão fosse, por exemplo, a reforma agrária, participariam das discussões tanto as entidades de defesa dos sem-terra como aquelas ligadas aos ruralistas. Abriu-se a possibilidade de encaminhamento de sugestões à Assembleia Nacional Constituinte por entidades associativas, Poderes Legislativos estaduais e municipais, e órgão do Judiciário, tendo sido apresentadas 11.989 propostas naquela fase.[40]

Em seguida, iniciou-se o processo nas comissões temáticas, que se estendeu até 15 de junho de 1987. Foi mais uma fase de grandes disputas, com intensa participação social e atuação marcante na Constituinte dos mais variados *lobbies*. No total, foram recebidas naquela fase nada menos que 14.911 propostas de emenda. Os textos aprovados incorporavam muitos avanços na área dos direitos humanos e da organização estatal. Uma das comissões — a de Família, Educação, Cultura, Esportes, Ciência, Tecnologia e Comunicação — não conseguiu aprovar nenhum texto, diante da rejeição do que fora elaborado pelo seu Relator.

Depois, passou-se à fase da Comissão de Sistematização. Tal Comissão, que acabou funcionando com 93 titulares, e não 89, como previsto regimentalmente,[41] foi presidida pelo Senador do PFL/RJ, Afonso Arinos, e relatada pelo Deputado Federal do PMDB/AM, Bernardo Cabral.[42] A composição da Comissão de Sistematização também a localizava mais à esquerda da média da Assembleia Constituinte[43] e a sua forma de trabalho caracterizava-se pela atribuição de amplos poderes ao Relator.[44]

Naquela fase, intensificaram-se as tensões entre o governo Sarney e a Assembleia Nacional Constituinte. Desde o início dos trabalhos, Sarney buscava assegurar para si a

---

[39] Cf. COELHO, João Gilberto Lucas. O processo constituinte. *In*: GURAN, Milton (Coord.). *O processo constituinte 1987-1988*, p. 45.

[40] COELHO, João Gilberto Lucas. O processo constituinte. *In*: GURAN, Milton (Coord.). *O processo constituinte 1987-1988*, p. 45.

[41] A ampliação foi decidida pela Mesa da Assembleia Nacional Constituinte com o objetivo de garantir que todos os partidos nela tivessem pelo menos um representante.

[42] A escolha do Relator foi disputada, decorrendo de eleição, em dois turnos, na bancada do PMDB, em que Bernardo Cabral derrotou Fernando Henrique Cardoso, eliminado no 1º turno, bem como Pimenta da Veiga, vencido no 2º turno.

[43] De acordo com dados levantados pelo jornal *Folha de S. Paulo* de 17 jan. 1987, 11,8% dos integrantes da Comissão eram de esquerda, 31,2% de centro-esquerda, 25,8% de centro, 21,5% de centro-direita e 9,6% de direita (*apud* MARTÍNEZ-LARA, Javier. *Building democracy in Brazil*: the politics of constitutional change, 1985-1995, p. 109). Constata-se esse desvio para a esquerda da Comissão de Sistematização, comparando estes percentuais com aqueles do quadro sobre a composição ideológica da Constituinte apresentado no item anterior.

[44] Bernardo Cabral organizou uma relatoria auxiliar para ajudá-lo, que foi composta, inicialmente, por Wilson Martins (PMDB/MS), Nelson Jobim (PMDB/RS), Fernando Henrique Cardoso (PMDB/SP), Adolfo de Oliveira (PL/RJ) e Antônio Carlos Konder Reis (PDS/SC). Posteriormente, foi institucionalizada a figura do relator-adjunto, função que seria exercida por José Fogaça (PMDB/RS), Adolfo de Oliveira e Antônio Carlos Konder Reis. Cf. COELHO, João Gilberto Lucas. O processo constituinte. *In*: GURAN, Milton (Coord.). *O processo constituinte 1987-1988*, p. 51.

garantia de um mandato presidencial de pelo menos 5 anos,[45] e esse tema conjuntural ganhara uma extraordinária importância no dia a dia dos trabalhos da Constituinte, infiltrando-se e condicionando, ainda que de forma nem sempre explícita, outros debates atinentes à definição da estrutura permanente da nova ordem constitucional.[46] Ademais, Sarney, com o apoio dos militares, se batia contra a tentativa de implantação do parlamentarismo no Brasil e tecia críticas frequentes contra supostos excessos dos constituintes em termos de concessão de direitos, os quais poderiam, nas suas palavras, tornar o país "ingovernável".

Bernardo Cabral tinha regimentalmente o prazo de 10 dias para apresentar o seu projeto de Constituição, contados a partir do recebimento dos anteprojetos das oito comissões temáticas. Assim, em 26 de junho de 1987, ele oferece um primeiro projeto, com 501 artigos, que sistematizava as contribuições dadas pelas comissões temáticas.[47] Tal texto abriu-se a "emendas de adequação" apresentadas pelos constituintes, que não poderiam versar sobre o mérito das decisões adotadas. Diante destas emendas, Cabral elabora novo projeto, agora com 496 artigos, que é apresentado em 9 de julho de 1987 e aprovado dois dias depois pela Comissão de Sistematização.[48] Vencida essa etapa, o projeto sujeitou-se a novas emendas, inclusive de mérito, que puderam ser apresentadas tanto por constituintes, como pela própria população.

As emendas populares merecem um registro especial. De acordo com o Regimento Interno da Constituinte, a sua apresentação dependia da assinatura de 30 mil eleitores e do apoio de três entidades associativas ou de determinadas instituições públicas. Foram apresentadas, no total, 122 emendas populares, reunindo 12.277.323 assinaturas, sendo certo que cada eleitor podia subscrever, no máximo, três emendas. Das emendas populares apresentadas, 83 foram aceitas por atenderem aos requisitos regimentais. Elas versavam sobre os temas mais diversos, como reforma agrária, direitos trabalhistas, direitos da criança e do adolescente, direitos indígenas, criação de novos Estados, saúde, educação, participação popular, eleições diretas para presidência em 1988, comunicação social e família.[49] Houve espaço até para excentricidades, como a emenda popular que buscava o reconhecimento constitucional da mediunidade. Surgiram propostas em sentidos diametralmente opostos: uma buscava a liberalização do aborto e outra objetivava vedá-lo constitucionalmente; uma ampliava a reforma agrária e outra a restringia; uma proibia a censura que a outra autorizava.

Aliás, a participação popular foi uma constante durante os trabalhos da constituinte e se deu também pela presença física nas dependências do Congresso.

---

[45] A Constituição de 1969 previa mandato de 6 anos para Sarney. Uma ampla parcela da Constituinte, com apoio de diversos setores da sociedade, lutava pela fixação do seu mandato em 4 anos, enquanto o governo queria, no mínimo, uma solução intermediária, de 5 anos. Naquele momento, depois do fracasso do Plano Cruzado I, a economia nacional atravessava profunda crise, com processo de hiperinflação e a popularidade do Presidente era muito baixa.

[46] Cf. LOPES, Júlio Aurélio Vianna. *A carta da democracia*: o processo constituinte da ordem pública de 1988, p. 74-76.

[47] Este texto recebeu o apelido de "Projeto Frankenstein", em razão das suas alegadas incoerências e imperfeições técnicas.

[48] Como esclareceu Adriano Pilatti, a aprovação deste projeto era "apenas para cumprir uma exigência regimental que permitia o verdadeiro início da nova fase do jogo. O próprio relator já explicitara tanto o seu descompromisso com o conteúdo oriundo das Comissões Temáticas como o propósito de oferecer substitutivo após a apresentação das emendas de mérito em Plenário, de modo que pouco interesse havia em alterá-lo naquele momento" (*A constituinte de 1987-1988*: progressistas, conservadores, ordem econômica e regras do jogo, p. 165).

[49] Uma lista com os temas de todas as emendas populares aceitas encontra-se em LOPES, Júlio Aurélio Vianna. *A carta da democracia*: o processo constituinte da ordem pública de 1988, p. 55-58.

Estima-se que — afora parlamentares e servidores do legislativo — cerca de 10 mil pessoas transitavam em média, diariamente, pelo Congresso Nacional, representando os mais variados grupos sociais: trabalhadores e empresários, estudantes, aposentados, servidores públicos, índios, sem-terra, donas de casa etc.

Em 26 de agosto de 1987, Bernardo Cabral apresentou o seu 1º Substitutivo, com 305 artigos no corpo permanente e outros 69 nas disposições transitórias, que ficou conhecido como "Cabral 1", com diversas alterações em relação ao seu texto anterior, decorrentes das negociações então travadas. O projeto desagradou ao governo e ao campo conservador por várias razões, como a definição de um regime parlamentarista mitigado, as limitações impostas à atuação das Forças Armadas, a generosidade nos direitos trabalhistas e a amplitude da anistia aos perseguidos pelo regime militar.[50] Houve, inclusive, reação do meio castrense, vocalizada pelo então Ministro do Exército, General Leônidas Pires Gonçalves, que afirmou ser "inaceitável" o conteúdo daquele 1º Substitutivo, provocando a pronta reação de Ulysses Guimarães: *a Constituinte não se intimida*.[51]

As negociações e debates prosseguiram e, em 18 de setembro de 1987, o Relator apresentou o 2º Substitutivo, apelidado de "Cabral 2", que manteve, em geral, o teor avançado do primeiro em matéria de direitos fundamentais, bem como o regime parlamentarista, mas fez concessões ao governo Sarney e aos militares, ao fixar o mandato presidencial do então Presidente em 6 anos e atenuar as limitações à atuação das Forças Armadas na defesa da lei e da ordem. Esse será o texto votado na Comissão de Sistematização, a partir do dia 24 de setembro daquele ano.

Os trabalhos da Comissão de Sistematização estenderam-se até 30 de novembro de 1987. Naquele momento, concedeu-se espaço para os autores das emendas populares defendê-las, o que ocorreu em oito sessões, entre 26 de outubro e 3 de outubro de 1987, diante de uma tribuna da Câmara dos Deputados lotada por representantes dos mais diversos movimentos sociais.

Chegada a fase de deliberação, a Comissão de Sistematização passou a votar em bloco cada título do 2º Substitutivo de Bernardo Cabral. Quando havia aprovação, passava-se a deliberar sobre cada proposta de emenda ou destaque apresentada, relacionada àquele título. Dois temas que provocaram intensa discussão naquele momento foram o parlamentarismo e o mandato de Sarney. O parlamentarismo foi aprovado por 57 votos contra 36, e o mandato de Sarney, após algumas vacilações, foi reduzido para quatro anos, por 48 votos contra 45. Em 18 de novembro de 1987, a Comissão de Sistematização encerrou os seus trabalhos. O seu Projeto de Constituição — o chamado "Projeto (A)" — foi encaminhado ao Plenário da Assembleia Nacional Constituinte em 24 de novembro do mesmo ano, tendo sido considerado, em linha geral, uma vitória dos progressistas na Assembleia Constituinte. Vários pontos daquele projeto levantavam intensa polêmica. Além do parlamentarismo e da duração do mandato de Sarney, eram extremamente controvertidas a reforma agrária em terras produtivas, as regras sobre propriedade e livre-iniciativa, as limitações ao capital estrangeiro, o imposto

---

[50] Cf. PILATTI, Adriano. *A constituinte de 1987-1988*: progressistas, conservadores, ordem econômica e regras do jogo, p. 163.

[51] PILATTI, Adriano. *A constituinte de 1987-1988*: progressistas, conservadores, ordem econômica e regras do jogo, p. 163-164.

sobre grandes fortunas, os instrumentos de democracia participativa e a amplitude dos direitos trabalhistas.

Porém, ocorreu, logo em seguida, uma reforma do Regimento, patrocinada pelo Centrão, bloco conservador interpartidário, que começara a se aglutinar na fase final dos trabalhos da Comissão de Sistematização e que lutava por bandeiras como a defesa da propriedade privada contra a reforma agrária, o combate às restrições ao capital estrangeiro, a redução dos direitos trabalhistas e a rejeição dos mecanismos de democracia participativa na nova Carta.

Pelo Regimento até então vigente, os títulos ou capítulos do Projeto seriam votados em bloco no Plenário. Se aprovados, apenas sofreriam mudanças decorrentes de destaques ou emendas que contassem com o voto de 280 parlamentares, que representavam a maioria absoluta da Assembleia Constituinte. E as emendas ou destaques só poderiam versar sobre artigos específicos. O discurso do Centrão, que teve o respaldo do governo, do empresariado, dos militares e dos ruralistas, era no sentido de que tal modelo implicava uma tirania da Comissão de Sistematização sobre o Plenário, alienando o chamado "baixo clero", que daquela não participara. Afirmava-se que Comissão de Sistematização estava significativamente à esquerda do Plenário. Assim, o propósito do Centrão era esvaziar a importância do Projeto (A), que a Comissão de Sistematização elaborara. Para isso, sua estratégia consistia em aprovar mudança no Regimento possibilitando a apresentação de novas emendas que, quando subscritas pela maioria absoluta dos membros da Assembleia, teriam prioridade na votação em relação ao texto correspondente já aprovado na Comissão de Sistematização.

Travou-se em torno do Regimento uma longa batalha, com a paralisia, durante o período, dos demais trabalhos da Constituinte. Depois de vários incidentes — houve até episódio de luta corporal no Congresso — acabou prevalecendo no Plenário a posição do Centrão, com a aprovação da Resolução nº 3, em 5 de janeiro de 1988, que alterou substancialmente o Regimento Interno da Constituinte.[52]

A Resolução nº 3 fixara prazo para novas emendas ao Projeto de Constituição, seguidas de parecer do Relator e apresentação de destaques. Pelo novo Regimento, no dia 27 de janeiro deveriam começar as votações em 1º turno no Plenário. Até aquela data haviam sido apresentadas 2.046 novas emendas, dentre as quais 9 substitutivos patrocinados pelo Centrão, referentes a quase todo o texto do Projeto. Apresentou-se, também, substitutivo subscrito por 352 congressistas, ligados tanto à esquerda como à direita, propondo a adoção do presidencialismo, bem como outro, com 316 assinaturas, definindo em 5 anos o mandato de Sarney. Todos estes substitutivos, por contarem com mais de 280 assinaturas de constituintes, ganharam preferência para votação, em detrimento das partes correspondentes do Projeto (A).

Contudo, a hegemonia no Plenário dos conservadores, agrupados sob o Centrão, estava longe de ser absoluta. O primeiro substitutivo apresentado pelo grupo, atinente ao Preâmbulo da Constituição, foi derrotado em 27 de janeiro, evidenciando a necessidade de negociação com as forças mais à esquerda. Foi preciso estabelecer-se um acordo político sobre o Preâmbulo, que envolveu a inclusão de alusão à participação direta do povo no exercício da soberania popular — menção que os conservadores preferiam

---

[52] O processo é narrado em detalhe em PILATTI, Adriano. *A constituinte de 1987-1988*: progressistas, conservadores, ordem econômica e regras do jogo, p. 195-227.

evitar. A partir daí, surgiu a praxe de entabulação de negociações prévias, conduzidas pelos líderes partidários sob o comando de Ulysses Guimarães, buscando acordos sobre os textos-base antes das votações, deixando para a disputa apenas os pontos em que não houvesse conciliação possível.[53] Tal procedimento viabilizou a aprovação da maior parte da Constituição por folgada maioria, com votações mais apertadas e polarizadas apenas para dispositivos e questões específicas.[54]

Esta busca de consenso levou a que se recuperasse em Plenário boa parte do conteúdo do Projeto (A), em detrimento do estabelecido nos substitutivos do Centrão. E ainda surgiram nesta fase algumas novidades, como a licença-paternidade, os plebiscitos sobre forma e sistema de governo, a revisão constitucional a se realizar cinco anos após a promulgação da Constituição e o limite constitucional dos juros.[55]

Em três pontos ideologicamente controvertidos não houve maioria para aprovar nem os substitutivos do Centrão, nem os textos do Projeto (A): definição do direito de propriedade, disciplina da reforma agrária e greve de servidores públicos. Esse tipo de impasse era apelidado de "buraco negro" e, quando ocorria, cabia ao Relator elaborar em 48 horas um novo texto, na tentativa de buscar a conciliação possível.

Em 22 de março de 1988, ainda durante o 1º turno, ocorreu uma das mais importantes reviravoltas da Constituinte, com a aprovação, por 344 votos a 212, da emenda presidencialista, com o apoio do Centrão em aliança com as bancadas do PT e do PDT. Outra decisão polêmica, adotada em 2 de junho de 1988, foi relativa ao mandato de José Sarney, fixado em 5 anos, por 328 votos contra 222, como pretendia o então Presidente da República. Essa última votação ocorreu em meio a graves denúncias de que os votos estariam sendo cabalados pelo Executivo por meio do oferecimento de vantagens indevidas aos congressistas, notadamente a distribuição de concessões de rádio e televisão.

No início de julho de 1988, encerrou-se o 1º turno de votações da Constituinte. Naquele momento, um fato político relevante foi a criação do PSDB, a partir de uma dissidência do PMDB, capitaneada por figuras de destaque da Constituinte, como Mario Covas e Fernando Henrique Cardoso. Depois da saída de Covas, a liderança do PMDB — ainda a maior bancada naquela Assembleia — foi assumida pelo Deputado Nelson Jobim, que também integrava à época a ala progressista do partido.

Em 26 de julho de 1988 — véspera do início do 2º turno —, ocorre um incidente institucional: José Sarney convoca cadeia nacional de rádio e televisão para criticar a Constituição em elaboração. Nas suas palavras, "há o receio de que alguns dos seus artigos desencorajem a produção, afastem capitais, sejam adversos à iniciativa privada e terminem por induzir ao ócio e à improdutividade. (...) Os brasileiros receiam que a Constituição torne o país ingovernável".[56] A resposta firme do Presidente da Assembleia Nacional Constituinte não tardou. No dia seguinte, valendo-se de prerrogativa assegurada no Regimento, Ulysses Guimarães também convocou cadeia nacional de

---

[53] PILATTI, Adriano. *A constituinte de 1987-1988*: progressistas, conservadores, ordem econômica e regras do jogo, p. 238.

[54] Para uma análise dos tipos de compromissos travados durante a Assembleia Constituinte, veja: MAUÉS, Antonio G. M. Constituição e pluralismo vinte anos depois. *In*: SOUZA NETO, Cláudio Pereira de; SARMENTO, Daniel; BINENBOJM, Gustavo. *Vinte anos da Constituição Federal de 1988*, p. 169-186.

[55] Cf. COELHO, João Gilberto Lucas. O processo constituinte. *In*: GURAN, Milton (Coord.). *O processo constituinte 1987-1988*, p. 54.

[56] Cf. COELHO, João Gilberto Lucas. O processo constituinte. *In*: GURAN, Milton (Coord.). *O processo constituinte 1987-1988*.

rádio e televisão, para proferir célebre discurso intitulado "A Constituição Cidadã", em que verberou:

> A governabilidade está no social. A fome, a miséria, a ignorância, a doença inassistida são ingovernáveis. A injustiça social é a negação do governo e a condenação do governo. (...) Repito, esta será a Constituição Cidadã. Porque recuperará como cidadãos milhões de brasileiros (...). Viva a Constituição de 1988! Viva a vida que ela vai defender e semear![57]

O segundo turno iniciou-se em 27 de julho de 1988, com a votação em bloco do texto que fora aprovado no primeiro turno — o chamado "Projeto (B)". Este foi aprovado por 406 votos contra 12, registrando-se 55 abstenções. Para modificar trechos do Projeto (B), seriam necessários destaques que contassem com 280 votos. Apesar da apresentação de 1792 emendas, houve poucas mudanças naquela fase. Os setores progressistas investiram muita energia na tentativa de suprimir a vedação, adotada no 1º turno, de desapropriação para fins de reforma agrária de imóveis produtivos, mas não tiveram sucesso. Os conservadores pugnaram pela redução dos direitos trabalhistas, mas também sem êxito. Algumas mudanças pontuais foram aprovadas para adaptar trechos da Constituição ao presidencialismo. Em 2 de setembro de 1988, encerrou-se o 2º turno da Constituinte.

Em seguida, enviou-se o texto aprovado em 2º turno para uma Comissão de Redação, que tinha o papel de resolver aspectos linguísticos e de técnica legislativa do Projeto, mas que acabou indo além disso. A Comissão, presidida por Ulysses Guimarães, tinha 28 componentes e era assessorada pelo linguista Celso Cunha e pelo constitucionalista José Afonso da Silva. De acordo com o testemunho de Nelson Jobim, figura destacada daquela Comissão, foram aprovadas ali, em procedimento irregular, diversas alterações de conteúdo no texto da Constituição, para sanar alegadas contradições, inconsistências e omissões.[58] Sem embargo, com o intuito de evitar qualquer dúvida futura quanto à validade da nova Carta, decidiu-se que, após os trabalhos da Comissão de Redação, o texto constitucional seria apreciado pelo Plenário, não por mera votação simbólica, como antes se cogitara, mas por escrutínio nominal, exigindo-se a maioria absoluta para a sua aprovação — quórum definido pela Emenda Constitucional nº 26/85.

Finalmente, em 22 de setembro de 1988 ocorreu a derradeira votação da Assembleia Nacional Constituinte, que apreciou o texto final da Constituição de 1988, depois das mudanças ocorridas no âmbito da Comissão de Redação. Todos os líderes partidários manifestaram-se a favor da aprovação da nova Constituição, com exceção do líder do PT, Luiz Inácio Lula da Silva, que marcou a posição do seu partido contrária à nova Carta — então considerada excessivamente conservadora pela agremiação —, mas declarou que a sua bancada assinaria o documento se ele fosse aprovado. A nova Constituição foi aprovada por 474 votos contra 15, contando-se 6 abstenções.

Em 5 de outubro de 1988, em clima de comoção, a Constituição de 1988 foi finalmente promulgada, após uma longa Assembleia Constituinte que durara mais de 20 meses — período durante o qual fora o centro das atenções do país —, provocara

---

[57] COELHO, João Gilberto Lucas. O processo constituinte. In: GURAN, Milton (Coord.). *O processo constituinte 1987-1988*, p. 131.
[58] Cf. JOBIM, Nelson de Azevedo. A constituinte vista por dentro: vicissitudes, superação e efetividade de uma história real. In: SAMPAIO, José Adércio Leite (Coord.). *Quinze anos de Constituição*, p. 14-16.

intensa mobilização cívica e contara com um grau de participação social na sua elaboração absolutamente inédito na história nacional. Na cerimônia de encerramento dos trabalhos da Constituinte, Ulysses Guimarães proferiu histórico discurso:

> A Constituição não é perfeita. Ela própria o confessa, ao admitir a reforma.
> Quanto a ela, discordar, sim. Divergir, sim. Descumprir, jamais. Afrontá-la, nunca. Traidor da Constituição é traidor da Pátria. Conhecemos o caminho maldito: rasgar a Constituição, trancar as portas do Parlamento, garrotear a liberdade, mandar os patriotas para a cadeia, o exílio, o cemitério.
> A persistência da Constituição é a sobrevivência da democracia.
> Quando, após tantos anos de lutas e sacrifícios, promulgamos o Estatuto do Homem, da Liberdade e da Democracia, bradamos por imposição de sua honra: temos ódio à ditadura. Ódio e nojo. (...)
> Termino com as palavras com que comecei esta fala: a Nação quer mudar. A Nação deve mudar. A Nação vai mudar.
> A Constituição pretende ser a voz, a letra, a vontade política da sociedade rumo à mudança.
> Que a promulgação seja o nosso grito:
> Mudar para vencer!
> Muda, Brasil!

4.5 Traços essenciais da Constituição de 1988

Do ponto de vista histórico, a Constituição de 1988 representa o coroamento do processo de transição do regime autoritário em direção à democracia. Apesar da forte presença de forças que deram sustentação ao regime militar na arena constituinte, foi possível promulgar um texto que tem como marcas distintivas o profundo compromisso com os direitos fundamentais e com a democracia, bem como a preocupação com a mudança das relações políticas, sociais e econômicas, no sentido da construção de uma sociedade mais inclusiva, fundada na dignidade da pessoa humana.

As maiores influências externas sobre a Carta de 88 foram as constituições de Portugal, de 1976, e da Espanha, de 1978.[59] Tanto Portugal como a Espanha haviam atravessado, cerca de uma década antes, processos de redemocratização, com a superação do autoritarismo — pela via revolucionária, no caso de Portugal, ou por meio de um processo de transição pactuada, no caso da Espanha. Ambos os países tinham optado pela reorganização estatal em bases democráticas, com a manifestação do poder constituinte originário, da qual resultaram constituições que priorizaram os direitos fundamentais, revestidas de forte teor social.

A Constituição de 1988, quando promulgada, contava com 245 artigos no seu corpo permanente, acrescidos de outros 70 no Ato das Disposições Constitucionais Transitórias. Desde então, o seu tamanho só vem aumentando, pela inclusão de novos dispositivos no seu texto, com a edição de sucessivas emendas constitucionais. Trata-se,

---

[59] Cf. CASTRO, Carlos Roberto de Siqueira. *A Constituição aberta e os direitos fundamentais*, p. 127. Para uma análise das influências do Direito Comparado sobre a Constituição de 88, veja: TAVARES, Ana Lucia Lyra. A Constituição de 1988: subsídios para os comparatistas. *Revista de Informação Legislativa*, n. 109, jan./mar. 1991. Destaque-se que ambos os autores prestaram assessoria jurídica à Assembleia Constituinte.

portanto, de uma Constituição longa e analítica, não apenas por incorporar ao seu texto um amplo elenco de matérias, como também por descer, em muitas delas, a um grau de detalhamento incomum em sede constitucional.[60]

Dentre as causas dessa expansão da matéria constitucional, pode-se citar a concepção social de constitucionalismo adotada pelo legislador constituinte; a fórmula de elaboração da Carta, que passou pelo trabalho das 24 subcomissões e 8 comissões temáticas, como acima relatado; a cumulação de funções legislativas ordinárias e constitucionais do Congresso em 87/88, que ensejou uma certa confusão entre tais esferas; e ainda as pressões dos mais variados segmentos sociais e *lobbies* durante a Constituinte, no afã de incluírem no texto constitucional as suas aspirações e demandas específicas. Quanto a esse último aspecto, os parlamentares e grupos de pressão que se articulavam na Constituinte não se contentavam com o mero reconhecimento principiológico das suas bandeiras e interesses. Preferiam a consagração de regras específicas e detalhadas, que os colocassem a salvo de incertezas quanto às concretizações legislativas ou interpretações judiciais futuras dos dispositivos que lhes favorecessem. Todos estes fatores contribuíram para que fossem incorporadas à Constituição normas de duvidosa estatura constitucional, ora definindo políticas públicas que, do ponto de vista da teoria democrática, talvez devessem ser decididas no processo político majoritário,[61] ora salvaguardando do alcance das maiorias interesses de caráter puramente corporativo, ora, ainda, adentrando em minúcias impróprias para um texto magno. Dentre as consequências dessa característica da nossa Carta, destacam-se a necessidade de edição muito frequente de emendas constitucionais, que enfraquecem a estabilidade e a força normativa da Constituição; e a exigência de que os governos obtenham maioria qualificada de 3/5 — quórum de aprovação de emenda constitucional — para conseguirem implementar os seus programas políticos.

Por outro lado, a Constituição de 1988 qualifica-se como *compromissória*, já que o seu texto não representa a cristalização de uma ideologia política pura e ortodoxa, resultando antes do compromisso possível entre as diversas forças políticas e grupos de interesse que se fizeram representar na Assembleia Constituinte. O pluralismo social existente na sociedade brasileira transplantou-se para o seio da sua Constituição, que abriga preceitos inspirados em visões de mundo nem sempre convergentes.

A Constituição de 1988 é também dirigente[62] ou programática. Ela não se contenta em organizar o Estado e elencar direitos negativos para limitar o exercício dos poderes estatais. Vai muito além disso, prevendo direitos positivos e estabelecendo metas, objetivos, programas e tarefas a serem perseguidos pelo Estado e pela sociedade, no sentido

---

[60] De acordo com a expressão feliz de Luís Roberto Barroso, o texto de 88, em diversos temas "perdeu-se no varejo das miudezas" (Dez anos da Constituição de 1988: foi bom pra você também?. *In*: CAMARGO, Margarida Maria Lacombe (Org.). *1988-1998*: uma década de Constituição, p. 46).

[61] Cf. COUTO, Cláudio Gonçalves. Constituição, competição e políticas públicas. *Lua Nova*, n. 65, p. 95-135; SARMENTO, Daniel. Ubiqüidade constitucional: os dois lados da moeda. *In*: SARMENTO, Daniel. *Livres e iguais*: estudos de direito constitucional, p 167-206.

[62] Para o debate sobre a teoria constitucional da Constituição dirigente, em que são discutidos os seus aspectos mais problemáticos, bem como os seus efeitos sobre o constitucionalismo brasileiro, vejam-se os Capítulos 1 e 5. Aqui, cabe apenas mencionar a obra canônica sobre o tópico em língua portuguesa: CANOTILHO, José Joaquim Gomes. *Constituição dirigente e vinculação do legislador*, 2. ed. Nessa 2ª edição, há um substancioso prefácio em que o jurista português, que divulgou entre nós a ideia do constitucionalismo dirigente, revê e problematiza as suas posições anteriores sobre a questão.

de alteração do *status quo*. A Constituição brasileira se reveste de uma forte dimensão prospectiva, na medida em que define um "horizonte de sentido", que deve inspirar e condicionar a ação das forças políticas. Esta sua faceta se revela nitidamente na enunciação dos "objetivos fundamentais da República Federativa do Brasil", estabelecidos no seu art. 3º, e se espraia por todo o texto magno, que é pródigo na consagração de normas programáticas.

Ela contém não apenas um "estatuto jurídico do político", já que consubstancia norma fundamental não só do Estado, como também da própria sociedade brasileira. A Constituição de 1988 se imiscui na disciplina de questões como o funcionamento da economia, as relações de trabalho, a família e a cultura, que não dizem respeito (apenas) às formas e limites para o exercício do poder político. Além de regular diretamente vastos domínios da vida social, a Constituição contém princípios e valores fundamentais que devem ser tomados como nortes na interpretação de toda a ordem jurídica e ensejar uma releitura dos institutos e normas do ordenamento infraconstitucional. Em outras palavras, as características da Constituição de 88 — tanto o seu caráter analítico, como a sua riqueza axiológica — propiciam o desenvolvimento do fenômeno da constitucionalização do Direito, que suplanta clivagens tradicionais, como as que separam o Direito Público do Direito Privado, e o Estado da sociedade civil.

A organização do texto constitucional é reveladora de algumas prioridades da Carta de 88. Se as constituições brasileiras anteriores iniciavam pela estrutura do Estado e só depois passavam aos direitos fundamentais, a Constituição de 88 faz o contrário: consagra inicialmente os direitos e garantias fundamentais — no segundo título, logo depois daquele dedicado aos princípios fundamentais — só se voltando, depois disso, à disciplina da organização estatal. Essa inversão topológica não foi gratuita. Adotada em diversas constituições europeias do pós-guerra, após o exemplo da Lei Fundamental alemã de 1949, ela indica o reconhecimento da prioridade dos direitos fundamentais nas sociedades democráticas.

O sistema de direitos fundamentais é o ponto alto da Constituição. Ao lado de um amplo e generoso elenco de direitos civis e políticos, a Carta de 88 também garantiu direitos sociais — tanto trabalhistas como prestacionais em sentido estrito — e ainda agregou direitos de 3ª dimensão, como o direito ao patrimônio cultural (arts. 215 e 216) e ao meio ambiente ecologicamente equilibrado (art. 225). Ela se preocupou sobremodo com a efetivação dos direitos fundamentais, para que não se tornassem letra morta, como, infelizmente, era costumeiro em nosso constitucionalismo. Daí o princípio da aplicabilidade imediata dos direitos fundamentais (art. 5º, §1º), os diversos remédios constitucionais previstos para a sua tutela, e o reforço institucional ao Poder Judiciário, concebido como guardião dos direitos. Ademais, o constituinte quis articular a proteção interna dos direitos fundamentais com a internacional. Por isso, a afirmação da prevalência dos direitos humanos nas relações internacionais (art. 4º, inciso II), a abertura do catálogo dos direitos a outros decorrentes de tratados internacionais de que o Brasil seja parte (art. 5º, §2º) e a alusão ao apoio brasileiro à criação de um Tribunal Internacional de Direitos Humanos (art. 7º, ADCT). A Constituição cuidou ainda de proteger os direitos fundamentais do poder reformador, tratando-os, pela primeira vez na história constitucional brasileira, como cláusulas pétreas explícitas (art. 60, §4º).

Além dos direitos universais, a Constituição também voltou os seus olhos para a proteção dos sujeitos em situação de maior vulnerabilidade, instituindo normas voltadas à defesa de mulheres, consumidores, crianças e adolescentes, idosos, indígenas, afrodescendentes, quilombolas, pessoas com deficiência e presidiários. Ela não se contentou com a proclamação retórica da igualdade formal, direcionando-se também à promoção da igualdade material, sem prejuízo da preocupação com o reconhecimento e com o respeito à diferença. Nesse sentido, tratou-se da primeira de nossas constituições a contemplar alguma abertura para o multiculturalismo, ao incumbir-se da proteção das diferentes identidades culturais e étnicas que compõem a Nação brasileira (*e.g.*, arts. 215, 216, 231 e art. 68 do ADCT).

É curioso que, afora alguns direitos trabalhistas, os instrumentos de democracia participativa e a definição do regime da propriedade, o sistema de direitos fundamentais não tenha despertado maior resistência dos constituintes conservadores, que se aglutinaram em torno do Centrão. Não é que houvesse um relativo consenso político em relação aos direitos fundamentais. Uma interpretação mais realista dos fatos históricos explicaria tal fenômeno a partir da descrença então nutrida pelos atores políticos a propósito da possibilidade de efetivação dos direitos fundamentais, que eram vistos mais como adereços para embelezamento da Constituição, do que como normas dotadas de significado prático na vida social.[63] Afinal, tinha sido assim nas constituições anteriores do país.

Além dos direitos fundamentais, o outro "coração" da Constituição de 88 é a democracia. Dentre outras medidas, ela consagrou o sufrágio direto, secreto, universal e periódico para todos os cargos eletivos — elevado, inclusive, à qualidade de cláusula pétrea —; concedeu o direito de voto ao analfabeto; erigiu sobre bases pluralistas e liberais o sistema partidário; e consagrou instrumentos de democracia participativa, como o plebiscito, o referendo e a iniciativa popular de leis. Para assegurar a higidez dos pleitos eleitorais, a Carta manteve a Justiça Eleitoral, existente desde 1932. E garantiu com vigor as liberdades públicas que são pressupostos diretos para o funcionamento da democracia, como as liberdades de expressão, de associação e o direito à informação. Não há dúvida, portanto, que ela contém todos os elementos que conformam a democracia política,[64] como eleições livres e periódicas, amplo direito de sufrágio e de concorrer às eleições, possibilidade real de a oposição assumir o poder, liberdade de expressão e de associação política e existência de fontes independentes de acesso à informação pelo cidadão. Porém, a Constituição não se contentou com isso, propondo-se a democratizar não apenas o regime político, mas também as relações sociais, econômicas e culturais — tarefa ainda mais árdua e complexa.

No que concerne ao federalismo, a Constituição de 88 não rompeu com a tradição centrípeta brasileira, de extrema concentração das competências normativas no plano federal. Contudo, foi a primeira a atribuir expressamente a natureza de entidade federativa aos municípios, ampliando a sua autonomia. Além disso, promoveu um maior grau de descentralização administrativa, bem como financeira. Quanto à última, repartiu de forma mais favorável aos Estados e Municípios as competências tributárias

---

[63] Cf. LESSA, Renato. A Constituição brasileira de 1988 como experimento de filosofia política: um ensaio. *In*: OLIVEN, Ruben George; RIDENTI, Marcelo; BRANDÃO Gildo Marçal. *A Constituição de 1988 na vida brasileira*, p. 369-370.

[64] Veja-se a canônica obra de DAHL. *Polyarchy*: participation and opposition.

e as receitas decorrentes da arrecadação dos impostos, conferindo a tais entidades federativas condições para o exercício das suas competências materiais, de forma a atenuar a sua dependência econômica em relação ao Poder Central, que caracterizava o regime constitucional anterior.

Em relação aos poderes estatais, a Constituição fortaleceu tanto o Legislativo como o Judiciário. Sem embargo, ela não desproveu o Poder Executivo dos mecanismos necessários para o desempenho das suas relevantes funções, no contexto de um Estado intervencionista e de uma sociedade de massas, evitando o equívoco cometido no texto constitucional de 1946.[65]

Ela manteve, como salientado acima, o regime presidencialista — posteriormente confirmado pelo povo pela via plebiscitária, como será a seguir analisado —, e estabeleceu mandatos de 5 anos para os Presidentes,[66] sem possibilidade de reeleição para o período imediatamente subsequente.[67] Instituiu a eleição presidencial direta, em dois turnos de votação, de forma a conferir ampla legitimidade democrática ao Chefe do Executivo. Pela Constituição, Presidente e Vice-Presidente devem, necessariamente, integrar a mesma chapa, o que contribui para evitar crises políticas, como a deflagrada com a renúncia de Jânio Quadros.

O Executivo que resulta da Constituição de 1988 é forte.[68] No plano normativo, ele não tem mais a absoluta hegemonia que desfrutava sobre os demais poderes no governo militar, mas manteve um amplo controle sobre a agenda parlamentar, além de relevantes faculdades normativas, com destaque para a edição de medidas provisórias — que, aliás, têm sido empregadas de forma rotineira e abusiva. Porém, apesar da sua proeminência, o Executivo não consegue governar contra a maioria parlamentar, dependendo do seu apoio para implementar as suas políticas de governo. Tal apoio não é uma exigência formal do regime — que, afinal, é presidencialista e não parlamentarista — mas uma imposição prática que, quando não atendida, gera ingovernabilidade, paralisia estatal e crise política. Esse modelo caracteriza o que alguns cientistas políticos têm chamado de "presidencialismo de coalização",[69] que se expressa na necessidade de o Chefe do Executivo construir uma base de apoio no Legislativo, o que é alcançado por meio da nomeação de indicados para os Ministérios e outros cargos.

Em relação ao Poder Legislativo, a Constituição de 1988 manteve o bicameralismo federativo e a distorção na representação entre Estados mais e menos populosos, pela fixação do número mínimo de 8 e máximo de 70 deputados federais por Estado. De acordo com a Constituição, cada Estado elege 3 senadores, pelo sistema majoritário, para mandatos de 8 anos, com renovação alternada de 1/3 e 2/3 da bancada a cada

---

[65] Para uma comparação entre o Executivo em 1988 e em 1946, cf. LIMONGI, Fernando. O Poder executivo na Constituição de 1988. *In*: OLIVEN, Ruben George, RIDENTI, Marcelo; BRANDÃO, Gildo Marçal (Org.). *A Constituição de 1988 na vida brasileira*, p. 23-56.

[66] O mandato foi diminuído para 4 anos pela Emenda Constitucional de Revisão nº 5, de 1994.

[67] A possibilidade de uma reeleição para a Chefia do Executivo nos três níveis da federação foi introduzida pela Emenda Constitucional nº 16/97.

[68] Cf. FIGUEIREDO, Argelina; LIMONGI, Fernando. *Executivo e legislativo na nova ordem constitucional*.

[69] A expressão é de Sérgio Abranches, em clássico artigo (Presidencialismo de coalização: o dilema institucional brasileiro. *Dados – Revista de Ciências Sociais*, v. 31, p. 5-38). Veja-se também, a propósito do tema: SANTOS, Fabiano. *O poder legislativo no presidencialismo de coalização*; e AMORIM NETO, Octávio. O governo presidencial e a sustentação parlamentar: uma história trágico-marítima?. *In*: VIEIRA, José Ribas (Org.). *20 anos da Constituição Cidadã de 1988*: efetivação ou impasse institucional?, p. 59-68.

4 anos. Já o sistema eleitoral para a escolha dos deputados é o proporcional, sendo eles eleitos para mandatos de 4 anos.

A Constituinte reforçou os poderes do Legislativo na esfera de produção normativa em comparação ao regime pretérito ao extinguir a aprovação de normas por decurso de prazo, reduzir as hipóteses de iniciativa legislativa privativa do Chefe do Executivo, diminuir o quórum exigido para derrubada do veto e ampliar o poder de emenda parlamentar às leis. Ademais, ela também robusteceu as funções fiscalizatórias do Legislativo, fortalecendo o seu papel no controle externo dos demais órgãos estatais, exercido com o auxílio dos tribunais de contas, e atribuindo às comissões parlamentares de inquérito "poderes de investigação próprios das autoridades judiciais" (art. 58).

Mudanças profundas ocorreram também no âmbito do Poder Judiciário. A Constituição reforçou a sua autonomia administrativa e financeira e ampliou a sua importância política. Promoveu o acesso à justiça, criando ou ampliando ações individuais e coletivas voltadas à tutela de direitos, e conferindo um novo perfil a instituições como o Ministério Público e a Defensoria Pública. Por outro lado, ela consagrou um amplo sistema de jurisdição constitucional, que pode ser deflagrado com muita facilidade, ensejando um intenso fenômeno de judicialização da política. Pelo arranjo adotado, que combina uma Constituição extensa e invasiva, com inúmeros instrumentos de controle de constitucionalidade, tornou-se difícil que alguma decisão política mais relevante deixe de ser submetida ao Judiciário, que muitas vezes decide contra a vontade dos demais poderes do Estado. Tal fenômeno, que tem se tornado mais agudo nos últimos anos, vem suscitando questões complexas sobre os limites da legitimidade democrática da atuação do Judiciário, uma vez que os seus membros não são eleitos, nem podem ser destituídos pelo voto popular, e muitas vezes decidem questões altamente controvertidas com base na exegese de cláusulas constitucionais vagas e abertas, que se sujeitam a diferentes interpretações.

No que diz respeito à ordem econômica, a Constituição de 88 adotou fórmula compromissória. Por um lado, adotou como princípios a livre-iniciativa, o direito de propriedade e a livre concorrência, mas, por outro, tingiu esse sistema com preocupações com a justiça social, a valorização do trabalho e a dignidade da pessoa humana. A Constituição expressa adesão ao regime capitalista, rejeitando o modelo de economia planificada e de apropriação coletiva dos meios de produção. Porém, o capitalismo que resulta do texto constitucional não é o do *laissez-faire* e do Estado absenteísta, mas uma fórmula intermediária, que aposta na força criativa e empreendedora da iniciativa privada, mas não foge à sua responsabilidade de disciplina-la e limitá-la, não só no interesse da higidez do próprio mercado, como também com o objetivo de promoção da igualdade material e da justiça social. A Constituição prevê amplos espaços para a regulação estatal da economia, mas a intervenção estatal direta nessa seara é vista como exceção, justificada apenas "quando necessária aos imperativos de segurança nacional ou a relevante interesse coletivo, conforme definidos em lei" (art. 173).

O texto originário da Constituição, elaborado antes da queda do Muro de Berlim, continha traços mais estatizantes e refratários à presença do capital estrangeiro no país. Porém, reformas constitucionais de inclinação liberal, que foram promovidas a partir de meados dos anos 90, esmaeceram essas feições da Constituição, sem, no entanto, comprometerem a cosmovisão econômica social-democrática do texto constitucional.

4.6 A trajetória da Constituição de 1988

Depois da promulgação da Constituição de 1988, José Sarney ainda governou o país por mais de um ano, em meio a grave crise econômica, com inflação descontrolada. Em 15 de novembro de 1989, ocorreram eleições diretas para a Presidência da República — as primeiras desde 1960. Concorreram ao pleito 25 candidatos, passando ao segundo turno Fernando Collor de Mello (PRN) e Luiz Inácio Lula da Silva (PT). Collor, ex-governador de Alagoas, que se apresentara ao público com um discurso moralizador — "combate aos marajás" — e de redução do tamanho do Estado, contou com o apoio ostensivo da grande mídia e dos grupos empresariais em sua campanha, derrotando o adversário por aproximadamente 35 milhões de votos contra os 31 milhões dados a Lula.[70]

Em 15 de março de 1990, Collor tomou posse e, logo no dia seguinte, no afã de combater a inflação, edita a Medida Provisória nº 168, que continha o chamado "Plano Collor", decretando a indisponibilidade, por 18 meses, dos ativos financeiros em valor superior a cinquenta mil cruzados novos. Tratava-se de violenta medida de sequestro de poupança, de duvidosa constitucionalidade,[71] que gerou uma inundação de ações judiciais na Justiça Federal, mas em relação à qual o STF, apesar de devidamente provocado, optou por se omitir.[72]

O governo Collor prosseguiu marcado por políticas de viés neoliberal, envolvendo privatizações de empresas públicas, abertura da economia e demissão de funcionários públicos. Porém, a partir do segundo semestre de 1991, Collor se vê envolvido em sérias denúncias de corrupção, relacionadas ao seu envolvimento em esquema de corrupção que gravitava em torno do seu ex-tesoureiro de campanha, Paulo César Farias. Em 1992, instaurou-se uma CPI no Congresso Nacional, que produziu fartas provas contra o Presidente, acabando por indiciá-lo e por recomendar o seu *impeachment*. Naquele ínterim, a sociedade civil, com o apoio da imprensa, se mobilizara para reivindicar o afastamento de Collor, com destaque para as manifestações estudantis dos chamados "caras-pintadas".

O pedido de impedimento do Presidente foi apresentado à Câmara dos Deputados em petição subscrita por Barbosa Lima Sobrinho, Presidente da Associação Brasileira de Imprensa, e Marcelo Lavenère, Presidente do Conselho Federal da OAB.[73] Em 29 de setembro de 1991, a autorização para a instauração do processo foi aprovada na Câmara dos Deputados, por 421 votos contra 38, sendo o Presidente temporariamente afastado de suas funções.[74] O processo prosseguiu no Senado Federal, e, em sessão iniciada em

---

[70] Os números exatos foram 35.089.998 votos para Fernando Collor, 31.076.364 para Lula, 986.446 votos em branco e 3.107.893 votos nulos. Cf. PORTO, Walter Costa. *O voto no Brasil*: da Colônia à 6ª República, p. 371.

[71] Cf. COMPARATO, Fábio Konder. Recolhimento forçado, ao Banco Central, de saldos de contas bancárias. *In*: COMPARATO, Fábio Konder. *Direito público: estudos e pareceres*, p. 179-193.

[72] O STF não concedeu a Medida Cautelar postulada em Ação Direta de Inconstitucionalidade proposta pelo PDT contra a MP nº 168. Posteriormente, ao julgar outra Ação Direta de Inconstitucionalidade proposta contra a Lei nº 8.024, na qual se convertera a referida MP, o STF afirmou a perda de objeto da ação, sem apreciar a constitucionalidade da medida, em decorrência da devolução integral dos ativos financeiros que haviam sido bloqueados.

[73] De acordo com o art. 14 da Lei nº 1.079/50, que trata do processo por crime de responsabilidade, qualquer cidadão pode denunciar o Presidente perante a Câmara dos Deputados.

[74] Pela Constituição, cabe a Câmara dos Deputados autorizar, por 2/3 de seus membros, a instauração de ação por crime de responsabilidade contra o Presidente da República (art. 51, I). O julgamento compete ao Senado (art. 52, I), sob a Presidência do Presidente do STF, sendo a condenação proferida por 2/3 dos senadores, para a pena de

29 de dezembro de 1992, que se prolongou pela madrugada do dia seguinte, Collor foi condenado por 67 votos a 3. Naquela sessão, ele ainda tentou uma última manobra: quando tudo já estava perdido, seu advogado lê sua carta de renúncia à Presidência. A estratégia era evitar a condenação e a imposição da pena de 8 anos de inabilitação para o exercício de função pública dela decorrente. O argumento era o de que a perda do cargo seria a sanção principal no processo de *impeachment*. Com a perda de objeto do principal, o acessório — a inabilitação para função pública por 8 anos — deveria seguir-lhe a sorte. Mas a manobra é refutada pelo Senado,[75] e a decisão do órgão é mantida pelo STF.[76]

O *impeachment* de Fernando Collor de Mello foi um teste importante para a Constituição de 88. Houve no país uma crise política séria e ela foi equacionada com base nos instrumentos da própria Constituição. Na história nacional, isto quase nunca ocorrera. No passado, crises desta monta seriam quase certamente resolvidas fora dos quadrantes do Direito Constitucional, provavelmente com envolvimento dos quartéis. O regime constitucional passou bem nessa primeira prova a que fora submetido.

Com o afastamento de Collor, o seu vice, Itamar Franco, que já estava exercendo provisoriamente a função, assume a Presidência para completar o seu mandato. Durante o governo de Itamar, ocorreram dois eventos de grande importância sob o prisma constitucional: o plebiscito sobre a forma e o regime de governo (art. 2º do ADCT) e a revisão constitucional (art. 3º do ADCT).

A realização do plebiscito, decidida em estágio avançado da Assembleia Nacional Constituinte,[77] fora solução compromissória para o impasse entre parlamentaristas e presidencialistas. Embora não houvesse à época controvérsia relevante sobre a adoção da forma republicana ou monárquica de governo, a proposta aprovada, por razões regimentais, fora construída sobre uma emenda popular que previa a consulta do eleitor também sobre tal questão, patrocinada na Constituinte pelo Deputado Cunha Bueno. O plebiscito foi aprovado de forma quase consensual, por 495 votos contra 23 e 11 abstenções, e agendado para o dia 7 de setembro de 1993,[78] data posteriormente antecipada para 21 de abril de 1993, pela Emenda Constitucional nº 2/92.[79]

"perda do cargo e inabilitação para o exercício de função pública, sem prejuízo das demais sanções judiciais cabíveis" (art. 52, Parágrafo único).

[75] A decisão de continuidade do processo, tomada por 73 votos a 8, foi redigida pelo Min. Sydney Sanches. Nela consta que "tendo ficado extinto, pela renúncia, o mandato presidencial do acusado, encerrou-se, no Senado, o processo de impeachment, por ter ficado prejudicado, quanto à sanção, que poderia impor a mesma extinção (art. 52, Parágrafo único, da Constituição Federal). No mais, atingido o quórum de dois terços, pela condenação do acusado, declaro que o Senado o condenou à inabilitação, por oito anos, para o exercício de função pública, nos termos do mesmo dispositivo constitucional".

[76] Contra a decisão do Senado, Fernando Collor de Mello impetrou no STF o Mandado de Segurança nº 21.689/DF, sendo Relator o Min. Carlos Mário Velloso. A sessão de julgamento ocorreu em 6 de dezembro de 1993 e dela participaram oito Ministros do STF: Carlos Mário Velloso, Ilmar Galvão, Celso de Mello, Moreira Alves, Octavio Gallotti, Sepúlveda Pertence, Paulo Brossard e Néri da Silveira. O julgamento no STF deu empate: quatro ministros manifestaram-se pela concessão da ordem — Ilmar Galvão, Celso de Mello, Moreira Alves e Octavio Gallotti —, e os quatro demais pela denegação. O STF decidiu então, de forma polêmica, suspender o julgamento e convocar os três Ministros mais antigos do STJ, para desempate. Em 16 de dezembro de 1993, os Ministros Willian Andrade Peterson, José Fernandes Dantas e Antônio Torreão Braz manifestam o seu voto contrário às pretensões do então ex-Presidente Collor, ensejando a denegação da segurança e a manutenção do ato do Senado. Para uma análise crítica desta decisão, cf. VIEIRA, Oscar Vilhena. *Supremo Tribunal Federal*: jurisprudência política, p. 109-120.

[77] Sessão de 03.06.1988.

[78] Cf. MARTÍNEZ-LARA, Javier. *Building democracy in Brazil*: the politics of constitutional change, 1985-1995, p. 144-145.

[79] A antecipação foi questionada no STF pelo PT, por meio da ADI nº 829-3/DF (Rel. Min. Moreira Alves), sob o argumento de que a data do plebiscito representava limite material implícito ao poder de reforma. A ação foi julgada improcedente em 14.04.1993, por 8 votos a 3. Esse julgamento é analisado no Capítulo 7.

A partir de janeiro de 1993, organizam-se três *fronts* de campanha, envolvendo parlamentares e organizações da sociedade civil, para a defesa das três opções em jogo: presidencialismo, parlamentarismo republicano e parlamentarismo monárquico. Eles tiveram acesso gratuito aos meios de comunicação social e elaboraram programas de televisão e rádio em que tentavam convencer o espectador sobre a superioridade dos seus modelos, mas não conseguiram provocar grande mobilização popular. Porém, o Tribunal Superior Eleitoral, numa curiosa decisão sobre a forma das cédulas de votação no plebiscito, estabeleceu que o eleitor não seria confrontado com três opções, mas com quatro, pois votaria duas vezes: uma primeira vez, para manifestar-se sobre a forma de governo — república ou monarquia —, e a outra, para decidir o regime de governo — presidencialismo ou parlamentarismo.[80] Surgia com isso a possibilidade teórica da escolha do paradoxal sistema de "monarquia presidencialista".[81]

O resultado das urnas chancelou o modelo vigente. Quanto à forma de governo, a república teve 66,06% dos votos, contra 10,21% da monarquia, havendo 10,49% de votos brancos e 13,24% de votos nulos. No que tange ao regime de governo, o presidencialismo recebeu 55,45% dos votos, contra 24,65% dados ao parlamentarismo, contabilizando-se 5,17% de votos em branco e 14,73% de votos nulos. O não comparecimento de eleitores foi muito elevado, considerando-se a obrigatoriedade do voto no Brasil: 25,76% do eleitorado não foi às urnas. Somando-se este percentual àquele correspondente aos votos nulos e em branco, infere-se que a fração dos eleitores que manifestou alguma escolha no plebiscito foi pouco superior à metade, o que é bem inferior ao que costuma ocorrer nos pleitos para cargos eletivos. Em suma: o plebiscito parece não ter despertado maior interesse no eleitor brasileiro.

Depois do plebiscito, veio o momento da revisão constitucional, instaurada em 6 de outubro de 1993. A revisão, prevista no art. 3º do ADCT, despontou cercada de intensa controvérsia jurídica e política. Os partidos e forças políticas situados à esquerda a ela se opunham, pois temiam que, com o processo simplificado de mudanças previsto texto constitucional — decisões pelo voto da maioria absoluta do Congresso, em sessão unicameral — pudessem ser revertidas as conquistas sociais obtidas durante a Assembleia Constituinte. Já as agremiações partidárias situadas mais à direita e os segmentos empresariais desejavam a revisão, para remover supostos excessos da Constituição e dar-lhe uma orientação econômica mais liberal.[82]

Diante de tal quadro político, surgiram três teses jurídicas sobre a revisão.[83] Para a primeira, ela não teria cabimento, pois só deveria ocorrer se o povo tivesse, no plebiscito, decidido por mudança na forma ou no sistema de governo. O propósito da revisão, para essa corrente, seria tão somente o de adequar o texto constitucional, de forma mais fácil, às eventuais mudanças decididas pelo eleitorado no plebiscito. Como o povo decidira no plebiscito manter o mesmo sistema político, não caberia a realização de revisão constitucional. A segunda tese era a de que a revisão e o plebiscito seriam

---

[80] Cf. PORTO, Walter Costa. *O voto no Brasil*: da Colônia à 6ª República, p. 389-394.
[81] A cientista política Maria Vitória Benevides, em artigo jornalístico publicado sobre o tema, afirmou que teria ocorrido "um verdadeiro insulto ao bom-senso na confecção da cédula. Entre outras impertinências, persiste o risco de vermos votado um mostrengo como 'monarquia presidencialista'. Mais uma vez, o mundo se curvará diante de nossa imaginação criadora" (*Apud* PORTO, Walter Costa. *O voto no Brasil*: da Colônia à 6ª República, p. 393).
[82] Cf. MELO, Marcus André. *Reformas constitucionais no Brasil*: instituições políticas e processo decisório, p. 59-76.
[83] Este debate é analisado de forma mais detida no Capítulo 7, que trata do Poder Constituinte Derivado.

institutos independentes, e que, portanto, a primeira ocorreria independentemente de qualquer alteração definida em via plebiscitária. Além disso, para os adeptos dessa interpretação, a revisão não estaria sujeita ao respeito às cláusulas pétreas, que limitariam apenas as emendas constitucionais, elaboradas de acordo com o procedimento previsto no art. 60 da Constituição. A posição intermediária, que prevaleceu na revisão, e foi confirmada pelo STF,[84] era no sentido de que a revisão deveria ocorrer, independentemente do resultado do plebiscito, mas que teria de respeitar todas as cláusulas pétreas, bem como o resultado da consulta plebiscitária.

A revisão constitucional, que teve como Relator o Deputado Nelson Jobim, acabou revelando-se um fiasco, com a aprovação de pouquíssimas mudanças no texto magno. Apesar de terem sido apresentadas mais de 17.000 propostas de alteração da Constituição, apenas 6 foram aprovadas pelo Plenário, representando mudanças pontuais no texto constitucional, que consubstanciaram as Emendas de Revisão nº 1 a nº 6.[85] Dentre os fatores que contribuíram para tal fracasso, pode-se citar: a falta de liderança do governo no processo;[86] o boicote dos partidos de esquerda; o fato de que, no decorrer da revisão, o Congresso atravessou grave crise, com a CPI do Orçamento, que desvendou esquema de corrupção envolvendo diversas lideranças parlamentares; e a aproximação das eleições de 1994.[87]

Em janeiro de 1994, o governo Itamar Franco lança o Plano Real, elaborado por equipe liderada pelo então Ministro da Fazenda, Fernando Henrique Cardoso, para enfrentar a espiral inflação que comprometia gravemente a economia nacional. O Plano obtém grande êxito e, na esteira do seu sucesso, Fernando Henrique Cardoso, lançado candidato à sucessão de Itamar pelo PSDB, consegue se eleger ainda em 1º turno, tomando posse em 1º de janeiro de 1995.[88]

No governo de Fernando Henrique Cardoso se inicia um importante ciclo de reformas constitucionais. Foram aprovadas, durante os seus dois mandatos, nada menos que 35 emendas constitucionais. Dentre as reformas realizadas no seu primeiro mandato, cabe salientar as promovidas na ordem econômica, de viés liberal, que suprimiram restrições ao capital estrangeiro (EC nº 6/95 e nº 7/95) e flexibilizaram monopólios estatais (EC nº 5/95, nº 8/95 e nº 9/95). Tais medidas foram acompanhadas por um amplo programa de privatizações[89] e por uma significativa mudança no perfil da atuação do Estado na esfera econômica. Se antes o Estado atuava frequentemente como empresário, doravante ele se concentrará na sua função reguladora da atividade econômica. Foram

---

[84] ADI-MC nº 981/PR, Rel. Min. Néri da Silveira. Julg. 17.12.1993.
[85] Dentre elas, a mais relevante foi a que reduziu o mandato presidencial de 5 para 4 anos (Emenda de Revisão nº 5).
[86] O governo do Presidente Itamar Franco só se mobilizou intensamente para aprovar a Emenda de Revisão nº 1, que criou o Fundo Social de Emergência, retirando recursos provenientes da arrecadação tributária do bolo que, pelo texto originário da Constituição, seria partilhado com estados e municípios.
[87] Cf. MELO, Marcus André. *Reformas constitucionais no Brasil*: instituições políticas e processo decisório, p. 60-68; COUTO, Cláudio Gonçalves. A longa constituinte: reforma do Estado e fluidez institucional no Brasil. *Dados – Revista de Ciências Sociais*, v. 41, n. 1; MARTÍNEZ-LARA, Javier. *Building democracy in Brazil*: the politics of constitutional change, 1985-1995, p. 188-189.
[88] Fernando Henrique Cardoso foi eleito com 54,28% dos votos válidos. Em segundo lugar, ficou o candidato do PT, Luiz Inácio Lula da Silva, com 27,04% dos votos. Cf. PORTO, Walter Costa. *O voto no Brasil*: da Colônia à 6ª República, p. 372.
[89] O programa de privatizações fora iniciado ainda durante o governo Collor, com a edição da Lei nº 8.031/90, mas se intensificou na gestão de Fernando Henrique Cardoso, com a alienação de grandes empresas estatais, como a Vale do Rio Doce e a Telebrás, em meio a intensa controvérsia política e disputa judicial.

criadas, naquela época, diversas agências reguladoras, com o argumento de que assim se despolitizava a regulação de determinadas áreas, tornando-a mais técnica e menos dependente das oscilações da política partidária, conferindo-se, desta forma, maior segurança para os investidores privados que nelas quisessem ingressar. Tais mudanças na ordem econômica sofreram forte oposição dos partidos da esquerda e de alguns setores da sociedade.

Em 4 de junho de 1997, o Congresso aprovou a polêmica Emenda Constitucional nº 16, que autorizou a reeleição, para um mandato consecutivo, do Presidente da República, dos governadores de Estado e dos prefeitos. Em 4 de outubro de 1998, Fernando Henrique Cardoso se reelegeu, de novo no primeiro turno, derrotando, mais uma vez, o candidato Luiz Inácio Lula da Silva.[90]

Em seu segundo mandato, Fernando Henrique patrocinou outras reformas importantes da Constituição, como a reforma administrativa (EC nº 19/98), promovida no afã de tornar a administração pública brasileira mais eficiente, flexível e "gerencial", e a reforma da Previdência (EC nº 20/98), voltada para o combate ao déficit do sistema previdenciário brasileiro. Tais reformas foram acompanhadas pela aprovação da Lei de Responsabilidade Fiscal (Lei Complementar nº 101/2000), que impôs limites mais rígidos aos gastos públicos nas três esferas da federação e em todos os poderes. Outra alteração constitucional relevante deste período foi a fixação de limites temáticos e a proibição de reedição das medidas provisórias, estabelecidas pela Emenda Constitucional nº 32/2001.

Nas eleições de outubro de 2002, Luiz Inácio Lula da Silva se elege pelo PT, derrotando, no segundo turno, o candidato do PSDB, José Serra.[91] A posse do novo Presidente, um ex-líder sindical, egresso das camadas mais humildes da população, foi um fato repleto de simbolismo. A ausência de qualquer de reação dos militares ou de outros setores da sociedade diante da eleição de uma liderança profundamente identificada com a esquerda e com os movimentos sociais revelou o amadurecimento institucional da democracia brasileira.

Lula, contrariando algumas expectativas, manteve as linhas gerais da política econômica do seu antecessor, evitando medidas de caráter heterodoxo, o que serviu à preservação da estabilidade econômica do país. Logo no início de seu governo, promoveu, por exemplo, significativa alteração no texto constitucional, desconstitucionalizando o sistema financeiro nacional. Em sua redação originária, o art. 192 da Constituição de 1988 determinava que lei complementar regularia o sistema financeiro nacional, devendo dispor sobre diversas matérias. No §3º do citado artigo, a Constituição chegava a determinar que "as taxas de juros reais" não poderiam ser superiores a doze por cento ao ano. A Emenda Constitucional nº 40/2003 revogou todos os incisos e parágrafos do art. 192. Manteve apenas o *caput*, com modificações. Dada a abertura semântica do preceito, pode-se afirmar que o sistema financeiro nacional ficou praticamente sem regulação no texto constitucional.

Porém, a despeito de ter mantido alguns aspectos centrais da orientação econômica de seu predecessor, Lula promoveu mudanças significativas no que toca às políticas

---

[90] Fernando Henrique Cardoso obteve neste pleito 53,06% dos votos válidos, e Lula, que ficou em segundo lugar, teve 31,71% destes votos. Cf. PORTO, Walter Costa. *O voto no Brasil*: da Colônia à 6ª República, p. 372.
[91] No primeiro turno, o candidato do PT teve 46,47% dos votos válidos, contra 23,19% obtidos por Serra. Em segundo turno, Lula teve 61,28% dos votos válidos, contra 39,725% do seu adversário.

sociais, intensificando as políticas públicas de caráter redistributivo, voltadas para a população mais carente, com destaque para o Programa Bolsa Família, com expressivos resultados do ponto de vista da melhoria das condições sociais do país. Durante o seu primeiro mandato, denúncias graves atingiram diversos integrantes do núcleo mais próximo de colaboradores do Presidente, que foram processados e condenados pelo STF, em um dos julgamentos mais rumorosos da história da Corte (Ação Penal nº 470), em decorrência do envolvimento em compra de votos de parlamentares visando a obter apoio para o governo no Congresso, em esquema que ficou conhecido como "mensalão".

Em outubro de 2006, Lula reelegeu-se para o seu segundo mandato, derrotando, no segundo turno, o seu principal adversário do PSDB, Geraldo Alckmin.[92] O Presidente encerrou o mandato com elevadíssimos índices de popularidade, que podem ser explicados não só por seu carisma pessoal, mas sobretudo pela expressiva melhoria das condições de vida da população brasileira, especialmente dos mais pobres. Apesar do apoio popular, Lula não incidiu na tentação de buscar nas urnas um terceiro mandato, o que demandaria uma emenda constitucional autorizadora, de discutível constitucionalidade. Nesse e em outros pontos, o ex-Presidente mostrou-se mais alinhado aos valores democráticos do que outros Presidentes latino-americanos contemporâneos, que não souberam resistir à perigosa tentação do continuísmo. Com isso, Lula "institucionalizou seu carisma".[93] Se ele, com seus índices de popularidade tão elevados, não alterou as regras constitucionais para se perenizar no poder, dificilmente outro governante, pelo menos no futuro próximo, terá condições de fazê-lo.

O ritmo de emendas constitucionais manteve-se intenso durante o governo Lula. Ao longo dos seus dois mandatos foram aprovadas 30 alterações à Constituição. Dentre elas, cabe ressaltar, pela relevância, a Emenda Constitucional nº 45, que promoveu importantes alterações no Poder Judiciário, com destaque para a criação do Conselho Nacional de Justiça e da súmula vinculante.

O Presidente Lula foi sucedido por Dilma Rousseff, também filiada ao PT, que fora a sua Ministra-Chefe da Casa Civil. A nova Presidenta, apesar de gestora pública tarimbada, não tinha qualquer experiência pretérita em pleitos eleitorais. Não obstante, derrotou nas urnas, em segundo turno, o candidato José Serra, do PSDB, beneficiando-se da ampla popularidade do governo Lula, que integrara com destaque.[94] Trata-se da primeira mulher a presidir o Brasil, fato que se reveste de grande simbolismo num país marcado por profunda desigualdade de gênero, em que a cultura política e social ainda mantém fortes ranços sexistas.

Desde a posse da Presidenta Dilma até a conclusão desta edição, a Constituição já foi emendada nove vezes, mantendo-se a elevada média nacional de três emendas por ano. A partir de junho de 2013, passaram a ocorrer em todo o país importantes mobilizações populares de protesto, em que variadas insatisfações da população foram

---

[92] No primeiro turno, Lula obtivera 48,61% dos votos válidos, contra 41,64% alcançados por Alckmin. No segundo turno, ele elegeu-se com 60,83% dos votos válidos, contra 39,17% do seu oponente.

[93] A expressão foi empregada por Bruce Ackerman a propósito de Nelson Mandela, que igualmente deixou de concorrer à reeleição em um contexto de popularidade máxima, com o que logrou consolidar a transição democrática na África do Sul. Cf. ACKERMAN, Bruce. O novo constitucionalismo mundial. *In*: CAMARGO, Margarida Maria Lacombe (Org.). *1988-1998*: uma década de Constituição.

[94] No primeiro turno da eleição, Dilma obteve 46,91% dos votos válidos, contra 32,61% dados a José Serra e 19,33% a Marina Silva. No segundo turno, Dilma recebeu 56,05% dos votos válidos, contra 43,95% atribuídos a Serra.

veiculadas: má qualidade dos serviços públicos, falta de representatividade do sistema político, corrupção, violência policial etc. Reagindo a estas manifestações, a Presidenta chegou a propor a realização de "constituinte exclusiva", para que deliberasse exclusivamente sobre a reforma política. A ideia foi rechaçada por variados setores da sociedade, o que não deixa de representar uma afirmação da legitimidade de que se reveste a Constituição Federal de 1988. O tema da reforma política permaneceu, porém, como uma das grandes questões nacionais. Diante do imobilismo das forças políticas em atuação no Brasil, no final de 2013, o STF iniciou o julgamento da ADI nº 4.650, ajuizada pela OAB — e resultante de representação formulada pelos autores desta obra — para impugnar regras relativas ao financiamento das campanhas eleitorais, que promovem excessiva infiltração do poder econômico na política.

4.7 Conclusão

Desde que a Constituição de 88 foi editada, o Brasil tem vivido um período de normalidade institucional, sem golpes ou quarteladas. As crises políticas que surgiram neste intervalo têm sido resolvidas com base nos instrumentos previstos pela própria Constituição. As instituições constitucionais têm funcionado regularmente — algumas melhor do que outras, como é natural. As forças políticas importantes parecem aceitar as regras do jogo constitucional e não há atores relevantes que alentem o projeto de subverter estas regras em benefício dos seus projetos particulares. Há eleições livres e regulares no país, um Poder Judiciário que funciona com independência e um razoável respeito às liberdades públicas. Aumentou, na sociedade, a consciência sobre os direitos e os movimentos reivindicatórios incorporaram a gramática constitucional à sua estratégia de luta. A Constituição passou a ser encarada com uma autêntica norma jurídica, e não mera enunciação de princípios retóricos, e tem sido cada vez mais frequentemente invocada na Justiça, inclusive contra os atos ou omissões inconstitucionais dos poderes majoritários. Uma análise histórica desapaixonada concluiria que, se ainda estamos longe de atingir o ideário do Estado Democrático de Direito, a distância hoje é menor do que foi em qualquer outro momento da trajetória institucional do país.

Sem dúvida, subsistem no país gravíssimos problemas, que impactam negativamente o nosso constitucionalismo. O patrimonialismo e a confusão entre o público e o privado continuam vicejando, a despeito do discurso constitucional republicano. O acesso aos direitos está longe de ser universal e as violações perpetradas contra os direitos fundamentais das camadas subalternas da população são muito mais graves e rotineiras do que as que atingem os membros das elites. A desigualdade permanece uma chaga aberta e a exclusão que ela enseja perpetua a assimetria de poder político, econômico e social. Há sério déficit de representatividade do Poder Legislativo, que é visto com desconfiança pela população. E a Constituição é modificada com uma frequência maior do que seria desejável.

Não há como ignorar estes problemas e déficits do constitucionalismo brasileiro. Mas a sua constatação não deve impedir o reconhecimento do seu significativo avanço sob a égide da Constituição de 1988.

CAPÍTULO 5

TEORIA DA CONSTITUIÇÃO E FILOSOFIA CONSTITUCIONAL

5.1 Nota preliminar

Serão examinadas neste capítulo as principais teorias que buscam descrever o fenômeno constitucional, além de algumas das mais importantes concepções prescritivas sobre a Constituição. Um dos critérios tradicionais para distinguir os campos da teoria e da filosofia constitucional é a pretensão de apenas descrever ou de também prescrever conteúdos constitucionais: a teoria da Constituição seria descritiva, enquanto a filosofia constitucional teria pretensões prescritivas, buscando justificar racionalmente o modelo mais adequado de Constituição. No entanto, é comum que as diversas propostas formuladas no campo da teoria da Constituição também possuam dimensões normativas (prescritivas), e que as filosofias constitucionais não sejam estranhas ao constitucionalismo efetivamente praticado em cada contexto sociopolítico. Portanto, não há como separar, de forma estanque, a teoria da filosofia constitucional. Nada obstante, este capítulo, por razões didáticas, está dividido em duas seções: a primeira trata de teorias da Constituição, abordando contribuições que, em sua maior parte, foram elaboradas por juristas e já estão incorporadas à dogmática e à literatura constitucional brasileiras. Já a segunda parte analisa a projeção na teoria constitucional de algumas concepções defendidas no âmbito da filosofia política. O terreno aqui é um pouco mais difícil, pois a explanação da matéria não terá como prescindir da exposição de temas mais filosóficos, com os quais os operadores do Direito no Brasil geralmente não estão familiarizados.

Como já destacado no Capítulo 2, o tema da Constituição remonta à antiguidade greco-romana. Sem embargo, o presente capítulo considerará apenas as teorias e filosofias constitucionais formuladas a partir do advento do constitucionalismo moderno.

Os principais estudos de teoria e filosofia da Constituição têm sua origem em outros países, sobretudo na Alemanha e Estados Unidos, razão pela qual as seções seguintes estão centradas na análise de autores que formularam suas contribuições tendo em vista outras ordens constitucionais. Apesar dessa origem externa, tais ideias podem ser úteis para a compreensão do constitucionalismo brasileiro, que não é original em todas as suas dimensões, combinando padrões comuns às experiências de outros povos. Desde que mediadas pela investigação das circunstâncias específicas de nossa realidade, essas concepções e teorias não são "ideias fora do lugar", como por vezes ocorre entre nós, quando importamos, sem crítica, proposições formuladas levando em conta realidades que nos são absolutamente estranhas.[1]

5.2 Teorias da Constituição

5.2.1 A teoria constitucional do constitucionalismo liberal: o idealismo constitucional

O constitucionalismo é o movimento político que propugna pelo estabelecimento de uma Constituição que limite e organize o exercício do poder político. O primeiro constitucionalismo foi liberal, inspirado pelas revoluções burguesas dos séculos XVII e XVIII, advindas da insurgência contra o Estado absolutista. Sua preocupação primeira era com o estabelecimento de constituições que limitassem o exercício do poder político, impedindo o arbítrio dos governantes. Para realizar essa função, as constituições deveriam possuir normas com dois conteúdos: normas instituidoras de direitos individuais e normas que organizassem o Estado de acordo com o princípio da separação de poderes. O arranjo institucional integrado por esses dois elementos configuraria um Estado constitucional moderado, capaz de proteger a vida, as liberdades, a segurança e propriedade dos indivíduos

A teoria da Constituição produzida até o século XX dedicou grande atenção ao problema da vinculação das constituições a esse conteúdo material, ora proclamando esse vínculo, ora criticando o idealismo que o sustenta. A primeira linha se identifica à formulação de um *conceito ideal* da Constituição. O conceito é ideal por ser formulado em razão da própria matéria que a Constituição deve conter: aquela correspondente ao modelo liberal de Estado. O papel das constituições é organizar o exercício do poder político e limitá-lo. Os documentos normativos que não tratam dessa matéria não podem ser considerados constitucionais, mesmo que sejam assim intitulados. O constitucionalismo, como movimento político, só teria sentido se a Constituição fosse concebida em conformidade com o seu conceito ideal, que veicula os objetivos de racionalizar, limitar e moderar o exercício do poder político. Tal conceito de Constituição tem a sua formulação mais conhecida e influente no art. 16 da Declaração dos Direitos do Homem e do Cidadão, documento produzido no contexto da Revolução Francesa: "A sociedade em que não esteja assegurada a garantia dos direitos nem estabelecida a separação dos poderes não tem Constituição". Nessa linha, um dos principais filósofos políticos do século XIX, o francês Benjamin Constant, definia a Constituição como a "garantia da

---

[1] SCHWARZ, Roberto. As idéias fora do lugar. *In*: SCHWARZ, Roberto. *Ao vencedor as batatas*: forma literária e processo social nos inícios do romance brasileiro.

liberdade de um povo", razão pela qual "tudo o que assegura a liberdade é constitucional, mas nada é constitucional senão para assegurá-la: estender a constituição a tudo é atrair todos os perigos para ela".[2]

Na história constitucional brasileira, o conceito ideal de Constituição teve relevância prática mais direta na Constituição de 1824, cujo art. 178 estabelece um procedimento mais rigoroso para a alteração das normas relativas à estruturação e limitação do poder e aos direitos políticos e individuais dos cidadãos. O restante do texto constitucional poderia ser alterado de acordo com o procedimento legislativo ordinário. Essa Constituição adotava o conceito ideal para distinguir as normas materialmente constitucionais dos demais preceitos integrantes do texto constitucional, conferindo apenas àquelas o atributo da rigidez.

Com o predomínio do positivismo jurídico, a concepção ideal da Constituição cedeu espaço a outras construções, mais focadas na forma constitucional do que no seu conteúdo. Todavia, com a crise do positivismo, a partir da segunda metade do século XX, o componente ideal volta a penetrar em teorias e filosofias contemporâneas da Constituição, agora associado a outras dimensões. O elemento ideal, porém, é enriquecido com novos aportes, relacionados a temas como democracia e igualdade material, que não se enquadravam na moldura do liberalismo-burguês dos séculos XVIII e XIX.

5.2.2 A Constituição como fato social: os fatores reais de poder

A teoria idealista da Constituição sempre foi objeto de duras críticas. Já no século XIX, seus críticos sustentavam que o modelo de Estado concebido pelas constituições liberais não correspondia à realidade concreta das sociedades. Embora as normas constitucionais positivassem a liberdade e a igualdade, a realidade social era marcada pelo arbítrio e pela desigualdade. As proclamações constitucionais seriam, a rigor, desprovidas de maiores consequências práticas, sendo incapazes de incidir efetivamente sobre uma realidade social refratária. O conceito de Constituição deveria, por isso, ser formulado em termos sociológicos; a teoria da Constituição deveria refletir a "Constituição real", espelhando os padrões sociopolíticos efetivamente em vigor em cada sociedade.

A primeira crítica significativa ao constitucionalismo idealista apoiada nesse tipo de argumento foi feita por Ferdinand Lassalle. Pensador socialista envolvido nas lutas políticas e sociais da Alemanha do século XIX, Lassalle definiu a Constituição como a resultante dos *fatores reais de poder* atuantes em determinada sociedade. Os fatores reais de poder relevantes na Prússia[3] da época eram o rei, a burguesia, os banqueiros, a classe operária, dentre outros. A Constituição escrita que não correspondesse a esses fatores reais de poder seria uma mera *folha de papel*, desprovida de importância na realidade social do país. Para Lassale, a "essência da Constituição" advém da realidade social em que o texto constitucional estiver inserido, e não das normas nele positivadas:

---

[2] CONSTANT, Benjamin. *Cours de politique constitutionnelle*, p. III.
[3] A Prússia era um dos Estados que veio a formar a Alemanha, após a sua unificação. Lassale produziu a sua obra antes da unificação alemã.

Os problemas constitucionais não são problemas de direito, mas do poder; a verdadeira constituição de um país somente tem por base os fatores reais e efetivos do poder que naquele país vigem e as constituições escritas não têm valor nem são duráveis a não ser que exprimam fielmente os fatores do poder que imperam na realidade social: eis aí os critérios fundamentais que devemos sempre lembrar.[4]

Lassale foi contemporâneo de Karl Marx, tendo travado com ele algumas polêmicas no contexto das lutas sociais da época. Contudo, pode-se se extrair da obra de Marx conclusão análoga à de Lassale. O Direito e o Estado seriam, na sua ótica, manifestações superestruturais das relações de produção existentes na sociedade, plenamente subordinadas a essas. O discurso liberal de garantia da liberdade e da igualdade exerceria a função ideológica de ocultar as desigualdades verificadas nas sociedades capitalistas, caracterizadas pela relação entre explorados e exploradores, contribuindo para a formação de uma falsa consciência. O marxismo denuncia que a igualdade e a liberdade do liberalismo, proclamadas pelas constituições, seriam apenas formais e não reais.

No Brasil, a contribuição mais importante à crítica ao idealismo da teoria constitucional foi oferecida por um jurista conservador da primeira metade do século XX, Oliveira Vianna. O autor criticava a falta de correspondência entre o idealismo da Constituição, concebida de acordo com as ideias liberais predominantes na Europa e nos Estados Unidos, e a realidade política e social do Brasil, que exigia instituições diferentes:

> Esta desconformidade ou desarmonia entre a realidade subjetiva, criada pela tradição (elementos imanentes), e a realidade externa, criada pelo novo sistema de normas (elementos transcendentes) é que explica o fracasso das reformas políticas, dos novos tipos de regimes, das novas Constituições, quando aberrantes dos costumes ou da tradição do povo.[5]

Apesar do verdadeiro abismo ideológico entre o pensamento de Lassale e o de Oliveira Vianna, ambas as concepções sobre o fenômeno constitucional convergem na afirmação de que a Constituição não deve ser definida em termos idealistas. O fato é que o estranhamento entre o constitucionalismo liberal e a realidade da vida política e social do início do século XX exigiu que se repensasse o conceito de Constituição.

5.2.3 O positivismo constitucional de Hans Kelsen

No início do século XX, muitas das novas Constituições escritas se afastaram da matriz liberal, inspiradora do constitucionalismo clássico, passando a conter prescrições não relacionadas às tarefas de limitar e estruturar o poder político. Os novos textos constitucionais positivavam normas de teor bastante variado, sobre temas como economia, família, cultura etc. No novo contexto, não havia como definir a Constituição apenas a partir de seu conteúdo material, como propugnava a teoria idealista.

Era especialmente significativa, naquele cenário, a Constituição alemã de 1919, chamada "Constituição de Weimar" — um dos documentos constitucionais mais influentes da história, apesar de sua curta vigência —, que, de fato, passou a ser meramente

---

[4] LASSALE, Ferdinand. *A essência da Constituição*, p. 67.
[5] OLIVEIRA VIANNA. *Instituições políticas brasileiras*.

formal com a ascensão do nazismo. Elaborada em um contexto de intensa turbulência política, a Constituição de Weimar é o resultado de influências ideológicas diversas. Além de estruturar o Estado alemão e de positivar direitos individuais, a Constituição dispunha, por exemplo, sobre a organização da economia (art. 151) e sobre a função social da propriedade (art. 153), estabelecendo direitos trabalhistas (arts. 157-165) e previdenciários (art. 161) — matérias absolutamente estranhas ao constitucionalismo do Estado liberal.

Com a alteração do papel das constituições, torna-se impossível a definição da Constituição a partir do conteúdo das suas normas. Para abranger uma multiplicidade razoável de textos constitucionais, o conceito de Constituição deveria se ater aos seus aspectos formais. Essa era a concepção de Hans Kelsen, principal expositor dessa vertente teórica. Quer estabeleça uma ditadura, quer institua um governo democrático, a Constituição, para Kelsen, define-se por ocupar o ápice do ordenamento jurídico. Não é característica necessária das constituições a organização do exercício do poder em termos liberais.

De acordo com esta vertente, as constituições possuem em comum a supremacia formal; ou seja, o fato de ocuparem o ápice da ordem jurídica, provendo fundamento de validade para o restante do ordenamento. Kelsen propõe a imagem de uma pirâmide para representar a estrutura escalonada da ordem jurídica.[6] O fundamento de validade das sentenças judiciais é provido pelas leis; o fundamento de validade das leis, pela Constituição. A sentença judicial é válida porque a lei conferiu ao juiz poder para proferi-la; a lei é válida porque a Constituição concedeu ao legislador a respectiva competência legislativa. Portanto, a sentença é válida porque foi produzida, ainda que indiretamente, em conformidade com a Constituição.

Remanesce, todavia, o problema do fundamento de validade da própria Constituição. Kelsen identifica-o na denominada "norma hipotética fundamental". Trata-se de pressuposto lógico segundo o qual devem ser cumpridas as normas elaboradas de acordo com a Constituição: "a proposição fundamental da ordem jurídica estadual diz: devem ser postos atos de coerção sob os pressupostos e pela forma que estatuem a primeira Constituição histórica e as normas estabelecidas em conformidade com ela. Em forma abreviada: devemos conduzir-nos como a constituição prescreve".[7] Não enfrentaremos o ponto no presente estudo, cuja pretensão é apenas introdutória. No entanto, cabe ressaltar que a norma hipotética fundamental costuma ser apontada como "calcanhar de Aquiles" da teoria kelseniana. Tanto é assim que, diante da evidente insuficiência do argumento, Kelsen foi obrigado a fazer concessões de cunho sociológico para dar sustentação a seu modelo, como se verá a seguir.

A *Teoria Pura do Direito*, além de negar que a validade das normas decorra da correção de seu conteúdo material, como defendia a teoria idealista, também rejeita que ela derive de sua eficácia social. A eficácia não é requisito de validade da norma jurídica singular. Mesmo uma norma socialmente ineficaz será considerada válida se tiver sido produzida em conformidade com o procedimento previsto no ordenamento jurídico e não estiver em desacordo com as normas superiores. A eficácia é, porém, requisito de validade do ordenamento jurídico como um todo: "uma ordem jurídica

---

[6] KELSEN, Hans. *Teoria pura do direito*, 6. ed., p. 247 *et seq.*
[7] KELSEN, Hans. *Teoria pura do direito*, 6. ed., p. 224.

é considerada válida quando as suas normas são, numa consideração global, eficazes, quer dizer, são de fato observadas e aplicadas".[8] Quando o ordenamento jurídico é globalmente respeitado e aplicado, as normas produzidas conforme os procedimentos por ele prescritos são válidas. Mesmo o normativismo de Kelsen faz essa importante concessão sociológica. No normativismo de Kelsen, a referência ao mundo dos fatos esgota-se, todavia, nessa inferência. Sendo o ordenamento globalmente eficaz, faz sentido pressupor a norma hipotética fundamental, e, a partir dela, estruturar uma cadeia hierarquizada de validação do Direito, pela qual o fundamento de validade da norma inferior é sempre encontrado na norma superior.

Por outro lado, na virada do século XIX para o século XX amplia-se a influência do positivismo no campo do Direito. Na primeira metade do século XX, Kelsen foi o principal expoente dessa corrente jusfilosófica. Para o positivismo, a tarefa da teoria constitucional seria simplesmente descrever com objetividade a Constituição, e não prescrever para ela um conteúdo determinado, como pretendia a teoria idealista do constitucionalismo liberal. Para o positivismo, não seria jurídica a definição do conteúdo ideal das normas jurídicas: o Direito deve se ocupar das normas como são, e não de como elas deveriam ser. Isso valeria também para a Constituição. É nesse sentido que Kelsen propõe que se exclua da investigação da Ciência do Direito "tudo quanto não pertença a seu objeto" — a política, a sociologia, a ética etc.[9]

A teoria kelseniana não deixa de sustentar que as Constituições devem possuir um determinado conteúdo: devem conter normas que estabeleçam competências e procedimentos. Como, para Kelsen, o ordenamento jurídico é escalonado, e a Constituição ocupa o seu ápice, ela deve conter normas que atribuam poderes para as autoridades estatais produzirem outras normas. A expressão "Constituição material" é utilizada por Kelsen para designar justamente as normas que regulam a produção de outras normas. A "Constituição formal" é o documento escrito, que pode conter, além das normas da constituição material (relativas a competências e procedimentos), também normas atinentes a outros assuntos.[10] A inferência de que as constituições devem conter normas de competência e procedimento não é feita, porém, em razão de seu teor político ou ideológico, a respeito do qual a teoria pura do Direito entende que não deve se pronunciar. A Constituição material pode estabelecer uma democracia, mas também uma ditadura, e não deixará de ser definida como Constituição por adotar essa última orientação.

O conceito formal-normativo de Constituição angariou grande prestígio ao longo de todo o século XX, predominando ainda hoje no âmbito do pensamento jurídico mais convencional. Embora seja rara a adesão integral à teoria pura do Direito, a referência a elementos formais tem predominado na formulação do conceito de Constituição. Isso não ocorreu, porém, sem que se formulassem alternativas bastante influentes, algumas das quais no âmbito do debate instaurado em torno da Constituição Weimar. Os itens seguintes abordam algumas dessas alternativas.

---

[8] KELSEN, Hans. *Teoria pura do direito*, 6. ed., p. 237. No mesmo sentido: KELSEN, Hans. *Teoria geral do direito e do Estado*, p. 58.
[9] KELSEN, Hans. *Teoria pura do direito*, 6. ed., p. 1.
[10] KELSEN, Hans. *Teoria pura do direito*, 6. ed., p. 248, 258.

5.2.4 A Constituição como "decisão política fundamental" (Carl Schmitt)

No importante debate constitucional travado no cenário da Constituição de Weimar surgiram teorias alternativas tanto ao idealismo da corrente liberal quanto ao formalismo de Kelsen e de outros positivistas. Os protagonistas daquele debate sustentavam, de diferentes maneiras, teorias constitucionais centradas na realidade concreta. Eram as "teorias materiais da Constituição" — materiais por privilegiarem elementos oriundos da realidade constitucional, e não por prescreverem determinado conteúdo particular.

A teoria mais influente nessa linha foi proposta por Carl Schmitt, para o qual a Constituição deveria ser definida como a "decisão política fundamental" do poder constituinte. Trata-se da decisão política que modela a substância do regime. Em relação à "decisão política fundamental, (...) *todas as regulações normativas são secundárias*". A Constituição, para Schmitt, não se confunde com as "leis constitucionais". Ela consiste na manifestação concreta do poder político, que toma a decisão fundamental, pondo fim ao conflito antes existente e definindo as bases do novo regime: uma democracia ou uma ditadura, um Estado capitalista ou socialista etc. As "leis constitucionais" — leia-se, a Constituição escrita —, podem conter diversos elementos que não sejam propriamente constitucionais, porque dissociados da decisão política fundamental do poder constituinte.

O conceito de Constituição de Carl Schmitt não se apoia em critérios de justiça ou racionalidade do conteúdo normativo adotado, como sustenta a teoria ideal. Para Schmitt, o poder constituinte pode estabelecer qualquer conteúdo constitucional, inclusive um completamente divergente dos princípios do Estado Liberal.[11] Nisso repousa o aspecto central da sua concepção "decisionista", que considerava a Constituição não como a positivação de um sistema racional de princípios, mas como um ato de "vontade" do poder constituinte. Sob um prisma normativo, a decisão "nasce do nada"; é uma *creatio ex nihilo*. Para Schmitt, tal como, antes dele, sustentara Thomas Hobbes, *auctoritas non veritas facit legem*.[12] O poder constituinte é poder político "existencial", e soberano é quem, de fato, toma a decisão constituinte.[13] A Constituição, nessa perspectiva, resulta de um ato de vontade, não sendo decorrência da razão nem de nenhuma fonte de legitimação acima da realidade da vida política.

O instrumento principal para preservar a decisão política fundamental é o "estado de exceção". Quando o estado de exceção é decretado, a Constituição formal é suspensa, pelo menos em parte. Deixam de vigorar, por exemplo, as garantias da liberdade dos cidadãos. O governo passa a dispor de meios excepcionais para proteger e reafirmar a decisão política fundamental. Tem lugar uma "autoridade ilimitada", e a vontade do soberano prevalece sobre as "leis constitucionais". O objetivo é promover

---

[11] SCHMITT. *Teoría de la Constitución*, p. 45 *et seq*.
[12] SCHMITT, Carl. I tre tipi di pensiero giuridico. *In*: SCHMITT, Carl. *Le categorie del "politico"*, p. 263. Cf. BRANCO, Pedro H. Villas Boas Castelo. Auctoritas non veritas facit legem. *In*: MAIA, Antonio Cavalcanti *et al*. (Org.). *Perspectivas atuais da filosofia do direito*; MACEDO JUNIOR, Ronaldo Porto. O decisionismo jurídico de Carl Schmitt. *Lua Nova – Revista de Cultura e Política*, n. 32.
[13] SCHMITT, Carl. *Political Theology*: Four Chapters on the Concept of Sovereignty, p. 9-13, 32-33. Sobre o tema, cf., p. ex.: GHETTI, Pablo Sanges. Da teoria da constituição ao desafio da legitimidade: a trajetória de radicalização do poder constituinte na obra de Carl Schmitt. *In*: MAIA, Antonio Cavalcanti *et al*. (Org.). *Perspectivas atuais da filosofia do direito*.

a "manutenção" e a "subsistência" do regime instituído, não transformá-lo. O contexto criado pela decretação do "estado de exceção" pode até ser utilizado para se tomar uma nova "decisão política fundamental". Mas, então, haverá uma nova Constituição, descomprometida com a anterior.[14]

No Brasil, a teoria decisionista de Schmitt exerceu relevante influência. Seu principal representante foi o jurista conservador Francisco Campos,[15] redator da Constituição de 1937, instituidora da ditadura do Estado Novo, e do preâmbulo do Ato Institucional nº 1, com o qual se inaugurou a ditadura militar de 1964. Em ambos os casos, a "decisão política fundamental" revela-se com força e clareza, ostentado a pretensão de por fim aos conflitos sociais e de instaurar um contexto de paz social com base na autoridade emanada de um centro de poder pouco aberto ao pluralismo: "as decisões políticas fundamentais são declaradas tabu e integralmente subtraídas ao princípio da livre discussão".[16] Como está afirmado no preâmbulo do Ato Institucional nº 1, a decisão política fundamental legitima a si própria, não buscando fundamento de validade em nenhuma norma superior: "Fica, assim, bem claro que a revolução não procura legitimar-se através do Congresso. Este é que recebe deste Ato Institucional, resultante do exercício do Poder Constituinte, inerente a todas as revoluções, a sua legitimação".

Tanto em Schmitt quanto em Campos, o decisionismo revela sua vocação autoritária. Ele está inserido em uma tradição de pensamento apoiada em um diagnóstico pessimista acerca do ser humano e da sociedade. O ser humano é tido como vocacionado para o conflito, sendo a sociedade um espaço de disputa. A política é concebida como uma relação entre "amigo e inimigo" que se confrontam, em que um dos lados tem de prevalecer. De acordo com esta concepção, o poder político deve interferir incisivamente para por fim aos conflitos sociais e estabelecer a ordem. Não é por outra razão que desse tipo de construção resultam Estados autoritários. A ênfase na ordem, em detrimento do pluralismo e da liberdade, é a marca da tradição política autoritária na qual está inserido o decisionismo. Nesta tradição, a ditadura não é vista como necessariamente negativa, mas como alternativa aceitável à desordem e à guerra, que ameaçariam em maior grau a vida e a propriedade das pessoas.[17]

5.2.5 A Constituição como processo de integração (Rudolf Smend)

No contexto da República de Weimar, outro crítico às teorias ideais e formais da Constituição foi o jurista Rudolf Smend, que agregou um elemento que se tornaria central para a teoria da Constituição formulada posteriormente: a *dinâmica constitucional*. A Constituição é definida como um "processo de integração", realizado de acordo com a dinâmica social.[18] A teoria proposta por Smend também procura dar conta da realidade

---

[14] SCHMITT, Carl. *Teoría de la Constitución*, p. 50.
[15] Cf. BONAVIDES, Paulo. Francisco Campos: o antiliberal. In: CAMPOS, Francisco. *Discursos parlamentares*; SANTOS, Rogério Dultra dos. Francisco Campos e os fundamentos do constitucionalismo antiliberal no Brasil. *Dados – Revista de Ciências Sociais*, v. 50, n. 2.
[16] CAMPOS, Francisco. A política e o nosso tempo. In: CAMPOS, Francisco. *O Estado Nacional*, p. 28.
[17] Assume preocupante pertinência a conhecida sentença de Clausewitz, para o qual "a guerra não é somente um ato político, mas um verdadeiro instrumento político, uma continuação das relações políticas, uma realização destas por outros meios" (*Da guerra*, p. 27).
[18] SMEND, Rudolf. *Constitución y derecho constitucional*, p. 133.

constitucional, como a teoria sociológica de Lassalle, mas tal realidade é concebida de modo dinâmico e não estático. Além disso, Smend não exclui o elemento normativo, inserindo-o em sua concepção de Constituição.[19]

Nas palavras de Smend, a Constituição normativa não pode senão consistir em uma representação legal de "aspectos determinados" do permanente processo de integração, devendo levar em consideração, para se tornar socialmente eficaz, os "impulsos e motivações sociais da dinâmica política, integrando-os progressivamente". Os "artigos da Constituição" podem, no máximo, "inspirar a dinâmica política", sem "abarcar a sua totalidade". O "processo de integração", ao qual o Estado está permanentemente sujeito, possui dimensões "pessoais", "espirituais", "funcionais" e "materiais" que não se deixam abranger totalmente pelo texto constitucional.[20] A Constituição, para Smend, está em permanente desenvolvimento, o qual envolve fatores espirituais, sociais, individuais e coletivos.[21] Nesse sentido, Smend defende que o Direito Constitucional seja concebido à luz do método das "ciências do espírito", do que resulta a integração do elemento valorativo na teoria constitucional, que havia sido rejeitado por Kelsen.[22] Não por outra razão a interpretação constitucional deve ser efetuada de forma "extensiva" e "flexível".[23]

Apesar de crítica da perspectiva normativista, a teoria de Smend se distancia também de modo significativo da tese sustentada por Schmitt. A teoria de Schmitt é estática. A "decisão política fundamental" ocorre em um momento estanque da história constitucional. Mesmo nos contextos de "exceção", o que tem lugar é a reafirmação da decisão política fundamental, com o objetivo de promover a "manutenção" e a "subsistência" da Constituição. A teoria de Smend, ao contrário, é dinâmica. A Constituição, na sua concepção, é a "dinâmica vital na qual se desenvolve a vida do Estado". Seu olhar recai sobre a estrutura social em toda a sua complexidade, sobre as infinitas decisões tomadas no quotidiano, e não sobre um momento qualquer de exercício do "poder constituinte".

5.2.6 A Constituição total: a tentativa de integração das dimensões normativas, sociais e políticas (Herman Heller)

Nesse mesmo debate em torno da Constituição de Weimar, outra contribuição importante foi a de Herman Heller. A perspectiva de Heller se insere em um momento de síntese entre as teorias normativa e sociológica, no sentido da formulação de um conceito unitário (também chamado de total ou estrutural) de Constituição. A Constituição, além de ser norma, é também realidade social; é um padrão seguido normalmente

---

[19] LUCAS VERDÚ, Pablo. *La lucha contra el positivismo jurídico en la República de Weimar*: la teoría constitucional de Rudolf Smend.
[20] SMEND, Rudolf. *Constitución y derecho constitucional*, p. 62 et seq.
[21] Cf. KORIOTH, Stefan. Introduction. *In*: JACOBSON, A. J.; SCHLINK, Bernard (Ed.). *Weimar*: a Jurisprudence of Crisis.
[22] LUCAS VERDÚ, Pablo. Reflexiones en torno e dentro del concepto de constitución: la Constitución como norma e como integración política. *Revista de Estudios Políticos*, n. 83.
[23] SMEND, Rudolf. *Constitución y derecho constitucional*, p. 191. Sobre a importância da contribuição de Smend para a hermenêutica constitucional, cf. BÖCKENFÖRDE, Ernst-Wolfgang. Los métodos de la interpretación constitucional: inventario y crítica. *In*: BÖCKENFÖRDE, Ernst-Wolfgang. *Escritos sobre derechos fundamentales*, p. 27 et seq.

em determinada sociedade.²⁴ Porém, o reconhecimento de que a Constituição é também realidade constitucional não resulta na negação de que as normas integrem a Constituição. Para Heller, o elemento real, por ele chamado de "normalidade", e o elemento normativo são dois componentes indissociáveis da estrutura constitucional.²⁵

Heller, no contexto do debate de Weimar, foi um dos principais críticos de Schmitt, contrapondo-se especialmente à noção segundo a qual a política pode ser entendida como relação "amigo-inimigo". O que caracteriza a democracia, para Heller, não é exatamente "a discussão pública como tal", mas a existência de um "fundamento comum para a discussão". O fundamental do argumento de Heller não é afirmar que a política nunca assume a forma de uma relação "amigo-inimigo", o que até pode ocorrer. Mas pode também ser evitado, se houver um contexto de igualdade social razoável, que possibilite a interação cooperativa entre os cidadãos, aliviando o litígio entre as forças que assumem posições divergentes no processo político-democrático.²⁶ Só há deliberação sobre o bem comum se os participantes do processo político percebem que, para além das diferenças, todos mantêm interesse na manutenção da estabilidade democrática.²⁷

Schmitt, como visto, sustentava a tese segundo a qual a Constituição restringir-se-ia à decisão política fundamental do poder constituinte. Apenas parte do texto constitucional de Weimar identificava-se com essa decisão (a primeira parte). O restante do texto, composto por direitos individuais e sociais e por normas relativas à intervenção na economia e na propriedade, poderia ser suspenso.²⁸ Já Heller, comprometido com o ideário socialdemocrata de então, defendia a Constituição de Weimar no seu todo. A cooperação social demandava também a observância dos direitos fundamentais, inclusive os sociais, que constituíam, nesse sentido, uma dimensão fundamental da organização da sociedade em bases democráticas. Ao conceber a Constituição simultaneamente como normatividade e como normalidade, Heller já revelava a preocupação com o tema da efetivação constitucional. Essa será a preocupação central da teoria da Constituição formada a partir do advento do constitucionalismo social.

5.2.7 Norma, realidade e concretização da Constituição: as teorias concretista (Konrad Hesse) e estruturante (Friedrich Müller) da Constituição

Com o fim da II Guerra, o constitucionalismo social, surgido ainda na primeira metade do século XX, se afirma no cenário europeu. As novas constituições são democráticas, repletas de garantias de direitos individuais, mas muitas delas também contêm direitos sociais e normas de intervenção estatal na Economia. Inúmeras constituições aprovadas desde então, além de refratárias ao autoritarismo, são também comprometidas com a justiça social. Um dos principais problemas a que a teoria da Constituição passa a se dedicar é o de como de converter as normas constitucionais em realidade concreta. A chamada "força normativa" da Constituição se torna uma questão central

---

[24] Cf. HELLER, Herman. *Teoría del Estado*, p. 317 *et seq.*
[25] Cf. HELLER, Herman. *Teoría del Estado*, p. 320, 326 e 327.
[26] HELLER, Herman. Démocratie politique et homogénéité sociale. *Revue Cités*, n. 6.
[27] Cf. BERCOVICI, Gilberto. Democracia, inclusão social e igualdade. *Revista do Instituto de Hermenêutica Jurídica*, v. 1, n. 4, p. 165-182.
[28] SCHMITT, Carl. *Legalidad y legitimidad*.

para o constitucionalismo do Estado Social. Para realizar esse propósito, algumas teorias sustentam que é necessário que a Constituição também se deixe permear pela realidade. A mais importante dessas concepções foi formulada por Konrad Hesse, recebendo, posteriormente, complementações, sobretudo no campo metodológico, do seu discípulo Friedrich Müller.

Hesse desenvolveu a sua tese a partir de um diálogo com Ferdinand Lassalle, que, como antes esclarecido, definira a Constituição em termos sociológicos, com base no conceito de *fatores reais do poder*. Para Hesse, o elemento essencial de uma Constituição é a normatividade.[29] Mas o conteúdo material da Constituição deve ser extraído das "exigências substantivas" que se situam na sociedade que a Constituição se propõe a regular. Ao invés de a Constituição dirigir verticalmente a vida social, interage com ela em uma relação de influências recíprocas, que leva à determinação do conteúdo constitucional. Por um lado, a realidade influencia o significado das normas constitucionais, que não podem ser interpretadas com abstração do quadro empírico sobre o qual incidem. Mas, por outro, a norma constitucional não é apenas um reflexo da realidade, tendo algum poder de condicioná-la.

É nesse sentido que Hesse resgata a proposta de Heller, para quem a Constituição deveria ser definida simultaneamente como normatividade e normalidade social (norma e realidade). Seu objetivo é também operar uma síntese das duas posições (sociológica e normativa), ao formular a conhecida teoria da *força normativa da Constituição*. Nas suas palavras, "o significado da ordenação jurídica da realidade (...) somente pode ser apreciado se ambas — ordenação e realidade — forem consideradas em sua relação, em seu inseparável contexto, e no seu condicionamento recíproco".[30] Para que uma Constituição seja eficaz do ponto de vista social, ela não pode desconsiderar as condições históricas nas quais está inserida:

> A Constituição jurídica está condicionada pela realidade histórica. Ela não pode ser separada da realidade concreta de seu tempo. A pretensão de eficácia da Constituição somente pode ser realizada se levar em conta essa realidade. A constituição jurídica não configura apenas a expressão de uma dada realidade. Graças ao elemento normativo, ela ordena e conforma a realidade política e social. As possibilidades, mas também os limites da força normativa da constituição resultam da correlação entre ser (*sein*) e dever ser (*sollen*).[31]

Para Hesse, o poder da Constituição de conformar a realidade social não é ilimitado. Uma Constituição que ignorasse o desenvolvimento social, político ou econômico do seu tempo não teria como ser efetivada. Mas as normas constitucionais tampouco são inúteis, quando não espelharem as forças hegemônicas, ao contrário do que afirmava Lassale. Elas podem, em alguma medida, regular a vida política e social. Esse poder da Constituição de condicionar o fato social não é uniforme, e a variável mais importante para o seu fortalecimento consiste no que Hesse denominou de "vontade de Constituição", que é o empenho dos que vivem sob a sua égide no sentido de lutar pela efetivação dos seus comandos.

---

[29] HESSE, Konrad. *A força normativa da Constituição*, p. 24.
[30] HESSE, Konrad. *A força normativa da Constituição*, p. 13-14.
[31] HESSE, Konrad. *A força normativa da Constituição*, p. 24.

Segundo Konrad Hesse, a Constituição é a "ordem fundamental jurídica da coletividade". Mas ela não deve tratar de todos os assuntos, nem descer a pormenores em cada tema a que se dedica. É importante que diversos âmbitos da vida estatal sejam ordenados somente por normas dotadas de grande "amplitude material e indeterminação". A Constituição deve deixar certas questões "conscientemente abertas", provendo um espaço para a "livre discussão, decisão e configuração" das forças políticas. Ela deve ser uma "Constituição aberta" porque "a vida, que ela quer ordenar, é uma vida histórica".[32] A abertura e a incompletude são vistas por Hesse como necessárias nas constituições, desde que presentes na adequada medida.

Konrad Hesse concebeu a interpretação constitucional como um processo de concretização, em que se deve considerar não apenas o texto constitucional, mas também a realidade sobre o qual este incide. No campo metodológico, a sua teoria foi desenvolvida e aprofundada por seu discípulo Friedrich Müller, que, partindo das mesmas premissas sobre a relação entre a Constituição e a realidade, buscou fornecer parâmetros para a racionalização da tarefa de concretização constitucional. Ele denominou a sua concepção de "teoria estruturante do Direito".

A interpretação do texto da norma, para Müller, é apenas uma etapa inicial do processo de concretização.[33] No entanto, essa fase é fundamental, permitindo a definição do "programa normativo", que delimita as possibilidades interpretativas a que se abre o texto normativo. A interpretação do texto deve ser realizada por meio dos elementos tradicionais de interpretação (gramatical, histórico, genético, sistemático e teleológico), com adaptações para o campo específico do direito constitucional. Deve ser especialmente complementada com a utilização dos princípios constitucionais de interpretação. Definido o programa da norma, fica circunscrito o campo dentro do qual a decisão deve se situar.[34]

Após a delimitação do programa da norma, a atividade de concretização passa ao *âmbito normativo*, o qual "deve ser identificado empiricamente".[35] No âmbito da norma estão compreendidos os "fatos relevantes para a questão de Direito", que sejam "compatíveis com o programa da norma elaborado". Para a definição do âmbito da norma, o intérprete deve utilizar "dados da sociologia, da ciência política, da economia e de outros dados exigidos pelo âmbito normativo da prescrição concretizada".

A atividade de concretização que utiliza elementos oriundos da realidade somente terá lugar no preenchimento do espaço deixado após a definição do *programa da norma*. No intuito de racionalizar e controlar o processo de interpretação constitucional, com a explicitação de suas diversas etapas e variáveis, Müller elabora uma série de critérios para resolução de conflitos entre diversos elementos de concretização. Para Müller, por exemplo, os elementos do âmbito normativo são hierarquicamente iguais aos elementos de interpretação textual. No entanto, os elementos de interpretação do texto têm precedência no que se refere à fixação do "limite de resultados admissíveis" no processo de concretização constitucional. A interpretação gramatical e a interpretação

---

[32] HESSE, Konrad. *Elementos de direito constitucional da República Federal da Alemanha*, p. 38-40.
[33] MÜLLER, Friedrich. *Métodos de trabalho do direito constitucional*, p. 45.
[34] MÜLLER, Friedrich. *Direito, linguagem, violência*: elementos de uma teoria constitucional, p. 44. No mesmo sentido: MÜLLER, Friedrich. Concepções modernas e a interpretação dos direitos humanos. *In*: CONFERÊNCIA NACIONAL DA ORDEM DOS ADVOGADOS DO BRASIL, 15, p. 104.
[35] MÜLLER, Friedrich. *Direito, linguagem, violência*: elementos de uma teoria constitucional, p. 43.

sistemática devem fixar os limites para a decisão.[36] E, nesta tarefa, o elemento gramatical tem precedência sobre o sistemático.[37] Definidos estes limites deve ter lugar a busca da solução mais justa e conveniente ao caso concreto.[38]

A preocupação central de Müller situa-se, portanto, no campo metodológico, no qual é grande o seu esforço no sentido de racionalizar o processo de concretização da Constituição, limitando os riscos de arbitrariedade do intérprete. No entanto, não consideramos que ele tenha sido bem-sucedido no seu intento de fornecer critérios de hierarquização dos elementos de concretização constitucional. O tema da interpretação será desenvolvido longamente no Capítulo 10.

5.2.8 A teoria da Constituição dirigente

Como destacado no Capítulo 1, as constituições dirigentes contêm não apenas garantias da liberdade individual, mas também programas, metas e objetivos a serem executados pelo Estado e pela sociedade. São constituições típicas do Estado Social, que positivam direitos prestacionais e dispõem sobre a intervenção estatal no domínio econômico. Nos textos constitucionais dirigentes, está descrito um estado ideal de coisas que o constituinte quer ver realizado no futuro.

No Brasil, como na Europa, a teoria do constitucionalismo dirigente norteou parte do pensamento constitucional de esquerda. Percebe-se, aqui, a influência das propostas reformadoras do socialismo democrático e da socialdemocracia. Entende-se, por um lado, que a justiça social está vinculada aos aspectos centrais do modelo igualitário de organização da vida econômica. Por outro lado, parte-se da premissa de que a necessária transformação da sociedade deve ser alcançada por meio dos instrumentos do constitucionalismo democrático. Rejeita-se, com isso, tanto a via revolucionária de transformação da sociedade, quanto o arcabouço institucional que predominou nos países do socialismo real.[39]

O exemplo mais expressivo de Constituição dirigente é a Constituição Portuguesa de 1976, atualmente em vigor. Resultado da Revolução dos Cravos, que pôs fim a um governo autoritário, e elaborada com intensa participação de comunistas e socialistas, a Constituição previa, em seu texto originário, a própria "transição para o socialismo" (art. 1º) e a criação de uma "sociedade sem classes" (art. 2º). Tais dispositivos, dentre outros, foram alterados pela primeira Revisão Constitucional, de 1982, com a substituição das expressões originais pelas fórmulas menos ideologicamente carregadas de "construção de uma sociedade livre, justa e solidária" (art. 1º) e "realização da democracia econômica, social e cultural" (art. 2º), as quais, contudo, ainda mantêm forte teor dirigente. Muitas das constituições contemporâneas, embora não se identifiquem, com igual intensidade, com os compromissos ideológicos contidos no texto originário da Constituição Portuguesa, também são integradas por preceitos que proclamam, como objetivos a serem perseguidos, a igualdade e a justiça social, adotando fórmulas mais próximas da atual redação do texto constitucional lusitano.

---

[36] MÜLLER, Friedrich. *Métodos de trabalho do direito constitucional*, p. 86.
[37] MÜLLER, Friedrich. *Métodos de trabalho do direito constitucional*, p. 90.
[38] MÜLLER, Friedrich. *Métodos de trabalho do direito constitucional*, p. 85.
[39] Sobre o tema, cf. SILVA, José Afonso da. Formação e transformação da social-democracia. *In*: GRAU, Eros Roberto; GUERRA FILHO, Willis Santiago (Org.). *Direito constitucional*: estudos em homenagem a Paulo Bonavides, p. 471 *et seq*.

O dirigismo constitucional elabora um conceito material de legitimidade: as Constituições devem conter não só normas que determinam limites (Constituição garantia) e processos (Constituição como processo ou instrumento de governo) para a atividade política, mas também normas definidoras de finalidades políticas e econômicas. A teoria da Constituição dirigente busca justamente investigar a *vinculação* do Estado e da sociedade a esse tipo programa constitucional transformador: "a Teoria da Constituição assume-se como teoria da constituição dirigente enquanto problematiza a tendência das leis fundamentais para: (1) se transformarem em estatutos jurídicos do Estado e da sociedade; (2) se assumirem como norma (garantia) e tarefa (direção) do processo político social".[40] Com esse propósito, a teoria da Constituição dirigente elege temas prioritários, como a legitimação substantiva da legislação, a estrutura das normas programáticas, o grau e a forma de vinculação do legislador ao programa constitucional. A questão central é identificar em que medida o conteúdo material fixado no programa constitucional é determinante para a atividade legislativa, definindo o próprio teor das decisões políticas tomadas pelas gerações futuras.

A contribuição mais importante, no âmbito da teoria da Constituição dirigente, é a do constitucionalista português Gomes Canotilho. Sua tese de doutoramento, intitulada *A Constituição dirigente e a vinculação do legislador*, além de influenciar de maneira definitiva nossa teoria constitucional, foi referência também para a própria elaboração da Constituição de 1988.[41] Canotilho sustentava a tese de que o legislador estaria vinculado ao programa constitucional, devendo observar não apenas as normas que instituem direitos e procedimentos, mas também aquelas que estabelecem programas de ação. A legitimidade material dos atos legislativos dependeria de sua capacidade de concretizar as diretrizes instituídas no texto constitucional.

Ressalte-se, porém, que, para Canotilho, a "vinculação do legislador" ao programa estabelecido na Constituição não se alicerçava na atuação do Poder Judiciário. Para ele, "em sede de constituição dirigente, não tem grande sentido nem alcance prático falar-se dos tribunais ou de um tribunal constitucional como 'defensor da constituição'. (...) Quer pela especificidade das suas funções, quer pelos problemas de legitimação democrática, o alargamento das funções do juiz a tarefas de conformação social positiva é justamente questionável".[42] Canotilho apostava muito mais na participação popular do que na atuação do Judiciário como mecanismo de concretização dos objetivos constitucionais traçados pelas normas programáticas.

A incorporação da teoria da Constituição dirigente no Brasil, porém, a conjugou com institutos dogmáticos e processuais tendentes à efetivação judicial da Constituição. Entre nós, predominou a compreensão de que, por ser "menor o nível de organização e atuação política da sociedade civil", deveria ser aumentada "a responsabilidade dos integrantes do Poder Judiciário na concretização e no cumprimento das normas constitucionais, inclusive as que possuem uma alta carga valorativa e ideológica".[43]

---

[40] CANOTILHO, José Joaquim Gomes. *Constituição dirigente e vinculação do legislador*, p. 169-170.
[41] Cf. GRAU, Eros Roberto. Resenha do prefácio da 2ª edição. *In*: COUTINHO, Jacinto Nelson de Miranda (Org.). *Canotilho e a Constituição dirigente*.
[42] CANOTILHO, José Joaquim Gomes. *Constituição dirigente e vinculação do legislador*, p. 350. Segundo o autor, "a realização da constituição dirigente não pode aquilatar-se através da dissolução do potencial da ação político-democrática numa 'curta' mentalidade de pretensões subjetivas, individualmente acionáveis. A 'perda de justiciabilidade' e a colocação dos direitos a prestações dentro da 'reserva do possível' devem ser compensadas por uma intensificação de participação democrática na política dos direitos fundamentais" (p. 377).
[43] KRELL, Andréas J. Controle judicial dos serviços públicos básicos na base dos direitos fundamentais sociais. *In*: SARLET, Ingo Wolfgang (Org.). *A Constituição concretizada*: construindo pontes entre o público e o privado,

Hoje, Canotilho não mais sustenta, nos mesmos termos, a tese da vinculação do legislador à Constituição dirigente. Para ele, "subjacente ao programa constitucional está toda uma filosofia do sujeito e uma teoria da sociedade cujo voluntarismo desmedido e o holismo planetário conduziram à arrogância de fixar a própria órbita das estrelas e dos planetas".[44] Para Canotilho, a globalização, o fortalecimento do Direito Comunitário (no âmbito europeu) e Internacional, e o advento de uma filosofia constitucional pós-moderna, descrente em relação a projetos muito grandiosos de transformação social pelo meio do Direito, teriam contribuído para desgastar as premissas do constitucionalismo dirigente. Sem embargo, e a despeito de sua atual crítica ao dirigismo constitucional, o livro de Canotilho sobre a Constituição dirigente figura como um dos mais importantes e influentes estudos jurídicos escritos em língua portuguesa.

Há quem defenda que a teoria da Constituição dirigente seria especialmente adequada ao Brasil por duas razões fundamentais. Em primeiro lugar, a Constituição Federal de 1988 é uma Constituição dirigente — conclusão que não pode ser refutada. Uma teoria da Constituição, para ser "constitucionalmente adequada", deveria, por isso, ser uma teoria da "Constituição dirigente".[45] Em segundo lugar, a teoria da Constituição dirigente seria adequada à compreensão da Constituição brasileira também em razão do não cumprimento, no Brasil, das "promessas da modernidade", positivadas no texto constitucional (sobretudo na forma de direitos fundamentais), e do funcionamento distorcido de nossa democracia representativa — ambas características da "realidade periférica" de nosso país.[46]

5.2.9 O constitucionalismo da efetividade

No Brasil, ao lado da teoria da Constituição dirigente, outra teoria que exerceu influência decisiva para a compreensão e a aplicação da Constituição Federal de 1988 é a *doutrina da efetividade*. A afirmação da normatividade da Constituição é uma das principais consequências da guinada por que passou, no Brasil, a teoria constitucional progressista a partir da reabertura democrática e, especialmente, desde a entrada em vigor da Constituição Federal de 1988. Diante da antiga ordem constitucional, os autores situados à esquerda do espectro político tendiam a assumir uma posição crítica diante do Direito e da Constituição, denunciando seus compromissos ideológicos conservadores. Todavia, instaurado o ambiente democrático, passaram a compreender que seu papel não mais seria apenas o de criticar o caráter ideológico do Direito, mas sobretudo o de desenvolver uma dogmática capaz de garantir a efetivação dos "potenciais emancipatórios" da Constituição.[47]

---

p. 46-47; KRELL, Andréas J. *Direitos sociais e controle judicial no Brasil e na Alemanha*: os (des)caminhos de um direito constitucional comparado, p. 93 *et seq*.

[44] CANOTILHO, José Joaquim Gomes. Rever ou romper com a constituição dirigente?: defesa de um constitucionalismo moralmente reflexivo. *Cadernos de Direito Constitucional e Ciência Política*, v. 4, n. 15, p. 9.

[45] Cf. BERCOVICI. A problemática da Constituição dirigente: algumas considerações sobre o caso brasileiro. *Revista de Informação Legislativa*, v. 4, n. 15, p. 7-17.

[46] Cf. STRECK, Lenio Luiz. O papel da jurisdição constitucional na realização dos direitos sociais-fundamentais. *In*: SARLET, Ingo Wolfgang (Org.). *Direitos fundamentais sociais*: estudos de direito constitucional, internacional e comparado, p. 191 *et seq*., especialmente p. 202, 206.

[47] Sobre essa trajetória, cf. BARROSO, Luís Roberto. Fundamentos teóricos e filosóficos do novo direito constitucional brasileiro: pós-modernidade, teoria crítica e pós-positivismo. *In*: BARROSO, Luís Roberto. *A nova*

O trabalho que sintetiza, com maior intensidade, essa tendência do direito constitucional brasileiro é a tese de livre docência de Luís Roberto Barroso, publicada sob o título: *O direito constitucional e a efetividade de suas normas*.[48] Essa trajetória pode ser observada também nos estudos de Clèmerson Merlin Clève. Em texto elaborado no início da década de 80, Clève desenvolvia os pressupostos epistemológicos da "teoria crítica do Direito".[49] Já em estudo de meados da década de 1990, passa a sustentar que, "em face da Constituição de 1988, o direito constitucional alternativo pode constituir uma dogmática da efetividade".[50] Na década de 90, essa valorização da dogmática jurídica e da efetividade constitucional é proposta mesmo por Luis Alberto Warat, um dos principais expoentes da "teoria crítica do Direito".[51]

Os "potenciais emancipatórios" da Constituição Federal de 1988 identificam-se tanto com a sua dimensão garantística quanto com a sua faceta dirigente. Por um lado, a Constituição consagra a garantia das liberdades individuais. Por outro lado, estabelece um amplo rol de direitos sociais e formula um projeto de futuro de viés igualitário. A Constituição Federal de 1988 garante a liberdade e a democracia política e positiva diretrizes sociais, fornecendo ao pensamento jurídico progressista simultaneamente uma "trincheira de resistência" e uma "carta programática".

Diante do conteúdo avançado da Constituição, uma das preocupações centrais da teoria constitucional brasileira passa a ser incrementar a sua força normativa. Isso ocorreria, contudo, não por meio de uma síntese com a realidade constitucional, como propunham os constitucionalistas alemães da teoria concretista, mas pela via do desenvolvimento de uma "dogmática da efetividade", centrada na atuação do Poder Judiciário. Se o Direito Constitucional positivo estabelece um projeto social adequado, não haveria mais sentido em debater acerca da realidade que o condiciona ou de sua justificação racional. A grande missão seria efetivar a Constituição, razão pela qual os enfoques filosóficos ou político-sociológicos não teriam muito a contribuir. O que se propunha era conceber a Constituição como "verdadeiro Direito", integrado por normas aptas a produzirem efeitos; a comandarem o comportamento dos órgãos estatais, entes privados e indivíduos. O que se desejava era uma "Constituição para valer",[52] o que dependeria, em grande medida, da sua proteção judicial.

Esse compromisso com a efetividade se revela, principalmente, no âmbito da "teoria da norma constitucional", desenvolvida pela primeira geração de constitucionalistas da efetividade, protagonizada por José Afonso da Silva. Teve grande repercussão entre nós o estudo precursor do jurista italiano Vezio Crisafulli, segundo o qual os preceitos

---

interpretação constitucional: ponderação, direitos fundamentais e relações privadas; BARROSO, Luís Roberto. *O direito constitucional e a efetividade de suas normas*: limites e possibilidades da Constituição brasileira, 4. ed.; SCHIER, Paulo Ricardo. *Filtragem constitucional*: construindo uma nova dogmática jurídica.

[48] BARROSO, Luís Roberto. *O direito constitucional e a efetividade de suas normas*: limites e possibilidades da Constituição brasileira, 4. ed.

[49] CLÈVE, Clèmerson Merlin. *O direito e os direitos*: elementos para uma crítica do direito contemporâneo.

[50] CLÈVE, Clèmerson Merlin. A teoria constitucional e o direito alternativo: para uma dogmática constitucional emancipatória. *In*: CLÈVE, Clèmerson Merlin. *Uma vida dedicada ao direito*: homenagem a Carlos Henrique de Carvalho: o editor dos juristas, p. 34-54.

[51] WARAT, Luis Alberto. O outro lado da dogmática jurídica. *In*: ROCHA, Leonel Severo (Org.). *Teoria do direito e do Estado*.

[52] BARROSO, Luís Roberto. A efetividade das normas constitucionais: por que não uma Constituição para valer?. *In*: CONGRESSO NACIONAL DE PROCURADORES DE ESTADO.

constitucionais são todos normas, possuindo aptidão para produzirem efeitos jurídicos.[53] No Brasil, a tese foi divulgada no estudo de José Afonso da Silva sobre a aplicabilidade das normas constitucionais, publicado ainda no final da década de 1960.[54] A teoria tradicional negava, de plano, efeitos jurídicos a muitas normas constitucionais, caracterizando-as como não autoaplicáveis.[55] Com a doutrina de José Afonso da Silva, as antigas normas não autoaplicáveis se convertem em normas de eficácia limitada, e a elas se passa a atribuir uma série de efeitos, embora continuem não sendo passíveis de aplicação integral autônoma pelo Judiciário, sem a mediação legislativa.[56] Todavia, pelo clima nada propício ao constitucionalismo que reinava por aqui até a nossa redemocratização, a louvável pregação de José Afonso da Silva e de outros precursores da doutrina da efetividade acabou não rendendo maiores frutos antes do advento da Constituição de 88.

O constitucionalismo da efetividade teve grandes méritos na trajetória do constitucionalismo brasileiro, contribuindo para que se superasse um senso comum teórico antes existente, que via a Constituição mais como proclamação retórica do que como norma jurídica. Ele investiu na efetivação da Constituição e pôde, justamente por isso, ser incorporado como referência central pelo pensamento jurídico de esquerda.[57] Nada obstante, algumas das categorias de que se valeu, sobretudo no campo da teoria das normas constitucionais, passaram a servir paradoxalmente ao propósito contrário. As categorias "norma programática" e "norma de eficácia limitada" acabaram por se constituir em verdadeiros artifícios para a não efetivação da Constituição. Quando se quis deixar de aplicar a Constituição, bastou-se etiquetar a norma suscitada como programática e transferir para o legislador uma tarefa que, muitas vezes, era mesmo do Judiciário.

Hoje, há uma tendência à superação dos pressupostos positivistas que informaram o constitucionalismo da efetividade, ressurgindo de maneira intensa os debates sobre a fundamentação filosófica dos preceitos constitucionais. A fundamentação filosófica se insere inclusive no campo da atividade judicial. Na atualidade, passa-se a compreender que o plano da efetividade e o plano da fundamentação devem ser não só complementares, como inter-relacionados. Tende-se, com isso, ao estabelecimento de critérios materiais — e não só formais, ligados ao texto — para a afirmação da efetividade da Constituição. O constitucionalismo da efetividade cumpriu um papel histórico importante, mas não tem como abarcar essa importante dimensão do fenômeno constitucional.

5.2.10 Pós-positivismo e neoconstitucionalismo

A teoria jurídica, ao longo do século XIX, realizara movimentos em direção à secularização, à positivação e à sistematização do direito. Ao final desse processo, a sua vertente hegemônica passou a conceber o Direito separadamente da Moral. O positivismo de Kelsen é a expressão máxima dessa concepção. Nessa perspectiva, não caberia à teoria

---

[53] CRISAFULLI, Vezio. *La Costituzione e le sue disposizioni di principio*, p. 27-83.
[54] SILVA, José Afonso da. *Aplicabilidade das normas constitucionais*, 6. ed.
[55] Cf. BARROSO, Luís Roberto. *Commentarios à Constituição Federal brasileira*, p. 488 et seq.
[56] Cf. SILVA, José Afonso da. *Aplicabilidade das normas constitucionais* 6. ed.; BARROSO, Luís Roberto. *O direito constitucional e a efetividade de suas normas*, p. 120. Veja-se, a propósito, o Capítulo 9.
[57] Cf. CLÈVE, Clèmerson Merlin. A teoria constitucional e o direito alternativo: para uma dogmática constitucional emancipatória. In: CLÈVE, Clèmerson Merlin. *Uma vida dedicada ao direito*: homenagem a Carlos Henrique de Carvalho: o editor dos juristas.

do Direito avaliar o conteúdo particular de cada ordenamento, no sentido de verificar sua compatibilidade com as normas morais. A justiça ou injustiça das normas jurídicas ou do próprio ordenamento não seria tema afeto à Ciência do Direito. O mesmo ocorre com a teoria do Estado. No final do século XIX e início do século XX, forma-se uma teoria do Estado com enfoque especificamente jurídico, buscando definir o fenômeno estatal de forma neutra, sem enveredar em juízos de valor.[58] O objeto da teoria do Estado era, naquele contexto de virada do século, classificar e catalogar as instituições políticas, sem ingressar na reflexão crítica sobre suas características e funcionamento. A expressão "Estado de Direito" perde seu conteúdo material — assentado na ideia de limitação jurídica do poder político — para significar apenas que o poder político estatal se organiza juridicamente.

Essas teorias, ao não se pronunciarem sobre o conteúdo particular de cada ordenamento, acabaram deixando de fornecer instrumentos para a crítica do Direito produzido pelos Estados autoritários e totalitários da primeira metade do século. A ascensão do partido nazista ao poder, por exemplo, ocorreu pelos meios previstos na Constituição de Weimar. Chegando ao poder, os nazistas utilizaram o Direito como instrumento para a imposição de políticas repressivas e discriminatórias.[59] A Ciência do Direito que simplesmente descrevesse esse ordenamento jurídico, deixando de se pronunciar sobre a extrema injustiça de seu conteúdo, podia ser condenada como omissa, quando a afirmação política do Estado de Direito era demandada em todos os níveis, mesmo no da teoria do Direito. Diante do mal absoluto, a pretensa neutralidade científica era totalmente incapaz de se justificar. Perante a dramática irracionalidade do Direito e do Estado, se tornava completamente inadequada a concepção segundo a qual apenas a análise objetiva do fenômeno jurídico poderia ser validada como racional.

Surgem, então, a partir do segundo pós-guerra, teorias do Direito que procuram religar as esferas do Direito e da Moral. Na constelação de ideias que procuram oferecer alternativas às abordagens positivistas, não há, obviamente, unidade ou consenso. Há, porém, convergência no tocante a dois objetivos centrais: procurar superar a separação entre Direito e Moral preconizada pelo positivismo e reabilitar o uso prático da razão na metodologia jurídica.

Após o final da II Guerra Mundial, ocorreu, num primeiro momento, um resgate do jusnaturalismo, que passou a ser defendido como um escudo contra a barbárie.[60] É certo, porém, que a Filosofia do Direito que prevaleceu entre os nazistas rejeitava importantes dimensões do positivismo, como o compromisso com a legalidade, concebendo o direito em nome da preservação do "espírito do povo" e da realização dos "interesses do *Reich*".[61]

---

[58] Cf. TRIEPEL, Heinrick. *Derecho público y política*, p. 33 et seq.
[59] Cabe ressalvar, no entanto, que o governo nazista operou no sentido da ruptura do próprio princípio da legalidade. Foi o que ocorreu, por exemplo, em razão do art. 2º do Código Penal nazista, que previa a possibilidade de que o magistrado apenasse não só o indivíduo que praticasse uma conduta tipificada, mas também aquele cuja conduta atentasse contra o "são sentimento do povo alemão". Além disso, o exercício do poder em contrariedade com o próprio direito vigente era também um elemento central do estado totalitário. Esse aspecto é examinado em detalhe por ARENDT, Hannah. *As origens do totalitarismo*: uma análise dialética do poder, v. 3.
[60] É exemplar, neste sentido, a conferência de Gustav Radbruch intitulada "Cinco minutos de Filosofia do Direito", proferida em 1945, logo após o final da guerra, publicada em RADBRUCH, Gustav. *Filosofia do direito*, p. 415-418. Neste texto, é exposta a chamada "fórmula de Radbruch", segundo a qual o Direito extremamente injusto é desprovido de validade.
[61] Cf. STOLLEIS, Michael. *The Law Under the Swastika*: Studies on Legal History in Nazi Germany.

O renascimento do jusnaturalismo na segunda metade do século XX foi, todavia, bastante fugaz. Como o direito natural só podia se basear em fundamentação metafísica, ele não mais se sustentava em sociedades plurais, nas quais vigoram múltiplas concepções acerca do bem, inúmeras identidades particulares, diversos projetos de vida. Por isso, a tentativa de resgate do jusnaturalismo acabou abandonada,[62] mas as inquietações provocadas pela crise do positivismo jurídico se mantiveram acesas. Muitas têm sido as propostas formuladas desde então para oferecer uma alternativa consistente para o Direito, sem retroceder, contudo, ao antigo dilema entre positivismo e jusnaturalismo. Nesse cenário, pode ser identificada a emergência de um novo paradigma jusfilosófico, que tem sido chamado de pós-positivismo.

O pós-positivismo se caracteriza por buscar a ligação entre o Direito e a Moral por meio da interpretação de princípio jurídicos muito abertos, aos quais é reconhecido pleno caráter normativo. Ele, porém, não recorre a valores metafísicos ou a doutrinas religiosas para busca da Justiça, mas sim a uma argumentação jurídica mais aberta, intersubjetiva, permeável à Moral, que não se esgota na lógica formal.[63] É claro que, no âmbito do paradigma pós-positivista, existem diferenças internas bastante consistentes. Há, por exemplo, visões mais ou menos liberais nos campos político ou econômico; posições mais ou menos favoráveis ao protagonismo do Poder Judiciário na arena constitucional. No entanto, nossa percepção inicial é de que tais diferenças não são maiores do que as existentes no positivismo, entre, por exemplo, posições como a de Hans Kelsen e as da Escola da Exegese.

O campo do pós-positivismo jurídico não é apenas o Direito Constitucional. Não obstante, na seara constitucional, o pós-positivismo encontrou o solo mais fértil para florescimento, tendo em vista as características das constituições contemporâneas, pródigas na consagração de princípios abstratos dotados de forte conteúdo moral. Diante dessa característica da maior parte dos textos constitucionais contemporâneos — inclusive o brasileiro de 88 — sequer é necessário que o jurista, para se engajar no pós-positivismo, recuse a premissa teórica básica do positivismo, de ausência de ligação *necessária* entre Direito e Moral.[64] Afinal, se o próprio ordenamento positiva princípios dotados de inequívoco conteúdo moral, situando-os no seu plano hierárquico mais elevado, mesmo um positivista poderá reconhecer a penetração da Moral no processo de interpretação e aplicação das normas constitucionais.

---

[62] A alusão ao "abandono" do jusnaturalismo não implica negar que existem ainda hoje autores importantes que defendem a corrente, como o jusfilósofo norte-americano John Finnis. Apenas o jusnaturalismo não está incorporado ao *mainstream* da teoria jurídica contemporânea. A mais importante sustentação contemporânea do jusnaturalismo encontra-se em FINNIS, John. *Natural Law and Natural Rights*.

[63] Veja-se, a propósito: CASAMIGLIA, Albert. Pospositivismo. *Doxa – Cuadernos de Filosofia del Derecho*, n. 21, p. 209-220; BARROSO, Luís Roberto. Fundamentos teóricos e filosóficos do novo direito constitucional brasileiro: pós-modernidade, teoria crítica e pós-positivismo. *In*: BARROSO, Luís Roberto (Org.). *A nova interpretação constitucional*: ponderação, direitos fundamentais e relações privadas, p. 1-48; MAIA, Antonio Cavalcanti. Nos vinte anos da Constituição Cidadã: do pós-positivismo ao neoconstitucionalismo. *In*: SOUZA NETO, Cláudio Pereira de; SARMENTO, Daniel; BINENBOJM, Gustavo (Org.). *Vinte anos da Constituição Federal de 1988*, p. 117-168.

[64] Há diferentes positivismos jurídicos, mas o que todos eles têm em comum é a afirmação de que Direito e Moral não apresentam uma conexão necessária. Portanto, não repugna à maior parte das correntes do positivismo o reconhecimento da possibilidade de que o Direito possa eventualmente incorporar um conteúdo moral, quando, por exemplo, as normas ditadas pelas autoridades competentes tenham essa característica. Para essas correntes, a relação entre Direito e Moral não é de ligação nem de separação necessárias; trata-se de uma relação *contingente*. Veja-se, a propósito: SANTIAGO NINO, Carlos. *Introducción al análisis del derecho*, p. 37-43. Sobre os diferentes positivismos jurídicos, cf. DIMOULIS, Dimitri. *Positivismo jurídico*: introdução a uma teoria do direito e defesa do pragmatismo jurídico-político.

O pós-positivismo se liga diretamente ao ambicioso modelo constitucional que tem se difundido nas últimas décadas, que vem sendo designado por diversos autores como *neoconstitucionalismo*.[65] O neoconstitucionalismo envolve simultaneamente mudanças no tipo das constituições e dos correspondentes arranjos institucionais e alterações na teoria jurídica subjacente. Ele está associado a diversos fenômenos reciprocamente implicados, seja no campo empírico, seja no plano da dogmática jurídica, que podem ser assim sintetizados:

    a) reconhecimento da força normativa dos princípios jurídicos e valorização da sua importância no processo de aplicação do Direito;

    b) rejeição ao formalismo e recurso mais frequente a métodos ou "estilos" mais abertos de raciocínio jurídico, como a ponderação, tópica, teorias da argumentação etc.;

    c) constitucionalização do Direito, com a irradiação das normas e valores constitucionais, sobretudo os relacionados aos direitos fundamentais, para todos os ramos do ordenamento;

    d) reaproximação entre o Direito e a Moral; e

    e) judicialização da política e das relações sociais, com um significativo deslocamento de poder da esfera do Legislativo e do Executivo para o Poder Judiciário.

Como ressaltado acima, a maior parte das constituições contemporâneas, elaboradas após o segundo pós-guerra, não é de cartas procedimentais, que apenas definem as regras do jogo político, quase tudo deixando para as decisões das maiorias legislativas. Pelo contrário, em tais constituições é frequente a presença de normas impregnadas de elevado teor axiológico, que contêm importantes decisões substantivas e se debruçam sobre uma ampla variedade de temas que outrora não eram tratados em sede constitucional.[66] Muitas delas, ao lado dos tradicionais direitos individuais e políticos, incluem também direitos sociais de natureza prestacional. Uma interpretação extensiva e abrangente das normas constitucionais pelo Poder Judiciário deu origem ao fenômeno de constitucionalização da ordem jurídica, que ampliou a influência das constituições sobre todo o ordenamento, levando à adoção de novas leituras de normas e institutos nos mais variados ramos do Direito.[67] A constitucionalização do Direito, como já destacado no Capítulo 1, não se esgota no tratamento constitucional de temas anteriormente disciplinados pela legislação ordinária. Mais que isso, ela envolve a *filtragem constitucional* do Direito,[68] vale dizer, a interpretação de todas as normas à luz da Constituição,

---

[65] Sobre o neoconstitucionalismo, cf. CARBONELL, Miguel (Ed.). *Neoconstitucionalismo(s)*; BARROSO, Luís Roberto. Neoconstitucionalismo e constitucionalização do direito: o triunfo tardio do direito constitucional do Brasil. *Revista de Direito Administrativo – RDA*, n. 240, p. 1-42; SARMENTO, Daniel. O neoconstitucionalismo no Brasil: riscos e possibilidades. In: SARMENTO, Daniel (Org.). *Filosofia e teoria constitucional contemporânea*; p. 113-146; CARBONELL, Miguel; GARCÍA JARAMILLO, Leonardo (Org.). *El canon neoconstitucional*.

É possível, todavia, esboçar uma distinção entre as teorias do pós-positivismo e do neoconstitucionalismo, atinente à posição sobre o protagonismo judicial na esfera constitucional. Os autores identificados como pilares da teoria neoconstitucionalista, como Ronald Dworkin, Robert Alexy e Gustavo Zagrebelsky, defendem, em geral, esse arranjo institucional que fortalece significativamente o papel do Poder Judiciário no Estado contemporâneo. É verdade que esses mesmos autores são também identificados como expoentes do pós-positivismo. Todavia, há também, entre os pós-positivistas, autores muito mais reticentes em relação ao protagonismo judicial, como Jürgen Habermas. Portanto, nem todo defensor do pós-positivismo é também um neoconstitucionalista.

[66] Cf. PRIETO SANCHÍS, Luís. *Justicia constitucional y derechos fundamentales*, p. 107-117.

[67] Cf. SARMENTO, Daniel. Ubiqüidade constitucional: os dois lados da moeda. In: SARMENTO, Daniel. *Livres e iguais*: estudos de direito constitucional, p. 113-148.

[68] Sobre a chamada "filtragem constitucional" do Direito, veja: SCHIER, Paulo Ricardo. *Filtragem constitucional*.

buscando-se sempre a exegese que mais prestigie os seus valores e promova os seus objetivos. Parte-se da premissa de que a irradiação das normas constitucionais por todo o ordenamento contribui para aproximá-lo dos valores emancipatórios contidos nas constituições contemporâneas.

Como boa parcela das normas mais relevantes destas constituições caracteriza-se pela abertura e indeterminação semânticas — são, em grande parte, princípios e não regras — a sua aplicação direta pelo Poder Judiciário importou na adoção de uma nova hermenêutica jurídica.[69] A necessidade de resolver tensões entre princípios constitucionais colidentes — constante em constituições compromissórias, marcadas pelo pluralismo axiológico — deu espaço ao desenvolvimento da técnica da ponderação,[70] e tornou frequente o recurso ao princípio da proporcionalidade na esfera judicial.[71] E a busca de legitimidade para estas decisões, no marco de sociedades plurais e complexas, impulsionou o desenvolvimento de diversas teorias da argumentação jurídica,[72] que incorporaram ao Direito elementos que o positivismo clássico costumava desprezar, como considerações de natureza moral, ou relacionadas ao campo empírico subjacente às normas.

Nesse contexto, cresceu muito a importância política do Poder Judiciário. Com frequência cada vez maior, questões polêmicas e relevantes para a sociedade passaram a ser decididas por magistrados, e sobretudo por cortes constitucionais, muitas vezes em razão de ações propostas pelo grupo político ou social que fora perdedor na arena legislativa.[73] Esse fenômeno se potencializou com a expansão da jurisdição constitucional que vem ocorrendo em praticamente todo o mundo, após a Segunda Guerra. No novo quadro, de poder quase "nulo", mera "boca que pronuncia as palavras da lei", como lhe chamara Montesquieu, o Poder Judiciário se viu alçado a uma posição muito mais importante no desenho institucional do Estado contemporâneo.

A principal matéria-prima dos estudos que se identificam com o neoconstitucionalismo relaciona-se às mutações da cultura jurídica acima descritas. Em que pese a heterogeneidade dos posicionamentos jusfilosóficos dos autores que se filiam a esta corrente, pode-se dizer que os seus denominadores comuns são o reconhecimento destas mudanças e a sua defesa.[74] As teorias neoconstitucionalistas buscam construir

---

[69] Na verdade, a reação contra o formalismo jurídico na Europa é bem anterior ao advento do constitucionalismo do segundo pós-guerra, remontando ao final do século XIX. Veja-se, a propósito: STAMATIS, Constantin M. *Argumenter en droit*: une théorie critique de l'argumentation juridique, p. 34-50; HESPANHA, António Manuel. *Panorama histórico da cultura jurídica europeia*, p. 196-235.

[70] Sobre a ponderação, veja-se o Capítulo 12.

[71] Sobre o princípio da proporcionalidade, veja-se o Capítulo 11.

[72] Cf. PERELMAN, Chaïm. *Ética e direito*, p. 361-684; ALEXY, Robert. *Teoria da argumentação jurídica*; MÜLLER, Friedrich. *Discours de la Méthode Juridique*; ATIENZA, Manuel. *Tras la justicia*: una introducción al derecho y al razonamiento jurídico; MAcCORMICK, Neil. *Argumentação jurídica e teoria do direito*; GÜNTHER, Klaus. *Teoria da argumentação no direito e na moral*: justificação e aplicação.

[73] Cf. SHAPIRO, Martin; SWEET, Alec Stone. *On Law, Politics and Judicialization*, p. 136-208.

[74] Contudo, deve-se admitir, na linha de Paolo Comanducci, que é possível reconhecer as mudanças em questão, e propor novas teorias que sejam adequadas a elas, sem defendê-las. Esta seria, nas palavras do autor italiano, a diferença entre o neoconstitucionalismo "teórico" e o neoconstitucionalismo "ideológico", que não apenas constrói teorias mais compatíveis com os novos fenômenos, mas vai além, sustentando a sua legitimidade e propugnando pelo seu aprofundamento e expansão. Veja-se, a propósito: COMANDUCCI, Paulo. Formas de neoconstitucionalismo: un análisis metateórico. *In*: CARBONELL, Miguel (Ed.). *Neoconstitucionalismo(s)*, p. 75-98. Como reconhece o próprio autor, tal distinção baseia-se em uma classificação semelhante acerca do positivismo, formulada por Norberto Bobbio, que fala em positivismo teórico, ideológico e metodológico. Cf. BOBBIO, Norberto. *O positivismo jurídico*: lições de filosofia do direito, p. 233-239.

novas perspectivas teóricas que se compatibilizem com os fenômenos antes referidos, em substituição àquelas do positivismo tradicional, consideradas incompatíveis com a nova realidade. Assim, por exemplo, ao invés da insistência na subsunção e no silogismo do positivismo formalista, ou no mero reconhecimento da discricionariedade política do intérprete nos casos difíceis, na linha do positivismo mais moderno de Hans Kelsen e Herbert Hart, o neoconstitucionalismo se dedica à discussão de métodos ou de teorias da argumentação que permitam a busca da melhor resposta para os "casos difíceis" do Direito.[75] Há, portanto, uma valorização da razão prática no âmbito jurídico. Para o neoconstitucionalismo, não é racional apenas aquilo que possa ser comprovado de forma experimental, ou deduzido de premissas gerais, de acordo com a lógica formal. Também pode ser racional a argumentação empregada na resolução das questões práticas que o Direito tem de equacionar.[76] A ideia de racionalidade jurídica aproxima-se da ideia do razoável, e deixa de se identificar à lógica formal das ciências exatas.

No neoconstitucionalismo, a leitura clássica do princípio da separação de poderes, que impunha limites rígidos à atuação do Poder Judiciário, cede espaço a outras visões mais favoráveis ao protagonismo judicial em defesa dos valores constitucionais.[77] No lugar de concepções estritamente majoritárias do princípio democrático, são endossadas teorias de democracia mais substantivas,[78] que legitimam amplas restrições aos poderes do legislador em nome dos direitos fundamentais e da proteção das minorias, e possibilitam a sua fiscalização por juízes não eleitos. Ao invés de uma teoria das fontes do Direito focada no código e na lei formal, enfatiza-se a centralidade da Constituição no ordenamento, a ubiquidade da sua influência na ordem jurídica, e o papel criativo da jurisprudência.

Ao reconhecer a força normativa de princípios revestidos de elevada carga axiológica, como dignidade da pessoa humana, igualdade, Estado Democrático de Direito e solidariedade social, o neoconstitucionalismo abre as portas do Direito para o debate moral. No paradigma neoconstitucionalista, a argumentação jurídica, apesar de não se fundir com a Moral, abre um significativo espaço para ela. Por isso, se atenua a distinção da teoria jurídica clássica entre a descrição do Direito como ele é, e prescrição sobre como ele deveria ser.[79] Os juízos descritivo e prescritivo de alguma maneira se sobrepõem, pela influência dos princípios e valores constitucionais impregnados de forte conteúdo moral, que conferem poder ao intérprete para buscar, em cada caso difícil, a solução mais justa, no marco da ordem jurídica vigente. Em outras palavras, as fronteiras entre

---

[75] Cf. DWORKIN, Ronald. Is Law a System of Rules?. *In*: DWORKIN, Ronald (Ed.). *Philosophy of Law*, p. 38-65; ALEXY, Robert. *Constitucionalismo discursivo*.

[76] Cf. ALEXY, Robert. *Derecho y razón práctica*; AARNIO, Aulis. *Lo racional como razonable*.

[77] Cf. BARAK, Aharon. *The Judge in a Democracy*, p. 213-260; ZAGREBELSKY, Gustavo. *Il diritto mite*, p. 179-217.

[78] Confronte-se, com perspectivas diferentes, FERRAJOLI, Luigi. O Estado de direito entre passado e futuro. *In*: COSTA, Pietro; ZOLO, Danilo (Org.). *Estado de direito*: história, teoria, crítica, p. 419-464; DIAS, Elias. *Estado de derecho y sociedad democrática*; DWORKIN, Ronald. Introduction: the moral reading and the majoritarian premise. *In*: DWORKIN, Ronald. *Freedom's Law*: the Moral Reading of the American Constitution, p. 1-38; ZAGREBELSKY, Gustavo. *La crucifixión y la democracia*; e SOUZA NETO, Cláudio Pereira de. *Teoria constitucional e democracia deliberativa*.

[79] Cf. MAIA. Nos vinte anos da Constituição Cidadã. *In*: SOUZA NETO, Cláudio Pereira de; SARMENTO, Daniel; BINENBOJM, Gustavo (Org.). *Vinte anos da Constituição Federal de 1988*; SOUZA NETO, Cláudio Pereira de. A teoria constitucional e seus lugares específicos: notas sobre o aporte reconstrutivo. *Revista de Direito do Estado*, v. 1, p. 89-104; SARMENTO, Daniel. Interpretação constitucional, pré-compreensão e capacidades institucionais do intérprete. *In*: SOUZA NETO, Cláudio Pereira de; SARMENTO, Daniel; BINENBOJM, Gustavo. *Vinte anos da Constituição Federal de 1988*, p. 311-322.

Direito e Moral não são abolidas, mas elas se tornam mais tênues e porosas, à medida que o próprio ordenamento incorpora, no seu patamar mais elevado, princípios de Justiça, que passam a ser considerados como normas vinculantes.

O neoconstitucionalismo tem um foco muito centrado no Poder Judiciário, no qual deposita enormes expectativas no sentido de concretização dos ideais emancipatórios presentes nas constituições contemporâneas. Contudo, esse viés judicialista sofre contestações pelo seu suposto caráter antidemocrático, na medida em que os juízes, diferentemente dos parlamentares e chefes do Executivo, não são eleitos e não respondem diretamente perante o povo.[80] Essa crítica é vezes acompanhada por outra, de que os membros do Judiciário, por pertencerem à elite, tenderiam a atuar em favor do *status quo*, bloqueando movimentos por mudança surgidos na arena social, muitas vezes por meio da invocação retórica de direitos individuais.

A crítica democrática ao neoconstitucionalismo se assenta na ideia de que, numa democracia, é essencial que as decisões políticas mais importantes sejam tomadas pelo próprio povo ou por seus representantes eleitos e não por magistrados. É verdade que a maior parte dos teóricos contemporâneos da democracia reconhece que ela não se esgota no respeito ao princípio majoritário, pressupondo também o respeito das regras do jogo democrático, que incluem a garantia de direitos básicos, visando a viabilizar a participação igualitária do cidadão na esfera pública, bem como alguma proteção às minorias estigmatizadas.[81] Porém, há aqui uma questão de dosagem, pois se a imposição de alguns limites para a decisão das maiorias pode ser justificada em nome da democracia, o exagero tende a revelar-se antidemocrático, por cercear em demasia a possibilidade do povo de se autogovernar.

Outra crítica endereçada ao neoconstitucionalismo é a de que, na sua ênfase na aplicação dos princípios constitucionais e na ponderação, em detrimento das regras e da subsunção, ele tenderia a instaurar certa anarquia metodológica, alimentando o decisionismo judicial e gerando insegurança jurídica. Ademais, há também a preocupação de que excessos de constitucionalização do Direito possam revelar-se antidemocráticos, por reduzirem em demasia o espaço para decisão das maiorias políticas de cada momento. Afinal, se tudo ou quase tudo já estiver decidido pela Constituição, sendo o legislador nada mais que um mero executor das medidas já impostas pelo constituinte, a autonomia política do povo para, em cada momento da sua história, realizar as suas próprias escolhas, restará seriamente ameaçada.

Estas objeções são importantes e devem ser levadas a sério. Concepções radicais do neoconstitucionalismo, que endossem a opção por um "governo de juízes" ou que aplaudam o decisionismo judicial, alimentado por uma invocação emotiva e pouco fundamentada de princípios e valores constitucionais, devem ser evitadas, porque incompatíveis com o ideário do constitucionalismo. Tampouco se deve respaldar a hiperconstitucionalização do Direito, que suprima o espaço necessário

---

[80] Contudo, não é razoável estender esta crítica ao ponto de negar o caráter democrático da atuação judicial. Como ressaltou Eugenio Raúl Zaffaroni, "uma instituição não é democrática unicamente porque não provenha de eleição popular, porque nem tudo o que provém desta origem é necessariamente aristocrático. Uma instituição é democrática quando seja funcional para o sistema democrático, quer dizer, quando seja necessária para a sua continuidade, como ocorre com o judiciário" (*Poder Judiciário*: crise, acertos e desacertos, p. 43).

[81] Cf. DAHL, Robert Alan. *Sobre a democracia*, p. 97-113; HABERMAS, Jürgen. Popular Sovereignty as Procedure. *In*: BOHMAN, James; REHG, William (Ed.). *Deliberative Democracy*, p. 35-66.

para o desenvolvimento da política majoritária. Porém, deve ser louvado um novo constitucionalismo que, sem desprezar o papel essencial das instâncias democráticas na definição do Direito, reconheça e valorize a irradiação das normas constitucionais pelo ordenamento, a invocação fundamentada e racional dos princípios jurídicos, bem como a atuação firme e construtiva do Judiciário para proteção e promoção dos direitos fundamentais e dos pressupostos da democracia.

5.3 Filosofia política e teoria constitucional

A filosofia constitucional, como já adiantado, possui uma forte dimensão prescritiva, pois ela não se volta precipuamente ao exame dos papéis e funções efetivamente desempenhados pelas constituições, mas busca propor os modelos considerados mais adequados ou justos para a organização do Estado e da sociedade. O estudo da filosofia constitucional é feito tanto por juristas como por filósofos, sobretudo os dedicados à filosofia política. É, aliás, uma característica da filosofia política contemporânea o interesse pelo Direito Constitucional, que se revela claramente nas obras dos seus autores mais importantes, como John Rawls e Jürgen Habermas. Atualmente, muitas das discussões mais relevantes e complexas no campo constitucional são marcadas pela interdisciplinaridade e o aporte filosófico vem se tornando cada vez mais importante para a sua compreensão e para qualquer tomada de posição mais consequente.

Contudo, a formação humanística no ensino jurídico brasileiro deixa muito a desejar. Os estudantes se formam nas faculdades de Direito sem dominar os rudimentos mais elementares da filosofia, o que compromete a capacidade do futuro profissional de compreender plenamente algumas das controvérsias constitucionais mais importantes. Neste item, pretende-se apenas introduzir, de forma muito panorâmica e superficial, algumas das teorias mais importantes no campo da filosofia política que têm relevo para a compreensão do fenômeno constitucional. Algumas dessas ideias que apresentaremos não foram formuladas por juristas, mas por filósofos políticos, e não tinham por objetivo imediato equacionar controvérsias no campo do Direito. Sem embargo, elas podem ser muito relevantes para a prática constitucional, eventualmente orientando a interpretação da Constituição, praticada pelas Cortes, pelos agentes políticos ou pelos cidadãos. Tentaremos, sempre que possível, ilustrar os debates mais abstratos com exemplos concretos, no afã de facilitar a compreensão das posições discutidas aos não iniciados no domínio filosófico.

5.3.1 Liberalismo igualitário e Constituição

A tradição liberal de defesa da liberdade manifesta-se tanto na esfera política quanto no campo econômico. Na esfera política, o liberalismo está vinculado à defesa de liberdades públicas e existenciais, como a liberdade de expressão, de religião e a privacidade. Já na esfera econômica, o liberalismo significa rejeição à intervenção estatal no mercado e defesa da livre-iniciativa e da propriedade privada.[82] O liberalismo político pode endossar ou não as teses do liberalismo econômico. É possível, por exemplo,

---

[82] BOBBIO, Norberto. *Liberalismo e democracia*, p. 17.

defender intransigentemente as liberdades públicas, mas apoiar, simultaneamente, enérgicas intervenções do Estado no campo econômico voltadas à promoção da igualdade material. Essa é a característica central do *liberalismo igualitário*, que tem como grandes expoentes o filósofo John Rawls e o jurista Ronald Dworkin, ambos norte-americanos.

Com efeito, o que distingue o liberalismo igualitário do liberalismo tradicional é que o primeiro tem um forte compromisso não só com a liberdade, mas também com a igualdade material.[83] O liberalismo igualitário contemporâneo legitima o "Estado de Direito", não o "Estado mínimo". Portanto, quanto à intervenção estatal no domínio econômico, ele está muito mais próximo da socialdemocracia europeia do que do liberalismo clássico ou do neoliberalismo.

Nada obstante, o liberalismo igualitário, como antes consignado, é uma vertente do liberalismo político. Daí a sua dimensão liberal, que se exprime no reconhecimento da prioridade dos direitos individuais diante dos interesses do Estado ou da coletividade. Esta ideia foi bem sintetizada por John Rawls, na abertura da sua obra clássica sobre a Teoria da Justiça: "Cada pessoa possui uma inviolabilidade fundada na justiça que nem o bem-estar da sociedade inteira pode sobrepujar (...). Portanto, numa sociedade justa as liberdades decorrentes da igual cidadania são garantidas, e os direitos assegurados por razões de justiça não se sujeitam à barganha política ou a cálculos de interesse social".[84] Pode-se falar, neste sentido, que o liberalismo igualitário, como todo liberalismo, é individualista,[85] pois o seu foco prioritário se centra no indivíduo, e não em qualquer entidade supraindividual como o Estado, a Nação, a classe social ou o grupo étnico.

O liberalismo igualitário sustenta que não é papel do Estado promover os valores hegemônicos na sociedade, interferindo nas liberdades individuais. Cada pessoa deve ter a liberdade para eleger os seus planos de vida, além do acesso aos meios necessários para persegui-los, desde que isso não fira direitos de terceiros. Uma premissa básica é a de que as pessoas são sujeitos morais autônomos, que devem ter a possibilidade de fazer escolhas, responsabilizando-se por elas. O Estado não deve ser paternalista, limitando a liberdade dos indivíduos para lhes impor concepções de "vida boa", como se fosse seu papel protegê-las das suas próprias escolhas e decisões. Os liberais reconhecem a existência de amplo pluralismo social, na medida em que as pessoas têm diferentes crenças religiosas, afiliações políticas e concepções sobre como uma vida deve ser vivida. Nesse quadro, advogam a tolerância e o dever de neutralidade estatal diante das diversas "concepções sobre o bem" existentes na sociedade.[86]

Contudo, a ênfase do liberalismo igualitário na igualdade serve para demandar que se assegure a cada pessoa os meios materiais necessários à realização de seu projeto pessoal de vida. O liberalismo igualitário, portanto, justifica medidas redistributivas, que afetem profundamente o *status quo* socioeconômico, com o objetivo de favorecer os mais pobres.

A obra canônica do liberalismo igualitário — tida por muitos como a obra mais importante da Filosofia Política desde o final da II Guerra Mundial — é o livro *Uma Teoria da Justiça*, de John Rawls, cuja primeira edição foi publicada em 1971. Nessa obra,

---

[83] DWORKIN, Ronald. *Sovereign Virtue*: the Theory and Practice of Equality, p. 182.
[84] RAWLS, John. *A Theory of Justice*, p. 3-4.
[85] Cf. SANTIAGO NINO, Carlos. Fundamentos del liberalismo igualitário. *In*: SANTIAGO NINO, Carlos. *Derecho moral y politica II*, p. 21.
[86] Cf. LARMORE, Charles. *The Morals of Modernity*, p. 121-127; CITTADINO, Gisele Guimarães. *Pluralismo, direito e justiça distributiva*: elementos de filosofia constitucional contemporânea, p. 78-85.

a dimensão igualitária do liberalismo pode ser observada claramente nos princípios propostos para a organização de uma sociedade justa:

1. "Cada pessoa deve ter um direito igual ao mais abrangente sistema total de liberdades básicas iguais que seja compatível com um sistema semelhante de liberdade para todos";
2. "As desigualdades econômicas e sociais devem ser ordenadas de tal modo que, ao mesmo tempo: (a) tragam o maior benefício possível para os menos favorecidos, obedecendo às restrições do princípio da poupança justa, e (b) sejam vinculadas a cargos e posições abertos a todos em condições de igualdade equitativa de oportunidades".[87]

Para Rawls, o primeiro princípio de justiça acima teria prioridade sobre o segundo. Mas, no conceito de liberdades básicas, garantidas pelo primeiro princípio de justiça, não se inserem as liberdades econômicas, como a propriedade dos meios de produção. Daí por que, para Rawls, é possível e até necessário que o Estado adote medidas redistributivas, que atinjam a titularidade dos bens econômicos, no intuito de promover a igualdade social entre os cidadãos.

Os princípios de justiça de Rawls foram racionalmente justificados, por meio de um modelo de contrato social, em que as pessoas deliberariam numa "posição original", recobertas por um "véu da ignorância", que as impediria de conhecer as suas próprias características, sua posição social, os seus interesses pessoais e preferências. O artifício da posição original teve o objetivo de simular um ambiente ideal de deliberação que permitisse a justificação imparcial dos princípios da justiça. Naquele contexto ideal, Rawls entende que as partes decidiriam pela adoção dos princípios acima descritos.

Conquanto não tenha abandonado o artifício da posição original, Rawls, em estudos mais recentes, passou a priorizar outra estratégia de justificação dos seus princípios de justiça, movido pela percepção de que, nas sociedades contemporâneas, as pessoas cultivam diversas doutrinas de caráter religioso, filosófico ou moral — que ele chama de "doutrinas abrangentes" — as quais, apesar de razoáveis, são incompatíveis entre si. Trata-se da ideia de "consenso sobreposto",[88] que é o acordo possível de ser alcançado por doutrinas divergentes razoáveis existentes na sociedade sobre o tema da justiça. Rawls sustenta que os seus princípios da justiça alcançariam este consenso sobreposto, por serem capazes de conferir um fundamento razoável para a cooperação entre os adeptos das inúmeras doutrinas abrangentes, já que se situariam em uma posição de "imparcialidade" em relação a elas.

Não é nosso propósito analisar aqui a teoria da justiça de John Rawls, que sofre inúmeras críticas e objeções. Há, aliás, outras relevantes teorias da justiça no marco do liberalismo igualitário, igualmente comprometidas com o respeito aos direitos individuais e a promoção da igualdade substantiva, como as de Ronald Dworkin[89] e Amartya Sen.[90] Mais importante é refletir sobre qual a relação entre o liberalismo igualitário e a teoria constitucional.[91]

---

[87] RAWLS, John. *A Theory of Justice*, p. 266. Outras formulações mais sintéticas podem ser encontradas às páginas 53, 72 e 220.
[88] RAWLS, John. *O liberalismo político*, p. 157-203.
[89] Cf. DWORKIN, Ronald. *Sovereign Virtue*: the Theory and Practice of Equality.
[90] Cf. SEN, Amartya. *The Idea of Justice*.
[91] Sobre a visão de Rawls sobre a teoria constitucional, veja-se: MICHELMAN, Frank Isaac. Rawls on Constitutionalism and Constitutional Law. *In*: FREEMAN, Samuel Richard (Ed.). *The Cambridge Companion to Rawls*, p. 394-425.

Nem os próprios autores do liberalismo igualitário sustentam a transposição integral dos seus princípios de justiça para a esfera constitucional. Rawls, por exemplo, é expresso ao sustentar que só deveriam ser incluídas no plano constitucional as liberdades básicas postuladas pelo seu primeiro princípio de justiça, associadas à garantia de condições básicas de vida que possibilitem o efetivo gozo destas liberdades.[92] O segundo princípio, ligado à distribuição social — chamado por ele de "princípio da diferença" —, deveria ser realizado no plano legislativo.

Na verdade, as contribuições mais importantes do liberalismo igualitário para a teoria constitucional são a defesa de uma proteção ultra-reforçada das liberdades públicas e existenciais no sistema jurídico, com a rejeição de restrições que lhes são impostas com fundamento em argumentos paternalistas, por razões baseadas em cálculos de utilidade social ou por justificativas fundadas em tradições comunitárias. Igualmente importante é a sustentação da neutralidade do Estado em relação às diversas moralidades privadas presentes na sociedade. Por outro lado, se os princípios de justiça do liberalismo igualitário não podem ser constitucionalmente mobilizados para se exigir uma radical redistribuição dos recursos sociais, a teoria presta-se ao menos para justificar a proteção das condições materiais básicas para fruição das liberdades — o chamado mínimo existencial —, e para obstar que se invoque as liberdades econômicas dos mais bem aquinhoados como obstáculo intransponível para a promoção, na esfera legislativa ou administrativa, das medidas necessárias à promoção da isonomia substantiva.

O liberalismo igualitário, portanto, pode fornecer pautas para a interpretação constitucional em temas controvertidos, viabilizando uma "leitura moral" da Constituição, fundada não na imposição coercitiva aos indivíduos de valores hegemônicos na sociedade, mas no reconhecimento das pessoas como agentes morais livres e iguais, merecedores do mesmo respeito e consideração do Estado.

Na sua dimensão institucional, o liberalismo igualitário tende a defender a jurisdição constitucional como um mecanismo importante para a proteção de direitos morais diante das maiorias. Autores liberais, como Dworkin[93] e Rawls,[94] propõem um papel ativo para os juízes, que devem pautar a sua atuação pela defesa de princípios morais liberais, associados ao respeito às liberdades básicas e à igualdade. O papel legítimo da jurisdição constitucional, nessa perspectiva, não se limita à garantia da observância das regras do jogo democrático, nem à proteção dos pressupostos da democracia, como defende o procedimentalismo, que examinaremos à frente. Na visão do liberalismo igualitário, os juízes podem e devem atuar na defesa de princípios substantivos, de forte conteúdo moral, limitando a deliberação das maiorias sociais. Mas a atuação legítima do Judiciário nessa área deve se limitar ao campo dos direitos individuais, não se permitindo que juízes se substituam aos agentes políticos na avaliação, por exemplo, sobre a conveniência ou eficiência de políticas públicas.

No Brasil, o ideário do liberalismo igualitário pode ser mobilizado em diversas discussões constitucionais relevantes. Ele pode ser invocado, por exemplo, para negar a

---

[92] RAWLS, John. *O liberalismo político*, p. 187-203. Dessa exigência da satisfação das condições básicas para fruição das liberdades tem-se extraído o argumento liberal em favor da proteção estatal do "mínimo existencial". Veja-se, a propósito: TORRES, Ricardo Lobo. *O direito ao mínimo existencial*.

[93] Cf. DWORKIN, Ronald. The Moral Reading and the Majoritarian Premise. *In*: DWORKIN, Ronald. *Freedom's Law*: The Moral Reading of the American Constitution.

[94] Cf. RAWLS, John. *Liberalismo político*, p. 272-284.

existência do princípio de supremacia do interesse público sobre interesses particulares — defendido pela doutrina mais tradicional do nosso Direito Público —, por expressar tal princípio uma visão utilitarista ou organicista da ética jurídica e das relações sociais, insuficientemente preocupada com a proteção dos direitos fundamentais.[95] Pode também ser empregado para discutir a extensão e a intensidade da exigência de separação entre o Estado e a religião, imposta pelo princípio constitucional da laicidade (art. 19, I, CF). A visão liberal igualitária enfatiza a exigência de absoluta neutralidade estatal no campo religioso, em nome da garantia do igual respeito às pessoas de todas as crenças, ateus e agnósticos, enquanto visões mais comunitaristas, ao valorizarem as tradições na interpretação constitucional, podem ser mais lenientes em relação às medidas dos poderes públicos que favoreçam religiões hegemônicas ou majoritárias, notadamente o catolicismo. Essa controvérsia constitucional está presente em duas questões importantes que estão sendo discutidas na atualidade: a presença de crucifixos em repartições públicas, especialmente nos tribunais;[96] e a possibilidade de ensino religioso confessional nas escolas públicas.[97]

5.3.2 Teoria constitucional e comunitarismo: a Constituição e os valores comunitários

O liberalismo contemporâneo é objeto de duras críticas no debate filosófico. O mais influente grupo de críticas é proposto pelos chamados "comunitaristas". De acordo com os comunitaristas, o liberalismo veria no indivíduo um ser desenraizado (*unencumbered self*),[98] por desprezar o fato de que as pessoas já nascem no interior de comunidades que estão impregnadas de valores e sentidos comuns compartilhados, e são socializadas neste contexto, nele forjando as suas identidades. Por isso — dizem os comunitaristas — as cosmovisões e os planos de vida não estão à disposição das pessoas,

---

[95] Veja-se, a propósito: SARMENTO, Daniel (Org.). *Interesses públicos versus interesses privados*: desconstruindo o princípio da supremacia do interesse público.

[96] O Conselho Nacional de Justiça, em 2007, denegou requerimento administrativo formulado para que fosse determinada a retirada dos crucifixos dos tribunais brasileiros. Considerou o CNJ que se trata de uma "tradição" brasileira, que não contraria a separação entre Estado e religião imposta pela Constituição (Pedido de Providências nº 1.344). Já o Conselho da Magistratura do Tribunal de Justiça do Estado do Rio Grande do Sul entendeu diferentemente, acolhendo pedido de retirada de crucifixos nas suas dependências, em decisão proferida no dia 06.03.2012, fundamentada no princípio da laicidade do Estado. Para uma discussão do tema, com a defesa da tese da inconstitucionalidade da presença dos crucifixos nos tribunais, cf.: SARMENTO, Daniel. O crucifixo nos tribunais e a laicidade do Estado. *In*: SARMENTO, Daniel. *Por um constitucionalismo inclusivo*: histórica constitucional brasileira, teoria da Constituição e direitos fundamentais, p. 161-178.

[97] Tramita no STF a ADI nº 4.439, proposta pela Procuradoria-Geral da República, em que se questiona a possibilidade de ensino religioso confessional e inter-confessional nas escolas públicas. É verdade que a Constituição prevê, em seu art. 210, §1º, que haverá ensino religioso, de matrícula facultativa, nas escolas públicas. A tese da ação é de que a melhor interpretação desse dispositivo, que o harmoniza com os princípios da laicidade do Estado e da igualdade, é no sentido de que o ensino em questão tem de ser, necessariamente, não confessional: as escolas públicas devem ensinar a história e as doutrinas das diversas religiões, bem como as posições defendidas por ateus e agnósticos, mas não podem tomar partido por nenhuma das ideias e correntes expostas. O Estado, também aqui, deve observar o dever de *neutralidade* no campo religioso. Para um denso estudo desta questão, inspirado no liberalismo igualitário, cf. ALMEIDA, Fábio Portela Lopes de. *Liberalismo político, constitucionalismo e democracia*: a questão do ensino religioso nas escolas públicas.

[98] A expressão é de Michael Sandel e é empregada no título de artigo de sua lavra, que constitui um dos mais importantes escritos comunitaristas: The Procedural Republic and the Unencumbered Self. *In*: GOODIN, Robert; PETTIT, Philip (Ed.). *Contemporary Political Philosophy*, p. 246-256.

que não são meros "consumidores num mercado de ideias", mas seres engajados em contextos culturais específicos, que partilham valores, objetivos, interesses e afetos com seus concidadãos.[99]

Para os comunitaristas, a visão liberal não só estaria errada do ponto de vista descritivo, mas também pecaria do ponto de vista normativo, pelo seu tom excessivamente individualista, que fragilizaria os vínculos sociais e incentivaria o egocentrismo. A ênfase no indivíduo, dada pelo liberalismo, é substituída no comunitarismo pela valorização da comunidade; o foco nos direitos individuais é alterado para o destaque às tradições e valores compartilhados.

Enfatizando a importância da lealdade à comunidade e do respeito às tradições, os comunitaristas combatem a ideia de neutralidade estatal em relação aos projetos de vida,[100] afirmando que um dos papéis do Estado é exatamente o de reforçar os liames existentes na sociedade, avaliando e promovendo as concepções morais coletivamente compartilhadas. Dessa forma, os comunitaristas aceitam mais facilmente restrições às liberdades individuais motivadas por valores socialmente compartilhados ou por preocupações paternalistas.

O comunitarismo sustenta que as normas jurídicas devem expressar a cultura do povo em que vigoram. O Direito deve exprimir o *ethos* do grupo social ao qual se dirige; deve refletir os seus valores sociais. Uma teoria constitucional comunitarista enfatiza a singularidade de cada Constituição como expressão dos valores da comunidade concreta em que vigora. A interpretação constitucional deixa de se inspirar, como no liberalismo, por princípios de justiça de natureza tendencialmente universal, e passa a se nortear pelos valores coletivos compartilhados pela sociedade.

Observe-se, porém, que o comunitarismo não deixa de reconhecer o pluralismo que tem lugar no mundo contemporâneo. Pelo contrário, ele também se baseia no pluralismo, mas não de visões individuais acerca do bem, como no liberalismo, e sim de concepções culturais adotadas por cada comunidade. A defesa do pluralismo, para o comunitarismo, não importa na necessidade de proteção da autonomia de cada indivíduo de fazer as suas escolhas de vida no âmbito da sociedade em que vive, mas sim no reconhecimento da legitimidade de que comunidades diferentes se organizem e pautem a sua vida comum de formas diversas, de acordo com os respectivos valores e tradições.[101] O comunitarismo vai justificar, por exemplo, que comunidades tradicionais se organizem de forma distinta do modelo liberal, impondo a observância dos seus costumes aos seus integrantes. Não permitir essa diferença, para os comunitaristas, seria o mesmo que asfixiar a comunidade, impedindo que ela se desenvolva de acordo com o seu *modus vivendi*.

Em muitos casos, o comunitarismo tende a favorecer posições conservadoras no campo moral, ao reforçar a importância das tradições e dos valores compartilhados, sobretudo quando esses valores e tradições apresentem traços autoritários e desigualitários, como ocorre no Brasil. Veja-se um exemplo: o nosso texto constitucional determina

---

[99] WALZER, Michael. The Communitarian Critique of Liberalism. *In*: WALZER, Michael. *Politics and Passion*: Toward a More Egalitarian Liberalism, p. 146-148.

[100] Cf. TAYLOR, Charles. Propósitos entrelaçados: o debate liberal-comunitário. *In*: TAYLOR, Charles. *Argumentos filosóficos*, p. 220.

[101] CITTADINO, Gisele Guimarães. *Pluralismo, direito e justiça distributiva*: elementos de filosofia constitucional contemporânea, p. 85-90.

no art. 221, IV, que "a produção e a programação das emissoras de rádio e televisão atenderão (...) aos valores éticos e sociais da pessoa e da família". Uma interpretação comunitária de "valores sociais da pessoa e da família" tenderia a justificar restrições à liberdade dos veículos de comunicação baseadas na moral tradicional, que estigmatiza certos comportamentos lícitos e legítimos, como a manifestação de amor entre pessoas do mesmo sexo. Nessa ótica, um beijo entre homem e mulher poderia ser exibido na novela das oito, mas não um beijo entre dois homens ou entre duas mulheres. Já uma interpretação liberal igualitária do mesmo preceito não transigiria com esse tipo de preconceito: incompatível com os "valores éticos e sociais da pessoa e da família" é o estímulo ao preconceito de orientação sexual, e não a exibição de manifestações de afeto entre homossexuais.

Porém, não se deve caracterizar o comunitarismo como corrente do pensamento político necessariamente conservadora. Há pensadores comunitaristas também no campo progressista, que se insurgem contra falhas no liberalismo e alentam o propósito de torná-lo mais inclusivo.[102] Nesse sentido, o comunitarismo deu uma importante contribuição à filosofia constitucional, ao adotar uma compreensão de "pessoa" menos abstrata do que a liberal, que leva em consideração o enraizamento social do ser humano e a formação intersubjetiva da identidade dos indivíduos.

A partir dessa perspectiva antropológica mais adequada, foi possível construir, por exemplo, a ideia do "direito ao reconhecimento",[103] que reclama o respeito às identidades coletivas dos grupos não hegemônicos, diante da constatação de que a desvalorização social dos grupos tende a atingir profundamente a dignidade de cada um dos seus integrantes. Quando, por exemplo, a sociedade deixa de valorizar a cultura negra e a importância do seu legado para o país; quando ela valoriza apenas as contribuições europeias para a formação da Nação, priorizando os seus valores e a sua estética, atinge-se diretamente a autoestima das pessoas negras, o que pode até comprometer a sua capacidade de formular e seguir autonomamente os seus planos de vida, tão encarecida pelos liberais. A compreensão dessa forma de exclusão, que não está necessariamente relacionada à opressão econômica, e a busca de remédios para combatê-la, estão por trás das chamadas "políticas do reconhecimento", que têm inequívoca dimensão emancipatória. A Constituição de 88 tem claras aberturas a este viés emancipatório do comunitarismo, expresso em "políticas do reconhecimento". É o que ocorre, por exemplo, no art. 216, §1º, da Constituição, que impõe ao Estado o dever de proteger "as manifestações das culturas populares, indígenas e afro-brasileiras, e as de outros grupos participantes do processo civilizatório nacional".

O comunitarismo é também uma das matrizes filosóficas do *multiculturalismo* — corrente teórica voltada à defesa do direito à diferença cultural, e preocupada com a preservação das culturas e modos de vida tradicionais cultivados por grupos minoritários que vivem no interior das sociedades modernas[104] — como os povos indígenas

---

[102] Veja-se, nesse sentido, WALZER, Michael. *Politics and Passion*: Toward a More Egalitarian Liberalism.
[103] Nessa linha, veja-se o texto canônico de Charles Taylor (A política do reconhecimento. *In*: TAYLOR, Charles *et al*. *Multiculturalismo*: examinando a política de reconhecimento, p. 45-104). Ressalte-se, todavia, que é possível elaborar teorias sobre a justiça como reconhecimento a partir de bases diversas do comunitarismo, como é o caso da formulada por Nancy Fraser. Veja-se, a propósito: FRASER, Nancy. Redistribuição, reconhecimento e participação: por uma concepção integral da justiça. *In*: SARMENTO, Daniel; IKAWA Daniela; PIOVESAN, Flávia. *Igualdade, diferença e direitos humanos*, p. 167-190.
[104] Cf. TAYLOR, Charles. A política do reconhecimento. *In*: TAYLOR, Charles *et al*. *Multiculturalismo*: examinando a política de reconhecimento.

na sociedade brasileira —, muito embora também seja possível aderir ao multiculturalismo a partir de outras perspectivas teóricas (inclusive o liberalismo igualitário).[105] Isso porque a ideia, tão cara ao comunitarismo, de valorização das tradições coletivas e dos valores socialmente compartilhados, pode ser invocada, em certos contextos, não para impor a observância da cultura nacional hegemônica aos *outsiders*, mas para justificar medidas que assegurem a preservação de práticas culturais adotadas por grupos minoritários, que, deixadas a própria sorte, poderiam desaparecer, asfixiadas pela dinâmica da sociedade envolvente, moderna e capitalista.

Portanto, nem sempre o comunitarismo prescreve a prevalência da identidade cultural dominante sobre outras culturas minoritárias. O objetivo pode ser o inverso. Veja-se o exemplo discutido por Charles Taylor[106] — importante filósofo comunitarista — que envolveu a polêmica em torno da legislação de Québec, província francófona do Canadá, que proibiu as famílias francófonas de colocarem seus filhos em escolas de língua inglesa, e as empresas ali instaladas de manterem sua comunicação escrita em inglês. Taylor justifica essa legislação sob o argumento de que bens socialmente valorizados — a língua e a cultura francesas — somente poderiam ser protegidos por meio de restrições estatais à liberdade individual. Sem essas restrições, a cultura francesa, com o tempo, simplesmente pereceria em Québec, pela predominância do inglês no resto do país e no âmbito empresarial. Isso, para Taylor, afetaria às identidades coletivas dos canadenses francófonos. Na hipótese, o direito ao "reconhecimento" da identidade particular dos descendentes de franceses justificaria a restrição imposta às liberdades individuais.

Este ponto de vista é, por certo, divergente do pensamento liberal, que tenderia a considerar a lei em questão violadora de direitos fundamentais. A referida legislação, sob o ângulo liberal, seria uma indevida restrição de direitos motivada pela realização de uma meta coletiva. Nações multiculturais e heterogêneas frequentemente se deparam com problemas deste tipo. No Brasil, houve caso curioso da proibição da *Axé Music* no carnaval de Olinda, imposta para proteger o frevo.[107] Uma perspectiva liberal veria a medida como injustificada limitação à liberdade. Já uma abordagem comunitarista tenderia a legitimar esse tipo de restrição, para proteger manifestações culturais particulares que, de outro modo, poderiam desaparecer.

Na literatura brasileira, Gisele Cittadino[108] traçou ligação entre comunitarismo e o constitucionalismo social e dirigente adotado pela Constituição de 88. Para Cittadino, nossa ênfase constitucional em direitos positivos e a preocupação da Carta de 88 com os mecanismos jurisdicionais de correção da inconstitucionalidade por omissão revelariam o teor comunitarista da Constituição. Não comungamos da mesma opinião. O comunitarismo, ao nosso ver, não pode ser confundido com o constitucionalismo social, até porque várias outras correntes da filosofia política, como o próprio liberalismo igualitário, são também compatíveis com o Estado Social. A Constituição de 88 é certamente uma Constituição social, o que não significa dizer que seja também

---

[105] Sobre as diversas linhas do multiculturalismo, cf. KYMLICKA, Will. *Politics in the Vernacular*: Nationalism, Multiculturalism and Citizenship.
[106] TAYLOR, Charles. A política do reconhecimento. In: TAYLOR, Charles et al. *Multiculturalismo*: examinando a política de reconhecimento.
[107] Cf. "Prefeita do frevo quer acabar com o axé". Istoé Gente, 19 fev. 2001.
[108] CITTADINO, Gisele Guimarães. *Pluralismo, direito e justiça distributiva*, p. 11-73.

uma Constituição "comunitária". Nossa Constituição até possui aberturas para o comunitarismo, na medida em que, por exemplo, se ocupa da proteção e promoção da cultura nacional (arts. 215 e 216 da CF) e consagra direitos transindividuais, de titularidade coletiva. Mas a ênfase na proteção das liberdades públicas e existenciais que se extrai da Constituição, bem como a sua clara preocupação com a proteção e promoção da autonomia individual não autorizam que se conclua no sentido da adesão da Constituição de 88 à filosofia política do comunitarismo.

5.3.3 Teoria constitucional e libertarianismo

Outra corrente importante da filosofia política contemporânea é o libertarianismo. O libertarianismo é uma vertente do liberalismo cujo foco central está na economia e na proteção de direitos patrimoniais. Ele é francamente refratário à intervenção estatal no domínio econômico e às políticas de redistribuição de renda, defendendo a existência de um Estado mínimo. O papel do Estado, para os libertários, seria apenas o de garantir a segurança interna e externa e prover as bases para o funcionamento do mercado. O libertarianismo tem como principais expoentes Friedrich A. Hayek e Robert Nozick. Trata-se da base filosófica do neoliberalismo, que ainda exerce influência em todo o mundo, sobretudo no campo da Economia.

A estratégia central dos libertários é vincular o Estado de Direito ao Estado mínimo.[109] Restrições à livre-iniciativa, medidas de regulação do mercado e políticas distributivas são apresentadas como intrinsecamente arbitrárias, além de violadoras da liberdade individual e da dignidade humana. Para os libertários, as deliberações majoritárias tomadas pelo povo não devem poder atingir a "ordem espontânea" do mercado, nem onerar as propriedades individuais. O constitucionalismo, nessa perspectiva, é visto como mecanismo de defesa das liberdades econômicas.

Robert Nozick, por exemplo, se opõe firmemente à ideia de que seria legítimo ao Estado redistribuir a riqueza para promover justiça social. Para ele, injusta é apenas a posse de bens que tenha origem no roubo ou na fraude, e não a distribuição resultante das iniciativas individuais ou de fatos naturais. A distribuição originária dos bens primários é como o "maná que cai do céu": se ninguém merece tais bens, cada qual pode possuir a parte que foi capaz de apropriar, sem, com isso, agir injustamente. A redistribuição dos valores legitimamente adquiridos implicaria a violação de direitos fundamentais.[110] Nozick chega a sustentar que a tributação realizada com propósitos redistributivos seria equiparada ao "trabalho forçado", por importar na apropriação injustificada do resultado do trabalho do contribuinte.[111]

---

[109] Confira-se, no particular, o magistério de Nozick: "Indivíduos têm direitos. E há coisas que nenhuma pessoa ou grupo pode fazer com os indivíduos (sem lhes violar os direitos). Tão fortes e de tão alto alcance são esses direitos que colocam a questão do que o Estado e seus servidores podem, se é que podem, fazer. Que espaço os direitos individuais deixam ao Estado? (...) Nossa principal conclusão sobre o Estado é que um Estado mínimo, limitado a funções restritas de proteção contra a força, o roubo, a fraude, de fiscalização do cumprimento de contratos e assim por diante justifica-se; que o Estado mais amplo violará os direitos das pessoas de não serem forçadas a fazer certas coisas, e que não se justifica; e que o Estado mínimo é tanto inspirador quanto certo. Duas implicações dignas de nota são que o Estado não pode usar sua máquina coercitiva para obrigar certos cidadãos a ajudarem a outros ou para proibir atividades a pessoas que desejam realizá-las, para o seu próprio bem ou proteção" (*Anarquia, estado e utopia*, p. 10).

[110] NOZICK, Robert. *Anarquia, Estado e utopia*, p. 188.

[111] NOZICK, Robert. *Anarquia, Estado e utopia*, p. 191-192.

Em outras palavras, a justiça, para o libertarianismo é intrinsecamente comutativa.[112] Somente as ações individuais podem ser justas ou injustas, não os resultados produzidos pelo mercado, que são vistos como naturais. Para Hayek, "a expressão 'justiça social' não pertence à categoria do erro, mas do absurdo, como a expressão 'uma pedra moral'".[113]

Segundo Hayek, o Estado de Direito se caracteriza pelo fato de a atuação governamental estar estritamente vinculada a normas providas de generalidade, abstratividade e irretroatividade. Por isso, o controle de preços pelo Estado, por exemplo, seria incompatível com o Estado de Direito: a medida não teria como ser estabelecida por meio de normas gerais e abstratas, demandando a edição de disposições de efeitos concretos, as quais não seriam imparciais em relação aos diferentes agentes econômicos.[114] Hayek diverge também de qualquer forma de planejamento econômico. Para ele, os indivíduos devem ter liberdade para decidir de que maneira utilizarão seus recursos, sendo vedado ao Estado fixar finalidades a serem perseguidas pelos particulares. Na sua ótica, o planejamento econômico submete os particulares a finalidades estabelecidas pelo Estado, tratando o indivíduo como meio e não como fim em si mesmo, o que violaria a dignidade da pessoa humana.[115]

Como se observa, o libertarianismo vincula o constitucionalismo ao Estado Mínimo, divergindo fortemente do liberalismo igualitário de Rawls e Dworkin.[116] Os argumentos de defesa da liberdade econômica do libertarianismo se apoiam nos conceitos próprios do liberalismo político, evocando os diretos fundamentais, a dignidade humana e o princípio do Estado de Direito em favor da não intervenção estatal na esfera econômica.

Essa teoria é francamente incompatível com o ideário igualitário, por legitimar as mais iníquas distribuições de renda. Ela parte da falsa premissa de que o mercado é uma realidade natural, pré-política, quando se sabe que ele é criação humana, sustentada por normas e instituições que não são "espontâneas", mas forjadas pelas sociedades. O libertarianismo tampouco se concilia com a democracia, por impor restrições excessivas às deliberações democráticas, retirando toda a esfera econômica do campo de política. Com isso, protege-se o *status quo* das demandas políticas articuladas pelos setores mais desfavorecidos da população, utilizando-se, para tanto, do discurso constitucional.

O libertarianismo não se compatibiliza com a Constituição de 1988. De fato, a Constituição de 1988 apresenta uma série de características que permitem que nela se divise uma típica Constituição social. Ela proclama, logo no seu art. 3º, que a República brasileira tem, dentre os seus objetivos, "construir uma sociedade livre, justa e solidária" (inciso I) e "erradicar a pobreza e a marginalização e reduzir as desigualdades sociais e regionais" (inciso III). Consagra um generoso elenco de direitos sociais (arts. 6º a 11º) e condiciona a tutela da propriedade ao cumprimento da sua função social (arts. 5º, XXIII, e 170, II). Estabelece que o objetivo da ordem econômica é "assegurar a todos

---

[112] HAYEK, Friedrich August von. *Direito, legislação e liberdade*, p. 36-37.
[113] HAYEK, Friedrich August von. *Direito, legislação e liberdade*, p. 98. O autor entende o termo justiça social como a concepção segundo a qual "a sociedade deveria considerar-se ela própria responsável pela posição material de todos os membros, cabendo-lhe assegurar que cada uma recebesse o que lhe era 'devido'" (p. 99).
[114] Cf. HAYEK, Friedrich August von. *The Road to Serfdom*, p. 80.
[115] HAYEK, Friedrich August von. *The Road to Serfdom*, p. 82.
[116] HAYEK, Friedrich August von. *The Road to Serfdom*, p. 88.

uma existência digna, conforme os ditames da justiça social" (art. 170, *caput*) e enuncia, em seguida, uma série de princípios interventivos, que temperam, com um condimento solidarista, os valores liberais que ela também incorpora.

Não cabe, por isso, chancelar as teses do libertarianismo no contexto de interpretação judicial da Constituição. Além de equivocada, a postura seria preocupante sob o prisma democrático, por representar a imposição judicial de ideias que muitas vezes não contam com assentimento majoritário e que não podem ser derivadas da Constituição. Essa tendência se revela em certas interpretações mais expansivas de princípios como a livre-iniciativa e a proteção da propriedade.[117] Pode-se, é claro, deliberar no espaço público sobre a extensão da intervenção estatal no domínio econômico. A Constituição de 88 define uma ampla moldura sobre o assunto, que não é compatível nem com o modelo de economia planificada, que ignora a livre-iniciativa e o mercado, nem com o capitalismo selvagem, insensível em relação à injustiça social. No interior dessa moldura, são possíveis diferentes escolhas. Ao participar de eleições, o povo pode preferir candidatos mais favoráveis ao enxugamento do Estado ou à ampliação da sua intervenção no campo econômico, e estes devem ter o poder de implementar os seus projetos avalizados nas urnas, desde que não exorbitem da referida moldura. O que não deve ocorrer é a imposição de modelos econômicos pela via judicial, privando o país da possibilidade de seguir caminhos alternativos preferidos pela sua população.

5.3.4 O republicanismo na teoria constitucional

O republicanismo possui longa tradição. Suas origens podem ser identificadas no pensamento da Antiguidade. Trata-se de corrente de pensamento que se associa à forma republicana de governo. O Estado é *res publica* (coisa pública), em oposição à monarquia. No Estado republicano os governantes são escolhidos pelo povo por mandatos certos e respondem por seus atos, enquanto na monarquia clássica o governo é exercido por governantes escolhidos por critérios hereditários, com investidura vitalícia, não respondendo pelos próprios atos. Mas o republicanismo vai muito além da defesa de uma forma de governo: envolve uma constelação de ideias que tem importantes repercussões práticas na definição de padrões adequados de comportamento para governantes e cidadãos.

Não existe, porém, um único republicanismo, mas vários. De acordo com classificação elaborada por Antonio Maia e Tarcísio Menezes,[118] há o republicanismo clássico, associado a Maquiavel; o republicanismo moderno, sustentado por autores como Harrington, Montesquieu, Rousseau, Adams e os Federalistas; o republicanismo contemporâneo, proposto por Skinner, Pettit, Viroli, e Michelman.[119] Há ainda o

---

[117] Cf. SOUZA NETO, Cláudio Pereira de; MENDONÇA, José Vicente Santos de. Fundamentalização e fundamentalismo na interpretação do princípio da livre iniciativa. *Revista Latino-Americana de Estudos Constitucionais*, v. 8.

[118] Cf. MAIA, Antônio Cavalcanti; MENEZES, Tarcísio. Republicanismo contemporâneo, Constituição e política. *In*: SARMENTO, Daniel (Org.). *Filosofia e teoria constitucional contemporânea*. Sobre a pluralidade de teorias republicanistas, veja também: PINZANI, Alesssandro. Republicanismo(s), democracia, poder. *Veritas*, v. 52, n. 1; PINTO, Ricardo Leite. Uma introdução ao neo-republicanismo. *Análise Social*, v. 36.

[119] Cf., entre outros textos, SKINNER, Quentin. The Republican Ideal of Political Liberty. *In*: BOCK, G.; SKINNER, Q.; VIROLI, M. (Ed.), *Machiavelli and Republicanism*; PETTIT, Philip. *Republicanism*: a Theory of Freedom and Government; VIROLI, Maurizio. *Republicanism*; MICHELMAN, Frank Isaac. Law's Republic. *Yale Law Journal*, v. 97, n. 8, p. 1493-1537; SUNSTEIN, Cass R. Beyond the Republican Revival. *Yale Law Journal*, v. 97, n. 8.

republicanismo humanista, que congrega desde Aristóteles a Hannah Arendt. Não é o momento para apresentar as ideias defendidas por cada uma dessas vertentes, as quais, em vários tópicos, divergem entre si. Cabe-nos apenas apresentar as ideias que costumam ser sustentadas majoritariamente pelos autores identificados como republicanos, associando-as a debates travados no campo do Direito Constitucional.[120]

No *modelo republicano*, o cidadão está enraizado em uma cultura pública que o estimula à participação ativa na vida da comunidade. O cidadão, neste quadro, não tem apenas direitos, mas também deveres em relação à sua comunidade política. Dá-se ênfase às "virtudes republicanas"[121] dos cidadãos. Deles se espera alguma orientação para o interesse público; a atuação pautada não apenas nos interesses individuais de cada um ou das suas facções, mas voltada também para o bem comum.[122] Nas palavras de Bresser-Pereira, "o Estado republicano é um sistema de governo que conta com cidadãos engajados que participam do governo juntamente com políticos e servidores públicos".[123] O republicanismo enfatiza a importância da esfera pública como local de troca de razões, exercendo importante papel de supervisão sobre o funcionamento concreto das instituições políticas formais.[124]

O republicanismo tem em comum com o comunitarismo a crítica à visão atomizada e individualista de sociedade própria ao liberalismo. Porém, há distinções importantes entre as correntes. Enquanto o foco do comunitarismo está no respeito às tradições e valores compartilhados, no republicanismo ele se desloca para a participação do cidadão na coisa pública. Enquanto comunitaristas justificam restrições à deliberação coletiva fundadas no respeito às tradições do passado, os republicanos buscam dar mais poder ao povo, estimulando a cidadania a tomar parte ativa nessas deliberações.[125]

Há teorias, como o pluralismo ético de Berlin, que sustentam que a liberdade individual não mantém uma relação necessária com liberdade de participação na vida pública.[126] Para essa perspectiva, seriam possíveis governos democráticos que violassem direitos individuais e governos não democráticos (aristocráticos, por exemplo) que os protegessem com intensidade. O republicanismo enfatiza a importância do direito à participação popular na vida pública. Mas também sustenta que esse direito não está em tensão com a liberdade negativa. Pelo contrário, o governo democrático, caracterizado pela participação popular permanente na vida política, seria justamente o mais

---

[120] Entre nós, cf. também: AGRA, Walber de Moura. *Estado e Constituição*: republicanismo. Porto; SILVA, Ricardo. Liberdade e lei no neo-republicanismo de Skinner e Pettit. *Lua Nova – Revista de Cultura e Política*, n. 74.

[121] Sobre a reabilitação do conceito de virtudes operada pelo republicanismo, cf. COMPARATO, Fábio Konder. Redescobrindo o espírito republicano. *Revista da Associação dos Juízes do Rio Grande do Sul*, v. 32, n. 100, p. 119 *et seq.*; CUNHA, Paulo Ferreira da. Da Constituição antiga à Constituição moderna: república e virtude. *Revista Brasileira de Estudos Constitucionais*, v. 2, n. 5.

[122] FORST, Rainer. The Rule of Reasons: Three Models of Deliberative Democracy. *Ratio Juris*, v. 14, n. 4, p. 349, 356 e 366.

[123] BRESSER-PEREIRA, Luiz Carlos. *Construindo o Estado Republicano*: democracia e reforma da gestão pública, p. 165.

[124] Cf. BENHABIB, Seyla. Models of Public Space: Hannah Arendt, the Liberal Tradition, and Jürgen Habermas. *In*: CALHOUN, Graig (Org.). *Habermas and the Public Sphere*; FORST, Rainer. The Rule of Reasons: Three Models of Deliberative Democracy. *Ratio Juris*, v. 14, n. 4, p. 350, 358-359 e 370.

[125] Sobre as diferenças entre o comunitarismo e o republicanismo, veja-se GARGARELLA, Roberto. *Las teorías de la justicia después de Rawls*, p. 181-186.

[126] Segundo Berlin, "não há nenhuma ligação necessária entre a liberdade individual e a regra democrática. A resposta à pergunta 'Quem me governa?' é logicamente distinta da que seria dada à pergunta 'Até que ponto o governo interfere na minha vida?'. É nessa diferença que reside afinal o grande contraste entre os dois conceitos de liberdade positiva e negativa" (Dois conceitos de liberdade. *In*: BERLIN, Isaiah. *Estudos sobre a humanidade*: uma antologia de ensaios, p. 236).

vocacionado para proteger as liberdades básicas. Isso porque uma cidadania ativa mantém-se permanentemente vigilante para impedir não só a corrupção governamental, mas também o arbítrio dos governantes, que ameaça os direitos dos indivíduos.[127]

O republicanismo, por outro lado, formula uma concepção própria de liberdade, que não se identifica com aquela do liberalismo clássico, que a via como ausência de constrangimento à ação do agente. A liberdade, para o republicanismo, é vista como "não dominação". Nessa perspectiva, a dependência de um indivíduo pode comprometer a sua liberdade tanto ou mais do que alguma interferência externa sobre a sua conduta. Por outro lado, para o republicanismo, leis gerais e abstratas, compatíveis com a lógica do Estado de Direito (*rule of law*) não devem ser vistas como limitações à liberdade.[128] O conceito de liberdade do republicanismo, por um lado, dá mais espaço para atuação estatal em prol do bem comum do que o liberal, mas, por outro, é também mais exigente, ao demandar que se garanta a cada cidadão as condições necessárias para a sua independência em face dos poderes sociais.

O republicanismo contemporâneo dá grande ênfase à igualdade. Perante a *res publica*, todos devem ser tratados com igual respeito. Nesse sentido, uma das maiores bandeiras republicanas é o combate aos privilégios conferidos aos governantes ou à elite. A igualdade é afirmada também como exigência no campo socioeconômico, para que a democracia possa prosperar. Uma das tônicas do pensamento republicano é enfatizar que o surgimento na sociedade de um "nós", de uma "vontade geral", depende de certo nível de igualdade econômica, na ausência da qual se formam grupos que possuem interesses antagônicos. O argumento já estava presente, por exemplo, em Rousseau, que é um dos principais precursores do republicanismo moderno. Para ele, uma condição fundamental do contrato social é a *igualdade*, inclusive em sua dimensão material: "Precisamente por sempre tender a força das coisas a destruir a igualdade, a força da legislação deve sempre tender a mantê-la".[129] Por essas razões, os republicanos de hoje costumam defender os direitos sociais e o Estado do Bem-Estar Social.

O republicanismo no Brasil tem sido associado a diversas causas importantes, como a defesa da moralidade na vida pública, o combate à confusão entre o público e o privado na atuação dos agentes estatais, a luta contra a impunidade dos poderosos e o incremento à participação dos cidadãos na tomada de decisões pelo Estado e no controle da atuação dos governantes. Infelizmente, nossas relações sociais e políticas ainda mantêm características profundamente antirrepublicanas: o patrimonialismo, o clientelismo, o "jeitinho" e a cultura de privilégios para governantes e elite. Não é incomum que governantes tratem a "coisa pública" como bem particular, e que ponham os seus interesses, ou os do seu grupo ou partido político, à frente do interesse da coletividade. A desigualdade na submissão à lei persiste: é ainda raro que governantes e integrantes da elite sejam responsabilizados no Poder Judiciário pelos seus atos ilícitos. O engajamento cívico da cidadania no combate a essas mazelas ainda não é a regra, mas a exceção. Nesse quadro, uma dose de republicanismo na teoria constitucional se faz necessária, como remédio para certas disfunções da vida pública do país.

---

[127] Cf. MELO, Marcus André. Republicanismo, liberalismo e racionalidade. *Lua Nova – Revista de Cultura e Política*, n. 55-56.
[128] Cf. VIROLI, Maurizio. *Republicanism*, p. 45-55.
[129] ROUSSEAU, Jean-Jacques. *Do contrato social*, p. 67.

A Constituição de 88 contém vários elementos que convergem com o ideário republicano. O voto, por exemplo, foi tratado, em regra, não apenas como um direito subjetivo, como prefeririam os liberais, mas também como dever cívico: é por isso que ele é obrigatório (art. 14, §1º, I). Foram instituídos mecanismos de participação direta do cidadão nas deliberações coletivas, como o plebiscito, o referendo e a iniciativa popular de leis (art. 14 e 61, §2º). Atribuiu-se ao cidadão a possibilidade de fiscalizar a gestão da coisa pública, por meio de instrumentos como direito de receber dos órgãos públicos informações de interesse geral ou coletivo (art. 5º, XXXIII), de peticionar aos poderes públicos contra ilegalidade ou abuso de poder (art. 5º, XXXIV, "a"), e de defender em juízo o patrimônio público, a moralidade administrativa, o meio ambiente e o patrimônio histórico e cultural, por meio da ação popular (art. 5º, LXXIII).

A nossa jurisprudência constitucional, por outro lado, tem invocado o princípio republicano em diversos contextos, para afastar privilégios, promover a moralidade pública e viabilizar o controle da cidadania sobre a ação dos governantes. O STF empregou o princípio republicano, dentre outros casos, para afirmar a ilegitimidade do nepotismo no Poder Judiciário;[130] para declarar a inconstitucionalidade da concessão de "graça" vitalícia a ex-governadores de Estado, no valor total dos seus subsídios;[131] para afastar a possibilidade de extensão do foro por prerrogativa de função a ex-ocupantes de funções públicas;[132] e para afirmar a prevalência do princípio da publicidade sobre o direito à intimidade no que concerne à divulgação dos vencimentos de servidores públicos.[133]

Cumpre ressaltar, finalmente, que certas vertentes do republicanismo podem assumir um viés autoritário, ao pretenderem impor aos indivíduos virtudes cívicas, por intermédio dos instrumentos coercitivos do Direito. O Direito deve criar canais e espaços para a participação cidadã no exercício e controle do poder. A educação deve não apenas qualificar os estudantes para o mercado de trabalho, mas também prepará-los "para o exercício da cidadania", como prescreve nossa Constituição (art. 212). Porém, exigir o permanente engajamento do cidadão na *res publica* é o mesmo que buscar a formação de um "homem novo", a realização de uma verdadeira "revolução cultural". O republicanismo flerta com o autoritarismo quando alenta a pretensão de erguer uma nova "religião civil" em torno das instituições e normas estatais. Em nome do republicanismo, não se deve asfixiar o direito de cada pessoa de eleger os seus próprios planos de vida e de viver de acordo com eles, desde que não ofenda direitos alheios.

5.3.5 O procedimentalismo na teoria constitucional

Uma das clivagens mais importantes da teoria constitucional contemporânea é a que distingue as concepções *procedimentalistas* das *substancialistas*. Essa distinção é empregada em dois contextos diferentes, que se interpenetram: ela pode ser usada para discutir o *papel da Constituição* na sociedade, bem como para debater o *espaço adequado da jurisdição constitucional*.

---

[130] ADC nº 12, Rel. Min. Celso de Mello. Julg. 15.02.2007. *DJe*, 17 dez. 2009.
[131] ADI nº 3.853, Rel. Min. Cármen Lúcia. Julg. 12.09.2007. *DJe*, 26 out. 2007.
[132] Inq. nº 1.376-Agr, Rel. Min. Celso de Mello. Julg. 15.12.2007. *DJ*, 16 mar. 2007.
[133] SS nº 3.902-AgR, Rel. Min. Ayres Britto. Julg. 09.06.2011.

No primeiro sentido, as teorias procedimentais sustentam que o papel da Constituição é definir as regras do jogo político, assegurando a sua natureza democrática. Isso inclui também a defesa de determinados direitos, que são tidos como pressupostos para o funcionamento da democracia, como as liberdades de expressão e de associação política. O procedimentalismo defende que as decisões substantivas sobre temas controvertidos no campo moral, econômico, político etc., não devem estar contidas na Constituição, cabendo ao povo em cada momento deliberar sobre esses temas. O principal fundamento desta posição é o princípio democrático, pois se parte da premissa de que a constitucionalização de uma decisão, por importar na supressão do espaço de deliberação das maiorias políticas futuras, deve ser vista com muita cautela.

Já o substancialismo adota posição inversa, sustentando a legitimidade da adoção de decisões substantivas pelas constituições, sobretudo no que concerne aos direito fundamentais — inclusive direitos que não estão diretamente ligados ao funcionamento da democracia. O neoconstitucionalismo e a teoria da constituição dirigente, antes examinados, se situam claramente no campo do substancialismo, por conceberem papéis bastante ambiciosos para as constituições, que vão muito além da garantia dos pressupostos do funcionamento da democracia. O liberalismo igualitário, o libertarianismo e comunitarismo também podem conduzir a teses substancialistas na esfera constitucional, embora tendam a divergir significativamente sobre qual deve ser o conteúdo das constituições.

Essa distinção entre posições procedimentalistas e substancialistas não é relevante apenas no momento de elaboração das constituições. Ela assume importância também no contexto de interpretação constitucional. No campo hermenêutico, um substancialista tende a buscar respostas para um grande número de controvérsias na Constituição, interpretando-a de forma abrangente, enquanto um procedimentalista adota posição mais cautelosa, no afã de preservar um maior espaço para a política majoritária, a não ser no que se refira aos pressupostos para funcionamento da própria democracia.

Como dito acima, o procedimentalismo e o substancialismo também se manifestam no debate sobre o papel da jurisdição constitucional. Aliás, pelo menos no cenário brasileiro, as disputas entre procedimentalistas e substancialistas são geralmente travadas nesse *front*.[134] Os procedimentalistas defendem um papel mais modesto para a jurisdição constitucional, sustentando que ela deve adotar uma postura de autocontenção, a não ser quando estiver em jogo a defesa dos pressupostos de funcionamento da própria democracia. Nessa hipótese, estaria justificada uma atuação mais agressiva da jurisdição constitucional, que não poderia ser tachada de antidemocrática por se voltar exatamente à garantia da própria democracia. Já os substancialistas advogam um papel mais ativo para a jurisdição constitucional mesmo em casos que não envolvam os pressupostos da democracia. Numa questão altamente polêmica, como o aborto, um procedimentalista tenderia a defender a não intervenção jurisdicional na matéria,[135] enquanto um substancialista se inclinaria pela atuação do Judiciário na resolução desse complexo conflito moral.[136]

---

[134] Veja-se, por exemplo, como obras representativas de cada uma das posições nesta questão, CRUZ, Álvaro Ricardo de Souza. *Jurisdição constitucional democrática.* (procedimentalismo); e STRECK, Lenio Luiz. *Jurisdição constitucional e hermenêutica.* (substancialismo).

[135] Neste sentido, veja-se o texto crítico do procedimentalista John Hart Ely à decisão da Suprema Corte norte-americana no caso *Roe v. Wade* (1973), que reconheceu o direito das mulheres à realização do aborto (The Wages of the Crying Wolf: a Comment on Roe v. Wade. *Yale Law Journal,* v. 82, n. 5, p. 920-949).

[136] Cf. DWORKIN, Ronald. *Domínio da vida:* aborto, eutanásia e liberdades individuais, p. 41-250.

O STF decidiu, recentemente, que as leis penais que punem a apologia ao crime não podem ser interpretadas de forma a criminalizar passeatas realizadas em prol da legalização da maconha, tendo em vista que a defesa desta bandeira está plenamente abrangida pela liberdade de expressão.[137] Uma decisão dessa natureza seria aplaudida por procedimentalistas, pois não há como discutir democraticamente um tema controvertido, como a legalização das drogas, quando o Estado tenta silenciar um dos lados do debate, que deve ter o direito de tentar convencer a opinião pública em favor da sua causa. Proteger o direito de todos de participarem, em igualdade, dos debates públicos, é assegurar o funcionamento da democracia. Em outro caso, ainda pendente, a Corte discute a validade da criminalização do próprio uso da maconha, impugnada sob alegação de violação ao direito à intimidade.[138] Aqui, o que está em jogo não são as condições para funcionamento da democracia, mas o próprio conteúdo da decisão legislativa do Estado. A resolução desta questão por um tribunal constitucional, em detrimento da decisão política do legislador, pode ser aceita por substancialistas. Liberais, tanto igualitários como libertários, tenderiam, por exemplo, a se insurgir contra o paternalismo estatal subjacente à proibição do uso de drogas leves por adultos capazes. Porém, os procedimentalistas veriam essa intervenção da jurisdição constitucional como excessiva e antidemocrática.

Ao longo deste capítulo, diversas seções são dedicadas à exposição de teses substancialistas sobre a Constituição. Portanto, cabe, neste momento, fazer rápida explanação sobre as teses dos dois mais importantes autores do procedimentalismo na teoria constitucional: o jurista o norte-americano John Hart Ely e o filósofo alemão Jürgen Habermas.

A obra de referência de Ely é o livro *Democracy and distrust*,[139] publicado originariamente em 1980, mas que já se converteu num dos maiores clássicos da teoria constitucional norte-americana. Nesta obra, Ely busca reconciliar a prática do controle jurisdicional de constitucionalidade com a democracia. Para ele, o Poder Judiciário não deveria invalidar decisões legislativas recorrendo a valores substantivos, usados para atribuir sentido às cláusulas vagas de que é pródiga a Constituição norte-americana. A Constituição dos Estados Unidos é vista por Ely como uma norma cuja finalidade precípua é procedimental, destinando-se antes de tudo a viabilizar o autogoverno popular de cada geração. Portanto, as decisões fundamentais da sociedade devem ser tomadas por agentes eleitos pelo povo e não por juízes, que não devem ser concebidos como guardiões de direitos naturais, de princípios morais substantivos, das tradições ou de consensos sociais.[140] Diante disso, Ely defende que, como regra geral, os juízes adotem uma posição autocontida (*judicial self-restraint*) no controle de constitucionalidade, apenas invalidando as leis quando for evidente a sua contrariedade à Constituição, sem se afastarem muito do texto constitucional.[141] Essa regra, no entanto, não valeria para casos que envolvessem os pressupostos de funcionamento da própria democracia.

Ely justifica uma atuação judicial mais enérgica em duas situações: para manter abertos os "canais de participação política" e para proteger minorias estigmatizadas,

---

[137] ADPF nº 187, Rel. Min. Celso de Mello. Julg. 15.06.2011; ADI nº 4.274, Rel. Min. Carlos Britto. Julg. 23.11.2011.
[138] RE nº 635.659/SP, Rel. Min. Luiz Fux. Repercussão geral reconhecida pelo STF.
[139] ELY, John Hart. *Democracy and Distrust*: a Theory of Judicial Review.
[140] ELY, John Hart. *Democracy and Distrust*: a Theory of Judicial Review, p. 43-72.
[141] ELY, John Hart. *Democracy and Distrust*: a Theory of Judicial Review, p. 101-104.

que são as eternas perdedoras no processo político majoritário.[142] No primeiro caso, justifica-se o ativismo judicial em favor de liberdades públicas relacionadas à participação política — como liberdade de expressão e direito ao voto. No segundo, busca-se corrigir o processo político quando esse não for suficientemente inclusivo em relação às minorias que são vítimas de preconceito. Atuando dessa forma, a jurisdição constitucional fortaleceria a democracia, assegurando o caráter efetivamente democrático do processo político. Ely chega a equiparar a jurisdição constitucional à atuação dos órgãos *antitrust*, que não intervêm no mercado para definir resultados, mas para assegurar o seu regular funcionamento. Para ele, a jurisdição constitucional tampouco deveria intervir na política para definir o resultado dos embates sociais, quanto ao seu conteúdo, mas teria o papel de velar pelas condições democráticas desses embates.

Mais densa e sofisticada é a concepção procedimental formulada por Jürgen Habermas, que parte de pressupostos filosóficos complexos, que não teremos como analisar aqui, senão de forma muito superficial. Habermas busca conciliar, em sua filosofia política, as duas principais tradições do Iluminismo: a tradição constitucionalista liberal inspirada em Kant, preocupada com a defesa das liberdades individuais e da autonomia privada do cidadão; e a tradição democrática, inspirada em Rousseau, voltada para a defesa da soberania popular e autonomia pública do cidadão.[143] O seu projeto é o de construir um sistema em que autonomia pública e privada se irmanem e complementem, sendo concebidas como "co-originárias".[144]

Na perspectiva habermasiana, a democracia não se identifica com o governo das maiorias. Ela não representa apenas uma forma de agregação de interesses individuais conflitantes, que permita a prevalência das posições que favoreçam ao maior número de pessoas. A democracia é *deliberativa*, baseada no diálogo social e nas interações travadas pelos cidadãos no espaço público.[145] É o embate entre argumentos e contra-argumentos no espaço público e nos fóruns oficiais que racionaliza e legitima o processo decisório democrático. Na deliberação, os diversos participantes podem expor os seus pontos de vista e criticar os argumentos oferecidos pelos demais, com liberdade e igualdade. Para que um contexto propício para essa troca de argumentos e contra-argumentos possa se instaurar, as garantias do Estado de Direito são fundamentais. Sem liberdade e sem igualdade — que o Estado de Direito deve assegurar — não há diálogo verdadeiro, e a deliberação perde o seu potencial legitimador e racionalizador.

Uma das suas premissas do pensamento habermasiano é a de que a legitimidade do Direito, nas sociedades plurais contemporâneas, não tem como se fundar em nenhuma concepção material. Para Habermas, o contexto de pluralismo faz com que "a fonte de toda a legitimidade" só possa repousar no processo democrático de produção normativa,[146] o qual deve garantir condições equânimes de inclusão na deliberação

---

[142] ELY, John Hart. *Democracy and Distrust*: a Theory of Judicial Review, p. 105-134, 135-179.

[143] Cf. HABERMAS, Jürgen. O Estado Democrático de Direito: uma amarração paradoxal de princípios constraditórios?. *In*: HABERMAS, Jürgen. *A era das transições*.

[144] Cf. HABERMAS, Jürgen. *Direito e democracia*: entre facticidade e validade, p. 116 *et seq*.

[145] Sobre a ideia de democracia deliberativa, veja-se ELSTER, Jon (Comp.). *La democracia deliberativa*. Para uma análise das implicações da adoção de uma teoria deliberativa de democracia no campo constitucional, cf. SANTIAGO NINO, Carlos. *La Constitución de la democracia deliberativa*; SOUZA NETO, Cláudio Pereira de. *Teoria constitucional e democracia deliberativa*.

[146] HABERMAS, Jürgen. *Direito e democracia*: entre facticidade e validade, p. 122; HABERMAS, Jürgen. Paradigms of Law. *In*: ROSENFELD, Michel; ARATO, Andrew (Ed.). *Habermas on Law and Democracy*: Critical Exchanges, p. 13-25.

pública para todos os cidadãos. O Direito legítimo é apenas aquele em que os cidadãos sejam não apenas os destinatários das normas jurídicas, mas possam enxergar-se também como os seus coautores.

Tais condições para deliberação devem estar garantidas no sistema de direitos fundamentais do Estado Democrático de Direito. Respeitadas essas condições, a deliberação concreta pode atribuir qualquer conteúdo às decisões políticas, mantendo-se aberta quanto aos resultados. Habermas, ao elaborar uma versão procedimental da ideia de legitimidade democrática, só justifica os limites à deliberação que lhe sejam imanentes. Em outras palavras, a deliberação só pode ser limitada em favor da garantia de sua continuidade e integridade. Respeitadas suas condições procedimentais, a soberania popular deve ter amplas possibilidades de decisão. Entre as condições apontadas por Habermas, identificam-se direitos fundamentais compreendidos no seguinte catálogo:
1. "Direitos fundamentais que resultam da configuração politicamente autônoma do direito à maior medida possível de iguais liberdades subjetivas de ação";
2. "Direitos fundamentais que resultam da configuração politicamente autônoma do status de membro numa associação voluntária de parceiros de direito";
3. "Direitos fundamentais que resultam imediatamente da possibilidade de postulação judicial de direitos e da configuração politicamente autônoma da proteção jurídica individual";
4. "Direitos fundamentais à participação, em igualdade de chances, em processos de formação da opinião e da vontade, nos quais os civis exercitam sua autonomia política e através dos quais eles criam direito legítimo";
5. "Direitos fundamentais a condições de vida garantidas social, técnica e ecologicamente, na medida em que isso for necessário para um aproveitamento, em igualdade de chances, dos direitos elencados de 1 até 4".[147]

Se a deliberação majoritária violar esses direitos, justifica-se o controle de tais decisões pelo Poder Judiciário, que exerce o papel de *guardião da democracia*.[148] Ao realizar a contento essa tarefa, a jurisdição constitucional, para Habermas, estará incrementando as condições para que o povo decida melhor, e não restringindo a democracia a partir de parâmetros externos. A teoria procedimental formula o conceito de direitos fundamentais com base em argumentos centrados na própria noção de democracia: os direitos fundamentais são condições da democracia e devem, por isso, ser mantidos dentro de uma esfera de intangibilidade, a ser protegida pelo Poder Judiciário contra os abusos das maiorias eventuais.[149]

Habermas, nessa linha, critica a visão da Constituição como "ordem de valores", adotada pelo Tribunal Constitucional alemão, e aponta o caráter antidemocrático e paternalista da concepção daquele tribunal, que se compreende como guardião daqueles

---

[147] HABERMAS, Jürgen. *Direito e democracia*: entre facticidade e validade, p. 159-160.
[148] Cf. HABERMAS, Jürgen. *Direito e democracia*: entre facticidade e validade, p. 297 *et seq.*; SOUZA NETO, Cláudio Pereira de. *Jurisdição constitucional, democracia e racionalidade prática*, p. 301 *et seq.*; BINENBOJM, Gustavo. *A nova jurisdição constitucional brasileira*: legitimidade democrática e instrumentos de realização, p. 93 *et seq.*
[149] A teoria democrático-deliberativa logra, assim, reconciliar direitos fundamentais e democracia, ou, em outros termos, autonomia privada e autonomia pública. Esse aspecto da democracia deliberativa é especialmente enfatizado por: HABERMAS, Jürgen. Três modelos normativos de democracia. *Lua Nova – Revista de Cultura e Política*, n. 36; HABERMAS, Jürgen. Soberania popular como procedimento. *Novos Estudos – CEBRAP*, n. 26; BENHABIB, Seyla. Models of Public Space: Hannah Arendt, the Liberal Tradition, and Jürgen Habermas. *In*: CALHOUN, Graig. (Org.). *Habermas and the Public Sphere*.

valores. Para Habermas, "somente as condições processuais da gênese democrática das leis asseguram a legitimidade do direito. Partindo dessa compreensão democrática, é possível encontrar um sentido para as competências do tribunal constitucional (...): o tribunal constitucional deve proteger o sistema de direitos que possibilita a autonomia privada e pública dos cidadãos".[150]

O procedimentalismo encontrou no Brasil muitos defensores,[151] que têm em Habermas a sua principal referência teórica. Não obstante, em que pese a grande sofisticação dessa linha da filosofia constitucional, ela se sujeita a algumas importantes objeções. Em primeiro lugar, o procedimentalismo não parece suficiente para assegurar garantia robusta a direitos fundamentais extremamente importantes, que não sejam diretamente ligados à deliberação democrática, como a privacidade ou o direito à saúde. Direitos fundamentais básicos, que representam imperativos éticos importantes, mais que não figurem como condições de funcionamento da democracia, ficam mais expostos à vontade das maiorias de ocasião.

Em segundo lugar, a tentativa de troca dos valores substantivos pela democracia, como norte para a teoria constitucional, parece uma empreitada que jamais poderá ser realizada em sua plenitude. Afinal, há inúmeras concepções diferentes de democracia, com diferentes implicações para temas como o significado e extensão da igualdade, da liberdade etc. Nesse quadro, a escolha de um determinado modelo de democracia, em detrimento de outros, acaba também sendo uma escolha inexoravelmente substantiva.[152]

Finalmente, no caso brasileiro, há um problema adicional com o procedimentalismo. Goste-se disso ou não, a Constituição de 88 é profundamente substantiva, eis que pródiga na consagração de valores materiais. Nesse contexto, a adesão ao procedimentalismo acaba resvalando para um curioso paradoxo. O procedimentalismo tem como um dos seus objetivos centrais limitar o ativismo jurisdicional em nome da democracia. Contudo, para abraçarem esta teoria, os juízes teriam que passar por cima das orientações valorativas já contidas na Constituição, sobrepondo a sua teoria constitucional àquela, mais substantiva, adotada pelo constituinte.

Sem embargo, ainda que não se adote integralmente o procedimentalismo, é importante reconhecer a contribuição central que a corrente dá à teoria constitucional contemporânea, por conferir lugar de absoluto destaque à democracia nas suas teses e argumentos. O constitucionalismo contemporâneo, comprometido com o tratamento das pessoas como livres e iguais, não tem como ser compreendido fora da sua ligação visceral com a democracia. Afinal, a democracia é o único regime que busca atribuir a todos os indivíduos o mesmo peso político, e que os trata como agentes morais, capazes de participarem dos processos de tomada de decisão que afetam a sua própria vida. Democracia e constitucionalismo igualitário fundam-se, em última análise, nos mesmos pressupostos.

---

[150] HABERMAS, Jürgen. *Direito e democracia*: entre facticidade e validade, p. 326.
[151] Cf. CRUZ, Álvaro Ricardo de Souza. *Habermas e o direito brasileiro*; GALLUPO, Marcelo Campos. *Igualdade e diferença*: Estado Democrático de Direito a partir do pensamento de Habermas, p. 203 *et seq.*; NASCIMENTO, Rogério José Bento Soares do. A ética do discurso como justificação dos direitos fundamentais na obra de Jürgen Habermas. *In*: TORRES, Ricardo Lobo (Org.). *Legitimação dos direitos humanos*; e FERNADES, Bernardo Gonçalves; PEDRON, Flávio Quinaud. *O poder judiciário e(m) crise*: reflexões de teoria da constituição e teoria geral do processo sobre o acesso à Justiça e as recentes reformas do poder judiciário à luz de: Ronald Dworkin, Klaus Günther e Jürgen Habermas, Bernardo Gonçalves.
[152] Nesse sentido, cf. TRIBE, Laurence H. The Pointless Flight from Substance. *In*: TRIBE, Laurence H. *Constitutional Choices*, p. 9-20.

5.3.6 O minimalismo judicial

O minimalismo judicial, que tem como principal referência o professor norte-americano Cass Sunstein, propõe que o Poder Judiciário adote uma postura avessa a grandes teorias e generalizações no campo constitucional. Os provimentos jurisdicionais — e os argumentos que os justificam — só seriam legítimos para o minimalismo quando efetivamente necessários para a solução do caso. A proposta é a de que o Poder Judiciário desenvolva suas "virtudes passivas", mantendo-se silente sobre questões controversas sempre que isso seja possível.[153]

O minimalismo estabelece duas orientações para o comportamento judicial.[154] As decisões devem ser *estreitas* (*narrow*), no sentido de que o Judiciário não deve se pronunciar sobre mais do que seja necessário para solucionar o caso. Ao julgar, por exemplo, uma demarcação específica de terra indígena, não se justifica que o STF elabore condicionantes gerais a serem seguidas pelo Judiciário em casos futuros.[155] E devem ser *rasas* (*shallow*), no sentido de que não convém que os juízes busquem os "fundamentos últimos" em cada questão, enveredando-se em controvérsias dogmáticas, políticas, empíricas ou filosóficas, sempre que isto seja dispensável.

Em outras palavras, as decisões judiciais podem se fundamentar em "acordos incompletamente teorizados".[156] Suponha-se uma ação judicial em que se busque a reforma de uma unidade prisional, sob o argumento de que as suas condições ofendem a dignidade da pessoa humana. Não há porque, num caso como este, adentrar no interminável debate teórico sobre se o princípio da dignidade da pessoa humana deve ser objeto de uma leitura mais liberal, focada na autonomia, ou mais próxima do jusnaturalismo cristão ou do comunitarismo, que justificam mais facilmente as restrições heterônomas à liberdade, com base em algum modelo de "vida boa". Se há amplo consenso no sentido de que prisões em condições degradantes afrontam a dignidade humana, esta seria uma discussão ociosa, que, além de consumir tempo e recursos escassos, poderia produzir conflitos desnecessários. O minimalismo, portanto, favorece posturas modestas e pragmáticas dos juízes, voltadas para a resolução do problema concreto que lhes é apresentado.

Os adeptos do minimalismo aduzem vários argumentos em favor da corrente. Afirmam que a postura minimalista reduz as chances de erro judicial e diminui os danos causados por estes equívocos.[157] Juízes são seres humanos falíveis e as suas decisões podem gerar efeitos sistêmicos complexos e imprevisíveis. Quando decidem de forma muito ambiciosa, os magistrados tendem a ampliar os riscos de erro, bem como a elevar a gravidade dos efeitos negativos das suas eventuais falhas.

Os minimalistas aduzem, por outro lado, que a adoção da sua perspectiva facilita a tomada de decisões, poupando tempo e energia dos juízes e evitando disputas desnecessárias entre integrantes dos órgãos colegiados. Além disso, ela também reduziria o

---

[153] Cf. SUNSTEIN, Cass R. *One Case at a Time*: Judicial Minimalism on the Supreme Court.
[154] SUNSTEIN, Cass R. *One Case at a Time*: Judicial Minimalism on the Supreme Court, p. 10-14.
[155] Foi o que a Corte fez no julgamento do caso "Raposa Serra do Sol" (Petição nº 3.388, Rel. Min. Carlos Britto. *DJ*, 1º jul. 2010). Posteriormente, ao apreciar Embargos de Declaração opostos contra a sua decisão, o STF afirmou que as condicionantes só seriam vinculantes para aquele caso concreto, mas que, por integrarem um precedente da Corte Suprema, elas poderiam e deveriam pautar a atuação do Poder Judiciário em outros julgamentos.
[156] SUNSTEIN, Cass R. *Legal Reasoning and Political Conflict*, p. 35-61.
[157] SUNSTEIN, Cass R. *One Case at a Time*: Judicial Minimalism on the Supreme Court, p. 46-60.

risco de resistências e reações sociais às decisões judiciais — o chamado efeito *backlash*. Para os defensores do minimalismo, decisões muito ambiciosas em temas polêmicos tendem a fomentar a polarização e a radicalização no meio social,[158] dificultando a construção de acordos e consensos necessários à vida em comum em sociedades plurais.

Outro argumento importante do minimalismo é o de que ele estimula a deliberação na esfera pública, favorecendo a democracia.[159] Nesta linha, afirma-se que decisões muito amplas do Poder Judiciário em matéria constitucional subtrairiam da sociedade e dos poderes representativos a possibilidade de discussão e decisão sobre temas relevantes. Daí por que se diz que muitas vezes é importante que o Judiciário se abstenha de se pronunciar sobre questões importantes, deixando-as em aberto para a deliberação social e o experimentalismo democrático.[160]

Sunstein não afirma que o minimalismo deve ser empregado sempre e incondicionalmente. Para ele, análises contextuais podem justificar excepcionalmente decisões maximalistas, como nos casos em que haja grande necessidade de previsibilidade, que justifique que o Judiciário não deixe questões em aberto, mas se pronuncie sobre elas, de forma mais ampla.[161] Ele reconheceu, por outro lado, que há cenários em que construções judiciais ambiciosas, envolvendo questões como a liberdade e a igualdade, mais do que justificadas, podem representar os "momentos mais gloriosos da cultura jurídica de uma nação".[162]

O minimalismo tem recebido diversas críticas. Ronald Dworkin, por exemplo, se insurgiu contra o desprezo do minimalismo à reflexão filosófica no campo do Direito, que ele tem como imprescindível.[163] Sotirios A. Barber e James E. Fleming afirmaram que, sendo papel dos juízes preservar direitos fundamentais e valores básicos diante das autoridades públicas, eles estariam se demitindo de sua responsabilidade se se tornassem minimalistas.[164]

O Supremo Tribunal Federal não tem se caracterizado pelo minimalismo. Pelo contrário, são frequentes nas decisões proferidas pela Corte o recurso a amplas teorizações ou a construções excessivamente abrangentes, muitas vezes desnecessárias para o julgamento da causa. Um claro exemplo deu-se no julgamento do caso sobre pesquisa em células tronco embrionárias,[165] em que o relator, Ministro Ayres Britto, afirmou que só há proteção constitucional da vida humana após o nascimento. Trata-se de posição respeitável, mas altamente polêmica, sobre um dos temas mais complexos e controvertidos no Direito, na Moral e na Ciência. Porém, não era minimamente necessário recorrer a esta posição — cujas consequências parecem justificar um amplo e ilimitado reconhecimento do direito ao aborto — para afirmar a validade da lei questionada. Afinal, o que se discutia naquele caso era muito mais simples: a possibilidade de uso em pesquisas de pré-embriões congelados há mais de três anos, que muito dificilmente seriam algum dia implantados em um útero materno.

---

[158] Cf. SUNSTEIN, Cass R. *Radicals in Robes*: Why Extreme Right-Wing Courts are wrong for America.
[159] SUNSTEIN, Cass R. *One Case at a Time*: Judicial Minimalism on the Supreme Court, p. 24-45.
[160] Cf. SILVA, Alexandre Garrido da. Minimalismo, democracia e expertise: o Supremo Tribunal Federal diante de questões políticas e científicas complexas. *Revista de Direito do Estado – RDE*, p. 107-142.
[161] SUNSTEIN, Cass R. *One Case at a Time*: Judicial Minimalism on the Supreme Court, p. 262-263.
[162] SUNSTEIN, Cass R. *One Case at a Time*: Judicial Minimalism on the Supreme Court, p. 262-263.
[163] DWORKIN, Ronald. In Praise of Theory. In: DWORKIN, Ronald. *Justice in Robes*, p. 49-74.
[164] BARBER, Sotirios A.; FLEMING, James E. *Constitutional Interpretation*: the Basic Questions, p. 153-154.
[165] ADI nº 3.510, Rel. Min. Ayres Britto. Julg. 29.05.2008.

Entendemos que uma certa dose de minimalismo judicial é recomendável por diversas razões, que vão da necessidade de racionalização da atividade jurisdicional, num contexto de sobrecarga de trabalho, à deferência em relação ao processo político majoritário. Num ambiente social e político marcado pelo pluralismo, como o nosso, acordos incompletamente teorizados são, de fato, estratégias importantes para que o Judiciário consiga desempenhar a sua missão, sem gerar fricções desnecessárias entre seus integrantes e no âmbito da sociedade. Porém, nem sempre o minimalismo é a postura mais correta a ser adotada. Diversas hipóteses podem justificar a adoção de decisões mais "amplas" ou "profundas" em temas constitucionais. Há situações, por exemplo, em que uma decisão judicial forte e generosa pode ter efeitos práticos e simbólicos extremamente relevantes, favorecendo valores emancipatórios, cuja sorte não deveria ficar inteiramente subordinada aos humores da política majoritária. É o que se deu no Brasil na histórica decisão sobre o direito à constituição de família homoafetiva.[166]

Enfim, por um lado, não nos parece adequado, no Brasil, adotar o minimalismo como uma receita generalizada para o comportamento judicial em matéria constitucional. Porém, a teoria minimalista pode cumprir entre nós um importante papel dialético, ao alertar para aos riscos que advêm da imodéstia judicial; ao chamar atenção para os perigos que decorrem de certa intoxicação do discurso jurisdicional por construções teóricas e filosóficas muito abrangentes e pretensiosas. Esses são riscos reais e significativos no atual contexto brasileiro, de intensa judicialização da política, que não devem ser negligenciados.

5.3.7 O constitucionalismo popular e a Constituição como inspiração para a política

A teoria popular da Constituição tem como característica central sustentar a ilegitimidade do controle jurisdicional da constitucionalidade. A realização prática da Constituição, para o constitucionalismo popular, deve ser protagonizada pelo próprio povo e por seus representantes eleitos. A função da Constituição é inspirar a atuação de cidadãos e representantes, e não de servir como parâmetro para que juízes não eleitos limitem a sua deliberação.

Trata-se de teoria formulada, sobretudo, por autores norte-americanos. Nos Estados Unidos, a jurisdição constitucional e o ativismo judicial são objeto de intensa controvérsia. Quando a Suprema Corte se inclina para a esquerda, as críticas vêm, geralmente, do flanco conservador; quando se posiciona de forma mais conservadora, elas provêm da esquerda. Recentemente, com a predominância da orientação conservadora na Corte, juristas progressistas têm dirigido críticas ao instituto da *judicial review* (controle de constitucionalidade). Eles têm sustentado que a solução de questões políticas fundamentais deve retornar à esfera decisória dos órgãos eleitos pelo voto popular. Esse movimento de ideias, em seu conjunto, tem sido denominado de "constitucionalismo popular", e a ele se filiam autores como Jeremy Waldron, Mark Tushnet e Larry Kramer.

Waldron — que, apesar de neozelandês, é professor radicado nos Estados Unidos — sustenta que numa sociedade democrática, em que exista comprometimento com os direitos, mas também controvérsia razoável sobre o seu conteúdo, as polêmicas

---

[166] ADPF nº 132 e ADI nº 4.277, Rel. Min. Ayres Britto. *DJe*, 14 out. 2011.

não devem ser decididas por juízes não eleitos, e sim pelo povo, por meio dos seus representantes. Para Waldron, tanto o processo político no Parlamento como a jurisdição constitucional podem errar na resposta sobre o conteúdo dos direitos, não havendo qualquer garantia *a priori* de que uma ou outra instituição acerte mais nessa questão. Nesse cenário, o mecanismo mais correto para resolver as discordâncias existentes na sociedade sobre tal conteúdo não é a delegação da resposta a agentes não eleitos e não responsivos à vontade popular. A forma mais adequada de solução, pelo menos em sociedades razoavelmente democráticas, em que haja uma cultura de valorização dos direitos humanos, é, para Waldron, a deliberação que ocorre no processo legislativo, pois se trata de mecanismo baseado na atribuição de igual oportunidade de influência nas decisões a todas as pessoas. Ele resume a sua posição nos seguintes termos:

> A discordância sobre direitos não é irracional e as pessoas podem discordar sobre direitos e ainda levá-los a sério. Nessas circunstâncias, elas precisam, para resolver suas discordâncias, adotar procedimentos que respeitem as vozes e as opiniões das pessoas — milhões delas — cujos direitos estão em jogo nessas discordâncias e tratá-las como iguais nesse processo. Ao mesmo tempo, elas devem assegurar que esses procedimentos enfrentem, de maneira responsável e deliberativa, as questões difíceis e complexas que as discordâncias sobre direitos levantam. Os procedimentos legislativos ordinários podem fazer isso (...) e uma camada adicional de revisão final pelos tribunais acrescenta pouco ao processo, a não ser uma forma bastante insultuosa de cerceamento e uma ofuscação legalista das questões morais em jogo na nossa discordância sobre direitos.[167]

Sem embargo, Waldron reconhece que em determinados cenários patológicos, em que as instituições representativas sejam disfuncionais, existam formas endêmicas de preconceito ou uma cultura política refratária a direitos, o controle de constitucionalidade pode, excepcionalmente, se justificar.

Mark Tushnet, por sua vez, sustenta uma "teoria popular do Direito Constitucional", em que as questões constitucionais devem ser retiradas das cortes e restituídas ao povo. O constitucionalismo popular "recebe o seu conteúdo da discussão popular que tem lugar nos fóruns políticos ordinários".[168] Tushnet não é crítico do constitucionalismo e da supremacia constitucional: suas objeções dirigem-se à atribuição ao Judiciário da competência para controlar a constitucionalidade das leis.

Para Tushnet, o problema principal de um sistema político fundado na supremacia judicial é *promover a irresponsabilidade* dos legisladores, os quais acabam relegando a solução de questões constitucionais para os tribunais. O controle de constitucionalidade serviria, de fato, aos interesses dos políticos, funcionando como um mecanismo por meio do qual se esquivam do dever de tomar decisões difíceis.[169] O projeto do constitucionalismo popular é converter a política democrática em uma "política de princípios", constitucionalmente orientada. O principal efeito da supressão da *judicial review* seria, na verdade, devolver à ação política do povo todo o poder decisório no âmbito constitucional.[170]

---

[167] WALDRON, Jeremy. A essência da oposição ao *judicial review. In*: BIGONHA, Antonio Carlos Alpino; MOREIRA, Luiz (Org.). *Legitimidade da jurisdição constitucional*, p. 17-64.
[168] TUSHNET, Mark V. *Taking the Constitution away from the Courts*, p. X-XI.
[169] TUSHNET, Mark V. *Taking the Constitution away from the Courts*, p. 187.
[170] TUSHNET, Mark V. *Taking the Constitution away from the Courts*, p. 154.

A crítica de Tushnet ao controle de constitucionalidade não se restringe à versão substancialista, proposta, por exemplo, por liberais como Dworkin. Ele rejeita uma jurisdição constitucional mesmo restrita à garantia das precondições da democracia. Segundo Tushnet, quando este poder de garantir as precondições da política democrática é atribuído ao Judiciário, esse tende a fazer muito mais do que isso, expandindo as suas competências.[171] Tushnet rejeita mesmo uma jurisdição constitucional adstrita ao objetivo de solucionar crises políticas graves, pois, para ele, o Judiciário seria incapaz de superá-las. Não seria plausível esperar, por exemplo, que o Judiciário alemão fosse capaz de evitar o Holocausto. Um mundo sem a *judicial review*, para Tushnet, não seria necessariamente caracterizado pelo desrespeito a direitos fundamentais, como exemplificam a Inglaterra ou com a Holanda, em que a ausência de controle de constitucionalidade convive com governos limitados e razoável respeito aos direitos humanos.[172]

Em obra mais recente,[173] Tushnet abranda as suas posições iniciais. Ao invés de defender a abolição do controle de constitucionalidade, passa a sustentar a superioridade de mecanismos "fracos" de controle, em que o Judiciário não dê a última palavra sobre o sentido da Constituição, mas seja um partícipe de diálogo com outros poderes sobre a questão. Advoga, ademais, a adoção de postura de grande deferência jurisdicional diante das deliberações majoritárias.

No caso de Larry Kramer, a defesa do constitucionalismo popular fundamenta-se antes de tudo em argumentos da história constitucional norte-americana. Para Kramer, no contexto de criação da Constituição norte-americana, o ambiente político predominante era de rechaço à supremacia judicial, e de valorização do poder popular. A elaboração da Constituição nunca teria levado em conta a possibilidade de se atribuir, no futuro, a última palavra sobre o seu significado a órgãos não legitimados pelo voto do povo. Os poderes que viriam, mais contemporaneamente, a ser assumidos pela Suprema Corte não eram sequer imaginados na época.[174]

De acordo com Kramer, a supremacia judicial estaria assentada em uma atitude preconceituosa das elites em relação a povo: "a moderna sensibilidade antipopular presume que as pessoas comuns são emocionais, ignorantes, confusas e simplórias, em contraste com a inteligente, informada e perspicaz elite".[175] Nessa perspectiva elitista, o Direito Constitucional teria passado a ser visto como excessivamente complexo para ser compreendido pelo homem comum. Kramer objeta, contudo, que foi a Suprema Corte que tornou o Direito Constitucional complexo; que essa complexidade é produto da judicialização do Direito Constitucional, e não o contrário. Para ele, a participação popular na política constitucional não deve se restringir ao momento constituinte, de elaboração da constituição: deve ocorrer também na definição final do significado do texto constitucional, que ocorre no cotidiano da vida da nação.

Para superar o denominado "monopólio jurisdicional sobre a verdade constitucional", Kramer sugere que se intensifique a pressão política sobre a Corte, por meio de diversos mecanismos encontrados na história americana, tais como o *impeachment*

---

[171] TUSHNET, Mark V. *Taking the Constitution away from the Courts*, p. 158.
[172] TUSHNET, Mark V. *Taking the Constitution away from the Courts*, p. 162-163.
[173] TUSHNET, Mark V. *Weak Courts, Strong Rights*: Judicial Review and Social Welfare Rights in Comparative Constitutional Law.
[174] KRAMER, Larry D. *The People by Themselves*: Popular Constitutionalism and Judicial Review, p. 250.
[175] KRAMER, Larry D. *The People by Themselves*: Popular Constitutionalism and Judicial Review, p. 242.

de juízes, a realização de cortes no orçamento do Tribunal, a nomeação de novos juízes e a alteração de seus procedimentos por meio legislativo.[176] Insatisfeito com a atuação da Suprema Corte, ele busca na história americana alternativas para fazê-la considerar mais seriamente a vontade popular ao proferir suas decisões. Entende que o resultado da utilização desse tipo de mecanismo não seria a perpetuação de conflitos entre o Judiciário, o Legislativo e o Executivo, mas a acomodação da relação entre os poderes em um plano mais adequado à prevalência da vontade popular.[177]

Dentre os pecados do constitucionalismo popular está, em nossa opinião, a idealização do processo político efetivamente existente nas sociedades como um espaço igualitário, em que todos os cidadãos têm o mesmo peso. As democracias representativas contemporâneas estão muito longe desse ideal, como se observa claramente no caso brasileiro, em que é grave a crise de representatividade do Parlamento, indicada em diversas pesquisas de opinião. Não se deve idealizar o Poder Judiciário como instância virtuosa de defesa de direitos e princípios, como fazem alguns defensores do controle de constitucionalidade, mas tampouco se deve incidir no erro oposto, de glorificação do processo político majoritário, ignorando as suas deficiências reais, dentre os quais está a sua excessiva infiltração pelo poder econômico. Nesse erro incidiram os teóricos do constitucionalismo popular. Diante das instituições efetivamente existentes na maior parte das sociedades contemporâneas, inclusive o Brasil, não parece um bom conselho a abolição ou minimização da jurisdição constitucional.

Não obstante, é relevante a contribuição do constitucionalismo popular, no sentido de chamar a atenção para o fato de que a Constituição não é apenas o que fazem os tribunais. Ela não pode ser compreendida como um documento técnico, a ser manejado apenas por juristas, com a alienação do povo do seu processo de concretização. Esse tema será retomado no capítulo de interpretação constitucional, em que defenderemos a ideia de que o Judiciário é um agente importante na afirmação dos valores e princípios constitucionais, mas que não tem monopólio nesta questão, nem mesmo o da "última palavra", devendo manter abertos os canais de diálogo com a sociedade civil e os demais poderes estatais. Os juízes são atores importantes no constitucionalismo democrático, mas o protagonista nesta história deve ser o próprio povo.

Críticas semelhantes às esboçadas pelos teóricos do constitucionalismo popular foram formuladas em outros países.[178] No Brasil, ponto de vista semelhante é sustentado por juristas como Martônio Mont'Alverne Barreto Lima,[179] Gilberto Bercovici[180] e Luiz Moreira.[181] Para eles, a jurisdição constitucional seria um arranjo institucional essencialmente antidemocrático. Não obstante, essa é uma visão absolutamente minoritária entre nós. A teoria constitucional hegemônica no Brasil tem gravitado em torno da jurisdição constitucional, apostando nela como principal mecanismo para resgate das promessas emancipatórias de nossa Constituição. Essa visão hegemônica não corresponde à nossa

---

[176] KRAMER, Larry D. *The People by Themselves*: Popular Constitutionalism and Judicial Review, p. 249.
[177] KRAMER, Larry D. *The People by Themselves*: Popular Constitutionalism and Judicial Review, p. 253.
[178] Veja-se, na Alemanha, MAUS, Ingeborg. *O judiciário como superego da sociedade*.
[179] Cf. LIMA, Martonio Mont'Alverne Barreto. Jurisdição constitucional: um problema da teoria da democracia política. In: SOUZA NETO, Cláudio Pereira de et al. *Teoria da Constituição*: estudos sobre o lugar da política no direito constitucional.
[180] BERCOVICI, Gilberto. *Soberania e Constituição*: para uma crítica do constitucionalismo, p. 322-326.
[181] MOREIRA, Luiz. *A Constituição como simulacro*.

perspectiva, muito embora, diferentemente dos adeptos do constitucionalismo popular, consideremos que a jurisdição constitucional tem um papel altamente relevante a desempenhar para a defesa dos direitos fundamentais e dos pressupostos da democracia.

5.3.8 Pragmatismo e teoria constitucional

O pragmatismo é uma das vertentes mais influentes do pensamento jurídico contemporâneo. Na filosofia, as origens recentes do pragmatismo remontam às obras de William James, Charles Sanders Peirce e John Dewey, nos Estados Unidos. Na contemporaneidade, o pensador norte-americano Richard Rorty, também associado ao pós-modernismo, é o mais importante representante do pragmatismo.

O pragmatismo rejeita as especulações filosóficas muito abstratas e desvinculadas da realidade concreta, como as da metafísica. Ele tem como características fundamentais o *antifundacionalismo*, o *contextualismo* e o *consequencialismo*.[182] O antifundacionalismo é a rejeição da busca de qualquer fundamento último para as teorias e argumentos. O contextualismo enfatiza a importância do contexto histórico e das experiências humanas de cada sujeito nas investigações científicas ou discussões teóricas. Nesse sentido, o contextualismo se aproxima do relativismo. Já o consequencialismo preconiza que se priorizem sempre as soluções que produzam melhores resultados práticos.

O pragmatismo é, ademais, experimentalista e voltado para o futuro. A justificação dos juízos morais se baseia, para o pragmatismo, no que é mais produtivo, no que pode oferecer a melhor contribuição para a construção do futuro. O pragmatismo também rejeita a ideia de "verdade como correspondência". Ao invés de voltar-se à busca da verdade das coisas como elas são, de procurar a sua "essência", os pragmatistas preferem perquirir o que é ou não útil em cada contexto. Nas palavras de Rorty, "os pragmatistas, tanto os clássicos quanto os neo, não acreditam que haja um modo como as coisas realmente são. Por isso, eles querem substituir a distinção entre aparência e realidade pela distinção entre descrições do mundo e de nós mesmos que são menos úteis, e descrições que são mais úteis".[183]

Há intenso debate sobre a relação entre o pragmatismo filosófico e o jurídico.[184] Há quem sustente que é limitada a relevância do pragmatismo filosófico para a compreensão do pragmatismo jurídico. Sem embargo, nos parece que ambos são convergentes, compartilhando as características acima ressaltadas.

Na teoria jurídica, o mais conhecido defensor do pragmatismo é o juiz e professor norte-americano Richard A. Posner,[185] que é também um dos expoentes da corrente chamada "análise econômica do Direito".[186] Para Posner, o principal critério para a

---

[182] Cf. POGREBINSCHI, Thamy. *Pragmatismo*: teoria social e política, p. 26-62.
[183] RORTY, Richard. Verdade sem correspondência com a realidade. *In*: MAGRO, Cristina; PEREIRA, Antônio Marcos (Org.). *Pragmatismo*: a filosofia da criação e da mudança, p. 27.
[184] Sobre o tema cf., *v.g.*: GREY, Thomas. Freestanding Legal Pragmatism. *In*: DICKSTEIN, Morris (Ed.). *The Revival of Pragmatism*; RORTY, Richard. Pragmatism and Law: a Response to David Luban. *In*: DICKSTEIN, Morris (Ed.). *The Revival of Pragmatism*; ARGUELHES, Diego Werneck; LEAL, Fernando. Pragmatismo como (meta) teoria normativa da decisão judicial: caracterização, estratégias e implicações. *In*: SARMENTO, Daniel. *Filosofia e teoria constitucional contemporânea*, p. 176-181.
[185] Veja-se, a propósito, POSNER, Richard A. *Law, Pragmatism and Democracy*; POSNER, Richard A. Um manifesto pragmático. *In*: POSNER, Richard A. *Problemas de filosofia do direito*, p. 607-627.
[186] Cf. POSNER, Richard A. *A economia da justiça*.

correção de uma decisão judicial diz respeito às suas consequências. Boa decisão é a que produzir melhores consequências, e não a que estiver de acordo com os textos legais vigentes ou com alguma ambiciosa teoria moral. Isso não significa que, para Posner, o direito positivo seja irrelevante no processo de adjudicação judicial. Como a estabilidade e a preservação das expectativas dos indivíduos e agentes econômicos são resultados importantes, e os mesmos são promovidos pelo respeito às leis e precedentes, há fortes argumentos pragmáticos para que, pelo menos na maior parte dos casos, leis e precedentes sejam observados. A sua observância, porém, não resulta de um dever de respeito às decisões passadas de autoridades legítimas, e sim de um cálculo de utilidade social.[187] O juiz pragmático, nesse sentido, volta-se muito mais para o futuro do que para o passado.

Posner sustenta, por outro lado, que as consequências que devem ser consideradas na atuação judicial não são apenas aquelas do caso concreto analisado, mas também as sistêmicas. Por isso, se justifica que em determinadas áreas do Direito se mantenha o formalismo — Posner fala em "bolsões de formalismo" (*formalist pockets*) —,[188] pois se fosse permitido, em determinados domínios mais sensíveis, que os juízes decidissem cada caso de acordo com as suas avaliações consequencialistas de resultado, sem maior atenção às regras em vigor, os resultados gerais para a sociedade seriam danosos, pelo aumento da insegurança.

O pragmatismo jurídico, por outro lado, é empirista. Ele tende a atribuir mais importância aos dados da realidade do que às construções teóricas. Neste sentido, se aproxima mais das ciências empíricas, como a Economia e a Sociologia, do que do campo da especulação abstrata, inclusive no que concerne à moral. Nas palavras de Thomas Grey, "pragmatismo significa liberdade da culpa teórica".[189]

Para o pragmatismo jurídico, enfim, o Direito não é um fim em si mesmo. O compromisso central do magistrado pragmático não é com a fidelidade ao ordenamento posto, nem com a coerência em relação a alguma teoria filosófica qualquer, mas com o atendimento das necessidades humanas e sociais a que o Direito visa a promover.

A preocupação com o mundo real e com as consequências prática das decisões judiciais são contribuições relevantes do pragmatismo. No campo da interpretação constitucional, não há dúvida de que essas dimensões devem ser incorporadas, como veremos no Capítulo 10. Sem embargo, sobretudo no domínio constitucional, há que se preservar o respeito às normas e ao sistema constitucional positivados, que não podem ser concebidos como apenas mais um elemento a ser considerado pelos magistrados, sob pena de comprometimento da força normativa da Constituição.

Ademais, concepções que atribuam aos juízes um poder, quase sem amarras, de decidirem de acordo com a sua avaliação das consequências, em detrimento da sua vinculação ao direito vigente, acabam pecando de duas maneiras. Por um lado, incorrem em problema de (i)legitimidade democrática, por transferirem para agentes não eleitos uma parcela da autoridade dos legisladores, que representam politicamente o

---

[187] Essa e outras ideias do pragmatismo são objeto de ácida crítica de Ronald Dworkin (*Law's Empire*, p. 151-175). Para Dworkin, o respeito às normas e precedentes decorre de um dever judicial de integridade e não de um mero cálculo de utilidade social.

[188] POSNER, Richard A. *Law, Pragmatism And democracy*, p. 59.

[189] GREY, Thomas. What is good in Legal Pragmatism. *In*: BRINT, M.; WEAVER, W. (Ed.). *Pragmatism in Law and Society*, p. 10.

povo. Por outro, tais concepções podem produzir soluções menos eficientes, do ponto de vista das consequências sociais almejadas, por presumirem, talvez de maneira muito otimista, uma grande capacidade institucional do Judiciário para fazer as avaliações necessárias à adjudicação pragmática. Por paradoxal que seja, é possível que o formalismo produza, no cômputo global, consequências mais favoráveis do que o pragmatismo. Nesse caso, ter-se-ia um argumento pragmático para não adotar o pragmatismo no campo jurisdicional.[190]

Finalmente, outra crítica que se pode endereçar ao pragmatismo diz respeito à pouca importância que atribui à argumentação moral. Afinal, até para definir quais são as consequências mais desejáveis, os juízos morais são inevitáveis.

Não é incomum que considerações pragmáticas penetrem na jurisdição constitucional brasileira. Um claríssimo exemplo, de resultado calcado em razões exclusivamente pragmáticas e consequencialistas, ocorreu em julgamento recente do STF, em que, apesar de reconhecer a existência de inconstitucionalidade no processo legislativo da medida provisória que instituíra o Instituto Chico Mendes, o STF absteve-se de invalidar o ato normativo.[191] A Corte, num primeiro momento, chegara a declarar a inconstitucionalidade da norma legal, com eficácia *pro futuro*, mantendo-a em vigor pelos próximos 24 meses, o que daria tempo para que novo ato normativo fosse elaborado, dessa vez com plena observância do processo legislativo imposto pela Constituição. Porém, no dia seguinte à proclamação do resultado do julgamento, o Advogado-Geral da União suscitou questão de ordem, trazendo ao Supremo o conhecimento do fato de que o mesmo vício que afetava aquela norma também contaminava cerca de quinhentas outras medidas provisórias. Diante disso, o STF, heterodoxamente, voltou atrás na invalidação da norma em questão, limitando-se a determinar que as novas medidas provisórias, apresentadas dali para frente, teriam de seguir o rito prescrito pela Constituição. Chegou-se à conclusão — da qual não discordamos — que era preferível naquele contexto "transigir" com os efeitos da inconstitucionalidade já praticada, do que se sujeitar aos riscos de invalidação de centenas de outras normas — dentre as quais algumas importantíssimas, como a que criara o programa social "Bolsa Família". Ao justificar publicamente o resultado heterodoxo do julgamento da Corte, o Min. Luiz Fux ressaltou que o STF agira de forma "patriótica", para evitar uma "crise constitucional".[192]

5.3.9 Pós-Modernidade e teoria constitucional

Do ponto de vista da filosofia e teoria política, a Modernidade foi a aposta na razão como instrumento de emancipação social. A Modernidade é associada à filosofia iluminista, no seu antropocentrismo e na sua defesa de valores universais e seculares,

---

[190] No mesmo sentido, ARGUELHES, Diego Werneck; LEAL, Fernando. Pragmatismo como (meta) teoria normativa da decisão judicial: caracterização, estratégias e implicações. *In*: SARMENTO, Daniel (Org.). *Filosofia e teoria constitucional contemporânea*.

[191] ADI nº 4.029, Rel. Min. Luiz Fux. Julg. 08.03.2012; nova proclamação de resultado em 09.03.2012. O vício consistia na inobservância do disposto no art. 62, §9º, da Constituição, que determina que uma comissão mista de deputados e senadores emita parecer sobre a medida provisória, antes da apreciação da mesma no plenário de cada casa legislativa. Uma resolução do Congresso Nacional até então em vigor permitia que a medida provisória fosse apreciada sem o referido parecer, acompanhada apenas de manifestação do seu relator.

[192] Cf. matéria do jornal *O Globo*, 10 mar. 2012.

acessíveis à razão humana, como a igualdade, a liberdade, a dignidade humana e a democracia.[193] Os direitos humanos e o constitucionalismo são também construções tipicamente modernas, embora tenham, naturalmente, raízes históricas anteriores ao advento da Modernidade.

Discute-se hoje a crise da Modernidade, e há quem fale no advento de uma Era Pós-Moderna. Afirma-se que a Modernidade falhou nos seus objetivos, pois não conseguiu resolver ou minimizar os problemas da humanidade, nem dar respostas para as questões que são verdadeiramente importantes para a sociedade.[194] Segundo alguns, o ideário da Modernidade teria se exaurido no século XX, com a constatação da impotência do seu discurso e das suas propostas para enfrentar os problemas emergentes em uma sociedade hipercomplexa, globalizada e fragmentada. O pensamento moderno, com sua obsessão pela generalização e racionalização, ter-se-ia tornado imprestável para compreender o caos das sociedades contemporâneas e apontar soluções para os seus dilemas.

Por paradoxal que seja, os avanços nas ciências e na técnica multiplicaram e generalizaram os riscos para a pessoa humana e para o planeta.[195] No novo cenário, fala-se no advento de uma "sociedade de riscos",[196] pois se tornou necessário não apenas partilhar recursos escassos, mas também os riscos, que se exacerbaram diante das inovações tecnológicas surgidas ao longo do século XX. Hoje, eventos ocorridos em locais muito distantes podem aumentar os riscos a que estamos expostos e influenciar negativamente as nossas vidas. Ademais, são tantos e tão variados os fatores que podem influir num determinado evento, que se tornam muito mais difíceis as previsões e adoção de medidas preventivas. Esse quadro alimenta certa hostilidade contra a ciência e a técnica.[197] Adicione-se ao cenário a crise do Estado Social e a aceleração da globalização econômica, na sua dimensão excludente, e temos o terreno propício para a difusão das ideias pós-modernas na comunidade acadêmica. O pessimismo geral, a percepção do fracasso das grandes utopias e a falta de perspectivas em relação ao futuro pavimentaram o caminho para a crítica radical à razão iluminista.

Há grande incerteza em torno do conceito de pós-modernismo, existindo diversas correntes no movimento, que vão do pós-estruturalismo de Michel Foucault[198] ao pragmatismo de Richard Rorty,[199] o que torna difícil qualquer tentativa de síntese.[200] Sem embargo, pode-se afirmar que o pós-modernismo é desconfiado em relação à razão, na qual vislumbra um instrumento de repressão, e tem a pretensão de desconstruir as principais categorias conceituais da Modernidade, como as ideias de sujeito, de progresso, de verdade e de justiça. Prefere-se o particular ao universal, o micro ao macro, o efêmero ao definitivo, o sentimento à razão. Segundo cultores do pós-modernismo, a Modernidade seria "uma gaiola de ferro de burocratização, centralização e manipulação infinita da

---

[193] Cf. ROUANET, Sérgio Paulo. *Mal-Estar na modernidade*, p. 1 *et seq.*

[194] Cf. KAUFMANN, Arthur. *La filosofía del derecho en la posmodernidad*, p. 7.

[195] Veja-se, a propósito, DENNINGER, Erhard. Racionalidad tecnológica, responsabilidad ética y derecho posmoderno. *In*: PEREZ LUÑO, Antonio Enrique (Coord.). *Derechos humanos y constitucionalismo ante el tercer milenio*, p. 53-70; GIDDENS, Anthony. *O mundo em descontrole*, p. 31-45.

[196] Cf. BECK, Ulrich. *La sociedad del riesgo*.

[197] Cf. SANTOS, Boaventura de Sousa. *Introdução a uma ciência pós-moderna*.

[198] Cf. FOUCAULT, Michel. *Les mots e les choses*: une archéologie des sciences humaines.

[199] Cf. RORTY, Richard. *Objetivismo, relatividade e verdade*.

[200] Veja-se, a propósito, JAMESON, Fredric. The Politics of Theory: Ideological Positions in the Postmodernism Debate. *In*: JAMESON, Fredric. *The Ideologies of Theory*: Essays 1971-1986.

psyche pela indústria cultural e pelos regimes disciplinares do poder e conhecimento", e a Pós-Modernidade representaria o "momento de ruptura", que "desafia o sistema, suspeita de todo pensamento totalizador e da homogeneidade e abre espaço para o marginal, o diferente, o outro", sendo assim uma "celebração do fluxo, da dispersão, da pluralidade e do localismo".[201] François Lyotard, expoente do pensamento pós-moderno, cunhou conhecida definição do pós-modernismo como expressão da "incredulidade em relação às metanarrativas".[202] As grandes explicações totalizadoras e abrangentes da filosofia moderna, como "emancipação humana pelo uso da razão" ou a "luta de classes", dentre outras, passam a ser descartadas e vistas com grande desconfiança.

As projeções do pós-modernismo sobre o Direito são ainda objeto de controvérsias, mas alguns pontos podem ser destacados, por integrarem o denominador comum entre as suas principais correntes. Em primeiro lugar, desponta a aversão às construções e valores jurídicos universais, o que se aplica, por exemplo, aos direitos humanos.[203] Por outro lado, o monismo jurídico, fundado no monopólio da produção de normas pelo Poder Público, abre espaço para o pluralismo, com o reconhecimento das fontes não estatais do Direito, cujo campo de atuação tende a ser ampliado com a crise do Estado, impulsionada pelo processo de globalização.[204] O Direito pós-moderno pretende-se também mais flexível e adaptável às contingências do que o Direito da Modernidade. No novo modelo, ao invés de impor ou proibir condutas, o Estado prefere negociar, induzir, incitar comportamentos, o que torna o seu Direito mais "suave" (*soft law*). Parte-se da premissa de que a intervenção normativa do Estado tende a perturbar o funcionamento dos subsistemas sociais. Prefere-se a auto-regulamentação de mercado ou dos subsistemas sociais à hetero-regulamentação estatal. Na resolução de conflitos, ganham importância os instrumentos substitutivos da jurisdição estatal, como a arbitragem e a mediação. A separação entre Estado e sociedade civil, nesse contexto, torna-se mais tênue e nebulosa do que nunca.

No que concerne ao Direito Constitucional, o pós-modernismo vai se revelar francamente incompatível com o projeto da Constituição dirigente,[205] que, sob a sua perspectiva, exprimiria uma visão autoritária, por subtrair a liberdade de ação das instâncias da sociedade, mas também quixotesca, por desconhecer os limites da regulação jurídica sobre os universos econômico, político e social. De fato, se o próprio conceito liberal de Constituição já não parece plenamente compatível com a visão pós-moderna, a incompatibilidade é ainda mais flagrante em face da noção de Constituição dirigente, imbuída da pretensão de traçar rumos para o desenvolvimento da sociedade pela transformação do *status quo*. Tal concepção será associada pelos pós-modernos às "metanarrativas" utópicas, por eles tão criticadas. Neste quadro, a Constituição pós-moderna vai ser concebida, nas

---

[201] DOUZINAS, Costa; WARRINGTON, Ronnie; MCVEIGH, Shaun. *Postmodern Jurisprudence*, p. 15.
[202] LYOTARD, Jean-François. *La condition postmoderne*: rapport sur le savoir.
[203] Cf. EAGLETON, Terry. Deconstruction and Human Rights. *In*: JOHNSON, Barbara (Ed.). *Freedom and Interpretation*: the Oxford Amnesty Lectures. Há, porém, tentativas de conciliação entre os direitos humanos e o pensamento pós-moderno, como se observa em SANTOS, Boaventura de Souza. Uma Concepção Multicultural dos Direitos Humanos. *Lua Nova – Revista de Cultura e Política*, n. 39.
[204] FARIA, José Eduardo. Estado, sociedade e direito. *In*: FARIA, José Eduardo; KUNTZ, Rolf. *Qual o futuro dos direitos?*: Estado, mercado e justiça na reestruturação capitalista, p. 59-123.
[205] Cf. CANOTILHO, José Joaquim Gomes. Estado pós-moderno e Constituição sem sujeito. *In*: CANOTILHO, José Joaquim Gomes. *Brancosos e interconstitucionalidade*: itinerários e discursos sobre a historicidade constitucional, p. 131-162.

palavras de Canotilho, como "um estatuto reflexivo que, através de certos procedimentos, do apelo a auto-regulações, de sugestões no sentido da evolução político-social, permite a existência de uma pluralidade de opções políticas, a compatibilização dos dissensos, a possibilidade de vários jogos políticos, a garantia da mudança através da construção de rupturas".[206] Nota-se, portanto, uma rejeição às dimensões substantivas e axiológicas da Constituição, preconizando-se para ela um papel muito mais modesto, que a despe das suas ambições morais e emancipatórias. Não há, portanto, qualquer identidade entre pós-modernismo e pós-positivismo no plano constitucional, em que pese a confusão feita por alguns autores.

A crítica pós-moderna ao constitucionalismo deve ser objeto de reflexão. Por um lado, cumpre reconhecer que existem, de fato, graves déficits no funcionamento das instituições e das práticas políticas, sociais e jurídicas construídas durante a Modernidade, que se revelam claramente diante da persistência da exclusão social, bem como de fenômenos como o aquecimento global. Contudo, ao invés do abandono do ideário moderno, pensamos que ele deve ser aperfeiçoado e aprofundado, sobretudo nas sociedades periféricas — pré-modernas sob vários aspectos —, que enfrentam carências já relativamente equacionadas no Primeiro Mundo.[207] Trata-se de insistir na luta pela implementação concreta dos grandes valores do Iluminismo e do constitucionalismo, de liberdade, igualdade, dignidade humana e democracia, estendendo-os a novos campos e enfrentando, a partir dessas bandeiras, os novos desafios do mundo contemporâneo.

Não se trata de negar a correção de certas posições do pós-modernismo, como a afirmação do caráter inevitável do pluralismo jurídico, do etnocentrismo latente no discurso jurídico hegemônico e da onipresença da opressão. Mas, diante dessas questões, não se deve abdicar do projeto político-jurídico da Modernidade, mas corrigir os seus desvios e incompletudes, tornando a empreitada ainda mais abrangente e inclusiva. O esvaziamento do Direito e da Constituição, propugnados por certas correntes do pós-modernismo, são propostas que não merecem apoio, sobretudo nos Estados periféricos e subdesenvolvidos como o Brasil, onde largos setores da população ainda vivem no arcaísmo pré-moderno. Se o constitucionalismo for despojado da sua pretensão de impor padrões mínimos de justiça às relações humanas, com sua omissão ela estará legitimando o *status quo* de opressão e exclusão social.

5.4 A título de conclusão: a teoria constitucional no momento das grandes sínteses

Ao longo deste capítulo, procuramos apresentar as principais teorias da Constituição, bem como as vertentes da filosofia política que têm exercido maior influência sobre a teoria constitucional contemporânea. Como se verificou, várias dessas teorias

---

[206] CANOTILHO, José Joaquim Gomes. *Direito constitucional e teoria da constituição*, p. 1235. Ressalte-se que Canotilho descreve essa visão pós-moderna de Constituição, mas não a endossa. Pelo contrário, o jurista português ressalta: "A nosso ver, a reflexidade pós-moderna não elimina a compreensão racional da modernidade constitucional. A consciência projectante dos homens e a força conformadora do direito permanecem como background filosófico-político do constitucionalismo moderno. A constituição de um estado de direito democrático terá de continuar a propor uma melhor organização da relação homem-mundo e das relações intersubjetivas (entre e com homens) segundo um projecto-quadro de estruturas básicas de justiça". Concordamos integralmente com ele.
[207] No mesmo sentido, STRECK, Lenio Luiz. *Hermenêutica jurídica e(m) crise*, p. 21-35.

formularam teses antagônicas. Em nossa opinião, o momento atual da teoria da Constituição deve envolver um esforço de síntese. Vejamos, a título conclusivo, como isso pode ocorrer no que toca a algumas das principais divergências da teoria constitucional.

5.4.1 Descrição e prescrição

Como vimos, há teorias constitucionais que entendem que seu papel é antes de tudo propor um modelo ideal de Constituição e outras que recusam essa função, limitando-se à pretensão de analisar e descrever objetivamente as constituições existentes. A teoria constitucional contemporânea deve rejeitar essas duas formas extremadas de compreender a disciplina, combinando descrição e prescrição. Por um lado, a teoria da Constituição deve partir das constituições vigentes e não das especulações abstratas dos estudiosos. Por outro, não deve se manter passiva diante de seu objeto de análise, mas exercer sobre ele um esforço de racionalização crítica.

A proposta envolve a ideia de *reconstrução*,[208] em que se busca refletir sobre os elementos constitucionais concretamente existentes numa dada sociedade, de forma a, simultaneamente, atribuir coerência ao sistema constitucional vigente, e aproximá-lo do ideário do constitucionalismo democrático e igualitário. Nessa empreitada, a interpretação constitucional não se desvincula do texto, das decisões do constituinte, da realidade e das tradições constitucionais de cada Estado, mas se inspira nos princípios fundamentais do constitucionalismo. Esses princípios, por sua vez, não são transcendentes à realidade, não compondo uma espécie de "Direito natural", que paire acima da história. Trata-se de princípios que já estão latentes nas reivindicações emancipatórias e democráticas existentes nas sociedades, apesar de serem muitas vezes violados no quotidiano da vida social.

Karl Marx criticava o papel até então desempenhado pela Filosofia, dizendo que "os filósofos têm se limitado a interpretar o mundo, quando o que importa é modificá-lo". O pensamento marxiano também vale para a teoria constitucional, que não deve abdicar da pretensão de transformar as práticas constitucionais e a realidade social, no sentido de torná-las mais inclusivas e democráticas.

5.4.2 Normatividade, realidade e moralidade

Algumas teorias constitucionais antes analisadas focalizam uma única dimensão do fenômeno constitucional: a norma (positivismo kelseniano), o fato (teoria sociológica de Lassale), ou princípios ideais (teoria ideal do constitucionalismo liberal). Essas concepções são unilaterais. Não descrevem adequadamente o fenômeno constitucional e a adesão aos seus pressupostos pode conduzir a resultados problemáticos.

Uma teoria constitucional adequada deve conjugar essas três dimensões.[209] Não pode ignorar as normas constitucionais positivadas pelo poder constituinte, a realidade

---

[208] Sobre a relevância da ideia de reconstrução para a teoria constitucional, veja-se SOUZA NETO, Cláudio Pereira de. A teoria constitucional e seus lugares específicos: notas sobre o aporte reconstrutivo. *Revista de Direito do Estado*, v. 1, p. 89-104.

[209] Na filosofia do direito brasileiro, a articulação entre três dimensões do fenômeno jurídico — fato, norma e valor — foi exposta em obra clássica de Miguel Reale (*Teoria tridimensional do direito*).

empírica sobre a qual essas normas incidem, nem tampouco a moralidade pública subjacente ao constitucionalismo democrático. Essas três dimensões interagem e se complementam. As normas constitucionais e a realidade se influenciam reciprocamente, como já se destacou anteriormente: a realidade deve ser considerada na interpretação das normas, mas essas têm alguma possibilidade de conformar o fato social subjacente.

Também não pode ficar de fora da teoria constitucional a dimensão ideal — moral, aspiracional, utópica — do constitucionalismo democrático. Os princípios morais do constitucionalismo democrático devem orientar a interpretação das normas constitucionais. Tais princípios, como destacado acima, não são supra-históricos, mas têm raízes culturais concretas. Muitas das constituições contemporâneas, como a brasileira, inseriram nos seus textos esses princípios — igualdade, liberdade, solidariedade, dignidade da pessoa humana etc. —, conferindo explícita positividade às exigências que a moral pública impõe ao Direito.

5.4.3 Procedimento e substância

Como esclarecido anteriormente, o substancialismo impõe fortes limites constitucionais às deliberações políticas, enquanto o procedimentalismo tende a recusar limites que não se voltem à garantia das condições democráticas da deliberação.

Um dos grandes desafios da teoria da Constituição e da filosofia política contemporânea é o de estabelecer um sistema constitucional que possa ser racionalmente aceito por todos, num ambiente de pluralismo social, e que integre de forma coerente os elementos constitutivos essenciais ao Estado Democrático de Direito. Entendemos que, para isso, o modelo meramente procedimental é insuficiente. É preciso ir além do procedimentalismo — sobretudo das suas versões que atribuem menos conteúdo às condições para funcionamento da democracia. É essencial para o constitucionalismo democrático tratar a todas as pessoas como "dignas de igual respeito e consideração". No contexto plural em que vivemos, a comunidade política só se legitima plenamente quando assegura o igual direito de cada indivíduo de viver de acordo com os seus próprios projetos e escolhas existenciais; quando proporciona os meios materiais básicos para isso; quando respeita e valoriza as identidades particulares de cada um dos seus membros. É papel das constituições democráticas garantir esses elementos, que são vitais para a generalização entre os cidadãos do sentimento de pertencimento à comunidade política.[210]

Sem embargo, um modelo constitucional que não tenha suficiente abertura para as deliberações políticas de cada geração, buscando predefinir a maior parte das controvérsias que dividem as sociedades, não seria suficientemente democrático. Excessos substancialistas na teoria constitucional devem ser evitados, para não se debilitar o componente democrático do constitucionalismo.

---

[210] Uma das possibilidades para densificação desses elementos consiste na identificação das condições que tornam possível a "cooperação social" entre as pessoas, por um longo espaço de tempo em uma sociedade plural e democrática. Para que isso possa ocorrer, é preciso que existam "termos justos para a cooperação social". Veja-se, a propósito, SOUZA NETO, Cláudio Pereira de. Deliberação democrática, constitucionalismo e cooperação democrática. *In*: SARMENTO, Daniel (Org.). *Filosofia e teoria constitucional contemporânea*, p. 79-112.

5.4.4 Indivíduo e comunidade

A teoria constitucional, na esteira da filosofia política, discute a relação entre indivíduo e comunidade. As respostas sobre esse tormentoso tema filosófico variam imensamente, do *organicismo* de inspiração aristotélica,[211] que vê o indivíduo apenas como uma parte no todo social, cujos direitos podem ser livremente sacrificados em favor do bem comum, ao mais exacerbado individualismo, sustentado, por exemplo, pelos teóricos do libertarianismo. Uma parte da controvérsia entre liberais e comunitários, antes sintetizada, se dá exatamente nesse campo: os liberais priorizam os direitos do indivíduo, enquanto os comunitaristas se inclinam em favor dos valores e interesses da comunidade.

Mais uma vez, uma teoria constitucional democrática e inclusiva deve se engajar num esforço de síntese entre opostos. No constitucionalismo democrático, a prioridade é da pessoa humana. Porém, o indivíduo não é concebido como uma razão desencarnada, mas como um ser concreto, inserido numa comunidade, com necessidades materiais, carências, fragilidades.[212] Esta nova perspectiva enjeita a crença de que o Estado seja o adversário, por excelência, dos direitos humanos. Embora continue sendo essencial proteger as pessoas do arbítrio do Estado, os poderes públicos são agora tidos como responsáveis pela promoção e defesa dos direitos fundamentais, diante dos perigos que rondam as pessoas na própria sociedade.

Nessa linha, reconhece-se o direito de cada pessoa de eleger os seus objetivos e planos de vida, que têm de ser respeitados, desde que não violem direitos de terceiros. Cabe ao Estado o papel de auxiliar na criação das condições necessárias para que cada um realize livremente as suas escolhas e possa agir de acordo com elas, e não o de orientar as vidas individuais para alguma direção que os governantes ou que as maiorias sociais considerem mais adequada. Sem embargo, os indivíduos não são tidos como meros detentores de direitos subjetivos. Eles têm também responsabilidades cívicas e deveres em relação aos seus semelhantes. Espera-se do cidadão, ademais, que não atue visando exclusivamente os seus interesses particulares, mas que também busque o bem comum.

A Corte Constitucional alemã, em diversos julgados, fez referência à imagem de pessoa subjacente à Lei Fundamental do país. Em decisão proferida em 1954, por exemplo, ela afirmou que "a imagem de Homem da Lei Fundamental não é aquela de um indivíduo isolado e soberano. Pelo contrário, a Lei Fundamental decidiu a tensão entre indivíduo e sociedade em favor da coordenação e interdependência deste com a comunidade, sem tocar o intrínseco valor individual da pessoa".[213] Em outro julgamento, realizado em 1977, o Tribunal referiu-se à base antropológica do conceito de dignidade da pessoa humana — considerado o valor mais elevado da ordem constitucional alemã — explicitando que tal princípio "se baseia numa concepção de Homem como ser moral-espiritual dotado de liberdade de autodeterminação e

---

[211] Cf. ARISTOTLE. Politics. *In*: ARISTOTLE. *The works of Aristotle*, p. 445-548. Sobre o organicismo, veja-se ZIPPELIUS, Reinhold. *Teoria geral do Estado*, p. 35 et seq.
[212] Veja-se, a propósito, SARMENTO, Daniel. Interesses públicos versus interesses privados na perspectiva da teoria e da filosofia constitucional. *In*: SARMENTO, Daniel. *Livres e iguais*: estudos de direito constitucional, p. 33-93.
[213] Caso "Mephisto", 4 BVerfGE 7 (1954).

desenvolvimento. A liberdade, no sentido da Lei Fundamental não é a de um indivíduo isolado e auto-centrado, mas, pelo contrário, de uma pessoa com relações e vínculos com a comunidade".[214]

Tais observações do Tribunal germânico são adequadas à teoria do constitucionalismo democrático e inclusivo. Elas também cabem perfeitamente em relação à ordem constitucional brasileira, que, tal como a Lei Fundamental alemã, tem na dignidade da pessoa humana um pilar fundamental, mas não se baseia numa concepção "insular" do indivíduo, buscando enxergar a pessoa humana na sua concretude, com suas necessidades e fragilidades, aberta à alteridade e dela dependente.

5.4.5 Jurisdição e política constitucional

Outra dicotomia que perpassa a teoria constitucional diz respeito ao *locus* central do constitucionalismo. Pode-se apontar a existência de duas posições extremas nessa controvérsia,[215] embora também existam concepções intermediárias entre elas, dentre as quais a que ora sustentamos.

De um lado, há os defensores do "judicialismo" constitucional. Para eles, a jurisdição constitucional é o espaço por excelência da afirmação da Constituição, onde os temas controvertidos são equacionados com base no Direito e não em preferências ideológicas, interesses ou compromissos políticos. A política, realizada nas instâncias representativas, move-se por outra lógica que não a constitucional. A Constituição é um limite externo para a política e não um norte para a sua atuação. Esse limite tem como guardião o Poder Judiciário — especialmente as supremas cortes ou tribunais constitucionais — que estaria, por assim dizer, "fora" da política.

Do outro lado, há os que criticam o modelo judicialista, afirmando que ele dá ensejo a instauração de uma ditadura judicial de supostos sábios togados. É a posição atualmente defendida pelos adeptos do "constitucionalismo popular", e que já foi advogada por diversas outras correntes ao longo da história, todas sustentando que, em nome da proteção da Constituição, a hegemonia da jurisdição constitucional permite aos juízes que imponham os seus próprios valores à sociedade. Nessa perspectiva, a política praticada nos parlamentos e nas articulações da sociedade civil é tida como mais confiável para guardar e promover os valores constitucionais do que a atuação dos tribunais. A Constituição é vista menos como um limite externo para a deliberação democrática dos fóruns representativos, a ser imposto a partir de fora, e mais como uma inspiração que deve guiar permanentemente a atividade política.

Em nossa opinião, é possível, também aqui, buscar uma síntese entre as visões antagônicas. De um lado, deve-se reconhecer o importante papel do Judiciário na garantia da Constituição, especialmente dos direitos fundamentais e dos pressupostos da democracia. Mas, do outro, cumpre também valorizar o constitucionalismo que se expressa fora das cortes judiciais, em fóruns como os parlamentos e nas reivindicações da sociedade civil que vêm à tona no espaço público informal.

---

[214] Caso da "Prisão Perpétua", 45 BVerfGE 187 (1977).
[215] Uma boa síntese dos argumentos de cada lado desta contenda se encontra em: WALUCHOW, W. J. *The Common Law Theory of Judicial Review*, p. 74-179.

Nesse sentido, é preciso, em primeiro lugar, reconhecer realisticamente que os tribunais não são espaços assépticos, imunes à ideologia e às articulações e compromissos políticos. Portanto, eles não estão "fora" da política. Ademais, é necessário também perceber que a política, com todas as suas imperfeições, pode e deve ser um campo aberto ao debate constitucional, inspirando-se também por princípios, e não apenas por preferências ideológicas ou por interesses de facções.[216]

Em nosso cenário, povoado por instituições e procedimentos imperfeitos, a jurisdição constitucional desempenha um papel relevante no constitucionalismo democrático. Porém, ela não é e não deve ser concebida como a protagonista desta narrativa.

---

[216] Como destacou Maurizio Fioravanti, "uma Constituição livre da política pode corresponder a uma política livre da Constituição" (*Costituzione e popolo sovrano*: la costituzione italiana nella storia del costituzionalismo moderno, p. 20). Em outras palavras, uma cultura jurídica que atribui apenas aos tribunais a função de promoção e proteção da Constituição acaba desonerando os atores políticos do dever de se guiarem pelos princípios constitucionais.

CAPÍTULO 6

O PODER CONSTITUINTE ORIGINÁRIO

6.1 Introdução

Um dos conceitos centrais do Direito Constitucional é o de poder constituinte. Trata-se do poder de criar a Constituição e de fundar ou refundar o Estado e a ordem jurídica. A expressão "poder constituinte" é também empregada para designar o poder de modificar a Constituição, bem como o de elaborar, nos Estados federais, as constituições estaduais. Estes últimos são tidos como expressão do chamado poder constituinte derivado, que se subdivide, respectivamente, em poder de reforma da Constituição e poder constituinte decorrente.

Contudo, a rigor, só é propriamente constituinte o poder de criar a Constituição. É o chamado poder constituinte originário. Os demais, acima mencionados, são, na verdade, poderes constituídos, eis que instituídos e limitados pelo poder constituinte. Não obstante, o uso consagrou a expressão "poder constituinte" para tratar destas modalidades do exercício do poder constituído. Ao longo deste livro, quando aludirmos ao poder constituinte sem qualificações, estaremos sempre nos referindo ao poder constituinte originário. Não evitaremos o uso da expressão "poder constituinte" para referir ao poder de reforma da Constituição ou ao de elaboração das constituições estaduais, mas, sempre que o fizermos, a locução será qualificada (poder constituinte reformador, poder constituinte decorrente etc.).

Como se verá abaixo, o tema do poder constituinte originário situa-se nos confins do Direito. Como a Constituição se localiza no escalão superior do ordenamento positivo, os debates sobre as características do poder constituinte, seus possíveis limites e condicionamentos, não tem como ser enfrentado apenas com base na dogmática jurídica. No presente capítulo, pretendemos apresentar a teoria tradicional do poder constituinte, apontando as suas raízes históricas e fundamentos, mas também é nossa intenção esboçar algumas críticas a esta teoria, sugerindo novas compreensões sobre o tema.

6.2 Poder constituinte: elementos da história do conceito

O poder constituinte cria a Constituição para estruturar o Estado e organizar, limitar e dirigir o exercício do poder político. Ele institui os "poderes constituídos": o Executivo, o Legislativo e o Judiciário, nos sistemas em que vigora a tripartição de poderes. Se os poderes constituídos são criados pelo constituinte, eles devem se limitar pelo que o mesmo estabelece. Esse é um dos principais argumentos para sustentar a hierarquia superior que a Constituição ocupa na ordem jurídica.

Na gênese do constitucionalismo moderno, a justificação da supremacia constitucional não dependia da evocação de uma vontade soberana superior. A própria ideia de Constituição se vinculava à *limitação* do poder do monarca absoluto: o Estado constitucional era aquele em que o poder se exercia moderadamente. Ainda não fazia sentido editar uma Constituição como mecanismo de *afirmação* do poder. Não por outra razão, as constituições embrionárias declaravam solenemente direitos naturais. A validade destes direitos, porém, independia de terem sido reconhecidos pelo Estado e positivados em documentos escritos.[1] Os direitos naturais se apresentavam como critérios para a aferição da legitimidade do exercício do poder político, fixando esferas de liberdade individual dentro das quais o Estado não poderia penetrar. Quando o poder se exercesse contra esses direitos, justificar-se-ia a própria "desobediência civil".[2] Com a positivação dos direitos naturais, a supremacia material que os caracterizava se transferia para os documentos que os reconheciam. A Constituição era concebida como "produto da razão", e sua supremacia não dependia de ter emanado de uma decisão soberana.[3] A *Declaração de Direitos do Bom Povo da Virgínia*, de 1776, traduz, em sua Seção I, o que se acaba de relatar:

> Todos os homens são, por natureza, igualmente livres e independentes, e têm certos direitos inatos, dos quais, quando entram em estado de sociedade, não podem por qualquer acordo privar ou despojar sua posteridade e que são: o gozo da vida e da liberdade com os meios de adquirir e de possuir a propriedade e de buscar e obter felicidade e segurança.

A noção de "poder constituinte" — de um poder capaz de criar a Constituição — é elaboração da teoria constitucional francesa e norte-americana do período revolucionário do século XVIII. Embora a revolução liberal tenha ocorrido na Inglaterra no século anterior, a ideia de poder constituinte lá não se desenvolveu, e o constitucionalismo acabou se fundando em outras bases, que conjugavam liberalismo com respeito às tradições políticas.[4]

---

[1] Cf. FREEMANN, S. Democracia e controle jurídico da constitucionalidade. *Lua Nova – Revista de Cultura e Política*, n. 32, p. 185; CAPPELLETTI, Mauro. *O controle judicial de constitucionalidade das leis no direito comparado*, p. 45 et seq.; CUNHA, Paulo Ferreira da. *Constituição, direito e utopia*: do jurídico constitucional nas utopias políticas.

[2] LOCKE, John. *Segundo tratado sobre o governo*: ensaio relativo à verdadeira origem, extensão e objetivo do governo civil, p. 37-138. Sobre a noção de "direito de resistência", cf. BUZANELLO, José Carlos. *Direito de resistência constitucional*.

[3] Cf. STRAUSS, Leo. *The Political Philosophy of Hobbes*: its Basis and its Genesis, p. VII et seq.; FASSÒ, Guido. Jusnaturalismo. In: BOBBIO, Norberto; MATTEUCCI, Nicola; PASQUINO, Gianfranco (Org.). *Dicionário de política*; BOBBIO, Norberto. *Locke e o direito natural*, p. 69 et seq.; LAFER, Celso. *A reconstrução dos direitos humanos*: um diálogo com o pensamento de Hannah Arendt; LIMA, Viviane Nunes Araújo. *A saga do zangão*: uma visão sobre o direito natural.

[4] De acordo com Martin Loughlin, os *Levellers* — integrantes de um movimento radical igualitário do século XVII — chegaram a desenvolver uma concepção de poder constituinte, que, no entanto, não prosperou no

Foi Emmanuel Sieyès, nos momentos preliminares da Revolução Francesa, quem formulou a versão mais conhecida do conceito de poder constituinte, traçando contornos que, até hoje, com pequenas modificações, representam a ortodoxia no assunto.[5] Em fevereiro de 1789, o abade[6] publicou a 1ª edição do opúsculo *O que é o Terceiro Estado*, em que o conceito foi formulado. O livro foi escrito no contexto da convocação, por Luís XVI, dos "Estados Gerais" — órgão deliberativo, que não se reunia havia duzentos anos. Os Estados Gerais compunham-se de três "estados": o primeiro reunia representantes da nobreza; o segundo, do clero; o terceiro, dos "comuns" (aqueles que não possuíam privilégios legais). Os votos, nos Estados Gerais, eram tomados por Estado. Assim, os "comuns", do Terceiro Estado, embora compusessem a absoluta maioria da população, eram sempre derrotados, em razão da aliança entre a nobreza e o clero.

Com o intuito de superar a condição de subordinação em que "os comuns" se encontravam, logo após a instalação dos Estados Gerais, em 17 de junho de 1789, o Terceiro Estado se auto declarou "Assembleia Nacional Constituinte". A proposta constava do texto de Sieyès.[7] Ao final de seus trabalhos, a Assembleia Nacional promulgaria a Constituição de 1791, a primeira da França. Em seu preâmbulo, declarava-se o objetivo de abolir as instituições que feriam "a liberdade e a igualdade dos direitos", para que não existisse "privilégio algum, nem exceção ao direito comum de todos os franceses".

Com a formulação do conceito de poder constituinte por Sieyès, conferia-se uma nova justificativa à supremacia constitucional. O poder constituinte estruturaria o exercício do poder político, determinado os termos em que as autoridades públicas, inclusive os legisladores, poderiam licitamente atuar. Tal poder, que pertencia à Nação, além de criar os "poderes constituídos", fixava-lhes limites: "nenhuma espécie de poder delegado pode mudar nada nas condições de sua delegação".[8] A representação ordinária, exercida fora dos limites impostos pelo constituinte, tornava-se ilegítima.[9] A Constituição também seria elaborada por representantes, mas "representantes extraordinários": "uma grande nação não pode se reunir todas as vezes que circunstâncias fora da ordem comum exigem".[10] Mas, enquanto a deliberação dos representantes extraordinários era limitada apenas pelo Direito Natural, cabendo-lhes declarar os desígnios da nação, a

---

constitucionalismo britânico. Cf. LOUGHLIN, Martin. Constituent power subverted: from English constitutional argument to British constitutional practice. *In*: LOUGHLIN, Martin; WALKER, Neil (Ed.). *The Paradox of Constitutionalism*: Constituent Power and Constitutional Form, p. 27-48.

[5] Contudo, elementos embrionários da noção podiam ser identificados anteriormente. Cf. FIORAVANTI, Maurizio. *Constitución*: de la antigüedad a nuestros días; SAMPAIO, José Adércio Leite. Mito e história da Constituição: prenúncios sobre a constitucionalização do direito. *In*: SOUZA NETO, Cláudio Pereira de; SARMENTO, Daniel (Org.). *A constitucionalização do direito*: fundamentos teóricos e aplicações específicas.

[6] Sieyès era vigário de Chartres.

[7] SIEYÈS, Emmanuel Joseph. *A constituinte burguesa*: o que é o Terceiro Estado?, p. 135: "Inicialmente, peço-lhes que observem (...) que os representantes do Terceiro Estado terão, incontestavelmente, a procuração dos 25 ou 26 milhões de indivíduos que compõem a nação, excetuando-se cerca de 200 mil nobres ou padres. Isso já basta para que tenham o título de Assembleia Nacional. Vão deliberar, pois, sem nenhuma dificuldade pela nação inteira, excetuando-se somente duzentas mil cabeças".

[8] SIEYÈS, Emmanuel Joseph. *A constituinte burguesa*: o que é o Terceiro Estado?, p. 119.

[9] Além de elaborar a teoria da supremacia da constituição, Sieyès, em pronunciamento na Convenção Nacional propôs a instituição de "um depositário conservador da ata constitucional sob o nome de Tribunal Constitucional". Trata-se, na verdade, de proposta embrionária de controle concentrado de constitucionalidade. A proposta, porém, não foi aceita naquela ocasião. Cf. SIEYÈS, Emmanuel Joseph. Opinión de Sieyès sobre las atribuciones y organización del tribunal constitucional: pronunciado en la Convención Nacional el 18 de Thermidor, año III de la República. *In*: SIEYÈS, Emmanuel Joseph. *De la revolución*, p. 290.

[10] SIEYÈS, Emmanuel Joseph. *A constituinte burguesa*: o que é o Terceiro Estado?, p. 122.

dos representantes ordinários deveria se circunscrever ao que o poder constituinte determinasse. Em suas linhas gerais, até hoje esses conceitos são muito influentes, fixando as bases sobre as quais se desenvolveu a teoria constitucional moderna.

Promulgada a Constituição francesa de 1791, a Assembleia Constituinte se dissolveu, sendo sucedida, como previsto, por uma Assembleia Legislativa. Na Constituição, o conceito de poder constituinte, tal como formulado por Sieyès, foi claramente recepcionado. Em seu Título III, a Constituição declarava que a *soberania* era "una, indivisível, inalienável e imprescritível" (art. 1), e que a Nação era a fonte "única" da qual emanavam "todos os poderes" (art. 2). Mas como a nação não podia exercê-los "senão por delegação", a Constituição francesa era "representativa": os representantes eram "os Corpos legislativos e o Rei" (art. 2). A Constituição estabelecia uma monarquia constitucional: o parlamento e o monarca limitavam-se pela decisão soberana do constituinte. Apesar da curta vigência do texto constitucional de 1791, que rapidamente sucumbiu aos acontecimentos que se sucederam à sua promulgação, alguns de seus conceitos seriam incorporados definitivamente à história das ideias constitucionais e serviriam de referência para outros processos constituintes que, posteriormente, eclodiriam na França e em outros países.

Usando outro vocabulário, a teoria política norte-americana do século XVIII também concebeu a distinção entre poder constituinte e poderes constituídos. E desenvolveu, a partir desta distinção, um novo arranjo institucional — o controle jurisdicional de constitucionalidade (*judicial review*) —, que ensejou a afirmação, não apenas política, mas também jurídica, da supremacia das normas constitucionais em face da legislação ordinária, decorrente da proveniência popular das primeiras.

Em *O Federalista*, obra-prima do pensamento político norte-americano,[11] redigida um pouco antes do livro de Sieyès, esta distinção foi explorada em diversas passagens, embora com outra terminologia. Assim ocorreu quando se pretendeu fundar o poder político na soberania popular: "O edifício do império americano deve se fundar na sólida base do consentimento do povo. As correntes do poder nacional devem fluir imediatamente desta fonte pura e original de toda autoridade legítima" (*O Federalista*, n. 22). E também quando se destacou que o povo americano podia romper com a ordem jurídica anterior, estabelecida nos Artigos da Confederação de 1781, fazendo uma nova Constituição, sem seguir os procedimentos lá definidos: "Em todas as grandes mudanças nos governos estabelecidos, as formas cederam lugar à substância; uma rígida aderência nesses casos às primeiras tornaria apenas nominal o direito transcendente e precioso do povo de abolir ou alterar o seu governo" (*O Federalista*, n. 40). E, mais ainda, quando se afirmou a supremacia da Constituição sobre as leis: "Não há posição fundada em princípios tão claros como aquela de que cada ato de uma autoridade delegada, contrário ao teor da delegação, é nulo. Nenhum ato legislativo, portanto, contrário à Constituição pode ser válido. Negar isso seria afirmar (...) que o servo está acima do seu senhor; que os representantes do povo estão acima do próprio povo" (*O Federalista*, n. 78).

---

[11] *O Federalista* é uma obra composta por 85 artigos jornalísticos, publicados entre outubro de 1787 e abril de 1788, elaborados por três autores norte-americanos — James Madison, Alexander Hamilton e John Jay —, que assinavam sob o pseudônimo de Publius. Os artigos visavam a convencer a população do Estado de Nova Iorque a votar favoravelmente à ratificação da Constituição americana, o que de fato veio a ocorrer. Veja-se HAMILTON, Alexander; MADISON, James; JAY, John. The Federalist. *Great Books of the Western World*.

Apesar da experiência constitucional norte-americana ter sido mais bem-sucedida do que a francesa, e de ter contemplado um arranjo institucional mais adequado para a afirmação da supremacia do poder constituinte em face dos poderes constituídos, foram os conceitos franceses, forjados por Sieyès, que se tornaram a principal referência teórica na discussão da matéria.

No século XX, as constituições — que, antes, se restringiam a organizar o exercício do poder político e a positivar liberdades básicas — passam a dispor sobre variadas matérias. Simultaneamente, há o avanço das concepções positivistas na Ciência do Direito, que negam a premissa, até então formulada em termos jusnaturalistas, segundo a qual as normas jurídicas podem ser racionalmente justificadas.[12] Com isso, o que passou a definir a natureza constitucional de uma norma foi o seu pertencimento ao texto, não mais o fato de possuir determinado conteúdo especialmente valorado.[13] Nesse cenário, a supremacia constitucional cada vez mais dependia da noção de poder constituinte, afastando-se das justificações materiais, relativas ao conteúdo constitucional, que, de início, predominavam. A tendência contemporânea é de resgate da justificação das normas constitucionais, nada obstante isso se dê sem desabilitar a importância do poder constituinte, que, como hoje se entende, deve ser democrático.

6.3 A titularidade do poder constituinte

O debate sobre a titularidade do poder constituinte se entrelaça com outro, mais antigo, sobre a titularidade da soberania. A ideia de soberania foi forjada na Europa do século XVI por Jean Bodin,[14] no contexto de formação dos Estados nacionais, para justificar o absolutismo. Era essencial, naquele quadro, afirmar a ausência de subordinação do monarca à Igreja, e sustentar o seu poder incontrastável sobre os nobres — antigos senhores feudais —, e outros "corpos intermediários", como as cidades e as corporações de ofício. O titular da soberania era o rei, visto como aquele que dita as normas jurídicas, mas não está submetido a elas.

Nos séculos seguintes, o advento do constitucionalismo liberal entrou em tensão com a ideia de soberania. Afinal, se o constitucionalismo é a limitação jurídica do poder, como conciliá-lo com a afirmação de um poder ilimitado? A teoria do poder constituinte foi um dos artifícios empregados para o equacionamento desta tensão. Na nova compreensão, a soberania é exercida por meio da elaboração da Constituição, que limita os poderes estatais. Ditada a Constituição, a soberania interna entra numa fase de latência, permanecendo o Estado juridicamente limitado pelo dever de observar as normas constitucionais, que não só organizam o exercício do poder político, como também enunciam direitos para os indivíduos.

Nesse novo cenário, discute-se quem é o titular do poder constituinte. Na teoria constitucional, surgiram dois principais candidatos ao posto: a Nação e o povo. Não seria mais possível atribuir esta qualidade ao monarca, que, quando mantido, era apenas mais um órgão do Estado, com os poderes definidos pela Constituição, e não

---

[12] Cf. BOBBIO, Norberto. *O positivismo jurídico*: lições de filosofia do direito; PERELMAN, Chaïm. *Lógica jurídica*: nova retórica.
[13] Cf. MELLO, Oswaldo Aranha Bandeira de. *A teoria das Constituições rígidas*, p. 37 et seq.
[14] BODIN, Jean. *Les six livres de la Republique*.

o seu senhor. Porém, os conservadores, defensores das prerrogativas reais, ainda tentaram conceber o monarca como um cotitular da soberania e do poder constituinte.[15] A Constituição, nessa perspectiva, seria uma espécie de pacto entre o rei e a Nação. Essa concepção pactista da Constituição, que se difundiu na Europa após a derrota de Napoleão, reverberou no Brasil, no contexto da independência e da outorga de nossa primeira Carta, em 1824. Mas dita teoria não teve fôlego, perecendo ainda no século XIX, com a consolidação do constitucionalismo.

Restaram, portanto, as duas principais teorias sobre a titularidade do poder constituinte que o conferem ao (a) povo ou à (b) nação.[16] Atribuí-la ao povo ou à nação implica aderir a diferentes teses sobre a titularidade da própria soberania, já que o ato constituinte é uma manifestação do "poder soberano".[17] Subjacente a esse debate está o problema da *legitimidade* do poder constituinte, que é um dos elementos centrais, embora não o único, para se aferir a legitimidade da própria Constituição.

(a) *A soberania popular*, concebida classicamente por Rousseau, se traduz como a *autonomia pública*, que tem lugar quando as normas jurídicas são elaboradas por seus próprios destinatários.[18] Na vida privada, as pessoas são livres quando obedecem à sua própria consciência; quando cumprem as normas que prescrevem a si mesmas. Entretanto, a liberdade irrestrita de realização dos interesses particulares levaria ao "conflito de todos contra todos", ao "estado de guerra" imaginado por alguns contratualistas.[19] O desafio apresentado aos teóricos da política moderna era formular um modelo de sociedade que garantisse ao mesmo tempo, e na maior medida possível, a liberdade e a segurança. A resposta democrática de Rousseau para a questão consistia em converter os súditos em soberanos, o que ocorreria quando os que aprovassem as leis fossem os mesmos a obedecê-las.[20] Se a vontade inscrita na lei é a do próprio cidadão, este não obedece senão a sua própria vontade, e a "obediência à lei que se estatui a si mesmo é liberdade".[21] Por meio da participação popular no processo de elaboração das leis, realiza-se o ideal democrático de liberdade política: "cada um, unindo-se a todos, só obedecesse a si mesmo".[22] A autonomia, quando referida ao direito estatal, se traduz na *soberania popular*. Para essa perspectiva, o povo é o soberano; é o titular do poder constituinte. Trata-se da teoria enunciada, por exemplo, no preâmbulo da Constituição norte-americana: "Nós, o povo dos Estados Unidos, (...) promulgamos e estabelecemos esta Constituição".

---

[15] Cf. BÖCKENFÖRDE, Ernst-Wolfgang. Le pouvoir constituant du peuple, notion-limite du droit constitutionnel. *In*: BÖCKENFÖRDE, Ernst-Wolfgang. *Le droit, l'État et la Constitution démocratique*, p. 209.

[16] Destaque-se, todavia, que algumas constituições de Estados islâmicos teocráticos proclamam que o poder emana de Allah, e não do povo ou da nação. Caso paradigmático é o da Constituição do Irã, aprovada em um referendo realizado em 1979, cujo art. 2.1 estabelece: "A República Islâmica é um sistema baseado na crença no Deus Único (como reconhecido na frase 'Não há Deus senão Allah'); na Sua exclusiva soberania e direito de legislar; e na necessidade de submissão aos Seus comandos". Sobre a relação entre a teocracia e o constitucionalismo em Estados contemporâneos, veja-se HIRSCHL, Ran. *Constitutional Theocracy*.

[17] Cf. BERCOVICI, Gilberto. *Soberania e Constituição*: para uma crítica do constitucionalismo, p. 29 *et seq*.

[18] Cf. BOVERO, Michelangelo. Ética e política entre o maquiavelismo e o kantismo. *Lua Nova – Revista de Cultura e Política*, n. 25, p. 145-151.

[19] Cf. HOBBES, Thomas. *Leviathan*: or the Matter, Form and Power of a Commonwealth Ecclesiastical and Civil.

[20] Cf. KELSEN, Hans. *A democracia*, p. 27-35. Como ressalta Kelsen, se todos são iguais, ninguém tem legitimidade para limitar a esfera privada de outrem. A ausência de uma autoridade legislativa, todavia, comprometeria a organização da vida em comunidade. No plano ideal, a solução encontrada para esse dilema é o autogoverno do povo. A autonomia pública é uma decorrência da conjugação da igualdade com a liberdade na estrutura social.

[21] ROUSSEAU, Jean-Jacques. *Do contrato social*, p. 37.

[22] ROUSSEAU, Jean-Jacques. *Do contrato social*, p. 32.

A teoria da soberania popular é inclusiva. Todos os indivíduos vinculados ao Estado constituem o seu povo. Na sua compreensão contemporânea, ela não abre espaço para exclusões fundadas em critérios econômicos, étnicos, religiosos, de gênero, culturais ou de qualquer outra natureza. A ideia de "povo" deve ser concebida em termos plurais, desvinculada inclusive de exigências relativas ao compartilhamento de um passado ou de uma cultura comuns. Muitas das sociedades contemporâneas são extremamente heterogêneas, e o conceito de povo, numa democracia constitucional, deve abarcar a todos, não podendo ser empregado para excluir os portadores das identidades não hegemônicas.

(b) A teoria da *soberania nacional* é, em sua origem, proposta como alternativa menos radical à teoria da soberania popular. Sua formulação tradicional se deve a Sieyès, para quem a *Nação* é "um corpo de associados que vivem sob uma lei comum e representados pela mesma legislatura".[23] À nação pertence o poder soberano, que se expressa no momento de elaboração da Constituição: "só a nação tem direito de fazê-la".[24] No art. 3º da *Declaração dos Direitos do Homem e do Cidadão*, a ideia é recepcionada: "O princípio de toda a soberania reside essencialmente na Nação". Por isso, "nenhuma corporação, nenhum indivíduo pode exercer autoridade que dela não emane expressamente". É deste último aspecto do conceito de nação que se extraem as consequências práticas mais importantes para a aferição da titularidade do poder constituinte: a nação é uma "unidade orgânica permanente",[25] não se confundindo com o conjunto de indivíduos que a compõem em determinado momento da vida nacional. A ênfase na unidade e na permanência, como elementos da nação, seria recepcionada pela Assembleia Constituinte francesa de 1791, permitindo que esta despojasse o poder constituinte das exigências de participação do povo, inerentes à soberania popular. Não por acaso, essa versão da teoria também foi adotada, no Brasil, na Constituição Imperial de 1824, segundo a qual "os Representantes da Nação Brasileira" eram "o Imperador e a Assembleia Geral" (art. 11) e "todos estes Poderes no Império do Brasil" eram "delegações da Nação" (art. 12).[26]

---

[23] SIEYÈS, Emmanuel Joseph. *A constituinte burguesa*: o que é o Terceiro Estado?, p. 69. Observa-se que estamos tratando da ideia de "nação cívica", tal como formulada por Sieyès, não da de "nação histórica". Enquanto aquela se traduz no vínculo de pertencimento à comunidade política, esta se constitui, em termos culturais, como "comunidade de destino". Enquanto o conceito cívico de nação se desenvolveu na França, o conceito histórico predominou na Alemanha, sob a influência do historicismo e do romantismo alemão. Se o conceito cívico de nação é compatível com o pluralismo, o conceito histórico deu lugar ao nacionalismo chauvinista, cf. HABERMAS, Jürgen. Cidadania e identidade nacional. *In*: HABERMAS, Jürgen. *Direito e democracia*: entre facticidade e validade; LACROIX, Justine. Le "national-souverainisme" en France et en Grande-Bretagne. *Revue Internationale de Politique Comparée*, v. 9, n. 3.

[24] SIEYÈS, Emmanuel Joseph. *A constituinte burguesa*: o que é o Terceiro Estado?, p. 113.

[25] Cf. CARRÉ DE MALBERG, R. *Teoría general del Estado*, p. 951: "Junto, ou melhor, por cima da teoria inicial que faz do cidadão célula componente da nação, a Constituinte deriva a ideia de unidade orgânica da nação (...) que implicava, essencialmente, a ideia de unidade da vontade e da representação nacionais". Sobre essa versão do conceito de nação, cf. KRULIC. L'idée de peuple dans la tradition constitutionnelle française. *Sens Public*; MAULIN, Éric. Carré de Malberg et le droit constitutionnel de la Révolution Française. *Annales Historiques de la Révolution Française*, n. 328. Na literatura brasileira, cf. FERREIRA FILHO, Manoel Gonçalves. *O poder constituinte*, p. 23: "nação é a encarnação da comunidade em sua permanência, nos seus interesses constantes, interesses que eventualmente não se confundem nem se reduzem aos interesses dos indivíduos que a compõem em determinado instante".

[26] Não se pode, contudo, equiparar os projetos institucionais adotados pela Constituição Francesa de 1791 e a Constituição brasileira de 1824. Enquanto na constituinte francesa prevaleceu a orientação "monárquico-republicana", de Sieyès, no Brasil foi vitoriosa a incorporação do modelo dito "monarquiano", em que a unidade da nação era representada pelo monarca. Não é por outra razão que, de acordo com o art. 98, o monarca, além de Chefe Supremo da Nação, era também o seu "primeiro Representante", cabendo-lhe o exercício do "Poder Moderador", que era "a chave de toda a organização política": "O Poder Moderador é a chave de toda a

Por conta dessa distinção entre a nação, em sua "unidade orgânica", e a mera associação de indivíduos, participar da "representação" da vontade nacional, ao invés de ser um "direito do cidadão", se convertia num atributo conferido a quem a nação desejasse. Ao contrário de veículo de "expressão" da soberania popular, a representação figuraria como "imputação" de um poder-dever pela nação.[27] Ainda que se conteste essa interpretação do conceito de nação, é certo que a ênfase na representação, proposta por Sieyès, adotava o pressuposto de que o povo não tinha como participar permanentemente da tomada de decisões públicas, ao contrário do que pensava Rousseau.[28] A teoria da soberania nacional reduzia, por isso, o potencial insurgente da ideia de que a soberania não era atributo da monarca, mas do povo, além de *não* estar, ao contrário da teoria da soberania popular, inerentemente vinculada ao princípio da igualdade política. Pelo contrário, historicamente, ela se prestou à legitimação do voto censitário. A teoria comporta, inclusive, a possibilidade de a nação indicar reis como representantes, como fizeram os constituintes de 1791, na França, e de 1824, no Brasil, ao lhes outorgar tal poder, que deveria ser exercido, em ambos os casos, em conjunto com assembleias eleitas. Mas mesmo este espaço parlamentar de participação era restringido: a Constituição francesa de 1791 distinguia entre "cidadania ativa" e "cidadania passiva" (Cap. I, Seção II) e conferia apenas aos cidadãos ativos (homens proprietários) direitos políticos; os demais, apesar de comporem a comunidade nacional, não poderiam votar ou ser eleitos. O mesmo ocorria na Constituição de 1824, que também estabelecia critérios censitários para conferir direitos políticos (arts. 90 a 97).

A questão da titularidade do poder constituinte se relaciona com a legitimidade política de sua manifestação. Democratas entendem que a Constituição é legítima em sua origem quando corresponde à vontade popular e quando é promulgada pelos representantes do povo. Há, contudo, quem sustente que o problema não é de legitimidade, mas de eficácia, ou seja, de possibilidade concreta de exercício do poder. Carl Schmitt, cuja teoria constitucional é representativa desse ponto de vista, sustenta que o poder constituinte é poder político "existencial": soberano é quem, de fato, toma a decisão soberana; é quem decide soberanamente.[29] O importante é que a decisão ponha fim ao conflito político, instaurando a ordem social. Pode ocorrer que, no momento constituinte, não haja uma força política capaz de se impor integralmente às demais. A Constituição tende a consistir, então, em um "compromisso" entre as forças políticas dominantes: é a "Constituição compromissória".[30] É o que teria acontecido na constituinte de Weimar, para a qual o conceito foi cunhado.[31] Esse tipo de compromisso se caracterizaria, no entanto, não por um consenso forjado racionalmente, mas por uma

---

organização Política, e é delegado privativamente ao Imperador, como Chefe Supremo da Nação, e seu Primeiro Representante, para que incessantemente vele sobre a manutenção da Independência, equilíbrio, e harmonia dos mais Poderes Políticos". Sobre esses e outros aspectos do debate então travado, cf. LYNCH, Christian Edward Cyrill. *O momento monarquiano*: o poder moderador e o pensamento político imperial.

[27] Cf. FERREIRA FILHO, Manoel Gonçalves. *O poder constituinte*, p. 25.

[28] Cf. GOYARD-FABRE, Simone. L'idée de représentation à l'époque de la Révolution Française. *Études françaises*, v. 25, n. 2/3; TYRSENKO, Andreï. L'ordre politique chez Sieyès en l'an III. *Annales Historiques de la Révolution française*, n. 319; BRUNET, Pierre. La notion de représentation sous la Révolution Française. *Annales Historiques de la Révolution française*, n. 2.

[29] SCHMITT, Carl. *Constitutional Theory*, p. 125.

[30] Cf. SCHMITT, Carl. *Constitutional Theory*, p. 82-88.

[31] Cf. BERCOVICI, Gilberto. *Constituição e Estado de exceção permanente*: atualidade de Weimar.

composição de vontades conflitantes, cuja estabilidade só se sustentaria enquanto perdurasse o equilíbrio de forças.[32]

Na teoria constitucional contemporânea, é praticamente unânime o entendimento de que é o povo o titular do poder constituinte. Todavia, infelizmente, não é incomum a invocação farsesca do povo nos textos constitucionais, sem que tenha ocorrido a sua efetiva participação no processo constituinte. Constituições elaboradas de maneira não democrática e de conteúdo autoritário invocam o povo, como se essa mera alusão bastasse para legitimar a origem viciada do documento. Porém, é fora de dúvida que mais importante do que proclamar o povo como titular do poder constituinte é que efetivamente se abram os espaços para a participação popular na elaboração da Constituição. É muito mais nisso do que nas abstrações e mistificações sobre a titularidade do poder constituinte que está a diferença entre o constitucionalismo democrático e o autoritário. O poder constituinte do povo não pode ser concebido como categoria metafísica, desencarnada da realidade: ele não se manifesta por meio de uma "decisão política fundamental", tomada, como por quem decreta o *fiat lux*, num momento estanque da vida do Estado. O poder constituinte popular, para ser levado a sério, deve ser perquirido em sua manifestação histórica concreta. O processo constituinte será democrático apenas quando, de fato, o povo for seu o protagonista.[33] A democracia demanda que o "povo" possa "efetivamente entrar em cena como destinatário e agente de controle e de responsabilidade"[34] no exercício do poder político.

No Brasil, como visto anteriormente, a Assembleia Constituinte de 1987/88 foi especialmente democrática, e resultou de um genuíno movimento popular em prol de fundação de uma nova ordem política no país. Ademais, o texto constitucional proclama a democracia, e enuncia claramente o princípio da soberania popular, ao enunciar, no seu art. 1º: "Todo o poder emana do povo, que o exerce por meio de representantes eleitos ou diretamente". O preceito é importante para afastar incorporações autoritárias dos conceitos ora examinados, como a que teve lugar na vigência da Constituição anterior, que proclamou que a soberania, embora "emanasse" do povo, seria exercida não por ele, mas "em seu nome".[35] O art. 1º da Constituição de 1988 produz ainda a importante

---

[32] Para os desenvolvimentos recentes da noção de "compromisso constitucional", cf. KOUTNATZIS, Stylianos-Ioannis G. Social Rights as a Constitutional Compromise: Lessons from Comparative Experience. *Columbia Journal of Transnational Law*, v. 44.

[33] Nos debates políticos dos primeiros anos do século XX esse aspecto era especialmente enfatizado pelos socialistas russos, que criticavam a realização de uma Constituinte sem voto universal e sem ampla liberdade de "agitação eleitoral". Cf. LENIN, Vladimir. As tarefas democráticas do proletariado revolucionário. *In*: LENIN, Vladimir. *A questão da constituinte*, p. 24: "O que é uma 'Assembléia eleita por todo o povo'? É, em primeiro lugar, uma assembléia que expressa realmente a vontade do povo, para o que se requer o sufrágio universal etc. e a plena garantia de uma livre agitação eleitoral. É, em segundo lugar, uma assembléia que possua realmente o poder e a força necessários para 'constituir' uma ordem estatal que garanta a autocracia do povo. É claro como água que se não derem estas duas condições, a Assembléia não será realmente eleita por todo o povo, nem realmente constituinte" (Texto originalmente publicado em 1905). A reivindicação de uma constituinte democrática foi, contudo, no curso do processo revolucionário russo, substituída pelo projeto da chamada "República Soviética", do que resultou a dissolução, pelos bolcheviques, da Constituinte Russa de 1917. Cf. LENIN, Vladimir. Declaração sobre a dissolução da Assembléia Constituinte na reunião do comitê executivo central de toda a Rússia. *In*: LENIN, Vladimir. *A questão da constituinte*, p. 135-136.

[34] MÜLLER, Friedrich. *Fragmento (sobre) o poder constituinte do povo*, p. 60.

[35] Cf. FERREIRA FILHO, Manoel Gonçalves. *O poder constituinte*, p. 31. O reconhecimento de que o povo é o titular do Poder Constituinte pouco esclarece quanto ao exercício deste mesmo poder. Quer dizer, o povo pode ser reconhecido como titular do Poder Constituinte mas não é jamais quem o exerce. É ele um titular passivo, ao qual se imputa uma vontade constituinte sempre manifesta por uma elite".

consequência de situar o princípio democrático no centro do sistema constitucional, impondo-se a permanente reconstrução democrática das normas constitucionais. Não há dúvida, portanto, que a nossa Constituição se filia à concepção da titularidade popular do poder constituinte.

6.4 Características do poder constituinte originário: inicial, ilimitado, indivisível, incondicionado e permanente?

Em sua formulação tradicional, que tem em Sieyès a sua referência primeira, o poder constituinte é dotado de certos atributos que o diferenciam dos poderes constituídos. Tratar-se-ia de poder (1) inicial, (2) ilimitado, (3) incondicionado, (4) indivisível e (5) permanente. Sieyès, por meio dessa concepção, secularizou ideias claramente teológicas. O poder constituinte teria, para o Direito, características similares àquelas atribuídas ao poder divino.[36] Até hoje, a doutrina majoritária, ao tratar do poder constituinte originário, replica estes ensinamentos.

6.4.1 Um poder inicial?

O poder constituinte é concebido como *inicial* porque "funda" a ordem jurídica e institui o Estado, rompendo com o passado. Como sustenta Sieyès, "a nação existe antes de tudo, ela é a origem de tudo".[37] Daí por que o poder constituinte, como expressão da "vontade nacional" é concebido como "a origem de toda a legalidade".[38] Para Sieyès, a afirmação da inicialidade do poder constituinte era essencial, pois com isso se legitimava a ruptura com a ordem do Antigo Regime. E, num cenário de verdadeira ruptura, como foi o da Revolução Francesa, a ideia de poder constituinte inicial não parecia artificial.

Esse argumento *político* se traduz, em termos *normativos*, na hierarquização das normas que compõem o ordenamento jurídico.[39] O direito se estrutura como um sistema hierarquizado em que a norma inferior retira seu fundamento de validade da norma superior. Como o poder constituinte é inicial, a Constituição ocupa o ápice da ordem jurídica.[40] Ela funda o ordenamento jurídico, mas não tem fundamento de validade em qualquer outra norma positiva. A ideia de que o poder constituinte é inicial não é, portanto, cronológica, mas estruturante. É por isso que, aprovada a Constituição nova,

---

[36] Cf. BÖCKENFÖRDE, Ernst-Wolfgang. Le pouvoir constituant du peuple, notion-limite du droit constitutionnel. In: BÖCKENFÖRDE, Ernst-Wolfgang. *Le droit, l'État et la Constitution démocratique*, p. 209. Sobre a secularização de conceitos teológicos na Teoria do Estado, veja-se SCHMITT, Carl. *Teologia política*, p. 35-48. Na literatura constitucional brasileira uma visão explicitamente teológica do poder constituinte, que equipara os seus poderes no Direito aos de Deus, se encontra em: BRITTO, Carlos Ayres. *Teoria da Constituição*, p. 5 et seq.
[37] SIEYÈS, Emmanuel Joseph. *A constituinte burguesa*: o que é o Terceiro Estado?, p. 116.
[38] SIEYÈS, Emmanuel Joseph. *A constituinte burguesa*: o que é o Terceiro Estado?, p. 119.
[39] Cf. MAGNON. Quelques maux encore à propos des lois de révision constitutionnelle: limites, contrôle, efficacité, caractère opératoire et existence. *Revue Française de Droit Constitutionnel*.
[40] Para Kelsen, sobre a Constituição, há apenas um pressuposto lógico, que ele denomina "norma fundamental": "a proposição fundamental da ordem jurídica estadual diz: devem ser postos atos de coerção sob os pressupostos e pela forma que estatuem a primeira Constituição histórica e as normas estabelecidas em conformidade com ela [Em forma abreviada: devemos conduzir-nos como a constituição prescreve]" (KELSEN, Hans. *Teoria pura do direito*, 6. ed., p. 224).

as normas infraconstitucionais com ela compatíveis são *recepcionadas*, recebendo um novo fundamento de validade.[41]

Apesar de logicamente coerente, esta ideia de inicialidade não deve se apoiar numa concepção mitológica do poder constituinte. Em primeiro lugar, porque, como se verá abaixo, quase nunca o poder constituinte é deflagrado num cenário de ruptura tão radical como o da Revolução Francesa. Algumas vezes, ele é o coroamento de uma transição pacífica, como ocorreu no Brasil de 87/88, e não o produto de uma revolução vitoriosa. E, mesmo quando o constituinte assume um papel "fundacional", é insustentável definir sua decisão como uma *creatio ex nihilo*; como uma decisão que "nasce do nada".[42]

A Constituição congrega elementos do presente, do passado e do futuro. Por um lado, é o resultado de um processo histórico que se reporta às tradições políticas que dão um sentido de adequação e pertinência ao momento constituinte. Por outro lado, oferece à cidadania um projeto nacional pelo qual vale a pena perseverar. Como afirmou Häberle, a Constituição expressa uma "situação cultural dinâmica": funciona, para o povo, não só como "espelho de seu legado cultural", mas também como "fundamento de suas esperanças".[43] É por isso que, para estabelecer a "identidade constitucional", é necessário reconstruir o "entrelaçamento do passado dos constituintes com o próprio presente e ainda com o futuro das gerações vindouras".[44] Para se evitar excessos de mistificação, também aqui é pertinente a advertência de Marx:

> Os homens fazem sua própria história, mas não a fazem como querem; não a fazem sob circunstâncias de sua escolha e sim sob aquelas com que se defrontam diretamente, legadas e transmitidas pelo passado. A tradição de todas as gerações mortas oprime como um pesadelo o cérebro dos vivos. E justamente quando parecem empenhados em revolucionar-se a si e às coisas, em criar algo que jamais existiu, precisamente nesses períodos de crise revolucionária, os homens conjuram ansiosamente em seu auxílio os espíritos do passado.[45]

6.4.2 Um poder juridicamente ilimitado?

O poder constituinte é concebido como ilimitado, por não estar sujeito a limites jurídicos, especialmente às prescrições da ordem jurídica passada. A noção também é devida à Sieyès: "Uma nação é independente de qualquer formalização positiva; basta que sua vontade apareça para que todo direito político cesse, como se estivesse diante da fonte e do mestre supremo de todo o direito positivo".[46] Sieyès, todavia, reconhecia

---

[41] Seria inconveniente que todas as normas jurídicas então em vigor fossem automaticamente revogadas, gerando um grave vazio jurídico, prejudicial à vida em sociedade. Mas a Constituição anterior é totalmente revogada, assim como as normas infraconstitucionais incompatíveis com o novo texto. Veja-se, a propósito, o Capítulo 14.
[42] Cf. PREUSS, Ulrich K. Constitutional Powermaking for the New Polity: Some Deliberations on the Relationship Between the Constituent Power and the Constitution. *In*: ROSENFELD, Michael (Ed.) *Constitutionalism, Identity, Difference and Legitimacy*: Theoretical Perspectivas, p. 143.
[43] HÄBERLE, Peter. *Libertad, igualdad, fraternidad*: 1789 como história, actualidad y futuro del Estado Constitucional, p. 46-47.
[44] ROSENFELD, Michel. *A identidade do sujeito constitucional*, p. 17.
[45] MARX, Karl. O 18 Brumário de Luís Bonaparte. *In*: MARX, Karl. *Manuscritos econômico-filosóficos e outros textos escolhidos*, p. 329.
[46] SIEYÈS, Emmanuel Joseph. *A constituinte burguesa*: o que é o Terceiro Estado?, p. 120.

um limite para o poder constituinte: o Direito Natural. No contexto histórico em que escreveu, do apogeu do jusnaturalismo Iluminista, o reconhecimento deste limite era praticamente inevitável.

Porém, com a crise do jusnaturalismo e ascensão do positivismo jurídico, a limitação jusnaturalista para o poder constituinte deixa de ser reconhecida. Não se aceita mais a existência de normas ou valores suprapositivos, que confeririam validade ao Direito.[47] Além do positivismo, outras perspectivas constitucionais, como decisionismo de Carl Schmitt, também negavam a existência de limites ao poder constituinte, que é concebido como pura "vontade política".[48] Por um ou outro fundamento, a posição dominante passa a sustentar a inexistência de qualquer limite normativo para o poder constituinte originário, tido como juridicamente onipotente.[49]

Mesmo para esta última visão, a ausência de limitação jurídica não afasta a existência de limites impostos pela realidade. O poder constituinte não pode decidir o impossível: não pode mudar a órbita dos planetas. Quem exerce, de fato, o poder constituinte tampouco pode desconsiderar as expectativas do seu titular. Uma assembleia nacional constituinte não deve, se pretende ver efetivada a sua obra, ignorar os "fatores reais de poder" e os valores compartilhados pela comunidade.[50] De nada adianta que o constituinte declare, por exemplo, abolida a propriedade privada se não há base material ou cultural para que essa providência possa se converter em realidade.[51] Não há dúvida, portanto, que a elaboração do texto constitucional é condicionada pela realidade que lhe é subjacente. O texto constitucional que desconsidere esses elementos tende a se converter em mera "folha de papel", como temia Lassalle.[52] O que se afirma com a atribuição de caráter ilimitado ao poder constituinte é exclusivamente que esse poder não se submete a restrições jurídicas, eis que expressão da soberania.

Hoje, contudo, mesmo na dimensão normativa, a ilimitação do poder constituinte vem sendo posta em questão.[53] Há quem sustente que o poder constituinte se encontra juridicamente limitado pelos direitos humanos reconhecidos internacionalmente.[54] Há também quem defenda que ele se limita por princípios suprapositivos de justiça.[55] Versão especialmente conhecida da tese da limitação do poder constituinte foi proposta por

---

[47] KELSEN, Hans. *Teoria geral do direito e do Estado*, p. 5-20.
[48] Nas palavras de Schmitt, "A Constituição não se funda numa norma, cuja justiça possa fundamentar a sua validade (...). Em contraste com qualquer dependência de uma justiça normativa e abstrata, a palavra 'vontade' denota o caráter essencialmente existencial do seu fundamento de validade" (*Constitutional theory*, p. 97).
[49] Cf. BERCOVICI, Gilberto. *Soberania e Constituição*: para uma crítica do constitucionalismo, p. 29-37.
[50] Com referência à Constituinte de 1987-88, cf. BARBOSA, Aloar. Assembléia nacional constituinte: expectativa prudente. *Revista de Informação Legislativa*, n. 91, p. 113 *et seq.*; JARDIM, Torquato. Mas qual Constituição?. *Revista de Informação Legislativa*, n. 96, p. 41 *et seq.*
[51] LOPES, José Reinaldo de Lima. Mudança social e mudança legal: os limites do Congresso Constituinte de 1987. *Revista de Informação Legislativa*, n. 94, p. 54 *et seq.*
[52] LASSALE, Ferdinand. *A essência da Constituição*, 1998.
[53] Cf. CABRAL PINTO, Luzia Marques da Silva. *Os limites do poder constituinte e a legitimidade material da Constituição*; SILVA, Paulo Thadeu Gomes da. *Poder constituinte originário e sua limitação material pelos direitos humanos*.
[54] Cf. KROL, Heloisa da Silva. Limites materiais ao poder constituinte originário: uma releitura da teoria constitucional a partir da noção de direitos humanos universais. *Revista dos Tribunais*, v. 96, n. 861; SOUZA, Leomar Barros Amorim de. Os direitos humanos como limitações ao poder constituinte. *Revista de Informação Legislativa*, v. 28, n. 110.
[55] Cf. STERN, Klaus. *Derecho del Estado de la Republica Federal Alemana*, p. 318-321; TEIXEIRA, J. H. Meirelles. *Curso de direito constitucional*, p. 213.

Otto Bachof, para quem há "normas constitucionais inconstitucionais", ou seja, normas que formalmente compõem o texto constitucional originário, mas que não são válidas por violarem o direito supraconstitucional. O autor faz referência à decisão proferida, em 1950, pelo Tribunal Constitucional da Baviera, que assentou:

> A nulidade inclusive de uma disposição constitucional não está *a priori* e por definição excluída pelo fato de tal disposição, ela própria, ser parte integrante da Constituição. Há princípios constitucionais tão elementares, e expressão tão evidente de um direito anterior mesmo à Constituição, que obrigam o próprio legislador constitucional e que, por infração deles, outras disposições da Constituição sem a mesma dignidade podem ser nulas.[56]

O Tribunal Constitucional alemão, embora jamais tenha invalidado norma constitucional originária, reconheceu a possibilidade teórica de controle das decisões do poder constituinte originário, em casos excepcionais, de gravíssimas violações a imperativos de justiça.[57] Afirmou, todavia, que essa hipótese seria altamente implausível no cenário de constituições democráticas, como a germânica.[58]

A posição de limitação do poder constituinte originário por princípios supraconstitucionais de justiça nos parece acertada. Não se trata, contudo, de limites supra-históricos, inscritos em alguma lei divina ou transcendente, à moda do Direito Natural. Tais limites tampouco se confundem com a totalidade da normativa internacional de direitos humanos. Trata-se, antes, de limites decorrentes de valores historicamente sedimentados, radicados na cultura do constitucionalismo, e voltados à garantia de um patamar mínimo de respeito aos direitos humanos e à democracia. Apenas em casos extremos, de profunda e inaceitável injustiça, é que se pode por em causa as decisões do poder constituinte originário. Seria a hipótese de uma Constituição que permitisse a escravidão, legalizasse a tortura de prisioneiros ou impedisse qualquer tipo de oposição ao governo.

É certo que o Supremo Tribunal Federal tem rejeitado a tese das normas constitucionais inconstitucionais, deixando de conhecer das ações que a veiculam. Foi o que ocorreu em ADI em que se impugnava o art. 14, §4º, da Constituição Federal, que estabelece a *inelegibilidade do analfabeto*. O preceito seria inválido por estabelecer tratamento discriminatório, incompatível com os princípios da igualdade e da dignidade humana. Como a regra do art. 14, §4º, compõe o texto constitucional desde a origem, o STF se negou a apreciar a ADI, classificando a hipótese como de carência da ação.[59] Antes, a Corte já havia enfrentado a polêmica, em ADI em que se impugnava o §1º do art. 45 da Constituição Federal, que fixa o número de deputados federais por Estado em, no mínimo, oito e, no máximo, setenta. Como esses limites reduzem o peso do voto dos eleitores dos estados mais populosos, ocorreria, segundo o autor da ação, violação ao princípio constitucional da igualdade política. Também nessa ocasião, o STF considerou o pedido juridicamente impossível e sequer conheceu da ação. De acordo com o Tribunal:

---

[56] A decisão é citada em BACHOFF, Otto. *Normas constitucionais inconstitucionais*, p. 23.
[57] BVerfGE 1:14; BVerfGE 23:106.
[58] BVerfGE 3:233.
[59] Nessa oportunidade, o STF afirmou que "não se admite controle concentrado ou difuso de constitucionalidade de normas produzidas pelo poder constituinte originário" (ADI-AgR nº 4.097/DF, Rel. Min. Cezar Peluso. Julg. 08.10.2008).

A tese de que há hierarquia entre normas constitucionais originárias dando azo à declaração de inconstitucionalidade de umas em face de outras é incompossível com o sistema de Constituição rígida. Na atual Carta Magna "compete ao Supremo Tribunal Federal, precipuamente, a guarda da Constituição" (art. 102, *caput*), o que implica dizer que essa jurisdição lhe é atribuída para impedir que se desrespeite a Constituição como um todo, e não para, com relação a ela, exercer o papel de fiscal do Poder Constituinte originário, a fim de verificar se este teria, ou não, violado os princípios de direito suprapositivo que ele próprio havia incluído no texto da mesma Constituição.[60]

Tais decisões do Supremo Tribunal Federal se justificam no contexto em que foram proferidas, de plena vigência do Estado Democrático de Direito. As normas impugnadas não chegam a se identificar com hipótese da fórmula de Radbruch, segundo a qual "a injustiça extrema não é Direito".[61] Nenhum dos dois preceitos impugnados chega a esse grau "intolerável" de injustiça. Ademais a Constituição de 88, globalmente considerada, é democrática e humanista, apesar dos seus defeitos pontuais. Por isso, a tese de que o poder constituinte é limitado normativamente não exibe, para o Direito brasileiro, maior interesse prático imediato. Ademais, o reconhecimento da possibilidade de controle de constitucionalidade das normas ditadas pelo próprio constituinte originário ampliaria sobremaneira os riscos de um ativismo judicial contrário à Constituição, permitindo que juízes se recusassem a aplicar as normas constitucionais a partir das suas próprias valorações sobre a justiça, eventualmente idiossincráticas ou caprichosas. Criar-se-ia, por exemplo, o risco de que um tribunal conservador considerasse inválida a desapropriação para fins de reforma agrária prevista na Constituição, ou de que um magistrado comunista rechaçasse a proteção constitucional conferida à propriedade privada. Teríamos muito a perder e pouco a ganhar com esta possibilidade.

Em outros contextos, contudo, a tese, além de correta, é útil e merece a adesão dos democratas. Há "Estados de Direito" e "Estados de não Direito", conforme respeitem ou não certas noções básicas de justiça, ligadas aos direitos fundamentais e à democracia. A teoria do poder constituinte só se sustenta como teoria de uma Constituição comprometida com o Estado Democrático de Direito.

Pode-se também discutir a vinculação do poder constituinte originário a limites materiais impostos pelas normas que convocaram a Assembleia Constituinte. Luís Roberto Barroso chama tais limites de "condicionamentos pré-constituintes"[62] e eles não são incomuns. Algumas vezes, as forças políticas que deflagram o processo constituinte, além de definirem o processo de elaboração do novo texto, fixam limitações materiais a serem observadas. Na Itália, por exemplo, estabeleceu-se que na mesma eleição que escolheria os constituintes, o povo se manifestaria diretamente, mediante referendo, sobre a forma de governo — República ou Monarquia. Quando se reuniu a Assembleia Constituinte, em 1947, no ano seguinte ao da consulta popular em questão, ela se deparou com a decisão já tomada em favor do governo republicano, que teve de respeitar.[63]

---

[60] ADI nº 815/DF, Rel. Min. Moreira Alves. Julg. 28.03.1996. *DJ*, 10 maio 1996.
[61] Cf. RADBRUCH, Gustav. *Filosofia do direito*, p. 417. Sobre a fórmula de Radbruch, veja-se ALEXY, Robert. *The Argument from Injustice*: a Reply to Legal Positivism; BUSTAMANTE, Thomas R. Pós-Positivismo: o argumento da injustiça além da Fórmula de Radbruch. *Revista de Direito do Estado*, v. 4.
[62] BARROSO, Luís Roberto. *Curso de direito constitucional contemporâneo*: os conceitos fundamentais e a construção do novo modelo, p. 113. Sobre o tema, veja-se, ainda, ELSTER, Jon. Forças e mecanismos de elaboração da Constituição. *In*: BIGONHA, Antônio Alpino; MOREIRA, Luiz (Org.). *Limites do controle de constitucionalidade*, p. 9-40.
[63] Cf. VIRGA, Pietro. *Diritto costituzionale*, p. 7-8.

No Brasil, após a Revolução de 1930, o Governo Provisório editou decreto prevendo que a nova Constituição a ser elaborada — que só entrou em vigor em 1934 — deveria manter a forma republicana federalista, e não poderia restringir os direitos e garantias dos cidadãos ou dos municípios. Também a Lei Constitucional nº 15/45, que tratou da Assembleia Constituinte de 1946, obrigou-a a respeitar o resultado de eleição presidencial que ocorreria antes da sua instauração,[64] o que foi observado pela Constituição de 1946.

Pode-se discutir se estes limites realmente vinculam o poder constituinte originário, ou se ele é livre para ignorá-los. Na nossa perspectiva, isso depende. O poder constituinte, como se verá a seguir, deve corresponder a uma manifestação da soberania popular, que, idealmente, eclode em um "momento constitucional", caracterizado pela intensa mobilização cívica da cidadania. Se o limite imposto decorrer de manifestação direta do próprio povo, ou corresponder a uma genuína expressão da soberania popular, faltará legitimidade à assembleia constituinte para desrespeitá-lo. A assembleia não é a titular do poder constituinte, que reside no povo, mas age em seu nome. Não pode, assim, contrariar os claros desígnios do povo que representa. Fora desta hipótese, deve prevalecer a visão tradicional, no sentido da ausência de vinculação do poder constituinte às normas jurídicas que lhe são anteriores.

Sem embargo, há, na África do Sul, importante precedente em que o descumprimento de condicionamentos pré-constitucionais — que não envolviam respeito às decisões do próprio povo — levou à invalidação judicial da própria Constituição.[65] Um fórum multipartidário, responsável pela transição do *apartheid* para a democracia, aprovou uma Constituição Interina no país, em cujo texto se convocava a Assembleia Constituinte. A essa caberia elaborar a Constituição definitiva da África do Sul, devendo deliberar por maioria de dois terços e concluir o seu trabalho em dois anos. À Assembleia foi imposta a observância de trinta e quatro princípios acordados na Constituição interina. Concluído o processo de elaboração, a nova Constituição foi submetida à Corte Constitucional, que deveria certificá-la, como fora previsto no texto interino. A Corte, no entanto, se negou a fazê-lo, por verificar que alguns dos princípios enumerados na Constituição Interina não haviam sido observados.[66] O texto teve que retornar à Assembleia, que fez as modificações exigidas. Só então, a Corte Constitucional o certificou, e ele pode entrar em vigor.

---

[64] Cf. HORTA, Raul Machado. Reflexões sobre o poder constituinte. In: HORTA, Raul Machado. *Estudos de direito constitucional*, p. 29-30.

[65] Veja-se, a propósito, KLUG, Heinz. *The Constitution of South Africa*: a contextual analysis, p. 23-84.

[66] Cf. CCT 23/96. Nessa decisão, a Corte Constitucional descreveu nos seguintes termos o inédito processo constituinte sul-africano: "Ao invés de uma simples transmissão de poder da antiga para a nova ordem, haveria uma transição em duas etapas. Um governo provisório, instituído e atuando sob a égide de uma Constituição provisória, acordada pelas partes da negociação, governaria o país por meio de uma coligação, enquanto uma Constituição definitiva estivesse sendo elaborada. Um legislativo nacional, eleito (direta e indiretamente) pelo sufrágio universal adulto, iria funcionar também como assembleia constituinte durante um período definido. Mas — e aí está a chave para a resolução do impasse — o texto desta Constituição teria que respeitar certas diretrizes acordadas anteriormente pelas partes que negociaram a transição. E mais, um árbitro independente (a Corte Constitucional) teria que certificar e declarar se a nova Constituição de fato respeitava as diretrizes, antes dela entrar em vigor".

6.4.3 Um poder incondicionado?

O poder constituinte costuma ser caracterizado ainda como *incondicionado*, porque ele próprio pode estabelecer a sua forma de manifestação, não devendo obediência a nenhum procedimento previamente definido. Sendo a Constituição o fundamento de validade do ordenamento, a sua juridicidade não depende da observância de regras de elaboração do novo texto, ditadas anteriormente.

Isto não significa, evidentemente, que não possam ser editadas regras prévias à elaboração da nova Constituição, definindo o seu procedimento, o que, aliás, é bastante comum nos processos constituintes. A Assembleia Constituinte de 87/88, que produziu a atual Constituição, por exemplo, foi convocada por meio da Emenda Constitucional 26/85, que atribuiu poderes constituintes ao Congresso Nacional, determinando que ele funcionaria unicameralmente; que a sua sessão de instalação deveria ser presidida pelo Presidente do STF; e que o texto final teria de ser aprovado, em dois turnos de votação, pela maioria absoluta dos membros da Assembleia. Este procedimento foi efetivamente observado. Mas a incondicionalidade do poder constituinte significa que ele pode romper com as regras que lhe foram antes impostas e deliberar de outra maneira, sem que isso implique invalidade da sua obra.

O tema foi discutido durante a Assembleia Constituinte de 87/88. A Emenda nº 26/85, como dito, previa a participação de todos os membros do Congresso na Constituinte, o que incluía 23 senadores eleitos em 1982, ainda durante o regime militar, sem um "mandato constituinte" — já que o povo, ao sufragá-los, não sabia que os estava escolhendo para a elaboração de nova Constituição. A participação desses senadores era vista como ilegítima por diversas forças situadas à esquerda do espectro político. Diante disso, os deputados Plínio de Arruda Sampaio (PT), e Roberto Freire (PCB), logo no início dos trabalhos da Assembleia, suscitaram questão de ordem, pleiteando a exclusão dos referidos senadores.[67] A questão foi indeferida pelo Ministro Moreira Alves, que se limitou a aplicar à hipótese o texto da EC nº 26/85. Contra a sua decisão, foi interposto recurso para o Plenário da Assembleia, que rejeitou a questão de ordem (foram 394 votos favoráveis à participação dos citados senadores, 124 contrários e 17 abstenções). Mas a própria submissão do tema à votação mostra que a Assembleia Constituinte poderia, em tese, ter decidido contrariamente à regra ditada pela EC nº 26/85. Seria válida essa sua decisão? Certamente, haja vista a soberania da Assembleia Constituinte.

Na história, há diversos precedentes de assembleias convocadas para decidir com base em determinadas regras que se insurgem contra as mesmas e deliberam de outra forma. O caso mais conhecido envolve a elaboração da Constituição norte-americana, em 1787.[68] Os convencionais tinham sido convocados para a Convenção da Filadélfia

---

[67] Na ocasião, disse Plínio Arruda Sampaio: "Convocada apenas no ano de 1985, não pode a Constituinte contar com a participação de membros que não receberam delegação expressa do povo para elaborar a nova Constituição. A participação dos senadores eleitos constitui afronta brutal ao princípio da legítima representatividade constituinte". O constituinte Gastone Righi (PTB), ao se opor à proposta, redarguiu: "Ocorre, Sr. Presidente, que esses senadores, quando foram eleitos, tinham poderes constituintes (...) e puderam, inclusive, votar a emenda que convocou a Constituinte (...) Na realidade, não é um Poder Constituinte Originário. Decorre da Constituição anterior, do Congresso anterior (...). O Congresso que convocou esta constituinte decidiu que todos os membros da Câmara dos Deputados e do Senado da República devem fazer parte da Constituinte" (Anais da Assembleia Constituinte, sessão de 1.2.1987, p. 10-11).

[68] Veja-se, a propósito, AMAR, Akhil Reed. *America's Constitution*: a biography, p. 5-53.

com o objetivo de deliberarem sobre a reforma dos Artigos da Confederação, que regulavam a Confederação norte-americana, formada por 13 Estados soberanos. Os Artigos da Confederação previam a necessidade de aceitação unânime pelos Estados de qualquer mudança, por meio dos seus poderes legislativos. Porém, os constituintes norte-americanos decidiram subverter aquelas regras:[69] não só resolveram fazer uma Constituição, ao invés de simplesmente reformar os Artigos da Confederação, como também estabeleceram que seria necessária a aprovação de apenas 9 dentre os 13 Estados para que a Constituição norte-americana entrasse em vigor, e que a decisão nos Estados seria tomada pelo próprio povo, por meio de convenções estaduais especialmente convocadas, e não pelos respectivos poderes legislativos.

O tema da incondicionalidade do poder constituinte voltou à tona no Brasil há alguns anos, quando Nelson Jobim, que teve papel destacado na Comissão de Redação da Assembleia Constituinte de 87/88, confessou publicamente ter feito modificações no texto constitucional em elaboração, sem observância do regimento interno da Constituinte, visando a sanar omissões e contradições supostamente existentes. Debateu-se, então, se o fato poderia ter alguma implicação sobre a validade dos preceitos constitucionais indevidamente alterados.[70] Contudo, a questão não tem maior relevância jurídica, tendo em vista que o texto definitivo da Constituição, depois da introdução das referidas mudanças, foi submetido a votação do Plenário da constituinte, e aprovado por maioria absoluta. Portanto, nem é necessário discutir se vícios do procedimento constituinte dessa natureza contaminariam o texto constitucional (*não* contaminariam), já que qualquer defeito porventura existente foi sanado por aquela votação.

Sem embargo, se é verdade que a elaboração de uma Constituição não está juridicamente obrigada a seguir o procedimento ditado pela ordem jurídica que a precedeu, não parece certo aceitar a validade de todo e qualquer processo constituinte. Na medida em que se postula a ideia de um poder constituinte fundado na soberania popular, é essencial que o procedimento seja democrático, capaz de captar as preferências do povo, traduzindo-as em normas constitucionais. Não há, para isso, uma única fórmula. Inúmeras variações são possíveis e legítimas, tendo em vista o jogo das forças políticas, as contingências históricas e as tradições de cada país. Mas não se deve transigir com procedimentos autoritários, como a outorga unilateral da Constituição pelos detentores do poder, ou a imposição do texto constitucional por países estrangeiros.

Alguém poderia sustentar que esta questão não é jurídica, mas política. Esta é uma tese positivista, que não compartilhamos. Na nossa perspectiva, legalidade e legitimidade se entrelaçam, sobretudo no domínio constitucional. A exigência de respeito à democracia na elaboração das constituições não é só política: é também jurídica.

---

[69] John Elster estudou, na perspectiva da teoria política, a tendência das assembleias constituintes de expandirem os seu próprios poderes, rompendo limites impostos pelas forças que as convocaram, e chamou este fenômeno de *constitutional bootsprapping* — que é, nas suas palavras "o processo pelo qual uma assembleia constituinte rompe os laços com as autoridades que a convocaram e se arroga alguns ou todos os seus poderes para si". Para Elster, esta tendência decorre do paradoxo do poder constituinte, de que "cada geração que ser livre para vincular os seus sucessores, e ao mesmo tempo não quer estar vinculada aos antecessores" (Constitutional bootstrapping in Philadelphia and Paris. In: ROSENFELD, Michel (Ed.). *Constitutionalism, Identity, Difference and Legitimacy*: Theoretical Perspectives, p. 57-83).

[70] Veja-se, a propósito, JOBIM, Nelson de Azevedo. A constituinte vista por dentro: vicissitudes, superação e efetividade de uma história real. In: SAMPAIO, José Adércio Leite (Coord.). *Quinze anos de Constituição*; SAMPAIO, José Adércio Leite. Teoria e prática do poder constituinte: como legitimar ou desconstruir 1988: 15 anos depois. In: SAMPAIO, José Adércio Leite (Coord.). *Quinze anos de Constituição*.

Nada obstante, há hipóteses em que o processo de elaboração da Constituição se desvia de exigências democráticas, mas o texto se legitima com o tempo, pela adesão do povo aos seus valores. O caso da Lei Fundamental de Bonn, já antes mencionado é exemplar. Apesar dos possíveis vícios de origem do texto, elaborado num contexto de fortes constrangimentos impostos pelas forças de ocupação da Alemanha, ele foi, com o tempo, obtendo a adesão da comunidade política a que se destinava e provendo as bases para um desenvolvimento democrático do país. Como a Lei Fundamental não pôde "reivindicar a sua legitimidade a partir de razões procedimentais", já que o povo pouco participou de sua elaboração, teve que se legitimar por meio "da práxis estatal continuada e do seu reconhecimento implícito pelo povo".[71] A legitimidade superveniente, em casos como este, é suficiente para sanar qualquer deficiência genética da Constituição.[72]

6.4.4 Um poder indivisível?

A soberania é tradicionalmente concebida como *una* e *indivisível*, não podendo ser compartilhada, sob pena de deixar de ser soberania. O mesmo atributo é reconhecido ao poder constituinte, que é uma das manifestações fundamentais da soberania. A indivisibilidade se expressa, em primeiro lugar, na ideia de que é preciso conferir unidade à atuação do poder constituinte, mesmo diante da pluralidade dos cidadãos que o cotitularizam, e das visões de mundo presentes na sociedade no momento constituinte. Decisões constituintes devem ser tomadas e estas envolvem a adoção de uma determinada "ideia de Direito", o que implica a exclusão das ideias rivais. Como sustentava Sieyès, sempre é necessário um "juiz supremo" para superar os conflitos existentes na sociedade, "ou a anarquia substitui a ordem".[73] Esse juiz supremo é o poder constituinte. A decisão constituinte em favor de um Estado liberal-burguês exclui aquela em favor de um Estado Social; a opção pela democracia elimina a outra pelo autoritarismo; a escolha do Estado secular afasta a teocracia. Há uma identidade constitucional que se forma por meio da negação de outras identidades possíveis.[74]

É certo que decisões fundamentais precisam ser adotadas pelo poder constituinte, e as suas escolhas, de caráter vinculante, sempre importam na rejeição de outras alternativas porventura existentes. Contudo, a ideia de indivisibilidade do poder constituinte não pode ser aceita, se importar na adoção de uma compreensão fechada sobre a identidade constitucional, que não seria compatível com o pluralismo presente nas sociedades contemporâneas, nem com o ideário do constitucionalismo democrático, que se assenta no respeito às diferenças. O poder constituinte, no Estado Democrático de Direito, não pode ser compreendido como uma força homogeneizadora, que suprima a diversidade em nome da unidade, ou bloqueie a discussão sobre as decisões políticas fundamentais do Estado e da sociedade.[75]

---

[71] MÜLLER, Friedrich. *Fragmento (sobre) o poder constituinte do povo*, p. 44.
[72] No mesmo sentido, SAMPAIO, José Adércio Leite. Teoria e prática do poder constituinte: como legitimar ou desconstruir 1988: 15 anos depois. *In*: SAMPAIO, José Adércio Leite. *Quinze anos de Constituição*, p. 45.
[73] SIEYÈS. *A constituinte burguesa*: o que é o Terceiro Estado?, p. 121.
[74] ROSENFELD, Michel. *A identidade do sujeito constitucional*.
[75] Em sentido diametralmente oposto, veja-se a manifestação, de teor fascista, do jurista Francisco Campos, responsável pela elaboração da Constituição brasileira de 1937: "As decisões políticas fundamentais são declaradas

A indivisibilidade significa também, de acordo com a concepção ortodoxa, que não há "poder constituinte pela metade". Ou se está diante de um ato do poder constituinte originário, que não se sujeita a limites, ou o que existe é uma manifestação de um poder constituído, que deve observar as limitações traçadas pelo primeiro.

Esta construção foi abalada pelo advento do constitucionalismo supraestatal, sobretudo no contexto da União Europeia. Embora não tenha sido ainda aprovado um texto constitucional para a União Europeia, muitos sustentam que os seus principais tratados já possuem esta natureza.[76] Apesar da crise econômica recente, o fortalecimento institucional da União Europeia nas últimas décadas é inequívoco: ela possui poderes Executivo, Legislativo e Judiciário próprios, e as suas normas têm aplicação imediata nos Estados, e supremacia em face do respectivo direito interno. Neste quadro, de superposição e entrelaçamento entre os ordenamentos nacionais e o comunitário, o discurso da supremacia constitucional vem cedendo espaço a concepções mais pluralistas da ordem jurídica.[77] O novo contexto põe em xeque a ideia de soberania estatal indivisível, e, por consequência, também a existência de um poder constituinte com a mesma característica.

No Brasil, existe uma dimensão prática relevante no debate sobre a indivisibilidade do poder constituinte. Trata-se da hipótese, frequentemente aventada no meio político, de convocação de uma assembleia constituinte parcial, para deliberar sobre tema específico, mas sem seguir as regras sobre reforma constitucional ditadas na Constituição. A concepção tradicional nega esta possibilidade, afirmando que ou a assembleia convocada terá poderes constituintes e, portanto, poderá decidir sobre qualquer assunto; ou ela será um simples poder constituído, hipótese em que não poderá afastar-se das normas constitucionais que regulam o poder de emenda. Não haveria outra alternativa.

Não vislumbramos, a princípio, uma impossibilidade teórica na convocação de uma assembleia constituinte parcial. Se o que lastreia o poder constituinte é a soberania popular, é possível conceber um cenário em que haja uma intensa mobilização do povo no sentido de ruptura com apenas parte da ordem constitucional vigente, sem que se pretenda romper com outras partes da Constituição. Em um contexto como esse, uma assembleia constituinte parcial seria mais adequada do que outra, investida de plenos poderes para tratar de todos os assuntos. Afinal, não é a assembleia constituinte a titular do poder constituinte. Esse reside no povo, que a assembleia apenas representa.

Todavia, fora de um genuíno momento constituinte, caracterizado pela intensa mobilização popular em favor de rompimento — ainda que parcial — com a Constituição, esta possibilidade não existe. Nos contextos ordinários da vida política, as mudanças constitucionais têm de ser perseguidas por meio dos procedimentos estabelecidos pela própria Constituição para a sua reforma. Pretender fazê-lo de modo diferente seria verdadeira fraude à Constituição. No presente, embora o tema da assembleia constituinte parcial venha sendo aventado, não se vivencia nada parecido com um

---

tabu e integralmente subtraídas ao princípio da livre discussão. (...) Eliminado do seu sistema o princípio de liberdade de opção (...) as decisões fundamentais são abertamente subtraídas ao processo dialético da discussão, da propaganda e da publicidade, para serem imputadas a um centro de vontade, de natureza tão irracional como os centros de decisão política dos regimes de ditadura" (CAMPOS, Francisco. A política e o nosso tempo. *In*: CAMPOS, Francisco. *O Estado Nacional*, p. 28).

[76] Cf. PIRES, Francisco Lucas. *Introdução do direito constitucional europeu*: seu sentido, problemas e desafios.
[77] Cf. NEVES, Marcelo. *Transconstitucionalismo*, p. 133-146.

verdadeiro momento constituinte. As reformas constitucionais desejadas por certas forças políticas — algumas de fato importantíssimas, como a reforma política — devem ser implementadas com observâncias das regras e limites ditados pela Constituição.

6.4.5 Um poder permanente?

O poder constituinte é definido como *permanente*, pela possibilidade de se manifestar a qualquer tempo. Como consignava Sieyès, "uma nação não pode nem alienar, nem se proibir o direito de mudar; e, qualquer que seja sua vontade, ela não pode cercear o direito de mudança assim que o interesse geral o exigir. (...) Eu entendo que ela pode obrigar seus membros, seus mandatários, e tudo o que lhe pertence: mas será que ela pode impor deveres a si mesma? O que é um contrato consigo mesma? Sendo as duas partes a mesma vontade, ela pode sempre desobrigar-se de tal compromisso".[78]

O fato de o poder constituinte ter se manifestado em 1987/88 no Brasil não impede que volte a eclodir no futuro. Sob o ângulo prescritivo, o poder de criar uma Constituição nova deve manter-se latente durante a maior parte do tempo, manifestando-se, excepcionalmente, apenas nos "momentos constitucionais", em que há intensa mobilização popular para ruptura com a ordem vigente. Referimo-nos aqui — é certo — apenas ao poder constituinte originário, e não ao poder de alterar a Constituição, que se manifesta mais frequentemente, seja por meio dos processos formais de mudança do texto, seja pela da mutação, no meio social, dos valores constitucionais.

De todo modo, a frequência excessiva de manifestações do poder constituinte originário não é positiva, gerando instabilidade política e comprometendo o florescimento de uma cultura constitucional. É também por isso que as constituições devem conter mecanismos para alteração dos seus preceitos que não sejam tão inacessíveis às maiorias sociais, a fim de não se converterem em estímulo ao rompimento institucional. A permanência do poder constituinte não deve ser compreendida como a dilação, indefinida no tempo, da situação excepcional que caracteriza a política no período de elaboração constitucional, pois essa não tem como conviver com o constitucionalismo, que persegue a limitação jurídica do poder.[79] Tal permanência significa, tão somente, que a soberania popular não é patrimônio exclusivo de uma única geração. Em outras palavras, feita a Constituição, a soberania popular não se extingue. Ela subsiste, e o povo pode, em momentos extraordinários da vida nacional, invocá-la de novo, para dar-se uma nova Constituição. Como também pode — *rectius*, deve — manter-se ativo na arena da interpretação constitucional, convertendo-se em protagonista do processo de concretização da Constituição.

6.5 Um poder de fato ou de direito?

Não há dúvida de que a Constituição integra o ordenamento jurídico. Mas e o poder constituinte, que lhe é anterior? Para a concepção positivista do poder constituinte,

---

[78] SIEYÈS, Emmanuel Joseph. *A constituinte burguesa*: o que é o Terceiro Estado?, p. 119.
[79] Em sentido diametralmente oposto, propondo uma leitura não constitucionalista do poder constituinte, como um poder permanente e sem limite atribuído às multidões, veja-se NEGRI, Antonio. *O poder constituinte*: ensaio sobre as alternativas da modernidade.

esse é um poder de fato, situado fora do Direito, já que não se subordina a qualquer limite jurídico, e não há nenhum critério normativo que permita a sua identificação.[80] O decisionismo de Carl Schmitt compartilha esta mesma ideia, ao conceber o poder constituinte como pura força política, capaz de tomar a decisão fundamental sobre a existência da comunidade estatal.[81] Há, todavia, quem rejeite esta tese, sustentando a natureza jurídica do poder constituinte. Para esses, o poder constituinte não está fora do Direito, mas é também regulado por ele.

Quem concebe o poder constituinte como um poder de fato, afirma que o reconhecimento da validade de uma Constituição não pode se dar por meio de critérios jurídicos.[82] Se determinadas forças políticas editarem um ato com a pretensão de romper com o ordenamento vigente e de fundar uma nova ordem jurídica, chamando-o de Constituição, não haverá qualquer critério jurídico para aferir se houve ou não, ali, uma efetiva manifestação do poder constituinte originário. Será preciso aguardar para aferir se a comunidade política reconhece o ato editado como a sua Constituição. Em outras palavras, será necessário analisar se os comportamentos adotados pela comunidade — especialmente, mas não exclusivamente, pelos seus operadores do Direito — partem ou não da aceitação daquele ato como nova Constituição. Isso, frise-se bem, independentemente da motivação de tais comportamentos, que pode ser decorrente da mera subordinação à força de quem detém o poder, do reconhecimento da legitimidade do ato fundacional, ou de qualquer outra razão. Caso haja aceitação da nova Constituição, terá ocorrido manifestação do poder constituinte originário. Do contrário, ter-se-á um ato ilícito — provavelmente, um ato de grave traição —, sob a perspectiva do ordenamento que se pretendia romper, que continuará em vigor. Essa posição foi claramente sustentada por Hans Kelsen:

> Suponha-se que um grupo de indivíduos tente conquistar o poder pela força, a fim de depor o governo legítimo de um Estado até então monárquico e introduzir nele uma forma republicana de governo. Se forem bem-sucedidos, se a velha ordem terminar e a nova ordem começar a ser eficaz, porque os indivíduos cuja conduta a nova ordem regula efetivamente se conduzem — de um modo geral — em conformidade com a nova ordem, então essa ordem é considerada como uma ordem válida. Agora, é de acordo com essa nova ordem que a conduta dos indivíduos é interpretada como sendo lícita ou ilícita. Mas isso significa que se pressupõe uma nova norma fundamental. Não é mais a norma segundo a qual a velha constituição monárquica era válida, mas uma norma segundo a qual a nova

---

[80] Na literatura brasileira, veja-se Celso Antônio Bandeira de Mello: "o chamado Poder Constituinte originário não se constitui num fato jurídico. Em rigor as características, as notas que se apontam para o Poder Constituinte, o ser incondicionado, o ser ilimitado, de conseguinte, não conhecer nenhuma espécie de restrição, já estão a indicar que ele não tem por referencial nenhuma espécie de norma jurídica, pelo contrário, é a partir dele que vai ser produzida a lei suprema, a norma jurídica suprema, o texto constitucional; tem-se concluir que o Poder Constituinte é algo pré-jurídico, precede, na verdade, a formação do direito" (Poder constituinte. *Revista de Direito Constitucional*, n. 4, p. 69 et seq.). No mesmo sentido, DANTAS, Ivo. *Poder constituinte e revolução*, 1978, p. 40-41.
[81] SCHMITT, Carl. *Constitutional Theory*, p. 123.
[82] Riccardo Guastini, um positivista italiano contemporâneo, chega a dizer que o próprio questionamento sobre a validade da Constituição é "um absurdo" lógico. Nas suas palavras: "A validade da Constituição, por sua vez, requer que haja tanto normas que disciplinem a produção da Constituição, quanto normas que sejam superiores à Constituição, do ponto de vista hierárquico. Mas, nos vários sistemas jurídicos não é dado encontrar nem normas meta-constitucionais nem normas superconstitucionais, uma vez que, por definição, a Constituição é exatamente a fonte suprema do (no) sistema jurídico: suprema, seja do ponto de vista lógico, seja do ponto de vista hierárquico. A Constituição é a medida — a unidade de medida, o critério — de validade de todas as outras normas do sistema jurídico. Como tal, a Constituição não é válida nem inválida" (*Das fontes às normas*, p. 360).

constituição republicana é válida, uma norma que investe o poder revolucionário de poder legal. Se os revolucionários fracassarem, se a ordem que tentam estabelecer permanecer ineficaz, então, por outro lado, seu empreendimento é interpretado não como um ato criador do Direito, como um ato lícito, como o estabelecimento de uma constituição, mas como um ato ilícito, como crime de traição, e isso segundo a velha constituição monárquica e sua norma fundamental específica.[83]

Portanto, para Kelsen, a validade da nova Constituição depende de uma questão empírica: a sua eficácia social, em termos globais. No campo do positivismo jurídico, Herbert Hart foi ainda mais claro. Para o jusfilósofo inglês, existe, em cada ordenamento, uma "regra de reconhecimento", que permite a identificação das normas jurídicas que lhe pertencem. Os atos e normas jurídicas são válidos se tiverem sido produzidos em conformidade com essa norma de reconhecimento (ou com outras normas, editadas de acordo com a regra de reconhecimento). Para Hart, a identificação da regra de reconhecimento vigente em cada ordenamento não se dá por critérios jurídicos, mas estritamente empíricos. É regra de reconhecimento de um ordenamento aquela que a comunidade aceita e usa como tal.[84] Trata-se de um juízo de fato, e não de uma análise lógico-formal ou de uma avaliação moral. A adoção dessa concepção importa na adesão à tese do poder constituinte como poder de fato.

Em conhecida decisão proferida em 1955, o STF parece ter endossado essa mesma concepção. Após o suicídio de Getúlio Vargas, o Vice-Presidente Café Filho assumira o poder, mas teve de se ausentar do cargo, em razão de ataque cardíaco, sendo então substituído pelo Presidente da Câmara dos Deputados, Carlos Luz. A essa altura, Juscelino Kubitschek já havia sido eleito para a presidência e aguardava o momento da sua posse. Porém, vendo prenúncios de um golpe para impedir a posse de Juscelino, o General Lott desfechou uma espécie de "contragolpe militar preventivo", afastando Carlos Luz, que supostamente participava da conspiração, e empossando, no seu lugar, o vice-presidente do Senado, Nereu Ramos. Naquele ínterim, o Congresso votou o impedimento de Café Filho e decretou o estado de sítio no país. Café Filho, recuperado do problema de saúde que o acometera, quis ser investido no cargo, e impetrou para tanto mandado de segurança no STF.[85] A Corte decidiu esquivar-se da apreciação do caso, sustando o julgamento do feito até o fim do estado de sítio, o que, com a iminente posse de Juscelino, acarretaria fatalmente a perda de objeto do mandado de segurança. No julgamento, no entanto, alguns ministros teceram considerações sobre a relação entre o Direito e a força que merecem atenção:

> Qual o impedimento mais evidente, e insuperável pelos meios legais, do titular da Presidência da República, que o obstáculo oposto por uma vitoriosa insurreição armada? (...) É uma situação de fato, criada e mantida pela força das armas, contra a qual seria, obviamente, inexequível qualquer decisão do Supremo Tribunal. A insurreição é um crime político, mas, quando vitoriosa, passa a ser título de glória, e os insurrectos estarão a cavaleiro do regime legal que infringiram; sua vontade é que conta, e nada mais. (Min. Nelson Hungria)

---

[83] KELSEN, Hans. *Teoria geral do direito e do Estado*, p. 173.
[84] HART, Herbert. *O conceito de direito*, 3. ed.
[85] MS nº 3.557, Rel. Min. Hanneman Guimarães. Julg. 14.12.1955.

Dê-se a atuação das Forças Armadas o nome de contragolpe, como pretendem os seus simpatizantes; chame-se golpe, como querem os que a censuram (...); certo é que, juridicamente, foi ato de revolução. (...)

Mas não nos compete examinar essas razões. O seu julgamento pertence ao Tribunal da História (...).

Qual a atitude da Magistratura em face dos governos de fato?

De absoluto respeito. De acatamento às suas deliberações. A Magistratura, no Brasil ou alhures, não entra na apreciação da origem do Governo. Do contrário, teríamos um Poder Judiciário a ordenar a contra-revolução, o que jamais se viu em qualquer país do mundo. (Min. Mário Guimarães)

Nossa Corte Suprema, por outro lado, nunca recusou aplicação aos Atos Institucionais editados pelo governo militar,[86] que se autoproclamavam emanações do poder constituinte originário, decorrente da "Revolução" de 1964, apesar da flagrante ilegitimidade do seu procedimento de elaboração — normas impostas unilateralmente pelo governante militar de plantão —, bem como do conteúdo abusivo e imoral de muitos deles. Não há como estabelecer se a fidelidade do STF a esses atos decorreu da adesão da Corte ao credo jurídico positivista, da afinidade ideológica dos ministros com o governo militar, ou, simplesmente, do ambiente autoritário da época, que não dava margem para a adoção de postura muito diferente pelo Tribunal, sem risco institucional para o seu funcionamento, ou mesmo pessoal, para os seus magistrados. Provavelmente, a resposta correta envolve um pouco de cada um destes elementos.[87]

Já sob a égide da Constituição de 88, em casos que versavam sobre possíveis violações a cláusulas pétreas pelo poder constituinte derivado, alguns Ministros teceram considerações sobre a diferença entre esse e o poder constituinte originário, qualificando o último como um poder de fato, ao contrário do primeiro, tido como poder de direito. Nesse sentido, consignou o Ministro Cesar Peluzo, em voto proferido na ADI nº 2.356-MC: "A eficácia das regras jurídicas produzidas pelo poder constituinte originário não está sujeita a nenhuma limitação normativa de ordem material, e muito menos, formal, porque provêm do exercício de poder fático, cuja força soberana e vinculante, repousando no fato de se impor à obediência geral, independe de legitimação jurídica".[88]

Não há dúvida de que o poder constituinte originário é um poder eminentemente político, que, como já ressaltado, não atua seguindo os procedimentos e observando os limites ditados pela ordem jurídica que o antecedeu. Sem embargo, apesar da sua dimensão política, ele também pertence à esfera do Direito, uma vez que, como já salientamos anteriormente, não é onipotente, estando sujeito a limites e condicionamentos não só sociais, como também jurídicos, atinentes ao respeito ao conteúdo mínimo dos direitos humanos e à observância de procedimento democrático na elaboração da Constituição.

---

[86] Cf. SAMPAIO, José Adércio Leite. *A Constituição reinventada pela jurisdição constitucional*, p. 361-365.

[87] Sobre as relações entre a ditadura militar e o Poder Judiciário brasileiro, cf. PEREIRA, Anthony W. *Ditadura e repressão*: o autoritarismo e o Estado de Direito no Brasil, no Chile e na Argentina. Para o autor, "um alto grau de integração organizacional e de consenso entre as forças armadas e elites judiciárias pode ser encontrado no Brasil" (p. 287). Sobre a atuação do STF no período militar, cf. TRIGUEIRO DO VALE. *O Supremo Tribunal Federal e a instabilidade político-institucional*.

[88] ADI nº 2.356-MC, Rel. p/ acórdão Min. Carlos Britto. Julg. 25.11.2010.

Essa posição envolve a adoção de um conceito sobre o poder constituinte que não é apenas descritivo, mas também prescritivo.[89] Em outras palavras, só deve ser reconhecida como manifestação válida do poder constituinte aquela que satisfaça condições morais mínimas, relacionadas não só à legitimidade democrática do seu exercício, como também ao conteúdo da Constituição elaborada.[90] Subjacente a esta posição há a crença, que compartilhamos com os não positivistas, de que a relação entre Direito e Moral não é apenas contingente, mas necessária.[91] As manifestações de poder, ainda quando socialmente eficazes, não criam normas jurídicas quando não observarem aquelas condições morais elementares. Não pode ser aceita sem reservas a máxima positivista, exposta pela primeira vez por Thomas Hobbes, de que *autoritas non veritas facit legem*. A ilegitimidade não é uma questão exclusivamente política, de natureza extrajurídica. Legitimidade e legalidade, embora não se confundam, não habitam universos separados, mas se comunicam.[92] A grave ilegitimidade contamina a validade jurídica de um ato — e isso vale até para a Constituição.

Por isso, e considerando que a expressão "poder constituinte" não é neutra, mas ostenta uma inequívoca natureza legitimadora, entendemos indispensável que se conjugue a visão descritiva com a prescritiva no tratamento do assunto. Do contrário, ter-se-ia de reconhecer, por exemplo, que o AI-5, ditado pelos militares no auge do período de exceção, configurou válido exercício do poder constituinte originário. Afinal, aquele ato institucional não buscava fundamento de validade na Constituição de 1967, mas se sobrepunha a ela, fundando-se na "Revolução" vitoriosa de 1964. Ele foi regularmente observado pela sociedade brasileira, inclusive pelo STF, passando no teste da eficácia social.

Portanto, na nossa visão, o poder constituinte originário não é apenas um poder de fato. Ele é também um poder de Direito.

6.6 Os cenários do poder constituinte

Em um amplo estudo empírico sobre as razões que levam uma Constituição a durar, cientistas políticos norte-americanos registraram a edição, entre 1789 e 2005, de nada menos que 935 diferentes constituições nacionais.[93] Desde então, muitas outras constituições foram elaboradas. Cada uma destas constituições foi confeccionada num contexto diverso. Todavia, para fins didáticos, é possível delinear alguns modelos de processo constituinte que frequentemente se repetem. Estes modelos correspondem

---

[89] No mesmo sentido, com amplo desenvolvimento teórico, veja-se BRITO, Miguel Nogueira de. *A Constituição constituinte*: ensaio sobre o poder de revisão da Constituição, p. 293-383.

[90] Na mesma linha, embora a partir de pontos de partida diferentes, veja-se CRUZ, Álvaro Ricardo de Souza. Poder constituinte e patriotismo constitucional. *In*: GALUPPO, Marcelo Campos (Org.). *O Brasil que queremos*: reflexões sobre o Estado Democrático de Direito, p. 47-103. O autor adota uma leitura prescritiva sobre o poder constituinte, baseada na teoria do discurso de Jürgen Habermas, também chegando à conclusão da sua limitação pelos direitos humanos e democracia.

[91] Cf. ALEXY, Robert. *The Argument from Injustice*: a Reply to Legal Positivism.

[92] Neste ponto, concordamos com Habermas: "a positividade do direito não pode fundar-se somente na contingência de decisões arbitrárias, sem correr o risco de perder o seu poder de integração social. O direito extrai a sua força muito mais da aliança que a positividade do direito estabelece com a pretensão à legitimidade" (*Direito e democracia*: entre facticidade e validade, p. 60).

[93] ELKINS, Zachary; GINSBURG, Tom; MELTON, James. *The Endurance of National Constitutions*, p. 215-221.

a tipos ideais, no sentido weberiano. Alguns casos não se encaixam bem em nenhum deles, e outros podem se situar em algum ponto intermediário entre modelos diferentes.

Norman Dorsen, Michel Rosenfeld, András Sajó e Susanne Baer,[94] em lição reproduzida no Brasil por Luís Roberto Barroso,[95] aludem a quarto processos mais comuns: o coroamento de uma revolução vitoriosa; a reconstrução do Estado, após uma derrota na guerra; a transição pacífica de regime político; e a criação de um novo Estado, decorrente de liberação do regime colonial. Já Jon Elster identificou oito diferentes circunstâncias que induzem a criação de constituições: uma crise social ou econômica; uma revolução; o colapso do regime; o medo de um iminente colapso do regime; a derrota na guerra; a reconstrução após a guerra; a criação de novos estados; e a libertação do domínio colonial.

A seguir, teceremos breves comentários sobre alguns destes contextos mais comuns: (a) a revolução vitoriosa; (b) a formação de um novo Estado, por agregação de Estados anteriores; (c) a emancipação política do Estado; (d) o colapso do regime; (e) uma grave crise política, social, econômica ou militar; (f) um golpe de Estado; (g) uma transição pacífica de regime. Em seguida, falaremos ainda (h) sobre a hipótese de ocorrência de um verdadeiro "momento constitucional", do qual não resulte a elaboração de nova Constituição; e (i) sobre a possibilidade de exercício do poder constituinte no contexto supranacional, aludindo ao caso da União Europeia. Não repetiremos aqui, para evitar redundâncias, a exposição sobre os processos de elaboração das constituições brasileiras, já descritos nos Capítulos 3 e 4.

6.6.1 Revolução vitoriosa

Num sentido jurídico-formal, todo exercício do poder constituinte originário é revolucionário, já que se propõe a romper com a ordem jurídica anterior.[96] Não é esse o sentido aqui empregado. Quando falamos em revolução, cogitamos de uma mudança profunda e radical nas relações políticas e sociais, que ocorre de forma rápida e intensa. A revolução, neste sentido, se opõe à evolução: aquela é abrupta; esta é lenta e promove alterações incrementais no *status quo*. Uma revolução tem sempre a pretensão de instaurar algo novo na comunidade política.[97] Ela representa um recomeço, que envolve uma rejeição ao passado.

No cenário da revolução vitoriosa, a elaboração da Constituição juridiciza o novo regime instituído. Aqui, se manifesta com grande intensidade a ideia de rompimento com as instituições jurídicas e políticas do regime anterior. O exemplo paradigmático ocorreu na elaboração da Constituição da França de 1791, que se seguiu à Revolução Francesa, e que substituiu o absolutismo pelo regime da monarquia constitucional,

---

[94] DORSEN, Norman *et al*. *Comparative Constitutionalism*: Cases and Materials, p. 72-73.
[95] BARROSO, Luís Roberto. *Curso de direito constitucional contemporâneo*: os conceitos fundamentais e a construção do novo modelo. 2. ed., p. 99-102.
[96] Neste sentido, cf. KELSEN, Hans. *Teoria pura do direito*, p. 290: "Uma revolução, no sentido amplo da palavra, compreendendo também o golpe de Estado, é toda modificação ilegítima da Constituição, isto é, toda modificação da Constituição, ou a sua substituição por uma outra, não operadas segundo as determinações da mesma Constituição".
[97] Cf. ARENDT, Hannah. *On Revolution*, p. 28-29; ACKERMAN, Bruce. *The Future of the Liberal Revolution*, p. 5-24. Nas palavras de Ackerman: "Acima de tudo, os revolucionários propõem dividir o tempo em pelo menos duas partes: o Antes e o Agora. Antes, havia algo terrivelmente errado na maneira como as pessoas pensavam e agiam. Agora, nós temos a chance de fazer um recomeço" (p. 5).

baseado na soberania nacional, na separação de poderes e na garantia de direitos individuais. São também exemplos de Constituição revolucionária a Constituição do México de 1917 (ainda em vigor), que se seguiu à Revolução Mexicana; a Constituição Russa de 1918, elaborada após a Revolução de 1917; e a atual Constituição portuguesa, de 1976, editada após a Revolução dos Cravos de 1974.[98] No momento em que finalizamos esse volume, alguns países do Oriente Médio estão elaborando constituições, na sequência de processos revolucionários que depuseram ditadores. Há uma verdadeira onda constituinte naquela região do planeta, que se seguiu à chamada "Primavera Árabe".

No Brasil, as Constituições de 1891 e 1934 são as que mais se aproximam do modelo da "revolução vitoriosa", na medida em que forneceram o arcabouço jurídico para o Estado, após, respectivamente, a proclamação da República, em 1889, e a Revolução de 1930,[99] que representaram rupturas com os regimes políticos anteriores. Não há dúvida, contudo, que a profundidade das mudanças decorrentes destes movimentos não foi comparável à da Revolução francesa, sempre tomada como exemplo. Já a Constituição de 1967 não se enquadra minimamente no mesmo modelo, apesar da retórica de legitimação das forças que a editaram. Não se pode qualificar de revolução o golpe militar de 1964, já que ele não teve o propósito de promover mudanças na sociedade, mas pretendeu, isto sim, impedir aquelas que o governo constitucional de João Goulart vinha realizando e anunciando.

A irrupção do poder constituinte por meio de processo revolucionário foi criticada pelos pensadores ligados ao conservadorismo. Nesta linha, é conhecida a objeção do inglês Edmund Burke à ideia de Constituição promovida pela Revolução Francesa, envolvendo uma ruptura com o passado. A Constituição, para Burke, não pode ser o fruto de um voluntarismo político, mas repousa na tradição e na natureza das coisas.[100] Autores reacionários, como Joseph de Maistre e Louis-Ambroise de Bonald levaram esta crítica ainda mais longe, na tentativa de exorcizar o pensamento revolucionário e as contribuições da Revolução Francesa à teoria política, e de defender o retorno ao Antigo Regime.[101] Na verdade, as revoluções sempre foram temidas e repudiadas pelos conservadores, que preferem a preservação do *status quo*, por mais injusto que seja.

Do outro lado, os radicais muitas vezes se opõem à constitucionalização do regime após a revolução, pois a elaboração da Constituição, por assim dizer, encerra o

---

[98] O Preâmbulo da Constituição portuguesa de 1976, editada para consolidar o regime instaurado no país após a derrota, pela via revolucionária, do governo autoritário que lá se instalara desde o início da década de 1930, indica a sua pretensão de representar um "recomeço": "A 25 de Abril de 1974, o Movimento das Forças Armadas, coroando a longa resistência do povo português e interpretando os seus sentimentos profundos, derrubou o regime fascista. Libertar Portugal da ditadura, da opressão e do colonialismo representou uma transformação revolucionária e o início de uma viragem histórica da sociedade portuguesa. A Revolução restituiu aos Portugueses os direitos e liberdades fundamentais. No exercício destes direitos e liberdades, os legítimos representantes do povo reúnem-se para elaborar uma Constituição que corresponde às aspirações do país. A Assembléia Constituinte afirma a decisão do povo português de defender a independência nacional, de garantir os direitos fundamentais dos cidadãos, de estabelecer os princípios basilares da democracia, de assegurar o primado do Estado de Direito democrático e de abrir caminho para uma sociedade socialista, no respeito da vontade do povo português, tendo em vista a construção de um país mais livre, mais justo e mais fraterno".

[99] Veja-se, a propósito, o capítulo que trata da trajetória do constitucionalismo brasileiro.

[100] Cf. BURKE, Edmund. *Reflections on the Revolution in France*, p. 15-23.

[101] Sobre o pensamento contrarrevolucionário no Direito Constitucional, veja-se GENGEMBRE. La contre-révolution et le refus de la Constitution. In: TROPER, Michel; JAUME, Lucien (Org.). *1789 et l'Invention de la Constitution*, p. 55-74; BERCOVICI, Gilberto. *Soberania e Constituição*, p. 158-177.

período revolucionário.[102] Nas palavras de Ulrich K. Preuss, "ao fazer uma Constituição, as forças revolucionárias cavam o seu próprio túmulo; a Constituição é o ato final da revolução".[103] Por isso, não é incomum que os revolucionários prefiram postergar este momento, preservando, assim, uma maior amplitude para as suas ações. Isso ocorreu no Brasil, após a Revolução de 1930, quando se adiou excessivamente a elaboração da Constituição, que daria contornos e limites jurídicos ao novo regime.[104] A formalização das bandeiras revolucionárias por meio da elaboração da Constituição é, porém, um momento indispensável sob a perspectiva do constitucionalismo, diante da necessidade de organização e limitação jurídica do poder político.[105]

6.6.2 A criação de um novo Estado por agregação

Este processo de criação de novo Estado tem como exemplo paradigmático a elaboração da Constituição dos Estados Unidos, em 1787. É o cenário do federalismo centrípeto.

Após a declaração de independência, em 1776, houve a aprovação, pelo "Congresso Continental", em 1777, dos chamados "Artigos da Confederação" (a sua ratificação só se concluiu em 1781), que uniam as treze ex-colônias norte-americanas por um tênue vínculo confederativo, cada qual possuindo sua própria Constituição. Apesar de caracterizar a União como "perpétua", os Artigos da Confederação estabeleciam também que cada Estado retinha sua "soberania, liberdade e independência". As mudanças nos Artigos da Confederação careciam de aprovação pelos poderes legislativos de todos os Estados. A União sequer tinha Poder Executivo ou Judiciário. Seu poder restringia-se, fundamentalmente, às prerrogativas de declarar guerra e de manter relações internacionais, sem maiores competências no que tocava aos negócios internos, e sem contar, inclusive, com a faculdade de arrecadar impostos. Essas limitações impediam que diversas questões fossem equacionadas, como as concernentes à regulação do comércio entre os Estados. Convocou-se, então, uma nova Convenção, que se realizou na Filadélfia, em 1787, com o objetivo de reformar os Artigos da Confederação. Ao invés disso, contudo, os convencionais resolveram elaborar uma Constituição, substituindo a Confederação pela forma federativa de Estado e conferindo à União poderes mais significativos. Então, os constituintes já se denominavam como "nós, o Povo dos Estados Unidos", e declaravam o objetivo de "formar uma União mais perfeita". Rompendo com o que fora previsto nos Artigos da Confederação, decidiram os constituintes que a nova Constituição passaria a valer desde que ratificada por apenas nove estados, por meio de convenções específicas. Este processo finalizou-se em 1788, quando a Constituição entrou em vigor.

A Constituição de 1891, que institui o federalismo no Brasil, não pode ser enquadrada neste modelo, já que a nossa federação não resultou de um movimento de

---

[102] Na teoria política contemporânea, essa posição foi defendida pelo filósofo italiano Antonio Negri, em sua obra *O poder constituinte*: ensaio sobre as alternativas da modernidade.
[103] PREUSS, Ulrich K. Constitutional Powermaking for the New Polity: some Deliberations on the Relationship Between the Constituent Power and the Constitution. *In*: ROSENFELD, Michael (Ed.). *Constitutionalism, Identity, Difference and Legitimacy*: Theoretical Perspectives, p. 145.
[104] Veja-se, a propósito, o item sobre a Constituição de 1934, no capítulo sobre a história constitucional brasileira.
[105] No mesmo sentido, ACKERMAN, Bruce. *The Future of the Liberal Revolution*, p. 46-68.

agregação de Estados antes soberanos, mas sim de um movimento de segregação, que converteu em federal o nosso Estado até então unitário. A origem do federalismo no Brasil foi centrífuga e não centrípeta.

6.6.3 Emancipação política

Como se sabe, após o período do descobrimento, as potências europeias criaram colônias em diversos continentes. A libertação dessas colônias deu ensejo à elaboração de inúmeras constituições. Na primeira metade do século XIX, isso ocorreu na América Latina, quando a maior parte dos países se emancipou do jugo colonial espanhol ou português, elaborando as suas primeiras constituições. A Constituição brasileira de 1824 foi editada naquele contexto.

No final do século XIX e início do século XX, o fenômeno vai ocorrer em antigas colônias britânicas, como Canadá (1867), Austrália (1901) e África do Sul (1909). Nestes casos, contudo, as constituições não foram redigidas pelos próprios Estados emancipados, mas impostas pela Grã-Bretanha, no contexto das negociações para concessão de autonomia política.[106] Entre a II Guerra Mundial e a década de 70 ocorre uma nova onda de emancipações de Estados africanos e asiáticos do domínio colonial. Alguns, como a Índia, elaboraram a sua própria Constituição, em vigor desde 1947. Outros tiveram que negociar as suas com as antigas metrópoles, ou mesmo foram forçados a se submeter aos textos que essas lhes impuseram, passando a reger-se por *constituições heterônomas*.[107]

Nos últimos tempos, novos Estados foram formados a partir da extinção da União Soviética, em 1991, e da desintegração da antiga Iugoslávia, na década de 1990, que também tiveram que elaborar as suas constituições.

6.6.4 O colapso

O cenário de colapso ocorre quando as instituições do Estado sucumbem, e, depois da sua destruição, torna-se necessário reerguer o Estado sobre novas bases. Esta reconstrução se dá, normalmente, por meio da negação dos valores do regime anterior. Isso pode ocorrer, por exemplo, após uma grave derrota em guerra externa. Três casos importantes do fenômeno se sucederam, depois da II Guerra Mundial, na Alemanha, na Itália e no Japão. Todos estes países foram derrotados na guerra pelas potências aliadas. Depois do final da guerra, os seus ordenamentos foram reconstruídos em bases humanistas e democráticas. No caso do Japão, como já salientado, a Constituição foi redigida pelas forças de ocupação norte-americana, que praticamente a impuseram ao país, em 1946. Na Alemanha (1949) e na Itália (1947), isto não ocorreu. Os próprios Estados elaboraram as suas constituições, com a ressalva de que, na Alemanha, as potências aliadas exerceram relevante influência sobre o processo constituinte, impondo princípios a serem seguidos e o procedimento a ser observado. Em todos estes casos, o conteúdo das constituições representou uma forte reação em relação aos abusos do

---

[106] Cf. BISCARETTI DI RUFFIA, Paolo. *Introducción al derecho constitucional comparado*, p. 511. Note-se que não houve, à época, total independência destes Estados, mas a adoção de um regime *sui generis*, conhecido como *Commonwealth*.

[107] DE VERGOTTINI, Giuseppe. *Diritto costituzionale comparato*, p. 146-150.

passado. Na Alemanha e Itália, especialmente, que se submeteram ao nazismo e ao fascismo, as constituições se baseiam em valores opostos aos predominantes no regime anterior, timbrando-se pelo respeito à dignidade humana, à liberdade e à igualdade.

6.6.5 Grave crise

No cenário da grave crise, o exercício do poder constituinte antecipa-se ao colapso. O Estado e a sociedade atravessam graves turbulências, que põem o regime em risco. A instabilidade política e social torna-se uma ameaça grave. Antes que tais turbulências cheguem a um desfecho dramático, ocorre a elaboração de nova Constituição, que envolve a tentativa de correção dos problemas institucionais percebidos no regime substituído.

Um caso claro é o da Constituição francesa atual, elaborada em 1958.[108] Na época da sua edição, vigia na França a Constituição de 1946, que instaurara a chamada 4ª República, e definira um sistema de governo parlamentarista. A instabilidade política no país era extrema: nos 12 anos em que vigorou tal Constituição, a França teve nada menos do que 22 governos. Havia um certo consenso no sentido de que o sistema político vigente era disfuncional. Mas o estopim do momento constitucional foi uma crise militar. A França, desde 1955, travava uma guerra com a Argélia, que era sua colônia e buscava a emancipação. O meio político e a opinião pública estavam paulatinamente retirando o apoio à guerra, mas as Forças Armadas se recusavam a se retirar daquele país, e pairava a ameaça de um golpe militar contra o governo francês. O retorno de Charles de Gaulle ao poder — que liderara a resistência francesa no período de ocupação nazista — era visto como a única alternativa para se evitar uma guerra civil iminente, pela autoridade moral que ele detinha sobre os franceses, inclusive os militares. De Gaulle aceita o encargo com uma condição: queria uma nova Constituição, pois a que estava em vigor, na sua opinião, tornava o país ingovernável. Ele assume o poder em maio de 1958 e, dias depois, é aprovada uma lei constitucional que autoriza o governo a elaborar um projeto de Constituição, a ser aprovado pelo povo. Um grupo sob a sua liderança política redige o novo texto constitucional, que fortalecia o Poder Executivo e criava uma espécie de regime semipresidencialista. O texto, depois de aprovado por um Comitê consultivo e pelo Conselho de Estado francês, é submetido a um referendo, que o aprova por maioria acachapante (80,1% dos votantes, e 66,4% do eleitorado francês).

Algumas vezes, um suposto risco é usado como mero pretexto para uma ruptura institucional da qual resulta a imposição de nova Constituição. A crise não é real, não passando de vã justificativa para rompimento com a ordem vigente, servindo, em geral à implantação de um governo autoritário. Nos tempos da Guerra Fria, a "ameaça comunista" foi frequentemente invocada neste sentido. Claro exemplo desta patologia foi a outorga da Constituição de 1937, por Getúlio Vargas, depois da "descoberta" de um plano comunista para dominar o país — o famigerado Plano Cohen — na verdade uma completa farsa, encenada para justificar o recrudescimento do regime por meio de um golpe de Estado.

---

[108] Cf. BURDEAU, Georges; HAMON, Francis; TROPER, Michel. *Droit constitutionnel*. *Droit constitutionnel*, p. 414-430.

6.6.6 O golpe de Estado[109]

No cenário do golpe de Estado, não há um verdadeiro momento constitucional. Não existe relevante mobilização cívica no sentido de ruptura com a ordem vigente, mas há o desejo de um grupo de se instalar no governo, ou a intenção dos governantes de assumirem poderes mais amplos do que os conferidos pelo sistema jurídico em vigor. Essas pessoas, ao invés de buscarem o acesso ao poder ou as mudanças institucionais desejadas pelos meios legítimos, com observância das regras do jogo, rompem com essas regras para promover os seus objetivos. Os golpes de Estado, que podem vir da direita ou da esquerda, sempre envolvem o uso, ou pelo menos a ameaça de uso da força. Trata-se, com frequência, de um movimento militar, ou que obtém o apoio de setores expressivos das Forças Armadas. Em geral, os golpistas se apresentam como revolucionários, e se arvoram à condição de representantes dos interesses populares. No poder, instauram governos autoritários e, no mais das vezes, acabam governando em causa própria, e a serviço dos setores da elite aos quais estão vinculados. Não há, no golpe de Estado, a pretensão de promoção de mudanças mais profundas nas relações sociais, ao contrário do que ocorre nas verdadeiras revoluções.

Não é incomum que, após o golpe, as suas lideranças busquem legitimar o seu governo, por meio da elaboração de constituições. Essas constituições podem simplesmente legalizar o regime arbitrário instaurado (Constituição *semântica*, no sentido de Loewenstein),[110] ou, o que ocorre com mais frequência, dar-lhe uma fachada mais democrática, prometendo direitos e liberdades que não saem do papel (Constituição *nominal* ou *simbólica*). O golpismo era uma verdadeira maldição latino-americana até duas décadas atrás, que, felizmente, parece ter arrefecido no continente nos últimos tempos.

As Constituições brasileiras de 1937 e de 1967 decorreram de golpes de Estado, desfechados, respectivamente, por Getúlio Vargas, naquele mesmo ano, e pelos militares, em 1964. Elas deram aparência legal a regimes políticos francamente autoritários. Em países subdesenvolvidos, em que não há enraizamento cultural do constitucionalismo, os golpes de Estado são a causa mais frequente de elaboração de novas constituições. Nos países campeões em número de constituições — República Dominicana (33) e Haiti (27) — a absoluta maioria dos textos constitucionais resultou de golpes de Estado.[111] Mas o "privilégio" não é dos países periféricos. A Constituição francesa de 1852, que pôs fim à 2ª República, editada unilateralmente pelo Presidente Luís Napoleão Bonaparte — logo depois convertido em Imperador (Napoleão III) —, é também considerada o resultado de um golpe de Estado.[112]

---

[109] Sobre o conceito de golpe de Estado, cf. BARBÉ, Carlos. Golpe de Estado. *In*: BOBBIO, Norberto; MATTEUCCI, Nicola; PASQUINO, Gianfranco (Org.). *Dicionário de política*, p. 545-547.

[110] A classificação das constituições em normativa, nominal e semântica, proposta por Karl Loewenstein, é explicada no capítulo que trata dos conceitos essenciais do Direito Constitucional.

[111] Cf ELKINS, Zachary; GINSBURG, Tom; MELTON, James. *The Endurance of National Constitutions*, p. 180-188.

[112] Cf. BURDEAU, Georges; HAMON, Francis; TROPER, Michel. *Droit Constitutionnel*, p. 325-329. A Constituição francesa de 1848, até então em vigor, não permitia a reeleição do Presidente, e Luís Napoleão — sobrinho de Napoleão Bonaparte —, que desejava se reeleger para o cargo, não obteve a maioria no parlamento necessária para alterar o texto constitucional. Ele então dissolveu o Legislativo em dezembro de 1951 e suspendeu a Constituição. Houve, em seguida, um plebiscito, que confirmou Luís Napoleão no cargo, conferindo-lhe o poder de elaborar uma nova Constituição. Uma comissão por ele controlada redigiu a Constituição de 1852, que o nomeou como Presidente da República, com amplos poderes, para um mandato de 10 anos. Meses depois, a Constituição foi alterada por um ato do Senado, mais uma vez aprovado por plebiscito, para atribuir ao Presidente o título de Imperador. A

6.6.7 A transição pacífica

Outro cenário constituinte é o de transição pacífica entre regimes políticos. A mudança em relação ao regime pretérito, nessa hipótese, pode ser profunda. Mas ela não decorre de um ato de força, sendo antes o resultado de uma negociação entre as forças políticas do regime que se esvai e as que lhe fazem oposição. Três exemplos importantes deste modelo na contemporaneidade são a Constituição da Espanha, de 1978, a Constituição sul-africana, de 1996, e a própria Constituição brasileira, de 1988 — todas atualmente vigentes. Em todos esses casos, a transição se deu no sentido da democratização de regimes autoritários.

Na Espanha,[113] a mudança do regime se iniciou com a morte de Franco em 1975, ditador que governava o país desde 1939, e envolveu delicadas negociações entre as mais importantes forças políticas do país, que chegaram a celebrar um pacto para viabilizar política e economicamente a transição — o chamado "Pacto de Moncloa". A Constituição foi elaborada pelas "Cortes" (Poder Legislativo espanhol), democraticamente eleitas após a morte do ditador, que assumiram funções constituintes. Ela foi submetida a um referendo, que a aprovou por avassaladora maioria (87,8% dos votantes), entrando em vigor em dezembro de 1978. Trata-se de uma Constituição democrática, que deu grande relevo aos direitos fundamentais, e que vem desempenhando a contento o seu papel, tendo exercido importante influência na elaboração da Constituição brasileira de 88.

A transição sul-africana do odioso regime do *apartheid* para o atual já foi anteriormente descrita neste capítulo. Apesar de a atual Constituição do país ser o resultado de um pacto político, do qual também participaram integrantes do antigo regime racista, uma das suas principais características é o repúdio a tudo que possa lembrá-lo. Pode-se dizer que o principal eixo da construção da identidade constitucional sul-africana é o combate ao legado material e cultural do *apartheid*. Neste ponto, não houve concessões ao antigo regime.

Como visto detalhadamente no Capítulo 4, a nossa atual Constituição foi o coroamento de um processo de transição pacífico, da ditadura militar instaurada em 1964 para um regime democrático. As lideranças do governo militar não foram excluídas do processo de redemocratização. Pelo contrário, uma parte significativa dos constituintes era composta por políticos que integraram a base de sustentação daquele regime, e o primeiro Presidente a governar após o fim do período militar — José Sarney —, que presidiu o país durante a Assembleia Constituinte, foi uma importante liderança civil nos tempos da ditadura. Não obstante, a Assembleia Constituinte, que contou com um grau inédito de participação popular, elaborou um texto profundamente comprometido com a democracia e com os direitos humanos, francamente refratário à ideologia autoritária que imperou durante o regime militar.

---

concessão plebiscitária de poderes ao Presidente para elaboração desta Constituição a torna um exemplo típico de constituição *cesarista* (veja-se, a propósito, o capítulo sobre conceitos essenciais).

[113] Sobre o processo de elaboração da Constituição espanhola de 1978, cf. ROYO, Javier Perez. *Curso de derecho constitucional*, p. 126-130.

6.6.8 Momentos constitucionais sem Constituição

É possível que uma Nação passe por um efetivo momento constitucional, em que o seu povo decida coletivamente fundar ou refundar o Estado e as suas instituições jurídico-políticas, mas que não decorra, deste impulso fundacional, a elaboração de uma nova Constituição. Tem-se, nesta hipótese, um poder constituinte originário ativado, mas esse não produz uma Constituição em sentido formal. Nessa hipótese, a energia constituinte pode se expressar juridicamente de várias maneiras, como por meio da aprovação de emendas à Constituição anterior ou da edição de novas leis, sem hierarquia constitucional, mas dotadas de grande importância substancial e simbólica.

Na teoria jurídica norte-americana é conhecida a posição de Bruce Ackerman,[114] que dissociou as manifestações do poder constituinte da necessidade de formalização de novos textos constitucionais. Para o autor, o poder constituinte nos Estados Unidos já teria se manifestado três vezes, apesar do país estar formalmente sob a égide da mesma Constituição desde a sua fundação. A primeira corresponderia à Convenção de Filadélfia, que elaborou a Constituição; a segunda teria ocorrido na reconstrução do país após o final da Guerra da Secessão e abolição da escravidão, na década de 1860; e a terceira teria se manifestado na década de 1930, com o *New Deal*, e a consagração de um modelo de Estado mais ativista.

A formação do Estado de Israel, em 1948, foi certamente um momento constituinte. Sem embargo, e apesar do compromisso daquele Estado com valores do constitucionalismo, não houve naquele momento, nem em nenhum outro subsequente, a elaboração de uma Constituição israelense em sentido formal.[115] A declaração de independência do país previa a elaboração de uma Constituição, e o parlamento de Israel ("Knesset"), quando instituído, foi dotado de poderes constituintes, mas não os exerceu, pois não se obteve acordo entre as forças políticas sobre temas candentes, como a relação entre a religião judaica e o Estado. O Knesset, no entanto, editou ao longo do tempo 11 "leis básicas" sobre temas dotados de "natureza constitucional", que estão em vigor, algumas delas demandando um quórum qualificado para alteração. Embora nenhuma norma jurídica preveja esta possibilidade, a Suprema Corte de Israel, em polêmica decisão proferida em 1995, entendeu que podia invalidar normas jurídicas que violassem as leis básicas de 1992, que versam sobre "Dignidade Humana" e "Liberdade de Ocupação".[116]

Outro exemplo de momento constitucional que não resultou em elaboração de nova Constituição deu-se na Hungria, quando, em 1989, o país rompeu com o modelo soviético, então em vias de perecimento, e se organizou como uma democracia capitalista.[117] A ruptura com o sistema político e econômico então vigente foi total. Após a derrocada do comunismo, realizou-se uma "mesa redonda" na Hungria, reunindo as forças políticas mais relevantes, e nela se decidiu a elaboração de nova Constituição para

---

[114] Cf. ACKERMAN, Bruce. *We the people*, v. 2.

[115] Veja-se, a propósito, JACOBSOHN, Gary Jeffrey. *Apple of God*: Constitutionalism in Israel and the United States.

[116] Trata-se do caso *United Mizrahi Bank Ltda. v. Migdal Cooperative Village*, que teve como relator o conhecido constitucionalista Aharon Barak, à época Presidente da Suprema Corte de Israel. O caso, pelas suas características, é conhecido como o "Marbury v. Madison" israelense.

[117] Veja-se, a propósito, SAJÓ, Andrés; LOSONCI, Vera. Rule by Law in East Central Europe: is the Emperor's New Suit a Straitjacket?. *In*: JACKSON, Vicki; TUSHNET, Mark. *Comparative Constitutional Law*, p. 298-309; HOLMES, Stephen; SUNSTEIN, Cass R. The Politics of Constitutional Revision in Eastern Europe. *In*: LEVINSON, Sanford (Ed.). *The Theory and Practice of Constitutional Amendment*, p. 275-306.

o país. Não obstante, ao invés de uma nova Constituição, acabou-se aprovando emendas ao texto constitucional comunista, de 1949. Tais emendas instituíram um sistema democrático, com separação de poderes, direitos fundamentais, respeito à livre-iniciativa e jurisdição constitucional. Apesar da ausência de ruptura formal com o regime pretérito, o Tribunal Constitucional da Hungria adotou uma posição ativista em favor dos valores emergentes no novo regime democrático, interpretando as emendas com um verdadeiro novo começo. Apenas em 2011 foi adotada uma nova Constituição na Hungria.

6.6.9 Poder constituinte supranacional? O caso da União Europeia

Como já foi abordado no capítulo sobre a trajetória do constitucionalismo, muitos autores contemporâneos afirmam a existência de constituições fora do Estado. De acordo com esse segmento da doutrina, uma série de mudanças ocorridas na sociedade ao longo das últimas décadas — ligadas a fenômenos como a globalização econômica, a corrosão da soberania dos Estados nacionais, o fortalecimento da proteção dos direitos humanos na esfera internacional e o advento de novas e poderosas instituições supranacionais —, teria dado ensejo ao surgimento de um constitucionalismo localizado fora do Estado, mas que interage com as constituições estatais, em relações complexas que podem envolver diálogo e cooperação, mas também tensão e conflito.

Como ressaltamos anteriormente, entendemos que há exagero na atribuição de natureza constitucional a determinadas normas não estatais, como a Carta da ONU, o tratado que institui a Organização Mundial do Comércio ou os principais tratados do Mercosul, por mais importantes que sejam esses atos normativos internacionais. Porém, o caso da União Europeia parece diferente. A União Europeia, atualmente integrada por 27 Estados europeus, possui instituições com funções equivalentes aos poderes Legislativo, Executivo e Judiciário, além de outros órgãos extremamente importantes, como um Banco Central. Embora não seja um Estado, ela tem assento próprio em vários organismos internacionais, como a OMC. As suas normas jurídicas têm aplicabilidade imediata no âmbito dos Estados, penetrando no seu ordenamento independentemente do respectivo consentimento. Elas desfrutam, ademais, de hierarquia superior em face do direito interno de cada Estado-membro. Questões da maior relevância para a vida dos europeus não são mais equacionadas no âmbito dos Estados, mas pelos órgãos da União Europeia. E se fala hoje cada vez mais em cidadania europeia,[118] embora ainda seja prematuro aludir-se à existência de um povo europeu. Diante deste quadro, não é impertinente a comparação entre o Direito Comunitário Europeu e o Direito Constitucional.

É verdade que ainda não se logrou editar uma Constituição formal para a União Europeia. Houve tentativa neste sentido, mas o projeto de Constituição Europeia, aprovado pelo Conselho Europeu em 2004, precisava ser aceito por todos os Estados para vigorar, e na França e na Holanda ele foi rejeitado em plebiscitos realizados em

---

[118] A "cidadania europeia" está prevista no Tratado de Maastricht: "É cidadão da União qualquer pessoa que tenha a nacionalidade de um Estado-membro" (art. 8º). Veja-se, a propósito, NEUMAN, Gerald L. Féderalisme et citoyenneté aux États-Unis et dans l'Union européenne. *Critique Internationale*, v. 4, n. 21; MAGNETTE, Paul. Vers une citoyenneté européenne directe?: Pratiques du droit de pétition dans l'Union Européenne. *Revue Internationale de Politique Comparée*, v. 9, n. 1.

2005. Apesar disso, é possível falar-se, pelo menos, de uma *Constitution in progress*[119] na Europa; vale dizer, de um processo jurídico-político ainda inconcluso e sujeito a eventuais retrocessos e reviravoltas, mas que progride no sentido de atribuição de natureza constitucional às normas jurídicas fundamentais da União Europeia.[120] [121]

A ideia de integração europeia, embora tenha raízes mais antigas, ganhou ímpeto após o final da II Guerra Mundial, em que passou a ser vista como um mecanismo importante para a preservação da paz no continente. Do ponto de vista jurídico, a origem da integração europeia remonta fundamentalmente ao Tratado de Roma, de 1957, firmado à época por apenas seis Estados — Alemanha, França, Itália, Bélgica, Luxemburgo, Holanda — que tinha o propósito limitado de estabelecer uma zona de livre comércio entre esses países.[122] Ao longo do tempo, outros Estados foram se integrando ao projeto, que foi se tornando muito mais ambicioso e abrangente, voltando-se a diversos outros objetivos — política fiscal e monetária, segurança, imigração, meio ambiente, seguridade social, direitos humanos etc. O modelo de decisão típico das organizações internacionais, que depende do consentimento de cada Estado para obrigá-lo, foi sendo substituído por outro, em que as decisões dos órgãos comunitários podem ser tomadas por maiorias qualificadas e vinculam também aos Estados que não assentiram. Novos tratados importantes foram celebrados, fortalecendo institucionalmente a entidade, como o Tratado de Maastricht, o Tratado de Amsterdã, e o Tratado de Lisboa. A União Europeia passou a contar com uma estrutura política altamente complexa e uma vasta rede tecnocrática. As normas que edita ("normas secundárias") foram ganhando uma importância cada vez maior no dia a dia do europeu. O tema dos direitos fundamentais, visceral no constitucionalismo, foi também incorporado ao direito comunitário europeu: primeiro, pela jurisprudência no Tribunal de Justiça das Comunidades Europeias, que os considerou como princípios gerais de direito, inspirados nas tradições constitucionais comuns dos Estados europeus; e, posteriormente, pela aprovação de uma Carta Europeia de Direitos Fundamentais, de natureza vinculante para os Estados.[123]

---

[119] Cf. CASTIGLIONE, Dario. Reflections on Europe's Constitutional future. *Constellations*, v. 11, n. 3, p. 407.

[120] No mesmo sentido, NEVES, Marcelo. *Transconstitucionalismo*, p. 95: "A constitucionalização europeia, se não nos limitarmos a um conceito histórico-universal de Constituição, ainda é um processo de desenvolvimento em aberto, suscetível de reversões, mas que provavelmente tenderá a consolidação de uma Constituição transversal no plano de um federalismo supranacional".

[121] Em *insight* interessante, Bruce Ackerman comparou o processo de constitucionalização da União Europeia, que ele chamou de "neofederalista", com o ocorrido nos Estados Unidos. Nas suas palavras: "um grupo de estados delega um conjunto de competências para um centro embrionário por meio de um tratado. Mas esse 'tratado' acaba se revelando diferente dos demais. Os estados-membros encontram crescente dificuldade em se evadirem dos comandos do centro emergente. De um jeito ou de outro, o centro procura firmar a idéia de que o 'tratado' se sobrepõe a leis contrárias posteriormente promulgadas pelos estados periféricos. Se os tribunais aceitam essa concepção, o 'tratado' começa a se investir do status de 'constituição'. Quando se deparam com um ato ordinário de legislação doméstica, os juízes começam a se colocar na posição de determinar se esse ato é compatível com o 'tratado/constituição' prevalecente (...). A (incerta) transformação de um tratado em uma constituição está hoje no centro da União Europeia. Também esteve no centro da experiência americana entre a Revolução e a Guerra Civil" (ACKERMAN, Bruce. A ascensão do constitucionalismo mundial. *In*: SOUZA NETO, Cláudio Pereira de; SARMENTO, Daniel (Org.). *A constitucionalização do direito*: fundamentos teóricos e aplicações específicas, p. 93).

[122] Antes, em 1952, havia sido celebrado pelos mesmos países o Tratado de Paris, criando a Comunidade Europeia do Carvão e Aço. Em 1957, o Tratado de Roma instituiu outras duas comunidades: a Comunidade Europeia de Energia Atômica e a Comunidade Econômica Europeia, certamente a instituição mais importante. Tais comunidades foram posteriormente integradas. A União Europeia foi fundada em 1993, quando entrou em vigor o Tratado de Maastricht.

[123] A Carta Europeia de Direitos Humanos foi proclamada pelo Parlamento da União Europeia em 2000. Contudo, o seu *status* de norma jurídica vinculante era incerto no Direito Comunitário europeu, até a entrada em vigor do

Neste processo de fortalecimento institucional, os Estados, interessados no aprofundamento da integração europeia, foram abrindo mão de parcelas das suas competências e poderes em favor do ente regional, não só por meio da celebração dos tratados que deram a atual conformação à entidade, como também pela inserção, em suas constituições, de cláusulas que permitiram essa transferência de poder (mas que não envolveram renúncia formal à soberania).[124] O Tribunal de Justiça das Comunidades Europeias (TJCE) teve papel fundamental nesta mudança institucional,[125] firmando e concretizando princípios de inspiração política centrípeta, como o de aplicação imediata do Direito Comunitário[126] e da supremacia das normas comunitárias em face do Direito interno dos Estados.[127] Apesar das resistências que esta ofensiva jurisprudencial sobre a soberania dos Estados sofreu,[128] suas concepções foram prevalecendo, o que pode, em parte, ser debitado às características do sistema processual da União Europeia, que abre considerável espaço para que o TJCE imponha a sua interpretação do Direito Comunitário ao Poder Judiciário dos Estados.[129]

Sem embargo, o surgimento desse constitucionalismo europeu não decorreu de nada que possa ser equiparado ao exercício do poder constituinte.[130] A constitucionalização da União Europeia vem resultando de um processo incremental, que se estende por décadas, e não de uma ruptura com o passado. Não há, por outro lado, uma mobilização

---

Tratado de Lisboa, em 2009, que a adotou, com pequenas alterações redacionais. Sobre a proteção dos direitos humanos no âmbito da União Europeia, veja-se RAMOS, André de Carvalho. *Direitos humanos na integração econômica*: análise comparativa da proteção de direitos humanos e conflitos jurisdicionais na União Européia e Mercosul. Ressalte-se que o sistema comunitário de proteção de direitos humanos, acima referido, não se confunde com aquele proporcionado pela Corte Europeia de Direitos Humanos, com base na Convenção Europeia de Direitos Humanos, adotada em 1950, e ratificada por 47 Estados. A Corte Europeia de Direitos Humanos se insere no sistema do Conselho da Europa, e não na União Europeia, composta por um número menor de Estados. Sobre esse outro sistema, veja-se PIOVESAN, Flávia. *Direitos humanos e justiça internacional*, p. 63-84.

[124] Cf. RUBIO LLORENTE, Francisco. El constitucionalismo de los Estados Integrados de Europa. *In*: RUBIO LLORENTE, Francisco. *Constituciones de los Estados de la Unión Europea*, p. XI-XXVII ("estudio preliminar").

[125] Cf. SWEET, Alec Stone. *Governing with Judges*: Constitutional Politics in Europe, p. 153-193; ALTER, Karen J. The European Court and Legal Integration: an Exceptional Story or the Harbinger to the Future?. *In*: WHITTINGTON, Keith E.; KELEMEN, R. Daniel; CALDEIRA, Gregory A. (Ed.). *The Oxford Handbook of Law and Politics*, p. 209-227.

[126] O princípio da aplicação imediata do Direito Comunitário foi formulado pelo TJCE no julgamento do caso *Van Gend en Loos v. Netherland*, decidido em 1962.

[127] O princípio da supremacia do direito comunitário em face do direito interno foi afirmado pelo TJCE no julgamento do caso *Flaminio Costa vs. E.N.E.L.*, julgado em 1964. No âmbito comunitário, esta supremacia é sustentada inclusive em relação às constituições dos Estados europeus, como decidiu o TJCE nos casos *Internationale Handelsgesellschaft*, julgado em 1970, e *Simenthal*, de 1976.

[128] Veja-se, a propósito, BERRANGER, Thibaut de. *Constitution nationales et construction communautaire*; NEVES, Marcelo. *Transconstitucionalismo*, p. 133-146. Destaque-se que, se a supremacia das normas comunitárias sobre o direito interno é questão já pacificada, o mesmo não pode se dizer a respeito da sua superioridade em face das normas constitucionais dos Estados. A aplicação do princípio da supremacia em face das normas constitucionais ainda não está equacionada, suscitando inúmeras polêmicas no Direito Constitucional de diversos países integrantes da União Europeia, e despertando reações contrárias de variadas cortes constitucionais, como a alemã, a italiana e o Conselho Constitucional francês.

[129] O principal instrumento por meio do qual o TJCE tem conseguido exercer este papel é a *preliminary reference* (questão prejudicial), prevista no art. 177 do Tratado de Roma. Trata-se de instituto que permite aos juízes dos Estados europeus — e obriga as suas cortes superiores, salvo em algumas hipóteses excepcionais —, a consultarem o TJCE sobre a interpretação correta de normas comunitárias, sempre que estas sejam aplicáveis aos casos sob a sua apreciação, ficando então vinculados à posição daquele tribunal europeu na subsequente solução do caso. Sobre o tema, cf. VINAIXA, Rosário Huesa *et al*. *Instituciones de derecho comunitario*, p. 248-262.

[130] Neste sentido, WALKER, Neil. Post-Constituent Constitutionalism?: The Case of the European Union. *In*: LOUGHLIN, Martin; WALKER, Neil. *The Paradox of Constitutionalism*: Constituent Power and Constitutional Form, p. 247-268.

cívica alimentando este processo. Ele não foi o produto de uma decisão do "povo europeu" de se dotar de uma Constituição. Até porque, como antes ressaltado, não parece possível, pelo menos no presente, falar na existência de um verdadeiro povo europeu, mesmo se não se adotar — como não adotamos — um conceito de povo dependente de um grau elevado de homogeneidade cultural. É que os vínculos que unem os cidadãos dos Estados pertencentes à União Europeia são ainda demasiadamente frágeis, e a identidade política comum entre eles não é suficientemente densa e estável para que se justifique o uso deste conceito.[131] Ainda não existe um espaço público europeu consolidado, que é condição necessária para o surgimento de um povo europeu.[132] Se o poder constituinte é titularizado pelo povo, a inexistência de um "povo" europeu compromete a pertinência da alusão ao poder constituinte no processo de criação de uma Constituição europeia.

Sob o ângulo prescritivo, pode-se lamentar a ausência do povo no processo de edificação do constitucionalismo comunitário europeu, criticando-se os déficits democráticos dessa empreitada.[133] Mas, na perspectiva descritiva, essa ausência não impede que se enxergue o fenômeno da constitucionalização comunitária, erigido, porém, sobre outras bases, seja tecnocráticas, seja, numa mirada mais otimista, identificadas com a proteção de princípios de uma cultura constitucional comum, compartilhada pelos povos europeus.[134] Como salientou Canotilho, "nada impede que surja uma 'constituição evolucionista', materialmente integradora, assente em esquemas retirados dos tratados da Comunidade Europeia e de outros tratados a criar (...) e baseada em princípios jurídicos fundamentais, *standards*, costumes, decisões jurisdicionais, constitutivos de um verdadeira *Jus Commune Europeum* e de uma autêntica cultura jurídica europeia".[135]

Em suma, existe, sim, um processo de "constitucionalização" do Direito Comunitário europeu, pelo qual este vem ganhando características *sui generis*, que se aproximam daquelas tradicionalmente atribuídas às constituições estatais. Porém, não há como vislumbrar, pelo menos até o momento, a existência de um verdadeiro poder constituinte europeu, sobretudo no sentido democrático, de um poder constituinte do povo.

6.7 O poder constituinte sem mistificações teológicas

Por conta dos problemas acima apontados na noção tradicional do poder constituinte, e diante da constatação da diversidade dos contextos em que ele se manifesta, impõe-se a conclusão de que a visão teológica e mistificadora deste poder deve ser

---

[131] Neste sentido, GRIMM, Dieter. A Europa precisa de uma Constituição?. *In*: GRIMM, Dieter. *Constituição e política*, p. 216-224.

[132] Mesmo Jürgen Habermas, um entusiasmado defensor do constitucionalismo comunitário europeu, reconhece tal problema, embora seja otimista sobre a possibilidade da sua solução. Cf. HABERMAS, Jürgen. Será que a Europa precisa de uma Constituição?. *In*: HABERMAS, Jürgen. *Era das transições*, p. 141.

[133] Veja-se, a propósito, FEATHERSTONE, Kevin. Jean Monet and the Democratic Deficit of the European Union. *Journal of Common Market Studies*, v. 32, n. 2; PECH, Laurent. L'*Union européenne*: entre déficit démocratique et "nouvelle gouvernance"; ROUYER, Muriel. Les promesses du constitutionnalisme. *Raisons Politiques*, n. 10. Rejeitando a existência de um "déficit democrático", cf. MORAVCSIK, Andrew. Le mythe du déficit démocratique européen. *Raisons Politiques*, v. 2, n. 10.

[134] Cf. HÄBERLE, Peter. El Estado Constitucional Europeo: cuestiones constitucionales. *Revista Mexicana de Derecho Consitucional*, n. 2; STERN, Klaus. La Unión Europea, en el camino hacia una comunidad de derecho constitucional. *Revista de Derecho Político*, n. 70.

[135] CANOTILHO, José Joaquim Gomes. *Direito constitucional e teoria da Constituição*, p. 1222.

abandonada. Para que seja reconhecido como legítimo, o poder constituinte deve se manifestar democraticamente e instituir um regime político comprometido com o respeito aos direitos humanos. As constituições outorgadas por ditadores e os regimes autoritários por elas instituídos cada vez mais padecem das sinas da precariedade. As evocações grandiloquentes, nesses atos de outorga, do poder constituinte do povo ou da nação carregam a marca inexpugnável da *farsa* de quem se passa por mais do que é, ao simular um momento fundacional. O debate sobre a titularidade abstrata do poder constituinte deve ceder lugar ao exame de sua manifestação concreta. O culto mistificador à "decisão constituinte" deve ser substituído pela exigência de efetiva participação popular não só no momento constitucional, mas também na interpretação da Constituição, e na luta por converter as suas promessas em realidade prática.

CAPÍTULO 7

O PODER CONSTITUINTE DERIVADO

7.1 Introdução

No capítulo anterior, discutimos extensamente o poder constituinte originário. Neste, abordaremos o poder constituinte derivado, que envolve a reforma constitucional e o poder dos entes Estados-membros de elaborarem e de modificarem as suas constituições estaduais, e, segundo alguns autores, também o dos municípios de editarem e alterarem as suas leis orgânicas.

O poder constituinte derivado, em qualquer das manifestações acima referidas, não possui as características que a doutrina tradicional atribuiu ao poder constituinte originário. Não é inicial, pois tem fundamento de validade na Constituição. Não é ilimitado, pois se submete aos limites traçados pelo poder constituinte originário, ao qual está subordinado. E não é incondicionado, uma vez que deve ser exercitado de acordo com os procedimentos ditados pela Constituição. Na verdade, como já antes ressaltado, não se trata de um verdadeiro poder constituinte, mas de um poder constituído ou instituído, que tem como características a derivação, a subordinação e o condicionamento.

No presente capítulo, trataremos, inicialmente, do poder reformador. A Constituição, como se sabe, pode ser alterada formal e informalmente. Cuidaremos agora tão somente das mudanças formais da Constituição, que importam em alteração do seu texto. As mudanças informais — conhecidas como mutações constitucionais — serão analisadas no próximo capítulo.

Na Constituição de 88, foram previstos três diferentes mecanismos para alteração formal da Constituição: as emendas constitucionais (art. 60, CF); a incorporação de tratados internacionais de direitos humanos por procedimento agravado (art. 5º, §3º, CF); e a revisão constitucional (art. 3º, ADCT), prevista para ocorrer uma única vez, e que teve curso entre outubro de 1993 e março de 1994. No presente capítulo, além de uma apreciação geral sobre o fenômeno da reforma constitucional e seus respectivos limites, analisaremos cada um destes mecanismos. Discutiremos os limites jurídicos para a reforma constitucional no Brasil, numa perspectiva que busca conciliar a dogmática constitucional com a filosofia política, explorando a jurisprudência e usando aportes do Direito Comparado.

Em seguida, estudaremos o poder constituinte decorrente dos Estados-membros, abordando criticamente a orientação que se firmou no STF sobre os seus limites, que vem esvaziando quase completamente a auto-organização desses entes federativos. O capítulo se encerra com a exposição do debate acerca da natureza de poder constituinte decorrente das leis orgânicas dos municípios.

7.2 O poder de reforma constitucional: generalidades e limitações

Como já salientado, a supremacia da Constituição impõe que as mudanças no texto constitucional sejam mais difíceis do que a elaboração da legislação ordinária. Esta exigência de rigidez constitucional possibilita o entrincheiramento das decisões do poder constituinte originário, o que serve à proteção de valores considerados fundamentais, cuja alteração ou supressão pelas maiorias é dificultada ou mesmo impedida. Contudo, seria insensato consagrar a total imutabilidade da Constituição. Primeiramente, porque essa intangibilidade seria antidemocrática, por subtrair o direito das gerações futuras de decidirem os seus próprios destinos. Em segundo lugar, porque tal opção condenaria a Constituição a uma vida curta, ou a se tornar letra morta, quando não mais correspondesse às necessidades sociais ou aos valores hegemônicos na sociedade. Num ou noutro caso, sem a possibilidade de adaptar-se às novas demandas, a Constituição acabaria perecendo antes da hora.

É nesse cenário que se insere o tema da reforma da Constituição: facilitá-la em excesso pode ser imprudente, expondo em demasia aos riscos da política princípios e direitos importantes; mas dificultá-la demais também pode ser, além de antidemocrático, contraproducente, por gerar instabilidade constitucional ou invés da desejada estabilidade. Há, na questão, uma tensão entre as demandas por mudança e permanência da Constituição. Como se verá abaixo, as soluções dadas a este problema variam no tempo e no espaço.

O tema do poder constituinte reformador tem enorme importância no Direito Constitucional brasileiro contemporâneo, não só pela sua densidade teórica, como, sobretudo, pelo seu aspecto prático, tendo em vista a frequência incomum de reformas constitucionais no Brasil. Desde a sua promulgação até outubro de 2013, a Constituição de 88 já havia sofrido nada menos que 82 alterações formais: 75 emendas, 6 emendas de revisão e a incorporação, com estatura constitucional, de um tratado internacional de direitos humanos (Convenção sobre os Direitos das Pessoas com Deficiência) com o respectivo protocolo facultativo. A média tem sido de mais de três reformas por ano. Essa elevada frequência tem duas principais causas:[1] (a) a Constituição disciplina uma

---

[1] Donald S. Lutz, em influente estudo empírico, mapeou as principais variáveis que levam à reforma constitucional. As duas primeiras que ele apontou foram, exatamente, a extensão da Constituição e a dificuldade do seu processo de reforma. Veja-se, a propósito: LUTZ, Donald S. Toward a Theory of Constitutional Amendment. *In*: LEVINSON, Sanford (Ed.). *Responding to Imperfection*: the Theory and Practice of Constitutional Amendment, p. 243-244.

ampla quantidade de assuntos, e é muitas vezes detalhista nessa regulação, o que faz com que mudanças sociais ou a alteração do equilíbrio das forças políticas provoquem frequentes anseios por modificação do texto constitucional; (b) embora a Constituição de 88 seja rígida, as exigências formais para a sua mudança, que serão adiante examinadas, não são tão difíceis de ser superadas.

É recorrente a crítica ao excesso de emendas a que se submete a nossa Constituição, a qual, por força dessas constantes alterações, teria se tornado uma verdadeira "colcha de retalhos". Não discordamos do diagnóstico de que há um excesso de reformas constitucionais no Brasil, o que pode ser prejudicial ao desenvolvimento da nossa cultura constitucional.[2] Sem embargo, com o tipo de Constituição detalhista que adotamos, e considerando o dinamismo da nossa sociedade, dificilmente haveria outra alternativa para manter em funcionamento o sistema jurídico que não envolvesse frequentes mudanças constitucionais. Se fosse muito mais difícil a sua alteração, talvez a Carta de 88 nem mais estivesse em vigor.

Ademais, a elevada frequência das emendas, embora problemática, sinaliza algo positivo no Brasil contemporâneo: que a sociedade e o sistema político rejeitam as ações feitas completamente à margem da Constituição. Por isso, os atores relevantes se mobilizam para alterá-la, sempre que isso seja necessário para a promoção da sua agenda. Fosse a Constituição desimportante, as ações políticas desejadas pelos grupos hegemônicos seriam simplesmente adotadas à sua margem, sem que os agentes interessados sequer tivessem que canalizar previamente a sua energia no afã de alterar o texto constitucional.

A imensa maioria das constituições em vigor contém as regras que disciplinam a sua própria mudança.[3] Mas nem sempre foi assim. Grande parte das constituições dos países europeus editadas no século XIX não tratava do assunto. Foi o caso do chamado Estatuto Albertino da Itália, de 1848, das Cartas francesas de 1815 e 1830 e da Constituição espanhola de 1876.[4] Naquele cenário, debatia-se se a ausência de previsão e disciplina da reforma na Constituição importava na sua imutabilidade ou na sua flexibilidade. A segunda posição, referendada pela doutrina majoritária da época, acabou prevalecendo, até por razões práticas: era politicamente inviável a imutabilidade das constituições.[5]

As constituições, ao regularem a sua própria mudança, impõem limites ao poder reformador. Tais limites podem ser de diversas naturezas: *formais*, os que dizem respeito ao procedimento necessário para alterar a Constituição e aos agentes nele envolvidos; *circunstanciais*, os que estabelecem momentos específicos, de crise institucional, em que a Constituição não pode ser modificada; *temporais*, os que preveem intervalos mínimos para mudanças na Constituição, ou impedem alterações do texto constitucional até

---

[2] Para Karl Loewenstein o sentimento de respeito tido pelo povo e pelos governantes diante de uma Constituição é fragilizado quando ela se submete a reformas constantes. Nas suas palavras, "quanto mais uma nação se identifica com a sua constituição, mais reservada ela se mostra ao uso do procedimento de reforma constitucional" (*Teoría de la Constitución*, p. 174). Donald Lutz, por sua vez, sugere que a elevada frequência de emendas constitucionais pode significar que a Constituição não é vista, na comunidade política, como uma lei superior, sendo o seu papel confundido com o da legislação ordinária. Cf. LUTZ, Donald S. Toward a Theory of Constitutional Amendment. *In*: LEVINSON, Sanford (Ed.). *Responding to Imperfection*: the Theory and Practice of Constitutional Amendment, p. 246.
[3] De acordo com Javier Perez Royo, todas as constituições escritas editadas desde 1919 contiveram ou contêm preceitos disciplinando a sua própria reforma. Cf. ROYO, Javier Perez. *Curso de derecho constitucional*, p. 179.
[4] Cf. VEGA, Pedro de. *La reforma constitucional y la problemática del poder constituyente*, p. 83.
[5] VEGA, Pedro de. *La reforma constitucional y la problemática del poder constituyente*, p. 83-87.

escoado um determinado prazo de vigência do mesmo; e *materiais*, os que vedam certas deliberações do poder constituinte derivado. Todos esses limites serão analisados neste capítulo.

Existem outras classificações atinentes aos limites ao poder de reforma constitucional. Eles podem ser *imanentes* ao sistema constitucional, ou *transcendentes* a ele.[6] Limites imanentes são aqueles positivados expressa ou implicitamente na própria Constituição. Transcendentes são os que têm sede em outro plano, como os valores suprapositivos, ou as obrigações assumidas na esfera internacional. Quanto aos limites transcendentes, eles nem sempre são aceitos. Mas quem, como nós, sustenta que existem limites até para o poder constituinte originário, deve admitir, *a fortiori*, que os mesmos também vinculam o poder reformador. Essa é uma questão teoricamente instigante, mas que não apresenta maior relevo prático na ordem constitucional brasileira vigente. É que os principais "candidatos" ao posto de limites ao poder constituinte originário — direitos humanos e democracia — foram não só acolhidos no texto constitucional de 88, como também erigidos, explícita ou implicitamente, à estatura de cláusulas pétreas, como se verá adiante. Portanto, os limites já contidos na Constituição de 88, interpretados de maneira adequada, já vedam as reformas constitucionais de inspiração autoritária que as limitações transcendentes, se admitidas, poderiam impedir.

Outra distinção existente é entre limites *expressos* ou *explícitos* e limites *implícitos* ao poder de reforma. Os primeiros estão claramente positivados no texto constitucional. Os segundos não estão, mas podem ser revelados pela via hermenêutica. Como se verá a seguir, há intenso debate na doutrina brasileira sobre a existência de limites materiais implícitos ao poder de reforma; vale dizer, sobre a existência de outras cláusulas pétreas além daquelas já previstas no art. 60, §4º, da Constituição. Finalmente, fala-se também em limites *absolutos* e limites *relativos*. Os primeiros não seriam superáveis sem ruptura da ordem constitucional. Os segundos poderiam ser ultrapassados, por meio de procedimentos ainda mais complexos do que os necessários à reforma. Este debate tem conexão com a discussão a propósito da possibilidade de "dupla revisão" na Constituição, que será adiante examinada.

No Brasil, é entendimento pacífico que os limites ao poder de reforma são juridicamente vinculantes, podendo ser objeto, inclusive, de proteção judicial, por meio do controle abstrato ou concreto de constitucionalidade. A jurisprudência do STF sobre o assunto remonta a 1926,[7] e, sob a égide da Constituição de 88, diversas emendas constitucionais já foram invalidadas no todo ou em parte pela Corte, em razão da inobservância destes limites.[8] Afinal, as normas que instituem tais limites são autênticas

---

[6] O que chamamos de limites imanentes e transcendentes, Pedro de Vega denominou de limites *heterônomos* e *autônomos* (*La reforma constitucional y la problemática del poder constituyente*, p. 240-242).

[7] HC nº 18.178, Rel. Min. Hermenegildo Barros. Julg. 1º.10.1926. *Arquivo Judiciário*, v. XVII, n. 5, p. 341. Neste caso, o STF apreciou a validade de emenda constitucional, mas a confirmou.

[8] O primeiro precedente de invalidação ocorreu no julgamento do ADI nº 937-7 (Rel. Min. Sydney Sanches. *DJ*, 18 mar. 1994), em que o STF declarou a inconstitucionalidade de dispositivos da EC nº 3/93, que instituíra o IPMF, nas partes em que autorizava a incidência do tributo no mesmo exercício da sua criação, e em que afastava determinadas imunidades tributárias. Naquele julgamento, poucos ministros se preocuparam em justificar a possibilidade de controle de constitucionalidade das emendas constitucionais, provavelmente por reputá-la óbvia. Um dos que o fez foi o Ministro Celso de Mello: "É preciso não perder de perspectiva que as emendas constitucionais podem revelar-se incompatíveis, também elas, com o texto da Constituição a que aderem. Daí a sua plena sindicabilidade jurisdicional, especialmente em face do núcleo temático protegido no art. 60, §4º, da Carta Federal (...). As cláusulas pétreas representam, na realidade, categorias normativas subordinantes que,

normas jurídicas, cuja violação não pode ser afastada do conhecimento dos tribunais. A Corte admite, inclusive, a possibilidade de controle preventivo de constitucionalidade das emendas constitucionais, a partir de mandados de segurança impetrados por parlamentares[9] — hipótese excepcional na jurisdição constitucional brasileira, que não contempla, em regra, o controle judicial preventivo de constitucionalidade. Como se verá adiante, o STF vem exercendo até com certa ousadia o controle de constitucionalidade das emendas constitucionais. Esta, porém, é uma orientação incomum no Direito Comparado, prevalecendo em poucos outros países, como na Índia.[10]

Com efeito, em países como os Estados Unidos[11] e Alemanha,[12] nunca se reconheceu a inconstitucionalidade de uma emenda constitucional. Na França, a própria possibilidade de controle foi rejeitada, em hipótese de lei voltada à alteração da Constituição, aprovada em referendo popular.[13] Entendemos que a posição do Poder Judiciário brasileiro é correta, no sentido da admissão do controle jurisdicional de constitucionalidade das reformas constitucionais. Parece-nos, contudo, que tal controle deveria ser exercitado de forma mais autocontida do que o praticado em relação às leis, tendo em vista o princípio democrático. Afinal, o quórum elevado para aprovação das reformas

---

achando-se pré-excluídas, por decisão da Assembléia Nacional Constituinte evidenciam-se como temas insuscetíveis de modificação pela via do poder constituinte derivado".
Sob a égide da Constituição de 88, a possibilidade de controle de constitucionalidade das emendas constitucionais já fora admitida pelo STF antes desse caso, no julgamento da ADI nº 830-7 (Rel. Min. Moreira Alves. Julg. 14.04.1993. *DJ*, 16 set. 1993): "Não há dúvida de que, em face do novo sistema constitucional, é o STF competente para, em controle difuso ou concentrado, examinar a constitucionalidade, ou não, de emenda constitucional — no caso a n. 2, de 25 de agosto de 1992 — impugnada por violadora de cláusulas pétreas explícitas e implícitas".

[9] O primeiro precedente é ainda anterior à Constituição de 88: MS nº 20.257, Rel. Min. Décio Miranda. Julg. 08.10.1980. *DJ*, 27 fev. 1981. Posteriormente, a orientação foi mantida, *e.g.*, MS nº 24.645/DF, Rel. Min. Celso de Mello. *DJ*, 15 set. 2003.

[10] O primeiro precedente indiano ocorreu no julgamento do caso *Golaknath v. Punjab*, decidido pela Suprema Corte do país em 1967. Sobre o ativismo judicial indiano no controle de constitucionalidade das reformas constitucionais, veja-se: SATHE. *Judicial activism in India*, p. 61-99.

[11] Nos Estados Unidos, a Suprema Corte já se pronunciou algumas vezes sobre a validade de emendas, em casos como em *Hollingsworth v. Virginia* (1798), *Hawke v. Smith* (1920), *National Prohibition Cases* (1920), *Leser v. Garnett* (1922) e *Coleman v. Miller* (1939), e jamais invalidou qualquer alteração formal da Constituição, seja por vícios formais, seja por questões materiais. Veja-se, a propósito: KOMMERS, Donald D.; FINN, John E.; JACOBSOHN, Gary J. *American constitutional law*, v. 1, p. 73-75; BRANDÃO, Rodrigo. *Direitos fundamentais, democracia e cláusulas pétreas*, p. 44-47.

[12] Na Alemanha o controle de constitucionalidade de emendas já foi suscitado três vezes no Tribunal Constitucional: em 1970, no "Caso da Privacidade de Comunicação", quando se discutiu a validade de reforma que retirara do Poder Judiciário o controle sobre interceptações nas comunicações decretadas pelo Executivo; em 1991, no "Caso da Reforma Agrária", quando se debateu a validade de emenda que dera ao Parlamento germânico, após a unificação, a possibilidade de conceder ou não indenização a pessoas que haviam sido expropriadas pela Alemanha Oriental, em programa destinado à reforma agrária; e, em 1993, no "Caso do Tratado de Maastricht", quando se discutiu a validade da emenda que permitira ao país celebrar o mencionado tratado, que possibilitou a transferência de poderes soberanos à União Europeia. Em todos esses julgamentos, a arguição de inconstitucionalidade foi rejeitada. Há consenso no sentido de que o Tribunal Constitucional alemão mantém postura de extrema deferência em relação às decisões do poder constituinte derivado. Veja-se, a propósito: VIEIRA, Oscar Vilhena. *A Constituição e sua reserva de justiça*, p. 148-159.

[13] Decisão 62-20 DC, julgada pelo Conselho Constitucional francês em 1962. A Constituição francesa não previa à época a possibilidade de que fosse alterada por meio de referendo (esta possibilidade foi prevista em lei constitucional aprovada em 1992). Não obstante, o Presidente Charles de Gaulle apresentou projeto de lei referendária, alterando a Constituição para instituir eleições diretas à Presidência da República. O referendo aprovou, por ampla maioria, a mudança desejada. O Conselho Constitucional, provocado pelo Presidente do Senado, foi chamado a se manifestar, tendo decidido pela sua incompetência para apreciação do caso. Para o Conselho, as leis aprovadas por referendo não podem ser controladas judicialmente, pois "constituem expressão direta da soberania nacional". A decisão, seguida de comentário crítico, encontra-se em: FAVOREU, Louis; PHILIP, Loïc. *Les grandes décisions du Conseil Constitutionnel*, p. 184-196.

constitucionais demanda a formação de uma ampla maioria política em favor de cada medida. Se a jurisdição constitucional, como anteriormente discutido, suscita a chamada dificuldade contramajoritária, essa é ainda mais intensa quando o controle se volta não às leis, mas às reformas constitucionais.

7.2.1 Limites formais

7.2.1.1 Generalidades e Direito Comparado

Todas as constituições rígidas contêm limites formais ao poder de reforma. Eles dizem respeito à forma como pode ser alterado o texto constitucional. Envolvem questões como: (a) quem pode propor as mudanças; (b) quem deve aprová-las; e (c) quantas votações, qual o seu intervalo, e qual o quórum necessário para que haja a aprovação da modificação na Constituição.

Os limites formais são o principal elemento para se aferir o grau de dificuldade da alteração formal de uma Constituição. É intuitivo que quanto mais difícil for o processo de mudança formal da Constituição, menor será o número de alterações aprovadas. Todavia, nem sempre a pequena quantidade de alterações formais significará a reduzida frequência das mudanças constitucionais. Em alguns casos, como o norte-americano, a dificuldade fará com que o principal mecanismo de mudança constitucional seja informal. As mutações constitucionais tendem a ser mais relevantes onde as reformas forem mais difíceis.[14]

Algumas constituições preveem procedimentos diferentes para reforma do seu texto, de acordo com o tema tratado ou com a extensão das mudanças pretendidas. As constituições brasileiras de 1824 e 1934 foram assim. Na primeira — uma Constituição semirrígida — parte do texto constitucional podia ser alterado da mesma maneira empregada para elaboração da legislação ordinária. Outra parte, relacionada "aos limites e atribuições respectivas dos Poderes Políticos, e aos direitos políticos e individuais dos cidadãos" (art. 178), demandava um processo mais complexo, em que era necessário que o legislador aprovasse uma lei autorizando a reforma, que só seria realizada na próxima legislatura.[15] Na Constituição de 1934,[16] havia uma distinção entre emenda e revisão (art. 178). A última ocorria quando as alterações fossem relativas à estrutura política do Estado ou à competência dos poderes; nos demais casos, bastava simples emenda. O procedimento era mais difícil na revisão do que na emenda, seja no que tange ao poder de iniciativa — mais restrito —, seja no que concerne à necessidade de aprovação da mudança na legislatura subsequente. A Constituição espanhola também consagra similar distinção, entre a *reforma* e a *revisão* constitucional (arts. 167 e 168). A reforma é a regra geral, demandando um quórum de aprovação de 3/5 de cada uma das casas do Legislativo. A revisão, que ocorre quando se pretende uma mudança total da Constituição, ou de determinadas partes específicas da mesma — os princípios gerais, contidos no Título Preliminar, os direitos fundamentais e as normas que tratam

---

[14] Veja-se, a propósito, o Capítulo 8.
[15] Veja-se, a propósito, o item sobre a Constituição de 1824, no capítulo sobre a trajetória histórica do constitucionalismo brasileiro.
[16] Veja-se, sobre o tema, o item sobre a Constituição de 1934, no capítulo sobre a trajetória histórica das constituições brasileiras.

da Coroa —, demanda a aprovação por 2/3 de ambas as casas do Legislativo, seguida de dissolução das mesmas, com nova aprovação, mais uma vez por 2/3 de cada casa parlamentar, realizada após as eleições. Depois disso, há ainda a necessidade de aprovação da revisão por referendo. Outras constituições, como a da Suíça (arts. 118-123), Áustria (art. 44), Costa Rica (arts. 195 e 196), Venezuela (arts. 341 a 346), Bolívia (art. 411) e Equador (arts. 441 e 442) também adotam este tipo de diferenciação.

Em geral, as reformas constitucionais são aprovadas pelo Poder Legislativo. Algumas constituições exigem que duas legislaturas subsequentes concedam essa aprovação. Além dos casos da Constituição brasileira de 1824 e 1934 (na revisão), e espanhola (na revisão), acima mencionados, tal exigência também consta da atual Constituição da Grécia (art. 110) e da Islândia (art. 79). A Constituição francesa de 1791 ia ainda mais longe, exigindo a aprovação das reformas por *três* legislaturas subsequentes (Título VII, 2). Outras constituições preveem que, ao invés do Poder Legislativo, as reformas devem ser aprovadas por uma convenção especialmente convocada para tal fim. Foi o caso das constituições francesas de 1793 (arts. 115 a 117) e 1848 (art. 111), e é o caso da atual Constituição da Argentina (art. 30).[17]

O quórum de deliberação necessário para alteração da Constituição varia bastante. Nas constituições brasileiras ele oscilou: na Carta de 1824 (art. 178), exigia-se maioria absoluta para temas que fossem "materialmente constitucionais", bastando a maioria simples nos outros casos. Na Constituição de 1891, passou-se a demandar o voto de 2/3 dos deputados e senadores (art. 90). Nas constituições de 1934 (art. 178), 1946 (art. 217) e 1967 (art. 51) impunha-se a aprovação das alterações por maioria absoluta. Na Carta de 1937 (art. 174), bastava a maioria simples, se o projeto fosse apresentado pelo Presidente da República, exigindo-se a maioria absoluta se ele proviesse da Câmara dos Deputados. Sob a égide da Constituição de 1969 (ou EC nº 1 à Constituição de 67), exigia-se, inicialmente, a aprovação das emendas por 2/3 dos deputados e senadores (art. 48). Esse quórum foi reduzido para maioria absoluta pela EC nº 8/77, voltando a ser de 2/3 dos parlamentares de cada casa congressual com a Emenda nº 22/82. A Constituição de 1988, como se verá adiante, prevê a necessidade de aprovação das emendas por 3/5 dos deputados e senadores (art. 60, §2º). No Direito Comparado há também grandes variações sobre o tema. Na Alemanha (art. 78.2), Portugal (art. 286), Bélgica (art. 195) e Índia (art. 368), por exemplo, o quórum é de 2/3 dos parlamentares. Já no Chile (art. 116), e na França (art. 89) — nesta, nos casos em que não houver referendo —, se exige o voto de 3/5 dos membros de cada casa legislativa. Uma das soluções mais rígidas foi dada pela Constituição de Liechtenstein (art. 111), em que as mudanças constitucionais têm de ser aprovadas no parlamento por unanimidade, ou, na sua falta, por 3/4 dos parlamentares, em duas sessões consecutivas.

Há também constituições que demandam, além da aprovação da emenda pelo Legislativo, o seu endosso pelo próprio povo, por referendo. Na Suíça, por exemplo, as reformas constitucionais, totais ou parciais, devem ser aprovadas em referendo não só pelo povo nacional, como também pelo povo de mais da metade dos cantões (arts. 140(1) e 142).

---

[17] A Constituição argentina prevê que a necessidade da reforma deve ser declarada pelo Congresso, pelo voto de 2/3 dos seus membros. Diante dessa declaração (que, na prática, é exteriorizada por meio de uma lei), convoca-se a convenção, cujos membros são eleitos pelo povo, com mandato exclusivo para realizar a reforma autorizada pelo Congresso. Veja-se, a propósito: RUIZ, Marta V. de. *Manual de la Constitución Nacional*, p. 204-208.

A exigência da aprovação das reformas constitucionais em referendo também figura na Constituição do Japão (art. 96), da Austrália (art. 128), da Irlanda (arts 46 e 47), da Venezuela (arts. 341 e 345), da Bolívia (art. 411) e do Equador (art. 442), dentre outras. Há também Estados em que o referendo é exigido pela Constituição apenas para reformas mais amplas ou profundas da Constituição, como Áustria (art. 44) e Espanha (art. 168). Em outros, o referendo pode ser exigido por um determinado número de parlamentares ou cidadãos, como ocorre na Itália (1/5 dos membros de uma das casas legislativas ou 500.000 eleitores podem demandar o referendo – art. 138). Há, ainda, constituições que preveem o referendo como uma das formas de mudança constitucional, contemplando, porém, outras possibilidades: é o caso da Constituição francesa (art. 85) e da colombiana (arts. 374 a 378). Previsão *sui generis* de manifestação popular sobre reformas constitucionais existia na Constituição brasileira de 1937 (art. 174).[18] Nas reformas propostas pelo Presidente da República e não aprovadas pelo Legislativo, o primeiro podia convocar um plebiscito para que o povo decidisse definitivamente sobre a questão. Já nas reformas propostas pelo Legislativo, se houvesse discordância do Presidente, esse poderia devolver o texto à Câmara, para que fosse submetido a nova deliberação nas duas casas parlamentares durante a legislatura subsequente. Se a medida fosse de novo aprovada, podia o Presidente convocar um plebiscito, para o povo que desse a última palavra sobre a questão.

Em diversos Estados federais, exige-se aprovação das emendas não só por órgãos nacionais, como também pelos Estados-membros.[19] Isso ocorre, por exemplo, nos Estados Unidos, em que 3/4 dos Estados devem aprovar a emenda constitucional, pelos seus poderes legislativos ou por convenções especialmente convocadas para tal finalidade (art. 5); no México (art. 135), em que se exige a aprovação da maioria das legislaturas estaduais para as reformas; na Suíça, em que há necessidade de aprovação das mudanças por referendos em mais da metade dos cantões (art. 142); na Austrália, em que também se exige esta aprovação pelos eleitores de mais da metade das províncias (art. 128); e no Canadá (art. 38(1)), em que se impõe a aprovação das alterações pelos Legislativos de 2/3 das províncias cuja população, de acordo com o último censo, seja superior a 50% da população nacional.

Constata-se, portanto, que há enorme variedade na matéria. No próximo subitem, examinar-se-á mais detidamente os limites formais ao poder de emenda na Constituição de 1988. O procedimento atinente à incorporação dos tratados de direitos humanos com estatura constitucional e à revisão constitucional serão analisados em itens específicos.

7.2.1.2 Os limites formais às emendas na Constituição de 88

Os limites formais estão positivados no art. 60, *caput* e parágrafos 2º e 3º, do texto constitucional. O primeiro diz respeito ao poder de iniciativa. Enquanto os projetos de lei

---

[18] Porém, como ressaltado no capítulo que trata da história das constituições brasileiras, todas as mudanças realizadas no texto da Constituição de 1937 foram feitas unilateralmente, pelo Presidente da República, tendo em vista que o Congresso se encontrava fechado.

[19] Tal exigência não se confunde com a necessidade de aprovação das reformas pelo Senado, que é tido nas federações como órgão de representação dos Estados no legislativo nacional, de acordo com a teoria constitucional convencional.

podem, em regra, ser apresentados individualmente pelo parlamentar,[20] a Constituição confere *iniciativa* para propor emendas à Constituição *a um terço*, no mínimo, dos membros da *Câmara dos Deputados* ou do *Senado Federal* (art. 60, I); ao *Presidente da República* (art. 60, II); e a *mais da metade das Assembleias Legislativas* das unidades da Federação, manifestando-se, cada uma delas, pela maioria relativa de seus membros (art. 60, III). Para que seja apresentado projeto de emenda à Constituição é necessário que haja uma percepção minimamente difundida de que a Constituição deva mudar. Mesmo que um parlamentar isolado adote o desafio de propor uma emenda, como muitas vezes ocorre, deve dialogar com seus pares e colher o número de assinaturas necessário para que o projeto seja recebido e se deflagre o processo legislativo. Se o projeto for apresentado pelo Presidente da República, por um terço dos deputados federais ou por mais da metade das assembleias legislativas, o processo legislativo se inicia na Câmara. Se for apresentado por senadores, começa no Senado.[21] A iniciativa das emendas à Constituição Federal é *comum*. Diferentemente do que ocorre com as leis ordinárias e complementares, não há casos de iniciativa privativa para a reforma constitucional.

A concepção mais tradicional, majoritária na doutrina, é no sentido de que o elenco daqueles que podem deflagrar o processo legislativo de emenda à Constituição é taxativo. Todavia, um setor da doutrina,[22] ao qual também nos filiamos, sustenta que também seria possível a apresentação de proposta de emenda à Constituição por meio da iniciativa popular, observadas as condições previstas no art. 61, §2º, da Constituição.[23] É verdade que o parágrafo em questão está inserido em artigo que cuida do processo legislativo das leis ordinárias e complementares, e não naquele que disciplina a reforma constitucional. Contudo, a substância deve ter precedência sobre a forma e o argumento topológico não parece, nesta questão, definitivo. Sendo o povo o titular do poder constituinte, não deve ser ele privado da faculdade de deflagrar, diretamente, o processo de mudança da sua Constituição. Uma interpretação da Constituição de 88 atenta ao seu profundo compromisso com a democracia e com a soberania popular respalda esse entendimento. Até agora, não houve nenhuma proposta de emenda constitucional popular.

A regra mais importante para a finalidade de manter a rigidez constitucional dispõe sobre a *maioria* exigida para a aprovação de emendas. Enquanto os projetos de lei ordinária são aprovados por maioria simples (art. 47) e os projetos de lei complementar por maioria absoluta (art. 69), a proposta de emenda, depois discutida e votada em cada Casa do Congresso Nacional, em dois turnos, considera-se aprovada apenas se obtiver, em ambos, 3/5 dos votos dos respectivos membros (art. 60, §2º). O quórum, portanto,

---

[20] De acordo com o art. 61 da Constituição Federal, "a iniciativa das leis complementares e ordinárias cabe a qualquer membro ou Comissão da Câmara dos Deputados, do Senado Federal ou do Congresso Nacional, ao Presidente da República, ao Supremo Tribunal Federal, aos Tribunais Superiores, ao Procurador-Geral da República e aos cidadãos, na forma e nos casos previstos nesta Constituição".

[21] O STF já se manifestou no sentido de que não é inconstitucional a emenda, proposta por senadores, cuja tramitação tenha se iniciado no Senado: "O início da tramitação da proposta de emenda no Senado Federal está em harmonia com o disposto no art. 60, inciso I, da Constituição Federal, que confere poder de iniciativa a ambas as Casas Legislativas" (ADI nº 2.031/DF, Rel. Min. Ellen Gracie. *DJ*, 17 out. 2003).

[22] Cf. SILVA, José Afonso da. *Curso de direito constitucional positivo*, 5. ed., p. 56-57; LENZA, Pedro. *Direito constitucional esquematizado*, p. 451-452.

[23] O art. 61, §2º, estabelece: "A iniciativa popular pode ser exercida pela apresentação à Câmara dos Deputados de projeto de lei subscrito por, no mínimo, um por cento do eleitorado nacional, distribuído em pelo menos cinco Estados, com não menos que três décimos por cento dos eleitores de cada um deles".

não se refere ao número de parlamentares presentes em cada sessão de votação, mas ao número dos integrantes de cada casa legislativa.

Mesmo assim, não se trata de uma exigência tão difícil de ser superada. A maior parte dos governos formados depois de 88 logrou articular coalizões de apoio no Congresso até mais amplas. Nada obstante, a amplitude dessas coalizões não tem bastado para assegurar aos governos a possibilidade de promoverem com conforto e tranquilidade as mudanças constitucionais postuladas por suas agendas políticas. É que, apesar de amplas, tais coalizões não têm primado pela coesão, o que faz com que cada reforma tenha que ser arduamente negociada com muitos partidos e diferentes forças políticas.

É regra geral do processo legislativo o turno único (art. 65). Mas, para a aprovação de emendas, exige-se que a votação ocorra em *dois turnos*: cada casa deve aprovar duas vezes a mudança constitucional. O objetivo dessa previsão é promover mais debate, negociação e reflexão em cada processo de reforma, dando-se aos parlamentares e partidos a chance de amadurecerem a sua opinião sobre o tema, e, eventualmente, até mudarem de posição entre uma e outra votação, o que se justifica em vista da relevância de qualquer alteração constitucional. Para que isso possa ocorrer, é necessário que haja um intervalo mínimo entre as votações. O Regimento Interno da Câmara dos Deputados prevê que tal interstício deve ser de, no mínimo, 5 sessões (art. 203, §6º), e o Regimento Interno do Senado fala em pelo menos 5 dias úteis de intervalo (art. 362). Daí por que nos parece inconstitucional o expediente empregado no processo de elaboração de algumas emendas, em que os dois turnos de votação numa casa legislativa acontecem no mesmo dia, um imediatamente em seguido do outro. Não se trata, portanto, de mera violação regimental, mas de artifício francamente incompatível com a finalidade constitucional da exigência da votação em dois turnos, que resulta em inconstitucionalidade formal da emenda. Esta, porém, não foi a orientação do STF, que considerou que haveria neste vício mera violação ao regimento interno de casa legislativa, insuscetível de controle pelo Poder Judiciário.[24]

Quando qualquer das casas promover mudanças no texto da proposta de emenda que lhe alterem o sentido, a outra casa deverá necessariamente se pronunciar sobre a modificação.[25] Tem-se entendido que quando as mudanças forem meramente redacionais, ou seja, não importarem em alteração do "sentido normativo" anterior, não é necessário o retorno do projeto para a outra casa.[26] Nem a Câmara nem o Senado tem qualquer primazia na elaboração das emendas: é preciso que as duas casas se ponham integralmente de acordo sobre o conteúdo da reforma constitucional, para que essa seja aprovada. Nesse ponto, há uma diferença entre o processo legislativo das leis e o das emendas constitucionais: naquelas, a casa iniciadora do processo legislativo — geralmente a Câmara dos Deputados — detém certa primazia sobre a casa revisora,

---

[24] ADI nº 4.357, Rel p/ acórdão Min. Luiz Fux. Julg. 14.03.2013.

[25] "(...) densa plausibilidade da argüição de inconstitucionalidade de norma atributiva de competência transitória para a hipótese de não se efetivarem a tempo, na forma do texto permanente, as indicações ou escolhas dos membros do Conselho Nacional do Ministério Público, por inobservância do processo legislativo previsto no §2º do art. 60 da Constituição da República, dada a patente subversão do conteúdo da proposição aprovada pela Câmara dos Deputados, por força de emenda que lhe impôs o Senado, e afinal se enxertou no texto promulgado" (ADI nº 3.472-MC, Rel. Min. Sepúlveda Pertence. Julg. 28.04.2005. *DJ*, 24 jun. 2005).

[26] "Não precisa ser reapreciada pela Câmara dos Deputados expressão suprimida pelo Senado Federal em texto de projeto que, na redação remanescente, aprovada de ambas as Casas do Congresso, não perdeu sentido normativo" (ADI nº 3.367, Rel. Min. Cezar Peluso. Julg. 13.04.2005. *DJ*, 22 set. 2006).

porque lhe assiste o poder de dar a última palavra sobre as emendas introduzidas por essa (art. 65, Parágrafo único, CF). Já nas emendas constitucionais o mesmo não ocorre.

A emenda, uma vez aprovada, é *promulgada pelas Mesas da Câmara dos Deputados e do Senado Federal*, com o respectivo número de ordem (art. 60, §3º). No caso dessa regra, o procedimento é mais simples do que o previsto para a edição das leis, já que o projeto aprovado no Congresso não é submetido a sanção ou veto do Presidente da República.

7.2.2 Os limites circunstanciais

Os limites circunstanciais ao poder de reforma visam a impedir que se aprovem mudanças constitucionais em contextos de grave crise institucional, em que provavelmente não existiria a tranquilidade necessária para a adoção de medida de tamanha importância. Na história constitucional brasileira, muitas reformas foram promovidas nesses períodos de crise: a única emenda à Constituição de 1891 foi aprovada em 1926, quando vigia o estado de sítio no país; as reformas realizadas na Constituição de 1937 foram promovidas sob estado de emergência, com o Congresso fechado; a Emenda Constitucional nº 1/69 — para nós, uma nova Constituição —, e também as Emendas nº 7 e nº 8/77 — conhecidas como o "Pacote de abril" do governo Geisel —, foram impostas pelo Executivo, com o Congresso mais uma vez fechado, com base nos poderes concedidos pelo AI-5.

Apesar disso, algumas constituições brasileiras anteriores previram limites circunstanciais para reformas: as constituições de 1934 (art. 178, §4º), 1946 (art. 50, §2º), 1967 (art. 50, §2º) e 1969 (art. 47, §2º) vedaram-nas na vigência do estado de sítio. Outros sistemas constitucionais também instituíram limites circunstanciais ao poder de reforma. A Constituição portuguesa, por exemplo, veda o seu exercício durante o estado de sítio ou de exceção (art. 289), e a espanhola o proíbe em tempos de guerra, estado de alarme, de exceção e de sítio (art. 169). Na França, interditou-se a mudança da Constituição quando "ameaçada a integridade do território" (art. 89), e, na Bélgica, as reformas foram vedadas nos períodos de guerra, ou em que haja impedimento para livre reunião das câmaras (art. 196), além de terem sido substancialmente limitadas nos momentos de regência (art. 197).

A Constituição de 88 vedou a reforma constitucional "na vigência de intervenção federal, estado de sítio e estado de defesa" (art. 60, §1º). Desde a promulgação da Constituição, nenhuma destas situações de crise foi formalmente decretada.

Ressalte-se, finalmente, que o limite circunstancial que veda a emenda durante a intervenção federal é muitas vezes apontado como uma das causas da não decretação de intervenções no país, em contextos em que dita medida se afiguraria pertinente. É que a intervenção federal depende, em regra, da iniciativa do Presidente da República, e os governos costumam possuir uma agenda de reformas constitucionais que desejam implementar, que seria obstada pela decretação da intervenção.

7.2.3 Limites temporais

Os limites temporais são instituídos para conferir maior estabilidade à Constituição, impedindo ou dificultando mudanças prematuras em seu texto, antes que tenha decorrido um tempo mínimo para que a ordem constitucional possa ser avaliada, ou impondo intervalos mínimos para tais alterações, de modo a evitar uma frequência excessiva de reformas constitucionais. Tais limites não são muito frequentes nas constituições.[27]

A Constituição francesa de 1791 vedou qualquer mudança nos seus primeiros quatro anos de vigência. A Constituição brasileira de 1824 também impediu alterações no seu texto nos quatro anos seguintes à sua outorga (art. 174). Os textos constitucionais brasileiros subsequentes não consagraram limitações dessa mesma natureza. A atual Constituição portuguesa proibiu reformas durante a primeira legislatura, cujo prazo foi também de quatro anos (arts. 286 c/c 174). Tal Constituição, por outro lado, previu a possibilidade de convocação de revisões periódicas de seu texto, a cada cinco anos, pelo quórum de 2/3 dos deputados (art. 284.1). Fora desse intervalo, as mudanças constitucionais são até possíveis, mas extremamente difíceis, pois dependem da convocação de uma revisão extraordinária, por maioria de 4/5 dos deputados (art. 284.2).

A Constituição de 88 consagrou um limite temporal em relação às emendas constitucionais, contido no art. 60, §5º, que determinou que "a matéria constante de emenda rejeitada ou havida por prejudicada não pode ser objeto de nova proposta na mesma sessão legislativa". Dito preceito se inspira no objetivo de racionalização do processo legislativo.[28] Vale recordar que a sessão legislativa corresponde ao período anual de funcionamento do Congresso Nacional, estando disciplinada no art. 57 da Constituição. O STF já assentou que a rejeição ao substitutivo de um projeto de emenda não impede que o projeto original seja apreciado na mesma sessão legislativa.[29]

A Constituição também impôs uma limitação temporal para a revisão constitucional, ao estabelecer que a essa seria realizada "após cinco anos, contados da promulgação da Constituição".[30] Aqui, o prazo foi fixado para possibilitar que houvesse o tempo mínimo suficiente para uma avaliação sobre os méritos e deméritos das normas constitucionais promulgadas em 88.

O STF foi provocado a manifestar-se sobre a validade da EC nº 2/92, que antecipou, de 7 de setembro de 1993 para 21 de abril de 1993, a data do plebiscito fixada pelo art. 2º do ADCT, para que povo brasileiro decidisse sobre a forma (república ou monarquia constitucional) e o sistema de governo (parlamentarismo ou presidencialismo) que deveriam vigorar no país.[31] Um dos argumentos contrários à dita antecipação era o de que o preceito do ADCT alterado teria estabelecido um limite temporal para o poder constituinte derivado, sendo por isso insuscetível de reforma. O argumento

---

[27] Cf. SAMPAIO, Nelson de Souza. *O poder de reforma constitucional*, p. 78; LOPES, Maurício Antonio Ribeiro. *Poder constituinte reformador*, p. 142.

[28] Cf. BARROSO, Luís Roberto. *Curso de direito constitucional contemporâneo*: os conceitos fundamentais e a construção do novo modelo, 2. ed., p. 151.

[29] "É de ver-se, pois, que tendo a Câmara dos Deputados apenas rejeitado o substitutivo e não o projeto que veio por mensagem do Poder Executivo, não se cuida de aplicar a norma do art. 60, §5º, da Constituição. Por isso mesmo, afastada a rejeição do substitutivo, nada impede que se prossiga na votação do projeto originário. O que não pode ser votado na mesma sessão legislativa é a emenda rejeitada ou havida por prejudicada, e não o substitutivo, que é uma subespécie do projeto originário proposto" (MS nº 22.503-3/DF, Rel. Min. Maurício Corrêa. *DJ*, 06 jun. 1997).

[30] A revisão constitucional, que será analisada adiante, foi prevista na Constituição no art. 3º do ADCT, que facultou a aprovação de reformas constitucionais, em dado período, de forma mais fácil, por deliberações unicamerais do Congresso Nacional, tomadas por maioria absoluta.

[31] ADI nº 830-7, Rel. Min. Moreira Alves. Julg. 14.04.1993. *DJ*, 16 set. 1993. Foram votos vencidos no julgamento os Ministros Sepúlveda Pertence, Marco Aurélio e Carlos Mário Velloso.

foi rechaçado pela Corte, por maioria, que considerou que a data do plebiscito não configurava limite temporal ao poder reformador, uma vez que dita consulta popular seria apenas uma *fase preparatória* para a revisão da Constituição, a ser realizada logo em seguida. Para o STF, apenas o prazo para revisão configuraria limite temporal ao poder reformador, mas não a data do plebiscito.[32]

7.2.4 Limites materiais: as "cláusulas pétreas"
7.2.4.1 Generalidades

Os limites materiais ao poder de reforma subtraem do alcance do poder constituinte reformador determinadas decisões. Tais limites representam o máximo entrincheiramento das normas jurídicas, que são retiradas do alcance até mesmo das maiorias qualificadas necessárias à aprovação de mudanças constitucionais. De acordo com a teoria convencional, reverter alguma decisão salvaguardada por um limite material só seria possível por meio de uma ruptura, decorrente de nova manifestação do poder constituinte originário. A doutrina brasileira vem chamando esses limites de *cláusulas pétreas*. Na Alemanha, eles são conhecidos como *cláusulas de eternidade*.

Até a II Guerra Mundial, não era frequente a previsão de cláusulas pétreas nas constituições. Contribuía para isso o fato de que, até então, o pensamento constitucional dominante não distinguia claramente o poder constituinte originário do poder reformador. Dentre as exceções, figura a Constituição francesa de 1875, que, em preceito inserido em 1884, vedou reformas que pudessem atingir a forma republicana de governo. A Constituição norte-americana de 1787 também continha regra, já exaurida, que combinava limitação material e temporal ao poder de reforma, ao proibir a edição de emenda, até o ano de 1808, que abolisse a importação de escravos. Tal Constituição, ademais, estabeleceu que eventual emenda que alterasse a igual participação dos Estados no Senado só poderia ser adotada com a concordância dos Estados afetados.

Após a II Guerra Mundial, cresceu a desconfiança diante dos possíveis abusos cometidos pelas maiorias políticas, o que serviu para a popularização dos limites materiais ao poder de reforma. Além disso, a experiência negativa com a Constituição alemã de Weimar, que não continha cláusulas pétreas, contribuiu para a difusão das referidas limitações. Como se sabe, a Constituição de Weimar foi formalmente alterada em 1933, por meio do famigerado "Ato de Habilitação", que concedeu poderes quase absolutos a Adolf Hitler, permitindo que o seu governo editasse leis, sem submetê-las ao Parlamento, que poderiam inclusive modificar a própria Constituição. É evidente

---

[32] No voto do Ministro Moreira Alves, registrou-se: "A data que, no art. 2º do ADCT, se estabeleceu para o plebiscito — 7 de setembro de 1993 — indica, claramente, que, com ela, se visa a vincular essa decisão ao procedimento de reforma previsto no art. 3º do ADCT. Essa data, porém, é uma limitação temporal ao próprio procedimento de revisão em si mesmo? Parece-me evidente que não. Ela diz respeito a uma fase preparatória do procedimento, ainda que condicionante para ele, no tocante à alteração dessas matérias. Mas estando a revisão limitada temporalmente pelo art. 3º, a limitação temporal que não pode ser modificada por emenda é esta e não a da fase preparatória para ela no tocante à forma e ao sistema de governo". O argumento foi redarguido no voto vencido do Ministro Sepúlveda Pertence, que, após destacar que as normas que consagram os limites temporais ao poder de reforma consubstanciam cláusulas pétreas implícitas, argumentou: "Logo, se o plebiscito é o procedimento constitucional estabelecido para a tomada de decisões fundamentais, inafastáveis na revisão subsequente, parece-me evidente que esse plebiscito integra o próprio momento das definições constitucionais encomendadas ao processo global de revisão da Constituição previsto para este ano".

que a presença de cláusulas pétreas na Constituição de Weimar não seria suficiente para impedir o advento do nazismo. Sem embargo, a existência de limites materiais ao poder de reforma pelo menos evitaria que o totalitarismo pudesse se instalar no poder sob o manto, pelo menos formal, de uma Constituição.

Dentre as constituições contemporâneas que consagram cláusulas pétreas, especialmente influente é a Lei Fundamental alemã de 1949, que salvaguardou uma série de princípios, dentre os quais a dignidade da pessoa humana, o federalismo, o Estado Social e Democrático de Direito, a aplicabilidade imediata dos direitos fundamentais, a soberania popular e o direito de resistência (art. 79.3). As constituições italiana (art. 139) e francesa (art. 91) impediram mudanças constitucionais referentes ao regime republicano. A Constituição da Grécia, além de entrincheirar o regime "republicano parlamentar", ainda salvaguardou uma série de direitos fundamentais, como a dignidade da pessoa humana, a igualdade e a liberdade religiosa e de consciência (art. 110). Especialmente amplo é o elenco de cláusulas pétreas contido na Constituição portuguesa de 1976 (art. 288), que foi além da consagração de princípios e direitos fundamentais, para abranger até decisões sobre a ordem econômica.[33]

No Brasil, a previsão constitucional de limites materiais ao poder de reforma ocorreu em todas as nossas constituições republicanas, com exceção da Carta de 1937. Na Constituição de 1891, eram imodificáveis "a forma republicana federativa" e a "igualdade da representação dos Estados no Senado" (art. 90, §4º). As constituições de 1934 (art. 178, §5º), 1946 (art. 217, §6º), 1967 (art. 51) e 1969 (art. 47, §1º, e 48) salvaguardaram expressamente tão somente a República e a Federação. Já a Constituição de 88 tratou do tema do seu art. 60, §4º: "Não será objeto de deliberação a proposta de emenda tendente a abolir: I - a forma federativa de Estado; II - o voto direto, secreto, universal e periódico; III - a separação dos Poderes; IV - os direitos e garantias individuais". Adiante, comentaremos cada um desses limites, expondo a forma com a jurisprudência do STF os vem interpretando. Trata-se de elenco mais amplo do que os anteriores, que incorpora ao núcleo imodificável da Constituição os mais importantes compromissos da ordem constitucional vigente: direitos fundamentais e democracia.

De todo modo, não há dúvida de que o tema das cláusulas pétreas é extremamente complexo. Do ponto de vista prático, há quem argumente que os limites materiais só têm alguma serventia em momentos de normalidade, quando podem representar "uma luz vermelha útil frente a maiorias parlamentares desejosas de emendas constitucionais", mas que, em cenários de crise, não seriam mais que "pedaços de papel varridos pelo

---

[33] Os limites materiais, previstos no art. 288 da Constituição portuguesa, são os seguintes: "a) a independência nacional e a unidade do Estado; b) a forma republicana de governo; c) a separação das Igrejas do Estado; d) os direitos, liberdade e garantias dos cidadãos; e) os direitos dos trabalhadores, das comissões de trabalhadores e das associações sindicais; f) a coexistência do sector público, do sector privado e do sector cooperativo e social de propriedade dos meios de produção; g) a existência de planos econômicos no âmbito de uma economia mista; h) o sufrágio universal, directo, secreto e periódico na designação dos titulares electivos dos órgãos de soberania, das regiões autônomas e do poder local, bem como o sistema de representação proporcional; i) o pluralismo de expressão e organização política, incluindo partidos políticos, e o direito de oposição democrática; j) a separação e independência dos órgãos de soberania; l) a fiscalização de constitucionalidade por acção ou por omissão de normas jurídicas; m) a independência dos tribunais; n) a autonomia das autarquias locais; n) a autonomia político-administrativa dos arquipélagos dos Açores e da Madeira". Tal elenco tem a redação que lhe foi estabelecida pela revisão constitucional realizada no ano de 1989. Antes dessa revisão, havia outras cláusulas pétreas de inspiração socialista, estabelecendo "a apropriação colectiva dos principais meios de produção e solo", "a planificação democrática da economia" e a "participação das organizações populares de base no exercício do poder local".

vento da realidade política".[34] Sob uma perspectiva mais filosófica, a questão envolve diretamente o debate sobre a democracia intergeracional. Trata-se da discussão sobre a legitimidade do ato da geração presente no momento constituinte, de tomar decisões irreversíveis pelas gerações futuras, a não ser por meio de ruptura institucional. Os adversários das cláusulas pétreas argumentam que não seria legítimo permitir que a geração constituinte "governasse do túmulo" a vida futura da Nação. Há, porém, visões mais favoráveis aos limites materiais ao poder de reforma, que buscam justificá-los a partir de diversos argumentos, que serão abaixo sintetizados.

No cenário constitucional brasileiro, alguém poderia sustentar que essa é uma discussão estéril, na medida em que as cláusulas pétreas foram expressamente positivadas pela Constituição Federal. O tema, sob esse ângulo, seria relevante apenas no momento de elaboração da Constituição. Promulgada essa, caberia tão somente respeitar os limites materiais que ela estabeleceu. Não nos parece que seja assim. Não se discute a força jurídica dos limites materiais previstos no texto constitucional. Negar-lhes eficácia seria ignorar o caráter normativo da Constituição. Contudo, dependendo da posição que se adote sobre a sua justificação, é possível aderir a posições radicalmente diferentes sobre a forma como devem ser interpretadas e aplicadas as cláusulas pétreas. Por isso, e considerando que os limites materiais ao poder de reforma foram positivados na Constituição de 88 por meio de enunciados normativos bastante genéricos, que comportam múltiplas leituras, torna-se importante discutir as principais linhas teóricas de justificação das cláusulas pétreas.

7.2.4.2 Algumas linhas de justificação dos limites materiais ao poder de reforma

O tema das cláusulas pétreas tem direta relação com o debate sobre as maneiras de relacionar o *constitucionalismo* com a *democracia*. Há quem aponte a impossibilidade de plena conciliação entre os valores correspondentes a esses dois pilares da política moderna.[35] Ao invés de afirmação soberana do poder popular, a Constituição, por positivar as instituições típicas do liberalismo, serviria justamente para limitá-lo.[36] Mas, mesmo que se considere que o ato constituinte significa uma afirmação soberana do poder popular, a incompatibilidade com a democracia persistiria: a Constituição vincula as gerações futuras, as quais passam a se submeter a decisões que não tomaram. O problema se agrava quando o constituinte derivado se subordina a limites materiais, os quais compõem o núcleo imutável da Constituição: além de ser governado por normas que não criaram, as gerações futuras não podem modificá-las sequer por maiorias qualificadas. Ademais, com o estabelecimento de cláusulas pétreas, torna-se mais grave a chamada dificuldade contramajoritária, que costuma ser mencionada para deslegitimar a prerrogativa judicial de declarar a inconstitucionalidade das leis.[37] É que a definição

---

[34] LOEWENSTEIN, Karl. *Teoría de la Constitución*, p. 192.
[35] CONSTANT, Benjamin. De la liberté des anciens comparée a celles des modernes. *In*: CONSTANT, Benjamin. *Écrits politiques*; BERLIN, Isaiah. Dois conceitos de liberdade. *In*: BERLIN, Isaiah. *Estudos sobre a humanidade*: uma antologia de ensaios; SCHMITT, Carl. *Parlamentarisme et démocratie*.
[36] Cf. NEGRI, Antonio. *O poder constituinte*: ensaio sobre as alternativas da modernidade.
[37] Veja-se, a propósito, o Capítulo 1.

dos limites materiais ao poder de reforma pode depender de atividade judicial construtiva, que não se reduza à mera declaração da vontade do poder constituinte originário. Assim — continua a crítica — as cláusulas pétreas, ao menos nos "casos difíceis", possibilitariam que juízes não eleitos derrubassem decisões de maiorias qualificadas do povo com base nos seus próprios valores e preferências.

A objeção merece ser seriamente enfrentada. Com esse objetivo, vários argumentos têm sido formulados em favor das cláusulas pétreas. Aqui, examinaremos alguns dos principais, que são: (a) o da superioridade do poder constituinte sobre os poderes constituídos, pela *origem popular* do primeiro; (b) o da *identidade constitucional*; (c) o *procedimental*; (d) o do *pré-compromisso*; e (e) o do *neocontratualismo*.[38]

(a) O argumento mais tradicional em favor das cláusulas pétreas é o de que a sua criação decorre de uma decisão do próprio povo, na qualidade de titular do poder constituinte. Os representantes do povo, no exercício de poderes constituídos, têm de se curvar a esta decisão, pois os mandatários devem se submeter à vontade dos seus mandantes. De acordo com as categorias do *dualismo constitucional* de Bruce Ackerman,[39] há "momentos constitucionais" em que o povo se mobiliza intensamente, e outros, de política ordinária, em que a cidadania se recolhe, com os políticos eleitos atuando em seu nome. Nesses momentos ordinários da vida pública, as decisões do povo, tomadas nos momentos constitucionais, devem ser respeitadas.

O argumento é mais persuasivo naqueles cenários em que a elaboração da Constituição tenha resultado verdadeiramente de uma mobilização popular, como ocorreu no Brasil, na Assembleia Constituinte de 87/88. Ele ganha força entre nós, quando se constata que, após o momento constituinte, não houve nenhum outro em que tenha ocorrido um nível similar de participação do povo e de ativismo cívico nas deliberações políticas. Portanto, uma parte da justificativa das cláusulas pétreas pode estar aí. Mas o argumento encerra também um problema. É que ele faz abstração da ideia de que os componentes do povo não são os mesmos ao longo do tempo. No caso brasileiro, por exemplo, a maioria dos cidadãos não participou da eleição dos constituintes de 87/88: eram crianças ou nem tinham nascido. Portanto, a questão que se coloca não é propriamente a de saber se é legítimo que o povo imponha aos seus representantes certos limites, mas sim aferir até que ponto é razoável que uma dada geração, num certo contexto histórico, adote decisões que irão vincular também outras gerações, em contextos muito diferentes. Daí por que o argumento da *origem popular* do poder constituinte originário, sozinho, não parece suficiente para justificar a força imperativa das cláusulas pétreas.

(b) No Brasil, é recorrente o argumento segundo o qual os limites materiais ao poder de reforma têm a função de garantir a permanência da *identidade da Constituição*,

---

[38] Sobre este debate, na literatura brasileira, veja-se: VIEIRA, Oscar Vilhena. *A Constituição e sua reserva de justiça*: um ensaio sobre os limites materiais ao poder de reforma; SARMENTO, Daniel. Direito adquirido, emenda constitucional, democracia e reforma de previdência. *In*: SARMENTO, Daniel. *Livres e iguais*: estudos de direito constitucional; SOUZA NETO, Cláudio Pereira de. *Teoria constitucional e democracia deliberativa*; BRANDÃO, Rodrigo. *Direitos fundamentais, democracia e cláusulas pétreas*; KROL, Heloisa da Silva. *Reforma constitucional*: fundamentos e limites no cenário democrático-constitucional.

[39] ACKERMAN, Bruce. *We the People*, v. 1, p. 3-33. Ressalte-se que Ackerman *não* usa a categoria do dualismo constitucional para tratar da diferença entre poder constituinte originário e derivado, mas para distinguir a função constituinte da função legislativa ordinária.

permitindo que ela se altere sem que deixe de ser, no fundamental, a mesma Constituição.[40] A formulação original do argumento é devida a Carl Schmitt. Na Constituição, Schmitt divisava a "decisão política fundamental" do poder constituinte.[41] Tal decisão seria imutável. Os demais preceitos inseridos no documento constitucional seriam meras "leis constitucionais", podendo ser livremente alterados.[42]

O argumento foi utilizado, por exemplo, por Francisco Campos para deslegitimar a instituição da reforma agrária por via de emenda à Constituição de 1946: "As emendas constitucionais não podem alterar e muito menos mudar o sistema e o espírito da Constituição. As emendas não podem incidir no que é substancial aos dispositivos constitucionais, considerados nas suas conexões lógicas e sistemáticas com a totalidade da Constituição, ou, pelo menos, com as decisões fundamentais tomadas pelo povo através da Assembléia Constituinte".[43] Apesar de a Constituição de 1946 prever como cláusulas pétreas apenas a *Federação* e a *República*, Campos sustentava que os direitos fundamentais eram considerados limitações implícitas ao poder de reforma porque compunham a decisão política fundamental do constituinte. Como a propriedade estava incluída no catálogo destes direitos, deveria também limitar o constituinte derivado. O direito de propriedade seria impassível de restrições que atingissem "o núcleo, a essência, a medula" da garantia, que repousaria sobre o direito de o proprietário ser indenizado em dinheiro no caso de desapropriação: "as emendas que substituem a indenização em moeda (...) por indenização em papéis de natureza meramente obrigacional, admitem (...) o confisco puro e simples da propriedade".[44] Francisco Campos *não* estava com a razão. A desapropriação com títulos não viola o núcleo essencial da propriedade. Mas, mesmo se esse fosse o caso, certamente não caberia conceber a hipótese como violação de cláusula pétrea, impedindo que cada geração decidisse de que forma deveria organizar sua vida econômica.

Abstratamente considerado, o argumento da identidade constitucional soa persuasivo, pois sempre se pode afirmar que, para mudar a identidade básica da Constituição, o que se demanda é uma nova manifestação do poder constituinte originário, e não do constituinte derivado. A sua aplicação prática por Francisco Campos revela, contudo, como o argumento também se sujeita a críticas, podendo ser objeto de incorporações perigosas. Na ocasião, foi utilizado, a partir da direita, para sustentar a impossibilidade de emenda constitucional que permitisse a realização da reforma agrária. Mas o argumento foi também empregado na vigência da Constituição Federal de 1988, a partir da esquerda, para defender a impossibilidade das reformas econômicas que se deram na década de 1990, de inspiração econômica neoliberal.[45] Tais reformas, segundo seus

---

[40] Nesse sentido, dentre outros: BARROSO, Luís Roberto. *Curso de direito constitucional contemporâneo*: os conceitos fundamentais e a construção do novo modelo, p. 147; MENDES, Gilmar Ferreira; COELHO, Inocêncio Mártires; BRANCO, Paulo Gustavo Gonet. *Curso de direito constitucional*, p. 139.
[41] SCHMITT, Carl. *Teoría de la Constitución*, p. 45 *et seq.*
[42] Se a decisão política fundamental estivesse sob ameaça, justificar-se-ia a decretação do "estado de exceção", que serviria justamente para permitir que o poder constituinte confirmasse a sua decisão política fundamental, a qual não se esgotava nem se confundia com o texto da Constituição, cf. SCHMITT, Carl. *Teoría de la Constitución*, p. 50. Sobre o contexto em que Schmitt formula o conceito, cf. BERCOVICI, Gilberto. *Constituição e estado de exceção permanente*: atualidade de Weimar.
[43] CAMPOS, Francisco. Poder de emenda: reforma agrária. *Bahia Forense*, v. 6, n. 5, p. 26.
[44] CAMPOS, Francisco. Poder de emenda: reforma agrária. *Bahia Forense*, v. 6, n. 5, p. 33.
[45] Cf. BANDEIRA DE MELLO, Celso Antônio. Funerais da Constituição de 88. *In*: FIOCCA, Demian; GRAU, Eros Roberto. *Debate sobre a Constituição de 1988*, p. 35-47.

críticos, seriam inconstitucionais, porque incompatíveis com o "Estado Social", elemento da identidade básica da Constituição Federal de 1988. Em ambos os casos, a tese da inconstitucionalidade das emendas não merecia prosperar e condenava o povo, em sua existência concreta, e não como evocação mística, a viver definitivamente sob normas de cuja criação não participara. A democracia exige que esse tipo de tema esteja aberto à deliberação pública, e que decisões como as que, por exemplo, determinem mais ou menos intervenção do Estado na ordem econômica, possam ser revistas por cada geração de brasileiros.

Todo processo de constitucionalização, inclusive o democrático, limita a autonomia da vontade popular: "quanto mais Constituição, mais limitação do princípio democrático".[46] A compatibilidade entre democracia e constitucionalismo depende de a Constituição não restringir *excessivamente* as possibilidades decisórias do legislador democrático e, em especial, do constituinte derivado. Não basta, para impedir o povo de rever decisões tomadas por seus antepassados, a alusão genérica ao fato de que uma geração anterior tomou certas decisões que reputava especialmente importantes. É preciso fornecer argumentos adicionais para legitimar as cláusulas pétreas.

(c) Há quem sustente que as cláusulas pétreas representam um *pré-compromisso* popular assumido durante o momento constituinte. Tal argumento é esclarecido por meio da referência à solução concebida por Ulisses, em sua *Odisseia*, para passar incólume pela ilha das sereias. Ulisses, diante da iminência da passagem de seu navio nas proximidades de ilha habitada por sereias, cujo canto enfeitiça e leva ao naufrágio de todos os barcos, pede a seus marinheiros que o atem ao mastro e que não o desamarrem, mesmo que ele, depois, determinasse o contrário. Com isso, o herói grego poderia ouvir o canto das sereias sem sucumbir a ele.[47] Outra analogia esclarecedora refere-se à decisão de Pedro sóbrio que, ao chegar a uma festa, dá as chaves de seu carro a um amigo e pede a este que não as restitua ao fim do evento, caso verifique que Pedro está embriagado, mesmo se ele insistir.[48] Assim, também o povo se auto-restringiria, nos momentos constituintes, para impedir que, em situações futuras de irracionalidade política, destruísse os princípios fundamentais antes estabelecidos. A legitimidade desse tipo de limite decorreria, portanto, da vontade do próprio povo, declarada em momento de sobriedade e reflexão. O argumento vale para a Constituição em geral, mas é especialmente aplicável às cláusulas pétreas, que não podem ser abolidas sequer por maiorias qualificadas.

As duas analogias são instigantes. Mas o argumento não supera a objeção de que as cláusulas pétreas podem instituir um governo dos mortos sobre os vivos. Outras vezes, elas podem representar não exatamente um pré-compromisso em que o povo se auto-restringe, mas um instrumento por meio do qual um grupo, com poder no momento constituinte, impõe as suas preferências, cerceando o poder de outros grupos de, no futuro, tentar revertê-las.[49] Ademais, qual critério dá sustentação à inferência de que a

---

[46] MOREIRA, Vital. Constituição e democracia. *In*: MAUÉS, Antonio G. M (Org.). *Constituição e democracia*, p. 272.

[47] Cf. ELSTER, Jon. *Ulysses and the Sirens*: Studies in Rationality and Irrationality.

[48] A imagem foi formulada pelo pensador liberal austríaco Friedrich von Hayek, e é discutida em: HOLMES, Stephen. Precommitment and the Paradox of Democracy. *In*: ELSTER, Jon; SLAGSTAD, Rune (Ed.). *Constitutionalism and Democracy*.

[49] Cf. ELSTER, Jon. *Ulisses desatado*: estudios de precompromiso y restricciones, p. 115: "as constituições, mais que atos de auto-restrição, podem atar ou restringir os outros".

decisão constituinte é mais racional que a do poder reformador? Outra história fictícia, contada por Jeremy Waldron em texto influente na teoria constitucional,[50] explicita a possibilidade de que ocorra exatamente o contrário. Trata-se de uma moça, chamada Bridget, que, ao se converter a uma determinada crença religiosa, entrega a uma amiga a chave da biblioteca de sua casa, que contém livros que poderiam tentá-la a se desviar do seu novo caminho espiritual. Ela instrui a amiga a jamais lhe devolver a chave. No futuro, assomada por uma crise de fé, muda de ideia e pede a chave de volta, pois quer recuperar o acesso aos livros. Qual manifestação de vontade a amiga deveria cumprir, a de Bridget no passado ou no presente?

O que ocorre, de fato, é que não raro as cláusulas pétreas são objeto de profundas controvérsias. Lembre-se, por exemplo, do art. 290 da Constituição Portuguesa de 1976, na sua versão originária, segundo o qual "a apropriação coletiva dos principais meios de produção" estaria excluída das possibilidades decisórias do constituinte derivado. Para muitos, estatizar é a providência adequada e seria conveniente que o país jamais se afastasse dessa diretriz; mas, para outros, correto é fazer exatamente o contrário. O mesmo argumento valeria, por exemplo, para uma cláusula pétrea que, inversamente, determinasse a impossibilidade da estatização da economia.[51] Se este é o teor do pré-compromisso, a sua instituição, ainda que aprovada pelo constituinte derivado, não é democrática, por subtrair o direito de auto-determinação das gerações futuras.[52]

Diante de uma controvérsia política relevante, não é legítimo, *a priori*, converter uma das teses em litígio em cláusula pétrea, pois ao grupo contrário só restaria o caminho da ruptura constitucional. Poder-se-ia sustentar que, se o que caracteriza o pré-compromisso é a moderação e a racionalidade, seria legítima uma limitação que se circunscrevesse às normas passíveis de justificação racional. Nesse caso, o argumento do pré-compromisso incorreria em uma petição de princípio: as regras básicas do Estado Democrático de Direito devem ser especialmente protegidas *não* porque foram objeto de um pré-compromisso num dado momento histórico, mas porque esse pré-compromisso incorporou normas que são racionalmente justificáveis para todos os que serão por ela atingidos. Por conseguinte, o pré-compromisso seria validado por essas regras racionais e não o contrário, como pode sugerir a ideia de auto-restrição popular no momento constituinte.

(d) Outro argumento também utilizado com frequência é o *procedimental*: os limites materiais configurariam condições que estruturam o funcionamento regular da vida democrática. Sua única função seria proteger a democracia, garantindo os respectivos pressupostos. O argumento tem a vantagem de enfrentar o problema antes suscitado: ao invés de as cláusulas pétreas imporem o governo dos mortos sobre os vivos, elas serviriam para possibilitar aos vivos que continuem se autogovernando. Como se

---

[50] WALDRON, Jeremy. Precommitment and Disagreement. *In*: ALEXANDER, Larry. *Constitutionalism*: Philosophical Foundations, p. 271-297.
[51] Cf. SOUZA NETO, Cláudio Pereira de; MENDONÇA, José Vicente Santos de. Fundamentalização e fundamentalismo na interpretação do princípio da livre iniciativa. *Revista Latino Americana de Estudos Constitucionais*, v. 8.
[52] Para uma análise do texto constitucional de 1988 que incorpora o critério da controvérsia para *distinguir* as matérias relativas à estrutura do estado (*polity*) das que dão conteúdo às ações estatais (*policies*), cf. COUTO, Cláudio Gonçalves; ARANTES, Rogério Bastos. Constituição, governo e democracia no Brasil. *Revista Brasileira de Ciências Sociais*, v. 21, n. 61.

examinou no Capítulo 5, há variações no procedimentalismo no que concerne à extensão desses pressupostos. Há visões mais limitadas, como a do jurista norte-americano John Hart Ely,[53] e outras mais abrangentes, como a do filósofo alemão Jürgen Habermas.[54] Tais teorias abrem espaço, em extensão variável, para a proteção de direitos fundamentais, porque concebem estes direitos como indispensáveis para o funcionamento da democracia.

Essa posição, todavia, parece insuficiente, ou pelo menos ambígua, para a proteção de direitos e valores que, conquanto básicos, não desempenham um papel mais imediato para a garantia da democracia. Tome-se como exemplo a chamada "privacidade decisional", que abrange as decisões e condutas do indivíduo a respeito de temas como a sua vida afetiva, familiar e sexual. Não é tão evidente a relação entre a proteção desta dimensão da privacidade com o funcionamento da democracia. Alguém poderia sustentar, por exemplo, que o mais democrático seria que a sociedade, por suas maiorias, decidisse se vai ou não permitir que pessoas do mesmo sexo formem uniões estáveis ou casamentos. Diante do caráter ainda polêmico da questão, poder-se-ia defender que a decisão sobre o tema, numa democracia, deve caber ao povo, em cada momento de sua existência. Porém, negar a um homossexual a possibilidade de se relacionar e de formar família com pessoa do mesmo sexo é tratá-lo como alguém que não é merecedor do mesmo respeito e consideração devotada ao heterossexual, cujas inclinações afetivas e eróticas são aceitas pela sociedade. O respeito à igual dignidade do cidadão homossexual não pode depender dos desígnios e inclinações das maiorias, mesmo de maiorias extremamente qualificadas. Há uma dimensão de "reserva de justiça"[55] nas cláusulas pétreas, que vai além da garantia do funcionamento do processo democrático, e que a teoria procedimental não abarca.

(e) O argumento *neocontratualista* sustenta que as cláusulas pétreas são "condições para a associação", consubstanciando garantias mínimas para que todos tenham interesse na permanência e na estabilidade da comunidade política. O argumento é antigo. Nos séculos XVII e XVIII, diversos filósofos se notabilizaram por elaborar teorias que buscavam justificar o Estado a partir de um suposto contrato social.[56] O Estado se legitimava porque a sua existência seria, para cada contratante, melhor do que o "Estado da Natureza". Essas teorias, é certo, chegavam a resultados bastante diferentes no que concerne aos modelos de Estado preconizados: absoluto, em Hobbes; liberal, em Locke; ou democrático, em Rousseau, para ficarmos com as concepções mais conhecidas. O argumento foi retomado mais recentemente por John Rawls, que concebeu uma "posição original" hipotética em que cidadãos "livres e iguais" elaborariam princípios de justiça.[57] Tais princípios seriam objeto de um "consenso sobreposto", contando com o assentimento das "doutrinas abrangentes razoáveis" que têm lugar na sociedade

---

[53] Cf. ELY, John Hart. *Democracy and Distrust*: a Theory of Judicial Review.
[54] HABERMAS, Jürgen. *Direito e democracia*: entre facticidade e validade.
[55] A expressão é de VIEIRA, Oscar Vilhena. *A Constituição e sua reserva de justiça*: um ensaio sobre os limites materiais ao poder de reforma.
[56] Para um resumo das principais teorias do contratualismo moderno, cf. MATTEUCCI, Nicola. Contratualismo. *In*: BOBBIO, Norberto; MATTEUCCI, Nicola; PASQUINO, Gianfranco (Org.). *Dicionário de política*, p. 272-283.
[57] Cf. RAWLS, John. *Uma teoria da justiça*.

contemporânea.[58] Em outras palavras, a sua aceitação racional seria possível por todos, independentemente de suas crenças religiosas ou ideológicas.

Não é o momento de examinar as especificidades dessa complexa teoria. Basta enfatizar que o argumento neocontratualista, aplicado às cláusulas pétreas, se baseia na ideia de que as limitações ao poder reformador tornam intangíveis as normas sem as quais não há sentido em se fazer parte da comunidade política. Elas protegem não só as condições para funcionamento da democracia, como também outros direitos básicos, que resultam do reconhecimento da igual dignidade de todas as pessoas, além das instituições necessárias à salvaguarda e promoção desses conteúdos. As cláusulas pétreas, nesta perspectiva, não devem se estender à proteção de interesses corporativos, à garantia de privilégios dos grupos que prevaleceram na arena constituinte, ou ao entrincheiramento de posições ideológicas polêmicas que então se sagraram vencedoras.

O argumento tem a vantagem, ao contrário do que ocorre com o procedimental, de justificar claramente a proteção das liberdades não políticas, como é o caso da liberdade religiosa e da privacidade. Ele possui ainda a virtude, se comparado ao da origem popular, da identidade constitucional e do pré-compromisso, de não se reportar exclusivamente a uma decisão histórica da geração passada, apta a limitar as deliberações da geração presente. O contrato social não é um evento que teria ocorrido no passado: é apenas um artifício "contrafático" para legitimar as instituições políticas,[59] buscando alicerçá-las em razões imparciais, que possam ser racionalmente aceitas por todos membros da comunidade estatal.

Não é esta a ocasião para se buscar uma justificação filosófica definitiva para as cláusulas pétreas. Porém, deve-se ter presente que a justificação dos limites materiais ao poder de reforma é indispensável para se definir a extensão das cláusulas pétreas tal como positivadas no texto constitucional.[60] Ademais, qualquer estratégia de justificação que se adote deve, necessariamente, ter alguma deferência em relação às decisões do constituinte derivado. Trata-se de exigência do princípio democrático e de garantia de que a Constituição possa se adaptar às expectativas das gerações presentes e futuras, com o que, por outro lado, se reduzem os riscos de rupturas constitucionais, provendo-se maior estabilidade ao sistema. Porém, uma concepção adequada das cláusulas pétreas também deve, por outro lado, preocupar-se com a salvaguarda, diante das maiorias políticas, dos princípios e valores mais fundamentais do Estado Democrático de Direito.

7.2.4.3 Os limites materiais expressos ao poder de reforma na Constituição Federal de 1988

A interpretação dos limites materiais ao poder de reforma na Constituição de 88 tem suscitado discussões importantes na doutrina e jurisprudência. À luz do que

---

[58] RAWLS, John. *Liberalismo político*.
[59] Cf. RAWLS, John. *Uma teoria da justiça*, p. 12: "não devemos pensar no contrato original como um contrato que introduz uma sociedade particular ou que estabelece uma forma particular de governo. Pelo contrário, a idéia norteadora é que os princípios da justiça para a estrutura básica da sociedade são o objeto do consenso original. São esses princípios que pessoas livres e racionais, preocupadas em promover seus próprios interesses, aceitariam numa posição inicial de igualdade como definidores dos termos fundamentais de sua associação".
[60] Cf. SOUZA NETO, Cláudio Pereira de. *Teoria constitucional e democracia deliberativa*; BRANDÃO, Rodrigo. *Direitos fundamentais, democracia e cláusulas pétreas*.

foi discutido no item precedente, pode-se afirmar, em primeiro lugar, que a definição destes limites não deve ignorar o princípio democrático, que postula o direito de cada geração de se autogovernar. Isso, porém, não significa que a interpretação das cláusulas pétreas tenha de ser sempre restritiva, mas sim que é necessária redobrada cautela para se retirar completamente do campo da deliberação política determinadas decisões.[61]

A interpretação das cláusulas pétreas deve se inspirar no ideário do constitucionalismo democrático, voltando-se não só à proteção das condições necessárias ao funcionamento da democracia, como também à tutela de direitos básicos, decorrentes do reconhecimento da igual dignidade de todas as pessoas, e à salvaguarda de instituições políticas que assegurem e promovam a democracia e os direitos fundamentais. No afã de proteger esses fundamentos do Estado Democrático de Direito, pode-se até legitimar, em determinados contextos, uma interpretação mais abrangente das cláusulas pétreas. Trata-se, portanto, de uma atividade hermenêutica que deve se afastar do formalismo, buscando orientação nos fundamentos da democracia constitucional, concebidos em termos inclusivos.

Nesta perspectiva, o art. 60, §4º, da Constituição, não deve ser concebido como vedação absoluta a qualquer tipo de modificação constitucional nos temas arrolados em seus incisos. Quando a Constituição proíbe as emendas "tendentes a abolir" as cláusulas pétreas, ela não impede mudanças redacionais, voltadas ao aperfeiçoamento dos institutos salvaguardados, nem alterações de menor monta, ainda quando importarem em alguma restrição a tais institutos.[62] Não haveria óbice, por exemplo, a que uma emenda constitucional operasse alguma mudança na partilha das competências entre os entes federativos, ou modificasse algum aspecto do arranjo institucional da separação dos poderes do Estado, ou mesmo instituísse alguma restrição proporcional a um direito fundamental. O poder constituinte reformador pode aprovar emendas que alterem esses conteúdos constitucionais, e pode até mesmo restringi-los moderadamente. Só não pode aboli-los, nem tampouco promover mudanças que cheguem ao ponto de vulnerar o seu "núcleo essencial".[63] É o que vem decidindo o Supremo Tribunal Federal: "as limitações materiais ao poder constituinte de reforma, que o art. 60, §4º, da Lei Fundamental enumera, não significam a intangibilidade literal da respectiva disciplina na Constituição originária, mas apenas a proteção do núcleo essencial dos princípios e institutos cuja preservação nelas se protege".[64]

Com efeito, a tentativa de conjugar a preservação da "identidade da Constituição" com uma postura relativamente deferente ao princípio democrático tem se resolvido,

---

[61] Em sentido divergente apontam as lições de Carlos Ayres Britto, em texto acadêmico: "as normas autorizativas de emenda é que devem ser interpretadas restritivamente, porque emenda é sempre exceção ao princípio lógico ou tácito da estabilidade da Constituição. As cláusulas pétreas, ao contrário, caracterizam-se como afirmadoras daquele princípio de estabilidade ínsito a cada Estatuto Supremo, elas é que devem ser interpretadas extensivamente" (A Constituição e os limites da sua reforma. *Revista Latino-Americana de Estudos Constitucionais*, p. 246).

[62] No mesmo sentido, veja-se o alentado estudo de Rodrigo Brandão. *Direitos fundamentais, democracia e cláusulas pétreas*, p. 241-330, bem como NOVELLI, Flávio Bauer. Norma constitucional inconstitucional: a propósito do art. 2º, §2º, da Emenda Constitucional nº 3/93. *Revista Forense*, n. 330, p. 63-89. Em sentido contrário, José Afonso da Silva, que entende que qualquer restrição, por mínima que seja, aos princípios protegidos pelas cláusulas pétreas é inconstitucional. Para que se caracterize a inconstitucionalidade, basta, nas suas palavras, "que a proposta de emenda se encaminhe, ainda que remotamente, 'tenda' (emendas 'tendentes' – diz o texto) para sua abolição" (SILVA, José Afonso da. *Comentário contextual à Constituição*, p. 441).

[63] Em sentido contrário a esta interpretação restritiva, cf. BRITTO, Carlos Ayres. A Constituição e o monitoramento de suas emendas. *Revista Eletrônica de Direito do Estado*, n. 1.

[64] ADI-MC nº 2.024/DF, Rel. Min. Sepúlveda Pertence. Julg. 27.10.1999.

na jurisprudência da Corte, justamente por meio do recurso ao conceito de "núcleo essencial". Essa moderação também é justificada pelo STF com base na preocupação de se evitar que o excessivo enrijecimento da Constituição possa ampliar o risco de rupturas institucionais. Como ressaltou o Ministro Gilmar Mendes, em voto proferido na ADI nº 2.395, "não se pode negar que a aplicação ortodoxa das cláusulas pétreas, ao invés de assegurar a continuidade do sistema constitucional, pode antecipar a sua ruptura".[65]

A seguir, tecermos algumas breves considerações sobre cada uma das cláusulas pétreas acolhidas no texto constitucional, analisando a jurisprudência do STF sobre a matéria.

7.2.4.3.1 A forma federativa de Estado

O federalismo é um arranjo institucional que envolve a partilha vertical do poder entre diversas entidades políticas autônomas, que coexistem no interior de um Estado soberano. Trata-se de um modelo de organização política que busca conciliar a unidade com a diversidade. O fato de um Estado ser unitário não torna injusta ou autoritária a sua ordem jurídica. Sem embargo, há elementos no pacto federal que favorecem os valores do constitucionalismo democrático. O federalismo envolve a repartição de poderes no plano espacial, o que evita a concentração excessiva de poderes, que poderia favorecer o autoritarismo. Ele aproxima o exercício do poder político dos seus destinatários, possibilitando que o povo tenha maior participação e exerça mais de perto o controle sobre as decisões e atividades públicas. A federação favorece o pluralismo e a diversidade, ao preservar espaços para o poder local, que tende a ser mais receptivo às demandas e peculiaridades das respectivas populações.

Não há um único modelo de federalismo. A federação, surgida nos Estados Unidos em 1787, é hoje a forma de Estado adotada por 24 países, cada um deles adotando um pacto federal próprio, com as suas peculiaridades. O federalismo norte-americano, por exemplo, envolve um grau de descentralização das competências legislativas muito maior do que o brasileiro. O Brasil, por sua vez, incluiu os municípios no pacto federal na Constituição de 88, o que não ocorre em nenhuma outra federação. Há, portanto, grandes variações, e não um único modelo ideal de federação, a ser escrupulosamente seguido. Sem embargo, existem alguns elementos mínimos que devem ser observados, sem os quais a federação se descaracteriza, ou o pacto federativo é posto em xeque. É preciso: a) que exista partilha constitucional de competências entre os entes da federação, de modo a assegurar a cada um uma esfera própria de atuação; b) que tais entes desfrutem de efetiva autonomia política, que se expressa nas prerrogativas do autogoverno, auto-organização e autoadministração; c) que haja algum mecanismo de participação dos Estados-membros na formação da vontade nacional;[66] e d) que os entes federais

---
[65] ADI nº 2.395/DF, Rel. Min. Gilmar Mendes. Julg. 09.05.2007.
[66] Na nossa opinião, seria possível a adoção de arranjos institucionais alternativos que assegurassem alguma forma de participação dos Estados-membros na formação da vontade nacional, distinta da igual representação dos mesmos no Senado, prevista na Constituição de 88 (art. 46). Na Alemanha, por exemplo, que é uma federação, o número de senadores por Estado não é igual, variando de acordo com o tamanho da população. Portanto, não entendemos que esteja implícita na cláusula pétrea da federação a exigência de igual participação dos Estados no Senado, como dispunha expressamente o texto constitucional brasileiro de 1891 e como prevê a Constituição norte-americana.

tenham fontes próprias de recursos para o desempenho dos seus poderes e competências, sem o que a autonomia, formalmente proclamada, será, na prática, inviabilizada.

O STF já enfrentou algumas vezes a questão da violação da cláusula pétrea da federação. A primeira vez se deu no julgamento constitucionalidade da EC nº 3/93, que instituiu o IPMF, e possibilitou a incidência do imposto sobre as movimentações financeiras realizadas por Estados e Municípios, criando uma exceção à imunidade tributária recíproca dos entes da federação. A Corte invalidou essa exceção, por considerar que a imunidade recíproca seria componente essencial do pacto federativo. Parece-nos que o STF foi longe demais na decisão. A imunidade recíproca, embora se relacione ao pacto federal, está bem longe do seu núcleo essencial. Pelas razões antes expostas, a invalidação de uma decisão do poder constituinte derivado é providência extremamente grave, demandando um ônus de justificação elevado, que a decisão do STF não logrou superar.

O Supremo Tribunal Federal voltou ao tema, ao apreciar a constitucionalidade da EC nº 15/96, que alterou a redação do §4º do art. 18 da Constituição Federal. Na redação originária do preceito, previa-se que a criação, a incorporação, a fusão e o desmembramento de Municípios far-se-iam com observância de requisitos previstos em lei complementar estadual. Na nova redação, o dispositivo passou a estabelecer que a criação, a incorporação, a fusão e o desmembramento de Municípios só poderiam ocorrer "dentro do período determinado por lei complementar federal". A competência antes conferida ao legislador complementar estadual passou, em parte, a ser atribuição do legislador complementar federal. O STF entendeu, na ADI nº 2.381, não haver violação ao núcleo essencial do princípio federativo na mudança: "o recuo da EC nº 15/96 — ao restabelecer, em tópicos específicos, a interferência refreadora da legislação complementar federal — não parece ter atingido, em seu núcleo essencial, a autonomia dos Estados-membros, aos quais (...) permaneceu reservada a decisão política concreta".[67]

Outro julgamento da Corte na matéria foi relativo à reforma previdenciária, realizada pela EC nº 20/98. Como a emenda em questão também afetara o regime previdenciário de agentes públicos estaduais e municipais, alegou-se que ela teria violado a cláusula pétrea da federação. A tese foi corretamente rechaçada pelo STF.[68] O Supremo também rejeitou, com razão, a alegação de ofensa à federação na criação do Conselho Nacional de Justiça, pela EC nº 45/04.[69] Afirmara-se, na inicial da ADI nº 3.367, que a afronta estaria no fato de o referido órgão estar inserido na estrutura da União, mas exercer o controle administrativo, financeiro e disciplinar também sobre os tribunais estaduais. A Corte, acertadamente, refutou o argumento.

---

[67] ADI-MC nº 2.381, Rel. Min. Sepúlveda Pertence. Julg. 20.06.2001.

[68] "A forma federativa de Estado (...) não pode ser conceituada a partir de um modelo original apriorístico de Federação, mas sim, daquele que o constituinte originário concretamente adotou, e como adotou, erigiu em limite material imposto às futuras emendas à Constituição (...). A vista do modelo ainda acentuadamente centralizado do federalismo adotado pela versão originária da Constituição de 1988, o preceito questionado da EC 20/98 nem tende a aboli-lo, nem sequer a afetá-lo (...). A matéria da disposição discutida é previdenciária e, por sua natureza, comporta norma geral de âmbito nacional de validade, que à União se facultava editar (...): se já o podia ter feito a lei federal (...), obviamente não o afeta, ou menos ainda, tende a abolir a autonomia dos Estados-membros que assim agora tenha prescrito diretamente a norma constitucional sobrevinda" (ADI nº 2.024, Rel. Min. Sepúlveda Pertence. Julg. 03.05.2007).

[69] ADI nº 3.367, Rel. Min. Cezar Peluso. *DJ*, 25 abr. 2005.

7.2.4.3.2 O voto direto, secreto, universal e periódico

A elevação do voto direto, secreto, universal e periódico à qualidade de cláusula pétrea é compreensível, considerando-se o nosso momento constituinte. A mobilização cívica que desaguou na Assembleia Constituinte de 87/88 teve na Campanha das Diretas Já, ocorrida em 1984, o seu marco fundamental. Durante o regime militar, as eleições para Presidente da República eram indiretas: quem escolhia o Presidente não era o povo, mas um Colégio Eleitoral, composto por parlamentares federais e representantes das Assembleias Legislativas. Já o voto direto, que o constituinte consagrou e salvaguardou, é aquele que leva à escolha do representante, e não à indicação de intermediários para fazerem essa mesma escolha.

O voto secreto é uma garantia da liberdade do eleitor. Na República Velha, o voto não era secreto, o que, na prática, impedia o eleitor, sobretudo o mais humilde, do meio rural, de votar em qualquer candidato, senão no indicado pelo seu "coronel". A universalidade do voto, por sua vez, é a sua tendencial extensão a todos os nacionais que tiverem condições de participar da vida política. Não se admitem restrições censitárias, capacitarias, ou de qualquer outra natureza ao direito de voto, salvo situações muito tópicas e excepcionais, como aquelas previstas no art. 15 da Constituição, que trata das hipóteses de perda ou suspensão dos direitos políticos. Finalmente, o voto periódico é aquele que ocorre regularmente, pela frequência das eleições, que ocorrem em intervalos predefinidos.

No regime constitucional vigente, houve apenas um caso em que esta cláusula pétrea veio à baila. Discutiu-se no STF a validade da EC nº 58/2009, que ampliara o número de vereadores, determinando a aplicação retroativa desse aumento às eleições já ocorridas em 2008.[70] A consequência da aplicação retroativa da emenda era a posse, como vereadores, de suplentes que não tinham logrado se eleger, de acordo com as regras em vigor na data do pleito. O STF afastou dita aplicação retroativa, aduzindo que ela violava vários princípios constitucionais que configuram cláusulas pétreas, como o da anualidade da lei eleitoral, da proteção à segurança jurídica e da soberania popular. A Ministra Cármen Lúcia, relatora do processo, teceu em seu voto considerações sobre a importância do direito ao voto: "o voto é a liberdade falada; é a manifestação maior da liberdade política; é instrumento da democracia construída pelo cidadão, a fazer-se autor da sua história política". Os Ministros Dias Toffoli e Carlos Britto fizeram expressa alusão em seus votos à ofensa à cláusula pétrea que resguarda o direito ao voto.

Sob a égide da Constituição de 1969, houve um caso que guarda algumas similaridades com este, mas cujo resultado foi distinto. Tratava-se da análise da constitucionalidade de emenda constitucional que prorrogara por dois anos os mandatos de prefeitos e vereadores, e que fora impugnada no STF, por conta de alegada afronta ao princípio republicano, que figurava como cláusula pétrea naquela ordem constitucional.[71] O STF reconheceu que a temporariedade dos mandatos era uma imposição republicana, mas considerou que "prorrogar mandato de dois para quatro anos, tendo em vista a conveniência da coincidência de mandatos nos vários níveis da Federação, não implica introdução do princípio de que os mandatos não são mais temporários, nem envolve, indiretamente, sua adoção de fato".

---

[70] ADI nº 4.307-MC, Rel. Min. Cármen Lúcia. Julg. 11.11.2009. *DJ*, 05 mar. 2010.
[71] MS nº 20.257, Rel. Min. Moreira Alves. Julg. 08.10.1980.

7.2.4.3.3 A separação dos poderes

A separação de poderes foi concebida pelo constitucionalismo liberal para assegurar a moderação no exercício do poder, evitando o arbítrio dos governantes e protegendo a liberdade dos governados.[72] A ideia essencial é a de que, ao se conferir funções estatais diferentes a órgãos e pessoas diversas, evita-se uma concentração excessiva de poderes nas mãos de qualquer autoridade, afastando-se o risco do despotismo. Embora tenha raízes ainda mais antigas, a versão mais conhecida deste princípio foi divulgada por Montesquieu, no século XVIII, na sua famosa obra *O espírito das leis*.[73] Outra contribuição fundamental ao desenvolvimento do princípio em questão se deu por influência do constitucionalismo norte-americano, que concebeu a necessidade de instituição de mecanismos de "freios e contrapesos" (*checks and balances*), que permitissem controles recíprocos entre os poderes, de forma a evitar que qualquer um deles pudesse atuar abusivamente no campo das respectivas atribuições.

No constitucionalismo contemporâneo, a significativa mudança no papel do Estado, que passou a intervir de forma muito mais intensa nas relações sociais e econômicas, levou a uma crise no princípio da separação dos poderes. Afinal, conter ao máximo o Estado pode não ser a melhor estratégia, se o que se pretende não é o Estado mínimo e absenteísta, mas sim poderes públicos que atuem energicamente em prol dos direitos fundamentais e interesses sociais relevantes. Porém, ao invés de simplesmente abandoná-lo, o novo constitucionalismo adotou leitura renovada do princípio da separação de poderes, aberta a arranjos institucionais alternativos, desde que compatíveis com os valores que justificam tal princípio. Tais valores, por outro lado, foram enriquecidos por novas preocupações, que vão além da contenção do poder, envolvendo a legitimação democrática do governo, a eficiência da ação estatal e a sua aptidão para a proteção efetiva dos direitos fundamentais.[74]

Diante deste contexto, a cláusula pétrea da separação de poderes deve ser pensada sem fetichismos institucionais[75] que inibam qualquer possibilidade de experimentalismo democrático na busca de arranjos estruturais mais adequados aos desafios do Estado contemporâneo. Tais arranjos não devem ser banidos apenas por não se espelharem em visão tradicional e ortodoxa da separação de poderes, desde que não importem em concentração excessiva de poderes nas mãos de qualquer órgão ou autoridade estatal, e se mostrem compatíveis com os valores referidos no parágrafo anterior.

---

[72] Não é este o espaço adequado para exame do princípio da separação de poderes. Veja-se, a propósito: PIÇARRA, Nuno. *A separação de poderes como doutrina e princípio constitucional*; ACKERMAN, Bruce. *A nova separação de poderes*.

[73] MONTESQUIEU, Charles Louis de Secondat. *O espírito das leis*.

[74] Neste sentido, é lapidar a lição de Bruce Ackerman, ao salientar as razões que justificam a separação de poderes: "Separação de poderes em nome de quê? O primeiro ideal é a democracia. De um modo ou outro, a separação pode servir (ou impedir) ao projeto popular de autogoverno. O segundo ideal é a competência profissional. As leis democráticas permanecem no plano puramente simbólico, a menos que os tribunais e as burocracias possam implementá-las de um modo relativamente imparcial. O terceiro ideal constitui-se pela proteção e ampliação dos direitos fundamentais. Sem estes, o regramento democrático e a administração técnica podem facilmente tornar-se instrumentos de tirania" (*A nova separação de poderes*, p. 7).

[75] A expressão é de Mangabeira Unger: "fetichismo institucional é a identificação de concepções institucionais, como a democracia representativa, a economia de mercado ou a sociedade civil livre, com um específico arranjo institucional. Essas concepções institucionais abstratas não têm nenhuma expressão institucional natural ou necessária. É possível desenvolvê-las em diferentes direções, com base na relação interna entre nossas ideias sobre práticas e instituições e nossas concepções sobre interesses e ideais" (*Democracy realized*: the progressive alternative, p. 25).

Na jurisprudência do STF, há dois julgamentos importantes envolvendo a cláusula pétrea da separação dos poderes. O primeiro diz respeito à criação do Conselho Nacional de Justiça pela EC nº 45/04.[76] Impugnou-se na Corte o fato de o órgão ser também composto por pessoas estranhas ao quadro da magistratura — de acordo com o art. 103-B, da Constituição, dos quinze integrantes do CNJ, nove são magistrados, dois são integrantes do Ministério Público, dois são advogados indicados pela OAB, e os outros dois são cidadãos escolhidos pela Câmara e pelo Senado. Isso, para o autor da ADI nº 3.367, comprometeria a independência judicial, atingindo, por consequência, o princípio da separação de poderes. O STF, acertadamente, rechaçou o argumento, aduzindo que o CNJ não exerce funções jurisdicionais, mas apenas realiza controle administrativo, financeiro e disciplinar sobre os tribunais. Trata-se, ademais, de órgão do próprio Poder Judiciário, majoritariamente formado por magistrados. Daí por que sua criação e composição, definidas pelo poder reformador, não representam afrontas à independência judicial, nem muito menos atentado à separação de poderes.

Outro caso apreciado pelo STF concerne ao parcelamento de precatórios judiciais, previsto na EC nº 30/2000.[77] A Corte suspendeu a aplicação do art. 78 do ADCT, acrescentado à Constituição pela referida emenda, o qual autorizava o parcelamento por dez anos dos precatórios, por considerar que tal medida afrontava não só direitos e garantias individuais, como também "a independência do Poder Judiciário, cuja autoridade é insuscetível de ser negada, máxime no concernente ao exercício do poder de julgar os litígios que lhe são submetidos e fazer cumprir as suas decisões, inclusive contra a Fazenda Pública".

No momento de finalização desta edição, pende de apreciação no STF outro caso de reforma constitucional envolvendo a cláusula pétrea da separação de poderes. Trata-se da discussão sobre a validade da Emenda Constitucional nº 73, que criou novos tribunais regionais federais, cuja eficácia foi suspensa, por decisão monocrática do Ministro Joaquim Barbosa.[78] O Ministro Barbosa entendeu que, como a iniciativa para criação de tribunais é privativa do Poder Judiciário, a emenda seria inconstitucional, por originar-se de proposta de parlamentares. Este vício de iniciativa traduzir-se-ia em ofensa à cláusula pétrea da separação de poderes. O argumento, porém, não é convincente. O Poder Judiciário não tem iniciativa de emenda constitucional. Por isso, a adoção do raciocínio levaria à conclusão insustentável de que toda a Constituição, na parte que cuida de tribunais, se reveste de imutabilidade, já que ninguém poderia deflagrar o processo de alteração do texto magno para tratar do assunto.

7.2.4.3.4 Os direitos e garantias individuais

Uma das características centrais da Constituição de 88 é o seu profundo compromisso com os direitos humanos. A Constituição consagrou um elenco generoso de

---

[76] "Sob o prisma constitucional brasileiro do sistema de separação dos Poderes, não se vê a priori, como possa ofendê-lo a criação do Conselho Nacional de Justiça. À luz da estrutura que lhe deu a Emenda Constitucional n. 45/204, trata-se de órgão próprio do Poder Judiciário (art. 92, I-A), composto, na maioria, por membros desse mesmo Poder (art. 103-B), nomeados sem interferência direta dos outros Poderes, dos quais o legislativo apenas indica, fora de seus quadros e, pois, sem laivos de representação orgânica, dois dos quinze membros" (ADI nº 3.367, Rel. Min. Cezar Peluso. *DJ*, 25 abr. 2005).

[77] ADI nº 2.356-MC e nº 2.362-MC, Rel. p/ acórdão Min. Carlos Britto. Julg. 25.11.2010. *DJ*, 19 maio 2011.

[78] ADI nº 5.017, Rel. Min. Luiz Fux. *DJe*, 1º ago. 2013.

direitos fundamentais de várias dimensões, e se preocupou em reforçar a sua proteção. Uma das medidas usadas para esse reforço foi a sua inclusão no elenco dos limites materiais ao poder de reforma constitucional, o que ocorreu pela primeira vez na nossa história. Tais direitos foram subtraídos não só do alcance do legislador, como do próprio constituinte derivado, o que lhes conferiu uma posição especialmente privilegiada em nosso ordenamento.

Há diversas discussões importantes relacionadas à inclusão dos "direitos e garantias individuais" no rol das cláusulas pétreas. Uma delas já foi examinada acima, quando tratamos dos limites materiais ao poder de reforma em geral, e diz respeito à possibilidade de restrição de tais direitos. Nossa posição, que coincide com a do STF nesta questão, é de que restrições são admissíveis às cláusulas pétreas, desde que não afetem o seu núcleo essencial. O raciocínio vale também para os direitos fundamentais. Aliás, considerando a posição dominante na doutrina contemporânea e na jurisprudência constitucional, à qual nos filiamos, no sentido de que até mesmo o legislador ordinário pode restringir direitos fundamentais[79] — desde que respeite determinados limites (os chamados "limites dos limites") — seria paradoxal não reconhecer a mesma faculdade ao poder constituinte derivado. Assim, por exemplo, a EC nº 41/2005, que restringiu direitos previdenciários de servidores públicos, aproximando a respectiva disciplina do regime geral da Previdência, aplicável aos demais segurados, não nos parece inconstitucional, porque não atingiu o núcleo essencial do direito fundamental à previdência social. O estabelecimento, por exemplo, de tempo de contribuição mais longo para que o beneficiário faça jus ao benefício não significa a violação de cláusula pétrea. Para tanto, a reforma teria de invadir a esfera do núcleo essencial do direito à previdência, que consiste na garantia de condições dignas de vida após a aposentadoria, a qual também não pode ser postergada para além do momento em que o segurado não tenha mais as condições físicas necessárias para trabalhar, sem prejuízo da própria saúde. Caso isso ocorresse, os afetados pela mudança não estariam sendo tratados como "dignos de igual respeito e consideração". Não foi este o caso.[80]

Resta, porém, examinar outras questões específicas atinentes à cláusula pétrea ora examinada: (a) Ela salvaguarda apenas os direitos de 1ª geração, de natureza preponderantemente negativa, ou a proteção constitucional reforçada se estende também a outros direitos fundamentais, como os políticos, sociais e coletivos? (b) A proteção resguarda direitos materialmente fundamentais que não estejam inseridos no catálogo de direitos existente na Constituição? (c) Ela se aplica a direitos que, embora *não* sejam materialmente constitucionais, tenham sido incorporados ao aludido catálogo pelo constituinte? (d) É possível a edição de emenda constitucional que atinja direitos adquiridos? Responderemos a seguir a essas questões, invocando, sempre que possível, as decisões do STF que as tenham enfrentado ou pelo menos tangenciado.

(a) São cláusulas pétreas os direitos fundamentais e suas garantias, e não apenas os direitos individuais clássicos

---

[79] Neste sentido, veja-se: MENDES, Gilmar Ferreira; COELHO, Inocêncio Mártires; BRANCO, Paulo Gustavo Gonet. *Curso de direito constitucional*, p. 219-286; PEREIRA, Jane Reis Gonçalves. *Interpretação constitucional e direitos fundamentais*. Confronte-se, ainda, o Capítulo 11, na parte que cuida do princípio da proporcionalidade.

[80] Para uma análise desta reforma da previdência, veja-se: TAVARES, Ana Lucia Lyra (Coord.). *A reforma da previdência social*: temas polêmicos e aspectos controvertidos.

A Constituição de 88 consagrou uma ampla gama de direitos fundamentais. Afora os direitos individuais clássicos, garantidos desde o advento do constitucionalismo liberal-burguês, ela contemplou também direitos sociais, como a saúde e o salário mínimo; políticos, como o direito de votar e ser votado; e coletivos, como o direito ao meio ambiente e à proteção da cultura. Além dos direitos universais, titularizados por todos, ela garantiu ainda direitos fundamentais específicos para indivíduos e grupos mais vulneráveis, como as pessoas com deficiência, crianças e adolescentes, idosos, povos indígenas e quilombolas. Um setor minoritário da doutrina defende, porém, que apenas os direitos individuais clássicos, com as respectivas garantias, agrupados em sua maior parte no art. 5º do texto constitucional, teriam caráter pétreo.[81] Os demais poderiam ser até suprimidos pelo constituinte reformador. Argumenta-se que, ao aludir a direitos individuais e não a direitos fundamentais, o constituinte originário teria querido apenas proteger os tradicionais direitos de defesa, como ocorre, de resto, no sistema constitucional português (art. 290).

Já a doutrina amplamente majoritária, que conta com a nossa adesão, sustenta que todos os direitos materialmente fundamentais são cláusulas pétreas.[82] Em favor desta posição podem ser fornecidos vários argumentos. Na perspectiva teórica que adotamos, que relaciona os limites materiais ao poder de reforma às exigências básicas de moralidade política concernentes à proteção da democracia e da igual dignidade das pessoas, a extensão das cláusulas pétreas a outros direitos fundamentais, além dos individuais, é inquestionável. Afinal, direitos como educação, saúde, férias remuneradas, participação política e meio ambiente são tão vitais para o constitucionalismo democrático e para a edificação de uma comunidade inclusiva, de pessoas livres e iguais, quanto os direitos individuais clássicos. O mesmo raciocínio vale para direitos voltados à proteção de minorias vulneráveis, como as crianças e adolescentes, pessoas com deficiência e povos indígenas.

Veja-se, por exemplo, o caso do direito às terras indígenas, consagrado no art. 231 da Constituição.[83] É inequívoca a existência de íntima e profunda ligação entre o princípio da dignidade da pessoa humana e este direito, que pode, portanto, ser considerado cláusula pétrea. Afinal, para os povos indígenas, a terra representa muito mais do que um bem patrimonial. A terra é *habitat*, com o qual as comunidades, e cada um dos seus integrantes, mantêm profundo vínculo espiritual. É o espaço em que podem viver de acordo com os seus costumes e tradições, reproduzindo a sua cultura e legando-a para os seus descendentes. A garantia do direito à terra é, portanto, condição *sine qua*

---

[81] Neste sentido: MENDES, Gilmar Ferreira. Os limites da revisão constitucional. *Cadernos de Direito Constitucional e Ciência Política*, n. 21, p. 69-91.

[82] Neste sentido, SARLET, Ingo Wolfgang. A problemática dos direitos fundamentais sociais como limites materiais ao poder de reforma da Constituição. *In*: SARLET, Ingo Wolfgang (Org.). *Direitos fundamentais sociais*: estudos de direito constitucional, internacional e comparado, p. 333-394; VIEIRA, Oscar Vilhena. *A Constituição e sua reserva de justiça*, p. 244-246; BRANDÃO, Rodrigo. *Direitos fundamentais, democracia e cláusulas pétreas*, p. 195-204; BARROSO, Luís Roberto. *Curso de direito constitucional contemporâneo*, p. 179-182; PEREIRA NETO, Cláudio de Souza. *Teoria constitucional da democracia deliberativa*, p. 233-242.

[83] O enfrentamento do tema é importante, porque tramitam no Congresso diversos projetos de emenda constitucional que têm o objetivo de criar graves embaraços ao reconhecimento das terras indígenas, como é o caso da PEC 215, que visa a transferir ao Congresso Nacional a decisão sobre as demarcações, tornando, com isso, a fruição dos direitos fundamentais de uma minoria étnica submetidas aos desígnios da maioria política. Veja-se, a propósito, SARMENTO, Daniel. Nota técnica: a PEC 215/00 e as cláusulas pétreas. *Procuradoria Geral da República*.

non para a proteção de todos os demais direitos dos indígenas, inclusive o direito à identidade étnica; o direito de ser e de viver como índio.[84] [85]

Não há, portanto, razões que justifiquem que só os direitos individuais clássicos sejam tidos como limites ao poder de reforma. Noutro giro, aqueles que aderem à concepção anteriormente exposta, de que as cláusulas pétreas servem à proteção do núcleo de identidade da Constituição, acabam chegando, por outro caminho, ao mesmo resultado: é que a Constituição de 88 tem um compromisso visceral com os direitos fundamentais como um todo, e não só com as liberdades individuais clássicas. Não se trata de uma Constituição liberal-burguesa, preocupada acima de tudo com a contenção do arbítrio estatal, mas sim de uma Constituição que toma como tarefa primordial promover a dignidade humana em todas as suas dimensões. Daí por que, também nesta perspectiva, as cláusulas pétreas devem se estender a outros direitos fundamentais, além dos individuais em sentido estrito, já que aqueles também compõem o núcleo de identidade da Constituição de 88.

A posição do STF nesta matéria ainda não é clara, mas tudo indica que a Corte tende para o lado do reconhecimento de que outros direitos fundamentais, além dos individuais, configuram cláusulas pétreas. A Corte entendeu, por exemplo, que o teto ao valor dos benefícios previdenciários imposto pela EC nº 20/98 não poderia incidir sobre a licença-maternidade.[86] Tal licença corresponde ao valor da remuneração paga à empregada, e se o teto colhesse dito benefício, a diferença a maior teria de ser complementada pelo empregador. O STF considerou que tal sistema induziria o empregador a não pagar às suas empregadas salários superiores ao teto fixado, para não ter de arcar com a diferença, por ocasião da licença. Isso, para o Supremo, estimularia a discriminação de gênero, ofendendo o princípio da igualdade. Portanto, a argumentação da Corte não se fundou na impossibilidade de restrição a um direito social à previdência pelo poder reformador, mas no impacto negativo que teria esta restrição sobre a igualdade de gênero, que constitui expressão de um direito individual.

Em outra decisão relevante, o Supremo Tribunal Federal afirmou que a EC nº 52/2006, que dava fim à chamada "verticalização" das coligações partidárias, não poderia ser aplicada ao pleito que teria lugar em outubro de 2006, a menos de um ano da data da sua promulgação. Segundo a regra da anualidade eleitoral, prevista no art. 16 da Constituição, qualquer mudança na legislação eleitoral só pode incidir sobre as eleições que ocorressem depois de um ano de sua entrada em vigor. A decisão da Corte foi

---

[84] Nesta linha, José Afonso da Silva: "A questão da terra transformara-se no ponto central dos direitos constitucionais dos índios, pois para eles ela tem um valor de sobrevivência física e cultural" (*Comentário contextual à Constituição*, p. 866). No mesmo sentido, CUNHA, Manuela Carneiro da. *Os direitos do índio*: ensaios e documentos, p. 32; e ARAÚJO, Ana Valéria. Povos indígenas e igualdade étnico-racial. *In*: PIOVESAN, Flávia; SOUZA, Douglas Martins de (Coord.). *Ordem jurídica e igualdade étnico-racial*, p. 225.

[85] Neste sentido aponta a jurisprudência do STF: "Emerge claramente do texto constitucional que a questão da terra representa o aspecto fundamental dos direitos e das prerrogativas constitucionais asseguradas ao índio, pois este, sem a possibilidade de acesso às terras indígenas, expõe-se ao risco gravíssimo de desintegração cultural, de perda de sua identidade étnica, da dissolução de seus vínculos históricos, sociais e antropológicos e da erosão de sua própria percepção e consciência como integrante de um povo e de uma nação que reverencia os locais místicos de sua adoração espiritual e que celebra, neles, os mistérios do universo em que vive" (RE nº 183.188-0, Rel. Min. Celso de Mello. *DJ*, 14 fev. 1997).
Para uma ampla análise da jurisprudência do STF em matéria de direitos indígenas, veja-se ANJOS FILHO, Robério Nunes. O Supremo Tribunal e os direitos dos povos indígenas. *In*: SARMENTO, Daniel; SARLET, Ingo Wolfgang (Org.). *Direitos fundamentais no Supremo Tribunal Federal*: balanço e crítica, p. 911-954

[86] ADI nº 1.946, Rel. Min. Sidney Sanches. Julg. 03.04.2003.

justificada como garantidora da segurança dos eleitores e da igualdade de direitos das minorias políticas. Por um lado, os eleitores teriam direito de saber com antecedência razoável as regras que governariam as eleições. Por outro, se as maiorias pudessem alterar a qualquer tempo as regras do jogo, poderiam manipulá-las com vistas a se perpetuarem no poder.[87] O art. 16 está inserido no capítulo da Constituição que trata dos direitos políticos, e não naquele que cuida dos direitos individuais. É certo, todavia, que o fundamento da Corte foi o de que tal preceito representa "garantia individual do cidadão-eleitor", e de que a afronta teria atingido também os direitos individuais à segurança jurídica e ao devido processo legal.[88]

Outro julgamento importante neste campo foi relativo à reforma da Previdência realizada pela EC nº 41/2003, que, dentre outras medidas, permitiu a taxação dos proventos dos servidores inativos por contribuição previdenciária. O STF não reconheceu, na hipótese, qualquer afronta a direito adquirido, mas invalidou regras que tinham instituído diferença de tratamento, considerada injustificada, entre, de um lado, os servidores e pensionistas da União, e, do outro, os dos Estados, Distrito Federal e municípios.

Mais recentemente, o Ministro Luís Roberto Barroso, em decisão monocrática,[89] pronunciou-se especificamente sobre a matéria, na mesma linha que ora sustentamos. Tratava-se de pedido de liminar em mandado de segurança impetrado por parlamentares, objetivando sustar o andamento da PEC nº 215, que pretende transferir ao Congresso Nacional a decisão sobre a demarcação de terras indígenas. Apesar de negar a liminar postulada, por não vislumbrar o *periculum in mora*, o Ministro Barroso reconheceu o *fumus boni iuris*, salientando que o direito das comunidades indígenas às terras tradicionalmente ocupadas configura cláusula pétrea, e que violaria o núcleo essencial deste direito condicionar o seu gozo a uma decisão política da maioria paramentar. Para Barroso, o art. 60, §4º, IV, da Constituição não protege apenas as liberdades individuais clássicas, mas também os demais direitos materialmente fundamentais, como os direitos políticos, sociais e coletivos. Isso porque, nas suas palavras, "como meios de proteção e promoção da dignidade da pessoa humana (CF/88, art. 1º, III), os direitos materialmente fundamentais definem um patamar mínimo de justiça, cujo esvaziamento privaria as pessoas das condições básicas para o desenvolvimento da sua personalidade". De acordo com o Ministro Barroso, a cláusula pétrea em questão não se volta apenas para a proteção de direitos universais, mas também para aqueles desfrutados por minorias vulneráveis, como os índios: "A circunstância de um grupo

---

[87] Contudo, visto concretamente, ele tendia justo ao resultado inverso, *i.e.*, à exclusão das agremiações minoritárias do pleito presidencial. Esse era o resultado provável de se conjugar a regra da "verticalização" com a da "cláusula de barreira", então em vigor. Isso, contudo, não ocorreu, pelo fato de o próprio Supremo Tribunal Federal ter declarado inconstitucional a regra da cláusula de barreira. Este, porém, não é o lugar para aprofundar o exame do tema. Cf. SOUZA NETO, Cláudio Pereira de. Verticalização, cláusula de barreira e pluralismo político: uma crítica consequencialista à decisão do STF na ADIN 3685. *Interesse público*, v. 37.

[88] "Enquanto o art. 150, III, 'b', da CF encerra garantia individual do contribuinte (...), o art. 16 representa garantia individual do cidadão-eleitor, detentor originário do poder exercido pelos representantes eleitos e 'a quem assiste o direito de receber, do Estado, o necessário grau de segurança e de certeza jurídicas contra alterações abruptas das regras inerentes à disputa eleitoral' (ADI 3.345, Rel. Min. Celso de Mello). Além de o referido princípio conter, em si mesmo, elementos que o caracterizam como uma garantia fundamental oponível até mesmo à atividade do legislador constituinte derivado, nos termos dos arts. 5º, §2º, e 60, §4º, IV, a burla ao que contido no art. 16 ainda afronta os direitos individuais da segurança jurídica (CF, art. 5º, *caput*) e do devido processo legal (CF, art. 5º, LIV)" (ADI nº 3.685/DF, Rel. Min. Ellen Gracie. Julg. 22.03.2006. *DJ*, 10 ago. 2006).

[89] MS nº 32.262, Rel. Min. Luís Roberto Barroso. *DJe*, 23 set. 2013.

ser minoritário não enfraquece, mas antes reforça a pretensão de fundamentalidade dos seus direitos", já que "a proteção das minorias e dos grupos vulneráveis qualifica-se como fundamento imprescindível à plena legitimação material do Estado Democrático de Direito".

(b) A extensão do limite material ao poder de reforma aos direitos fundamentais localizados fora do catálogo (direitos materialmente fundamentais)

O texto constitucional contém um catálogo de direitos fundamentais, que se estende do seu art. 5º ao art. 17. Os direitos lá contidos são *formalmente fundamentais*. A fundamentalidade formal não depende do conteúdo do direito. Ela decorre simplesmente da sua localização no texto constitucional. Além destes, a Constituição consagra outros direitos fundamentais, que podem se situar no seu texto, mas fora do catálogo pertinente, ou estar implicitamente garantidos. São direitos que, conquanto não inseridos no Título do texto constitucional referente aos "direitos e garantias fundamentais" (Título II), têm similar importância àqueles presentes no catálogo, correspondendo a relevantes concretizações da ideia da dignidade da pessoa humana, em qualquer das suas múltiplas dimensões. A existência destes direitos é expressamente reconhecida pela própria Constituição, no seu art. 5º, §2º. Os direitos que têm esse conteúdo especialmente importante, dotados de elevada estatura moral, são chamados de *materialmente fundamentais*.[90] A sua fundamentalidade não vem da localização da norma que os consagra no texto constitucional, mas da sua própria natureza: há, portanto, direitos materialmente fundamentais fora e dentro do catálogo pertinente. Diante disso, pode-se discutir se os direitos materialmente fundamentais, localizados fora do título da Constituição que trata da matéria são ou não cláusulas pétreas.

A resposta é positiva. Seria um excesso de formalismo negar a proteção reforçada a um direito fundamental apenas pela localização do preceito que o consagra. Há, fora do título da Constituição dedicado aos direitos e garantias fundamentais, enunciados que preveem direitos da maior importância, como o de fundamentação das decisões judiciais (art. 93, IX, CF) ou ao meio ambiente ecologicamente preservado (art. 225), e não há qualquer razão plausível para não estender a eles o mesmo regime de proteção reforçada que beneficia os direitos fundamentais inseridos no referido título. Essa posição foi adotada pelo STF no julgamento em que declarou inconstitucional o §2º do art. 2º da EC nº 3/93. O dispositivo em questão afastara, para efeito de incidência do IPMF, o princípio da anterioridade tributária, estabelecido no art. 150, III, "b", da Carta — ou seja, localizado fora do catálogo de direitos e garantias fundamentais.[91] No caso, o STF apoiou sua decisão na fundamentalidade material do princípio mencionado.

Sem embargo, pode-se concordar com a premissa, de que os direitos materialmente fundamentais configuram cláusulas pétreas, onde quer que se localizem, sem avaliar a referida decisão do STF. Parte da doutrina criticou a decisão, por não considerar o princípio da anterioridade tributária materialmente fundamental. A cobrança de um

---

[90] Sobre os conceitos de "fundamentalidade formal" e de "fundamentalidade material", cf. ANDRADE, José Carlos Vieira. *Os direitos fundamentais na constituição portuguesa de 1976*, p. 76-97; SARLET, Ingo Wolfgang. *A eficácia dos direitos fundamentais*: uma teoria geral dos direitos fundamentais na perspectiva constitucional, p. 74-140.
[91] ADI nº 939-7/DF, Rel. Min. Sydney Sanches. *DJ*, 18 mar. 1994.

tributo no mesmo exercício financeiro em que foi instituído não parece efetivamente implicar violação dos valores mais básicos da Constituição.[92]

(c) as normas inserida no Título II da Constituição que não configurem direitos e garantias materialmente fundamentais não são cláusulas pétreas

Mais polêmico é o debate sobre a possibilidade de se considerarem não abrangidas pelo limite material ao poder de reforma as normas que, conquanto inseridas no catálogo constitucional pertinente, não representem direitos e garantias materialmente fundamentais. Poderia o poder constituinte derivado, por exemplo, suprimir a regra constitucional que define qual a lei aplicável à sucessão dos bens de estrangeiros localizados no país, que muito embora certamente não represente direito materialmente fundamental, está inserida no art. 5º, XXXI, da Constituição?

O tema ainda não foi aventado em nossa jurisprudência. Em sentido contrário a essa possibilidade manifestou-se Ingo Wolfgang Sarlet,[93] aduzindo que admiti-la importaria em expor a grave risco os direitos fundamentais, tendo em vista a diversidade de concepções políticas e filosóficas sobre tais direitos existente na sociedade. Um juiz de direita poderia, por exemplo, considerar que são direitos materialmente fundamentais apenas as tradicionais liberdades públicas, abrindo a possibilidade de supressão dos direitos sociais. Já um magistrado situado à esquerda poderia entender o contrário, permitindo a eliminação de direitos individuais. A proteção reforçada aos direitos fundamentais seria fragilizada, porque condicionada às visões de mundo de cada juiz.

Em sentido oposto, autores como Oscar Vilhena Vieira[94] e Rodrigo Brandão[95] argumentam que retirar do alcance do constituinte derivado uma ampla série de preceitos, apenas em razão da sua localização no texto constitucional, não se justifica. Esta é a nossa posição. Diante do direito de cada geração de se autogovernar, é preciso que exista um forte argumento para justificar o entrincheiramento definitivo de certas decisões do poder constituinte originário. As cláusulas pétreas, portanto, não devem ser objeto de uma leitura formalista, mas de uma interpretação aberta à moralidade política, que busque salvaguardar das qualificadas maiorias que atuam como poder reformador apenas aquilo que seja de fato necessário para a continuidade da empreitada intergeracional de construção de uma sociedade democrática, de cidadãos livres e iguais. O formalismo não deve servir nem para restringir as cláusulas pétreas, em detrimento da proteção reforçada de direitos materialmente fundamentais localizados fora do catálogo, nem para petrificar o que não é tão importante, em prejuízo do direito democrático do povo de fazer as suas próprias escolhas, em cada momento da vida nacional.

A este argumento de filosofia constitucional, pode-se agregar um outro, menos abstrato. Em diversas constituições, existe a indicação dos preceitos que limitam o

---

[92] Essa foi a posição assumida pelos Ministros Sepúlveda Pertence e Otávio Galotti, que votaram pela inconstitucionalidade do §2º do art. 2º da EC nº 003/93 apenas no tocante ao inciso VI do art. 150 da CF, sem fazê-lo em relação ao inciso III, "b", cf. NOVELLI, Flávio Bauer. Norma constitucional inconstitucional: a propósito do art. 2º, §2º, da Emenda Constitucional nº 3/93. *Revista Forense*, n. 330, p. 71; SOUZA NETO, Cláudio Pereira de. *Teoria constitucional e democracia deliberativa*, p. 237-238.

[93] SARLET, Ingo Wolfgang. *A eficácia dos direitos fundamentais*: uma teoria geral dos direitos fundamentais na perspectiva constitucional, p. 425-427.

[94] VIEIRA, Oscar Vilhena. *A Constituição e sua reserva de justiça*: um ensaio sobre os limites materiais ao poder de reforma, p. 244-247.

[95] BRANDÃO, Rodrigo. *Direitos fundamentais, democracia e cláusulas pétreas*, p. 204-210.

poder constituinte derivado. É o caso, por exemplo, da Constituição alemã (art. 79.3) e da grega (art. 110.1). Não é o caso da Constituição brasileira de 88. Não há, portanto, porque vincular na nossa ordem constitucional, de maneira absoluta, uma categoria — os direitos e garantias fundamentais — a uma localização específica no texto constitucional de certos dispositivos, se nem o próprio constituinte o fez.

Sem embargo, a inserção ou não de um preceito no catálogo dos direitos e garantias fundamentais não é indiferente, para fins do reconhecimento da sua natureza pétrea. A localização é relevante, na medida em que cria um *ônus argumentativo* adicional para aquele que defender que um preceito localizado *dentro* do Título II da Constituição não corresponde a direito ou garantia materialmente fundamental, o qual também se aplica para aquele que sustentar que dispositivo situado *fora* daquele Título consagra direito ou garantia desta natureza. Em outras palavras, as cláusulas pétreas, no nosso entendimento, protegem apenas os direitos materialmente fundamentais. Mas existe *presunção relativa* de fundamentalidade material em favor dos direitos incluídos no catálogo constitucional.

(d) o direito adquirido e o poder constituinte derivado

Existe importante controvérsia a propósito da vinculação do poder constituinte derivado ao direito adquirido. A maioria da doutrina posiciona-se favoravelmente a esta vinculação, argumentando, em síntese, que a proteção do direito adquirido qualifica-se como direito individual, o que lhe confere a natureza de cláusula pétrea, a teor do disposto no art. 60, §4º, IV, da Constituição.[96] Daí por que seria vedado à emenda constitucional desrespeitar qualquer direito adquirido, assim como o ato jurídico perfeito ou a coisa julgada.

O segmento doutrinário minoritário,[97] a que nos filiamos, não reconhece esta vinculação. Sustenta-se que quando a Constituição determina que "a lei não prejudicará o direito adquirido, o ato jurídico perfeito e a coisa julgada" (art. 5º, XXXVI), ela não pretende abranger as emendas constitucionais, mas tão somente os atos normativos infraconstitucionais. Isto significa que, embora o constituinte derivado não possa suprimir ou desnaturar a proteção constitucional do direito adquirido em face do legislador, ele pode, sim, desconstituir direitos que tenham sido adquiridos no passado. Isto não implica que tais atos do poder constituinte reformador fiquem imunes ao controle, pois

---

[96] Nesta linha manifestaram-se, dentre outros ilustres juristas: SILVA, José Afonso da. Reforma constitucional e direito adquirido. In: SILVA, José Afonso da. *Poder constituinte e poder popular*, p. 221-333; VELLOSO, Carlos Mário da Silva. *Temas de direito público*, p. 457-474; BARROSO, Luís Roberto. *Interpretação e aplicação da Constituição*, p. 52; BRITTO, Carlos Ayres; PONTES FILHO, Walmir. Direito adquirido contra Emenda Constitucional. *RDA*, n. 202, p. 75-90; PINTO FERREIRA, Luiz. As emendas à Constituição, as cláusulas pétreas e o direito adquirido. *Revista Latino Americana de Estudos Constitucionais*, n. 1, p. 203-224; FERREIRA FILHO, Manoel Gonçalves. *O poder constituinte*, p. 191-204; HORTA, Raul Machado. Constituição e direito adquirido. *Revista de Informação Legislativa*, v. 28, n. 112, p. 860; RAMOS, Elival da Silva. *A proteção aos direitos adquiridos no direito constitucional brasileiro*, p. 228-242; TOLEDO, Cláudia. *Direito adquirido e estado democrático de direito*, p. 250-268; DANTAS, Ivo. *Direito adquirido, emenda constitucional e controle de constitucionalidade*; MENDONÇA, Maria Luiza Vianna Pessoa de. *O princípio constitucional da irretroatividade da lei*, p. 195-200.

[97] Neste sentido: BASTOS, Celso Ribeiro; MARTINS, Ives Gandra. *Comentários à Constituição do Brasil*, p. 191; CARDOZO, José Eduardo Martins. *Da retroatividade da lei*, p. 313-314; MODESTO, Paulo. A reforma administrativa e o direito adquirido ao regime da função pública. *Revista Trimestral de Direito Público*, p. 237; SARMENTO, Daniel. Direito adquirido, emenda constitucional e justiça social. In: SARMENTO, Daniel. *Livres e iguais*: estudos de direito constitucional, p. 3-31; SAMPAIO, José Adércio Leite. *Direito adquirido e expectativa de direito*, p. 252-254; TOLOMEI, Carlos Young. *A proteção do direito adquirido sob o prisma civil constitucional*, p. 249-263.

será sempre possível verificar se outros princípios constitucionais condicionantes do poder de reforma foram atingidos, dentre os quais os direitos fundamentais individuais, políticos, sociais e coletivos, no seu núcleo essencial.

Esta tese não se baseia apenas na literalidade da Constituição. Ao contrário, ela também se lastreia em premissas teóricas mais complexas, que convém esclarecer. A primeira delas, já desenvolvida acima, diz respeito à forma como deve se dar a interpretação das cláusulas pétreas, em razão do direito democrático da cada geração de se autogovernar, e da própria estabilidade do regime constitucional.

A segunda premissa é a de que a segurança jurídica — ideia que nutre e justifica a proteção constitucional do direito adquirido — é um valor de grande relevância no Estado Democrático de Direito. Mas não é o único valor, e talvez não seja nem mesmo o mais importante dentre aqueles em que se funda a ordem constitucional brasileira. Justiça e igualdade material, só para ficar com dois exemplos, são valores também caríssimos à nossa Constituição, e que, não raro, conflitam com a proteção da segurança jurídica. Se a segurança jurídica for protegida ao máximo, provavelmente o preço a se pagar será um comprometimento excessivo na tutela da justiça e da igualdade substantiva.

Ademais, no Estado Democrático de Direito, o próprio valor da segurança jurídica ganha um novo colorido, aproximando-se da ideia de justiça.[98] Ele passa a incorporar uma dimensão social importantíssima. A segurança jurídica, mais identificada no Estado Liberal com a proteção da propriedade e dos direitos patrimoniais em face do arbítrio estatal, caminha para a segurança contra os infortúnios e incertezas da vida; para a segurança como garantia de direitos sociais básicos para os excluídos; e até para a segurança em face das novas tecnologias e riscos ecológicos na chamada "sociedade de riscos". Esta nova ideia de segurança jurídica não se coaduna com a perspectiva, estritamente individualista, que torna absolutos os direitos adquiridos. Neste ponto, é possível traçar um paralelo entre o direito adquirido e o direito de propriedade, também qualificado pela Constituição como um direito fundamental, mas que, não obstante, deixou de ser visto pela doutrina contemporânea como aquele direito absoluto e intangível, de que falavam as declarações de direitos do século XVIII e os códigos liberais do século XIX.[99] A proximidade conceitual e ideológica entre o direito de propriedade e o direito adquirido é inequívoca: ambos são institutos importantes para o funcionamento de uma sociedade livre e capitalista, mas, vistos de forma absoluta, se revelam como garantias jurídicas do *status quo*, que protegem os incluídos muitas vezes às expensas dos excluídos do pacto social. Sob este prisma, não há porque manter a categoria do direito adquirido, forjada no apogeu do Estado Liberal, no interior de uma redoma, alheia à mudança dos tempos e protegida de qualquer espécie de restrição ou relativização, que decorra da tutela de outros bens jurídicos também revestidos de estatura constitucional.

Nossa terceira premissa é de que a Constituição de 88 se volta muito mais à transformação do *status quo*, reputado injusto e opressivo, do que à sua conservação. Trata-se de uma ordem constitucional que se propõe a perseguir a ambiciosa empreitada

---

[98] Cf. PÉREZ LUÑO, Antonio Enrique. *La seguridad jurídica*, p. 72.
[99] Sobre a mudança do direito de propriedade decorrente da passagem do Estado Liberal para o Estado Social existe vastíssima bibliografia. Veja-se, a propósito: TEPEDINO, Gustavo. Contornos constitucionais da propriedade privada. *In*: TEPEDINO, Gustavo. *Temas de direito civil*, p. 267-292; COMPARATO, Fábio Konder. Direitos e deveres fundamentais em matéria de propriedade. *In*: STROZAKE, Juvelino José (Org.). *A questão agrária e a justiça*, p. 130-147.

de reconstruir o Estado e a sociedade brasileira sobre bases mais justas e equânimes; de refundar a República a partir de um projeto solidário e inclusivo. Não é compatível com uma Constituição como esta, a pretensão de imunizar, até da ação do constituinte derivado, todos os direitos validamente concedidos no passado, por mais injustos que sejam aos olhos da sociedade do presente.

Podemos agora associar as nossas três premissas teóricas: (a) a necessidade de adoção de uma interpretação não maximizadora das cláusulas pétreas, em razão do direito democrático à autodeterminação das gerações presentes e futuras e da própria estabilidade institucional do regime constitucional; (b) a visão de que o direito adquirido configura uma garantia constitucional importante, mas que não se situa num pedestal, pairando acima dos demais direitos fundamentais e interesses constitucionais; e (c) o reconhecimento de que a Constituição de 1988 propõe-se, essencialmente, a modificar as estruturas sociais, e não a preservá-las. O resultado que surge desta conjugação é claro: os direitos adquiridos não podem ser concebidos na ordem constitucional brasileira como limites para o poder constituinte de reforma. Sujeitar as emendas à Constituição ao respeito incondicionado de todos os direitos adquiridos no passado é fazer pouco do direito de cada geração de construir seu próprio caminho, e, pior que isso, é contribuir para a eternização de um *status quo* refratário às ambições transformadoras da nossa ordem constitucional.

A questão da vinculação das emendas constitucionais ao poder constituinte derivado foi enfrentada pelo STF sob a égide da Constituição passada, quando a Corte manifestou-se no sentido de que "não há direito adquirido contra texto constitucional, resulte ele do Poder Constituinte originário ou do Poder Constituinte derivado".[100] É certo, porém, que no regime constitucional então vigente, os direitos individuais não figuravam no elenco das cláusulas pétreas, o que altera significativamente os contornos da discussão.

Sob a vigência da Constituição de 88, o tema foi tangenciado pelo menos duas vezes pelo STF, mas ainda não parece possível definir, a partir dos casos analisados, qual é a posição da Corte sobre a matéria. Na ADI nº 3.105/DF,[101] discutiu-se a validade de EC nº 41, que instituíra contribuição previdenciária a ser paga por servidores públicos inativos. Um dos argumentos invocados contra a cobrança em questão era a violação de suposto direito adquirido dos servidores que tinham se aposentado antes da criação da nova exação tributária. A posição do STF foi no sentido de que inexiste direito adquirido a não se sujeitar a uma incidência tributária que recaia sobre fatos geradores ainda não ocorridos. Portanto, por não vislumbrar sequer em tese a existência de um direito adquirido por parte dos servidores aposentados, o Tribunal não precisou equacionar a questão da vinculação do constituinte derivado ao direito adquirido. Sem embargo, diversos Ministros adentraram no debate do tema, seja para afirmar essa vinculação — Ministros Carlos Britto, Marco Aurélio, Carlos Velloso e Celso Mello —, seja para negá-la — Ministros Joaquim Barbosa e Nelson Jobim.

O STF também foi instado a se manifestar sobre a questão da validade da imposição de teto remuneratório, por emenda constitucional, a ministros aposentados da

---

[100] RE nº 94.414/SP, Rel. Min. Moreira Alves. *DJ*, 18 abr. 1985.
[101] ADI nº 3.105/DF, Rel. Min. Cezar Peluso. *DJ*, 18 fev. 2005.

Corte que o ultrapassavam.[102] Discutiu-se, na ocasião, se o princípio da irredutibilidade dos vencimentos, considerado como uma manifestação qualificada do direito adquirido, impor-se-ia também ao poder constituinte derivado. O Supremo concedeu o mandado de segurança obstando o abatimento dos valores que excediam o teto. A ordem foi concedida por maioria, mas não é possível extrair do acórdão uma posição genérica do STF sobre o dever do poder reformador de respeitar o direito adquirido. Sem embargo, no voto do Relator, Ministro Sepúlveda Pertence, ensaiou-se uma engenhosa distinção entre o direito que for adquirido a partir da própria Constituição — seria o caso da irredutibilidade da remuneração dos servidores, expressamente prevista no texto magno — e aquele incorporado ao patrimônio do seu titular com base na legislação infraconstitucional. Para Pertence, o primeiro estaria a salvo das emendas constitucionais, mas não o segundo, que poderia ser livremente suprimido pelas mesmas.[103]

7.2.4.4 As cláusulas pétreas implícitas e o problema da "dupla revisão"

Discute-se a existência de *limites materiais implícitos* ao poder de reforma, que seriam aqueles não expressamente previstos no art. 60, §4º, da Constituição Federal, mas, ainda assim, plenamente vinculantes.

Para quem entende que as cláusulas pétreas representam o *núcleo de identidade* da Constituição, é possível buscar limites implícitos ao poder de reforma a partir desta identidade.[104] Os preceitos que consagram limites materiais, nesta perspectiva, são concebidos como dotados de natureza declaratória e não constitutiva. Por isso, os limites existem independentemente da sua positivação expressa. Foi esta a linha argumentativa desenvolvida por Francisco Campos no combate à reforma agrária sob a égide da Constituição de 1946, como antes exposto. Não é essa a nossa posição.

Um caso evidente de cláusula pétrea implícita diz respeito à titularidade da soberania e do poder constituinte originário.[105] Sendo o poder reformador um poder constituído, é claro que ele não pode dispor sobre o poder constituinte. Não poderia, por exemplo, estabelecer que o poder emana não do povo, como estabelece o art. 1º, Parágrafo único, da Constituição, mas da Nação, de Deus ou de qualquer outra entidade ou pessoa.

Muito mais relevante, do ponto de vista prático, é o debate sobre se os limites impostos ao próprio poder constituinte reformador podem ser modificados. A hipótese

---

[102] MS nº 24.871-1, Rel. Min. Sepúlveda Pertence. *DJ*, 06 out. 2006.

[103] Consta do voto: "40. De minha parte — sem me arriscar na imprudente travessia das águas procelosas da discussão doutrinária — tendo a um distinguo que parte da fonte normativa do direito adquirido aventado. (...) seguramente, uma interpretação sistemática da Constituição, a partir dos "objetivos fundamentais da República" (CF, art. 3º), não lhes pode antepor toda a sorte de direitos subjetivos, advindos da aplicação de normas infraconstitucionais, superadas por emendas constitucionais, que busquem realizá-los. 44. Intuo, porém, que um tratamento mais obsequioso há de ser reservado, em linha de princípio, ao direito fundamental imediatamente derivado do texto originário da Constituição, quando posto em confronto com emendas constitucionais supervenientes: nesta hipótese, a vedação a reformas tendentes a aboli-lo — baseada no art. 60, §4º, IV, da Lei Fundamental já não se fundará apenas na visão extremada — e, ao cabo, conservadora — do seu art. 5º, XXXVI, mas também na intangibilidade do núcleo essencial do preceito constitucional substantivo que o consagrar".

[104] Neste sentido, CANOTILHO, José Joaquim Gomes. *Direito constitucional e teoria da Constituição*, p. 943, que tem como limite implícito a impossibilidade de "alterações constitucionais aniquiladoras da identidade de uma ordem constitucional histórico-concreta".

[105] Cf. SAMPAIO, Nelson de Souza. *O poder de reforma constitucional*, p. 97-98; BARROSO, Luís Roberto. *Curso de direito constitucional contemporâneo*: os conceitos fundamentais e a construção do novo modelo, p. 167.

pode envolver a chamada *dupla revisão*, que ocorre quando, para se alterar um ponto salvaguardado por uma cláusula pétrea, percorre-se um caminho um pouco mais longo: no primeiro momento, se aprova reforma constitucional suprimindo o limite material em questão; no segundo, a mudança antes proibida é promovida. As mudanças podem, por outro lado, ligar-se não às cláusulas pétreas, mas a outras normas que regem a reforma constitucional, como a alteração do quórum para aprovação de emendas. Isto, aliás, ocorreu duas vezes no Brasil, sob a égide da Constituição de 1969.

O tema é complexo. De um lado, há autores que afirmam que existe um imperativo lógico que torna as regras que regem as reformas constitucionais imunes ao poder constituinte reformador. Em razão da estrutura escalonada do ordenamento, uma norma jurídica não pode jamais dispor validamente sobre outra superior, que fixe os seus limites e as regras para a sua edição, "pois se um poder é outorgado por alguém, parece lógico que os limites desse poder só podem ser modificados pelo outorgante, nunca pelo próprio outorgado".[106] O raciocínio também vale para as emendas constitucionais, em face das regras que as disciplinam, ditadas pelo poder constituinte originário. Ao argumento lógico agrega-se outro, prático: permitir que o poder reformador disponha sobre os seus próprios limites implicaria negar a força vinculante desses limites. A cada vez que pretendesse atuar de maneira vedada pelo constituinte originário, bastaria ao constituinte derivado mudar ou eliminar o obstáculo jurídico que antes lhe fora imposto. A admissão desta possibilidade seria praticamente um convite à *fraude à Constituição*.

De outro lado,[107] há também quem invoque argumentos lógicos para permitir a possibilidade da reforma das normas que disciplinam a alteração da Constituição.[108] Argumenta-se ainda, em tom mais pragmático, que a admissão da alteração dos limites é preferível à ruptura constitucional. Há situações em que o propósito das forças políticas

---

[106] SILVA, Virgílio Afonso da. Ulisses, as sereias e o constituinte derivado: sobre a inconstitucionalidade da dupla revisão e da alteração do quórum de 3/5 para aprovação de emendas constitucionais. *RDA*, n. 226, p. 17. Também neste sentido: CANOTILHO, José Joaquim Gomes. *Direito constitucional e teoria da Constituição*, p. 944-946; BARROSO, Luís Roberto. *Curso de direito constitucional contemporâneo*: os conceitos fundamentais e a construção do novo modelo, p. 164-167.

[107] Para uma densa defesa da possibilidade de reforma das normas que regem o processo de alteração da Constituição, veja-se: MIRANDA, Jorge. *Manual de direito constitucional*, p. 165-186.

[108] Neste sentido, existe um célebre texto de Alf Ross que desenvolve argumentação original sobre o assunto. A sua explicação é complexa, mas podemos sintetizá-la, com algumas simplificações, da seguinte maneira: para Ross, cada norma jurídica é criada por uma autoridade, com base em outra norma, que prescreve as condições de validade da primeira e investe a autoridade que a produziu em sua competência. Para se evitar uma regressão ao infinito, tem-se sempre, em cada sistema jurídico, uma autoridade máxima, cuja competência não deriva de nenhuma outra, que é quem elabora a norma fundamental do ordenamento. Nos países que tem Constituição rígida, tem-se que a autoridade máxima é quem elabora a Constituição, e que define as regras pelas quais a própria Constituição pode ser alterada. Ross tomou por premissa a possibilidade de mudança das normas que regem as alterações constitucionais, que considerou um "fato sócio-psicológico". Mas afirmou que esta possibilidade, tal como convencionalmente concebida, criaria um paradoxo lógico. É que, na lógica, a conclusão não pode contrariar a premissa em que se baseia. Então, se eu tenho como premissa que a norma fundamental do sistema é (A), que diz que a Constituição só pode ser alterada por maioria de 3/5 do Congresso, e, com base neste procedimento, eu altero (A), e a substituo pela norma (B), que autoriza as mudanças constitucionais por maioria absoluta, eu produzo um paradoxo. É que (B) tem fundamento de validade em (A), mas ao mesmo tempo o seu conteúdo contraria (A), por dispor em sentido diferente. A validade de uma norma não pode ser derivada de outra, que com ela conflite. Para Ross, a solução do paradoxo estaria em conceber como norma fundamental do sistema não a norma (A), mas sim a uma outra norma implícita (N), que diria que se deve obedecer à autoridade instituída por (A), até que esta própria aponte uma autoridade sucessora, e assim sucessivamente. Com isso, a validade de (B) não decorreria de (A), mas sim de (N), que teria permitido a mudança de (A). O argumento, que suscitou amplos debates e diversas refutações no campo da teoria do Direito, encontra-se em: ROSS. On self-reference and a puzzle in constitutional law. *Mind*, p. 1 *et seq*.

e sociais no sentido de alteração de uma decisão constitucional é tão intenso e firme, que não teria como ser barrado por um limite constitucional. Impedir, nesse quadro, a mudança perseguida, não traria mais estabilidade para o sistema constitucional, mas antes abriria espaço para um desnecessário rompimento.

De nossa parte, entendemos que a questão não se resolve apenas com a lógica formal, dependendo de uma avaliação contextual, permeável a juízos de moralidade política e a análises pragmáticas. O caso português de dupla revisão bem ilustra a hipótese. Como já foi exposto, figuravam na Constituição de Portugal como cláusulas pétreas "a apropriação coletiva dos principais meios de produção", "a planificação democrática da economia" e "a participação das organizações populares de base no exercício do poder local" (art. 290, redação originária). Com a segunda revisão constitucional do país, ocorrida em 1989, esses limites materiais, que conferiam à Constituição de 1976 uma orientação socialista, foram suprimidos. A maioria da sociedade portuguesa não mais se identificava com aquela linha ideológica. Terá sido inconstitucional aquela "dupla revisão"? Ou se tratava de uma legítima correção de rumo, que desentrincheirava uma escolha polêmica, deixando a orientação econômica do país para ser decidida por cada geração do povo português? Que sentido faria impedir a mudança promovida em Portugal, e qual seria a sua mais provável consequência? Outro exemplo, agora hipotético: o constituinte originário norte-americano vedou, em 1787, a abolição do comércio de escravos até o ano de 1808. Um bem-sucedido movimento abolicionista que surgisse antes disso não poderia suprimir aquela espúria limitação ao poder de reforma? Teria, necessariamente, que romper com toda a Constituição para fazê-lo, mesmo que o povo quisesse apenas promover uma alteração pontual no texto constitucional? As perguntas formuladas já indicam o que pensamos sobre o assunto.

Um precedente no Direito Comparado que tratou de questão similar ocorreu na Índia.[109] Embora a Constituição indiana não preveja cláusulas pétreas implícitas, a Suprema Corte do país, em polêmicas decisões, entendeu que a "estrutura básica" da Constituição, que incluiria o direito de propriedade, não seria suscetível de reforma constitucional, restringindo, com isso, medidas redistributivas adotadas pelo Legislativo por meio de emendas constitucionais (casos *Golaknath* e *Kesavananda Bharati*, decididos, respectivamente, em 1967 e 1973). Houve várias tentativas infrutíferas de reversão daquela orientação, e uma das estratégias empregadas foi a edição de nova emenda, proibindo o controle jurisdicional de constitucionalidade de reformas constitucionais (Emenda nº 42, editada em 1976). Esta emenda foi invalidada pela Suprema Corte, que entendeu que ela também violaria a estrutura básica da Constituição (caso *Minerva Mills v. Índia*, julgado em 1980).

No cenário brasileiro, tendo em vista o elenco das cláusulas pétreas contido na nossa Constituição — que não contemplou exageros ou iniquidades — deve-se preferir a tese da impossibilidade de reforma dos limites materiais de revisão. Considerando a relativa facilidade com que o nosso texto pode ser emendado, a aceitação da revisibilidade das cláusulas pétreas acabaria as tornando praticamente irrelevantes, o que exporia a riscos desnecessários os valores fundamentais do constitucionalismo democrático. Não é necessário bola de cristal para antever alguns efeitos que a adesão a esta tese ensejaria: qualquer crime mais violento, noticiado pelos meios de comunicação, e logo teríamos

---

[109] Cf. SATHE, S. P. *Judicial Activism in India*, p. 63-99.

propostas populistas de emenda constitucional — com chances de êxito — para retirar, do elenco das cláusulas pétreas a vedação da pena de morte, e logo depois introduzir a draconiana medida em nosso ordenamento.

Por outro lado, não parece impossível a edição de emenda constitucional que promova alterações no processo de reforma, desde que mantido o *caráter rígido da Constituição*, e a *natureza democrática do procedimento*.[110] Aliás, isso já ocorreu sob a égide da Constituição de 88, tendo em vista que a EC nº 5/04, ao introduzir o art. 5º, §3º, no texto magno, institui nova forma de alteração constitucional, pela incorporação, por maioria qualificada, de tratado internacional sobre direitos humanos. Assim, não seria inconstitucional, por exemplo, uma mudança que exigisse a aprovação das reformas mais importantes por referendo, incrementando a participação popular no processo de mudança constitucional. Veja-se também o exemplo da proposta formulada pelo Professor Fábio Konder Comparato,[111] segundo a qual deveria ser inserida na Constituição de 1988 uma nova modalidade de revisão constitucional. A revisão, que poderia ser convocada pelo povo a cada dez anos, por meio de plebiscito, seria realizada por uma assembleia revisora exclusiva, eleita para este fim, e não pelos membros do Congresso Nacional. As suas decisões deveriam ser, posteriormente, aprovadas por referendo. Não se vislumbra qualquer inconstitucionalidade nesta proposta, que não torna a Constituição flexível e incrementa sobremodo a participação popular no processo de alteração dos seus dispositivos.

Um limite implícito que deve ser reconhecido é o do respeito ao Estado Democrático de Direito. Trata-se de um conceito complexo, que comporta muitas variações, mas cujo núcleo consiste numa combinação de respeito à soberania popular com observância dos direitos fundamentais. O Estado Democrático de Direito, em estreita síntese, visa a conciliar o autogoverno do povo com as técnicas do constitucionalismo, voltadas à limitação do poder em prol dos direitos dos governados. A dimensão "constitucionalista" do Estado Democrático de Direito está explicitamente acolhida no elenco das cláusulas pétreas, por meio do entrincheiramento da "separação de poderes" e "dos direitos e garantias individuais". A faceta democrática do princípio não foi encampada com tamanha abrangência e clareza, pois o texto do referido elenco alude apenas ao "voto direto, secreto, universal e periódico", e não a outras dimensões da democracia. Sem embargo, considerando não apenas essa última cláusula, como também os argumentos de moralidade política que justificam os limites materiais ao poder de reforma, e ainda a valorização da democracia em nossa ordem constitucional, não hesitamos em considerar que o Estado Democrático de Direito, é, sim, cláusula pétrea. Parece ter trilhado este caminho a decisão do STF proferida ADI nº 4.307-MC, já antes comentada, que afastou a aplicação à eleição ocorrida antes da data sua promulgação, de emenda constitucional que aumentara o número de vereadores.

---

[110] Essa posição parece ser minoritária na doutrina. No sentido da impossibilidade de alteração das normas que regem a mudança da Constituição, cf. SAMPAIO, Nelson de Souza. *O poder de reforma constitucional*, p. 105-106; CANOTILHO, José Joaquim Gomes. *Direito constitucional e teoria da Constituição*, p. 945; SILVA, Virgílio Afonso da. Ulisses, as sereias e o constituinte derivado: sobre a inconstitucionalidade da dupla revisão e da alteração do quórum de 3/5 para aprovação de emendas constitucionais. *Revista de Direito Administrativo*; BARROSO, Luís Roberto. *Curso de direito constitucional contemporâneo*: os conceitos fundamentais e a construção do novo modelo, p. 167; SARLET, Ingo Wolfgang. *A eficácia dos direitos fundamentais*: uma teoria geral dos direitos fundamentais na perspectiva constitucional, p. 416-419.

[111] A proposta foi apresentada ao Conselho Federal da OAB, e consta no processo nº 2009.31.04097-01, em trâmite naquela instituição. O seu texto está disponível no sítio eletrônico: <http://www.conjur.com.br>.

Outros limites implícitos ao poder de reforma que têm sido identificados pela doutrina brasileira são atinentes à *forma* e ao *sistema de governo* que foram escolhidos pelo povo no plebiscito de 1993, previsto no art. 2º do ADCT. Muitos sustentam, com razão, que o procedimento de emenda constitucional não poderia ser utilizado para alterar essa decisão popular. A observação é procedente. Os representantes do povo não podem alterar uma decisão que foi tomada pelo próprio titular da soberania. Se o constituinte originário escolheu o plebiscito como mecanismo para a escolha da forma e do sistema de governo, o constituinte derivado não pode adotar procedimento distinto, assumindo um poder que não é senão do povo, que deve se manifestar diretamente.

A dúvida que persiste diz respeito à possibilidade de nova convocação de plebiscito. Não há razão para que isso não possa ocorrer. Se o povo pôde deliberar sobre o tema no momento designado, não há razão para que não possa voltar a fazê-lo no futuro. Basta, para isso, que emenda altere o texto constitucional marcando nova data para a realização de outro plebiscito. A república presidencialista não é, portanto, propriamente uma cláusula pétrea.[112] O que é limite material implícito é o procedimento previsto para a deliberação sobre essa matéria: exige-se, necessariamente, a manifestação direta do povo. A mudança da forma e do sistema de governo não poderia ser feita por meio de emenda.[113]

Finalmente, uma hipótese de limitação implícita ao poder de reforma, que já foi cogitada pela doutrina e corretamente rejeitada pelo STF,[114] diz respeito às disposições constitucionais transitórias. Já se argumentou que as normas do ADCT, pela sua transitoriedade, não seriam suscetíveis de alteração pelo constituinte derivado.[115] Não há motivo para isso. É preciso um forte ônus argumentativo para justificar a existência de uma cláusula pétrea implícita, que esta tese não supera. A grande maioria dos preceitos contidos no ADCT não tem a importância ou dignidade necessárias para serem subtraídos do campo de atuação do poder reformador.

7.2.5 A revisão constitucional

A expressão "revisão constitucional" é por vezes empregada pela doutrina no sentido de reforma constitucional mais ampla ou profunda.[116] Foi o sentido utilizado

---

[112] Sem embargo, nem por plebiscito seria possível a instituição no país de uma monarquia em que o monarca tivesse poderes políticos reais e expressivos, como nos tempos do Império. Uma hipótese é a monarquia parlamentarista, existente em países democráticos avançados como o Reino Unido, a Espanha, a Suécia e o Japão, em que o monarca "reina mas não governa". Outra, muito diferente, é o regime monárquico em que o rei ou rainha esteja investido de poderes efetivos. A adoção deste último modelo ofenderia o núcleo essencial das cláusulas pétreas do "voto direto, secreto, universal e periódico" e da igualdade, pois o monarca tem investidura hereditária e vitalícia no cargo, afrontando, ainda, o limite material implícito do Estado Democrático de Direito.

[113] Nesse sentido, cf. PILATTI, Adriano. O princípio republicano na Constituição de 1988. *In*: PEIXINHO, Manoel Messias; GUERRA, Isabella Franco; NASCIMENTO FILHO, Firly (Org.). *Os princípios na Constituição de 1988*, p. 131. Em sentido diferente, José Afonso da Silva defende que, após o plebiscito, a República teria se tornado cláusula pétrea (*Comentário contextual à Constituição*, p. 441).

[114] Na ADI nº 830 (Rel. Min. Moreira Alves. *DJ*, 19 abr. 1994), consta no voto do Relator: "a transitoriedade em si mesma não torna incompatível a alteração de norma constitucional dessa natureza. Com efeito, se é possível alterar-se, por emenda, a regra da parte permanente (...) é absolutamente ilógico pretender-se que a exceção transitória, por causa de sua transitoriedade, seja imutável".

[115] Cf. COMPARATO, Fábio Konder. Réquiem para uma Constituição. *In*: FIOCCA, Demian; GRAU, Eros Roberto. *Debate sobre a Constituição de 1988*, p. 84; BULOS, Uadi Lammêgo. *Constituição Federal anotada*, p. 1316.

[116] Cf. BARROSO, Luís Roberto. *Curso de direito constitucional contemporâneo*: os conceitos fundamentais e a construção do novo modelo, p. 146. Revisão é a designação de reformas extensas ou profundas na Constituição.

pela Constituição de 1934 (art. 178), como já ressaltado. Não é neste sentido que empregaremos a expressão aqui. A Constituição de 88 não traçou diferenças de regime jurídico entre as reformas mais ou menos importantes, ao contrário do que fazia o texto constitucional de 34. Nossa Constituição usou a expressão "revisão constitucional" em sentido específico, para aludir ao processo de alteração o texto constitucional previsto no art. 3º do ADCT, que deveria ocorrer uma única vez, após cinco anos de vigência da Constituição, e que teve curso entre outubro de 1993 e abril de 1994. Trata-se, portanto, de preceito de eficácia exaurida. De acordo com o referido dispositivo constitucional: "A revisão constitucional será realizada após cinco anos, contados da data da promulgação da Constituição, pelo voto da maioria absoluta do Congresso Nacional, em sessão unicameral".

Como se observa do texto constitucional, o processo da revisão foi facilitado em dois aspectos em relação ao de emenda: o quórum de aprovação era de maioria absoluta, e não de 3/5; e as deliberações eram tomadas no Congresso em sessão unicameral, e não em duas votações sucessivas em cada casa legislativa.

Houve intensa polêmica jurídica sobre o cabimento e a extensão da revisão constitucional. A polêmica se deveu ao fato de que o art. 2º do ADCT, imediatamente anterior ao que previra a revisão, dispunha sobre o plebiscito em que o povo deliberaria sobre a forma (república ou monarquia constitucional) e o sistema de governo (parlamentarismo ou presidencialismo) que deveria vigorar no País. Tal plebiscito deveria ocorrer no dia 7 de setembro de 1993 (a EC nº 2/92 o antecipou para 21 de abril daquele ano). Por conta da localização dos dois preceitos e da proximidade das datas previstas para a realização do plebiscito e do início da revisão, parte da doutrina[117] sustentava que esta só deveria se realizar se o povo, no plebiscito, alterasse a opção que prevalecera na constituinte (república presidencialista). A revisão se justificaria tão somente para adaptar a Constituição, com maior facilidade, ao resultado da decisão popular. Esta era a corrente *minimalista* sobre a revisão. Como o povo, no plebiscito, deliberou não adotar qualquer mudança, a revisão não deveria sequer acontecer.

Outra corrente,[118] de cunho *maximalista*, sustentava a tese de que a revisão deveria ocorrer de qualquer maneira, não estando sequer vinculada ao respeito às cláusulas pétreas, que só limitariam as emendas constitucionais. E uma terceira posição, dita *moderada*, sustentava que a revisão poderia acontecer, independentemente da aprovação de qualquer mudança no plebiscito, mas estaria vinculada não só ao resultado do plebiscito, como também aos limites impostos às emendas constitucionais, a não ser os de natureza formal, atinentes ao processo legislativo.[119] Esta terceira posição prevaleceu no Congresso Nacional, tendo sido acolhida na Resolução nº 1 sobre a Revisão Constitucional, que disciplinou a sua realização. O ato normativo em questão foi questionado no STF, que o manteve.[120]

---

[117] Nesse sentido, cf. ATALIBA, Geraldo. Revisão constitucional. *Revista de Direito Público*, n. 95, p. 33-36; BONAVIDES, Paulo. A reforma constitucional e o plebiscito. *Revista de Informação Legislativa*, n. 113, p. 53-66.

[118] Cf. MOREIRA NETO, Diogo de Figueiredo. *A revisão constitucional brasileira*.

[119] Cf. LOPES, Maurício Antonio Ribeiro. *Poder constituinte reformador*: limites e possibilidades da revisão constitucional brasileira, p. 181-185.

[120] O tema foi enfrentado na ADI nº 981-MC (Rel. Min. Néri da Silveira. Julg. 17.12.1993. *DJ*, 05 ago. 1994), em que se decidiu: "Está a revisão prevista no art. 3º do ADCT de 1988 sujeita aos limites estabelecidos no parágrafo 4º e seus incisos do art. 60, da Constituição. O resultado do plebiscito de 21 de abril de 1993 não tornou sem objeto a revisão a que se refere o art. 3º do ADCT. Após 5 de outubro de 1993, cabia ao Congresso Nacional deliberar no sentido da oportunidade ou necessidade de se proceder à aludida revisão constitucional, a ser feita uma só vez".

O pano de fundo destes debates envolvia percepções sobre virtudes e defeitos da Constituição, bem como interesses na sua manutenção ou mudança. De um modo geral, as correntes políticas situadas à esquerda não desejavam a revisão, pois temiam possíveis retrocessos em relação à dimensão social da Constituição e ao seu caráter econômico mais intervencionista. As forças políticas mais próximas à direita e ao liberalismo econômico defendiam a revisão, que era vista como meio para corrigir supostos defeitos da Constituição, tida como excessivamente estatista.

A Resolução nº 1, que disciplinou a revisão constitucional, não atribuiu o poder de iniciativa de emenda às mesmas pessoas e entidades listados no art. 60 da Constituição. Ela regulou a revisão diferentemente, atribuindo tal poder a qualquer congressista, aos partidos políticos, por meio dos seus líderes, às assembleias legislativas de, no mínimo, três Estados da federação, e ao povo, por 15.000 eleitores, que apresentassem proposta subscrita por pelo menos três entidades associativas. Não foi conferido poder de iniciativa ao Presidente da República.

O resultado da revisão foi muito acanhado: apenas seis mudanças foram aprovadas — chamadas de emendas de revisão —, a maioria despida de maior importância. A mais importante reduziu o mandato presidencial de 5 para 4 anos. As causas para o fracasso do processo revisional são várias: a obstrução das esquerdas, a falta de liderança do governo federal no processo, a instauração da CPI do Orçamento no mesmo período, que envolveu irregularidades praticadas por várias lideranças do Congresso, e a aproximação das eleições de 1994 talvez sejam as mais importantes.[121]

O tema tem hoje uma importância mais histórica do que prática, já que a revisão constitucional já se realizou e a Constituição previa que o procedimento seria utilizado uma única vez. O que ainda se mantém atual é o debate sobre a possibilidade de aprovação de uma emenda constitucional convocando nova revisão, nos termos previstos pelo art. 3º do ADCT (sessão unicameral e maioria absoluta). O debate não é apenas acadêmico: tramita no Congresso Nacional a Proposta de Emenda Constitucional nº 157-A, que propõe a convocação de nova revisão, que recebeu pareceres favoráveis da CCJ da Câmara dos Deputados,[122] e de comissão especial criada para apreciá-la na Câmara dos Deputados.

A doutrina tem sido quase unânime ao afirmar que não há essa possibilidade. De fato, a Constituição foi clara ao prever como procedimento normal de alteração da Constituição a emenda, como antes examinado. O procedimento adotado para a revisão no art. 3º do ADCT torna a mudança constitucional muito mais fácil do que a edição de lei complementar, pois as deliberações na revisão são unicamerais e não há necessidade de submissão do texto à sanção ou veto do Presidente da República. Levando em conta estes elementos, talvez o procedimento de revisão seja até mais fácil do que a elaboração de lei ordinária, apesar dessa última demandar apenas a maioria simples

---

[121] Cf. MELO, Marcus André. *Reformas constitucionais no Brasil*: instituições políticas e processo decisório, p. 60-68.
[122] O parecer da CCJ teve como Relator o então Deputado Federal Michel Temer, um renomado constitucionalista. Temer propôs que a nova revisão tivesse que ser aprovada por referendo popular: "(...) o núcleo conceitual da cláusula pétrea implícita, referente à modificação constitucional, continuará intacto. Isto porque, adiciona-se ao processo de modificação, ora facilitado, enorme dificuldade: a submissão do projeto de Emenda Constitucional a referendo popular, mantendo-se assim, a ideia de um processo diferenciado para a formação de Emenda (...). Confesso que, não fosse a possibilidade de o povo, diretamente, como titular e, agora, exercente do Poder Constituinte originário, manifestar-se por meio de referendo, jamais ousaria apoiar a tese da revisão, tal como posta no projeto ora em exame".

para aprovação. Portanto, permitir outra revisão, nos moldes definidos no art. 3º do ADCT, atentaria contra o princípio da rigidez constitucional, que certamente representa cláusula pétrea implícita, mesmo para aqueles que não entendem que todas as regras que disciplinam o processo de reforma constitucional o são.

Sem embargo, não se deve excluir *a priori* a possibilidade de convocação de nova revisão em outros moldes, desde que autorizada não só pelo Congresso Nacional, por emenda constitucional, como também diretamente pelo povo, por meio de plebiscito ou referendo, de modo conferir maior legitimidade democrática a esta heterodoxa alternativa. Não é esse, contudo, o espaço apropriado para especulações sobre este tema tão polêmico e delicado.

Outra possibilidade plausível de convocação de nova revisão constitucional envolve a realização de novo plebiscito para a deliberação popular sobre a forma e o sistema de governo. Uma vez que o povo optou diretamente pelo presidencialismo, esse se converteu em sistema que não pode ser abolido pela via da reforma constitucional, como antes salientado. A matéria tornou-se cláusula intangível pelo Congresso Nacional, no exercício do poder de reforma. Contudo, se é aprovada emenda constitucional convocando novo plebiscito, a matéria é novamente devolvida ao povo, que é o titular do poder constituinte, e não há razões de legitimidade política para se lhe negar essa possibilidade de deliberação. Nessa hipótese, justificar-se-ia a realização de nova revisão constitucional, para viabilizar a adaptação do texto constitucional à nova decisão popular. A revisão, entretanto, teria de se restringir à adaptação da Constituição ao resultado do plebiscito. Como essa é apenas uma possibilidade hipotética, não cabe aqui aprofundar a discussão do assunto.

7.2.6 A aprovação de tratado internacional de direitos humanos de acordo com o procedimento previsto no art. 5º, §3º, da Constituição

No Capítulo 1, ao discutirmos o "bloco de constitucionalidade", vimos que a Constituição é composta também por tratados internacionais de direitos humanos, aprovados de acordo com o procedimento previsto no seu art. 5º, §3º, que foi acrescentado ao texto constitucional pela EC nº 45/2004. Na ocasião, viu-se que parte significativa da doutrina brasileira atribui estatura constitucional também a outros tratados internacionais de direitos humanos, especialmente os elaborados antes da edição da EC nº 45/2004, mas que não é essa a posição do STF, que confere a esses outros tratados hierarquia supralegal, mas infraconstitucional. Seria redundante reprisar, aqui, o debate travado no Capítulo 1 sobre a matéria, para o qual remetemos o leitor. Neste momento, cabem apenas algumas considerações sobre o processo de incorporação dos referidos tratados.

Todos os tratados internacionais, inclusive os que versam sobre direitos humanos, são celebrados pelo Presidente da República, na qualidade de Chefe de Estado, nos termos do art. 84, VIII, da Constituição Federal. Esta é uma competência indelegável do Presidente (art. 84, Parágrafo único). Após a celebração, o Presidente da República encaminha *mensagem* ao Congresso, em que solicita a aprovação do tratado. Para se incorporar ao sistema constitucional, o tratado deve ser aprovado "em cada Casa do Congresso Nacional, em dois turnos, por três quintos dos votos dos respectivos membros" (art. 5º, §3º, CF). Todos os tratados internacionais devem ser aprovados pelo

Congresso Nacional (arts. 49, I, e 84, VIII, CF), mas a regra geral é de que a aprovação depende do voto da maioria relativa dos parlamentares de cada casa. Para os tratados de direitos humanos, este quórum maior foi previsto pelo constituinte derivado para superar o argumento antes usado para negar-lhes hierarquia constitucional, baseado na rigidez da Constituição. Com este quórum mais elevado, e a exigência da aprovação do tratado em dois turnos de cada casa, o seu processo de incorporação, na sua fase congressual, tornou-se idêntico ao que rege a elaboração das emendas constitucionais, afastando aquela anterior objeção.

Sem embargo, continua sendo possível a incorporação, mesmo após a EC nº 45/2004, de tratados internacionais de direitos humanos com o quórum de maioria simples.[123] Nessa hipótese, porém, eles não serão providos de hierarquia constitucional, gozando de *status* supralegal, mas infraconstitucional — o mesmo desfrutado pelos tratados sobre direitos humanos incorporados antes da EC nº 45/2004. A definição sobre o rito adotado na deliberação congressual, na nossa opinião, é do Congresso Nacional, e não do Presidente da República.[124] Esse, na mensagem de encaminhamento do texto do tratado ao Congresso, pode solicitar a sua tramitação pelo rito especial, do art. 5º, §3º, CF, ou pelo rito mais singelo, mas o Poder Legislativo não fica obrigado a seguir tal solicitação. Entender o contrário seria retirar do Congresso, neste caso, o protagonismo no papel de mudança constitucional — que o constituinte lhe atribuiu, e que decorre do princípio democrático — transferindo-o ao Presidente da República.

A aprovação do Congresso Nacional se dá por meio de *decreto legislativo*. Após a aprovação, cabe ao Presidente da República promover a *ratificação* do tratado, o que é feito seguindo as regras previstas no próprio ato internacional, que normalmente consistem no seu *depósito* em lugar predeterminado. Há controvérsia sobre se, depois da ratificação, é ou não necessária a *promulgação* do tratado sobre direitos humanos por decreto do Presidente da República. A nossa tradição é neste sentido, e o STF tem entendido necessária a edição do decreto presidencial para os tratados internacionais em geral.[125] Contudo, há dois bons argumentos em favor da desnecessidade deste decreto no caso dos tratados internacionais de direitos humanos incorporados ao bloco de constitucionalidade.[126]

O primeiro diz respeito à aplicabilidade imediata dos direitos fundamentais, consagrada no art. 5º, §1º, da Constituição. Como assinalou Flávia Piovesan, "diante do princípio da aplicabilidade imediata das normas definidoras de direitos e garantias

---

[123] O assunto foi explorado no Capítulo 1.

[124] No mesmo sentido, RAMOS, André de Carvalho. Supremo Tribunal Federal e o direito internacional dos direitos humanos. *In*: SARMENTO, Daniel; SARLET, Ingo Wolfgang (Org.). *Direitos fundamentais no Supremo Tribunal Federal*: balanço e crítica, p. 13.

[125] "O decreto presidencial que sucede à aprovação congressual do ato internacional e á troca dos respectivos instrumentos de ratificação, revela-se — enquanto momento culminante do processo de incorporação desse ato internacional ao sistema jurídico doméstico — manifestação essencial e insuprimível, especialmente se considerados os três efeitos básicos que lhe são pertinentes: a) a promulgação do tratado internacional; b) a publicação oficial do seu texto; e c) a executoriedade do ato internacional, que passa, então, e somente então, a vincular e obrigar no plano do direito positivo interno" (ADI nº 1.480, Rel. Min. Celso de Mello. *DJU*, 13 maio 1998).

[126] André de Carvalho Ramos vai além, sustentando a desnecessidade do decreto presidencial para incorporação de *todos* os tratados internacionais, considerando que esta exigência não consta da Constituição, e gera desnecessários atrasos no cumprimento de compromissos internacionais, que podem ensejar até a responsabilização do país na esfera internacional. Cf. RAMOS. O Supremo Tribunal Federal e o direito internacional dos direitos humanos, p. 13-14.

fundamentais, os tratados de direitos humanos, assim que ratificados, devem irradiar efeitos na ordem jurídica internacional interna, dispensando a edição do decreto de execução".[127] Tendo em vista a clara opção constitucional em favor da efetivação dos direitos fundamentais, não faz sentido tornar a vigência dos tratados sobre direitos humanos totalmente dependente de providência burocrática do Chefe do Executivo, que, afinal, já manifestou antes o seu assentimento ao tratado, por ocasião da sua celebração.

O segundo argumento envolve interpretação do art. 5º, §3º, da Constituição, que tratou especificamente do tema da incorporação dos tratados de direitos humanos, e não fez a referida exigência. Mais: tal preceito, de forma intencional, adotou o mesmo procedimento usado para a elaboração de emendas constitucionais, e estas, como antes mencionado, não são promulgadas e publicadas pelo Presidente da República, mas pelo próprio Congresso Nacional (art. 60, §3º, CF). Portanto, consideramos desnecessária a edição de decreto do Presidente da República para a mudança constitucional em questão. A Convenção sobre Direitos das Pessoas com Deficiência e respectivo Protocolo Facultativo — único tratado incorporado até agora seguindo o procedimento do art. 5º, §3º, da Constituição — foi aprovada pelo Congresso pelo Decreto-Legislativo nº 186/2008, e promulgada pelo Decreto nº 6.949/2009. Houve à época alguma hesitação sobre a necessidade da promulgação do referido tratado por decreto, mas, talvez por (louvável) prudência, ela acabou acontecendo.

Naturalmente, os preceitos dos tratados internacionais sobre direitos humanos não são inseridos no corpo do documento constitucional. Permanecem à parte dele, mas dotados de hierarquia constitucional, integrando o nosso bloco de constitucionalidade. Na hipótese de conflito entre tratado dotado de hierarquia constitucional e a própria Constituição, deve prevalecer a norma mais favorável aos direitos fundamentais, o que nem sempre é fácil de se definir. O tema será aprofundado no Capítulo 12, que trata das colisões entre normas constitucionais.

Não é possível, por outro lado, a denúncia unilateral de tratados desta natureza por simples ato do Poder Executivo. Embora a visão mais convencional seja no sentido do cabimento de denúncia dos tratados em geral pelo Poder Executivo — o que já nos parece controvertido[128] — certamente não há como se aceitar uma *mudança constitucional* realizada desta forma. No mínimo, é exigível para esta denúncia uma deliberação do Congresso, adotada por meio do mesmo procedimento empregado para a aprovação do tratado, em razão do princípio da paridade de formas.[129] É verdade que mesmo esta possibilidade pode ser questionada, tendo em vista a natureza pétrea dos direitos e garantias fundamentais, estabelecida no art. 60, §4º, da Constituição.[130] Esse último argumento, todavia, se sujeita a uma séria objeção: são os próprios tratados que preveem a possibilidade de denúncia. Foi o caso da Convenção sobre Direitos das Pessoas com Deficiência (art. 48). Portanto, quando o próprio tratado incorporado com hierarquia

---

[127] PIOVESAN, Flávia. *Direitos humanos e justiça internacional*, p. 87.

[128] A denúncia de tratados pelo Poder Executivo é prática tradicional no Brasil. Há, porém, debate no STF sobre a validade do procedimento: tramita na Corte, desde 1997, a ADI nº 1.625, Rel. Min. Maurício Correa, questionando o decreto presidencial que denunciou a Convenção 158 da OIT, e já foram proferidos alguns votos contrários a essa possibilidade.

[129] Cf. RAMOS, André de Carvalho. Supremo Tribunal Federal e o direito internacional dos direitos humanos. *In*: SARMENTO, Daniel; SARLET, Ingo Wolfgang (Org.)., p. 15-16.

[130] Neste sentido: PIOVESAN, Flávia. *Direitos humanos e o direito constitucional internacional*. 7. ed. rev. ampl. e atual, p. 77.

constitucional garante a possibilidade de denúncia, a realização da mesma, não pode, por razões de ordem lógica, ser vista como uma infringência à Constituição.

7.3 O poder constituinte decorrente

Acima examinamos os limites e as possibilidades de modificação do texto constitucional originário. Mas em uma federação, como é o caso do Brasil, os Estados membros também possuem o poder de criar suas próprias constituições. Trata-se de competência que se inclui na noção de *autonomia* estadual, na sua dimensão de poder de *auto-organização*. É o que estabelece a Constituição Federal, em seu art. 25: "Os Estados organizam-se e regem-se pelas constituições e leis que adotarem, observados os princípios desta Constituição". Esse poder de editar a Constituição tem sido denominado *poder constituinte decorrente*. Como o poder de reforma, o poder constituinte decorrente não é inicial, mas *derivado* da Constituição que o consagra e regula; não é soberano, mas limitado pela ordem constitucional federal; e é *condicionado*, já que exercido de acordo com os procedimentos traçados pela Constituição.

No Brasil, como os municípios são entes da federação, eles também possuem poder de auto-organização, expressamente consagrado no art. 29 da Constituição. Existe, todavia, polêmica sobre a caracterização da lei orgânica municipal como expressão do poder constituinte derivado decorrente, que se deve sobretudo ao fato de a Constituição Federal determinar que ditos atos normativos devem obedecer também às constituições estaduais. O tópico será discutido mais à frente.

7.3.1 Elaboração e reforma das constituições estaduais: procedimento

O poder constituinte decorrente, como destacado, é condicionado. Portanto, a elaboração das constituições estaduais têm de observar o procedimento prescrito na Constituição Federal, que tratou do tema no art. 11 do ADCT: "Cada Assembléia Legislativa, com poderes constituintes, elaborará a Constituição do Estado, no prazo de um ano, contado da promulgação da Constituição federal, obedecidos os princípios desta". Vê-se, portanto, que a Constituição Federal impôs apenas um limite formal e um limite temporal explícitos para a elaboração das constituições estaduais. O limite formal consiste na exigência de que redação das constituições estaduais caiba às assembleias legislativas de cada Estado. O limite temporal foi o prazo de um ano fixado para a sua edição. Como a Constituição aludiu apenas às assembleias legislativas, entendeu-se descabida a submissão dos textos das constituições estaduais à sanção ou veto do Governador. Apesar da ausência de qualquer alusão a quórum de aprovação, as assembleias constituintes estaduais adotaram, em geral, a regra da maioria absoluta, utilizada na Assembleia Constituinte nacional de 87/88.[131]

Pode-se discutir o cabimento de convocação de nova assembleia constituinte estadual pelo Estado. Nos Estados Unidos, esta é uma prática comum. Embora a mesma Constituição Federal esteja em vigor naquele país desde 1787, a maioria dos Estados já teve mais de uma Constituição, sendo a média de 2,9 constituições por estado-membro:

---

[131] Guilherme Peña considera que a observância deste quórum seria impositiva, o que nos parece duvidoso (*Direito constitucional*: teoria da Constituição, p. 43).

os "campeões" neste quesito são Louisiana, com 11 constituições, e a Geórgia, com 10.[132] No Brasil, a possibilidade parece inexistente, tendo em vista o limite temporal fixado para a elaboração das constituições estaduais, previsto pelo art. 11 do ADCT. Salvo melhor juízo, após a edição da sua Constituição, pode o Estado emendá-la, mas não substituí-la por outra, sem seguir as regras para reforma, que demandam maioria qualificada. Daí por que o que hoje apresenta maior interesse prático são as regras para reforma das constituições estaduais.

A Constituição Federal não cuidou expressamente desta reforma. Não obstante, o STF, invocando o chamado "princípio da simetria", que será discutido adiante, já consolidou o entendimento de que as regras que disciplinam a reforma de cada Constituição estadual devem se espelhar, no que couber, naquelas que cuidam da alteração a Constituição Federal, sob pena de inconstitucionalidade. Neste sentido, afirmou, por exemplo, que o Estado-membro não pode criar procedimento mais difícil do que o previsto pela Constituição Federal para emenda da sua Constituição, invalidando preceito de carta estadual que estabelecera o quórum de 4/5 para aprovação de reforma no seu texto.[133] Na mesma linha, o STF considerou inviável a criação, no plano estadual, do procedimento de revisão constitucional, que permitiria a alteração do texto constitucional estadual com o assentimento da maioria absoluta dos membros da assembleia legislativa.[134] O quórum de deliberação para reformas às constituições estaduais, segundo o STF, deve ser, necessariamente, de 3/5 dos deputados estaduais, em duas votações sucessivas, sendo a emenda promulgada pela própria Assembleia Legislativa, sem submissão do seu texto à sanção ou veto do governador.

Como se verá adiante, consideramos que não existe no ordenamento jurídico brasileiro o chamado princípio da simetria. Entendemos que os Estados têm ampla liberdade para disciplinarem o processo de reforma da sua Constituição, desde que assegurada a sua rigidez e o caráter democrático do procedimento de alteração. A rigidez pode ser diretamente extraída da possibilidade de controle de constitucionalidade das leis municipais e estaduais em face da Constituição estadual, prevista pela Constituição Federal (art. 125, §1º). O caráter democrático do procedimento se impõe diante da submissão de todos os entes da federação ao princípio do Estado Democrático de Direito.

7.3.2 Os limites às constituições estaduais

O poder constituinte decorrente se justifica pela necessidade de que os entes federativos possam se estruturar de acordo com as suas peculiaridades e a vontade de

---

[132] Cf. LUTZ, Donald S. Toward a Theory of Constitutional Amendment. *In*: LEVINSON, Sanford (Ed.). *Responding to Imperfection*: the Theory and Practice of Constitutional Amendment, p. 248-249.

[133] "Processo de reforma da Constituição estadual – Necessária observância dos requisitos estabelecidos na CF (art. 60, §1º a §5º) – Impossibilidade constitucional de o Estado-membro, em divergência com o modelo inscrito na Lei Fundamental da República, condicionar a reforma da Constituição estadual à aprovação da respectiva proposta por 4/5 (quatro quintos) da totalidade dos membros integrantes da Assembleia Legislativa" (ADI nº 486, Rel. Min. Celso de Mello. Julg. 03.04.1997. *DJ*, 10 nov. 2006).

[134] "Ao primeiro exame concorrem o sinal do bom direito, o risco de manter-se com plena eficácia o ato normativo estadual e a conveniência de suspensão no que, mediante emenda constitucional aprovada por assembléia legislativa, previu-se a revisão da Carta local, estipulando-se mecanismo suficiente a torná-la flexível, ou seja, jungindo-se a aprovação de emendas a votação em turno único e por maioria absoluta. Ao Poder Legislativo, Federal ou Estadual, não está aberta a via da introdução, no cenário jurídico, do instituto da revisão constitucional" (ADI-MC nº 1.722, Rel. Min. Marco Aurélio. Julg. 10.12.1997. *DJ*, 19 set. 2003).

seu povo, desde que respeitados os limites impostos pela Constituição. Portanto, o seu reconhecimento incorpora a valorização do *pluralismo*, ao permitir que unidades federais diferentes se organizem de forma distinta. Sem embargo, a Constituição de 88 consagra inúmeras restrições inequívocas à auto-organização dos Estados, que serão examinadas abaixo. Pode-se até criticar a Constituição por possíveis excessos nessa área, que exprimiriam um centralismo exagerado, mas, do ponto de vista jurídico, não há dúvida de que vinculam os Estados os limites claramente instituídos pelo texto constitucional federal. Contudo, para além destes limites, a jurisprudência vem construindo outros, ao nosso ver insustentáveis, ao impor a observância pelos Estados do modelo federal em praticamente tudo, o que tem esvaziado a auto-organização desses entes federais, ao ponto de praticamente aniquilá-la.

Há, na doutrina, diversas classificações sobre os limites ao poder constituinte decorrente.[135] As duas mais difundidas são as de Raul Machado Horta e José Afonso da Silva. Raul Machado Horta,[136] afirmou que tais limitações decorreriam das *normas centrais* da Constituição, que, para ele, englobariam os *princípios constitucionais*, previstos no art. 34, VII, da Constituição, cuja inobservância enseja a intervenção federal; os *princípios estabelecidos*, que seriam outros princípios importantes, dispersos pelo texto constitucional; e as *regras de preorganização do Estado-membro*, que são normas constitucionais federais que disciplinam órgãos e instituições do Estado, como as assembleias legislativas, a Justiça e o Ministério Público estaduais. Para Horta, diante de todos estes limites, "a atividade do constituinte estadual se exaure, em grande parte, na elaboração de normas de reprodução, mediante as quais faz o transporte da Constituição Federal para a Constituição do Estado das normas centrais".[137] Ele distinguiu as *normas de reprodução*, que o constituinte estadual é obrigado a transpor da Constituição Federal para a estadual, das *normas de imitação*, nas quais a mimetização do modelo federal pelo Estado não é compulsória, mas voluntária.

José Afonso da Silva, por sua vez, classificou os limites ao poder constituinte decorrente em: *princípios constitucionais sensíveis*,[138] *princípios constitucionais estabelecidos* e *princípios constitucionais extensíveis*. Os primeiros são aqueles cuja violação pode deflagrar a intervenção federal, listados no art. 34, VII, da Constituição. Já os princípios constitucionais estabelecidos são de variada natureza, sendo mais difíceis de identificar. Nas palavras do professor paulista, "são normas que limitam a autonomia organizatória dos Estados; são aquelas regras que revelam, previamente, a matéria de sua organização e as normas constitucionais de caráter vedatório, bem como os princípios de organização política, social e econômica, que determinam o retraimento da autonomia estadual".[139]

---

[135] Outras classificações, além das abaixo resumidas, podem ser encontradas em: FERRAZ, Ana Cândida da Cunha. *O poder constituinte do Estado-Membro*, p. 130-163; FERREIRA FILHO, Manoel Gonçalves. *Comentários à Constituição Federal brasileira de 1988*, p. 192-196; FERRARI, Sérgio. *Constituição Estadual e Federação*, p. 143-148; ARAÚJO, Marcelo Labanca Corrêa de. *Jurisdição constitucional e Federação*: o princípio da simetria na jurisprudência do STF, p. 37-40.
[136] HORTA, Raul Machado. Natureza do poder constituinte do Estado-membro. *In*: HORTA, Raul Machado. *Estudos de direito constitucional*, p. 73-78.
[137] HORTA, Raul Machado. Natureza do poder constituinte do Estado-membro. *In*: HORTA, Raul Machado. *Estudos de direito constitucional*, p. 77.
[138] A expressão *princípios constitucionais sensíveis* — alusiva às normas cuja violação dá ensejo à intervenção federal — foi cunhada por PONTES DE MIRANDA, Francisco Cavalcanti. *Comentários à Constituição de 1967 com a Emenda n. 1, de 1969*, p. 219.
[139] SILVA, José Afonso da. *Comentário contextual à Constituição*, p. 285.

Esses princípios são de caráter *vedatório* ou *mandatório*, pois tanto podem proibir como ordenar algo ao Estado-membro. Podem, ainda, ser de natureza *expressa, implícita* e *decorrente do sistema constitucional adotado*. Quanto aos princípios extensíveis, esses são endereçados especificamente à União, mas têm de se aplicar também aos Estados. José Afonso da Silva afirma que tais limites teriam sido praticamente eliminados pela Constituição de 88, em respeito ao regime federal. Esta tipologia de limites é frequentemente invocada pela jurisprudência do STF, que, não obstante, não segue a lição do Professor José Afonso, no sentido da quase inexistência de *limites extensíveis* na nossa Constituição.[140]

Proporemos, abaixo, uma classificação distinta, que nos parece mais útil à compreensão dos tipos de limitação do poder constituinte decorrente: (a) limites atinentes ao processo legislativo de elaboração das constituições estaduais e suas emendas, já analisados no item anterior; (b) limites decorrentes da partilha federativa de competência; (c) limites representados por normas endereçadas especificamente aos Estados-membros; (d) limites relacionados a normas constitucionais genericamente dirigidas aos Poderes Públicos, que também vinculam os Estados-membros; (e) limites decorrentes de normas endereçadas à União, que, excepcionalmente, podem também vincular os Estados-membros. Embora a maior parte dos autores, ao tratar dos limites ao poder decorrente, aluda a princípios, algumas das limitações representam indiscutíveis regras, como a que fixa em 4 anos o mandato do governador. Como já examinamos o limite (a) no item anterior, passamos diretamente ao limite (b).

(b) *Limites de competência federativa* – A Constituição consagra uma partilha de competências legislativas entre a União, Estados e Municípios. Sendo a Constituição estadual uma norma do Estado-membro, ela não pode versar sobre assuntos da competência da União ou do Município. Não pode a Constituição do Estado, por exemplo, tratar de Direito Penal ou Civil, pois estas são matérias de competência legislativa da União (art. 22, I), nem tampouco cuidar de tributos municipais, como o ISS ou o IPTU, que são da competência municipal (art. 30, II, c/c art. 156, I e III).

É certo que a Constituição Federal prevê que as leis orgânicas dos municípios devem obedecer também a princípios estabelecidos nas constituições estaduais (art. 29). Porém, considerando a autonomia constitucional dos municípios — que engloba o poder de legislar autonomamente, dentro do respectivo âmbito de competência, traçado pela Constituição Federal — dita regra não tem o condão de autorizar as constituições estaduais a tratarem de temas confiados à competência municipal. Esta é a jurisprudência reiterada do STF,[141] que não merece qualquer objeção. Aliás, o respeito

---

[140] "Se é certo que a nova Carta Política contempla um elenco menos abrangente de princípios constitucionais sensíveis, a denotar, com isso, a expansão de poderes jurídicos na esfera das coletividades autônomas locais, o mesmo não se pode afirmar quanto aos princípios federais extensíveis e aos princípios constitucionais estabelecidos, os quais, embora disseminados pelo texto constitucional, posto que não é tópica a sua localização, configuram acervo expressivo de limitações dessa autonomia local, cuja identificação — até mesmo pelos efeitos restritivos que dela decorrem — impõe-se realizar" (ADI-MC nº 216, Rel. Min. Celio Borja, Rel. p/ Acórdão Min. Celso de Mello. Julg. 23.05.1990. *DJ*, 07 maio 1993).

[141] *E.g.*: "O poder constituinte dos Estados-membros está limitado pelos princípios da Constituição da República, que lhes assegura autonomia com condicionantes, entre as quais se tem o respeito à organização autônoma dos Municípios, também assegurada constitucionalmente. O art. 30, inc. I, da Constituição da República outorga aos Municípios a atribuição de legislar sobre assuntos de interesse local. A vocação sucessória dos cargos de prefeito e vice-prefeito põem-se no âmbito da autonomia política local, em caso de dupla vacância. Ao disciplinar matéria, cuja competência é exclusiva dos Municípios, o art. 75, §2º, da Constituição de Goiás fere a autonomia desses entes,

à autonomia municipal é princípio constitucional, cuja inobservância pode até ensejar a intervenção federal. Portanto, a inconstitucionalidade de Constituição estadual que invadisse a competência municipal não seria apenas formal, como também material.

(c) *Normas endereçadas especificamente ao Estado-membro* – A Constituição Federal contém uma ampla quantidade de normas dirigidas especificamente aos Estados, que limitam a sua auto-organização. Ela dispõe, por exemplo, sobre o número de deputados estaduais das assembleias legislativas (art. 27), sobre a eleição e mandato dos governadores (art. 29), e sobre a forma de escolha do Procurador-Geral de Justiça (art. 128, §3º). Além de dispor sobre órgãos e poderes, a Constituição Federal também contém regras endereçadas especificamente aos Estados referentes a outros temas, como a intervenção dos Estados nos municípios (art. 35), e os impostos estaduais (art. 155). Todas estas normas, obviamente, vinculam o poder constituinte decorrente, sendo de reprodução obrigatória nas constituições estaduais.

(d) *Normas dirigidas genericamente aos Poderes Públicos, que vinculam também aos Estados* – Não há dúvida de que os Estados-membros estão plenamente vinculados às normas contidas na Constituição que não foram endereçadas apenas a eles, mas ao Estado brasileiro, em geral. É o caso dos princípios fundamentais da Constituição (arts. 1º a 3º); dos direitos e garantias fundamentais (arts. 5º ao 17); das normas que regem a Administração Pública (arts. 37 a 41); daquelas que disciplinam o funcionamento do Poder Judiciário (arts. 92 a 100) do Ministério Público (arts. 127 a 129); de várias dentre as que regulam a ordem econômica (arts. 170 a 175 e 179 a 181); e das que versam sobre o meio ambiente (art. 225), dentre muitas outras regras e princípios.

Uma hipótese controvertida envolve o princípio da separação de poderes (art. 2º). Evidentemente, este princípio não vincula só a União, mas também os estados e municípios, sendo, portanto, um limite ao poder constituinte decorrente, que não poderia, por exemplo, criar, no âmbito estadual, institutos de índole parlamentarista.[142] Porém, não parece razoável impor, como limitação ao poder constituinte decorrente, que os estados e municípios adotem, nos seus menores detalhes, o mesmo arranjo institucional delineado pela Constituição Federal para a União. É o que vem fazendo, de maneira equivocada, o STF, como se verá abaixo.

(e) *Normas dirigidas à União, estendidas aos Estados* – O texto constitucional é expresso em estender aos Estados algumas normas dirigidas inicialmente apenas à União. É o caso das regras sobre imunidades parlamentares (art. 27, §2º), bem como, "no que couber", daquelas que regem os Tribunais de Contas dos Estados (art. 75). Nestas hipóteses, a extensão do modelo federal para os Estados é inequívoca.

Porém, muitas outras normas constitucionais, dirigidas à União, foram, sem previsão expressa, estendidas aos Estados pela jurisprudência do STF, sem que sequer se cogitasse no nível de asfixia à auto-organização estadual que isso implicava. Esta extensão tem se baseado no "princípio da simetria", que, conquanto sem fundamento

---

mitigando-lhes a capacidade de auto-organização e de autogoverno e limitando a sua autonomia política assegurada pela Constituição brasileira" (ADI nº 3.549, Rel. Min. Cármen Lúcia. Julg. 17.09.2007. *DJ*, 31 out. 2007).

[142] Representação nº 94, Rel. Min. Castro Nunes. Julg. 17.07.1946.

expresso na Constituição — e, em nossa opinião, em franca desarmonia com ela —, vem sendo aplicado de forma ousada e ativista pela Corte. As hipóteses são muito variadas,[143] de modo que apenas apresentaremos abaixo algumas linhas jurisprudenciais mais significativas sobre a matéria:

(e.1) Devem ser simétricas as normas relativas ao processo legislativo: "As regras básicas do processo legislativo federal são de absorção compulsória pelos Estados-membros".[144] Para o, o STF devem ser simétricas, por exemplo, as normas relativas à *iniciativa* para propor projetos de lei. São frequentes os casos em que o STF julga inconstitucionais normas estaduais e municipais que tenham resultado de projetos propostos por parlamentares, sempre que a Constituição Federal atribuir iniciativa de lei sobre matéria equivalente, no plano federal, ao Presidente da República. É o caso, por exemplo, de normas que disponham sobre o regime jurídico dos servidores públicos,[145] inclusive dos servidores militares,[146] ou sobre a organização da administração pública[147] e a criação de órgãos públicos.[148] O mesmo raciocínio vale para normas confiadas à iniciativa privativa do Poder Judiciário[149] ou do Tribunal de Contas.[150]

Observe-se que o STF considera inconstitucionais não apenas as normas das constituições estaduais ou leis orgânicas municipais que consagrem regras de iniciativa diversas daquelas adotadas no padrão federal. Se a Constituição Federal determina que certa matéria deve ser disciplinada por lei de iniciativa do Presidente da República, a Corte entende que nem mesmo emenda à Constituição estadual poderá dispor sobre o tema, já que esta não provém, em geral, do chefe do Poder Executivo.[151] Anteriormente, o STF invocava esta orientação até para a própria Constituição estadual originária. Mais recentemente, a Corte parece ter revisto a sua jurisprudência neste ponto, ao afirmar que "a regra do Diploma Maior quanto à iniciativa do chefe do Poder Executivo para

---

[143] Em ARAÚJO, Marcelo Labanca Corrêa de. *Jurisdição constitucional e Federação*: o princípio da simetria na jurisprudência do STF, p. 182-203, há um quadro contendo sintética exposição de todos os casos em que o STF invocou o princípio da simetria sob a égide da Constituição de 88, até julho de 2009.

[144] ADI nº 1.434, Rel. Min. Sepúlveda Pertence. Julg. 10.11.1999. *DJ*, 25 fev. 2000.

[145] "É da iniciativa privativa do Chefe do Poder Executivo lei de criação de cargos, funções ou empregos públicos na administração direta e autárquica ou aumento de sua remuneração, bem como que disponha sobre regime jurídico e provimento de cargos dos servidores públicos. Afronta, na espécie, ao disposto no art. 61, §1º, II, a e c, da Constituição de 1988, o qual se aplica aos Estados-membros, em razão do princípio simetria" (ADI nº 2.192, Rel. Min. Ricardo Lewandowski. Julg. 04.06.2008). Cf. também: ADI nº 2.029, Rel. Min. Ricardo Lewandowski. Julg. 04.06.2007. *DJ*, 24 ago. 2007; ADI nº 1.353/RN, Rel. Min. Maurício Corrêa. Julg. 20.03.2003. *DJ*, 16 maio 2003.

[146] "À luz do princípio da simetria, a jurisprudência desta Suprema Corte é pacífica ao afirmar que, no tocante ao regime jurídico dos servidores militares estaduais, a iniciativa de lei é reservada ao Chefe do Poder Executivo local, por força do art. 61, §1º, II, f, da Constituição" (ADI nº 858, Rel. Min. Ricardo Lewandowski. Julg. 13.02.2008). Cf., também: ADI nº 2.966, Rel. Min. Joaquim Barbosa. Julg. 06.04.2005. *DJ*, 06 maio 2005; ADI nº 2.742, Rel. Min. Maurício Corrêa. Julg. 20.03.2003. *DJ*, 23 maio 2003.

[147] "À luz do princípio da simetria, são de iniciativa do Chefe do Poder Executivo estadual as leis que versem sobre a organização administrativa do Estado, podendo a questão referente à organização e funcionamento da Administração Estadual, quando não importar aumento de despesa, ser regulamentada por meio de Decreto do Chefe do Poder Executivo (...)" (ADI nº 2.857, Rel. Min. Joaquim Barbosa. Julg. 30.08.2007. *DJ*, 30 nov. 2007). Cf., ainda: ADI nº 2417, Rel. Min. Maurício Corrêa. Julg. 03.09.2003. *DJ*, 05 dez. 2003.

[148] ADI nº 1.275, Rel. Min. Ricardo Lewandowski. Julg. 16.05.2007. *DJ*, 08 jun. 2007.

[149] ADI nº 725, Rel. Min. Moreira Alves. Julg. 15.12.1997. *DJ*, 04 set. 1998.

[150] ADI nº 1.994, Rel. Min. Eros Grau. Julg. 24.05.2006. *DJ*, 08 set. 2006.

[151] "As regras de processo legislativo previstas na Carta Federal aplicam-se aos Estados-membros, inclusive para criar ou revisar as respectivas Constituições" (ADI nº 1.353, Rel. Min. Maurício Corrêa. Julg. 20.03.2003. *DJ*, 16 maio 2003).

projeto a respeito de certas matérias não suplanta o tratamento destas últimas pela vez primeira na Carta do próprio Estado".[152]

(e.2) Devem ser simétricas normas relativas às *demais competências* dos *órgãos legislativos*. Por isso, o STF julgou inconstitucional norma estadual que condicionava a convocação de CPI à aprovação do Plenário da Assembleia Legislativa. A norma estadual violaria o modelo concebido no plano federal, em que a CPI é concebida como um instrumento à disposição das minorias parlamentares, podendo ser convocada por apenas 1/3 dos membros da casa legislativa: "A garantia assegurada a um terço dos membros da Câmara ou do Senado estende-se aos membros das assembléias legislativas estaduais — garantia das minorias. O modelo federal de criação e instauração das comissões parlamentares de inquérito constitui matéria a ser compulsoriamente observada pelas casas legislativas estaduais".[153]

(e.3) Devem ser simétricas as normas relativas a impedimentos e prerrogativas dos agentes políticos e servidores públicos. O STF entende, por exemplo, que, "a Constituição Estadual deve estabelecer sanção para o afastamento do Governador ou do Vice-Governador do Estado sem a devida licença da Assembléia Legislativa".[154] Por outro lado, o STF julgou inconstitucional norma que condicionava a possibilidade de o Governador se ausentar do território estadual à autorização concedida pela Assembleia Legislativa.[155] O STF declarou inconstitucional, ainda, norma estadual que determinava que a perda de mandato de parlamentar se daria mediante voto aberto, quando se exige o voto secreto no caso de membros do Congresso Nacional (CF, art. 55, §2º).[156] Por fim, o STF concluiu que a Constituição Estadual não poderia criar hipóteses de foro por prerrogativa de função quando "não gozam da mesma prerrogativa os servidores públicos que desempenham funções similares na esfera federal".[157]

(e.4) Devem ser simétricas as normas relativas à *atividade fiscalizatória* realizada pelo Poder Legislativo. O STF julgou inconstitucional norma estadual que conferia ao parlamentar, individualmente, a atribuição de fiscalizar o Poder Executivo. Se a Constituição Federal confia a competência a órgãos colegiados, a Constituição Estadual não pode eleger modelo monocrático. Isto porque "a fiscalização legislativa da ação administrativa do Poder Executivo é um dos contrapesos da Constituição Federal à separação e independência dos Poderes: cuida-se, porém, de interferência que só a Constituição da República pode legitimar".[158] Devem ser simétricas as normas relativas à *fiscalização contábil e financeira* e ao *Tribunal de Contas*. O STF julgou inconstitucional, por exemplo, emenda à Constituição Estadual que criou a possibilidade de recurso para o Plenário da Assembleia Legislativa das decisões tomadas pelo Tribunal de Contas do Estado. Como não há essa possibilidade no plano federal, ela não poderia, tampouco, ser instituída pelo constituinte estadual ou pelo legislador orgânico municipal.[159] Pela mesma razão,

---

[152] ADI nº 2.581, Rel. p/ acórdão Min. Marco Aurélio. Julg. 16.08.2007. *DJ*, 15 ago. 2008.
[153] ADI nº 3.619, Rel. Min. Eros Grau. Julg. 1º.08.2006. *DJ*, 20 abr. 2007.
[154] Cf. ADI nº 3.647, Rel. Min. Joaquim Barbosa. Julg. 17.09.2007. Cf. ainda: ADI nº 1.172, Rel. Min. Ellen Gracie. Julg. 19.03.2003. *DJ*, 25 abr. 2003.
[155] ADI nº 738, Rel. Min. Maurício Corrêa. Julg. 13.11.2002. *DJ*, 07 fev. 2003.
[156] ADI nº 2.461, Rel. Min. Gilmar Mendes. Julg. 12.05.2005. *DJ*, 07 out. 2005.
[157] ADI-MC nº 2.587, Rel. Min. Maurício Corrêa. Julg. 15.05.2002. *DJ*, 06 set. 2002.
[158] Cf. ADI nº 3046, Rel. Min. Sepúlveda Pertence. Julg. 15.04.2004. *DJ*, 28 maio 2004.
[159] ADI-MC nº 3.715, Rel. Min. Gilmar Mendes. Julg. 24.05.2006. *DJ*, 25 ago. 2006. Para outra hipótese de restrição da atuação do TCE, também declarada inconstitucional pelo STF, cf. ADI-MC nº 2.361, Rel. Min. Maurício Corrêa. Julg. 11.10.2001. *DJ*, 1º ago. 2003.

o STF declarou a inconstitucionalidade de norma que conferia competência ao Tribunal de Contas do Estado para executar suas próprias decisões.[160]

(e.5) Devem ser simétricas as normas relativas às *competências dos chefes do Executivo*. O Supremo Tribunal Federal, considerando que a Constituição de 1988 confere *poder regulamentar* ao Presidente da República, declarou inconstitucional norma estadual que permitia o seu exercício por outros órgãos. O STF entendeu que, "por simetria ao modelo federal, compete apenas ao Chefe do Poder Executivo estadual a expedição de decretos e regulamentos que garantam a fiel execução das leis".[161] A Corte entendeu, ainda, que a Constituição estadual não pode subordinar a escolha de delegados de polícia à eleição, feita pela população do município, entre integrantes da carreira, pois, no modelo federal, tal condicionamento inexiste.[162] Não pode tampouco, pelas mesmas razões, estabelecer a eleição de diretores de unidades estaduais de ensino.[163] Da mesma forma, não lhe é dado condicionar a celebração de convênios à aprovação da Assembleia Legislativa.[164]

É verdade que existem também os casos em que o STF considerou que o princípio da simetria seria inaplicável. Esses casos correspondem a duas situações distintas: as hipóteses em que o STF entendeu que o regime federal *não* poderia se aplicar aos Estados, nem por decisão da respectiva Constituição estadual; e aquelas em que *não haveria reprodução obrigatória* do paradigma federal, mas estaria *preservada a faculdade de imitação* do modelo no âmbito do Estado, por meio da Constituição estadual. No primeiro caso, figura a hipótese da imunidade penal relativa do Presidente da República, previsto no art. 86, §2º, da Constituição, que veda a sua responsabilização criminal, durante o mandato, "por atos estranhos ao exercício da função". A Corte entendeu que se trata de prerrogativa excepcional no regime republicano, que não poderia ser estendida aos governadores pelas cartas estaduais.[165] No segundo caso, se destaca a possibilidade de edição de medida provisória pelo Governador de Estado. A Constituição autoriza apenas a sua edição pelo Presidente da República (art. 62). O STF entendeu que o Governador poderia editar medidas provisórias, mas apenas quando fosse autorizado para tanto pela Constituição do seu Estado.[166]

Esta lista de casos, embora não exaustiva, revela como o princípio da simetria é aplicado no quotidiano da jurisprudência do Supremo Tribunal Federal. Alguns destes julgamentos nos parecem corretos, pela incidência de outros princípios constitucionais que limitavam a atuação do poder constituinte decorrente. Mas o que se dá, em vários

---

[160] "As decisões das Cortes de Contas que impõem condenação patrimonial aos responsáveis por irregularidades no uso de bens públicos têm eficácia de título executivo (CF, art. 71, §3º). Não podem, contudo, ser executadas por iniciativa do próprio Tribunal de Contas, seja diretamente ou por meio do Ministério Público que atua perante ele" (RE nº 223.037, Rel. Min. Maurício Corrêa. Julg. 02.05.2002. *DJ*, 02 ago. 2002).

[161] ADI nº 910/RJ, Rel. Min. Maurício Corrêa. Julg. 20.08.2003. *DJ*, 21 nov. 2003.

[162] ADI nº 244, Rel. Min. Sepúlveda Pertence. Julg. 11.09.2002. *DJ*, 31 out. 2002.

[163] ADI nº 640, Rel. p/ acórdão Min. Maurício Corrêa. Julg. 05.03.1997. *DJ*, 11 maio 1997.

[164] ADI nº 165, Rel. Min. Sepúlveda Pertence. Julg. 07.08.1997. *DJ*, 26 set. 1997; ADI nº 177, Rel. Min. Carlos Velloso, Julg. 1º.07.1996. *DJ*, 29 nov. 1996; ADI nº 676, Rel. Min. Carlos Velloso, Julg. 1º.07.1996. *DJ*, 29 nov. 1996.

[165] ADI nº 978, nº 1.008, nº 1.009, nº 1.010, nº 1.011, nº 1.012, nº 1.013, nº 1.014, nº 1.015, nº 1.016, nº 1.017, nº 1.018, nº 1.019, nº 1.020, nº 1.021, nº 1.022, nº 1.023, nº 1.024, nº 1.025 e nº 1.027, Rel. p/ acórdão, em todas, Min. Celso de Mello. Julg. 19.10.1995. *DJ*, 17 nov. 1995.

[166] ADI nº 2.391/SC, Rel. Min. Ellen Gracie. Julg. 16.10.2006. *DJ*, 16 mar. 2007.

outros, é uma restrição excessiva e injustificada à auto-organização dos Estados, que é uma das características centrais do regime federal.

7.3.3 Existe o "princípio da simetria"?

O princípio da *simetria* foi concebido antes do início da vigência da presente ordem constitucional. O art. 13, III, da Constituição de 1967 determinava que o poder constituinte estadual observasse as normas sobre processo legislativo positivadas na Constituição Federal. Se a Constituição, por exemplo, atribuísse ao Presidente da República poder de iniciativa para propor projeto de lei sobre determinada matéria, a Constituição Estadual não poderia deixar de conferir competência análoga ao Governador do Estado. Na Constituição atual, não há a mesma exigência de observância pelos estados do processo legislativo federal. Mas, apesar disso, o STF continua aplicando o parâmetro, normalmente invocado conjuntamente com o princípio da separação dos poderes.[167] No que toca a esse tema, prevaleceu a "interpretação retrospectiva" da Constituição: analisa-se a nova ordem jurídica sob a ótica do regime passado, como se nada houvesse mudado.

Com isso, o Supremo Tribunal Federal se distanciou de sua concepção sobre o modo como o princípio da separação de poderes limita o poder constituinte derivado reformador. A separação de poderes limita este poder apenas como *princípio*, na medida de seu *núcleo essencial*, admitindo-se emendas que alterem aspectos particulares do sistema de repartição de competências entre os poderes da União. Como limite ao poder constituinte decorrente, a separação de poderes tem funcionado não como princípio, mas como *sistema*. A extensão da restrição, na leitura da Corte, não se circunscreve ao núcleo essencial da separação de poderes: abrange também detalhes do arranjo institucional previsto na Constituição Federal. O constituinte estadual, segundo a jurisprudência tradicional do STF, deve reproduzir o sistema federal em suas minúcias, não podendo formular inovações significativas.

A exigência geral de simetria não se compatibiliza com o federalismo, que é um sistema que visa a promover o pluralismo nas formas de organização política.[168] A regra geral não pode ser a exigência de reprodução dos modelos e arranjos previstos para a União, eis que incompatível com a autonomia dos entes federais, que envolve a sua prerrogativa de auto-organização. Adotar a simetria como regra geral é negar uma das mais importantes dimensões do federalismo, que envolve a ideia de "diversidade na unidade". A regra geral deve ser a liberdade para que cada ente faça as suas escolhas institucionais, as quais, mesmo sem a exigência de simetria, já se encontram bastante limitadas por outras normas constitucionais que restringem o poder constituinte decorrente, como acima salientado.

---

[167] Alguns ministros da Corte manifestaram reservas quanto à existência do princípio da simetria em nosso ordenamento constitucional. Foi o caso do Ministro Sepúlveda Pertence, em voto vencido proferido no RE nº 187.917 (Rel. Min. Maurício Corrêa. Julg. 06.06.2002. *DJ*, 07 maio 2004), ao criticar "o excesso de centralização uniformizadora que há muito a jurisprudência do Tribunal tem imposto à ordenação jurídico-institucional dos Estados e Municípios, sob a inspiração mística de um princípio universal da simetria, cuja fonte não consigo localizar na Lei Fundamental".

[168] Em sentido semelhante: cf. MARINS, Leonardo. Limites ao princípio da simetria. *In*: SOUZA NETO, Cláudio Pereira de; SARMENTO, Daniel; BINENBOJM, Gustavo (Org.). *Vinte anos da Constituição Federal de 1988*, p. 689-710.

A orientação do STF sobre o princípio da simetria foi provavelmente assumida por *prudência*: a Corte parece ter pretendido evitar que arranjos institucionais desprovidos de razoabilidade fossem praticados em estados e municípios. No fundo, vislumbra-se o medo do abuso, e a imposição aos entes locais de escrupulosa observância dos modelos federais foi o instrumento usado pela Corte para se evitar esse risco.[169] Contudo, ao fazê-lo, o STF tem impedido que a forma federativa de Estado exerça uma de suas funções mais importantes, que é permitir que experiências institucionais inovadoras possam ser praticadas nos governos locais e, se bem-sucedidas, eventualmente replicadas em outros entes políticos, quiçá servindo como futura referência para a reforma das instituições nacionais.[170]

O desafio está em alcançar o ponto ótimo entre prudência e abertura para o pluralismo e a experimentação. No que toca ao federalismo, isso passa certamente pela revisão do princípio da simetria. E a medida também seria prudente. Ao invés de assumir os riscos envolvidos nas grandes apostas de reforma global das instituições nacionais, como tem sido feito, talvez seja melhor experimentá-las no plano local de governo. A aplicação de novas ideias ou arranjos políticos em algum estado ou município precursor pode servir como teste. É claro que muitas experiências podem dar errado, mas os riscos para a sociedade são menores do que quando se pretende realizar reformar nacionais de um só golpe. Não por outra razão, o Juiz Louis Brandeis, da Suprema Corte norte-americana, chamou os governos estaduais de "laboratórios da democracia": "É um dos felizes incidentes do sistema federal que um único e corajoso Estado possa, se os seus cidadãos escolherem, servir de laboratório; e tentar experimentos econômicos e sociais sem risco para o resto do país".[171]

Nesse tópico, enfim, a jurisprudência do STF não merece aplauso. Felizmente, já existem sinais de reversão desta orientação.[172]

---

[169] Esta preocupação transparece claramente, por exemplo, no voto proferido pelo Min. Maurício Corrêa no julgamento da ADI nº 486: "pertenço à corrente segundo a qual, sobretudo em tema de elaboração de norma constitucional, havendo disposição expressa na Constituição que determine um certo parâmetro, os Estados-membros têm de obedecer a esse princípio. Do contrário, o Poder Legislativo dos Estados se transformaria numa verdadeira balbúrdia, cada um estabelecendo, a seu bel-prazer, regras de quóruns diferenciados do estabelecido pelo modelo federal".

[170] Sobre o experimentalismo democrático no Direito Constitucional: cf. DORF, Michael; SABEL, Charles. A Constitution of Democratic Experimentalism. *Columbia Law Review*, v. 2, n. 98; MANGABEIRA UNGER, Roberto. *Democracy Realized*: the Progressive Alternative; DOMÉNECH PASCUAL, Gabriel. Descentralización administrativa y experimentalismo democrático. *Revista General de Derecho Administrativo*, n. 12; COLBURN, Jamison. Democratic Experimentalism: a Separation of Powers for our Time?. *Suffolk University Law Review*, n. 37.

[171] *New State Ice Co. v. Liebmann*, 285 U.S. 262, 311 (1932) (Brandeis, J., voto divergente).

[172] Veja-se, neste sentido, o seguinte trecho do bem lançado voto proferido pelo Ministro Cezar Peluso, no julgamento da ADI nº 4.298-MC, da qual foi Relator: "No desate de causas afins, recorre a Corte, com frequência, ao chamado princípio da simetria, que é construção pretoriana tendente a garantir, quanto aos aspectos reputados essenciais, homogeneidade na disciplina normativa da separação, independência e harmonia dos poderes nos três planos federativos. (...) Se a garantia da simetria no traçado normativo das linhas essenciais dos entes da federação, mediante revelação dos princípios sensíveis que moldam a tripartição de poderes e o pacto federativo, deveras protege o esquema jurídico-constitucional concebido pelo poder constituinte, é preciso guardar, em sua formulação conceitual e aplicação prática, particular cuidado com os riscos de descaracterização da própria estrutura federativa que lhe é inerente (...). Noutras palavras, não é lícito, senão contrário à concepção federativa, jungir os Estados-membros, sob o título vinculante da regra da simetria, a normas ou princípios da Constituição da República cuja inaplicabilidade ou inobservância local não implique contradições teóricas incompatíveis com a coerência sistemática do ordenamento jurídico, com severos inconvenientes políticos ou graves dificuldades práticas de qualquer ordem, nem com outra causa capaz de perturbar o equilíbrio dos poderes ou a unidade nacional. A invocação da regra da simetria não pode, em síntese, ser produto de uma decisão arbitrária do intérprete" (Julg. 07.10.2009. *DJ*, 27 nov. 2009).

7.3.4 As constituições estaduais: o papel que atualmente desempenham

As constituições estaduais não desempenham, atualmente, um papel relevante nos ordenamentos e na vida pública. São tantas e tão profundas as limitações que lhe são impostas, que quase nada podem fazer.[173] Configuram, basicamente, cópias da Constituição Federal. Quando se afastam, por pouco que seja, do padrão federal, as suas inovações são quase sempre desautorizadas pelo Judiciário. Não se desenvolveu, por outro lado, um sentimento constitucional em relação às constituições dos estados, o que, à luz do limitadíssimo papel que elas têm desempenhado, é bastante compreensível. A população lhes é indiferente, e, mesmo no meio jurídico, poucos advogados ou estudantes já se deram ao trabalho de ler, alguma vez na vida, a Constituição do seu estado, tal a sua desimportância prática.

Nem sempre foi assim no país. Na República Velha, as constituições estaduais desempenhavam um papel muito mais importante.[174] Nos Estados Unidos também as constituições estaduais exercem papel bastante relevante.[175] Há estados naquele país com, e outros sem, *recall* de agentes políticos; estados em que há bicameralismo e unicameralismo no Legislativo; estados em que os juízes são nomeados livremente pelo Executivo, em que são selecionados por critérios meritocráticos e em que os magistrados são eleitos pelo povo. As constituições estaduais, enfim, fazem escolhas importantes sobre a organização do Estado. Mas não é só isso. A proteção de direitos fundamentais sociais naquele país, onde existe, se baseia nas constituições estaduais, haja vista a inexistência de garantia similar na Constituição nacional. Foi com base em constituições estaduais norte-americanas que em diversos estados se reconheceu o direito ao casamento ou a união estável entre pessoas do mesmo sexo.

É verdade que o federalismo norte-americano, até por razões históricas, sempre foi muito mais descentralizado do que o nosso. Mas, na questão das constituições estaduais, o sistema brasileiro está no extremo do espectro, pelo reduzidíssimo espaço deixado à auto-organização dos entes federais. Considerando o papel que tais normas jurídicas exercem de fato, elas talvez nem devessem ser chamadas de Constituição. Lei orgânica estadual seria mais apropriado.[176] Esse papel, porém, pode ser transformado se houver alteração no entendimento do STF sobre o princípio da simetria, e se os Estados se permitirem uma certa dose experimentalismo democrático nos seus arranjos institucionais.

7.3.5 A lei orgânica do município é manifestação do poder constituinte decorrente?

A lei orgânica municipal foi uma inovação da Constituição de 88, diretamente correlacionada com a inclusão do município no pacto federativo. Nos regimes constitucionais anteriores, cabia aos Estados disciplinar a organização dos seus municípios.

---

[173] Neste sentido, cf. FERRARI, Sérgio. *Constituição Estadual e Federação*, p. 270-273.
[174] Cf. HORTA, Raul Machado. Autonomia do Estado no direito constitucional brasileiro. *In*: HORTA, Raul Machado. *Estudos de direito constitucional*, p. 439-452.
[175] Cf. GARDNER, James A.; ROSSI, Jim (Ed.). *New Frontiers of State Constitutional Law*.
[176] Neste sentido, Luís Roberto Barroso: "as Constituições Estaduais são um artificialismo importado, seu espaço legítimo de atuação é mínimo e desimportante, e, a despeito do discurso dogmático laudatório, não passam de leis orgânicas" (texto contido na capa posterior de FERRARI, Sérgio. *Constituição Estadual e Federação*).

É certo que alguns Estados já delegavam esta competência aos seus municípios, sendo precursor o Estado do Rio Grande do Sul,[177] mas a regra geral era a disciplina da estrutura municipal por meio de norma estadual. A Constituição de 88, ao elevar o Município à qualidade de ente federal, atribuiu-lhe a prerrogativa da auto-organização, exercitada por meio do poder de editar e reformar a sua lei orgânica. Nos termos do art. 29 da Constituição, a lei orgânica deve ser "votada em dois turnos, com o interstício mínimo de dez dias, e aprovada por dois terços dos membros da Câmara Municipal, atendidos os princípios estabelecidos nesta Constituição, na Constituição do respectivo Estado", e também em uma série de preceitos sobre a organização municipal, listados nos incisos do mesmo dispositivo. O art. 11, Parágrafo único, do ADCT, estabeleceu, ainda, o prazo de seis meses para a elaboração da lei orgânica do Município, após a promulgação da Constituição do respectivo Estado.

Há controvérsia jurídica sobre se as leis orgânicas representam ou não manifestação do poder constituinte decorrente. Diversos autores se manifestaram nesse sentido, equiparando a lei orgânica municipal à Constituição estadual, como Hely Lopes Meirelles,[178] José Afonso da Silva[179] e Regina Nery Ferrari.[180] Além da auto-organização municipal, outro argumento favorável à natureza constitucional dessas leis é a sua rigidez, decorrente do quórum de 2/3 dos vereadores, exigido pela Constituição Federal para a sua provação. Há quem sustente que, como se demanda o voto de 2/3 dos membros da Câmara Municipal para aprovação da lei orgânica, o mesmo quórum seria necessário para alterá-la.[181]

Outro segmento da doutrina afirma que, como a lei orgânica do município deve também respeitar princípios enunciados na respectiva Constituição estadual, ela não poderia ser qualificada como manifestação do poder constituinte decorrente, uma vez que este só se subordina aos comandos ditados pela Constituição Federal.[182] Todavia, a restrição à auto-organização dos municípios decorrente da imposição de observância de princípios ditados pela Constituição estadual é mínima. A jurisprudência tem entendido, com razão, que a Constituição estadual deve respeitar a autonomia municipal, não podendo versar sobre temas que são próprios ao Município, como a sucessão do prefeito e vice-prefeito,[183] ou o transporte local de passageiros.[184] O STF, em decisão em que suspendeu a eficácia de emenda à Constituição estadual que limitara os subsídios dos vereadores, ressaltou que "dar alcance irrestrito à alusão, no art. 29, *caput*, da CF, à observância devida pelas leis orgânicas municipais aos princípios estabelecidos na

---

[177] Além do Rio Grande do Sul, também os Estados de Santa Catarina, Maranhão, Espírito Santo, Bahia e Paraná o fizeram, os dois últimos apenas para alguns municípios, conforme. REZENDE, Antônio José Calhau de. Autonomia municipal e lei orgânica. *Cadernos da Escola do Legislativo*, v. 10, n. 15.
[178] MEIRELLES, Hely Lopes. *Direito municipal brasileiro*, p. 75.
[179] SILVA, José Afonso da. *Comentário contextual à Constituição*, p. 303.
[180] FERRARI, Regina Maria Macedo Nery. *Direito municipal*, p. 109-110. De nossa parte, concordamos com a existência de rigidez, mas não com a necessidade de reforma da lei orgânica pelo quórum de 2/3 dos vereadores. As Constituições Estaduais, por exemplo, foram aprovadas por maioria absoluta e não são reformadas pela mesma votação – o STF, como visto acima, entende que só podem ser modificadas pelo quórum de 3/5.
[181] FERRARI, Regina Maria Macedo Nery. *Direito municipal*, p. 109-110.
[182] Nesse sentido, ARAÚJO, Luiz Alberto David de; NUNES JUNIOR, Vidal Serrano. *Curso de direito constitucional*, p. 13.
[183] ADI nº 3.548, Rel. Min. Cármen Lúcia. Julg. 17.09.2007. *DJ*, 31 out. 2007.
[184] ADI nº 845, Rel. Min. Eros Grau. Julg. 22.11.2007. *DJ*, 07 mar. 2008.

Constituição do Estado, traduz condenável misoneísmo constitucional, que faz abstração de dois dados novos e incontroversos no trato do Município na lei Fundamental de 1988: explicitar o seu caráter de 'entidade infra-estatal rígida', e, em conseqüência, outorgar-lhe o poder de auto-organização, substantivado no art. 29, pelo poder de votar a própria lei orgânica".[185] Naquele julgamento, disse a Corte que "em tudo quanto, nos diversos incisos do art. 29, a Constituição da República fixou ela mesma os parâmetros limitadores do poder de auto-organização dos Municípios e excetuados apenas aqueles que contêm remissão expressa ao direito estadual (art. 29, VI, IX e X) — a Constituição do Estado não os poderá abrandar nem agravar".

Nesse quadro, parece razoável equiparar a lei orgânica do município à Constituição estadual. É verdade que a primeira, ao contrário da segunda, não conta com mecanismo de controle abstrato de constitucionalidade (art. 25, §2º). Mas, existe, por outro lado, a possibilidade de exercício do controle concreto e difuso, para assegurar a supremacia da lei orgânica municipal em face de ato normativo do respectivo município.

Finalmente, é certo que a lei orgânica do município também está sujeita àqueles limites impostos à Constituição estadual. Por isso, o seu potencial inovador é bastante reduzido. O STF vem empregando, também para as leis orgânicas municipais, o princípio da simetria como um rigoroso limitador do poder de auto-organização municipal, o que pode ser questionado, com base nas razões já expostas anteriormente.

---

[185] ADI nº 2.121-MC, Rel. Min. Sepúlveda Pertence. Julg. 11.05.2000. *DJ*, 18 maio 2000.

CAPÍTULO 8

MUTAÇÃO CONSTITUCIONAL

8.1 Conceito e generalidades

As constituições não mudam apenas por meio de processos formais, que envolvam a modificação do seu texto. Há também as mudanças que atingem a Constituição sem alteração dos seus preceitos, que são conhecidas como mutações constitucionais.[1] A mutação constitucional consiste em processo informal de mudança da Constituição, que ocorre quando surgem modificações significativas nos valores sociais ou no quadro empírico subjacente ao texto constitucional, que provocam a necessidade de adoção de uma nova leitura da Constituição ou de algum dos seus dispositivos.

A possibilidade da mutação constitucional resulta da dissociação entre norma e texto. Se a norma constitucional não se confunde com o seu texto, abrangendo também o fragmento da realidade sobra a qual esse incide, é evidente que nem toda mudança na Constituição supõe alteração textual.[2] Mudanças significativas na sociedade — seja no quadro fático, seja no universo dos valores compartilhados pelos cidadãos —, podem também provocar câmbios constitucionais, sem que haja qualquer mudança formal no texto magno.[3]

---

[1] Há designação "mutação constitucional" provém do alemão (*Verfassungswandlung*). Há outras designações alternativas do mesmo fenômeno, como "vicissitude constitucional tácita", "processo informal de mudança da Constituição", "mudança constitucional silenciosa", "processo de fato de mudança constitucional" etc. Na teoria constitucional norte-americana, não existe uma expressão específica para designar a mutação constitucional, que é estudada no contexto dos debates sobre a "Constituição viva" (*living Constitution*).

[2] Cf. HESSE, Konrad. Límites de la mutación constitucional. *In*: HESSE, Konrad. *Escritos de derecho constitucional*, p. 99-102.

[3] Em sentido diverso, discrepante da doutrina majoritária, o Min. Eros Grau afirmou, no voto-vista proferido na Reclamação nº 4.335, cujo julgamento ainda não foi concluído, que "na mutação constitucional não apenas a norma é nova, mas o próprio texto normativo é substituído por outro".

Recorde-se, por exemplo, a conhecida mutação por que passou, nos EUA, o princípio constitucional da igualdade. A sociedade e jurisprudência da Suprema Corte foram progressivamente atribuindo novos conteúdos ao texto, sem que este tenha se alterado. Com base no mesmo dispositivo constitucional — a cláusula da *equal protection of the laws*, consagrada na 14ª Emenda —, a Suprema Corte norte-americana, no final do século XIX, validou a segregação racial oficial (*Plessy v. Ferguson*),[4] para depois suprimi-la, em meados do século XX (*Brown v. Board of Education*).[5] A igualdade, por outro lado, passou a ser empregada a partir da década de 1970 para se promover o enfrentamento da discriminação de gênero,[6] e, mais recentemente, também para a defesa dos direitos dos homossexuais,[7] o que se afigurava inconcebível em 1868, por ocasião da edição da 14ª Emenda. A mudança na opinião pública e nos valores comunitários, impulsionada por diversos movimentos sociais que se mobilizaram em favor da justiça e da inclusão social de grupos até então excluídos provocou uma dramática alteração na interpretação de uma cláusula constitucional, que se refletiu diretamente na jurisprudência da Suprema Corte do país, sem que houvesse qualquer modificação no texto da Constituição.

O exemplo acima referido, de mudança na compreensão do princípio da igualdade no direito norte-americano, ilustra a hipótese de mutação constitucional por transformação dos valores sociais. A evolução da jurisprudência brasileira no tema do princípio da legalidade aplicado à correção monetária exemplifica o caso de mutação por alteração fática.[8] Até a década de 70, quando a inflação no país não era tão elevada, os tribunais afirmavam que a correção monetária das dívidas só seria cabível se houvesse autorização legal.[9] Num segundo momento, com o agravamento da inflação, passou-se a entender que a incidência da correção monetária sem lei expressa seria possível no caso das chamadas "dívidas de valor".[10] Finalmente, após a hiperinflação do final dos anos 80, a jurisprudência passou a reconhecer que, independentemente de lei, a correção monetária deveria ser aplicada a qualquer dívida.[11] O agravamento da inflação foi decisivo para que se modificasse a interpretação da Constituição no tocante ao princípio da legalidade, sem que houvesse mudança no texto constitucional quanto a este tópico.

---

[4] *Plessy v. Ferguson*, 163 U.S. 537 (1896).

[5] *Brown v. Board of Education*, 347 U.S. 483 (1954).

[6] O *leading case* na extensão do princípio constitucional da igualdade para enfrentamento da discriminação de gênero foi *Reed v. Reed*, julgado em 1971 (404 US 71 (1971). Curiosamente, foi derrotada nos Estados Unidos uma proposta de emenda constitucional, apresentada em 1972, que expressamente estendia o princípio da igualdade às relações de gênero, por não ter obtido o número de aprovações nos Estados necessário para a sua ratificação. Essa derrota, todavia, não impediu que se consolidasse na jurisprudência a posição afirmando a vedação constitucional à discriminação de gênero. Pelo contrário, a intensa mobilização social em torno da desejada reforma constitucional foi um fator que favoreceu a mudança jurisprudencial em questão, pois contribuiu para alterar o *ethos* da sociedade norte-americana no que concerne aos direitos da mulher, no qual também estavam mergulhados os juízes da Suprema Corte. Veja-se, a propósito: SIEGEL, Reva. Gender and the United States Constitution. In: BAINES, Beverly; RUBIO-MARTIN, Ruth (Ed.). *The Gender of Constitutional Jurisprudence*, p. 306-332.

[7] O primeiro precedente judicial norte-americano em que, a partir do princípio da igualdade, se invalidou a discriminação por orientação sexual foi *Romer v. Evans* (517 US 620 (1996). O caso mais importante na matéria é *Lawrence v. Texas* (539 US 558 (2003), em que a Corte, revertendo precedente anterior, afirmou a inconstitucionalidade de lei que proibia a prática de relações sexuais entre pessoas do mesmo sexo). Sobre a evolução do tratamento do tema no direito norte-americano, veja-se: NUSSBAUM, Martha C. *From Disgust to Humanity*: Sexual Orientation and Constitutional Law.

[8] O exemplo foi colhido em: MENDES, Gilmar Ferreira; COELHO, Inocêncio Mártires; BRANCO, Paulo Gustavo Gonet. *Curso de direito constitucional*, p. 220.

[9] STF. RE nº 74.655, Rel. Min. Bilac Pinto. *DJ*, 1º jun. 1973.

[10] STF. RE nº 104.930, Rel. Min. Rafael Mayer. *DJ*, 10 maio 1985.

[11] STJ. REsp nº 2.122, Rel. Min. Sálvio de Figueiredo. *DJ*, 20 ago. 1990.

Há casos em que as duas hipóteses se manifestam simultaneamente. Exemplo recente é o do instituto da coisa julgada, garantia fundamental da segurança jurídica, relativizado pelo STF na hipótese de decisão transitada em julgado antes do desenvolvimento do exame de DNA. O instituto era interpretado de tal modo que a decisão, uma vez transitada em julgado, não havendo mais prazo para sua impugnação por meio de ação rescisória, tornava-se imutável, não comportando exceções. Porém, com o desenvolvimento recente do exame de DNA, bem como com a valorização mais incisiva do princípio da dignidade da pessoa humana, o Supremo Tribunal Federal passou a entender que a relativização da coisa julgada poderia ocorrer, em ação de reconhecimento de paternidade cuja decisão tivesse transitado em julgado antes do advento do referido meio de prova.[12]

Sem embargo, o tema das mutações constitucionais é complexo, na medida em que se situa na confluência entre dois imperativos importantes do constitucionalismo democrático. Por um lado, existe a necessidade de dotar a Constituição de estabilidade, que é associada ao seu caráter rígido, o qual demanda um procedimento específico e difícil para alteração dos seus dispositivos. Do outro, há a necessidade de se conferir um certo dinamismo à Constituição, a fim de que ela possa se adaptar mais facilmente às mudanças sociais, sem que seja necessário recorrer, a cada momento, ao processo de reforma constitucional, que muitas vezes é excessivamente difícil, além de provocar efeitos colaterais indesejados, como o próprio retalhamento do texto magno. É necessário buscar um ponto de equilíbrio entre estas demandas, de modo a não enrijecer nem flexibilizar em demasia a Constituição. Não se deve, sob o pretexto da mutação constitucional, possibilitar que os fatores reais de poder atropelem a força normativa da Constituição, nem tampouco adotar-se uma leitura imobilista da Lei Maior, insensível às novas circunstâncias e valores de uma sociedade em permanente evolução.

Este ponto de equilíbrio não é universal, mas contingente, ligando-se a variáveis jurídicas, políticas e sociais, que variam de Estado para Estado, e que podem se alterar no tempo, no âmbito de um mesmo regime constitucional. Uma destas variáveis é a natureza dos preceitos contidos na Constituição. As normas constitucionais mais abertas, expressas em linguagem mais indeterminada, são aquelas mais suscetíveis de se sujeitarem à mutação constitucional, na medida em que o seu texto impõe menores constrangimentos ao intérprete. As constituições que contêm um número significativo de preceitos desta espécie são dotadas de maior *plasticidade*. A plasticidade confere ao sistema constitucional uma maior "capacidade de aprendizado", ao torná-lo mais permeável aos *inputs* provenientes da realidade social que o circunda.

Além da indeterminação semântica do texto constitucional, outros fatores importantes na mutação são a idade da Constituição, o grau de dinamismo existente na sociedade, o nível de rigidez constitucional e a cultura jurídica predominante. Quanto à idade, é natural que diplomas constitucionais mais antigos sejam suscetíveis à mutação em grau maior do que os mais recentes, pois há uma maior probabilidade de que, no mais extenso período de vigência dos primeiros, acabem ocorrendo alterações sociais mais profundas que se reflitam na interpretação da Constituição. O mesmo pode-se falar do dinamismo: em sociedades mais dinâmicas, ou em períodos de maior transformação social, há a tendência de que a mutação constitucional se desenvolva com mais frequência

---

[12] STF. RE nº 363.889, Rel. Min. Dias Toffoli. Julg. 02.06.2011.

ou intensidade. No que concerne à rigidez, pode-se dizer que quando mais difícil for a alteração de uma Constituição por meios formais, maior será a probabilidade e a legitimidade de que as modificações necessárias para que ela acompanhe a evolução social ocorram por processos informais. Finalmente, no que toca à cultura jurídica hegemônica, aquelas menos formalistas tendem a aceitar e praticar mais intensamente o fenômeno da mutação constitucional do que as mais formalistas, pois estas últimas se mostram mais refratárias a posturas hermenêuticas que não sejam tão focadas no texto ou na história do diploma normativo.

De qualquer modo, é certo que as constituições não são nem devem ser imunes à ação do tempo. Elas podem ser vistas como verdadeiros organismos vivos — a *living Constitution*, a que alude a teoria constitucional norte-americana[13] — com condições de se adaptarem às mudanças no ambiente que as circunda. Foi neste sentido que Karl Loewenstein afirmou, com certo lirismo, que "uma Constituição não é jamais idêntica consigo mesma e está submetida constantemente ao *panta rhei* heracliteano de todo o vivente".[14] Sem embargo, não se deve levar ao extremo a possibilidade de mutação constitucional, concebendo-a como o resultado do exercício de uma espécie de *poder constituinte difuso*, como chegou a preconizar Georges Burdeau,[15] sobretudo num contexto, como o brasileiro, em que as alterações formais na Constituição não são tão difíceis.

8.2 Mecanismos de atuação da mutação constitucional

Como salientado acima, a mutação constitucional não pode ser dissociada das transformações que se operam na sociedade após a edição da norma constitucional. O estudo da dinâmica dessas transformações é tema da Sociologia, e não será aqui abordado. O que examinaremos a seguir são alguns dos mecanismos por meio dos quais ditas transformações são absorvidas e processadas no cenário constitucional.

Não há tratamento homogêneo na doutrina sobre os mecanismos de mutação constitucional. Georg Jellinek, que é um dos precursores na discussão do assunto, aludiu à possibilidade de mutação constitucional por atividade legislativa, prática parlamentar-governamental e atuação judicial.[16] Hsü Dau-Lin, em lição também clássica,[17] referiu-se a quatro espécies de mutação constitucional: mudança por práticas que não violam a Constituição, alteração pela impossibilidade de aplicação de norma constitucional, modificação pela adoção de prática contrária à Constituição e mutação por interpretação constitucional.

---

[13] Não há dúvidas sobre o dinamismo da interpretação constitucional norte-americana, que vem possibilitando a atualização da bicentenária Constituição do país a novos valores e circunstâncias. As mudanças no constitucionalismo norte-americano são realizadas muito mais frequentemente por meio de processos informais do que de emendas, já que a edição destas é extremamente difícil naquele país, pois exige não só aprovação pelo quórum de 2/3 na Câmara dos Representantes e no Senado, como também a sua ratificação por pelo menos 3/4 dos Estados norte-americanos, pelos respectivos poderes legislativos ou por meio de convenções convocadas para este fim. Daí a alusão à *living Constitution*. Sem embargo, há um importante segmento do pensamento constitucional norte-americano — os chamados originalistas — que se opõe à ideia de "Constituição viva", defendendo a anacrônica posição de que o sentido a ser atribuído às normas constitucionais, hoje, deve ser o mesmo vigente à época em que seu texto foi aprovado (sobre o originalismo, veja-se o Capítulo 10). A propósito do debate norte-americano sobre a *living Constitution*, veja-se: STRAUSS, David A. *The Living Constitution*.

[14] LOEWENSTEIN, Karl. *Teoría de la Constitución*, p. 164.

[15] BURDEAU, Georges. *Traité de science politique*, p. 246-247.

[16] JELLINEK, Georg. *Teoría general del Estado*, p. 23-32.

[17] DAU-LIN, Hsü. *Mutación de la Constitución*, p. 31.

Na literatura jurídica brasileira, Anna Cândida Cunha Ferraz mencionou a mutação por interpretação constitucional e por usos e costumes constitucionais,[18] referindo-se, também, à possibilidade de "mutações inconstitucionais". Já para Luís Roberto Barroso, a mutação constitucional pode ocorrer, basicamente, de três formas: por mudança na interpretação constitucional, pela atuação do legislador e por via de costume.[19]

A mutação constitucional deve sempre derivar de alguma alteração ocorrida no quadro das relações sociais que compõem o pano de fundo da ordem jurídica — seja no plano dos fatos, seja naquele dos valores sociais. Contudo, as mutações são muitas vezes veiculadas por decisões de órgãos estatais que captam a mudança ocorrida, cristalizando-a no universo jurídico-constitucional. Neste sentido, é possível falar-se em mutação constitucional por intermédio de mudança jurisprudencial, por ato legislativo ou por práticas ou decisões do governo. Há, contudo, que se adotar uma certa cautela nesta questão, para não converter nenhum dos poderes do Estado em senhor da Constituição, titular de algum suposto poder constituinte permanente, que lhe permita reelaborar a Lei Maior de acordo com os seus valores ou preferências.

8.2.1 Evolução jurisprudencial e mutação constitucional

A evolução da jurisprudência constitucional é uma das formas de exteriorização da mutação constitucional. Recorde-se duas hipóteses muito importantes em que isso aconteceu recentemente no Brasil, relacionadas, respectivamente, aos temas da fidelidade partidária e da titularidade dos mandatos eletivos, e à questão de união estável entre pessoas do mesmo sexo.

No primeiro caso, a jurisprudência do STF endossou posição do TSE, que revertera uma orientação tradicional no Direito Constitucional brasileiro, anteriormente adotada pelo próprio Supremo,[20] no sentido de que os mandatos políticos pertenceriam aos parlamentares eleitos e não aos partidos pelos quais estes haviam concorrido, o que permitia aos primeiros que mudassem de agremiação política no curso dos mandatos, mantendo a sua vaga no Legislativo.[21] Para justificar a sua nova posição, além de argumentos voltados ao sistema constitucional, o STF apresentou relevantes razões relacionadas ao quadro fático subjacente à Constituição, como os excessos patológicos no "troca-troca" de partidos pelos parlamentares, que enfraqueceria as agremiações partidárias, prejudicando o funcionamento da nossa democracia representativa, bem como o fato de que a grande maioria dos políticos eleitos pelo sistema proporcional no Brasil não alcança, com os próprios votos, o chamado coeficiente eleitoral, só galgando o acesso ao mandato por força da votação atribuída pelos eleitores aos demais candidatos do mesmo partido.

---

[18] FERRAZ, Ana Cândida da Cunha. *Processos informais de mudança da Constituição*, p. 11-13.
[19] BARROSO, Luís Roberto. *Curso de direito constitucional contemporâneo*: os conceitos fundamentais e a construção do novo modelo, 2. ed., p. 129-136.
[20] MS nº 20.927-DF, Rel. Min. Moreira Alves. *DJ*, 11 out. 1989.
[21] O STF julgou mandados de segurança impetrados por partidos políticos contra ato do Presidente da Câmara dos Deputados que, contrariando orientação firmada pelo TSE, em sede de consulta, havia indeferido seus requerimentos de declaração de vacância dos mandatos exercidos por deputados federais que se desfiliaram das agremiações partidárias. Cf. MS nº 26.602/DF, Rel. Min. Eros Grau; MS nº 26.603/DF, Rel. Min. Celso de Mello; MS nº 26.604/DF, Rel. Min. Cármen Lúcia; todos publicados no *DJ*, 19 out. 2007.

No segundo caso citado, o STF,[22] seguindo decisões precursoras de outros tribunais, afirmou o direito dos homossexuais a formarem união estável com pessoas do mesmo sexo, a partir da aplicação direta de princípios constitucionais como os da dignidade da pessoa humana e da igualdade. A Corte, nesta matéria, alterou a interpretação anteriormente prevalecente que, a partir da letra do art. 226, §3º,[23] da Constituição, negava aos homossexuais a possibilidade de constituírem união civil com as pessoas para as quais se orienta a sua afetividade e desejo sexual, afirmando, doravante, a possibilidade de, por via analógica ou de interpretação extensiva do citado preceito constitucional, estender-se o instituto da união estável aos casais formados por pessoas do mesmo sexo.

Nesse último caso, a ocorrência da mutação é flagrante, tendo em vista que, durante a Assembleia Constituinte, a possibilidade de consagração de união estável entre pessoas do mesmo sexo foi considerada e explicitamente descartada.[24] Porém, mudanças valorativas ocorridas no país desde 88, que tornaram a nossa sociedade menos preconceituosa e mais inclusiva no tema da orientação sexual, deram amparo a esta positiva mudança, que se baseou numa leitura generosa de princípios constitucionais fundamentais, expressos em linguagem vaga e abstrata. Tal transformação vinha se processando na esfera pública informal, impulsionada pela atuação do movimento LGBT (Lésbicas, Gays, Bissexuais, Travestis, Transexuais e Transgêneros), que conseguiu conquistar o apoio de boa parte da nossa sociedade civil, assim como da opinião pública mais esclarecida. Portanto, a rigor, a mutação constitucional em questão não ocorreu com a decisão do STF, sendo-lhe anterior. O STF teve, contudo, o inequívoco mérito de bem captar o sentido atual da Constituição no que tange à matéria, conferindo publicidade e força vinculante à mutação constitucional em questão.

Como salientado, a alteração na jurisprudência pode exprimir uma autêntica mutação constitucional. É certo, porém, que a superação de precedentes judiciais, inclusive em matéria constitucional, deve ser realizada com cuidado, tendo em conta a proteção da segurança jurídica e de expectativas legítimas eventualmente cristalizadas na sociedade com base na orientação jurisprudencial anterior. Cumpre, em cada caso, ponderar as razões que justificam a mudança, com a segurança jurídica, que pode militar em favor da preservação dos precedentes.[25] Ademais, mesmo nas hipóteses em que as alterações se justifiquem, a tutela da segurança jurídica pode reclamar que se atribua

---

[22] ADPF nº 132 e ADI nº 4.277, julgamento conjunto, Rel. Min. Carlos Brito. *DJe*, 14 out. 2011.

[23] Eis a redação do dispositivo: "Para efeito de proteção do Estado, é reconhecida a união estável entre o homem e a mulher com entidade familiar, devendo a lei facilitar a sua conversão em casamento".

[24] Esta circunstância foi destacada no voto proferido pelo Min. Enrique Lewandowski na ADPF nº 132 e na ADI nº 4.277, que reproduziu trechos dos debates travados na Assembleia Constituinte por ocasião da votação do art. 226, §3º, que revelam a visão do constituinte originário ainda preconceituosa sobre o tema da orientação sexual.

[25] Veja-se, a propósito, MELLO, Patrícia Perrone Campos. *Precedentes*: o desenvolvimento judicial do direito no constitucionalismo contemporâneo, p. 233-314. Após detida análise da questão, autora formulou os seguintes princípios que devem reger a revogação de precedentes: "1º) Deve-se promover a revogação de um julgado: a) quando ele não atender a 'standards' de congruência social e de consistência sistêmica; e b) quando a segurança jurídica e os demais valores subjacentes à adoção do 'stare decisis' não forem melhores servidos por sua manutenção que por sua revogação. (...) 2º) Deve-se revogar um precedente quando as vantagens de tornar uma regra congruente social e sistemicamente superarem os custos relacionados aos valores de estabilidade e aos demais imanentes à adoção do 'stare decisis'. (...) 3º) Um precedente não deve ser subitamente revogado quando violar injustamente a confiança nele depositada. (...) 4º) a decisão sobre a revogação de um precedente deve ser mais conservadora quando a matéria ou as circunstâncias do caso indicarem que a lei é o instrumento mais adequado para a modificação do direito" (p. 251-254).

eficácia prospectiva à mudança jurisprudencial (*prospective overruling*),[26] preservando-se as situações passadas que se formaram sob o pálio da orientação pretoriana anterior.[27]

Ressalte-se, ainda, que a coisa julgada no âmbito do controle abstrato de constitucionalidade não representa obstáculo incontornável para o reconhecimento da mutação constitucional pela via judicial. De fato, quando o STF afirma a *constitucionalidade* de um ato normativo, ele não fica impedido de, no futuro, reexaminar a questão e eventualmente invalidá-lo, caso se convença da ocorrência de mutação constitucional ou de alteração significativa no quadro fático subjacente à norma legal.[28] Já quando a Corte declara a *inconstitucionalidade*, ela não tem, de fato, como voltar atrás em relação a aquele específico ato normativo. O STF não é legislador e não tem como reintroduzir no ordenamento norma jurídica que dele já fora expurgada. Mas nada impede que, em outro julgamento, a Corte mude a sua orientação sobre o tema de fundo e repute constitucional algum preceito legal com o mesmo teor daquele que antes ela mesma invalidara.

Vale destacar que nem toda alteração na jurisprudência constitucional pode ser vista como uma autêntica mutação da Constituição. Muitas vezes, trata-se da mera correção de um erro judicial do passado, ou ainda do cometimento de um novo equívoco, quando o precedente superado se afigure correto, mesmo no presente.

De toda sorte, é indiscutível que o Poder Judiciário representa um importante agente no processo de mutação constitucional. Nada obstante, não nos parece correta a visão que o converte no grande protagonista deste processo, transformando-o numa espécie de poder constituinte permanente. Neste ponto, há que se discordar da afirmação de que, como "intérprete final" da Constituição, o STF poderia ser concebido como uma espécie de poder constituinte.[29] Trata-se de equívoco similar ao perpetrado pelo

---

[26] Cf. BARROSO, Luís Roberto. Mudança na jurisprudência do Supremo Tribunal Federal em matéria tributária: segurança jurídica e modulação dos efeitos temporais das decisões judiciais. *In*: BARROSO, Luís Roberto. *Temas de direito constitucional*, v. 4, p. 257-294.

[27] "Mudanças radicais na interpretação da Constituição devem ser acompanhadas da devida e cuidadosa reflexão sobre suas consequências, tendo em vista o postulado da segurança jurídica. (...) No âmbito eleitoral, a segurança jurídica assume a sua face de princípio da confiança para proteger a estabilização das expectativas de todos aqueles que de alguma forma participam dos prélios eleitorais. A importância fundamental do princípio da segurança jurídica para o regular transcurso dos processos eleitorais está plasmada no princípio da anterioridade eleitoral positivado no art. 16 da Constituição. (...) Assim, as decisões do Tribunal Superior Eleitoral que, no curso do pleito eleitoral (ou logo após o seu encerramento), impliquem mudança de jurisprudência (e dessa forma repercutam sobre a segurança jurídica), não têm aplicabilidade imediata ao caso concreto e somente terão eficácia sobre outros casos no pleito eleitoral posterior" (RE nº 637.485/RJ, Rel. Min. Gilmar Mendes. *DJe*, 20 maio 2013)

[28] Em decisão recente, o STF alterou seu entendimento quanto à constitucionalidade das regras relativas ao benefício previsto na Lei Orgânica da Assistência Social. Ao votar, o Ministro Gilmar Mendes examinou o problema das razões que justificariam a alteração do precedente — no caso, fixado em sede de controle concentrado de constitucionalidade: "Em síntese, declarada a constitucionalidade de uma lei, ter-se-á de concluir pela inadmissibilidade de que o Tribunal se ocupe uma vez mais da aferição de sua legitimidade, salvo no caso de significativa mudança das circunstâncias fáticas ou de relevante alteração das concepções jurídicas dominantes (...). Daí parecer plenamente legítimo que se suscite perante o STF a inconstitucionalidade de norma já declarada constitucional. Há muito a jurisprudência constitucional reconhece expressamente a possibilidade de alteração da coisa julgada provocada por mudança nas circunstâncias fáticas (cf., a propósito, RE 105.012, Rel. Min. Néri da Silveira, *DJ* de 1º.07.1988). Assim, tem-se admitido a possibilidade de que o Tribunal, em virtude de evolução hermenêutica, modifique jurisprudência consolidada, podendo censurar preceitos normativos antes considerados hígidos em face da Constituição" (Rcl nº 4.374, Rel. Min. Gilmar Mendes. Julg. 18.04.2013. *DJe*, 04 set. 2013).

[29] "A interpretação judicial desempenha um papel de fundamental importância não só na revelação do sentido das regras normativas que compõem o ordenamento positivo, mas, sobretudo, na adequação da própria Constituição às novas exigências, necessidades e transformações resultantes dos processos sociais, econômicos e políticos que caracterizam a sociedade contemporânea. Daí a precisa observação de Francisco Campos (CAMPOS, Francisco. *Direito constitucional*), cujo magistério enfatiza, corretamente, que no poder de interpretar os textos

juiz da Suprema Corte norte-americana Charles Evan Hughes quando afirmou que "a Constituição é aquilo que a Suprema Corte diz que ela é". Se, por absurdo, o STF afirmasse em algum momento que a ordem constitucional brasileira permite a escravidão ou adota o regime monárquico, isso não seria mutação constitucional, mas um grave erro da Corte. A visão excessivamente judicialista da mutação constitucional, conquanto frequente no Brasil, é equivocada, seja pelo ângulo descritivo, seja pelo prescritivo. Em outras palavras, ela não descreve corretamente como o fenômeno da mutação opera no mundo real, nem tampouco fixa uma orientação adequada sobre a forma como ele deveria funcionar.

Sob o ângulo descritivo, é evidente que o Poder Judiciário não atua em um vazio sociocultural. Os magistrados, inclusive os que compõem o STF, são pessoas de carne e osso, sendo naturalmente influenciados pelas percepções e valores dominantes na sociedade em que vivem. Assim, em que pese o chamado "caráter contramajoritário" da jurisdição constitucional, não há dúvida de que as mudanças valorativas ocorridas na sociedade tendem a influenciar decisivamente a atuação das cortes judiciais. Sob o ponto de vista moral, a discriminação contra o homossexual é tão errada hoje como era no início do século passado. Mas, apesar de a Constituição então vigente também consagrar o princípio da igualdade, seria inimaginável para qualquer juiz, àquela altura, afirmar o direito de parceiros homossexuais constituírem família. O STF teve condições de fazê-lo agora, porque o reconhecimento da união homoafetiva não mais se choca com as concepções morais hegemônicas entre as elites intelectuais e urbanas brasileiras da segunda década do século XXI. A Ciência Política norte-americana, precursora no estudo empírico do Poder Judiciário e da jurisdição constitucional, vem comprovando a tendência de alinhamento, no longo prazo, entre as posições da Suprema Corte e aquelas adotadas pela opinião pública nacional.[30] Portanto, na prática, quando o Judiciário reconhece uma mutação constitucional num determinado sentido, geralmente é porque existe um ambiente sociocultural que respalda, ou pelo menos não rechaça a nova orientação.

Até porque, os juízes, como qualquer outro agente racional, normalmente levam em consideração, nas suas decisões, as possíveis reações que suas posições podem provocar em vários outros círculos e agentes, como os Poderes Legislativo e Executivo e a opinião pública em geral. Assim, até por razões estratégicas, não é muito provável que o Judiciário decida, com grande frequência, de maneira muito contrária à opinião pública e aos demais poderes estatais. O temor do não cumprimento das suas decisões e de possíveis retaliações — menor nas democracias consolidadas em que há amplas garantias para a independência judicial —, e, sobretudo, o medo de perda de credibilidade e de prestígio institucional tendem a levar o Judiciário a adotar posições que não discrepem muito significativamente dos valores hegemônicos em cada contexto

---

normativos, inclui-se a prerrogativa judicial de reformulá-los (...) Importante rememorar, neste ponto, a lição deste eminente publicista, para quem 'o poder de interpretar a Constituição envolve, em muitos casos, o poder de formulá-la. A Constituição está em elaboração permanente nos Tribunais incumbidos de aplicá-la (...). Nos Tribunais incumbidos da guarda da Constituição funciona, igualmente, o poder constituinte" (HC nº 90.450, Rel. Min. Celso de Mello. DJe, 06 fev. 2009).

[30] Cf. POWE JUNIOR, Lucas A. *The Supreme Court and the American Elite*: 1789-2008; FRIEDMAN, Barry. *The Will of the People*: How Public Opinion Has Influenced the Supreme Court and Shaped the Meaning of the Constitution.

histórico.[31] Decisões em descompasso com estes valores podem gerar um efeito conhecido como *backlash*,[32] que consiste em ampla mobilização das forças políticas e sociais que se opõem à mudança, o que, além do aumento da polarização na sociedade, pode acarretar, como resultado prático, a reversão da alteração.

Também sob a perspectiva prescritiva, a visão do STF como uma espécie de "demiurgo constitucional", dotado do poder de modificar a Constituição ao seu bel-prazer, não se sustenta. A Corte tem a nobre missão institucional de atuar como guardiã da Constituição, e não a de reescrevê-la livremente, da forma que lhe pareça mais apropriada. Atribuir ao STF o papel de "poder constituinte permanente" seria inverter a lógica segundo a qual a legitimidade da sua atuação contra as deliberações majoritárias de outros poderes resulta, antes de tudo, da sua fidelidade à Constituição, e não da crença na superioridade intelectual ou moral dos juízes. Conceber uma Corte, por mais qualificada que seja, como principal responsável pela "atualização" da Constituição seria incidir num modelo antidemocrático de governo de sábios, francamente incompatível com o ideário do Estado Democrático de Direito.

Isto não significa, contudo, que o papel das cortes na mutação constitucional seja ou deva ser apagado. Além de atuar no reconhecimento das mutações ocorridas, as decisões judiciais servem também para injetar valores constitucionais na cultura política e social de uma Nação, estimulando certas transformações. Há, na democracia, um espaço legítimo para que o Tribunal pratique uma espécie de "pedagogia constitucional", auxiliando a disseminar pela sociedade, por meio da autoridade da sua argumentação, o discurso constitucional voltado para os direitos fundamentais. Certamente um julgamento como *Brown v. Board of Education*, nos Estados Unidos, ao invalidar a discriminação racial nas escolas públicas, teve um efeito cultural e político importante, sensibilizando a sociedade em relação a um tema candente de justiça e estimulando a mobilização social em favor de uma agenda transformadora. Papel similar tem desempenhado, no Brasil contemporâneo, a memorável decisão do STF no julgamento sobre união homoafetiva.

8.2.2 Mutação constitucional e atuação do legislador

O Poder Legislativo também interpreta a Constituição,[33] seja por ocasião da elaboração de normas jurídicas, seja no exercício das suas demais competências. Ao editar uma lei, por exemplo, o Legislativo é obrigado a interpretar a Constituição, para verificar se o ato normativo que elabora respeita ou não os mandamentos constitucionais. Ao regulamentar e concretizar a Constituição, ele muitas vezes opta por um dentre diversos significados possíveis do texto constitucional. Da mesma forma, ao conduzir uma Comissão Parlamentar de Inquérito, um processo de *impeachment* ou

---

[31] Sobre o componente estratégico da atuação judicial no âmbito constitucional, veja-se: FRIEDMAN, Barry. The Politics of Judicial Review. *Texas Law Review*, v. 84, n. 2, p. 257-336; POSNER, Richard A. *How Judges Think?*, p. 124-157; BARROSO, Luís Roberto. Constituição, democracia e supremacia judicial: direito e política no Brasil contemporâneo. *Revista de Direito do Estado – RDE*, n. 16, p. 3-42.

[32] Sobre o fenômeno do *backlash*, veja-se: POST, Robert. Roe Rage: Democratic Constitutionalism and Backlash. *Harvard Civil Rights – Civil Liberties Law Review*, n. 42; BOTELHO, Nadja Machado. *Mutação Constitucional*, p. 49-59.

[33] Sobre o papel do Poder Legislativo na interpretação constitucional, veja-se: BAUMAN, Richard W.; KAHANA, Tsvi. *The Least Examined Branch*: the Role of Legislatures in the Constitutional State.

um procedimento de cassação de mandato por quebra de decoro, os parlamentares têm de interpretar os respectivos limites constitucionais. É verdade que em países, como o Brasil, em que existe controle de constitucionalidade, a interpretação legislativa da Constituição pode ser questionada perante o Poder Judiciário. Isto, contudo, não retira a sua grande importância no cenário de uma democracia constitucional.

Pelo contrário, a interpretação legislativa da Constituição é especialmente relevante, uma vez que os parlamentares são agentes eleitos pelo povo, perante o qual são responsáveis. Portanto, ao reconhecer o papel de destaque do Legislativo na interpretação constitucional, atribui-se ao povo a possibilidade de influir politicamente na definição de sentido da sua Constituição e de participar do equacionamento dos temas controvertidos sobre os quais se debruça a hermenêutica constitucional. Pela sua representatividade política, o Legislativo tem, inclusive, uma especial capacidade para captar mudanças nos valores sociais da comunidade, o que o qualifica como agente no processo de mutação constitucional.

No debate constitucional norte-americano contemporâneo, a enorme dificuldade de emendar a Constituição tem levado alguns autores a enfatizar o papel constitucional de determinadas leis que resultam de grande mobilização social e impactam profundamente o ordenamento jurídico e a sociedade. Nesta linha, Bruce Ackerman[34] atribui natureza constitucional ao *Civil Rights Act*, de 1964, que, dentre outras medidas, vedou discriminações raciais nas relações privadas,[35] e foi editado na esteira do movimento em favor dos direitos civis dos negros que tomou conta do país após o final da II Guerra Mundial. Em direção semelhante, o jurista William Eskridge e o cientista político John Ferejohn sugerem o advento de um modelo de "constitucionalismo legal" (*statutory constitutionalism*) nos Estados Unidos, envolvendo o que designaram de "super-leis" (*super statutes*).[36] Estas super-leis são produzidas após um processo qualificado de deliberação política, impõem profundas mudanças jurídicas e sociais, e acabam adquirindo uma penetração na cultura do país e um capital simbólico que as aproxima das normas constitucionais. Tais diplomas legais, além de influenciarem profundamente a interpretação do ordenamento, beneficiam-se de uma espécie de entrincheiramento político-social, pois, apesar de não desfrutarem formalmente de superioridade hierárquica ou de rigidez, os seus princípios básicos tornam-se, na prática, politicamente intangíveis, pelo profundo apoio social e enraizamento cultural que logram conquistar.

No Brasil, um exemplo de mutação constitucional exteriorizado pela via legislativa vem ocorrendo com as chamadas cotas raciais no acesso ao ensino superior.[37] Quando a Constituição de 88 foi editada, não se cogitava do assunto no país, embora já existissem diversas experiências internacionais bem-sucedidas nesta área, com destaque para os Estados Unidos.[38] Apesar da persistência do racismo e da profunda

---

[34] ACKERMAN, Bruce. The Living Constitution. *Harvard Law Review*, v. 120, n. 7, p. 1737-1812.

[35] A Constituição norte-americana consagra o princípio da igualdade (*equal protection of the law*), mas a doutrina e a jurisprudência do país entendem que as normas constitucionais não vinculam os particulares, mas apenas as entidades estatais.

[36] ESKRIDGE, William. N.; FEREJOHN, John. Super-Statutes. *Duke Law Journal*, n. 50, p. 1215-1276; ESKRIDGE, William. *A Republic of Statutes*: the new American Constitution.

[37] No mesmo sentido, veja-se o denso estudo de BOTELHO, Nadja Machado. *Mutação Constitucional*, p. 119-147.

[38] Sobre a experiência norte-americana na matéria, veja-se: GOMES, Joaquim Benedito Barbosa. *Ação afirmativa e princípio constitucional da igualdade*: a experiência dos EUA.

desigualdade racial no país, a visão social absolutamente hegemônica nesta questão, inclusive no meio jurídico, se centrava até então na igualdade formal, garantida por meio da vedação de quaisquer discriminações fundadas em raça ou etnia — favoráveis ou desfavoráveis aos grupos étnicos tradicionalmente excluídos. No entanto, a partir de meados dos anos 90, setores expressivos do movimento negro começaram a reivindicar a adoção de políticas de ação afirmativa nesta seara, de forma a favorecer a inclusão mais plena dos negros na sociedade brasileira.[39] Para combater a desigualdade enraizada após séculos de discriminação — afirmavam —, não seria suficiente a mera neutralidade estatal. Era preciso ir além, com a adoção de políticas públicas que discriminassem favoravelmente os afrodescendentes no acesso a determinados bens e espaços, como as vagas nas universidades.[40]

Esta demanda, conquanto ainda muito polêmica na sociedade, sensibilizou parcelas expressivas da opinião pública, setores do meio político e do pensamento jurídico. Foi no espaço do Poder Legislativo, primeiramente de alguns Estados,[41] e depois da própria União,[42] que a reivindicação foi acolhida, com a edição de variadas leis que criaram medidas como a reserva de vagas para afrodescendentes em universidades públicas, ou o estímulo fiscal para que universidades particulares adotassem tais iniciativas nos seus processos seletivos.[43] Tais medidas tiveram a sua validade reconhecida no Supremo Tribunal Federal,[44] que, no entanto, não teve papel de protagonismo nesta relevante mudança na interpretação constitucional do princípio da igualdade, de uma posição mais formal e passiva, em direção a outra, mais substancial e ativista.

---

[39] A Marcha Zumbi de Palmares, ocorrida no ano de 1995, em comemoração ao tricentenário da morte desse herói nacional é tida como um marco importante neste processo. Outro momento importante de mobilização a favor das ações afirmativas ocorreu durante os trabalhos preparatórios para a participação da delegação brasileira na Conferência Mundial de Durban contra o Racismo, a Discriminação Racial, a Xenofobia e Intolerâncias Correlatas, promovida pela ONU, em 2001.

[40] Sobre os fundamentos das políticas de ação afirmativa em matéria racial, veja-se: SARMENTO, Daniel. A igualdade étnico-racial no direito constitucional brasileiro: discriminação "de facto", teoria do impacto desproporcional e ação afirmativa. In: SARMENTO, Daniel. Livres e iguais: estudos de direito constitucional, p. 139-166; SOUZA NETO, Cláudio Pereira; FERES JÚNIOR, João. Ação afirmativa: normatividade e constitucionalidade. In: SARMENTO, Daniel; IKAWA Daniela; PIOVESAN, Flávia (Coord.). Igualdade, diferença e direitos humanos, p. 345-363. Em sentido contrário à validade das referidas quotas, veja-se: KAUFMANN, Roberta Fragoso Meneses. Ação afirmativa à brasileira: necessidade ou mito.

[41] O precursor na questão foi o Estado do Rio de Janeiro, que instituiu o primeiro programa de cotas raciais no Brasil para ingresso universidades públicas, com a edição da Lei nº 3.708/2001.

[42] O Legislativo Federal editou a Lei nº 11.096/2005, instituindo o ProUni, que é um programa de incentivos fiscais para que as instituições privadas de ensino superior concedam bolsas de estudos para alunos carentes. Há, nessa lei, previsão de cotas para negros e indígenas. Mais recentemente, editou também a Lei nº 12.258/2010 — conhecida como Estatuto da Igualdade Racial — que, muito embora não discipline em detalhe as políticas de ação afirmativa de viés racial, as autorizou em diversos campos, inclusive na seara educacional.

[43] É verdade que houve iniciativas dos Poderes Executivo e Judiciário no campo da ação afirmativa de natureza racial, até anteriores às referidas leis, que, todavia, não tiveram o mesmo impacto que as medidas de cunho legislativo. Dentre elas, vale citar a previsão de realização de políticas de ação afirmativa em todos os Programas Nacionais de Direitos Humanos, desde o primeiro, datado de 1996, bem como a instituição de cota racial para a contratação de profissionais terceirizados na área de jornalismo no âmbito do STF (Concorrência nº 3/2001).

[44] No julgamento da ADPF nº 186, o STF, por unanimidade, reconheceu a validade das cotas raciais existentes na UnB (Rel. Min. Ricardo Lewandowski. Julg. 26.04.2012). Na ADI nº 3.330, a Corte, por 6 votos a 1, afirmou a compatibilidade com a Constituição do ProUni — programa federal de incentivo fiscal às instituições privadas de ensino superior —, que também se utiliza de cotas raciais (Rel. Min. Carlos Britto. Julg. 03.05.2012).

8.2.3 Mutação constitucional, Governo e Administração Pública

O Poder Executivo também pode ser agente da mutação constitucional, uma vez que interpreta e aplica a Constituição no exercício das suas competências. Novas práticas e orientações do Poder Executivo, assim como normas jurídicas que ele venha a produzir no âmbito da sua competência podem exteriorizar uma nova leitura sobre alguma norma constitucional específica. Ademais, ninguém ignora o enorme poder do Executivo no cenário contemporâneo, que lhe confere, na prática, amplas possibilidades para interferir na agenda ou na atuação dos demais poderes estatais, por meio de mecanismos como, no ordenamento constitucional brasileiro, a edição de medidas provisórias, a iniciativa privativa de lei em temas relevantes, e a prerrogativa de indicação dos Ministros do STF. Evidentemente, este poder pode ser empregado com vistas à alteração da interpretação constitucional. Daí por que é inegável o papel do Executivo nas mudanças informais da Constituição.

No contexto norte-americano, é conhecida a atuação do Presidente Roosevelt, nos anos 30, na mutação constitucional promovida no âmbito do *New Deal*, que envolveu a superação de uma linha jurisprudencial conservadora da Suprema Corte do país, contrária à intervenção do Estado na Economia.[45] Roosevelt não só implementou medidas econômicas intervencionistas, como se valeu do seu poder e liderança política para pressionar a Suprema Corte a rever a sua posição conservadora sobre os limites da atuação do Estado na ordem econômica e nas relações contratuais, que vinha comprometendo a capacidade estatal de enfrentar a crise econômica que se abatera sobre o país. Ele teve êxito no seu intento, e, após a aposentadoria de juízes da velha guarda, nomeou novos magistrados sintonizados com a sua filosofia constitucional, consolidando a mutação. A virada jurisprudencial ocorrida no caso, com o final da chamada "Era de Lochner",[46] não decorreu de um realinhamento espontâneo do Judiciário norte-americano aos novos valores e necessidades do povo americano, mas foi o resultado de uma verdadeira batalha entre a Suprema Corte e o Presidente, com a vitória do segundo, cuja interpretação constitucional acabou prevalecendo, porque mais consentânea com as concepções então hegemônicas na sociedade americana.

No Brasil, um exemplo recente e positivo de atuação do Poder Executivo na mutação constitucional deu-se no tema das comunidades de remanescentes de quilombos. O art. 68 do ADCT consagra o direito dos remanescentes das comunidades de quilombos à propriedade definitiva das terras que ocupem.[47] Por ocasião da Assembleia Constituinte,

---

[45] Veja-se, sobre o tema: ACKERMAN, Bruce. *We the People*, v. 1, p. 255-382.

[46] A expressão "Era de Lochner" refere-se a um período da Suprema Corte norte-americana, que vai do final do século XIX até meados da década de 1930, em que o Tribunal, com base numa interpretação hoje muito criticada da cláusula do devido processo legal, na sua dimensão substantiva, impediu que o Estado regulasse a Economia e as relações contratuais, inclusive para proteger as partes mais fracas, impondo, pela via jurisdicional, um modelo socioeconômico libertário. A expressão alude ao caso *Lochner v. New York* (198 U.S. 45 (1905)), em que se considerou inconstitucional uma lei que limitava a jornada de trabalho dos padeiros em 10 horas diárias. O Tribunal, invocando o devido processo legal, entendeu que não caberia ao legislador intrometer-se na liberdade negocial das partes contratantes.

[47] Sobre a interpretação do art. 68 do ADCT, veja-se: SARMENTO, Daniel. Terras quilombolas e Constituição: a ADI 3.239 e o Decreto 4.887/03. *In*: SARMENTO, Daniel. *Por um constitucionalismo inclusivo*: história constitucional brasileira, teoria da Constituição e direitos fundamentais; ROTHENBURG, Walter Claudius. Direito dos descendentes dos escravos: remanescentes das comunidades de Quilombos. *In*: SARMENTO, Daniel; IKAWA Daniela; PIOVESAN, Flávia (Coord.). *Igualdade, diferença e direitos humanos*, p. 445-471.

não havia muita clareza sobre o conceito de quilombo. Após a Constituição, muitos sustentavam uma visão restritiva do conceito de quilombo, de modo a abarcar apenas os espaços territoriais ocupados por descendentes de escravos fugidos. Sem embargo, a partir da década de 90, o tema passa a ser objeto de intensa discussão tanto no âmbito do movimento negro, como no campo da Antropologia, e o art. 68 do ADCT começa a ser invocado com frequência cada vez maior como instrumento de luta em favor dos direitos territoriais de comunidades negras dotadas de cultura própria e de um passado ligado à resistência à opressão. Esta concepção mais elástica de quilombo, resultado de um verdadeiro processo de "ressemantização" do termo,[48] foi acolhida pelo Decreto nº 4.887/2003, atualmente em vigor, que disciplina o procedimento de reconhecimento, demarcação e titulação das propriedades dos remanescentes de quilombos, e beneficia outras comunidades negras que não são compostas de descendentes de escravos fugidos, mas que têm traços culturais próprios, intensa relação com o território que ocupam, além de uma trajetória histórica de resistência à opressão racial.

Neste caso, o Poder Executivo não inventou um novo conceito de quilombo, substituindo-se ao poder constituinte, mas acolheu em ato normativo um novo significado mais amplo e generoso do termo, plenamente compatível com o espírito e os valores da Constituição de 88, e que já fora consagrado no universo de agentes e instituições sociais, acadêmicas e profissionais que lidam com a temática. A mutação foi resultado de uma intensa mobilização social, que teve como protagonistas os próprios quilombolas, o movimento negro em geral e a categoria profissional dos antropólogos, mas que se sedimentou com a edição do ato normativo em questão, e vem pautando as ações do Poder Público Federal na área.

Sem embargo, é indiscutível que o Poder Executivo, tal como os demais órgãos do Estado, se acha plenamente vinculado à Constituição, não lhe sendo autorizado descumpri-la, sob o pretexto de atuar como agente de alguma suposta mutação constitucional. Não cabe, na vigência do Estado Democrático de Direito, reprisar sob novas vestes ideias próprias ao absolutismo ou ao totalitarismo, que confundam a soberania do povo com o poder atribuído a qualquer órgão ou agente político, por mais apoio popular que tenha. A advertência vale também para os demais poderes estatais, mas ela é especialmente importante em relação ao Executivo, seja pela magnitude dos seus poderes no Estado contemporâneo, seja pela triste tradição latino-americana de caudilhismo político, muitas vezes alimentada por uma visão messiânica sobre o papel do Presidente da República.

8.2.4 Mutação, costume e convenção constitucional

O tema do costume constitucional será examinado mais detidamente em outro capítulo, que trata das lacunas constitucionais e dos meios para a sua integração. Por ora, cumpre frisar que o costume constitucional também é admissível nos sistemas constitucionais que gravitam em torno de constituições escritas e rígidas.[49]

---

[48] Veja-se, a propósito: ARRUTI, José Maurício. *Mocambo*: antropologia e história do processo de formação quilombola.
[49] O STF reconheceu a existência de costume constitucional no julgamento da ADI nº 644-MC (Rel. Min. Sepúlveda Pertence. *DJ*, 21 fev. 1992), em que se qualificou como costume a imediata substituição do Chefe do Executivo pelo seu Vice, por menor que seja o seu período de afastamento do cargo.

Com efeito, a necessária interação entre o domínio constitucional e a realidade social subjacente justifica que se aceite, com certas cautelas, o costume também neste campo, desde que ele não viole as normas constitucionais escritas, nem tampouco ofenda os valores fundamentais da Constituição.[50] Nada obstante, a rigidez e a força normativa da Constituição não se compatibilizam com o costume *contra constitutionem*. Portanto, por mais enraizado que seja, o costume não pode ser invocado como razão para descumprimento da Constituição, nem muito menos enseja a revogação dos seus preceitos. Os costumes constitucionais admissíveis são o *secundum constitutionem*, ou interpretativo, e o *praeter constitutionem*, ou integrativo. No primeiro caso, adota-se uma determinada interpretação da Constituição, dentre as várias que o texto e o sistema franqueiam, porque ela é endossada por costume jurídico cristalizado. No segundo, preenche-se uma lacuna constitucional por meio da invocação de costume. Em ambas as hipóteses, as mudanças fáticas ou axiológicas ocorridas na sociedade podem ensejar tanto o surgimento de novo costume, como a sua alteração ou abandono.

A própria natureza do costume o torna um veículo importante de mutação constitucional. Afinal, não há, por definição, um procedimento jurídico formal para produção e modificação do costume constitucional. O seu reconhecimento depende da coexistência de dois elementos: o objetivo, que é a repetição habitual de um determinado comportamento; e o subjetivo, que é a crença social na obrigatoriedade do mesmo.[51] Nenhum destes elementos liga-se a qualquer processo formal.

Uma categoria próxima à do costume é a da chamada *convenção constitucional*. Ambos são fontes de natureza não escrita, versam sobre matéria constitucional e decorrem da reiteração de comportamentos que passam a ser tidos como obrigatórios. A principal diferença vem do fato de o costume ser suscetível de tutela judicial, o que não ocorre com a convenção constitucional.

No Reino Unido, por exemplo, a convenção constitucional tem sido o principal mecanismo de mudança constitucional. Como exemplos de convenção constitucional, podem-se citar a impossibilidade de veto real às leis, a não ser que o monarca receba instruções para fazê-lo do Primeiro-Ministro; a obrigação real de que a escolha do Primeiro-Ministro recaia sobre o líder do partido vencedor nas eleições para a Câmara dos Comuns; e a exigência de que este seja um membro da referida casa legislativa. Sem embargo, entende-se no constitucionalismo britânico que as convenções constitucionais, embora de observância obrigatória, não são objeto de tutela jurisdicional. A violação de uma convenção pode dar margem a graves consequências políticas, e as críticas que serão endereçadas ao ato ofensivo à convenção apontarão a sua inconstitucionalidade. Todavia, o descumprimento da convenção constitucional não enseja a possibilidade de invalidação judicial do ato que a ofendeu.[52] Não obstante, isto em nada compromete a sua força na vida constitucional do país.

Em países dotados de Constituição escrita e rígida, o costume e a convenção constitucional também podem operar mudanças constitucionais significativas. Um bom exemplo ocorreu nos Estados Unidos nas eleições do presidente da República.

---

[50] No mesmo sentido, veja-se: MIRANDA, Jorge. *Manual de direito constitucional*, 2. ed., p. 93-106; FERRAZ, Ana Cândida da Cunha. *Processos informais de mudança da Constituição*, p. 182-198.

[51] Cf. REALE, Miguel. *Lições preliminares de direito*, p. 158; HESPANHA, António Manuel. *O caleidoscópio do direito*: o direito e a justiça nos dias de hoje, p. 461-462.

[52] Cf. BARNETT, Hilaire. *Constitutional and Administrative Law*, p. 30-49.

A Constituição norte-americana prevê que as eleições presidenciais devem ser indiretas (art. II, seção 1, (2) e (3)). Os cidadãos, nos Estados, escolhem eleitores presidenciais em número equivalente à soma dos representantes e senadores de cada Estado. Tais eleitores, posteriormente, elegem o Presidente da República. Quando o constituinte norte-americano instituiu este mecanismo no século XVIII, quis construir um modelo em que, de fato, os eleitores presidenciais fariam uma escolha dentre os candidatos que se apresentassem ao pleito, pois eles consideravam que seria muito difícil para o cidadão comum, afastado da política nacional, realizar tal opção de forma adequada e consciente. Havia, naquele desenho institucional, um claro viés elitista, caracterizado pela desconfiança na capacidade do povo de escolher bem o seu Presidente. Contudo, com o tempo, os eleitores presidenciais passaram a representar os partidos, votando, necessariamente, nos candidatos previamente escolhidos por suas agremiações. Hoje, a votação realizada pelos eleitores presidenciais tornou-se uma mera formalidade, pois é praticamente inimaginável que um eleitor não sufrague o candidato do seu partido. Portanto, quando um cidadão vota num eleitor presidencial, é como se ele já estivesse escolhendo o seu candidato à presidência, já que, na prática, os eleitores não têm nenhum poder ulterior de deliberação. Tal mudança, altamente importante para o funcionamento da política do país, não decorreu de emenda constitucional, de decisão judicial ou de ato legislativo, mas de uma prática reiterada, que se incorporou informalmente ao constitucionalismo norte-americano.[53] A hipótese pode ser enquadrada como convenção constitucional e não como costume, pois se entende no país que não há remédio judicial para a hipótese de o eleitor presidencial votar em candidato de outro partido.

No Brasil, o desenvolvimento de um certo "parlamentarismo à brasileira" durante o 2º Império, quando Pedro II passou a formar o seu gabinete a partir do resultado das últimas eleições legislativas, de modo a contemplar o partido vencedor no pleito eleitoral, é dado como o maior exemplo de mutação constitucional por costume da nossa trajetória histórica.[54] Sem embargo, talvez a hipótese possa ser melhor caracterizada como de convenção constitucional e não como costume, pois não seria possível ao Poder Judiciário brasileiro obrigar o Imperador a mudar o seu gabinete, caso, por qualquer razão, deixasse de observar a referida tradição.

Um exemplo de mutação constitucional por costume ocorrido no Brasil foi a admissão da reedição de medidas provisórias não apreciadas pelo Congresso, antes do advento da Emenda Constitucional nº 32/2001. O texto constitucional era silente sobre a possibilidade, mas amplos setores da doutrina a recusavam, sob o argumento de que o silêncio parlamentar implicava rejeição tácita da medida.[55] Não obstante, ela se cristalizou na prática, convertendo-se em expediente ordinariamente adotado pelo Poder Executivo, inclusive com o beneplácito do STF.[56] Sem embargo, se não a reedição, pelo menos o seu uso abusivo — houve medidas provisórias reeditadas mais de cem vezes (!) —

---

[53] Esta é uma simplificação do processo de eleição presidencial nos Estados Unidos, que é em boa parte regido por leis estaduais. Sobre a mudança em questão, veja-se: DAHL, Robert Alan. *How Democratic is the American Constitution*.

[54] A rigor, o regime político que se desenvolveu durante o Segundo Império não pode ser conceituado como parlamentarista. O parlamentarismo não é compatível com a enorme concentração de poderes na pessoa do Imperador, decorrente do exercício do chamado Poder Moderador, previsto na Constituição de 1824.

[55] Cf. ÁVILA, Humberto. *Medida provisória na Constituição de 1988*, p. 92-93; NASCIMENTO, Rogério José Bento Soares do. *Abuso do poder de legislar*: controle judicial da legislação de urgência no Brasil e na Itália, p. 215.

[56] ADI nº 295, nº 1397, nº 1516, nº 1610, julgadas conjuntamente, Rel. Min. Sydney Sanches. *DJ*, 21 nov. 1997.

podia ser caracterizado como um verdadeiro costume constitucional inconstitucional, por implicar absoluto desvirtuamento do perfil do instituto consagrado na Lei Maior.

8.3 Os limites da mutação constitucional

Um dos temas centrais da mutação constitucional é o dos seus limites. O reconhecimento de limites à mutação é essencial para preservar a força normativa e a rigidez da Constituição. O primeiro e menos controvertido destes limites relaciona-se ao *texto constitucional*. A mutação não pode justificar alterações que contradigam o texto constitucional, devendo ocorrer no âmbito das possibilidades interpretativas fornecidas pelo mesmo.[57] Para alterações que dependam de mudança do texto, o caminho apropriado é a emenda constitucional, desde que não afronte cláusula pétrea.

Admitir mutações constitucionais violadoras do texto da Constituição implicaria negar a própria força normativa e a rigidez da Lei Maior,[58] tornando-a excessivamente dependente dos fatores reais de poder ou das preferências do intérprete de plantão. Sem embargo, se é certo que o texto constitucional não pode ser ignorado ou revogado por mutações, não é menos certo que a sua leitura deve abarcar mudanças substanciais ocorridas na sociedade, a serem recepcionadas pelo Legislativo, pelo Executivo e pelo Judiciário por meio da interpretação. Ronald Dworkin formula uma distinção que nos ajuda a compreender esta relação entre abertura e fechamento proporcionada pelo texto constitucional. Trata-se da distinção entre "conceito" e "concepção". Para introduzi-la, Dworkin propõe a hipótese de um pai que pede aos filhos que, ao longo de suas vidas, tratem os outros com equidade. O pai, contudo, não está prescrevendo aos filhos que se pautem sempre pela sua concepção particular de equidade. Se o fizesse, seu conselho, com o tempo, perderia atualidade. Seu pedido se assentava no "conceito" e não em uma "concepção" específica de equidade. Do mesmo modo, a interpretação dos valores constitucionais deve ocorrer em conformidade com as expectativas normativas que continuamente emergem das práticas sociais.[59] Isto é não só desejável, mas também inevitável. É desejável por permitir que a Constituição se atualize historicamente. É inevitável porque a definição do escopo das normas constitucionais em muitos casos não deflui de maneira imediata de seus dispositivos, já que estes possuem uma textura aberta.

O respeito ao texto constitucional é uma das razões que milita contra a aceitação da tese pendente de julgamento no STF, e sustentada na Corte pelos Ministros Gilmar Mendes e Eros Grau, no sentido de que teria ocorrido uma mutação constitucional relativa ao papel do Senado no controle concreto de constitucionalidade, previsto no art. 52, inciso X, da Carta de 88.[60] Apesar de o referido preceito constitucional atribuir

---

[57] Este limite, no nosso entendimento, não foi infringido no caso acima citado de reconhecimento da união estável entre pessoas do mesmo sexo, apesar de o texto constitucional, no art. 226, §3º, aludir ao reconhecimento da união estável apenas *entre homem e mulher*. É que o texto constitucional, se não consagra expressamente a união entre pessoas do mesmo sexo, também não a veda, o que permite o recurso à analogia ou a interpretação extensiva, inspirada por princípios maiores da própria Constituição, como os da igualdade e da dignidade da pessoa humana, como, acertadamente, afirmou o STF, pela unanimidade dos seus Ministros.
[58] Cf. HESSE, Konrad. *Límites de la mutación constitucional*. In: HESSE, Konrad. *Escritos de derecho constitucional*, p. 101-104; VEGA, Pedro de. *La reforma constitucional y la problemática del poder constituyente*, p. 208-215.
[59] Cf. DWORKIN, Ronald. *Taking Rights Seriously*, p. 134.
[60] A questão foi suscitada na Reclamação nº 4.335-5, Rel. Min. Gilmar Mendes, que versa sobre a decisão de um juiz do Estado do Acre de não aplicar a um caso concreto a orientação, firmada pelo STF em sede de recurso

ao Senado Federal a competência para "suspender a execução, no todo ou em parte, de lei declarada inconstitucional por decisão definitiva do STF", os mencionados Ministros sustentam que, em razão da crescente "abstrativização" da nossa jurisdição constitucional, não faria mais sentido envolver o Senado Federal no processo tendente à suspensão da eficácia da lei cuja inconstitucionalidade tenha sida reconhecida pelo STF, em sede de controle incidental.[61] Para tais Ministros, competiria ao Senado tão somente dar publicidade à decisão da Corte. A decisão, mesmo no controle incidental de constitucionalidade, já teria eficácia *erga omnes* e efeito vinculante, independentemente de qualquer ato do Senado, importando na imediata supressão da ordem jurídica do preceito legal tido como inválido, exatamente como se dá em sede de fiscalização abstrata de constitucionalidade.

Não discordamos da afirmação de que a competência em questão, atribuída ao Senado, é um anacronismo, que não mais se justifica no cenário do atual sistema de jurisdição constitucional do país.[62] Contudo, não nos parece possível o reconhecimento da suposta mutação constitucional,[63] porque ela atenta contra o texto claro da Constituição, já que a suspensão da eficácia de um ato normativo é providência absolutamente diversa da atribuição de publicidade a uma decisão judicial. Não bastasse, não parece compatível com a dignidade do Senado Federal convertê-lo, por um artifício hermenêutico, num órgão incumbido de dar publicidade às decisões do STF. Finalmente, a exegese preconizada pelos Ministros Gilmar Mendes e Eros Grau é inconciliável com o instituto da súmula vinculante, recentemente criado pela EC nº 45/2004 (art. 103-A, CF), que prevê uma série de requisitos específicos para que as orientações do STF em casos concretos que envolvam matéria constitucional se revistam de eficácia *erga omnes* e efeitos vinculantes, dentre os quais a reiteração da mesma orientação em sucessivas decisões e o quórum qualificado de 2/3 dos ministros da Corte. Afinal, se as decisões proferidas pelo STF no controle difuso já fossem aptas a produzir efeitos vinculantes, o que justificaria a existência da súmula vinculante?

Enfim, até seria positiva uma alteração constitucional, na linha da suposta mutação constitucional em debate. Mas ela teria que ser veiculada por emenda à

---

extraordinário, no sentido da inconstitucionalidade da vedação à progressão do regime de pena estabelecida na Lei de Crimes Hediondos. A Reclamação ainda está pendente de julgamento, por conta de pedido de vista formulado pelo Ministro Lewandowski, após os votos dos Ministros Gilmar Mendes e Eros Grau, que reconheceram a alegada mutação, e dos Ministros Sepúlveda Pertence e Joaquim Barbosa, que a rejeitaram.

[61] A visão convencional na matéria é de que as decisões proferidas pelo STF em sede de jurisdição constitucional abstrata desfrutam de eficácia *erga omnes* e efeito vinculante, sendo descabida, aqui, a atuação do Senado Federal para suspensão dos efeitos do ato normativo invalidado. Mas, no controle concreto e incidental, a invalidação do ato normativo pelo STF só produziria efeitos entre as partes do processo. Nesta perspectiva, caberia ao Senado a faculdade de atribuir eficácia geral à decisão da Corte proferida no controle incidental, suspendendo a aplicação da lei considerada inconstitucional. Veja-se, a propósito: CLÈVE, Clèmerson Merlin. *A fiscalização abstrata de constitucionalidade no direito brasileiro*, p. 89-98.

[62] Dita competência foi instituída na Constituição de 1934, para ajustar o exercício do controle de constitucionalidade — importado desde o advento da República do constitucionalismo norte-americano, no seu modelo difuso e incidental —, ao nosso sistema jurídico de tradição romano-germânica, em que os precedentes judiciais não vinculam. Com a atribuição da competência em questão ao Senado, pretendia-se criar mecanismo que suprimisse da ordem jurídica, de uma vez por todas, as leis tidas como inconstitucionais pelo STF, o que até então não era possível. Com o advento do controle abstrato de constitucionalidade, instituído pela EC 16/65, e muito reforçado pela Constituição de 88 e por atos normativos subsequentes, o mecanismo em questão se tornou pouco funcional.

[63] No mesmo sentido, veja-se: STRECK, Lenio Luiz; CATTONI DE OLIVEIRA, Marcelo Andrade; LIMA, Martonio Mont'Alverne Barreto. *A nova perspectiva do Supremo Tribunal Federal sobre o controle difuso*: mutação constitucional e limites de legitimidade da jurisdição constitucional.

Constituição. Pretender fazê-lo por meio do reconhecimento de mutação constitucional não é possível. O risco envolvido na aceitação desta possibilidade é o de se atribuir ao STF o poder de alterar o sentido claro e inequívoco dos preceitos constitucionais quando assim lhe parecer mais apropriado, sob o pretexto da mutação constitucional. Admitir tal artifício é permitir que o guardião da Constituição torne-se o seu senhor.

Outro limite à mutação constitucional é o respeito ao sistema constitucional como um todo. Tal sistema não é fechado, mas aberto às mudanças que ocorrem na sociedade. Mas a abertura não é ilimitada. Não é admissível uma mutação que implique desconsideração dos limites impostos pelo sistema constitucional, delineados por meio de escolhas fundamentais feitas pelo constituinte. Vejamos brevemente um exemplo de infringência a estes limites, ocorrido no Brasil sob a égide da Constituição de 88.

A Carta de 88 optou, claramente, por um modelo de repartição de receitas tributárias bastante descentralizado, atribuindo mais recursos aos Estados e Municípios, ao lhes conceder parcelas expressivas do produto da arrecadação dos impostos federais. O modelo foi assim desenhado pelo constituinte no afã de combater uma das mazelas que comprometia o bom funcionamento do nosso pacto federativo: a excessiva dependência financeira dos demais entes federados em relação à União, que prejudicava, na prática, a sua autonomia política. Pois bem, este modelo, deliberadamente imposto pelo constituinte, foi sendo paulatinamente esvaziado pela União Federal, que, no exercício da sua competência tributária, passou a priorizar a criação e majoração das contribuições sociais em detrimento dos impostos, tendo em vista que não era obrigada a partilhar com os demais entes federativos a receita proveniente da arrecadação destas exações. Sem a aprovação de emenda constitucional, promoveu-se, ao longo do tempo, uma mudança radical no pacto federativo, no sentido da centralização dos recursos, em franca contrariedade em relação à clara opção feita pelo constituinte originário.

Os limites impostos pelo sistema praticamente se confundem com aqueles representados pelas cláusulas pétreas. Se nem mesmo por emenda formal é possível promover determinadas alterações na ordem constitucional, é natural que tampouco se admita a realização destas mudanças por intermédio de processos informais. Sem embargo, a questão se torna mais complexa, diante da constatação de que as próprias cláusulas pétreas, como as demais normas constitucionais, também estão sujeitas à mutação constitucional — possibilidade potencializada pela sua elevada abertura semântica. Veja-se o exemplo dos direitos e garantias individuais, que são limites ao poder constituinte derivado, a teor do disposto no art. 60, §4º, IV, da Constituição Federal. Como já se viu acima, a compreensão do princípio da igualdade — que é uma cláusula pétrea — tem se alterado significativamente ao longo do tempo, sem que tenha ocorrido qualquer mudança formal na Constituição. O mesmo pode-se dizer de diversos outros direitos fundamentais. É evidente, por exemplo, que as mudanças tecnológicas que ensejaram o advento da internet e de outros meios de comunicação se refletiram na leitura do direito à liberdade de expressão, e que os desenvolvimentos no campo da Genética se projetaram na compreensão do princípio da dignidade da pessoa humana. Estas são mutações admissíveis e até desejáveis.

Também o princípio da separação de poderes, que configura cláusula pétrea, vem se sujeitando a intensa mutação constitucional após o advento da Constituição de 88, com o aumento progressivo da esfera de atuação do Judiciário. Se, quando a Constituição foi aprovada, o Judiciário era visto e se concebia como aplicador disciplinado dos textos legais, hoje o que se verifica é a sua crescente atuação como agente que participa em alguma medida da construção do ordenamento, inovando na ordem jurídica e abarcando esferas de decisão que antes eram reservadas aos órgãos legitimados pelo voto popular.

Portanto, se, por um lado, é certo que o sistema constitucional e as cláusulas pétreas impõem limites à mutação constitucional, não é menos correto, por outro, que dito sistema e as referidas cláusulas também se abrem, em alguma medida, a processos informais de mudança da Constituição. A mutação, todavia, jamais poderá significar ruptura com o sistema plasmado pelo constituinte, ou desrespeito ao sentido mínimo das cláusulas pétreas. Quando este quadro se configurar, a hipótese já não será de mutação, mas de violação à ordem constitucional.

NORMAS CONSTITUCIONAIS

9.1 Introdução

Durante muito tempo, na maior parte do mundo, as constituições não eram vistas como autênticas normas jurídicas, mas como meras proclamações políticas, desprovidas de imperatividade. As normas jurídicas que efetivamente valiam eram aquelas editadas pelo legislador, cujos atos eram imunes — senão na teoria, pelo menos na prática — ao controle jurisdicional. A Constituição não era aplicada diretamente às relações sociais, nem empregada na resolução de casos concretos, dependendo quase sempre da mediação legislativa para a produção de algum efeito jurídico. Uma das mais importantes transformações ocorridas no Direito Constitucional contemporâneo foi a superação deste antigo paradigma. Hoje, tornou-se lugar-comum na teoria constitucional a afirmação do caráter normativo da Constituição.

Deste caráter normativo, podem-se inferir várias consequências concernentes à eficácia das normas constitucionais.[1] Estas normas, em geral, incidem diretamente sobre a realidade social, e podem ser aplicadas a casos concretos independentemente de regulamentação infraconstitucional. Ademais, pela superioridade hierárquica de que desfrutam no sistema jurídico — que não é apenas formal (elas estão no patamar mais elevado da ordem jurídica), mas também material (elas, em geral, consagram os princípios e valores mais relevantes de uma comunidade política) — as normas constitucionais devem orientar o operador do Direito na interpretação e na aplicação de todo o ordenamento infraconstitucional. Finalmente, elas são parâmetros de validade

---

[1] Cf. BARROSO, Luís Roberto. *Curso de direito constitucional contemporâneo*: os conceitos fundamentais e a construção do novo modelo, p. 196; GARCÍA DE ENTERRÍA, Eduardo. *La Constitución como norma y el Tribunal Constitucional*, p. 63-120.

de todas as demais normas, que são consideradas nulas quando incompatíveis com os seus ditames.

Sem embargo, afirmar que a Constituição é norma não significa despojá-la das suas importantes dimensões políticas e culturais. O reconhecimento da normatividade constitucional não deve importar na adoção de uma leitura unidimensional da Constituição, que lhe reserve apenas o papel de instrumento, à disposição do Poder Judiciário, para exercício do controle de constitucionalidade e tutela de direitos. Pelo contrário, para que a Constituição possa desempenhar bem as suas funções, é essencial que ela sirva também como fonte permanente de inspiração para a atuação dos órgãos políticos e da sociedade em geral. A vitalidade de um regime constitucional é condicionada, em boa medida, pela intensidade da penetração da Constituição nos debates travados em espaços como o Parlamento, os movimentos sociais e a opinião pública.

Enfim, a Constituição deve ser vista como norma jurídica, mas não como norma dirigida apenas à comunidade jurídica, imersa em tecnicalidades impenetráveis para o cidadão comum, cujo sentido seja aquele definido pelo STF.[2] O Poder Judiciário é certamente um *locus* importante para a garantia da Constituição, mas não é o único espaço de debate dos temas constitucionais, nem o caminho exclusivo para a concretização das suas normas.

9.2 Texto normativo e norma constitucional

A norma jurídica não se confunde com o seu texto.[3] O texto, dispositivo ou enunciado normativo é o significante, a norma é o seu significado. Em outras palavras, o texto é algo que se interpreta; a norma é o produto da interpretação,[4] que, além do texto, deve considerar toda uma gama de outros elementos, dentre os quais o âmbito da realidade social sobre o qual a norma incide.[5] Estas noções importantes de Teoria Geral do Direito são válidas também no campo constitucional.

Por isso, pode existir norma constitucional sem texto correspondente — caso das normas implícitas. Também por isso, muitas vezes é possível extrair várias normas constitucionais de um único dispositivo. Da cláusula que prevê, como um dos fundamentos da República Federativa do Brasil, a dignidade da pessoa humana (art. 1º, III, da Constituição), por exemplo, extraem-se diversas normas, como as que consagram os direitos ao mínimo existencial e ao livre desenvolvimento da personalidade, e o princípio da proibição de instrumentalização do indivíduo. Mas, por outro lado, há hipóteses em que uma única norma é obtida com a conjugação de diversos dispositivos constitucionais diferentes. Para se chegar à norma constitucional que vincula o mandato dos deputados federais aos seus partidos, o TSE[6] e o STF[7] tiveram que conjugar vários preceitos constitucionais, como os contidos no arts. 14, §3º, 17, *caput* e §2º, e 45 da Constituição Federal.

---

[2] Sobre o debate sobre a (in)existência de "última palavra" judicial em matéria de interpretação constitucional, veja-se a seção sobre diálogo constitucional, no Capítulo 10.
[3] Cf. GUASTINI, Riccardo. *Das fontes às normas*, p. 34-43.
[4] Cf. GRAU, Eros Roberto. *Ensaio e discurso sobre a interpretação*: aplicação do direito, p. 68-73.
[5] Cf. MÜLLER, Friedrich. *Métodos de trabalho do direito constitucional*, 2. ed., p. 53-61.
[6] Consulta nº 1.398/2007, Resolução nº 22.256. *DJ*, 09 maio 2007.
[7] MS nº 26.602, nº 26.603 e nº 26.604; todos publicados no *DJe*, 03 out. 2008.

Nada obstante, é muito comum, no linguajar habitual dos operadores jurídicos, o emprego da palavra "norma" para fazer alusão a determinado dispositivo legal, regulamentar ou mesmo constitucional. Neste estudo, nós mesmos utilizamos muitas vezes a expressão "norma constitucional" neste sentido mais tradicional, consagrado pelo uso, para fazer referência a determinados dispositivos que figuram na Constituição de 88.

9.3 Algumas características das normas constitucionais

As normas constitucionais são normas jurídicas, dotadas de todos os atributos que lhes são característicos. Há, contudo, algumas particularidades nestas normas, que merecem ser ressaltadas.

Em primeiro lugar, as normas constitucionais desfrutam de supremacia em relação às infraconstitucionais. Esta superioridade hierárquica é garantida formalmente por meio da rigidez da Constituição, que impede que a elaboração da legislação infraconstitucional seja considerada como alteração dos ditames da Lei Maior. Ademais, ela é também protegida pela existência de mecanismos judiciais e extrajudiciais de controle de constitucionalidade, que permitem o afastamento da ordem jurídica dos atos normativos que contrariem a Constituição. Ademais, onde houver uma cultura constitucional enraizada, a supremacia da Constituição será também protegida por meios culturais e políticos, pois a penetração dos valores constitucionais na sociedade tornará mais improvável a sua violação, levando a opinião pública a voltar-se contra aqueles que infringirem a Lei Maior, que podem ser punidos nas urnas pelo eleitor.[8]

Outra característica comum nas normas constitucionais é o elevado grau de abstração dos textos que as consagram. Esta vagueza não é exclusividade das normas constitucionais — a textura aberta é característica de toda a linguagem jurídica,[9] e existem princípios vagos e cláusulas gerais em praticamente todos os ramos do Direito —, mas, na seara constitucional, ela se manifesta com grande frequência e intensidade, revelando-se, sobretudo, nas cláusulas mais importantes na Constituição: *e.g.*, República, separação de poderes, dignidade da pessoa humana, igualdade, Estado Democrático de Direito e moralidade administrativa.

A reduzida densidade semântica tende a ampliar a participação do intérprete na construção do sentido da norma constitucional. Se é verdade que a interpretação envolve simultaneamente uma dimensão cognitiva e declaratória, e outra volitiva e constitutiva, o teor aberto das normas constitucionais tende a reforçar a importância da segunda, em detrimento da primeira.[10]

Essa abertura das normas constitucionais é importante para assegurar uma maior plasticidade à Constituição, ao permitir que a sua interpretação se adapte às novas ideias e realidades, sem a necessidade de alterações formais. Em países em que a mudança formal da Constituição é muito difícil, como nos Estados Unidos, essa abertura torna-se indispensável para assegurar uma maior longevidade constitucional. Ademais, a maior vagueza dos preceitos constitucionais implica ampliação da possibilidade de que se

---

[8] Cf. GRIMM, Dieter. Jurisdição constitucional e democracia. *Revista de Direito do Estado – RDE*, n. 4, p. 9-10.
[9] Cf. HART, Herbert. *The Concept of Law*; CARRIÓ, Genaro. *Notas sobre derecho y lenguaje*; STRUCHINER, Noel. *Direito e linguagem*: uma análise da textura aberta da linguagem e sua aplicação ao direito.
[10] Cf. WRÓBLEWSKY, Jerzy. *Constitución y teoría general de la interpretación jurídica*, p. 106-109.

infiltrem na hermenêutica constitucional elementos não formais, como juízos morais ou considerações de ordem pragmática.

Contudo, paga-se um preço pela maior indeterminação das normas constitucionais: perde-se em previsibilidade e segurança jurídica no processo de interpretação da Constituição.[11] Nos sistemas jurídicos em que há controle jurisdicional de constitucionalidade, esta maior vagueza acaba também importando em transferência de poder das instâncias representativas do Estado em direção ao Poder Judiciário. Afinal, o Judiciário pode, com base na sua leitura específica de uma determinada cláusula constitucional — que inexoravelmente será influenciada pelas crenças e pré-compreensões dos juízes —, invalidar decisões do Legislativo ou do Executivo, integrados por representantes eleitos pelo povo, fundadas em outras interpretações da mesma cláusula. Portanto, a maior abertura das normas constitucionais acentua a chamada "dificuldade contramajoritária" da jurisdição constitucional, já que impede que se considere como simples execução da vontade preexistente do poder constituinte a decisão judicial que invalida uma lei ou ato do Poder Executivo.[12]

No Brasil, deve ser relativizada a afirmação de que normas constitucionais são mais vagas. É que a nossa Constituição, por circunstâncias diversas, valeu-se também, com grande frequência, de regras muito específicas, dotadas de grande concretude semântica, como as que fixam idades para aposentadoria, definem tetos de remuneração para o funcionalismo ou estabelecem percentuais de receitas tributárias a serem partilhadas com outros entes federativos. Isto levou Humberto Ávila, opondo-se à voz dominante na nossa doutrina, a recusar a pecha de principiológica atribuída por muitos à nossa Lei Fundamental, chamando-a de "Constituição regulatória".[13]

Outra característica das normas constitucionais é a sua forte dimensão política. Esta dimensão é natural, e decorre do fato de a Constituição ter a pretensão de disciplinar juridicamente o fenômeno político, situando-se na fronteira entre o Direito e a Política.[14] Do ponto de vista descritivo, a dimensão política dos conflitos constitucionais amplia a influência da ideologia do intérprete na hermenêutica constitucional. É quase inevitável, por exemplo, que juristas economicamente liberais e socialistas acabem divergindo na interpretação do princípio constitucional da livre-iniciativa, ou que juízes conservadores e progressistas no campo moral cheguem a conclusões diferentes no debate sobre a possibilidade de casamento entre pessoas do mesmo sexo.

---

[11] Cf. SARMENTO, Daniel. Ubiqüidade constitucional: os dois lados da moeda. *In*: SARMENTO, Daniel. *Livres e iguais*: estudos de direito constitucional, p. 167-206.

[12] Neste sentido, cf. SOUZA NETO, Cláudio Pereira de. *Jurisdição constitucional, democracia e racionalidade prática*, p. 127-130.

[13] ÁVILA, Humberto. Neoconstitucionalismo: entre a ciência do direito e o direito da ciência. *In*: SOUZA NETO, Cláudio Pereira de; SARMENTO, Daniel; BINENBOJM, Gustavo (Org.). *Vinte anos da Constituição Federal de 1988*, p. 187-202.

[14] A bibliografia sobre a relação entre Constituição e política é riquíssima. Veja-se, entre outros: HELLER, Herman. *Teoría del Estado*, p. 285-319; ACKERMAN, Bruce. *We the People*, v. 1; LUHMANN, Niklas. La Costituzione como acquizione evolutiva. *In*: ZAGREBELSKY, Gustavo; PORTINARO, Pier Paolo; LUTHER, Jörg (Org.). *Il futuro della Costituzione*, p. 83-128; GRIMM. *Constituição e política*; BARBER, Sotirios; GEORGE, Robert P. *Constitutional Politics*: Essays on Constitution Making, Maintenance, and Change; GARGARELLA, Roberto. *Crítica de la Constitución*: sus zonas oscuras; SOUZA NETO, Cláudio Pereira de et al. *Teoria da Constituição*: estudos sobre o lugar da política no direito constitucional; BERCOVICI, Gilberto. Constituição e política: uma relação difícil. *Lua Nova – Revista de Cultura e Política*, n. 61; NEVES, Marcelo. *Entre Têmis e Leviatã*: uma relação difícil; TUSHNET, Mark V. *Why the Constitution Matters?*.

Porém, o reconhecimento da natureza política das normas constitucionais não leva à renúncia à pretensão constitucional de equacionar os problemas jurídicos por meio de critérios também jurídicos, e não estritamente políticos. A prevalência ordinária da Política sobre o Direito, propiciada pela importação indevida, ainda quando disfarçada, da gramática política para resolução de conflitos jurídicos, é uma grave patologia no Estado Democrático de Direito. Juízes constitucionais não podem decidir a favor ou contra a validade de uma lei, porque, por exemplo, têm simpatia ou antipatia ideológica pelo governo que a patrocinou.

Não se pretende, com isso, negar que, no mundo real, existem outros fatores, além do próprio Direito, que influenciam a tomada de decisões judiciais, como as cosmovisões morais e inclinações políticas de cada juiz, ou considerações de cunho estratégico, sobre a provável reação de outros órgãos estatais e da opinião pública.[15] Afirma-se apenas que o ideal regulatório — muitas vezes difícil de se atingir — é o de que os intérpretes busquem dirimir os conflitos constitucionais de elevado teor político com base em argumentação jurídica. No campo jurisdicional, além do desenho institucional do Poder Judiciário, voltado para lhe assegurar a indispensável independência diante dos poderes político e econômico, outros elementos atuam no sentido de limitar os excessos de politização na interpretação do Direito, como o próprio texto normativo, a dogmática jurídica, o dever de motivação das decisões judiciais, o respeito aos precedentes, o *ethos* profissional da magistratura e o controle social exercido pela comunidade dos intérpretes.

Há quem atribua às normas constitucionais um objeto próprio. Foi neste sentido que se elaborou a tradicional distinção entre normas *materialmente constitucionais* e *formalmente constitucionais*. Como examinado anteriormente, as primeiras seriam aquelas que versam sobre temas concebidos como de índole essencialmente constitucional — notadamente a organização do Estado e a garantia de direitos fundamentais —, não importando onde estejam positivadas. Já as segundas poderiam tratar de qualquer objeto, desde que figurassem do texto constitucional.

Porém, a ideia de que as normas constitucionais possuem um objeto próprio e inconfundível pode ser questionada. Em primeiro lugar, porque ela não considera as importantes diferenças político-culturais entre os Estados, que acarretam divergências significativas no que concerne à definição dos temas tipicamente constitucionais. Na nossa cultura jurídica, por exemplo, concebe-se a disciplina básica das relações de trabalho como matéria tipicamente constitucional — os direitos trabalhistas figuraram em todas as nossas Constituições desde a Carta de 1934 —, o que não acontece em muitos outros países. Ademais, sabe-se que, por diversas circunstâncias, o poder constituinte pode acabar introduzindo no texto constitucional a regulação de uma diversidade de temas menos relevantes, que possivelmente não devessem constar da Constituição. Este, aliás, foi um fenômeno marcante na Constituição de 88, de forte caráter analítico. Tais preceitos, independentemente do juízo que se faça sobre o respectivo conteúdo, não deixam de desfrutar de hierarquia constitucional, atuando também como parâmetro para o controle de constitucionalidade.

---

[15] Cf. POSNER, Richard A. *How Judges Think?*; FRIEDMAN, Barry. The Politics of Judicial Review. *Texas Law Review*, v. 84, n. 2; BARROSO, Luís Roberto. Constituição, democracia e supremacia judicial: direito e política no Brasil contemporâneo. *Revista de Direito do Estado – RDE*, n. 16, p. 3-42.

9.4 Especificidades de algumas normas constitucionais

9.4.1 O preâmbulo

O preâmbulo é o texto editado pelo poder constituinte que antecede, no documento constitucional, a enunciação dos respectivos preceitos. Em geral, o preâmbulo alude à fonte de legitimação do poder constituinte — nas democracias, o povo — e exprime, em tom solene e grandiloquente, uma síntese dos valores fundamentais da ordem constitucional. O emprego de preâmbulos nas constituições é uma tradição, inaugurada pela Constituição norte-americana de 1787, que consagrou a célebre fórmula *We the People*, para expressar a origem e a legitimidade democrática da nova ordem jurídico-política então fundada.[16] No Brasil, todas as nossas constituições, com exceção da elaborada em 1967, contiveram preâmbulos.[17]

Discute-se se os preâmbulos constitucionais possuem ou não força normativa. Nessa questão, existem, basicamente, três posições. De um lado, há os que afirmam o caráter normativo do preâmbulo, que partilharia de todas as demais características das normas constitucionais.[18] Do outro, os que negam qualquer valor normativo ao preâmbulo, afirmando, por exemplo, que "ele não estipula quaisquer normas definidas para a conduta humana, e, assim, carece de conteúdo juridicamente relevante".[19] A posição intermediária sustenta que o preâmbulo é desprovido de força normativa autônoma, mas exerce um papel importante de orientação na interpretação e aplicação das demais normas da Constituição.[20]

Uma das mais célebres decisões do Conselho Constitucional francês, proferida em 1971, versou sobre o preâmbulo da Constituição.[21] Tratava-se de examinar a constitucionalidade de lei que condicionava o funcionamento de determinadas associações a uma autorização prévia do Estado. A Constituição francesa de 1958 não previu, em seu texto, o direito à liberdade de associação (ela não contém um catálogo de direitos fundamentais), mas o seu preâmbulo faz referência à Declaração dos Direitos do Homem e do Cidadão de 1789 e ao Preâmbulo da Constituição de 1946. Este, por sua vez, além de consagrar diversos direitos fundamentais, também mencionou os "princípios fundamentais reconhecidos pelas leis da República". Com base nisso, o Conselho Constitucional entendeu que poderia exercer o controle de constitucionalidade sobre leis que violassem quaisquer destes diplomas, ou ofendessem os referidos princípios

---

[16] Cf. VIEIRA, José Ribas. Preâmbulo. *In*: BONAVIDES, Paulo; MIRANDA, Jorge; AGRA, Walber de Moura. *Comentários à Constituição Federal de 1988*, p. 2.

[17] A Constituição de 1969, por alguns tratada como Emenda nº 1 à Constituição de 1967, continha não propriamente um preâmbulo, mas uma justificativa jurídica para a sua outorga pelos ministros militares que então chefiavam o Poder Executivo.

[18] Neste sentido, cf. CAMPOS, German Bidart. *Derecho constitucional*, p. 314; MIRANDA, Jorge. *Manual de direito constitucional*, 2. ed., p. 210-211; PINTO FERREIRA, Luiz. *Comentários à Constituição brasileira*, p. 4; FERNANDES, Bernardo Gonçalves. *Curso de direito constitucional*, p. 88-93.

[19] KELSEN, Hans. *Teoria geral do direito e do Estado*, p. 372.

[20] Cf. CANOTILHO, José Joaquim Gomes; MOREIRA, Vital. *Constituição da República portuguesa anotada*, 4. ed., p. 180-182; BASTOS, Celso Ribeiro. *Hermenêutica e interpretação constitucional*, p. 80-83; MORAES, Alexandre de. *Constituição do Brasil interpretada*, p. 119.

[21] 71-44 DC. Veja-se a íntegra da decisão, considerada como uma espécie de *Marbury v. Madison* francês, acompanhada de autorizado comentário doutrinário em: FAVOREU, Louis; PHILIP, Loïc. *Les grandes décisions du Conseil Constitutionnel*, p. 252-271.

fundamentais — que integram o chamado *bloco de constitucionalidade*[22] —, e, com isso, impediu a entrada em vigor da norma questionada, porque ela violaria uma lei de 1901, que protegia a liberdade de associação. Portanto, na França, a atribuição de força normativa ao preâmbulo afigurou-se essencial para viabilizar a tutela de direitos fundamentais perante o legislador, tendo em vista a omissão do texto constitucional francês nessa matéria.

No Brasil, o STF enfrentou a questão no julgamento da ADI nº 2.076, proposta contra a Constituição do Estado do Acre, em razão dela não ter reproduzido a invocação da proteção de Deus, constante no Preâmbulo da Carta de 88. A Corte julgou a ação improcedente por unanimidade, tendo o Relator, Ministro Carlos Velloso, consignado em seu voto: "O preâmbulo (...) não se situa no âmbito do direito, mas no domínio da política (...). Não contém o preâmbulo, portanto, relevância jurídica". Vale também o registro da espirituosa observação feita neste julgamento pelo Ministro Sepúlveda Pertence, no sentido de que "esta locução 'sob a proteção de Deus' não é uma norma jurídica, até porque não se teria a pretensão de criar obrigação para a divindade invocada. Ela é uma afirmação de fato (...) — jactanciosa e pretensiosa, talvez — de que a divindade estivesse preocupada com a Constituição do Brasil".

Sem embargo, em diversos julgamentos subsequentes, todos relatados pelo Ministro Carlos Britto, o preâmbulo constitucional foi invocado — especialmente a sua alusão à fraternidade — como reforço argumentativo para a adoção de posições favoráveis à proteção de direitos fundamentais.[23]

No cenário brasileiro, com a exceção da invocação divina, tudo o mais que consta no Preâmbulo pode ser deduzido, de uma maneira ou de outra, dos preceitos que figuram no restante da Constituição. Daí por que nos parece correta, pelo menos no nosso contexto, a negação de força normativa autônoma ao Preâmbulo, ressalvada a possibilidade de que ele seja empregado como reforço argumentativo ou diretriz hermenêutica, como ocorreu nos votos do Ministro Carlos Britto, acima referidos. Quanto à alusão à proteção de Deus, não há como atribuir força normativa a esta expressão, não só pelas razões apontadas pelo Ministro Sepúlveda Pertence, como também porque isso não seria compatível com o princípio da laicidade do Estado, constitucionalmente consagrado (art. 19, I, CF).

9.4.2 As disposições constitucionais transitórias

As Constituições, quando entram em vigor, deparam-se com uma ordem jurídica preexistente, e com situações jurídicas específicas já cristalizadas no passado. Não há dúvida de que o poder constituinte originário pode romper com todas elas. Contudo, em muitas situações, ele opta, prudentemente, por criar um regime provisório, disciplinando a transição entre a ordem jurídica que se esvai e aquela que se instaura, visando a atenuar os efeitos desta mudança.[24] O Ato das Disposições Constitucionais Transitórias contém um conjunto de preceitos voltados a esta finalidade.

---

[22] *Vide* o Capítulo 1, sobre "Conceitos Fundamentais".
[23] RMS nº 26.071. *DJe*, 1º fev. 2008; HC nº 94.163. *DJe*, 22 out. 2009; ADI nº 3.510. *DJe*, 28 maio 2010.
[24] Cf. BARROSO, Luís Roberto. Disposições transitórias: natureza, eficácia e espécies: delegações legislativas: validade e extensão: poder regulamentar: conteúdo e limites. *Revista de Direito Público*, n. 96, p. 69-80.

Com exceção da Carta de 1824, todas as demais Constituições brasileiras contaram com um título destinado às disposições transitórias. Na Constituição de 88, o Ato das Disposições Constitucionais Transitórias – ADCT é especialmente longo: quando promulgada a Constituição, ele contava com 70 artigos, que já montam atualmente a 97, por força de acréscimos ulteriores incorporados por emendas constitucionais. Contudo, como nem sempre o constituinte é técnico, acabaram inseridos no ADCT preceitos que nada têm de transitórios, como a garantia do direito à propriedade das terras ocupadas pelas comunidades de remanescentes de quilombo (art. 68, ADCT).

Uma grande parte das normas contidas no ADCT possui eficácia temporária, que se esgota após a produção dos respectivos efeitos, ou o atingimento do termo ou condição fixado pelo constituinte. Neste sentido, fala-se de normas de *eficácia constitucional exaurida*.[25] Não produzem mais efeitos, por exemplo, o art. 4º, *caput*, do ADCT, que fixou o término do mandato presidencial de José Sarney, ou o seu art. 27, §1º, que determinou que, até a instalação do STJ, o STF continuaria a exercer as competências atribuídas pela Constituição àquela Corte, que até então eram da alçada do Supremo. Nesta mesma categoria inserem-se aquelas disposições que geraram efeitos instantâneos e definitivos, esgotando em seguida toda a sua eficácia, como ocorreu, por exemplo, com o art. 15 do ADCT, que determinou a incorporação do antigo território de Fernando de Noronha no Estado de Pernambuco.[26]

Não há qualquer desnível hierárquico entre as normas provisórias da Constituição e aquelas contidas na sua parte permanente. Todas compõem formalmente a Constituição, integrando o seu bloco de constitucionalidade, e revestindo-se de supremacia em face da legislação infraconstitucional. Neste sentido, decidiu o Supremo Tribunal Federal:

> O ADCT, promulgado em 1988 pelo legislador constituinte, qualifica-se como um estatuto de índole constitucional. A estrutura normativa que nele se acha consubstanciada ostenta, em conseqüência, a rigidez peculiar às regras inscritas no texto básico da Lei Fundamental da República. Disso decorre o reconhecimento de que inexistem, entre as normas inscritas no ADCT e os preceitos constitucionais da Carta Política, quaisquer desníveis ou desigualdades quanto à intensidade de sua eficácia ou à prevalência de sua autoridade. Situam-se, ambos, no mais elevado grau de positividade jurídica, impondo-se, no plano do ordenamento estatal, enquanto categorias normativas subordinantes, à observância compulsória de todos, especialmente dos órgãos que integram o aparelho do Estado.[27]

Na doutrina, há quem afirme a impossibilidade de reforma constitucional das normas transitórias do ADCT.[28] Sustenta-se, nesta linha, que qualquer alteração nesta área seria impossível, de vez que incompatível com a natureza provisória das normas

---

[25] Cf. MORAES, Alexandre de. *Constituição do Brasil interpretada*, p. 2094; BULOS, Uadi Lammêgo. *Constituição Federal anotada*, p. 1315-1316; HORTA, Raul Machado. Constituição e ato das disposições constitucionais transitórias. *In*: HORTA, Raul Machado. *Estudos de direito constitucional*, p. 328-329, que alude às "normas exauridas".

[26] Cf. BARROSO, Luís Roberto. Disposições transitórias: natureza, eficácia e espécies: delegações legislativas: validade e extensão: poder regulamentar: conteúdo e limites, p. 71.

[27] RE nº 161.462-5/SP, 1ª Turma. Rel. Min. Celso de Mello. *DJ*, 10 ago. 1995.

[28] Cf. COMPARATO, Fábio Konder. Réquiem para uma Constituição. *In*: FIOCCA, Demian; GRAU, Eros Roberto. *Debate sobre a Constituição de 1988*, p. 84; BULOS, Uadi Lammêgo. *Constituição Federal anotada*, p. 1316. Sobre o tema, veja-se o Capítulo 7.

em questão. O raciocínio, como ressaltado anteriormente, não procede. Não há nenhuma impossibilidade lógica de alteração superveniente de normas transitórias, e o suposto limite em discussão, além de não figurar no art. 60, §4º, da Constituição, não pode ser relacionado com a salvaguarda dos valores mais básicos da ordem constitucional democrática, que são aqueles protegidos pelas cláusulas pétreas.[29] Já houve inúmeras alterações do ADCT por emendas constitucionais, e a jurisprudência do STF tem afirmado recorrentemente a constitucionalidade do fenômeno.[30]

9.5 Tipologia das normas constitucionais

As normas constitucionais podem ser classificadas com base em diversos critérios. Examinaremos, aqui, classificações elaboradas a partir de dois deles: eficácia e objeto. Há outra classificação também muito importante, erigida a partir de outros critérios, que distingue as normas constitucionais em princípios e regras, a qual será examinada em item específico, pela complexidade das questões que suscita. Não é nossa intenção nesta obra propor um novo critério de classificação das normas constitucionais, nem tampouco expor todas as inúmeras classificações já sugeridas pela nossa doutrina,[31] mas tão somente explicar e debater criticamente aquelas que se tornaram mais influentes no pensamento constitucional brasileiro.

9.5.1 Classificações das normas constitucionais quanto à eficácia jurídica

Um critério muito útil, empregado de forma usual pela doutrina para classificar as normas constitucionais, relaciona-se à sua eficácia normativa, vale dizer, à sua aptidão para produzir efeitos jurídicos.[32] Neste ponto, o que se percebe, numa análise histórica da teoria constitucional brasileira, é a tendência crescente ao fortalecimento da eficácia das normas constitucionais, com o progressivo abandono das concepções que

---

[29] Isto não significa, contudo, que institutos abrigados no ADCT não possam ser considerados cláusulas pétreas, desde que estejam diretamente relacionados a algum outro limite material ao poder de reforma. Em nossa opinião, é o que ocorre com o art. 68 do ADCT, que veicula típica norma de direito fundamental em favor das comunidades quilombolas. Sobre a compreensão do art. 68 do ADCT como norma de direito fundamental, veja-se: SARMENTO, Daniel. Terras quilombolas e Constituição: a ADI 3.239 e o Decreto 4.887/03. *In*: SARMENTO, Daniel. *Por um constitucionalismo inclusivo*, p. 275-310.

[30] O *leading case* na matéria é a ADI nº 830 (Rel. Min. Moreira Alves. *DJ*, 19 abr. 1994), em que se consignou, no voto do Relator: "(...) a transitoriedade em si mesma não torna incompatível a alteração de norma constitucional dessa natureza. Com efeito, se é possível alterar-se, por emenda, a regra da parte permanente (...); se é possível criar-se exceção permanente à regra também permanente; é absolutamente ilógico pretender-se que a exceção transitória, por causa de sua transitoriedade, seja imutável".

[31] Dentre as classificações propostas pela doutrina nacional, que não examinaremos aqui, cabe citar as encontradas em: BASTOS, Celso Ribeiro; BRITTO, Carlos Ayres. *Interpretação e aplicabilidade das normas constitucionais*; e BANDEIRA DE MELLO, Celso Antônio. Eficácia das normas constitucionais sobre justiça social. *Revista de Direito Público*, n. 57/58, p. 233-256.

[32] A eficácia normativa não se confunde com a eficácia social, ou efetividade. A primeira desenvolve-se no plano abstrato, do dever ser, e a segunda situa-se no mundo empírico, do ser. Uma diz respeito à aptidão jurídica da norma de gerar efeitos, e outra concerne à efetiva produção destes efeitos na realidade social (cf. BARROSO, Luís Roberto. *O direito constitucional e a efetividade de suas normas*, 4. ed., p. 88). Não se ignora, contudo, que estes dois planos, do ser e do dever-ser, se comunicam e interagem na hermenêutica jurídica, o que torna imprópria qualquer análise da eficácia das normas constitucionais que não leve em conta o mundo real que lhe é subjacente. No mesmo sentido: cf. SILVA, Virgílio Afonso da. *Direitos fundamentais*: conteúdo essencial, restrições e eficácia, p. 228-240.

relegavam a maior parte delas ao campo das meras proclamações retóricas, desprovidas de qualquer força jurídica.

A primeira classificação corrente no Brasil foi a que dividiu as normas constitucionais em autoaplicáveis e não autoaplicáveis (ou autoexecutáveis e não autoexecutáveis). Esta classificação, divulgada entre nós por Ruy Barbosa, baseava-se na teoria e jurisprudência constitucional norte-americanas do final do século XIX, e, em especial, nas lições de Thomas Cooley.[33] Partia-se da premissa de que alguns preceitos constitucionais, que já contivessem em seu texto todos os elementos necessários para a sua imediata aplicação às hipóteses neles contempladas, poderiam incidir, independentemente de qualquer atuação do legislador. Já outros dispositivos, de caráter mais vago, dependeriam de regulamentação legislativa para que pudessem ser aplicados.

Nas palavras de Ruy Barbosa, "executáveis por si mesmas, ou auto-executáveis (...) são, portanto, as determinações, para executar as quaes, não se haja mister de constituir ou designar uma autoridade, nem criar nem indicar um processo especial, e aquellas onde o direito instituído se ache armado, por si mesmo, pela sua própria natureza, dos seus meios de execução e preservação".[34] Já para definir norma constitucional não autoaplicável, o mestre baiano usou-se de passagem de Thomas Cooley, segundo a qual esta é a que "meramente indica princípios, sem estabelecer normas, por cujos meios se logre dar a estes princípios vigor de lei".[35]

Pontes de Miranda também acolheu classificação semelhante — embora se valendo de nomenclatura distinta —, à qual agregou uma terceira espécie de norma constitucional.[36] Para Pontes, as normas constitucionais poderiam ser *bastantes em si*, *não bastantes em si* (que equivaleriam, respectivamente às normas autoaplicáveis e não autoaplicáveis) e *programáticas*.[37] De acordo com o jurista, as normas programáticas, apesar da indeterminação que as caracteriza, não seriam completamente desprovidas de força cogente, diferentemente do que preconizava a teoria tradicional, uma vez que cerceiam "a atividade dos legisladores futuros, que, no assunto programado, não podem ter outro programa".[38]

Esta classificação tradicional se sujeita a diversas críticas. Ela é mais avançada do que a concepção legicêntrica do ordenamento, hegemônica na Europa até a metade do

---

[33] Cf. COOLEY, Thomas. *A Treatise on the Constitutional Limitations Which Rest Upon the Legislative Power of the American Union*. Consultamos uma reimpressão, de 1998, da editora The Lawbook Exchange. Cooley e a doutrina americana do seu tempo empregavam também as expressões *mandatory provisions* e *directory provisions* para aludir, respectivamente, às normas constitucionais tidas como autoexecutáveis e às tidas como não autoexecutáveis.

[34] BARBOSA, Ruy. *Commentarios à Constituição Federal brasileira*: colligidos e ordenados por Homero Pires, p. 488.

[35] BARBOSA, Ruy. *Commentarios à Constituição Federal brasileira*: colligidos e ordenados por Homero Pires, p. 495.

[36] Ao agregar à classificação tradicional a categoria das normas programáticas, típicas do constitucionalismo social, Pontes de Miranda já atualizava, em alguma medida, a teoria convencional sobre normas constitucionais. Cf. SARLET, Ingo Wolfgang. *A eficácia dos direitos fundamentais*: uma teoria geral dos direitos fundamentais na perspectiva constitucional, p. 244.

[37] PONTES DE MIRANDA, Francisco Cavalcanti. *Comentários à Constituição de 1967 com a Emenda n. 1, de 1969*, p. 126-127. Nas palavras do jurista, "Quando uma regra se basta, por si mesma, diz-se bastante em si, self-executing, self-acting, self-enforcing. Quando, porém, precisam as regras jurídicas de regulamentação, porque, sem a criação de novas regras jurídicas, que as completem ou suplementem, não poderiam incidir e, pois, ser aplicadas, dizem-se não-bastantes em si. Regras jurídicas programáticas são aquelas em que o legislador, constituinte ou não, em vez de edictar regra jurídica de aplicação concreta, apenas traça linhas diretoras, pelas quais se hão de orientar os poderes públicos. A legislação, a execução e a própria justiça ficam sujeitas a esses ditames, que são como programas dados à função legislativa".

[38] PONTES DE MIRANDA, Francisco Cavalcanti. *Comentários à Constituição de 1967 com a Emenda n. 1, de 1969*, p. 127.

século passado, que via a Constituição, com exceção das normas de organização dos poderes, como mera proclamação política despida de força jurídica. Contudo, ela peca gravemente por privar de qualquer aplicabilidade as cláusulas constitucionais mais vagas, tornando-as inteiramente dependentes de regulamentação legislativa.[39] Ademais, julgada pela visão constitucional contemporânea, o seu enfoque exclusivo no caráter mais ou menos indeterminado do texto constitucional para definição dos respectivos efeitos normativos se afigura incorreto, por ignorar a dimensão moral da interpretação da Constituição, bem como a inafastável imbricação entre fato e norma no domínio da hermenêutica jurídica. Tal concepção, por outro lado, despreza a possibilidade de concretização das cláusulas constitucionais mais abertas pelo seu aplicador, especialmente pelo juiz. Hoje, é francamente minoritária a doutrina que ainda opera com os conceitos de "normas autoexecutáveis" e "normas não autoexecutáveis",[40] nada obstante, a jurisprudência, inclusive do Supremo Tribunal Federal, por vezes ainda os utilize.[41]

Uma nova visão sobre o tema difundiu-se no país a partir da publicação, em 1967, da 1ª edição da clássica obra *Aplicabilidade das normas constitucionais*, de José Afonso da Silva — até hoje o trabalho mais influente na nossa doutrina e jurisprudência[42] relativa às normas constitucionais e seus efeitos.[43] Nessa obra, muito influenciada pela teoria constitucional italiana do 2º pós-guerra,[44] José Afonso da Silva questionou a premissa em que se assentava a doutrina clássica sobre o tema, que negava a grande parte das normas da Constituição qualquer grau de aplicabilidade.[45] Para ele, todas as normas

---

[39] Tal comentário comporta a ressalva de que alguns destes juristas, sobretudo Ruy Barbosa, forneceram importantes contribuições à efetivação das liberdades constitucionais. É o que ocorreu, *v.g.*, por conta do advento da doutrina brasileira do *Habeas Corpus*, que teve em Ruy Barbosa o principal formulador. Tal doutrina contribuiu de forma decisiva para a sua efetivação da Constituição. Aliás, em favor da efetivação da Constituição, o próprio Ruy Barbosa consignou: "não há, numa Constituição, cláusulas a que se deva atribuir meramente o valor moral de conselhos, avisos ou lições. Todas têm força imperativa de regras ditadas pela soberania nacional ou popular aos seus órgãos" (BARBOSA, Ruy. *Commentarios à Constituição Federal brasileira*: colligidos e ordenados por Homero Pires, p. 489).

[40] Cf. FERREIRA FILHO, Manoel Gonçalves. O sistema financeiro nacional: limitação de juros: comentários ao art. 192. In: FERREIRA FILHO, Manoel Gonçalves. *Direito constitucional econômico*, p. 130-152; COELHO, Inocêncio Mártires. Elementos de teoria da Constituição e de interpretação constitucional. In: MENDES, Gilmar Ferreira; COELHO, Inocêncio Mártires; BRANCO, Paulo Gustavo Gonet. *Hermenêutica constitucional e direitos fundamentais*, p. 41-43.

[41] Ver, por exemplo, os seguintes arestos: "(...) Nos termos da jurisprudência do Supremo Tribunal Federal, as normas do §3º do art. 201 e do art. 202 da Constituição Federal não são auto-aplicáveis" (AI nº 710.580-AgR/MG, Rel. Min. Ayres Britto. Julg. 29.03.2011. DJe, 24 jun. 2011); "(...) O art. 236, §3º, da Constituição Federal é norma auto-aplicável. Nos termos da Constituição Federal, sempre se fez necessária a submissão a concurso público para o devido provimento de serventias extrajudiciais eventualmente vagas ou para fins de remoção" (MS nº 28.279/DF, Rel. Min. Ellen Gracie. Julg. 16.12.2010. DJe, 29 abr. 2011); "(...) O Supremo Tribunal Federal fixou entendimento no sentido de que o disposto no artigo 37, XI, da Constituição do Brasil, com a redação que lhe foi conferida pela EC 19/98, na parte que trata do teto remuneratório, não é auto-aplicável. Precedentes. Agravos regimentais aos quais se nega provimento" (RE nº 590.674-AgR/BA, Rel. Min. Eros Grau. Julg. 20.04.2010. DJe, 14 maio 2010).

[42] São inúmeros os acórdãos do STF que se valem da classificação das normas constitucionais proposta pelo Professor José Afonso da Silva.

[43] Consultamos aqui SILVA, José Afonso da. *Aplicabilidade das normas constitucionais*, 3. ed.

[44] Na doutrina italiana do 2º pós-guerra, a obra de referência na matéria, que muito influenciou a teoria desenvolvida por José Afonso da Silva, é de CRISAFULLI, Vezio. *La Costituzione e le sue disposizioni di principio*.

[45] A rigor, antes de José Afonso da Silva, José Horácio Meirelles Teixeira já questionara a ideia de que certas normas constitucionais não gozariam de nenhuma eficácia jurídica. Para ele, todas as normas da Constituição produziriam efeitos, embora a intensidade destes efeitos pudesse variar. Meirelles Teixeira, fortemente influenciado pela doutrina de Vezio Crisafulli, elaborou classificação das normas constitucionais que as dividia em *normas de eficácia plena*, que já podem gerar, desde a promulgação da Constituição, os seus efeitos mais importantes; e *normas de eficácia limitada ou reduzida*, que dependem de regulamentação para a produção dos

constitucionais desfrutam de algum grau de eficácia, embora este possa variar. Nas suas palavras, "cada norma constitucional é sempre executável por si mesma até onde possa, até onde seja suscetível de execução".[46] A partir desta perspectiva, que buscava ampliar a força normativa da Constituição, José Afonso da Silva formulou a sua famosa classificação das normas constitucionais, a qual envolve os seguintes conceitos:

(a) *Normas constitucionais de eficácia plena e aplicabilidade imediata* – São aquelas que, desde o advento da Constituição, já têm a aptidão de produzir todos os seus efeitos jurídicos, não dependendo do legislador infraconstitucional para tanto. Tais efeitos, ademais, não podem ser restringidos pelo legislador. É o que ocorre, por exemplo, com o art. 82 da Constituição Federal, que define a extensão do mandato do Presidente da República em 4 anos e especifica o dia de seu início: "O mandato do Presidente da República é de quatro anos e terá início em primeiro de janeiro do ano seguinte ao da sua eleição." Não é necessária a edição de lei regulamentadora, pois o dispositivo constitucional contém todos os elementos necessários a sua imediata incidência. Não é possível, por outro lado, a edição de lei que, por exemplo, restrinja o mandato presidencial ou altere o dia de seu início.

(b) *Normas constitucionais de eficácia contida e aplicabilidade imediata* – Essas normas também já reúnem todas as condições necessárias para a produção dos seus efeitos típicos, independentemente de regulamentação. Contudo, existe a possibilidade de restrição destes efeitos pelo legislador, diversamente do que ocorre com as normas de eficácia plena. O art. 5º, XIII, da Constituição Federal, que consagra a liberdade de trabalho, ofício ou profissão, mas possibilita que a lei a condicione o exercício desse direito à posse de determinadas qualificações profissionais.

(c) *Normas constitucionais de eficácia limitada* – São normas de eficácia indireta e reduzida, que não receberam do constituinte a normatividade suficiente para a produção de todos os seus efeitos. Portanto, essas normas carecem de regulamentação infraconstitucional para se tornarem plenamente operativas. Trata-se de "preceito de integração que reclama, em caráter necessário, para efeito de sua plena incidência, a mediação legislativa concretizadora do comando nela positivado".[47] Não obstante, mesmo antes da edição desta legislação regulamentadora, estas normas já têm condições de produzir alguns efeitos jurídicos. Tais normas foram subdivididas em duas categorias:

(c.1) *Normas de princípio institutivo* – Traçam as linhas gerais de organização e estruturação de órgãos, entidades ou institutos jurídicos, mas não são suficientes para lhes conferir existência imediata. O art. 131 da Constituição Federal institui a Advocacia-Geral da União (AGU), estabelecendo que lhe compete, "nos termos da lei

---

seus efeitos mais essenciais, mas, não obstante, já deflagram alguns efeitos, que podem ser, por exemplo, vedar a edição de outras normas em sentido contrário e influenciar na interpretação e aplicação da legislação infraconstitucional. Ele subdividiu as normas de eficácia limitada em *normas programáticas* e *normas de legislação*: "As primeiras, versando sobre matéria eminentemente ético-social, constituem, verdadeiramente programas de ação social (...) assinalados ao legislador ordinário"; já, quanto às segundas, "seu conteúdo não apresenta essa natureza ético-social, mas inserem-se na parte de organização da Constituição, e excepcionalmente, na relativa aos direitos e garantias" (TEIXEIRA, J. H. Meirelles. *Curso de direito constitucional*, p. 323). Contudo, as lições do Professor Meirelles Teixeira só ganharam difusão mais tarde, a partir da publicação do livro acima citado, em 1991, que contém as aulas ministradas por ele na PUC-SP ao longo da década de 1950, organizadas pela Professora Maria Garcia.

[46] Cf. SILVA, José Afonso da. *Aplicabilidade das normas constitucionais*, p. 76.
[47] STF. RE nº 170.131/RS, Rel. Min. Celso de Mello. *DJ*, 24 jun. 1994.

complementar que dispuser sobre a sua organização e funcionamento, as atividades de consultoria e assessoramento jurídico do Poder Executivo". Para que a AGU pudesse realizar essa atribuição foi necessário que se editasse lei complementar efetivamente criando a instituição, bem como prevendo sua composição, detalhes de suas atribuições, o quadro de servidores e vários outros aspectos concretos. Enquanto não sobreveio a edição da referida lei, a AGU não teve existência efetiva.

(c.2) *Normas de princípio programático* – Definem os principais objetivos e finalidades a serem perseguidos pelos Poderes Públicos, sem especificarem o modo como estes devem ser atingidos. É que tem lugar no art. 170, VIII, da Constituição Federal, que impõe, como princípio da ordem econômica, a "busca do pleno emprego".

No que concerne à eficácia das normas constitucionais programáticas — tema dos mais controvertidos na teoria constitucional —, José Afonso da Silva se opôs às concepções que esvaziam os seus efeitos. Para o autor, tais normas:[48] (a) criam dever para o legislador, constituindo parâmetro para a declaração da inconstitucionalidade por omissão;[49] (b) revogam a legislação passada que seja incompatível com elas; (c) condicionam a legislação futura, tornando inconstitucionais as leis que as violarem; (d) informam a concepção do Estado e da sociedade, inspirando a sua ordenação jurídica; (e) orientam a interpretação e aplicação do direito infraconstitucional; (f) condicionam a atividade discricionária da Administração Pública; e (g) geram direitos subjetivos negativos, investindo os indivíduos no poder de exigir uma abstenção estatal da prática de comportamento que as ofenda.

Além desses efeitos, previstos originalmente por José Afonso da Silva, a doutrina mais recente tem atribuído a tais normas ainda uma "eficácia impeditiva do retrocesso social": uma vez concretizada a norma constitucional, o legislador não mais poderia retroceder, revogando a legislação concretizadora.[50] Tais normas, contudo, não geram, por si sós, direitos subjetivos positivos, não permitindo às pessoas que, com base nelas, exijam prestações positivas do Estado.

Alguns autores nacionais elaboraram classificações das normas constitucionais próximas à de José Afonso da Silva. Foi o caso de Maria Helena Diniz,[51] que, além de propor algumas alterações terminológicas, acrescentou à lista mais uma espécie de norma constitucional, correspondente às cláusulas pétreas. Pela classificação que propõe, as normas constitucionais dividir-se-iam em: *normas com eficácia absoluta*, que não podem ser restringidas nem mesmo por emenda constitucional; *normas com eficácia plena*; *normas com eficácia relativa e restringível* (categoria correspondente às normas de eficácia contida de José Afonso da Silva); e *normas com eficácia relativa complementável ou dependente de complementação* (correspondente às normas de eficácia limitada de José Afonso da Silva).

---

[48] Cf. SILVA, José Afonso da. *Aplicabilidade das normas constitucionais*, p. 163-164 e 174-178.

[49] "Se o Estado deixar de adotar as medidas necessárias à realização concreta dos preceitos da Constituição, em ordem a torná-los efetivos, operantes e exeqüíveis, abstendo-se, em conseqüência, de cumprir o dever de prestação que a Constituição lhe impôs, incidirá em violação negativa do texto constitucional. Desse *non facere* ou *non praestare*, resultará a inconstitucionalidade por omissão, que pode ser total, quando é nenhuma a providência adotada, ou parcial, quando é insuficiente a medida efetivada pelo Poder Público" (STF. ADI nº 1.458-MC/DF, Rel. Min. Celso de Mello. *DJ*, 20 set. 1996).

[50] Sobre o tema, cf. DERBLI, Felipe. *O princípio da proibição de retrocesso social na Constituição de 1988*; MENDONÇA, José Vicente dos Santos. Vedação do retrocesso: o que é e como perder o medo. *Revista de Direito da Associação dos Procuradores do Novo Estado do Rio de Janeiro*, v. 12.

[51] DINIZ, Maria Helena. *Normas constitucionais e seus efeitos*.

Cabe uma breve referência a duas críticas já endereçadas à influente teoria de José Afonso da Silva. A primeira diz respeito ao caráter formalista da sua classificação, que, para atribuir maior ou menor eficácia às normas constitucionais, baseia-se tão somente no grau de densidade semântica do texto que as consagra, fazendo abstração da dimensão moral do problema, que também deveria ser levada em consideração.[52] Neste ponto, tal teoria, apesar de inspirada pelo propósito progressista de fortalecimento da normatividade constitucional, não se afastou substancialmente daquela que objetivava superar, que distinguia as normas constitucionais em autoaplicáveis e não autoaplicáveis.

Uma das consequências negativas desta falha é que levou a maior parte dos direitos sociais para o campo das normas programáticas, dotadas de eficácia limitada, em razão da vagueza dos respectivos enunciados linguísticos. Isto acabou prejudicando a tutela judicial destes direitos, no que respeita à exigibilidade de prestações positivas.[53] Categorias como a "norma programática" e a "norma de eficácia limitada" acabaram se prestando à justificação da não efetivação da Constituição.

Da nossa parte, entendemos que a gradação dos efeitos das normas constitucionais não pode prescindir de uma análise material, em que considerações revestidas de conteúdo moral se tornam inafastáveis. A própria Constituição Federal legitima a abordagem material do problema, ao instituir, por exemplo, que os direitos e garantias fundamentais devam ser aplicados de modo imediato. No contexto presente de reabilitação do uso prático da razão, o tema da eficácia normativa não pode continuar circunscrito a abordagens formalistas, devendo envolver também considerações substantivas e morais.[54]

Outra crítica, formulada por Virgílio Afonso da Silva, aponta a incompatibilidade entre a classificação das normas constitucionais de José Afonso da Silva e a teoria contemporânea dos direitos fundamentais.[55] Para Virgílio Afonso da Silva, como não existem direitos fundamentais absolutos, não seria correto falar-se, pelo menos no que concerne a tais direitos, em normas de eficácia plena. Isto porque o legislador está, em geral, autorizado a restringir os direitos fundamentais, de forma proporcional, para a tutela de outros direitos ou bens jurídicos relevantes. E se todas as normas garantidoras dos direitos fundamentais são suscetíveis de restrição, não se sustentaria a distinção entre normas de eficácia plena e de eficácia contida. Porém, se bem entendemos a crítica de Virgílio Afonso da Silva, ponderamos que podem existir, excepcionalmente, direitos absolutos, refratários a sopesamentos e restrições legislativas. Este é, no nosso entender, o caso do direito de não ser torturado (art. 5º, III, CF), e da vedação constitucional à

---

[52] Veja-se, neste sentido, SOUZA NETO, Cláudio Pereira de. Fundamentação e normatividade dos direitos fundamentais: uma reconstrução teórica à luz do princípio democrático. *In*: BARROSO, Luís Roberto (Org.). *A nova interpretação constitucional*: ponderação, direitos fundamentais e relações privadas, p. 285-325.

[53] No campo dos direitos sociais, a doutrina brasileira hoje majoritária transcendeu esta posição, que focava basicamente na densidade semântica do texto constitucional, e passou a alicerçar em outros argumentos, mais abertos para a moral, a tutela judicial dos direitos fundamentais. Nesta linha, a construção teórica mais comum é a do "mínimo existencial". Sobre o mínimo existencial na literatura brasileira, veja-se: TORRES, Ricardo Lobo. *O direito ao mínimo existencial*; SARLET, Ingo Wolfgang; SARMENTO, Daniel. Reserva do possível e mínimo existencial. *In*: BONAVIIDES, Paulo; MIRANDA, Jorge; AGRA, Walber de Moura (Coord.). *Comentários à Constituição Federal de 1988*, p. 372-388.

[54] O termo "racionalidade material constitucional" já é usado por: KRIELE, Martin. *Introducción a la teoría del Estado*: fundamentos históricos de la legitimidad del Estado Constitucional Democrático.

[55] SILVA, Virgílio Afonso da. *Direitos fundamentais*: conteúdo essencial, restrições e eficácia, p. 208-251.

pena de morte, que não pode ser instituída em contexto estranho à hipótese, prevista no texto constitucional, de guerra declarada (art. 5º, XLVII).

Por outro lado, segundo o autor, a efetivação dos direitos fundamentais depende sempre de intervenção estatal, inclusive legislativa, que busque assegurar as condições fáticas, sociais e institucionais necessárias a que eles possam produzir os seus efeitos. Daí por que também perderia o sentido a categoria das normas de eficácia limitada.[56] Também quanto a essa crítica, parece-nos adequado ressalvar que há diferença entre as normas constitucionais no tocante ao grau em que demandam mediação legislativa para produzir a plenitude de seus efeitos. O art. 5º, XL, da Constituição Federal, por exemplo, determina que "a lei penal não retroagirá, salvo para beneficiar o réu". A norma não depende de qualquer regulamentação para produzir seus efeitos. Se as condições sociais e institucionais não estiverem presentes, ainda assim a norma terá produzido seu efeito primordial, que é deslegitimar práticas com ela incompatíveis. Também quando esse tipo de norma é violada, ela produz os seus efeitos. É a lição que podemos extrair da distinção entre os planos da eficácia e da efetividade. A classificação proposta por José Afonso da Silva se restringe ao plano da eficácia.

Consideremos, por outro lado, o que estabelece o inciso XXXII do mesmo art. 5º: "o Estado promoverá, na forma da lei, a defesa do consumidor". O preceito demanda necessariamente mediação legislativa para produzir todos os seus efeitos. Sem a edição de lei, não é possível identificar com precisão quais condutas violam os direitos dos consumidores. Tanto assim que, de acordo com o art. 48 do ADCT, o Congresso Nacional deveria elaborar o Código de Defesa do Consumidor no prazo de cento e vinte dias contados da promulgação da Constituição. As normas estabelecidas nos incisos XL e XXXII do art. 5º da Constituição Federal são efetivamente bastante diferentes quanto aos efeitos que são aptas a produzir, e há evidente sentido prático no emprego de conceitos distintos para classificá-las, nada obstante, no limite, se possa conceder que, mesmo normas providas de bastante densidade normativa, dependem de condições sociais e institucionais para que ocorra sua plena efetivação.

Finalmente, como já salientado, existem preceitos constitucionais cuja eficácia já se esgotou. Assim, se o objetivo é traçar classificação das normas constitucionais a partir da sua eficácia, torna-se necessário incluir a categoria das *normas constitucionais de eficácia exaurida ou esgotada*.

9.5.2 Classificação das normas constitucionais quanto ao seu objeto

É possível também classificar as normas constitucionais a partir do seu objeto ou conteúdo material. Na doutrina brasileira, a classificação mais influente das normas constitucionais pelo seu objeto foi elaborada por Luís Roberto Barroso,[57] que as ordenou em:

(a) *Normas de organização* – As que visam a estruturar e disciplinar o funcionamento do Estado e o exercício do poder político. Dentre essas normas se situam as que contêm

---

[56] Na síntese do próprio autor, "se tudo é regulamentável e, mais que isso, depende de regulamentação para produzir todos os seus efeitos, perde sentido qualquer distinção que dependa da aceitação ou rejeição de regulamentações a direitos; logo não se pode distinguir entre normas de eficácia plena e normas de eficácia limitada" (SILVA, Virgílio Afonso da. *Direitos fundamentais*: conteúdo essencial, restrições e eficácia, p. 246-247).

[57] BARROSO, Luís Roberto. *O direito constitucional e a efetividade de suas normas*, 4. ed., p. 93-120; BARROSO, Luís Roberto. *Curso de direito constitucional contemporâneo*, p. 200-203.

as decisões fundamentais sobre a forma de Estado e a forma e o regime de governo; as que definem competências dos entes federativos ou órgãos estatais; as que criam ou regulam a estrutura e o funcionamento de órgãos públicos; e as que estabelecem procedimentos, como os do processo legislativo, da reforma constitucional e do controle de constitucionalidade.

(b) *Normas definidoras de direitos* – As que consagram os direitos fundamentais dos indivíduos, concernentes a prestações negativas ou positivas que, se não forem espontaneamente adimplidas, conferem ao titular do direito a possibilidade de postular o seu cumprimento por meio de ação judicial. Barroso afirma que o constituinte usou no texto constitucional a palavra "direito" de forma muitas vezes atécnica, razão pela qual a identificação destas normas deve basear-se em outro critério. Ele propôs que se considere como norma definidora de direito aquela que satisfaça os requisitos usualmente empregados para caracterizar um "direito subjetivo". Ou seja, deve-se considerar como norma definidora de direito aquela que, simultaneamente (i) definir um dever jurídico correlato ao direito, (ii) for suscetível de violação, e (iii) atribuir ao titular do direito um meio jurídico — a ação judicial — para exigir do respectivo devedor o cumprimento do dever violado. De acordo com Luís Roberto Barroso, as normas definidoras de direitos podem positivar direitos individuais, políticos, sociais e difusos.

(c) *Normas programáticas* – São as que traçam metas e fins sociais a serem perseguidos pelos poderes públicos. Barroso, na mesma linha de José Afonso da Silva, reconhece efeitos normativos imediatos importantes às normas programáticas, como revogar os atos normativos anteriores com elas incompatíveis, tornar inconstitucionais as normas posteriores que as contrariem, informar a interpretação e a aplicação do direito infraconstitucional, e gerar direitos subjetivos negativos, que permitam ao jurisdicionado se opor à adoção de medidas estatais que as contravenham. Ele afirma, porém, que tais normas não conferem direitos subjetivos positivos a prestações estatais tendentes à sua concretização.

É possível acrescentar ao elenco sugerido por Barroso algumas outras espécies normativas, que versam sobre objetos distintos, como as referentes às *garantias institucionais* e aos *deveres fundamentais*.

A teoria das garantias institucionais desenvolveu-se na Alemanha, no período do constitucionalismo de Weimar, a partir da obra de Carl Schmitt,[58] sendo amplamente aceita pela teoria constitucional contemporânea.[59] Tais garantias voltam-se à proteção de determinadas instituições de Direito Público ou de institutos do Direito Privado, e visam a salvaguardar o seu núcleo essencial de eventual ação restritiva dos poderes estatais, inclusive do legislador. A sua consagração em sede constitucional resulta da percepção do constituinte de que determinadas instituições do Direito Público ou institutos do Direito Privado são tão relevantes que o seu cerne deve ser preservado da supressão ou mesmo da ação erosiva do legislador. Embora possam voltar-se indiretamente à proteção dos direitos fundamentais, as garantias institucionais não se confundem com eles, nem tampouco com as respectivas garantias processuais, não tendo como finalidade

---

[58] SCHMITT, Carl. *Dottrina della Costituzione*, p. 228-334.
[59] Veja-se, na literatura constitucional brasileira: BONAVIDES, Paulo. *Curso de direito constitucional*, 8. ed., p. 491-500; SARLET, Ingo Wolfgang. *A eficácia dos direitos fundamentais*: uma teoria geral dos direitos fundamentais na perspectiva constitucional, p. 180-184; MENDES, Gilmar Ferreira; COELHO, Inocêncio Mártires; BRANCO, Paulo Gustavo Gonet. *Curso de direito constitucional*, p. 258-259.

primária a tutela de direitos subjetivos.[60] Pode-se citar, como exemplos de garantias institucionais consagradas pela Constituição de 88, o tribunal do júri (art. 5º, XXXVIII, CF), a autonomia universitária (art. 207, CF) e a família (art. 226, CF).

Outra espécie relevante de norma constitucional é aquela que consagra *deveres fundamentais*.[61] Não nos referirmos aqui aos deveres simétricos aos direitos fundamentais, — o seu "outro lado da moeda" —, como o dever das pessoas de absterem-se de violar a privacidade alheia (art. 5º, X, CF), ou o dever do empregador de pagar o 13º salário ao seu empregado (art. 7º, VIII, CF). Estes são, é claro, diretamente decorrentes dos direitos fundamentais, estando pressupostos nas normas que os definem. Ocorre que, além desses, a Constituição também positiva outros deveres fundamentais, como a prestação do serviço militar obrigatório (art. 143, CF) e a votação nas eleições (art. 14, §1º, I, CF).

Não há qualquer vinculação necessária entre perspectivas constitucionais organicistas ou autoritárias e o reconhecimento dos deveres fundamentais.[62] Afinal, os mesmos valores e objetivos que perpassam os direitos fundamentais — garantia da dignidade humana, promoção da igualdade, solidariedade social etc. — também podem justificar a imposição constitucional de alguns deveres fundamentais à pessoa, em proveito dos seus semelhantes, desde que isto não importe em restrição excessiva às suas liberdades básicas. Tais deveres podem ou não ser imediatamente exigíveis, o que dependerá de uma série de fatores, como a dicção do preceito constitucional que os consagre, o seu contexto fático e os valores subjacentes.[63] Sem embargo, as normas constitucionais que definem os deveres fundamentais não se beneficiam, em princípio, do regime reforçado de proteção instituído pelo constituinte em benefício dos direitos fundamentais, integrado especialmente pela regra da aplicabilidade imediata dos direitos fundamentais (CF, art. 5º, §1º) e pela impossibilidade de revogação desses direitos por meio de emendas à Constituição (CF, art. 60, §4º, IV).

Além destes acréscimos, a classificação de Barroso sujeita-se também a algumas críticas, sobretudo no que concerne aos direitos fundamentais. Ela não distingue os direitos fundamentais dos direitos subjetivos positivados na Constituição, o que parece

---

[60] Nas palavras de José Joaquim Gomes Canotilho: "As chamadas garantias institucionais (*Einrichtungsgarantien*) compreendiam as garantias jurídico-públicas (*institutionnelle Garantien*) e as garantias jurídico-privadas (*Institutsgarantie*). Embora muitas vezes estejam consagradas e protegidas pelas leis constitucionais, elas não seriam verdadeiros direitos atribuídos directamente a uma pessoa; as instituições, como tais, têm um sujeito e um objecto diferente dos direitos dos cidadãos. (...) Sob o ponto de vista da proteccção jurídica constitucional, as garantias institucionais não garantem aos particulares posições subjectivas autônomas e daí a inaplicabilidade do regime dos direitos, liberdades e garantias. (...) A protecção das garantias institucionais aproxima-se da proteção dos direitos fundamentais quando se exige, em face das intervenções limitativas do legislador, a salvaguarda do 'mínimo essencial' (núcleo essencial) das instituições" (CANOTILHO, José Joaquim Gomes. *Direito constitucional e teoria da Constituição*, p. 363-364).

[61] A literatura sobre deveres fundamentais é muito escassa, quando comparada à prodigalidade das obras dedicadas aos direitos fundamentais. Veja-se, em língua portuguesa: CASALTA NABAIS, José. *O dever fundamental de pagar impostos*, p. 15-180.

[62] A insuspeita Declaração Universal dos Direitos do Homem, por exemplo, consagra que "o indivíduo tem deveres para com a comunidade, fora da qual não é possível o livre e pleno desenvolvimento da sua personalidade" (art. 29, nº 1). Contudo, uma ênfase excessiva do discurso jurídico-político nos deveres do cidadão, em detrimento dos seus direitos, tem, sim, uma conotação conservadora, que não se coaduna com a concepção das relações políticas subjacente ao constitucionalismo moderno e à Constituição brasileira de 88.

[63] De acordo com Canotilho, a maioria das normas consagradoras de deveres fundamentais "pressupõem uma *interpositio* legislativa necessária para a criação de esquemas organizatórios, procedimentais e processuais definidores e reguladores do cumprimento de deveres" (*Direito constitucional e teoria da Constituição*, p. 481).

incorreto.[64] Há, na Constituição, inúmeros direitos subjetivos que não têm a marca da fundamentalidade, como é o caso, por exemplo, do direito dos membros do Ministério Público que tomaram posse antes de 1988 de continuarem exercendo a advocacia (art. 29, §3º, ADCT).

Ademais, a categoria do direito subjetivo, lavrada no passado por civilistas, não é a mais adequada para lidar com a complexa estrutura e com as multifacetadas funções dos direitos fundamentais. Esses, para além da dimensão subjetiva, ostentam também uma dimensão objetiva,[65] que envolve: (a) a irradiação dos seus efeitos, que atingem várias outras situações e relações jurídicas, para além dos limites do direito subjetivo; (b) o dever do Estado de proteger estes direitos de lesões e ameaças de terceiros, inclusive de particulares; e (c) o direito a organizações e procedimentos adequados à sua tutela. Portanto, os direitos fundamentais não cabem na moldura do direito subjetivo, talhada, historicamente, para lidar com situações típicas do Direito Privado, e hoje questionadas mesmo naquele quadrante.[66]

Por outro lado, a adoção de critérios puramente formais para a definição de direito fundamental, como os sugeridos por Barroso, peca por não atribuir o peso necessário à argumentação moral no campo constitucional.[67] A consequência da adoção deste tipo de postura formalista já foi comentada acima, nas críticas dirigidas às principais classificações estabelecidas em relação à eficácia das normas constitucionais: nega-se uma maior eficácia àquelas expressas em linguagem mais vaga, ainda quando revestidas de inequívoca relevância moral, como as que consagram determinados direitos

---

[64] Na dogmática constitucional empregam-se dois critérios para identificação dos direitos fundamentais: o *critério formal* e o *critério material*. De acordo com o critério formal, são direitos fundamentais aqueles contidos no catálogo de direitos fundamentais inserido na Constituição, que vai do seu art. 5º ao art. 17. Já de acordo com o critério material, são direitos fundamentais também aqueles que, conquanto não inseridos no catálogo, tenham intensa relevância axiológica, notadamente no que concerne à sua íntima ligação com o princípio da dignidade da pessoa humana. No ordenamento constitucional brasileiro, é incontroverso que os direitos materialmente fundamentais se beneficiam do seu regime reforçado de proteção, ainda quando não figurem no catálogo constitucional pertinente, até mesmo em razão do disposto no art. 5º, §2º, do texto magno. Há, porém, controvérsia relevante sobre se os direitos apenas formalmente fundamentais — ou seja, aqueles contidos no catálogo, mas que não são materialmente fundamentais —, submetem-se ou não a este regime. Sobre esta questão, veja-se o Capítulo 7, sobre o "Poder Constituinte Derivado", bem como: SARLET, Ingo Wolfgang. *A eficácia dos direitos fundamentais*: uma teoria geral dos direitos fundamentais na perspectiva constitucional, p. 74-140; SOUZA NETO, Cláudio Pereira de. *Teoria constitucional e democracia deliberativa*, p. 225-257; BRANDÃO, Rodrigo. *Direitos fundamentais, democracia e cláusulas pétreas*, p. 204-211.
Contudo, não há, salvo melhor juízo, controvérsia significativa sobre a impossibilidade de extensão a todos os direitos subjetivos contidos na Constituição deste regime especial e reforçado de proteção dos direitos fundamentais — que inclui, dentre outros aspectos, a aplicabilidade imediata e a proteção diante do poder constituinte reformador. Afinal, o que justificaria atribuir proteção tão robusta a direitos subjetivos sem qualquer ligação com a dignidade da pessoa humana e situados fora do catálogo constitucional, como os muitos que foram obtidos por determinados grupos e categorias na Assembleia Constituinte, em razão do sucesso das suas pressões corporativistas?

[65] Sobre a dimensão objetiva dos direitos fundamentais, veja-se: SARMENTO, Daniel. Dimensão objetiva dos direitos fundamentais: fragmentos de uma teoria. *Arquivos de Direitos Humanos*, n. 4, p. 63-102; SARLET, Ingo Wolfgang. *A eficácia dos direitos fundamentais*: uma teoria geral dos direitos fundamentais na perspectiva constitucional, p. 141-151; ANDRADE, José Carlos Vieira. *Os direitos fundamentais na Constituição portuguesa de 1976*, p. 143-170.

[66] Cf. PERLINGIERI, Pietro. *Il diritto civile nella legalità Costituzionale*, p. 247-291.

[67] Em estudo mais recente, Barroso parece reconhecer a insuficiência teórica das concepções formalistas do constitucionalismo da efetividade, destacando, porém, que, no período histórico em que a corrente se formou, elas eram indispensáveis para elevar a Constituição, em nossa cultura jurídica, à condição de norma, tendo cumprido muito bem seu papel histórico, e servido como ponte para novos desenvolvimentos doutrinários, como os associados ao pós-positivismo (A doutrina brasileira da efetividade. In: BARROSO, Luís Roberto. *Temas de direito constitucional*, p. 61-77). Se compreendemos bem a sua avaliação, estamos plenamente de acordo com ela.

sociais, cuja fruição seja essencial para a dignidade humana — *e.g.*, direito à moradia (art. 6º, CF). Tais normas, pela indeterminação dos respectivos textos, acabam classificadas como programáticas, e assim incapazes de gerar qualquer tipo de pretensão a prestações positivas do Estado.

9.6 Princípios e regras constitucionais

9.6.1 Nota histórica

A classificação das normas constitucionais mais discutida pela doutrina contemporânea é aquela que as distingue em princípios e regras constitucionais. A grande ênfase da doutrina no debate desta classificação pode ser associada a um importante movimento na teoria e na prática do Direito, ocorrido no Brasil e alhures — aqui sobretudo após o advento da Constituição de 88 —, no sentido da valorização dos princípios, aos quais hoje se reconhece, de forma praticamente incontroversa, o caráter plenamente normativo. Este movimento não ocorreu apenas no âmbito do Direito Constitucional. Em praticamente todas as disciplinas jurídicas, ele também vem se manifestando, com maior ou menor intensidade. Contudo, no campo constitucional, trata-se de movimento especialmente marcante, até pelas singularidades das normas constitucionais, acima analisadas.

Paulo Bonavides reconstrói a trajetória histórica dos princípios aludindo a três fases de normatividade.[68] Na primeira, correspondente ao predomínio do jusnaturalismo, os princípios eram encarecidos no plano moral, concebidos como postulados de justiça, mas não se lhes reconhecia natureza propriamente normativa. Na segunda fase, de domínio do positivismo jurídico, os princípios não eram concebidos como normas, mas sim como meios de integração do Direito. Naquele período, os princípios eram considerados como imanentes ao ordenamento, e não transcendentes a ele, e a sua construção dava-se por meio de um processo de abstração que extraía do próprio sistema jurídico as suas principais orientações. Já a fase atual, equivalente ao pós-positivismo, teria como característica central a valorização dos princípios, não só na dimensão ético-moral, como também no plano propriamente jurídico.[69] Neste período, nas palavras de Bonavides, acentuar-se-ia a "hegemonia axiológica dos princípios, convertidos em pedestal normativo sobre o qual assenta todo o edifício jurídico dos novos sistemas constitucionais".[70]

É verdade que não existe qualquer incompatibilidade conceitual entre o positivismo e o reconhecimento da normatividade dos princípios jurídicos, desde que devidamente positivados.[71] Contudo, as versões do positivismo que lograram maior penetração no cotidiano do Direito, pelo menos no Brasil, não reservavam um lugar de

---

[68] BONAVIDES, Paulo. *Curso de direito constitucional*, p. 232-238.
[69] Sobre o pós-positivismo, veja-se o Capítulo 5.
[70] BONAVIDES, Paulo. *Curso de direito constitucional*, p. 237.
[71] A característica fundamental do positivismo jurídico, que a distingue de outras concepções jusfilosóficas, é a afirmação de inexistência de uma relação necessária entre Direito e Moral. É perfeitamente possível negar esta relação, mas valorizar os princípios que tenham sido incorporados no ordenamento positivo. Sobre o conceito de positivismo jurídico e as suas diferentes versões, veja-se: HART, Herbert. Pós-Escrito. *In*: HART, Herbert. *O conceito de direito*, p. 299-339; BOBBIO, Norberto. *O positivismo jurídico*: lições de filosofia do direito, p. 131-238; ALEXY, Robert. Sobre las relaciones necesarias entre el derecho y la moral. *In*: ALEXY, Robert. *Derecho y razón practica*, p. 43-69; DIMOULIS, Dimitri. *Positivismo jurídico*: introdução a uma teoria do direito e defesa do pragmatismo jurídico-político, p. 65-208.

honra para os princípios. O positivismo legalista não via com bons olhos os princípios, porque temia a insegurança e a instabilidade que a possibilidade de aplicação direta de normas tão abertas ensejaria, comprometendo a operacionalidade do seu modelo, baseado na subsunção e na negação da dimensão constitutiva da interpretação jurídica. O normativismo, inspirado em Kelsen,[72] também não apostava nos princípios, pois via na vagueza das normas jurídicas uma simples autorização para a discricionariedade judicial na criação do Direito.

O reconhecimento da normatividade dos princípios ocorreu em paralelo à crise do positivismo jurídico, deflagrada após o final da II Guerra Mundial, e à onda de constituições fortemente principiológicas, editadas em seguida, que contavam com robustos mecanismos de controle jurisdicional de constitucionalidade.[73] A tendência, estimulada pela jurisdição constitucional, foi no sentido do paulatino reconhecimento de que todas as normas constitucionais eram normas jurídicas, inclusive os princípios mais indeterminados, antes vistos como meras proclamações políticas.

No Brasil, até não muito tempo atrás, prevalecia a concepção legalista, tributária do positivismo, de que os princípios jurídicos não seriam propriamente normas, mas meros instrumentos para integração de lacunas, aos quais o intérprete não deveria se socorrer senão em situações excepcionais. Essa posição está positivada no art. 4º da hoje denominada Lei de Introdução às Normas do Direito Brasileiro, segundo o qual "quando a lei for omissa, o juiz decidirá o caso de acordo com a analogia, os costumes e os princípios gerais de Direito". Os princípios eram, portanto, mera fonte subsidiária do Direito. Só era legítimo que o magistrado recorresse a eles quando não houvesse nenhuma outra fonte do Direito aplicável.

Atualmente, esta concepção não corresponde mais ao ponto de vista dominante na doutrina e na jurisprudência nacionais, que têm enfatizado não só a força normativa, como também a máxima relevância dos princípios — especialmente os constitucionais. Pelo contrário, hoje já se percebem até excessos nesta área, que culminam numa equivocada desvalorização das regras jurídicas, e num uso muitas vezes pouco racional e fundamentado da principiologia constitucional, caracterizando o fenômeno da "euforia dos princípios", ou até mesmo, nos seus momentos mais patológicos, da "carnavalização da Constituição".[74]

Na literatura jurídica brasileira, a "virada" principiológica deu-se a partir da década de 90, com a recepção das lições sobre princípios, nem sempre bem compreendidas, de dois grandes filósofos do Direito contemporâneos — Ronald Dworkin e Robert Alexy —, que buscaram traçar diferenças *qualitativas* e não meramente *quantitativas* entre estas espécies normativas, como se verá no item abaixo. Antes disso, já havia, é certo, autores nacionais que atribuíam um papel relevante para os princípios nas suas obras.[75]

---

[72] Para Hans Kelsen, o ato de aplicar o Direito envolve sempre uma escolha política do intérprete, no âmbito definido pela moldura da norma aplicada. No interior desta moldura, não há resposta certa ou errada, mas pura discricionariedade. Veja-se, a propósito: KELSEN, Hans, Hans. *Teoria pura do direito*, 5. ed., p. 463-473.

[73] Os aspectos centrais desta mudança de paradigma no constitucionalismo são apresentados nos Capítulos 2 e 5.

[74] SARMENTO, Daniel. Ubiqüidade constitucional: os dois lados da moeda. *In*: SARMENTO, Daniel. *Livres e iguais*: estudos de direito constitucional, p. 198-204; BARCELLOS. BARCELLOS, Ana Paula de. O direito constitucional em 2006. *Revista de Direito do Estado*, n. 5, p. 3-23.

[75] Na linha de valorização dos princípios no Direito Público brasileiro antes da "virada princiológica", vejam-se as obras: BANDEIRA DE MELLO, Celso Antônio. *Elementos de direito administrativo*; e ATALIBA, Geraldo. *República e Constituição*.

Mas foi somente a partir da década de 1990 que o tema dos princípios constitucionais tornou-se quase uma obsessão da teoria jurídica brasileira.[76]

9.6.2 Alguns critérios para distinção entre princípios e regras

Existe amplo debate doutrinário, no Brasil e no exterior, sobre quais seriam os critérios distintivos entre princípios e regras. Discute-se, também, se as diferenças entre princípios e regras são de natureza qualitativa ou quantitativa. Em outras palavras, debate-se se existem duas espécies estanques de normas jurídicas, com características próprias e inconfundíveis (distinção qualitativa), ou se há, ao contrário, um *continuum* neste universo normativo, em que as características em questão aparecem com gradações distintas nas diferentes normas que o compõem (distinção quantitativa).

A doutrina tem enfatizado que a distinção entre regras e princípios dá-se no plano das normas jurídicas, e não no dos respectivos textos.[77] Isto não significa dizer que o texto normativo seja irrelevante para a questão, mas sim que ele não é o único elemento a ser considerado.

Uma das distinções muitas vezes invocadas diz respeito à indeterminação semântica dos princípios. Tal critério está diretamente relacionado ao texto normativo. Diz-se que os princípios são expressos em linguagem mais vaga, que não define com precisão nem o seu campo de incidência, nem a consequência jurídica deflagrada pela sua aplicação.[78] Eles são, por outro lado, mais ambíguos, no sentido de que comportam, com maior frequência, interpretações divergentes. Já com as regras, estas características — vagueza e ambiguidade — não estariam presentes com tamanha intensidade e frequência (a distinção quanto à indeterminação é quantitativa e não qualitativa).

Há quem fale também em maior generalidade e abstração dos princípios em relação às regras. Este critério, contudo, deve ser matizado. A generalidade das normas significa a sua incidência sobre uma classe de pessoas e não sobre sujeitos predeterminados, e a abstração é a sua aplicabilidade sobre hipóteses de incidência genericamente previstas, e não sobre casos concretos individualmente.[79] Neste sentido, tanto os princípios como as regras constitucionais são igualmente gerais e abstratos.[80] Porém, pode-se falar em generalidade em outro sentido. Eros Roberto Grau, por exemplo, alude à maior generalidade dos princípios, porque estes, ao contrário das regras, não incidem apenas

---

[76] Dentre as mais relevantes, destaque-se BONAVIDES, Paulo. *Curso de direito constitucional*, p. 225-266; GRAU, Eros Roberto. *A ordem econômica na Constituição de 1988*: interpretação e crítica, 2. ed., p. 92-134; ÁVILA, Humberto. *Teoria dos princípios*; BARCELLOS, Ana Paula de. *A eficácia jurídica dos princípios constitucionais*: o princípio da dignidade da pessoa humana, p. 13-102; PEREIRA, Jane Reis Gonçalves. *Interpretação constitucional e direitos fundamentais*, p. 75-130; SILVA, Virgílio Afonso da. Princípios e regras: mitos e equívocos acerca de uma distinção. *Revista Latino-Americana de Estudos Constitucionais*, p. 607-630; ESPÍNDOLA, Ruy Samuel. *Conceito de princípios constitucionais*: elementos teóricos para uma formulação dogmática adequada; ROTHENBURG, Walter Claudius. *Princípios constitucionais*; OLIVEIRA, Fábio Corrêa Souza de. *Por uma teoria dos princípios*: o princípio constitucional da razoabilidade, p. 17-70; SARMENTO, Daniel. *A ponderação de interesses na Constituição Federal*.
[77] Cf. ÁVILA, Humberto. *Teoria dos princípios*, p. 34; NEVES, Marcelo. *Entre Hidra e Hércules*: princípio e regras constitucionais como diferença paradoxal do sistema jurídico.
[78] Cf. CANOTILHO, José Joaquim Gomes. *Direito constitucional e teoria da Constituição*, p. 1034.
[79] Cf. BOBBIO, Norberto. *Teoría general del derecho*, p. 143-144.
[80] A exceção são as chamadas "leis-medida", que não se revestem destas características, e podem também estar presentes na Constituição (*e.g.*, preceito que transformou os antigos territórios de Roraima e Amapá em Estados, art. 14, ADCT).

sobre um determinado tipo de atos ou fatos definidos na sua hipótese de incidência, comportando antes "uma série indefinida de aplicações".[81] Neste sentido, a ideia de generalidade acaba se confundindo com a de indeterminação.

Outra diferença diz respeito ao papel do intérprete no processo de aplicação normativa. A função do intérprete envolve mais criatividade no caso dos princípios, que demandam uma participação mais ativa para a sua concretização.[82] Já com as regras, o seu papel é mais acanhado, pois a aplicação destas normas não deixa tanto espaço para valorações subjetivas. Aqui, também, a distinção é de caráter quantitativo. A doutrina mais sofisticada não afirma que a aplicação de regras seja sempre automática, esgotando-se num silogismo, nem tampouco que o intérprete dos princípios tenha plena liberdade para decidir como lhe aprouver, no interior da moldura normativa demarcada pelo texto normativo. Enfatiza-se apenas que a dimensão volitiva (constitutiva) da interpretação é mais intensa e manifesta nos princípios do que nas regras.

Outro critério muito citado é o da importância na ordem jurídica. Os princípios são vistos como as normas mais relevantes do ordenamento — os seus alicerces básicos[83] —, enquanto as regras teriam importância menor. Não se trata de afirmar a existência de uma hierarquia formal entre princípios e regras constitucionais, nem tampouco de postular que o conjunto dos princípios constitucionais seja mais importante para a ordem jurídica do que o conjunto das regras constitucionais. Trata-se tão somente de destacar que as normas do tipo principiológico têm, individualmente, maior relevância sistêmica do que aquelas que correspondem às regras.

Distinção relacionada à anterior concerne ao papel desempenhado por princípios e regras na ordem jurídica. Afirma-se que os princípios desempenham uma função argumentativa mais relevante do que as regras, por definirem um norte para a interpretação e a aplicação das normas que vigoram na área em que incidem.[84] Nesse sentido, eles produzem "efeitos irradiantes", projetando-se mais amplamente pelo ordenamento. Além disso, diz-se que os princípios têm natureza *normogenética*,[85] no sentido de que deles é possível extrair outras normas jurídicas implícitas, das quais constituem fundamento. Não obstante, a doutrina também enfatiza que a relação entre princípios e regras é "de mão dupla": os princípios guiam a interpretação das regras que os concretizam, mas estas se prestam também ao esclarecimento do seu sentido.[86]

Outra distinção diz respeito ao conteúdo moral. Há quem enfatize que os princípios possuem uma dimensão moral mais pronunciada do que as regras, na medida em que incorporam valores fundamentais, traduzindo-os em termos normativos.[87] Nas

---

[81] GRAU, Eros Roberto. *A ordem econômica na Constituição de 1988*: interpretação e crítica, p. 112.
[82] Cf. ZAGREBELSKY, Gustavo. *Il diritto mite*: legge diritti giustizia, p. 149-150.
[83] Na literatura jurídica brasileira, até o advento da "virada principiológica" nos anos 1990, a mais reproduzida citação sobre os princípios, da lavra de Celso Antônio Bandeira de Mello, destacava exatamente este aspecto: "Princípio é, por definição, mandamento nuclear de um sistema, verdadeiro alicerce dele, disposição fundamental que se irradia sobre diferentes normas compondo-lhes o espírito e servindo de critério para a sua exata compreensão e inteligência, exatamente por definir a lógica e a racionalidade do sistema normativo (....) Violar um princípio é muito mais grave do que transgredir uma norma. A desatenção ao princípio implica ofensa não apenas a um específico mandamento obrigatório, mas a todo o sistema de comandos" (*Elementos de direito administrativo*, p. 230).
[84] Cf. CANARIS, Claus Wilhelm. *Pensamento sistemático e conceito de sistema na ciência do direito*, p. 76-102.
[85] Cf. CANOTILHO, José Joaquim Gomes. *Direito constitucional e teoria da Constituição*, p. 1034.
[86] Cf. LARENZ, Karl. *Metodología de la ciencia del derecho*, p. 467.
[87] Cf. LARENZ, Karl. *Derecho justo*: fundamentos de ética jurídica, p. 32-42.

regras, esse conteúdo moral não se apresentaria com a mesma intensidade ou nitidez. Esta ideia pode ser questionada, pois não há dúvida de que existem regras constitucionais dotadas de forte conteúdo moral, como a que proíbe a pena de morte (art. 5º, XLVII, CF), e princípios que não ostentam esta dimensão tão nitidamente, como o da indelegabilidade das competências na federação. O mais adequado é afirmar que os princípios, pela sua maior abertura linguística, franqueiam mais espaço para considerações morais na argumentação jurídica, enquanto as regras, pela sua maior densidade semântica, não conferem tamanha liberdade para que o intérprete persiga a solução mais justa para o problema enfrentado.

Um marco fundamental no debate sobre a distinção entre princípios e regras é o artigo de Ronald Dworkin, The Model of Rules (I), publicado no seu livro *Taking Rights Seriously*, editado em 1977.[88] Nesse estudo, Dworkin voltou-se contra o positivismo jurídico, na versão de Herbert Hart, que, ao afirmar a existência de discricionariedade judicial para resolução dos casos difíceis do Direito (*hard cases*), em razão da "textura aberta" das normas jurídicas, teria ignorado o papel dos princípios. Para Dworkin, a ausência de uma norma clara e precisa indicando a solução para um determinado caso não confere ao juiz o poder discricionário para decidi-lo, pois ele é obrigado a recorrer aos princípios, que, interpretados de forma adequada, apontarão a solução mais correta para o problema.[89]

Para Dworkin, os princípios e regras apresentam uma distinção qualitativa que concerne ao seu modo de aplicação. As regras, segundo ele, são comandos disjuntivos, aplicados de acordo com o padrão do "tudo ou nada". Se os fatos que a regra prevê ocorrerem, ela deve ser aplicada, com a produção integral das consequências nela estabelecidas, ou então será considerada inválida ou inaplicável ao caso. Depreende-se das lições de Dworkin que, no conflito entre regras, o intérprete deve socorrer-se de critérios formais para resolução de antinomias — cronológico, especialidade, hierárquico —, e, definida a norma aplicável, resolver a questão.

Já os princípios, para Dworkin, seguem uma lógica inteiramente distinta, por possuírem o que ele denominou de "dimensão de peso". Esta dimensão de peso faz com que, em hipóteses de colisão de princípios apontando soluções divergentes, seja necessário analisar qual a importância assumida por cada um no caso em questão, para definir aquele que deverá prevalecer.[90] Tal análise não é formal, como aquela usada no conflito entre regras, mas substantiva, deixando-se impregnar pela argumentação moral.

Segundo Ronald Dworkin, os princípios (em sentido amplo) dividem-se em duas espécies: princípios em sentido estrito e diretrizes políticas (*policies*).[91] Os primeiros

---

[88] DWORKIN, Ronald. The Model of Rules. *In*: DWORKIN, Ronald. *Taking Rights Seriously*, p. 14-45.

[89] Veja-se, a propósito: DWORKIN, Ronald. Hard Cases. *In*: DWORKIN, Ronald. *Taking Rights Seriously*, p. 131-149; DWORKIN, Ronald. *A Matter of Principle*, p. 119-180; DWORKIN, Ronald. *Law's Empire*, p. 225-275; DWORKIN, Ronald. *Justice in Robes*, p. 1-35; DWORKIN, Ronald. *Justice for Hedgehogs*, p. 400-415.

[90] Muitos autores — entre os quais, inclusive, um de nós (SARMENTO, Daniel. *A ponderação de interesses na Constituição Federal*, p. 44-49) — interpretaram a afirmação de Dworkin de que os princípios teriam uma "dimensão de peso" como endosso da tese, posteriormente desenvolvida por Robert Alexy, com inspiração no próprio Dworkin, de que as colisões entre princípios constitucionais deveriam se resolver por meio da ponderação. Contudo, o autor norte-americano, em trabalhos mais recentes, esclareceu não adotar esta perspectiva. Na visão de Dworkin, uma interpretação coerente dos princípios, baseada no ideal da integridade, já seria suficiente para excluir todos os conflitos em questão. Veja-se, a propósito: DWORKIN, Ronald. Do Liberty and Equality Conflict?. *In*: BARKER, Paul (Ed.). *Living as Equals*, p. 39-58; DWORKIN, Ronald. Moral Pluralism. *In*: DWORKIN, Ronald. *Justice in Robes*, p. 105-116.

[91] DWORKIN, Ronald. The Model of Rules. *In*: DWORKIN, Ronald. *Taking Rights Seriously*, p. 22.

são relacionados aos direitos, e devem ser observados "não porque isto vá promover ou garantir alguma situação econômica, política ou social considerada desejável, mas porque se trata de uma exigência de justiça, de equidade ou de alguma outra dimensão da moralidade". Já as segundas são *"standards"* que estabelecem um objetivo a ser alcançado, geralmente a melhoria de algum aspecto econômico, político ou social da comunidade".[92] Fiel ao ideário liberal, Dworkin atribui primazia absoluta aos princípios em sentido estrito em relação às diretrizes políticas, afirmando que, em hipóteses de conflito, os primeiros devem sempre prevalecer.

Outra contribuição fundamental ao tema foi dada pelo jurista alemão Robert Alexy, que também elaborou uma distinção qualitativa entre princípios e regras, que tem pontos de contato, mas também diferenças em relação à distinção formulada por Dworkin.[93] Para Alexy,[94] os princípios são "mandados de otimização", que devem ser cumpridos na maior medida possível, dentro das possibilidades fáticas e jurídicas de cada caso.[95] Eles comportam, portanto, o cumprimento em graus diferentes, que dependem não só das possibilidades reais, presentes no plano fático, como também das possibilidades jurídicas, relacionadas a possíveis colisões com princípios contrapostos. Já as regras não têm esta característica, pois não podem ser cumpridas de forma gradual: elas são cumpridas integralmente ou descumpridas.

Em outras palavras, para Alexy, os princípios são comandos *prima facie*,[96] e não mandamentos definitivos, pois, mesmo quando válidos e incidentes sobre determinado caso, podem ter de ceder na sua solução, total ou parcialmente, em razão de colisão com outros princípios que apontem em direção contrária. Nesses casos, deve-se recorrer a uma ponderação entre os princípios,[97] pautada pelos critérios da proporcionalidade.[98] Já com as regras, isso não acontece. Tais normas, para Alexy, são comandos definitivos, que, quando válidos e incidentes, devem ser integralmente aplicados. O conflito entre regras, segundo o jurista germânico, é resolvido por meio da invalidação de uma delas, ou do reconhecimento da sua não incidência ao caso, pela introdução de uma cláusula de exceção.[99]

Em síntese, para Alexy, dessas diferenças estruturais entre regras e princípios resulta uma outra distinção concernente à resolução de conflitos normativos. Para equacionar as tensões entre princípios constitucionais, recorre-se à ponderação, que busca a

---

[92] DWORKIN, Ronald. The Model of Rules. *In*: DWORKIN, Ronald. *Taking Rights Seriously*, p. 22.

[93] Para uma comparação mais ampla entre as visões de Dworkin e Alexy sobre os princípios, veja-se: MAIA, Antonio Cavalcanti; SOUZA NETO, Cláudio Pereira de. Os princípios de direito e as perspectivas de Perelman, Dworkin e Alexy. *In*: PEIXINHO, Manoel Messias, GUERRA, Isabella Franco; NASCIMENTO FILHO, Firly (Org.). *Os princípios na Constituição de 1988*, p. 57-100.

[94] ALEXY, Robert. *Teoria dos direitos fundamentais*, p. 85-179. A obra de Alexy foi publicada na Alemanha em 1986, e, no Brasil, antes da excelente tradução feita por Virgílio Afonso da Silva, teve grande circulação uma edição espanhola, publicada em 1993 pelo Centro de Estudios Constitucionales y Políticos.

[95] Nas palavras do próprio Alexy, "princípios são normas que ordenam que algo seja realizado na maior medida possível dentro das possibilidades jurídicas e fáticas existentes. Princípios são, por conseguinte, mandamentos de otimização, que são caracterizados pelo fato de que a medida devida de sua satisfação não depende somente das possibilidades fáticas, mas também das possibilidades jurídicas. O âmbito das possibilidades jurídicas é determinado pelos princípios e regras colidentes" (*Teoria dos direitos fundamentais*, p. 90).

[96] De acordo com Alexy, "princípios são sempre razões *prima facie* e regras, se não houver o estabelecimento de alguma exceção, razões definitivas" (*Teoria dos direitos fundamentais*, p. 106).

[97] ALEXY, Robert. *Teoria dos direitos fundamentais*, p. 93-120.

[98] Sobre estes critérios, *vide* o Capítulo 11.

[99] ALEXY, Robert. *Teoria dos direitos fundamentais*, p. 92-93.

otimização dos bens jurídicos em jogo. Já para as colisões entre regras da Constituição define-se, por intermédio de critérios lógicos, qual será a regra aplicável, e as respectivas consequências serão integralmente produzidas.

A teoria de Robert Alexy suscitou uma ampla série de discussões e críticas, que não teremos como examinar aqui, mas, a despeito disso, pelo menos no Brasil, ela se converteu na concepção predominante na teoria constitucional contemporânea.[100] Sem embargo, cabe analisar, muito brevemente, a outras duas teses sobre a questão, pela sua influência no pensamento constitucional brasileiro: as contribuições desenvolvidas de forma convergente pelo filósofo alemão Jürgen Habermas e pelo jurista Klaus Günther,[101] e a teoria desenvolvida no Brasil por Humberto Ávila.

Habermas[102] e Günther[103] criticaram a concepção de Alexy, que equipara os princípios a comandos de otimização, suscetíveis de ponderação, pois ela confundiria a argumentação deontológica, próprio à esfera de aplicação judicial do Direito, com a axiológica. No campo do Direito, os juízos axiológicos, segundo eles, caberiam exclusivamente ao legislador, no momento de elaboração das normas jurídicas, e não ao juiz, por ocasião da sua aplicação. Nessa ótica, a ponderação judicial entre princípios não seria compatível nem com a separação de poderes, nem como a ideia do Estado Democrático de Direito, acarretando insegurança jurídica e arbítrio judicial.

Tais autores reconhecem, todavia, que as hipóteses envolvendo colisões entre princípios não podem ser solucionadas apenas com recurso à lógica formal. Para eles, diante de uma situação em que diversos princípios constitucionais aparentemente incidem, apontando soluções contraditórias, o papel judicial deve ser o de considerar todas as circunstâncias do caso, bem como as demais normas do sistema jurídico. Por meio deste exame integral do contexto fático e normativo, define-se qual dos princípios *prima facie* aplicáveis deverá efetivamente incidir, por ser o mais adequado à hipótese.[104] Não se trata, portanto, de ponderar ou otimizar princípios, para lhes conferir uma aplicação gradual, como sustenta Alexy, mas sim de verificar, atento a todas as especificidades e variáveis envolvidas na situação, qual dos princípios em jogo é o mais adequado ao caso. Tal princípio deverá ser integralmente cumprido, enquanto o outro, com o qual ele concorrera, será totalmente afastado da solução do problema. O princípio preterido

---

[100] Na literatura brasileira, adotando esta orientação, veja-se, entre outros: BARROSO; BARROSO, Luís Roberto; BARCELLOS, Ana Paula de. O começo da história: a nova interpretação constitucional e o papel dos princípios no direito brasileiro. *In*: BARROSO, Luís Roberto (Org.). *A nova interpretação constitucional*: ponderação, direitos fundamentais e relações privadas, p. 327-378; PEREIRA, Jane Reis Gonçalves. *Interpretação constitucional e direitos fundamentais*, p. 75-127; SILVA, Virgílio Afonso da. *Direitos fundamentais*: conteúdo essencial, restrições e eficácia, p. 43-64.

[101] No Brasil, a visão de Habermas e Günther exerceu grande influência, sobretudo, na nova escola mineira de Direito Constitucional. Veja-se, nesta linha: GALLUPO, Marcelo Campos. *Igualdade e diferença*: estado democrático de direito a partir do pensamento de Habermas, p. 167-198; CATTONI DE OLIVEIRA, Marcelo Andrade. Jurisdição e hermenêutica constitucional no Estado Democrático de Direito: um ensaio de teoria da interpretação enquanto teoria discursiva da argumentação jurídica de aplicação. *In*: CATTONI DE OLIVEIRA, Marcelo Andrade (Coord.). *Jurisdição e hermenêutica constitucional*, p. 47-78; CRUZ, Álvaro Ricardo de Souza. *Habermas e o direito brasileiro*; FERNADES, Bernardo Gonçalves; PEDRON, Flávio Quinaud. *O poder judiciário e(m) crise*: reflexões de teoria da constituição e teoria geral do processo sobre o acesso à Justiça e as recentes reformas do poder judiciário à luz de: Ronald Dworkin, Klaus Günther e Jürgen Habermas, Bernardo Gonçalves, p. 224-267.

[102] Cf. HABERMAS, Jürgen. *Direito e democracia*: entre facticidade e validade, p. 314-323.

[103] GÜNTHER, Klaus. *Teoria da argumentação no direito e na moral*: justificação e aplicação, p. 349-414.

[104] Cf. HABERMAS, Jürgen. *Direito e democracia*: entre facticidade e validade, p. 322-323; GÜNTHER, Klaus. *Teoria da argumentação no direito e na moral*: justificação e aplicação, p. 354.

não é considerado inválido, mas inadequado ao caso, após a consideração de todas as respectivas singularidades. Em um caso concreto que envolvesse, por exemplo, a discussão sobre a liberdade de expressão de ideias racistas, ao Judiciário não caberia ponderar tal liberdade com o direito à igualdade — como fez o STF no julgamento do *Caso Elwanger*[105] —, mas sim analisar, à luz de todas as circunstâncias do caso, qual dos princípios que tutelam estes direitos fundamentais é o mais adequado para reger a hipótese, afastando o outro da solução da causa.[106]

Os princípios, sob esta perspectiva, seriam normas cuja aplicação abrir-se-ia a múltiplas considerações relativas à sua adequação às especificidades de cada caso (juízo de adequação). Já as regras operariam de maneira diferente. Em relação a elas, o intérprete, ao avaliar a sua incidência sobre um caso, só poderia considerar aqueles elementos já definidos pelo legislador, excluindo da sua análise todas as outras possíveis dimensões do problema.[107] Isto porque, ao optar pela positivação de normas jurídicas na forma de regras e não de princípios, o próprio legislador — constituinte ou ordinário — já teria feito o juízo de valor sobre quais os fatores que devem ou não ser considerados pelo intérprete para deflagrar a aplicação normativa. Esta escolha legislativa é considerada válida e admissível, desde que o procedimento de elaboração normativa tenha sido democrático e que tenha levado em consideração, de maneira imparcial, os interesses de todos os envolvidos.

Na literatura jurídica brasileira, a contribuição mais original ao debate sobre princípios e regras é de Humberto Ávila. Em seu estudo sobre a teoria dos princípios, após criticar outros parâmetros já propostos pela doutrina para distinção entre regras e princípios, Ávila propôs três critérios para esta diferenciação: natureza do comportamento prescrito, natureza da justificação exigida de quem aplica a norma, e a medida da sua contribuição para a decisão.[108]

Quanto ao primeiro critério, Ávila sustenta que os princípios são imediatamente finalísticos, na medida em que estabelecem um "estado ideal de coisas a ser atingido", enquanto as regras são imediatamente prescritivas, uma vez que preveem condutas que devem ser observadas.[109] É verdade, diz o autor, que, indiretamente, as regras também visam à realização dos fins que lhes são subjacentes; e que, dos princípios, é possível inferir deveres de conduta, no sentido da adoção dos comportamentos necessários ao atingimento das finalidades perseguidas. Porém, apesar de ambas as espécies normativas ligarem-se tanto a fins como a condutas, a distinção se mantém. No que concerne aos princípios, a relação com os fins é direta e com as condutas indireta; enquanto para regras dá-se exatamente o inverso.[110]

Em relação ao critério da natureza da justificação exigida, Ávila sustenta que, na operação com as regras, o papel do intérprete é, basicamente, verificar se os fatos se enquadram na descrição contida na norma. Apenas em casos excepcionais, e com

---

[105] HC nº 82.424, Rel. Min. Maurício Corrêa. *DJ*, 19 mar. 2004.
[106] Nesse sentido, veja-se: CATTONI DE OLIVEIRA, Marcelo Andrade. A ponderação de valores na jurisprudência recente do Supremo Tribunal Federal: uma crítica teorético-discursiva aos novos pressupostos hermenêuticos adotados no *habeas corpus* n. 82.424-2-RS. In: SAMPAIO, José Adércio Leite (Coord.). *Constituição e crise política*, p. 191-204.
[107] Cf. GÜNTHER, Klaus. *Teoria da argumentação no direito e na moral*: justificação e aplicação, p. 392.
[108] ÁVILA, Humberto. *Teoria dos princípios*, p. 71-84.
[109] ÁVILA, Humberto. *Teoria dos princípios*, p. 71.
[110] ÁVILA, Humberto. *Teoria dos princípios*, p. 73.

pesado ônus argumentativo, ele poderá analisar se os fatos, embora correspondentes à previsão normativa, contrariam os fins que dão suporte à regra, o que justificaria a sua não incidência, ou se a aplicação da regra pode ser superada por outras razões contrapostas (caso de superabilidade da regra).[111] Já quanto aos princípios, cabe ao intérprete aferir se os efeitos da conduta correlacionam-se positivamente, ou não, com o estado ideal de coisas almejado, contribuindo para a sua promoção.

Finalmente, Humberto Ávila distingue as regras dos princípios, afirmando que aquelas têm a pretensão de definir, de forma exclusiva, a solução para as hipóteses sobre as quais incidem, com o afastamento de outras razões e considerações. Ele designa esta característica como "pretensão de decidibilidade e abrangência das regras". Já os princípios não possuem o mesmo traço, pois visam apenas a contribuir para a adoção da solução adequada para o caso. Eles possuem, nas suas palavras, "pretensão de complementaridade e parcialidade".[112]

Apresentados sucintamente os principais critérios utilizados para diferenciar os princípios das regras constitucionais, é hora de tecer breves considerações sobre o tema.

Não existe, a rigor, um único critério "certo" para distinguir os princípios das regras, sendo a questão de natureza eminentemente convencional. Portanto, não há nada de errado em um autor chamar de princípios constitucionais, por exemplo, as normas jurídicas consideradas mais relevantes do sistema constitucional, como também não há nenhuma impropriedade em outro doutrinador usar a mesma expressão para designar as normas que sejam dotadas de uma "dimensão de peso". Estes dois usos diferentes são aceitáveis, considerando que as convenções linguísticas existentes no campo do Direito ainda não se estabilizaram nesta matéria, de forma a definir um único sentido técnico e preciso para "princípio" ou para "regra".

Contudo, é preciso que se saiba que os diversos critérios propostos não se confundem, não se tratando apenas de diferentes formas de se observar o mesmo fenômeno. Se o critério adotado for, por exemplo, o alto grau de indeterminação semântica, o universo dos princípios constitucionais contidos na Constituição de 88 terá composição diferente da que teria se fosse empregado como parâmetro a importância sistêmica da norma, ou a forma de resolução dos conflitos normativos.

O que se afigura incorreto é definir uma norma como princípio ou como regra, de acordo com um determinado critério, e daí se extrair, automaticamente, os efeitos decorrentes do seu pertencimento àquela espécie normativa, tal como ela é concebida sob a ótica de critério diferente. Exemplifica-se: muitos juristas chamam de "princípio da anterioridade" a norma contida no art. 150, III, "b", da Constituição, segundo a qual é vedado cobrar tributos "em relação a fatos geradores ocorridos antes do início da vigência da lei que os houver instituído ou aumentado". O rótulo de princípio é aposto a este preceito porque ele é considerado muito importante no sistema constitucional tributário. Não há nada de errado nisto, desde que não se pretenda, com base neste rótulo, por exemplo, afirmar-se que a anterioridade opera como um mandamento de otimização, que deve ser cumprido na medida do que seja fática e juridicamente possível.

Ademais, diante da multiplicidade de sentidos possíveis das expressões "princípio constitucional" e "regra constitucional", é importante, por uma questão de clareza,

---

[111] ÁVILA, Humberto. *Teoria dos princípios*, p. 73-76.
[112] ÁVILA, Humberto. *Teoria dos princípios*, p. 77.

que cada um, ao tratar do tema, defina em que sentido emprega os referidos termos. Nós os empregaremos neste livro, no mais das vezes, em sentido próximo ao usado pelo jurista alemão Robert Alexy, em sintonia com a tendência dominante que vem se formando na teoria constitucional brasileira contemporânea.

Não concordamos com a crítica a esta concepção formulada por Jürgen Habermas e Klaus Günther, no sentido de que a ponderação, postulada por Alexy em relação aos princípios, seria tarefa imprópria para a atividade jurisdicional. Em capítulo específico sobre o conflito de normas constitucionais (Capítulo 12) o tema será desenvolvido.

Porém, há uma diferença entre os conceitos de princípio e regra que defendemos e aquele sustentado por Robert Alexy que deve ser desde logo consignada. É que, seguindo a senda de Humberto Ávila,[113] também trilhada por Ana Paula de Barcellos,[114] entendemos que, em casos excepcionais, e com grande cautela, até as regras constitucionais podem sujeitar-se a ponderações. Vejamos um exemplo, extraído da jurisprudência do STF, de decisão que nos parece substancialmente correta. Trata-se da do julgamento do *Habeas Corpus* nº 89.417, ocorrido em 2006,[115] no qual se discutiu a possibilidade de não aplicação da regra constitucional que determina que a prisão em flagrante de um deputado estadual deve ser submetida ao crivo da respectiva Assembleia Legislativa (art. 27, §1º, c/c art. 53, §2º, CF). O *habeas corpus* fora impetrado contra o ato judicial que determinara a prisão do Presidente da Assembleia Legislativa do Estado de Rondônia, acusado de chefiar uma quadrilha da qual participariam 23 dos 24 deputados estaduais daquela unidade federativa. O STF entendeu que as características singularíssimas daquele caso justificavam a não aplicação da regra em questão, em que pese a hipótese a ela se subsumir, dado que a incidência da norma em questão implicaria garantia da impunidade do agente político, o que afrontaria diversos princípios constitucionais relevantes, como a República, a moralidade e a democracia.[116]

Tal caso ilustra como, muito embora as regras devam *normalmente* ser aplicadas sobre a forma do "tudo ou nada", em circunstâncias extraordinárias, e exigindo-se um pesado ônus argumentativo para a justificação da medida, elas também podem ser ponderadas. Isto as diferencia dos princípios, que são ponderados de forma mais habitual.

9.6.3 Importância dos princípios e das regras no sistema constitucional

O sistema constitucional brasileiro é composto tanto por regras quanto por princípios constitucionais, e a presença destas duas espécies normativas afigura-se fundamental para que a Constituição possa desempenhar adequadamente o seu papel. Princípios e regras exercem funções diferentes no sistema constitucional, mas igualmente essenciais. Por isto, é adequada a caracterização da Constituição como "um sistema aberto de regras e princípios".[117]

---

[113] ÁVILA, Humberto. *Teoria dos princípios*, p. 112-120.
[114] BARCELLOS, Ana Paula de. *Ponderação, racionalidade e atividade jurisdicional*, p. 201-234.
[115] HC nº 89.417, 1ª Turma. Rel. Min. Cármen Lúcia. *DJ*, 15 dez. 2006.
[116] Na ementa do acórdão, lavrou-se: "Os elementos contidos nos autos impõem interpretação que considere mais que a regra proibitiva da prisão parlamentar, isoladamente, como previsto no art. 55, §2º, da Constituição da República. Há de se buscar interpretação que conduza à aplicação efetiva e eficaz do sistema constitucional como um todo".
[117] Cf. CANOTILHO, José Joaquim Gomes. *Direito constitucional e teoria da Constituição*, p. 1036.

Os princípios permitem que a Constituição se comunique melhor com a realidade fática subjacente, uma vez que conferem mais amplitude para interpretações que levem em conta as especificidades do quadro empírico. A sua plasticidade abre um maior espaço para a penetração de considerações sobre a solução mais justa no caso concreto no âmbito da concretização constitucional. É por isso que alguns autores associam os princípios constitucionais ao ideal de justiça.[118]

Esta maior maleabilidade dos princípios estimula que, no campo hermenêutico, se articulem e possam dialogar ou disputar espaço as diferentes forças políticas e sociais, que endossam ideologias e cosmovisões divergentes. Neste sentido, pode-se dizer que a abertura semântica dos princípios enseja uma maior abertura social da Constituição, que se torna mais receptiva ao pluralismo cultural e político, presente nas sociedades contemporâneas.[119] Os princípios, muito mais do que as regras, comportam diferentes leituras, ponderações e compromissos, o que é necessário para que a Constituição possa ser vista por todos os cidadãos como algo que também é seu e pelo qual vale a pena lutar.

A abertura dos princípios permite também que a Constituição se adapte mais facilmente às mudanças sociais, sem a necessidade de alterações formais tão frequentes no seu texto. Em outras palavras, os princípios facilitam a mutação constitucional, ampliando a capacidade da Constituição de acompanhar as transformações que ocorrem na sociedade ao longo do tempo. A "capacidade de aprendizado" da Constituição é incrementada pelos princípios.

Sob o ângulo cultural, os princípios são fundamentais para enraizarem o sentimento constitucional no povo. Como já salientado, o sucesso da ordem constitucional depende em boa parte da sua capacidade de conquistar corações e mentes do cidadão comum, e é muito mais fácil fazê-lo a partir de princípios abstratos, que remetem a um horizonte de utopia socialmente compartilhada, do que com apoio em regras precisas. Estado democrático de direito, dignidade da pessoa humana e solidariedade social, por exemplo, tendem a ser mais inspiradores do que regras que definem competências ou estabelecem procedimentos, apesar da enorme importância dessas últimas para o funcionamento adequado do sistema constitucional.

Por outro lado, as regras constitucionais são também fundamentais, por diversas razões. Em primeiro lugar, porque elas garantem maior segurança jurídica no seu processo de aplicação, aumentando a previsibilidade do Direito, essencial para o funcionamento de uma sociedade livre e democrática.[120] É vital para a operacionalidade

---

[118] Cf. BARCELLOS, Ana Paula de. *Ponderação, racionalidade e atividade jurisdicional*, p. 186-187; BARROSO, Luís Roberto. *Curso de direito constitucional contemporâneo*: os conceitos fundamentais e a construção do novo modelo, p. 209. Esta afirmação, contudo, deve ser qualificada. Regras constitucionais também podem ser fortemente inspiradas num ideário de justiça e há princípios em que tal componente axiológico não tem maior saliência. A diferença entre regras e princípios no que concerne à justiça não está nos respectivos conteúdos normativos, mas no espaço conferido ao intérprete para buscá-la no caso concreto — maior nos princípios do que nas regras. É neste sentido que Humberto Ávila associa regras e princípios à justiça — as primeiras à justiça geral e os segundos à justiça particular (cf. ÁVILA, Humberto. Neoconstitucionalismo: entre a ciência do direito e o direito da ciência. *In*: SOUZA NETO, Cláudio Pereira de; SARMENTO, Daniel; BINENBOJM, Gustavo (Org.). *Vinte anos da Constituição Federal de 1988*, p. 196-199).

[119] Cf. ZAGREBELSKY, Gustavo. *Il diritto mite*: legge diritti giustizia, p. 11. Sobre as relações entre pluralismo e abertura constitucional, veja-se: HÄBERLE, Peter. *Pluralismo y Constitución*: estudios de teoría constitucional de la sociedad abierta, p. 85-103.

[120] Cf. SCHAUER, Frederick. *Playing by the Rules*: a Philosophical Examination of Rule-Based Decision-Making in Law and in Life, p. 137-145; BARCELLOS, Ana Paula de. *Ponderação, racionalidade e atividade jurisdicional*, p. 185-187.

do sistema jurídico e para a vida da sociedade em geral que determinadas questões já estejam decididas com clareza pela Constituição. Imagine-se o caos que seria para o sistema político se a Constituição, por exemplo, ao invés de fixar o mandato do Presidente em quatro anos, apenas aludisse ao princípio republicano, que postula a temporariedade dos mandatos eletivos? Numa questão como essa, é evidente a necessidade de uma regra clara, de aplicação mecânica e previsível, no lugar de um princípio vago.

Ademais, as regras poupam a energia e o tempo que a concretização dos princípios tende a envolver, sobretudo no cenário de uma sociedade plural e complexa, evitando que se instaurem controvérsias políticas ou sociais muitas vezes desnecessárias. Portanto, a eficiência do sistema jurídico demanda as regras.[121] Figure-se a dificuldade que existiria em definir a competência legislativa para a disciplina das relações familiares, se, ao invés de conter uma regra, prevendo a competência da União para legislar privativamente sobre Direito Civil, o constituinte houvesse consagrado apenas o princípio da predominância do interesse?[122] Se não existissem regras partilhando a competência entre as entidades federativas, mas apenas um princípio genérico regulando a questão, poderia surgir grave controvérsia a cada vez que um ente federal resolvesse disciplinar qualquer assunto.

Além disso, a regras funcionam também como uma espécie de "vacina" contra os riscos de erro do futuro operador do Direito.[123] Quando se acredita fortemente na sabedoria deste operador, e na sua capacidade de produzir decisões ótimas, levando em consideração todos os fatos e elementos existentes em cada situação, a formulação de princípios jurídicos pode ser mais adequada. Afinal, se operasse com uma regra, este intérprete poderia não chegar a resultados tão próximos ao ideal do "justo para o caso concreto" do que ele atingiria se o material normativo à sua disposição fosse um princípio. Mas, quando se teme que este operador, por quaisquer razões, tenha muito mais chance de errar, pode-se preferir limitá-lo antecipadamente, com o uso de regras. Um princípio abstrato, ideal para um intérprete perfeito, pode, no cômputo geral, produzir resultados inferiores aos de uma regra, quando a maior parte dos operadores do Direito tenha capacidades mais limitadas.[124]

Portanto, a regra jurídica pode ser subótima para cada caso concreto, tendo em vista a possibilidade de que as singularidades de cada situação revelem a existência de uma solução ainda mais justa do que aquela previamente estabelecida por quem a elaborou. Porém, num cenário realista, que não se iluda com as possibilidades dos operadores jurídicos em geral de encontrar sempre a melhor resposta para cada problema, a opção pela regra como instrumento de regulação pode ser mais vantajosa do que a escolha do princípio, numa perspectiva global. Esta é uma das razões que faz

---

[121] Cf. SCHAUER, Frederick. *Playing by the Rules*: a Philosophical Examination of Rule-Based Decision-Making in Law and in Life, p. 145-149.

[122] O princípio da predominância do interesse é um princípio implícito, ligado ao federalismo, que atribui competência legislativa ou material à esfera federativa cujo interesse preponderar: se nacional, à União; se regional, ao Estado; se local, ao Município.

[123] Cf. SCHAUER, Frederick. *Playing by the Rules*: a Philosophical Examination of Rule-Based Decision-Making in Law and in Life, p. 151-155.

[124] Sobre a necessidade de não idealização dos intérpretes na definição de modelos hermenêuticos, veja-se o texto seminal de: S SUNSTEIN, Cass R.; VERMEULLE, Adrian. Interpretations and Institutions. *John M. Olin Law & Economics Working Paper*, n. 156; e, ainda, SARMENTO, Daniel. Interpretação constitucional, pré-compreensão e capacidades institucionais do intérprete. *In*: SARMENTO, Daniel. *Por um constitucionalismo inclusivo*, p. 217-232.

com que no Direito se opte muitas vezes pela disciplina das relações sociais por meio de regras e não de princípios.

No cenário constitucional, esta ideia também é válida, com um adendo importante. É que a abertura constitucional dos princípios dá espaço para diferentes concretizações não só para o aplicador da norma, como também para o legislador. Diante de um princípio, o legislador ganha um espaço para a livre conformação que é muito maior do que aquele que uma regra lhe confere. Portanto, a escolha por regras, no Direito Constitucional, não é só uma precaução contra possíveis erros futuros de juízes, mas também contra aqueles que possam ser cometidos pelos legisladores. Neste sentido, a regra constitucional impõe limites mais precisos para o legislador, o que pode ser positivo, quando se teme a possibilidade de que este possa vir a comportar-se de forma censurável em relação a uma determinada questão. Mas, por outro lado, por limitar mais as gerações futuras que os princípios, a regra constitucional está mais sujeita à crítica da "tirania intergeracional".

As regras, por sua vez, evitam uma transferência de poder do formulador da norma para o seu aplicador.[125] Uma Constituição baseada apenas em princípios aos quais se atribuísse plena força normativa poderia favorecer o arbítrio judicial, ao conferir um poder amplo demais ao seu intérprete. A força das decisões do constituinte cederia espaço para as valorações e ponderações judiciais, sempre influenciadas pela visão de mundo dos juízes. Num sistema jurídico aparelhado com mecanismos de controle de constitucionalidade das leis, como o brasileiro, uma Constituição exclusivamente principiológica seria uma ameaça à democracia, pois o parâmetro para aferição da validade dos atos legislativos tornar-se-ia excessivamente fluido e dependente da ideologia e das idiossincrasias dos juízes constitucionais.

Por todas estas razões, as constituições não têm como prescindir nem das regras, nem dos princípios, e neste erro não incorreu a Carta de 88. Diante desta clara opção do constituinte, e da relevância das funções desempenhadas tanto pelos princípios como pelas regras constitucionais, não cabe, no plano metodológico, amesquinhar a aplicação de qualquer uma destas espécies normativas. Por isso, da mesma maneira que não se deve endossar um modelo hermenêutico legalista, excessivamente rígido, refratário aos princípios e aos imperativos morais do constitucionalismo, tampouco se justifica o erro oposto, de menosprezo às regras constitucionais, que tende a gerar insegurança e arbítrio.

9.6.4 Valores e postulados normativos

Outros dois candidatos a integrarem o conjunto das normas constitucionais, ao lado das regras e princípios, são os valores constitucionais e os postulados normativos. Entendemos, contudo, que os valores não são normas jurídicas — embora penetrem profundamente em algumas normas constitucionais —, e que os postulados aplicativos não constituem uma categoria autônoma em relação às regras e aos princípios constitucionais, ora atuando como regra, ora como princípio.

Quanto aos valores, não se nega o fato de que eles impregnam toda a Constituição, que é pródiga na consagração de normas axiologicamente saturadas. A maioria das

---

[125] Cf. SCHAUER, Frederick. *Playing by the Rules*: a Philosophical Examination of Rule-Based Decision-Making in Law and in Life, p. 158-162.

constituições — e a brasileira não foge deste padrão — contém direitos fundamentais, além de outras normas que expressam um ideário de moralidade pública. Estas normas estão impregnadas de valores, que têm grande importância na hermenêutica constitucional. É conhecida, neste sentido, a teoria desenvolvida pela Corte Constitucional alemã, a partir do julgamento do caso *Lüth*,[126] no sentido de que a Constituição conteria uma "ordem de valores".

Independentemente da posição que se tenha a propósito da existência de uma conexão necessária entre Direito e Moral — negada pelos positivistas e afirmada pelos seus adversários —, é induvidoso que a maior parte das constituições contemporâneas, dentre as quais a brasileira, consagrou normas revestidas de inequívoca dimensão moral, que não deixam por isso de ostentar força normativa. Foi neste sentido que Mauro Cappelletti falou num processo de "positivação do Direito Natural"[127] no constitucionalismo contemporâneo.

Também não se questiona, aqui, a possibilidade de que os valores morais penetrem na argumentação jurídico-constitucional. A Constituição se abre, naturalmente, a uma "leitura moral", sensível aos valores, que deve buscar, sem rompimento dos limites do texto e do sistema positivados, realizar os objetivos emancipatórios do constitucionalismo democrático.

O que pretendemos salientar é tão somente o fato de que os valores não figuram na Constituição em "estado bruto". Ao serem inseridos nas constituições, expressa ou implicitamente, eles se convertem em princípios ou em regras, de acordo com as características que venham a assumir, saindo do plano puramente axiológico para incorporarem-se à esfera deontológica. Como salientou Jane Reis Gonçalves Pereira, a inserção dos valores no ordenamento jurídico "relaciona-se ao fato de serem tutelados por normas, não de serem normas".[128]

Há, porém, posição divergente, que conta com muitos adeptos no âmbito do Direito Constitucional espanhol. A Constituição espanhola alude, em seu artigo 1º, aos "valores superiores de seu ordenamento jurídico", identificados como a liberdade, a justiça, a igualdade e o pluralismo político. Diante do texto constitucional, surgiu um importante debate na teoria constitucional espanhola sobre a natureza jurídica dos valores,[129] e uma corrente relevante se formou no sentido de que eles seriam normas jurídicas, caracterizadas por um grau de indeterminação ainda maior do que os princípios.[130] O nosso ordenamento constitucional não apresenta a mesma peculiaridade, e não há razão para não chamar de "princípios" aquelas normas muito abstratas, mas dotadas de imperatividade, que estão presentes na Constituição brasileira, de forma expressa ou implícita.

Quanto aos postulados normativos, trata-se de construção formulada por Humberto Ávila, que os trata como uma terceira espécie de normas, inconfundível com as regras e os princípios. Para Ávila, o diferencial dos postulados normativos em relação aos princípios e às regras estaria no fato de que os primeiros representam metanormas,

---

[126] 7 BVerfGE 198 (1958).
[127] CAPPELLETTI, Mauro. *O controle judicial de constitucionalidade das leis no direito comparado*, p. 11-12.
[128] PEREIRA, Jane Reis Gonçalves. *Interpretação constitucional e direitos fundamentais*, p. 121.
[129] Para um amplo debate da questão, veja-se: DIAS REVORIO, Francisco Javier. *Valores superiores e interpretación constitucional*, p. 153-295.
[130] Neste sentido, DIAS REVORIO, Francisco Javier. *Valores superiores e interpretación constitucional*, p. 161; e PECES BARBA, Gregorio. *Curso de derechos fundamentales*: teoría general, p. 418-420.

ou normas de 2º grau, que instituem critérios para a aplicação de outras normas.[131] Ele invoca diversos exemplos, como a proporcionalidade e a razoabilidade.

Contudo, o fato de uma norma pautar a aplicação de outras normas não é suficiente para excluí-la do campo das regras ou dos princípios. Veja-se um típico exemplo de metanorma: aquela que consagra a aplicabilidade imediata dos direitos fundamentais (art. 5º, §1º, CF). De acordo com a definição de Ávila, não há dúvida de que o referido preceito consagra um postulado normativo, já que visa a reger a incidência de outras normas constitucionais — os direitos fundamentais. Pode-se dizer que esta norma opera como princípio e não como uma regra, pois atua como um mandamento de otimização e não de acordo com a lógica do "tudo ou nada". Em face da impossibilidade de se atribuir aplicabilidade imediata a todos os dispositivos constantes do Título II, o §1º do art. 5º tem sido caracterizado como um "comando de otimização", segundo o qual, se a norma jusfundamental se abre a diversas interpretações, deve se optar por aquela que lhe atribua maior eficácia. Esse "comando de otimização" corresponderia, portanto, ao "princípio da máxima eficácia dos direitos fundamentais". A aplicabilidade imediata da norma jusfundamental poderia, por conseguinte, ser afastada, tendo em vista os limites fáticos e normativos que envolvem o caso em exame.[132] É o que ocorre frequentemente no campo dos direitos sociais prestacionais, ensejando eventuais limitações à sua plena exigibilidade judicial.

Veja-se agora outro caso, igualmente típico, de postulado normativo: a supremacia da Constituição. Esta metanorma atua como uma espécie de pressuposto lógico para a operação de toda a Constituição, e, mais especificamente, lida com conflitos normativos, dirimindo as colisões entre normas constitucionais e infraconstitucionais. Apesar de chamado muitas vezes de "princípio" da supremacia da Constituição — provavelmente pela sua inequívoca relevância — o modo de aplicação da supremacia é o de uma regra, pois ela gera comandos definitivos, e não imperativos *prima facie*. Em outras palavras, se uma norma infraconstitucional viola a Constituição, será sempre esta e não aquela a que deve prevalecer.[133]

Portanto, a categoria dos postulados normativos não representa um *tertius* em relação aos princípios e as regras, pelo menos no que toca à estrutura normativa. Trata-se de uma categoria engenhosa, mas que concerne ao objeto das normas constitucionais, e não ao seu modo de aplicação. Assim, não parece teoricamente correto tratá-la como uma espécie diferente de norma constitucional se o critério de classificação for o modo de aplicação e a forma de resolução de conflitos.

---

[131] Cf. ÁVILA, Humberto. Neoconstitucionalismo: entre a ciência do direito e o direito da ciência. *In*: SOUZA NETO, Cláudio Pereira de; SARMENTO, Daniel; BINENBOJM, Gustavo (Org.). *Vinte anos da Constituição Federal de 1988*, p. 123-125.

[132] Cf. PIOVESAN, Flávia. *Proteção judicial contra omissões legislativas*: ação direta de inconstitucionalidade por omissão e mandado de injunção, 2. ed., p. 104 *et seq.*; SARLET, Ingo Wolfgang. *A eficácia dos direitos fundamentais*: uma teoria geral dos direitos fundamentais na perspectiva constitucional, p. 270-271.

[133] Alguém poderia argumentar que a possibilidade de modulação temporal das decisões que declaram a inconstitucionalidade das leis, prevista no art. 27 da Lei nº 9.868/99 e usada com relativa frequência pelo STF, atestaria a possibilidade de ponderação da supremacia da Constituição, já que ela possibilitaria a manutenção de efeitos produzidos por norma contrária à Constituição. Não é o caso. O que se pondera, nesta hipótese, é o princípio implícito de retroatividade das decisões no controle de constitucionalidade, com outros princípios contrapostos, geralmente ligados à segurança jurídica ou a algum outro relevante interesse social. Neste sopesamento, busca-se, em verdade, encontrar a solução mais adequada à Constituição, razão pela qual não há que se falar em ponderação da supremacia da Lei Maior. Portanto, apesar de chamada de habitualmente de princípio, a supremacia da Constituição opera como uma autêntica regra.

CAPÍTULO 10

INTERPRETAÇÃO CONSTITUCIONAL

10.1 Introdução

Há muito se diz não haver norma jurídica, senão norma jurídica interpretada.[1] Isso é verdadeiro, sobretudo, na interpretação constitucional. Por conta da vagueza e do conteúdo político de muitas de suas prescrições, o texto constitucional dá espaço às mais variadas disputas e controvérsias, sobretudo no contexto de sociedades complexas e plurais, como a brasileira. No cenário jurídico contemporâneo, marcado pela expansão do papel da Constituição, a interpretação constitucional se torna extremamente importante, não só para o operador jurídico, como também para o cidadão. Com efeito, é cada vez mais frequente a invocação de normas constitucionais para resolução de controvérsias no âmbito do Poder Judiciário. Não apenas a Constituição é aplicada diretamente às relações sociais, mas também ela serve como parâmetro para o controle de constitucionalidade e como diretriz para a interpretação das demais normas jurídicas que compõem o ordenamento. Por outro lado, a Constituição passa também a desempenhar um papel mais destacado na vida nacional, inspirando a atuação dos agentes políticos e as reivindicações da cidadania, e penetrando nos debates travados no espaço público.

A Constituição, portanto, tem de ser interpretada em contextos muito diferentes. Ela é interpretada quando incide diretamente sobre a realidade social, regulando determinados fatos e comportamentos. Quando, por exemplo, uma parte, em um processo judicial, faz uma postulação com fundamento no direito ao contraditório e à ampla defesa, o juiz deve interpretar o que significam estas garantias constitucionais

---

[1] Cf. MENDES, Gilmar Ferreira. Introdução. *In*: HÄBERLE. Peter. *Hermenêutica constitucional*: a sociedade aberta dos intérpretes da Constituição: contribuição para a interpretação pluralista e "procedimental" da Constituição.

para aplicá-las corretamente. A aplicação direta da Constituição pode ocorrer em processos judiciais, mas também em outras arenas, como, por exemplo, na atuação da Administração Pública. A Constituição também é interpretada no exercício do controle de constitucionalidade: para invalidar um ato normativo, ou mesmo para afastar a sua aplicação num caso concreto, o Poder Judiciário tem de interpretar tanto a Constituição como a norma infraconstitucional questionada. Também o Poder Legislativo, para elaborar normas jurídicas, é obrigado a interpretar a Constituição, no mínimo para aferir se as suas decisões políticas estão dentro do marco das possibilidades de escolha estabelecidas em sede constitucional. Quando cidadãos debatem temas controvertidos, como as quotas raciais, o aborto ou a legalização da maconha, e invocam em seus argumentos princípios constitucionais, como a igualdade, a liberdade ou o direito à vida, eles também interpretam a Constituição. Portanto, a interpretação constitucional não é domínio exclusivo dos juristas, nem, muito menos, dos juízes.

A interpretação, como se sabe, não é um fenômeno exclusivamente jurídico. Os seres humanos interpretam o tempo todo: interpretam a fala dos seus interlocutores, o significado de expressões faciais, o texto de um poema, uma obra de arte abstrata. A interpretação jurídica, diferentemente, por exemplo, da interpretação literária, é acima de tudo uma atividade prática. Ela não ocorre no plano da especulação intelectual, mas se dá no mundo real, e se volta precipuamente à resolução de problemas concretos, que afetam a vida de pessoas de carne e osso. Com a interpretação constitucional não é diferente. A interpretação constitucional é uma atividade essencialmente prática e as questões com que se defronta são muitas vezes as mais importantes, complexas e controvertidas na vida de uma Nação. É natural, portanto, que o tema desperte grande atenção entre os estudiosos, e que se formem as mais diversas teorias sobre o assunto.

É verdade que muitas das questões que deveriam ser equacionadas com base na interpretação da Constituição, ainda o são pelo poder não regulado pelo Direito. Persistem no país práticas patrimonialistas, como o tráfico de influência e a corrupção. O peso político e econômico dos litigantes ainda é, algumas vezes, elemento decisivo para o desfecho de processos judiciais que envolvem matéria constitucional. A prevalência da interpretação constitucional sobre os fatores reais de poder é objetivo a ser perseguido no sentido do progresso institucional da Nação. Os elementos, princípios e métodos de interpretação constitucional, além da importante função prática que exercem no cotidiano da vida forense, devem desempenhar também o papel estratégico de racionalizar a incidência da Constituição sobre a vida política e social.

10.2 Notas históricas: do formalismo legalista ao pós-positivismo

O método mais tradicional de interpretação do direito é conhecido como "método da subsunção". A atividade do juiz consiste em verificar se os fatos levados à sua apreciação se identificam com a hipótese de incidência prevista na lei (a chamada *facti species*). Se este é o caso, aplica-se a norma e deflagra-se a consequência jurídica estabelecida no texto legal. Se, por exemplo, constata-se que um motorista ultrapassou o limite de velocidade permitido numa via, aplica-se a lei que impõe uma multa administrativa diante da prática desse ato. Para o formalismo mais estrito, toda a atividade do intérprete deveria se restringir a essa operação lógico-formal, em que a norma figura como premissa maior, o fato, como premissa menor, e a consequência jurídica é a síntese do silogismo.

Esse tipo de operação é repetido milhares de vezes no quotidiano da aplicação do Direito. Parte considerável do trabalho do operador do Direito, e mesmo do intérprete da Constituição, é subsumir fatos a normas. O problema não está em utilizar o método — o que, além de desejável, é inevitável. O problema está em pretender que toda a atividade interpretativa se circunscreva a ele. Porém, para o positivismo formalista, que predominou no século XIX e no começo do século XX, o intérprete não poderia atuar fora desses padrões lógico-formais. Ao Legislativo caberia o juízo político e a mudança das leis; ao Judiciário, a sua mera aplicação.[2] O magistrado seria um "servidor da lei", sendo as suas decisões "nunca mais do que um texto exato da lei";[3] caber-lhe-ia "estruturar um silogismo perfeito".[4] Só assim estaria garantida a segurança jurídica exigida pelo "governo das leis", evitando-se que o arbítrio dos juízes prevalecesse sobre a vontade do legislador, positivada nos textos legais.

Essa orientação foi originalmente elaborada na França, tendo em vista o Direito Privado, e exerceu enorme influência no mundo, inclusive no Brasil. Na França, o formalismo jurídico tem sua origem, no início do século XIX, ligada ao advento do Código de Napoleão. A elaboração do Código serviu para sistematizar o ordenamento francês, a partir de bases racionais, inspiradas na ideologia do liberalismo-burguês. No Código, sempre estaria contida uma resposta correta para as questões levadas à apreciação judicial. À edição do Código, se seguiu o surgimento da chamada Escola da Exegese, que reunia os seus intérpretes.[5] Segundo essa Escola, todo o Direito estaria compreendido no sistema composto pelas normas ditadas pelo legislador, e o papel do intérprete se resumiria a fazer com que a vontade legislativa, gravada nos textos legais, incidisse nos casos concretos. Não se concebia, portanto, que a interpretação operasse construtivamente.

Esta concepção se assentava em diversos fundamentos. Por um lado, baseava-se numa teoria rígida da *separação de poderes*, que via o Judiciário como aplicador autômato de comandos ditados pelo Legislativo. Por outro, a ênfase no princípio da legalidade ecoava o pensamento de Rousseau, que concebia a lei geral e abstrata como expressão da *vontade geral* do povo. Finalmente, o modelo revelava a grande preocupação com a *segurança jurídica*, tão cara a uma sociedade em que a previsibilidade da atuação estatal era vista como requisito indispensável para o desenvolvimento das atividades produtivas.

Na Alemanha, o formalismo jurídico foi desenvolvido a partir de outras bases, sobretudo pela chamada "Jurisprudência dos Conceitos" (*Begriffjurisprudenz*), no século XIX.[6] A Jurisprudência dos Conceitos também buscava construir um ordenamento sistemático e unitário, sem deixar espaço para a criação judicial do Direito. Porém, a construção do sistema não caberia ao legislador, mas à Ciência do Direito, por meio da formulação de conceitos jurídicos altamente abstratos. O foco central era também o Direito Privado, em que se desenvolveu a *doutrina pandectista*, que buscava a elaboração de conceitos muito sofisticados, por meio da depuração do Direito Romano.[7]

---

[2] A doutrina tradicional da separação dos poderes leva a uma "psicologia das faculdades", que considera a *vontade* e a *razão* como faculdades distintas. Enquanto, na legislação, tem-se um ato de vontade, na jurisdição, tem-se um ato de mera cognição. Cf. PERELMAN, Chaïm. *Lógica jurídica*: nova retórica, p. 32.
[3] MONTESQUIEU, Charles Louis de Secondat. *O espírito das leis*, p. 203.
[4] BECCARIA, Cesare. *Dos delitos e das penas*, p. 32.
[5] HESPANHA, António Manuel. *Panorama histórico da cultura jurídica européia*, p. 176-181.
[6] Cf. LARENZ, Karl. *Metodología de la ciencia del derecho*, p. 39-56.
[7] Cf. WIEACKER, Franz. *História do direito privado moderno*, p. 491-536.

No cenário do formalismo positivista, o Direito se inspirava na epistemologia das Ciências Exatas, que então viviam um momento de prestígio. Alentava-se a pretensão de que o conhecimento jurídico pudesse ser também exato, sem espaço para subjetivismos. Intérpretes não participariam da criação do Direito. Os atos de interpretação seriam atos de *conhecimento* e não atos de *vontade*. Apurados os fatos do caso concreto, os juízes teriam de aplicar as normas ou os conceitos incidentes, sem que lhes fosse autorizado introduzir qualquer tipo de inovação no ordenamento.

O formalismo jurídico entra em crise no começo do século XX, por diversas razões. A ampliação da intervenção do Estado na vida social dera ensejo à inflação legislativa, e a profusão das leis gerara a sua dessacralização. O princípio da separação de poderes já não podia ser visto de forma tão rígida, e a ideia de juiz como "boca que pronuncia as palavras da lei", à moda de Montesquieu, perdera terreno para compreensões que reconheciam, com intensidade variável, o papel judicial na criação do Direito.

Teorias críticas do liberalismo, como o marxismo, tinham servido para desmistificar a ideia de que o processo de interpretação e aplicação do Direito poderia ser neutro, asséptico e apolítico. A negação da dimensão política da interpretação — dizia-se — ocultava a realidade, com o propósito de imunizar o intérprete diante de críticas, colaborando para a manutenção do *status quo*.[8] Por outro lado, o desenvolvimento das Ciências Sociais, com estatuto epistemológico próprio, dera legitimidade a formas de saber que não se baseavam na lógica formal, mostrando outros caminhos possíveis para a Ciência do Direito. O avanço no conhecimento da Psicologia revelara, ademais, a impossibilidade de se conceber o intérprete do Direito — afinal, um ser humano, com paixões, pulsões e inconsciente — como uma "máquina de fazer subsunções".

Neste quadro, a tendência na hermenêutica jurídica foi de superação do formalismo, com a adoção de novas perspectivas, como a "jurisprudência dos interesses" (*Interessenjurisprudenz*), de Philipp Heck,[9] que sustentava a necessidade de proteção dos interesses materiais subjacentes às normas, com maior atenção para o mundo real, dedicando atenção a temas como as lacunas do ordenamento e a sua integração. Assim, sem se afastar do positivismo, a jurisprudência dos interesses abria mais espaço para o desenvolvimento do Direito diante das necessidades sociais. Outras correntes do pensamento jurídico iam ainda mais longe, rompendo radicalmente com o formalismo e adotando posições diametralmente opostas às suas. Chegava-se, algumas vezes, a negar até a existência de qualquer vinculação do intérprete ou do juiz ao Direito posto, legitimando-se plenamente a busca da solução tida pelo julgador como a mais correta para cada caso. Foi o caso da Escola da Livre Pesquisa do Direito, de François Geny, na França, e do movimento do Direito Livre, de Eugen Ehrlich e Herman Kantorowicz.

Foi também o caso, nos Estados Unidos, do *realismo jurídico* — a mais influente das teorias não formalistas sobre a interpretação do início do século XX.[10] No final do século XIX, tornara-se hegemônica nos Estados Unidos uma teoria jurídica racionalista, formal e abstrata, que teve como principal expositor o professor de Harvard Christopher

---

[8] Cf. WARAT, Luis Alberto. A produção crítica do saber jurídico. *In*: PLASTINO, Carlos Alberto (Org.). *Crítica do direito e do Estado*, p. 17 et seq.

[9] Cf. LARENZ, Karl. *Metodología de la ciencia del derecho*, p. 70-85.

[10] Para uma avaliação contemporânea do realismo jurídico, veja-se: LEITER, Brian. Legal Realism. *In*: PATTERSON, Denis (Ed.). *A Companion to Philosophy and Legal Theory*, p. 261-280. Uma obra de referência daquela escola é LLEWELLYN, Karl. *The Bramble Bush*: some Lectures on Law and its Study.

C. Langdell,[11] e que costuma ser associada à jurisprudência conservadora da Suprema Corte daquele período, que primava pela defesa incondicional dos valores do liberalismo econômico. O realismo investiu contra aquele modelo, sustentando que o Direito não é o que está nas leis ou nos precedentes, nem se baseia na lógica e na razão abstrata. Ele consiste naquilo que dizem os juízes. Oliver Wendell Holmes, precursor do movimento, definiu o Direito como "as profecias do que as cortes vão de fato fazer".[12] O realismo voltava-se contra o formalismo, tentando demonstrar que, apesar de frequentemente negarem que o façam, os juízes decidem os casos que lhes são apresentados com base em uma série de fatores psicológicos e sociológicos, conscientes ou não, que têm pouca ou nenhuma relação com as fontes normativas reconhecidas num dado sistema. Para o realismo, a interpretação do direito é sempre um ato de criação judicial, impregnado de conteúdo político.

Estas concepções radicalmente antiformalistas incorriam em erro tanto sob o prisma descritivo, como sob o ângulo prescritivo. Sob a primeira perspectiva, acabavam negando qualquer diferença entre as esferas política e a jurídica, e essas, nas sociedades modernas, não se confundem plenamente, embora se interpenetrem em alguma medida. Em países que se qualificam como Estados de Direito, existem constrangimentos reais que incidem sobre os intérpretes, inclusive os juízes, que tolhem a sua possibilidade de ignorar os limites à sua atividade, que vêm de elementos como os textos legais em vigor, os precedentes e a dogmática jurídica. Tome-se o exemplo brasileiro: apesar dos déficits do nosso constitucionalismo, seria inconcebível que um órgão do Poder Judiciário, por se afinar ideologicamente com um governante, estendesse o seu mandato para um prazo além do estabelecido claramente em regra constitucional. No nosso estágio de desenvolvimento, isso não teria como ocorrer, pois não seria socialmente aceita uma decisão dessa natureza. Do ponto de vista prescritivo, o antiformalismo radical também peca, por não dar o devido peso à segurança jurídica e à necessidade de legitimação democrática da atividade jurisdicional, que deriva da submissão dos juízes às normas legais elaboradas por representantes eleitos pelo povo. Essas concepções antiformalistas, no entanto, serviram como contraponto importante ao formalismo, atuando como a antítese, em um processo dialético que gerou, como síntese, o avanço em direção a teorias hermenêuticas mais equilibradas.

Num ponto intermediário entre o formalismo e antiformalismo se encontram as teorias da interpretação dos dois mais importantes teóricos do positivismo jurídico do século XX, Hans Kelsen e Herbert Hart. Kelsen partia de uma *teoria dinâmica* do ordenamento, que levava em consideração o processo de produção das normas e atos jurídicos.[13] Para o jurista austríaco, o ordenamento jurídico se estrutura como uma pirâmide, em que as normas situadas em patamar inferior têm fundamento de

---

[11] Sobre a chamada "escola de Langdell" e sua influência na cultura jurídica norte-americana, veja-se: FELDMAN, Stephen M. *American Legal Thought from Pre-Modernism to Postmodernism*: an Intellectual Voyage, p. 91-105.
[12] HOLMES, Oliver Wendell. The Path of Law. *In*: KENNEDY, David; FISHER III, William W. *The Canon of American Legal Thought*, p. 31. Nesse texto, que é um clássico da teoria jurídica norte-americana, publicado originariamente em 1897, Holmes propõe que se adote uma visão muito concreta do fenômeno jurídico, a partir da perspectiva do "homem mau". O "homem mau" programa a sua conduta não com base em princípios lógicos ou morais, mas buscando antecipar as prováveis consequências das suas ações. Por isso, para ele interessa saber como os juízes decidirão certas questões, e não o que é mais compatível com determinados valores ou conceitos jurídicos abstratos.
[13] Cf. KELSEN, Hans. *Teoria pura do direito*, p. 267-376.

validade naquelas que estão no degrau superior, figurando, no ápice, a Constituição. As normas do escalão superior condicionam a produção daquelas situadas no plano inferior em alguma medida, mas também deixam um espaço livre para decisão das autoridades competentes para a sua edição. A Constituição, por exemplo, fixa limites para o legislador, mas lhe atribui poder para tomar decisões, desde que respeitados aqueles limites. Isso, para Kelsen, também vale para os atos de aplicação do Direito. Um dos principais pontos de distinção entre o pensamento de Kelsen e o formalismo jurídico está precisamente nessa ideia: para ele, o ato de decisão judicial não é apenas de *aplicação* do Direito, mas também de *criação*. Isso ocorre porque, para Kelsen, a norma jurídica constitui uma espécie de *moldura*, onde são possíveis diversos conteúdos, de acordo com a diversidade das interpretações possíveis. Cabe ao juiz preencher essa moldura com um ato que é ao mesmo tempo de aplicação, porque balizado pelos limites estabelecidos pela norma jurídica, e de criação, porque é do magistrado a opção por uma dentre as diversas interpretações que o texto legal franqueia.

O jusfilósofo inglês Herbert Hart, tal como Kelsen, também formulou teoria da interpretação baseada no reconhecimento do caráter simultaneamente cognitivo e volitivo da aplicação do Direito. Segundo Hart,[14] as normas jurídicas possuem "textura aberta", que decorre da própria natureza da linguagem humana. Em algumas normas, essa abertura é bastante acentuada, e em outras ela é mais reduzida, mas sempre está presente. Diante da textura aberta, existem, para Hart, situações em que uma norma jurídica claramente se aplica, e outras em que indiscutivelmente ela não se aplica. Mas existe também uma "zona de penumbra", em que a incidência da norma é discutível. As hipóteses concretas que se inserem nessa "zona de penumbra" são os "casos difíceis" da interpretação. Nesses casos, há discricionariedade judicial, pois o Direito não fornece uma resposta ao problema, cabendo ao juiz fazer uma verdadeira escolha. Hart afirmou que a ideia de que os juízes não estão vinculados ao Direito preexistente, sustentada pelos realistas, seria um "pesadelo"; enquanto a visão de que os magistrados apenas descobrem soluções já contidas no ordenamento seria um "nobre sonho". Para ele, a verdade estaria no meio entre o sonho e o pesadelo: "A exemplo de qualquer pesadelo e qualquer outro sonho, esses dois são, em minha opinião, ilusões (...). A verdade, talvez não muito empolgante, é que ora os juízes fazem uma coisa, ora fazem outra".[15]

O debate contemporâneo sobre a interpretação jurídica é extremamente rico e plural, e tem como pano de fundo duas mudanças importantes no campo filosófico, que não teremos como explorar aqui, mas apenas registrar a sua ocorrência. Trata-se da "virada kantiana" e do "giro linguístico", que compõem, não sem algumas tensões internas, o marco filosófico do pós-positivismo.

A virada kantiana[16] foi o retorno da Ética normativa ao campo das reflexões dos pensadores. A primeira metade do século XX fora marcada pelo relativismo ético. Diante do crescente pluralismo característico das sociedades modernas, tinham passado a coexistir diferentes concepções sobre a justiça. O relativismo dizia que não era possível,

---

[14] HART, Herbert. *O conceito de direito*, p. 137-149.
[15] HART, Herbert. A teoria do direito norte-americano pelos olhos ingleses: o pesadelo e o nobre sonho. *In*: HART, Herbert. *Ensaios sobre teoria do direito e filosofia*, p. 161.
[16] A expressão "virada kantiana" é de HÖFFE, Otfried. *Kategorische Rechtsprinzipien: ein Kontrapunkt der Moderne*, p. 351 *apud* TORRES, Ricardo Lobo. A jurisprudência de valores. *In*: SARMENTO, Daniel (Org.). *Filosofia e teoria constitucional contemporânea*, p. 509.

naquele cenário, definir de forma objetiva o que certo e o que é errado, pois tudo seria uma questão de "ponto de vista", sem que houvesse qualquer critério para resolução das controvérsias morais existentes na sociedade. Essa posição cética era coerente com uma visão limitada da racionalidade então hegemônica, que só considerava racional o conhecimento que pudesse ser cientificamente demonstrado. As questões morais eram vistas como intrinsecamente irracionais, porque dependentes dos sentimentos de cada um. O relativismo passou a ser questionado depois da II Guerra Mundial, tendo em conta a experiência do "mal absoluto", vivenciada com o nazismo. A partir da segunda metade do século XX, a preocupação com a justiça nas relações políticas e sociais se dissemina, penetrando nas instituições internacionais e nacionais, sobretudo com a consagração normativa de direitos humanos em declarações, tratados e nas constituições nacionais. Na Filosofia Política, sobretudo a partir da década de 70, ressurge o interesse na formulação de princípios abstratos de justiça, por meio de critérios ou procedimentos racionais, sem apelo ao discurso religioso ou metafísico.[17] O Direito, neste cenário, se aproxima da Moral, e a interpretação jurídica torna-se mais permeável à argumentação de moralidade pública.

Já o giro linguístico[18] provocou uma mudança profunda na maneira como se concebe o conhecimento, envolvendo uma ruptura com o modelo cartesiano, que se baseava numa rígida separação entre sujeito e objeto. O foco filosófico, antes centrado na consciência do sujeito, se desloca para a comunicação intersubjetiva, mediada pela linguagem. A nova premissa é de que o conhecimento humano é necessariamente mediado pela linguagem, que permeia todo o nosso universo. Nesse marco, formam-se duas principais correntes. A corrente analítica, hegemônica no universo anglo-saxão, se dedica precipuamente ao estudo da linguagem, e busca solucionar os problemas filosóficos por meio de uma clarificação no uso da linguagem. E a corrente hermenêutica, predominante no continente europeu, se volta antes de tudo para a discussão da interpretação, concebida como atividade realizada permanentemente pelas pessoas, em todas as dimensões das suas vidas: interpreta-se um gesto, uma doutrina religiosa, um fato histórico, um texto jurídico. A interpretação — enfatiza a hermenêutica — é realizada por seres "enraizados", que compartilham valores com os seus semelhantes, e não por máquinas pensantes, que consigam se desvencilhar completamente dos seus preconceitos e das tradições de sua comunidade. Daí por que quando interpretamos, agimos no interior de um universo linguístico que nós não criamos, já que ele nos antecede e define os nossos horizontes. A interpretação jurídica, nessa perspectiva, não se resume à atividade intelectual de extração do sentido subjacente a um texto legal. Ela exprime o nosso *ethos*; a nossa inserção numa comunidade já repleta de valores e significados.

No cenário contemporâneo, são diversas as correntes que buscam fornecer métodos ou critérios para a busca da melhor resposta em cada caso jurídico controvertido. Esta é uma característica do pós-positivismo — expressão genérica, que congrega uma série de concepções jurídicas diferentes, que têm em comum a rejeição tanto ao

---

[17] A mais importante destas teorias foi elaborada pelo filósofo norte-americano John Rawls, na sua obra *A theory of justice*, 20th print. Para uma análise das relações entre o pensamento de Rawls e a teoria constitucional, veja-se: MICHELMAN, Frank Isaac. Rawls on Constitutionalism and Constitutional Law. *In*: FREEMAN, Samuel Richard (Ed.). *The Cambridge Companion to Rawls*, p. 394-425.

[18] Sobre o giro linguístico e as diferentes correntes que o compõem, veja-se: D'AGOSTINI, Franca. *Analíticos e continentais*.

formalismo, como ao reconhecimento da plena discricionariedade do intérprete nos casos difíceis. No novo marco, a interpretação jurídica se abre para influências de outros domínios, como a Filosofia Política, a Sociologia e a Economia. Ela se torna mais complexa, incorporando novos instrumentos, como as teorias da argumentação, que procuram estabelecer procedimentos baseados na comunicação intersubjetiva para a busca das melhores soluções, e a ponderação de interesses. Em geral, reconhece-se o papel destacado do intérprete no processo de aplicação do Direito, que não é visto como um executor autômato das decisões legislativas ou constituintes. Porém, não se lhe concede o poder de fazer escolhas políticas de acordo com as suas preferências, buscando-se a definição de parâmetros para a orientação da sua atuação. Há uma reabilitação da ideia de racionalidade prática (razão voltada para a ação) na metodologia do Direito. Racional, na nova perspectiva, não é só aquilo que possa ser logicamente deduzido de normas jurídicas, ou empiricamente comprovado por meio da experimentação, mas também o que resultar de uma deliberação fundada em argumentos razoáveis, a propósito do que é justo ou correto fazer, em cada situação.

Nesse novo contexto, algumas correntes dão ênfase especial aos resultados práticos da interpretação, como o pragmatismo jurídico. Outras focalizam prioritariamente elementos distintos, como a coerência da decisão em relação a princípios morais superiores, ou a sua compatibilidade com valores culturais compartilhados pela comunidade. Algumas destas teorias contemporâneas foram desenvolvidas no Capítulo 5 e outras serão expostas neste capítulo.

Já se percebe, porém, uma reação do formalismo diante da hegemonia dessas posições pós-positivistas na interpretação jurídica.[19] Trata-se, porém, de um formalismo mais sofisticado, assentado em bases teóricas distintas daquelas do formalismo legalista do século XIX. Hoje, há os que sustentam que o formalismo jurídico, embora não seja logicamente necessário, pode ser uma estratégia superior para operação dos sistemas jurídicos, por produzir, no cômputo global, melhores resultados, ao minimizar os riscos de erro dos intérpretes, ampliar a previsibilidade e diminuir a probabilidade de arbítrio. A justificativa para o retorno ao formalismo não viria de argumentos ontológicos, sobre a natureza do processo interpretativo, ou de razões de moralidade política, mas sim de uma análise comparativa pragmática, que afirmaria a superioridade dos resultados do formalismo, quando comparados com teorias alternativas da interpretação, que confiram mais espaço para valorações complexas do intérprete, tendo em vista, dentre outros fatores, a falibilidade humana, que também atinge os juízes e operadores do Direito em geral. A tese é a de que intérpretes e magistrados mais disciplinados, que não se enveredem nas complexas operações intelectuais preconizadas pelas teorias do pós-positivismo, podem gerar, no cômputo geral, soluções melhores na perspectiva do ideário do Estado Democrático de Direito, e que, por isso, o formalismo deve ser adotado, pelo menos em determinados contextos.

Não é o caso de adentrar aqui nesse complexo debate. Cabe, porém, salientar, que a reação neoformalista tem, no mínimo, o mérito de alertar a comunidade jurídica

---

[19] Veja-se, nessa linha, SCHAUER, Frederick. Formalism: Legal, Constitutional, Judicial. *In*: WHITTINGTON, Keith E.; KELEMEN, R. Daniel; CALDEIRA, Gregory A. (Ed.). *The Oxford Handbook of Law and Politics*, p. 428-436; STRUCHINER, Noel. Posturas interpretativas e modelagem institucional: a dignidade (contingente) do formalismo jurídico. *In*: SARMENTO, Daniel (Org.). *Filosofia e teoria constitucional contemporânea*, p. 463-482.

para os riscos envolvidos na adoção de teorias excessivamente otimistas em relação à capacidade dos intérpretes de produzirem sempre as melhores decisões, quando se lhes concede maior amplitude para valorações. Se a redução do intérprete a um servo da lei não se justifica, a sua idealização, como semideus sábio e virtuoso, pode também não ser a melhor solução, na perspectiva da otimização dos objetivos do constitucionalismo democrático. Na agenda dos debates sobre interpretação jurídica contemporânea está a incorporação de variáveis institucionais, de forma a inserir, na busca da teoria hermenêutica adequada para cada contexto sociojurídico, considerações sobre as capacidades reais de cada intérprete, bem como sobre os efeitos do modelo adotado em relação ao funcionamento das instituições.[20]

10.3 Quem interpreta a Constituição?

10.3.1 A pluralização do universo de intérpretes

A literatura jurídica mais tradicional concebe a interpretação constitucional como tarefa eminentemente judicial, com destaque para o papel das cortes constitucionais e das supremas cortes. Não discordamos do papel proeminente do Poder Judiciário nesse campo, nem tampouco da posição privilegiada ocupada pelos tribunais constitucionais na matéria. Assiste-se hoje, no mundo inteiro e também no Brasil, um fenômeno de intensa judicialização da política, que tem na interpretação constitucional realizada pelas cortes o seu eixo principal. Aliás, o texto constitucional brasileiro é claro, ao estabelecer que "compete ao Supremo Tribunal Federal, precipuamente, a guarda da Constituição" (art. 103). Não é por outra razão que damos grande destaque neste livro à interpretação constitucional que provém do STF.

Sem embargo, é um erro grave pretender que o Poder Judiciário ou o Supremo Tribunal Federal seja o intérprete exclusivo da Constituição. Na verdade, a atividade interpretativa se processa, em grande parte, por meio de um diálogo permanente entre corte constitucional, outros órgão do Judiciário, Parlamento, governo, comunidade de cidadãos, entidades da sociedade civil e academia. Há também interpretação constitucional fora dos processos judiciais, como, por exemplo, na atividade desempenhada quotidianamente pelo Legislativo e nos debates travados por diferentes atores sociais na esfera pública informal. A interpretação constitucional é, na verdade, obra do que Peter Häberle denominou "sociedade aberta dos intérpretes da constituição".[21]

Da abertura da interpretação constitucional resultam algumas mudanças importantes no próprio *processo constitucional*. No caso brasileiro, várias inovações positivas vêm se produzindo nos últimos anos.[22] A Constituição de 1988 promoveu a significativa ampliação do rol de legitimados para o ajuizamento de Ação Direta de Inconstitucionalidade

---

[20] Já se fala, contemporaneamente, numa "virada institucional" na interpretação jurídica. Veja-se, nesta linha, SUNSTEIN, Cass R.; VERMEULLE, Adrian. Interpretations and Institutions. *John M. Olin Law & Economics Working Paper*, n. 156; VERMEULLE, Adrian. *Judging under Uncertainty*: an Institutional Theory for Legal Interpretation.

[21] Cf. HÄBERLE, Peter. *Hermenêutica constitucional*: a sociedade aberta dos intérpretes da Constituição: contribuição para a interpretação pluralista e "procedimental" da Constituição.

[22] Cf. BINENBOJM, Gustavo. *A nova jurisdição constitucional brasileira*: legitimidade democrática e instrumentos de realização; COELHO, Inocêncio Mártires. As idéias de Peter Häberle e a abertura da interpretação constitucional no direito brasileiro. *Revista de Direito Administrativo*, v. 211, p. 125 *et seq.*

(art. 103). Enquanto no sistema constitucional anterior a legitimação era atribuída apenas ao Procurador-Geral da República, a Constituição de 1988 a estendeu a inúmeras entidades do Estado e até mesmo da sociedade civil. As Leis nº 9.868/99 e nº 9.882/99 criaram a possibilidade de outros órgãos ou entidades participarem do processo constitucional na condição de *amicus curiae* e concederam à Corte a prerrogativa de ouvir peritos ou comissão de peritos e de convocar audiência pública. Essas normas de processo constitucional servem para canalizar a apresentação das opiniões que se formam no meio social, para que possam influenciar as decisões judiciais.

Essa maior participação social no processo constitucional pôde ser verificada, por exemplo, na rumorosa ação ajuizada para impugnar a Lei de Biossegurança no que se referia à possibilidade de pesquisas com células-tronco embrionárias.[23] Habilitaram-se como *amici curie* diversas entidades dos dois lados da contenda. No curso do processo, realizou-se audiência pública da qual participaram, como convidados, duas dezenas de especialistas. Tratou-se de um daqueles casos excepcionais em que a decisão despertou também a atenção da imprensa e passou a ser discutida pelos cidadãos em geral. Em tais casos, a legitimação da interpretação constitucional depende de sua capacidade de se deixar permear pelas expectativas normativas apresentadas na "esfera pública".[24] Embora a Corte tenha decidido a controvérsia, o fez a partir de um amplo diálogo nacional. Daquela participação formal e informal da sociedade no processo de interpretação também resultou a maior legitimação da decisão final proferida pelo Supremo Tribunal Federal. Uma decisão proferida sem debate público e sem participação cidadã num caso como aquele não exibiria a mesma capacidade para obter a aceitação da comunidade.

Ademais, a abertura pluralista da interpretação constitucional não se limita à ampliação dos participantes no processo constitucional. Essa abertura importa no reconhecimento de que a Constituição é interpretada e concretizada também fora das cortes, e que o seu sentido é produzido por meio de debates e interações que ocorrem nos mais diferentes campos em que se dá o exercício da cidadania.[25] Essa possibilidade de interpretação constitucional fora das cortes é vital para a legitimação democrática da empreitada constitucional.[26] O cidadão e os movimentos sociais devem ter sempre

---

[23] ADI nº 3.510/DF, Rel. Min. Carlos Britto. Julg. 28 e 29.05.2008.
[24] Cf. HOECKE, Mark van. Judicial Review and Deliberative Democracy: a Circular Model of Law Creation and Legitimation. *Ratio Juris*, v. 14, n. 4, p. 414 *et seq*.
[25] Cf. SIEGEL, Reva. Constitutional Culture, Social Movement Conflict and Constitutional Change: the Case of the De Facto ERA. *California Law Review*, n. 94, p. 1323 *et seq*.
[26] Nas palavras de Jack Balkin, "a legitimidade constitucional depende do que Sanford Levinson chamou de 'protestantismo constitucional' — a ideia de que nenhuma instituição do Estado, e especialmente, também não a Suprema Corte, tem o monopólio do sentido da Constituição. Assim como as pessoas podem ler a Bíblia e decidir o que acreditam que ela significa para si, também os cidadãos podem decidir o que a Constituição significa e defender sua posição na esfera pública. Para que o projeto constitucional tenha sucesso, não é suficiente que o povo o suporte. O povo deve ter também a possibilidade de criticar a forma como esse projeto está sendo desenvolvido. As pessoas devem poder discordar, denunciar e protestar contra a prática constitucional, inclusive, especialmente, as decisões dos tribunais, e demandar a Constituição como a 'sua' Constituição, de forma a poder mover a prática constitucional na direção mais próxima dos seus ideais. Só nestas condições é plausível que o povo mantenha fé na Constituição" (*Constitutional Redemption*: Political Faith in an Unjust World, p. 10). A interessante analogia entre a compreensão pluralista dos intérpretes da Constituição e o protestantismo consiste no fato de que esse, ao contrário do catolicismo, nega a existência de um único intérprete autorizado da verdade religiosa — no caso do catolicismo, a Igreja Católica. Para o protestantismo, desde Martinho Lutero, cada fiel pode interpretar a Bíblia ao seu modo. Da mesma forma, o pluralismo de intérpretes constitucionais também nega à Suprema Corte ou à Corte Constitucional o monopólio da "verdade" na interpretação da Constituição. A analogia é explorada em: LEVINSON, Sanford. *Constitutional Faith*, p. 18-30.

a possibilidade de lutar, nos mais diversos espaços, pela sua leitura da Constituição, buscando aproximar as práticas constitucionais do seu ideário político e de suas utopias. Essa dimensão da interpretação constitucional vem sendo relegada pela doutrina convencional, que concebe a Constituição como um documento eminentemente técnico, cujo sentido só pode ser discutido e compreendido por especialistas iniciados nos mistérios da dogmática jurídica. Pensar a Constituição dessa maneira é negligenciar o papel vital que ela deve desempenhar como elemento de coesão social, com a capacidade de expressar a identidade política do povo. O caminho é perigoso, pois quando o constitucionalismo se esquece do povo, há o risco de que o povo também se esqueça do constitucionalismo.

10.3.2 Os diálogos interinstitucionais e sociais e a questão da "última palavra"

A visão convencional sobre interpretação constitucional é no sentido de que cabe ao Supremo Tribunal Federal dar a "última palavra" sobre o que significa a Constituição. Essa posição foi claramente afirmada pela Corte em alguns julgados, tendo sido sustentada pelo Ministro Celso de Mello nos seguintes termos:

> O exercício da jurisdição constitucional, que tem por objetivo preservar a supremacia da Constituição, põe em evidência a dimensão essencialmente política em que se projeta a atividade institucional do Supremo Tribunal Federal, pois, no processo de indagação constitucional, assenta-se a magna prerrogativa de decidir, em última análise, sobre a própria substância do poder. (...) A interpretação constitucional derivada das decisões proferidas pelo Supremo Tribunal Federal — a quem se atribuiu a função eminente de "guarda da Constituição" (CF, art. 102, *caput*) — assume papel de fundamental importância na organização institucional do Estado brasileiro, a justificar o reconhecimento de que o modelo político-jurídico vigente em nosso País conferiu, à Suprema Corte, a singular prerrogativa de dispor do monopólio da última palavra em tema de exegese das normas inscritas no texto da Lei Fundamental.[27]

Não compartilhamos dessa premissa, que, em nossa opinião, é equivocada tanto sob o ângulo descritivo como prescritivo.[28] Sob a primeira perspectiva, não é verdade que, na prática, o Supremo Tribunal Federal dê sempre a última palavra sobre a interpretação constitucional, pelo simples fato de que *não há última palavra* em muitos casos. As decisões do STF podem, por exemplo, provocar reações contrárias na sociedade e nos outros poderes, levando a própria Corte a rever a sua posição inicial sobre um determinado assunto. Há diversos mecanismos de reação contra decisões dos Tribunais Constitucionais, que vão da aprovação de emenda constitucional em sentido contrário, à mobilização em favor da nomeação de novos ministros com visão diferente sobre o tema. Há formas de reação mais ou menos legítimas. Algumas são absolutamente incompatíveis com a lógica do Estado Democrático de Direito, como cortes no orçamento

---

[27] MS nº 26.603/DF, Rel. Min. Celso de Mello. Julg. 04.10.2007.
[28] No mesmo sentido, na literatura brasileira, cf. MENDES, Conrado Hübner. *Direitos fundamentais, separação de poderes e deliberação*; BRANDÃO, Rodrigo. *Supremacia judicial versus diálogos constitucionais*: a quem cabe a última palavra sobre o sentido da Constituição?.

do Judiciário de caráter retaliatório, ameaça de *impeachment* ou de cassação de juízes ou até a simples recusa ao cumprimento das decisões judiciais. Outras são legítimas, como a mobilização da opinião pública, com o objetivo de influenciar os magistrados a reverem o seu posicionamento em caso futuro sobre a mesma questão. Uma decisão do STF é, certamente, um elemento de grande relevância no diálogo sobre o sentido de uma norma constitucional, mas não tem o condão de encerrar o debate sobre uma controvérsia que seja verdadeiramente importante para a sociedade.[29]

Sob o ângulo prescritivo, não é salutar atribuir a um órgão qualquer a prerrogativa de dar a última palavra sobre o sentido da Constituição. Definitivamente, a Constituição não é o que o Supremo diz que ela é. Em matéria de interpretação constitucional, a Corte, composta por intérpretes humanos e falíveis, pode errar, como também podem fazê-lo os poderes Legislativo e Executivo. É preferível adotar-se um modelo que não atribua a nenhuma instituição — nem do Judiciário, nem do Legislativo — o "direito de errar por último", abrindo-se a permanente possibilidade de correções recíprocas no campo da hermenêutica constitucional, com base na ideia de diálogo, em lugar da visão mais tradicional, que concede a última palavra nessa área ao STF.

Agentes públicos, os ministros do Supremo estão também submetidos à crítica pública, que devem levar em consideração na sua atuação. É simplesmente errado o conhecido ditado de que "decisão judicial não se discute, se cumpre". Sem dúvida, decisão judicial, no Estado de Direito, se cumpre. Mas, na democracia, qualquer decisão dos poderes públicos, inclusive do STF, é passível de discussão e crítica. A mobilização e a crítica pública contra uma decisão do STF em matéria constitucional não devem ser vistas como patologias, incompatíveis com o Estado de Direito. A crítica pública pode antes exprimir a vitalidade da cultura constitucional; pode significar que a sociedade se importa com a Constituição e que a gramática constitucional está também presente nos embates políticos e sociais, o que deve ser comemorado e não lamentado. A relação que deve existir entre a interpretação judicial da Constituição e a opinião pública tem sutilezas: por um lado, o Poder Judiciário não pode ser indiferente às percepções sociais existentes sobre os valores constitucionais, mas, por outro, "tampouco se espera que eles [os juízes] decidam pensando nas manchetes do dia seguinte ou reagindo às do dia anterior, o que os transformaria em oficiais de justiça das redações dos jornais".[30] Em outras palavras, "o Judiciário deve ser permeável à opinião pública, sem ser subserviente".[31]

É verdade que um dos papéis institucionais mais importantes de uma Corte Constitucional é proteger os direitos das minorias diante dos abusos das maiorias. O insulamento da Corte diante do processo eleitoral lhe confere uma importante vantagem

---

[29] Em decisão monocrática, que negava, pelo menos na hipótese, a possibilidade do diálogo constitucional, o Ministro Gilmar Mendes concedeu cautelar em Mandado de Segurança para interromper o curso de processo legislativo, apresentando, como uma das razões para justificar o seu provimento, a contradição entre o projeto de lei em apreciação e precedente do Supremo Tribunal Federal: "Ante o exposto, considerando (...): (iii) a contradição entre a proposição em questão e o teor da Constituição Federal de 1988 e da decisão proferida pelo Supremo Tribunal Federal na ADI 4430; vislumbro possível violação do direito público subjetivo do parlamentar de não se submeter a processo legislativo inconstitucional e defiro o pedido de liminar para suspender a tramitação do PLC 14/2013, até o julgamento de mérito do presente mandado de segurança". A decisão do Ministro Gilmar Mendes não foi confirmada pelo Plenário. Cf. MS nº 32.033-MC, Rel. Min. Gilmar Mendes, Rel. p/ acórdão Min. Teori Zavascki. Julg. 20.06.2013.

[30] BARROSO, Luís Roberto; MENDONÇA, Eduardo. *O STF foi permeável à opinião pública sem ser subserviente.*

[31] BARROSO, Luís Roberto; MENDONÇA, Eduardo. *O STF foi permeável à opinião pública sem ser subserviente.*

institucional comparativa em face do Legislativo e do Executivo para desempenhar essa relevante função contramajoritária. Mas existem cenários em que a atuação do Judiciário pode se dar *contra* os direitos das minorias, que estejam sendo promovidos na arena política. A Suprema Corte norte-americana no século XIX, por exemplo, atuou em favor da manutenção da escravidão no país, bloqueando iniciativas legislativas voltadas à sua limitação.[32] Nos últimos tempos, aquele tribunal, em nome da "supremacia judicial" na interpretação da Constituição, vem invalidando decisões legislativas progressistas, que haviam ampliado direitos fundamentais de minorias para além do ponto em que a Corte os reconhecera.[33] No STF, os "condicionamentos" impostos às futuras demarcações de terras indígenas no julgamento do caso "Raposa Serra do Sol", que limitaram gravemente os direitos fundamentais dessa minoria étnica, constituem hipótese clara de ativismo judicial voltado contra a proteção de grupo vulnerável.[34] Outras vezes, o discurso dos direitos constitucionais pode ser empregado, até de boa-fé, para proteger interesses de duvidosa legitimidade de grupos hegemônicos, que perderam terreno no espaço político. Portanto, a ideia de diálogos constitucionais não é incompatível com a proteção dos direitos das minorias, tão fundamental para o constitucionalismo, uma vez que, da mesma forma que os poderes políticos, o Judiciário também pode errar *contra* as minorias estigmatizadas.

Não sustentamos com isso, evidentemente, que o Poder Legislativo possa invalidar as decisões proferidas pelo STF em sede de controle de constitucionalidade. Há países, como o Canadá,[35] que contemplam essa possibilidade, que existia no Brasil sob a

---

[32] Trata-se do caso *Dread Scott v. Sanford*, julgado em 1856, em que a Suprema Corte decidiu que era inválida a lei federal — conhecida como Missouri Compromise — que proibira a escravidão em novos territórios, afirmando ainda que os negros não poderiam ser considerados cidadãos norte-americanos para buscarem a jurisdição de cortes federais. Nas palavras da Corte, "o direito de propriedade sobre um escravo é clara e expressamente afirmado pela Constituição (...). É opinião da Corte que o ato do Congresso que proibiu um cidadão de possuir este tipo de propriedade no território dos Estados Unidos (...) não é autorizado pela Constituição, sendo portanto nulo" (60 U.S. (19 How.). 393). Como ressaltou Erwin Chemerinsky, a Suprema Corte, com aquela decisão, imaginava que estava resolvendo a controvérsia sobre a escravidão nos Estados Unidos. Ocorreu o contrário: "a decisão se tornou o ponto focal do debate sobre escravidão, e, ao derrubar o Missouri Compromise, a decisão ajudou a precipitar a Guerra Civil" (*Constitutional Law*: Principles and Policies, p. 693).

[33] Isso tem acontecido com razoável frequência naquele país. Um exemplo ocorreu no caso *City of Boerne v. Flores* (521 U.S. 507 (1997)), em que a Suprema Corte determinou que não poderia ser aplicada aos Estados uma lei federal que estendera a proteção da liberdade de religião para além do ponto em que ela tinha sido reconhecida por aquele tribunal em outro caso – *Employment Division. Department of Human Resources of Ohio v. Smith* (494 U.S. 872 (1990)). Com a lei federal invalidada, o Congresso norte-americano visava a afastar esse último precedente da Suprema Corte sobre liberdade religiosa, tido como muito restritivo, com o propósito de fortalecer o referido direito, em favor de minorias religiosas. A Suprema Corte considerou, no entanto, que o ato legislativo seria incompatível com a sua prerrogativa de dar a última palavra sobre a interpretação da Constituição. Para uma crítica a essa linha jurisprudencial, veja-se: POST, Robert. Protecting the Constitution from the People: Juricentric on Section Five Power. *Indiana Law Journal*, v. 78.

[34] Petição nº 3.388, Rel. Min. Carlos Britto. Julg. 19.03.2009. *DJ*, 1º jul. 2010.

[35] Integra a Constituição canadense a Carta de Direitos e Liberdades (*Charter of Rights and Freedom's*), editada em 1982, que prevê, em sua Seção 33, uma regra conhecida como *notwithstanding clause* ou *override clause*, que permite ao parlamento nacional ou das províncias canadenses afastar o controle de constitucionalidade sobre alguma lei que editem, pelo prazo de até cinco anos, renovável por nova decisão. Todavia, essa prerrogativa, que chegou a ser usada amplamente pela província de Québec, hoje praticamente não é empregada no país, pois a sua utilização é vista com maus olhos pela opinião pública. Veja-se, a propósito, TUSHNET, Mark V. *Weak Courts, Strong Rights*: Judicial Review and Social Welfare Rights, p. 18-76. Para uma descrição de formas alternativas de controle de constitucionalidade, em que o Judiciário não tem a prerrogativa de invalidar leis de maneira irreversível, veja-se: GARBAUM, Stephen. O novo modelo de constitucionalismo da comunidade britânica. *In*: BIGONHA, Antonio Carlos Alpino; MOREIRA, Luiz (Org.). *Legitimidade da jurisdição constitucional*, p. 159-221.

égide da Constituição autoritária de 1937.[36] Ela não existe em nossa atual Constituição. A decisão do STF que declara a inconstitucionalidade de um ato normativo é definitiva: aqui a Corte, de fato, dá a última palavra e seu comando deve ser obedecido sem recalcitrâncias. Aliás, nas ações judiciais em geral, é realmente indispensável que haja uma última palavra pondo fim ao litígio, sob pena de se comprometer uma das finalidades essenciais do processo, que é resolver definitivamente os conflitos intersubjetivos, trazendo segurança jurídica e pacificação social. Mas a interpretação constitucional não se encerra com o término de um processo judicial. Não é o resultado de uma ação judicial que vai definir, por exemplo, o que significa a igualdade de gênero ou a função social da propriedade. Essas questões, como tantas outras no domínio constitucional, são naturalmente polêmicas, e nenhuma decisão judicial tem o condão de resolvê-las de uma vez por todas, afastando-as definitivamente do campo dos embates políticos e sociais. Pode-se alcançar, com a decisão judicial, o final de uma "rodada" na interpretação, mas não o encerramento da controvérsia sobre o significado da Constituição. Se a disputa for de fato muito relevante, é pouco provável que uma decisão judicial baste para colocar uma pá de cal no assunto, aquietando os grupos perdedores e os setores da opinião pública que o apoiam.

Um claro exemplo desse fenômeno ocorre com o tema do aborto nos Estados Unidos. A Suprema Corte do país decidiu em 1973, no caso *Roe v. Wade*,[37] que a Constituição assegura às mulheres o direito fundamental de interromperem a gravidez, que estaria protegido pelo direito à privacidade. A decisão, longe de encerrar o debate constitucional sobre a matéria, apenas o aqueceu, não só no meio jurídico, mas também na opinião pública e na política. Os grupos que se opõem à decisão não se deram por vencidos, curvando-se à posição da Corte. Pelo contrário, eles passaram a canalizar boa parte da sua energia para revertê-la. O Partido Republicano, que é contrário à decisão, colocou a sua reversão como prioridade na sua agenda política, e os presidentes eleitos pelo partido vêm tentando escolher juízes para a Suprema Corte comprometidos com a rejeição ao referido precedente. Esta mobilização conservadora provocou, por sua vez, movimentos no sentido contrário dos setores da sociedade que apoiam o precedente. O embate entre as posições favoráveis e contrárias ao aborto — *pro-life vs. pro-choice* — tornou-se ainda mais acalorado, envolvendo não só a argumentação moral, religiosa e política, mas também o debate constitucional, em que amplos segmentos da sociedade se engajaram, de um lado ou do outro. Certamente, a citada decisão da Suprema Corte — até aqui mantida em seus pontos essenciais — teve importantes efeitos na sociedade norte-americana, assegurando às mulheres do país o direito à interrupção de gestações indesejadas. Mas uma coisa ela seguramente *não* fez: não encerrou o debate constitucional sobre o aborto naquele país.[38]

---

[36] A Constituição de 1937 permitia, em seu artigo, que o Congresso, por provocação do Presidente da República, e decidindo por maioria de 2/3 dos seus membros, tornasse sem efeito decisões proferidas pelo STF no controle de constitucionalidade. Como o Congresso esteve fechado durante quase todo o período de vigência da Carta de 37, a faculdade era exercida diretamente pelo próprio Presidente da República, com base em preceito constitucional que lhe atribuía o pleno exercício das funções parlamentares enquanto o Legislativo não estivesse em funcionamento. Na prática, o controle de constitucionalidade, naquele período autoritário, tinha sido completamente esvaziado.

[37] 410 U.S. 113 (1973).

[38] Veja-se, a propósito, POST, Robert. Roe Rage: Democratic Constitutionalism and Backlash. *Harvard Civil Rights – Civil Liberties Law Review*, n. 42.

Como antes ressaltado, as decisões do STF em matéria constitucional são insuscetíveis de invalidação pelas instâncias políticas. Isso, porém, não impede, no nosso entendimento, que seja editada uma nova lei, com conteúdo similar àquela que foi declarada inconstitucional. Essa posição pode ser derivada do próprio texto constitucional, que não estendeu ao Poder Legislativo os efeitos vinculantes das decisões proferidas pelo STF no controle de constitucionalidade (art. 102, §2º, e 103-A, da Constituição). Se o fato ocorrer, é muito provável que a nova lei seja também declarada inconstitucional. Mas o resultado pode ser diferente. O STF pode e deve refletir sobre os argumentos adicionais fornecidos pelo Parlamento ou debatidos pela opinião pública para dar suporte ao novo ato normativo, e não ignorá-los, tomando a nova medida legislativa como afronta à sua autoridade. Nesse ínterim, além da possibilidade de alteração de posicionamento de alguns ministros, pode haver também mudança na composição da Corte, com reflexos no resultado do julgamento.

O que foi dito acima vale para o controle de constitucionalidade das leis em geral, mas é ainda mais pertinente em relação às emendas constitucionais. Não é incomum, no Brasil, que o Congresso aprove emenda constitucional como reação a alguma decisão proferida pelo STF no controle de constitucionalidade com a qual não se conforme. Nessa hipótese, não caberia, a princípio, falar em atentado à suposta prerrogativa da Corte de dar a última palavra sobre a interpretação constitucional, porque a reforma da Constituição se volta à alteração do próprio texto normativo interpretado. Porém, sabe-se que as emendas estão sujeitas a limites materiais — as cláusulas pétreas — cuja observância também pode ser fiscalizada pela jurisdição constitucional. Imagine-se o cenário de uma decisão do STF que, com base na proteção do direito à igualdade, invalidasse uma lei que houvesse instituído quotas raciais no acesso às universidades públicas. Reagindo à decisão judicial, o Congresso aprova uma emenda constitucional autorizando tais quotas para ingresso no ensino superior. Como o direito à igualdade figura no elenco de direitos individuais da Constituição, haveria a possibilidade de o STF considerar que a reforma em questão desafiara a sua interpretação sobre uma cláusula pétrea, atentando contra o seu "monopólio da última palavra" na hermenêutica constitucional. Essa seria uma postura gravemente equivocada. Em se tratando de emenda constitucional, aprovada por maioria qualificada, a posição do STF deve ser de atenção e deferência ainda maior à interpretação constitucional adotada pelo Congresso. Isso, é óbvio, não inibe o controle jurisdicional de constitucionalidade sobre a emenda contrária à orientação anterior da Corte, mais impõe um maior comedimento no seu exercício.

Existem diversas teorias normativas sobre diálogos institucionais na interpretação constitucional.[39] O tema também tem também atraído crescente atenção de cientistas políticos, que fazem análises empíricas sobre as interações entre as Cortes e os outros poderes estatais,[40] ou entre elas e a opinião pública.[41] Não é nosso objetivo penetrar aqui em nenhum desses terrenos. A seguir, apenas reportaremos alguns casos concretos de

---

[39] Um excelente resumo crítico dessas teorias se encontra em: BATEUP, Christine. The Dialogic Promise: Assessing the Normative Potential of Theories of Constitutional Dialogue. *Brooklyn Law Review*, v. 71.
[40] Cf. PICKERILL, J. Mitchell. *Constitutional Deliberation in Congress*: the Impact of Judicial Review in a Separated System; POGREBINSCHI, Thamy. *Judicialização ou representação?*: política, direito e democracia no Brasil.
[41] BAUM, Laurence. *The Supreme Court and their Audiences*; POWE JUNIOR, Lucas A. *The Supreme Court and the American Elite*: 1789-2008; FRIEDMAN, Barry. *The Will of the People*: How Public Opinion Has Influenced the Supreme Court and Shaped the Meaning of the Constitution.

interação institucional na interpretação constitucional, a partir da jurisprudência do STF. Como o quórum exigido para reforma constitucional, de 3/5 dos parlamentares de ambas as casas legislativas, não é tão elevado, esse tem sido o caminho mais frequente para superação da interpretação constitucional adotada pelo STF, por ser o mais seguro.[42]

O STF, por exemplo, entendeu que não seria compatível com a Constituição a instituição de Imposto Predial e Territorial Urbano (IPTU) progressivo, de acordo com o valor venal do imóvel.[43] Para Corte, a natureza real do IPTU afastaria essa possibilidade, sendo admitida a progressividade desse tributo apenas no caso expressamente previsto na Constituição, relacionado ao não cumprimento da função social de imóvel urbano. Em reação a esta decisão, o Congresso aprovou a EC nº 29/2000, prevendo, expressamente a progressividade que o Supremo rechaçara (nova redação do art. 156, §1º, CF). O mesmo fenômeno ocorreu com as chamadas "taxas de iluminação pública". O STF considerou inconstitucional a sua instituição, com base no entendimento de que as taxas só podem remunerar a prestação de serviços públicos específicos e divisíveis, e a iluminação pública não teria tais características.[44] O Congresso, reagindo contra essa decisão, aprovou a EC nº 39/2002, autorizando a cobrança de "contribuição para custeio da iluminação pública".

Outra hipótese ocorreu na fixação de teto na remuneração dos servidores públicos. Apreciando a regra do texto constitucional originário que instituíra um limite remuneratório, o STF decidiu que não seria aplicável às chamadas "vantagens pessoais" titularizadas por cada servidor.[45] A EC nº 19/1998 buscou corrigir essa interpretação, sujeitando expressamente as vantagens pessoais ao teto do funcionalismo. O STF, no entanto, entendeu, em sessão administrativa,[46] que o teto em questão não seria autoaplicável, demandando, para a sua incidência, a prévia edição de lei, de iniciativa conjunta do Presidente da República, das Casas Legislativas e do STF. Em nova reação à decisão do STF, o Congresso aprova a EC nº 42/2003, que, além de manter as vantagens pessoais no cômputo do teto remuneratório, determinou a sua aplicabilidade imediata. Provocada a manifestar-se sobre essa última reforma constitucional, a Corte reconheceu a validade do teto, mas ressalvou os direitos já adquiridos pelos servidores, que a emenda objetivava também atingir.[47] As reações parlamentares às decisões do STF, nesse caso, foram impulsionadas pela opinião pública, que viu como excessivamente corporativas as decisões do STF sobre tal questão.

Finalmente, mencione-se o caso do número de vereadores por município. O texto constitucional originário fixa quantitativos mínimo e máximo de vereadores para as municipalidades, tendo em vista o respectivo número de habitantes, determinando ainda que o número, a ser definido em cada caso pela Lei Orgânica do Município, deveria ser proporcional à população correspondente (art. 29, IV). As Leis Orgânicas dos municípios interpretavam o dispositivo no sentido de lhes assegurar discricionariedade na fixação do número de vereadores, respeitados os limites máximo e mínimo definidos no texto

---

[42] Uma exposição mais ampla, abrangendo outros casos se encontra em: BRANDÃO, Rodrigo. *Supremacia judicial versus diálogos constitucionais*: a quem cabe a última palavra sobre o sentido da Constituição?, p. 289-300.
[43] RE nº 153.771, Rel. p/ acórdão Min. Moreira Alves. Julg. 20.11.1996. *DJ*, 05 set. 1997.
[44] RE nº 233.332, Rel. Min. Ilmar Galvão. Julg. 10.03.1999. *DJ*, 14 maio 1999.
[45] ADI nº 14, Rel. Min. Célio Borja. Julg. 13.09.1988. *DJ*, 1º dez. 1989.
[46] Sessão administrativa de 24.06.1998.
[47] MS nº 24.875, Rel. Min. Sepúlveda Pertence. *DJ*, 06 out. 2006.

constitucional. O STF considerou equivocada essa interpretação, que, na sua ótica, negaria efeito à exigência de proporcionalidade estabelecida pela Constituição.[48] Com base nisso, o TSE editou resolução fixando critério aritmético que permitiria o cálculo exato do número de vereadores de cada município, que as leis orgânicas deveriam simplesmente reproduzir. O efeito da decisão foi uma significativa redução do número de vereadores. A posição do STF, apesar de esvaziar a auto-organização municipal, estava em sintonia com a opinião pública dominante, que via no excesso de vereadores uma forma de desperdício de recursos públicos. Entretanto, essa redução provocou intensa reação política. As forças políticas locais pressionaram o Congresso Nacional e esse aprovou a EC nº 58/2009, que, ao alterar a redação do art. 29, IV, suprimiu a regra da proporcionalidade, e conferiu mais espaço para decisão sobre o número de vereadores ao âmbito local. Para neutralizar a crítica pública contra o excesso de gastos, adotou-se, na emenda, fórmula que limita o repasse de recursos orçamentários às câmaras municipais (art. 29-A, CF). O Congresso quis, ademais, dar caráter retroativo à emenda aprovada, de modo a possibilitar a posse de novos vereadores em cada município, levando em consideração a votação que obtiveram nas eleições de 2008. Nesse ponto, porém, a inovação foi rechaçada pelo STF, que, corretamente, a considerou incompatível com os limites materiais ao poder de emenda.[49]

Esse último caso bem revela as vantagens do diálogo interinstitucional na interpretação da Constituição. No final, a solução que prevaleceu após a interação entre o STF e o Congresso, mediada pela opinião pública, foi superior àquela inicialmente defendida por qualquer das instituições envolvidas. Limitaram-se os excessivos gastos com a manutenção dos legislativos municipais, em conformidade com o princípio da moralidade administrativa e com a vontade da opinião pública, mas também se preservou o espaço de auto-organização municipal, que a primeira decisão do STF tinha eliminado. Os excessos do Congresso na sua reação à primeira decisão do STF foram podados pela segunda decisão da Corte, que assegurou o respeito à segurança jurídica e às regras do jogo democrático, ao não aceitar a aplicação retroativa da EC nº 58/2009.

Mais controversa é a possibilidade de correção legislativa à interpretação constitucional realizada pelo STF. A Corte analisou a hipótese no julgamento da ADI nº 2.860, proposta contra a Lei nº 10.628/2002, que visava a modificar a orientação adotada pelo STF na questão atinente à extensão do foro por prerrogativa de função para depois do exercício da função pública. O STF tinha antigo entendimento de que o foro por prerrogativa de função seria aplicável em relação aos atos praticados durante o exercício funcional, mesmo após o indivíduo deixar o cargo público, o que consagrou na sua Súmula nº 384.[50] A Corte, porém, reviu essa orientação, cancelando a referida Súmula,[51] e passando a entender que apenas durante o exercício da função pública se aplicaria o foro especial. O legislador quis reverter a alteração jurisprudencial em questão, introduzindo no Código de Processo Penal o §1º do art. 84, segundo o qual "a competência especial por prerrogativa de função, relativa a atos administrativos do agente, prevalece,

---

[48] RE nº 276.546, Rel. Min. Maurício Corrêa. Julg. 31.03.2004. *DJ*, 21 maio 2004.
[49] ADI nº 4.307, Rel. Min. Cármen Lúcia. *DJ*, 05 mar. 2010.
[50] A Súmula nº 384, editada sob a égide da Constituição de 1946, dispunha: "Cometido o crime durante o exercício funcional, prevalece a competência especial por prerrogativa de função, ainda que o inquérito ou a ação penal sejam iniciados após a cessação daquele exercício".
[51] Inq. nº 687-QO, Rel. Min. Sydney Sanches. Julg. 25.08.1997. *DJ*, 09 jan. 2001.

ainda que o inquérito ou a ação judicial sejam iniciados após a cessação do exercício da função pública". O STF foi chamado a apreciar a validade da alteração legislativa, e, por maioria, julgou procedente a ação. No voto vencedor, elaborado pelo Ministro Sepúlveda Pertence, se consignou:

> O novo §1º do art. 84 Código de Processo Penal constitui evidente reação legislativa ao cancelamento da Súmula 394 por decisão tomada pelo Supremo Tribunal no Inq. 687-QO, 25.8.97, rel. o em. Ministro Sydney Sanches (RTJ 179/912), cujos fundamentos a lei nova contraria inequivocamente. Tanto a Súmula 394, como a decisão do Supremo Tribunal, que a cancelou, derivaram de interpretação direta e exclusiva da Constituição Federal. Não pode a lei ordinária pretender impor, como seu objeto imediato, uma interpretação da Constituição: a questão é de inconstitucionalidade formal, ínsita a toda norma de gradação inferior que se proponha a ditar interpretação da norma de hierarquia superior. Quando, ao vício de inconstitucionalidade formal, a lei interpretativa da Constituição acresça o de opor-se ao entendimento da jurisprudência constitucional do Supremo Tribunal — guarda da Constituição —, às razões dogmáticas acentuadas se impõem ao Tribunal razões de alta política institucional para repelir a usurpação pelo legislador de sua missão de intérprete final da Lei Fundamental: admitir pudesse a lei ordinária inverter a leitura pelo Supremo Tribunal da Constituição seria dizer que a interpretação constitucional da Corte estaria sujeita ao referendo do legislador, ou seja, que a Constituição — como entendida pelo órgão que ela própria erigiu em guarda da sua supremacia —, só constituiria o correto entendimento da Lei Suprema na medida da inteligência que lhe desse outro órgão constituído, o legislador ordinário, ao contrário, submetido aos seus ditames.[52]

Veja-se, portanto, que nessa decisão, o STF não se limitou a afirmar a supremacia judicial na interpretação da Constituição. A Corte foi muito além disso, ao negar ao Congresso até mesmo a possibilidade de interpretar a Constituição, sob pena de inconstitucionalidade formal. Essa afirmação é insustentável. Não há dúvida na teoria constitucional de que o legislador é um intérprete da Constituição, e dos mais autorizados, pela legitimidade democrática que ostenta em razão da eleição popular. Ao legislar, o Parlamento tem de interpretar a Constituição, no mínimo para identificar os limites que não pode transpassar. Foi o que destacou o Ministro Eros Grau, em seu voto vencido: "todo ato legislativo envolve a interpretação da Constituição por parte de quem legisla". Mais a frente, Eros Grau ressaltou a possibilidade de o Poder Legislativo adotar interpretação da Constituição distinta daquela esposada pelo STF, a não ser para infirmar a declaração de inconstitucionalidade de uma lei.[53] Gilmar Mendes foi ainda mais longe, adotando perspectiva similar à nossa, favorável ao diálogo interinstitucional na interpretação da Constituição: "Não é possível presumir, portanto, a inconstitucionalidade dos dispositivos atacados simplesmente porque eles contrariam a 'última palavra' conferida pelo Supremo Tribunal Federal sobre o tema. O que pretendo ressaltar, pelo contrário, é o fato de que se o legislador federal (re)incide, cria ou regula essa matéria constitucional de modo inteiramente diverso, o 'diálogo', o debate institucional deve continuar".

---

[52] ADI nº 2.797/DF, Rel. Min. Sepúlveda Pertence. Julg. 15.09.2005. *DJ*, 19 dez. 2006.
[53] Nas palavras do Ministro Eros Grau, "o Poder Legislativo pode exercer a faculdade de atuar como intérprete da Constituição para discordar de decisão do Supremo Tribunal exclusivamente quando não se tratar de hipóteses nas quais esta Corte tenha decidido pela inconstitucionalidade de uma lei".

Mas, se no julgamento da ADI nº 2.860 o STF recusou a possibilidade de diálogo sobre a interpretação constitucional com o Poder Legislativo, em duas outras decisões o Tribunal se mostrou mais deferente em relação às exegeses adotadas pelo Congresso. No próprio tema do foro por prerrogativa de função, a Corte admitiu, no julgamento da ADI nº 3.289,[54] que o instituto fosse estendido aos ex-Presidentes do Banco Central, por atos praticados no exercício da função, por intermédio de lei de conversão de medida provisória. A existência de anterior interpretação jurisdicional da Constituição em sentido contrário à aplicação do foro para ex-ocupantes de cargos públicos não foi suficiente para afastar a decisão legislativa.

O Supremo também aceitou a correção legislativa da sua interpretação constitucional em caso previdenciário, que envolvia o cômputo, para fins de aposentadoria especial do professor, do tempo de serviço prestado fora da sala de aula. A discussão gravitava em torno da exegese dos art. 40, §5º, e 201, §8º, da Constituição. A interpretação da Corte na matéria, objeto até de súmula, era no sentido de que "para efeito de aposentadoria especial de professores, não se computa o tempo de serviço fora de sala de aula" (Súmula nº 726). A Lei nº 11.430/2006, no entanto, determinou que também deveriam ser computados para aquele fim as atividades de direção escolar e de coordenação e assessoramento pedagógico, quando exercidas em estabelecimentos de educação básica. A inovação foi impugnada por meio da ADI nº 3.772, mas o STF endossou a decisão do legislador, revendo o seu posicionamento anterior na matéria.[55]

Portanto, verifica-se que, a despeito da retórica da "supremacia judicial" na interpretação constitucional, presente em vários julgados, se constata na jurisprudência do STF alguma abertura para revisão dos seus posicionamentos anteriores, quando postos em xeque por atos legislativos subsequentes. Essa abertura ao diálogo é salutar, pois permite o controle recíproco entre os poderes do Estado, viabilizando a correção de erros na hermenêutica constitucional.

10.4 Os elementos tradicionais de interpretação aplicados à interpretação constitucional

A hermenêutica tradicional alude à existência de elementos da interpretação jurídica. São os elementos de interpretação de Savigny — gramatical, histórico, lógico e sistemático —, aos quais se agregou o elemento teleológico, proposto por Ihering. Esses elementos, como se verá abaixo, também são relevantes no campo constitucional, mas nele assumem certas peculiaridades. Esse conjunto de elementos configura, na Alemanha — país em que o tema foi estudado com destaque —, o "método clássico" de interpretação constitucional.[56]

A doutrina dominante, com a qual concordamos, nega a existência de qualquer hierarquia entre os referidos elementos. Eles devem ser combinados, reforçando-se ou controlando-se mutuamente. Nos casos mais singelos, eles apontam em sentido

---

[54] ADI nº 3.289, Rel. Min. Gilmar Mendes. Julg. 05.05.2005. *DJ*, 03 fev. 2006.
[55] ADI nº 3.772, Rel. p/ acórdão Min. Ricardo Lewandowski. *DJ*, 26 mar. 2009.
[56] Cf. BÖCKENFÖRDE, Ernst-Wolfgang. Los métodos de la interpretación constitucional: inventario y crítica. In: BÖCKENFÖRDE, Ernst-Wolfgang. *Escritos sobre derechos fundamentales*, p. 15; MÜLLER, Friedrich. *Métodos de trabalho do direito constitucional*, p. 21 *et seq.*

convergente, mas é possível que isso não ocorra. Nessas situações, não há uma fórmula exata a ser seguida, nem um critério apriorístico para "desempate". A seguir, examinaremos a aplicação de cada um desses elementos no domínio constitucional.

10.4.1 O elemento gramatical e os limites textuais para a atividade do intérprete

O elemento *gramatical*, também conhecido como *literal* ou *filológico*, busca extrair a norma jurídica do texto que a consagra. É, sem dúvida, um elemento decisivo na interpretação jurídica, inclusive naquela realizada no campo constitucional. Almeja-se, por meio do elemento gramatical, esclarecer o significado das palavras empregadas pelo legislador para, a partir daí, extrair as conclusões sobre a aplicação de determinada norma jurídica. Nos casos mais fáceis, o elemento gramatical já fornece a resposta à questão jurídica em discussão, dando ensejo à subsunção. Em outros casos, o elemento gramatical não será suficiente para o equacionamento do problema. Mesmo nessas hipóteses, o texto permanece relevante, atuando como um dos diversos elementos a serem considerados pelo intérprete na busca da resposta mais adequada à questão jurídica suscitada.

Apesar da sua importância, o texto nunca se confunde com a norma jurídica. O texto é o *significante*, e a norma o seu *significado*. A norma jurídica é o que resulta da interpretação de um texto, sendo o texto o invólucro da norma, a sua aparência exterior, ou, nas palavras de Friedrich Müller, "a ponta do iceberg".[57] É certo, contudo, que nem toda norma jurídica está consagrada em texto específico, pois existem normas *implícitas*. Por outro lado, há hipóteses em que a norma jurídica só é obtida pela conjugação de vários textos (dispositivos) diferentes.

É frequente a afirmação de que o texto normativo é o *ponto de partida* da interpretação.[58] Essa assertiva não nos parece exata, pois, como se verá a seguir, o intérprete, em geral, já se aproxima do problema jurídico que lhe é apresentado com uma *pré-compreensão*, que já envolve uma antecipação provisória da resposta, que poderá ser ou não confirmada ao final do processo hermenêutico.[59] Pode-se dizer, contudo, que dentre os elementos tradicionais da interpretação, o gramatical é aquele ao qual, de modo geral, primeiro se recorre.

Há pelo menos duas singularidades na interpretação gramatical no campo constitucional. A primeira está no fato de que a Constituição, com elevada frequência, se vale de preceitos vazados numa linguagem muito vaga e aberta, que se sujeitam a diferentes possibilidades interpretativas, e que demandam uma participação mais construtiva do intérprete para a definição do seu sentido. O princípio da igualdade, por exemplo, tem dado lugar a uma pluralidade quase inalcançável de interpretações: a igualdade prevista na Constituição Federal de 1988 deve ser interpretada como igualdade formal ou material, como igualdade de oportunidades ou de resultados? É compatível ou não

---

[57] MÜLLER, Friedrich. *Métodos de trabalho do direito constitucional*, 2. ed., p. 53.
[58] Cf. FERRARA, Francesco. *Interpretação e aplicação das Leis*, p. 34; BARROSO, Luís Roberto. *Interpretação e aplicação da Constituição*, p. 120.
[59] Nesse sentido, a afirmação de Eros Roberto Grau, de que "o processo de interpretação dos textos normativos encontra na pré-compreensão o seu momento inicial, a partir do qual ganha dinamismo o movimento circular, que compõe o círculo hermenêutico" (*Ensaio e discurso sobre a interpretação: aplicação do direito*, p. 31).

com a instituição de quotas raciais no acesso às universidades públicas? O princípio da dignidade da pessoa humana exige que o Estado proteja a pessoa de si mesma, impedindo que ela faça escolhas que tornem a sua vida indigna, como a de se prostituir, ou impõe o respeito estatal às decisões existenciais de cada indivíduo? Nessas hipóteses, o elemento literal não desfruta de maior importância na interpretação constitucional.

Outra singularidade está no fato de que a Constituição não é uma norma técnica, voltada apenas aos profissionais da área jurídica, mas um texto que se destina a todo o povo, que deve ser partícipe do seu processo de interpretação, como se verá adiante. Daí por que a regra geral, em matéria constitucional, é a de que as palavras devem ser interpretadas no seu sentido comum, ordinário, e não no sentido técnico-jurídico.[60] Essa, porém, não é uma regra absoluta: há hipóteses em que o texto constitucional faz referência proposital a conceitos jurídicos com sentido bem definido — como "direito adquirido", "licitação", "imposto" etc. — e, nessas hipóteses, é razoável presumir que a intenção normativa foi de usar estas palavras ou expressões no sentido que elas têm no âmbito da dogmática jurídica. Daí por que parece correto o critério proposto por Linares Quintana: "As palavras empregadas na Constituição devem ser entendidas em seu sentido geral e comum, a menos que resulte claramente de seu texto que o constituinte quis referir-se ao seu sentido técnico-jurídico".[61]

O STF apreciou a questão em caso em que se discutia a interpretação correta da expressão "folha de salários", contida no art. 195, I, da Constituição. Discutia-se se a remuneração paga por uma empresa a trabalhadores autônomos, avulsos e administradores poderia ou não ser computada na folha de salários, o que permitiria que fosse considerada na base de cálculo de contribuição previdenciária instituída por lei ordinária. A Corte entendeu negativamente, com base no argumento de que a palavra "salário" se refere, no Direito do Trabalho, à remuneração paga ao empregado, e não aos valores percebidos por outras pessoas sem vínculo trabalhista. No voto do relator, Ministro Marco Aurélio, se consignou: "O conteúdo político de uma Constituição não é conducente ao desprezo do sentido vernacular das palavras, muito menos do sentido técnico, considerados institutos consagrados pelo Direito. Toda ciência pressupõe a adoção de escorreita linguagem, possuindo os institutos, as expressões e os vocábulos que a revelam conceitos estabelecidos com a passagem do tempo, quer por força dos estudos acadêmicos quer, no caso do Direito, pela atuação dos Pretórios".[62]

A interpretação gramatical não leva, no mais das vezes, a decisões unívocas: produz um número maior ou menor de possibilidades interpretativas, e o intérprete tem de optar por uma em detrimento das demais, considerando outros critérios. Também na interpretação constitucional, o elemento gramatical é importante: fixa, pelo menos *prima facie*, os limites da decisão judicial, "os espaços de ação metodicamente domináveis, dentro dos quais o trabalho jurídico deve se legitimar".[63]

Observe-se, por exemplo, o art. 37, XIX, na redação que lhe foi dada pela Emenda Constitucional nº 19: "somente por lei específica poderá ser (...) autorizada a instituição

---

[60] No mesmo sentido, BARROSO, Luís Roberto. *Interpretação e aplicação da Constituição*, p. 120-121.
[61] QUINTANA, Linares. *Reglas para la interpretación constitucional*, p. 65. Essa formulação também conta com a adesão de Luís Roberto Barroso (*Interpretação e aplicação da Constituição*, p. 121).
[62] RE nº 166.772-9, Rel. Min. Marco Aurélio. Julg. 12.05.1994. *DJ*, 16 dez. 1994.
[63] MÜLLER, Friedrich. *Direito, linguagem, violência*: elementos de uma teoria constitucional, p. 44.

de (...) fundação, cabendo à lei *complementar* (...) definir as áreas de sua atuação". O texto constitucional não esclarece se a "lei complementar" é federal, ou do ente federativo que criará a fundação, que pode ser também um Estado ou Município. A interpretação gramatical não é suficiente para se chegar a uma conclusão unívoca, mas limita as possibilidades decisórias do intérprete. Esse poderá entender que a lei é necessariamente federal, ou que pode ser também estadual ou municipal. Mas não poderá entender que se trata de lei ordinária.

O texto constitucional só pode ser superado em casos excepcionais. Na jurisprudência do Supremo Tribunal Federal isso já ocorreu. De acordo com os artigos nº 94 e nº 115 da Constituição Federal, um quinto das cadeiras dos Tribunais Regionais do Trabalho deve ser ocupado por "membros do Ministério Público com mais de dez anos de carreira". Não há como cumprir a regra quando não há membros do Ministério Público disponíveis com esse tempo de serviço. Por essa razão, ao invés de preencher as vagas com advogados ou juízes de carreira, o STF permitiu que procuradores do trabalho com carreiras mais curtas também integrassem as listas do quinto constitucional, em desacordo com o texto expresso da Constituição.[64] Nesse e em outros casos, o STF, com razão, deixou de se ater aos limites estabelecidos pelo texto constitucional. A hipótese, contudo, não é corriqueira. A regra é a da restrição do intérprete às possibilidades interpretativas a que se abre o texto, razão pela qual o elemento gramatical cumpre um papel indispensável também na interpretação constitucional.

10.4.2 O elemento histórico, o originalismo e a vontade do constituinte

O elemento *histórico* busca subsídios para a interpretação jurídica na vontade do legislador. Examina-se a *occasio legis*, as razões que motivaram a edição de um ato normativo, a exposição de motivos e os debates parlamentares, com o objetivo de perquirir a intenção do legislador em relação a determinada questão. O trabalho do intérprete no uso desse elemento se assemelha ao do historiador.

Na hermenêutica jurídica contemporânea, a concepção *objetiva* da interpretação tem prevalecido sobre a visão *subjetiva*.[65] Para a primeira, o que o intérprete deve buscar é o *sentido normativo da lei*, e não *a vontade do legislador*, com a qual não se confunde. É conhecido o brocardo jurídico de que *a lei é mais sábia do que o legislador*, permitindo soluções para problemas de que o primeiro sequer cogitara. Isso não significa, contudo, que o elemento histórico seja irrelevante, mas sim que ele não é, necessariamente, decisivo. Dependendo do caso, tal elemento pode se revelar um instrumento útil na busca do sentido atual da norma jurídica a ser aplicada.

No domínio constitucional, o elemento histórico também pode ser empregado. Ele envolverá, por exemplo, a pesquisa dos anais da Constituinte e de outros documentos da época. No cenário constitucional brasileiro, não se deve ignorar o elemento histórico da interpretação, até em reverência à especial legitimidade da nossa Assembleia Constituinte

---

[64] "(...) quando não houver, entre os Membros do Ministério Público do Trabalho, candidato com mais de dez anos de carreira, será lícita a inclusão em lista, para a investidura no cargo de Juiz de Tribunal Regional do Trabalho, de quem não preencha aquele requisito temporal" (ADI nº 1.289/DF, Rel. Min. Octavio Gallotti. Julg. 18.12.1996. *DJ*, 29 maio 1998).

[65] Cf. LARENZ, Karl. *Metodología de la ciencia del derecho*, p. 312-316.

de 87/88. Porém, não se deve, tampouco, impedir a atualização da Constituição pela via hermenêutica, por meio da interpretação evolutiva e da mutação constitucional. É pertinente também ao contexto brasileiro a afirmação do juiz da Suprema Corte norte-americana Willian Brennan Jr., segundo a qual, "o espírito da Constituição não está num significado estático que ele possa ter tido num mundo passado que já se foi, mas na adaptabilidade dos seus grandes princípios para lidarem com problemas e necessidades atuais".[66]

O STF, por exemplo, no julgamento da ADPF nº 132 e da ADI nº 4.277, que versaram sobre a união homoafetiva, não atribuiu maior relevância ao elemento histórico, que apontava que, por ocasião da votação do art. 226, §3º, os membros da Assembleia Constituinte não quiseram estender o instituto da união estável aos casais homossexuais. O ponto foi destacado no voto do Ministro Lewandowski, que transcreveu trechos dos debates parlamentares travados à época sobre o tema. A Corte, com inteira razão, deu mais importância aos valores fundamentais da Constituição, como a igualdade, a liberdade e a dignidade da pessoa humana, que apontavam no sentido do reconhecimento dessas formações familiares, mantendo-se, no ponto, em sintonia com novas percepções sociais mais inclusivas sobre orientação sexual que emergiram no país depois de 1988.

Pode-se dizer que a relevância do elemento histórico é inversamente proporcional ao tempo decorrido desde a edição da norma constitucional. Interpretar um preceito editado há várias gerações, com base nos valores vigentes à época, produzirá, muito provavelmente, anacronismos injustificados e solução conservadoras, inaceitáveis para a sociedade atual. Porém, não é democrático que, pouco tempo depois da elaboração de um texto constitucional ou derivado, ele seja interpretado sem atenção ao que foi decidido na ocasião pelos representantes do povo.

Essa foi uma das críticas dirigidas à orientação do Supremo Tribunal Federal, sobre medidas provisórias, forjada nos anos seguintes à promulgação da Constituição de 88, que praticamente reiterou a jurisprudência da Corte sobre os decretos-leis, elaborada no regime constitucional anterior. A medida provisória havia sido criada para substituir o antigo decreto-lei, que permitia ao Executivo legislar com bastante liberdade. Na Assembleia Constituinte, não se quis desprover o Poder Executivo de um instrumento de legislação de urgência, mas tampouco se pretendeu dar a ele poderes tão extensos como aqueles de que dispunha para a edição do decreto-lei, na Constituição de 1969. Ao ignorar as mudanças desejadas pelo constituinte originário nessa matéria, o STF deixou de empregar o elemento histórico de interpretação, em um caso em que seu uso se afigurava essencial. A interpretação histórica do instituto poderia eventualmente ter tornado até desnecessária a edição da EC nº 32, que deu novo regime mais restritivo à edição de medidas provisórias.

Nos Estados Unidos, há uma corrente conservadora que advoga a primazia do elemento histórico da interpretação constitucional: o *originalismo*, o qual sustenta que a Constituição deve ser interpretada de acordo com a intenção dos autores do seu texto, ou com o sentido que tinham as palavras e expressões usadas no momento em que a norma constitucional foi editada, e não o seu sentido atual.[67] O originalismo rejeita a

---

[66] BRENNAN JUNIOR, William. Constructing the Constitution. *U.C. Davies Law Review*, n. 19, p. 7.
[67] Cf. BORK, Robert. H. *The Tempting of America*: the Political Seduction of the Law; SCALIA, Antonin. *A matter of interpretation*.

ideia da *living Constitution*, que possa ser atualizada, sem alterações formais no seu texto, para acompanhar as mudanças ocorridas na sociedade.

O fundamento invocado pelos originalistas é a democracia. Diante do caráter vago da maior parte das cláusulas inseridas na Constituição norte-americana, eles sustentam que não se pode permitir aos juízes, que não são eleitos, que invalidem leis, editadas pelo legislador, com base nas suas concepções pessoais sobre o que significa, por exemplo, a "igualdade" ou o "devido processo legal". Para impedir que isso ocorra, sustentam os originalistas que os juízes devem se ater ao sentido que tinham os preceitos constitucionais por ocasião da sua aprovação, pois assim o legislador ficaria vinculado às concepções do poder constituinte, e não àquelas dos magistrados.

O originalismo nasceu como uma reação conservadora à jurisprudência progressista da Suprema Corte norte-americana nos anos 50 a 70 do século passado, que ampliara a proteção de direitos fundamentais e a defesa de minorias a partir de uma interpretação construtiva da Constituição.[68] O seu intento é deslegitimar essa jurisprudência, para justificar o retorno ao *status quo* anterior. Os originalistas se insurgem, por exemplo, contra a extensão do princípio da igualdade às questões de discriminação contra mulheres e homossexuais, alegando que o constituinte derivado norte-americano não as teve em mente ao aprovar a 14ª Emenda, que consagrou o princípio da *equal protection of the law*. Criticam o reconhecimento do direito constitucional à privacidade (*privacy*), porque não está previsto expressamente no texto da Constituição, e não foi objeto de cogitação pelo constituinte originário ou derivado. A corrente tem enorme penetração na direita norte-americana, inclusive na Suprema Corte do país, em que conta com dois entusiasmados adeptos — os juízes Antonin Scalia e Clarence Thomas.

Os críticos do originalismo[69] objetam que a Constituição não é uma obra acabada, produzida por uma geração, mas um instrumento dinâmico, que deve se adaptar aos novos valores e expectativas sociais. Apontam, também, que é muitas vezes impossível analisar qual seria a posição do constituinte sobre questões que na época sequer haviam surgido. Argumentam, ainda, que, sendo o texto constitucional uma obra coletiva, produzida por pessoas com propósitos e ideias diferentes, não há muitas vezes como se atribuir uma intenção subjetiva única ao constituinte. Ademais, a própria escolha pelo constituinte de cláusulas vagas exprimiria a sua intenção de permitir o seu preenchimento, no futuro, de acordo com concepções e valores das novas gerações a serem regidas pelo mesmo texto. Além do que, sustentam que é contraditório invocar a democracia para vincular as gerações atuais às concepções de mundo tradicionalistas e excludentes que prevaleciam nos Estados Unidos no século XVIII ou XIX, quando a Constituição norte-americana e as suas mais importantes emendas foram aprovadas.

Essas críticas são procedentes. Do ponto de vista da teoria constitucional, o originalismo não faz o menor sentido. Ele não é senão uma estratégica política, travestida de teoria constitucional, que busca promover uma agenda conservadora no Judiciário americano a qualquer custo. Trata-se de uma excentricidade constitucional da direita do país, que não encontrou ressonância em nenhum outro sistema jurídico democrático.[70]

---

[68] Cf. POST, Robert; SIEGEL, Reva. Originalism as a Political Practice: the Right's Living Constitution. *Fordham Law Review*, n. 75.

[69] Veja-se, entre outros, DWORKIN, Ronald. *Law's Empire*, p. 359-369; BARBER, Sotirios A.; FLEMING, James E. *Constitutional Interpretation*: the Basic Questions, p. 79-116.

[70] Na Alemanha, por exemplo, o Tribunal Constitucional Federal, em importante decisão em que afirmou a inconstitucionalidade da pena de prisão perpétua sem possibilidade de progressão, consignou: "Nem a história original

10.4.3 O elemento sistemático e a unidade do sistema constitucional

O *elemento sistemático* é aquele que preconiza que cada norma jurídica deve ser interpretada com consideração de todas as demais, e não de forma isolada. Os preceitos devem ser considerados em sua unidade orgânica, não como normas que se bastam e vigoram isoladas dos demais. Savigny distinguia o elemento *lógico* do elemento *sistemático*. Para ele, o elemento *lógico* referia-se "à estruturação do pensamento, ou seja, à relação lógica na que se acham suas diversas partes", e o elemento sistemático, "à conexão interna que enlaça a todas as instituições e regras jurídicas dentro de uma magna unidade".[71] Aqui os dois elementos não serão individualizados, como tampouco costuma ocorrer na doutrina.

A premissa básica do elemento sistemático é a de que o Direito não é um mero conjunto de normas, mas compõe um ordenamento, em que cada parte tem conexão com o todo, à luz do qual deve ser compreendida. A interpretação sistemática busca promover a harmonia entre essas partes. Isso não significa dizer que essa harmonia no ordenamento seja um dado da realidade, que se possa comprovar pela análise das leis em vigor. Sabe-se, pelo contrário, que no Estado contemporâneo, caracterizado pela inflação legislativa e pelo pluralismo dos interesses que são juridicamente tutelados, a existência de tensões e conflitos entre normas jurídicas é fenômeno corriqueiro. Na verdade, a busca da harmonização e da coerência no ordenamento é uma *tarefa* que o intérprete deve perseguir; muitas vezes uma tarefa dificílima. Trata-se de um ponto de chegada que se aspira atingir, e não do ponto de partida do intérprete.

Os sistemas jurídicos contemporâneos, como o brasileiro, têm na Constituição não só o seu fundamento de validade, como também o seu centro de gravidade. São os valores constitucionais que, pela sua primazia, podem conferir unidade ao sistema jurídico, cimentando as suas diferentes partes. Naturalmente, a exigência de coerência e sistematicidade também se projeta sobre a Constituição. O intérprete constitucional não pode, por exemplo, interpretar a garantia da propriedade privada ignorando a proteção constitucional conferida ao meio ambiente, nem vice-versa.

No sistema constitucional, embora não exista hierarquia em sentido formal, há normas mais importantes, que desempenham função mais destacada no sistema, e que influenciam mais intensamente a interpretação de outras normas constitucionais. É o caso de princípios como os da dignidade da pessoa humana, da igualdade, do Estado Democrático de Direito, da República e da Federação. Essas normas projetam uma intensa eficácia irradiante, não apenas sobre o ordenamento jurídico infraconstitucional, mas também sobre os preceitos da própria Constituição, atuando como diretrizes na sua interpretação e aplicação. No caso já citado, do reconhecimento da união homoafetiva, o STF se valeu de alguns destes princípios para orientar a exegese do art. 226, §3º. Apesar de o preceito em questão só se referir a união estável "entre homem e mulher", o STF entendeu que se deveria adotar interpretação extensiva do instituto, mais sintonizada

---

nem as ideias e intenções do constituinte são de importância decisiva na interpretação de preceitos específicos da Lei Fundamental. Desde a adoção, da Lei Fundamental, nossa compreensão sobre o conteúdo, funções e efeitos dos direitos fundamentais se aprofundou. Adicionalmente, os efeitos médicos, psicológicos e sociológicos da pena de morte se tornaram melhor conhecidos (...). Novos insights podem influenciar e mesmo alterar a avaliação desta punição em termos de dignidade humana e dos princípios constitucionais do Estado" (45 BVerfGE 187, 1977).

[71] SAVIGNY, Friedrich Carl von. Los fundamentos de la ciencia jurídica. *In*: SAVIGNY, Friedrich Carl von. *La ciencia del derecho*. p. 83-84; SAVIGNY, Friedrich Carl von. *Sistema de derecho romano actual*, p. 187.

com os valores mais fundamentais da Constituição, de modo a incluir também os casais formados por parceiros do mesmo sexo.

Sabe-se, porém, que contradições e conflitos tendem a surgir numa Constituição *compromissória*, como a de 88, em que convivem preceitos inspirados em ideologias diversas. Sem embargo, admitir que a Constituição seja marcada por conflitos e colisões não é afirmar a insolubilidade destas tensões, ou prescrever ao intérprete uma atitude passiva ou decisionista diante delas. Os cidadãos e as autoridades públicas devem observar o texto constitucional em seu todo, não se submetendo apenas a partes isoladas do sistema. Cabe ao intérprete buscar integrar as partes e, na medida do possível, harmonizá-las. O "sistema" é uma construção hermenêutica, apoiada, sobretudo, nos princípios constitucionais fundamentais, que lhe proveem bases moralmente sustentáveis. No campo particular da interpretação constitucional, o elemento sistemático assume especificidades tão relevantes que, a partir dele, formulam-se postulados específicos de interpretação constitucional: a *unidade da Constituição* e a *concordância prática*. Voltaremos ao tópico em seção posterior.

10.4.4 O elemento teleológico e as finalidades sociais da Constituição

A interpretação teleológica é a que busca a finalidade subjacente ao preceito a ser interpretado. Ao contrário dos elementos de interpretação anteriores, este não se deve a Savigny, mas a Ihering.[72] A interpretação teleológica está prevista no art. 5º da Lei de Introdução às normas do Direito Brasileiro: "na aplicação da lei, o juiz atenderá aos fins sociais a que ela se dirige e às exigências do bem comum".

Trata-se de um elemento especialmente importante no domínio constitucional, considerando a grandeza das tarefas a que se propõe uma Constituição.[73] Na Constituição, os principais fins sociais do Direito brasileiro estão positivados expressamente, na forma de "normas programáticas", ou implicitamente, em seu sistema de valores. Essas finalidades básicas são extremamente relevantes para a interpretação de outras normas constitucionais e infraconstitucionais.

Veja-se um exemplo de interpretação teleológica. O art. 16 da Constituição Federal dispõe: "A lei que alterar o processo eleitoral entrará em vigor na data de sua publicação, não se aplicando à eleição que ocorra até um ano da data de sua vigência". Não é difícil identificar que essa norma foi editada para assegurar segurança jurídica quanto às regras do jogo eleitoral, impedindo mudanças que surpreendam os participantes do processo político às vésperas das eleições, bem como proscrevendo alterações casuísticas, que possam romper a igualdade de participação entre partidos e candidatos. Compreendendo-se esta finalidade, pode-se descartar, por exemplo, uma interpretação literal do preceito em questão no sentido de que a Constituição vedaria tão somente a mudança na legislação processual eleitoral a menos de um ano da data do pleito, mas não a alteração nas regras substantivas de Direito Eleitoral. É evidente que as mudanças de última hora nas normas de eleitorais substantivas também afetam, e até com maior intensidade, os valores que o preceito em questão objetiva salvaguardar.[74]

---

[72] JHERING, Rudolf von. *A finalidade do direito*.
[73] O mais conhecido constitucionalista de Israel, Aharon Barak, sustenta, em conhecida obra, que o principal elemento da interpretação constitucional é o teleológico (*purposive*). Cf. BARAK, Aharon. *The Judge in a Democracy*, p. 127-135
[74] Neste sentido, ADI nº 3.685, Rel. Min. Ellen Gracie. Julg. 22.06.2006. *DJ*, 10 ago. 2006.

O elemento teleológico, na hipótese acima, deve ser empregado para dar suporte a uma interpretação extensiva de uma garantia constitucional. Mas ele também pode ser usado em sentido oposto, para afastar determinada hipótese do campo de incidência de norma constitucional. Isso se verificou, por exemplo, quando o STF foi instado a interpretar o art. 14, §7º, da Constituição Federal: "são inelegíveis, no território de jurisdição do titular, o cônjuge e os parentes consangüíneos ou afins (...) de Prefeito". A Corte considerou elegível candidato que se encontrava separado de fato da filha do então Prefeito antes do início de seu mandato, tendo sido a sentença de divórcio proferida depois de o mandato ter se iniciado. A finalidade do art. 14, §7º, era, para a Corte, "obstar o monopólio do poder político por grupos hegemônicos ligados por laços familiares". Na hipótese, a circunstância de a sentença ter "reconhecido a ocorrência da separação de fato em momento anterior ao início do mandato" afastaria a incidência da regra, não se cogitando da "perenização no poder da mesma família".[75] A aplicação da regra, com fundamento em uma interpretação meramente literal, restringiria significativamente os direitos políticos do cidadão, sem que isso se desse para garantir outra finalidade que também fosse objeto de proteção constitucional.

10.5 Novas ideias na interpretação constitucional

10.5.1 A pré-compreensão

Ao se deparar com um problema jurídico qualquer, o intérprete, antes até de consultar as normas pertinentes, já tende a antecipar uma solução, com base na sua pré-compreensão. A pré-compreensão envolve não apenas a concepção particular de mundo do intérprete, mas, sobretudo, os valores, tradições e preconceitos da comunidade em que ele está inserido. Afinal, os seres humanos não são desenraizados, mas compartilham, em geral, visões de mundo com aqueles que vivem no mesmo contexto histórico e cultural. Como assinalou Konrad Hesse, "o intérprete não pode captar o sentido da norma desde um ponto (...) situado fora da existência histórica, e sim unicamente a partir da concreta situação histórica em que se encontra, cuja plasmação conformou seus hábitos mentais, condicionando os seus conhecimentos e os seus preconceitos".[76]

A pré-compreensão é o ponto de partida do intérprete para o ingresso no "círculo hermenêutico", em que aquela antecipação de sentido é testada, considerando-se diversos elementos, como o texto normativo, o sistema, as conseqüências práticas da decisão etc. A antecipação da resposta pode ou não ser confirmada ao longo desse itinerário, que conduz até à concretização da norma, com a sua aplicação ao problema. Essa não é uma prescrição sobre como se devem interpretar as leis ou a Constituição; não é uma "receita" para interpretação correta, mas sim uma descrição do que normalmente ocorre quando um intérprete se confronta com um problema jurídico prático, que é chamado a equacionar.

O intérprete não pode, porém, aferrar-se à sua pré-compreensão, recusando-se a rever as suas antecipações de sentido.[77] É necessário que haja uma abertura para

---

[75] RE nº 446.999/PE, Rel. Min. Ellen Gracie. Julg. 28.06.2005. *DJ*, 09 set. 2005
[76] HESSE, Konrad. La interpretación de la Constitución. In: HESSE, Konrad. *Escritos de derecho constitucional*, p. 41.
[77] Nas palavras de Gadamer: "Aquele que quer compreender não pode se entregar, já desde o início, à causalidade de suas próprias opiniões prévias e ignorar o mais obstinada e consequentemente possível a opinião de um texto (...) Por isso, uma consciência formada hermeneuticamente tem que se mostrar receptiva, desde o princípio, para a alteridade do texto" (*Verdade e método*, 2. ed., p. 405).

que o intérprete "ouça" o que lhe dizem a norma e o problema enfrentado. É preciso, também, que tome consciência da sua pré-compreensão, até para evitar a prática de arbitrariedades inconscientes.

Autores ligados à corrente da nova hermenêutica ressaltam o papel central da pré-compreensão na interpretação do Direito. Não discordamos desse juízo, que se assenta na própria natureza humana do intérprete. Contudo, há quem veja a fidelidade à pré-compreensão como caminho para busca da melhor resposta para as questões de interpretação constitucional, recusando qualquer recurso ao método. Na literatura jurídica nacional, o principal representante desta corrente é Lenio Streck,[78] que articula seus argumentos a partir da hermenêutica filosófica de Martin Heiddeger e Hans-Georg Gadamer. Não compartilhamos desta posição, basicamente por três razões.

A primeira é que nas sociedades contemporâneas, extremamente plurais, convivem diferentes concepções de mundo conflitantes. Vivemos num mundo plural, complexo e "desencantado", em que não há mais uma única pré-compreensão em cada sociedade, mas múltiplas cosmovisões que coabitam no mesmo espaço-tempo, algumas delas absolutamente conflitantes.[79] Neste cenário de fragmentação axiológica, torna-se muitas vezes difícil fundar a legitimidade das decisões estatais — sobretudo as judiciais — em um *ethos* comum. Se existem numa mesma sociedade diversas pré-compreensões, a exigência de fidelidade à pré-compreensão deixa de funcionar, perdendo a sua capacidade de guiar a interpretação jurídica.

Em segundo lugar, a aposta na pré-compreensão parece ignorar o fato de que as nossas tradições e práticas sociais estão impregnadas pela opressão e assimetria. Por isso, também na pré-compreensão — naqueles "pré-conceitos" depositados no fundo da consciência social e da cultura de um povo — viceja o poder simbólico: "esse poder invisível o qual só pode ser exercido com a cumplicidade daqueles que não querem saber que lhe estão sujeitos ou mesmo que o exercem".[80] Na pré-compreensão pode ter lugar a hierarquização social e a estigmatização do diferente. Tomar a pré-compreensão como norte na hermenêutica jurídica, sem submetê-la ao crivo de uma razão crítica, equivale a endossar o *status quo* cultural e legitimar a injustiça, em nome do Direito e da Constituição.

Finalmente, entendemos que o método se afigura indispensável para controlar o arbítrio do intérprete e propiciar o controle intersubjetivo da sua atividade. Isso não significa que a interpretação constitucional seja *apenas* método. Conceber a interpretação constitucional assim seria "tapar o sol com a peneira": há também política, argumentação moral e até sentimento na interpretação constitucional. Mas o método se afigura fundamental para evitar que os intérpretes da Constituição se convertam nos seus senhores.

Enfim, pode-se dizer que a pré-compreensão é realmente parte integrante da hermenêutica constitucional, como também o é em qualquer atividade interpretativa. Mas a teoria constitucional deve demandar dos intérpretes o exercício permanente de crítica às tradições e de autocrítica em relação às respectivas cosmovisões.

---

[78] Cf. STRECK, Lenio Luiz. *Verdade e consenso*: Constituição, hermenêutica e teorias discursivas, 3. ed.
[79] Cf. LARMORE, Charles. *The Morals of Modernity*, p. 152-174; BENHABIB, Seyla. *The Claims of Culture*: Equality and Diversity in the Global Era, p. 1-23.
[80] BOURDIEU, Pierre. *O poder simbólico*, p. 7-8.

10.5.2 Interpretação constitucional, problema e sistema: os limites da tópica

Algumas das principais vertentes do debate metodológico atual sustentam que o papel do intérprete é construir a solução mais razoável para o caso concreto. O compromisso central do intérprete deixa de ser com o sistema jurídico, e passar a ser com a solução do "problema" apresentado. É o que propõe, em especial, a *tópica*.[81]

O método ou "estilo" tópico tem como referência central a obra de Theodor Viewheg, *Tópica e jurisprudência*, publicada na Alemanha em 1953, que provocou intensos debates no campo da metodologia do Direito. Viewheg salientou o fato de que, desde os seus primórdios, o Direito foi concebido como disciplina prática, voltada à resolução de problemas concretos. Todavia, a partir da Modernidade, teria passado a prevalecer a dimensão sistemática do Direito, relegando o problema para um segundo plano. A sua proposta consiste no resgate de um "estilo" de raciocínio jurídico voltado ao problema e não à norma ou ao sistema.

O conceito de *topos* é fundamental para a tópica. O *topos* configura um "lugar comum" da argumentação, que não vincula necessariamente o intérprete, mas lhe apresenta uma alternativa possível para a solução de um problema. Os *topoi* (plural de *topos*) são diretrizes que podem eventualmente servir à descoberta de uma solução razoável para o caso concreto. Eles não são certos ou errados, mas apenas mais ou menos adequados para a solução do problema; mais ou menos capazes de fornecer uma resposta razoável para o caso, que se mostre persuasiva à comunidade de intérpretes. Dentre os *topoi* podem figurar elementos heterogêneos como o texto normativo, princípios morais, tradições compartilhadas etc.

O sistema é, para a tópica "pura",[82] apenas mais um *topos* a ser levado em conta na busca da decisão do caso concreto. O argumento sistemático é apenas mais um que, ao lado de outros, pode ser usado para a solução do problema.

A tópica tem no Direito Constitucional um campo promissor, sobretudo, por conta da *abertura* estrutural da Constituição, da textura aberta de suas normas e da complexidade dos problemas que devem ser enfrentados.[83] No entanto, na sua forma "pura", a tópica apresenta problemas insuperáveis. A sua adoção pode conduzir a um sistema de plena liberdade judicial na resolução dos casos, que seria devastador para a segurança jurídica e para a legitimidade democrática do Direito. No domínio constitucional, estes problemas são ainda mais agudos, pois a não vinculação do intérprete à norma ou ao sistema põe em risco a força normativa da Constituição, ao reduzir os seus comandos a meros argumentos de caráter não obrigatório. Como salientou Canotilho "a interpretação é uma atividade normativamente vinculada, constituindo a

---

[81] Cf. VIEHWEG, Theodor. *Tópica e jurisprudência*, p. 38; MENDONÇA, Paulo Roberto Soares. *A tópica e o Supremo Tribunal Federal*; BONAVIDES, Paulo. O método tópico de interpretação constitucional. *Revista de Direito Constitucional e Ciência Política*, v. 1, n. 1; CAMARGO, Margarida Maria Lacombe. *Hermenêutica jurídica e argumentação*: uma contribuição ao estudo do direito; REIS, José Carlos Vasconcellos dos. Interpretação evolutiva e raciocínio tópico no direito constitucional contemporâneo. *Revista de Direito do Estado*, v. 2, n. 6.

[82] Como a seguir esclareceremos, é como "tópica pura" que Hesse denomina a metodologia jurídica de Viehweg. Cf. HESSE, Konrad. *Elementos de direito constitucional da República Federal da Alemanha*, p. 65. Na obra de Hesse, bem como na de Friedrich Müller, a tópica sofrerá certas correções de ordem normativa; será, portanto, uma tópica mitigada.

[83] Cf. BÖCKENFÖRDE, Ernst-Wolfgang. Los métodos de la interpretación constitucional: inventario y crítica. *In*: BÖCKENFÖRDE, Ernst-Wolfgang. *Escritos sobre derechos fundamentales*, p. 20; BONAVIDES, Paulo. *Política e Constituição*: os caminhos da democracia, p. 131.

constitutio scripta um limite ineliminável que não admite o sacrifício da norma em prol da prioridade do problema".[84]

Há, porém, posições mais moderadas, que se valem da tópica no âmbito das possibilidades fornecidas pelo texto da norma e pelo sistema. Canaris, por exemplo, vê a tópica como um meio para complementação do sistema, que só pode atuar no âmbito das possibilidades abertas pelo sistema.[85] Na sua ótica, o pensamento sistemático e o tópico-problemático não se excluem, mas antes se interpenetram e complementam. Na doutrina constitucional, Friedrich Müller também admite o raciocínio tópico, orientado para o problema, desde que "não ultrapasse o texto da norma", vedando-se ao intérprete que "decida contra o texto claro de uma prescrição, sob o motivo de que ela não oferece um ponto de apoio para que se alcance uma solução razoável para o problema".[86]

Como se observa, é possível sustentar o papel o intérprete de buscar a solução mais razoável e justa para o caso concreto sem lhe conferir liberdade ilimitada de ação. Para variadas vertentes da metodologia jurídica, o pensamento problemático é útil e desejável, desde que circunscrito pelos limites textuais e sistemáticos do ordenamento jurídico. Essa é a nossa posição.

Não é incomum na nossa jurisprudência constitucional o recurso ao pensamento tópico-problemático, caracterizado pela preocupação com as especificidades do caso. Isso ocorreu, por exemplo, em decisão do STF em que se afastou a exigência de comprovação de três anos de prática jurídica para posse no cargo de Procuradora da República, de candidata que já exercia a função de Promotora de Justiça.[87] A Corte, apesar de considerar constitucional a exigência em questão, imposta pelo poder constituinte derivado (art. 129, §3º), entendeu que, no caso específico, a sua imposição não seria razoável, uma vez que a candidata já vinha atuando como membro do Ministério Público.

10.5.3 Interpretação, realidade constitucional e concretização normativa

Como ressaltado no Capítulo 5, há teorias da Constituição que a concebem como sistema de normas, e há teorias que a enxergam como "realidade constitucional". Hoje, tende-se a rejeitar tanto o reducionismo normativista quanto o sociológico. Tornam-se cada vez mais frequentes as propostas de integração entre essas duas dimensões. No contexto europeu da segunda metade do século XX, foi especialmente influente a proposta de Konrad Hesse nesse sentido. De acordo com Hesse, para que uma Constituição seja socialmente eficaz, ela não pode desconsiderar as condições históricas em que se insere. Um texto constitucional desprovido de compromisso com a realidade social converter-se-ia, em uma "mera folha de papel".[88]

Nessa perspectiva, a interpretação é concebida como parte do processo de *concretização constitucional*, que inclui desde a definição das possibilidades interpretativas do texto até a decisão do caso concreto, a qual demanda consideração da realidade

---

[84] CANOTILHO, José Joaquim Gomes. *Direito constitucional e teoria da Constituição*, p. 1033.
[85] CANARIS, Claus Wilhelm. *Pensamento sistemático e conceito de sistema na ciência do direito*, p. 269-289.
[86] MÜLLER, Friedrich. *Discours de la méthode juridique*, p. 135.
[87] MS nº 26.690, Rel. Min. Eros Grau. *DJe*, 18 dez. 2008.
[88] HESSE, Konrad. *A força normativa da Constituição*, p. 24.

abrangida pela norma a ser concretizada.[89] O processo de concretização parte da interpretação do texto normativo e avança por meio do exame do "setor da realidade" sobre o qual incide.[90] Por isso, na atividade de concretização normativa, deve-se lançar mão de dados empíricos, colhidos por meio de métodos próprios a áreas como a Sociologia, a Ciência Política e a Economia.[91]

A integração da realidade à interpretação constitucional não pode, contudo, ser confundida com qualquer submissão acrítica da Constituição e de seus intérpretes aos "fatores reais de poder". A Constituição não é apenas "espelho da realidade"; ela é também "a própria fonte de luz".[92] Em diversos contextos, o que se requer da Constituição é que possa transformar a realidade, servindo à superação de configurações sociais consolidadas, que se caracterizam pelo arbítrio e pela opressão. No caso brasileiro, há diversos setores da realidade carentes de incidência constitucional efetiva. Não há dúvidas de que parte considerável da população brasileira é objeto de práticas autoritárias, francamente refratárias aos valores constitucionais. A inviolabilidade de domicílio, por exemplo, não é efetivamente garantida nas áreas pobres das grandes cidades brasileiras: o próprio Estado a viola recorrentemente. Neste caso, Constituição e realidade não se confundem. O que se impõe é a transformação da realidade de acordo com o programa constitucional.[93]

A interação entre norma e realidade opera em diversos níveis e de diversas maneiras. Além de conferir conteúdo e sentido aos preceitos constitucionais, a realidade atua também como limitação das possibilidades de incidência concreta das prescrições normativas. O intérprete não pode optar por alternativas interpretativas que concebam soluções irrealizáveis na prática. De nada adiantaria se o Direito prescrevesse a alteração da órbita dos planetas ou a revogação da lei da gravidade. É o que tradicionalmente se denomina "princípio da realidade":

Observe-se, por exemplo, o conhecido argumento da "reserva do possível", segundo o qual a garantia de direitos prestacionais depende da disponibilidade de recursos públicos. O conceito de reserva do possível tem sua origem na jurisprudência do Tribunal Constitucional Federal da Alemanha, em caso conhecido como *Numerus Clausus*.[94] O caso dizia respeito a estudante que pretendia obter provimento judicial determinando que o Estado assegurasse a sua matrícula em faculdade de Medicina, para viabilizar o futuro exercício do seu direito à liberdade de escolha profissional. A Corte não concedeu o pedido sob o argumento de que a concretização de direitos a prestações

---

[89] Cf. MÜLLER, Friedrich. *Métodos de trabalho do direito constitucional*, p. 60; BÖCKENFÖRDE, Ernst-Wolfgang. Sobre la situaacción de la dogmática de los derechos fundamentales tras 40 años de Ley Fundamental. *In*: BÖCKENFÖRDE, Ernst-Wolfgang. *Escritos sobre derechos fundamentales*, p. 126; CANOTILHO, José Joaquim Gomes. *Direito constitucional e teoria da Constituição*, p. 1074 -1075.

[90] MÜLLER, Friedrich. *Métodos de trabalho do direito constitucional*, p. 45; MÜLLER, Friedrich. *Discours de la méthode juridique*, p 168 e 355.

[91] Desta necessidade, Müller deriva, inclusive, a exigência de que as universidades ofereçam um "treinamento em disciplinas básicas" e provoquem o "desejo da cooperação interdisciplinar" (*Métodos de trabalho do direito constitucional*, p. 76-77).

[92] Cf. HÄBERLE, Peter. *Hermenêutica constitucional*: a sociedade aberta dos intérpretes da Constituição: contribuição para a interpretação pluralista e "procedimental" da Constituição, p. 34.

[93] Cf. SOUZA NETO, Cláudio Pereira de. A segurança pública na Constituição Federal de 1988: conceituação constitucionalmente adequada, competências federativas e órgãos de execução das políticas. *Revista de Direito do Estado*, v. 8, p. 19-73.

[94] Cf. BverfGE 33 (333).

está condicionada pelos recursos financeiros de que dispõe o Estado, não sendo razoável esperar que a sociedade arque com os custos de todos aqueles que quiserem frequentar o ensino superior. No caso brasileiro, pense-se, por exemplo, no art. 7º, IV, da Constituição Federal, que estabelece que o salário mínimo deve ser suficiente para que o trabalhador custeie "suas necessidades vitais básicas e às de sua família com moradia, alimentação, educação, saúde, lazer, vestuário, higiene, transporte e previdência social". Embora diversas leis todos os anos regulamentem o preceito, os valores que fixam têm sido insuficientes para atender a todas as necessidades previstas na Constituição. A hipótese é de "inconstitucionalidade parcial por omissão", a qual é sempre reconhecida pelo STF.[95] Apesar disso, a Corte não teria como fixar valores superiores, que, na sua ótica, satisfizessem plenamente a imposição constitucional. Isso implicaria impor mudanças econômicas das quais o Judiciário não pode ser protagonista, até por não possuir os meios necessários para avaliar os efeitos práticos de uma decisão que proferisse nessa questão.

Enfim, na interpretação constitucional, o intérprete deve sempre considerar a realidade, sob pena ou de decidir o impossível ou de deixar de extrair todas as potencialidades do texto constitucional.

10.5.4 Interpretação constitucional e avaliação das consequências

Um dos principais elementos incorporados pela metodologia constitucional contemporânea é a avaliação das consequências práticas das decisões. Trata-se de um dos elementos centrais do chamado *pragmatismo*.[96] A interpretação deve envolver a avaliação das necessidades humanas e sociais. O Direito é entendido não como um fim em si mesmo, mas como um meio para a realização daquelas necessidades; deve, portanto, se adequar a elas. O que importa é o modo como a decisão repercute no mundo social. O papel do intérprete é buscar prever qual será o impacto de sua decisão na sociedade: a interpretação que produzir as melhores consequências práticas é a que deve ser preferida. Ao invés de se voltar para o texto normativo, para as relações sistemáticas entre os preceitos constitucionais ou para o sentido que estes possuíam no momento da entrada em vigor da Constituição, o intérprete deve assumir uma postura pragmática e optar pela interpretação que produza melhores resultados práticos.

É verdade que o pragmatismo mais sofisticado envolve a preocupação com as consequências não apenas da decisão do caso concreto, mas também com aquelas que derivam da adoção ou rejeição de determinados argumentos ou teorias hermenêuticas. Um juiz pragmático pode considerar que uma lei é equivocada, e que não aplicá-la num caso concreto produziria, na hipótese, as melhores consequências. Mas pode decidir não fazê-lo, por concluir que as consequências para a sociedade seriam piores se fosse admitida a possibilidade de não aplicação de uma lei, a cada vez que o magistrado a considerasse equivocada. Embora o pragmatismo jurídico esteja a léguas de distância do formalismo, é até possível que um jurista pragmático adira ao formalismo por razões consequencialistas.[97] Ele pode considerar, por exemplo, que dita teoria, num

---

[95] Cf. ADI-MC nº 1.458/DF, Rel. Min. Celso de Mello. *DJ*, 20 set. 1996.
[96] Veja-se, a propósito, o Capítulo 5.
[97] Cf. ARGUELHES, Diego Werneck; LEAL, Fernando. Pragmatismo como (meta) teoria normativa da decisão judicial: caracterização, estratégias e implicações. *In*: SARMENTO, Daniel (Org.). *Filosofia e teoria constitucional contemporânea*, p. 171-211.

dado contexto, produz melhores resultados do que as que decorreriam da adoção de um modelo que permitisse ao intérprete, em cada caso, decidir de acordo com a sua avaliação pessoal das consequências.

Argumentos consequencialistas prevaleceram no STF, por exemplo, quando do julgamento da inconstitucionalidade da Lei nº 8.024/90 (originada na Medida Provisória nº 168/90), a qual promoveu a retenção de valores depositados em cadernetas de poupança, que foi a principal medida do "Plano Collor". A medida era um verdadeiro confisco, razão pela qual a lei estava em contradição direta com o direito de propriedade (CF, art. 5º). Ajuizada a ADI, o pedido cautelar, cujo deferimento levava à liberação imediata dos valores retidos, foi indeferido.[98] Para justificar a decisão, ao lado de outras razões, mais apegadas à forma, emergiram também as seguintes, em voto da lavra do Ministro Sydney Sanches:

> Se a lei for inconstitucional, o mal maior, que poderia ter causado, já causou. Nos próximos meses a lei começará a produzir alguns efeitos benéficos para os depositantes. Por outro lado, a suspensão cautelar da lei poderá evitar que isso aconteça, ou, então, trazer inúmeros transtornos para a economia nacional, com a abrupta injeção de vários trilhões de cruzeiros no meio circulante nacional, de efeitos imprevisíveis ou previsivelmente deletérios como, por exemplo, o retorno a uma ameaçadora hiperinflação, de mais de 80% ao mês, que desgastará a poupança dos depositantes, desvalorizará irreversivelmente a moeda brasileira e acabará punindo mais duramente ainda aqueles que sequer tiveram condições de poupar, ou seja, os mais desfavorecidos. Não me animo a adotar medida, que ponha em risco ainda maior a já combalida economia do País e aflija ainda mais os já aflitos, os extremamente pobres, que sequer conseguem economizar, quando conseguem sobreviver. (...) Pensando, por ora, mais no futuro do Brasil do que nos justos e compreensíveis anseios dos poupadores constrangidos e perplexos (...), opto pelo indeferimento da liminar.

O Ministro Sanches, portanto, deixou de conceder a cautelar por conta das consequências concretas de sua decisão. Depois disso, a ação ficou aguardando julgamento e, quando veio finalmente a ser julgada, em 26.8.1992, já perdera seu objeto, dado que os valores retidos já haviam sido restituídos.[99]

Outro exemplo de uso do argumento consequencialista deu-se recentemente, quando o STF, depois de proclamar a inconstitucionalidade da lei de conversão da medida provisória que criara o Instituto Chico Mendes,[100] por não ter observado o processo legislativo imposto pela Constituição, voltou atrás na decisão. A Corte verificara que não tinha sido observada na tramitação do ato normativo o art. 62, §9º, da Constituição, que exige que uma comissão mista da Câmara e do Senado emita parecer sobre a medida provisória, antes da sua apreciação em cada casa. Contudo, no dia seguinte ao

---

[98] ADI-MC nº 534/DF, Rel. Min. Celso de Mello. Julg. 27.06.1991. *DJ*, 08 abr. 1994.
[99] O teor da decisão é o seguinte: "A extinção anômala do processo de controle normativo abstrato, motivada pela perda superveniente de seu objeto, tanto pode decorrer da revogação pura e simples do ato estatal impugnado como do exaurimento de sua eficácia, tal como sucede nas hipóteses de normas legais destinadas a vigência temporária. Com a devolução integral dos ativos financeiros retidos, e a consequente conversão dos cruzados novos em cruzeiros, exauriu-se, de modo definitivo e irreversível, o conteúdo eficacial das normas impugnadas inscritas na Lei nº 8.024/90" (ADI-QO nº 534/DF, Rel. Min. Celso de Mello. Julg. 26.08.1992. *DJ*, 08 abr. 1994).
[100] ADI nº 4.029, Rel. Min. Luiz Fux, Julg. 07.03.2012.

julgamento, o Advogado-Geral da União suscitou questão de ordem na Corte, advertindo que centenas de outras medidas provisórias continham o mesmo vício, dentre as quais algumas que haviam criado políticas públicas essenciais, como o Bolsa Família. Diante deste fato, temendo as consequências práticas do precedente da véspera, o STF, de forma heterodoxa, decidiu voltar atrás na invalidação da norma, bem como considerar superado o vício constatado em relação às demais medidas provisórias que também o apresentavam, assinalando, todavia, que nas futuras medidas provisórias a referida exigência constitucional teria de ser observada pelo Congresso.[101]

Os argumentos consequencialistas aparecem explicitamente em alguns julgamentos do STF. No entanto, o que é ainda comum, e deve ser combatido, é o "cripto-consequencialismo", em que as consequências são consideradas pelos julgadores, mas não figuram de maneira explícita na fundamentação das decisões.[102] Faz-se então uma espécie de "subsunção às avessas": com base na avaliação das consequências, os juízes escolhem uma solução, e depois buscam fundamentá-la em argumentos formais, sem que se explicitem as razões reais que conduziram ao resultado do julgamento.[103]

Uma das principais objeções ao consequencialismo é a de que tende a assumir um caráter utilitarista, e o utilitarismo pode levar à relativização da garantia dos direitos fundamentais e da dignidade humana em favor da realização de metas coletivas. Isso porque o utilitarismo pode permitir que o indivíduo seja utilizado como meio e não como fim em si mesmo, em contrariedade ao conhecido imperativo categórico kantiano, que impõe que todas as pessoas sejam sempre ser tratadas como fins e nunca como meios. A doutrina comprometida com a defesa da dignidade humana e do sistema de direitos fundamentais, por ser refratária ao utilitarismo, acaba também se mostrando avessa ao consequencialismo.

Contudo, é possível adotar-se um consequencialismo não utilitarista. O utilitarismo se caracteriza pelos critérios escolhidos para avaliar as consequências: busca-se promover, na maior medida possível, o bem-estar, o prazer, a felicidade ou a realização das preferências do maior número de pessoas.[104] Os utilitaristas partem da premissa de que os indivíduos têm muitas vezes interesses conflitantes, e que, nesses casos, justifica-se o sacrifício dos direitos de um membro da comunidade desde que seja compensado por um ganho superior na promoção de interesses de outros indivíduos. Se, por exemplo, a admissão da tortura de terroristas tornar a sociedade mais segura, melhorando significativamente a vida da maioria da população, a medida pode estar justificada para um utilitarista. Ocorre que também é possível avaliar as consequências de uma decisão com base em outros parâmetros que não os preconizados pelo utilitarismo, como, por exemplo, a sua aptidão para promover, de fato, os direitos fundamentais, a democracia e os valores republicanos. Não haverá, então, utilitarismo, mas tão somente consequencialismo, e decisões comprometidas com a realização prática dos princípios fundamentais mais relevantes, e não apenas com a sua proclamação retórica no texto constitucional.

---

[101] Notícias STF de 08.03.2012. Disponível em: <http://www.stf.jus.br>.

[102] SOUZA NETO, Cláudio Pereira de. A interpretação constitucional contemporânea entre o construtivismo e o pragmatismo. In: MAIA, Antônio Cavalcanti et al. (Org.). *Perspectivas atuais da filosofia do direito*.

[103] Este procedimento é forte criticado por: ANDRADE, Fábio Martins de. *Modulação em matéria tributária*: o argumento pragmático ou consequencialista de cunho econômico e as decisões do STF, p. 471.

[104] O utilitarismo é uma teoria moral muito associada ao universo anglo-saxão, que tem como referências pensadores como David Hume, Jeremy Bentham, Adam Smith e Stuart Mill. Para uma análise contemporânea do utilitarismo, veja-se: SEN, Amartya; WILLIAMS, Bernard (Ed.). *Utilitarianism and Beyond*.

Há na jurisprudência do STF um bom exemplo desse tipo de consequencialismo voltado à realização prática dos direitos fundamentais. A Corte firmara a orientação de que, em razão da proteção constitucional da moradia (art. 6º, CF), seria inconstitucional a autorização, consagrada na Lei nº 8.245/91, de penhora do imóvel em que reside o fiador, nos contratos de locação.[105] Afinal, com a execução da penhora, o fiador acabaria perdendo a sua casa. Contudo, em decisão posterior, o STF reviu essa orientação.[106] Um dos principais argumentos empregados na ocasião foi no sentido de que a impenhorabilidade, na hipótese, geraria consequência altamente danosa para a promoção do direito à moradia das pessoas que não possuem casa própria. Isso porque, os locadores passariam a não mais aceitar a prestação de fiança por quem possui apenas o imóvel em que reside. Os locatários seriam então forçados a buscar outras garantias mais onerosas para o contrato, como a fiança bancária. Além disso, com o aumento do risco envolvido no negócio, haveria o risco de elevação do valor dos aluguéis, bem como de redução da oferta de imóveis para locação residencial. Tudo isso encareceria a locação residencial, aumentando o déficit habitacional no país.[107] Para o STF, do ponto de vista do direito à moradia, sobretudo das pessoas mais pobres, as consequências da invalidação da lei seriam altamente problemáticas, e, por conta disso, seria um contrassenso declarar a sua inconstitucionalidade com fundamento nesse mesmo direito fundamental.

Ademais, é possível levar em consideração as consequências práticas de uma decisão interpretativa, sem aderir ao pragmatismo jurídico. O exame das consequências pode ser concebido como um, dentre outros elementos a serem considerados na interpretação, e não como o elemento necessariamente preponderante para a definição da resposta correta em cada caso. Pode-se, ademais, abrir espaço para a consideração das consequências de cada escolha interpretativa, mas apenas no marco das possibilidades franqueadas pelo texto e pelo sistema constitucional como um todo. Essa linha consequencialista moderada e não utilitarista é preferível às opções extremas: a que atribui peso sempre decisivo às consequências de cada decisão; e a que recusa a possibilidade de consideração das consequências práticas pelo julgador. Por um lado, não há, sobretudo na seara constitucional, como autorizar que o intérprete, com base na sua avaliação pessoal das consequências, passe por cima de texto constitucional expresso ou do sistema normativo. Mas, por outro lado, não deve o intérprete se revelar insensível às questões e problemas práticos do mundo real com que se depara, fechando os olhos para as consequências das suas decisões. Aliás, sob a égide de Constituição dirigente, que se propõe a atingir determinados fins, seria profundamente contraditório que se negasse ao intérprete a possibilidade de considerar os efeitos que as suas decisões tendem

---

[105] RE nº 352.940, Rel. Min. Carlos Velloso.
[106] RE nº 407.688, Rel. Min. Cezar Peluso, *DJ*, 06 out. 2006.
[107] O Min. Peluso ressaltou que o direito à moradia, "que não se confunde, necessariamente, com o direito à propriedade imobiliária (...) pode, sem prejuízo de outras alternativas conformadoras, reputar-se, em certo sentido, implementado por norma jurídica que favoreça o incremento da oferta de imóveis para fins de locação habitacional, mediante previsão de reforço das garantias contratuais dos locadores". Nas suas palavras, a hipótese de penhorabilidade em discussão, ao diminuir os riscos inerentes ao contrato de locação residencial, tutelaria "o direito de moradia de uma classe ampla de pessoas (interessadas na locação), em dano de outra de menor espectro (a dos fiadores proprietário de um só imóvel, enquanto bem de família, os quais não são obrigados a prestar fiança)". Para Peluso, a invalidação da norma sob análise geraria "exigência sistemática de garantias mais custosas para as locações residenciais, com o consequente desfalque do campo de abrangência do próprio direito constitucional à moradia".

a produzir, no sentido da efetiva realização daqueles fins. Intérpretes constitucionais responsáveis não podem ignorar os efeitos das suas decisões.

Contudo, as consequências das escolhas interpretativas devem ser avaliadas não a partir de pautas utilitaristas, ou das preferências subjetivas de cada intérprete, mas com base no sistema de valores da própria Constituição. Ademais, quando essas consequências envolverem questões empíricas controvertidas de natureza extrajurídica, os juízes devem adotar uma postura de moderação e comedimento na sua avaliação, tendo em vista os limites da sua capacidade institucional. A questão da relação entre a interpretação constitucional e as capacidades institucionais do intérprete será analisada em outro item.

10.5.5 Interpretação da Constituição e argumentação moral

O tema das relações entre o Direito e a Moral é, talvez, o mais complexo e polêmico da Filosofia do Direito e esse não é o espaço apropriado para examiná-lo. Vale, no entanto, o registro de que as posições mais extremas nesse debate, que separam ou fundem completamente essas esferas, têm poucos defensores no contexto atual. Como ressaltou Miguel Reale, pode-se hoje afirmar a superação tanto das teorias que pretendem fornecer "um paradigma ideal de justiça, de validade universal, seja ele concebido a partir da razão, ou pretensamente inferido de dados empíricos", como daquelas que apresentam "a solução de compreender o ordenamento com abstração da ideia de justiça".[108]

Por um lado, o jusnaturalismo, mesmo na sua versão racional moderna, não reúne as condições necessárias para conferir legitimidade ao Direito, no cenário das sociedades contemporâneas, caracterizadas pelo pluralismo de visões de mundo. Por outro, a constatação de que o direito positivo pode assumir as feições mais monstruosas, como ocorreu na Alemanha nazista, torna imperativa a busca de algum fundamento moral para os ordenamentos, cuja validade não pode repousar apenas na autoridade ou na força de quem edita as normas jurídicas.

Nesse cenário, a interpretação constitucional tem operado como um veículo importante de aproximação entre o Direito e a Moral. Alguns dos princípios morais mais importantes estão expressamente positivados em muitas das constituições contemporâneas. A Constituição de 88 é repleta de exemplos: Estado Democrático de Direito, dignidade da pessoa humana, igualdade, solidariedade etc. Portanto, mesmo os que aderem ao postulado central do positivismo, de inexistência de relação necessária entre o Direito e a Moral, podem reconhecer a penetração da argumentação moral na interpretação da Constituição. Afinal, se o próprio texto constitucional expressamente incorpora normas revestidas de indiscutível conteúdo moral, é inevitável que a interpretação da Constituição se deixe penetrar pelo debate moral.

Os princípios constitucionais funcionam muitas vezes como canais de comunicação entre o Direito e a Moral,[109] pois eles consagram, com frequência, direitos morais.[110]

---

[108] REALE, Miguel. *Nova fase do direito moderno*, p. 27.
[109] ALEXY. Sistema jurídico, principios jurídicos y razón práctica. *In*: ALEXY. *Derecho e razón práctica*, p. 15.
[110] Sobre o conceito de direitos morais, cf. SANTIAGO NINO, Carlos. Sobre los derechos morales. *Doxa*, n. 7; FERNANDEZ, Eusebio. *Teoría de la justicia y derechos humanos*, p. 108 *et seq.*, entre outros. Para uma crítica à noção de direitos morais cf., p. ex., SEGURA ORTEGA, Manuel. Reflexiones sobre los llamados "derechos morales". *Derechos y Libertades – Revista del Instituto Bartolomé de las Casas*, ano 3, n. 6, p. 447 *et seq.* Nem todos os direitos

Para conferir densidade a princípios como a dignidade humana, a liberdade, a igualdade, a República, a democracia, a interpretação constitucional não pode se desenvolver independentemente da argumentação filosófico-moral.[111] Muitas das grandes questões do Direito Constitucional são também dilemas morais. É a reconstrução da constelação de princípios constitucionais que permite a realização de uma "leitura moral da Constituição".[112] O intérprete da Constituição e o filósofo político e moral lidam muitas vezes com as mesmas questões e seus argumentos se aproximam.[113] Casos como os referentes ao aborto do feto anencéfalo, à pesquisa em células-tronco embrionárias, às quotas raciais, à união homoafetiva, que foram ou serão decididos em breve pelo STF, demandam necessariamente a consideração de argumentos morais.

Mesmo temas aparentemente não relacionados a questões transcendentais podem exigir a utilização, ao lado de outros, de argumentos próprios da filosofia política, da filosofia moral ou da teoria da justiça. Recorde-se, por exemplo, da controvérsia em torno da Emenda Constitucional nº 41, que promoveu a chamada "taxação dos inativos", no âmbito da reforma da Previdência Social.[114] Naquele julgamento, foram manejados argumentos literais e de dogmática jurídica, como o referente ao conceito de direito adquirido. Contudo, os argumentos de justiça social desempenharam também um papel importante. Dentre os princípios invocados, estava o *princípio da solidariedade*, que, além de estar expresso no art. 3º, I, da Constituição Federal, informa ainda o seu art. 195, segundo o qual "a seguridade social será financiada por toda a sociedade". Se toda a sociedade deve contribuir para a formação do fundo que sustenta o pagamento dos benefícios previdenciários, não há por que excluir os próprios beneficiários desse esforço comum. Daí por que entendeu a Corte, a questão não podia ser concebida em termos meramente comutativos; deveria ser vista também a partir de critérios distributivos de justiça econômica.[115]

Diversas correntes sustentam, em bases diferentes, a aproximação entre a interpretação constitucional e a argumentação moral. Uma delas foi a chamada "jurisprudência de valores", que se desenvolveu na Alemanha, depois da II Guerra Mundial. O Tribunal Constitucional alemão desenvolveu a concepção de que a Constituição não é axiologicamente neutra, mas sim uma ordem de valores, que tem em seu centro a dignidade da pessoa humana, que deve ser não apenas respeitada, como também promovida e garantida pelos Poderes Públicos. Os direitos fundamentais, nessa

---

morais estão presentes na Constituição, bem como nem todos os direitos constitucionais são direitos morais. Sobre a distinção entre direitos morais e direitos legais Cf. VITA, Álvaro de. O lugar dos direitos na moralidade política. *Lua Nova – Revista de Cultura e Política*, n. 30, p. 16.

[111] DWORKIN, Ronald. Law, philosophy and interpretation. *Archiv für Rechts – und Sozialphilisophie*, v. 80, n. 4.

[112] Cf. DWORKIN, Ronald. *Freedom's Law*: the Moral Reading of the American Constitution.

[113] Cf. DWORKIN, Ronald. Must our Judges be Philosophers?: Can they be Philosophers?. *New York Council for the Humanities*.

[114] De acordo com o art. 4º da EC nº 41, "os servidores inativos e os pensionistas da União, dos Estados, do Distrito Federal e dos Municípios, incluídas suas autarquias e fundações, em gozo de benefícios na data de publicação desta Emenda, bem como os alcançados pelo disposto no seu art. 3º, contribuirão para o custeio do regime de que trata o art. 40 da Constituição Federal com percentual igual ao estabelecido para os servidores titulares de cargos efetivos".

[115] ADI nº 3.105/DF, Rel. p/ acórdão Min. Cezar Peluso. Julg. 18.08.2004. DJ, 18 fev. 2005. Na doutrina, cf. SARMENTO, Daniel. Direito adquirido, emenda constitucional, democracia e reforma de previdência. *Arquivos de Direitos Humanos*, v. 6; BARROSO, Luís Roberto. Constitucionalidade e legitimidade da reforma da previdência: ascensão e queda de um regime de erros e privilégios. *Revista Forense*, v. 377.

perspectiva, passaram a ser concebidos não como simples direitos de defesa diante do arbítrio estatal, mas também como bens jurídicos, que deveriam ser tutelados, defendidos e otimizados. Esses direitos passaram a gozar de uma "eficácia irradiante" que os transformou em vetores na interpretação do ordenamento infraconstitucional, inclusive no campo do Direito Privado. Essa teoria da ordem de valores ampliou significativamente o espaço da jurisdição constitucional, possibilitando intervenções enérgicas da Corte Constitucional no controle da atuação dos demais poderes do Estado e dos próprios particulares, justificadas em nome da proteção e promoção dos direitos fundamentais e da dignidade humana.

Embora a construção da teoria da ordem de valores tenha sido influenciada pelo jusnaturalismo, que passou por um compreensível renascimento ao final da II Guerra Mundial, ela não busca apoio numa moral imutável e supra-histórica, mas sim em "valores determinantes da cultura ocidental".[116] Nas palavras de Peter Häberle, trata-se dos valores "de uma comunidade concreta e dos homens que vivem nela, e que, na sua Lei Fundamental fixaram os próprios parâmetros axiológicos".[117]

A teoria da ordem de valores foi objeto de severas críticas de alguns segmentos da doutrina,[118] que apontaram problemas como a sua propensão a gerar anarquia metodológica e autoritarismo judicial. Sem embargo, o Tribunal Constitucional alemão foi desenvolvendo ao longo do tempo uma sofisticada metodologia, muito baseada no princípio da proporcionalidade, que será estudado no próximo capítulo, o que contribuiu para aumentar a previsibilidade dos seus julgamentos e reduzir significativamente os riscos apontados pelos críticos da teoria em questão.

No cenário norte-americano, a legitimidade do recurso à argumentação moral na interpretação da Constituição é objeto de intensa disputa. Há os que o sustentam enfaticamente, mas também os que o criticam, acusando-o de antidemocrático e elitista, por conferir a juízes não eleitos o papel de guias morais da vida nacional.[119] De todo modo, não é incomum que os debates constitucionais travados naquele país, inclusive no âmbito do Poder Judiciário, resvalem para a discussão ética.[120]

A mais conhecida teoria da interpretação constitucional aberta à moral no cenário norte-americano é a sustentada por Ronald Dworkin.[121] Numa síntese muito rápida, pode-se dizer que Dworkin defende, como "ideal regulativo", que cada caso difícil teria uma resposta correta, a qual deve ser buscada pelo juiz por meio de um procedimento hermenêutico que leve em consideração elementos como o texto dos preceitos incidentes, a sua história e os precedentes, mas que procure, sem ignorar esses dados, tornar o Direito o melhor que ele pode ser, no sentido da promoção da justiça. Esta é a concepção do Direito como "integridade". Dworkin traça um paralelo entre a interpretação do Direito

---

[116] Cf. BACHOFF, Otto. *Jueces y Constitución*, p. 40.

[117] HÄBERLE, Peter. *Le libertà fondamentali nello Stato Costituzionale*, p. 41.

[118] Cf. HABERMAS, Jürgen. *Direito e democracia*: entre facticidade e validade, p. 321 *et seq.*; MÜLLER, Friedrich. *Discours de la méthode juridique*, p. 89-90.

[119] Para uma síntese do debate norte-americano sobre essa questão, veja-se: BARBER, Sotirios A.; FLEMING, James E. *Constitutional Interpretation*: the Basic Questions, p. 155-170.

[120] Veja-se, a propósito, BOBBIT, Philip. *Constitutional Fate*: Theory of the Constitution, p. 93-119.

[121] O tema da interpretação do Direito é desenvolvido em diversas obras do autor. Veja-se, a propósito, DWORKIN, Ronald. Hard Cases. In: DWORKIN, Ronald. *Taking Rights Seriously*, p. 131-149; DWORKIN, Ronald. *A Matter of Principle*, p. 119-180; DWORKIN, Ronald. *Law's Empire*, p. 225-275; DWORKIN, Ronald. *Justice in Robes*, p. 1-35; DWORKIN, Ronald. *Justice for Hedgehogs*, p. 400-415.

e a redação de um romance por vários autores, na qual cada um escreve um capítulo: trata-se da teoria do "romance em cadeia" (*chain novel*). Quando um dos coautores do livro recebe o texto para elaborar o seu capítulo, ele não pode ignorar tudo aquilo que já foi escrito pelos que o precederam na obra. Mas pode fazer o melhor de si, para que o seu capítulo, agregando-se aos demais, torne o romance o melhor possível. Da mesma maneira, um juiz, quando se depara com um caso difícil do Direito, não pode partir do zero na busca da solução mais justa. Ele tem obrigação de manter a coerência com o Direito já existente, ao qual está vinculado, mas deve esforçar-se para interpretar este Direito "sob a sua melhor luz", para aproximá-lo ao máximo de um ideário de justiça, que Dworkin associa ao tratamento de todas as pessoas com o mesmo respeito e consideração. A interpretação do Direito, e especialmente do Direito Constitucional, é, para Dworkin, uma empreitada moral. A correta interpretação da Constituição envolve a sua "leitura moral". Essa, para o jurista norte-americano, não é antidemocrática, já que se volta à promoção do valor central da democracia, que, na sua ótica, não é o predomínio da vontade das maiorias, mas a igualdade.

Quando se fala da argumentação moral em sede constitucional, pode-se discutir de que "moral" se está cogitando: trata-se da "moralidade positiva", correspondente aos valores dominantes numa dada sociedade, ao seu *ethos*; ou da "moralidade crítica", que se propõe a problematizar esses mesmos valores, para aferir se são ou não justos?[122] A questão é complexa e delicada, e não é possível respondê-la em profundidade aqui, mas tão somente fazer um brevíssimo comentário sobre o tópico. Na nossa opinião, o discurso constitucional não pode se divorciar completamente dos valores comunitários, sob pena de perda de legitimidade da Constituição. É fundamental que a Constituição exprima, de alguma forma, a identidade política e cultural do povo, o que exige que a sua interpretação não se afaste dos valores compartilhados pela sociedade. Mas, por outro lado, se a Constituição tem pretensões emancipatórias, ela tampouco pode abdicar da tarefa de combater a opressão que está enraizada nas tradições e na cultura hegemônica. Numa sociedade ainda hierárquica, machista, racista e homofóbica como a nossa, prescrever para o intérprete constitucional a obediência cega aos valores comunitários significaria chancelar o *status quo*, contra o qual o constitucionalismo democrático deve se insurgir.

Daí por que nos parece especialmente fértil o chamado "aporte reconstrutivo" na interpretação constitucional. A ideia, já discutida no Capítulo 5, é a de que o intérprete não ignore as tradições e a moralidade positiva, mas busque os elementos mais emancipatórios dessas fontes, potencializando-os na arena hermenêutica. A moralidade, nessa perspectiva, não deve ser buscada em qualquer "tábua sagrada" que paire acima da história e das relações sociais. Algumas das suas sementes estarão plantadas no campo das lutas por inclusão e reconhecimento travadas na sociedade. As tradições e a moralidade positiva não devem ser descartadas, mas tampouco devem ser reverenciadas incondicionalmente, mas sim lidas sob a sua "melhor luz". Em outras palavras, a argumentação moral na interpretação constitucional deve se voltar à promoção do

---

[122] Esta distinção entre moralidade positiva e crítica foi explorada em texto clássico da Filosofia do Direito: HART, Herbert. *Law, Liberty and Morality*, p. 17-63. O tema foi exposto no contexto do debate travado nos anos 60 no Reino Unido sobre a descriminalização das relações homossexuais, entre Hart, que defendia a proposta, e o jurista e magistrado Lord Devlin, que a condenava, com a alegação de que seria papel do Direito Penal defender a moral dominante na sociedade.

ideário do constitucionalismo igualitário e democrático, mas sem desprezar a identidade histórico-cultural do povo.

Essa concepção não confunde o juízo descritivo, sobre "o que é a Constituição", com o juízo prescritivo, sobre "como a Constituição deveria ser", mas de alguma maneira os aproxima. O argumento moral não permite que o intérprete atropele o texto constitucional inequívoco, ignore o sistema ou as decisões básicas tomadas pelo constituinte. Ele não respaldaria uma decisão que, por exemplo, reconhecesse, em nome da promoção da igualdade e da justiça social, a possibilidade de expropriação, sem qualquer indenização, de propriedades rurais que não cumprissem a função social, tendo em vista o texto expresso da Constituição, que prevê, na hipótese, o pagamento de indenização prévia em títulos públicos (art. 184). Mas o argumento moral dá ao intérprete a missão de buscar a resposta moralmente mais correta para cada caso, no âmbito das possibilidades franqueadas pelo sistema constitucional. Nessa ótica, interpretar a Constituição é, de certa maneira, esforçar-se para aproximá-la da Justiça, sem romper com os marcos normativos positivados pelo constituinte. A argumentação constitucional não deixa de ser "um tipo especial, altamente institucionalizado e formalizado de argumentação moral",[123] em que a busca da justiça se dá num ambiente marcado por vários constrangimentos e limitações à ação do intérprete, decorrente de elementos como o texto e sistema constitucional, os quais vinculam o debate moral.

É verdade que a aceitação da maior permeabilidade da interpretação constitucional a juízos morais envolve riscos. O maior deles é o de se permitir que, por essa via, os juízes imponham os seus próprios valores aos poderes eleitos e ao povo, convertendo a democracia num governo elitista, de "sábios de toga". Há algumas maneiras de minimizar esse risco, das quais duas merecem destaque. A primeira, já discutida acima, é não conceber a hermenêutica constitucional como um espaço privilegiado do Supremo Tribunal Federal, recusando-se a ideia de monopólio interpretativo judicial, e mesmo a sua versão mais branda, de "monopólio de última palavra". Nessa perspectiva, a interpretação constitucional é concebida, sim, como uma empreitada moral, mas nela estão também engajados, além dos juízes, a sociedade civil, os demais poderes do Estado, os movimentos sociais e a academia, em permanente diálogo, controlando-se reciprocamente e aprendendo, uns com os outros, nas suas interações.

O segundo instrumento é metodológico. Deve-se cobrar cada vez maior rigor metodológico na interpretação constitucional feita pelo Poder Judiciário, para evitar o decisionismo e a invocação meramente retórica e não fundamentada de valores e princípios vagos, para evitar que a abertura à argumentação moral se converta numa boa desculpa para o "oba-oba" constitucional, escondido sob uma fachada politicamente correta.

10.5.6 Consideração das capacidades institucionais

Os intérpretes da Constituição não são deuses infalíveis, mas agentes humanos concretos, com virtudes e deficiências. Além disso, esses intérpretes atuam, em geral, no interior de instituições, como os Poderes Judiciário e Legislativo, que também têm qualidades e fragilidades próprias. Não bastasse, eles operam seguindo determinados

---

[123] MAcCORMICK, Neil. *Argumentação jurídica e teoria do direito*. Nessa citação, o autor refere-se genericamente à argumentação jurídica.

procedimentos — como o processo judicial, no caso dos juízes — que podem lhes impor limitações importantes. O ponto central que se pretende desenvolver neste item é que todas essas questões devem ser devidamente consideradas na definição da filosofia ou do método mais apropriado para a interpretação constitucional de cada agente.

Nesta perspectiva, uma boa teoria não é aquela que parte da idealização da figura do intérprete, mas a que se baseia numa visão mais realista sobre as suas capacidades institucionais.[124] Por exemplo, uma teoria hermenêutica construída a partir de uma imagem romantizada do juiz pode produzir maus resultados quando manejada por magistrados de carne e osso que não correspondam àquela idealização, em razão do risco elevado de que errem na sua aplicação. Pode ser preferível adotar uma teoria alternativa, que talvez não permita ao juiz excepcional mostrar todo o seu talento e sabedoria para chegar a um resultado ótimo, mas que minimize as chances de erros graves pelos juízes menos capazes. No cômputo geral, pode-se ganhar com isso. E o mesmo vale para os legisladores, dirigentes de agências reguladoras e todos os demais intérpretes da Constituição.

Veja-se, por exemplo, a questão da sobrecarga de trabalho dos juízes. Se os magistrados brasileiros têm de julgar uma enorme quantidade de processos por dia, é evidente que, por mais esforçados que sejam, não terão as condições necessárias para se engajarem em procedimentos complexos para a resolução de cada caso. Daí a necessidade de teorias hermenêuticas que possam funcionar bem no contexto da jurisdição de massa. Teorias jurídicas que demandem sempre um exame exaustivo das singularidades de cada hipótese, em busca da justiça ideal para o caso concreto, talvez não sejam adequadas a esse contexto. Sempre haverá alguns casos muito delicados ou complexos, em que esse esforço adicional estará justificado, mas é essencial, nesses sistemas, que a maioria das situações que chegam quotidianamente às barras dos tribunais possa ser resolvida de forma mais singela, com a subsunção a regras e a observância de precedentes.

Por outro lado, os juízes brasileiros, de um modo geral, estão bem aparelhados para o enfrentamento de questões jurídicas, mas quase nada sabem sobre outros campos da saber. A formação nas faculdades jurídicas brasileiras nada tem de interdisciplinar e o processo de recrutamento dos magistrados de carreira tem aferido apenas o conhecimento do direito positivo. Ocorre que cada vez mais o Judiciário é chamado para solucionar questões extremamente complexas, que demandam o domínio de outros ramos do conhecimento humano. No caso do controle de políticas públicas, por exemplo, sabe-se que a sua elaboração e implementação dependem, para o seu êxito, do emprego de conhecimentos específicos. Os poderes Executivo e Legislativo possuem em seus quadros pessoas com a necessária formação especializada para assessorá-los na tomada das complexas decisões requeridas nessa área, que frequentemente envolvem aspectos técnicos, econômicos e políticos diversificados. O mesmo não ocorre no Judiciário. Os juízes não têm, em regra, tais conhecimentos especializados necessários, nem contam com uma estrutura de apoio adequada para avaliação das políticas públicas.

Isto não significa que o Poder Judiciário não possa apreciar a constitucionalidade de políticas públicas. No sistema jurídico brasileiro vigora o princípio da inafastabilidade

---

[124] Cf. SCHAUER, Frederick. *Playing by the Rules*: a Philosophical Examination of Rule-Based Decision-Making in Law and in Life; SUNSTEIN, Cass R.; VERMEULLE, Adrian. Interpretations and Institutions. *John M. Olin Law & Economics Working Paper*, n. 156; VERMEULLE, Adrian. *Judging under Uncertainty*: an Institutional Theory for Legal Interpretation.

do controle jurisdicional (art. 5º, XXXV, CF). Sem embargo, um ativismo do Poder Judiciário nessa matéria, que ignorasse o déficit de *expertise* dos juízes, e não envolvesse certa deferência diante das valorações feitas pelos especialistas dos órgãos estatais competentes, provavelmente produziria péssimos resultados.[125] As intenções poderiam ser até as melhores, mas, no final, o voluntarismo judicial poderia comprometer a própria realização eficiente dos valores constitucionais em jogo.

Imagine-se a seguinte hipótese: a Constituição consagra como princípio da ordem econômica a "busca do pleno emprego" (art. 170, VIII), e é sabido que as taxas de juros praticadas no mercado têm direta relação com a realização concreta deste objetivo constitucional. Existe um órgão público vinculado ao Banco Central — o Comitê de Política Monetária (COPOM) — que tem dentre as suas atribuições a fixação da taxa básica de juros. As decisões do COPOM, com muita frequência, geram polêmica entre os especialistas, devidamente noticiadas nas páginas econômicas dos jornais: há sempre os que acham que a taxa fixada foi alta demais, desacelerando indevidamente as atividades econômicas, enquanto outros consideram que ela foi muito baixa, promovendo a inflação. Figure-se uma impugnação judicial à decisão do COPOM, em que se alegasse afronta ao princípio constitucional da busca do pleno emprego. As decisões que fixam a taxa básica de juros têm gravíssimas repercussões na Economia e são adotadas após atento exame de múltiplas variáveis econômicas. Esse exame pressupõe, naturalmente, profundos conhecimentos técnicos que os juízes, diferentemente dos membros do COPOM, não possuem. Por isso converter o Poder Judiciário no árbitro dessa questão seria uma péssima ideia. Provavelmente as suas intervenções, ainda que muito bem-intencionadas, causariam muito mais dano do que vantagens para a Economia e para o próprio princípio constitucional da busca do pleno emprego.

Finalmente, há também as limitações resultantes da dinâmica dos processos judiciais. Esses, como se sabe, foram pensados e estruturados com foco nas questões bilaterais da justiça comutativa, em que os interesses em disputa são apenas aqueles das partes devidamente representadas.[126] Contudo, a problemática enfrentada por juízes em processos em que se discutem, por exemplo, políticas públicas ou regulação econômica envolve sobretudo questões de justiça distributiva, de natureza multilateral. Para equacionar conflitos desta natureza, a tomada de boas decisões pressupõe a capacidade do agente de formar uma adequada visão de conjunto, o que é muito difícil de se conseguir no âmbito da jurisdição. Essa, com os prazos, formalidades e limitações a que se sujeita, está longe de ser o ambiente mais propício para isso, por não proporcionar pleno acesso à gama de informações, dados e pontos de vista existentes sobre aspectos controvertidos, nem possibilitar a participação de todos os agentes que têm algo a ganhar ou a perder. Na verdade, o processo judicial tende a gerar uma "visão de túnel", em que diversos elementos importantes para uma decisão bem informada tendem a ser eliminados do cenário, enquanto o foco se centra sobre outros — não necessariamente os mais relevantes.[127] É claro que este déficit pode e deve ser atenuado com a adoção de medidas como a realização de audiências públicas e perícias, a admissão de *amici curiae* etc.

---

[125] Cf. SARMENTO, Daniel. A proteção judicial dos direitos sociais. *In*: SOUZA NETO, Cláudio Pereira de; SARMENTO, Daniel (Coord.). *Direitos sociais*: fundamentos, judicialização e direitos sociais em espécie, p. 553-586.
[126] Cf. FULLER, Lon L. The Forms and Limits of Adjudication. *Harvard Law Review*, n. 92, p. 394-397.
[127] Cf. LOPES, José Reinaldo de Lima. *Direitos sociais*: teoria e prática.

Ainda assim, para muitas questões que hoje são judicializadas, as ações judiciais permanecem sendo uma via deficiente.

Por outro lado, da mesma maneira que não se deve idealizar a capacidade dos juízes na escolha da mais adequada postura hermenêutica, tampouco se deve fazê-lo em relação aos demais agentes estatais. Seria pouco realista, por exemplo, adotar no Brasil uma teoria como o "constitucionalismo popular"[128] de autores como Jeremy Waldron, Mark Tushnet e Larry Kramer, que enfatizam a "dignidade da legislação" para postularem a "retirada da Constituição dos tribunais" e sua devolução ao próprio povo com base no argumento de que faltaria ao Judiciário a legitimidade democrática para dar a última palavra em matéria de interpretação constitucional.[129] As conhecidas mazelas do nosso Poder Legislativo tornam injustificável qualquer confiança excessiva no processo político como meio exclusivo de garantia da Constituição.

Ademais, uma teoria atenta às capacidades institucionais dos juízes poderia recomendar, em determinados contextos, não uma postura deferente em relação às decisões dos outros poderes do Estado, mas exatamente o oposto. Pensamos que este é o caso das questões que atinjam minorias estigmatizadas no processo político, como os presos ou os homossexuais. Para lidar com tais questões, o processo político majoritário não costuma ser um ambiente institucional ideal. Nessa seara, o relativo insulamento do Judiciário diante das pressões das maiorias sociais, bem como o seu *ethos* profissional de defesa de direitos são bons argumentos para justificar uma postura mais ativista.

A adoção, pelo Judiciário, de uma orientação mais ativista ou mais autocontida deve depender, dentre outros fatores, da avaliação das suas capacidades institucionais. Isso, no entanto, nem sempre é observado pelos magistrados. Veja-se, por exemplo, o voto proferido pelo Ministro Carlos Alberto Direito no julgamento sobre a constitucionalidade das pesquisas de células-tronco embrionárias,[130] em que um dos argumentos usados pelo Ministro para invalidar a autorização concedida pelo legislador para realização das referidas pesquisas envolveu tomada de posição altamente controversa sobre questão de natureza eminentemente científica. A maior parte da comunidade científica considera que as pesquisas importam necessariamente na eliminação do pré-embrião, mas o Ministro sustentou posição diversa, defendendo, a partir daí, a inconstitucionalidade das pesquisas que resultassem nessa eliminação. No mesmo julgamento, e de forma mais sensata e autocontida, a Ministra Ellen Gracie evitou penetrar nessa discussão, consignando: "a Casa não foi chamada a decidir sobre a correção ou superioridade de uma corrente científica sobre as demais. Volto a frisar (...) que não somos uma casa de Ciência". A ação, ao final, foi julgada integralmente improcedente.

A questão das capacidades institucionais foi expressamente considerada pelo STF no também polêmico caso da extradição de Cesare Battisti. A Corte, por maioria, deferira a extradição, requerida pela Itália, mas o Presidente da República resolvera não realizá-la. Firmada a premissa de que a decisão do STF no processo extradicional não obriga a realização da extradição pelo Chefe de Estado, mas apenas a faculta, passou-se a discutir a possibilidade de controle jurisdicional do ato do Presidente, que

---

[128] Veja-se, a propósito, o Capítulo 5.
[129] WALDRON, Jeremy. *A dignidade da legislação*; TUSHNET, Mark V. *Taking the Constitution away from the Courts*; KRAMER, Larry D. *The People by Themselves*: Popular Constitutionalism and Judicial Review.
[130] ADI nº 3.510, Rel. Min. Ayres Britto. Julg. 29.05.2008.

se negara a extraditar Cesare Battisti. O voto que "desempatou" o julgamento,[131] mantendo o ato presidencial impugnado, foi proferido pelo Ministro Luiz Fux, e um dos seus fundamentos foi a consideração de que faltaria ao STF a capacidade institucional de se imiscuir em questões de relações internacionais:

> O Judiciário não foi projetado pela Carta Constitucional para adotar decisões políticas na esfera internacional, competindo esse mister ao Presidente da República, eleito democraticamente e com legitimidade para defender os interesses do Estado no exterior; aplicável, *in casu*, a noção de capacidades institucionais, cunhada por Cass Sunstein e Adrian Vermeulle (...). Não por acaso, diretamente subordinado ao Presidente da República está o Ministério das Relações Exteriores, com profissionais capacitados para informá-lo a respeito de todos os elementos de política internacional necessários à tomada desta sorte de decisão. Com efeito, é o Presidente da República que se encontra com os Chefes de Estado estrangeiros, que tem experiência em planejar suas decisões com base na geografia política e que, portanto, tem maior capacidade para prever as conseqüências políticas das decisões do Brasil no plano internacional.

Em síntese, a hermenêutica constitucional não deve ser construída a partir de idealizações contrafáticas dos intérpretes. No debate jurídico brasileiro, é preciso superar a miopia em relação às capacidades institucionais reais dos agentes que interpretam e aplicam as normas, para construir teorias mais realistas, que possam produzir, na prática, resultados que de fato otimizem os valores constitucionais.

10.6 Princípios específicos de interpretação constitucional

Como antes salientado, a interpretação constitucional tem especificidades, o que tem levado a doutrina a formular catálogos de princípios específicos de interpretação constitucional. No Brasil, duas listas de princípios lograram ampla penetração: a elaborada pelo jurista alemão Konrad Hesse,[132] que aludiu aos princípios da *unidade da Constituição*, da *concordância prática*, da *correção funcional*, da *eficácia integradora*, da *força normativa da Constituição* e da *interpretação conforme à Constituição*, e que foi adotada por diversos autores brasileiros; e a formulada por Luís Roberto Barroso,[133] que elencou os princípios da *supremacia da Constituição*, da *presunção de constitucionalidade das leis e atos do Poder Público*, da *interpretação conforme à Constituição*, da *razoabilidade e da proporcionalidade* (que ele considera fungíveis), e da *efetividade*. Ambas as listas têm grandes méritos. Nada obstante, nós proporemos um elenco próprio de princípios de hermenêutica constitucional, que engloba os seguintes: 1) unidade da Constituição; 2) força normativa da Constituição; 3) correção funcional; 4) razões públicas; 5) cosmopolitismo ético; 6) interpretação conforme à Constituição; 7) presunção graduada de constitucionalidade dos atos normativos; 8) proporcionalidade; 9) razoabilidade; e 10) ponderação de interesses. Os princípios da proporcionalidade e razoabilidade serão examinados no Capítulo 11 e a ponderação de interesses, no Capítulo 12.

---

[131] Ext. nº 1.085 PET-AV, Rel. Min. Cezar Peluso.
[132] HESSE, Konrad. La interpretación de la Constitución. *In:* HESSE, Konrad. *Escritos de derecho constitucional*, p. 33-54.
[133] BARROSO, Luís Roberto. *Interpretação e aplicação da Constituição*, p. 141-244.

10.6.1 Princípio da unidade da Constituição e concordância prática

O princípio da *unidade da Constituição* deriva do elemento sistemático de interpretação constitucional. De acordo com o princípio da unidade, a Constituição deve ser interpretada não como conjunto assistemático de preceitos, mas como um todo integrado de normas que se completam e se limitam reciprocamente. Como esclarecia Hesse, "a conexão e a interdependência dos elementos individuais da Constituição fundamentam a necessidade de olhar nunca somente a norma individual, senão sempre também a conexão total na qual ela deve ser colocada".[134] O Tribunal Constitucional alemão chegou a afirmar que "o princípio mais importante da interpretação é a unidade da Constituição, como unidade de um conjunto com sentido teleológico-lógico, já que a essência da Constituição consiste em ser uma ordem unitária da vida política e social da comunidade estatal".[135]

Um dos corolários do princípio da unidade da Constituição é a inexistência de *hierarquia formal* entre as normas que compõem o texto constitucional originário, razão pela qual inexiste, em nosso sistema, a possibilidade de que uma norma constitucional originária seja declarada inválida por violar um preceito constitucional fundamental. Essa é posição da jurisprudência do STF.[136] O tema será aprofundado no Capítulo 12.

A inexistência de hierarquia formal entre as normas constitucionais não impede, porém, que se reconheça entre essas normas uma *hierarquia material*.[137] Há normas mais importantes do que outras. O direito à vida e o princípio da dignidade humana possuem, por exemplo, um peso abstrato maior do que o princípio da eficiência administrativa e o direito de propriedade. Essa hierarquia material deve ser especialmente considerada em casos de conflitos normativos, em que se recorre à ponderação de interesses. O fato de um princípio possuir maior peso abstrato é elemento que favorece a que ele prevaleça na ponderação. Porém, reconhecer que um princípio possui maior peso abstrato do que outro não significa que ele sempre vai preponderar na ponderação realizada em casos concretos. Isso dependerá de outros elementos, como a intensidade com que cada um dos princípios seja afetado no caso. A prevalência abstrata do direito à vida sobre o direito ao lazer não legitima o Estado, por exemplo, a proibir terminantemente a prática de esportes arriscados, como o paraquedismo ou o montanhismo. O tema será detidamente analisado no Capítulo 12.

Na jurisprudência do STF, o reconhecimento da existência de hierarquia material costuma legitimar a utilização do parâmetro da *interpretação restritiva das exceções*. A norma constitucional originária que excepciona princípio constitucional provido de hierarquia material superior deve ser interpretada restritivamente. Foi o que ocorreu, por exemplo, com o art. 37, IX, da Constituição, que confere ao legislador a tarefa de estabelecer hipóteses de contratação de servidor público por tempo determinado, sem concurso público, "para atender a necessidade temporária de excepcional interesse público". O STF, após reafirmar a "obediência cogente à regra geral de concurso

---

[134] HESSE, Konrad. *Elementos de direito constitucional da República Federal da Alemanha*, p. 65. Cf. também: BERCOVICI, Gilberto. O princípio da unidade da Constituição. *Revista de Informação Legislativa*, v. 145.
[135] BVerfGE 19, 206 (220).
[136] ADI nº 815/DF, Rel. Min. Moreira Alves. Julg. 28.03.1996. *DJ*, 10 maio 1996; ADI-AgR nº 4.097/DF, Rel. Min. Cezar Peluso. Julg. 08.10.2008.
[137] Cf. ALEXY, Robert. On Balancing and Subsumption: a Structural Comparison. *Ratio Juris*, v. 16, n. 4.

público", impôs a "interpretação restritiva" do preceito.[138] O mesmo foi feito em relação à impossibilidade de se utilizar a garantia do *habeas corpus* para impugnar prisão administrativa disciplinar de militares. A Corte interpreta restritivamente essa exceção à incidência de uma garantia fundamental, consagrada no art. 142, §2º, do texto constitucional: apesar de o mérito do ato punitivo não poder ser controlado via *habeas corpus*, o instrumento tem sido regularmente utilizado para se verificar a "ocorrência dos quatro pressupostos de legalidade": "a hierarquia, o poder disciplinar, o ato ligado à função e a pena susceptível de ser aplicada disciplinarmente".[139] Embora, por conta do princípio da unidade, as normas impugnadas nessas duas hipóteses não possam ser declaradas inconstitucionais, já que compõem o texto originário da Constituição, impõe-se a sua interpretação restritiva.

O princípio da unidade da Constituição não é incompatível com o reconhecimento da existência de tensões entre os valores constitucionais, de colisões entre as suas normas.[140] Mas ele impõe que tais colisões sejam equacionadas com base em critérios também ancorados na própria Constituição. Um desses critérios é a imposição ao intérprete de que busque a harmonização de normas constitucionais em conflito. Em outras palavras, o intérprete deve perseguir a *concordância prática* entre normas constitucionais que estejam em tensão, buscando preservar, ao máximo possível, os valores e interesses que lhes são subjacentes. Há autores, como Konrad Hesse e Canotilho, que atribuem à concordância prática a estatura de princípio autônomo de hermenêutica constitucional. Outros, como Barroso, a inserem no âmbito do princípio da unidade da Constituição, como fazemos aqui. A questão de saber se a concordância prática é princípio autônomo ou está contido no princípio da unidade da Constituição é de caráter nominalista, sendo desprovida de maior importância. O que importa é ressaltar o dever do intérprete de buscar a harmonização possível entre preceitos constitucionais em tensão. Nas palavras de Canotilho, o princípio da concordância prática "impõe a coordenação e combinação dos bens jurídicos em conflito de forma a evitar o sacrifício (total) de uns em relação aos outros".[141]

Desde que sejam compatíveis com as possibilidades textuais e sistemáticas da Constituição, as soluções das tensões entre normas constitucionais devem manter, na maior extensão possível, a proteção a cada um dos bens jurídicos envolvidos. Concebida nesses termos, a concordância prática não é incompatível com a ideia de ponderação de interesses — muito embora alguns dos seus adeptos não aceitem a técnica da ponderação.[142]

Exemplo desse tipo de harmonização é o conhecido caso da greve de fome, apreciado pelo Tribunal Constitucional espanhol em 1990.[143] Um grupo de detentos ligados aos GRAPO (*Grupos Revolucionarios Antifascistas Primero de Octubre*) iniciou uma greve de fome, para protestar contra a transferência de alguns deles para outro estabelecimento prisional. Partindo do pressuposto de que os detentos não poderiam

---

[138] ADI nº 890/DF, Rel. Min. Maurício Corrêa. Julg. 11.09.2003. *DJ*, 06 fev. 2004.
[139] Cf. HC nº 70.648/RJ, Rel. Min. Moreira Alves. Julg. 09.11.1993. *DJ*, 04 mar. 1994.
[140] O tema das colisões entre normas constitucionais será detidamente explorado no Capítulo 12.
[141] CANOTILHO, José Joaquim Gomes. *Direito constitucional e teoria da Constituição*, p. 1096-1097.
[142] O tema será aprofundado no Capítulo 12.
[143] Sentencia n. 120/1990, BOE n. 181. Sobre o caso, Cf. ATIENZA, Manuel. La huelga de hambre de los GRAPO. *Claves de razón práctica*, n. 14.

abrir mão da própria vida, a administração prisional pretendia alimentá-los à força. Estavam em choque a liberdade de consciência e expressão e o direito à vida e à saúde, ambos titularizados pelos próprios detentos. A solução encontrada foi determinar que os grevistas só fossem alimentados a partir do momento que perdessem a consciência. Enquanto os detentos mantivessem a consciência e pudessem manifestar seu pensamento, garantia-se a sua liberdade de manifestação, mas quando perdessem a consciência, seriam alimentados. Com isso, a Corte espanhola procurou preservar simultaneamente os dois grupos de princípios que estavam em colisão, ao invés de optar por um deles em detrimento de outro.

Um caso interessante de emprego da concordância prática no STF envolveu a intimação de liderança indígena para depor em Comissão Parlamentar de Inquérito instaurada no Estado de Roraima.[144] De um lado, a Constituição assegura às CPIs o "poder de investigação próprio das autoridades judiciais" (art. 58, §3º), o que lhes permite convocar testemunhas. Por outro, existe o direito dos indígenas à sua cultura e a permanecer em suas terras, protegido pelos arts. 215, 216 e 231 da Constituição. O depoimento de indígena que não está incorporado à sociedade envolvente e não partilha dos costumes ocidentais, fora de seu habitat e sem qualquer assistência, poderia significar grave violência, expondo-o a sérios constrangimentos. O STF, apreciando um *habeas corpus* impetrado em favor do líder indígena adotou solução para o caso que conciliava as normas constitucionais em tensão: permitiu o depoimento, mas apenas no interior das terras indígenas, e com a presença de representante da FUNAI e de antropólogo com conhecimento da comunidade étnica em questão.[145]

A exigência da harmonização ou concordância prática das normas constitucionais tem em seu cerne a ideia de *coerência*. Isso não quer dizer que o sistema constitucional seja absolutamente coerente, desprovido de tensões internas. Os valores que o sistema constitucional abarca são, muitas vezes, contraditórios entre si. O pluralismo de valores constitucionais[146] é resultado também do pluralismo político que teve lugar durante o momento constituinte.[147] Como já consignado, a Constituição Federal de 1988 é uma Constituição compromissória, de cuja elaboração participaram forças políticas divergentes, quando não antagônicas. No entanto, reconhecer a tendência de que essas colisões ocorram não é contraditório com o estabelecimento, para o intérprete, do dever de buscar reduzir ditas tensões e realizar simultaneamente, na medida do possível, os interesses constitucionais em conflito. A reconstrução do sistema constitucional como

---

[144] HC nº 80.240, 1ª Turma. Rel. Min. Sepúlveda Pertence. Julg. 20.06.2001. *DJ*, 14 out. 2005.

[145] Na ementa da decisão, consignou-se: "Comissão Parlamentar de Inquérito: intimação de indígena para prestar depoimento na condição de testemunha fora do seu habitat: violação às normas constitucionais que conferem proteção específica aos povos indígenas (CF, arts. 215, 216, 231). 1. A convocação de um índio para prestar depoimento em local diverso de suas terras constrange a sua liberdade de locomoção, na medida que é vedada pela Constituição da República a remoção dos grupos indígenas de suas terras, salvo exceções nela previstas (CF/88, art. 231, §5º). 2. A tutela constitucional do grupo indígena, que visa a proteger, além da posse e usufruto das terras originariamente dos índios, a respectiva identidade cultural, se estende ao indivíduo que o compõe, quanto à remoção de suas terras, que é sempre ato de opção, de vontade própria, não podendo se apresentar como imposição, salvo hipóteses excepcionais. 3. Ademais o depoimento de índio, que não incorporou ou não compreende as práticas de existência comuns ao 'homem branco' pode ocasionar o cometimento pelo silvícola de ato ilícito, passível de comprometimento do seu *status libertatis*".

[146] Como sustentava Isaiah Berlin, "nem todos os valores supremos buscados pela humanidade agora e no passado são necessariamente compatíveis uns com os outros" (A busca do ideal. *In*: BERLIN, Isaiah. *Estudos sobre a humanidade*: uma antologia de ensaios, p. 47).

[147] Cf. MAUÉS, Antonio G. M. *Poder e democracia*: o pluralismo político na Constituição de 1988.

um sistema coerente a partir dos princípios constitucionais fundamentais é uma tarefa permanente da interpretação constitucional.[148]

10.6.2 Princípio da força normativa da Constituição

Como já ressaltado no Capítulo 1, a Constituição é uma autêntica norma jurídica e não uma mera proclamação política. Não obstante, durante muito tempo, com a singular exceção dos Estados Unidos, os textos constitucionais não eram vistos como normas jurídicas, mas como documentos que deveriam inspirar o legislador. O Direito era legicêntrico, gravitava em torno das leis — sobretudo dos códigos — e a Constituição não era aplicada no dia a dia, nem utilizada pelos tribunais para limitar a discricionariedade do Legislativo. Esse quadro se alterou significativamente no mundo, sobretudo a partir do final da II Guerra Mundial.

No Brasil, a mudança foi mais recente. Embora já contássemos com a existência de instrumentos de controle de constitucionalidade desde a proclamação da República, nossa cultura jurídica hegemônica não atribuía estatura jurídica às normas constitucionais. As constituições eram pródigas na consagração de direitos, que quase nunca saíam do papel. Nosso constitucionalismo padecia de um gravíssimo déficit de efetividade, que se devia, em parte, a essa antiquada concepção sobre o papel da Constituição. O cenário vem se alterando significativamente após o advento da Constituição de 88. Embora ainda exista uma grande distância entre os valores constitucionais e a realidade, a cultura jurídica hoje hegemônica vê na Constituição uma norma jurídica de verdade, que deve ser efetivada por meio de diversos mecanismos, dentre os quais desponta a jurisdição constitucional. É nesse cenário que faz sentido discutir o princípio da *força normativa da Constituição*, também conhecido como *princípio da máxima efetividade da Constituição*.

A preocupação com a efetivação da Constituição foi claramente revelada pelo próprio poder constituinte originário, em aparente reação à tradição jurídica nacional, que tendia a tornar a aplicação concreta dos ditames constitucionais sempre dependente de ulterior "regulamentação" em sede legal. Nesse sentido, o texto constitucional consagrou o princípio da aplicabilidade imediata das normas definidoras de direitos e garantias fundamentais (art. 5º, §1º), e instituiu duas novas ações constitucionais voltadas ao propósito de efetivação da Constituição: a Ação Direta de Inconstitucionalidade por omissão (art. 103, §2º) e o mandado de injunção (art. 5º, LXXI).

O princípio da *força normativa* prescreve que seja preferida a interpretação que confira maior efetividade à Constituição: "na resolução dos problemas jurídico-constitucionais, [deve] ser dada a preferência àqueles pontos de vista que, sob os respectivos pressupostos, proporcionem às normas da Constituição força de efeito ótima".[149] Se determinada norma constitucional se abre a diversas interpretações, cabe ao intérprete optar pela que produza mais efeitos práticos concretos. Sempre que possível, o intérprete deve evitar classificar os preceitos constitucionais por meio de conceitos que esvaziam a sua normatividade, como os de norma de eficácia limitada ou norma programática, examinados no capítulo anterior.

---

[148] Cf. SOUZA NETO, Cláudio Pereira de. A teoria constitucional e seus lugares específicos: notas sobre o aporte reconstrutivo. *Revista de Direito do Estado*, v. 1, p. 89-104.

[149] HESSE, Konrad. *Elementos de direito constitucional da República Federal da Alemanha*, p. 68.

O princípio é frequentemente utilizado pelo Supremo Tribunal Federal. Foi invocado, por exemplo, para sustentar a tese da possibilidade de rescisão da coisa julgada inconstitucional. O princípio da máxima efetividade foi mencionado especificamente para afastar a aplicação da Súmula nº 343 do próprio STF, de acordo com a qual não cabe ação rescisória quando a decisão que se pretende rescindir seja contrária à interpretação controversa nos tribunais à época em que foi prolatada. A rescisória só seria cabível na hipótese de "violação de literal disposição de lei" (CPC, art. 485, V), não servindo para desconstituir decisão que optou por uma das interpretações a que se abre o texto normativo. Afastando a aplicação da súmula, a Corte entendeu caber ação rescisória quando o aresto impugnado fosse contrário à interpretação da Constituição adotada de modo definitivo em suas decisões.[150] Isso ocorreu com fundamento no princípio de interpretação ora examinado: "A manutenção de decisões das instâncias ordinárias divergentes da interpretação constitucional revela-se afrontosa à força normativa da Constituição e ao princípio da máxima efetividade da norma constitucional".[151] Quando a controvérsia interpretativa sobre a Constituição tiver sido superada pelo STF, a ação rescisória é cabível, mesmo que a decisão rescindenda tenha optado por outra interpretação também compatível com o texto constitucional.

O princípio da máxima efetividade foi suscitado pelo STF também para determinar que, com a entrada em vigor da Constituição Federal de 1988, a transição para o novo sistema constitucional deveria dar-se da forma mais célere possível. Por isso, o STF decidiu que, na substituição dos membros dos tribunais de contas, deveriam ser escolhidos, prioritariamente, aqueles oriundos da Auditoria ou do Ministério Público, até que se atingissem os percentuais previstos na Constituição Federal de 1988.[152] Confira-se:

> Na solução dos problemas de transição de um para outro modelo constitucional, deve prevalecer, sempre que possível, a interpretação que viabilize a implementação mais rápida do novo ordenamento. (...) Para implementar, tão rapidamente quanto possível, o novo modelo constitucional nas primeiras vagas ocorridas a partir de sua vigência, a serem providas pelo chefe do Poder Executivo, a preferência deve caber às categorias dos auditores e membros do Ministério Público especial.[153]

Uma das mais importantes alterações jurisprudenciais no STF foi motivada pela preocupação com a força normativa da Constituição. Trata-se da mudança de entendimento da Corte a propósito do mandado de injunção, ocorrida no ano de 2007. O texto constitucional não estabeleceu o caráter da decisão proferida nesse remédio constitucional, limitando-se a definir o seu cabimento, "sempre que a falta de norma

---

[150] AI-AgR nº 555.806/MG, Rel. Min. Eros Grau, Julg. 1º.04.2008; RE-ED nº 328.812/AM, Rel. Min. Gilmar Mendes. Julg. 06.03.2008; Rcl-AgR nº 2.600/SE, Rel. Min. Cezar Peluso. Julg. 14.09.2006. *DJ*, 03 ago. 2007.

[151] RE-AgR nº 235.794/SC, Rel. Gilmar Mendes, Julg. 22.10.2002. *DJ*, 14 nov. 2002.

[152] De acordo com o art. 73, §2º, da Constituição Federal, "os Ministros do Tribunal de Contas da União serão escolhidos: um terço pelo Presidente da República, com aprovação do Senado Federal, sendo dois alternadamente dentre auditores e membros do Ministério Público junto ao Tribunal, indicados em lista tríplice pelo Tribunal, segundo os critérios de antigüidade e merecimento". Já conforme o art. 72, §3º, da Constituição de 1969, "os seus Ministros serão nomeados pelo Presidente da República, depois de aprovada a escolha pelo Senado Federal, dentre brasileiros, maiores de trinta e cinco anos, de idoneidade moral e notórios conhecimentos jurídicos, econômicos, financeiros ou de administração pública, e terão as mesmas garantias, prerrogativas, vencimentos e impedimentos dos Ministros do Tribunal Federal de Recursos".

[153] ADI-MC nº 2.596/PA, Rel. Min. Sepúlveda Pertence. Julg. 15.08.2002. *DJ*, 27 set. 2002.

regulamentadora torne inviável o exercício dos direitos e liberdades constitucionais e das prerrogativas inerentes à nacionalidade, à soberania e à cidadania". Diante desse silêncio, o STF entendeu inicialmente que, ao julgar o mandado de injunção, seu papel era apenas o de notificar a entidade em mora na elaboração do ato normativo necessário à fruição do direito constitucional.[154] Para a Corte, não seria possível adotar providência concreta viabilizando o gozo imediato do direito constitucional pelo impetrante, nem tampouco definir a disciplina provisória da matéria, de modo a suprir a omissão do legislador, até o advento da norma regulamentadora. Tais providências seriam, na concepção do Tribunal, incompatíveis com o princípio da separação de poderes. A consequência prática da adoção desse entendimento foi o radical esvaziamento do mandado de injunção, que não funcionava como mecanismo capaz de proporcionar maior efetividade constitucional, nas hipóteses de omissão legislativa.

Esse entendimento jurisprudencial foi superado em 2007, quando o STF passou a entender que, diante de inconstitucionalidade por omissão que prejudique a fruição de direito constitucional, a Corte pode proferir uma "decisão aditiva", definindo as regras que permitiriam o imediato gozo do direito em questão, até o advento da norma regulamentadora. Isso aconteceu em mandados de injunção relacionados ao exercício do direito de greve por servidores públicos, em que o STF determinou que, até a edição da lei regulamentadora, tal direito já poderia ser exercido, observados os limites impostos pela Lei nº 7.783/89, que trata da greve de serviços essenciais no setor privado.[155] Em outros casos, a Corte adotou decisão viabilizando o gozo do direito constitucional em discussão, mas apenas para o impetrante do mandado de injunção, e não para terceiros, sem editar, portanto, norma provisória dotada de caráter geral.[156] Subsiste controvérsia

---

[154] O *leading case* na matéria foi o MI nº 107-3 (Rel. Min. Moreira Alves. DJ, 07 fev. 1990), em que se assentou: "Em face dos textos da Constituição Federal relativos ao mandado de injunção, é ele ação outorgada ao titular do direito, garantia ou prerrogativa a que alude o art. 5º, LXXI, dos quais o exercício está inviabilizado pela falta de norma regulamentadora, e ação que visa a obter do Poder Judiciário a declaração de inconstitucionalidade dessa omissão se estiver caracterizada a mora em regulamentar por parte do Poder, órgão, entidade ou autoridade de que ela dependa, com a finalidade de que se lhe dê ciência dessa declaração, para que adote as providências necessárias, à semelhança do que ocorre com a ação direta de inconstitucionalidade por omissão (art. 103, §2º, da Carta Magna), e de que se determine, se se tratar de direito constitucional oponível contra o Estado, a suspensão dos processos judiciais ou administrativos de que possa advir para o impetrante dano que não ocorreria se não houvesse a omissão constitucional".

[155] MI nº 708, Rel. Min. Gilmar Mendes. Julg. 25.10.2007. DJ, 31 out. 2008; MI nº 670, Rel. p/ acórdão Min. Gilmar Mendes. Julg. 25.10.2007. DJ, 31 out. 2008; MI nº 712, Rel. Min. Eros Grau, Julg. 25.10.2007. DJ, 31 out. 2008. No MI nº 708, o Min. Gilmar Mendes ressaltou: "Comungo das preocupações quanto à não-assunção pelo Tribunal de um protagonismo legislativo. Entretanto, parece-me que a não-atuação no presente momento já se configuraria quase uma espécie de 'omissão judicial'. (...) Estamos diante de uma situação jurídica que, desde a promulgação da Carta Federal de 1988 (ou seja, há mais de 18 anos), remanesce sem qualquer alteração. (...) tendo em vista as imperiosas balizas constitucionais que demandam a concretização do direito de greve a todos os servidores, este Tribunal não pode se abster de reconhecer que, assim como se estabelece o controle judicial sobre a atividade do legislador, é possível atuar também nos casos de inatividade ou omissão do Legislativo".

[156] Isso ocorreu em diversos casos em que se discutiu a possibilidade de aposentadoria especial de servidores públicos que exerçam atividades insalubres, previsto no art. 40, §4º, III, da Constituição Federal, mas condicionado à prévia edição de lei complementar. Consta na ementa do MI nº 721, *leading case* na matéria: "Conforme o disposto no inciso LXXI do art. 5º da Constituição Federal, conceder-se-á mandado de injunção quando necessário ao exercício dos direitos e liberdades constitucionais e das prerrogativas inerentes á nacionalidade, à soberania e à cidadania. Há ação mandamental e não simplesmente declaratória de omissão. A carga de declaração não é objeto da impetração, mas premissa da ordem a ser formalizada. (...) Tratando-se de processo subjetivo, a decisão possui eficácia considerada a relação jurídica nele revelada. (...) Inexistente a disciplina específica da aposentadoria especial do servidor, impõe-se a adoção, via pronunciamento judicial, daquela própria aos trabalhadores em geral – art. 57, §1º, da Lei 8.213/91" (MI nº 721, Rel. Min. Marco Aurélio. Julg. 30.08.2007. DJ, 30 nov. 2007).

na Corte sobre qual dessas orientações seria a mais adequada — a "concretista geral", que permite a formulação judicial de uma norma geral provisória; ou a "concretista individual", que apenas viabiliza o gozo do direito pelos impetrantes. Sem embargo, para qualquer dessas concepções o STF pode ir muito além da simples notificação do órgão em mora na edição da norma regulamentadora da Constituição, atuando mais enfaticamente no sentido da efetivação da vontade constitucional.

Nada obstante, apesar de frequentemente invocar o princípio, o STF nem sempre opta pela solução que confere maior efetividade ao texto constitucional. O direito de greve dos servidores públicos, agora concretizado em sede de mandado de injunção, é um exemplo. De acordo com o art. 37, VII, da Constituição, o direito de greve deve ser exercido pelo servidor público "nos termos e nos limites de lei específica". Muito antes do julgamento dos mandados de injunção de 2007, acima referidos, o STF manifestou o entendimento de que o preceito em questão teria condicionado o exercício do direito de greve pelo servidor público à futura edição de lei. Tratar-se-ia de "norma de eficácia limitada".[157] Por conta dessa orientação, os servidores não puderam, por muito tempo, exercer o seu direito de greve sob o amparo da Constituição. Houve, contudo, quem propusesse já naquela época, com base no princípio da máxima efetividade, que o preceito fosse interpretado como "norma de eficácia contida".[158] A lei teria como função limitar o exercício do direito, criando, por exemplo, critérios para definir atividades básicas que não poderiam ser suspensas. Essa segunda proposta interpretativa, ao contrário do que ocorria com a primeira, estava de acordo com o que prescrevia o princípio da máxima efetividade, pois permitiria a incidência imediata da norma constitucional. No caso, a solução que conferisse maior eficácia à Constituição seria tanto mais requerida por se tratar de direito fundamental, cabendo a aplicação do art. 5º, §1º, segundo o qual "as normas definidoras dos direitos e garantias fundamentais têm aplicação imediata".[159]

O mesmo ocorreu na jurisprudência relativa ao antigo limite de 12% de juros anuais, estabelecido no art. 192, §3º, da Constituição Federal, já revogado pela Emenda Constitucional nº 40 (embora aqui não estivesse diretamente em causa direito fundamental). O STF considerou tal dispositivo norma de eficácia limitada,[160] a despeito de o texto constitucional comportar, e até sugerir, interpretação inversa. O preceito tinha a seguinte redação: "As taxas de juros reais, nelas incluídas comissões e quaisquer outras remunerações direta ou indiretamente referidas à concessão de crédito, não poderão ser superiores a doze por cento ao ano; a cobrança acima deste limite será conceituada como crime de usura, punido, em todas as suas modalidades, nos termos que a lei determinar". A lei era requerida para a nova definição do crime de usura, não para a fixação do conceito de "juros reais", mais do que conhecido na seara econômica. O que de fato prevaleceu na hipótese foi um juízo quanto à (in)conveniência de se prever no texto constitucional limite de taxa de juros, e quanto aos possíveis efeitos econômicos

---

[157] MI nº 438/GO, Rel. Min. Neri da Silveira. *DJ*, 16 jun. 1995. Na doutrina, cf. SILVA. *Curso de direito constitucional positivo*, 17. ed., p. 678.
[158] Cf., p.ex., o voto divergente do Min. Sepúlveda Pertence no MI nº 438/GO, Rel. Min. Neri da Silveira. *DJ*, 16 jun. 1995.
[159] Cf. SARLET, Ingo Wolfgang. *A eficácia dos direitos fundamentais*: uma teoria geral dos direitos fundamentais na perspectiva constitucional, p. 274.
[160] Em um dos muitos casos, o Tribunal assim decidiu: "O limite de 12% ao ano, previsto, para os juros reais, pelo §3º do art. 192 da Constituição Federal, depende da aprovação da Lei regulamentadora do Sistema Financeiro Nacional, a que se refere o *caput* do mesmo dispositivo" (MI nº 611/SP, Rel. Min. Sydney Sanches. *DJ*, 29 nov. 2002).

negativos da decisão da Corte. O caso se enquadra na hipótese de "criptoconsequencialismo", referida em item anterior deste capítulo.

Cabe uma advertência final a propósito do princípio da força normativa da Constituição. A literatura jurídica brasileira, ao estudar esse princípio, dá grande ênfase ao papel do Poder Judiciário na efetivação constitucional. Não há dúvida de que o papel do Judiciário nesse campo é realmente fundamental. Porém, não há como efetivar uma Constituição sem a mobilização ativa da cidadania e sem que a atividade política seja também inspirada pelos valores constitucionais. É inocência supor que seja possível efetivar a Constituição apenas pela via da atividade jurisdicional.

10.6.3 Princípio da correção funcional

De acordo com o princípio da *correção funcional* ou *conformidade funcional*, na interpretação da Constituição deve-se verificar qual é o espaço institucional próprio de cada poder. Trata-se de corolário do princípio da separação de poderes. A interpretação deve procurar manter o sistema de repartição de funções estatais tal como concebido no texto constitucional. Não podem ser admitidos resultados que desconsiderem a vocação de cada um dos órgãos do Estado, o tipo de legitimação que caracteriza suas decisões, bem como as capacidades institucionais que reúne. Hesse define o princípio da seguinte maneira: "Se a Constituição ordena a respectiva tarefa e a colaboração dos titulares das funções estatais de uma determinada forma, então o órgão interpretador tem de manter-se no quadro das funções a ele atribuídas; ele não deve, pela maneira e pelo resultado de sua interpretação, remover a distribuição das funções".[161]

Em atenção ao princípio da conformidade funcional, o Poder Judiciário não deve exercer, a não ser em circunstâncias bastante excepcionais, a atividade de criação de normas jurídicas. Duas razões básicas militam para que o Judiciário, a pretexto de interpretar a Constituição, não se converta em verdadeiro legislador: ele não tem a legitimidade democrática para isso, porque seus membros não são eleitos pelo povo; e também não possui a capacidade institucional necessária para fazer todas as avaliações e prognoses que atividade normativa requer.

Sem embargo, a teoria constitucional contemporânea vem flexibilizando esta ideia. Atualmente, abrandou-se, por exemplo, a distinção tradicional que se estabelecia entre a função do "legislador negativo", pertinente à jurisdição constitucional, e a do "legislador positivo", que lhe seria estranha. Dizia-se, até pouco tempo atrás, que a jurisdição constitucional permitiria ao Poder Judiciário atuar apenas como legislador negativo, retirando do ordenamento as leis contrárias à Constituição, mas nunca como legislador positivo, criando novas normas jurídicas. Sabe-se hoje, porém, que a atividade interpretativa tem também uma dimensão criativa. Nesse contexto, uma distinção tão radical entre a função do legislador negativo e positivo deixa de fazer sentido.

Com efeito, há situações em que certas providências normativas são claramente exigidas pela Constituição, e, nessas hipóteses, também se atenua a restrição à atividade normativa do Poder Judiciário. Há, por isso, uma tendência em se admitir, em certos contextos, que sejam proferidas decisões dotadas de algum caráter normativo, que não

---
[161] HESSE, Konrad. *Elementos de direito constitucional da República Federal da Alemanha*, p. 67.

se limitam a expurgar do ordenamento normas contrárias à Constituição, mas também fixam regras a serem observadas em casos futuros. Nos mandados de injunção sobre direito de greve dos servidores públicos foi exatamente isso o que ocorreu. É também o que se deu na edição de algumas súmulas vinculantes, como a que restringiu o uso de algemas.[162] Dentre essas hipóteses de atuação judicial heterodoxa, figuram as chamadas decisões de *efeito aditivo*, que, nas palavras de Gilmar Ferreira Mendes, ocorrem "quando a corte constitucional declara inconstitucional certo dispositivo legal não pelo que expressa, mas pelo que omite, alargando o texto da lei ou seu âmbito de incidência".[163]

Nesse sentido se encaminha, por exemplo, a mudança sobre a compreensão do papel do Poder Judiciário diante de violações ao princípio da isonomia. No passado, entendia-se que o Judiciário não poderia jamais se valer deste princípio para estender a terceiros algum benefício concedido pelo legislador, sob pena de ofensa à separação de poderes. Havia até uma súmula consagrando esse entendimento em relação aos servidores públicos: "Não cabe ao Poder Judiciário, que não tem função legislativa, aumentar vencimentos de servidores públicos sob o fundamento de isonomia". Hoje, se considera que há hipóteses em que a extensão de benefícios pode se justificar, dependendo dos interesses constitucionais em jogo.[164] Imagine-se o caso de um aumento de remuneração que fosse concedido a todos os servidores, salvo àqueles filiados a um determinado partido político de oposição. Seria absurdo, numa hipótese como essa, negar-se ao Poder Judiciário, em nome do dogma do legislador negativo, a possibilidade de estender o benefício aos que foram injustamente preteridos.

Essas decisões normativas, que fogem da ortodoxia em matéria de separação de poderes, até são possíveis, no nosso entendimento, mas não devem ser banalizadas. Sempre que viável, devem ser preferidas técnicas decisórias que não transfiram competências legislativas para o Judiciário. Pode-se recorrer, por exemplo, a técnicas que apelem ao diálogo entre as instituições, dando-se a possibilidade de que o próprio Poder Legislativo formule uma solução alternativa para o problema constitucional encontrado pelo Judiciário, no marco das possibilidades estabelecidas pela Constituição. Veja-se o famoso caso *Government of the Republic of South África vs. Grootboom*,[165] decidido pela Corte Constitucional da África do Sul, que envolveu o direito fundamental à moradia. A Corte, a partir de caso concreto, considerou que as políticas públicas do país em matéria de proteção à moradia não eram constitucionais, porque não davam a devida atenção à situação dos miseráveis. Ao invés de invalidar as normas que consagravam

---

[162] Súmula Vinculante nº 11: "Só é lícito o uso de algemas em caso de resistência e de fundado receio de fuga ou de perigo à integridade física própria ou alheia, por parte do preso ou de terceiros, justificada a excepcionalidade por escrito, sob pena de responsabilidade disciplinar, civil e penal do agente ou da autoridade e de nulidade da prisão ou do ato processual a que se refere, sem prejuízo da responsabilidade civil do Estado".

[163] MENDES, Gilmar Ferreira; COELHO, Inocêncio Mártires; BRANCO, Paulo Gustavo Gonet. *Curso de direito constitucional*, p. 1372. Gilmar Mendes, tanto no exercício da atividade jurisdicional como na sua produção acadêmica é um entusiasmado defensor das decisões aditivas. No voto proferido na ADI nº 1.351, ele consignou: "É possível antever que o Supremo Tribunal Federal acabe por se livrar do vetusto dogma do legislador negativo e se alie à mais progressiva linha jurisprudencial das decisões interpretativas com eficácia aditiva, já adotada pelas principais cortes constitucionais europeias. A assunção de uma atividade criativa pelo Tribunal poderá ser determinante para a solução de antigos problemas relacionados à inconstitucionalidade, que muitas vezes causam entraves para a efetivação de direitos e garantias fundamentais assegurados pelo texto constitucional".

[164] *E.g.*, no RMS nº 22.307 (Rel. Min. Marco Aurélio. *DJ*, 31 ago. 1997), o STF determinou a extensão aos servidores civis o reajuste de 28,68% que tinha sido concedido aos servidores militares.

[165] 2000 (11) BCLR 1169.

essa política pública, o que agravaria mais ainda o problema existente, ou de definir uma nova política pública sobre o tema, o que a Corte sequer teria capacidade técnica para fazer, ela instou o legislador sul-africano a elaborar novas regras sobre a moradia, que atribuíssem um peso mais decisivo aos interesses das camadas mais pobres da população. O Tribunal não encerrou o processo ali, numa exortação ao legislador. O processo teve curso e o Tribunal Constitucional passou a acompanhar a definição dessa nova política pública, com o auxílio da Comissão de Direitos Humanos do país — órgão independente, com *expertise* na matéria —, com o objetivo de aferir se ela satisfazia ou não os imperativos constitucionais reconhecidos judicialmente.

A tendência à superação dogma do legislador negativo na jurisdição constitucional não pode, contudo, chegar ao ponto de ignorar a distinção de papéis entre o legislador e o Judiciário na concretização da Constituição. Foi o que ocorreu quando do julgamento da demarcação da reserva indígena Raposa Serra do Sol,[166] em que o STF, apesar de manter a demarcação feita no caso concreto pela FUNAI, estabeleceu 18 condições que deveriam ser seguidas em futuras demarcações, que sequer tinham sido debatidas naquele feito, algumas delas instituindo severas limitações aos direitos fundamentais dos indígenas. O Tribunal agiu como um autêntico legislador, aparentemente por entender que existiriam supostos abusos do governo na demarcação de terras indígenas.[167] A condição nº 5, por exemplo, estabeleceu que "a instalação das bases, unidades e postos militares e demais intervenções militares, a expansão estratégica da malha viária, a exploração de alternativas estratégicas de cunho energético e o resguardo das riquezas de cunho estratégico a critério dos órgãos competentes (o Ministério da Defesa, o Conselho de Defesa Nacional) serão implementados independentemente de consulta a comunidades indígenas envolvidas e à FUNAI". Esse tipo de atividade normativa, que não parte do exame do caso concreto, ainda mais quando se volta *contra* os direitos fundamentais e os interesses de minorias — temas em que se admite uma intervenção judicial mais enérgica — está em franco desacordo com o princípio da conformidade funcional.

A correção funcional também limita os poderes Executivo e Legislativo, que tampouco podem, a pretexto de interpretar a Constituição, invadir as competências conferidas ao Poder Judiciário. Foi por isso que o STF, por exemplo, inadmitiu que medidas provisórias pudessem ser usadas com a finalidade de declarar a inconstitucionalidade de outras normas legais. Entendeu a Corte que não é papel do governo ou do legislador declarar a inconstitucionalidade de norma. Nessa perspectiva, uma nova lei produz efeitos prospectivos, podendo revogar a lei anterior que disciplinava a matéria, mas não declarar a sua nulidade.[168]

---

[166] Pet. nº 3.388, Rel. Min. Carlos Britto. Julg. 19.03.2009. *DJ*, 1º jul. 2010.

[167] A Corte, em sede de Embargos de Declaração, esclareceu que as referidas condições não seriam *vinculantes* para outros casos, mas que poderiam e deveriam inspirar a atuação do Poder Judiciário em outros processos, pela sua autoridade persuasiva de precedente do STF. Embargos de Declaração na Pet. nº 3.388, Rel. Min. Luís Roberto Barroso. Julg. 23.10.2013.

[168] A decisão mencionada foi proferida nos seguintes termos: "Por ser a medida provisória ato normativo com força de lei, não é admissível seja retirada do Congresso Nacional a que foi remetida para o efeito de ser, ou não, convertida em lei. Em nosso sistema jurídico, não se admite declaração de inconstitucionalidade de lei ou de ato normativo com força de lei por lei ou por ato normativo com força de lei posteriores. O controle de constitucionalidade da lei ou dos atos normativos e da competência exclusiva do Poder Judiciário" (ADI nº 221-MC/DF, Rel. Min. Moreira Alves. Julg. 29.03.1990. *DJ*, 22 out. 1993).

As razões que justificam essa orientação não são de natureza lógica, mas prudencial. Hipoteticamente, dada a nulidade das leis inconstitucionais, não haveria qualquer incongruência em se reconhecer a qualquer órgão estatal a faculdade de afirmá-la. Ocorre que o controle de inconstitucionalidade de atos normativos exercido "a posteriori" por órgãos políticos geraria enorme insegurança jurídica e grave risco de abusos. Criar-se-ia, com a admissão dessa faculdade, a possibilidade de que as maiorias políticas de cada momento "declarassem a inconstitucionalidade" das decisões tomadas pelas maiorias anteriores, formadas por grupos antagônicos. Por isso, é de fato preferível, por razões prudenciais e de engenharia institucional, manter essa possibilidade sob a competência exclusiva de um poder neutro e imparcial: o Poder Judiciário.

10.6.4 Princípio das razões públicas

As sociedades democráticas contemporâneas são marcadas pela diversidade de doutrinas religiosas, filosóficas e morais. Tais doutrinas, em muitos casos, divergem profundamente entre si, o que gera um contexto caracterizado pelo "desacordo moral". É o que se tem denominado "fato do pluralismo": nas sociedades contemporâneas convivem, lado a lado, pessoas que professam as mais diferentes crenças e que possuem cosmovisões bastante heterogêneas, quando não antagônicas. Esse desacordo se projeta também no campo da interpretação constitucional. Uma feminista e um padre católico, por exemplo, terão, provavelmente, visões muito divergentes sobre a interpretação correta do direito à vida e sobre a autonomia reprodutiva. Um jurista evangélico e outro que seja militante do movimento *gay* quase certamente manterão concepções distintas sobre a discriminação por orientação sexual.

Nesse cenário, o princípio das razões públicas assume um papel importante. Esse princípio deriva da ideia de "razões públicas", que tem origem na filosofia kantiana, mas foi desenvolvida mais recentemente pelo filósofo político John Rawls,[169] suscitando intenso debate que envolveu vários outros autores. A ideia de razões públicas é a de que, na esfera política, ao lidar com temas essenciais, como os que concernem aos direitos humanos, só são admissíveis argumentos independentes de doutrinas religiosas ou metafísicas controvertidas a que cada cidadão adira. No campo privado, das discussões travadas nas famílias, nas entidades religiosas, nas associações etc., esse limite não se aplica. Mas na discussão pública, os cidadãos devem apresentar argumentos também públicos, que possam ser racionalmente aceitos pelos seus interlocutores, independentemente das respectivas crenças religiosas ou metafísicas. Argumentos religiosos, por exemplo, não poderiam penetrar nesse debate, a não ser que sejam "traduzidos" para razões públicas: um político cristão não poderia se opor no Congresso à legalização da eutanásia, invocando a Bíblia e dizendo que a vida não pertence ao homem e sim a Deus, mas ele poderia sustentar a indisponibilidade do direito à vida, invocando a relevância especial desse bem jurídico no sistema constitucional. O seu argumento, nesse último caso, pode ser correto ou incorreto (para nós, é incorreto), mas não estará fora do campo das razões públicas.

John Rawls sustenta que o uso das razões públicas, para o cidadão, seria um imperativo moral, mas não jurídico. Isso porque, não haveria, sem grave ofensa à liberdade

---

[169] RAWLS, John. *O liberalismo político*, p. 250-304.

de expressão e de consciência, como obrigar o cidadão a invocar apenas razões públicas ao deliberar sobre temas essenciais no espaço público. Porém, para os agentes públicos, e especialmente para os magistrados do Poder Judiciário, a imposição de respeito às razões públicas incidiria plenamente. A concepção de Rawls, atinente ao dever moral do cidadão de respeitar as razões públicas, pode ser problematizada. Há quem sustente que ela impõe um ônus excessivo sobre o cidadão religioso, que não consegue cindir em duas a sua personalidade, ao participar dos debates travados na esfera pública.[170] Não é o caso de examinar aqui essa polêmica. O que importa por ora é consignar que as decisões adotadas pelo Poder Público não podem se lastrear em razões que não sejam públicas. Não se pode, por exemplo, restringir a liberdade de um indivíduo com base em motivações religiosas ou metafísicas que ele não aceita, ainda que se trate de crença majoritária na população. Imposições que não se baseiam em razões públicas, mas em compreensões cosmovisivas particulares de um grupo social, ainda que hegemônico, não logram conquistar a necessária legitimidade numa sociedade pluralista, pois aqueles que são submetidos a elas, e que não comungam do credo predominante, se sentem não apenas vencidos no embate político, mas, pior do que isso, violentados em sua liberdade e em sua consciência.

A exigência jurídica — não apenas moral — de respeito às razões públicas dirige-se a todos os poderes estatais. Atos legislativos e administrativos que violarem essa imposição, baseando-se, por exemplo, em motivações de cunho religioso, não terão validade, padecendo de inconstitucionalidade. Mas essa imposição é ainda mais severa para o Poder Judiciário. Os juízes não são eleitos, o que torna ainda mais ilegítima a possibilidade de que imponham os seus valores pessoais sobre os jurisdicionados, ou que os invoquem para derrubar decisões tomadas pelos representantes do povo. Ademais, diferentemente dos cidadãos e dos parlamentares, que não precisam enunciar publicamente as razões que motivam seus votos, os juízes têm sempre que fundamentar as respectivas decisões. Os magistrados só estão autorizados a fazer um "uso público da razão". Não podem invocar nas suas decisões as orientações axiológicas cultivadas no interior das doutrinas religiosas ou metafísicas a que se filiam.[171] É verdade que realização integral desse dever de imparcialidade cosmovisiva é muito difícil. Como antes ressaltado no item que tratou da pré-compreensão, os preconceitos e visões particulares de mundo do intérprete sempre exercem alguma influência no processo de tomada de decisões. Daí não resulta, contudo, que a imparcialidade não possa ser sustentada como *ideia regulativa* e como *dever constitucional*, a ser perseguido pelos agentes e instituições, e fiscalizado pela crítica pública.

Vejamos o exemplo do aborto. Podem ser cogitados, para apreciar a constitucionalidade dessa prática, princípios como a proteção da vida do feto, a autonomia da mãe, a igualdade de gênero e a saúde materna, dentre outros. No entanto, existem formas de

---

[170] Cf. HABERMAS, Jürgen. Religião na esfera pública: pressuposições cognitivas para o "uso público da razão" de cidadãos seculares e religiosos. In: HABERMAS, Jürgen. *Entre naturalismo e religião*: estudos filosóficos, p. 129-168.

[171] Cf. RAWLS, John. A idéia de razão pública revista. In: RAWLS, John. *O direito dos povos*. Também Habermas analisa o assunto. Só as razões motivadas pela pretensão de entendimento — as que levam em conta o ponto de vista do *outro* — superam o teste do debate público. Como resultado, excluem-se da argumentação "todos os conteúdos não passíveis de universalização, todas as orientações axiológicas concretas, entrelaçadas ao todo de uma forma particular de vida ou da história de uma vida individual". Cf. HABERMAS, Jürgen. *Consciência moral e agir comunicativo*, p. 147-149.

argumentar com esses princípios que satisfazem a exigência do uso público da razão e outras que não o fazem. Esta última hipótese se verifica, por exemplo, quando argumentos religiosos são usados, de forma explícita ou velada.[172] Quando isso ocorre na esfera não estatal, não há problema, visto que ainda não se chegou ao patamar das decisões cujo cumprimento é obrigatório para todos. O mesmo não pode acontecer, todavia, na deliberação que se opera no espaço legislativo, e menos ainda na que tem lugar nas cortes constitucionais. Se um magistrado fundamenta sua decisão contra o reconhecimento do direito ao aborto em uma concepção bíblica do direito à vida, não estará argumentando de acordo com a razão pública, mas sim com base nos padrões de sua doutrina abrangente particular. Um Poder Judiciário que utilizasse esse fundamento para justificar suas decisões não seria visto como legítimo pelos jurisdicionados que se afiliam a outras orientações filosóficas ou religiosas.

Mas observe-se que temas como o aborto também podem ser examinados à luz de razões públicas. A autonomia privada, a saúde da mulher, a igualdade de gênero e o direito à vida, que são os principais elementos normativos envolvidos na solução daquele dilema moral, também são princípios jurídicos, encartados nas constituições democráticas, e que são objeto de reconhecimento das mais variadas doutrinas religiosas e filosóficas razoáveis. Uma primeira tarefa a que a Corte Constitucional deve se dedicar quando interpreta ou pondera esses princípios é restringir a sua análise aos limites da razão pública. E se os adeptos de determinada doutrina abrangente têm a intenção de influenciar as decisões proferidas pelas cortes constitucionais, eles devem "traduzir" seus valores para os termos adequados à razão pública, *i.e.*, para a linguagem da democracia, dos direitos humanos e das teorias científicas incontroversas.[173]

Porém, diferentemente do que acreditava Rawls,[174] entendemos que o respeito aos limites da razão pública nem sempre será suficiente para proporcionar o equacionamento de todas as controvérsias morais existentes na sociedade. A observação vale também para o campo da interpretação constitucional. Em temas moralmente complexos, como o aborto, a eutanásia, a legalização da prostituição ou das drogas, existirão argumentos constitucionais em favor das diferentes posições em confronto que não violam a exigência de respeito às razões públicas. Em casos como esses, o princípio das razões públicas não bastará para resolução da questão constitucional, mas se prestará pelo menos para afastar argumentos inadmissíveis do âmbito do debate jurídico.

No entanto, há hipóteses em que o uso da razão pública é capaz de solucionar a controvérsia constitucional. É o que ocorre, por exemplo, na interrupção da gestação de feto anencefálico. A anencefalia leva à morte do feto em 100% dos casos: ou a morte ocorre durante a gestação, ou no nascimento, ou poucas horas depois desse. Mas mesmo nesses poucos momentos, a vida do anencéfalo é puramente vegetativa, em razão da gravíssima má-formação cerebral de que padece. A doença pode ser diagnosticada com 100% de certeza e é absolutamente incurável. Na hipótese, se a vida do feto é apreciada sob o prisma das teorias científicas incontroversas, e não sob a perspectiva religiosa, a

---

[172] Sobre a obrigação de o estado manter uma posição de "neutralidade" em matéria religiosa, cf. MACHADO, Jónatas. A Constituição e os movimentos religiosos minoritários. *Boletim da Faculdade de Direito*, Coimbra, v. 52, p. 226 *et seq.*
[173] Cf. FORST, Rainer. The Rule of Reasons: Three Models of Deliberative Democracy. *Ratio Juris*, v. 14, n. 4, p. 349.
[174] Cf. RAWLS, John. *O liberalismo político*, p. 294-295. A crítica ao ponto de vista do autor aqui reproduzida é proposta por: GUTMANN, Amy; THOMPSON, Dennis. *Democracy and Disagreement*, p. 73 *et seq.*

colisão de princípios constitucionais se esvai. O uso público da razão é suficiente para superar o suposto dilema entre o respeito à autonomia e à saúde da mulher e a tutela da vida. A resposta constitucional, à luz dos bens jurídicos em conflito, é muito clara: cabe a cada mulher que se encontrar nessa angustiante situação fazer a sua própria escolha livre e informada sobre manter ou não a gestação. Nesse sentido foi a decisão proferida pelo STF no julgamento da ADPF nº 54, em que a Corte consignou:

> A questão posta neste processo — inconstitucionalidade da interpretação segundo a qual configura crime a interrupção de gravidez de feto anencéfalo — não pode ser examinada sob os influxos de orientações morais religiosas. Essa premissa é essencial à análise da controvérsia. Isso não quer dizer, porém, que a oitiva de entidades religiosas tenha sido em vão. Como bem enfatizado no parecer da Procuradoria-Geral da República relativamente ao mérito desta arguição de descumprimento de preceito fundamental, "numa democracia, não é legítimo excluir qualquer ator da arena de definição do sentido da Constituição. Contudo, para tornarem-se aceitáveis no debate jurídico, os argumentos provenientes dos grupos religiosos devem ser devidamente 'traduzidos' em termos de razões públicas" (folhas 1026 e 1027), ou seja, os argumentos devem ser expostos em termos cuja adesão independa dessa ou daquela crença.[175]

O dever de observância do uso público da razão na hermenêutica constitucional decorre dos princípios *republicano* e do *Estado Democrático de Direito* (art. 1º, Constituição Federal). Numa sociedade complexa e plural, o acatamento desse princípio de interpretação constitucional é fundamental para conferir legitimidade política à prática constitucional, e, muito especialmente, à atividade jurisdicional.

10.6.5 Princípio do cosmopolitismo: o diálogo internacional na interpretação constitucional

Existe uma tendência crescente e positiva de invocação do Direito Internacional dos Direitos Humanos e do Direito Comparado na interpretação constitucional. Hoje, as ideias constitucionais "migram".[176] Há uma positiva troca de experiências, conceitos e teorias entre cortes nacionais e internacionais, com a possibilidade de aprendizado recíproco entre as instâncias envolvidas nesse diálogo. Esse é um lado bastante positivo da globalização. Além do Direito Constitucional ter de lidar cada vez mais com fenômenos transnacionais, o interesse e a facilidade de acesso ao que ocorre em outros sistemas jurídicos nacionais e internacionais aumentou muito. Com isso, ampliou-se a possibilidade real de integração não apenas econômica ou política entre os países e organizações internacionais, mas também "discursiva":[177] não só a normativa internacional, como também os argumentos empregados pelas cortes constitucionais e internacionais passam a ser cada vez mais considerados nas decisões adotadas na esfera interna em matéria constitucional.

---

[175] ADPF nº 54, Rel. Min. Marco Aurélio. Julg. 11 e 12.04.2012. *DJe*, 30 abr. 2013.
[176] Cf. CHOUDRY, Sujit (Ed.). *The migration of constitutional ideas*.
[177] Cf. SILVA, Virgílio Afonso da. Integração e diálogo constitucional na América do Sul. *In*: BOGANDY, Armin von; PIOVESAN, Flávia; ANTONIAZZI, Mariella Morales (Org.). *Direitos humanos, democracia e integração jurídica na América do Sul*, p. 515-530.

Este é um fenômeno global.[178] Como observou Cass Sunstein "o constitucionalismo cosmopolita parece ser a onda do futuro. O mundo jurídico está, num certo sentido, se tornando menor e mais transparente, e a consulta a julgamentos estrangeiros torna-se então inevitável".[179] O fenômeno é positivo por vários aspectos. Novos argumentos e pontos de vista são incorporados ao debate constitucional, que se torna muito mais rico. Adquire-se uma perspectiva mais ampla e menos provinciana das questões discutidas, o que permite o diagnóstico de possíveis fragilidades e inconsistências dos pontos de vista tradicionalmente adotados no plano nacional.[180] Consensos globais que se consolidam em torno da democracia e dos direitos humanos podem se irradiar ainda mais.

Há Estados cujas constituições expressamente recomendam a adoção desta ótica cosmopolita na interpretação constitucional. A Constituição sul-africana, por exemplo, determina, no seu art. 39(1), que ao interpretarem os direitos fundamentais, as cortes "*devem* considerar o Direito Internacional", e "*podem* considerar o direito estrangeiro". A Constituição de Portugal, por sua vez, estabelece, em seu art. 16.2, que "os preceitos constitucionais e legais relativos aos direitos fundamentais devem ser interpretados e integrados de harmonia com a Declaração Universal dos Direitos do Homem". Na Europa, as cortes nacionais têm de levar em consideração nos seus julgamentos não só as normas ditadas pela União Europeia e a jurisprudência do Tribunal de Justiça da União Europeia, como também a Convenção Europeia de Direitos Humanos e a sua interpretação realizada pela Corte Europeia de Direitos Humanos. Até mesmo nos Estados Unidos, onde sempre houve uma provinciana resistência ao uso do Direito Internacional e Comparado em matéria constitucional, a interpretação cosmopolita tem avançado: no caso *Lawrence v. Texas*,[181] a Suprema Corte invocou diversos precedentes de outros países e da Corte Europeia de Direitos Humanos para invalidar, por afronta aos direitos à igualdade e à privacidade, uma lei que criminalizava práticas homossexuais, o que fez também no caso *Roper vs. Simmons*,[182] para declarar inconstitucional, por ofensa à proibição de punições "cruéis e não usuais" (*cruel and unusual punishments*), a imposição de pena de morte por atos praticados durante a adolescência.

É certo, porém, que nem sempre a consideração da experiência internacional ou estrangeira resulta na sua adoção. E é natural que assim seja. Cada Estado tem as suas especificidades culturais, a sua própria identidade constitucional, e deve observar em alguma medida as inclinações da vontade política do seu povo. Há contextos, inclusive, em que os precedentes externos são empregados como "antiexemplos", sinalizando para as cortes nacionais não o caminho a ser seguido no tratamento de determinado tema, mas aquele que deve ser evitado. A Corte Constitucional sul-africana, por exemplo, discutiu detidamente o tratamento dado no Direito Constitucional norte-americano

---

[178] A tendência é reconhecida mesmo por seus críticos, como o jurista conservador norte-americano, Robert Bork, para o qual vivemos um momento de "homogeneização internacional do direito constitucional" (BORK, Robert. H. *Coercing Virtue*: the Worldwide Rule of Judges, p. 23-24). Bork critica a tendência sob o argumento de que as constituições devem ser interpretadas de acordo com as tradições e com a história particular de cada país: se as decisões estrangeiras são importantes, elas deveriam fornecer subsídios para a atividade constituinte ou legislativa, não para a judiciária.

[179] SUNSTEIN, Cass R. *A Constitution of Many Minds*, p. 189.

[180] Cf. KUMM, Mathias. The Cosmopolitan Turn in Constitutionalism. *In*: DUNOFF, Jeffrey L.; TRACHTAN, Joel P. *Ruling the world?*: Constitutionalism, International Law and Global Governance, p. 307.

[181] 539 U.S. 558 (2003).

[182] 543 U.S. 551 (2005).

à pena de morte, não para adotá-lo como paradigma, mas para refutá-lo, chegando à conclusão oposta àquela esposada pela Suprema Corte dos Estados Unidos, para afirmar a inconstitucionalidade da referida pena,[183] invocando, dentre os seus argumentos, o conceito tradicional africano do *ubuntu*, que apontaria para uma visão restaurativa da pena, incompatível com a sanção capital.[184]

No Brasil, é também frequente a invocação tanto do Direito Internacional dos Direitos Humanos[185] como do Direito Comparado como subsídios importantes para a interpretação da Constituição. Quanto ao Direito Internacional dos Direitos Humanos, é verdade que a posição da Suprema Corte é no sentido de que os tratados na matéria não gozam de hierarquia constitucional, mas supralegal, afora aqueles incorporados seguindo o procedimento traçado no art. 5º, §3º, da Constituição (como assinalado no Capítulo 1, até o momento apenas a Convenção sobre Direitos das Pessoas com Deficiência e o respectivo Protocolo Facultativo foram incorporados de acordo com tal procedimento, que foi instituído pela EC 45). Sem embargo, não se deve tomar essa superioridade formal da Constituição em face da maioria dos tratados internacionais de direitos humanos como uma vedação a que esses exerçam influência na interpretação das normas constitucionais. A busca de convergência entre a interpretação constitucional e os mandamentos contidos nos tratados sobre direitos humanos, além de fortalecer a proteção dos direitos fundamentais — objetivo central do nosso constitucionalismo —, tem também a vantagem adicional de evitar a possibilidade de responsabilização internacional do Estado brasileiro por afronta aos direitos humanos.

A consideração dos tratados internacionais sobre direitos humanos foi decisiva, por exemplo, para a alteração da posição do STF a propósito da validade da prisão do depositário infiel, vedada pela Convenção Interamericana de Direitos Humanos.[186] O texto constitucional brasileiro alude a essa hipótese de prisão, ao determinar que "não haverá prisão civil por dívida, salvo a do responsável pelo inadimplemento voluntário e inescusável de obrigação alimentícia e a do *depositário infiel*". O preceito poderia ser interpretado de duas formas diferentes: como a imposição dessa modalidade de prisão, hipótese em que haveria atrito com a Convenção Interamericana; ou como a sua não vedação. Nesse último caso, inexistiria a colisão, pois se entenderia que a Constituição deixara ao legislador infraconstitucional a faculdade de estabelecer ou não a prisão do depositário infiel. Foi essa a interpretação adotada pelo STF, que evitou o surgimento de conflito entre a Constituição e o tratado internacional. Para a Corte, estando o Pacto de San José da Costa Rica acima da legislação infraconstitucional, a proibição por ele imposta à prisão em questão prevaleceria em relação a qualquer decisão do legislador em sentido contrário.

Outro caso importante envolveu o reconhecimento da inconstitucionalidade da exigência de diploma de jornalismo para o exercício da profissão de jornalista. O texto constitucional consagra a liberdade de imprensa e a liberdade de ofício, mas autoriza, em relação a essa, que o legislador institua restrições concernentes à exigência de

---

[183] *S. VS. Makwaniyame* 1995 (6) BCLR 665 (CC).
[184] Sobre a belíssima ideia de *ubuntu* e sua importância no direito constitucional sul-africano, cf. CORNELL, Drucilla; MUVANGUA, Nyoko (Ed.). *Ubuntu and the Law*: African Ideals and Postapartheid Jurisprudence.
[185] Veja-se, a propósito, AMARAL JUNIOR, Alberto; JUBILUT, Liliana Lyra (Org.). *O STF e o direito internacional dos direitos humanos*.
[186] HC nº 72.131/RJ, Rel. p/ acórdão Min. Moreira Alves. Julg. 22.11.1995. DJ, 1º ago. 2003.

qualificações profissionais (art. 5º, XIII). Vigorava no Brasil ato normativo exigindo o diploma de jornalismo para o exercício da profissão de jornalista (Decreto-Lei nº 972/69). Alguns entendiam que se tratava de uma restrição excessiva e inconstitucional à liberdade profissional, que prejudicaria, ademais, o exercício das liberdades de expressão e de imprensa, mas a questão estava longe de ser pacífica. O STF, apreciando uma ação civil pública ajuizada pelo Ministério Público Federal, considerou inconstitucional a referida restrição.[187] Na decisão, foi mencionada com destaque a *Opinião Consultiva nº 5* proferida pela Corte Interamericana de Direitos Humanos, que respondendo a uma consulta formulada pela Costa Rica, manifestara-se no sentido de que não seria compatível com a Convenção Interamericana uma lei impedisse o exercício da profissão para quem não tivesse formação universitária. A restrição foi considerada incompatível com a liberdade de expressão e o direito à informação, consagrados no Pacto de San José da Costa Rica.

Como esses, houve diversos casos em que o Direito Internacional dos Direitos Humanos foi invocado pelo STF no exercício da interpretação constitucional. Sem embargo, há casos também em que a orientação internacional não é seguida. Isso aconteceu recentemente no Brasil, quando se discutiu a recepção da Lei de Anistia pela Constituição de 1988, na parte que em garantira a impunidade dos agentes do regime que cometeram graves violações de direitos humanos durante o regime militar. A jurisprudência da Corte Interamericana era pacífica sobre a incompatibilidade dessas anistias com a Convenção Americana de Direitos Humanos. Nada obstante, o STF considerou recepcionada toda a Lei da Anistia, afastando-se da linha adotada no Direito Internacional dos Direitos Humanos.[188] Posteriormente à decisão do Supremo, a Corte Interamericana proferiu decisão no caso *Gomes Lund v. Brasil*, reconhecendo a incompatibilidade da anistia em questão com a Convenção Americana. Há atualmente uma certa celeuma sobre qual das duas soluções deve prevalecer, pendendo de apreciação no STF, no momento de finalização deste volume, os embargos de declaração opostos pelo Conselho Federal da OAB em que se busca o esclarecimento deste ponto.[189]

A constatação acima, de que a interpretação constitucional nem sempre converge com o Direito Internacional dos Direitos Humanos não infirma a existência do princípio do cosmopolitismo neste campo. Esse princípio, aliás, *não vincula de modo absoluto* os intérpretes da Constituição aos tratados internacionais, nem muito menos os obriga a se curvarem de maneira incondicional à orientação das cortes internacionais e órgãos de monitoramento dos direitos humanos. Pretender o contrário seria imaginar uma nova pirâmide normativa, em cujo topo estaria não a Constituição, mas os tratados

---

[187] RE nº 511.961, Rel. Min. Gilmar Mendes. *DJ*, 13 nov. 2009.
[188] ADPF nº 153, Rel. Min. Eros Grau. Julg. 29.04.2010. *DJ*, 06 ago. 2010.
[189] Uma solução possível para o conflito, já aventada no voto separado proferido pelo Juiz Roberto Caldas na decisão do caso *Gomes Lund*, consiste em afirmar que a Lei da Anistia não pode ser aplicada no Brasil, *apesar* de, sob a ótica do STF, não ofender a Constituição de 88. É que, diante da *natureza supralegal* dos tratados internacionais sobre direitos humanos, uma lei só é válida se não violar *nem* a Constituição, *nem* qualquer tratado desta natureza. A ofensa a tratado internacional sobre direitos humanos é condição suficiente para a invalidade do ato normativo interno, que pode ser aferida através de *controle de convencionalidade das leis*. Ora, o STF não afirmou, no julgamento da ADPF nº 153, que a Lei da Anistia é compatível com a Convenção Interamericana de Direitos Humanos — até porque não é este o seu papel em sede de fiscalização abstrata de *constitucionalidade* — mas apenas que o ato normativo não fere a Constituição Federal. A contrariedade entre dita lei e o Pacto de San Jose da Costa Rica, declarada pela Corte Interamericana, já é razão bastante para que se reconheça a invalidade da anistia concedida aos agentes do regime que perpetraram graves violações aos direitos humanos durante o regime militar.

internacionais. O que o princípio do cosmopolitismo impõe é que se atribua o devido *peso argumentativo* a fontes transnacionais na interpretação da Constituição, *especialmente* aos tratados e à jurisprudência de cortes aos quais o país esteja vinculado, como se dá em relação ao Pacto de San Jose da Costa Rica e à Corte Interamericana de Direitos Humanos.

O tema foi discutido num importante precedente do Tribunal Constitucional alemão, em que se debateu se as decisões da Corte Europeia de Direitos Humanos vinculariam ou não ao juiz alemão: o chamado caso *Görgülü*.[190] Naquele julgamento, ocorrido em 2004, decidiu-se que, embora as decisões da Corte Europeia não sejam vinculantes para os tribunais alemães, estes têm a obrigação de levar em consideração os seus argumentos, inclusive na interpretação dos direitos fundamentais. Quando não atribuem o devido peso aos argumentos constantes nessas decisões internacionais, os tribunais alemães violam os direitos fundamentais, bem como o princípio do Estado de Direito.

Vicki C. Jackson elaborou um tipologia das posturas constitucionais diante das fontes transnacionais — internacionais ou estrangeiras: a *resistência*, que ocorre quando, por razões diversas, recusa-se o diálogo com fontes alienígenas; a *convergência*, que se dá quando se busca a todo custo ajustar a interpretação constitucional às fontes internacionais ou às tendências do Direito Comparado; e o *engajamento*, que é um meio termo entre as primeiras posturas, e acontece quando há abertura para o diálogo transnacional, mas também preocupação com o respeito à cultura constitucional local, que pode levar a eclosão de eventuais dissonâncias. Jackson defendeu, a nosso ver com razão, que o modelo normativo mais adequado às características do mundo globalizado contemporâneo, mas também ao ideário do constitucionalismo democrático — que enfatiza a importância da autodeterminação coletiva do povo e do respeito às suas especificidades culturais —, é o do *engajamento*, em que não há espaço para o *provincianismo constitucional*, mas tampouco se busca uma homogeneização normativa a todo custo.

No Supremo também é frequente a invocação do Direito Constitucional Comparado. São cada vez mais comuns na Corte as referências às constituições de outros países, às decisões proferidas por outros tribunais constitucionais e às elaborações teóricas neles desenvolvidas. Um ótimo exemplo é o do princípio da proporcionalidade, desenvolvido, originariamente, na jurisprudência constitucional alemã, e que vem sendo muito empregado na jurisprudência constitucional brasileira, como se verá no próximo capítulo. Ao adotar técnicas de decisão mais heterodoxas no controle de constitucionalidade, como a modulação dos efeitos temporais da decisão, o STF também tem invocado com frequência a experiência constitucional de outros países. Em alguns julgados importantes, a Corte recorre tanto ao Direito Internacional dos Direitos Humanos como ao Direito Comparado, como ocorreu no julgamento do caso *Elwanger*, em que se examinou os limites da liberdade de expressão para manifestações de racismo voltadas contra judeus. Em seu voto condutor, em que afirmou a prevalência da igualdade e da dignidade humana, o relator, Min. Maurício Corrêa, invocou a *Convenção Internacional sobre a eliminação de todas as formas de discriminação racial*, além de diversos precedentes jurisdicionais de outros países.[191]

---

[190] BVerfGE 111, 307.
[191] HC nº 82.424/RS. Rel. Min. Moreira Alves. Rel. p/ acórdão Min. Maurício Corrêa. Julg. 17.09.2003. *DJ*, 19 mar. 2004.

Na nossa história constitucional, não é novidade o recurso ao Direito Comparado, feito muitas vezes de modo acrítico. Uma das razões para que Oliveira Vianna criticasse o "idealismo da constituição" era o fato de os constitucionalistas brasileiros tenderem a copiar instituições estrangeiras estranhas à nossa realidade político-social.[192] Não é preciso endossar as concepções autoritárias desse pensador brasileiro para lhe dar razão, quanto à tendência que muitas vezes se manifesta em nossa cultura jurídica de imitar modelos e modismos alienígenas, muitas vezes visivelmente imprestáveis para o nosso contexto. Daí a advertência de que o princípio do cosmopolitismo, conquanto extremamente importante, deve ser usado de maneira criteriosa, evitando-se a postura de deslumbramento servil com tudo o que vem de fora. Os aportes internacionais e do Direito Comparado são relevantes, mas há que se atentar sempre para as particularidades do nosso ordenamento constitucional positivo, para as especificidades do quadro empírico brasileiro, para os desígnios concretos do nosso povo. Adotadas essas cautelas, a interpretação constitucional tem muito a ganhar quando incorpora um olhar cosmopolita, abrindo-se para as influências do Direito Internacional e do Direito Comparado, sobretudo em algumas áreas, como a dos direitos fundamentais.

10.6.6 Princípio da interpretação conforme à Constituição

De acordo com o princípio da *interpretação conforme à Constituição*, cabe ao intérprete, quando se depara com dispositivo legal aberto, ambíguo ou plurissignificativo, lhe atribuir exegese que o torne compatível com o texto constitucional. O princípio não serve propriamente à interpretação da Constituição, devendo antes nortear a interpretação de todo o ordenamento.[193] Em geral, a interpretação conforme à Constituição é mobilizada quando o sentido mais óbvio e imediato do texto normativo o torna inconstitucional. O intérprete buscará então um sentido alternativo para o enunciado legal examinado, que o concilie com as exigências constitucionais.

A interpretação conforme à Constituição deriva de vários fundamentos. O mais importante é a *unidade do ordenamento jurídico*, sob a *supremacia da Constituição*.[194] A Constituição, como sabido, é hierarquicamente superior aos demais atos normativos, que com ela compõem um único ordenamento. Por isso, a Constituição deve operar como diretriz na interpretação de todas as normas jurídicas. Outro fundamento é o esforço para preservação das normas jurídicas em vigor.[195] Com a interpretação conforme à Constituição, evita-se que sejam proferidas declarações de inconstitucionalidade desnecessárias, o que presta reverência às decisões do Poder Legislativo, cujos membros são eleitos pelo voto popular. Nesse sentido, a interpretação conforme à Constituição se aproxima da presunção de constitucionalidade das leis, que será examinada no próximo item.

Além de princípio de hermenêutica constitucional, a interpretação conforme à Constituição é uma técnica de decisão no controle de constitucionalidade, empregada no

---

[192] OLIVEIRA VIANNA, Francisco José de. *O idealismo na Constituição*. 3. ed.
[193] Cf. SILVA, Virgílio Afonso da. Interpretação constitucional e sincretismo metodológico. *In*: SILVA, Virgílio Afonso da (Org.). *Interpretação constitucional*.
[194] Cf. MENDES, Gilmar Ferreira. *Controle de constitucionalidade*: aspectos jurídicos e políticos, p. 285.
[195] Cf. MIRANDA, Jorge. *Manual de direito constitucional*, 2. ed., p. 243.

Brasil e em diversos países, como Alemanha, Áustria, Colômbia e Portugal.[196] A técnica permite a invalidação jurisdicional não do ato normativo em si, mas de uma ou algumas das suas possibilidades interpretativas, de modo vinculante para outros intérpretes. O Tribunal Constitucional tem como banir do ordenamento jurídico interpretações de um ato normativo que o respectivo texto comporta, mas que se revelem incompatíveis com a Constituição. A interpretação conforme à Constituição do ato normativo questionado é inserida pela Corte no dispositivo da decisão judicial, e não na sua fundamentação, de modo a tornar indiscutível a sua obrigatoriedade e eficácia *erga omnes*. A decisão, todavia, não atinge o enunciado normativo examinado, que continua intacto. Nesse sentido, a interpretação conforme à Constituição envolve uma modalidade de *declaração parcial de inconstitucionalidade sem redução de texto*. A interpretação conforme à Constituição, como técnica de decisão no controle de constitucionalidade, encontra-se expressamente prevista nas Leis nº 9.868/99 (art. 28, Parágrafo único), e nº 9.882/99 (art. 10).

É bastante frequente o uso da interpretação conforme à Constituição pelo STF. O *leading case* na matéria é ainda anterior à Constituição de 1988. Na Representação de Inconstitucionalidade nº 1.417, relatada pelo Min. Moreira Alves e julgada em 1987, a técnica foi empregada pela Corte. No acórdão se consignou:

> O mesmo ocorre quando Corte dessa natureza (constitucional), aplicando a interpretação conforme à Constituição, declara constitucional uma lei com interpretação que a compatibiliza com a Carta Magna, pois, nessa hipótese, há uma modalidade de inconstitucionalidade parcial (a inconstitucionalidade parcial sem redução de texto – *Teilnichtigerklärung ohne Normtextreduzierung*), o que implica dizer que o Tribunal Constitucional elimina — e atua, portanto, como legislador negativo — as interpretações por ela admitidas, mas inconciliáveis com a Constituição.[197]

Desde então, tem sido frequente o recurso à interpretação conforme à Constituição no STF. Um caso importante, recentemente julgado, relaciona-se à incidência das normas penais que criminalizam a prática do aborto no caso de anencefalia fetal. Na ADPF nº 54,[198] entendeu o STF que a única interpretação dos dispositivos penais em jogo que os compatibiliza com a Constituição é a que só permite a sua incidência quando de fato existir o bem jurídico por eles tutelado — a vida potencial do nascituro. Sem que haja vida potencial, não se justifica restrição tão grave à autonomia da gestante, constitucionalmente tutelada. A inexistência desse bem jurídico, no caso da interrupção de gestação de feto anencefálico, torna inconstitucional a criminalização da conduta da gestante ou dos profissionais de saúde envolvidos. Entre duas interpretações possíveis de normas penais infraconstitucionais — uma literal, e outra mais aberta e teleológica — sustenta-se, de maneira correta, que apenas a segunda se concilia com a Constituição, que protege os direitos fundamentais da gestante. Destaque-se, contudo, que nem toda declaração parcial de inconstitucionalidade sem redução de texto envolve a interpretação conforme à Constituição.[199] Há hipóteses em que não existe ambiguidade ou polissemia

---

[196] Cf. SAMPAIO, José Adércio Leite. *A Constituição reinventada pela jurisdição constitucional*, p. 209.
[197] Rep. nº 1.417, Rel. Min. Moreira Alves. *DJ*, 15 abr. 1988.
[198] ADPF nº 54, Rel. Min. Marco Aurélio. Julg. 11 e 12.04.2012. *DJe*, 30 abr. 2013.
[199] Sobre as diferenças entre essas figuras, veja-se: MENDES, Gilmar Ferreira; COELHO, Inocêncio Mártires; BRANCO, Paulo Gustavo Gonet. *Curso de direito constitucional*, p. 1366-1370. No texto, destaca-se que o STF inicialmente equiparava a interpretação conforme à Constituição e a declaração parcial de inconstitucionalidade sem redução de texto, mas que existe uma tendência na Corte a diferenciá-las.

no texto normativo, mas em que parte do seu campo de incidência não pode se submeter à aplicação da norma, sob pena de afronta à Constituição. Essa parte inconstitucional, por outro lado, não está prevista em fragmento autônomo do texto, cuja supressão seja suficiente para a eliminação do vício de inconstitucionalidade. Nessa hipótese, é possível proferir decisão *com declaração de inconstitucionalidade sem redução de texto*, mas o caso não será de interpretação conforme à Constituição. O que o Judiciário faz nesse caso não é optar por uma dentre várias opções possíveis franqueadas pelo texto normativo — como ocorre na interpretação conforme à Constituição —, mas sim suprimir uma fração do campo de incidência da norma, sem atingir-lhe o texto. Um exemplo ocorreu quando o STF apreciou a constitucionalidade do art. 90 da Lei nº 9.099/95, que trata dos Juizados Civis e Criminais Especiais. Tal preceito determinou que as disposições daquela lei "não se aplicam aos processos penais cuja instrução já estiver iniciada". O dispositivo nada tem de ambíguo, mas é parcialmente inconstitucional. Isso porque a Lei nº 9.099/95 contém, além de normas processuais, regras de Direito Penal, e, nesse campo, a Constituição prevê a retroatividade da norma mais benéfica ao réu (art. 5º, XXXIX). Diante disso, a Corte determinou a exclusão das "normas de Direito Penal mais favoráveis aos réus" do campo de abrangência do preceito impugnado, de modo que ele se aplicasse apenas às normas de Direito Processual.[200] O Tribunal afirmou que praticava ali a interpretação conforme à Constituição, embora o caso fosse sutilmente diferente.

Discute-se sobre os limites da interpretação conforme à Constituição. Um deles é certamente o texto legal interpretado. Esse princípio hermenêutico não permite que o Poder Judiciário edite, obliquamente, uma nova norma legal, em substituição àquela elaborada pelo legislador. Os juízes podem escolher um dentre os vários sentidos possíveis do texto, mas não podem fabricar um novo sentido, que o enunciado normativo não comporte. Há também quem sustente que a vontade histórica do legislador seria outro limite para a interpretação conforme à Constituição. Na prática, porém, esse último limite não é muito observado. Como registrou Gilmar Ferreira Mendes, referindo-se à jurisprudência do STF "o Tribunal não confere maior significado à chamada *intenção do legislador*, ou evita investigá-la, se a interpretação conforme à Constituição se mostra possível dentro dos limites da expressão literal do texto".[201]

A interpretação conforme à Constituição serve à *interpretação do texto constitucional* apenas quando está em questão interpretar norma ditada pelo poder constituinte derivado, que deve se conformar às cláusulas pétreas. Foi o que procurou fazer o Supremo Tribunal Federal, ao dar aos art. 37, XI, e §12, da Constituição Federal, na redação dada pelas emendas constitucionais nº 41/03 e nº 47/05, interpretação orientada pelo princípio da isonomia, de forma a evitar que a magistratura federal e a estadual se submetessem a tetos diferenciados de subsídio. A Corte excluiu uma das interpretações dos preceitos constitucionais em questão, privilegiando outra, que reputou mais compatível com a cláusula pétrea da igualdade.[202] Sem embargo, o critério sistemático de interpretação, acima estudado, impõe também, fora desse caso específico, que os preceitos constitucionais sejam interpretados de acordo com princípios fundamentais da Constituição.

---

[200] ADI nº 1.719/DF, Rel. Min. Joaquim Barbosa. Julg. 18.06.2007. *DJ*, 03 ago. 2007.
[201] MENDES, Gilmar Ferreira; COELHO, Inocêncio Mártires; BRANCO, Paulo Gustavo Gonet. *Curso de direito constitucional*, p. 1370.
[202] ADI-MC nº 3.854/DF, Rel. Min. Cezar Peluso. Julg. 28.02.2007. *DJ*, 29 jun. 2007.

Finalmente, cabe observar que a interpretação conforme à Constituição, como princípio hermenêutico, não se direciona apenas ao Poder Judiciário. Todos os que interpretam e aplicam as normas jurídicas, como a Administração Pública e mesmo os particulares, devem fazê-lo de acordo com a Constituição, preferindo sempre as exegeses legais que mais prestigiem os comandos constitucionais.

10.6.7 Princípio de presunção graduada de constitucionalidade dos atos normativos: alguns parâmetros para a autocontenção judicial

O princípio de presunção de constitucionalidade dos atos normativos concerne ao relacionamento entre a interpretação das normas infraconstitucionais e da Constituição. Ele impõe que se presuma a conformidade daquelas normas com a Constituição. Trata-se, obviamente, de uma presunção relativa, *iuris tantum*, que pode ser afastada pelo intérprete, mas que lhe impõe um ônus maior de argumentação, a cada vez que pretenda afirmar a inconstitucionalidade de um ato normativo. Este princípio é geralmente discutido em conjugação com o controle jurisdicional de constitucionalidade. Sem embargo, ele não se dirige apenas ao Poder Judiciário, mas a todos os intérpretes das normas jurídicas e da Constituição. Nesse item, todavia, daremos especial relevo à aplicação do princípio do âmbito da jurisdição constitucional.

Os principais fundamentos teóricos para a presunção de constitucionalidade são a democracia e a separação de poderes. Dita presunção expressa a deferência devida aos atos emanados dos órgãos eleitos pelo povo. O princípio impõe que se respeite a esfera de atuação própria de cada poder do Estado, o que envolve a preservação do espaço das escolhas normativas feitas pelo Poder Legislativo. É verdade que o nosso sistema de separação de poderes envolve mecanismos de "freios e contrapesos" (*checks and balances*), dos quais o controle de constitucionalidade das leis é exemplo. Porém, o exercício desse controle deve ser realizado com moderação, de forma a não subtrair do legislador o seu espaço de livre conformação, fundado da democracia e na separação de poderes.

Derivam da presunção de constitucionalidade algumas consequências relevantes:[203]
a) a distribuição do ônus argumentativo àquele que impugna a constitucionalidade de uma norma. É preciso que haja fortes argumentos para que se invalide um ato normativo: a dúvida milita em favor do legislador – *in dubio pro legislatore*;
b) a obrigação de que o intérprete busque, sempre que possível, exegese do ato normativo que o compatibilize com a Constituição. A presunção, nesse sentido, liga-se diretamente ao *princípio da interpretação conforme à Constituição*, analisado no item anterior;
c) a imposição aos juízes de que só reconheçam, em casos concretos, a inconstitucionalidade de um ato normativo, quando isso for indispensável para o julgamento da lide. Se a questão puder ser resolvida por outro fundamento, esse deve ser preferido.

---

[203] BARROSO, Luís Roberto. *Curso de direito constitucional contemporâneo*: os conceitos fundamentais e a construção do novo modelo, p. 301.

Destaque-se que a justificativa para a chamada *cláusula da reserva de plenário*, segundo a qual "somente pelo voto da maioria absoluta dos seus membros ou dos membros do respectivo órgão especial poderão os tribunais declarar a inconstitucionalidade de lei ou ato normativo do Poder Público" (art. 97, Constituição Federal), é exatamente o princípio da presunção de constitucionalidade. É por isso que os órgãos fracionários dos tribunais podem declarar a *constitucionalidade* de uma lei, mas não a sua *inconstitucionalidade*.[204]

A formulação clássica da presunção de constitucionalidade se deve ao jurista norte-americano James Thayer, em texto canônico publicado no final do século XIX,[205] em que advogou a adoção de uma postura de extrema autocontenção judicial no exercício do controle de constitucionalidade. Para Thayer, só no caso de evidente inconstitucionalidade de uma lei, em que o vício possa ser afirmado além de qualquer dúvida razoável (*beyond a reasonable doubt*), é que podem os tribunais invalidá-la. Considerando a complexidade das funções do Estado e da tarefa legislativa, "muito do que parecerá inconstitucional para um homem, ou grupo de homens, pode razoavelmente não sê-lo para outro". Isso porque, nas suas palavras, "a Constituição frequentemente admite diferentes interpretações; frequentemente existe uma margem para escolha e avaliação; e nesses casos a Constituição não impõe ao Legislativo nenhuma posição específica, mas deixa aberta a possibilidade de escolha, sendo então constitucional qualquer escolha racional".

A teoria constitucional contemporânea caminha em direção a uma posição com mais nuances sobre a presunção de constitucionalidade e a autocontenção judicial. A tendência atual é a de se conceber a presunção de constitucionalidade de forma graduada e heterogênea, de acordo com diversas variáveis. Ela será mais intensa em alguns casos, demandando uma postura judicial mais deferente diante das escolhas feitas por outros poderes, e mais suave em outras hipóteses, em que se aceitará um escrutínio jurisdicional mais rigoroso sobre o ato normativo.

No constitucionalismo norte-americano, a graduação da presunção de constitucionalidade e do ativismo judicial legítimo é uma característica central da jurisprudência constitucional.[206] A jurisprudência consolidou parâmetros diferentes para o exercício do controle de constitucionalidade, que envolvem graus variáveis de deferência em relação às decisões legislativas ou administrativas. Existe o "teste da racionalidade" (*rationality test*) caracterizado pela extrema autocontenção judicial, utilizado, por exemplo, para o controle da regulação das atividades econômicas; o "teste intermediário" (*intermediate test*), mais rigoroso do que o primeiro, usado, por exemplo, para controle de possíveis discriminações de gênero; e o teste do escrutínio estrito (*strict scrutiny*), extremamente rigoroso, em que ocorre praticamente uma inversão na presunção de constitucionalidade do ato normativo. Esse último parâmetro, quase sempre "fatal" para o ato normativo

---

[204] Existem duas exceções à vedação de que os órgãos fracionários reconheçam a inconstitucionalidade de uma lei: quando o STF já a tiver anteriormente reconhecido, ou quando o plenário ou órgão especial daquele mesmo tribunal já o tenha feito. Essas exceções, contempladas no art. 481, Parágrafo único, do CPC, se inspiram no princípio da economia processual, e são reconhecidas como válidas pela jurisprudência do STF.

[205] THAYER, James B. The Origin and Scope of the American Doctrine of Constitutional Law. *Harvard Law Review*, v. 7, n. 3.

[206] Para um denso estudo desta questão, veja-se: SWEET, Alec Stone. All Things in Proportion?: American Rights Doctrine and the Problem of Balancing. *Emory Law Journal*, n. 60, p. 101-179.

examinado, é empregado para controle de leis restritivas de algumas liberdades públicas, como as liberdades de expressão e religião, e para análise de normas que instituem discriminações com base em critérios considerados "suspeitos", como raça, religião ou origem nacional. A existência desses parâmetros diferenciados de presunção de constitucionalidade teve origem numa decisão proferida em 1938, no caso *United Sates vs. Carolene Products*,[207] em que se adotou posição de extrema deferência em relação a uma lei federal que disciplinara determinada atividade econômica, mas se destacou a necessidade de uma análise mais rigorosa das normas que restringissem certas liberdades fundamentais, de caráter não econômico, ou que atingissem os interesses de minorias tradicionalmente discriminadas.

A seguir, listaremos alguns parâmetros que, em nossa opinião, devem ser empregados para calibrar a presunção de constitucionalidade dos atos normativos, e também, por consequência, o grau de ativismo do Poder Judiciário no exercício da jurisdição constitucional.[208] A lista de parâmetros não será exaustiva — ao longo deste livro, outros mais pontuais foram também sugeridos — e nossa análise não terá como abordar nenhum deles em profundidade. Este é um tema central no constitucionalismo brasileiro, sobretudo no cenário de judicialização da política, que ainda não recebeu nem da doutrina nem da jurisprudência nacional toda a atenção que merece.

(1) O primeiro aspecto a ser considerado é o *grau de legitimidade* democrática do ato normativo. O foco aqui não é o conteúdo da norma, mas a maneira como ela foi elaborada. O controle de constitucionalidade, como já assinalado, envolve uma "dificuldade contramajoritária", que vem do fato de os juízes, que não são eleitos, poderem derrubar decisões proferidas pelos representantes do povo. Levar a sério a democracia exige que não se despreze a dificuldade contramajoritária. Ela deve ser levada em consideração na mensuração da deferência devida pelo Judiciário às normas controladas: quanto mais democrática tenha sido a elaboração do ato normativo, mais autocontido deve ser o Poder Judiciário no exame da sua constitucionalidade. É maior, por exemplo, a presunção de constitucionalidade que recai sobre os atos normativos aprovados por plebiscito ou referendo popular, já que tais procedimentos envolvem o pronunciamento direto do povo. Essa presunção também é maior em relação às emendas constitucionais, pelo fato de serem aprovadas por uma maioria qualificada de três quintos dos deputados e dos senadores. Depois, estão as leis complementares e ordinárias, cuja aprovação exige, respectivamente, a manifestação de maioria absoluta e de maioria simples das casas legislativas federais. Os atos normativos editados por autoridades administrativas não eleitas possuem, em geral, presunção de constitucionalidade menos intensa do que os atos editados por agentes eleitos.

O processo legislativo formal é, porém, apenas um elemento a ser considerado para se aferir o *pedigree* democrático de um ato normativo. É também relevante verificar como se deu *concretamente* a confecção do ato normativo. E nisso, é importante observar outros elementos, como, por exemplo, o *grau de consenso* que a norma conseguiu

---

[207] 304 U.S. 144 (308).
[208] Sobre o tema, veja-se: FERRERES COMELLA, Victor. *Justicia constitucional y democracia*; MORO, Sérgio Fernando. *Legislação suspeita?*: o afastamento da presunção de constitucionalidade; MELLO, Cláudio Ari. *Democracia constitucional e direitos fundamentais*.

aglutinar durante a sua elaboração. Normas aprovadas pela quase unanimidade das casas legislativas merecem maior deferência do que normas aprovadas por maiorias apertadas. A circunstância de a norma conseguir congregar o apoio não só da maioria, mas também das principais minorias organizadas no Parlamento é um elemento importante de reforço da presunção da constitucionalidade da lei. Se levarmos em consideração o "valor epistêmico" da democracia, vale dizer, a premissa de que as deliberações democráticas tendem a gerar melhores soluções coletivas do que aquelas tomadas por agentes isolados, então o elevado consenso social em torno de uma medida é um forte indício da sua correção.[209]

Igualmente importante é a análise da existência de efetiva participação popular na elaboração da norma.[210] Quanto maior essa participação, mais se aproxima da realidade a imagem de Rousseau, da lei como expressão da vontade geral do povo. É evidente que as leis resultantes de um processo político aberto e participativo também podem ser declaradas inconstitucionais. Mas a sua invalidação demanda uma atitude mais autocontida por parte do Judiciário. Uma norma como a Lei Complementar nº 135/2010 — a chamada "Lei da Ficha Limpa" —, que se originou de iniciativa popular proposta por mais de um milhão e trezentos mil cidadãos, e foi aprovada em razão de intensa mobilização da sociedade civil, não pode ser examinada pelo Judiciário da mesma forma como se apreciaria uma lei editada na calada da noite, sem qualquer debate social ou envolvimento popular.[211]

(2) A democracia também deve calibrar a autocontenção judicial num sentido inverso. O Poder Judiciário deve atuar de maneira mais ativa para proteger as condições de funcionamento da democracia, que podem ser ameaçadas pelos grupos detentores do poder político.[212] Há direitos e institutos que são diretamente relacionados com o funcionamento da democracia, como os direitos políticos, a liberdade de expressão, o direito de acesso à informação e as prerrogativas políticas da oposição. As restrições a esses direitos, bem como as tentativas dos grupos hegemônicos de alterar as regras do jogo político em favor dos próprios interesses devem merecer um escrutínio estrito do Poder Judiciário. Aqui, o ativismo não opera contra a democracia, mas em seu favor, assegurando os pressupostos mínimos necessários ao seu funcionamento.

---

[209] Cf. FERRERES COMELLA, Victor. *Justicia constitucional y democracia*, p. 253.
[210] Cf. HÄBERLE, Peter. *Hermenêutica constitucional*: a sociedade aberta dos intérpretes da constituição: contribuição para a interpretação pluralista e "procedimental" da Constituição, p. 44 *et seq.*
[211] A Lei Complementar nº 135/2010 estabeleceu novas hipóteses de inelegibilidade, voltadas à proteção da probidade administrativa e moralidade, considerada a vida pregressa do candidato, nos termos do art. 14, §9º, da Constituição. Dentre as causas de inelegibilidade constam a condenação criminal por órgão colegiado, mesmo sem o trânsito em julgado da decisão condenatória, e a renúncia a mandato para escapar de possível punição, o que levantou vários questionamentos sobre a constitucionalidade do ato normativo, tendo em vista os princípios constitucionais da presunção de inocência e da irretroatividade das normas punitivas. O STF, num primeiro julgamento, considerou que a lei seria inaplicável às eleições ocorridas em 2010, em razão da regra da anualidade eleitoral, estabelecida no art. 16 da Constituição, não se manifestando sobre a validade da norma (RE nº 633.703, Rel. Min. Gilmar Mendes. Julg. 23.03.2011. *DJe*, 18 nov. 2011). Posteriormente, a Corte decidiu que a lei é constitucional, podendo ser aplicada a partir das eleições de 2012 (ADC nº 19 e nº 20, Rel. Min. Luiz Fux. Julg. 16.12.2011). Ambas as decisões suscitaram intensa polêmica e foram julgadas por apertadas maiorias. Em nossa opinião, ambas estavam corretas. No que concerne à primeira decisão, apesar da maior deferência devida às normas elaboradas com intensa participação popular, como foi o caso, a afronta ao art. 16 da Constituição, que protege as regras do jogo democrático, era flagrante e inafastável.
[212] Essa é a tese central de uma obra clássica da teoria constitucional norte-americana: ELY. *Democracy and distrust*: a theory of judicial review. Veja-se, a propósito dessa concepção, a análise do *procedimentalismo*, no Capítulo 5.

(3) Critério igualmente importante se relaciona à proteção de minorias estigmatizadas. O processo político majoritário, que tem lugar no Parlamento e no governo, pode não ser suficientemente atento em relação aos direitos e interesses dos integrantes de grupos vulneráveis. O insulamento judicial diante da política eleitoral permite ao Judiciário que proteja minorias impopulares, cujos direitos poderiam ser atropelados em outras esferas. Esse argumento é um dos que justifica a adoção de uma postura mais ativista do STF no histórico julgamento sobre união homoafetiva. Pode-se fundamentar, assim, uma relativização da presunção de constitucionalidade de atos normativos que impactem negativamente os direitos de minorias estigmatizadas.

Destaque-se que o critério para definição de "minoria" que deve orientar a aplicação desse parâmetro não é numérico, mas envolve a participação do grupo social no exercício do poder político, social e econômico. Os milionários representam uma minoria em termos quantitativos, mas não em termos de participação no poder. Seria inconcebível formular uma teoria que relativizasse a presunção de constitucionalidade dos atos normativos que pudessem prejudicar os interesses dos milionários. Os seus interesses são protegidos até excessivamente pela via da política majoritária: são eles os super-incluídos. Já as mulheres, apesar de constituírem numericamente a maioria da população brasileira, ainda sofrem grave discriminação de gênero, e são sub-representadas nas esferas do poder político, social e econômico (muito embora o fenômeno venha se atenuando nos últimos tempos). De todo modo, elas ainda podem, para os fins aqui propostos, serem consideradas como minoria.

(4) Outro critério diz respeito à relevância material do direito fundamental em jogo. Normas que restrinjam direitos básicos — mesmo aqueles que não são diretamente relacionados com a democracia — merecem um escrutínio mais rigoroso do Poder Judiciário, tendo a sua presunção de constitucionalidade relativizada. Os direitos fundamentais devem prevalecer, como "trunfos", sobre a vontade das maiorias, pois expressam exigências morais que se impõem à política. Isso vale para liberdades públicas e existenciais, e para direitos sociais ligados ao atendimento das necessidades básicas. Não vale, porém, para vantagens corporativas, ainda que constitucionalizadas, nem para direitos de natureza exclusivamente patrimonial. Essas vantagens e direitos, ainda quando positivados em sede constitucional, não possuem a mesma hierarquia material que os direitos básicos acima mencionados, o que justifica que se reconheça um maior espaço para que a política majoritária delibere sobre eles. No cenário de uma sociedade profundamente desigual e de um sistema constitucional que se propõe a corrigir as desigualdades, não se deve restringir demasiadamente a possibilidade de que os poderes estatais adotem políticas redistributivas, voltadas à mudança do *status quo*, que alterem os direitos patrimoniais e as vantagens corporativas já conquistadas no passado.

(5) Outro importante elemento a ser considerado é a comparação entre as capacidades institucionais do Poder Judiciário e do órgão que editou o ato normativo discutido. É recomendável uma postura de autocontenção judicial diante da falta de *expertise* do Judiciário para tomar decisões em áreas que demandem profundos conhecimentos técnicos fora do Direito, como ocorre, por exemplo, na seara da regulação das atividades econômicas. Como ressalta Gustavo Binenbojm, tratando do controle

judicial dos atos administrativos, "quanto maior for o grau de tecnicidade da matéria, objeto de decisão por órgãos dotados de expertise e experiência, menos intenso deve ser o grau de controle judicial".[213]

(6) Finalmente, outro elemento a ser considerado é a época de edição do ato normativo. Normas editadas antes do advento da Constituição não desfrutam de presunção de constitucionalidade equiparada àquelas feitas posteriormente. Vários argumentos justificam esse parâmetro. Um deles é a democracia: o contexto político anterior à Constituição de 88 não era democrático — ressalvado apenas o período entre a promulgação da Constituição de 1946 e o golpe militar de 1964. Ademais, as deliberações das maiorias formadas em outras gerações não têm, sob o prisma democrático, o mesmo peso das decisões tomadas pelos representantes do povo no presente. Outro argumento é o de que não se pode presumir que o legislador do passado tenha agido de acordo com os princípios de uma Constituição futura, que ele sequer tinha como conhecer. Ademais, é provável que normas anteriores espelhem valores do passado, que não guardam harmonia com aqueles consagrados por uma nova Constituição.

Não há como hierarquizar os parâmetros acima, que nem sempre serão convergentes num caso concreto. Deve-se verificar se há convergência de diversos parâmetros no sentido do reforço ou da atenuação da presunção de constitucionalidade. Em casos de dissonância, os parâmetros podem até, eventualmente, se neutralizar, gerando uma presunção moderada ("normal") de constitucionalidade do ato normativo.

---

[213] BINENBOJM, Gustavo. *Uma teoria do direito administrativo*: direitos fundamentais, democracia e constitucionalização, p. 236.

CAPÍTULO 11

OS PRINCÍPIOS DA PROPORCIONALIDADE E DA RAZOABILIDADE

11.1 Introdução

O princípio da proporcionalidade é um dos mais importantes instrumentos da hermenêutica constitucional, sendo amplamente empregado pela jurisprudência, não só no Brasil, como também em inúmeros outros países,[1] como Alemanha, Espanha, Portugal, Itália, França, Canadá, África do Sul e Colômbia. A sua principal finalidade é a contenção do arbítrio estatal,[2] provendo critérios para o controle de medidas restritivas de direitos fundamentais ou de outros interesses juridicamente protegidos. A proporcionalidade, além de princípio constitucional, é ainda verdadeiro cânone de interpretação da Constituição, sendo empregada no equacionamento de colisões entre normas constitucionais, no contexto da ponderação de interesses.[3]

---

[1] Há vasta bibliografia sobre o princípio da proporcionalidade no Direito Comparado. Veja-se, em especial, SWEET, Alec Stone; MATHEWS Jud. Proportionality Balancing and Global Constitutionalism. *Columbia Journal of Transnational Law*, n. 47, p. 74-165; ELLIS, Evelyn (Ed.). *The Principle of Proportionality in the Laws of Europe*; ZUCCA, Lorenzo. *Constitutional Dilemmas*: Conflicts of Fundamental Legal Rights in Europe and the USA; BEATTY, Davi. *The Ultimate Rule of Law*, p. 159-188.

[2] Sem embargo, é possível cogitar-se, em determinadas situações, do reconhecimento de alguma eficácia horizontal ao princípio da proporcionalidade — ou seja, da possibilidade de que ele também vincule, em certa medida, os particulares. Sobre o tema da eficácia horizontal dos direitos fundamentais, veja-se: SARMENTO, Daniel. *Direitos fundamentais e relações privadas*, 2. ed. No campo do Direito do Trabalho, a aplicação do princípio da proporcionalidade é especialmente promissora, sobretudo para a aferição da validade das restrições de direitos fundamentais dos trabalhadores. Ver: GOMES, Fábio Rodrigues. A constitucionalização do direito do trabalho. *In*: SOUZA NETO, Cláudio Pereira de; SARMENTO, Daniel (Org.). *A constitucionalização do direito*: fundamentos teóricos e aplicações específicas.

[3] Sobre a ponderação, veja-se o Capítulo 12.

A proporcionalidade originou-se no Direito Administrativo alemão (prussiano) do século XIX, sendo empregada inicialmente para controle do exercício do poder de polícia.[4] Após a II Guerra Mundial, no cenário de crise do legalismo jurídico que então se instaurou, o princípio foi transplantado, na Alemanha, do campo administrativo para o constitucional, onde passou a ser utilizado também para o controle da constitucionalidade dos atos legislativos, sobretudo dos que importam em restrições a direitos fundamentais.[5] Com o passar do tempo, a jurisprudência constitucional germânica foi consolidando três parâmetros — ou subprincípios — que estruturam a aplicação do princípio da proporcionalidade: a adequação, a necessidade e a proporcionalidade em sentido estrito, que serão adiante examinados.[6] A experiência germânica no uso do princípio exerceu grande influência no mundo todo, e a proporcionalidade foi sendo paulatinamente incorporada à jurisprudência constitucional de inúmeros outros países, e até mesmo de órgãos jurisdicionais supranacionais,[7] como a Corte Europeia de Direitos Humanos, o Tribunal de Justiça das Comunidades Europeias e a Organização Mundial do Comércio.

Experiência paralela ocorreu nos Estados Unidos, com o desenvolvimento pela Suprema Corte do país, a partir de meados do século XIX, da ideia do devido processo legal substantivo,[8] que pode ser associado à exigência de razoabilidade das normas e condutas estatais. Inicialmente, o principal foco do devido processo legal substantivo foi a proteção dos direitos econômicos e patrimoniais. Naquele contexto, a Suprema Corte norte-americana tornou-se verdadeiro bastião do liberalismo econômico e do absenteísmo estatal, bloqueando a edição de normas que intervinham nas relações sociais e econômicas, inclusive daquelas editadas para proteger as partes mais fracas dos abusos das mais poderosas. Este período ficou conhecido como *Era de Lochner*. A expressão faz referência ao caso *Lochner v. New York*, julgado pela Suprema Corte americana em 1905, quando aquele Tribunal invalidou lei do Estado de Nova Iorque que estabelecera jornada máxima de trabalho para os padeiros em 10 horas diárias e 60 semanais. Entendeu a Corte que aquela intromissão do Estado no campo da autonomia contratual se afigurava indevida, ofendendo a cláusula do devido processo legal.

Essa orientação conservadora se estendeu até o final da década de 30, quando a Corte foi praticamente forçada a mudar de orientação, após confrontar-se com o popularíssimo Presidente Franklin Roosevelt, que vinha empreendendo medidas

---

[4] Cf. BERNAL PULIDO, Carlos. *El principio de proporcionalidad y los derechos fundamentales*, p. 44-57.

[5] Cf. GRIMM, Dieter. Proportionality in Canadian and German Constitutional Jurisprudence. *University of Toronto Law Journal*, n. 57, p. 383 *et seq.*; SCHOLLES, Henrich. O princípio da proporcionalidade no direito constitucional e administrativo da Alemanha. *Interesse Público*, n. 2, p. 93 *et seq.*

[6] Pelo que consta, esta formulação teria surgido na jurisprudência constitucional germânica pela primeira vez no chamado "julgamento das farmácias" (*Apothekenurteil*), decidido pela Corte Constitucional em 1958, quando apreciou a validade de lei da Baviera que instituíra uma série de restrições para a abertura de farmácias, as quais foram consideradas inválidas, por restringirem excessivamente a liberdade profissional. Uma reprodução integral deste importante julgado, em língua portuguesa, encontra-se em: SCHWABE, Jürgen. *Cinqüenta anos de jurisprudência do tribunal constitucional federal alemão*, p. 593-616.

[7] Sobre o uso do princípio da proporcionalidade em tribunais internacionais, veja-se: SWEET, Alec Stone; MATHEWS Jud. Proportionality Balancing and Global Constitutionalism. *Columbia Journal of Transnational Law*, n. 47, p. 139-60; RAMOS, André de Carvalho. *Teoria geral dos direitos fundamentais*, p. 142-147.

[8] Sobre o desenvolvimento do devido processo legal substantivo nos Estados Unidos, veja-se: TRIBE, Laurence H. *American Constitutional Law*, p. 553-586 e 1302-1435; O'BRIAN, David M. *Constitutional Law and Politics*: Civil Rights and Civil Liberties; MARTEL, Letícia de Campos Velho. *Devido processo legal substantivo*: razão abstrata, função e características de aplicabilidade: a linha decisória da Suprema Corte Estadunidense.

econômicas fortemente intervencionistas no contexto do chamado *New Deal*, com o objetivo de salvar o país da depressão econômica em que mergulhara.[9] A cláusula do devido processo legal, na sua dimensão substantiva, deixa então de ser vista como obstáculo às medidas de intervenção estatal na economia. Só medidas absolutamente desarrazoadas nesta área seriam consideradas inconstitucionais. O controle de razoabilidade torna-se extremamente autocontido e deferente em relação às decisões dos poderes Legislativo e Executivo. O devido processo legal substantivo ganha então um novo foco nos Estados Unidos: a proteção das liberdades civis não econômicas, campo em que a atuação judicial vai se caracterizar pelo maior ativismo.

A maleabilidade da ideia do devido processo legal substantivo tem permitido, portanto, grandes variações jurisprudenciais ao longo do tempo, contribuindo para permitir a adaptação do constitucionalismo norte-americano às novas demandas e necessidades sociais. Sem embargo, esta flexibilidade o tornou objeto de intensa crítica, voltada contra o ativismo judicial no controle de constitucionalidade, que, segundo alguns, seria incompatível com a democracia, por permitir que juízes não eleitos substituam as valorações do legislador pelas suas próprias sobre o que é justo, razoável ou racional.[10] Adiante examinaremos a relação entre os princípios da proporcionalidade e da razoabilidade — ao qual costuma ser associada a experiência norte-americana com a dimensão substantiva do devido processo legal.

No cenário brasileiro, o desenvolvimento do princípio da proporcionalidade vem ocorrendo após o advento da Constituição de 88, sob forte influência da teoria constitucional germânica. É até possível encontrar, antes da Carta de 88, decisões judiciais que invalidaram medidas restritivas de direitos tidas como excessivas.[11] Porém, estas decisões, além de raras, não invocavam o princípio da proporcionalidade, nem se pautavam por critérios bem definidos, iguais ou similares àqueles relacionados ao princípio da proporcionalidade. Até porque, o regime político autoritário então vigente não se afeiçoava ao ideário garantista subjacente ao princípio da proporcionalidade. Sob a égide da Constituição de 88, o STF passou a aludir à proporcionalidade no exercício do controle de constitucionalidade com frequência cada vez maior. Inicialmente, a

---

[9] Essa nova tendência da Suprema Corte pode se observar em *West Coast Hotel Co. v. Parrish*, 300 U.S. 379 (1937). Neste caso, a Suprema Corte se utiliza do princípio do "devido processo legal substantivo", ao contrário do que havia ocorrido nas decisões anteriores, para legitimar a intervenção do Estado nas relações econômicas: "A privação da liberdade para contratar é proibida pela Constituição se não respeitar o devido processo legal, mas a restrição ou a regulação desta liberdade, se razoável em relação a seu conteúdo e se adotada para a proteção da comunidade contra males que ameaçam a saúde, a segurança, a moralidade e o bem-estar das pessoas, é processo devido (*due process*)".

[10] Veja-se, neste sentido: ELY, John Hart. *Democracy and Distrust*: a Theory of Judicial Review, p. 14-21.

[11] Veja-se, a propósito: MENDES, Gilmar Ferreira. A proporcionalidade na jurisprudência do STF. In: MENDES, Gilmar Ferreira. *Direitos fundamentais e controle de constitucionalidade*, p. 68-77; BARROS, Suzana de Toledo. *O princípio da proporcionalidade e o controle de constitucionalidade das leis restritivas de direitos fundamentais*, p. 98-113. Dentre os casos apreciados pela Corte antes de 88, cabe destacar: decisão proferida em 1968, que considerou inválida a previsão, constante na Lei de Segurança Nacional, de que o recebimento da denúncia ou a prisão em flagrante pela prática de crimes contra a segurança nacional implicava a suspensão do exercício de profissão ou emprego privado, assim como de cargo ou função na Administração Pública (HC nº 45.232, Rel. Min. Themístocles Cavalcanti. *RTJ*, 44:322-334); decisão proferida em 1976, em que a Corte invalidou preceitos legais que continham exigências profissionais injustificadas para o exercício da atividade de corretor de imóvel (Representação nº 930, Rel. p/ acórdão Min. Rodrigues Alckmin. *DJU*, 02 set. 1977); decisão de 1984, em que o STF invalidou a lei que regulava a cobrança de taxa judiciária no Estado do Rio de Janeiro, fixada em 2% sobre o valor do pedido, por considerar que ela não teria relação com o serviço prestado, e criaria, ademais, obstáculo excessivo para o acesso à Justiça (Representação nº 1.054, Rel. Min. Moreira Alves. *RTJ*, 110:937-978).

Corte não se valia dos subprincípios acima referidos, limitando-se a destacar o caráter arbitrário ou desarrazoado do ato normativo invalidado.[12] Mas, ao longo da última década, a proporcionalidade tem sido empregada de forma mais analítica, o que tende a ampliar a previsibilidade da atuação do Judiciário no uso deste princípio.

Na Constituição de 88, não existe previsão expressa do princípio da proporcionalidade. O STF tem fundamentado o princípio — tratado pela Corte como idêntico ao princípio da razoabilidade — na cláusula do devido processo legal, na sua dimensão substantiva (art. 5º, XXXIV, CF).[13] Esta posição tem amplo suporte em nossa doutrina constitucional.[14] Há, contudo, várias outras formulações: há quem sustente que o fundamento da proporcionalidade seja o princípio do Estado de Direito[15] (esta é a posição adotada no direito germânico); a cláusula que consagra a garantia de direitos implícitos decorrentes de nosso regime constitucional (art. 5º, §2º, CF);[16] e ainda a natureza principiológica dos direitos fundamentais e de outras normas constitucionais, que, em razão da sua estrutura, demandariam o uso da proporcionalidade para serem aplicados.[17] Há, ainda, justificativas alternativas, baseadas no princípio da dignidade da pessoa humana, na proteção ao núcleo essencial dos direitos fundamentais e na dimensão objetiva dos direitos fundamentais.[18] A discussão sobre a *sedes materiae* do princípio da proporcionalidade possui, porém, importância secundária. Sob o ponto de vista prático, o fundamental é que se reconheça a vigência e eficácia do princípio em questão em nosso ordenamento. Parece-nos que, na verdade, a proporcionalidade pode ser extraída de diversos preceitos constitucionais diferentes e do próprio sistema constitucional, globalmente considerado.

---

[12] Um claro exemplo desta "economia argumentativa" encontra-se naquela que talvez tenha sido a primeira decisão da Corte a invocar expressamente o princípio da proporcionalidade na invalidação de um ato normativo. Trata-se do julgamento da Medida Cautelar na ADI nº 855 (Rel. Min. Sepúlveda Pertence. *DJ*, 10 out. 1993), em que se impugnou lei do Estado do Paraná, que determinara que o fornecedor de botijões de gás pesasse, à vista do consumidor, o botijão usado recebido para substituição, de forma a proceder o devido desconto no preço do produto fornecido, sempre que houvesse resto de gás no botijão restituído. O STF suspendeu o ato normativo em questão, invocando a plausibilidade da alegação de "violação ao princípio de proporcionalidade e razoabilidade das leis restritivas de direitos", sem aplicar qualquer dos subprincípios inerentes ao princípio da proporcionalidade.

[13] Neste sentido, por exemplo, ADI nº 1.158-MC, Rel. Min. Celso de Mello. *DJU*, 26 maio 1995; ADI nº 1.076-MC, Rel. Min. Sepúlveda Pertence. *DJU*, 07 dez. 2000; ADI nº 1.922-MC, Rel. Min. Moreira Alves. *DJU*, 24 nov. 2000; ADI nº 2.276, Rel. Min. Maurício Corrêa. *DJU*, 05 dez. 2002.

[14] Neste sentido, dentre outros: MENDES, Gilmar Ferreira. A proporcionalidade na jurisprudência do STF. *In*: MENDES, Gilmar Ferreira, p. 83; BARROSO, Luís Roberto. *Interpretação e aplicação da Constituição*, p. 237. Na verdade, a própria cláusula do devido processo legal já foi inserida na Constituição de 1988 tendo em vista a dimensão substantiva que lhe é conferida pela jurisprudência constitucional norte-americana. A inclusão da cláusula foi feita a partir de proposta do Deputado Vivaldo Barbosa, que acolheu sugestão formulada pelo então assessor do PDT (partido ao qual era filiado Barbosa) na Constituinte, Professor Carlos Roberto Siqueira Castro, que estudara a fundo a questão, tendo, logo depois, publicado obra precursora sobre a matéria no país, sob o título *O devido processo legal e a razoabilidade das leis na nova Constituição do Brasil*.

[15] Cf. BONAVIDES, Paulo. *Curso de direito constitucional*, p. 362-366; BARROS, Suzana de Toledo. *O princípio da proporcionalidade e o controle de constitucionalidade das leis restritivas de direitos fundamentais*, p. 91-94; CANOTILHO, José Joaquim Gomes. *Direito constitucional e teoria da Constituição*, p. 259-260.

[16] Cf. DIMOULIS, Dimitri; MARTINS, Leonardo. *Teoria geral dos direitos fundamentais*, p. 193. Os autores também aludem ao princípio da aplicabilidade imediata dos direitos fundamentais (art. 5º, §1º, CF), como fundamento alternativo para a proporcionalidade.

[17] Cf. ALEXY, Robert. *Teoria dos direitos fundamentais*, p. 116-120; PEREIRA, Jane Reis Gonçalves. *Interpretação constitucional e direitos fundamentais*, p. 321-322; SILVA, Virgílio Afonso da. O proporcional e o razoável. *Revista dos Tribunais*, n. 798, p. 23-50.

[18] Para uma exposição das diversas correntes na matéria, veja-se: STEINMETZ, Wilson Antônio. *Colisão de direitos fundamentais e o princípio da proporcionalidade*, p. 155-172.

Outra discussão existente diz respeito à natureza principiológica da exigência de respeito à proporcionalidade. Apesar do uso já consolidado da expressão "princípio da proporcionalidade", há quem entenda que a proporcionalidade não opera como um verdadeiro princípio — no sentido de mandado de otimização[19] —, mas como autêntica regra, eis que aplicada sob a lógica do "tudo ou nada".[20] Outros sustentam que a proporcionalidade atuaria como um "postulado aplicativo",[21] já que não possui conteúdo próprio, prestando-se tão somente a regular a aplicação de outras normas constitucionais.[22] De nossa parte, entendemos que a proporcionalidade representa autêntico princípio. Primeiramente, porque a sua incidência deve ser calibrada em razão da tensão com outros princípios constitucionais, como a democracia e a separação de poderes. É isso que justifica que, em determinadas hipóteses, se recomende ao Judiciário uma postura de autocontenção na aplicação da proporcionalidade, em favor das decisões adotadas por outros órgãos estatais. Portanto, não há aplicação da proporcionalidade de acordo com a lógica do "tudo ou nada". E, em segundo lugar, porque existe, sim, um conteúdo material próprio da proporcionalidade, ligado à contenção racional do poder estatal. É certo que a proporcionalidade pode ser empregada em conjugação com outras normas constitucionais, para evitar que os bens jurídicos que as mesmas tutelam sejam restringidos de maneira injustificada ou imoderada. Mas o princípio da proporcionalidade também se presta a um emprego autônomo, em situações em que os interesses restringidos não desfrutam de hierarquia constitucional.

Em que pese a existência destas divergências, há um razoável consenso sobre a aplicabilidade da proporcionalidade no ordenamento brasileiro, bem como sobre a sua estrutura, calcada nos subprincípios da adequação, da necessidade e da proporcionalidade em sentido estrito, que serão adiante explicados. Um ato estatal qualquer só será considerado compatível com o princípio da proporcionalidade se satisfizer, simultaneamente, aos três subprincípios, que devem ser empregados seguindo um percurso preestabelecido: primeiro, verifica-se se a medida satisfaz o subprincípio da adequação; se a resposta for positiva, passa-se ao subprincípio da necessidade; se, mais uma vez, o resultado for favorável à validade do ato, recorre-se ao subprincípio da proporcionalidade em sentido estrito. Essa sequência de aplicação dos subprincípios é de observância compulsória e a violação a qualquer deles já basta para que se

---

[19] Sobre o conceito de princípios, veja-se o Capítulo 9.
[20] Esta é, por exemplo, a posição de: ALEXY, Robert. *Teoria dos direitos fundamentais*, p. 117; SILVA, Virgílio Afonso da. O proporcional e o razoável. *Revista dos Tribunais*, n. 798 p. 25; e de PEREIRA, Jane Reis Gonçalves. *Interpretação constitucional e direitos fundamentais*, p. 323. Os dois últimos, todavia, sustentam que não se deve abandonar a expressão "princípio da proporcionalidade", eis que já amplamente consagrada em nosso cenário jurídico.
[21] Sobre a categoria dos "postulados aplicativos", desenvolvida de maneira original na doutrina brasileira por Humberto Ávila, veja-se o Capítulo 9.
[22] Cf. ÁVILA, Humberto. *Teoria dos princípios*: da definição à aplicação dos princípios jurídicos, p. 163-175. No STF, tal posição era abraçada pelo ex-Ministro Eros Grau, que frequentemente se insurgia, em seus votos, contra a invocação do princípio da proporcionalidade como critério autônomo para invalidação de atos normativos, com base no argumento de que a sua aplicação importaria em intromissão indevida do Judiciário no espaço próprio das valorações do Legislativo. Não obstante, ele admitia que a proporcionalidade fosse empregada como um parâmetro para se aferir eventual ofensa a alguma norma constitucionalmente positivada. Por exemplo, se uma lei restringisse a livre-iniciativa econômica, seria possível usar os critérios da proporcionalidade para analisar a constitucionalidade da restrição imposta pelo legislador. Contudo, se, nesta hipótese, o ato normativo não subsistisse ao teste, ter-se-ia uma ofensa não à proporcionalidade, mas ao próprio princípio constitucional da livre-iniciativa. Confira-se, nesta linha, os votos do Ministro Eros Grau proferidos na ADPF nº 144 (Rel. Min. Celso de Mello. *DJe*, 19 dez. 2010) e no HC nº 95.009-4 (Rel. Min. Eros Grau. *DJe*, 19 fev. 2008).

conclua no sentido da inconstitucionalidade da medida, por afronta ao princípio da proporcionalidade.

A violação ao princípio da proporcionalidade pode estar consubstanciada numa norma jurídica. Mas há também a hipótese de norma jurídica compatível, em tese, com tal princípio, mas que, quando aplicada a um determinado caso concreto dotado e especificidades, produza solução desproporcional.[23] Uma lei de trânsito que fixe uma multa para quem ultrapassa a velocidade máxima permitida pode ser, em tese, proporcional. Mas a sua aplicação sobre a hipótese de um motorista que tenha violado o limite de velocidade ao conduzir a sua esposa, em pleno trabalho de parto, para um hospital, certamente não o será. A jurisprudência do STF já reconheceu a possibilidade de controle jurisdicional da proporcionalidade de aplicações concretas de norma jurídica reputada como válida.[24]

11.2 O subprincípio da adequação

O subprincípio da adequação, também conhecido como subprincípio da "idoneidade", impõe, de acordo com a concepção dominante, duas exigências, que devem ser satisfeitas simultaneamente por qualquer ato estatal: (a) os fins perseguidos pelo Estado devem ser legítimos; e (b) os meios adotados devem ser aptos para, pelo menos, contribuir para o atingimento dos referidos fins. Portanto, o subprincípio da adequação demanda que as medidas estatais possam contribuir para a persecução de finalidades legítimas.

O primeiro passo na análise do subprincípio da adequação consiste na identificação da finalidade subjacente ao ato estatal examinado.[25] Esta finalidade deve ser legítima, não podendo contrariar o sistema constitucional. O Estado não pode, por exemplo, impor às pessoas que cortem periodicamente o cabelo, visando a que a sua população mantenha uma aparência que as autoridades de plantão reputem mais apropriada. Dita finalidade — a suposta melhoria da aparência das pessoas, realizada à sua revelia — seria francamente incompatível com o direito à privacidade.

O Judiciário tem empregado o subprincípio da adequação, por exemplo, para declarar a inconstitucionalidade de normas que adotam critérios territoriais para identificar os beneficiários de reserva de vagas em universidades. A Lei nº 3.524/2000, do Rio de Janeiro, já revogada, exigia que o candidato cursasse integralmente o ensino médio e o ensino fundamental em escolas públicas *situadas no Estado*. Esse tipo de restrição territorial é incompatível com a Constituição Federal, cujo art. 19, III, proíbe aos Estados "criar distinções entre brasileiros ou preferências entre si". A finalidade a que serve a

---

[23] No mesmo sentido, cf. MENDES, Gilmar Ferreira; COELHO, Inocêncio Mártires; BRANCO, Paulo Gustavo Gonet. *Curso de direito constitucional*, p. 326-329.
[24] ADI nº 223-MC, Rel. p/ acórdão Min. Sepúlveda Pertence. *DJ*, 29 jun. 1990.
[25] Há quem sustente que o exame da legitimidade dos fins perseguidos pelo ato estatal representaria outro subprincípio componente do princípio da proporcionalidade, anterior ao exame de adequação. Outra posição existente é no sentido de que o controle sobre a legitimidade dos fins objetivados pelo ato é possível, mas se situa fora do âmbito do princípio da proporcionalidade. Sobre o debate, veja-se: PEREIRA, Jane Reis Gonçalves. *Interpretação constitucional e direitos fundamentais*, p. 324; BERNAL PULIDO, Carlos. *El principio de proporcionalidad y los derechos fundamentales*, p. 694. O que importa, porém, é verificar a legitimidade dos fins perseguidos. Inserir ou não esse exame dentro da estrutura da proporcionalidade é distinção que não produz maiores efeitos práticos. O que importante consignar é a impossibilidade de restringir direitos sem motivo, por capricho, ou para realizar finalidades ilegítimas.

norma, na hipótese, é antijurídica.[26] O estabelecimento de cotas para beneficiar residentes em determinadas regiões somente é possível quando tais religiões são historicamente desprivilegiadas sob o prisma econômico e social. É o caso, por exemplo, da cota de 30% instituída pela Universidade Estadual de Diamantina, que beneficia candidatos oriundos do Vale do Jequitinhonha, região mais pobre de Minas Gerais. A finalidade da norma é reduzir as desigualdades sociais e regionais, em conformidade com o que estabelece a Constituição Federal, quando esta prevê, dentre os objetivos fundamentais da República (art. 3º, III), os de "erradicar a pobreza e a marginalização e reduzir as desigualdades sociais e regionais".

A persecução por meio da lei de objetivos ilegítimos pode também ser enquadrada como hipótese de *desvio de poder legislativo*.[27] A categoria do desvio de poder legislativo, inspirada na doutrina administrativa francesa do *détournement de pouvoir*, tem uma das suas mais claras manifestações na hipótese em que o legislador se afasta da sua missão institucional de busca do bem-comum para, de forma escamoteada, perseguir finalidades incompatíveis com os valores fundamentais da ordem jurídica. A finalidade aparente até pode ser lícita, mas a finalidade real se mostra não apenas ilícita, mas também, muitas vezes, ofensiva à moralidade pública. Um bom exemplo, extraído da história política brasileira, é o dos chamados *testamentos políticos*, que consistiam em leis estaduais, apoiadas por governos derrotados nas eleições, que criavam novos cargos públicos desnecessários ou concediam vantagens remuneratórias exageradas, com o claro propósito de obtenção de dividendos políticos às expensas do equilíbrio das finanças públicas do próximo governo, conduzido por rivais.[28]

Discute-se, na doutrina, se a exigência de legitimidade dos fins imposta pelo subprincípio da adequação impõe que a finalidade perseguida possa ser reconduzida à Constituição, ou se basta que ela não viole o ordenamento constitucional. Em nossa opinião, quando o ato examinado for de natureza legislativa, basta que a finalidade objetivada não afronte à Constituição.[29] Afinal, numa democracia, deve-se reconhecer ao legislador uma ampla margem para eleição dos fins a serem implementados, não sendo ele um mero "executor" da vontade do constituinte. Portanto, devem ser considerados como fins legítimos todos os que forem escolhidos pelo legislador, desde que não ofendam ao ordenamento constitucional.

Porém, quando a medida em discussão for proveniente não do legislador, mas da Administração Pública ou do Poder Judiciário, não há como afirmar a existência de

---

[26] Por isso, o TJ/RJ considerou a exigência injustificada quanto ao ensino fundamental, para determinar a inclusão no sistema de cotas também de candidata que o havia cursado em outro estado, embora tivesse frequentado todo o ensino médio em colégio estadual situado no Rio de Janeiro. Como se pode observar abaixo, o Acórdão, embora sem invocá-lo expressamente se concentra na verificação da observância do critério da adequação: "Ora, se a avaliação é de desempenho dos alunos do ensino médio, afigura-se totalmente não razoável exigir a formação integral do ensino fundamental em escolas públicas situadas no Estado do Rio de Janeiro, até porque é notório que o desenvolvimento de aptidões e competências pretendidas para o ingresso na Universidade é efetuado no decorrer do ensino médio. Trata-se, pois, a toda a evidência, de restrição que fere o Princípio da Razoabilidade" (TJ/RJ. AC nº 2005.001.16667, Rel. Des. Francisco de Assis Pessanha. Julg. 19.12.2005).

[27] Veja-se, a propósito: TÁCITO, Caio. Desvio de poder legislativo. *Revista Trimestral de Direito Público*, n. 1, p. 62-68; BARROSO, Luís Roberto. *Interpretação e aplicação da Constituição*, p. 234-236; SANTOS, Gustavo Ferreira. Excesso de poder no exercício da função legislativa. *Revista de Informação Legislativa*, n. 140, p. 288 *et seq*.

[28] Caio Tácito colhe os seguintes exemplos na jurisprudência do STF: Representação nº 512, Julg. 07.12.1962; RE nº 48.655; RMS nº 7.243/CE, Rel. Min. Luiz Gallotti. Julg. 20.01.1960. *DJ*, 30 jan. 1960; RE nº 50.219/RN, Rel. Min. Candido Motta. Julg. 18.05.1964. *DJ*, 02 jul. 1964.

[29] No mesmo sentido, cf. PEREIRA, Jane Reis Gonçalves. *Interpretação constitucional e direitos fundamentais*, p. 324-327; BERNAL PULIDO, Carlos. *El principio de proporcionalidad y los derechos fundamentales*, p. 696-706.

uma liberdade para a escolha dos fins, apenas limitada externamente pela Constituição. Afinal, no Estado de Direito, os administradores e juízes estão vinculados positivamente à legalidade, não lhes sendo concedido o poder de eleger fins que já não estejam previstos no próprio ordenamento. É verdade que o princípio da legalidade não tem, na atualidade, o mesmo sentido que possuía no passado. Hoje, afirma-se que não apenas a lei formal, como também a própria Constituição pode fundamentar, diretamente, a atuação da Administração Pública, bem como decisões judiciais, independentemente de qualquer intermediação legislativa.[30] Mas, de qualquer maneira, os fins que a Administração e o Judiciário podem buscar nos seus atos são aqueles já contidos explícita ou implicitamente no ordenamento, e não qualquer outro eventualmente preferido por seus agentes, ainda que não ofensivo à Constituição.

Se os fins perseguidos forem legítimos, restará analisar se a medida adotada favorece ou não ao seu alcance. Trata-se, aqui, de um exame da congruência entre os meios empregados e os fins objetivados pelo Estado. Se, por exemplo, autoridades penitenciárias, no afã de evitar a disseminação do vírus do HIV entre a população carcerária, quisessem obrigar os presos a tomarem banho após receberem visitas íntimas, a medida violaria o subprincípio da adequação, pois a higiene após o sexo não obsta a transmissão do vírus em questão. O fim — combate à proliferação de uma doença grave — seria legítimo, mas a medida adotada não contribuiria para a sua promoção.

Discute-se, em sede doutrinária, se o conceito de adequação deve ser *forte* ou *fraco*.[31] Para um conceito forte de adequação, uma medida só será adequada se ensejar a efetiva consecução dos fins que lhe conferem sentido. Já para um conceito fraco, basta que a medida contribua de alguma maneira para a promoção daqueles fins. Esta última posição vem prevalecendo na jurisprudência constitucional comparada e nos parece mais correta, considerando a complexidade do quadro empírico subjacente à Constituição. É que, com grande frequência, não basta uma única medida para a resolução dos problemas sociais enfrentados pelo Estado, que, em geral, demandam a conjugação de diversas iniciativas convergentes. A adoção de um conceito forte de adequação poderia permitir a invalidação de iniciativas, que, isoladamente, não fossem suficientes para o equacionamento do problema em questão, o que seria injustificável. Não haveria sentido em proibir o Estado, por exemplo, de promover uma campanha a favor do desarmamento da população, pela alegação de que esta campanha, por si só, não é suficiente para acabar com a violência, ou impedir o Banco Central de aumentar a taxa básica dos juros, apenas porque esta medida, isolada, não basta para conter a inflação. Por isso, deve ser adotado um conceito fraco do subprincípio da adequação, para cuja satisfação baste que a medida estatal contribua positivamente para a realização das finalidades legítimas a que ela se destina.

A avaliação da conformidade de uma medida estatal com o subprincípio da adequação exige, muitas vezes, análises de caráter eminentemente técnico: saber se a instituição de certa política industrial promove ou não o desejado crescimento econômico; se a adoção de uma nova tecnologia aumenta ou não a proteção ao meio ambiente;

---

[30] Cf. BINENBOJM, Gustavo. Sentido da vinculação administrativa à juridicidade no direito brasileiro. *In*: ARAGÃO, Alexandre dos Santos; MARQUES NETO, Floriano de Azevedo (Coord.). *Direito administrativo e seus novos paradigmas*, p. 145-204.

[31] Em favor de um controle *fraco*, como o aqui sustentado, veja-se: SILVA, Virgílio Afonso da. *Direitos fundamentais*: conteúdo essencial, restrições e eficácia, p. 170; ÁVILA, Humberto. *Teoria dos princípios*, p. 165-166.

se uma mudança no marco regulatório do sistema financeiro proporciona ou não mais segurança para o investidor etc. Nestas hipóteses, é imperativa a adoção de uma postura de autocontenção jurisdicional na avaliação das chamadas *prognoses legislativas*.[32] Em outras palavras, o Poder Judiciário deve atuar com parcimônia, invalidando apenas as medidas que forem manifestamente inadequadas para obtenção dos fins almejados, sem pretender converter-se no árbitro final de controvérsias técnicas que os juízes não dominam, nem têm como dominar, pela sua própria formação intelectual. Além do princípio democrático, a autocontenção nesta hipótese justifica-se também pela falta de *expertise* jurisdicional em temas que extravasam a seara estritamente jurídica.[33]

Debate-se, ainda, se o juízo sobre a adequação de uma medida deve ser realizado a partir de uma perspectiva *ex ante* ou *ex post*. Em outras palavras, discute-se se, ao analisar se a medida em discussão promove os fins objetivados, o julgador deve considerar apenas os conhecimentos e dados disponíveis por ocasião da sua edição (perspectiva *ex ante*),[34] ou se, ao contrário, ele pode levar em conta também elementos supervenientes, como os referentes à verificação dos efeitos efetivamente gerados pela medida até a data do julgamento (perspectiva *ex post*).[35]

Entendemos que é possível o controle também a partir de uma perspectiva *ex post*, que pode considerar a experiência concreta de aplicação da medida analisada, bem como eventuais mudanças técnicas ocorridas desde a sua edição. Suponha-se que o legislador tenha imposto a vacinação compulsória contra uma doença contagiosa, com base nas pesquisas médicas então disponíveis, que indicavam a sua eficácia. Posteriormente, comprova-se que a vacina em questão é ineficaz e que ela em nada contribui para reduzir a disseminação da moléstia. Não há qualquer razão plausível para manter esta vacinação, em detrimento da liberdade individual e com dispêndios públicos inúteis. Não se trata, aqui, de punir o órgão estatal que formulou a medida por um erro de prognose, muitas vezes escusável, mas sim de impedir que medidas restritivas de direitos ou de outros bens jurídicos relevantes continuem surtindo efeito, sem que se obtenha qualquer proveito com a sua implementação.

---

[32] No mesmo sentido, cf. BINENBOJM, Gustavo; CYRINO, André Rodrigues. O direito à moradia e a penhorabilidade do bem único do fiador em contratos de locação: limites à revisão judicial de diagnósticos e prognoses legislativas. In: SOUZA NETO, Cláudio Pereira de; SARMENTO, Daniel (Coord.). *Direitos sociais*: fundamentos, judicialização e direitos sociais em espécie, p. 997-1018. Sobre o controle judicial das prognoses legislativas, veja-se também: MENDES, Gilmar Ferreira. Controle de constitucionalidade: hermenêutica constitucional e a revisão de fatos e prognoses legislativas pelo órgão judicial. In: MENDES, Gilmar Ferreira. *Direitos fundamentais e controle de constitucionalidade*, p. 453-478. Esta posição foi adotada, por exemplo, pelo Tribunal Constitucional alemão (BVerfGE 90, 145 (1994)): "Na apreciação requerida pelo princípio da proporcionalidade da adequação e da necessidade do meio selecionado para o alcance do propósito desejado, bem como da avaliação e prognóstico dos perigos que ameaçam o indivíduo ou a comunidade, a serem feitos neste contexto, cabe ao legislador uma margem discricionária de avaliação, a qual pode ser revista pelo Tribunal Constitucional Federal apenas em extensão limitada".

[33] Este déficit até pode ser minorado, mas nunca eliminado, com a participação dos *amici curiae* ou com a oitiva de especialistas em audiência pública no âmbito da jurisdição constitucional, como facultam as Leis nº 9.868/99 e nº 9.882/99. Afinal, em temas técnicos polêmicos, o que normalmente ocorre é a defesa de posições divergentes pelos técnicos ou *amici curiae*, e caberá ao Judiciário nesses casos optar por uma delas. Sobre a necessidade de consideração das capacidades institucionais dos intérpretes na definição da postura hermenêutica apropriada em cada contexto, veja-se o Capítulo 10.

[34] Neste sentido, cf. ÁVILA, Humberto. *Teoria dos princípios*, p. 170; BERNAL PULIDO, Carlos. *El principio de proporcionalidad y los derechos fundamentales*, p. 735-736.

[35] Neste sentido, cf. PEREIRA, Jane Reis Gonçalves. Os imperativos da proporcionalidade e da razoabilidade: um panorama da discussão atual e da jurisprudência do STF. In: SARMENTO, Daniel; SARLET, Ingo Wolfgang (Org.). *Direitos fundamentais no Supremo Tribunal Federal*: balanço e crítica, p. 181-182.

11.3 O subprincípio da necessidade

O subprincípio da necessidade impõe que, dentre diversas medidas possíveis que promovam com a mesma intensidade uma determinada finalidade, o Estado opte sempre pela menos gravosa. Com base neste subprincípio, torna-se possível invalidar medidas estatais excessivas, que restrinjam em demasia algum direito ou interesse juridicamente protegido, sempre que se demonstrar que uma restrição menor atingiria o mesmo objetivo. Jellinek celebrizou esta ideia numa conhecida metáfora: "não se abatem pardais com tiros de canhão".

No julgamento da Medida Cautelar na ADI nº 4.467,[36] o STF empregou a lógica subjacente a este subprincípio para afastar a exigência legal de que o eleitor, para votar, tivesse que portar, além de documento de identificação com foto, também o seu título eleitoral. A Corte entendeu que, embora o propósito da norma fosse legítimo — evitar fraudes na votação —, a exigência do título eleitoral não seria necessária, pois o documento de identidade com foto já seria plenamente suficiente para identificação do eleitor. Assim, evitou-se uma exigência cuja consequência prática seria, muito provavelmente, frustrar o exercício do direito de voto de parcelas expressivas do eleitorado brasileiro — sobretudo daquele mais humilde e menos informado.

O Supremo Tribunal Federal também aplicou o critério da necessidade para limitar a utilização de algemas pelas autoridades policiais, editando súmula vinculante com esse propósito. Em uma das decisões que motivou a edição da Súmula, a Corte entendeu que o uso de algemas seria "excepcional, somente restando justificado ante a periculosidade do agente ou o risco concreto de fuga".[37] Em outra decisão, a Corte enfatizou que "o emprego dessa medida tem como balizamento jurídico os princípios da proporcionalidade e da razoabilidade".[38] Com base nesses e em outros precedentes, a Corte editou a Súmula Vinculante nº 11, com o seguinte teor: "Só é lícito o uso de algemas em casos de resistência e de fundado receio de fuga ou de perigo à integridade física própria ou alheia, por parte do preso ou de terceiros, justificada a excepcionalidade por escrito, sob pena de responsabilidade disciplinar, civil e penal do agente ou da autoridade e de nulidade da prisão ou do ato processual a que se refere, sem prejuízo da responsabilidade civil do Estado".

Pode-se discutir a correção desta súmula vinculante por várias razões, que vão da ausência dos pressupostos formais para a sua edição, até a inadequação das consequências previstas para a sua violação. O que não se discute é a impossibilidade de o Estado atuar excessivamente, limitando a liberdade corporal dos particulares, quando houver meios menos gravosos para se alcançar a mesma finalidade. A própria legislação já continha preceito neste sentido, pois, de acordo com o art. 284 do Código de Processo Penal, "não será permitido o emprego de força, salvo a indispensável no caso de resistência ou de tentativa de fuga do preso".

A análise de conformidade de uma medida estatal com o subprincípio da necessidade desdobra-se em duas etapas. Primeiro, examina-se se as eventuais medidas alternativas àquela questionada possuem ou não idoneidade, no mínimo, equivalente,

---

[36] ADI nº 4.467-MC, Rel. Min. Ellen Gracie. DJe, 1º.06.2011.
[37] HC nº 91.952/SP, Rel. Min. Marco Aurélio. Julg. 07.08.2008.
[38] HC nº 89.429/RO, Rel. Min. Cármen Lúcia. Julg. 22.08.2006.

para promover o objetivo visado. Em seguida, verifica-se se as medidas alternativas que passaram no primeiro teste são ou não menos gravosas do que aquela que foi adotada. Se existir medida alternativa com pelo menos o mesmo grau de idoneidade para atingimento dos fins colimados e que seja menos gravosa que a implementada, houve violação ao subprincípio da necessidade.[39]

Ambas as etapas acima referidas podem envolver diversas dimensões. Na primeira etapa, é necessário comparar as medidas alternativas com a que foi adotada sob várias perspectivas, como a quantitativa (a medida alternativa promove o objetivo tanto como a medida questionada?), a qualitativa (ela o faz tão bem como a medida impugnada?), a probabilística (a sua chance de êxito é igual ou superior à da que foi esposada?) e a temporal (ela avança nos objetivos com pelo menos a mesma velocidade do que a medida adotada?). Uma medida só será considerada pelo menos tão idônea quanto à adotada pelo Estado se for igual ou superior àquela sob todas estas perspectivas. Se, por exemplo, tivermos uma medida que promova mais o objetivo perseguido, mas que envolva um risco mais elevado de fracasso, ela não poderá ser considerada igualmente idônea. Neste caso, o juízo político ou técnico do órgão estatal sobre o que priorizar — quantidade ou risco — deve prevalecer, em razão do princípio da separação dos poderes.

Esta multidimensionalidade também se aplica na comparação entre a onerosidade das medidas. Uma medida pode, por exemplo, restringir um direito de maneira mais intensa do que a outra, mas estender-se por menor duração de tempo, ou aplicar-se num âmbito territorial mais restrito. Qual medida adotada para melhorar o problema do congestionamento numa grande cidade seria menos severa: uma que proibisse o ingresso de qualquer automóvel de passeio no centro, ou outra que instituísse um rodízio de veículos pelo número final da placa, mas que incidisse sobre todo o perímetro urbano? Canotilho[40] fala da possibilidade de comparação das medidas sobre os aspectos material (intensidade da repercussão da medida sobre o direito), temporal (extensão da medida no tempo), espacial (sua extensão no espaço) e pessoal (âmbito subjetivo de incidência da restrição), e Jane Reis Gonçalves Pereira[41] agrega a estes critérios o da probabilidade, que considera a chance maior ou menor de uma medida lesar um direito.

Não bastasse, é possível que as medidas alternativas tenham impacto negativo sobre outros direitos ou bens jurídicos diversos daquele afetado pela medida questionada, e esta repercussão não pode ser ignorada na aferição de qual é a mais rigorosa. Nessa hipótese, será necessário comparar bens jurídicos heterogêneos, o que suscita dificuldades ainda maiores, como se verá no próximo subitem, que trata da proporcionalidade em sentido estrito.

Portanto, verifica-se que a comparação entre o grau de severidade da medida estatal com possíveis alternativas não se esgota, no mais das vezes, em simples cálculo matemático, envolvendo valorações por vezes complexas, que não são isentas de certa dose de subjetividade. Neste quadro, é recomendável que o Judiciário respeite a margem de apreciação dos órgãos estatais responsáveis pela medida questionada, sobretudo

---

[39] Cf. SILVA, Virgílio Afonso da. *Direitos fundamentais*: conteúdo essencial, restrições e eficácia, p. 170-174; PEREIRA, Jane Reis Gonçalves. *Interpretação constitucional e direitos fundamentais*, p. 339-341.

[40] CANOTILHO, José Joaquim Gomes. *Direito constitucional e teoria da Constituição*, p. 262.

[41] PEREIRA, Jane Reis Gonçalves. Os imperativos da proporcionalidade e da razoabilidade: um panorama da discussão atual e da jurisprudência do STF. *In*: SARMENTO, Daniel; SARLET, Ingo Wolfgang (Org.). *Direitos fundamentais no Supremo Tribunal Federal*: balanço e crítica, p. 186.

quando se tratar do controle de atos legislativos. Como regra geral, ele deve se limitar à invalidação daquelas medidas que sejam patentemente excessivas, evitando imiscuir-se em demasia na esfera das decisões políticas e técnicas dos demais poderes estatais, em homenagem aos princípios da separação dos poderes e da democracia.

11.4 O subprincípio da proporcionalidade em sentido estrito

O subprincípio da proporcionalidade em sentido estrito demanda que a restrição ao direito ou ao bem jurídico imposta pela medida estatal seja compensada pela promoção do interesse contraposto. Ele determina que se verifique se o grau de afetação a um direito ou interesse, decorrente da medida questionada, pode ou não ser justificado pelo nível de realização do bem jurídico cuja tutela é perseguida. Trata-se, em suma, de uma análise comparativa entre os custos e benefícios da medida examinada — seus efeitos negativos e positivos —, realizada não sob uma perspectiva estritamente econômica, mas tendo como pauta o sistema constitucional de valores.

Na jurisprudência do STF, o subprincípio já foi aplicado em inúmeras oportunidades, ainda que de forma não analítica. Exemplo ilustrativo é o da jurisprudência sobre as "sanções políticas tributárias".[42] Há normas que fixam, para a hipótese de não pagamento de tributos, sanções como a apreensão de mercadorias, o lacre do estabelecimento ou a cassação do registro de funcionamento da empresa. O Supremo Tribunal Federal, há décadas, entende que tais sanções são incompatíveis com a Constituição: o que se perde com essa grave restrição da livre-iniciativa não seria compensado pelo que se ganha em eficiência na garantia da recuperação dos créditos tributários. Embora haja aumento significativo da probabilidade do pronto pagamento dos tributos, perdem-se empregos, a renda diminui, o consumidor tem reduzidas as suas possibilidades de escolha.

Há casos, contudo, em que mesmo essas graves restrições à livre-iniciativa se justificam. É o que pode ocorrer quando outros objetivos, além da arrecadação de tributos, são alcançados com a restrição. Foi o que decidiu recentemente o STF ao julgar a constitucionalidade da norma que permite a adoção de medidas repressivas mais gravosas no caso de sonegação dos tributos federais incidentes sobre a indústria do tabaco (Decreto-Lei nº 1.593/77, com a redação dada pela Lei nº 9.822/99). Nessa hipótese, a tributação, ao encarecer o preço do produto, exerce também a finalidade extrafiscal de desestimular o seu consumo, no afã de proteger a saúde do consumidor. Ademais, a medida sancionatória também serve à preservação da concorrência, que é outro bem jurídico constitucionalmente protegido. Como os tributos respondem por grande parte do preço desse tipo de produto, o não pagamento por uma das empresas que concorrem no mercado prejudicaria gravemente a concorrência.[43]

Observe-se que as sanções políticas não são inconstitucionais por serem inadequadas para alcançar a finalidade pretendida. Pelo contrário, o meio é absolutamente adequado à realização do objetivo de promover a execução do débito fiscal. Tampouco são inconstitucionais pelo fato de existir um meio menos gravoso para se obter a execução

---

[42] Entre outras decisões, cf. RE nº 111.042/SP, Rel. Min. Célio Borja. Julg. 13.02.1987. *DJ*, 13 mar. 1987; RE nº 115.452/SP, Rel. Min. Octávio Gallotti. Julg. 22.03.1988. *DJ*, 22 abr. 1988; RE nº 413.782/SC, Rel. Min. Marco Aurélio. Julg. 17.03.2005. *DJ*, 03 jun. 2005; ADI nº 173/DF, Rel. Joaquim Barbosa. Julg. 25.09.2008.

[43] Cf. AC nº 1.657-MC/RJ. Rel. Min. Joaquim Barbosa. Rel. p/ acórdão Min. Cezar Peluso. Julg. 27.06.2007.

do débito, que seria o ajuizamento de ação de execução fiscal. O critério da necessidade não prevalece porque, embora menos gravoso, o ajuizamento de ação de execução fiscal é meio também menos eficiente do que as sanções políticas para forçar o pagamento do débito. A inconstitucionalidade das sanções políticas só pode ser aferida por meio do uso da proporcionalidade em sentido estrito.

A avaliação de possível violação à proporcionalidade em sentido estrito envolve várias operações intelectuais interligadas.[44] Primeiro, verifica-se o nível de restrição ao bem jurídico negativamente atingido pela medida estatal. Em seguida, afere-se o grau de realização do interesse antagônico, decorrente da medida em questão. Finalmente, comparam-se estes resultados, para se aferir se, sob o ângulo constitucional, a promoção do bem jurídico favorecido iguala ou supera a restrição ao interesse concorrente, numa ponderação inspirada pela axiologia constitucional.

Esta comparação deve levar em consideração diversos fatores. Em primeiro lugar, cumpre cotejar o chamado *peso abstrato* dos bens jurídicos colidentes. Não se trata de instituir uma hierarquia rígida entre os bens ou direitos presentes no nosso ordenamento, que, em caso de colisão, levaria à inexorável derrota daquele situado em patamar inferior. Trata-se, isto sim, de reconhecer que determinados interesses recebem uma proteção maior do ordenamento constitucional do que outros, e que por isso, em hipóteses de conflito, existe uma tendência *prima facie* de que prevaleçam.

O grau de importância de um determinado direito, interesse ou bem jurídico no nosso sistema constitucional deve ser aferido levando em consideração diversos elementos, dentre os quais o eventual tratamento dado a ele pelo texto constitucional, e a sua proximidade em relação aos valores mais fundamentais do ideário do constitucionalismo democrático, notadamente a dignidade da pessoa humana, a igualdade e o Estado Democrático de Direito.

Mas, além do peso abstrato, é preciso também analisar o *peso concreto* dos interesses em disputa, que diz respeito à intensidade com que estes são afetados pela medida questionada. Isto porque, a medida estatal pode atingir os bens jurídicos em confronto em diferentes graus. Tome-se como exemplo a vida e a liberdade para praticar esportes. É evidente que no nosso sistema constitucional a vida tem um peso abstrato superior à referida liberdade, gozando, portanto, de uma primazia *prima facie* na comparação a ser realizada. No entanto, dificilmente alguém sustentaria a possibilidade de o legislador brasileiro proibir completamente a prática de esportes radicais, que envolvam algum risco à vida dos seus praticantes, como o voo livre. Aqui haveria uma restrição intensa demais à liberdade, que não seria compensada por uma proteção um pouco maior à vida. O *peso concreto* da liberdade seria mais elevado nesta hipótese, já que a sua afetação dar-se-ia com intensidade muito superior à correlata proteção do direito à vida.[45]

Deve-se examinar, ainda, a confiabilidade das premissas empíricas em que se assenta a ponderação. Se há incerteza quanto à realização concreta da interferência,

---

[44] Cf. BERNAL PULIDO, Carlos. *El principio de proporcionalidad y los derechos fundamentales*, p. 763-805.

[45] Robert Alexy, em lição frequentemente reproduzida, propõe que se estabeleça uma gradação da intensidade com que as medidas restritivas afetam os direitos e interesses juridicamente protegidos, de acordo com uma escala de três níveis: tal intensidade poderia ser qualificada como *leve*, *moderada* ou *grave*. Nesta perspectiva, uma restrição grave a um direito menos importante pode ser inválida, mesmo se promover, com intensidade leve, um interesse dotado de peso abstrato mais elevado. Cf. ALEXY, Robert. Posfácio. *In*: ALEXY, Robert. *Teoria dos direitos fundamentais*, p. 593-611.

exige-se mais cautela na edição da medida restritiva. Se o agente responsável pela edição da medida (legislador, administrador ou juiz) possui apenas dados empíricos pouco confiáveis, o peso abstrato do princípio e o grau de interferência deverão ser ainda maiores. Quanto a este último tópico, que será melhor examinado no capítulo seguinte, cabe apenas ressalvar que, em regra, o Judiciário não dispõe da mesma capacitação ou aptidão institucional, para apreciar as informações técnicas, que o Legislativo e o Executivo.

Aliás, uma variável importante na análise da proporcionalidade é o respeito que deve ser devotado à margem de apreciação política ou técnica dos órgãos estatais competentes para a edição da medida em discussão.[46] Os órgãos estatais — sobretudo o legislador — devem contar com um espaço livre para fazerem as suas próprias valorações subjacentes à ponderação, cuja preservação, diante do controle jurisdicional, se impõe tanto em razão do princípio democrático como por força da separação de poderes. Tais valorações podem envolver aspectos estritamente normativos — como a importância de cada um dos interesses jurídicos em conflito —, assim como dimensões empíricas do caso — como os efeitos de uma determinada medida sobre os bens jurídicos atingidos.

Quanto à incerteza atinente a aspectos normativos, recorde-se o caso da lei que disciplinou a pesquisa com células-tronco embrionárias.[47] Numa sociedade plural como a nossa, existe um amplo desacordo sobre o peso que devem ter nesta questão, de um lado, a liberdade de pesquisa científica e a promoção do direito à saúde dos futuros beneficiários destas pesquisas, e, do outro a tutela da vida do pré-embrião Neste quadro, caracterizado pela presença de um "desacordo moral razoável", o legislador deve contar com certa margem de liberdade, fundada no princípio democrático, para fazer a sua escolha, que será válida, desde que não ultrapasse a moldura normativa desenhada pela Constituição. As suas opções, quando situadas no interior desta moldura, não devem ser invalidadas pelo Judiciário por afronta à proporcionalidade em sentido estrito.

No que concerne à incerteza atinente a aspectos empíricos, figure-se o caso de uma medida econômica que, no afã de combater a inflação, imponha limites à concessão de crédito por bancos privados. De um lado da balança, há o legítimo interesse estatal de controle da inflação, que pode ser associado a diversos objetivos de estatura constitucional, como o de promoção do desenvolvimento nacional (art. 3º, II, CF). Do outro, se situam princípios como os da livre-iniciativa e da busca do pleno emprego (art. 1º, IV e 170, *caput* e VII, CF). A aferição da intensidade com que a medida promoverá o objetivo perseguido e restringirá os princípios contrapostos depende de avaliações empíricas complexas, situadas no âmbito da Economia. A escolha feita pelo órgão estatal competente numa hipótese como esta, baseada no seu diagnóstico e prognóstico técnico, deve ser respeitada pelo Judiciário, a não ser quando o seu erro seja evidente,

---

[46] O tema foi tratado por Robert Alexy no Posfácio citado na nota anterior.
[47] A Lei nº 11.105/2005 autorizou a pesquisa em células-tronco embrionárias em pré-embriões produzidos mediante fertilização *in vitro*, que fossem inviáveis para futura implantação no útero materno, ou já estivessem congelados há mais de 3 anos, desde que obtida a autorização dos pais e aprovada a pesquisa por comitê de ética da instituição. De um lado, argumentava-se, a favor da lei, que tais pesquisas seriam vitais para a descoberta do tratamento de doenças muito graves, e que elas estariam também abrangidas pela liberdade científica. Nesta linha, afirmava-se que o direito à vida não estaria em questão na hipótese, pois os pré-embriões não implantados não seriam pessoas humanas. Do outro lado, advogava-se que ditas pesquisas atentariam contra o direito à vida do pré-embrião, com a sua instrumentalização em favor da realização de fins alheios, o que também violaria o princípio da dignidade da pessoa humana. O ato normativo foi impugnado por meio da ADI nº 3.510, proposta pelo PGR, que foi julgada improcedente pelo STF (Rel. Min. Ayres Britto. *DJe*, 28 maio 2010).

baseado num juízo seguro. O Estado, ao regular a questão, dispõe de uma margem de apreciação técnica que não deve ser subtraída pela jurisdição constitucional, a pretexto de aplicação do subprincípio da proporcionalidade em sentido estrito.

Em suma, o Poder Judiciário deve adotar uma postura de comedimento no uso do subprincípio da proporcionalidade em sentido estrito. Uma medida só deve ser invalidada quando for patente que a restrição aos direitos ou interesses por ela atingidos não for compensada pela promoção dos interesses favorecidos. Em casos de "empate ponderativo", ou de incerteza na avaliação jurisdicional, seja quanto aos aspectos normativos, seja quanto à dimensão empírica do problema, a medida questionada deve ser mantida.

Robert Alexy, em lição muito influente, tentou captar os elementos que devem ser considerados no uso do subprincípio da proporcionalidade em sentido estrito — peso abstrato, peso concreto e confiabilidade das premissas empíricas — por meio da elaboração de uma fórmula, pela qual buscou explicitar analiticamente a operação intelectual a ser realizada na aplicação do citado subprincípio.[48] O propósito do autor, de racionalizar a ponderação, é louvável. Todavia, a ideia de fórmula não pode ser usada para contornar o fato de que a ponderação exigida pelo subprincípio da proporcionalidade em sentido estrito não é uma operação que se esgota na lógica formal. Ela não consiste em atividade mecânica, que possa ser efetuada pela simples aplicação de algum algoritmo matemático, por mais sofisticado que ele seja.

Esta é uma das razões pelas quais, de todos os subprincípios que compõem a proporcionalidade, o da proporcionalidade em sentido estrito é o que provoca maiores polêmicas. Um segmento da doutrina chega a se opor à sua existência, aduzindo que o juízo de ponderação que ele enseja é intrinsecamente irracional, resvalando fatalmente para o decisionismo e a para a arbitrariedade judicial.[49] Nesta esteira, afirmam estes críticos que o emprego da proporcionalidade em sentido estrito seria incompatível com a democracia e a separação de poderes, transferindo para o Poder Judiciário uma avaliação que deveria caber ao Legislativo, em razão da sua legitimidade, decorrente da eleição popular. Ademais, aduzem que o subprincípio em questão geraria insegurança jurídica, pela alegada imprevisibilidade dos seus resultados. Outra crítica também frequente é a de que o emprego de dito subprincípio poderia debilitar a proteção dos direitos fundamentais, ampliando a possibilidade de que sejam restringidos com base nas mais variadas razões.

Tal posição contrária ao subprincípio da proporcionalidade em sentido estrito é francamente minoritária, e não tem encontrado eco na jurisprudência constitucional brasileira, nem na de outras democracias dotadas de jurisdição constitucional. É verdade que as preocupações com o abuso no emprego da proporcionalidade em sentido estrito não são absolutamente infundadas, pois a sua aplicação envolve, de fato, uma margem de apreciação subjetiva do intérprete, que pode eventualmente resvalar para a arbitrariedade — risco, aliás, que também existe em relação aos demais subprincípios da proporcionalidade. Sem embargo, as soluções alternativas à ponderação — hierarquização

---

[48] Cf. ALEXY, Robert. *Teoria dos direitos fundamentais*, p. 599-606.
[49] Nesta linha, é conhecida a crítica de Jürgen Habermas ao juízo de ponderação, envolvido na aplicação do subprincípio da proporcionalidade em sentido estrito (*Direito e democracia*: entre facticidade e validade, p. 314-330). Na literatura jurídica brasileira, veja-se: FERRAZ, Leonardo de Araújo. *Da teoria à crítica*: princípio da proporcionalidade: uma visão com base nas doutrinas de Robert Alexy e Jürgen Habermas, p. 143-174.

absoluta, categorização etc. — não resolvem dito problema, mas antes o agravam.[50] Ademais, existem algumas formas e mecanismos que podem ser usados para minimizar os riscos envolvidos no emprego do subprincípio da proporcionalidade em sentido estrito, os quais são examinados no capítulo seguinte, sobre colisão de normas constitucionais.

11.5 A proporcionalidade como proibição de proteção deficiente

O princípio da proporcionalidade é concebido tradicionalmente como um instrumento para controle de excessos no exercício do poder estatal, visando a conter o arbítrio dos governantes. Porém, no cenário contemporâneo, sabe-se que os poderes públicos têm funções positivas importantes para a proteção e a promoção dos direitos e a garantia do bem-estar coletivo. Após o advento do Estado Social, o Estado deixou de ser concebido como um mero adversário dos direitos, que deveria ser limitado ao máximo, em proveito da liberdade individual, como se afirmava no contexto do liberalismo burguês. Hoje, compreende-se que é papel do Estado atuar positivamente para proteger e promover direitos e objetivos comunitários, e que ele ofende a ordem jurídica e a Constituição não apenas quando pratica excessos, intervindo de maneira exagerada ou indevida nas relações sociais, mas também quando deixa de agir em prol dos direitos fundamentais ou de outros bens jurídicos relevantes, ou o faz de modo insuficiente. Neste contexto, há quem defenda que o princípio da proporcionalidade pode também ser utilizado para combater a inércia ou a atuação deficiente do Estado em prol de bens jurídicos tutelados pela Constituição.

A ideia de proporcionalidade como proibição de proteção deficiente (*Untermassverbot*) desenvolveu-se no direito constitucional germânico a partir da concepção de que os direitos fundamentais não são meros direitos subjetivos negativos, mas possuem também uma dimensão objetiva, na medida em que tutelam certos bens jurídicos e valores que devem ser promovidos e protegidos diante de riscos e ameaças originários de terceiros. Reconheceu-se, portanto, um dever de proteção estatal dos direitos fundamentais — mesmo os de matriz liberal —, que se estende ao Legislativo, à Administração Pública e ao Poder Judiciário. Este dever de proteção é também chamado de *imperativo de tutela*. Daí decorre que o princípio da proporcionalidade também pode ser manejado para controlar a observância pelo Estado deste dever de proteção, de forma a coibir a sua inação ou atuação deficiente.

O *leading case* nesta questão foi um julgamento extremamente polêmico, ocorrido em 1974, em que o Tribunal Constitucional Federal alemão reconheceu a inconstitucionalidade de lei que legalizara o aborto nos primeiros três meses de gestação.[51] Entendeu a Corte germânica, na ocasião, que ao legalizar o aborto, o legislador alemão deixara de proteger no grau necessário a vida do feto. Este dever de proteção, de acordo com o Tribunal alemão, poderia chegar até a obrigação de criminalização da conduta violadora do direito fundamental à vida, quando os outros instrumentos não se revelem suficientes para a sua tutela.

---

[50] *Vide* o Capítulo 12.
[51] BVerfGE 39, 1. Destaque-se, contudo, que, em julgamento posterior, proferido em 1993, o Tribunal Constitucional Federal alemão afirmou que a proteção da vida intrauterina não precisava necessariamente ser realizada por meio dos instrumentos do Direito Penal (BVerfGE 88, 203), posição que nos parece muito mais acertada.

A operacionalização do princípio da proporcionalidade por proibição da proteção deficiente baseia-se nos mesmos subprincípios acima descritos. Assim, quando o Estado se abstiver, total ou parcialmente, de adotar alguma medida que favoreceria a promoção ou a proteção de um determinado direito fundamental ou objetivo de envergadura constitucional, caberá indagar: (a) se a sua omissão ou atuação deficiente contribuiu para a promoção de algum objetivo legítimo (subprincípio da adequação); (b) se não existia outro meio menos prejudicial àquele direito que favorecesse, em igual intensidade, o citado objetivo (subprincípio da necessidade); e (c) se a promoção do referido objetivo compensa, sob o ângulo constitucional, a deficiência na proteção ou promoção do direito em discussão (subprincípio da proporcionalidade em sentido estrito).

Há diversos contextos em que se discute a aplicação da proporcionalidade como vedação de proteção insuficiente. No campo penal, debate-se até onde vai a liberdade do legislador para não criminalizar determinadas condutas que atentem gravemente contra bens jurídicos extremamente valiosos sob a perspectiva constitucional.[52] Na seara dos direitos sociais, emprega-se essa faceta do princípio para pautar a extensão das obrigações positivas que poderiam ser exigidas em juízo do Estado.[53] Na esfera do Direito Civil, essa dimensão do princípio da proporcionalidade é invocada para questionar omissões do Estado, quando deixa de proteger adequadamente, por meio da legislação ou da jurisdição, os direitos fundamentais nas relações entre particulares.[54]

No Supremo Tribunal Federal há precedentes envolvendo a aplicação do princípio da proporcionalidade como vedação da proteção deficiente. A Corte empregou esta faceta do princípio da proporcionalidade em julgamento em que se discutia eventual extinção da punibilidade em crime de estupro praticado contra menor impúbere, que posteriormente passara a conviver maritalmente com o autor do ilícito. Foi rejeitada, no caso, a aplicação analógica do dispositivo penal que prevê a extinção da punibilidade nos crimes sexuais pelo casamento do criminoso com a sua vítima.[55] No voto proferido pelo Ministro Gilmar Mendes, aludiu-se a ideia de um "garantismo positivo", que obrigaria o Estado a não se abster de punir condutas altamente reprováveis, que atentassem gravemente contra bens jurídicos relevantes, como aquela ocorrida no caso. De acordo com o voto, se o garantismo negativo pode ser associado à proporcionalidade na sua faceta mais tradicional, de vedação do excesso, o garantismo positivo poderia ser conectado à proporcionalidade como proibição de proteção deficiente.[56]

---

[52] Veja-se, a propósito: FELDENS, Luciano. *A Constituição penal*: a dupla face da proporcionalidade no controle das leis penais; STRECK, Lenio Luiz. Da proibição de excesso (*Übermassverbot*) à proibição de proteção deficiente (*Untermassverbot*): de como não há blindagem contra normas penais desproporcionais. *Revista do Instituto de Hermenêutica Jurídica*; SARLET, Ingo Wolfgang. Constituição e proporcionalidade: o direito penal e os direitos fundamentais entre a proibição do excesso e de insuficiência. *Revista da AJURIS*, n. 98.

[53] Nesta linha, veja-se: LEIVAS, Paulo Gilberto Cogo. *Teoria dos direitos fundamentais sociais*, p. 73-86.

[54] Na literatura jurídica, a obra clássica nesta matéria é de Claus Wilhelm Canaris, que baseou neste conceito a sua concepção sobre a aplicação dos direitos fundamentais nas relações privadas, com a chamada "teoria dos deveres de proteção". Veja-se, a propósito: CANARIS, Claus Wilhelm. *Direitos fundamentais e direito privado*.

[55] RE nº 418.376, Pleno. Rel. p/ acórdão Min. Joaquim Barbosa. *DJ*, 23 mar. 2007.

[56] No mesmo sentido, ressaltou o Ministro Gilmar Mendes em outro julgamento: "Mandatos Constitucionais de Criminalização: A Constituição de 1988 contém um significativo elenco de normas que, em princípio, não outorgam direitos, mas que, antes, determinam a criminalização de condutas (CF, art. 5º, XLI, XLII, XLIII, XLIV; art. 7º, X; art. 227, §4º). Em todas essas normas é possível identificar um mandato de criminalização expresso, tendo em vista os bens e valores envolvidos. Os direitos fundamentais não podem ser considerados apenas como proibições de intervenção (*Eingriffsverbote*), expressando também um postulado de proteção (*Schutzgebote*). Pode-se dizer que os direitos fundamentais expressam não apenas uma proibição do excesso (*Übermassverbote*), como também

A discussão sobre a proporcionalidade como vedação da proibição da proteção deficiente também surgiu no julgamento proferido na ADI nº 3.112, proposta contra o Estatuto do Desarmamento, em que foram refutadas as alegações de inconstitucionalidade material das restrições ao uso de armas tanto sob a perspectiva da proporcionalidade como proibição do excesso, como da proporcionalidade como proibição da proteção deficiente.[57] Dita dimensão do princípio da proporcionalidade foi igualmente tangenciada pelo STF no voto-condutor proferido pelo Ministro Lewandowski no julgamento da ADI nº 1.800, em que se questionava a validade da lei que concedera às pessoas reconhecidamente pobres a isenção das custas nos registros de nascimento e de óbito, por afronta ao direito dos titulares de cartório. A alegação de inconstitucionalidade foi refutada pela Corte, que aludiu ao fato de que a proporcionalidade como proibição da proteção deficiente demanda do Estado a atuação positiva no sentido da proteção das pessoas economicamente carentes na garantia de acesso aos meios necessários ao exercício da cidadania. Da mesma forma, em julgamento de *habeas corpus*[58] em que se questionava a validade do afastamento legal do instituto da conciliação, previsto na Lei nº 9.099/95, em relação aos delitos de violência doméstica contra a mulher, capitulados na Lei nº 11.340/06 (Lei Maria da Penha), a proporcionalidade como vedação à proteção deficiente foi invocada no voto do Min. Gilmar Mendes, como argumento em favor da constitucionalidade do ato normativo questionado, que se justificaria em razão da necessidade da proteção da mulher, tendo em vista a sua maior vulnerabilidade no contexto das relações familiares.

Finalmente, no voto-vencido proferido pelo Ministro Gilmar Mendes na ADI nº 3.510,[59] que versou sobre a constitucionalidade da autorização de pesquisa em células-tronco embrionárias, a proporcionalidade como proibição de proteção insuficiente foi invocada, para afirmar-se a inconstitucionalidade parcial da lei impugnada, pelo fato de não ter previsto a criação de um comitê independente de ética, desvinculado da instituição que pretende realizar a pesquisa científica, a fim de autorizar ou não a sua realização em cada caso. De acordo com o Ministro, o imperativo constitucional de tutela da vida do pré-embrião imporia ao legislador este cuidado, que não teria sido observado pelo legislador (de acordo com a Lei de Biossegurança, o comitê em questão pode ser mantido pela própria instituição de pesquisa). Porém, a maioria da Corte considerou satisfatórias as medidas adotadas pelo legislador na tutela da vida do pré-embrião.

Portanto, constata-se que a jurisprudência constitucional brasileira já incorporou a ideia da proporcionalidade como proibição da proteção deficiente, o que deve ser elogiado. Sem embargo, também aqui, há que se adotar uma postura prudente para se evitar uma excessiva judicialização da política, que possa implicar intervenção exagerada do Poder Judiciário no espaço de livre conformação dos demais poderes do Estado.

---

podem ser traduzidos como proibições de proteção insuficiente ou imperativos de tutela (*Untermassverbote*). Os mandatos constitucionais de criminalização, portanto, impõem ao legislador, para o seu devido cumprimento, o dever de observância do princípio da proporcionalidade como proibição de excesso e como proibição de proteção insuficiente" (HC nº 104.410, Rel. Min. Gilmar Mendes. Julg. 06.03.2012. DJe, 27 mar. 2012).

[57] ADI nº 3.112, Rel. Min. Enrique Lewandowski. *DJe*, 26 out. 2007. Vale ressaltar que, no referido julgamento, foram declarados inconstitucionais os preceitos do Estatuto do Desarmamento que vedavam a concessão de fiança e de liberdade provisória em crimes nele tipificados.

[58] HC nº 16.212, Rel. Min. Marco Aurélio. *DJe*, 13 jun. 2011.

[59] ADI nº 3.510, Rel. Min. Ayres Britto. *DJe*, 28 maio 2010.

11.6 O princípio da razoabilidade
11.6.1 Razoabilidade e proporcionalidade

Há, na doutrina nacional, um debate relevante sobre a existência de possíveis diferenças entre os princípios da proporcionalidade e da razoabilidade. Um expressivo segmento de juristas, em que se incluem autores como Gilmar Ferreira Mendes, Luís Roberto Barroso, Suzana de Toledo Barros e Fábio Corrêa Souza de Oliveira,[60] afirma que tais princípios seriam equivalentes, apesar da origem histórica diversa — a proporcionalidade originária do direito alemão, e a razoabilidade do anglo-saxão. Outros autores, como Willis Santiago Guerra Filho, Virgílio Afonso da Silva, Humberto Ávila, José Adércio Leite Sampaio e Wilson Steinmetz,[61] negam esta equivalência, atribuindo conteúdos diferentes à razoabilidade, que não se basearia nos três subprincípios em que se divide a proporcionalidade.

A jurisprudência do STF vem tratando as expressões "princípio da proporcionalidade" e "princípio da razoabilidade" como sinônimas. A Corte alude em inúmeros julgados ao princípio da "razoabilidade/proporcionalidade", equiparando-o também ao devido processo legal substantivo.[62] Contudo, em diversos julgados, o STF empregou o princípio da razoabilidade sem realizar qualquer cogitação acerca dos três subprincípios antes mencionados.

Na doutrina tampouco há consenso sobre o seu conteúdo. Existe certa convergência quanto à respectiva origem histórica, que se inicia na cláusula 39 da Magna Carta inglesa de 1215, que prescreve o respeito à *Law of the Land*, desenvolvendo-se posteriormente na jurisprudência norte-americana nos séculos XIX e XX, com base em interpretação da cláusula constitucional do *due process of law* (5ª e 14ª Emendas à Constituição norte-americana). Essa cláusula, na jurisprudência constitucional norte-americana, atravessou três fases.[63] Na primeira, que se estende até o final do século XIX, ela era associada apenas às garantias processuais, sobretudo no campo processual penal. A segunda fase, que vai do final do século XIX a fins da década de 1930 corresponde à chamada *Era de Lochner*, já referida acima. Naquele cenário, passou-se a reconhecer uma dimensão substantiva à cláusula do *due process of law*, que operava como mecanismo de defesa dos valores do liberalismo econômico, favoráveis à propriedade privada e à autonomia contratual, e contrários a medidas estatais de intervenção na Economia, ainda que justificadas por preocupações com a igualdade substantiva e a justiça social.

Na terceira fase, que perdura até hoje, manteve-se a dimensão substantiva da cláusula, que, no entanto, mudou o seu foco principal das liberdades econômicas para as

---

[60] Cf. MENDES, Gilmar Ferreira. A proporcionalidade na jurisprudência do STF. *In*: MENDES, Gilmar Ferreira. *Direitos fundamentais e controle de constitucionalidade* p. 83; BARROSO, Luís Roberto. *Interpretação e aplicação da Constituição*, p. 237; BARROS, Suzana de Toledo. *O princípio da proporcionalidade e o controle de constitucionalidade das leis restritivas de direitos fundamentais*, p. 67-72; OLIVEIRA, Fábio Corrêa Souza de. *Por uma teoria dos princípios*: o princípio constitucional da razoabilidade, p. 81-88.

[61] Cf. GUERRA FILHO, Willis Santiago. *Dos direitos humanos aos direitos fundamentais*, p. 25-26; SILVA, Virgílio Afonso da. O proporcional e o razoável. *Revista dos Tribunais*, n. 798, p. 23-50; ÁVILA, Humberto. *Teoria dos princípios*, p. 152-181; SAMPAIO, José Adércio Leite. *A Constituição reinventada pela jurisdição constitucional*, p. 800-828; STEINMETZ, Wilson Antônio. *Colisão de direitos fundamentais e o princípio da proporcionalidade*, p. 183-194.

[62] Neste sentido, por exemplo, MC-ADI nº 1.753, Rel. Min. Sepúlveda Pertence. *DJ*, 12 jun. 1998; HC nº 76.060-4, Rel. Min. Sepúlveda Pertence. *DJ*, 15 maio 1998.

[63] Cf. TRIBE, Laurence H. *American Constitutional Law*, p. 553-586 e 1302-1435; CHEMERINSKY, Erwin. *Constitutional Law*: Principles and Policies, p. 605-628 e 792-920.

liberdades existenciais e políticas. A Suprema Corte norte-americana erigiu, então, dois *standards* diferentes para aplicação do devido processo legal substantivo. Um *standard* mais rigoroso, conhecido como "escrutínio estrito" (*strict scrutiny*), empregado para controle de medidas restritivas de liberdades pessoais de natureza não econômica, como a liberdade de expressão, de religião e de associação, no qual é necessário demonstrar-se, para a validade da medida, que ela é absolutamente necessária, e desenhada de forma precisa, para a promoção de um interesse público de excepcional relevância (*compelling interest*). O outro *standard* mais flexível e deferente em relação às escolhas do legislador aplica-se nos demais casos, sendo denominado teste de racionalidade (*rationality test*). Nesse segundo *standard*, basta a demonstração de que a medida configura um meio racional para promover algum interesse estatal legítimo para que ela seja reputada constitucional.

Na doutrina, há certo consenso de que a razoabilidade se volta à contenção do arbítrio estatal. Mas o seu conteúdo jurídico específico e a forma da sua operacionalização ainda não foram definidas, pelo menos no Brasil. De um modo geral, associa-se a razoabilidade às noções, muito vagas e imprecisas, de bom senso, racionalidade e justiça na atuação estatal. Esta imprecisão é tida por alguns como necessária para o próprio papel que o princípio da razoabilidade deve desempenhar no ordenamento jurídico, que dependeria da sua elasticidade.[64] Mas, diante dessa elevada vagueza, há os que negam qualquer objetividade à ideia de razoabilidade. Neste sentido, por exemplo, Virgílio Afonso da Silva afirma que a razoabilidade não passa de um *topos* argumentativo desestruturado de que se serve o STF para afastar certos atos normativos.[65] Sem embargo, é importante fazer um breve registro de algumas tentativas de atribuição de um conteúdo mais preciso ao princípio da razoabilidade.

11.6.2 Alguns significados da razoabilidade na doutrina constitucional e na filosofia

O princípio da razoabilidade vem assumindo diferentes significados na doutrina. O jurista argentino Humberto Quiroga Lavié discerniu duas dimensões complementares no princípio da razoabilidade: a *razoabilidade interna* e a *razoabilidade externa*.[66]

A primeira concerne à existência de um vínculo lógico entre os motivos determinantes de uma medida, a própria medida e a finalidade por ela objetivada. Se, para combater a disseminação de doenças sexualmente transmissíveis durante o carnaval, o Poder Público fizer uma campanha em favor do uso de preservativos, a medida atenderá à exigência de razoabilidade interna, pois existe uma relação lógica entre os seus motivos, a medida e os fins colimados. Mas se, em face do mesmo problema, o ente estatal resolver proibir o consumo de álcool na festa popular, a razoabilidade interna terá sido violada, pela ausência de conexão lógica entre a medida e o seu propósito.[67]

---

[64] Neste sentido, veja-se o estudo precursor, entre nós, de: DANTAS, Santiago. Igualdade perante a lei: o "devido processo legal": contribuição ao estudo da limitação constitucional do Poder Legislativo. *Revista Forense*, v. 116, p. 21-31; bem como CASTRO, Carlos Roberto de Siqueira. *O devido processo legal e a razoabilidade das leis na nova Constituição*.

[65] SILVA, Virgílio Afonso da. O proporcional e o razoável. *Revista dos Tribunais*, n. 798, p. 45.

[66] QUIROGA LAVIÉ, Humberto. *Curso de derecho constitucional*, p. 41 *et seq*.

[67] O exemplo da proibição do álcool no carnaval foi colhido em BARROSO, Luís Roberto. *Interpretação e aplicação da Constituição*, p. 226.

Já a razoabilidade externa não diz respeito a aspectos lógicos da medida, mas à sua conformidade com o senso comum da comunidade e com os valores constitucionais. Suponha-se o exemplo de um legislativo paternalista que quisesse que os seus cidadãos deixassem de se tatuar. Para perseguir este objetivo, ele institui um pesado imposto a ser pago por todos aqueles que se tatuarem. Pode haver até relação lógica entre os elementos da medida, uma vez que a tributação provavelmente desestimulará as pessoas a fazerem tatuagens. Porém, faltará à medida qualquer resquício de razoabilidade externa, pois ofende ao senso comum jurídico e aos valores de uma ordem constitucional não autoritária a pretensão estatal de interferir desta forma na aparência dos seus cidadãos.

Na literatura brasileira, merece destaque a concepção de Humberto Ávila sobre o princípio da razoabilidade.[68] Ávila, num esforço de reconstrução analítica da jurisprudência do STF, decompôs a razoabilidade em três diferentes acepções: razoabilidade como *equidade*, como *congruência* e como *equivalência*. A primeira imporia a adaptação de regras gerais às peculiaridades do caso concreto, sempre que este fugisse significativamente da normalidade, tornando a incidência da regra injusta. Não seria razoável, por exemplo, retirar de um contribuinte a possibilidade de usufruir de um determinado benefício fiscal, extensivo às pequenas empresas que não realizarem operações de importação, apenas porque tal contribuinte, uma única vez, importou os pés de um sofá.

Já a razoabilidade como congruência exigiria a presença de uma relação harmônica entre as normas e as suas condições externas de aplicação. O legislador não pode basear-se em realidade fática inexistente nem afastar-se da "natureza das coisas". Não pode, por exemplo, instituir um adicional de férias para aposentados, porque estes não tiram férias. A razoabilidade como congruência demandaria também a existência de "uma relação congruente entre o critério de diferenciação escolhido e a medida adotada", impedindo discriminações arbitrárias.

E a razoabilidade como equivalência imporia certa proporção entre a medida adotada e o critério que a dimensiona. Não pode haver, por exemplo, a imposição de pena criminal pesada para um ato que não seja tão grave, nem tampouco a instituição de taxa em valor exagerado, que não dimensione o custo do serviço prestado, pois tais medidas, segundo Humberto Ávila, afigurar-se-iam desarrazoadas.

Gustavo Zagrebelsky,[69] na doutrina italiana, distinguiu, por sua vez, três aspectos do princípio da razoabilidade. O primeiro aspecto é relacionado ao princípio da igualdade: a razoabilidade conjuga-se com o princípio da isonomia para aferir a validade das diferenças de tratamento instituídas pelo Estado. O segundo aspecto concerne à racionalidade. Esta racionalidade diz respeito não apenas à contradição entre elementos presentes em uma mesma norma, como também à sua desarmonia com o sistema jurídico. E o terceiro aspecto envolve a razoabilidade como imperativo de justiça, que Zagrebelsky equipara ao juízo de equidade, associando-o ao paradigma jurídico hoje hegemônico, que se baseia na aplicação de princípios dotados de forte conteúdo moral.

Entre nós, a associação entre razoabilidade e justiça foi desenvolvida por Thomas Bustamante,[70] que retomou, no ponto, a conhecida "fórmula de Radbruch". Gustav

---

[68] ÁVILA, Humberto. *Teoria dos princípios*, p. 153-162.
[69] ZAGREBELSKY, Gustavo. Su tre aspetti della ragionevolezza. *In*: AA.VV. *Il principio di ragionevolezza nella giurisprudenza della Corte Costituzionale*, p. 179-192.
[70] BUSTAMANTE, Thomas R. A razoabilidade na dogmática jurídica contemporânea. *In*: BUSTAMANTE, Thomas R. *Teoria do direito e decisão racional*: temas de teoria da argumentação jurídica, p. 305-338.

Radbruch, escrevendo no cenário alemão do 2º Pós-Guerra, quando houve um compreensível renascimento do jusnaturalismo no país, formulou a ideia de que, por razões de segurança jurídica, dever-se-ia considerar a lei injusta como válida. Porém, a lei intoleravelmente injusta — a barbárie sob forma jurídica — deveria ser concebida como não Direito, independentemente da autoridade da fonte de que proviesse.[71] Bustamante tenta, no entanto, dar um tratamento mais argumentativo e menos jusnaturalístico à fórmula, postulando que a definição, em cada caso, do suposto caráter intoleravelmente injusto de uma norma deve se dar por meio de uma argumentação jurídica racional, fundada em determinados pressupostos procedimentais, de forma a reduzir os riscos de arbitrariedade no manejo da categoria. Para ele, uma das facetas da razoabilidade é a justiça material, concebida nos termos deste aperfeiçoamento argumentativo da fórmula de Radbruch.

Na Filosofia do Direito, deve-se destacar a posição da nova retórica, de Chaïm Perelman, que associou a razoabilidade à aceitabilidade social de uma determinada norma, ato ou decisão.[72] A exigência de razoabilidade, na sua ótica, mostraria a insubsistência da visão que pretende resumir o Direito a um processo de aplicação mecânica de normas, baseado na lógica formal. Razoável, para o jusfilósofo belga, é tudo aquilo que seja aceitável em um determinado contexto social: "o que é razoável não se limita ao que se exprime por meio de sistemas dedutivos, bem elaborados, mas se estende a todas as teses que um pensador pretende fazer valer para a comunidade humana, partindo daquelas que são geralmente aceitas no meio que ele conhece e que se formou".[73] De acordo com o diagnóstico de Perelman, na atividade concreta dos tribunais, ocorreria justamente a tentativa de alcançar a adesão da comunidade por meio da utilização de argumentos razoáveis.[74]

A ideia de razoabilidade, na abordagem retórica, está ligada ao *senso comum*, promovendo a sua reabilitação.[75] Ela representa uma tentativa de ruptura com a postura epistemológica da Ciência moderna, que se constrói negando o conhecimento anterior, de caráter convencional. Se a argumentação jurídica tem como objetivo produzir soluções "razoáveis", deve operar também com o senso comum. Mas note-se que isso é feito em um ambiente dialógico, de troca de argumentos e contra-argumentos, e não num contexto de afirmação acrítica de valores tradicionais.

Há quem entenda, porém, que tal posição não enfatiza suficientemente a dimensão crítica que a argumentação jurídica e moral deve ter em relação aos valores tradicionais, o que impossibilita, em especial, a sua aplicação no contexto de sociedades cujas tradições e cultura não primem pelo respeito aos direitos humanos. Alternativamente,

---

[71] Cf. RADBRUCH, Gustav. Cinco minutos de filosofia do direito. *In*: RADBRUCH, Gustav. *Filosofia do direito*, p. 417.
[72] PERELMAN, Chaïm. O razoável e o dessarrazoado em direito. *In*: PERELMAN, Chaïm. *Ética e direito*, p. 427-437.
[73] PERELMAN, Chaïm. *Retóricas*, p. 53.
[74] PERELMAN, Chaïm. *Ética e direito*, p. 480: "Se uma ciência do direito pressupõe posicionamento, tais posicionamentos não serão considerados irracionais, quando puderem ser justificados de uma forma razoável, graças a uma argumentação cujas força e pertinência reconhecemos. É verdade que as conclusões de tal argumentação nunca são evidentes, e não podem, como a evidência, coagir a vontade de todo ser razoável. Ela podem incliná-la para a decisão mais bem justificada, aquela que se apóia na argumentação mais convincente, embora não se possa afirmar que ela exclui absolutamente qualquer possibilidade de escolha. Assim é que a argumentação apela para a liberdade espiritual, embora seu exercício não seja arbitrário. Graças a ela é que podemos conceber um uso razoável da liberdade, ideal que a razão prática se propõe em moral, em política, mas também em direito".
[75] PERELMAN, Chaïm. *Lógica jurídica*: nova retórica, p. 158.

Aulis Aarnio,[76] embora também associe razoabilidade à aceitabilidade, ressalta que a aceitabilidade deve ser racional. Para Aarnio, não basta que um ato seja aceitável no contexto social em que foi praticado para que ele seja reputado razoável. É necessário que ele possa ser racionalmente aceito pelos membros da comunidade, vale dizer, que haja justificativas para a sua adoção, que possam sobreviver a uma argumentação jurídica racional. Esta racionalidade não é puramente instrumental, mas argumentativa, e não diz respeito ao procedimento de decisão, mas ao seu conteúdo.

Na Filosofia Política contemporânea, John Rawls construiu um conceito próprio de razoabilidade, que ele associou à *reciprocidade*. Nas palavras de Rawls, 'as pessoas são razoáveis (...) quando (...) se dispõem a propor princípios e critérios que possam constituir termos equitativos de cooperação e quando se dispõem, voluntariamente, a submeter-se a eles, dada a garantia de que os outros farão o mesmo".[77] Pessoas razoáveis se empenham para que a vida pública seja regida por normas que possam ser aceitas por todos, e não pelas regras que sejam mais convenientes aos seus próprios interesses, ou mais compatíveis com as doutrinas religiosas ou filosóficas que professem. Rawls enfatiza que é justamente a razoabilidade que permite a cooperação social. Quem delibera deve lançar mão apenas de argumentos que também possam ser aceitos pelos demais participantes de um esforço cooperativo. Em um de seus últimos textos, "A idéia de razão pública revisitada", Rawls refina essa dimensão intersubjetiva da razoabilidade ao utilizar a noção de "reciprocidade", segundo a qual "nosso exercício do poder político é adequado apenas quando acreditamos sinceramente que as razões que ofereceríamos para as nossas ações políticas (...) são suficientes, e pensamos razoavelmente que outros cidadãos também poderiam aceitar razoavelmente essas razões".[78]

Esta exigência de razoabilidade, voltada para a ação de cada cidadão nas deliberações públicas, pode até ser um ideal a ser perseguido,[79] mas ela não tem como ser juridicamente imposta a cada indivíduo, sob pena de grave restrição às liberdades individuais, como o próprio Rawls reconhece.[80] Porém, em relação ao Estado e à ação dos agentes públicos é diferente. A exigência de razoabilidade torna-se juridicamente exigível para limitar o uso da autoridade estatal, e envolve a necessidade de que cada ato dos poderes públicos esteja amparado por argumentos "razoáveis", isto é, por argumentos que sejam aceitáveis para todos os cidadãos, por não se basearem em idiossincrasias, em interesses econômicos ou corporativos de grupos próximos aos governantes, ou em compreensões particulares de natureza religiosa ou filosófica dos detentores do poder.

O princípio da razoabilidade, nessa dimensão, aproxima-se da exigência de que existam "razões públicas" lastreando as ações do Estado.[81] O Estado não pode adotar uma política pública apenas porque ela favorece o partido que se encontra no poder, ou

---

[76] AARNIO, Aulis. *Le rationnel comme raisonnable*: la justification en droit, p. 227-279.
[77] RAWLS, John. *O liberalismo político*, p. 58.
[78] RAWLS, John. A idéia de razão pública revista. *In*: RAWLS, John. *O liberalismo político*, p. 529-530.
[79] Há quem objete contra esta imposição, mesmo no plano moral, aduzindo que ela é excessivamente onerosa para as pessoas religiosas, que muitas vezes não têm como se despir das suas crenças quando atuam politicamente na esfera pública. O tema é complexo e a sua análise foge aos limites da presente obra. Veja-se, a propósito: HABERMAS, Jürgen. *Entre naturalismo e religião*: estudos filosóficos, p. 129-168.
[80] Como afirma Rawls, o dever de razoabilidade do cidadão "é intrinsecamente moral", não podendo converter-se em "um dever legal, pois neste caso seria incompatível com a liberdade de expressão" (A idéia de razão pública revisitada. *In*: RAWLS, John. *O liberalismo político*, p. 528).
[81] Sobre o conceito de "razões públicas", veja-se o Capítulo 10.

porque se trata de uma exigência religiosa, ainda que proveniente de religião majoritária, sob pena de afronta ao princípio da razoabilidade. Violaria a razoabilidade, por exemplo, substituir uma política pública de combate a doenças sexualmente transmissíveis voltada para os jovens, baseada na educação sexual e na distribuição de preservativos e pílulas anticoncepcionais, por outra, focada exclusivamente no estímulo à abstinência sexual antes do casamento.[82] Tal medida teria o indisfarçável propósito de promover uma polêmica concepção religiosa sobre a sexualidade humana, que não é suscetível de provocar a adesão racional daqueles que não comungam da mesma fé.

11.6.3 Diferentes significados da razoabilidade na jurisprudência constitucional

Em nossa jurisprudência constitucional, colhem-se alguns significados atribuídos ao princípio da razoabilidade.[83] Um deles é o da *vedação à arbitrariedade*: devem existir motivos objetivos e racionais subjacentes aos atos estatais, sobretudo os que restringirem direitos. O STF, por exemplo, suspendeu a eficácia de lei estadual do Estado do Espírito Santo que vedara o plantio de eucalipto para produção de celulose naquele Estado, afirmando que, além de ofender a isonomia — ao permitir o cultivo de eucalipto para outras finalidades —, a lei em questão violava a razoabilidade, por instituir restrição injustificada ao direito de propriedade.[84] Neste sentido, a razoabilidade aproxima-se do subprincípio da adequação, que compõe o princípio da proporcionalidade.

A razoabilidade é empregada também para exigir a presença de uma *relação de pertinência entre a medida prevista pelo legislador e os critérios adotados por ele para definir os seus destinatários*. Em geral, este parâmetro é empregado em conjugação com o princípio da isonomia, para obstar diferenciações injustificadas entre pessoas e situações. Isto porque, como se sabe, o princípio da igualdade não bane toda e qualquer distinção, mas antes impõe que as desequiparações legais baseiem-se em critérios razoáveis, sendo os discrimes adotados logicamente relacionados à diferença de tratamento dispensada aos destinatários da norma. Nesta linha, o STF tem jurisprudência reiterada no sentido de que as discriminações baseadas no critério etário em concurso público só se legitimam se guardarem estrita correlação com as exigências do cargo em disputa, sem que o que violam a razoabilidade.[85] A Corte entendeu, por exemplo, que a Polícia Militar não podia estabelecer a idade máxima de 28 anos para concurso técnico, de profissional ligado à área da saúde, ainda que militar, pela inexistência da referida relação.[86]

Dito critério pode ser empregado também para impedir a concessão de benefícios tidos como desarrazoados. Foi o caso de decisão da Corte que invalidou uma lei do

---

[82] Esta foi a tônica das políticas nesta área praticadas nos Estados Unidos durante o governo de George W. Bush, em medidas que foram caracterizadas como "iniciativas baseadas na fé" (*faith based iniciatives*).

[83] Nossa exposição, neste ponto, seguirá de perto a feita por Jane Reis Gonçalves Pereira (Os imperativos da proporcionalidade e da razoabilidade: um panorama da discussão atual e da jurisprudência do STF. *In*: SARMENTO, Daniel; SARLET, Ingo Wolfgang (Org.). *Direitos fundamentais no Supremo Tribunal Federal*: balanço e crítica, p. 199-206).

[84] ADI nº 2.263-MC, Rel. Min. Maurício Corrêa. *DJ*, 06 jun. 2002.

[85] O entendimento está cristalizado na Súmula nº 683 do STF: "O limite de idade para inscrição em concurso público só se legitima em face do art. 7º, XXX, CF, quando possa ser justificado pela natureza das atribuições do cargo a ser preenchido".

[86] Ag. Int. no Agr nº 486.439, 2ª Turma. Rel. Min. Joaquim Barbosa. *DJe*, 28 nov. 2008.

Estado do Mato Grosso do Sul, que concedera pensão vitalícia de um salário mínimo para as crianças geradas em razão de estupro.[87] Entendeu o STF que violava a razoabilidade conceder um benefício desta natureza sem levar em consideração as necessidades materiais dos seus beneficiários, o que levaria o Estado a desperdiçar recursos públicos com pessoas que deles não necessitariam.

A razoabilidade por vezes é invocada como exigência de *correspondência entre a medida estatal e o quadro fático que lhe é subjacente*. O Estado, ao editar normas ou outras medidas, não pode se basear em fatos inexistentes, descolando-se da realidade. Não pode, em outras palavras, contrariar a "natureza das coisas". Nesta linha, o STF suspendeu a eficácia de uma lei estadual que concedia adicional de férias para servidores aposentados, pelo fato de que funcionários inativos não tiram férias.[88] Para a Corte, faltava razoabilidade à lei em questão.

Outra dimensão da razoabilidade diz respeito à exigência de coerência normativa. Neste sentido, fala-se em *coerência interna* e em *coerência externa* da medida. A coerência interna impõe que não haja contradições num ato normativo, não apenas no sentido estritamente lógico, mas também teleológico ou axiológico. O Ministro Joaquim Barbosa, em voto que proferiu no HC nº 84.025-5,[89] que versava sobre a possibilidade de interrupção de gestação do feto anencefálico, apontou, por exemplo, a incoerência interna produzida por uma leitura literal do Código Penal, que não admite o aborto do feto absolutamente inviável, que não gerará vida, mas que o permite no caso de estupro da gestante, no qual existe o potencial de vida do nascituro. Esse foi um dos argumentos empregados pelo STF no julgamento da ADPF nº 54, para afastar a possibilidade de enquadramento da interrupção de gestação do feto anencefálico no crime de aborto.[90]

Quanto à coerência externa, ela se relaciona à harmonia entre a medida estatal e os valores da sociedade e do ordenamento jurídico como um todo. Se, por exemplo, fosse hoje editada uma norma proibindo as pessoas de terem em suas residências animais domésticos — como cães e gatos — ou que vedasse às mulheres o uso de biquínis na praia, faltaria a esta lei razoabilidade externa. A razoabilidade como coerência externa pode ser usada para combater anacronismos legislativos, hipótese em que será possível falar-se numa "irrazoabilidade superveniente".

Outra dimensão do princípio em questão é a chamada *razoabilidade como equidade*. Esta faceta da razoabilidade é mobilizada quando se verifica que a aplicação de uma norma geral e abstrata sobre um caso concreto produziria resultados profundamente injustos ou inadequados. O caso subsume-se formalmente à hipótese de incidência do enunciado normativo, mas existem singularidades que justificam a sua não aplicação. O STF, por exemplo, embora reputando válida a exigência, ditada pelo constituinte derivado, de três anos de experiência jurídica para a posse no cargo de Procurador

---

[87] ADI nº 2.019, Rel. Min. Ilmar Galvão. *DJ*, 21 jun. 2002.
[88] ADI nº 1.158-MC, Rel. Min. Celso de Mello. *DJ*, 26 maio 1995.
[89] Houve perda do objeto do *Habeas Corpus* em questão, pois ocorreu o parto e, minutos depois, o óbito do feto anencefálico durante a sessão de julgamento do *writ*. Não obstante, o Ministro Joaquim Barbosa tornou público o seu voto, lido na sessão do STF do dia 28.2.2004. No que concerne ao ponto ora em discussão, o Ministro averbou: "Seria um contra-senso chancelar a liberdade e a autonomia privada da mulher no caso do aborto sentimental, permitido nos casos de gravidez resultante de estupro, em que o bem jurídico tutelado é a liberdade sexual da mulher, e vedar esta liberdade nos casos de malformação fetal gravíssima, como a anencefalia, em que não existe um real conflito entre bens jurídicos detentores de idêntico grau de proteção jurídica".
[90] ADPF nº 54, Rel. Min. Marco Aurélio. Julg. 11 e 12.04.2012.

da República, afastou-a numa hipótese concreta, em que uma candidata aprovada no certame, conquanto não satisfizesse dito requisito, já exercia função de promotora em outro ramo do Ministério Público.[91]

11.6.4 Dimensões da razoabilidade: propostas para futuro aprofundamento

Verifica-se que, diferentemente do que ocorreu com a proporcionalidade, ainda não se sedimentou na doutrina ou na jurisprudência nacional a definição do conteúdo jurídico do princípio da razoabilidade, o que prejudica sobremodo a possibilidade de controle intersubjetivo do processo de aplicação deste princípio.[92] Algumas das variações da razoabilidade descritas acima correspondem a subprincípios da proporcionalidade, e outras podem ser identificadas com o princípio da igualdade. É possível, contudo, detectar dimensões autônomas deste princípio, que não são fungíveis ou intercambiáveis em relação à proporcionalidade ou a qualquer outro princípio constitucional. É o caso das quatro dimensões básicas que se seguem:

a) A razoabilidade como exigência de *razões públicas* para a conduta do Estado, que demanda que os atos estatais possam ser justificados por meio de argumentos que, pelo menos em tese, sejam aceitáveis por todos, no contexto de diversidade e pluralismo que caracteriza as sociedades contemporâneas. A ideia de razoabilidade, nesta dimensão, deriva das noções de reciprocidade, intersubjetividade e alteridade. Razoável é o que pode ser justificado de maneira independente em relação a interesses particulares de grupos, e a doutrinas religiosas ou metafísicas polêmicas.

b) A razoabilidade como *coerência* veda que o Estado atue de maneira contraditória. O Poder Público não pode, por exemplo, proibir uma conduta menos grave e autorizar outra que atente mais seriamente contra o mesmo bem jurídico protegido. Não pode punir de forma mais rigorosa o ilícito que atinge levemente um bem jurídico do que aquele que o viola mais intensamente.

c) A razoabilidade como *congruência* veda a edição de medidas que não tenham amparo na realidade. Ela se traduz na exigência de que os atos estatais tenham um mínimo suporte empírico, e que não violem a natureza das coisas, como ocorreu, no exemplo mencionado da norma que fixou direito a férias para aposentados.

d) A razoabilidade como *equidade* permite que, em hipóteses excepcionais, as normas gerais sejam adaptadas, em sua aplicação, às circunstâncias particulares do caso concreto, ou ainda que se negue a aplicação da norma, quando esta provocar grave e flagrante injustiça. Normas são formuladas abstratamente. Mas o seu formulador não é capaz de prever todos os contextos em que aplicação da norma poderia ter lugar. A razoabilidade funciona, nesta dimensão, como instrumento para atenuar a rigidez na aplicação da norma.

---

[91] MS nº 6.690, Rel. Min. Eros Grau. *DJe*, 18 dez. 2008.
[92] No mesmo sentido, cf. STEINMETZ, Wilson Antônio. *Colisão de direitos fundamentais e o princípio da proporcionalidade*, p. 191-192.

Cada uma das dimensões acima mencionadas envolve complexidades e sutilezas próprias, que não teríamos como desenvolver neste momento. A enunciação acima serve como indicação de uma agenda para futuras pesquisas. De todo modo, observa-se que a razoabilidade tem um grande potencial como princípio jurídico voltado ao combate à injustiça e à arbitrariedade. Não obstante, o princípio da razoabilidade, tal como o da proporcionalidade, deve ser empregado com moderação e comedimento pelo Judiciário, que não deve ter a pretensão de substituir as valorações legislativas e administrativas pelas suas próprias. A razoabilidade, pela sua extrema fluidez, deve ser manejada de forma atenta às exigências postas pela democracia e pelo princípio da separação de poderes, evitando-se o risco de que ela se convole em instrumento de consagração de um "governo dos juízes".

CAPÍTULO 12

COLISÃO ENTRE NORMAS CONSTITUCIONAIS

12.1 Introdução

As normas constitucionais podem colidir entre si. Embora polêmica na teoria jurídica contemporânea, essa é a posição amplamente majoritária no campo doutrinário e na jurisprudência, tanto no Brasil como no Direito Comparado. Se, por exemplo, um veículo de comunicação social anuncia que irá expor fatos íntimos concernentes à vida amorosa de uma celebridade que se opõe a esta divulgação, tem-se um conflito entre a liberdade de imprensa e o direito à intimidade: as normas que consagram o primeiro direito (arts. 5º, IX, e 220, da Constituição Federal) amparam a divulgação pretendida, e a que tutela o segundo (art. 5º, X, CF) a proíbe.

O fenômeno da colisão entre normas constitucionais não é incomum, sobretudo no quadro de constituições extensas, de natureza compromissória, e compostas por muitos preceitos positivados em linguagem aberta. Com efeito, a extensão da Constituição amplia a possibilidade de conflitos, pois quanto mais normas existirem, maior é a possibilidade de que haja tensão entre elas. A natureza aberta da linguagem constitucional também caminha na mesma direção, por multiplicar os riscos de que uma mesma hipótese fática possa ser enquadrada, simultaneamente, no campo de incidência de normas diferentes, que apontem soluções distintas para o caso. O caráter compromissório da Constituição tem o mesmo efeito, já que a presença na ordem constitucional de normas inspiradas em ideologias e visões de mundo divergentes aumenta a chance de atritos entre elas.

A Constituição de 88, como se sabe, possui todas essas características: contém um vastíssimo número de normas; muitas delas estão expressas numa linguagem bastante vaga; e ostenta uma indiscutível natureza compromissória, por incorporar preceitos inspirados em distintas concepções de mundo. Por isso, no Brasil, o tema da colisão entre normas constitucionais é de extrema relevância, não só teórica, mas também prática. É natural, portanto, que ele tenha atraído grande atenção de parte da nossa doutrina.[1]

O tópico é, por outro lado, bastante complexo. Em primeiro lugar, porque ele se entrelaça com vários outros debates intricados no campo jurídico, político e filosófico, como o dos limites ao ativismo judicial impostos pela democracia e pela separação de poderes,[2] o da possibilidade de comparação racional entre bens e valores muito heterogêneos,[3] e o da justa medida para equacionar a tensão entre os direitos do indivíduo e os interesses da coletividade.[4] O dinamismo e riqueza do campo empírico sobre o qual incide a Constituição e o caráter eminentemente político ou moral de grande parte das controvérsias a serem solucionadas agrava ainda mais esta complexidade. Ademais, nas sociedades modernas, caracterizadas pelo pluralismo social e cultural, as questões envolvidas na colisão entre normas constitucionais são, com grande frequência, extremamente polêmicas, tornando praticamente impossível que se chegue a soluções baseadas em um senso comum compartilhado pela comunidade.[5]

As colisões podem envolver tipos de normas constitucionais diferentes: há colisões entre princípios, entre regras, e entre princípio e regra, apresentando, cada uma dessas hipóteses, singularidades próprias. Embora o campo dos direitos fundamentais seja provavelmente o mais fecundo nesta área, nem todas as colisões envolvem direitos fundamentais. Temos, portanto, conflitos entre diversos direitos fundamentais, entre direito fundamental e norma constitucional de outra espécie, e entre normas que não consagram direitos fundamentais.

Quando se fala em colisão entre normas constitucionais, pensa-se logo no juiz como o responsável pela sua solução. Contudo, tal equacionamento não é monopólio jurisdicional. O legislador, ao editar normas jurídicas, também soluciona, em abstrato, certas colisões, ponderando interesses. Quando, por exemplo, o legislador penal criminalizou a publicação de livros com conteúdo racista (art. 20 da Lei nº 7.716/89), ele buscou resolver uma tensão entre direitos fundamentais positivados na Constituição: de um lado, as liberdades de expressão e de imprensa; do outro, os princípios da igualdade e da

---

[1] Veja-se, entre outros, FARIAS, Edilsom Pereira de. *Colisão de direitos*: a honra, a intimidade, a vida privada e a imagem *versus* a liberdade de expressão e informação; SARMENTO, Daniel. *A ponderação de interesses na Constituição Federal*; STEINMETZ, Wilson Antônio. *Colisão de direitos fundamentais e princípio da proporcionalidade*; BARCELLOS, Ana Paula de. *Ponderação, racionalidade e atividade jurisdicional*; PEREIRA, Jane Reis Gonçalves. *Interpretação constitucional e direitos fundamentais*; GARCIA, Emerson. *Conflito entre normas constitucionais*: esboço de uma teoria geral; SILVA. *Direitos fundamentais*: conteúdo essencial, restrições e eficácia; BRANCO, Paulo Gustavo Gonet. *Juízo de ponderação na jurisdição constitucional*.

[2] Veja-se, a propósito, SOUZA NETO, Cláudio Pereira de. *Jurisdição constitucional, democracia e racionalidade prática*; BINENBOJM, Gustavo. *A nova jurisdição constitucional brasileira*: legitimidade democrática e instrumentos de realização; MELLO, Cláudio Ari. *Democracia constitucional e direitos fundamentais*; BICKEL, Alexander. *The Least Dangerous Branch*: the Supreme Court at the Bar of Politics; ELY, John Hart. *Democracy and Distrust*: a Theory of Judicial Review; MICHELMAN, Frank Isaac. *Brennan and Democracy*; SANTIAGO NINO, Carlos. *La constitución de la democracia deliberativa*.

[3] Cf. HENKIN, Louis. Infallibility under Law: Constitutional Balancing. *Columbia Law Review*, n. 78, p. 1022-1050; BERNAL PULIDO, Carlos. *El principio de proporcionalidad y los derechos fundamentales*, p. 182-189.

[4] Cf., a propósito, SARMENTO, Daniel (Org.). *Interesses públicos versus interesses privados*: desconstruindo o princípio da supremacia do interesse público; DWORKIN, Ronald. Rights as Trumps. In: WALDRON, Jeremy (Ed.). *Theories of Rights*, p. 153-167; ALEXY, Robert. Derechos individuales y bienes colectivos. In: ALEXY, Robert. *El concepto y la validez del derecho*, p. 179-208.

[5] Esta é uma das razões pelas quais não comungamos com a posição que aposta nas pré-compreensões e na tradição para equacionamento das colisões constitucionais. Para uma qualificada defesa desta posição na literatura jurídica brasileira, veja-se: STRECK, Lenio Luiz. *Verdade e consenso*: Constituição, hermenêutica e teorias discursivas.

dignidade da pessoa humana das vítimas. A própria Administração Pública também se vê compelida a solucionar colisões constitucionais na sua atuação.[6] Quando, por exemplo, uma prefeitura recebe comunicação, baseada no art. 5º, XVI, da Constituição, de que no dia seguinte será realizado um ato público de protesto numa determinada praça, na qual também se localiza um hospital, com doentes em estado grave que necessitam de repouso, ela se vê forçada a resolver uma colisão entre a liberdade de reunião e o direito à saúde, para decidir se a hipótese é de impedir, excepcionalmente, que o ato se realize naquele local. Até mesmo um particular pode ter de resolver uma colisão entre preceitos constitucionais. Um colégio privado, por exemplo, pode se defrontar com o pedido de um estudante de não usar o mesmo uniforme imposto aos demais alunos, motivado por razões religiosas, já que a crença que professa veda o uso daquele tipo de vestimenta. A direção do colégio terá então que ponderar a liberdade religiosa do estudante com o princípio da igualdade.[7]

É evidente, porém, que num ordenamento constitucional que consagra o princípio da inafastabilidade do controle jurisdicional (art. 5º, XXXV, CF), todas estas ponderações realizadas por outros órgãos podem ser submetidas ao crivo do Judiciário, que terá então de apreciá-las, em abstrato ou na análise de algum caso concreto.

Antes de examinar a forma de resolução das colisões entre normas constitucionais, cumpre rapidamente sintetizar e refutar argumentos usados por autores que negam a própria existência de conflitos entre normas constitucionais.

12.2 Há conflito entre normas constitucionais? Categorização, teoria interna dos direitos fundamentais, juízo de adequação e a "justiça para ouriços"

Há, na literatura de teoria constitucional e de filosofia do Direito, diversas posições que negam a existência de conflitos entre normas constitucionais. Uma preocupação central que se extrai dos opositores à ideia de colisão entre normas constitucionais é o temor diante dos riscos de arbítrio judicial no seu equacionamento, em detrimento da democracia e da segurança jurídica.[8] Porém, como se verá, as alternativas apresentadas não resolvem, mas antes agravam, o problema que se propõem a solucionar.

Uma das posições que nega os conflitos é chamada de *categorização*.[9] Na categorização, busca-se definir o campo de incidência de cada norma constitucional à luz de todas as demais, de forma a evitar a eclosão de colisões. Nessa concepção, o âmbito de incidência de cada norma constitucional é restringido de antemão, para que sejam evitados os conflitos com outras normas. Contudo, quando uma norma constitucional

---

[6] Sobre a ponderação realizada pela Administração Pública, veja-se: RODRÍGUEZ DE SANTIAGO, José María. *La ponderación de bienes e intereses em el derecho administrativo*.

[7] Como se sabe, os direitos fundamentais não vinculam apenas o Estado, mas também os particulares, embora a sua projeção nas relações privadas envolva uma série de atenuações e nuances. Veja-se, a propósito: SARMENTO, Daniel. *Direitos fundamentais e relações privadas*.

[8] Cf. SERNA, Pedro; TOLLER, Fernando. *La interpretación constitucional de los derechos fundamentales*: una alternativa a los conflictos de los derechos.

[9] Cf. PEREIRA, Jane Reis Gonçalves. *Interpretação constitucional e direitos fundamentais*, p. 234-243; SULLIVAN, Kathleen. Post-Liberal Judging: the Roles of Categorization and Balancing. *University of Colorado Law Review*, n. 63, p. 293-394.

incide, todos os seus efeitos jurídicos são integralmente deflagrados, não havendo de se cogitar em ponderação. Em outras palavras, na categorização, quando uma hipótese é subsumida a uma norma, isto já basta para a resolução do problema.

A categorização, por isso, conduz a posições absolutistas em matéria de aplicação de normas constitucionais, e, em especial, de tutela de direitos fundamentais, como a que era sustentada pelo Juiz Hugo Black na Suprema Corte norte-americana. A Constituição dos Estados Unidos contém cláusula vedando a edição de normas restringindo a liberdade de expressão (1ª Emenda), e o Juiz Black defendia que, diante do seu texto, em nenhuma hipótese seria possível qualquer tipo de ponderação legislativa ou judicial para legitimar alguma restrição àquela liberdade, por mais importantes que fossem os fins visados.[10] Contudo, essa posição, para se viabilizar na prática, tem de adotar uma teoria restritiva do campo de incidência dos direitos fundamentais, sob pena de gerar problemas insolúveis. Black, por exemplo, defendia que a liberdade de expressão era absoluta, mas que ela não protegeria as chamadas "condutas expressivas", como a de estudantes que resolveram portar em suas escolas uma faixa preta no braço, como forma de protesto contra a guerra do Vietnã.[11]

Na perspectiva da categorização, o legislador só poderia instituir restrições a direitos fundamentais nas hipóteses em que o próprio texto constitucional o autorizasse a fazê-lo. Estes direitos, contudo, apresentariam *limites imanentes*,[12] que, conquanto não definidos no texto da Constituição, poderiam ser descobertos, por meio de uma interpretação teleológica e sistemática da Lei Fundamental, que levasse em consideração os fins que motivam a proteção de cada direito, assim como todo o universo de outros bens também constitucionalmente protegidos. Os limites imanentes, por já se encontrarem implicitamente contidos nas normas que consagram os direitos fundamentais, poderiam ser "explicitados" pelo legislador ou por decisões judiciais.

A categorização tem íntima relação com a chamada "teoria interna" dos direitos fundamentais, que nega a existência de conflitos reais entre eles. Para os adeptos da teoria interna, é tarefa do intérprete delimitar cuidadosamente o campo de incidência dos direitos fundamentais, buscando precisar os seus limites imanentes, de forma a evitar tais conflitos. Os direitos, nessa perspectiva, têm um campo de incidência — ou suporte fático — bastante restrito, mas, por outro lado, não se sujeitam a ponderações, constituindo sempre mandamentos definitivos. Esta teoria se opõe à concepção dominante na matéria, denominada de "teoria externa" dos direitos fundamentais, que atribui a tais direitos uma hipótese de incidência ampla, mas os vê como mandamentos

---

[10] A posição transparece no famoso voto divergente que proferiu o caso *Barenblatt v. United States* (360 U.S. 109 (1959)), em que Black afirmou: "Eu não concordo que leis que diretamente restrinjam a liberdade de expressão possam ser justificadas através de um procedimento de ponderação feito pelo Congresso ou pelo Judiciário (...). Aplicar o critério de ponderação da Corte nestas circunstâncias seria o mesmo que ler a Primeira Emenda como dizendo que 'o Congresso não pode aprovar leis restringindo as liberdades de expressão, imprensa, reunião e petição, a não ser que o Congresso e a Suprema Corte cheguem conjuntamente à conclusão de que, numa ponderação, o interesse do Estado em limitar estas liberdades seja maior do que o do povo em exercitá-las'. Isto é muito próximo à noção de que nem a Primeira Emenda, nem qualquer outra norma da Carta de Direitos deve ser garantida, a não ser que a Corte acredite que seja razoável fazê-lo (...). Isso viola o espírito da nossa Constituição escrita".

[11] Veja-se o voto vencido de Black em *Trinker v. De Moines Independent Community School District*, 393 US 503 (1969).

[12] De acordo com Lorenzo Martín-Retortillo e Ignácio de Otto y Pardo, os limites imanentes dos direitos fundamentais significam que tais direitos, "por estarem reconhecidos no interior do ordenamento jurídico, devem conciliar-se com outros bens que o ordenamento protege e não podem ser tutelados de forma absoluta frente a estes" (*Derechos fundamentales y Constitución*, p. 110).

prima facie, sujeitos a restrições legislativas, mesmo que não autorizadas expressamente pela Constituição, e ainda a ponderações de interesse realizadas pelo Poder Judiciário.[13]

A categorização pode ser associada também à diretriz de busca da *concordância prática* entre normas constitucionais em tensão. Pelo princípio da concordância prática, diante de um aparente conflito entre preceitos constitucionais que apontem para direções antagônicas na solução de um determinado caso, cabe ao intérprete buscar a sua harmonização no caso concreto. Nesta hipótese, nas palavras de Konrad Hesse, "os bens jurídicos constitucionalmente protegidos devem ser coordenados de tal modo na solução do problema que todos eles conservem a sua essência", sem o recurso à ponderação de bens ou de valores, que poderia sacrificar a unidade de Constituição.[14] Como ressaltou Virgílio Afonso da Silva,[15] embora seja usual na doutrina brasileira a caracterização da concordância prática como um princípio de interpretação constitucional correlato à ponderação de interesses, na dogmática germânica, em que estas categorias se desenvolveram, as respectivas posições são antagônicas,[16] já que os defensores da concordância prática tendem a rejeitar a ponderação. Isto, na nossa opinião, não exclui a possibilidade de que se busque, num certo sincretismo metodológico, uma combinação entre a concordância prática e a ponderação: primeiro, recorre-se à àquela, para buscar-se a harmonização entre as normas constitucionais em jogo no caso concreto; se a concordância prática se revelar inviável, passa-se à outra fase do processo de concretização, que exigirá a ponderação entre os interesses constitucionais conflitantes.[17]

Vale também mencionar a posição de Jürgen Habermas[18] e de Klaus Günther[19] neste debate. Tais autores não chegam a negar a colisão entre normas constitucionais, o que, a rigor, não permite que sejam classificados entre os defensores da categorização. Porém, há um importante ponto de contato entre as suas posições e a adotada pelos adeptos da categorização: todos rechaçam a ponderação. Habermas e Günther defendem que, diante de normas constitucionais *a priori* incidentes sobre um determinado caso, ao invés de ponderá-las, caberia ao intérprete proceder a um exame exaustivo da hipótese fática, considerando todas as suas especificidades, bem como as alternativas jurídicas à disposição para a solução do problema, a fim de definir qual das normas é a mais *adequada* à situação concreta. Eles consideram que esse *juízo de adequação* é compatível com a função jurisdicional, o que não ocorreria com a ponderação. Essa trataria os princípios jurídicos não como normas impositivas, mas como valores otimizáveis, relativizando ao extremo a distinção entre a produção de normas — função legislativa —, e a sua aplicação judicial. Essa suposta confusão seria incompatível com o paradigma

---

[13] Para análise destas duas teorias — interna e externa —, com defesa da segunda, veja-se: PEREIRA, Jane Reis Gonçalves. *Interpretação constitucional e direitos fundamentais*, p. 140-152; SILVA, Virgílio Afonso da. *Direitos fundamentais*: conteúdo essencial, restrições e eficácia, p. 128-163.
[14] HESSE, Konrad. La interpretación de la Constitución. *In*: HESSE, Konrad. *Escritos de derecho constitucional*, p. 45-46. Em sentido semelhante, veja-se: MÜLLER, Friedrich. *Discours de la méthode juridique*, p. 285-287.
[15] SILVA, Virgílio Afonso da. Interpretação constitucional e sincretismo metodológico. *In*: SILVA, Virgílio Afonso da (Org.) *Interpretação constitucional*, p. 115-144.
[16] Cf. SILVA, Virgílio Afonso da. Interpretação constitucional e sincretismo metodológico. *In*: SILVA, Virgílio Afonso da (Org.) *Interpretação constitucional*, p. 127-128.
[17] Cf. SOUZA NETO, Cláudio Pereira de. Ponderação de princípios e racionalidade das decisões judiciais: coerência, razão pública, decomposição analítica e *standards* de ponderação. *Boletim Científico da Escola Superior do Ministério Público da União*, v. 15, p. 207-227.
[18] Cf. HABERMAS, Jürgen. *Direito e democracia*: entre facticidade e validade, p. 314-330.
[19] Cf. GÜNTHER, Klaus. *Teoria da argumentação no direito e na moral*: justificação e aplicação, p. 299-414.

do Estado Democrático de Direito, que exige a legitimação das normas por meio da participação do povo no seu processo de elaboração, uma vez que os juízes, ao contrário dos parlamentares, não são eleitos democraticamente.

Outra perspectiva que recusa o conflito entre normas foi formulada por Ronald Dworkin.[20] O jusfilósofo norte-americano sustenta que, se as normas constitucionais forem interpretadas de forma coerente com os valores morais que melhor justificam a trajetória político-constitucional de um Estado, elas jamais entrarão em conflito. Se todas as normas de uma Constituição forem compreendidas e aplicadas por meio dessa diretriz orientada à promoção de um mesmo ideário, os conflitos desaparecerão. Perceber-se-ia, então, que os casos de aparente conflito derivam, na verdade, de interpretações equivocadas das normas em jogo.

Nesse sentido, Dworkin critica, por exemplo, a visão muito difundida de que a igualdade e a liberdade colidiriam, já que, ao promover a igualdade material, o Estado teria que restringir certas liberdades econômicas. Para ele, as limitações às liberdades econômicas promovidas em favor da igualdade, que, nos Estados Unidos, passaram a ser admitidas pela jurisprudência após o advento do *New Deal*, não podem ser vistas como restrições ao direito à liberdade. Isto porque, o direito à liberdade não pode ser compreendido, na melhor leitura da tradição constitucional norte-americana, como a faculdade de se fazer tudo aquilo que se queira, sem quaisquer limites, mas sim como o direito de ser tratado como uma pessoa livre, com o poder para fazer escolhas de vida e a responsabilidade para assumir as respectivas consequências. Este direito não entra em colisão com a igualdade — ele antes a pressupõe, já que só faz sentido num sistema em que todos sejam considerados igualmente livres —, nem é limitado por normas que, no afã de diminuírem a desigualdade material, limitem o poder econômico privado. Portanto, a igualdade material não é, para Dworkin, contraditória com liberalismo, mas o seu princípio mais fundamental: "liberdade e igualdade não são virtudes independentes, mas aspectos do mesmo ideal de associação política".[21]

A ambiciosa proposta hermenêutica de Ronald Dworkin é de unificar não só o Direito, como também a Moral e a Ética, em torno de um mesmo ideário, recusando qualquer tipo de compromisso pluralista. Por isso, ele chamou a sua teoria de "Justiça para ouriços" (*Justice for Hedgehogs*), que contrapôs à concepção de "Justiça para raposas". A curiosa designação vem de uma citação do dramaturgo grego Arquíloco, que disse, em célebre passagem, que "a raposa sabe muitas coisas, e o ouriço sabe uma só, mas o que o ouriço sabe é muito importante". Na Justiça do ouriço, todas as normas se orientam para a realização de uma determinada concepção do justo, tida como a única correta, na qual os diversos valores se compõem, convergindo harmonicamente. A Justiça constitucional, para Dworkin, é uma Justiça de ouriço.

Estas diferentes concepções, apesar da engenhosidade com que algumas delas foram defendidas, não se sustentam. Não há como, no presente espaço, debatê-las em todas as suas nuances, para refutá-las de forma mais rigorosa. Cabe, porém, apontar sumariamente algumas incongruências de que padecem.

A categorização e a teoria interna dos direitos fundamentais não excluem o risco de arbítrio judicial na definição do campo de incidência de cada norma constitucional.[22]

---

[20] Cf. DWORKIN, Ronald. *Justice for Hedgehogs*, p. 325-415.
[21] DWORKIN, Ronald. *Sovereign Virtue*: the Theory and Practice of Equality, p. 182.
[22] No mesmo sentido, veja-se: PEREIRA, Jane Reis Gonçalves. *Interpretação constitucional e direitos fundamentais*, p. 174-182.

A dimensão constitutiva, criadora, da decisão judicial não é eliminada, mas tão somente escamoteada sob a cortina de fumaça dos limites imanentes, pois nada tem de mecânica a tarefa de definir os contornos de cada norma constitucional, levando em consideração todas as demais que compõem o sistema. E a estrutura da argumentação jurídica empregada para a definição destes limites não contém elementos para afastar ou constranger a discricionariedade judicial, como aqueles que foram desenvolvidos ao longo do tempo no campo da ponderação, e que serão examinados adiante.

Ademais, ao limitarem *a priori* o âmbito de proteção dos direitos fundamentais, restringindo-o excessivamente, estas teorias permitem que certas posições relevantes do indivíduo fiquem completamente desguarnecidas. Como não se considera que estas posições sejam tuteladas pela Constituição nem mesmo *prima facie*, não se exige, por consequência, qualquer ônus argumentativo adicional para justificação das medidas estatais que as atingirem.

Não bastasse, a negação do conflito entre normas constitucionais não se compadece com a riqueza e a complexidade das situações sobre as quais a Constituição tem de sido aplicada. São tão diversas e multifacetadas estas situações que, por mais criterioso que seja o intérprete, ele jamais conseguirá definir os campos de incidência das normas constitucionais, de modo a impedir qualquer superposição entre eles em casos concretos.

Estas objeções também podem ser endereçadas à teoria do juízo de adequação, adotada por Habermas e Klaus Günther. Apesar de baseada numa crítica ao arbítrio judicial, ela não fornece elementos consistentes para eliminá-lo. É claro que qualquer método de trabalho que permita ao magistrado realizar juízos particularistas (ou seja, que considerem as circunstâncias particulares ao caso concreto), como é o caso da ponderação, se sujeita à crítica de incrementar a discricionariedade judicial. Se comparada à subsunção, a ponderação obviamente propicia maior espaço para a atividade criativa do intérprete. Porém, a teoria do juízo de adequação, embora seja persuasiva em sua crítica, incorre em uma inegável "contradição performática": a alternativa que sugere é um procedimento ainda mais aberto e opaco, não provendo critérios consistentes ou parâmetros controláveis para se definir qual, afinal, é a norma adequada. A ponderação conta, por outro lado, com os critérios do princípio da proporcionalidade para domesticar o decisionismo e gerar alguma previsibilidade. A teoria da adequação, para ser coerente com a crítica que formula à ponderação, deveria fornecer um método seguro e previsível, o que não ocorre.

A "Justiça para ouriços" de Dworkin também não provê solução para o risco do arbítrio judicial. Muito pelo contrário, ele reconhece que a tarefa de definição dos limites das normas constitucionais e dos direitos fundamentais é tarefa de tamanha complexidade que só poderia ser levada a termo, sobretudo nos casos difíceis, por juízes idealizados, concebidos contrafaticamente como semideuses ("o juiz Hércules"),[23] que seriam forçados a tornarem-se verdadeiros filósofos, como árbitros finais dos conflitos

---

[23] Dworkin não tem a expectativa de que os juízes reais sejam como Hércules. Pelo contrário, o conceito de juiz Hércules (onisciente, dotado de habilidades ideais e de todas as informações necessárias para conhecer todos os princípios, possuindo uma visão completa do conjunto do Direito vigente) é uma construção contrafática proposta no contexto de formulação da tese da "única resposta correta". Dworkin sustenta que existe uma única resposta correta para todas as controvérsias jurídicas, embora, na prática, essa única resposta correta nem sempre possa ser alcançada. Isso só seria alcançável por magistrados ideais, como Hércules. Cf. ALEXY, Robert. Sistema jurídico, principios jurídicos y razón práctica. *In*: ALEXY, Robert. *Derecho e razón práctica*, p. 10.

morais que dividem às sociedades.[24] Dworkin sustenta que, na prática, a complexidade da tarefa de Hércules é reduzida pelo fato de que a reconstrução racional do ordenamento vigente toma por base um determinado paradigma (Estado de Direito, Estado de Bem-Estar Social etc.), prevalecente em determinado contexto. Tais paradigmas representam o "pano de fundo de compreensão, que os especialistas compartilham com todos os demais parceiros do direito".[25] O paradigma do Estado Democrático de Direito, por exemplo, vigente no contexto presente, traduz a noção de que os membros da comunidade se reconhecem reciprocamente como titulares de direitos iguais.

Dworkin propõe ainda que os magistrados se orientem pelo princípio da integridade.[26] Cabe ao magistrado interpretar o Direito como um todo coerente, como se tivesse sido criado por um único legislador (a comunidade personificada). Tal pretensão de coerência não se confunde com o dogma, presente no conceito positivista de sistema jurídico, de que o ordenamento não contém contradições. A coerência indicada por Dworkin é a coerência moral e política do sistema de princípios. Note-se que isso não implica que o autor considere, por exemplo, o sistema norte-americano como coerente, mas sim que ele deve ser interpretado como se o fosse. A incoerência eventual não passa de mero defeito que deve ser corrigido no curso do processo de interpretação.[27]

Porém, no que toca à elaboração de parâmetros que possam racionalizar a aplicação de princípios, Ronald Dworkin não vai muito além das cogitações sobre o auxílio fornecido à atividade interpretativa pelo princípio da integridade e pelo paradigma de Direito que congrega a constelação de princípios em vigor. Essa crítica foi especialmente desenvolvida por Robert Alexy, que comunga com Dworkin a preocupação fundamental de conceber alternativas à discricionariedade judicial. Também ele enfatiza a importância da pretensão de correção no raciocínio judiciário.[28] Mas Alexy ressalta que não há, na obra de Dworkin, nenhum procedimento que mostre como se obterá a única resposta correta. Essa deficiência da obra de Dworkin revela como "uma teoria dos princípios por si só não está em condições de sustentar a tese da única resposta correta".[29] Para racionalizar a aplicação de princípios, é necessário o desenvolvimento de procedimentos e de métodos de trabalho. Por isso, Alexy propõe um sistema de três níveis: "os níveis das regras e dos princípios devem certamente se complementar com um terceiro nível, a saber, com uma teoria da argumentação jurídica, que diz como, sobre a base de ambos os níveis, é possível uma decisão racionalmente fundamentada".[30]

---

[24] Mesmo quando Dworkin defende que a argumentação jurídica se imbrique com a argumentação filosófico-moral, o faz reconhecendo que, na prática, o dissenso que caracteriza o debate filosófico também terá lugar no debate jurídico: "Eu não suponho que qualquer incremento na sofisticação filosófica eliminaria a controvérsia entre juízes. Como poderia isso ocorrer, se os filósofos divergem tão dramaticamente entre eles? Mas poderia reduzir a controvérsia. (...) Eu não defendo maior sofisticação filosófica porque ela vai eliminar ou reduzir a controvérsia, mas porque fará a controvérsia (...) mais respeitável, ou pelo menos mais esclarecedora. (...) No mínimo, poderá ajudar, a eles e a nós, sobre o que eles estão realmente discordando" (*Must our judges be philosophers?*: *can they be philosophers?*. Disponível em: <http://www.nyhumanities.org>).

[25] Cf. HABERMAS, Jürgen. *Direito e democracia*: entre facticidade e validade, p. 275.

[26] DWORKIN, Ronald. *O império do direito*, p. 213.

[27] DWORKIN, Ronald. *O império do direito*, p. 261.

[28] ALEXY, Robert. Sistema jurídico, principios jurídicos y razón práctica. *In*: ALEXY, Robert. *Derecho e razón práctica*, p. 10.

[29] ALEXY, Robert. Sistema jurídico, principios jurídicos y razón práctica. *In*: ALEXY, Robert. *Derecho e razón práctica*, p. 10.

[30] ALEXY, Robert. Sistema jurídico, principios jurídicos y razón práctica. *In*: ALEXY, Robert. *Derecho e razón práctica*, p. 20.

Entendemos que essas críticas ao pensamento de Dworkin são procedentes. Tal como ocorria com Habermas e Günther, Dworkin também incorre em uma contradição performática: apresenta os princípios como meio para solucionar o problema da racionalidade da atividade jurisdicional, criticando a tese de Hart da inevitável discricionariedade das decisões judiciais, mas não oferece métodos ou procedimentos para efetivamente tornar a aplicação de princípios mais racional e controlável. Nesse cenário, a ponderação parece ser a alternativa mais apropriada, tendo em vista o significativo grau de racionalização metódica assistido nos últimos anos em torno dessa atividade.

12.3 Os critérios clássicos para a solução de antinomias e a sua insuficiência no cenário constitucional

São três os critérios clássicos para a solução de antinomias jurídicas: o hierárquico (*lex superior*), segundo o qual as normas superiores prevalecem em face das inferiores; o cronológico (*lex posterior*), que preconiza que as normas posteriores revogam as anteriores com elas incompatíveis; e o da especialidade (*lex specialis*), de acordo com o qual as normas mais específicas afastam a incidência das mais gerais.[31] Os autores que se opõem à existência de colisões entre normas constitucionais não negam, em geral, a possibilidade de uso desses critérios na seara constitucional, que caracterizam como técnicas para solução de conflitos normativos "aparentes". O seu alvo é a ponderação, e não esses critérios tradicionais. Vejamos como os referidos critérios podem ser aplicados no domínio constitucional.

12.3.1 O critério hierárquico: a inexistência de norma constitucional originária inconstitucional

Em matéria constitucional, não há espaço para o emprego do critério hierárquico, salvo na hipótese de conflito entre emenda à Constituição e norma constitucional que se qualifique como cláusula pétrea.[32] Isto porque, apesar de existirem normas constitucionais mais relevantes do que outras sob a perspectiva sistemática ou axiológica, não há qualquer hierarquia formal entre elas (a única exceção envolve as cláusulas pétreas, que têm hierarquia superior às normas editadas pelo poder constituinte derivado).

Nesta direção, a jurisprudência do STF firmou-se no sentido do reconhecimento da impossibilidade de declaração de inconstitucionalidade de norma ditada pelo poder constituinte originário.[33] Rechaçou-se no Brasil, portanto, uma das teses sustentadas pelo jurista alemão Otto Bachoff, em sua célebre obra *Normas constitucionais inconstitucionais?*,[34] no sentido de que seria possível à jurisdição constitucional invalidar

---

[31] Cf. BOBBIO, Norberto. *Teoria do ordenamento jurídico*, p. 92 *et seq.*
[32] Sobre os limites materiais ao poder de reforma da Constituição, veja-se o Capítulo 7.
[33] Cf. ADI nº 815, Rel. Min. Moreira Alves. *DJ*, 10 maio 1996; ADI nº 4.097-AgRg, Rel. Min. Cezar Peluso. Julg. 08.10.2008. O STF tem rejeitado liminarmente, por impossibilidade jurídica do pedido, as ações diretas de inconstitucionalidade em que se busca impugnação de preceitos integrantes do texto originário da Constituição Federal.
[34] BACHOFF, Otto. *Normas constitucionais inconstitucionais?*. O livro corresponde a uma aula inaugural proferida na Universidade de Heidelberg, na Alemanha, em 1951, em momento de ressurgimento, naquele país, do jusnaturalismo, como reação às atrocidades do regime nazista.

preceitos constitucionais que colidissem com valores suprapositivos, acolhidos expressa ou implicitamente pela própria Constituição.

Como já afirmamos anteriormente,[35] entendemos que até mesmo o poder constituinte originário está sujeito a limites. Adotamos uma visão não positivista do fenômeno jurídico, que afirma a existência de uma relação necessária, e não meramente contingente, entre Direito e Moral.[36] Nesta perspectiva, normas radicalmente injustas — como seria uma que instituísse a escravidão ou determinasse a tortura de prisioneiros — não podem ser consideradas como integrantes do Direito, independentemente da sua fonte ou estatura.[37] Por isso, as normas intoleravelmente injustas não devem ser aplicadas, ainda que estejam contidas no texto constitucional. O caso não é, propriamente, de inconstitucionalidade de norma inconstitucional, mas de invalidade por grave ofensa a princípios fundamentais de Justiça, cuja normatividade independe de positivação.

Na Alemanha, o Tribunal Constitucional Federal, já no princípio do seu funcionamento, chegou a afirmar a sua competência para afastar normas constitucionais que ofendessem ao direito suprapositivo: "O Tribunal Constitucional reconhece a existência de um direito suprapositivo vinculando mesmo o legislador constitucional (incluindo o poder constituinte) e é competente para valorar o direito positivo à luz daquele direito".[38] Para a Corte, "a concepção de que um poder constituinte tudo pode, significaria um retorno à postura intelectual de um positivismo despido de valores".[39] Contudo, o Tribunal alemão, que jamais invalidou qualquer preceito da Lei Fundamental do país, também reconheceu que a possibilidade teórica de que o poder constituinte, num cenário democrático-liberal, ofendesse os limites suprapositivos que o vinculam é praticamente nula, tratando-se de uma verdadeira "impossibilidade fática".[40] Com isso, a Corte, de forma louvavelmente prudente, aliviou em boa parte o impacto prático da sua elaboração sobre os limites jurídicos do poder constituinte originário.

Existe um precedente importante no Direito Comparado de declaração de reconhecimento jurisdicional da inconstitucionalidade de normas constitucionais originárias, ocorrido na África do Sul.[41] Naquele país, as forças políticas que derrotaram o regime do *apartheid* negociaram os termos de uma Constituição provisória (*interim Constitution*), que vigoraria até que outra definitiva, aprovada por dois terços de representantes de uma Assembleia Constituinte eleita pelo povo viesse a substituí-la.

---

[35] *Vide* o Capítulo 6.

[36] O tema das relações entre Direito e Moral é extremamente complexo, e a literatura que o aborda é praticamente inabarcável. Veja-se, a propósito, os textos que compõem a coletânea de: VÁZQUEZ, Rodolfo (Comp.). *Derecho y moral*: ensayos de un debate contemporâneo. E ainda, em sentido próximo ao que defendemos: ALEXY, Robert. *La institucionalización de la justicia*.

[37] Esta é a conhecida posição não positivista defendida por Gustav Radbruch em famoso texto de Filosofia do Direito publicado em 1945, logo após o final da II Guerra Mundial, intitulado *Cinco minutos de filosofia do direito*. Para o jusfilósofo germânico, uma lei má, nociva ou injusta ainda é lei, em razão da necessidade de proteção da segurança jurídica. Contudo, leis radicalmente injustas deixariam de contar como leis, não mais obrigando os cidadãos: "pode haver leis tais, com um tal grau de injustiça e nocividade para o bem comum, que toda a validade e até o caráter de jurídicas não poderão jamais deixar de lhes ser negados" (Cinco minutos de filosofia do direito. *In*: RADBRUCH, Gustav. *Filosofia do direito*, p. 417).

[38] BVerfGE 1:14.

[39] BVerfGE 23:106.

[40] BVerfGE 3:233.

[41] Veja-se, a propósito, KLUG, Heinz. South Africa: from Constitutional Promise to Social Transformation. *In*: GOLDSWORTHY, Jeffrey Denys (Ed.). *Interpreting Constitutions*: a Comparative Study, p. 267-320.

A Constituição provisória estabeleceu 34 princípios que deveriam ser observados na elaboração do texto definitivo. E previu, também, que a Corte Constitucional, por ela instituída, deveria analisar se a futura Constituição violara ou não os referidos princípios. O arranjo tinha o objetivo de assegurar a todos os grupos que participaram da transição do *apartheid* para a democracia que a nova Constituição não iria prejudicar gravemente os seus interesses. A Corte Constitucional da África do Sul apreciou a validade da Constituição elaborada pela Assembleia Constituinte,[42] e considerou que ela não estava plenamente de acordo com alguns dos princípios estabelecidos. A Assembleia Constituinte teve então que revisar o texto originário, para adequar-se aos pontos definidos na decisão judicial. Só depois que esse novo texto foi aprovado pela Corte Constitucional, a nova Constituição sul-africana pode finalmente entrar em vigor, o que ocorreu em fevereiro de 1997. Como se observa, porém, a decisão da Corte Constitucional sul-africana não fundamentou sua decisão em cogitações sobre eventual violação de princípios de justiça suprapositivos. A Corte simplesmente entendeu que a Assembleia Constituinte fora além do mandato recebido no contexto do pacto que permitiu a transição para a democracia. A decisão em nada se relacionava com a tese suscitada por Bachoff.

No que toca à tese de tese de Bachoff, concordamos com o Tribunal Constitucional alemão, no sentido de que a invalidade de normas constitucionais originárias por grave ofensa aos princípios básicos de Justiça é um fenômeno extremo, que deve ser reservado para hipóteses igualmente extremas, as quais não se verificam na Constituição de 88. No nosso contexto, atribuir ao Poder Judiciário a faculdade de afastar normas da própria Constituição por contrariedade à Moral envolveria um enorme risco institucional. Diante das inúmeras as concepções sobre a Justiça presentes numa sociedade plural como a nossa, conceder este poder aos juízes seria, na prática, condicionar a força normativa da Constituição às suas cosmovisões e ideologias. A Constituição de 88, como qualquer obra humana, não é perfeita, mas não há nada em seu texto cuja superação justifique a assunção de um risco de tamanha magnitude.

Portanto, não é possível, no nosso sistema constitucional, invalidar normas constitucionais originárias, nem tampouco resolver algum eventual antagonismo entre elas expurgando do ordenamento aquela que seja, por qualquer razão, considerada de inferior hierarquia.

12.3.2 Ainda o critério hierárquico: a inexistência de ordem rígida de preferência entre as normas constitucionais

Outra forma de utilização do critério hierárquico para a resolução de antinomias constitucionais envolve o reconhecimento de uma escala rígida de preferências entre elas, de forma que, sempre que entrem em conflito, prevaleça aquela posicionada em patamar superior. Nesta hipótese, não se teria a invalidação da norma reputada inferior, com a sua exclusão do ordenamento, mas tão somente a sua não aplicação na hipótese de conflito. Suponhamos, por exemplo, que se considerasse, neste sentido, que a norma constitucional que consagra a liberdade de imprensa é superior àquela que garante o direito à honra. Não ocorreria a invalidação desta segunda norma, mas ela não seria

---

[42] *Certification of the Constitution of the Republic of South Africa*. Constitutional Court (South Africa), 1996 (4) SALR 744 (CC).

sequer considerada num caso que envolvesse a liberdade de imprensa, que prevaleceria sempre, de forma absoluta e incondicional, sobre o direito à honra.

Esta concepção equivale ao estabelecimento de uma "prioridade léxica" entre normas, em que a inferior só incide quando não colidir com nenhuma situada em patamar mais elevado. Na Filosofia Política contemporânea, a mais conhecida defesa da prioridade léxica entre princípios conflitantes é a Teoria da Justiça de John Rawls.[43] De acordo com Rawls, existiria uma prioridade léxica do princípio concernente à maximização das liberdades básicas sobre o relacionado à justiça distributiva. E, no que toca a este segundo princípio, existiria também uma relação de prioridade absoluta da exigência de igualdade de oportunidades sobre o critério de justificação para diferenças distributivas (que ele chama de "princípio da diferença"). A prioridade léxica ou serial funciona, para Rawls, da seguinte maneira:

> Esta é uma ordem que requer que satisfaçamos o primeiro princípio da ordem antes de nos movermos para o segundo, o segundo antes de considerarmos o terceiro, e assim por diante (...). Uma ordem serial evita a necessidade de qualquer ponderação de princípios; os que estão antes da escala têm um peso absoluto, por assim dizer, em relação aos posteriores, e são aplicáveis sem qualquer exceção.

No Direito, a existência de hierarquia entre normas constitucionais foi defendida na Argentina por Miguel Angel Ekmekdjan, no campo dos direitos fundamentais. Para o jurista argentino, os direitos fundamentais protegeriam valores, que têm como característica a sua ordenação hierárquica. Daí porque, os direitos também seriam suscetíveis de hierarquização. Ele propôs uma hierarquia, com oito patamares diferentes, que situa no nível mais elevado o "direito à dignidade humana e seus derivados (liberdade de consciência, intimidade etc.)" e no mais baixo os "direitos patrimoniais".[44]

No Brasil, Juarez Freitas defendeu a hierarquização axiológica como critério para resolução de antinomias, que ordena a prevalência incondicional do princípio ou norma axiologicamente superior.[45] Este critério, segundo o jurista gaúcho, estaria ligado à ideia de sistema jurídico e seria também aplicável às normas constitucionais, de forma a sempre priorizar, na resolução de conflitos, aquelas consideradas de estatura superior.[46] Também José Souto Maior Borges sustentou uma hierarquização das normas constitucionais para resolver os respectivos conflitos, que seria inferida a partir do texto e do sistema da própria Constituição.[47]

---

[43] RAWLS, John. *A Theory of Justice*. Obra de Rawls cuja primeira edição foi publicada em 1971. Como antes esclarecido (Capítulo 5), para o filósofo norte-americano, os princípios que devem reger a estrutura básica de uma sociedade justa correspondem àqueles que seriam acordados por indivíduos numa situação hipotética, em que todos estivessem recobertos por um "véu da ignorância", desconhecendo a sua posição no mundo, seus talentos e preferências. Pessoas racionais e razoáveis, nesta situação, escolheriam os seguintes princípios: (1º Princípio): cada pessoa deve ter direito à maior extensão de liberdades básicas, que seja compatível com a atribuição das mesmas liberdades a todas as demais pessoas; (2º Princípio): as desigualdades sociais e econômicas devem ser estruturadas de forma que: (a) os cargos e oportunidades sejam acessíveis a todos, em condições de justa igualdade de oportunidades; e (b) as desigualdades distributivas sejam apenas aquelas que resultarem em maior benefício para aqueles situados em pior situação social. Cf. RAWLS, John. *A Theory of Justice*, p. 302-303.
[44] EKMEKDJAN, Miguel Angel. *Manual de la Constitución argentina*, p. 88-95.
[45] Cf. FREITAS, Juarez. *A interpretação sistemática do direito*, 2. ed., p. 89.
[46] FREITAS, Juarez. *A interpretação sistemática do direito*, 2. ed., p. 161-166. No mesmo sentido, FREITAS, Juarez. *A substancial inconstitucionalidade da lei injusta*, p. 59.
[47] BORGES, José Souto Maior. Pró-dogmática: por uma hierarquização dos princípios constitucionais. *Revista Trimestral de Direito Público*, n. 1, p. 140-146.

Entendemos que não existe, no sistema constitucional brasileiro, espaço para o reconhecimento de prioridades absolutas entre normas constitucionais. Não há como inferir do texto constitucional, nem da estrutura da Constituição, por exemplo, uma prioridade absoluta das liberdades básicas sobre a igualdade material, como sustentou Rawls, nem tampouco se poderia fazer o contrário. Em geral, diante da falta de apoio no sistema constitucional, a fixação de hierarquias rígidas entre as normas da Constituição torna-se inteiramente dependente das preferências subjetivas do intérprete. Ademais, a adoção de uma hierarquia rígida levaria a uma inadmissível fragilização das normas que o intérprete situasse em patamar inferior, que perderiam significativamente a sua força. Dizer, por exemplo, que só se protege a liberdade de expressão quando a sua tutela não atingir minimamente a privacidade, ou vice-versa, é fazer pouco de qualquer um destes direitos fundamentais tão relevantes. É muito mais consentânea com a reverência que cada direito ou norma constitucional merece, a solução que busca, em cada situação de conflito, otimizar, até onde seja possível, cada um dos bens jurídicos em disputa.

Isto não significa, contudo, que no equacionamento destas colisões não haja espaço para considerações sobre a maior ou menor relevância dos bens jurídicos em confronto sob o prisma constitucional. Não significa, tampouco, deixar de reconhecer que a Constituição pode incorporar um sistema de prioridades *prima facie*. No caso brasileiro, por exemplo, a Constituição claramente situa em patamar superior, sob o ponto de vista material, os direitos fundamentais, se comparados, por exemplo, a princípios constitucionais da administração pública ou da ordem econômica. A própria circunstância de a Constituição situar tais princípios no início de seu texto (ao contrário do que ocorria na Constituição anterior, do regime militar) já revela a maior importância, o maior "peso abstrato", que lhes conferiu. Essa hierarquia material superior é confirmada ainda pelo fato de figurarem no texto constitucional como princípios constitucionais sensíveis, legitimando a intervenção federal nos estados que os violarem (art. 34, VII, b), e como cláusulas pétreas (art. 60, §4º,VI). Isso, não significa, no entanto, que tais princípios não sejam passíveis de ponderação. Caso contrário, perderiam sua característica de princípios, como esclarece Alexy:

> Pode se dizer, de maneira geral, que não é possível uma ordem de valores ou princípios que fixe a decisão fundamental em todos os casos de maneira intersubjetivamente obrigatória. Mas, a impossibilidade de uma 'ordem dura' deste tipo não diz nada acerca da possibilidade de ordens mais 'brandas' e, assim, nada contra a concepção de ponderação. Ordens brandas podem surgir de duas maneiras: (1) através de preferências *prima facie* em favor de determinados valores ou princípios e (2) através de uma rede de decisões concretas de preferências.[48]

Tal sistema de prioridades não é absoluto, de tal modo que, no caso concreto, princípios mais importantes podem ser limitados para que tenha lugar a realização de princípios de menor importância. Vejamos um exemplo, que envolve as ações de investigação de paternidade após o advento do exame de DNA.[49] Há, na hipótese, uma colisão entre a intimidade e a integridade física do suposto pai, de um lado, e o direito ao estado de filiação, do outro. A solução desenvolvida pelo STF foi não coagir o suposto

---

[48] ALEXY, Robert. *Teoría de los derechos fundamentales*, p. 156-157.
[49] Cf. HC nº 71.373/RS, Rel. Min. Francisco Rezek. Rel. p/ acórdão Min. Marco Aurélio. Julg. 10.11.1994. *DJ*, 22 nov. 1996.

pai a fornecer material genético para a realização do exame, mas determinar que, caso ele se negue a fornecê-lo, a paternidade será presumida. Contudo, o direito ao estado de filiação não tem só uma dimensão patrimonial; possui também uma dimensão moral, que envolve a expectativa de seu titular de identificar, com certeza, a identidade de seu progenitor. Essa dimensão moral não foi suficientemente protegida pelo STF.

A solução que nos parece mais adequada é a de compelir o suposto pai a fornecer o material genético para realização do exame, nada obstante a integridade física tenha um peso abstrato maior que o do direito ao estado de filiação. É que a coleta de material genético para a realização do exame representa uma interferência tão leve no direito à integridade física (o exame pode ser feito com fios de cabelo ou algumas gotas de sangue), que poderia ser justificada em favor da plena otimização do direito ao estado de filiação, gravemente atingido, em sua dimensão moral, pela não realização do exame. O exemplo permite ilustrar duas conclusões fundamentais quanto ao tema: (a) embora não haja hierarquia formal entre os princípios que integram a Constituição, há hierarquia material, tendo em vista a diferença de peso abstrato, de importância, que os caracteriza; (b) tal sistema de prioridades é, porém, apenas abstrato, podendo um princípio de hierarquia material superior ceder lugar a outro de hierarquia inferior considerando as circunstâncias particulares ao caso.

Ainda sobre a possibilidade de uma ordem "branda" de preferências, que hierarquize princípios constitucionais, convém lembrar o papel desempenhado pelos chamados *"standards de ponderação"*, que são parâmetros predefinidos para a ponderação de alguns conjuntos de princípios, de forma a se criar uma expectativa razoável quanto à solução de colisões futuras do mesmo tipo. Alexy os caracteriza como relações de "precedência condicionada".[50] Tais padrões resultam, de modo geral, de uma reconstrução da experiência jurídica. Quando uma mesma colisão é recorrente e a solução se padroniza, a explicitação de tal padrão, na forma de um parâmetro, cria previsibilidade em relação aos casos futuros e evita que, a cada colisão concreta, todos os argumentos envolvidos na ponderação sejam novamente mobilizados. Os magistrados não estarão obrigados a decidir de acordo com o *standard*, mas, para afastá-lo, devem estar dispostos a aceitar o ônus argumentativo daí decorrente.

12.3.3 O critério cronológico: a revogação de normas constitucionais por emendas supervenientes

O critério cronológico não se aplica à resolução de conflitos entre normas editadas pelo poder constituinte originário, pelo óbvio fato de que todas elas entram em vigor no mesmo momento. Porém, o critério é usado para resolver antinomias entre normas constitucionais originárias e normas derivadas, produzidas pelo poder constituinte reformador, ou ainda entre normas derivadas resultantes de emendas constitucionais aprovadas em momentos diferentes. Nessas hipóteses, as normas constitucionais posteriores prevalecem em face das anteriores, revogando-as total ou parcialmente.

---

[50] ALEXY, Robert. *Teoría de los derechos fundamentales*, p. 92. Alexy exemplifica essa exigência fazendo referência a prioridade *prima facie* que deve ter, quando se trata de desvendar um delito grave, a liberdade de informação sobre a proteção da personalidade. Isso não quer dizer uma prioridade definitiva. Cf. ALEXY, Robert. Sistema jurídico, principios jurídicos y razón práctica. *In*: ALEXY, Robert. *Derecho e razón práctica*, p. 18.

Esta revogação, contudo, não ocorre quando as normas derivadas ofendem cláusulas pétreas.[51] Neste caso, o critério hierárquico para resolução de antinomias se sobrepõe ao cronológico, levando à invalidade da norma constitucional derivada, ainda que superveniente, por contrariedade à norma originária, revestida de hierarquia superior.

A boa técnica legislativa recomenda que a revogação de preceitos constitucionais por emenda seja sempre expressa. É que, como anotou Canotilho, em "nível constitucional, não pode reinar a incerteza com que topamos em muitos casos de revogação tácita. Ter dúvidas sobre o direito constitucional em vigor é muito mais grave do que haver incerteza quanto ao direito infraconstitucional efetivamente vigente".[52] Por tal razão, a Lei Fundamental da Alemanha determina que os seus preceitos só podem ser alterados expressamente (art. 79).[53] Sem embargo, e diante da inexistência, na ordem constitucional brasileira, de preceito similar ao consagrado na Lei Fundamental de Bonn, entendemos que, em casos excepcionais, pode-se reconhecer a revogação tácita, total ou parcial, de preceito constitucional por emenda superveniente. Contudo, isso só deve ocorrer em hipótese de irredutível incompatibilidade entre o teor da nova emenda e o texto constitucional anterior. Sempre que possível, o intérprete deve buscar uma interpretação que harmonize as cláusulas em tensão, para evitar a referida incerteza sobre o conteúdo em vigor da Constituição.

Aliás, no Brasil, com a atribuição de hierarquia de emenda constitucional aos tratados internacionais sobre direitos humanos aprovados por meio do procedimento previsto no art. 5º, §3º, da Constituição, a ocorrência de casos de revogação tácita de normas constitucionais torna-se inevitável. Isto porque tais tratados, por serem elaborados na esfera internacional, não têm como mencionar os preceitos dos ordenamentos de cada Estado signatário que serão ab-rogados, o que se aplica também aos dispositivos da Constituição brasileira.

Mas o fenômeno da revogação tácita também pode ocorrer com as emendas. Vejamos um exemplo. O art. 208 da Constituição, com a redação dada pela EC nº 14/96, garantia "o ensino fundamental obrigatório e gratuito, assegurada, inclusive, sua oferta gratuita para todos os que a ele não tiveram acesso na idade própria" (inciso I), e previa a "progressiva universalização do ensino médio" (inciso II). A Constituição, por outro lado, explicita que "o acesso ao ensino obrigatório e gratuito é direito público subjetivo" (art. 208, §1º). Diante do teor destes preceitos, a doutrina dominante enxergava o acesso ao ensino fundamental como direito público subjetivo, imediatamente exigível, mas via a universalização progressiva do ensino médio como norma programática, insuscetível de gerar uma pretensão positiva a uma vaga em escola do 2º grau, tutelável pelo Poder Judiciário.[54]

---

[51] O tema foi amplamente desenvolvido no Capítulo 7.
[52] CANOTILHO, José Joaquim Gomes. *Direito constitucional e teoria da Constituição*, p. 947.
[53] Klaus Stern, citando decisão do Tribunal Constitucional alemão (BVerfGE 9, 334), alude à existência do princípio da "documentabilidade e caráter expressamente visível de toda a reforma da Constituição". De acordo com o jurista alemão, a inclusão deste limite às reformas constitucionais na Lei Fundamental de Bonn representou uma reação ao fenômeno que ocorria no tempo da Constituição de Weimar, em que eram aprovadas leis com quórum de emenda constitucional, não inseridas no texto constitucional, gerando-se dúvida sobre se elas haviam ou não alterado a Constituição. Cf. STERN, Klaus. *Derecho del Estado de la República Federal Alemana*. p. 333-334.
[54] Cf. GOUVEIA, Marco Maselli. *O controle judicial das omissões administrativas*, p 79. Uma corrente minoritária, a que um de nós se vinculava, já afirmava, naquele marco normativo, a imediata exigibilidade do direito de acesso ao ensino médio, entendendo a "progressiva universalização" como dirigida não ao dever do Estado

Pois bem. A EC nº 59/2009 alterou a redação do art. 208, I, da CF, que passou a prever o dever do Estado de assegurar "educação básica obrigatória e gratuita dos 4 (quatro) aos 17 (dezessete) anos de idade, assegurada inclusive sua oferta gratuita a todos os que não tiveram acesso na idade própria". O constituinte derivado estabeleceu o ano de 2016 como prazo para implementação de tal mudança (art. 6º, EC nº 59/2009). Porém, o inciso II do art. 208, que consagra a progressiva universalização do ensino médio não foi formalmente alterado. Não obstante, como o ensino médio integra a educação básica, parece claro que, após 2016, o inciso II do art. 208 deixará de valer no que toca à locução "progressiva", de teor programático, pois, a partir de então, o acesso a este nível tornar-se-á, indiscutivelmente, direito público subjetivo, sendo a sua frequência compulsória. O regime constitucional do ensino médio deixará de ser o da "progressiva universalização", equiparando-se plenamente ao existente para o ensino fundamental. Trata-se de uma hipótese de revogação tácita, ainda que sujeita a termo — o ano de 2016.

12.3.4 O critério de especialidade

O critério de especialidade é empregado no campo constitucional com frequência. Ele retira da incidência da norma constitucional mais geral aquela hipótese disciplinada pela norma mais específica. Vejamos alguns casos:

A Constituição assegura a plena liberdade de associação (art. 5º, XVII). Porém, em relação aos sindicatos — que não deixam de ser uma espécie de associação — ela prevê uma séria restrição a esta liberdade, ao vedar a criação de mais de uma organização sindical, representativa da mesma categoria, na mesma base territorial (art. 8º, II). Em matéria de sindicatos, prevalece a norma mais específica, que impõe a referida restrição à liberdade associativa. A Constituição dispõe que não é possível cobrar tributos no mesmo exercício financeiro em que haja sido publicada a lei que os instituiu ou aumentou (art. 150, III, "b"). Porém, ela mesma, em norma mais específica, estabeleceu que a anterioridade não se aplica a determinados tributos (art. 150, §1º). A regra específica subtrai da mais geral as hipóteses que disciplina. A Carta de 88 consagra o princípio republicano (art. 1º), do qual se extrai, dentre outros mandamentos, a possibilidade de ampla responsabilização das autoridades públicas pelos respectivos atos. Contudo, a própria Constituição estabelece que o Presidente da República, durante o seu mandato, não responderá por quaisquer atos estranhos ao exercício da sua função (art. 86, §4º).

Enfim, há uma enorme gama de situações em que se aplica o critério da especialidade para resolver colisões aparentes entre normas constitucionais. Mas nem sempre o seu emprego é possível, uma vez que o referido critério só pode ser usado para solução de antinomias quando as normas em tensão mantiverem entre si uma relação do tipo *geral → especial*, que é o que ocorre quando o âmbito de incidência da norma especial estiver integralmente contido no interior daquele da norma geral, mas elas apontem soluções diferentes para o caso.[55]

---

de oferecê-lo a todos, mas sim à compulsoriedade da sua frequência por crianças e adolescentes. Cf. SOUZA NETO, Cláudio Pereira de. *Teoria constitucional e democracia deliberativa*, p. 254-256.

[55] Cf. BOBBIO, Norberto. *Teoria do ordenamento jurídico*, p. 96-97.

Recorde-se que as antinomias normativas podem ser do tipo "total-total", "parcial-parcial" e "total-parcial".[56] No primeiro caso, o campo de incidência das normas é coincidente, e elas dispõem em sentido divergente, de modo que qualquer aplicação de uma delas viola necessariamente a outra. Aqui, obviamente, nenhuma norma é especial em relação a outra. No segundo caso, os campos de incidência têm uma interseção parcial: há uma zona de conflito, mas há hipóteses em que cada uma das normas pode ser aplicada sem contradizer a outra. Nesta hipótese, ambas as normas são especiais numa dimensão, porém gerais em outra. Também aqui não se aplica o critério de especialidade. Só no terceiro caso, das antinomias do tipo "total-parcial" cabe falar, tecnicamente, na existência entre as normas de relação *geral → especial*, que enseje o emprego do critério da especialidade.

No Direito Constitucional, é mais frequente a existência de antinomias do tipo parcial-parcial. Por exemplo, há hipóteses em que a liberdade de imprensa pode colidir com o direito à privacidade, mas nem toda hipótese de proteção da esfera privada afeta aquela liberdade, da mesma forma que nem todo exercício da liberdade de imprensa atinge a privacidade. Em casos assim, não há como aplicar o critério da especialidade para resolução da antinomia constitucional.

Sem embargo, cumpre reconhecer que nem sempre a jurisprudência segue rigorosamente a dogmática jurídica neste ponto. O STF, por exemplo, vem invocando o critério da especialidade para afirmar que as regras que preveem foro por prerrogativa de função para certas autoridades públicas prevalecem diante da competência constitucional do tribunal do júri para julgamento de crimes dolosos contra a vida.[57] Contudo, trata-se de uma típica antinomia do tipo parcial-parcial, não havendo, entre as normas em disputa, nenhuma especial em relação a outra. É certo que a norma que estabelece o foro por prerrogativa de função é especial na perspectiva subjetiva, pois só se aplica a um reduzido universo de réus. Porém, a norma que define a competência constitucional do júri é especial na perspectiva objetiva, pois apenas se refere a um pequeno número de crimes, enquanto a outra versa sobre todos os delitos comuns. Portanto, o critério de especialidade não seria aplicável nessa hipótese.

12.4 A composição de uma nova norma

Uma das fórmulas empregadas para a resolução de antinomias entre normas constitucionais, mais apropriada para o campo das regras do que dos princípios, é a composição de uma terceira norma, que incorpore elementos daquelas que entraram em conflito. Não se trata propriamente de ponderação, pois o que se realiza não é busca da otimização de interesses ou valores colidentes, mas a construção de uma nova norma, substancialmente distinta daquelas que colidiram, que busca harmonizar os objetivos subjacentes a cada delas.

Um exemplo da jurisprudência do STF é o reconhecimento da competência dos Tribunais Regionais Federais para julgamento das ações penais movidas contra prefeitos

---

[56] Esta distinção foi formulada originariamente por: ROSS, Alf. *Direito e justiça*, p. 158-159.
[57] "O réu, na qualidade de detentor de mandato parlamentar federal, detém prerrogativa de foro perante o STF, onde deve ser julgado pela imputação da prática de crime doloso contra a vida. A norma contida no art. 5º, XXXVIII, da CF, que garante a instituição do júri, cede diante do disposto no art. 102, I, 'b', da Lei Maior, definidor da competência do STF, dada a especialidade deste último" (Ação Penal nº 333, Rel. Min. Joaquim Barbosa. *DJe*, 11 abr. 2008).

municipais por supostos crimes que atinjam bens jurídicos federais. A Constituição, no seu art. 109, IV, prevê a competência da Justiça Federal de 1º grau para julgar os crimes praticados em detrimento de bens, serviços ou interesses da União ou de suas entidades autárquicas ou empresas públicas. O texto constitucional, por outro lado, estabelece a competência do Tribunal de Justiça para julgamento de crimes praticados por prefeitos (art. 29, inciso X). Diante da colisão, insuscetível, pela sua própria natureza, de equacionamento pelos critérios tradicionais de solução de antinomias ou por ponderação, a jurisprudência construiu uma nova regra de competência, em que, simultaneamente, se preservou a jurisdição da Justiça Federal assim como o foro especial, em 2ª instância, para os prefeitos: esses são julgados pelos Tribunais Regionais Federais.[58]

12.5 A ponderação

Tomando-se a ponderação num sentido mais geral e menos técnico, todos ponderam interesses, quase o tempo inteiro, nas questões mais prosaicas e nas mais sérias: quando decidimos o que almoçar, ponderamos o nosso gosto alimentar, o custo da refeição e o eventual desejo de não engordar; quando escolhemos nossa profissão, ponderamos nossas aspirações e vocação com as oportunidades que o mercado oferece. Ponderar, neste sentido mais amplo, é sopesar vantagens e desvantagens de qualquer ação, comparando-as com as alternativas possíveis. Neste sentido amplo, a ponderação é, por excelência, a forma de raciocínio daqueles que se propõem a resolver questões práticas.

No imaginário jurídico, há uma figura recorrente da Justiça que remete à ideia de ponderação: a balança, com a qual se pesam argumentos e direitos contrapostos, buscando a sua justa medida. É natural, portanto, que se cogite da ponderação para a resolução de colisões entre normas constitucionais. Afinal, as questões constitucionais não são problemas teóricos abstratos que caibam integralmente na lógica formal, cuja resolução sirva apenas ao deleite intelectual dos juristas. Elas envolvem questões práticas importantíssimas da vida da sociedade e das pessoas, que devem ser resolvidas de uma maneira justa e razoável. Sem embargo, o emprego da ponderação no Direito Constitucional, apesar de amplamente difundido em todo o mundo, e usado fartamente pelas mais influentes Supremas Cortes, Cortes Constitucionais e Tribunais Internacionais de todo o mundo,[59] enfrenta fortes críticas e resistências, dirigidas, sobretudo, ao seu uso pelo Poder Judiciário.[60]

No campo jurídico, a ponderação, também chamada de sopesamento, pode ser definida de uma forma mais restrita, como técnica destinada a resolver conflitos entre normas válidas e incidentes sobre um caso, que busca promover, na medida do possível, uma realização otimizada dos bens jurídicos em confronto.[61] Portanto, a simples

---

[58] O entendimento encontra-se cristalizado na Súmula nº 702 do STF, que reza: "A competência do Tribunal de Justiça para julgar prefeitos restringe-se aos crimes de competência da Justiça Comum Estadual; nos demais casos, a competência originária cabe ao respectivo tribunal de 2º grau" (*DJ*, 09 out. 2003).

[59] Para um alentado estudo sobre a ponderação no Direito Comparado, veja-se: SWEET; SWEET, Alec Stone; MATHEWS Jud. Proportionality Balancing and Global Constitutionalism. *Columbia Journal of Transnational Law*, n. 47, p. 73-165.

[60] Entre os textos críticos à ponderação judicial, veja-se, pela relevância, HABERMAS, Jürgen. *Direito e democracia*: entre facticidade e validade, p. 314-330; ALEINIKOFF, Alexander. Constitutional Law in the Age of Balancing. *Yale Law Journal*, n. 96, p. 943-992.

[61] Ana Paula de Barcellos propõe outra definição de ponderação. Tratar-se-ia da "técnica jurídica de solução de conflitos normativos que envolvem valores ou opções políticas em tensão, insuperáveis pelas formas

consideração de argumentos antagônicos na apreciação de um caso, ou na busca da interpretação mais adequada para um determinado enunciado normativo não é suficiente para caracterizar a ponderação. Não fosse assim, quase toda a atividade interpretativa poderia ser classificada como ponderação e o instituto perderia os seus contornos. A técnica em questão envolve a identificação, comparação e eventual restrição de interesses contrapostos envolvidos numa dada hipótese, com a finalidade de encontrar uma solução juridicamente adequada para ela.

Nem sempre, na ponderação, se logra alcançar um meio-termo entre os bens jurídicos em disputa. Algumas vezes, diante das alternativas existentes, a solução terá que priorizar um dos interesses em jogo, em detrimento do outro. Isto, porém, não significa que a norma que tutela o interesse derrotado vá sempre subordinar-se àquela que protege o interesse que prevaleceu. Em circunstâncias diferentes, pode se dar exatamente o contrário, e, em outras, pode ser possível encontrar uma solução intermediária. Isto porque, uma das características da ponderação é que ela deve sempre levar em consideração o cenário fático, as circunstâncias de cada caso e as alternativas de ação existentes.

A ponderação, no Direito, pode ocorrer também fora da seara constitucional, na resolução de colisões entre normas e interesses de estatura infraconstitucional. Aqui, examinaremos apenas a ponderação realizada no domínio constitucional, no afã de solucionar conflitos entre normas da Constituição.

12.5.1 Origem e desenvolvimento da ponderação

É possível buscar as raízes remotas da ponderação nas concepções sobre o Direito que existiam na Antiguidade greco-romana, que o viam como uma disciplina prática, orientada para busca da justa medida na solução de casos concretos.[62] Contudo, não se construiu então nenhum instituto jurídico cuja técnica se aproximasse da ponderação.

No cenário europeu, fala-se em duas diferentes origens para a ponderação: a evolução do controle do poder de polícia estatal no âmbito do Direito Administrativo prussiano, ao longo do século XIX,[63] e o movimento jusfilosófico, ocorrido na virada entre o século XIX e o XX, conhecido como jurisprudência dos interesses,[64] que abalou os alicerces do formalismo jurídico até então predominante na tradição jurídica continental.

Fator histórico decisivo para a cristalização, estruturação dogmática e disseminação da ponderação foi a jurisprudência da Corte Constitucional alemã, produzida a partir dos anos 50 do século passado. A Corte, no período que se seguiu ao pós-guerra, adotara, por razões compreensíveis, uma perspectiva fortemente antipositivista, associada à

---

hermenêuticas tradicionais" (*Ponderação, racionalidade e atividade jurisdicional*, p. 23). A definição, porém, pode igualmente ser aplicada a técnicas e concepções diferentes, como por exemplo o "juízo de adequação", defendido por Habermas e Klaus Günther, que são críticos ferinos do uso da ponderação.

[62] Cf. BERNAL PULIDO, Carlos. *El principio de proporcionalidad y los derechos fundamentales*, p. 43-44.

[63] BERNAL PULIDO, Carlos. *El principio de proporcionalidad y los derechos fundamentales*, p. 46-48; SWEET, Alec Stone; MATHEWS Jud. Proportionality Balancing and Global Constitutionalism. *Columbia Journal of Transnational Law*, n. 47, p. 98-102.

[64] Cf. PEREIRA, Jane Reis Gonçalves. *Interpretação constitucional e direitos fundamentais*, p. 256-257. A jurisprudência dos interesses orientava-se pela resolução dos problemas jurídicos à luz da consideração dos objetivos e valores extraídos do ordenamento. Ela não propunha uma ruptura com o direito positivo, mas a adoção de uma postura hermenêutica mais aberta, com base nos critérios valorativos que pudessem ser extraídos do próprio sistema jurídico. Veja-se, a propósito, LARENZ, Karl. *Metodología de la ciencia del derecho*, p. 70-81.

chamada jurisprudência dos valores.[65] No plano constitucional, a jurisprudência de valores implicava a visão da Constituição como uma "ordem objetiva" de valores, em cujo centro estaria o princípio da dignidade da pessoa humana.[66] Naquele cenário, várias decisões importantes foram proferidas com emprego da ponderação, sobretudo em questões envolvendo direitos fundamentais. A Corte germânica incorporou ao seu arsenal o princípio da proporcionalidade, que já era usado anteriormente no Direito Administrativo alemão, e este se tornou o principal instrumento metodológico para realização da ponderação.

No cenário norte-americano, a ponderação (*balancing*) surgiu por influência da virada sociológica na teoria jurídica que se principia no início do século XX, tendo como protagonistas autores como Oliver Wendell Holmes, Roscoe Pound e Benjamin Cardoso, tidos como precursores do realismo jurídico — mais importante movimento antiformalista no pensamento jurídico norte-americano.[67] A partir de meados da década de 30, a crise do formalismo na interpretação constitucional, que se seguiu ao *New Deal* e ao embate político entre o Presidente Roosevelt e a Suprema Corte — com a vitória final do primeiro —, aliada à força do realismo jurídico na academia e nos tribunais, levaram à generalização da ponderação. No Direito norte-americano, no entanto, a ponderação não se pauta pelo princípio da proporcionalidade, mas por uma série de *standards* específicos, construídos jurisprudencialmente, que variam sensivelmente diante dos direitos e interesses em jogo, e que envolvem níveis bastante heterogêneos de ativismo judicial no controle dos atos estatais.[68]

A ponderação afirmou-se como método de resolução de colisões constitucionais em diversos países, como Espanha, Portugal, Itália, Hungria, Canadá, África do Sul e Colômbia.[69] A sua adoção é frequentemente associada à expansão da jurisdição constitucional, ocorrida após a segunda metade do século XX, bem como ao fenômeno da judicialização da política. Algumas cortes internacionais também passaram a recorrer à metodologia, como a Corte Europeia de Direitos Humanos, o Tribunal de Justiça das Comunidades Europeias, a Corte Interamericana de Direitos Humanos e a Organização Internacional do Comércio. De um modo geral, tem prevalecido no Direito Comparado o aporte germânico nesta questão, com a estruturação da técnica de ponderação a partir dos três subprincípios que compõem a proporcionalidade (adequação, necessidade e proporcionalidade em sentido estrito), já examinados no Capítulo 11.

No Brasil, praticamente não se falava em ponderação até o advento da Constituição de 88. No pensamento jurídico brasileiro, predominava o formalismo positivista,

---

[65] Sobre a jurisprudência de valores na Alemanha, veja-se: LARENZ, Karl. *Metodología de la ciencia del derecho*, p. 70-81. Para uma aguda crítica desta concepção, veja-se: MAUS, Ingeborg. O Judiciário como superego da sociedade: a jurisdição na "sociedade órfã de pai". *Novos Estudos – CEBRAP*, n. 58, p. 183-202.

[66] Sobre esta concepção, veja-se: KOMMERS, Donald P. Germany: Balancing Rights and Duties. *In*: GOLDSWORTHY, Jeffrey Denys (Ed.). *Interpreting Constitutions*: a Comparative Study, p. 161-214.

[67] Sobre o realismo jurídico norte-americano, veja-se: FELDMAN, Stephen M. *American Legal Thought from Pre-Modernism to Postmodernism*: an Intellectual Voyage, p. 105-115.

[68] Sobre a prática da ponderação na jurisprudência constitucional norte-americana, veja-se HENKIN, Louis. Infallibility under Law: Constitutional Balancing, p. 1022-1049; SWEET, Alec Stone. All Things in Proportion?: American Rights Doctrine and the Problem of Balancing. *Emory Law Journal*, n. 60, p. 101-180.

[69] Para uma ampla análise da ponderação constitucional no Direito Comparado e Internacional, veja-se: SWEET, Alec Stone; MATHEWS Jud. Proportionality Balancing and Global Constitutionalism. *Columbia Journal of Transnational Law*, n. 47, p. 73-165; BEATTY, Davi. *The Ultimate Rule of Law*, p. 159-188.

avesso ao uso de instrumental hermenêutico mais aberto e flexível, como a ponderação.[70] Ademais, a desimportância prática da Constituição no nosso cotidiano, aliada a uma visão que tendia a ver os seus princípios mais vagos como meras proclamações políticas despidas de força vinculante, obstavam o desenvolvimento da técnica entre nós. Isto não significa dizer que os juízes não ponderassem, mas sim que, quando eventualmente o faziam, a ponderação era realizada de forma velada e intuitiva, não sendo explicitada na fundamentação das decisões judiciais.

Foi após o advento da Constituição de 88 que a jurisprudência brasileira, inclusive do STF, passou a realizar ponderações de forma mais explícita. Num primeiro momento, estas ponderações não eram minimamente estruturadas. Aludia-se ao conflito entre normas constitucionais e à ponderação para, em seguida, apresentar-se a solução considerada correta para o caso, sem uma maior preocupação com a sua justificação ou com a adoção de critérios intersubjetivamente controláveis. Contudo, nos últimos anos, houve um avanço nesse campo, em razão do uso, cada vez mais frequente, dos critérios relacionados ao princípio da proporcionalidade na realização da ponderação. Nada obstante, ainda há muito a progredir nesta seara, seja no aperfeiçoamento da técnica ponderativa no âmbito jurisprudencial, com o uso mais ajustado do princípio da proporcionalidade, seja na cristalização de parâmetros específicos para resolução de determinados conflitos recorrentes entre normas constitucionais.[71] Tais ajustes são indispensáveis para a legitimação do emprego da técnica, de modo a conferir maior racionalidade e previsibilidade à ponderação, restringindo os riscos de arbítrio judicial.

12.5.2 Quem pondera e em que contextos?

Quase todo o debate sobre a ponderação concentra-se na sua realização pelo juiz. Porém, não é apenas o Poder Judiciário que realiza ponderações entre interesses constitucionais contrapostos. O Legislativo e a Administração Pública também o fazem, e até mesmo particulares, quando têm de resolver, no âmbito das suas atividades, colisões entre normas constitucionais.

Aliás, numa democracia, quem tem a primazia na ponderação é o legislador que, ao regulamentar as mais diferentes matérias, deve levar em consideração as exigências decorrentes de normas e valores constitucionais por vezes conflitantes. É tão corriqueira a ponderação legislativa de interesses constitucionais conflitantes que ela passa até desapercebida. Quando, por exemplo, o legislador fixa um determinado prazo para defesa numa ação judicial, ele pondera, de um lado, o princípio da ampla defesa, e, do outro, a exigência constitucional de celeridade processual (princípio da duração razoável do processo). O legislador, naturalmente, dispõe de uma margem de escolha para realizar essa ponderação, pois ele não é um mero executor de decisões já integralmente contidas na Constituição.[72] Este espaço de livre conformação na ponderação legislativa

---

[70] Cf. SARMENTO, Daniel. *A ponderação de interesses na Constituição Federal*, p. 171-172.
[71] A busca de parâmetros para ponderação é uma tendência que se pode captar na doutrina brasileira. Para uma extensa análise da questão, com a formulação de parâmetros próprios, veja-se: BARCELLOS, Ana Paula de. *Ponderação, racionalidade e atividade jurisdicional*, p. 159-294.
[72] Sobre as margens de escolha legislativa na ponderação, veja-se o Posfácio à obra de ALEXY, Robert. *Teoría de los derechos fundamentales*, p. 575-627. O autor germânico, em influente lição, decompôs esta margem de escolha em duas distinções — a estrutural e a epistêmica. A margem estrutural dá poder ao legislador de adotar a alternativa

tem fundamento no princípio democrático. Mas esta margem não é infinita. Se, por exemplo, o legislador processual fixasse o prazo para contestação na ação ordinária em um ou dois dias, ele certamente restringiria, acima do aceitável, o princípio da ampla defesa. Já se ele estipulasse um prazo de seis meses, atingiria, de forma desproporcional, o princípio da duração razoável do processo. Contudo, dentro da margem que possui, a decisão do legislador não deve ser invalidada pelo Judiciário, ainda que o juiz não a considere ideal, tendo em vista o dever de deferência jurisdicional diante das normas legislativas, decorrente do princípio democrático.

A ponderação judicial pode ocorrer em três contextos diferentes. No primeiro, o Poder Judiciário é provocado para analisar a validade de uma ponderação já realizada por terceiros — em geral, pelo legislador — o que pode ocorrer tanto em sede de controle abstrato de normas quanto na análise de caso concreto. No segundo, existe um conflito entre normas constitucionais, mas não há nenhuma ponderação prévia realizada por terceiros. Aqui, o juiz tem a primeira palavra na ponderação, e não apenas examina a validade de algum sopesamento extrajudicial feito anteriormente. Na terceira hipótese, o próprio legislador infraconstitucional remete ao Judiciário a tarefa de avaliar, em cada caso concreto, a solução correta para o conflito entre interesses constitucionais colidentes, seguindo determinadas diretrizes, pressupostos e procedimentos que ele fixou.

No primeiro contexto, de controle das ponderações contidas em normas jurídicas, o Poder Judiciário pode realizar dois tipos diferentes de análise. Em primeiro lugar, ele pode verificar se uma ponderação legislativa é constitucional em tese. Recorde-se o caso apreciado pelo STF na ADI nº 319,[73] em que se analisou a validade da Lei nº 8.039/90, que, num contexto de elevada inflação, estabelecera critérios para a correção das mensalidades nas escolas particulares. De um lado da balança, figuravam os princípios da livre-iniciativa e da livre concorrência, sinalizando no sentido do direito das escolas de definirem livremente os preços cobrados pelo seu serviço. Do outro, a proteção do consumidor e o direito fundamental à educação, apontando para a possibilidade de imposição de limitações àquele direito. O legislador federal realizou uma ponderação entre os interesses constitucionais em conflito, e o Judiciário foi provocado a examinar a sua validade, que corroborou. Se, por exemplo, fosse editada uma lei penal estabelecendo a pena privativa de liberdade de 20 a 30 anos para o delito de furto, e essa norma fosse questionada em juízo, seja em sede de controle abstrato de constitucionalidade, seja em um caso concreto, o Poder Judiciário poderia dizer que a ponderação legislativa é inconstitucional, por conferir um peso exagerado à tutela do patrimônio em detrimento da liberdade de ir e vir.

Além disto, o Judiciário pode também empreender outro tipo de controle, para aferir se a incidência de uma norma, ainda que válida em abstrato, também o é numa situação concreta revestida de peculiaridades.[74] Imagine-se o caso de um motorista que, ao levar o filho menor gravemente doente ao hospital, em situação de verdadeira urgência, furar vários sinais de trânsito, sendo por isso multado. Ainda que se considere

---

de sua preferência no caso de "empate" na ponderação. E a margem de ação epistêmica importa no reconhecimento de que, em caso de incerteza sobre as premissas empíricas ou normativas subjacentes à ponderação, deve-se respeitar a sua liberdade de escolha.

[73] ADI nº 319, Rel. Min. Moreira Alves. *DJ*, 30 abr. 1993.

[74] No mesmo sentido, BARCELLOS, Ana Paula de. *Ponderação, racionalidade e atividade jurisdicional*, p. 231-232, que anota: "É possível cogitar de situações nas quais um enunciado normativo, válido em tese e na maior parte das suas incidências, ao ser confrontado com determinadas circunstâncias, produz uma norma inconstitucional".

válida, em tese, a norma que instituiu a multa, penalizando os que não respeitam os sinais de trânsito, o Judiciário pode considerar a sua aplicação, naquele caso específico, inconstitucional, pois, para aquela hipótese, a tutela da saúde da criança enferma preponderaria, numa ponderação, sobre a proteção da segurança de terceiros — bem jurídico salvaguardado pela norma de trânsito.

O STF reconheceu a possibilidade deste tipo de ponderação em caso que versava sobre a constitucionalidade de medida provisória que proibira a concessão de liminares contra o chamado "Plano Collor". A Corte, por maioria, negou a concessão medida cautelar na ADI, mas ressalvou expressamente a possibilidade de que os juízes, no controle concreto de constitucionalidade, avaliassem se, em cada caso, aquela restrição ao poder geral de cautela se afigurava, ou não, desproporcional.[75]

Um caso de ponderação realizada diretamente pelo Judiciário, sem prévio sopesamento legislativo, envolveu a cantora mexicana Gloria Trevi, quando esteve presa no Brasil para fins de extradição.[76] A artista engravidou na prisão e acusou os policiais responsáveis pela sua guarda de estupro, afirmando que um deles teria de ser o pai da criança. Os policiais, em defesa da sua reputação e de sua presunção de inocência, solicitaram ao STF que determinasse a realização de um exame de DNA na placenta a ser expelida pela cantora durante o parto, pois isto poderia excluir a sua paternidade, afastando a acusação de estupro. Gloria Trevi se opôs, invocando o seu direito à privacidade e ao controle do próprio corpo. Não havia solução legislativa para a hipótese, e a Corte realizou diretamente a ponderação, autorizando a realização do exame de DNA requerido.

Como exemplo de ponderação no terceiro contexto acima referido há a autorização judicial para a interceptação de comunicações telefônicas. A Constituição prevê esta possibilidade (art. 5º, XII), que foi disciplinada na Lei nº 9.296/96. A lei conferiu ao juiz o poder de determinar a colocação de escuta telefônica, desde que satisfeitos determinados pressupostos, mas é certo que o magistrado, em cada decisão, tem de sopesar, à luz das circunstâncias do caso, se é justificável a restrição à privacidade dos investigados em prol do interesse público na apuração do suposto ilícito.

---

[75] ADI nº 223-MC, Rel. p/ acórdão Min. Sepúlveda Pertence. *DJ*, 29 jun. 1990. Na ementa do julgado consta o seguinte: "Ação direta de inconstitucionalidade contra a Medida Provisória 173, de 18.3.90, que veda a concessão de 'medida liminar em mandado de segurança e em ações ordinárias e cautelares decorrentes das medidas provisórias nºs 151, 154, 158, 160, 162, 165, 167 e 168': indeferimento do pedido de suspensão cautelar da vigência do diploma impugnado: razões dos votos vencedores. Sentido da inovadora alusão constitucional à plenitude da garantia a jurisdição contra a ameaça de direito: ênfase da função preventiva de jurisdição, na qual se insere a função cautelar e, quando necessário, o poder de cautela liminar. Implicações da plenitude da jurisdição cautelar, enquanto instrumento de proteção ao processo e de salvaguarda da plenitude das funções do Poder Judiciário. Admissibilidade, não obstante, de condições e limitações legais ao poder cautelar do juiz. A tutela cautelar e o risco do constrangimento precipitado a direitos da parte contrária, com violação da garantia do devido processo legal. Conseqüente necessidade de controle da razoabilidade de leis restritivas ao poder cautelar. Antecedentes legislativos de vedação de liminares de determinado conteúdo. Critério de razoabilidade de restrições, a partir do caráter essencialmente provisório de todo o provimento cautelar, liminar ou não. Generalidade, diversidade e imprecisão de limites do âmbito de vedação de liminar da MP 173, que, se lhe podem vir, a final, a comprometer a validade, dificultam demarcar, em tese, no juízo de delibação sobre o pedido de sua suspensão cautelar, até onde são razoáveis as proibição nela impostas, enquanto contenção ao abuso do poder cautelar, e onde se inicia, inversamente, o abuso das limitações e a conseqüente afronta à plenitude da jurisdição e ao Poder Judiciário. Indeferimento da suspensão liminar da MP 173, que não prejudica, segundo o relator do acórdão, o exame judicial em cada caso concreto da constitucionalidade, incluída a razoabilidade, da aplicação da norma proibitiva da liminar. Considerações, em diversos votos, dos riscos da suspensão cautelar da medida impugnada".

[76] Rcl. nº 2.040/DF, Rel. Min. Néri da Silveira. *DJU*, 27 jun. 2003.

12.5.3 A técnica da ponderação

O primeiro passo na ponderação é a verificação da existência de efetivo conflito entre normas constitucionais. Para isto, é preciso interpretar as normas que estejam aparentemente em jogo, de modo a verificar se elas são realmente aplicáveis sobre a situação que se tem em vista. Em outras palavras, deve-se analisar se o caso em discussão está ou não contido no interior da hipótese de incidência de normas constitucionais distintas, que apontem soluções diferentes para o caso. Em algumas situações, chegar-se-á à conclusão de que uma das normas constitucionais em debate não incide sequer *prima facie*, não havendo qualquer necessidade de ponderação. Se estiver em discussão, por exemplo, a responsabilização de alguém que explodiu uma repartição pública para protestar contra o governo, o caso não envolverá ponderação entre, de um lado, a liberdade de expressão e, do outro, o direito à vida, à segurança ou a tutela do patrimônio público. A liberdade de expressão simplesmente não se aplica à hipótese. Ela até protege condutas expressivas de protesto — como o ato de queimar uma bandeira nacional — mas certamente não abrange a explosão de um prédio público.

É certo que a teoria hegemônica da ponderação, formulada por Robert Alexy, e seguida no Brasil por autores como Virgílio Afonso da Silva e Jane Reis Gonçalves Pereira, sustenta que se deve interpretar da forma mais ampla possível cada uma das normas constitucionais em jogo, resolvendo por meio da ponderação os conflitos que surjam daí.[77] Em favor dessa tese, alega-se que o procedimento empregado na ponderação é mais racional e intersubjetivamente controlável do que aquele usado para definir o âmbito de incidência das normas constitucionais em tensão.

Nesse ponto, nos situamos no meio-termo entre os adeptos desta corrente e os adversários da ponderação, que defendem a categorização como mecanismo de solução de tensões entre normas constitucionais. Concordamos que a categorização é muitas vezes impossível, e que a ponderação possui vantagens metodológicas inequívocas sobre ela. Porém, uma interpretação sempre ampliativa das normas constitucionais em caso de possível conflito tende a produzir uma "inflação ponderativa", que também é perigosa, pois quase todos os casos de aplicação corriqueira do Direito tornar-se-iam ponderações. A ponderação judicial acabaria se tornando o mecanismo usual de aplicação da Constituição, e não um instrumento residual para a resolução de "casos difíceis". Ademais, dita posição não leva em conta a missão do intérprete de buscar uma interpretação coerente das normas constitucionais, decorrente do reconhecimento da existência de um sistema constitucional dotado de unidade.

Não defendemos, como os adeptos da categorização, que se deva fixar o campo de incidência das normas constitucionais de forma a evitar qualquer possibilidade de colisão com outras normas. Isto sequer nos parece possível. Sustentamos, sim, que as normas em conflito devem ser interpretadas de maneira razoável — não necessariamente ampliativa ou restritiva — considerando-se todos os elementos importantes da hermenêutica jurídica (texto, história, sistema, finalidade da norma, valores subjacentes etc.). Só se passa à fase da ponderação propriamente dita se, nessa fase interpretativa, chegar-se à conclusão de que existe mais de uma norma constitucional em jogo, cada

---

[77] Cf. ALEXY, Robert. *Teoría de los derechos fundamentales*, p. 321-332; PEREIRA, Jane Reis Gonçalves. *Interpretação constitucional e direitos fundamentais*, p. 167-182; SILVA, Virgílio Afonso da. *Direitos fundamentais*: conteúdo essencial, restrições e eficácia, p. 79-112.

uma direcionando a solução do problema num sentido diferente. Caso contrário, a hipótese não será de ponderação, mas de mera aplicação da norma constitucional incidente.

Se o caso for de ponderação, o principal critério a ser empregado para a sua realização é o princípio proporcionalidade com os seus três subprincípios (adequação, necessidade e proporcionalidade em sentido estrito), já anteriormente analisados.[78] No entanto, ponderação e proporcionalidade, apesar de envolverem ideias muito próximas, não se confundem, seja porque se emprega a proporcionalidade em hipóteses que não envolvem conflitos entre normas constitucionais, seja porque a ponderação não se resume à aplicação da proporcionalidade. Ademais, do ponto de vista conceitual, é possível realizar a ponderação recorrendo a outros critérios distintos da proporcionalidade, como bem revela a análise da jurisprudência constitucional norte-americana.[79]

Assim, verifica-se, primeiramente, se a aventada restrição ao bem jurídico tutelado por uma das normas constitucionais em conflito ao menos contribui para a promoção daquele protegido pela norma contraposta (subprincípio da adequação). Se a resposta for negativa, isto basta para que se conclua no sentido da inconstitucionalidade desta medida restritiva. Se ela for afirmativa, prossegue a avaliação, analisando-se se existia ou não alguma medida alternativa mais suave, que promovesse, da mesma forma, o interesse subjacente à norma constitucional contrária, sem restringir com tamanha intensidade o bem jurídico atingido (subprincípio da necessidade). Sendo a resposta positiva, conclui-se no sentido da invalidade da medida. Caso contrário, passa-se ao exame da relação entre as vantagens e ônus da medida, sob o ângulo constitucional (subprincípio da proporcionalidade em sentido estrito). Em outras palavras, analisa-se se a restrição ao interesse constitucionalmente protegido por uma norma constitucional é ou não compensada pela promoção do interesse antagônico.

Neste último exame — decerto o mais problemático —, devem-se considerar diversos fatores. Em primeiro lugar, cumpre aferir a importância, sob a perspectiva constitucional, dos bens jurídicos em confronto (*peso abstrato*). Como exposto anteriormente, a inexistência de hierarquia formal entre as normas constitucionais não significa que a Constituição tenha atribuído o mesmo nível de proteção a todos os bens jurídicos que tutela. Pelo contrário, alguns direitos e bens jurídicos são protegidos mais intensamente do que outros. Esta comparação deve atentar para o sistema constitucional positivo, mas é inevitável que nela acabem também penetrando valorações morais e políticas, que — não há como negar — podem ser profundamente controvertidas no cenário de uma sociedade plural.

Pode-se dizer, por exemplo, que a Constituição de 88 protege mais intensamente as liberdades políticas e existenciais do que as de caráter econômico, o que pode ser inferido tanto do nosso sistema constitucional, como de uma teoria moral que leve a sério o imperativo de tratar a todas as pessoas como livres e iguais, aplicada no cenário de uma sociedade caracterizada por profunda desigualdade socioeconômica. No confronto entre bens jurídicos constitucionais com *peso abstrato* diferente, há uma tendência de aquele tido como mais elevado prevalecer. Trata-se, porém, de uma prevalência *prima facie*, que pode ser eventualmente superada.

---

[78] Sobre os três subprincípios da proporcionalidade, veja-se o Capítulo 11.
[79] Cf. SWEET, Alec Stone. All Things in Proportion?: American Rights Doctrine and the Problem of Balancing. *Emory Law Journal*, n. 60, p. 101-180.

Analisa-se, em seguida, o grau de restrição ao bem jurídico atingido pela medida, cotejando-o com o nível de realização do interesse constitucional contraposto (*peso concreto*). Uma restrição leve a um bem jurídico mais importante sob o prisma constitucional pode ser justificada pela realização, em grau mais elevado, de outro interesse não tão relevante. E uma limitação muito severa a um bem jurídico menos essencial pode não ser admissível, ainda que vise à promoção, em nível mais modesto, de outro tido como mais relevante. Seria, por exemplo, de manifesta inconstitucionalidade uma lei que proibisse completamente o consumo do álcool, para evitar os riscos à saúde e até à vida que o alcoolismo encerra, mesmo considerando que, na escala dos valores constitucionais, o direito à vida está acima da tutela da liberdade geral de ação. A excessiva severidade da restrição ao bem jurídico sacrificado não seria compensada pelo ganho na tutela da vida ou da saúde.

Levando em consideração esses elementos — peso abstrato e peso concreto —, Robert Alexy formulou o que ele designou como "lei de ponderação": "quanto maior é o grau de não-cumprimento ou prejuízo de um princípio, tanto maior deve ser a importância do cumprimento do outro".[80]

Além do peso abstrato e do peso concreto, outra variável relevante na ponderação é a confiabilidade das premissas empíricas em que se apoiou a medida restritiva de um direito. Alexy fornece exemplo interessante, ligado à criminalização do consumo de *cannabis sativa*. A saúde pública — bem tutelado pela proibição — tem um forte peso abstrato, assim como a autonomia privada. O grau de restrição à autonomia privada e de promoção à saúde na medida podem ser considerados, em tese, equivalentes. Alexy, porém, critica decisão do Tribunal Constitucional alemão, o qual considerou a norma incriminadora compatível com a Constituição, mesmo reconhecendo que a confiabilidade das premissas empíricas que motivaram o legislador era apenas "sustentável".[81] Com efeito, por um lado, existe certeza de que a medida legislativa restringe a liberdade individual, mas, por outro, há dúvidas fundadas sobre se ela realmente promove a saúde. Isso porque muitos sustentam que a criminalização é contraproducente, defendendo outras estratégias para o combate às drogas. Esse fator, para Alexy, desempataria a ponderação em favor da liberdade, evidenciando o equívoco do legislador alemão.

Para integrar esses três elementos (peso abstrato, grau de restrição e confiabilidade das premissas empíricas) Alexy chegou a conceber o que denominou "fórmula da ponderação",[82] que decompõe os fatores a serem levados em conta na atividade ponderativa. A fórmula é complexa e sujeita a críticas. Nossa experiência didática nos indica que a sua análise não contribui para a compreensão do tema pelos estudantes. Por esta razão, não a discutiremos aqui. Mas ela tem o mérito de chamar a atenção do aplicador do direito para os dados e as razões que efetivamente devem ser considerados na atividade de ponderação. O intérprete, ao explicitar de que modo está considerando cada um

---

[80] Cf. ALEXY, Robert. Ponderação, jurisdição constitucional e representação. *In*: ALEXY, Robert. *Constitucionalismo discursivo*, p. 156.

[81] ALEXY, Robert. On Balancing and Subsumption: a Structural Comparison. *Ratio Juris*, v. 16, n. 4, p. 433-449.

[82] ALEXY, Robert. On Balancing and Subsumption: a Structural Comparison. *Ratio Juris*, v. 16, n. 4, p. 433-449. A fórmula é a seguinte:
$$P_{i,j} = \frac{I_i \times P_i \times C_i}{I_j \times P_j \times C_j}$$
Nesta fórmula, $P_{i,j}$ é o Peso concreto; I é a Intensidade da interferência no princípio; P é o Peso abstrato do princípio; e C é a Confiabilidade das premissas empíricas.

dos elementos pertinentes, incrementa a racionalidade da atividade de ponderação e a torna mais controlável pelo público.[83] Sem embargo, o emprego de uma fórmula pode passar a falsa impressão de que a atividade de ponderação se exaure na lógica formal. Nada mais falso. A ponderação não é atividade mecânica, e com frequência envolve valorações complexas e polêmicas, em que algum grau de subjetividade é inevitável.

12.5.4 Ponderação, democracia e desenho institucional

Recorde-se que, na seara judicial, há hipóteses em que o magistrado avalia a constitucionalidade da ponderação feita por outros órgãos, e outras em que ele é instado a realizar por si o sopesamento dos interesses em confronto. No primeiro caso, ele recorre ao procedimento acima definido para fazer dita apreciação. Nesta atividade, todavia, ele deve manter uma postura de deferência diante das ponderações realizadas, respeitando a margem de escolha dos demais poderes. Não cabe ao juiz, em outras palavras, substituir a ponderação de terceiros pela sua, como se fosse ele o legislador. Já no segundo caso, cabe ao Judiciário avaliar, à luz das circunstâncias do caso, quais são as alternativas possíveis de solução para o problema constitucional com que se defronta, testando-as em exercício intelectual, para verificar qual delas melhor se amolda às exigências do princípio da proporcionalidade, acima expostas.

Uma das características da ponderação judicial é a sua preocupação com as singularidades de cada caso concreto. Neste sentido, a ponderação é muito mais flexível do que a subsunção, abrindo espaço para que se considerem as circunstâncias particulares a cada caso e o respectivo contexto social. Contudo, a tendência da ponderação a certo casuísmo levanta alguns questionamentos, pois amplia o risco de arbítrio judicial, além de prejudicar a previsibilidade do Direito, comprometendo a segurança jurídica do cidadão.

Crítica desse tipo é realizada, por exemplo, pelo jurista norte-americano Frederick Schauer, que examina a tendência de se apresentar como natural ou necessária a metodologia jurídica que denomina "particularista", em que sempre cabe ao intérprete, ao apreciar um caso, considerar as finalidades subjacentes às normas aplicáveis e as circunstâncias específicas do contexto em que a decisão se insere. O particularismo, hoje hegemônico, permite que sejam produzidas decisões hipoteticamente mais justas, por levar os juízes a considerarem particularidades que as normas gerais e abstratas, editadas pelo legislador, não são capazes de abarcar. A metodologia jurídica oposta — o formalismo —, ao circunscrever o juiz à aplicação silogística da lei, tende a prover maior segurança jurídica, reduzindo a discricionariedade judicial. Schauer sustenta que a opção por um ou outro método depende da confiança que os cidadãos depositam nos juízes. Trata-se de decisão política e contingente. É o contexto em que as instituições têm seu funcionamento que define se a melhor opção é o particularismo ou o formalismo.[84]

De fato, permitir que os magistrados ponderem princípios, ou que revejam a ponderação feita abstratamente pelo legislador, depende, em parte, de uma decisão da

---

[83] No Brasil, algumas contribuições recentes também se engajam nesse esforço de "decomposição analítica". É o caso, por exemplo, dos estudos de: ÁVILA, Humberto. *Teoria dos princípios*: da definição à aplicação dos princípios jurídicos; e de BARCELLOS, Ana Paula de. Alguns parâmetros para a ponderação constitucional. *In*: BARROSO, Luís Roberto (Org.). *A nova interpretação constitucional*: ponderação, direitos fundamentais e relações privadas.

[84] Cf. SCHAUER, Frederick. *Playing by the Rules*: a Philosophical Examination of Rule-Based Decision-Making in Law and in Life; STRUCHINER, Noel. *Para falar de regras*: o positivismo conceitual como cenário para uma investigação filosófica acerca dos casos difíceis do direito, p. 165.

sociedade sobre o desenho institucional que se deseja conferir ao Judiciário. No contexto brasileiro contemporâneo, há autoridades públicas às quais não seria prudente conferir a atribuição ampla de realizar justiça no caso concreto. Referimo-nos, por exemplo, às autoridades policiais. Tendo em vista a história brasileira recente, marcada por casos recorrentes de violência e abuso de autoridade, o mais seguro é restringir as autoridades policiais à aplicação formalista dos textos legais. O mesmo juízo não é feito a respeito dos magistrados. A visão predominante é de que o que se ganha na realização da justiça com a utilização mais ampla da ponderação compensa o que se perde em termos de previsibilidade e risco de erros e desvios, cuja possibilidade se amplia com a adoção de métodos particularistas.

Afirmamos que a adoção da técnica da ponderação depende apenas "em parte" de uma decisão política porque, em alguns casos extremos, a ponderação se mostra inevitável, devendo ser realizada mesmo por agentes públicos nos quais a sociedade não deposite confiança suficiente para desonerá-los do apego formalista aos textos legais. Pense-se, por exemplo, na seguinte hipótese. O direito brasileiro permite que a prestação de serviço público seja suspensa quando não há o pagamento da tarifa. Verificando o não pagamento, a companhia elétrica determina que seu empregado vá até o local e realize o respectivo "corte". Ao chegar à residência do usuário, o empregado é informado que ali vive pessoa que depende de aparelho de respiração artificial para se manter vivo e que a suspensão do serviço provocará a sua morte.[85] Imagine-se que a lei que permite a suspensão do serviço tenha sido declarada constitucional pelo Supremo Tribunal Federal. É lícito que o empregado promova o "corte"? Ou diante das circunstâncias especialíssimas do caso concreto, deve deixar de realizá-lo? Parece-nos que a segunda opção seja a única aceitável. Na verdade, o emprego mais amplo ou mais restrito da técnica da ponderação depende de decisão política: sua utilização residual é, porém, inevitável.

Observe-se ainda que a referência a uma "decisão política" sobre o paradigma hermenêutico não pode ser interpretada como uma decisão singular, efetivamente tomada pela sociedade ou por seus representantes em determinado momento da história nacional. Não há, por exemplo, uma cláusula constitucional que expressamente autorize ou vede a ponderação ou o uso de qualquer outro método. Na verdade, o que ocorreu entre nós foi a formação paulatina de um ambiente cultural e institucional que legitimou a adoção, aqui, de técnicas de decisão mais voltadas à realização da justiça no caso concreto, como é o caso destacado da técnica da ponderação. Sem embargo, é possível questionar possíveis excessos deste paradigma hermenêutico particularista que vem se consolidando em nossa cultura jurídica, ou até mesmo, de forma mais radical, combatê-lo, defendendo o retorno ao formalismo. Não há, em abstrato, um modelo interpretativo correto. O que existem são variações nesta área, que podem ser mais ou menos adequadas às características de cada sociedade e ordenamento jurídico.

Outra fragilidade da ponderação judicial liga-se à sua legitimação democrática. Isto porque, a técnica envolve a realização de juízos muitas vezes controvertidos, que escapam à lógica formal, por consistirem na comparação entre interesses e valores muito heterogêneos, que tendem a ser avaliados de maneiras divergentes no âmbito

---

[85] O caso efetivamente ocorreu na Nova Zelândia, em 2007, sendo amplamente noticiado na imprensa. Veja-se, por exemplo: <http://www.jt.com.br/editorias/2007/05/31/int-1.94.6.20070531.4.1.xml>.

de uma sociedade plural.[86] Por isso, há quem questione a legitimidade do recurso à ponderação na esfera jurisdicional, afirmando que esta é uma atividade própria aos poderes políticos, eleitos pelo povo, e não ao Judiciário.[87]

Estas críticas à ponderação não são inteiramente desprovidas de razão, devendo ser seriamente consideradas. É certo, porém, que as alternativas não formalistas à dita técnica, como se viu anteriormente, não solucionam os problemas apontados, mas antes os agravam. A alternativa estritamente formalista, por outro lado, negaria eficácia aos princípios constitucionais mais abertos. Como muitas das normas mais importantes do ordenamento estão positivadas dessa forma, a adoção de uma metodologia formalista implicaria lhes negar aplicação direta pelo Judiciário, que só poderia atuar nos termos de sua concretização legislativa, e apenas se essa efetivamente ocorresse. Daí por que a melhor alternativa hoje disponível envolve afirmar a normatividade de todo o sistema constitucional, inclusive dos princípios, e adotar a técnica da ponderação para resolver eventual tensão que surja entre eles. A ponderação é, no mínimo, um "mal necessário" para equacionamento dos "casos difíceis" do Direito Constitucional.

Porém, se não há solução miraculosa para as dificuldades acima apontadas, existem, sim, alguns instrumentos que podem minimizá-las. A seguir, apresentaremos, de forma muito sintética, os principais deles:

a) Fixação de parâmetros para a ponderação, que sejam suscetíveis de universalização,[88] vale dizer, de aplicação a casos equiparáveis. O estabelecimento de parâmetros para a ponderação é importante porque reduz o risco de arbítrio judicial, amplia a previsibilidade e segurança jurídica do cidadão e facilita o trabalho dos juízes em casos futuros, tornando mais eficiente a prestação jurisdicional. Tais parâmetros indicam em que casos uma norma constitucional tende a prevalecer sobre a outra, bem como aqueles em que se deve solucionar o problema por meio de uma solução intermediária, que envolva cedências recíprocas das normas em conflito. Eles devem ser desenvolvidos pela jurisprudência, à luz do sistema constitucional, servindo de orientação para casos futuros. Um exemplo de parâmetro é a primazia da liberdade de imprensa sobre o direito à reputação, quando se tratar de notícias de interesse público sobre pessoas públicas.

b) Na ponderação judicial, deve haver uma preocupação adicional com a motivação dos julgados, que tem de ser transparente, além de muito criteriosa na utilização da técnica.[89] Devem ser evitadas as justificativas muito genéricas, que aludam à ponderação, sem esclarecer as razões que levaram a que se atribuísse peso superior a um

---

[86] Esta ideia de que a heterogeneidade dos interesses em disputa na ponderação geraria uma suposta incomensurabilidade jurídica foi expressa, com ironia, em voto do Juiz Antonin Scalia, da Suprema Corte norte-americana, no caso *Bendix Corp. v. Midwesco* (1988): "A analogia da balança não é apropriada, uma vez que os interesses em cada um dos lados são incomensuráveis. É como se julgássemos se uma determinada linha é mais longa do que um certa pedra é pesada".

[87] Neste sentido, por exemplo, veja-se a crítica de: HABERMAS, Jürgen. *Direito e democracia*: entre facticidade e validade, p. 314-330. Na literatura jurídica nacional, esta linha crítica é forte na doutrina constitucional mineira, valendo como exemplo: FERRAZ, Leonardo de Araújo. *Da teoria à crítica*: princípio da proporcionalidade: uma visão com base nas doutrinas de Robert Alexy e Jürgen Habermas, p. 143-174.

[88] No mesmo sentido, cf. BARROSO, Luís Roberto. *Curso de direito constitucional contemporâneo*: os conceitos fundamentais e a construção do novo modelo, 2. ed., p. 337; SOUZA NETO, Cláudio Pereira de. Ponderação de princípios e racionalidade das decisões judiciais: coerência, razão pública, decomposição analítica e *standards* de ponderação. *Boletim Científico da Escola Superior do Ministério Público da União*, v. 15, p. 207-227.

[89] Recorde-se que, no Brasil, a motivação das decisões judiciais é imperativo constitucional (art. 93, IX, CF).

determinado interesse sobre o outro. Além de possibilitar um maior controle jurídico e social sobre as decisões judiciais em questão, esta exigência fortalece a legitimidade democrática da ponderação, quando permite que as partes interessadas, bem como toda a sociedade, verifiquem a possibilidade de reconduzir a opção ponderativa adotada ao sistema constitucional vigente.

c) Na hipótese de controle sobre ponderações já realizadas por outros poderes do Estado, o Judiciário deve, em geral, adotar uma posição de autocontenção e deferência. A invalidação ou desaplicação de decisões ponderativas dos poderes políticos só deve ocorrer quando o respectivo erro de sopesamento for grave. Esta postura de deferência pode fundar-se, dependendo do caso, no princípio democrático, que postula o reconhecimento de uma ampla liberdade de conformação para os poderes eleitos, ou numa comparação, desfavorável ao Judiciário, entre a sua capacidade institucional e a do órgão que realizou originariamente a ponderação, em hipótese que envolva conhecimentos técnicos não jurídicos especializados.[90] O grau de deferência, todavia, é variável. Em situações que envolvam restrições a direitos de grupos minoritários vulneráveis, ou que versem sobre direitos fundamentais básicos, que possam ser vistos como pressupostos da democracia ou componentes essenciais da dignidade humana, pode justificar-se um escrutínio jurisdicional mais rigoroso sobre as ponderações realizadas pelos demais poderes do Estado.[91] O maior ativismo judicial, nessas hipóteses, visará a evitar a tirania da maioria sobre a minoria, ou a garantir o funcionamento da própria democracia, concebida em termos não exclusivamente formais.

12.5.5 Ponderação e regras constitucionais

A ponderação é uma técnica vocacionada para a resolução de tensões entre princípios, haja vista que estes podem ser concebidos, de acordo com a célebre definição de Robert Alexy, como "mandados de otimização", cumpridos na medida das possibilidades fáticas e jurídicas de cada caso. As possibilidades jurídicas em questão são, exatamente, as que decorrem de eventuais colisões entre o princípio a ser otimizado e algum outro, também incidente sobre a hipótese, que aponte solução distinta para o caso. Discute-se, porém, se, em casos excepcionais, também é possível afastar ou mitigar a incidência de regras constitucionais por meio da ponderação.

Há quem sustente que isto não é possível, pois, ao optar pela disciplina de uma questão com a utilização de uma regra, o próprio constituinte já excluiria qualquer possibilidade de ponderação futura. Quando, por exemplo, a Constituição define que a idade mínima para o exercício da função de Senador da República é de 35 anos (art. 35, VI, "a"), em absolutamente nenhuma hipótese poder-se-ia admitir a posse neste cargo de alguém com idade inferior. Qualquer conflito entre regras deveria ser resolvido pelos critérios tradicionais de solução de antinomias.

Entendemos que as regras constitucionais não se abrem, em geral, a ponderações, aplicando-se de acordo com a lógica do "tudo ou nada". Esta maior rigidez na

---

[90] A deferência inspirada no princípio democrático pode ser associada ao que Robert Alexy denominou de margem de ação (ou discricionariedade, na tradução brasileira de Virgílio Afonso da Silva) epistêmica normativa, enquanto a deferência decorrente de déficit de *expertise* pode ser relacionada ao que o jurista germânico designou como margem de ação epistêmica empírica. Cf. ALEXY, Robert. *Teoria dos direitos fundamentais*, p. 575-627.

[91] Sobre as variações na deferência jurisdicional diante de decisões dos demais poderes estatais, veja-se o Capítulo 10.

aplicação das regras é importante por várias razões, já explicitadas anteriormente, como a proteção da segurança jurídica e a blindagem contra os riscos de erro e de arbítrio judicial. Porém, há hipóteses extraordinárias, não previstas pelo constituinte, em que mesmo a aplicação das regras constitucionais pode ser afastada por ponderação.[92] Por exemplo, no julgamento do *Habeas Corpus* nº 89.417, ocorrido em 2006,[93] o STF afastou, por ponderação, a regra constitucional que determina que a prisão em flagrante de um deputado estadual deve ser submetida ao crivo da respectiva Assembleia Legislativa (art. 27, §1º, c/c art. 53, §2º, CF), num caso em que o preso era o Presidente da Assembleia Legislativa, acusado de comandar uma quadrilha da qual participariam 23 dos 24 deputados estaduais de determinado Estado. A Corte entendeu, corretamente, que as características singularíssimas do caso justificavam a não aplicação da regra em questão, uma vez que a incidência da norma implicaria garantia da impunidade do agente político, em afronta a diversos princípios constitucionais, como a República, a moralidade e a democracia.[94]

Em caso mais recente, o STF afastou a regra constitucional que garante a coisa julgada (art. 5º, XXXVI), para prestigiar os princípios que tutelam o direito ao estado de filiação (art. 5º, 227, *caput* e §6º, CF) e à assistência jurídica integral aos desamparados (art. 5º, LXXIV, CF). Tratava-se de ação de investigação de paternidade, ajuizada por um menor, cuja demanda anterior fora julgada improcedente, por insuficiência de provas: ele não tinha realizado o exame de DNA no primeiro processo, por ausência de recursos para custeá-lo. O STF admitiu, na hipótese, a relativização da coisa julgada, após ponderá-la com os outros princípios, que, na sua ótica, teriam, no caso concreto, um peso significativamente superior. Vale a pena reproduzir trecho do voto proferido pelo Ministro Luiz Fux, em que o tema da ponderação de regras foi aflorado com precisão:[95]

> Ressalte-se desde logo que a previsão normativa da garantia da coisa julgada como regra não é suficiente, por si só, para pôr fim a qualquer perspectiva de ponderação. Como vem reconhecendo a novel doutrina da hermenêutica constitucional, também as regras jurídicas, em hipóteses excepcionais, submetem-se a um raciocínio ponderativo. Para tanto, deve ser realçada a razão subjacente à regra, isto é, o princípio que informa a sua aplicação aos casos concretos: *in casu*, é o princípio da segurança jurídica (CF, art. 5º, *caput*), como já visto, que serve de manancial para a definição do sentido e do alcance da garantia da coisa julgada material. Não basta, no entanto, cotejar, imediatamente após isso, o peso de tal razão subjacente diante de outros princípios em jogo. É imprescindível que se leve em conta, ainda, que as regras jurídicas, como categoria normativa, têm por reflexo, em sua aplicação, a promoção de valores como a previsibilidade, igualdade e democracia. Assim, a técnica da ponderação apenas poderá levar ao afastamento de uma regra quando restar demonstrado, de modo fundamentado, que os princípios que lhes são contrapostos superam, axiologicamente, o peso (i) da razão subjacente à própria regra e (ii) dos princípios institucionais da previsibilidade, da igualdade e da democracia.

---

[92] No mesmo sentido, veja-se: ÁVILA, Humberto. *Teoria dos princípios*, p. 76-78; BARCELLOS, Ana Paula de. *Ponderação, racionalidade e atividade jurisdicional*, p. 201-234.

[93] HC nº 89.417, 1ª Turma. Rel. Min. Carmen Lúcia. *DJ*, 15 dez. 2006.

[94] Na ementa do acórdão, lavrou-se: "Os elementos contidos nos autos impõe interpretação que considere mais que a regra proibitiva da prisão parlamentar, isoladamente, como previsto no art. 55, §2º, da Constituição da República. Há de se buscar interpretação que conduza à aplicação efetiva e eficaz do sistema constitucional como um todo".

[95] RE nº 363.889, Rel. Min. Dias Toffoli. *DJe*, 16 dez. 2011.

Há quem até admita o afastamento de regras constitucionais *prima facie* incidentes sobre uma hipótese, mas não a sua ponderação. Afirma-se que não se pondera propriamente a regra, mas o princípio mais geral que ela concretiza, com o outro com o qual se choca. Se, nessa ponderação, for afastado o princípio sobrejacente à regra, essa também não será aplicada, seguindo a mesma sorte do princípio ponderado.[96]

Entendemos que se trata de controvérsia nominalista. Mesmo quem não admite, por pureza conceitual, a ponderação entre regras, concebe a possibilidade de seu afastamento, considerando as razões que, no caso, se opõem à sua aplicação. Trata-se tão somente de outra forma de apresentar o problema, cuja validade, nos parece, depende de estar acompanhada da enfática ressalva de que o afastamento da regra constitucional só pode ocorrer em hipóteses excepcionalíssimas. O fundamental é ressaltar que o ônus argumentativo que se exige para envolver uma regra constitucional em um jogo de ponderações é muito superior ao demandado para o sopesamento de princípios, devendo-se reservar esta faculdade para casos verdadeiramente excepcionais, sob pena de excessiva flexibilização da ordem constitucional. Converter o afastamento de regras constitucionais, por meio da ponderação dos princípios sobrejacentes a elas, em técnica de uso corrente parece-nos solução que não preserva a integridade do sistema constitucional.

12.5.6 Alguns parâmetros gerais para a ponderação

Como salientado acima, a fixação de parâmetros é extremamente importante para a ponderação, por reduzir os riscos de erro e arbítrio judicial, aumentar a previsibilidade das decisões em favor da segurança jurídica, e poupar tempo e energia dos operadores do Direito em casos futuros. Tais parâmetros não devem ser inventados, ao sabor das preferências do intérprete, mas inferidos do sistema constitucional. Ditos parâmetros podem ser mais específicos (*e.g.*, parâmetros para conflitos entre igualdade e liberdade de expressão, entre separação de poderes e direito à saúde, entre proteção ao meio ambiente e direito de propriedade), ou mais gerais. Aqui, destacaremos sinteticamente três parâmetros gerais para a ponderação:

a) As regras constitucionais têm preferência *prima facie* sobre os princípios.[97] Em geral, as regras instituem exceções à aplicação dos princípios, prevalecendo sobre eles (critério *lex specialis*). Só em hipóteses excepcionais se deve admitir o afastamento de uma regra constitucional pela via da ponderação. Esse critério tem como principais fundamentos a preservação da segurança jurídica e da vontade expressa do poder constituinte.

b) Há uma preferência *prima facie* das normas que instituem direitos fundamentais quando colidem com outras que assegurem interesses e bens jurídicos distintos.[98] Há até quem sustente, como Ronald Dworkin, que os direitos fundamentais, por valerem

---

[96] Esta parece ser a posição de: SILVA, Virgílio Afonso da. *Direitos fundamentais*: conteúdo essencial, restrições e eficácia, p. 56-62.

[97] No mesmo sentido, veja-se: BARCELLOS, Ana Paula de. *Ponderação, racionalidade atividade jurisdicional*, p. 165-234.

[98] No mesmo sentido, cf. ALEXY, Robert. Derechos individuales y bienes colectivos. *In*: ALEXY, Robert. *El concepto y la validez del derecho*; SARMENTO, Daniel. Interesses públicos versus interesses privados na perspectiva da teoria e da filosofia constitucional. *In*: SARMENTO, Daniel. *Livres e iguais*: estudos de direito constitucional, p. 33-93; BARCELLOS, Ana Paula de. *Ponderação, racionalidade atividade jurisdicional*, p. 235-274.

como "trunfos" diante de outros interesses e de cálculos de utilidade social, sempre prevaleceriam sobre outros bens.[99] Não vamos tão longe, pois no constitucionalismo social, que não concebe as pessoas como indivíduos isolados perseguindo apenas os seus próprios interesses, restrições a direitos podem se afigurar essenciais para a implementação de objetivos constitucionais, que, em última análise, também se voltem à tutela da pessoa humana. Contudo, da proteção reforçada dada pela Constituição aos direitos fundamentais, e de uma compreensão adequada da dignidade da pessoa humana, que não concebe os indivíduos como meros componentes de um corpo coletivo maior, cujos interesses possam ser facilmente sacrificados em favor de algum suposto "bem comum", pode-se extrair a prioridade *prima facie* dos direitos fundamentais em face de outros interesses constitucionais.

c) Dentre os direitos fundamentais, há uma preferência *prima facie* dos direitos e liberdades existenciais, dos ligados à garantia dos pressupostos da democracia e das condições essenciais de vida sobre aqueles de conteúdo meramente patrimonial ou econômico. Esta prioridade pode também ser inferida do nosso sistema constitucional, bem como de uma teoria moral e política razoável, que "leva a sério" o imperativo de promoção da justiça social, no cenário de uma sociedade profundamente desigual.[100]

12.6 Tratados internacionais de direitos humanos dotados de hierarquia constitucional e o critério da norma mais favorável

Como já discutido no Capítulo 1, os tratados internacionais de direitos humanos incorporados por meio do procedimento previsto no art. 5º, §3º, da Constituição têm hierarquia de emenda constitucional. Em outras palavras, eles podem modificar a Constituição, mas não lhes é permitido afrontar as suas cláusulas pétreas.

Um segmento importante da doutrina brasileira sustenta, desde antes da incorporação do art. 5º, §3º, da Constituição Federal, com a edição da Emenda Constitucional 45/03, que todos os tratados internacionais de direitos humanos teriam hierarquia constitucional, tendo em vista o disposto no art. 5º, §2º, da Carta.[101] Essa posição, contudo, não prevaleceu no STF, que, em um primeiro momento, atribuiu a estes tratados força de lei ordinária,[102] passando, posteriormente, a considerá-los como dotados de hierarquia supralegal, mas infraconstitucional.[103] Portanto, de acordo com a atual posição da

---

[99] Cf. DWORKIN, Ronald. *Taking Rights Seriously*, p. 90-100.

[100] Afinal de contas, uma proteção muito reforçada dos direitos econômicos e patrimoniais criaria dificuldades incontornáveis para a adoção de políticas públicas de caráter redistributivo, voltados à promoção da igualdade substantiva e da justiça social, já que estas tendem a afetar o *status quo* econômico, que envolve a proteção de direitos patrimoniais dos mais ricos.

[101] Veja-se, a propósito, CANÇADO TRINDADE, Antônio Augusto. Memorial em prol de uma nova mentalidade quanto a proteção dos direitos humanos nos planos internacional e nacional. *Arquivos de Direitos Humanos*, n. 1, p. 3-56; PIOVESAN, Flávia. *Direitos humanos e o direito constitucional internacional*, 9. ed., p. 51-91. A autora defende a posição da hierarquia constitucional dos tratados dos direitos humanos desde a 1ª edição da citada obra, que é anterior ao advento da EC nº 45/03. Para uma análise dos argumentos a favor e contra a atribuição de hierarquia constitucional a todos os tratados de direitos humanos, veja-se o Capítulo 1.

[102] O *leading case* foi o HC nº 72.131, Rel. p/ acórdão Min. Moreira Alves. Julg. 23.11.1995. *DJ*, 1º ago. 2003. Neste julgamento, o STF entendeu que deveria estender aos tratados internacionais de direitos humanos o mesmo regime aplicável aos demais tratados, que, segundo orientação da Corte, firmada em 1977, no RE nº 80.004, implicava equipará-los às leis ordinárias.

[103] A mudança deu-se no julgamento do RE nº 466.343, Rel. Min. Cezar Peluso. *DJe*, 05 jun. 2009, tendo-se adotado na questão a proposta defendida em seu voto pelo Ministro Gilmar Ferreira Mendes.

Corte,[104] só podem alterar formalmente a Constituição os tratados de direitos humanos cuja incorporação tenha seguido o procedimento estabelecido no art. 5º, §3º, da nossa Lei Fundamental.

O Brasil inclusive já incorporou um tratado internacional de direitos humanos seguindo o procedimento previsto no art. 5º, §3º, CF: a Convenção sobre os Direitos das Pessoas com Deficiência, com o respectivo Protocolo Facultativo, que foi aprovada pelo Congresso Nacional com a edição do Decreto Legislativo nº 186/2008, e promulgada pelo Presidente da República por meio do Decreto nº 6.949/2009. Tal Convenção, de caráter extremamente avançado, introduziu na nossa ordem constitucional diversos novos direitos fundamentais das pessoas com deficiência, e ampliou outros que o texto constitucional brasileiro já consagrava.

A incorporação de tratados internacionais de direitos humanos na nossa ordem constitucional pode acarretar colisões com normas anteriores presentes no Texto Magno. E também possível a ocorrência de conflitos entre normas constantes em diferentes tratados internacionais de direitos humanos, todos incorporados com hierarquia de emenda constitucional. Nessas hipóteses, a doutrina[105] tem enfatizado que os critérios tradicionais para solução de antinomias — hierárquico, cronológico e de especialidade — devem ceder espaço para outro critério de conteúdo material, já tradicional no campo do Direito Internacional dos Direitos Humanos:[106] o princípio da prevalência da norma mais favorável ao titular do direito. Como ressaltou Flávia Piovesan "no plano de proteção dos direitos humanos interagem o direito internacional e o direito interno movidos pelas mesmas necessidades de proteção, prevalecendo as normas que melhor protejam o ser humano, tendo em vista que a primazia é da pessoa humana".[107]

Este princípio de prevalência da norma mais benéfica foi expressamente previsto no art. 4.4 da Convenção sobre Direitos das Pessoas com Deficiência[108] — repita-se, a única até agora incorporada no Brasil seguindo o procedimento do art. 5º, §3º, da Constituição. Portanto, os conflitos entre o texto constitucional e a Convenção sobre os Direitos das Pessoas com Deficiência devem se resolver em favor da norma mais favorável a este grupo vulnerável de pessoas. É o que ocorre, por exemplo, com o direito à acessibilidade das pessoas com deficiência. A Constituição limitava-se a prever o dever

---

[104] *Vide* os Capítulos 1 e 7.
[105] Cf. CANÇADO TRINDADE, Antônio Augusto. *Tratado de direito internacional dos direitos humanos*; RAMOS, André de Carvalho. *Teoria geral dos direitos humanos na ordem internacional*, p. 106-110.
[106] O critério da prevalência da norma mais favorável à vítima está expressamente consagrado em vários tratados internacionais de direito humanos, como no Pacto Internacional do Direito Civis e Políticos (art. 5º(2)), no Pacto Internacional dos Direitos Sociais, Econômicos e Culturais (art. 5º(2)); na Convenção sobre a Eliminação de todas as formas de Discriminação contra as Mulheres (art. 23); na Convenção sobre os Direitos das Crianças (art. 41); na Convenção Interamericana de Direitos Humanos (art. 29, b); na Convenção Interamericana para Prevenir, Punir e Erradicar a Violência contra a Mulher (arts. 13 e 14); e na Convenção Europeia de Direitos Humanos (art. 60). Ele também tem sido usado pelas cortes internacionais de direitos humanos. Veja-se, por exemplo, na Corte Interamericana de Direitos Humanos, o *Parecer Consultivo sobre a filiação obrigatória de jornalistas* (artigos 13 e 29 da Convenção), de 13 de novembro de 1985: "Em consequência, se a uma mesma situação são aplicáveis a Convenção Americana e outro tratado internacional, deve prevalecer a norma mais favorável à pessoa humana".
[107] PIOVESAN, Flávia. *Direitos humanos e o direito constitucional internacional*, p. 98-99.
[108] O art. 4.4 da referida Convenção estabelece: "Nenhum dispositivo da presente Convenção afetará quaisquer disposições mais propícias à realização do direito das pessoas com deficiência, constantes na legislação do Estado Parte ou no direito internacional em vigor para este Estado. Não poderá haver qualquer restrição ou derrogação de qualquer dos direitos humanos e liberdades fundamentais reconhecidos ou vigentes em qualquer Estado Parte da presente Convenção, em conformidade com leis, convenções, regulamentos ou costumes, sob a alegação de que a presente Convenção não reconhece tais direitos e liberdades ou que os reconhece em menor grau".

do Estado de, nos termos da lei, adaptar os logradouros, edifícios de uso público e transportes coletivos, visando à garantia do acesso adequado às pessoas portadoras de deficiência (CF, art. 227, §2º, e 244).[109] Já a Convenção previu o direito à acessibilidade em termos muito mais amplos, obrigando os Estados a tomarem as medidas necessárias para "assegurar às pessoas com deficiência o acesso, em igualdade de oportunidades com as demais pessoas, ao meio físico, ao transporte, à informação e comunicação, inclusive sistemas e tecnologias de informação e comunicação, bem como a outros serviços e instalações abertas ao público ou de uso público" (art. 9.1). O preceito convencional, porque mais favorável às pessoas com deficiência, prevalece sobre aquele constante no texto originário da Constituição.

É certo, contudo, que podem surgir casos mais complexos no confronto entre Constituição e tratado incorporado com força de emenda constitucional, ou entre dois tratados desta espécie, em que não seja tão fácil estabelecer qual deles contém a norma mais favorável. É possível, por exemplo, que um dos atos normativos favoreça mais um direito fundamental, e o outro proteja mais um direito concorrente. Um tratado sobre liberdade de imprensa, incorporado com hierarquia constitucional, poderia, por exemplo, ser mais generoso do que a própria Constituição na proteção deste direito, mas, por outro lado, importar em garantia mais débil à privacidade.

Em hipóteses como essas, se não for possível a busca de concordância prática entre as normas em tensão, entendemos que se deve recorrer ao critério, sugerido por Ingo Wolfgang Sarlet,[110] de prevalência daquela que mais promova a dignidade da pessoa humana, uma vez que, afinal, é esse o valor central que nutre e costura todo o sistema constitucional de direitos fundamentais.

É verdade, porém, que mesmo esse último critério padece de grande vagueza, podendo ensejar impasses de difícil superação, sobretudo no contexto de uma sociedade plural, em que convivem pessoas com concepções valorativas, ideológicas e religiosas radicalmente divergentes. Em casos assim, não haverá saídas fáceis. O seu equacionamento dependerá de uma argumentação jurídica aberta a valores, calcada na razão pública, insuscetível de cristalização em um único critério de resolução de antinomias, por mais engenhoso que seja.

---

[109] É verdade que a legislação infraconstitucional — em especial a Lei nº 10.098/2000 e o Decreto nº 5.296/2004 — já haviam ampliado a ideia de acessibilidade para pessoas com deficiência para além do que fora estabelecido pela Constituição.

[110] Cf. SARLET, Ingo Wolfgang. Direitos fundamentais, reforma do judiciário e tratados internacionais de direitos humanos. *In*: CLÈVE, Clèmerson Merlin; SARLET, Ingo Wolfgang; PAGLIARINI, Alexandre Coutinho (Org.). *Direitos humanos e democracia*, p. 346-347.

CAPÍTULO 13

AS LACUNAS CONSTITUCIONAIS E SUA INTEGRAÇÃO

13.1 Lacunas constitucionais, reserva de Constituição e silêncio eloquente

A teoria jurídica tradicional afirma que o ordenamento jurídico é dotado de completude.[1] Isto porque, dele seria possível extrair a resposta para qualquer problema jurídico que viesse a surgir. Porém, mesmo de acordo com esta concepção, as leis, diferentemente do ordenamento, podem conter lacunas, quando não indicarem soluções para questões juridicamente relevantes.[2] Diante de uma lacuna, o Poder Judiciário,

---

[1] A ideia da completude do ordenamento jurídico é associada ao positivismo formalista desenvolvido no âmbito dos países do sistema romano-germânico, tanto na versão francesa da Escola da Exegese, como na versão germânica da jurisprudência dos conceitos e se vincula também ao dogma, cada vez mais questionável, da necessária estatalidade do Direito. Veja-se, sobre o tópico, BOBBIO, Norberto. *Teoria do ordenamento jurídico*, p. 115-160; LARENZ, Karl. *Metodología de la ciencia del derecho*, p. 363-400. GUASTINI, Riccardo. *Das fontes às normas*, p. 173-184.

[2] Cabem aqui dois breves registros. O primeiro é no sentido de que, em qualquer sociedade, existem os chamados "espaços vazios de Direito", e estes não são equiparáveis às lacunas. Há espaço vazio de Direito quando o ordenamento não cuida de determinadas questões não por uma falha sua, mas porque não se considera apropriado ou legítimo fazê-lo. O assunto fica sem disciplina jurídica, ainda que seja eventualmente regulado em outras esferas sociais, como a estética, a das regras de cortesia, a religiosa etc. O ordenamento jurídico da maior parte dos países não trata, por exemplo, da forma como as pessoas devem se cumprimentar, nem disciplina a quantidade de banhos que cada um deve tomar, o que não pode ser considerado uma lacuna. Veja-se, a propósito, LARENZ, Karl. *Metodología de la ciencia del derecho*, p. 364; ZAGREBELSKY, Gustavo. *Manuale di diritto costituzionale*: Il sistema delle fonti del diritto, p. 79-80. O segundo registro é no sentido de que as lacunas algumas vezes resultam não propriamente da ausência de regulação jurídica de um assunto, mas da percepção de que a regulação *prima facie* incidente sobre uma determinada situação deixou de contemplar uma singularidade importante, cuja consideração certamente levaria a resultado diferente. Há uma dissonância entre aquela incidência normativa e o sistema jurídico como um todo, que não pode ser imputada à intenção legal. Seria o caso de uma norma jurídica que vedasse o ingresso de cães numa estação de metrô, mas deixasse de consagrar uma exceção para os cães-guia, que ajudam os deficientes visuais na sua locomoção, não por uma decisão do legislador, mas simplesmente porque não se cogitou da hipótese na formulação da norma em questão. Esta hipótese é chamada por alguns autores de "lacuna oculta". Cf. LARENZ, Karl. *Metodología de la ciencia del derecho*, p. 370.

que tem a obrigação institucional de resolver os conflitos de interesse submetidos à sua apreciação, não pode recusar-se a julgar, proferindo um *non liquet*. O seu papel é promover o preenchimento da lacuna, sua *integração*, resolvendo o caso. Entre nós, esta obrigação está prevista no art. 4º da Lei de Introdução às Normas do Direito Brasileiro, antiga Lei de Introdução ao Código Civil, segundo o qual "quando a lei for omissa, o juiz decidirá o caso de acordo com a analogia, os costumes e os princípios gerais de Direito".

Não se objetiva, aqui, discutir as complexas questões de Teoria Geral do Direito atinentes à suposta completude do ordenamento jurídico, nem tampouco as que gravitam em torno da ideia de lacuna e dos meios para o seu preenchimento. Pretende-se tão somente examinar a existência de lacunas no âmbito da Constituição, e verificar quais as formas adequadas para colmatá-las.

Sabe-se que as constituições não disciplinam, de forma global e exaustiva, todas as relações sociais. Mesmo as constituições mais analíticas, como a brasileira, que tratam de muitos assuntos além daqueles de que cogitava o constitucionalismo liberal, deixam amplos espaços para a deliberação política das maiorias de cada momento. E é natural que seja assim. Uma Constituição que pretendesse tudo regular não seria democrática, por subtrair — ou dificultar sobremodo o exercício — (d)o direito do povo, em especial das gerações futuras, de fazer as suas próprias escolhas e definir os seus caminhos por meio da legislação infraconstitucional. Além disso, uma Constituição com pretensões regulatórias tão ambiciosas estaria condenada à curta duração, pois ela não conseguiria adaptar-se adequadamente às mudanças que ocorrem na sociedade, ampliando os riscos de ruptura institucional.

A Constituição é, portanto, uma *norma fragmentária*, que não trata de todos os temas, mas tão somente daqueles escolhidos pelo poder constituinte, pela sua singular importância,[3] ou por outras razões atinentes à conveniência do seu entrincheiramento. Mesmo nestes temas, a Constituição, no mais das vezes, não exaure a respectiva disciplina, mas apenas fixa as suas principais coordenadas normativas, deixando a complementação para o legislador.

Neste quadro, pode-se indagar se realmente existem lacunas na Constituição, pois a falta de regulação de uma questão no plano constitucional pode significar, pura e simplesmente, que o tema foi deixado para o legislador infraconstitucional ou para a decisão de outros poderes públicos. Em outras palavras, a não regulamentação pode exprimir uma opção política legítima do constituinte.

Na maior parte das vezes, é isso que ocorre. Contudo, em algumas hipóteses, é possível inferir, da consideração global da Constituição, que ela reservou para si o tratamento de determinados temas. Temos aqui a chamada *reserva de Constituição*.[4] Nos temas abarcados pela reserva de Constituição, a ausência de norma constitucional pode

---

[3] É certo que fatores diversos podem levar o poder constituinte a positivar na Constituição normas não tão importantes, o que, sem dúvida, ocorreu na Constituição de 88.

[4] De acordo com Canotilho, a reserva de Constituição "significa que determinadas questões respeitantes ao estatuto jurídico do político não devem ser reguladas por leis ordinárias, mas pela constituição" (*Direito constitucional e teoria da Constituição*, p. 241). Para o autor lusitano, "a ideia de reserva de constituição aponta para a existência de certos núcleos de matérias que, de acordo com o espírito do tempo e a consciência jurídica geral da comunidade, devem estar normativamente contemplados na lei proeminente desta comunidade", o que ele associa aos "princípios fundamentais que especificam a estrutura geral do governo e do processo político (poderes do legislativo, executivo e do judiciário, princípio da regra majoritária) e pelos direitos de liberdade e igualdade básicos de um cidadão que as maiorias legislativas devem respeitar" (p. 1015).

significar a existência de lacuna, tendo em vista a impossibilidade da sua disciplina em sede infraconstitucional.

A ideia de reserva de Constituição não é de caráter metafísico ou jusnaturalista, nem alude a alguma fórmula universal, invariável e pré-política, sobre o que só possa figurar em sede constitucional. É da análise de cada sistema constitucional concreto que se pode inferir quais foram os temas cuja regulação foi reservada, com exclusividade, à Constituição. Neste sentido, a reserva de Constituição não está necessariamente vinculada à relevância do tema versado. Existem temas jurídicos de enorme importância que não são equacionados em sede constitucional. A Constituição pode até exercer uma influência sobre a sua disciplina infraconstitucional — o que tende a ocorrer, diante do fenômeno da "filtragem constitucional" do Direito —, mas não subtrai todo o espaço de livre conformação legislativa. No importante julgamento proferido sobre a validade das pesquisas em células-tronco embrionárias, por exemplo, consta no voto vencedor do relator, Ministro Carlos Ayres Britto, que "o Magno Texto Federal não dispõe sobre o início da vida humana ou o preciso instante em que esta começa", o que, na ótica do Ministro, caracterizaria "mutismo constitucional hermeneuticamente significativo de transpasse de poder legislativo para a legislação ordinária".[5] E não há dúvida de que o tema do início da vida é de grande importância. Sem embargo, não há como dissociar completamente a "reserva de Constituição" da ideia de "reserva de justiça", que atribui à Constituição a definição dos princípios fundamentais de justiça de uma comunidade política.[6]

Vejamos um claro exemplo de reserva de Constituição: a Carta de 88, até o advento da EC nº 32/2001, não definia um elenco de limites temáticos para a elaboração de medida provisória (redação antiga do art. 62, CF). E o tema não poderia ser disciplinado por lei, até porque, tendo a medida provisória força de lei, de nada adiantaria que uma lei fixasse limites para a sua edição, pois medida provisória superveniente que não os respeitasse iria derrogá-los, pelo critério cronológico de resolução de antinomias.[7] Daí por que se concluía, à época, que o tema dos limites à edição de medida provisória era matéria sujeita à reserva de Constituição.

Também pode-se falar em lacuna da Constituição quando ocorrem situações extraordinárias, não previstas pelo constituinte, diante das quais a aplicação das normas constitucionais a princípio incidentes produziria resultados absolutamente inadequados e incompatíveis com o espírito da própria Constituição. Chaïm Perelman[8] narra um caso extremo, ocorrido na Bélgica e julgado pela Corte de Cassação do país. Durante a I Guerra Mundial, a Bélgica esteve quase toda ocupada pela Alemanha, o que impedia o seu Parlamento de legislar. Naquele período, o Rei, que estava fora da zona ocupada, legislou por meio de decretos-leis, o que não era permitido pela Constituição, que determinava o exercício do poder legislativo pelo Senado, Câmara de Representantes

---

[5] ADI nº 3.510, Rel. Min. Carlos Britto. *DJe*, 27 maio 2010.
[6] No mesmo sentido, veja-se: CANOTILHO, José Joaquim Gomes. *Direito constitucional e teoria da Constituição*. Sobre o papel da Constituição como "reserva de Justiça", veja-se: VIEIRA, Oscar Vilhena. *A Constituição e sua reserva de justiça*: um ensaio sobre limites materiais ao poder de reforma.
[7] Ressalte-se que tampouco seria possível a edição de lei complementar para disciplina do tema. É que, de acordo com entendimento doutrinário e jurisprudencial consolidado, só cabe a edição de lei complementar para tratar de assuntos que o próprio constituinte tenha reservado à legislação complementar. E não há, na Carta de 88, qualquer previsão para edição de lei complementar nesta matéria.
[8] PERELMAN, Chaïm. *Lógica jurídica*: nova retórica, p. 105-107.

e pelo monarca, em conjunto. A Constituição não contemplava a possibilidade de suspensão das suas normas em períodos de crise, como aquele. Não obstante, a Corte de Cassação do país considerou válidas as normas editadas pelo Rei. A decisão, aparentemente *contra legem*, pode ser explicada pelo reconhecimento de que existia uma lacuna na Constituição belga, que não previra uma situação excepcional, como aquela com a qual o país se deparara.

A jurisprudência do STF reconhece, sem qualquer hesitação, a existência de lacunas constitucionais. Um caso recente foi discutido em julgamento relativo às exigências profissionais para a nomeação de advogados para o exercício da função de juiz de Tribunal Regional Eleitoral.[9] O texto constitucional prevê que o Presidente da República nomeará dois juízes dentre advogados com notável saber jurídico e reputação ilibada, indicados em lista sêxtupla elaborada pelo Tribunal de Justiça (art. 120, III). Não há qualquer alusão à exigência de tempo mínimo de experiência profissional para acesso a tal função. Não obstante, a Corte entendeu que o caso era de lacuna constitucional, por constatar que a regra geral, válida para o ingresso de advogados em todos os demais tribunais nacionais, é a exigência de 10 anos de atividade profissional, inexistindo, sob o ponto de vista da Corte, qualquer razão para que a mesma imposição não se aplique à Justiça Eleitoral. Daí por que considerou que não haveria na hipótese silêncio eloquente da Constituição, mas autêntica lacuna, a ser preenchida por meio do recurso à analogia, de forma a validar a exigência de comprovação dos 10 anos de atividade profissional, que estava em discussão.

É preciso distinguir a lacuna constitucional de outras figuras. Uma delas é a inconstitucionalidade por omissão, que tem por pressuposto a ocorrência de mora na regulamentação de norma constitucional, que frustre a sua plena eficácia. Nesta hipótese, há uma lacuna, mas não da Constituição. A lacuna decorre de uma omissão censurável do legislador infraconstitucional.[10] As lacunas constitucionais referem-se a situações constitucionalmente relevantes não reguladas pela Constituição, enquanto as omissões legislativas ligam-se a hipóteses previstas na Constituição, nas quais a norma constitucional pertinente depende da intermediação do legislador infraconstitucional para a plena produção dos seus efeitos.[11]

A lacuna tampouco pode ser confundida com o "silêncio eloquente" da Constituição. Muitas vezes, ao regularem certo tema, as normas constitucionais não consagram determinadas incidências ou consequências não por um esquecimento involuntário do constituinte, mas em razão de uma escolha intencional. Tem-se aqui o chamado "silêncio eloquente" do texto constitucional, em que a não inclusão significa a exclusão. Por exemplo, o art. 134, §1º, da Constituição, com a redação dada pela EC nº 45/2004, consagrou a "autonomia funcional e administrativa e a iniciativa de sua proposta orçamentária" para as Defensorias Públicas dos Estados. O mesmo regime não foi estendido para a Defensoria Pública da União, em que pese a similitude das instituições. Houve, portanto uma escolha do constituinte derivado — na nossa opinião, injustificada —, que pode ser caracterizada como "silêncio eloquente". Não se nega, contudo, que a distinção entre lacuna e silêncio eloquente pode revelar-se complexa, sobretudo

---

[9] RMS nº 24.334/PB, Rel. Min. Gilmar Mendes. *DJ*, 26 ago. 2005.
[10] Cf. MIRANDA, Jorge. *Manual de direito constitucional*, p. 237.
[11] Cf. BARROSO, Luís Roberto. *Interpretação e aplicação da Constituição*, p. 134.

quando não se confunde a *mens legis* com a *mens legislatore*, negando-se peso definitivo à vontade histórica daqueles que elaboraram o texto constitucional originário ou as suas modificações. Afinal, a constatação da lacuna pressupõe a prévia interpretação das normas constitucionais em jogo, o que pode envolver muitas dificuldades práticas e teóricas, como já se viu anteriormente.

Outra distinção conceitual relevante é a que separa a *integração* das lacunas constitucionais da *construção* constitucional. A construção constitucional, ou interpretação construtiva da Constituição, ocorre naquelas hipóteses em que a hermenêutica constitucional assume uma postura mais ousada, buscando, para além do texto, novas figuras ou incidências não previstas expressamente.[12] A expressão "construção constitucional" é de uso corrente na teoria constitucional norte-americana,[13] sendo frequentemente associada ao ativismo judicial. Um exemplo de construção constitucional na jurisprudência dos Estados Unidos foi a afirmação do direito à privacidade, que não se encontra expressamente consagrado na Constituição do país, mas que, segundo a Suprema Corte, poderia ser extraído das "zonas de penumbra" de outros direitos fundamentais.[14] No Brasil, um caso de construção constitucional foi o reconhecimento do direito fundamental universal à não auto-incriminação em qualquer esfera, uma vez que o Texto Magno apenas reconhece expressamente o direito do preso de "permanecer calado" (art. 5º, LXIII). Na construção constitucional não há propriamente lacuna, pois a regulação da hipótese pode ser extraída da Constituição, desde que interpretada de forma mais ousada.

Não é apenas o Poder Judiciário que preenche as lacunas constitucionais. Outros órgãos e entidades podem também fazê-lo, sempre que tenham que aplicar a Constituição e não encontrem normas constitucionais disciplinando o caso. Na trajetória constitucional brasileira, isto ocorreu em diversas vezes, mas convém recordar um caso historicamente importante. Tancredo Neves faleceu depois da sua eleição indireta para a Presidência da República, mas antes da sua posse no cargo, e a Constituição de 1969, então vigente, não continha norma regulando a sucessão presidencial nesta hipótese. Ela apenas disciplinava o caso de sucessão presidencial quando houvesse a vacância do cargo após a posse, prevendo a sua assunção, até o final do mandato, pelo Vice-Presidente (art. 77). As forças políticas hegemônicas entenderam que esta mesma solução deveria ser aplicada por analogia ao caso, resultando na posse na Presidência da República de José Sarney, que tinha sido eleito como Vice-Presidente na chapa encabeçada por Tancredo.[15] O caso não chegou a ser submetido ao Poder Judiciário.

As principais formas de integração de lacunas são a analogia, os costumes e a equidade. O art. 4º da Lei de Introdução às Normas do Direito Brasileiro não alude à

---

[12] Cf. BARROSO, Luís Roberto. *Curso de direito constitucional contemporâneo*, 2. ed., p. 129. Há quem diferencie a interpretação constitucional da construção, salientando o caráter mais vinculado da primeira em relação à segunda. Para nós, a construção não deixa de ser interpretação constitucional, já que se trata de atividade destinada à atribuição de sentido às normas constitucionais. No mesmo sentido, veja-se: FERRAZ, Ana Cândida da Cunha. *Processos informais de mudança da Constituição*, p. 47-48.

[13] Veja-se: WHITTINGTON, Keith E. *Constitutional Construction*: Divided Powers and Constitutional Meaning; TRIBE, Laurence H. *The Invisible Constitution*.

[14] *Griswold v. Connecticut*, 381 U.S. 479 (1965).

[15] Na ocasião, chegou-se a cogitar na assunção interina da Presidência da República pelo então Presidente da Câmara dos Deputados, Ulysses Guimarães, que convocaria novo pleito. Cf. BONAVIDES, Paulo; ANDRADE, Paes de. *História constitucional do Brasil*, p. 446. Acabou prevalecendo a tese mais correta sob o ângulo constitucional.

equidade, mas menciona os princípios gerais de Direito, os quais são arrolados também pela doutrina mais convencional como meios de colmatação de lacunas. Porém, entendemos que os princípios jurídicos — inclusive aqueles implícitos, de caráter mais abstrato, geralmente identificados como "princípios gerais de Direito" — são autênticas normas jurídicas.[16] Portanto, quando eles incidem, não há lacuna. Analisaremos a seguir a aplicação destes instrumentos no campo constitucional, fazendo também algumas breves considerações sobre o instituto da "convenção constitucional".

13.2 A analogia constitucional

A analogia consiste em técnica para colmatação de lacunas por meio da qual se aplica à hipótese não regulada uma norma jurídica que trata de questão similar. A norma em questão não seria inicialmente aplicável ao caso, que não está compreendido na sua hipótese de incidência. Mas, diante da lacuna, ela incide, para resolvê-lo.

O principal fundamento da analogia é a igualdade, pois se parte da premissa de que hipóteses similares devem receber o mesmo tratamento do ordenamento.[17] Mas, para que seja cabível a analogia, não basta que haja uma simples semelhança entre os casos. É necessário que esta semelhança seja relevante, no que concerne às razões subjacentes à norma a ser aplicada.[18] Vale aqui o brocardo latino *ubi eadem ratio, ibi eadem dispositio*. Por exemplo, se uma norma veda a comercialização de filmes envolvendo pornografia infantil, não seria cabível aplicá-la analogicamente para impedir também a venda de filme que não tenha qualquer conteúdo sexual, mas em que haja a participação de atores mirins. Mas poder-se-á cogitar da aplicação analógica da norma em questão para proibir a venda de revistas que contenham pornografia infantil. A análise da *ratio* da norma respalda o uso da analogia no segundo caso, mas não no primeiro.

A doutrina distingue a *analogia legis* da *analogia juris*. Na primeira, a integração da lacuna é feita por meio da aplicação de uma norma jurídica determinada. Na segunda, a solução é encontrada não em uma norma jurídica específica, que trate de questão similar, mas no sistema jurídico como um todo, no qual se procura o equacionamento adequado para a hipótese. Também se distingue a *analogia* da *interpretação extensiva*. Na interpretação extensiva, há descompasso entre a intenção normativa e o texto, o que é corrigido pelo intérprete, por meio de uma exegese que amplia o sentido da norma, ultrapassando a sua expressão literal. Quando se realiza a interpretação extensiva, não se preenche lacuna, mas aplica-se a norma jurídica sobre hipótese compreendida no seu campo de incidência. Já na analogia existe a lacuna, tendo em vista que a intenção legislativa não estendia a norma até o caso em que esta será aplicada. Trata-se de uma distinção sutil, cujas fronteiras situam-se muitas vezes numa zona de penumbra.

No campo constitucional, a analogia pode se revelar muito importante.[19] Antes da regulação dos limites temáticos das medidas provisórias pela EC nº 32/2001, havia

---

[16] Sobre a relação entre os princípios gerais de Direito e a Constituição, cf. FLORES-VALDÉS, Joaquin Arce y. *Los princípios generales del derecho y su formulación constitucional*. Sobre a normatividade dos princípios, veja-se o Capítulo 9.
[17] Cf. MAXIMILIANO, Carlos. *Hermenêutica e aplicação do direito*, p. 210; FERRARA, Francesco. *Interpretação e aplicação das leis*, 2. ed., p. 59.
[18] Cf. SCHAUER, Frederick. *Thinking Like a Lawyer*: a new Introduction to Legal Reasoning, p. 93-94.
[19] Cf. SUNSTEIN, Cass R. *Legal Reasoning and Political Conflict*, p. 79-83.

sólida doutrina sustentando que a lacuna constitucional em questão deveria ser suprida com o uso da analogia, aplicando-se o art. 68 da Constituição, que definia os limites para a edição de leis delegadas. Argumentava-se que, se o constituinte proibira a expedição de normas pelo Executivo em determinados assuntos, mesmo quando previamente autorizado pelo Parlamento, ainda por mais razões dever-se-ia considerá-lo impedido de editar normas sobre tais temas sem a obtenção da prévia autorização.[20]

O uso da analogia constitucional tampouco é estranho à jurisprudência do STF. No caso comentado no item anterior, atinente à exigência de 10 anos de prática profissional para composição, por advogados, dos tribunais regionais eleitorais, a Corte endossou o emprego da analogia para integração da lacuna constitucional constatada.

No domínio constitucional, há quem afirme que a analogia só pode ser buscada no âmbito da própria Constituição.[21] A afirmação, contudo, não pode ser tomada de forma absoluta, já que a natureza aberta do sistema constitucional não é compatível com a absoluta vedação do recurso a outras fontes extraconstitucionais para integração das suas lacunas. Figure-se um exemplo imaginário. Suponhamos que um grupo criminoso interessado na aprovação de um determinado projeto de lei sequestrasse o filho de um parlamentar, exigindo, como condição para a libertação da criança, que o político votasse a favor do ato normativo. O parlamentar acaba cedendo à ameaça, e o seu voto revela-se essencial para a aprovação da norma. Imediatamente depois da publicação da lei, o caso vem à tona e passa-se a discutir a validade do ato normativo. Será que ele é formalmente constitucional? A Constituição não trata dos vícios de vontade dos parlamentares no processo legislativo — matéria sob reserva de Constituição — mas não parece que exista aqui um silêncio eloquente, a significar que qualquer voto, ainda que obtido mediante grave coação, seja válido. Seria repugnante ao espírito da Constituição considerar válida uma lei cuja aprovação tenha sido obtida por meio do sequestro do filho de um parlamentar. Na hipótese, entendemos que existe uma lacuna, a qual pode ser suprida com o recurso ao Código Civil, que trata da coação como vício de vontade (arts. 151 a 155). A sua integração conduziria ao reconhecimento da inconstitucionalidade do ato normativo imaginado.

13.3 Costume e convenção constitucional

Como se sabe, o costume é também uma fonte do Direito, que não se esgota nas normas jurídicas produzidas pelo Estado. O costume contribui para abertura do sistema jurídico, intensificando a sua conexão com a realidade social subjacente. A sua origem social e flexibilidade tornam o ordenamento jurídico mais permeável à realidade e aos valores socialmente compartilhados. A doutrina, em geral, caracteriza o costume jurídico pela confluência de dois elementos: o elemento objetivo, que é a repetição habitual de um determinado comportamento; e o elemento subjetivo, que é a consciência social da obrigatoriedade desse comportamento.[22]

---

[20] Neste sentido, cf. SILVA, José Afonso da. *Curso de direito constitucional positivo*, 10. ed., p. 459; CLÈVE, Clèmerson Merlin. *Medidas provisórias*, p. 77-78.

[21] Cf. MIRANDA, Jorge. *Manual de direito constitucional*, p. 236; BARROSO, Luís Roberto. *Interpretação e aplicação da Constituição*, p. 139.

[22] Cf. REALE, Miguel. *Lições preliminares de direito*, p. 158; HESPANHA, António Manuel. *O caleidoscópio do direito*: o direito e a justiça nos dias de hoje, p. 461-462.

No Direito Constitucional, o costume também desempenha papel relevante. Em Estados desprovidos de Constituição escrita, como o Reino Unido, ele é uma fonte constitucional decisiva, ao lado das leis constitucionais esparsas, aprovadas ao logo da história constitucional do país.[23] Em outros, dotados de Constituição escrita, que são a absoluta maioria no mundo contemporâneo, o costume constitucional não tem a mesma proeminência, mas, ainda assim, é admitido dentro de alguns limites, como fonte constitucional subsidiária.[24] Na Itália, por exemplo, reconheceu-se a validade do costume constitucional de aprovação, pela Câmara dos Deputados, de moção de desconfiança a único ministro, e não a todo o gabinete de governo, como prevê a Constituição Italiana.[25]

A admissão do costume constitucional em países dotados de Constituição escrita e rígida suscita algumas perplexidades. Afinal, como a Constituição não regula — nem teria como fazê-lo — a forma de produção e alteração do costume, a sua admissão na seara constitucional implica uma certa relativização da rigidez da Lei Maior.[26] Sem embargo, a necessária permeabilidade constitucional à realidade social subjacente justifica que, com algumas cautelas, se admita o costume também neste campo, desde que ele não esteja em desacordo com os preceitos da Constituição, nem tampouco ofenda os seus valores fundamentais.[27] Afinal, a existência de uma Constituição formal não é incompatível com a presença no sistema constitucional de outros elementos nela não contidos, e a rigidez não bloqueia a possibilidade, dentro de alguns limites, de mutação constitucional.

A doutrina aponta como exemplo de costume constitucional no Brasil a aprovação de algumas leis, de caráter mais consensual, por meio do chamado "voto de liderança".[28] Quanto isto ocorre, os projetos de lei não são votados no Plenário de cada casa legislativa por todos os parlamentares presentes, pois os líderes de cada partido, na Câmara ou no Senado, manifestam-se em nome das respectivas bancadas. Há, contudo, quem veja nesta prática uma afronta às regras constitucionais que disciplinam o processo legislativo.[29]

O costume constitucional é dotado de superioridade hierárquica em face do direito infraconstitucional, podendo fundamentar o exercício do controle de constitucionalidade dos atos normativos.[30] Por outro lado, a sua porosidade às dinâmicas sociais, e a ausência de regulação do seu processo de formação e mudança, tornam o costume constitucional um dos principais instrumentos por meio dos quais se opera a mutação constitucional.[31]

---

[23] No Reino Unido, há também importantes fontes constitucionais de origem não costumeira: as leis constitucionais (a primeira delas foi a *Magna Carta*, de 1215, e muitas outras se seguiram, até o *Constitutional Reform Act*, de 2005) e os precedentes judiciais. Aliás, como se analisará em seguida, não se fala no Reino Unido em costume, mas em convenção constitucional. E lá se considera que as convenções constitucionais, conquanto de observância obrigatória, não são suscetíveis de proteção judicial no caso de descumprimento. Veja-se, a propósito, BARNETT, Hilaire. *Constitutional and Administrative Law*, p. 19-50.

[24] Cf. GARCIA, Emerson. *Conflito entre normas constitucionais*: esboço de uma teoria geral, p. 224-232.

[25] Cf. DE VERGOTTINI, Giuseppe. *Diritto costituzionale*, p. 251.

[26] Cf. VEGA, Pedro de. *La reforma constitucional y la problemática del poder constituyente*, p. 195-200; SILVA, José Afonso da. Mutações constitucionais. In: SILVA, José Afonso da. *Poder constituinte e poder popular*, p. 294-297.

[27] No mesmo sentido, veja-se: MIRANDA, Jorge. *Manual de direito constitucional*, p. 93-106; FERRAZ, Ana Cândida da Cunha. *Processos informais de mudança da Constituição*, p. 182-198.

[28] Cf. BARROSO, Luís Roberto. *Curso de direito constitucional contemporâneo*: os conceitos fundamentais e a construção do novo modelo, p. 135.

[29] Neste sentido, veja-se: PERTENCE, José Paulo Sepúlveda. Voto de liderança. *Revista de Direito Público*, n. 76, p. 57 et seq.

[30] Nesse sentido, salientou Pontes de Miranda: "É preciso ter-se sempre em vista que a regra jurídica não-escrita de direito constitucional corta a legislação ordinária que dela discrepe, como a cortaria a regra escrita de direito constitucional" (*Comentários à Constituição de 1967 com a emenda nº 1 de 1969*, p. 301).

[31] Sobre a mutação constitucional, veja-se o Capítulo 8.

É certo, porém, que a rigidez e a força normativa da Constituição não se compatibilizam com o costume *contra legem* (que também pode ser chamado de *contra constitutionem*). Portanto, o costume, por mais enraizado que seja, jamais pode ser invocado como escusa para a violação da Constituição, nem enseja a revogação de preceitos constitucionais. Isto confere ao costume constitucional uma posição singular no sistema das fontes do Direito, já que ele se situa acima das normas infraconstitucionais, mas, mesmo quando superveniente, não tem o condão de alterar o texto da Constituição.

Isto não significa dizer que, no mundo real, certas práticas francamente contrárias à Constituição não se estabeleçam, criando raízes. Um exemplo, no Brasil, liga-se à presença ostensiva de símbolos religiosos católicos em repartições públicas, inclusive no Plenário do Supremo Tribunal Federal, em franca contradição com o princípio da laicidade do Estado (CF, art. 19, I), que veda que os Poderes Públicos se identifiquem, inclusive simbolicamente, com qualquer confissão religiosa, ainda que majoritária.[32]

Sem embargo, em nenhuma hipótese deve-se entender que o costume *contra legem* pode se sobrepor ao que prescreve a Constituição, nem tampouco que ele enseja a perda da validade da norma constitucional desrespeitada, por desuso.[33] Na verdade, o costume *contra constitutionem* é patologia constitucional a ser combatida, não possuindo qualquer valor jurídico.

Os costumes constitucionais admissíveis são o *secundum legem*, ou interpretativo, e o *praeter legem*, ou integrativo. No primeiro caso, opta-se por uma determinada interpretação da Constituição, dentre as várias que o texto e o sistema franqueiam, porque ela é endossada por costume jurídico cristalizado. Cabe aqui, contudo, um breve registro. Nem sempre a tradição — que pode ser associada à ideia de costume — apontará a melhor interpretação da Constituição. A hipertrofia do valor da tradição na hermenêutica constitucional tende a converter-se em elemento conservador, de exclusão social e de manutenção de privilégios para as elites, no cenário de uma sociedade em que se encontram tão arraigadas a desigualdade social e cultural.[34]

---

[32] A questão da presença de crucifixos nos tribunais foi levada ao Conselho Nacional de Justiça, por meio do Pedido de Providências nº 1.344, por meio do qual a ONG "Brasil para Todos" buscava decisão que vedasse esta prática. O CNJ rejeitou o pedido, em decisão proferida em 2007. No voto do Relator, Conselheiro Oscar Argollo, um dos argumentos invocados em favor da presença dos crucifixos nos tribunais foi exatamente o costume: "A cultura e tradição — fundamentos da nossa evolução social — inseridas numa sociedade oferecem aos cidadãos em geral a exposição permanente de símbolos representativos, com os quais convivemos pacificamente, *v.g.* o crucifixo, o escudo, a estátua etc. (...) Portanto, se o costume é a palavra chave para a compreensão dos conceitos de ética e moral, a tradição se insere no mesmo contexto, uma vez que deve ser vista como um conjunto de padrões de comportamentos socialmente condicionados e permitidos. E não podemos ignorar a manifestação cultural da religião nas tradições brasileiras, que hoje não representa qualquer submissão ao poder clerical". Sobre esta questão, com análise crítica da decisão do CNJ, veja-se: SARMENTO, Daniel. O crucifixo nos tribunais e a laicidade do Estado. *In*: SARMENTO, Daniel. *Por um constitucionalismo inclusivo*: história constitucional brasileira, teoria da Constituição e direitos fundamentais, p. 161-178.

[33] Não obstante, na França, durante o período da III República (1875-1946), ocorreu fenômeno caracterizado pela doutrina do país como costume constitucional *contra legem*, que teria levado ao desuso ou dessuetude, de norma constitucional. A Constituição de 1875 atribuía ao Presidente da República, com a autorização do Senado, a faculdade de dissolver a Câmara dos Deputados. A falta de uso desta prerrogativa, associada ao reconhecimento geral da sua inconveniência, acabou gerando a crença no meio jurídico e político de que a norma constitucional que reconhecia esta faculdade não poderia mais ser aplicada. Veja-se, a propósito, BURDEAU, Georges; HAMON, Francis; TROPER, Michel. *Droit constitutionnel*, p. 64-66.

[34] Neste sentido, criticando o peso do argumento da tradição na interpretação dos direitos fundamentais, veja-se: ELY, John Hart. *Democracy and Distrust*: a Theory of Judicial Review, p. 60-63; SUNSTEIN, Cass R. *Designing Democracies*: What Constitutions Do?, p. 67-94.

Apenas o costume *praeter legem* (ou *praeter constitutionem*) diz respeito ao suprimento de lacunas. Trata-se de costume sobre matéria constitucional, mas que não foi disciplinada pela Constituição.

O STF reconheceu a existência de costume constitucional no julgamento da ADI-MC nº 644.[35] Tratava-se de apreciar, em sede cautelar, a constitucionalidade de decreto estadual do Estado do Amapá, que, enquanto a Assembleia Legislativa do Estado encontrava-se reunida para elaboração da Constituição Estadual, determinara que o Vice-Governador só substituiria o titular do Executivo no caso de afastamentos que perdurassem por mais de 15 dias. A Corte suspendeu o ato normativo, afirmando que, além do vício formal, ele também apresentava aparente inconstitucionalidade material. Assentou, inicialmente, a existência de "uma prática constitucional invariável que vem do Império (...) atravessando os sucessivos regimes da República, a impor a transferência do exercício do Governo ao Vice-Presidente". E concluiu que, embora fosse duvidoso o enquadramento do referido costume constitucional como princípio estabelecido, de observância compulsória pelo constituinte estadual, "à falta de Constituição Estadual, que disponha em contrário, a fonte provisória de solução do problema há de ser o padrão federal, no qual a imprecisão do texto constitucional foi precisada pela prática constitucional invariavelmente observada".

O texto constitucional federal em discussão era o art. 79, segundo o qual "substituirá o Presidente, no caso de impedimento, e o sucederá, no de vaga, o Vice-Presidente". Para o STF, embora a Constituição Federal não tenha definido o que se considera como impedimento do Presidente, formara-se o costume constitucional na matéria, no sentido de que o seu afastamento do cargo, mesmo que por um único dia, por motivos como viagem ao exterior e doença, já ensejaria a posse do seu Vice.

Discute-se, em doutrina, a força vinculante do costume constitucional. Um caso sempre lembrado diz respeito ao costume constitucional que teria se formado nos Estados Unidos, desde a sua independência, no sentido de não se admitir mais de uma reeleição para o cargo de Presidente da República. A existência do costume de mais de 150 anos não teria impedido o Presidente Roosevelt de quebrá-lo, obtendo um terceiro e um quarto mandatos, na década de 40 do século passado, o que acabou levando o constituinte derivado norte-americano a positivar, no próprio texto constitucional, a vedação (Emenda XXII, aprovada em 1951).[36]

Há no Direito Constitucional Comparado um instituto conhecido como *convenção constitucional*,[37] que corresponde a uma espécie de costume constitucional desprovido de tutela judicial. A convenção constitucional é uma categoria que se desenvolveu no constitucionalismo inglês, que corresponde às práticas reiteradamente seguidas por órgãos estatais em questões de natureza eminentemente constitucional, que não são impostas por nenhum texto escrito, mas que são consideradas obrigatórias. Como exemplos de convenção constitucional naquele país, cabe citar a indicação como Primeiro-Ministro, pelo monarca, do líder do partido vencedor nas eleições para a Câmara dos Comuns; a necessidade de que o Primeiro-Ministro seja sempre um membro da Câmara dos

---

[35] ADI-MC nº 644, Rel. Min. Sepúlveda Pertence. *DJ*, 21 fev. 1992.
[36] Cf. LOEWENSTEIN, Karl. *Teoría de la Constitución*.
[37] A expressão "convenção constitucional" foi cunhada por A. V. Dicey, em obra clássica do Direito Constitucional inglês, intitulada *Introduction to the Study of the Law of the Constitution*. Publicada originalmente em 1883.

Comuns, e de que todos os demais ministros do governo pertençam a essa ou à Câmara dos Lordes; e a impossibilidade de veto real às leis, salvo quando a Rainha tenha sido instruída a exercer tal prerrogativa pelo Primeiro-Ministro.

Entende-se, no Direito inglês, que a ofensa a uma convenção constitucional, apesar de atentar contra a ordem constitucional, não pode ensejar qualquer reação jurisdicional,[38] muito embora produza graves consequências políticas. Diz-se, por exemplo, que no dia em que a Rainha vetar uma lei, sem recomendação do seu Primeiro-Ministro, ela estará precipitando o final da monarquia.

No Canadá, em que, como no Brasil, há Constituição escrita e rígida, adotou-se o mesmo entendimento sobre a impossibilidade de proteção judicial das convenções constitucionais, em importante caso em que se examinou a possibilidade de mudança na Constituição do país sem o consentimento da maior parte das suas províncias. A Suprema Corte canadense foi provocada, e, apesar de ter reconhecido a existência de uma convenção constitucional na hipótese, entendeu que não era suscetível de tutela judicial.[39]

Num sistema que conte com uma Constituição escrita e rígida, dotada de supremacia jurídica, nenhuma convenção será válida se impuser qualquer ação ou omissão contrária à Constituição. O que as convenções podem fazer é algo sutilmente diferente: elas impõem relevantes restrições ao exercício de algum poder ou faculdade atribuída pela Constituição a algum órgão ou autoridade.[40] Neste sentido, pode-se ver o surgimento do "parlamentarismo à brasileira" durante o 2º Reinado como uma espécie de convenção constitucional. Na época, Pedro II passou, sistematicamente, a nomear para o seu gabinete representantes do partido que obtivera maioria nas últimas eleições parlamentares. Tal obrigação não estava prevista na Carta de 1824, que dava ao Imperador a faculdade de escolher livremente os seus ministros, mas foi se criando na cultura política do país o sentimento de que, se o monarca agisse de forma diferente, desconsiderando o resultado eleitoral, ele estaria violando os seus deveres constitucionais.[41] Porém, seria impensável, naquele cenário, levar a questão ao Judiciário, caso nosso Imperador não honrasse a referida tradição.

Um exemplo de convenção constitucional que se formou no Brasil sob a égide da Constituição de 88 diz respeito à escolha do Presidente do Supremo Tribunal Federal. A Constituição Federal não tem regra específica sobre a escolha do Chefe do Poder Judiciário brasileiro, mas prevê a competência dos tribunais em geral para elegerem seus órgãos diretivos (art. 96, I, "a"). O Regimento Interno do STF (art. 2º, Parágrafo único), por sua vez, estabelece que todos os ministros participam da eleição, que escolhe o Presidente da Corte para mandato de dois anos. Contudo, formou-se uma prática não escrita na Corte, extremamente salutar, no sentido de que a escolha deve respeitar um rodízio entre os Ministros, no qual se aplica o critério da antiguidade. Todas as eleições para o cargo realizadas desde a Carta de 88 tiveram natureza meramente

---

[38] Esta concepção tradicional, de que não haveria qualquer remédio judicial para a ofensa às convenções constitucionais foi reafirmada em dois julgamentos mais recentes do Judiciário inglês: *Attorney General v. Jonathan Cape Ltd.* (1976) 1 QB 752, e *Manuel v. Attorney General* (1983) Ch 77.

[39] O caso, conhecido como *Patriation Reference*, foi julgado em 1981.

[40] Neste sentido, HOGG, Peter W. *Constitutional Law of Canada*, p. 7.

[41] Não obstante, é certo que Pedro II afastou três gabinetes que contavam com respaldo da maioria parlamentar, valendo-se da faculdade conferida ao Poder Moderador de dissolver a Câmara e convocar novas eleições, nas quais obteve a nova maioria que desejava. Isto ocorreu em 1843, 1858 e 1868.

formal, homologando, na prática, o resultado decorrente da aplicação de tal critério, que é reputado essencial por evitar uma excessiva polarização na Corte, que poderia resultar de disputas eleitorais entre os seus componentes.

A hipótese envolve uma típica convenção constitucional, cujo efeito prático é constranger a liberdade atribuída pelo texto constitucional aos ministros do STF, de elegerem livremente o seu Presidente. A observância desta convenção constitucional não é meramente facultativa. Contudo, não existira a possibilidade de impugnação judicial a uma eventual decisão do STF que deixasse de cumpri-la. As consequências desta hipótese *sui generis* de "inconstitucionalidade" seriam puramente políticas.[42]

13.4 A equidade constitucional

Não é incomum que os casos concretos apresentem particularidades que não foram previstas pelo legislador. A equidade é o instituto jurídico que autoriza o intérprete a adaptar o direito vigente a essas necessidades, buscando retificar injustiças ou inadequações mais graves. A discussão sobre a equidade remonta a Aristóteles,[43] que a comparou à "régua de Lesbos": uma régua maleável, que se adapta às reentrâncias e irregularidades dos objetos, para medi-los com mais precisão. Diferentemente das leis, que seriam como as réguas rígidas, a equidade teria flexibilidade para se amoldar às singularidades de cada caso, buscando a justiça particular para cada situação.

A equidade pode ser empregada para auxiliar na interpretação das normas legais e para corrigir a lei, quando a aplicação dessa se revelar profundamente injusta ou inadequada às singularidades do caso concreto. Neste último sentido, ela é associada à suavização dos comandos legais, de forma benéfica aos seus destinatários. Mas a equidade também pode ser utilizada para preencher as lacunas da lei, integrando

---

[42] Tal afirmação pode soar paradoxal para a ortodoxia constitucional brasileira da atualidade. Na teoria constitucional brasileira contemporânea, há dificuldade em dissociar a ideia de Constituição da possibilidade de tutela jurisdicional das suas normas. Por razões históricas compreensíveis, o discurso constitucional que se ergueu no país após o advento da Constituição de 88 foi no sentido de afirmação da ilimitada possibilidade de garantia judicial da Constituição. Tratou-se de uma estratégia voltada ao louvável propósito de buscar a efetivação da Constituição, no afã de superar uma crônica disfunção dos nossos sistemas jurídico e político, nos quais as constituições representavam pouco mais do que fachadas para o exercício do poder, que se portava de forma quase sempre indiferente em relação às prescrições constitucionais. Porém, nossa opinião é de que o fenômeno constitucional tem uma dimensão política que não cabe inteiramente na jurisdição constitucional. O instituto da "convenção constitucional" situa-se exatamente nessa zona eminentemente política e não jurisdicional do domínio constitucional. Para uma defesa equilibrada da tese de que a Constituição vai além do campo acessível à jurisdição constitucional — apesar da irrecusável relevância dessa última para proteção e promoção dos valores constitucionais —, veja-se: SAGER, Lawrence G. *Justice in Plainclothes*: a Theory of American Constitutional Practice.

[43] Vale a pena reproduzir o texto clássico de Aristóteles sobre a equidade: "O que faz surgir o problema é que o equitativo é justo, porém não o legalmente justo, e sim uma correção da justiça legal. A razão disto é que toda lei é universal, mas a respeito de certas coisas não é possível fazer uma afirmação universal que seja correta. Nos casos, pois, em que é necessário falar de modo geral, mas não é possível fazê-lo corretamente, a lei considera o caso mais usual, se bem que não ignore a possibilidade de erro. E nem por isso tal modo de proceder deixa de ser correto, pois o erro não está na lei, nem no legislador, mas na natureza da própria coisa, já que os assuntos práticos são dessa espécie por natureza. Portanto, quando a lei se expressa universalmente e surge um caso que não é abrangido pela declaração universal, é justo, uma vez que o legislador falhou e errou por excesso de simplicidade, corrigir a omissão — em outras palavras, dizer o que o próprio legislador teria dito se estivesse presente, e que teria incluído na lei se tivesse conhecimento do caso. Por isso, o equitativo é justo, superior a uma espécie de justiça — não à justiça absoluta, mas ao erro proveniente do caráter absoluto da disposição legal. É essa a natureza do eqüitativo: uma correção da lei quando ela é deficiente em razão da sua universalidade" (*Ética a Nicômaco*, p. 136).

o ordenamento.⁴⁴ Esta distinção entre equidade *secundum legem, contra legem* e *praeter legem*, clara na teoria, não é tão nítida na prática, pois as lacunas a que a equidade é convocada a colmatar são quase sempre lacunas ocultas. Ou seja, são aquelas lacunas que não decorrem propriamente da ausência de norma legal disciplinando uma hipótese, mas da percepção pelo intérprete de que a norma incidente deixou de contemplar um aspecto essencial do caso, cuja consideração pelo legislador teria conduzido a tratamento jurídico distinto.

Diferentemente da analogia e dos costumes, a equidade não está prevista no art. 4º da Lei de Introdução às Normas do Direito Brasileiro como meio de integração de lacunas. No ordenamento infraconstitucional brasileiro, a principal alusão à equidade se encontra no art. 127 do Código de Processo Civil, segundo o qual "o juiz só decidirá por equidade nos casos previstos em lei". Esta reticência do nosso legislador infraconstitucional em relação à equidade se explica diante do predomínio, até não muito tempo atrás, de uma concepção jurídica formalista, que enxergava com grande má-vontade qualquer possibilidade de criação judicial do Direito, em razão de uma leitura ortodoxa do princípio da separação de poderes. No formalismo legalista, a equidade, que tivera o seu auge no Direito Romano, foi relegada a um papel menor.⁴⁵

Contudo, ao longo século passado, floresceram, em diferentes contextos históricos e com impostações político-filosóficas heterogêneas, várias correntes que valorizaram ao extremo a liberdade decisória do juiz na busca da solução mais justa ou adequada para cada caso, como a Escola do Direito Livre na França, o realismo jurídico norte-americano, a tópica jurídica alemã, e, no Brasil, algumas versões do movimento conhecido como "Direito Alternativo". Tais correntes, contudo, incorreram em excessos, por não atribuírem a importância devida à exigência de previsibilidade e segurança jurídica, inerente ao Estado de Direito, nem tampouco à necessidade de legitimação democrática do processo de criação do Direito, que fundamenta a primazia do Parlamento na elaboração das normas jurídicas. O debate sobre hermenêutica jurídica encontra-se hoje muito longe de qualquer equacionamento definitivo — que provavelmente nunca virá — mas as posições mais aceitas e razoáveis são as que se situam entre os dois extremos, representados pela negação da criação judicial do Direito e pela rejeição da vinculação do intérprete às normas positivas em vigor. Neste cenário, surge para a equidade um espaço maior do que o ocupado no apogeu do positivismo formalista, sem que ela se converta, todavia, no meio ordinário de regulação social e de resolução de conflitos jurídicos.

Na seara constitucional, um uso importante da equidade dá-se no afastamento da incidência de certos atos normativos infraconstitucionais que, conquanto válidos em geral, se revelem flagrantemente inadequados ou injustos quando aplicados a determinados casos específicos compreendidos no seu campo de incidência. Neste sentido, a doutrina nacional, a partir das lições de Humberto Ávila, tem aludido à equidade como uma das dimensões do princípio da razoabilidade.⁴⁶ O autor gaúcho forneceu

---

⁴⁴ Sobre os diferentes usos da equidade, veja-se: ASCENSÃO, José de Oliveira. *O direito*: introdução e teoria geral, p. 186-190; MAXIMILIANO, Carlos. *Hermenêutica e aplicação do direito*, p. 172-175.

⁴⁵ Sobre a trajetória histórica da equidade, cf. MANAÏ, Dominique. Equidade. *In*: ARNAUD, André Jean (Dir.). *Dicionário enciclopédico de teoria e de sociologia do direito*, p. 309-312.

⁴⁶ Cf. ÁVILA, Humberto. *Teoria dos princípios*, p. 154-157; BUSTAMANTE, Thomas R. A razoabilidade na dogmática jurídica contemporânea. *In*: BUSTAMANTE, Thomas R. *Teoria do direito e decisão racional*: temas de teoria da argumentação jurídica, p. 315-319.

um exemplo interessante da jurisprudência administrativa do Conselho de Contribuintes.[47] Normas tributárias federais dispensam tratamento favorecido para empresas de pequeno porte que não efetuem operações de importação. Uma pequena fábrica de sofás fora excluída pela Receita Federal do regime fiscal em questão, tão somente por ter, apenas uma vez, importado os pés de um único sofá. A decisão foi revertida pelo Conselho dos Contribuintes, que não a considerou razoável.

A equidade também pode ser usada para suprir lacunas da Constituição ou temperar, em circunstâncias excepcionais, o rigor das suas regras. Vejamos dois casos do STF. O primeiro foi examinado na ADI nº 1.289-4,[48] proposta contra Resolução do Conselho Nacional do Ministério Público do Trabalho (CNMPT) que permitira a composição da lista para ingresso nos Tribunais Regionais do Trabalho de membros do MP com menos de 10 anos de exercício, caso não houvesse quantidade suficiente de candidatos que satisfizessem este requisito. De acordo com a Constituição, os membros do MP que concorrem à lista para ingresso nos tribunais devem sempre contar com mais de 10 anos de carreira (art. 115 c/c art. 94, CF). Trata-se de uma típica regra constitucional, cujo texto não prevê qualquer exceção.

Sem embargo, a Corte entendeu que, nas circunstâncias do caso, a exigência que tal regra contém deveria ceder. É que, naquela época, a quantidade de Procuradores do Trabalho em exercício há mais de 10 anos tornava quase certo que não se conseguiria, em muitos casos, formar a lista em questão, caso a exigência fosse mantida. Para a Corte, haveria no caso uma lacuna, uma vez que o constituinte não previra nenhuma solução para aquela hipótese, e esta havia sido preenchida corretamente pela decisão do CNMPT.[49] Mais importante do que cumprir a exigência mínima de experiência imposta pela Constituição seria assegurar a composição plural dos TRTs, por meio da garantia de vagas ao Ministério Público, bem como proteger a liberdade de cada tribunal e do Chefe do Executivo na escolha dentre os integrantes da lista.[50]

Outro caso interessante foi apreciado no Mandado de Segurança nº 26.690,[51] em que a Corte afastou a aplicação da regra constitucional que exige a comprovação de três anos de atividade jurídica para ingresso nas carreiras do Ministério Público (art. 129, §3º, CF). O STF permitiu a posse no cargo de Procurador da República de candidata que não comprovara tal requisito, mas que, anteriormente ao concurso, já desempenhava a função de Promotora de Justiça, no qual tomara posse antes da aprovação da EC 45/2004, que instituiu a exigência em questão. A Corte entendeu que o caso era excepcionalíssimo, pois não faria sentido negar a um membro do Ministério Público a possibilidade de

---

[47] ÁVILA, Humberto. *Teoria dos princípios*, p. 156. O autor cita o Processo nº 1303.000021/99-14, 2º Conselho dos Contribuintes, 2ª Câmara, sessão de 18.10.2000.

[48] Emb. Inf. na ADI nº 1.289-4, Rel. Min. Gilmar Mendes. *DJ*, 27 fev. 2004.

[49] De acordo com o Min. Gilmar Mendes, "a regra constitucional em questão contém uma lacuna: a não-regulação das situações excepcionais existentes na fase inicial de implementação do novo modelo constitucional. Não tendo a matéria sido regulada em disposição transitória, parece adequado que o próprio intérprete possa fazê-lo em consonância com o sistema constitucional".

[50] Nas palavras do Min. Gilmar Mendes: "Muito mais distante da vontade constitucional seria a composição do Tribunal sem a participação dos integrantes do Ministério Público. Da mesma forma, a composição da lista com número inferior ou estabelecido constitucionalmente, afetando o modelo já restrito de liberdade de escolha. (...) Não há dúvida, pois, que, entre os caminhos possíveis de serem trilhados, escolheu a Resolução aquele que mais se aproxima da integridade da decisão constitucional".

[51] MS nº 26.690, Rel. Min. Eros Grau. *DJe*, 18 dez. 2008.

concorrer a cargo em outra carreira da instituição, haja vista o princípio constitucional da unidade do MP.

Em diversos votos proferidos no STF pelo Ministro Eros Grau, empregou-se a teoria do estado de exceção para justificar a não aplicação de regras constitucionais a casos em que, pelo seu texto, deveriam incidir, mas nos quais a presença de circunstâncias excepcionais justificariam o respectivo afastamento.[52] Algumas dessas decisões poderiam ser explicadas por meio do recurso à ideia de equidade, ao invés da teoria do estado de exceção. Não nos parece apropriado, sobretudo em momentos de normalidade institucional,[53] como os que o Brasil hoje vivencia, atribuir ao STF o "poder soberano", no sentido de Carl Schmitt,[54] de suspender a força de normas jurídicas para instaurar a exceção. Esta linha argumentativa, além de desnecessária, pode revelar-se perigosa, se manejada por quem não tenha os mesmos compromissos democráticos do Ministro Eros Grau.

De qualquer forma, é recomendável uma postura de grande parcimônia e de autocontenção no uso da equidade constitucional. É que, em geral, este uso envolve a não aplicação de alguma regra constitucional que, não fosse o reconhecimento de lacuna oculta, incidiria sobre a hipótese. E, como já salientado anteriormente,[55] só em hipóteses excepcionalíssimas se deve admitir o afastamento de regras constitucionais, sob pena de se submeter a força normativa da Constituição a valorações nem sempre confiáveis dos juízes e demais intérpretes.

---

[52] Veja-se, exemplificativamente, a argumentação do Ministro Eros Grau no julgamento do RE nº 597-994-6, em que se discutiu a possibilidade de que promotora de justiça se candidatasse à reeleição para prefeitura de um município, posteriormente à promulgação da EC nº 45/04, que vedou qualquer atividade político-partidária aos membros do MP que ingressaram na carreira após a Constituição de 88 (antes da EC nº 45/2004, entendia-se que os membros do MP podiam candidatar-se, desde que se licenciassem previamente). Em voto acolhido pela Corte, o Ministro ressaltou a excepcionalidade do caso, pelo fato de que a promotora já era prefeita quando adveio a EC nº 45/04, e a Constituição faculta a candidatura à reeleição para a Chefia do Executivo. Isto justificaria que se reconhecesse a não incidência da vedação constitucional em discussão, o que Eros Grau fundamentou na ideia do estado de exceção: "A exceção é o caso que não cabe no âmbito de normalidade abrangido pela norma em geral. A norma geral deixaria de sê-lo (deixaria de ser geral) se a contemplasse. Da exceção não se encontra alusão no discurso da ordem vigente. Define-se como tal justamente por não ter sido descrita nos textos escritos que compõem essa ordem. Ela está no direito, ainda que não se encontre nos textos normativos do direito positivo (...). O estado de exceção é uma zona de indiferença entre o caos e o estado de normalidade, zona de indiferença, no entanto, capturada pelo direito. De sorte que não é a exceção que se subtrai à norma, mas ela que, suspendendo-se, dá lugar à exceção — somente desse modo ela se constitui como regra, mantendo-se em relação com a exceção). Daí que ao Judiciário, sempre que necessário, incumbe decidir regulando também estas situações exceção" (*DJe*, 06 ago. 2009). A mesma linha argumentativa foi seguida em diversos outros votos do Min. Eros Grau, como os proferidos na Recl. nº 3.53 (Rel. Min. Sepúlveda Pertence. *DJ*, 27 out. 2006); ADI nº 2.240 (Rel. Min. Eros Grau. *DJe*, 09 maio 2007); ADI nº 3.316 (Rel. Min. Eros Grau. *DJe*, 29 jun. 2007); ADI nº 3.489 (Rel. Min. Eros Grau. *DJe*, 29 jun. 2007); HC nº 94.916 (Rel. Min. Eros Grau. *DJe*, 12 dez. 2008).

[53] Não se ignora a teoria do estado de exceção do filósofo Giorgio Agamben, que sustenta a ideia de que mesmo no contexto de "normalidade institucional" o estado de exceção subsiste. Esta concepção pode até ser apropriada para descrever hipóteses como a de violação sistemática de direitos humanos em favelas e comunidades carentes e de anomia nos presídios — espaços que o Estado de Direito muitas vezes não consegue alcançar, mesmo no contexto de regimes políticos formalmente democráticos. Contudo, esta teoria não pode ser empregada como fundamento para atribuição aos tribunais do poder de suspender a aplicação de normas constitucionais vigentes, instaurando a exceção, como se fossem soberanos, sob pena de legitimação de verdadeira tirania judiciária. Giorgio Agamben tratou do tema em: *Estado de exceção*, p. 11-49; e *Homo Sacer*: o poder soberano e a vida nua I, p. 23-75.

[54] Carl Schmitt — certamente o mais importante representante do autoritarismo no pensamento constitucional moderno — elaborou conhecida definição de soberania: "soberano é quem decide sobre o estado de exceção" (*Teologia política*, p. 7).

[55] Veja-se o Capítulo 12.

Ademais, não se deve conceber a equidade como o instrumento para que cada intérprete inscreva na Constituição as suas preferências, valores e idiossincrasias. Não se nega, por óbvio, que a equidade envolve, por definição, atividade criativa do operador jurídico, mas a criação do Direito deve estar sempre pautada pelo sistema constitucional, norteando-se pelo seu espírito e pelos seus valores fundamentais, sob pena de subversão do Estado Democrático de Direito.

13.5 A inexistência de hierarquia entre os critérios para suprimento de lacunas constitucionais

Discute-se, em doutrina, se haveria ou não uma ordem obrigatória entre os instrumentos para a integração do Direito. Diversos comentadores do art. 4º da antes denominada Lei de Introdução do Código Civil sustentam que a disposição das palavras no respectivo texto expressaria uma ordem de preferência.[56] De acordo com essa posição, primeiro o intérprete deve recorrer à analogia; se esta não for possível, ele passa aos costumes; e, se nem uma nem o outro resolverem o caso, vai aos princípios gerais de Direito.

Se a tese já nos parece bastante discutível fora do domínio constitucional, nesse ela não é minimamente sustentável. Em primeiro lugar, porque, ainda que o artigo 4º estabelecesse essa ordem de preferência, ela não seria, só por isso, obrigatória no campo constitucional. Afinal, não é papel do legislador infraconstitucional definir, de forma vinculante, como se deve interpretar e aplicar norma que lhe é hierarquicamente superior.

Ademais, a complexidade do domínio empírico sobre o qual recai a Constituição, aliada à dimensão política dos seus preceitos e valores, torna inviável qualquer tentativa de estabelecer critérios absolutamente rígidos para a interpretação ou integração dos seus preceitos. Não se trata de endossar a recusa ao método, como defendem alguns autores inspirados na tradição da hermenêutica filosófica de Gadamer.[57] Entendemos que o método é importante para reduzir o arbítrio e a chance de erro do intérprete, ampliar a possibilidade de controle social sobre a sua atividade e gerar maior a previsibilidade para o cidadão. Porém, no domínio da interpretação jurídica — sobretudo da interpretação constitucional — não há espaço para a construção de metodologia tão inflexível, que não deixe espaço para que se valorem as especificidades de cada situação, bem como as exigências de Justiça impostas pelo sistema constitucional, na definição do meio de integração de lacuna constitucional mais apropriado a cada caso.

---

[56] Cf. CHAVES, Cristiano; ROSENVALD, Nelson. *Direito civil*: teoria geral, p. 54.
[57] Na doutrina brasileira, o mais destacado jurista desta linha teórica é Lenio Streck. Veja-se, a propósito, STRECK, Lenio Luiz. *Verdade e consenso*: Constituição, hermenêutica e teorias discursivas. Para uma erudita abordagem crítica desta concepção, cf. SAMPAIO, José Adércio Leite. Adeus aos métodos?: Hermenêutica, pragmática e argumentação constitucional. *In*: ROCHA, Fernando Luis Ximenes; MORAES, Filomeno (Coord.). *Direito constitucional contemporâneo*: estudos em homenagem a Paulo Bonavides, p. 362-437.

CAPÍTULO 14

DIREITO CONSTITUCIONAL INTERTEMPORAL

14.1 Introdução

O direito intertemporal lida com o conflito de leis no tempo. Ele busca solucionar os problemas que surgem em decorrência da sucessão de normas, definindo a esfera de incidência de cada uma delas. Assim como ocorre com as normas jurídicas em geral, a aplicação da Constituição também pode suscitar questões de direito intertemporal.

É verdade que o exercício do poder constituinte originário representa, pelo menos sob o ângulo formal,[1] uma ruptura em relação ao ordenamento jurídico pretérito. Teoricamente, seria como se o Estado e o Direito (re)começassem do zero, rompendo com passado. Contudo, esta construção, apoiada no dogma da "inicialidade" do poder constituinte originário,[2] não é suficiente para o equacionamento de todos os problemas que podem surgir envolvendo a aplicação das normas constitucionais no tempo. Isto porque, nem o advento de nova Constituição cancela todo o direito anterior, nem estamos lidando apenas com a aplicação de normas produzidas pelo poder constituinte originário, tendo em vista que as emendas constitucionais também podem suscitar questões de direito intertemporal. Ademais, a tutela da segurança jurídica — valor encarecido pelas

---

[1] Sobre o poder constituinte, veja-se o Capítulo 6.
[2] De acordo com Manoel Gonçalves Ferreira Filho: "Quando se fala da inicialidade do Poder Constituinte originário, se está querendo dizer que a Constituição (...) se torna a base do novo ordenamento jurídico. Neste sentido, então, a Constituição é um ato inicial, porque funda a ordem jurídica, não é fundada na ordem jurídica positiva, nem é fundada por meio da ordem jurídica positiva" (*O poder constituinte*, 3. ed., p. 80). Cabe destacar, todavia, que, sob o prisma sociológico, nunca há ruptura total com o passado, pois é impossível apagar a história de um povo. O grau de descontinuidade material entre a nova ordem jurídica, instaurada pela Constituição, e a antiga, oscila significativamente de acordo diversas variáveis, dentre as quais as circunstâncias do próprio exercício do poder constituinte.

constituições democráticas, como a brasileira de 1988 — pode eventualmente apontar para solução diversa daquela representada pela automática incidência da Constituição em vigor sobre situações que tiveram origem antes da sua promulgação.

No presente capítulo, examinaremos as principais questões que envolvem o Direito Constitucional Intertemporal.

14.2 A aplicação imediata da Constituição e a proteção do direito adquirido, do ato jurídico perfeito e da coisa julgada

Uma ideia básica em matéria de direito intertemporal é a irretroatividade das normas jurídicas. Busca-se, com a irretroatividade, salvaguardar um dos valores mais caros ao Direito: a segurança jurídica.[3] Afinal, se as normas pudessem incidir livremente sobre o passado, haveria incerteza e instabilidade social, que prejudicariam a capacidade das pessoas de planejarem e organizarem as suas vidas e atividades de acordo com o direito em vigor. Esta previsibilidade, tutelada pela irretroatividade normativa, é essencial à fruição da liberdade e pode ser associada à ideia de Estado de Direito[4] e até mesmo ao princípio da dignidade da pessoa humana.[5]

A tradição no Direito brasileiro não é consagrar propriamente a irretroatividade das leis, mas sim proibir a incidência das normas quando importar em ofensa ao direito adquirido, ao ato jurídico perfeito ou à coisa julgada. Foi assim nas Constituições de 1934, 1946, 1967, 1969[6] e se manteve a fórmula na Constituição de 1988, que apenas vedou expressamente a retroatividade em matéria penal (a não ser para beneficiar o acusado) e tributária, respectivamente no seus art. 5º, XL, e 150, III, "a". Em matéria de Direito Intertemporal, o preceito essencial da Carta de 88 é o art. 5º, inciso XXXVI, segundo o qual "a lei não prejudicará o direito adquirido, o ato jurídico perfeito e a coisa julgada".[7][8]

---

[3] Gustav Radbruch chegou a apontar a segurança jurídica como uma das três finalidades do Direito. As outras duas, segundo o jusfilósofo de Heidelberg, seriam a justiça e o bem comum. Cf. RADBRUCH, Gustav. *Filosofia do direito*, p. 417. Sobre a segurança jurídica, veja-se também PÉREZ LUÑO, Antonio Enrique. *La seguridad jurídica*.

[4] Cf. LARENZ, Karl. *Derecho justo*: fundamentos de ética jurídica, p. 163; BARROSO, Luís Roberto. Em algum lugar do passado: segurança jurídica, direito intertemporal e o Novo Código Civil. *In*: ROCHA, Cármen Lúcia Antunes (Org.). *Constituição e segurança jurídica*, p. 139.

[5] Cf. SARLET, Ingo Wolfgang. A eficácia do direito fundamental à segurança jurídica: dignidade da pessoa humana, direitos fundamentais e proibição do retrocesso social no direito constitucional brasileiro. *In*: ROCHA, Cármen Lúcia Antunes (Org.). *Constituição e segurança jurídica*, p. 85-129.

[6] As Constituições de 1824 e 1891 consagravam o princípio da irretroatividade das leis, e a Carta de 1937, fiel às suas inclinações autoritárias, silenciou sobre o tema. Para a trajetória histórica desta questão no Direito brasileiro, veja-se: FRANÇA, R. Limongi. *A irretroatividade das leis e o direito adquirido*, p. 101-192.

[7] A proteção do direito adquirido, do ato jurídico perfeito e da coisa julgada da incidência da nova lei foi também consagrada no art. 6º da Lei de Introdução do Código Civil.

[8] Cumpre destacar, todavia, que a doutrina contemporânea vem sustentando a ideia de que a proteção ao direito adquirido, ao ato jurídico perfeito e à coisa julgada não é suficiente para a cabal garantia da segurança jurídica do indivíduo no âmbito do Estado Democrático de Direito. Nos últimos tempos, vem se desenvolvendo no Brasil, sob a inspiração da doutrina germânica, a ideia de que também se exige que o Estado respeite a confiança legítima do cidadão. O princípio de proteção da confiança legítima protege até expectativas de direito de pessoas de boa-fé, ainda não convertidas em direito adquirido, que tenham sido alimentadas pelo Estado, desde que não exista interesse público contraposto que, num juízo de ponderação, afigure-se prevalente, e pode inclusive demandar, em algumas circunstâncias, a criação de um "regime razoável de transição" entre um regime legal novo e antigo. Veja-se, a propósito, ARAÚJO, Valter Schuenquener. *O princípio da proteção à confiança*: uma nova forma de tutela do cidadão diante do Estado; COUTO E SILVA, Almiro do. O princípio da segurança jurídica (proteção à confiança) no direito público brasileiro e o direito da administração pública de anular seus próprios atos administrativos: o prazo decadencial do art. 54 da Lei do Processo Administrativo da União (Lei

Ao atribuir estatura constitucional a tal mandamento, o constituinte originário erigiu limitação oponível a todas as leis, inclusive àquelas de ordem pública.[9] Neste particular, o Direito brasileiro afastou-se de outros modelos, como o francês e o italiano, em que a norma de regência do conflito de leis no tempo foi acolhida em sede legislativa, dando ensejo à criação de exceções, ditadas discricionariamente pelo legislador ordinário na edição de normas cogentes.

Não se almeja aqui enveredar pelas intermináveis polêmicas a propósito dos critérios de resolução de conflitos de direito intertemporal. Sobre esta matéria, existem inúmeros posicionamentos doutrinários divergentes,[10] cabendo apenas registrar muito sucintamente que o entendimento dominante no país, adotado inclusive pelo Supremo Tribunal Federal,[11] é no sentido de que o nosso ordenamento filiou-se à teoria subjetiva, que teve no italiano Francesco Gabba o seu maior expoente, a qual se centra na noção de direito adquirido. De acordo com conhecida definição de Gabba, "é adquirido todo o direito que: a) é consequência de um fato idôneo a produzi-lo, em virtude da lei do tempo no qual o fato se realizou, embora a ocasião de fazê-lo valer não se tenha apresentado antes da atuação de uma lei nova a respeito do mesmo, e que b) nos termos da lei sob o império da qual se verificou o fato de onde se origina, passou a fazer parte do patrimônio de quem o adquiriu".[12] [13]

Segundo esta concepção, a proteção conferida ao direito adquirido impede não apenas a incidência da lei superveniente sobre fatos passados (retroatividade máxima), como também a sua aplicação sobre efeitos pendentes (retroatividade média) e futuros (retroatividade mínima), de atos praticados no passado.[14] Portanto, se, no ordenamento brasileiro, uma nova lei proibir determinado tipo de cláusula num contrato de trato sucessivo, ela não poderá incidir nem mesmo sobre os efeitos pendentes e futuros dos contratos celebrados anteriormente à sua edição. Considera-se que tais efeitos

---

nº 9.784/99). *RDA*, n. 237, p. 271-315; CALMES, Sylvia. *Du principe de protection de confiance légitime en droits allemand, communautaire et français*; e RIBEIRO, Ricardo Lodi. *A segurança jurídica do contribuinte*: legalidade, não-surpresa e proteção à confiança legítima, p. 227-260.

[9] Nesta linha, afirmou o STF, no julgamento da ADI nº 493 (Rel. Min. Moreira Alves. *DJ*, 04 set. 1992): "(...) no Brasil, sendo o princípio do respeito ao direito adquirido, ao ato jurídico perfeito e à coisa julgada de natureza constitucional, sem qualquer exceção a qualquer espécie de legislação ordinária, não tem sentido a afirmação de muitos — apegados ao direito de países em que o preceito é de origem meramente legal — de que as leis de ordem pública se aplicam de imediato alcançando os efeitos futuros do ato jurídico perfeito ou da coisa julgada".

[10] Para uma síntese das principais correntes existentes sobre a matéria, veja-se: TOLOMEI, Carlos Young. *A proteção do direito adquirido sob o prisma civil constitucional*, p. 67-86.

[11] Veja-se, neste sentido, o erudito voto do Min. Moreira Alves proferido na ADI nº 493. *DJ*, 04 set. 1992.

[12] GABBA, Francesco. *Teoria della retroattività delle legge*, p. 190-191.

[13] A principal corrente adversária à teoria subjetivista de Gabba é a teoria objetivista de Paul Roubier, que emprega como critério de exclusão de retroatividade legal a noção de "situação jurídica", ao invés da concepção de direito adquirido. Do ponto de vista prático, a doutrina de Roubier afigura-se menos reverente em relação às posições jurídicas consolidadas no passado, na medida em que admite, ao contrário da teoria de Gabba, a chamada "retroatividade mínima" da lei — que para Roubier não configurava autêntica retroatividade, mas "efeito imediato" da nova lei —, possibilitando assim que as normas editadas incidam sobre efeitos futuros atos jurídicos praticados antes delas. Veja-se: ROUBIER, Paul. *Le droit transitoire*.

[14] Neste sentido, decidiu o STF: "Em nosso sistema jurídico, a regra de que a lei nova não prejudicará o direito adquirido, o ato jurídico perfeito e a coisa julgada, por estar inserida no texto da Carta Magna (art. 5º, XXXVI), tem caráter constitucional, impedindo, portanto, que a legislação infraconstitucional, ainda quando de ordem pública, retroaja para alcançar o direito adquirido, o ato jurídico perfeito ou a coisa julgada, ou que o Juiz a aplique retroativamente. E a retroação ocorre ainda quando se pretende alcançar os efeitos futuros de fatos passados que se consubstanciem em qualquer das referidas limitações, pois ainda nesse caso há retroatividade — a retroatividade mínima" (RE nº 188.366, Rel. Min. Moreira Alves. *DJ*, 19 nov. 1999).

consubstanciam direitos adquiridos, que devem ser salvaguardados da aplicação da nova lei. Só os contratos celebrados após a vigência da lei superveniente serão colhidos pelos respectivos efeitos.

No entanto, a garantia constitucional do direito adquirido não representa obstáculo para a alteração de institutos ou regimes jurídicos objetivos, mas tão somente para a supressão dos benefícios deles decorrentes que já tenham sido validamente incorporados ao patrimônio jurídico dos indivíduos.[15]

Assentadas estas premissas, cabe analisar em que medida elas se aplicam à incidência da própria Constituição.

As constituições têm, em regra, aplicação imediata, passando a vigorar logo após o seu advento. Este princípio não impede que o próprio constituinte opte por retardar a eficácia de toda a Constituição — instituindo uma espécie de *vacatio legis* constitucional —, ou de algumas de suas normas (essa última hipótese ocorreu na Constituição de 88, como se observa, por exemplo, nos arts. 5º e 34 do ADCT, que adiaram a eficácia de dispositivos inseridos no corpo permanente do texto constitucional). Tampouco a afirmação da aplicabilidade imediata é incompatível com o reconhecimento do fato de que alguns dispositivos constitucionais podem carecer de regulamentação para a produção da plenitude dos seus efeitos.[16]

É entendimento doutrinário praticamente incontroverso,[17] endossado também pela jurisprudência do STF,[18] que o poder constituinte originário não é obrigado a respeitar o direito adquirido, o ato jurídico perfeito e a coisa julgada, podendo até mesmo dispor sobre o passado. Esta posição pode ser fundamentada na concepção tradicional do poder constituinte como juridicamente ilimitado.[19] Contudo, não é preciso adotar a tese da ilimitação do poder constituinte originário para avaliar tal conclusão. É possível entender, como nós, que existem limitações jurídicas ao exercício do poder constituinte originário,[20] mas não situar dentre elas o respeito a todos os direitos adquiridos ou judicialmente reconhecidos no passado.[21] Na verdade, o reconhecimento de um limite tão amplo para o poder constituinte esvaziá-lo-ia excessivamente, subtraindo qualquer possibilidade do povo e das gerações futuras de romperem com um passado do qual

---

[15] Cf. MENDES, Gilmar Ferreira; COELHO, Inocêncio Mártires; BRANCO, Paulo Gustavo Gonet. *Curso de direito constitucional*, p. 453-460.

[16] Cf. SILVA, José Afonso da. *Aplicabilidade das normas constitucionais*, 3. ed.; BARROSO, Luís Roberto. *O direito constitucional e a efetividade de suas normas*: limites e possibilidades da Constituição brasileira, 8. ed.

[17] Veja-se, entre outros, PONTES DE MIRANDA, Francisco Cavalcanti. *Comentários à Constituição de 1967 com a Emenda n. 1, de 1969*, p. 379-422; BARROSO, Luís Roberto. *Interpretação e aplicação da Constituição*, p. 52; RAMOS, Elival da Silva. *A proteção aos direitos adquiridos no direito constitucional brasileiro*, p. 215-216; SAMPAIO, José Adércio Leite. *Direito adquirido e expectativa de direito*, p. 200-205. Em sentido contrário, de forma isolada na doutrina, veja-se: TOLEDO, Cláudia. *Direito adquirido e Estado Democrático de Direito*, p. 250-257.

[18] É bem antiga a jurisprudência do STF nesta questão. Já em 1949, no julgamento do RE nº 14.360 (Rel. Min. Edgar Costa) a Corte assentara que "contra preceito constitucional não se pode invocar direito adquirido" (*Revista Forense*, v. 134, p. 423-427). Após a Constituição de 88, este entendimento já foi reiterado diversas vezes, como no julgamento da ADI nº 248/RJ (Rel. Min. Celso de Mello. DJ, 08 abr. 1994), em que se averbou na própria ementa do acórdão: "A supremacia jurídica das normas inscritas na Carta Federal não permite, ressalvadas as eventuais exceções proclamadas no próprio texto constitucional, que contra elas seja invocado o direito adquirido".

[19] Cf. RAMOS, Elival da Silva. *A proteção aos direitos adquiridos no direito constitucional brasileiro*, p. 206-207.

[20] Vide o Capítulo 6.

[21] No mesmo sentido, Luís Roberto Barroso, embora sustente a existência de limites jurídicos ao poder constituinte originário (*Curso de direito constitucional contemporâneo*, p. 109-115) afirma que ele "não deve reverência à ordem jurídica anterior, que não lhe pode impor regras ou limites", razão pela qual "não há direito adquirido contra a Constituição" (*Interpretação e aplicação da Constituição*, p. 52).

queiram se libertar. Esta seria uma posição teórica profundamente conservadora, por suprimir qualquer caminho jurídico — inclusive o mais radical dentre eles — para alteração do *status quo*.

Portanto, o poder constituinte originário pode suprimir direitos adquiridos e desconsiderar atos jurídicos perfeitos ou a coisa julgada. É o que ocorreu na Constituição de 1988, por exemplo, com os benefícios antes atribuídos a servidores ativos e inativos, e que já haviam se incorporado ao seu patrimônio jurídico. Como dispõe o art. 17 do ADCT, "os vencimentos, a remuneração, as vantagens e os adicionais, bem como os proventos de aposentadoria que estejam sendo percebidos em desacordo com a Constituição serão imediatamente reduzidos aos limites dela decorrentes, não se admitindo, neste caso, invocação de direito adquirido ou percepção de excesso a qualquer título".

Há, porém, controvérsia relevante sobre a incidência da Constituição no tempo, quando o texto constitucional for omisso. De um lado, há autores que sustentam que, no silêncio da Constituição, presume-se que as suas normas não prejudicam o direito adquirido, o ato jurídico perfeito ou a coisa julgada.[22] Afinal — argumentam —, seria paradoxal que numa ordem constitucional preocupada com a proteção da segurança jurídica e com a contenção do arbítrio estatal, se adotasse, como regra, a possibilidade de que a incidência da própria Constituição vulnerasse direitos licitamente conquistados ou situações já juridicamente cristalizadas.

Do outro lado, corrente diversa advoga a tese de que a nova Constituição atinge, em regra, efeitos futuros de atos que lhe são anteriores ("retroatividade mínima"), independentemente de previsão expressa, não estando essa incidência limitada pelo respeito ao direito adquirido, ao ato jurídico perfeito ou à coisa julgada.[23] É verdade — dizem os adeptos desta posição — que o poder constituinte pode prever tanto a aplicação da Constituição sobre o passado, como excepcionar da sua incidência direitos adquiridos ou outras situações já consolidadas. Mas, diante da sua omissão, prevaleceria, como regra geral, a incidência imediata da Constituição, com retroatividade mínima.

A posição do STF na matéria não é imune a críticas. Inicialmente, o Tribunal inclinava-se no sentido de que apenas em caso de previsão expressa poder-se-ia aplicar uma nova Constituição a efeitos de atos passados, desprezando direitos anteriormente adquiridos. Nesta linha, ficou conhecida a manifestação do Ministro Aliomar Baleeiro, em julgamento ocorrido em 1973: "aceito que uma Constituição possa fazer do quadrado redondo, do branco preto, segundo a velha fórmula dos antigos, mas é preciso que o faça expressamente, sobretudo se essa Constituição (...) consagrou expressamente (...) o direito adquirido, a coisa julgada, o ato jurídico perfeito".[24]

Já sob a égide da Constituição de 88, o STF veio a endossar posição diversa, assentando que, em matéria de direito constitucional intertemporal, a regra é a incidência imediata com retroatividade mínima dos preceitos constitucionais.[25] Em outras palavras,

---

[22] Neste sentido, cf. BARROSO, Luís Roberto. *Interpretação e aplicação da Constituição*, p. 53; HORTA, Raul Machado. Constituição e direito adquirido. *In*: HORTA, Raul Machado. *Estudos de direito constitucional*, p. 281; RAMOS, Elival da Silva. *A proteção aos direitos adquiridos no direito constitucional brasileiro*, p. 205-216.

[23] Cf. PONTES DE MIRANDA, Francisco Cavalcanti. *Comentários à Constituição de 1967 com a emenda n. 1 de 1969*, p. 385; MENDES, Gilmar Ferreira; COELHO, Inocêncio Mártires; BRANCO, Paulo Gustavo Gonet. *Curso de direito constitucional*, p. 200-202.

[24] RE nº 74.284/SP, Rel. Min. Thompson Flores. Julg. 28.03.1973.

[25] A rigor, a mudança na orientação do STF parece ter ocorrido ainda antes da promulgação da Constituição de 88. No RE nº 94.414, cujo acórdão foi publicado no *DJ*, 19 abr. 1985, a Corte, em decisão lavrada pelo Ministro

a Corte passou a entender que as normas constitucionais ditadas pelo constituinte originário devem ser aplicadas aos efeitos futuros de atos ocorridos antes da promulgação do texto constitucional, a não ser em casos de ressalva feita pela própria Constituição. Neste sentido, em caso que versava sobre a aplicação da proibição da vinculação de obrigações ao salário mínimo, estabelecida no art. 7º, IV, da Constituição, às pensões instituídas antes da promulgação do texto constitucional, averbou o Tribunal, em acórdão lavrado pelo Min. Moreira Alves:

> Pensões especiais vinculadas ao salário mínimo. Aplicação imediata a elas da parte final do inciso IV do artigo 7º da Constituição de 1988. Já se firmou a jurisprudência desta Corte no sentido de que os dispositivos constitucionais têm vigência imediata, alcançando os efeitos futuros de fatos passados (retroatividade mínima). Salvo disposição expressa em contrário — e a Constituição pode fazê-lo —, eles não alcançam os fatos consumados no passado nem as prestações anteriormente vencidas e não pagas (retroatividades máxima e média).[26]

A Corte, por outro lado, negou aplicação retroativa à cláusula que dispõe sobre a prescrição dos créditos trabalhistas, constante no art. 7º, XXX, da Constituição, afirmando que a ampliação de prazo ali prevista não favoreceria os trabalhadores cujos créditos já estivessem prescritos, de acordo com o direito anterior. Na ocasião, o STF destacou que "não há que se confundir eficácia imediata da Constituição a efeitos futuros de fatos passados com a aplicação dela no passado. A Constituição só alcança os fatos consumados no passado quando expressamente o declara, o que não ocorre com referência à prescrição".[27]

O STF, sem maiores digressões sobre Direito Intertemporal, entendeu também que a vedação constitucional à discriminação entre os filhos (art. 227, §6º, CF) não seria aplicável a inventários pendentes, de pessoas falecidas antes da promulgação da Carta de 88, tendo em vista o princípio de que a sucessão deve ser regida pelas normas vigentes à época do óbito.[28] Dessa forma, a Corte avalizou a projeção de efeitos, após a promulgação da Constituição de 88, da odiosa discriminação contra filhos adotivos para fins sucessórios, contida no antigo Código Civil de 1916 (art. 1605, §2º), apesar da sua flagrante incompatibilidade com o espírito da nova ordem constitucional.

Entendemos que a solução mais adequada para o nosso Direito Constitucional Intertemporal exige a consideração de dois vetores importantes, que apontam em direção oposta. Por um lado, há que se considerar que o exercício do poder constituinte, mesmo quando não resulte de um processo revolucionário, tem a pretensão de representar um "recomeço", o que envolve ruptura com o passado, ao menos sob o ângulo jurídico. Nessa perspectiva, não deve ser superdimensionada a força de situações e vínculos jurídicos pré-constitucionais, muitas vezes em absoluta desarmonia com os valores e princípios

---

Moreira Alves, já havia afirmado que "a Constituição, ao aplicar-se de imediato, não desfaz os efeitos passados de fatos passados (salvo se expressamente estabelecer o contrário), mas alcança os efeitos futuros de fatos a ela anteriores (exceto se os ressalvar de modo inequívoco)".

[26] RE nº 140.499/GO, Rel. Min. Moreira Alves. *DJ*, 09 set. 1994.
[27] AgReg nº 139.004, Rel. Min. Moreira Alves. *DJ*, 02 fev. 1996.
[28] "A sucessão regula-se por lei vigente à data de sua abertura, não se aplicando às sucessões verificadas antes do seu advento a norma do art. 227, §6º, da Carta de 88, que eliminou a distinção, até então estabelecida pelo CC (art. 1605 e §2º), entre filhos legítimos e filhos adotivos, para estes efeitos" (RE nº 163.167, 1ª Turma. Rel. Min. Ilmar Galvão. *DJ*, 31 out. 1997).

do novo regime, como ocorre quando se exige regra expressa para que a Constituição possa incidir imediatamente sobre efeitos de fatos que lhe são anteriores.

Contudo, tampouco se pode ignorar, na definição da regra básica do nosso Direito Constitucional Intertemporal, a importância que o próprio constituinte originário quis atribuir à proteção da segurança jurídica. Não cabe, portanto, exigir a presença de ressalva constitucional expressa para que sejam poupados, da incidência da nova Constituição, o direito adquirido, o ato jurídico perfeito e a coisa julgada formados antes do seu advento.

É evidente que, quando o próprio constituinte, por meio de regra expressa, definir a solução para a questão intertemporal, prevendo ou vedando a incidência de norma constitucional sobre os efeitos de situações ocorridas no passado, a sua vontade tem de prevalecer. Contudo, diante do silêncio do texto constitucional, há que se sopesar caso a caso o grau de desvalor constitucional dos direitos surgidos ou reconhecidos antes da Constituição com a proteção da segurança jurídica. Algumas vezes, a incompatibilidade entre certas situações jurídicas cristalizadas no passado e os princípios e valores da nova ordem constitucional pode ser tão grave que se justifique a incidência dos preceitos da Constituição sobre elas, a despeito da inexistência de determinação constitucional expressa. Esse, a nosso ver, era o caso da discriminação contra os filhos adotivos para fins sucessórios estabelecida no direito pré-constitucional. Em tal hipótese, ao contrário do que decidiu o STF, melhor seria aplicar o preceito constitucional que veda qualquer discriminação entre filhos (art. 227, §6º) — revestido de relevante conteúdo moral — mesmo às sucessões abertas antes da promulgação da Constituição, desde que o processo de inventário ainda não tivesse se encerrado.

Já noutras hipóteses, a tutela da segurança jurídica pode assumir um peso superior, bloqueando até a "retroatividade mínima" da norma constitucional, independentemente de previsão explícita no texto magno. Portanto, o equacionamento da questão não se resolve com o simples reconhecimento de uma suposta regra supletiva não escrita, a favor ou contra a retroatividade mínima das normas constitucionais. Ela depende de um juízo mais complexo, que leve em consideração os múltiplos valores que permeiam todo o novo sistema constitucional.[29]

14.3 Constituição e ordem constitucional anterior: existe "desconstitucionalização"?

O advento de nova Constituição importa a revogação global daquela que a antecedeu.[30] A pretensão de supremacia hierárquica de uma Constituição estatal não lhe permite conviver com outra, dotada da mesma pretensão e válida no âmbito do mesmo território.[31]

---

[29] Em sentido aparentemente convergente com o aqui apontado manifestou-se José Adércio Leite Sampaio: "a aquisição pretérita (dos direitos) para manter a produção de efeitos deve ser compatível com o corpo e espírito da Constituição, recusando-se a fórmula simples de que se não houver recusa expressa, haverá manutenção, porque a Constituição é amiga dos direitos e não a sua adversária ou porque a irretroatividade é um espectral 'princípio geral de direito'" (*Direito adquirido e expectativa de direito*, p. 172).

[30] Cf. KELSEN, Hans. *Teoria geral do direito e do Estado*, p. 172-174; MIRANDA, Jorge. *Manual de direito constitucional*, 2. ed., p. 239; BARROSO, Luís Roberto. *Interpretação e aplicação da Constituição*, p. 22.

[31] Há, porém, quadros patológicos em que o fenômeno pode ser observado, como o brasileiro, do regime militar.

Isto, evidentemente, não impede que a nova Constituição ressalve a validade de preceitos específicos ou até de partes inteiras da anterior, de forma provisória ou mesmo definitiva. A Constituição de 88, por exemplo, preservou por diversos meses o sistema constitucional tributário da Carta de 69 (art. 34, ADCT). A Constituição francesa de 1958, ao referir-se, no seu preâmbulo, ao preâmbulo da Constituição anterior de 1946, incorporou-o de modo permanente ao seu bloco de constitucionalidade.[32] Nesses casos, todavia, os preceitos da Constituição anterior continuaram valendo, de forma provisória ou definitiva, não em razão de alguma sobrevida da ordem constitucional pretérita, mas em decorrência de decisão do novo poder constituinte, que, com a sua autoridade, lhes conferiu força jurídica. Tais preceitos permaneceram dotados de hierarquia constitucional, sendo a hipótese denominada pela doutrina de *recepção material*.[33]

Há, no entanto, alguma controvérsia a propósito da possibilidade de que norma existente na Constituição passada, que não seja incompatível com a nova ordem constitucional, continue vigorando, mas agora em patamar hierárquico inferior, como simples lei. O fenômeno, chamado entre nós de *desconstitucionalização*, foi admitido por Esmein[34] e por Carl Schmitt.[35] Este último fundou-se na distinção por ele traçada entre Constituição e leis constitucionais — aquela correspondendo à decisão política fundamental do titular do poder constituinte, e estas às normas constantes no documento constitucional que não apresentem a mesma natureza. Para Schmitt, o advento de nova Constituição seria incompatível com a subsistência da Constituição anterior, mas não com a continuidade da vigência de meras leis constitucionais antes em vigor, doravante dotadas da força das leis comuns.

Na doutrina brasileira, autores como Pontes de Miranda,[36] José Afonso da Silva[37] e Manoel Gonçalves Ferreira Filho[38] sustentaram a existência do fenômeno, que dependeria da coexistência dos seguintes pressupostos: a) revogação de uma Constituição por outra; b) presença, na Constituição revogada, de preceito que não verse sobre questão tida como materialmente constitucional; e c) plena compatibilidade entre tal preceito e a nova Constituição. Presentes estes requisitos, o preceito da Constituição antiga continuaria vigorando, mas agora com força de lei.

Não nos parece correta a tese que admite a desconstitucionalização tácita. Deve-se presumir que uma nova Constituição revoga integralmente a que a antecedeu — revogação global ou sistêmica —, salvo previsão em sentido contrário. Assim entendeu o STF: "A vigência e a eficácia de uma nova Constituição implicam a supressão da existência, a perda da validade e a cessação da eficácia da anterior Constituição por ela revogada, operando-se, em tal situação, hipótese de revogação global ou sistêmica do

---

Naquele período, as constituições conviviam com os atos institucionais, de triste memória, que não buscavam nelas o seu fundamento de validade, mas se afirmavam como derivados do exercício de um suposto poder constituinte em que estariam investidas as forças ditas "revolucionárias". Veja-se, a propósito, o Capítulo 4.

[32] Sobre o conceito de bloco de constitucionalidade, veja-se o Capítulo 1.
[33] Cf. MIRANDA, Jorge. *Manual de direito constitucional*, p. 239-240; BARROSO, Luís Roberto. *Interpretação e aplicação da Constituição*, p. 56.
[34] ESMEIN, A. *Élements de droit constitutionnel français et compare*, p. 582.
[35] SCHMITT, Carl. *Dottrina della Costituzione*, p. 47-48.
[36] PONTES DE MIRANDA, Francisco Cavalcanti. *Comentários à Constituição de 1967 com a Emenda n. 1, de 1969*, p. 249-250.
[37] SILVA, José Afonso da. *Aplicabilidade das normas constitucionais*, p. 221-222.
[38] FERREIRA FILHO, Manoel Gonçalves. *O poder constituinte*, p. 92-93.

ordenamento constitucional precedente, não cabendo, por isso mesmo, indagar-se, por impróprio, da compatibilidade ou não, para efeito de recepção, de quaisquer preceitos constantes da Carta Política anterior".[39]

É evidente que uma nova Constituição pode manter a vigência de preceitos constantes da carta revogada, emprestando-lhes força de lei. A Constituição de Portugal, por exemplo, manteve no seu art. 290.1, as leis constitucionais editadas entre a data da Revolução dos Cravos, em 1974, e o seu advento, em 1976, conferindo-lhes o caráter de leis ordinárias. Mas, diante do silêncio constitucional, não cabe afirmar a ocorrência do fenômeno. A desconstitucionalização deve ser expressa, e ela não foi prevista para nenhum assunto na Constituição de 88.

14.4 Constituição e direito infraconstitucional anterior: a recepção

Como já salientado, o exercício do poder constituinte importa, pelo menos formalmente, em ruptura com a ordem jurídica anterior. Porém, existe a necessidade prática de que haja certa continuidade no ordenamento estatal, para se evitar o completo vácuo normativo após o advento de nova Constituição, que tenderia a gerar o caos e a insegurança jurídica. Seria impraticável estabelecer, em nome da inicialidade do poder constituinte, um vazio normativo geral, a ser preenchido apenas por normas editadas após o surgimento da nova Constituição.

A teoria da recepção visa a conciliar os componentes desta tensão entre rompimento e continuidade. Essa teoria afirma que norma jurídica anterior a uma Constituição, que não seja incompatível com ela, continuará a vigorar após o seu advento, mas agora com outro fundamento de validade: não mais a Constituição vigente quando da edição da norma recepcionada, mas o novo diploma constitucional.[40] Já as normas anteriores incompatíveis com a Constituição deixarão de vigorar, em razão da sua não recepção pelo novo ordenamento constitucional. Algumas constituições prevêem explicitamente a ocorrência da recepção, como fizeram as nossas Cartas de 1891 (art. 83) e de 1934 (art. 187), mas o fenômeno não depende de expresso reconhecimento pelo texto constitucional. O mais frequente é a sua admissão implícita, como ocorre na Constituição de 88.

A mudança no fundamento de validade do ato normativo recepcionado pode ser extremamente relevante do ponto de vista hermenêutico, alterando substancialmente o sentido da norma recebida.[41] Isto porque, todas as normas jurídicas vigentes em um

---

[39] Emb. Decl. no AgReg no Emb. Div. nos Emb. Decl no AgReg no Ag. Inst. nº 386.820-1/RS, Rel. Min. Celso de Mello. *DJ*, 04 fev. 2005. No caso, discutia-se a subsistência, sob a égide da Constituição de 88, de preceito constante na ordem constitucional que atribuía ao STF a competência para legislar sobre matéria processual, no seu regimento interno.

[40] A lição clássica na matéria é de Hans Kelsen, que critica a afirmação de que as leis recepcionadas por uma nova Constituição continuariam em vigor. Nas palavras do jusfilósofo austríaco: "Uma grande parte das leis promulgadas sob a antiga Constituição permanece, como costuma dizer-se, em vigor. No entanto, esta expressão não é acertada. Se estas leis devem ser consideradas como estando em vigor sob a nova Constituição, isto somente é possível porque foram postas em vigor sob a nova Constituição, expressa ou implicitamente (...). O que existe, não é criação de Direito inteiramente nova, mas recepção de normas de uma ordem jurídica por outra; tal como, *e.g.*, a recepção do Direito romano pelo Direito alemão. Mas também essa recepção é produção do Direito. Com efeito, o imediato fundamento de validade das normas jurídicas recebidas sob a nova Constituição (...) já não pode ser a antiga Constituição, que foi anulada, mas apenas o pode ser a nova. O conteúdo destas normas permanece na verdade o mesmo, mas o seu fundamento de validade (...) mudou" (*Teoria pura do direito*, 4. ed., p. 290).

[41] Jorge Miranda, que prefere designar o fenômeno como "novação", ao invés de recepção, afirma que o direito ordinário anterior, mesmo quando compatível com a nova ordem constitucional, pode sofrer mudanças significativas,

Estado devem ser interpretadas à luz da respectiva Constituição. Este imperativo também se aplica às normas editadas anteriormente à Constituição e por ela recepcionadas.

Um bom exemplo ocorreu com a disciplina legal de institutos do Direito Civil como o direito de propriedade, a posse e o contrato, após o advento da Constituição de 88. Tais institutos eram, à época da promulgação da Constituição, regulados pelo Código Civil de 1916, e sua disciplina revestia-se de um matiz liberal-burguês, afinado com o conservadorismo dos valores sociopolíticos da República Velha. O advento da Constituição de 88, mais preocupada com a justiça social, a igualdade substantiva e a solidariedade, se não importou na não recepção dos preceitos do Código de 1916 que tratavam daqueles temas, exigiu sua releitura, pela ótica dos princípios da nova ordem constitucional, de sorte a alterá-los substancialmente.[42]

Não obstante, certa tendência inercial pode instalar-se entre os aplicadores do Direito, levando-os a continuar interpretando e aplicando as leis e os institutos anteriores à Constituição como se esta não existisse, ignorando as mudanças impostas pelos princípios e valores da nova ordem constitucional. O fenômeno caminha de braço dado com a "interpretação retrospectiva" da Constituição, que, segundo Luís Roberto Barroso é "uma das patologias crônicas da hermenêutica constitucional brasileira (...) pela qual se procura interpretar o texto novo de maneira que não inove nada, mas, ao revés, fique tão parecido quanto possível com o antigo".[43]

Esta tendência inercial tende a ser mais intensa quando o advento da nova Constituição não é acompanhado de substituição dos agentes encarregados de interpretá-la e aplicá-la, em especial os magistrados de supremas cortes ou tribunais constitucionais. Juízes nomeados sob a égide do regime antigo podem manter uma indevida fidelidade em relação aos valores do passado, sabotando, ainda que nem sempre de forma consciente, a efetivação da nova Constituição, com a qual não mantêm afinidade ideológica.[44] No Brasil, tal fenômeno foi visível nos anos que se seguiram à promulgação da Constituição de 88, quando o STF, composto majoritariamente por ministros nomeados antes do seu advento, neutralizou temporariamente diversos avanços da Constituição,[45]

---

porque a Constituição tem de "o impregnar dos seus valores, de o modular e, se necessário, de o transformar; e é nesta medida que ele pode dizer-se recriado ou novado" (*Manual de direito constitucional*, 2. ed., p. 243).

[42] Veja-se, nesta perspectiva, as obras dos autores identificados à linha de pensamento conhecida como Direito Civil-Constitucional, *e.g.* TEPEDINO, Gustavo. *Temas de direito civil*; TEPEDINO, Gustavo. *Problemas de direito civil constitucional*; e TEPEDINO, Gustavo. *Temas de direito civil II*; MORAES, Maria Celina Bodin de. *Danos à pessoa humana*: uma leitura civil-constitucional dos danos morais; MORAES, Maria Celina Bodin de. *Na medida da pessoa humana*; FACHIN, Edson. *Teoria crítica do direito civil*; e FACHIN, Edson. *Repensando os fundamentos do direito civil brasileiro*.

[43] BARROSO, Luís Roberto. *Interpretação e aplicação da Constituição*, p. 67.

[44] Na Itália, por exemplo, a Corte de Cassação, composta por magistrados nomeados no tempo do fascismo, exerceu, entre a entrada em vigor da Constituição italiana, em 1948, e a instalação da Corte Constitucional, em 1956, o controle de constitucionalidade das leis. É praticamente consensual que a instituição não se saiu bem nesta tarefa. Veja-se, a propósito, GUASTINI, Riccardo. A constitucionalização do ordenamento jurídico e a experiência italiana. Tradução de Enzo Bello. *In*: SOUZA NETO, Cláudio Pereira de; SARMENTO, Daniel (Org.). *A constitucionalização do direito*: fundamentos teóricos e aplicações específicas, p. 281-282.

[45] Pode-se citar como exemplos a interpretação adotada pela Corte quanto á eficácia da decisão do mandado de injunção (art. 5º, LXXI, CF) — que se esgotaria, segundo a ótica então adotada, em mera notificação aos órgãos em mora na elaboração de normas reguladoras de direitos constitucionais —, bem como a posição assumida quanto à impossibilidade de controle judicial dos pressupostos de urgência e relevância da medida provisória (art. 62, CF). Foi necessária a passagem do tempo, e a renovação do Tribunal, para que o STF alterasse o seu posicionamento sobre estes temas constitucionais tão relevantes.

seja praticando a "interpretação retrospectiva" dos seus ditames,[46] seja postergando indefinidamente a análise de questões constitucionais mais espinhosas, por meio do exercício de uma espécie de "jurisprudência defensiva".[47]

14.4.1 Recepção e mudança no processo legislativo

Já é lugar-comum a afirmação de, para a recepção, basta a compatibilidade entre o conteúdo do ato normativo anterior e a nova Constituição.[48] Em outras palavras, na análise da recepção, cogita-se apenas de questões substantivas e não do processo legislativo. Em matéria de processo legislativo, impera o brocardo *tempus regit actum*. Portanto, para que uma norma anterior à Constituição continue a valer depois do seu advento, não é necessário que ela tenha sido elaborada da forma prescrita pela nova ordem constitucional.

Isto significa que até mesmo normas contidas em espécies legislativas extintas podem continuar subsistindo validamente após a promulgação de Constituição que não as previu. Neste sentido, o STF já afirmou que o fato de a Constituição de 88 não consagrar a figura do decreto-lei não importou automaticamente na não recepção dos decretos-leis editados no regime anterior.[49]

A recepção, por outro lado, pode alterar a natureza de um ato normativo, quando a nova Constituição passa a exigir espécie normativa diversa para a disciplina do mesmo assunto. Exemplo bastante conhecido deste fenômeno deu-se com Código Tributário Nacional, editado em 1966 como lei ordinária (Lei nº 5.172), em época que sequer existia a figura constitucional da lei complementar. As Constituições de 1967/1969 e 1988 exigiram lei complementar para a edição de normas gerais em matéria tributária, e, diante disso, passou-se a entender que o CTN fora recepcionado como lei complementar, o que impediria a sua modificação por meio de lei ordinária.

Não discordamos da compreensão que, na análise da recepção, centra o foco na compatibilidade material entre a Constituição e a norma jurídica anterior. Não fosse

---

[46] Neste sentido, veja-se a lúcida crítica de Luís Roberto Barroso: "O constituinte de 88 tomou, sem maior debate político, a grave decisão de manter como integrantes do STF todos os Ministros que haviam sido investidos no tribunal pelos governos anteriores. Vale dizer: sem embargo da inegável virtude pessoal e intelectual de muitos dos juízes que lá tinham assento, a corte constitucional brasileira, encarregada de interpretar a nova Carta, era composta de juristas cuja nomeação era laureada a crédito do regime militar. Sem dever o seu título de investidura à nova ordem, e sem compromisso político com a transformação institucional que se operara no País, a Corte reeditou burocraticamente parte da jurisprudência anterior, bem como alimentou inequívoca má-vontade para com algumas das inovações" (Doze anos da Constituição brasileira de 1988. In: BARROSO, Luís Roberto. *Temas de direito constitucional*, p. 24).

[47] Na mesma linha, o instigante texto, ainda inédito, de Diego Werneck Arguelhes (*Poder não é querer*: judicialização da política e preferências restritivas no Supremo Tribunal Federal pós-democratização), aponta a permanência dos Ministros do STF nomeados pelo regime militar como uma das causas prováveis da criação, pela Corte, de diversos obstáculos ao exercício da jurisdição constitucional abstrata após a Constituição de 88 — como a criação da exigência de "pertinência temática" para a propositura de ADI por alguns dos legitimados e o entendimento, que será abaixo discutido, do não cabimento desta ação para impugnação de normas anteriores à Constituição.

[48] Cf. BARROSO, Luís Roberto. *Interpretação e aplicação da Constituição*, p. 81-84; CANOTILHO, José Joaquim Gomes. *Direito constitucional e teoria da Constituição*, p. 1.169; MENDES, Gilmar Ferreira; COELHO, Inocêncio Mártires; BRANCO, Paulo Gustavo Gonet. *Curso de direito constitucional*, p. 194.

[49] "Embora a Constituição de 1988 não inclua o 'Decreto-Lei' como forma de processo legislativo, nem por isso revogou o Decreto-Lei n. 201, de 27.2.1967, que regula a responsabilidade penal dos Prefeitos e Vereadores" (HC nº 74.675, Rel. Min. Sydney Sanches. DJ, 04 abr. 1997).

assim, bastaria que uma nova Constituição alterasse as regras do processo legislativo para que toda a legislação anterior, aprovada de acordo com as regras distintas antes vigentes, fosse automaticamente não recepcionada. Sem embargo, entendemos que esta orientação deve ser temperada diante da necessidade não apenas política e filosófica, como também jurídico-constitucional, de legitimação democrática das normas no âmbito do Estado Democrático de Direito.

Com efeito, numa democracia, em que o exercício do poder depende do consentimento coletivo dos governados, o processo de elaboração das normas jurídicas deve ser visto não como o simples cumprimento de formalidades burocráticas, mas antes como um mecanismo em que se busca a legitimação democrática para a criação do Direito. É a partir desta premissa que se deve discutir a viabilidade da recepção de normas anteriores à Constituição que, conquanto materialmente compatíveis com ela, tenham sido produzidas de forma gravemente antidemocrática, ainda que em conformidade com os procedimentos legislativos definidos em regime pretérito, de natureza autoritária.

Não se trata de sustentar que a simples inobservância do procedimento legislativo estabelecido em Constituição posterior enseja a não recepção de normas jurídicas a ela anteriores. Cuida-se tão somente de analisar aquelas hipóteses em que o desvalor do procedimento adotado, sob a perspectiva democrática da nova ordem constitucional, seja gravíssimo, a ponto de comprometer seriamente a legitimidade da norma em questão.

Por um lado, considerar todas as normas elaboradas de forma gravemente antidemocrática como não recepcionadas não parece a melhor solução. Tanto os problemas gerados pelo amplo vazio normativo que esta posição tenderia a gerar — sobretudo quando a nova Constituição for adotada em seguida ao término de período autoritário, como ocorreu no Brasil —, como a radical fluidez do critério de antidemocraticidade do procedimento, e a insegurança jurídica que a sua aplicação ensejaria, não recomendam essa posição. Mas, por outro lado, também não soa correto, sobretudo numa ordem constitucional tão afinada com o ideário democrático, ignorar completamente, na análise da recepção, as credenciais democráticas do processo legislativo gerador do ato normativo examinado.

Uma alternativa intermediária, que nos parece a mais correta, é a de graduar o rigor do exame de recepção pelo grau de democraticidade do procedimento de elaboração do ato normativo sob exame. Um ato normativo elaborado anteriormente à Constituição, de acordo com procedimentos à época válidos, mas que não atendessem a padrões mínimos de democracia, não seria considerado só por isso não recepcionado. Mas a avaliação da sua recepção, voltada a aspectos substanciais, seria realizada de forma mais rigorosa, por meio de um escrutínio mais estrito. Já quando não houvesse este sério déficit democrático na elaboração normativa, o controle da recepção ocorreria de forma mais autocontida.

Tal concepção, apesar de não ter sido explicitada na jurisprudência do STF, parece permear a argumentação empregada em dois recentes e importantes julgamentos da Corte, que envolveram, respectivamente, o exame da recepção da Lei de Imprensa[50] e da Lei de Anistia.[51] No primeiro caso, era possível expurgar do ato normativo em questão os preceitos mais problemáticos sob a perspectiva da liberdade de imprensa,

---

[50] ADPF nº 130, Rel. Min. Carlos Britto. *DJ*, 06 nov. 2009.
[51] ADPF nº 153, Rel. Min. Eros Grau. *DJ*, 06 ago. 2010.

mantendo-se os demais, como os dispositivos atinentes ao direito de resposta, para que doravante passassem a ser interpretados à luz da Carta de 88, como defenderam alguns Ministros. Porém, a corrente majoritária, capitaneada pelo Ministro Carlos Britto, formou-se no sentido de reconhecer a não recepção em bloco de toda a Lei nº 5.250/67, e um dos argumentos empregados foi no sentido da ilegitimidade democrática da norma em questão, porque "concebida e promulgada num longo período autoritário da nossa história de Estado, conhecido como 'anos de chumbo' ou 'regime de exceção'".

Já no caso referente à Lei de Anistia, um dos argumentos centrais empregados pelo STF para afirmar a recepção de tal ato normativo pela Constituição de 88 foi a premissa histórica — extremamente questionável — de que, ao invés de ter resultado de imposição unilateral dos governantes de plantão, a anistia bilateral, concedida também aos agentes do regime que praticaram graves violações de direitos humanos durante o período militar, teria resultado de um acordo negociado e celebrado pelas forças políticas e sociais mais importantes presentes naquela quadra histórica, envolvendo inclusive aquelas que se opunham ao governo e lutavam pela redemocratização do país.

Sem discutir aqui o acerto ou desacerto das premissas e das conclusões adotadas pelo STF em cada um destes casos, é certo que, em ambos, considerações sobre o contexto mais ou menos democrático do processo de criação dos atos normativos foram empregadas como importante reforço argumentativo para afirmar ou negar a sua recepção pela Constituição de 88.

14.4.2 Recepção, federação e alteração de competência legislativa

Em Estados federais ou regionais, é possível que uma nova Constituição, ou mesmo uma emenda constitucional, altere a competência legislativa para disciplina de determinado tema. Nessas hipóteses, pode-se discutir se ato normativo editado pelo ente político originariamente competente mantém a sua validade, após o advento da referida modificação.

Sobre o tema, poucos autores se pronunciaram. Pontes de Miranda[52] e Gilmar Ferreira Mendes[53] defenderam a tese de que as normas editadas por entidades superiores manter-se-iam em vigor, mesmo após a transferência da competência legislativa para entidades menores, até que fossem revogadas pelos entes políticos agora competentes. Mas, para tais juristas, o oposto não ocorreria. As normas ditadas por entidades menores deixariam de valer quando houvesse alteração na competência em favor de entidades maiores.

Já Luís Roberto Barroso sustenta posição diversa.[54] Para Barroso, as normas postas por entidades que, à época de sua edição, eram dotadas de competência, são recepcionadas pela Constituição, desde que materialmente compatíveis com ela. Tais atos normativos continuariam valendo até serem ab-rogados pelos novos entes competentes para a disciplina da matéria. O raciocínio valeria tanto para a mudança de competência de entidades maiores para menores, como vice-versa.

---

[52] PONTES DE MIRANDA, Francisco Cavalcanti. *Comentários ao Código de Processo Civil*, p. 66-67.
[53] MENDES, Gilmar Ferreira. *Controle de constitucionalidade*: aspectos jurídicos e políticos, p. 87-88.
[54] BARROSO, Luís Roberto. *Interpretação e aplicação da Constituição*, p. 84.

O STF, ao apreciar a subsistência de norma federal que instituíra, antes da Constituição de 88, benefício fiscal em tributo estadual — providência possível sob certas condições no regime constitucional pretérito, mas vedada pela Carta de 88 —, afirmou, invocando o princípio da continuidade da ordem jurídica, que "se havia legislação federal e a matéria passou a ser de competência estadual ou municipal a legislação federal é recebida como estadual ou municipal".[55] A Corte, salvo engano, ainda não enfrentou a situação inversa, envolvendo possível recepção de norma editada por município ou estado, quando tenha havido transferência de competência legislativa para estado ou para a União.

Tal hipótese, na nossa opinião, não se resolve apenas por meio da lógica formal. Por um lado, é certo que o princípio da continuidade da ordem jurídica também se aplica ao caso, justificando, como regra geral, a recepção provisória das normas editadas por entes políticos menores, até que advenha a regulação do tema pela entidade política superior, agora investida pela Constituição na competência legislativa correspondente.

Contudo, podem surgir situações em que a adoção dessa orientação gere graves problemas constitucionais, sobretudo no que concerne ao respeito ao princípio da isonomia. Isto porque tal solução pode conduzir, por exemplo, à obrigatoriedade de aplicação, pela União, de milhares de normas municipais de conteúdos radicalmente díspares a pessoas que se encontrem em situações idênticas, apenas por se acharem nos territórios de municípios diferentes, em hipótese em que tal diferença de localização se afigure irrelevante. Note-se que a ofensa à isonomia aqui não proviria do conteúdo de qualquer ato normativo, mas sim da aplicabilidade simultânea, pelo mesmo ente federativo, de inúmeros deles — cada um, quando visto isoladamente, dotado de conteúdo válido —, levando a um injustificado tratamento diferenciado de pessoas que se encontram em situações iguais.

Em hipóteses assim, a análise da recepção deve envolver uma ponderação entre os princípios da continuidade da ordem jurídica e da isonomia. Em outras palavras, deve-se perquirir o que, da perspectiva constitucional, é mais danoso em cada caso: a discriminação injustificada, decorrente da recepção, ou o vazio normativo, resultante da não recepção.

Em suma, entendemos que a mudança de competência legislativa não prejudica, via de regra, a recepção dos atos normativos editados anteriormente à sua ocorrência, tendo em vista o princípio da continuidade da ordem jurídica. Porém, quando a alteração ocorrer no sentido do deslocamento de competência normativa de entes políticos menores para maiores, esta regra geral poderá eventualmente ceder numa ponderação com o princípio da isonomia. Nesse caso, a alteração de competência até poderá, excepcionalmente, ensejar a não recepção das normas anteriormente editadas por municípios ou por estados.

14.4.3 Não recepção: revogação ou inconstitucionalidade superveniente?

Existe controvérsia acadêmica sobre a natureza jurídica da não recepção. De um lado, há os que sustentam que a hipótese é de revogação, resolvendo-se o conflito entre norma constitucional (originária ou derivada) e lei anterior incompatível por meio da

---

[55] RE nº 218.160-3, 1ª Turma. Rel. Min. Moreira Alves. *DJ*, 06 mar. 1998.

aplicação do critério cronológico, segundo o qual lei posterior revoga a anterior (*lex posterior derogat priori*).⁵⁶ Do outro, há os que advogam a tese de que o caso é de inconstitucionalidade superveniente.⁵⁷ Para esses, a colisão resolver-se-ia com a utilização do critério hierárquico de resolução de conflitos normativos, segundo o qual a norma superior prevalece diante da inferior (*lex superior derogat inferiori*). Existe ainda uma posição híbrida, que defende que o caso seria de "revogação por inconstitucionalidade".⁵⁸ Para todos, portanto, a Constituição prevalece diante de norma infraconstitucional anterior com ela incompatível. A divergência dá-se apenas em torno da justificação teórica mais adequada para esta prevalência, da qual o STF, porém, extraiu importante consequência prática, como se observará mais adiante

No Direito Comparado, a questão recebeu respostas variadas. Em Portugal, a Constituição de 1976 consagrou expressamente a hipótese da inconstitucionalidade superveniente, conferindo à Corte Constitucional a competência para aferir a compatibilidade com a Constituição das normas que lhe são anteriores (art. 282, §2º).⁵⁹ Também na Itália prevaleceu, por força de orientação jurisprudencial, firmada já na primeira decisão da Corte Constitucional, proferida em 1956,⁶⁰ a tese da inconstitucionalidade superveniente, o que permitiu àquele Tribunal examinar a recepção da legislação aprovada durante o governo fascista.

Já na Alemanha, adotou-se uma solução eclética.⁶¹ Naquele país, o controle de constitucionalidade é sempre concentrado na Corte Constitucional, mas pode ser abstrato ou concreto. Na fiscalização abstrata de constitucionalidade, entendeu-se cabível o controle do direito pré-constitucional. Mas no controle concreto, a hipótese foi tratada como revogação. Tal orientação isentou os juízes em geral da obrigação de remeterem à Corte Constitucional a apreciação de questões atinentes à compatibilidade entre a Lei Fundamental e normas anteriores a ela, com que se deparassem no julgamento de casos concretos. Sendo a situação enquadrada como revogação, qualquer juiz pode apreciá-la diretamente, escapando-se, com isso, do monopólio do Tribunal Constitucional.

Na Espanha, em que a Corte Constitucional também monopoliza o controle de constitucionalidade, adotou-se solução próxima à alemã.⁶² No âmbito do controle abstrato, a hipótese é tratada como inconstitucionalidade superveniente, para possibilitar a atuação do Tribunal Constitucional. Já no âmbito do controle concreto, podem os juízes deixar de aplicar normas anteriores à Constituição e incompatíveis com ela, considerando-as revogadas. Mas, no direito espanhol, ao contrário do que ocorre no alemão, permite-se também aos juízes, em casos concretos em que tenham dúvidas fundadas sobre a não recepção, que remetam a apreciação da questão à Corte Constitucional. A remessa é, porém, facultativa.⁶³

---

[56] Cf. POLLETTI, Ronaldo. *Controle de constitucionalidade das leis*, p. 163-165; NEVES, Marcelo. *Teoria da inconstitucionalidade das leis*, p. 95-100; BARROSO, Luís Roberto. *Interpretação e aplicação da Constituição*, 68-79.

[57] Cf. MIRANDA, Jorge. *Manual de direito constitucional*, 2. ed., p. 248-256; CLÈVE, Clèmerson Merlin. *A fiscalização abstrata de constitucionalidade no direito brasileiro*, p. 148-152; MENDES, Gilmar Ferreira. *Jurisdição constitucional*, p. 166.

[58] Cf. CANOTILHO, José Joaquim Gomes. *Direito Constitucional*, p. 1-114; BITTECOURT, Lúcio. *O controle jurisdicional de constitucionalidade das leis*, 2. ed., p. 131; SILVA, José Afonso da. *Aplicabilidade das normas constitucionais*. p. 160-163.

[59] Sent. nº 1/1956.

[60] Cf. ZAGREBELSKY, Gustavo. *La giustizia costituzionale*, p.42; CERRI, Augusto. *Corso di giustizia costituzionale*, p. 51-54.

[61] Cf. MENDES, Gilmar Ferreira. *Jurisdição constitucional*, p. 106-107.

[62] Cf. GARCÍA DE ENTERRÍA, Eduardo. *La Constitución como norma y el Tribunal Constitucional*, p. 83-94.

[63] Sent. nº 4/1981.

Apesar da coincidência dos resultados entre revogação e inconstitucionalidade superveniente, a questão tinha grande importância prática no Brasil, até o advento da Lei nº 9.882/99, que disciplinou a Arguição de Descumprimento de Preceito Fundamental (ADPF). É que se o fenômeno da não recepção fosse enquadrado como hipótese de inconstitucionalidade superveniente, seria possível a propositura de Ação Direta de Inconstitucionalidade (ADI) para impugnação de normas anteriores à Constituição. Mas se ele fosse concebido como revogação, o ajuizamento de tal ação não seria admissível, uma vez que a ADI se volta ao controle de constitucionalidade, e não à resolução de questões de direito intertemporal. E até a regulamentação da ADPF, em 1999, a ADI era o único instrumento no ordenamento brasileiro que permitia a impugnação abstrata de normas diretamente no STF, que, quando acolhia o pedido, declarava o ato normativo inconstitucional, em decisão dotada de eficácia contra todos.

Portanto, a controvérsia não era puramente teórica. A adoção da tese da inconstitucionalidade superveniente importava em fortalecimento dos mecanismos de garantia jurisdicional da Constituição. Já o endosso da posição em favor da revogação implicava fragilização dessa garantia. Nesse último caso, a não recepção até poderia ser verificada pelos juízes, no julgamento das lides concretas submetidas à sua apreciação, mas sem qualquer possibilidade de instauração do controle abstrato de constitucionalidade para análise da questão.

O STF manteve, após o advento da Constituição de 88, a posição que já vinha adotando na matéria pelo menos desde 1952,[64] no sentido de que a não recepção envolve revogação, e não a inconstitucionalidade superveniente. Esta orientação foi reafirmada pela Corte em 1992, por maioria, no julgamento da ADI nº 2,[65] e, desde então, a sua jurisprudência se mantém inalterada.

Diante da grave lacuna em nosso sistema de jurisdição constitucional, gerada por essa orientação jurisprudencial, o legislador federal, ao regulamentar a ADPF com a edição da Lei nº 9.882/99, previu expressamente a possibilidade de seu ajuizamento para se promover a impugnação de atos normativos anteriores à Constituição (art. 1º, Parágrafo único, inciso I). Com isso, como a decisão proferida na ADPF também é dotada de eficácia *erga omnes* e de efeitos vinculantes, o tema perdeu muito da relevância prática de outrora. A partir de então, a fiscalização abstrata de constitucionalidade passou a também alcançar as normas anteriores à Constituição, a despeito da posição do STF sobre o tema em debate.[66] Ainda assim, cabe tecer uma breve crítica à tese endossada

---

[64] RE nº 19.656, Rel. Min. Luiz Gallotti. Julg. 19.06.1952.

[65] Na ementa do acórdão consta: "O vício de inconstitucionalidade é congênito à lei e há de ser apurado em face da Constituição vigente ao tempo de sua elaboração. Lei anterior não pode ser inconstitucional em relação á Constituição superveniente; nem o legislador poderia infringir Constituição futura. A Constituição sobrevinda não torna inconstitucionais leis anteriores com ela conflitantes: revoga-as. Pelo fato de ser superior, a Constituição não deixa de produzir efeitos revogatórios. Seria ilógico que a lei fundamental, por ser suprema, não revogasse, ao ser promulgada, leis ordinárias. A lei maior valeria menos que a lei ordinária" (ADI nº 2, Rel. Min. Paulo Brossard. Julg. 06.02.1992. *DJ*, 21 nov. 1997). Vale consignar que uma sólida defesa da posição contrária à adotada pela Corte foi feita no extenso voto vencido do Ministro Sepúlveda Pertence, seguido pelos Ministros Marco Aurélio e Néri da Silveira.

[66] Uma distinção que ainda subsiste diz respeito à incidência do princípio constitucional da reserva de plenário (art. 97, CF), segundo o qual "somente pelo voto da maioria absoluta de seus membros ou dos membros do respectivo órgão especial poderão os tribunais declarar a inconstitucionalidade de lei ou ato normativo do Poder Público". Aceita a tese da revogação, este princípio não incidiria, mas endossada a posição da inconstitucionalidade superveniente, ele seria, pelo menos *a priori*, aplicável. Contudo, é possível sustentar a tese da inconstitucionalidade superveniente e, ainda assim, sustentar a inaplicabilidade do referido princípio ao direito

pelo STF, não só pelos seus equívocos conceituais, como também pelos efeitos negativos que gerou, até a regulamentação da ADPF.

Sob o prisma conceitual, é certo que os critérios hierárquico e cronológico para resolução de antinomias jurídicas não têm a mesma força. Do ponto de vista lógico, o critério hierárquico é preferencial em relação ao critério cronológico. Em outras palavras, só se recorre ao critério cronológico — que preconiza a revogação da norma anterior pela posterior com ela incompatível — se não for possível resolver a antinomia com o emprego do critério hierárquico, o que apenas ocorre quando as normas em confronto situarem-se no mesmo patamar.[67] Ora, a Constituição e os atos infraconstitucionais não se situam no mesmo nível hierárquico. A Constituição é superior aos demais atos normativos, localizando-se no escalão mais elevado do ordenamento positivo. Daí por que o conflito entre a Constituição e outras normas, mesmo as que lhe forem anteriores, deve ser equacionado por meio do critério hierárquico de resolução de antinomias, e não do critério cronológico, o que aponta para a correção da tese da não recepção como inconstitucionalidade superveniente, e não como revogação.

Priorizar o critério cronológico em detrimento do hierárquico para a resolução de conflitos entre Constituição e normas infraconstitucionais leva a conclusões absurdas, incompatíveis com o postulado básico do Direito Constitucional da supremacia da Constituição. Se aplicássemos este critério ao conflito entre lei posterior e Constituição anterior, a primeira prevaleceria sobre a segunda.[68]

Nem se argumente que a tese da inconstitucionalidade superveniente levaria a que se invalidassem efeitos da norma jurídica produzidos antes do advento da Constituição, quando ela não padecia de qualquer vício, em razão da retroatividade das decisões declaratórias de inconstitucionalidade. É que a retroatividade da decisão que reconhece a inconstitucionalidade só se estende até o momento do surgimento do vício normativo, e, no caso da não recepção, esse só aparece com a edição da Constituição.

É verdade que em outras democracias constitucionais também se considerou que a contradição entre Constituição e lei anterior pode ser enquadrada como revogação. Como acima destacado, isto ocorreu na Alemanha e na Espanha, em que se permitiu o controle da não recepção pelos juízes em geral, fora do monopólio do controle de constitucionalidade das leis conferido aos respectivos tribunais constitucionais. Nesses países, porém, não se subtraiu das respectivas cortes constitucionais a competência para

---

pré-constitucional, por *redução teleológica*, como defendeu o Ministro Sepúlveda Pertence, no voto vencido acima aludido. É que a reserva de plenário, decorrente da presunção de constitucionalidade das leis, tende a criar embaraços excessivos para que se deixe de aplicar a legislação antiga, incompatível com a nova Constituição, que não desfruta da mesma presunção — ou pelo menos não a possui na mesma intensidade —, por ter sido editada sob a égide dos valores do ordenamento constitucional caduco. Essa é a nossa posição.

[67] Neste sentido, vale reproduzir a lição clássica de Norberto Bobbio sobre a relação entre os critérios hierárquico e cronológico: "O problema é: qual dos dois critérios tem prevalência sobre o outro? A questão não é dúbia. O critério hierárquico prevalece sobre o cronológico (...). Essa solução é bastante óbvia: se o critério cronológico devesse prevalecer sobre o hierárquico, o princípio mesmo da ordem hierárquica das normas seria tornado vão, porque a norma superior perderia o poder que lhe é próprio, de não ser ab-rogada pelas normas inferiores. O critério cronológico vale como critério de escolha entre duas normas colocadas no mesmo plano. Quando duas normas são colocadas sob dois planos diferentes, o critério natural de escolha é aquele que nasce da diferença de planos" (*Teoria do ordenamento jurídico*, 7. ed., p. 107-108).

[68] No mesmo sentido, registrou Gilmar Ferreira Mendes: "há de se partir do princípio de que, em caso de colisão de normas de diferentes hierarquias, o postulado *lex superior* afasta outras regras de colisão. Do contrário, chegar-se-ia ao absurdo, destacado por Ipsen, de que a lei ordinária, enquanto lei especial ou *lex posterior* pudesse afastar a norma constitucional enquanto *lex generalis* ou *lex prior*" (*Jurisdição constitucional*, p. 166).

também aferir a vigência do direito anterior à Constituição. As soluções, em ambos os casos, encaminharam-se no sentido de se conferir a máxima efetividade à Constituição de cada país, com a ampliação dos canais processuais voltados à sua proteção. O resultado, portanto, foi facilitar a pronta eliminação de normas jurídicas ditadas num passado pré-constitucional sombrio, pois se tornou mais fácil afastar as leis anteriores às constituições — elaboradas em contextos não democráticos —, do que invalidar aquelas editadas posteriormente.

No Brasil, a tese da revogação teve efeitos inversos. Aqui, em sede de controle difuso, nunca houve dúvida sobre a possibilidade de não aplicação, por contrariedade à Constituição, tanto das leis anteriores como posteriores a ela. O efeito prático da adoção da tese da não recepção como revogação foi negar a via da fiscalização abstrata de constitucionalidade para impugnação das leis anteriores à Constituição. Portanto, em nosso país, ao contrário do que se deu na Alemanha e na Espanha, a tese prestou-se para fechar e não para abrir novos caminhos para a proteção judicial da Constituição.

Portanto, o mais grave na linha adotada pelo STF não foi o erro lógico, mas a omissão política da Corte, que, com o endosso da tese da revogação, deixou de cumprir plenamente o seu papel constitucional de guardiã da Constituição, esquivando-se, por muito tempo, de apreciar questões constitucionais relevantíssimas, como as atinentes à subsistência, no novo regime constitucional, do "entulho autoritário" legado pelo regime militar.[69] De qualquer sorte, a questão encontra-se hoje pacificada, e o principal problema gerado pela tese da revogação — a ausência de controle abstrato do direito pré-constitucional — já foi equacionado com a regulamentação da ADPF. Porém, como a ADPF se destina apenas à proteção de preceitos fundamentais da Constituição, e não da totalidade do texto constitucional, a adoção da tese da revogação continua impedindo o exercício do controle abstrato, pelo STF, do direito pré-constitucional que esteja em contradição com preceito constitucional desprovido de fundamentalidade.

14.4.4 Recepção provisória: a lei "ainda" constitucional e a inconstitucionalidade progressiva

Do ponto de vista formal, a nova Constituição instaura imediatamente um novo regime jurídico-político no país. Contudo, sob o ângulo prático, é evidente que determinadas alterações impostas pela nova ordem constitucional demandam tempo para se realizarem. Esse descompasso entre o plano normativo-constitucional e a realidade pode justificar a manutenção provisória de normas anteriores à Constituição e incompatíveis com ela, em hipóteses em que a sua supressão possa acarretar danos maiores aos bens jurídicos constitucionalmente tutelados do que a sua preservação por algum tempo.

O STF tem julgados que bem ilustram essa hipótese, atinentes à recepção do art. 68 do Código de Processo Penal, que atribuía ao Ministério Público a legitimidade ativa

---

[69] Os efeitos danosos da tese adotada pelo STF para a efetividade da Constituição foram registrados no já referido voto vencido do Ministro Sepúlveda Pertence, proferido no julgamento da ADI nº 2: "Não consigo divisar porque renunciar, com relação às leis editadas sob o regime anterior, às virtualidades da ação direta. Pelo contrário. A exemplo de Jorge Miranda (Manual, cit., II, 350), a mim me parece que, em relação ao direito pré-constitucional, é que as exigências da efetividade da nova ordem constitucional conspiram mais imperativamente no sentido da abertura do controle direto".

para ajuizar ações civis de reparação de dano *ex delicto* quando a vítima fosse pobre.[70] A Corte entendeu que tal competência fora outorgada pela Constituição de 88, com exclusividade, à Defensoria Pública, o que afastaria, a princípio, a recepção da norma em questão. Contudo, sensível às consequências práticas dos seus julgamentos, o STF considerou que até a efetiva instalação das defensorias públicas da União e dos Estados, a referida norma deveria continuar vigorando, sob pena de denegação do acesso à Justiça aos mais carentes. Confira-se a seguinte ementa:

> 1. A alternativa radical na jurisdição constitucional ortodoxa entre a constitucionalidade plena e a declaração de inconstitucionalidade ou revogação por inconstitucionalidade da lei com fulminante eficácia *ex nunc* faz abstração da evidência de que a implementação de uma nova ordem constitucional não é um fato instantâneo, mas um processo, no qual a possibilidade de realização da norma da Constituição — ainda quando não se cuide de preceito de eficácia limitada — subordina-se muitas vezes a alterações da realidade fática que a viabilizem. 2. No contexto da Constituição de 1988, a atribuição anteriormente dada ao Ministério Público pelo art. 68 C. Pr. Penal — constituindo modalidade de assistência judiciária — deve reputar-se transferida para a Defensoria Pública: essa, porém, para esse fim, só se pode considerar existente, onde e quando organizada de fato, nos moldes do art. 134 da própria Constituição e da lei complementar por ela ordenada: até que — na União ou em cada Estado considerado —, se implemente essa condição de viabilização da cogitada transferência constitucional de atribuições, o art. 68 C. Pr. Pen. Será considerado ainda vigente: é o caso de São Paulo, como decidiu o Plenário no RE 135.328.[71]

O caso envolve as chamadas *situações constitucionais imperfeitas*, em que as normas se situam em um estágio de trânsito entre a constitucionalidade e a inconstitucionalidade.[72] Uma dessas hipóteses relaciona-se ao fenômeno da *inconstitucionalidade progressiva*: o decurso do tempo e a alteração das circunstâncias fáticas subjacentes à norma fazem com que ela, tida originariamente como válida, torne-se posteriormente inconstitucional. Daí por que a vigência da norma é temporariamente mantida, sendo, porém, condicionada a algum termo ou condição.

Nestes casos, a decisão pode conter também um "apelo" ao legislador, explícito ou não, incitando-o a formular tempestivamente um novo ato normativo que corrija a falha constitucional apontada. Esta técnica, além de evitar o surgimento de uma "lacuna perigosa" no ordenamento, que apareceria caso houvesse a imediata invalidação do ato normativo questionado, tem também a vantagem de preservar algum espaço para a deliberação legislativa, nos casos em que existam diferentes alternativas para a correção do vício constitucional reconhecido. Esta preservação do "espaço de livre conformação do legislador" é importante, tendo em vista tanto a sua maior legitimidade democrática, derivada do voto popular, como a sua superior capacidade institucional para decidir em determinados temas que não tenham natureza exclusivamente jurídica.

As "situações constitucionais imperfeitas" não se configuram apenas com a instauração de nova Constituição, na análise da recepção de normas anteriores. O fenômeno

---

[70] O *leading case* foi o RE nº 135.328, 1ª Turma. Rel. Min. Marco Aurélio. *DJ*, 20 abr. 2001. Apesar da data da publicação do acórdão, o caso foi julgado em 1994.
[71] RE nº 147.776, 1ª Turma. Rel. Min. Sepúlveda Pertence. *DJ*, 19 jun. 1998.
[72] Sobre o tópico, abordando os diversos tipos de decisões ditas "intermediárias" na jurisdição constitucional, veja-se: SAMPAIO, José Adércio Leite. *A Constituição reinventada pela jurisdição constitucional*, p. 208-244; STRECK, Lenio Luiz. *Jurisdição constitucional e hermenêutica*, 2. ed., p. 597-611.

pode dar-se também em relação às leis aprovadas após o advento da Constituição, em hipóteses em que se verifique significativa alteração na realidade fática subjacente à norma, ou em que esteja em curso um processo de mutação constitucional que, ao alterar o sentido da Constituição, se reflita no julgamento sobre a validade de quaisquer atos normativos infraconstitucionais.[73]

Outro caso do STF em que se reconheceu a existência de lei "ainda" constitucional versou sobre norma posterior ao advento da Constituição. Tratava-se da análise, feita no julgamento do HC nº 70.514-6,[74] em que se discutiu a validade de preceito da Lei nº 7.871/89, que, alterando a Lei nº 1.060/50, atribuíra prazo em dobro para recorrer à Defensoria Pública. O STF entendeu que, em princípio, a Defensoria Pública não deveria ter prazo maior para recurso do que a sua parte adversa no Processo Penal — o Ministério Público — que conta com prazo simples. Porém, afirmou que, enquanto a Defensoria, em cada Estado, não estivesse, em termos organizacionais, em pé de igualdade com o Ministério Público, a diferença de tratamento poderia subsistir.

14.5 Repristinação constitucional: constitucionalidade superveniente?

Quando uma Constituição é revogada, os atos normativos com ela incompatíveis, e que não tenham sido oportunamente afastados do ordenamento jurídico, voltam a subsistir, caso não conflitem com a nova ordem constitucional? A mesma indagação pode ser feita a propósito de normas infraconstitucionais incompatíveis com preceitos da Constituição alterados ou suprimidos por emenda constitucional superveniente.

Em regra, a resposta é negativa. Os atos normativos incompatíveis com a Constituição não são apenas anuláveis, mas nulos de pleno direito. Se eles foram produzidos de forma incompatível com a Constituição que vigorava à época da sua edição, não chegaram a se incorporar validamente ao ordenamento jurídico, pouco importando se o vício que ostentavam era de natureza material ou formal. O fato de não terem sido expurgados da ordem jurídica no momento em que vigorava a Constituição sob cujo pálio foram gerados não tem o condão de convalidar o seu vício de origem. É claro que uma nova Constituição pode conferir validade à norma que era inconstitucional no regime pretérito. Mas, no silêncio do constituinte, não se deve presumir que ele tenha querido fazê-lo.[75]

A solução não deve ser diferente quando se tratar de não recepção. A revogação da Constituição que não recepcionou determinado ato normativo não basta para que este, automaticamente, recobre a vigência perdida. Para os que, na linha da jurisprudência do STF, consideram que a não recepção equivale à revogação, a hipótese seria de repristinação, no seu sentido técnico, e esta também não se presume, dependendo de previsão expressa (art. 2º, §3º, da Lei de Introdução ao Código Civil).

---

[73] Cf. MENDES, Gilmar Ferreira. *Controle de constitucionalidade*: aspectos jurídicos e políticos, p. 88-95.
[74] HC nº 70.514-6, Rel. Min. Sydney Sanches. DJ, 27 jun. 1997.
[75] No mesmo sentido, FERREIRA FILHO, Manoel Gonçalves. *O poder constituinte*, p. 98-99; MENDES, Gilmar Ferreira; COELHO, Inocêncio Mártires; BRANCO, Paulo Gustavo Gonet. *Curso de direito constitucional*, p. 197. Em sentido oposto, Jorge Miranda afirmou: "Não importa que as leis fossem inconstitucionais material, orgânica ou formalmente antes da entrada em vigor da Constituição. Importa apenas que não disponham contra esta. Isto porque (...) o exercício do poder constituinte revela nova ideia de Direito e representa novo sistema" (*Manual de direito constitucional*, 2. ed., p. 245).

Contudo, a questão pode merecer equacionamento diverso quando o preceito violado da Constituição anterior afrontar gravemente os valores do novo regime constitucional. Numa hipótese assim, o Judiciário, decidindo sob a égide da nova Constituição, não deve valer-se da sua autoridade para atribuir força jurídica ao que seja repulsivo à ideia de Direito consagrada na nova ordem constitucional. Figure-se a hipótese de norma jurídica que promovesse a igualdade racial, promulgada sob a vigência de uma Constituição que consagrasse um regime de *apartheid*. Não seria admissível que o Judiciário, após a substituição da antiga Constituição por outra, de teor igualitário, invalidasse aquela norma, em razão da sua contrariedade a princípios hostis à nova ordem constitucional, enfraquecendo a efetivação do ideário dessa última.

Em Portugal, prevaleceu a tese da possibilidade da "constitucionalização superveniente", que ocorre quando preceitos originariamente inconstitucionais, por vício material, sejam compatíveis com o novo teor da Constituição, fixado em sede de revisão. Esta orientação foi acolhida pelo Tribunal Constitucional Português no Acórdão nº 408/89, da lavra do Ministro Vital Moreira.[76] A Corte portuguesa deixou claro, contudo, que a solução não se aplica às hipóteses de inconstitucionalidade formal, e que, por outro lado, a "constitucionalização superveniente" não tem efeitos retroativos, pois a convalidação da norma originariamente inválida só aconteceria após a alteração da Constituição.

Já no Brasil, o STF não admite a figura da repristinação constitucional tácita.[77] Ademais, a Corte vem afirmando, de forma reiterada, que "o sistema jurídico brasileiro não contempla a figura da constitucionalidade superveniente".[78] Assim, se uma norma é editada de forma contrária à Constituição, a superveniência de emenda constitucional com ela compatível não lhe convalida o vício de origem.

Sob o prisma processual, é incontroversa no STF a possibilidade do reconhecimento, em sede de controle difuso, da inconstitucionalidade de atos normativos por contrariedade ao texto constitucional vigente quando da sua edição.[79] Quanto ao controle abstrato, o entendimento tradicional é no sentido de que o parâmetro para aferição da constitucionalidade deve estar em vigor no momento do julgamento da causa, o que impediria a propositura de ação baseada em ofensa a norma constitucional que não esteja mais em vigor e levaria à extinção das ações já propostas, quando houvesse revogação superveniente ou alteração substancial dos preceitos constitucionais tidos como violados.[80] Contudo, em recente julgamento, o STF mudou a sua posição no que

---

[76] Na citada decisão, estabeleceu-se que "o facto de uma norma ter nascido materialmente inconstitucional não veda que a inconstitucionalidade desapareça (era inconstitucional mais deixou de o ser), se e a partir do momento em que a Constituição for alterada de modo a permitir a solução contida na referida norma (supondo, evidentemente, que ela continue em vigor, não tendo caducado ou sido revogada ou declarada inconstitucional com força obrigatória geral)".

[77] No AgReg nº 235.800 (Rel. Min. Moreira Alves. *DJ*, 26 jun. 1999), averbou-se: "A recepção de lei ordinária como lei complementar pela Constituição posterior a ela só ocorre com relação aos seus dispositivos em vigor quando da promulgação desta, não havendo que pretender-se a ocorrência de efeito repristinatório, porque o nosso sistema jurídico, salvo disposição em contrário, não admite a repristinação".

[78] RE nº 346.084, Rel. p/ acórdão Min. Marco Aurélio. *DJ*, 1º set. 2006; RE nº 390.840, Rel. Min. Marco Aurélio. *DJ*, 15 ago. 2006.

[79] Há diversos precedentes na Corte afirmando, após o advento da Constituição de 88, a inconstitucionalidade de decreto-lei, editado sob o regime pretérito, empregado fora do campo em que esta espécie normativa era admitida pela Constituição de 67/69 (*e.g.*, RE nº 147.247, Rel. Min. Ilmar Galvão. *DJ*, 29 abr. 1994; e RE nº 157.987, Rel. Min. Marco Aurélio. *DJ*, 18 fev. 1994).

[80] Cf. ADI nº 2.197, Rel. Min. Maurício Correa. *DJ*, 02 abr. 2004; e ADI nº 2.670, Rel. Min. Ellen Gracie. *DJ*, 04 fev. 2005. Este entendimento foi bem sintetizado em decisão monocrática da lavra do Min. Celso de Mello, que extinguiu a ADI nº 514 (*DJ*, 31 mar. 2008): "(...) o controle de constitucionalidade em sede concentrada, não se instaura, em nosso sistema jurídico, em função de paradigmas históricos, consubstanciados em normas que já não mais se acham em vigor, ou então, embora vigendo, tenham sofrido alteração substancial em seu texto. É por tal razão que,

concerne à extinção do processo já instaurado, por revogação ou alteração substancial superveniente do parâmetro constitucional de controle. De acordo com o novo posicionamento da Corte, tais ações devem ser julgadas pelo STF, porque "mais relevante do que a atualidade do parâmetro de controle é a constatação de que a inconstitucionalidade persiste e é atual, ainda que se refira a dispositivos da Constituição que não se encontram mais em vigor".[81] Porém, o Tribunal não modificou a sua orientação quanto à impossibilidade de instauração do controle abstrato de constitucionalidade para aferir a suposta ofensa a normas constitucionais que, quando da propositura da ação, já não estejam em vigor, ou tenham sido substancialmente modificadas.[82]

14.6 Declaração de inconstitucionalidade e efeitos repristinatórios

A declaração de inconstitucionalidade de um ato normativo produz, em regra, efeitos repristinatórios. Isto porque, ao invalidar uma norma, a decisão retira do mundo jurídico os efeitos que a mesma produziu, dentre os quais a eventual revogação da norma anterior que cuidava da mesma matéria. Sob o ângulo lógico, é como se o Poder Judiciário afirmasse que não ocorreu a revogação válida da norma anterior, que, por isso, jamais deixou de pertencer ao ordenamento jurídico.[83]

Não se trata aqui propriamente de repristinação, uma vez que a declaração de inconstitucionalidade não equivale à revogação do ato normativo. Ademais, se, na repristinação, a norma anterior volta a valer a partir da revogação da posterior, na declaração de inconstitucionalidade a "ressurreição" da norma revogada opera-se, em geral, de forma retroativa, uma vez que se parte da premissa da invalidade da própria revogação. Há o reconhecimento implícito de que a norma revogada nunca deixou de vigorar.

Na Constituição Portuguesa há preceito expresso consagrando os efeitos repristinatórios das decisões proferidas no controle de constitucionalidade (art. 282.1). No ordenamento constitucional brasileiro não existe norma semelhante, o que não impediu a jurisprudência do STF de reconhecer os mesmos efeitos repristinatórios.[84] Tais efeitos são estendidos também à decisão cautelar proferida no controle abstrato de normas, que suspende a aplicação do ato normativo questionado, conforme prevê expressamente o art. 11, §2º, da Lei nº 9.868/99. Mas, no caso da suspensão da lei por medida cautelar,

---

em havendo revogação superveniente (ou modificação substancial) da norma em confronto, não mais se justifica a tramitação do processo objetivo de fiscalização concentrada de constitucionalidade".

[81] ADI nº 2.158 e nº 2.188, julgadas em conjunto. Rel. Min. Dias Toffolli. *DJe*, 16 dez. 2010.

[82] No julgamento das ADI nº 2.158 e nº 2.188, isto ficou expressamente consignado no voto do Relator: "Reconheço, contudo, que não seria proveitoso que esta Corte, já tão assoberbada, tivesse ainda que se dedicar a questões constitucionais do passado. (...) Por tal razão, não chego ao ponto de admitir o ajuizamento de ações diretas depois de alterado o parâmetro de controle".

[83] Cf. BARROSO, Luís Roberto. *Interpretação e aplicação da Constituição*, p. 89; CLÈVE, Clèmerson Merlin. *A fiscalização abstrata de constitucionalidade no direito brasileiro*, p. 167.

[84] Há farta jurisprudência a este respeito, firmada ainda antes do advento da Constituição de 88 (Rep. nº 1.077/RJ, Rel. Min. Moreira Alves. *DJ*, 28 set. 1984). Em decisão mais recente, proferida no julgamento da ADI nº 3.148 (Rel. Min. Celso de Mello. *DJ*, 28 set. 2007), a Corte averbou: "A declaração de inconstitucionalidade *in abstracto*, considerado o efeito repristinatório que lhe é inerente (...), importa em restauração das normas estatais revogadas pelo diploma objeto do processo de controle abstrato. É que a lei declarada inconstitucional, por incidir em absoluta desvalia jurídica (...), não pode gerar quaisquer efeitos no plano do direito, nem mesmo o de provocar a própria revogação dos diplomas normativos a ela anteriores. (...) A decisão do Supremo Tribunal Federal que declara, em sede de fiscalização abstrata, a inconstitucionalidade de determinado diploma normativo tem o condão de provocar a repristinação dos atos estatais que foram revogados pela lei proclamada inconstitucional".

não há, em regra, retroatividade nos efeitos repristinatórios. Isto porque, ao contrário das decisões de mérito no controle de constitucionalidade, que produzem, em regra, eficácia *ex tunc* (retroativa), as decisões cautelares têm, em linha geral, apenas eficácia *ex nunc* (prospectiva).[85]

É certo, porém, que os efeitos repristinatórios da declaração de inconstitucionalidade podem ser afastados pela própria decisão judicial, quando verificar-se que o ato normativo revogado possui vício igual ou até mais grave do que o ostentado pelo que o revogou.[86] Trata-se de evitar os chamados "efeitos repristinatórios indesejados". Em outras palavras, a regra geral é que a declaração de inconstitucionalidade gera efeitos repristinatórios, mas ela não é absoluta, podendo ser excepcionada pelo Judiciário.

Nesta hipótese, a controvérsia que subsiste é de índole processual, e concerne à necessidade ou não de formulação de pedido expresso de declaração de inconstitucionalidade do ato normativo revogado. Um segmento da doutrina argumenta, com fundamento no princípio da vinculação ao pedido, que o STF não poderia invalidar ato normativo sem postulação expressa do autor da ação.[87] Entende-se, nessa linha, que o Supremo deve extinguir o processo sem julgamento do mérito quando se deparar com ação em que haja pedido de declaração de inconstitucionalidade da norma revogadora, mas não da norma revogada, que esteja maculada por vício de igual ou superior gravidade. Tal posição vem sendo sufragada pela Corte.[88] Outros já sustentam que, mesmo sem pedido expresso de declaração de inconstitucionalidade da norma revogada, o STF está autorizado a afastar os efeitos repristinatórios da decisão que declara a inconstitucionalidade da norma revogadora.[89] Esta segunda posição nos parece preferível, porque mais consentânea com o princípio da instrumentalidade do processo, e com a natureza objetiva da jurisdição constitucional abstrata, que não visa a proteger os interesses das partes, voltando-se antes à defesa da própria ordem constitucional.

14.7 Emendas constitucionais e Direito Intertemporal

As emendas constitucionais também podem suscitar questões de Direito Intertemporal. Algumas destas questões não diferem das que foram analisadas acima,

---

[85] *Vide* art. 11, §1º, da Lei nº 9.868/99: "A medida cautelar, dotada de eficácia contra todos e efeito vinculante, será concedida com efeito *ex nunc*, salvo se o Tribunal entender que deva conceder-lhe eficácia retroativa".

[86] Discute-se, ainda, a possibilidade de modulação temporal ou mesmo do afastamento dos efeitos repristinatórios pelo STF, quando a aplicação da norma revogada causar graves danos à segurança jurídica ou provocar profundas injustiças, ainda que esta não padeça de inconstitucionalidade. Em sentido favorável, mas exigindo que a decisão seja tomada com o quórum de 2/3 dos ministros da Corte, previsto no art. 27 da Lei nº 9.868/99, veja-se: SARMENTO, Daniel. A eficácia temporal das decisões no controle de constitucionalidade. *In*: SAMPAIO, José Adércio Leite; CRUZ, Álvaro Ricardo de Souza (Org.). *Hermenêutica e jurisdição constitucional*, p. 37. Em sentido contrário, veja-se: CRUZ, Álvaro Ricardo de Souza. *Jurisdição constitucional democrática*, p. 256.

[87] Cf. CLÈVE, Clèmerson Merlin. *A fiscalização abstrata de constitucionalidade no direito brasileiro*, p. 167.

[88] Na ADI nº 2.574 (Rel. Min. Carlos Velloso. *DJ*, 29 ago. 2003), decidiu-se: "Constitucional. Ação Direta de Inconstitucionalidade. Efeito repristinatório. Norma anterior com o mesmo vício. I- No caso de ser declarada a inconstitucionalidade da norma objeto da causa, ter-se-ia a repristinação do preceito anterior com o mesmo vício de inconstitucionalidade. Neste caso, e não impugnada a norma anterior, não é de se conhecer da ação direta de inconstitucionalidade".

[89] Cf. VELLOSO, Zeno. *Controle jurisdicional de constitucionalidade*, p. 200-203; MIRANDA, Jorge. *Manual de direito constitucional* p. 256-258; SARMENTO, Daniel. A eficácia temporal das decisões no controle de constitucionalidade. *In*: SAMPAIO, José Adércio Leite; CRUZ, Álvaro Ricardo de Souza (Org.). *Hermenêutica e jurisdição constitucional* p. 36-37.

atinentes ao poder constituinte originário. Contudo, existem algumas singularidades no que concerne aos conflitos de leis no tempo envolvendo emendas constitucionais que merecem registro.

A regra geral para resolução de conflitos entre norma constitucional originária e emenda constitucional superveniente envolve o uso do *critério cronológico* para resolução de antinomias jurídicas: a emenda, sendo posterior, prevalece. Isso só não ocorre quando a emenda infringir algum limite material ao poder reformador, hipótese em que se deverá aplicar o *critério hierárquico* para resolução de antinomias, impondo a prevalência das cláusulas pétreas sobre a decisão do poder constituinte derivado. O tema foi extensamente examinado no Capítulo 7, não sendo necessário voltar agora ao ponto. Por outro lado, embora seja altamente recomendável que a revogação de preceitos constitucionais seja sempre expressa, existe também a possibilidade no sistema constitucional brasileiro de revogação tácita.[90]

A aprovação de uma emenda constitucional pode também gerar importantes efeitos sistêmicos, impondo mudanças na interpretação de outros preceitos constitucionais que ela não revogou. Um bom exemplo é fornecido pela EC 16/97, que alterou a redação do art. 14, §5º, da Constituição, introduzindo entre nós a possibilidade de uma reeleição sucessiva para os cargos de chefia do Executivo nos planos federal, estadual e municipal. Tal dispositivo passou a conviver com o disposto no art. 14, §7º, da Carta, que prevê a inelegibilidade do cônjuge e de parentes de até segundo grau das mesmas autoridades, para cargos na circunscrição em que estas foram eleitas. O Tribunal Superior Eleitoral reconheceu que, com o advento da EC nº 16/97, seria profundamente incongruente proibir o parente do agente político de candidatar-se a um cargo para o qual o próprio poderia concorrer, como resultaria da aplicação mecânica do art. 14, §7º, da Constituição. Diante desse novo quadro constitucional, a Corte Eleitoral passou a entender que a candidatura do familiar do Chefe do Executivo é possível, desde que esse não tenha sido reeleito e se desincompatibilize até seis meses antes do pleito.[91] Houve, portanto, mudança significativa na interpretação do mencionado preceito, em decorrência da aprovação de emenda constitucional que não lhe atingia diretamente.

Discute-se também se o poder constituinte derivado está vinculado ao respeito do direito adquirido, do ato jurídico perfeito e da coisa julgada. A maioria da doutrina posiciona-se favoravelmente a esta vinculação, sob o argumento de que a referida proteção, prevista no art. 5º, inciso XXXVI, da Constituição, se qualifica como direito individual, o que lhe confere a natureza de cláusula pétrea, a teor do disposto no art. 60, §4º, IV, da Constituição. Não é essa a nossa posição. Tratamos extensamente do tópico no Capítulo 7, onde defendemos que, embora o poder constituinte derivado não possa eliminar ou atingir a essência da garantia constitucional da segurança jurídica, contida no art. 5º, XXXVI, permitindo que atos infraconstitucionais vulnerem direitos adquiridos, atos jurídicos perfeitos ou a coisa julgada, não há óbice a que emendas constitucionais atinjam, de forma proporcional, algum direito validamente adquirido no passado. Remetemos o leitor para nossas considerações naquele capítulo, em que os fundamentos da nossa posição neste tema polêmico são detidamente explicitados.

---

[90] Cf. o Capítulo 12.
[91] Cf. TSE. Resolução nº 22.119. *DJ*, 16 dez. 2005. Veja-se, a propósito, GOMES, José Jairo. *Direito eleitoral*, p. 139-140.

REFERÊNCIAS

AARNIO, Aulis. *Le rationnel comme raisonnable*: la justification en droit. Traduction de Geneviève Warland. Paris: L.G.D.J., 1992.

AARNIO, Aulis. *Lo racional como razonable*. Traducción de Ernesto Garzón Valdés. Madrid: Centro de Estudios Constitucionales, 1991.

ABRANCHES, Sérgio. Presidencialismo de coalizão: o dilema institucional brasileiro. *Dados – Revista de Ciências Sociais*, v. 31, n. 1, p. 5-34, 1988.

ACKERMAN, Bruce. A ascensão do constitucionalismo mundial. *In*: SOUZA NETO, Cláudio Pereira de; SARMENTO, Daniel (Org.). *A constitucionalização do direito*: fundamentos teóricos e aplicações específicas. Rio de Janeiro: Lumen Juris, 2007.

ACKERMAN, Bruce. *A nova separação de poderes*. Tradução de Isabelle Maria Campos Vasconcellos, Eliana Valadares Santos. Rio de Janeiro: Lumen Juris, 2009.

ACKERMAN, Bruce. O novo constitucionalismo mundial. *In*: CAMARGO, Margarida Maria Lacombe (Org.). *1988-1998*: uma década de Constituição. Rio de Janeiro: Renovar, 1999.

ACKERMAN, Bruce. *The Future of the Liberal Revolution*. New Haven: Yale University Press, 1992.

ACKERMAN, Bruce. The Living Constitution. *Harvard Law Review*, v. 120, n. 7, 2007.

ACKERMAN, Bruce. *We the People*. Cambridge: The Belknap Press, 1991. v. 1, Foundations.

ACKERMAN, Bruce. *We the People*. Cambridge: The Belknap Press, 1998. v. 2, Transformations.

AGAMBEN, Giorgio. *Estado de exceção*. Tradução de Iraci D. Poleti. São Paulo: Boitempo, 2003.

AGAMBEN, Giorgio. *Homo Sacer*: o poder soberano e a vida nua I. Tradução de Henrique Burigo. Belo Horizonte: Ed. UFMG, 2004.

AGRA, Walber de Moura. *Estado e Constituição*: republicanismo. Porto Alegre: Livraria do Advogado, 2005.

ALEINIKOFF, Alexander. Constitutional Law in the Age of Balancing. *Yale Law Journal*, n. 96, 1987.

ALEXY, Robert. *Constitucionalismo discursivo*. Tradução de Luís Afonso Heck. Porto Alegre: Livraria do Advogado, 2007.

ALEXY, Robert. *Derecho y razón práctica*. Traducción de Manuel Atienza. México: Fontamara, 1993.

ALEXY, Robert. Derechos individuales y bienes colectivos. *In*: ALEXY, Robert. *El concepto y la validez del derecho*. Traducción de Jorge M. Seña. Barcelona: Gedisa, 1994.

ALEXY, Robert. Direitos fundamentais no Estado constitucional democrático. *In*: ALEXY, Robert. *Constitucionalismo discursivo*. Tradução de Luís Afonso Heck. Porto Alegre: Livraria do Advogado, 2007.

ALEXY, Robert. *La institucionalización de la justicia*. Traducción de José Antonio Seoane. Granada: Comares, 2005.

ALEXY, Robert. On Balancing and Subsumption: a Structural Comparison. *Ratio Juris*, v. 16, n. 4, dez. 2003.

ALEXY, Robert. Ponderação, jurisdição constitucional e representação. *In*: ALEXY, Robert. *Constitucionalismo discursivo*. Tradução de Luís Afonso Heck. Porto Alegre: Livraria do Advogado, 2007.

ALEXY, Robert. Posfácio. *In*: ALEXY, Robert. *Teoria dos direitos fundamentais*. Tradução de Virgílio Afonso da Silva. São Paulo: Malheiros, 2008.

ALEXY, Robert. Sistema jurídico, principios jurídicos y razón práctica. *In*: ALEXY, Robert. *Derecho e razón práctica*. Traducción de Manuel Atienza. México: Fontamara, 1993.

ALEXY, Robert. Sobre las relaciones necesarias entre el derecho y la moral. *In*: ALEXY, Robert. *Derecho y razón practica*. Traducción de Pablo Larrañaga. México: Fontamara, 1993.

ALEXY, Robert. *Teoria da argumentação jurídica*. São Paulo: Landy, 2001.

ALEXY, Robert. *Teoría de los derechos fundamentales*. Traducción de E. Garzón Valdés. Madrid: Centro de Estudios Constitucionales, 1993.

ALEXY, Robert. *Teoria dos direitos fundamentais*. Tradução de Virgílio Afonso da Silva. São Paulo: Malheiros, 2008.

ALEXY, Robert. *The Argument from Injustice*: a Reply to Legal Positivism. Translation by Bonnie Litschewski Paulson and Stanley L. Paulson. Oxford: Oxford University Press, 2002.

ALMEIDA, Fábio Portela Lopes de. *Liberalismo político, constitucionalismo e democracia*: a questão do ensino religioso nas escolas públicas. Belo Horizonte: Argumentum, 2008.

ALTER, Karen J. The European Court and Legal Integration: an Exceptional Story or the Harbinger to the Future?. *In*: WHITTINGTON, Keith E.; KELEMEN, R. Daniel; CALDEIRA, Gregory A. (Ed.). *The Oxford Handbook of Law and Politics*. Oxford: Oxford University Press, 2008.

AMAR, Akhil Reed. *America's Constitution*: a Biography. New York: Random House, 2005.

AMARAL JUNIOR, Alberto; JUBILUT, Liliana Lyra (Org.). *O STF e o direito internacional dos direitos humanos*. São Paulo: Quartier Latin, 2009.

AMORIM NETO, Octávio. O governo presidencial e a sustentação parlamentar: uma história trágico-marítima?. *In*: VIEIRA, José Ribas (Org.). *20 anos da Constituição Cidadã de 1988*: efetivação ou impasse institucional?. Rio de Janeiro: Forense, 2008.

ANDRADE, Fábio Martins de. *Modulação em matéria tributária*: o argumento pragmático ou consequencialista de cunho econômico e as decisões do STF. São Paulo: Quartier Latin, 2011.

ANDRADE, José Carlos Vieira. *Os direitos fundamentais na Constituição portuguesa de 1976*. Coimbra: Almedina, 1998.

ANJOS FILHO, Robério Nunes. O Supremo Tribunal e os direitos dos povos indígenas. *In*: SARMENTO, Daniel; SARLET, Ingo Wolfgang (Org.). *Direitos fundamentais no Supremo Tribunal Federal*: balanço e crítica. Rio de Janeiro: Lumen Juris, 2011.

APPIAH, Kwame Anthony. *Cosmopolitanism*: Ethics in a World of Strangers. London: Allen Lane, 2006.

ARANTES, Rogério B. Constitucionalism: the Expansion of Justice and the Judicialization of Politics in Brazil. *In*: SIEDER, Rachel; SCHJOLDEN, Line; ANGELL, Alan (Ed.). *The Judicialization of Politics in Latin America*. New York: Palgrave Macmillan, 2005.

ARAÚJO, Ana Valéria. Povos indígenas e igualdade étnico-racial. *In*: PIOVESAN, Flávia; SOUZA, Douglas Martins de (Coord.). *Ordem jurídica e igualdade étnico-racial*. Brasília: Secretaria Especial de Política de Promoção da Igualdade Racial, 2006.

ARAÚJO, Luiz Alberto David de; NUNES JUNIOR, Vidal Serrano. *Curso de direito constitucional*. São Paulo: Saraiva, 1998.

ARAÚJO, Marcelo Labanca Corrêa de. *Jurisdição constitucional e federação*: o princípio da simetria na jurisprudência do STF. São Paulo: Elsevier, 2009.

ARAÚJO, Valter Schuenquener. *O princípio da proteção à confiança*: uma nova forma de tutela do cidadão diante do Estado. Niterói: Impetus, 2009.

ARENDT, Hannah. *As origens do totalitarismo*: uma análise dialética. Tradução de Roberto Raposo. Rio de Janeiro: Ed. Documentário, 1976. v. 3. Totalitarismo, o paroxismo do poder.

ARENDT, Hannah. *On Revolution*. London: Penguin Books, 1990.

ARENDT, Hannah. *The Origins of Totalitarianism*. New York: Harvester Book, 1973.

ARGUELHES, Diego Werneck. *Poder não é querer*: judicialização da política e preferências restritivas no Supremo Tribunal Federal pós-democratização. Inédito.

ARGUELHES, Diego Werneck; LEAL, Fernando. Pragmatismo como (meta) teoria normativa da decisão judicial: caracterização, estratégias e implicações. *In*: SARMENTO, Daniel (Org.). *Filosofia e teoria constitucional contemporânea*. Rio de Janeiro: Lumen Juris, 2009.

ARISTÓTELES. *Ética a Nicômaco*. Tradução de Leonel Vallandro e Gerd Bornheim. São Paulo: Abril Cultural, 1979. (Os Pensadores: Aristóteles, 2).

ARISTOTLE. Politics. *In*: ARISTOTLE. *The works of Aristotle*. Translation by Benjamin Jowett. 21st print. Chicago: Encyclopedia Britannica Inc., 1978. v. 2.

ARQUIDIOCESE DE SÃO PAULO. *Brasil: nunca mais*. Petrópolis: Vozes, 1985.

ARRUTI, José Maurício. *Mocambo*: antropologia e história do processo de formação quilombola. Bauru: EDUSC, 2006.

ASCENSÃO, José de Oliveira. *O direito*: introdução e teoria geral. Rio de Janeiro: Renovar, 2001.

ATALIBA, Geraldo. *República e Constituição*. São Paulo: Malheiros, 1985.

ATALIBA, Geraldo. Revisão constitucional. *Revista de Direito Público*, n. 95, 1990.

ATIENZA, Manuel. La huelga de hambre de los GRAPO. *Claves de razón práctica*, n. 14, 1991.

ATIENZA, Manuel. *Tras la justicia*: una introducción al derecho y al razonamiento jurídico. Barcelona: Ariel, 1995.

ÁVILA, Humberto. *Medida provisória na Constituição de 1988*. Porto Alegre: S.A. Fabris, 1997.

ÁVILA, Humberto. Neoconstitucionalismo: entre a ciência do direito e o direito da ciência. *In*: SOUZA NETO, Cláudio Pereira de; SARMENTO, Daniel; BINENBOJM, Gustavo (Org.). *Vinte anos da Constituição Federal de 1988*. Rio de Janeiro: Lumen Juris, 2009.

ÁVILA, Humberto. *Teoria dos princípios*. 11. ed. São Paulo: Malheiros, 2010.

ÁVILA, Humberto. *Teoria dos princípios*: da definição à aplicação dos princípios jurídicos. São Paulo: Malheiros, 2003.

BACHOFF, Otto. *Jueces y Constitución*. Traducción de Rodrigo Bercovitz Rodríguez-Cano. Madrid: Civitas, 1987.

BACHOFF, Otto. *Normas constitucionais inconstitucionais?*. Tradução de José Manuel M. Cardoso da Costa. Coimbra: Almedina, 1994.

BALDI, Cesar (Org.). *Direitos humanos na sociedade cosmopolita*. Rio de Janeiro: Renovar, 2004.

BALKIN, Jack M. *Constitutional Redemption*: Political Faith in an Unjust World. Cambridge: Harvard University Press, 2011.

BANDEIRA DE MELLO, Celso Antônio. Eficácia das normas constitucionais sobre justiça social. *Revista de Direito Público*, n. 57/58, p. 233-256, jan./jun. 1981.

BANDEIRA DE MELLO, Celso Antônio. *Elementos de direito administrativo*. São Paulo: Revista dos Tribunais, 1986.

BANDEIRA DE MELLO, Celso Antônio. Funerais da Constituição de 88. *In*: FIOCCA, Demian; GRAU, Eros Roberto. *Debate sobre a Constituição de 1988*. São Paulo: Paz e Terra, 2001.

BANDEIRA DE MELLO, Celso Antônio. Poder constituinte. *Revista de Direito Constitucional*, n. 4, 1983.

BANDEIRA DE MELLO, Oswaldo Aranha. *A teoria das Constituições rígidas*. 2. ed. São Paulo: Bushatsky, 1980.

BARAK, Aharon. *The Judge in a Democracy*. Princeton: Princeton University Press, 2006.

BARBÉ, Carlos. Golpe de Estado. *In*: BOBBIO, Norberto; MATTEUCCI, Nicola; PASQUINO, Gianfranco (Org.). *Dicionário de política*. Tradução de Carmen C. Varriale *et al*. 11. ed. Brasília: Ed. UnB, 1998.

BARBER, Sotirios A.; FLEMING, James E. *Constitutional Interpretation*: the Basic Questions. New York: Oxford University Press, 2007.

BARBER, Sotirios; GEORGE, Robert P. *Constitutional Politics*: Essays on Constitution Making, Maintenance, and Change. Princeton: Princeton University Press, 2001.

BARBOSA, Alaor. Assembléia Nacional Constituinte: expectativa prudente. *Revista de Informação Legislativa*, n. 91, 1986.

BARBOSA, Ruy. *Atos inconstitucionais*. 2. ed. atual. por Ricardo Rodrigues Gama. Campinas: Russell, 2004.

BARBOSA, Ruy. *Commentarios à Constituição Federal brasileira*: colligidos e ordenados por Homero Pires. São Paulo: Saraiva, 1932. v. 1.

BARBOSA, Ruy. *Commentarios à Constituição Federal brasileira*: colligidos e ordenados por Homero Pires. São Paulo: Saraiva, 1933. v. 2.

BARBOSA, Ruy. O *habeas-corpus*. *In*: BARRETO, Vicente (Org.). *O liberalismo e a Constituição*: textos selecionados de Ruy Barbosa. Rio de Janeiro: Nova Fronteira, 1991.

BARCELLOS, Ana Paula de. *A eficácia jurídica dos princípios constitucionais*: o princípio da dignidade da pessoa humana. Rio de Janeiro: Renovar, 2002.

BARCELLOS, Ana Paula de. Alguns parâmetros para a ponderação constitucional. *In*: BARROSO, Luís Roberto (Org.). *A nova interpretação constitucional*: ponderação, direitos fundamentais e relações privadas. Rio de Janeiro: Renovar, 2003.

BARCELLOS, Ana Paula de. O direito constitucional em 2006. *Revista de Direito do Estado*, n. 5, 2007.

BARCELLOS, Ana Paula de. *Ponderação, racionalidade e atividade jurisdicional*. Rio de Janeiro: Renovar, 2005.

BARNETT, Hilaire. *Constitutional and Administrative Law*. 3rd ed. London: Cavendish Publishing Limited, 2000.

BARROS, Suzana de Toledo. *O princípio da proporcionalidade e o controle de constitucionalidade das leis restritivas de direitos fundamentais*. Brasília: Brasília Jurídica, 1996.

BARROSO, Luís Roberto. A doutrina brasileira da efetividade. *In*: BARROSO, Luís Roberto. *Temas de direito constitucional*. Rio de Janeiro: Renovar, 2005. v. 3.

BARROSO, Luís Roberto. A efetividade das normas constitucionais: por que não uma Constituição para valer?. *In*: CONGRESSO NACIONAL DE PROCURADORES DE ESTADO. *Anais...*, 1986.

BARROSO, Luís Roberto. Argüição de descumprimento de preceito fundamental n. 54: demonstração de seu cabimento: memorial da autora. *In*: BARROSO, Luís Roberto. *Temas de direito constitucional*. Rio de Janeiro: Renovar, 2005. v. 3.

BARROSO, Luís Roberto. Constitucionalidade e legitimidade da reforma da previdência: ascensão e queda de um regime de erros e privilégios. *Revista Forense*, v. 377, 2005.

BARROSO, Luís Roberto. Constituição e tratados internacionais: alguns aspectos da relação entre direito internacional e direito interno. *In*: TIBURCIO, Carmen; BARROSO, Luís Roberto. *Direito constitucional internacional*. Rio de Janeiro: Renovar, 2013.

BARROSO, Luís Roberto. Constituição, democracia e supremacia judicial: direito e política no Brasil contemporâneo. *Revista de Direito do Estado – RDE*, n. 16, p. 3-42, out./dez. 2009.

BARROSO, Luís Roberto. *Constituição, democracia e supremacia judicial*: direito e política no Brasil contemporâneo, 2010. Mimeografado.

BARROSO, Luís Roberto. *Curso de direito constitucional contemporâneo*: os conceitos fundamentais e a construção do novo modelo. São Paulo: Saraiva, 2009.

BARROSO, Luís Roberto. *Curso de direito constitucional contemporâneo*: os conceitos fundamentais e a construção do novo modelo. 2. ed. São Paulo: Saraiva, 2010.

BARROSO, Luís Roberto. Dez anos da Constituição de 1988: foi bom pra você também?. *In*: CAMARGO, Margarida Maria Lacombe (Org.). *1988-1998*: uma década de Constituição. Rio de Janeiro: Renovar, 1999.

BARROSO, Luís Roberto. Disposições transitórias: natureza, eficácia e espécies: delegações legislativas: validade e extensão: poder regulamentar: conteúdo e limites. *Revista de Direito Público*, n. 96.

BARROSO, Luís Roberto. Doze anos da Constituição brasileira de 1988. *In*: BARROSO, Luís Roberto. *Temas de direito constitucional*. Rio de Janeiro: Renovar, 2001.

BARROSO, Luís Roberto. Em algum lugar do passado: segurança jurídica, direito intertemporal e o Novo Código Civil. *In*: ROCHA, Cármen Lúcia Antunes (Org.). *Constituição e segurança jurídica*. Belo Horizonte: Fórum, 2004.

BARROSO, Luís Roberto. Fundamentos teóricos e filosóficos do novo direito constitucional brasileiro: pós-modernidade, teoria crítica e pós-positivismo. *In*: BARROSO, Luís Roberto (Org.). *A nova interpretação constitucional*: ponderação, direitos fundamentais e relações privadas. Rio de Janeiro: Renovar, 2003.

BARROSO, Luís Roberto. *Interpretação e aplicação da Constituição*. Saraiva: São Paulo, 1996.

BARROSO, Luís Roberto. Mudança na jurisprudência do Supremo Tribunal Federal em matéria tributária: segurança jurídica e modulação dos efeitos temporais das decisões judiciais. *In*: BARROSO, Luís Roberto. *Temas de direito constitucional*. Rio de Janeiro: Renovar, 2009. v. 4.

BARROSO, Luís Roberto. Neoconstitucionalismo e constitucionalização do direito: o triunfo tardio do direito constitucional no Brasil. *Revista de Direito Administrativo – RDA*, n. 240, p. 1-42, abr./jun. 2005.

BARROSO, Luís Roberto. *O controle de constitucionalidade no direito brasileiro*: exposição sistemática da doutrina e análise crítica da jurisprudência. 2. ed. rev. atual. São Paulo: Saraiva, 2006.

BARROSO, Luís Roberto. *O direito constitucional e a efetividade de suas normas*: limites e possibilidades da Constituição brasileira. 8. ed. atual. Rio de Janeiro: Renovar, 2006.

BARROSO, Luís Roberto. *O direito constitucional e a efetividade de suas normas*. Rio de Janeiro: Renovar, 1991.

BARROSO, Luís Roberto. *O direito constitucional e a efetividade de suas normas*. 4. ed. Rio de Janeiro: Renovar, 2000.

BARROSO, Luís Roberto. Vinte anos da Constituição brasileira de 1988: o Estado a que chegamos. *In*: SOUZA NETO, Cláudio Pereira de; SARMENTO, Daniel; BINENBOJM, Gustavo (Org.). *Vinte anos da Constituição Federal de 1988*. Rio de Janeiro: Lumen Juris, 2009.

BARROSO, Luís Roberto; BARCELLOS, Ana Paula de. O começo da história: a nova interpretação constitucional e o papel dos princípios no direito brasileiro. *In*: BARROSO, Luís Roberto (Org.). *A nova interpretação constitucional*: ponderação, direitos fundamentais e relações privadas. Rio de Janeiro: Renovar, 2003.

BARROSO, Luís Roberto; MENDONÇA, Eduardo. O STF foi permeável à opinião pública sem ser subserviente. Disponível em: <http://www.conjur.com.br>.

BASTOS, Celso Ribeiro. *Hermenêutica e interpretação constitucional*. São Paulo: Celso Bastos, 1997.

BASTOS, Celso Ribeiro; BRITTO, Carlos Ayres. *Interpretação e aplicabilidade das normas constitucionais*. São Paulo: Saraiva, 1982.

BASTOS, Celso Ribeiro; MARTINS, Ives Gandra. *Comentários à Constituição do Brasil*. São Paulo: Saraiva, 1989. v. 2.

BATEUP, Christine. The Dialogic Promise: Assessing the Normative Potential of Theories of Constitutional Dialogue. *Brooklyn Law Review*, v. 71, 2006. Disponível em: <http://ssrn.com/abstract=852884>.

BAUM, Laurence. *The Supreme Court and their Audiences*. Washington: CQ Press, 2006.

BAUMAN, Richard W.; KAHANA, Tsvi. *The Least Examined Branch*: the Role of Legislatures in the Constitutional State. New York: Cambridge University Press, 2006.

BEARD, Charles A. *An Economic Interpretation of the Constitution of the United States*. Reimp. New York: Free Press, 1986.

BEATTY, Davi. *The Ultimate Rule of Law*. New York: Oxford University Press, 2004.

BECCARIA, Cesare. *Dos delitos e das penas*. São Paulo: Revista dos Tribunais, 1997.

BECK, Ulrich. *La sociedad del riesgo*. Traducción de Navarro, Jiménez, Borras. Barcelona: Paidós, 1986.

BENHABIB, Seyla. Models of Public Space: Hannah Arendt, the Liberal Tradition, and Jürgen Habermas. *In*: CALHOUN, Graig (Org.). *Habermas and the Public Sphere*. Cambridge: The MIT Press, 1992.

BENHABIB, Seyla. *The Claims of Culture*: Equality and Diversity in the Global Era. Princeton: Princeton University Press, 2002.

BERCOVICI, Gilberto. A problemática da Constituição dirigente: algumas considerações sobre o caso brasileiro. *Revista de Informação Legislativa*, v. 36, n. 142, p. 35-51, abr./jun. 1999.

BERCOVICI, Gilberto. *Constituição e estado de exceção permanente*: atualidade de Weimar. Rio de Janeiro: Azougue, 2004.

BERCOVICI, Gilberto. Constituição e política: uma relação difícil. *Lua Nova – Revista de Cultura e Política*, n. 61, p. 5-24, 2004.

BERCOVICI, Gilberto. *Constituição econômica e desenvolvimento*: uma leitura a partir da Constituição de 1988. São Paulo: Malheiros, 2005.

BERCOVICI, Gilberto. Democracia, inclusão social e igualdade. *Revista do Instituto de Hermenêutica Jurídica*, v. 1, n. 4, 2006.

BERCOVICI, Gilberto. O princípio da unidade da Constituição. *Revista de Informação Legislativa*, v. 145, 2000.

BERCOVICI, Gilberto. *Soberania e Constituição*: para uma crítica do constitucionalismo. São Paulo: Quartier Latin, 2008.

BERCOVICI, Gilberto. Tentativa de instituição de democracia de massas no Brasil: instabilidade constitucional e direitos sociais na era Vargas. *In*: SOUZA NETO, Cláudio Pereira de; SARMENTO, Daniel (Org.). *Direitos sociais*: fundamentos, judicialização e direitos sociais em espécie. Rio de Janeiro: Lumen Juris, 2008.

BERGER, Raoul. *Government by Judiciary*: the Transformation of the Fourteenth Amendment. Cambridge: Harvard University Press, 1977.

BERLIN, Isaiah. A busca do ideal. *In*: BERLIN, Isaiah. *Estudos sobre a humanidade*: uma antologia de ensaios. Tradução de Rosaura Eichenberg. São Paulo: Companhia das Letras, 2002.

BERLIN, Isaiah. Dois conceitos de liberdade. *In*: BERLIN, Isaiah. *Estudos sobre a humanidade*: uma antologia de ensaios. Tradução de Rosaura Eichenberg. São Paulo: Companhia das Letras, 2002.

BERLIN, Isaiah. *Estudos sobre a humanidade*: uma antologia de ensaios. Tradução de Rosaura Eichenberg. São Paulo: Companhia das Letras, 2002.

BERNAL PULIDO, Carlos. *El principio de proporcionalidad y los derechos fundamentales*. 3. ed. Madrid: Centro de Estudios Constitucionales, 2007.

BERRANGER, Thibaut de. *Constitution nationales et construction communautaire*. Paris: L.G.D.J., 2005.

BICKEL, Alexander. *The Least Dangerous Branch*: the Supreme Court at the Bar of Politics. 2nd ed. New Haven: Yale University Press, 1986.

BIERRENBACH, Flávio. *Quem tem medo da Constituinte*. Rio de Janeiro: Paz e Terra, 1986.

BINENBOJM, Gustavo. *A nova jurisdição constitucional brasileira*: legitimidade democrática e instrumentos de realização. Rio de Janeiro: Renovar, 2001.

BINENBOJM, Gustavo. Sentido da vinculação administrativa à juridicidade no direito brasileiro. *In*: ARAGÃO, Alexandre dos Santos; MARQUES NETO, Floriano de Azevedo (Coord.). *Direito administrativo e seus novos paradigmas*. Belo Horizonte: Fórum, 2008.

BINENBOJM, Gustavo. *Uma teoria do direito administrativo*: direitos fundamentais, democracia e constitucionalização. Rio de Janeiro: Renovar, 2006.

BINENBOJM, Gustavo; CYRINO, André Rodrigues. O direito à moradia e a penhorabilidade do bem único do fiador em contratos de locação: limites à revisão judicial de diagnósticos e prognoses legislativas. *In*: SOUZA NETO, Cláudio Pereira de; SARMENTO, Daniel (Coord.). *Direitos sociais*: fundamentos, judicialização e direitos sociais em espécie. Rio de Janeiro: Lumen Juris, 2008.

BISCARETTI DI RUFFIA, Paolo. *Introducción al derecho constitucional comparado*. Traducción de Héctor Fix-Zamudio. México: Fondo de Cultura Económica, 1991.

BITTECOURT, Lúcio. *O controle jurisdicional de constitucionalidade das Leis*. 2. ed. Rio de Janeiro: Forense, 1968.

BLUCHE, Fréderic; RIALS, Stephane; TULARD, Jean. *A Revolução Francesa*. Tradução de Rejane Janowitzer. Porto Alegre: L&PM, 2009.

BOBBIO, Norberto. Contrato e contratualismo no debate atual. *In*: BOBBIO, Norberto. *O futuro da democracia*: uma defesa das regras do jogo. Tradução de Marco Aurélio Nogueira. 5. ed. São Paulo: Paz e Terra, 1992.

BOBBIO, Norberto. *Liberalismo e democracia*. 6. ed. Tradução de Marco Aurélio Nogueira. São Paulo: Brasiliense, 1994.

BOBBIO, Norberto. *Locke e o direito natural*. 2. ed. Brasília: Ed. UnB, 1998.

BOBBIO, Norberto. *O positivismo jurídico*: lições de filosofia do direito. Tradução de Márcio Pugliesi. São Paulo: Ícone, 1995.

BOBBIO, Norberto. *Teoria do ordenamento jurídico*. 7. ed. Tradução de Maria Celeste Cordeiro dos Santos. Brasília: Ed. UnB, 1996.

BOBBIO, Norberto. *Teoría general del derecho*. Traducción de Eduardo Rozo Acuña. Madrid: Debate, 1991.

BOBBIT, Philip. *Constitutional Fate*: Theory of the Constitution. New York: Oxford University Press, 1982.

BÖCKENFÖRDE, Ernst-Wolfgang. Le pouvoir constituant du peuple, notion-limite du droit constitutionnel. *In*: BÖCKENFÖRDE, Ernst-Wolfgang. *Le droit, l'État et la Constitution démocratique*. Traduction de Olivier Jouanjan, Paris: L.G.D.J, 2000.

BÖCKENFÖRDE, Ernst-Wolfgang. Les méthodes d'interprétation de la Constitution: un bilan critique. *In*: BÖCKENFÖRDE, Ernst-Wolfgang. *Le droit, l'État et la Constitution democratique*. Traduction de Olivier Jouanjan. Paris: L.G.D.J., 2000.

BÖCKENFÖRDE, Ernst-Wolfgang. Los métodos de la interpretación constitucional: inventario y crítica. *In*: BÖCKENFÖRDE, Ernst-Wolfgang. *Escritos sobre derechos fundamentales*. Traducción de Juan Requejo Pagés e Ignacio Villaverde Menéndez. Baden-Baden: Nomos, 1993.

BÖCKENFÖRDE, Ernst-Wolfgang. Sobre la situaccíon de la dogmática de los derechos fundamentales tras 40 años de Ley Fundamental. *In*: BÖCKENFÖRDE, Ernst-Wolfgang. *Escritos sobre derechos fundamentales*. Traducción de Juan Requejo Pagés e Ignacio Villaverde Menéndez. Baden-Baden: Nomos, 1993.

BODIN, Jean. *Les six livres de la republique*. Paris: Galimard, 1986.

BON, Pierre. La légitimité du Conseil Constitutionneil français. *In*: AA. VV. *Legitimidade e legitimação da justiça constitucional*: Colóquio no 10º aniversário do Tribunal Constitucional – Lisboa, 28 e 29 de maio de 1993. Coimbra: Coimbra Ed., 1995.

BONAVIDES, Paulo. A Constituição do Império e as nascentes do constitucionalismo brasileiro. *In*: BONAVIDES, Paulo et al. *As constituições brasileiras*: notícia, história e análise crítica. Brasília: OAB, 2008.

BONAVIDES, Paulo. A reforma constitucional e o plebiscito. *Revista de Informação Legislativa*, n. 113, 1990.

BONAVIDES, Paulo. *Curso de direito constitucional*. 8. ed. São Paulo: Malheiros, 1999.

BONAVIDES, Paulo. *Do Estado liberal ao Estado social*. 6. ed. São Paulo: Malheiros, 1996.

BONAVIDES, Paulo. Francisco Campos: o antiliberal. *In*: CAMPOS, Francisco. *Discursos parlamentares*. Brasília: Câmara dos Deputados, 1979.

BONAVIDES, Paulo. O método tópico de interpretação constitucional. *Revista de Direito Constitucional e Ciência Política*, v. 1, n. 1, 1983.

BONAVIDES, Paulo. *Política e Constituição*: os caminhos da democracia. Rio de Janeiro: Forense, 1985.

BONAVIDES, Paulo; ANDRADE, Paes de. *História constitucional do Brasil*. 3. ed. São Paulo: Paz e Terra, 1991.

BORGES, José Souto Maior. Pró-dogmática: por uma hierarquização dos princípios constitucionais. *Revista Trimestral de Direito Público*, n. 1, 1993.

BORK, Robert. H. *Coercing Virtue*: the Worldwide Rule of Judges. Washington: The AEI Press, 2003.

BORK, Robert. H. *The Tempting of America*: the Political Seduction of the Law. New York: Free Press, 1990.

BOTELHO, Nadja Machado. *Mutação Constitucional*. Dissertação (Mestrado em Direito Público) – Universidade do Estado do Rio de Janeiro, Rio de Janeiro, 2010.

BOURDIEU, Pierre. *O poder simbólico*. Rio de Janeiro: Bertrand Russel, 2007.

BOVERO, Michelangelo. Ética e política entre o maquiavelismo e o kantismo. *Lua Nova – Revista de Cultura e Política*, n. 25, 1992.

BRANCO, Paulo Gustavo Gonet. *Juízo de ponderação na jurisdição constitucional*. São Paulo: Saraiva, 2009.

BRANCO, Pedro H. Villas Boas Castelo. Auctoritas non veritas facit legem. *In*: MAIA, Antonio Cavalcanti et al. (Org.). *Perspectivas atuais da filosofia do direito*. Rio de Janeiro: Lumen Juris, 2005.

BRANDÃO, Rodrigo. *Direitos fundamentais, democracia e cláusulas pétreas*. Rio de Janeiro: Renovar, 2008.

BRANDÃO, Rodrigo. Rigidez constitucional e pluralismo político. *In*: SOUZA NETO, Cláudio Pereira de; SARMENTO, Daniel; BINENBOJM, Gustavo (Coord.). *Vinte anos de Constituição Federal de 1988*. Rio de Janeiro: Lumen Juris, 2009.

BRANDÃO, Rodrigo. *Supremacia judicial versus diálogos constitucionais*: a quem cabe a última palavra sobre o sentido da Constituição?. Rio de Janeiro: Lumen Juris, 2011.

BRENNAN JUNIOR, William. Constructing the Constitution. *U.C. Davies Law Review*, n. 19, 1985.

BRESSER-PEREIRA, Luiz Carlos. *Construindo o Estado Republicano*: democracia e reforma da gestão pública. Rio de Janeiro: FGV, 2009.

BREST, Paul et al. *Processes of Constitutional Decision-Making*. 4th ed. New York: Aspen, 2000.

BRITO, Miguel Nogueira de. *A Constituição constituinte*: ensaio sobre o poder de revisão da Constituição. Coimbra: Coimbra Ed., 2000.

BRITTO, Carlos Ayres. A Constituição e o monitoramento de suas emendas. *Revista Eletrônica de Direito do Estado*, n. 1, 2004.

BRITTO, Carlos Ayres. A Constituição e os limites da sua reforma. *Revista Latino-Americana de Estudos Constitucionais*, n. 1, 2003.

BRITTO, Carlos Ayres. *Teoria da Constituição*. Rio de Janeiro: Forense, 2003.

BRITTO, Carlos Ayres; PONTES FILHO, Walmir. Direito adquirido contra Emenda Constitucional. *RDA*, n. 202, p. 75-90, 1995.

BRUNET, Pierre. La notion de représentation sous la Révolution Française. *Annales Historiques de La Révolution Française*, n. 2, 2002.

BRYCE, James. *Studies in History and Jurisprudence*. New York: Oxford University Press, 1901. v. 1.

BUCHANAN, James M.; TULLOCK, Gordon. *The Calculus of Consent*: Logical Foundations of Constitutional Democracy. Michigan: The University of Michigan Press, 2007.

BULOS, Uadi Lammêgo. *Constituição Federal anotada*. 4. ed. São Paulo: Saraiva, 2002.

BURDEAU, Georges. *Traité de science politique*. 2e. éd. Paris: L.G.D.J., 1969. v. 4.

BURDEAU, Georges; HAMON, Francis; TROPER, Michel. *Droit constitutionnel*. 25e. éd. Paris: L.G.D.J., 1997.

BURKE, Edmund. *Reflections on the Revolution in France*. Cambridge: Hackett Publishing Company, 2002.

BUSTAMANTE, Thomas R. A razoabilidade na dogmática jurídica contemporânea. *In*: BUSTAMANTE, Thomas R. *Teoria do direito e decisão racional*: temas de teoria da argumentação jurídica. Rio de Janeiro: Renovar, 2008.

BUSTAMANTE, Thomas R. Pós-positivismo: o argumento da injustiça além da Fórmula de Radbruch. *Revista de Direito do Estado*, v. 4, 2006.

BUSTAMANTE, Thomas R. Razoabilidade na dogmática jurídica contemporânea: em busca de um mapa semântico. *In*: BUSTAMANTE, Thomas R. *Teoria do direito e decisão racional*: temas de teoria da argumentação jurídica. Rio de Janeiro: Renovar, 2008.

BUZANELLO, José Carlos. *Direito de resistência constitucional*. Rio de Janeiro: América Jurídica, 2003.

CABRAL PINTO, Luzia Marques da Silva. *Os limites do poder constituinte e a legitimidade material da Constituição*. Coimbra: Coimbra Ed., 1994.

CAETANO, Marcello. *Direito constitucional*. 2. ed. Rio de Janeiro: Forense, 1987.

CAETANO, Marcello. *Direito constitucional*. Rio de Janeiro: Forense, 1977. v. 1.

CALDWELL, Peter. *Popular Sovereignty and the Crisis of German Constitutional Law*: the Theory & Practice of Weimar Constitutionalism. Durham: Duke University Press, 1997.

CALMES, Sylvia. *Du principe de protection de confiance légitime en droits allemand, communautaire et français*. Paris: Dalloz, 2001.

CAMARGO, Margarida Maria Lacombe. *Hermenêutica jurídica e argumentação*: uma contribuição ao estudo do direito. 2. ed. Rio de Janeiro: Renovar, 2001.

CAMARGO, Margarida. Fundamentos filosóficos do pragmatismo jurídico. *Revista de Direito do Estado*, v. 6, 2007.

CAMPOS, Francisco. A política e o nosso tempo. *In*: CAMPOS, Francisco. *O Estado Nacional*: sua estrutura, seu conteúdo ideológico. Brasília: Senado Federal, 2001.

CAMPOS, Francisco. Diretrizes do Estado Nacional. *In*: CAMPOS, Francisco. *O Estado Nacional*: sua estrutura, seu conteúdo ideológico. Brasília: Senado Federal, 2001.

CAMPOS, Francisco. O Supremo Tribunal Federal na Constituição de 1937. *In*: CAMPOS, Francisco. *Direito constitucional*. Rio de Janeiro: Freitas Bastos, 1956. v. 2.

CAMPOS, Francisco. Poder de emenda: reforma agrária. *Bahia Forense*, v. 6, n. 5, 1967.

CAMPOS, German Bidart. *Derecho constitucional*. Buenos Aires: Ediar, 1968.

CAMPOS, João de Mota; CAMPOS, João Luís de Mota. *Manual de direito comunitário*. 4. ed. Lisboa: Fundação Calouste Gulbenkian, 2004.

CANARIS, Claus Wilhelm. *Direitos fundamentais e direito privado*. Tradução de Ingo Wolfgang Sarlet e Paulo Mota Pinto. Lisboa: Almedina, 2003.

CANARIS, Claus Wilhelm. *Pensamento sistemático e conceito de sistema na ciência do direito*. Tradução de A. Menezes Cordeiro. Lisboa: Fundação Calouste Gulbenkian, 1989.

CANÇADO TRINDADE, Antônio Augusto. Memorial em prol de uma nova mentalidade quanto a proteção dos direitos humanos nos planos internacional e nacional. *Arquivos de Direitos Humanos*, n. 1, p. 3-55, 1999.

CANÇADO TRINDADE, Antônio Augusto. *Tratado de direito internacional dos direitos humanos*. Porto Alegre: S.A. Fabris, 1997. v. 1.

CANECA, Frei Joaquim do Amor Divino. Voto sobre o Juramento do Projeto de Constituição Oferecido por Pedro II. *In*: MELLO, Evaldo Cabral de (Org.). *Frei Joaquim do Amor Divino Caneca*. São Paulo: Ed. 34, 2001.

CANOTILHO, José Joaquim Gomes. *Brancosos e a interconstitucionalidade*: itinerários dos discursos sobre a historicidade constitucional. Coimbra: Almedina, 2006.

CANOTILHO, José Joaquim Gomes. *Constituição dirigente e vinculação do legislador*: contributo para a compreensão das normas constitucionais programáticas. Coimbra: Coimbra Ed., 1994.

CANOTILHO, José Joaquim Gomes. *Constituição dirigente e vinculação do legislador*: contributo para a compreensão das normas constitucionais programáticas. 2. ed. Coimbra: Coimbra Ed., 2001.

CANOTILHO, José Joaquim Gomes. *Direito constitucional e teoria da Constituição*. Coimbra: Almedina, 2003.

CANOTILHO, José Joaquim Gomes. *Direito Constitucional*. 5. ed. Coimbra: Almedina, 1992.

CANOTILHO, José Joaquim Gomes. Estado pós-moderno e Constituição sem sujeito. *In*: CANOTILHO, José Joaquim Gomes. *Brancosos e interconstitucionalidade*: itinerários e discursos sobre a historicidade constitucional. Coimbra: Almedina, 2006.

CANOTILHO, José Joaquim Gomes. Mal-estar da Constituição e pessimismo pós-moderno. *Lusíada – Revista de Ciência e Cultura*, n. 1, p. 55-65, mar. 1991. (Série de Direito).

CANOTILHO, José Joaquim Gomes. Rever ou romper com a constituição dirigente?: Defesa de um constitucionalismo moralmente reflexivo. *Cadernos de Direito Constitucional e Ciência Política*, v. 4, n. 15, p. 7-17, abr./jun. 1996.

CANOTILHO, José Joaquim Gomes; MOREIRA, Vital. *Constituição da República portuguesa anotada*. 4. ed. Coimbra: Coimbra, 2007. v. 1.

CAPPELLETTI, Mauro. *O controle judicial de constitucionalidade das leis no direito comparado*. Tradução de Aroldo Plinio Gonçalves. 2. ed. Porto Alegre: S.A. Fabris, 1992.

CARBONELL, Miguel. *Neoconstitucionalismo(s)*. Madrid: Trotta, 2003.

CARBONELL, Miguel; GARCÍA JARAMILLO, Leonardo. *El canon neoconstitucional*. Bogotá: Universidad Externado de Colombia, 2010.

CARDOZO, José Eduardo Martins. *Da retroatividade da lei*. São Paulo: Revista dos Tribunais, 1995.

CARRÉ DE MALBERG, R. *Teoría general del Estado*. México: Fondo de Cultura Económica, 2001.

CARRIÓ, Genaro. *Notas sobre derecho y lenguaje*. 4. ed. Buenos Aires: Abeledo-Perrot, 1994.

CARVALHO, José Murilo de. *A cidadania no Brasil*: um longo caminho. 5. ed. Rio de Janeiro: Tempo Brasileiro, 2004.

CARVALHO, José Murilo de. *A formação das almas*: o imaginário da República no Brasil. São Paulo: Companhia das Letras, 1990.

CARVALHO, José Murilo de. Federalismo e centralização no império brasileiro: história e argumento. *In*: CARVALHO, José Murilo de. *Pontos e bordados*: ensaios de história e política. Belo Horizonte: Ed. UFMG, 1998.

CARVALHO, José Murilo de. *Os bestializados*: o Rio de Janeiro e a República que não foi. São Paulo: Companhia das Letras, 1990.

CASALTA NABAIS, José. *O dever fundamental de pagar impostos*. Coimbra: Almedina, 2004.

CASAMIGLIA, Albert. Pospositivismo. *Doxa – Cuadernos de Filosofia del Derecho*, n. 21, 1998.

CASELLA, Paulo Borba. *Mercosul*: exigências e perspectivas: integração e consolidação do espaço econômico. São Paulo: LTr, 1996.

CASTIGLIONE, Dario. Reflections on Europe's Constitutional future. *Constellations*, v. 11, n. 3, 2004.

CASTRO, Carlos Roberto de Siqueira. *A Constituição aberta e os direitos fundamentais*. Rio de Janeiro: Forense, 2003.

CASTRO, Carlos Roberto de Siqueira. Mandado de injunção: limitação da taxa de juros: eficácia das normas constitucionais programáticas: considerações acerca do art. 192, §3º, da Constituição Federal. *Revista Forense*, v. 93, n. 339, p. 53-83, jul./set. 1997.

CASTRO, Carlos Roberto de Siqueira. *O devido processo legal e a razoabilidade das leis na nova Constituição*. 2. ed. Rio de Janeiro: Forense, 1989.

CATTONI DE OLIVEIRA, Marcelo Andrade. A ponderação de valores na jurisprudência recente do Supremo Tribunal Federal: uma crítica teorético-discursiva aos novos pressupostos hermenêuticos adotados no *habeas corpus* n. 82.424-2-RS. *In*: SAMPAIO, José Adércio Leite (Coord.). *Constituição e crise política*. Belo Horizonte: Del Rey, 2006.

CATTONI DE OLIVEIRA, Marcelo Andrade. Jurisdição e hermenêutica constitucional no Estado Democrático de Direito: um ensaio de teoria da interpretação enquanto teoria discursiva da argumentação jurídica de aplicação. *In*: CATTONI DE OLIVEIRA, Marcelo Andrade (Coord.). *Jurisdição e hermenêutica constitucional*. Belo Horizonte: Mandamentos, 2004.

CAVALCANTI, Antonio Maia. A idéia de patriotismo constitucional e sua integração à cultura político-jurídica brasileira. *In*: PINZANI, Alessandro; DUTRA, Delamar José Volpato (Org.). *Habermas em discussão*. Florianópolis: NEFIPO, 2005. (Anais do Colóquio Habermas).

CAVALCANTI; Themístocles Brandão; BRITO, Luiz Navarro de; BALEEIRO, Aliomar. *Constituição brasileira*: 1967. Brasília: Ministério da Ciência e Tecnologia – Centro de Estudos Estratégicos, 2001.

CERQUEIRA, Marcelo. *A Constituição na história*: origem e reforma. Rio de Janeiro: Revan, 1993.

CERQUEIRA, Marcelo. *Cartas constitucionais*: império, república e autoritarismo. Rio de Janeiro: Renovar, 1997.

CERRI, Augusto. *Corso di giustizia costituzionale*. Milano: Giuffrè, 1994.

CHAGAS, Carlos. *A guerra das estrelas*. Porto Alegre: L&PM, 1985.

CHATELET, François; DUHAMEL, Olivier; PISIER-KOUCHNER, Èvelyne. *História das idéias políticas*. Tradução de Carlos Nelson Coutinho. 2. ed. Rio de Janeiro: Jorge Zahar, 1990.

CHAVES, Cristiano; ROSENVALD, Nelson. *Direito civil*: teoria geral. 5. ed. Rio de Janeiro: Lumen Juris, 2006.

CHEMERINSKY, Erwin. *Constitutional Law*: Principles and Policies. 3rd ed. New York: Aspen Publishers, 2006.

CHOUDRY, Sujit. Migration as a new Metaphor in Comparative Constitutional Law. *In*: CHOUDRY, Sujit (Ed.). *The Migration of Constitutional Ideas*. New York: Cambridge University Press, 2006.

CITTADINO, Gisele Guimarães. Judicialização da política, constitucionalismo democrático e separação de poderes. *In*: VIANNA, Luiz Werneck (Org.). *A democracia e os três poderes no Brasil*. Belo Horizonte: Ed. UFMG, 2002.

CITTADINO, Gisele Guimarães. Patriotismo constitucional, cultura e história. *Direito, Estado e Sociedade*, n. 31, p. 58-68, jul./dez. 2007.

CITTADINO, Gisele Guimarães. *Pluralismo, direito e justiça distributiva*: elementos de filosofia constitucional contemporânea. Rio de Janeiro: Lumen Juris, 1999.

CLAUSEWITZ, Carl von. *Da guerra*. São Paulo: Martins Fontes, 1996.

CLÈVE, Clèmerson Merlin. *A fiscalização abstrata de constitucionalidade no direito brasileiro*. São Paulo: Revista dos Tribunais, 1995.

CLÈVE, Clèmerson Merlin. A teoria constitucional e o direito alternativo: para uma dogmática constitucional emancipatória. *In*: CLÈVE, Clèmerson Merlin. *Uma vida dedicada ao direito*: homenagem a Carlos Henrique de Carvalho: o editor dos juristas. São Paulo: Revista dos Tribunais, 1995.

CLÈVE, Clèmerson Merlin. *Medidas provisórias*. 2. ed. São Paulo: M. Limonad, 1999.

CLÈVE, Clèmerson Merlin. *O direito e os direitos*: elementos para uma crítica do direito contemporâneo. São Paulo; Curitiba: Acadêmica; Scienti et Labor, 1988.

COELHO, Inocêncio Mártires. As idéias de Peter Häberle e a abertura da interpretação constitucional no direito brasileiro. *Revista de Direito Administrativo*, v. 211, 1998.

COELHO, Inocêncio Mártires. Elementos de teoria da Constituição e de interpretação constitucional. *In*: MENDES, Gilmar Ferreira; COELHO, Inocêncio Mártires; BRANCO, Paulo Gustavo Gonet. *Hermenêutica constitucional e direitos fundamentais*. Brasília: Brasília Jurídica, 2000.

COELHO, João Gilberto Lucas. O processo constituinte. *In*: GURAN, Milton (Coord.). *O processo constituinte 1987-1988*. Brasília: AGIL, 1988.

COHEN, Jean L. Sovereignty in the Context of Globalization: a Constitutional Pluralist Perspective. *In*: BESSON, Samantha; TASIOULAS, John (Ed.). *The Philosophy of International Law*. Cambridge: Oxford University Press, 2010.

COHEN, Joshua. Procedure and Substance in Deliberative Democracy. *In*: BOHMAN, James; REHG, William (Ed.). *Deliberative Democracy*: Essays on Reason and Politics. Cambridge; London: MIT Press, 1997.

COLBURN, Jamison. Democratic Experimentalism: a Separation of Powers for our Time?. *Suffolk University Law Review*, n. 37, 2004.

COMANDUCCI, Paulo. Formas de neoconstitucionalismo: un análisis metateórico. *In*: CARBONELL, Miguel (Ed.). *Neoconstitucionalismo(s)*. Madrid: Trotta, 2003.

COMELLA, Víctor Ferreres. *Constitutional Courts and Democratic Values*: a European Perspective. New Haven: Yale University Press, 2009.

COMPARATO, Fábio Konder. *A afirmação histórica dos direitos humanos*. São Paulo: Saraiva, 1999.

COMPARATO, Fábio Konder. A Constituição brasileira de 1946: um interregno agitado entre dois autoritarismos. *In*: BONAVIDES, Paulo *et al*. *As Constituições brasileiras*: notícia, história e análise crítica. Brasília: OAB, 2008.

COMPARATO, Fábio Konder. A ordem econômica na Constituição brasileira de 1988. *Cadernos de Direito Econômico e Empresarial – Revista de Direito Público*, n. 93, p. 263-276, 1990.

COMPARATO, Fábio Konder. Direitos e deveres fundamentais em matéria de propriedade. *In*: STROZAKE, Juvelino José (Org.). *A questão agrária e a justiça*. São Paulo: Revista dos Tribunais, 2000.

COMPARATO, Fábio Konder. Prefácio. *In*: FAORO, Raymundo. *A República inacabada*. Rio de Janeiro: Globo, 2007.

COMPARATO, Fábio Konder. Recolhimento forçado, ao Banco Central, de saldos de contas bancárias. *In*: COMPARATO, Fábio Konder. *Direito público*: estudos e pareceres. São Paulo: Saraiva, 1996.

COMPARATO, Fábio Konder. Redescobrindo o espírito republicano. *Revista da Associação dos Juízes do Rio Grande do Sul*, v. 32, n. 100, 2005.

COMPARATO, Fábio Konder. Réquiem para uma Constituição. *In*: FIOCCA, Demian; GRAU, Eros Roberto. *Debate sobre a Constituição de 1988*. São Paulo: Paz e Terra, 2001.

CONSTANT, Benjamin. *Cours de politique constitutionnelle*. 2e. éd. Paris: Librairie de Guillaumin, 1872. v. 1.

CONSTANT, Benjamin. De la liberté des anciens comparée a celles des modernes. *In*: CONSTANT, Benjamin. *Écrits politiques*. Paris: Gallimard, 1997.

CONSTANT, Benjamin. Princípios de Política. *In*: CONSTANT, Benjamin. *Escritos sobre a política*. Tradução de Eduardo Brandão. São Paulo: Martins Fontes, 2005.

COOLEY, Thomas. *A Treatise on the Constitutional Limitations Which Rest Upon the Legislative Power of the American Union*. Boston: Little Brown and Co, 1883. New Jersey: The Lawbook Exchange, 1988.

CORNELL, Drucilla; MUVANGUA, Nyoko (Ed.). *Ubuntu and the Law*: African Ideals and Postapartheid Jurisprudence. New York: Fordham University Press, 2012.

COSTA, Emília Viotti. *Da Monarquia à República*: momentos decisivos. 8. ed. São Paulo: Unesp, 1998.

COSTA, Emília Viotti. *O Supremo Tribunal Federal e a construção da cidadania*. São Paulo: Unesp, 2006.

COUTO E SILVA, Almiro do. O princípio da segurança jurídica (proteção à confiança) no direito público brasileiro e o direito da administração pública de anular seus próprios atos administrativos: o prazo decadencial do art. 54 da Lei do Processo Administrativo da União (Lei nº 9.784/99). *RDA*, n. 237, 2004.

COUTO, Cláudio Gonçalves. A longa constituinte: reforma do Estado e fluidez institucional no Brasil. *Dados – Revista de Ciências Sociais*, v. 41, n. 1, 1998.

COUTO, Cláudio Gonçalves. Constituição, competição e políticas públicas. *Lua Nova – Revista de Cultura e Política*, n. 65, p. 95-135, maio/ago. 2005.

COUTO, Cláudio Gonçalves; ARANTES, Rogério Bastos. Constituição, governo e democracia no Brasil. *Revista Brasileira de Ciências Sociais*, v. 21, n. 61, 2006.

CRISAFULLI, Vezio. *La Costituzione e le sue disposizioni di principio*. Milano: Giuffrè, 1952.

CRUZ, Álvaro Ricardo de Souza. *Habermas e o direito brasileiro*. Rio de Janeiro: Lumen Juris, 2006.

CRUZ, Álvaro Ricardo de Souza. *Jurisdição constitucional democrática*. Belo Horizonte: Del Rey, 2004.

CRUZ, Álvaro Ricardo de Souza. Poder constituinte e patriotismo constitucional. *In*: GALUPPO, Marcelo Campos (Org.). *O Brasil que queremos*: reflexões sobre o Estado democrático de direito. Belo Horizonte: PUC Minas, 2006.

CUNHA, Euclides da. *Os sertões*: campanha de Canudos. 2. ed. São Paulo: Ateliê, Imprensa Oficial do Estado, 2002.

CUNHA, Manuela Carneiro da. *Os direitos do índio*: ensaios e documentos. São Paulo: Brasiliense, 1987.

CUNHA, Paulo Ferreira da. *Constituição, direito e utopia*: do jurídico constitucional nas utopias políticas. Coimbra: Coimbra Ed., 1996.

CUNHA, Paulo Ferreira da. Da Constituição antiga à Constituição moderna: república e virtude. *Revista Brasileira de Estudos Constitucionais*, v. 2, n. 5, jan. 2008.

CURIE, David P. *The Constitution of the Federal Republic of Germany*. Chicago: Chicago University Press, 1994.

CYRINO, André Rodrigues. Revolução na Inglaterra?: Direitos humanos, corte constitucional e declaração de incompatibilidade das leis: novel espécie de *judicial review*?. *Revista de Direito do Estado – RDE*, n. 5, p. 267-288, jan./mar. 2007.

D'AGOSTINI, Franca. *Analíticos e continentais*. Tradução de Benno Dischinger. São Leopoldo: Unisinos, 2003.

D'ARAÚJO, Maria Celina. *O Estado Novo*. Rio de Janeiro: Zahar, 2000.

DAHL, Robert Alan. *How Democratic is the American Constitution*. New Haven: Yale University Press, 2001.

DAHL, Robert Alan. *Polyarchy*: Participation and Opposition. New Haven: Yale University Press, 1971.

DAHL, Robert Alan. *Sobre a democracia*. Tradução de Beatriz Sidou. Brasília: Ed. UnB, 2001.

DANTAS, Ivo. *Direito adquirido, emenda constitucional e controle de constitucionalidade*. 2. ed. Rio de Janeiro: Lumen Juris, 1997.

DANTAS, Ivo. *Poder constituinte e revolução*. Rio de Janeiro: Rio Sociedade Cultural, 1978.

DANTAS, Santiago. Igualdade perante a lei: o "devido processo legal": contribuição ao estudo da limitação constitucional do Poder Legislativo. *Revista Forense*, v. 116, 1948.

DAU-LIN, Hsü. *Mutación de la Constitución*. Traducción de Pablo Lucas Verdú e Christan Forster. Bilbao: Instituto Basco de Administración, 1998.

DE VERGOTTINI, Giuseppe. *Diritto costituzionale comparato*. 4. ed. Padova: CEDAM, 1993.

DE VERGOTTINI, Giuseppe. *Diritto costituzionale*. 3. ed. Padova: CEDAM, 2001.

DENNINGER, Erhard. Racionalidad tecnológica, responsabilidad ética y derecho posmoderno. *In*: PEREZ

LUÑO, Antonio Enrique (Coord.). *Derechos humanos y constitucionalismo ante el tercer milenio.* Madrid: Marcial Pons, 1996.

DERBLI, Felipe. *O princípio da proibição de retrocesso social na Constituição de 1988.* Rio de Janeiro: Renovar, 2007.

DIAS REVORIO, Francisco Javier. *Valores superiores e interpretación constitucional.* Madrid: Centro de Estudios Políticos y Constitucionales, 1997.

DIAS, Elias. *Estado de derecho y sociedad democrática.* Madrid: Taurus, 1998.

DIMOULIS, Dimitri. *Positivismo jurídico*: introdução a uma teoria do direito e defesa do pragmatismo jurídico-político. São Paulo: Método, 2006.

DIMOULIS, Dimitri; MARTINS, Leonardo. *Teoria geral dos direitos fundamentais.* São Paulo: Revista dos Tribunais, 2007.

DINIZ, Maria Helena. *Normas constitucionais e seus efeitos.* 2. ed. São Paulo: Saraiva, 1992.

DOGLIANI, Mario. *Introduzione al diritto costituzionale.* Bologna: Il Mulino, 1994.

DOMÉNECH PASCUAL, Gabriel. Descentralización administrativa y experimentalismo democrático. *Revista General de Derecho Administrativo,* n. 12, 2006.

DORF, Michael; SABEL, Charles. A Constitution of Democratic Experimentalism. *Columbia Law Review,* v. 2, n. 98, 1998.

DORSEN, Norman et al. *Comparative Constitutionalism*: Cases and Materials. St. Paul: West Group, 2003.

DOUZINAS, Costa; WARRINGTON, Ronnie; MCVEIGH, Shaun. *Postmodern Jurisprudence.* London: Routledge, 1991.

DWORKIN, Ronald. *A Matter of Principle.* Cambridge: Harvard University Press, 1985.

DWORKIN, Ronald. Do Liberty and Equality Conflict?. *In*: BARKER, Paul (Ed.). *Living as Equals.* New York: Oxford University Press.

DWORKIN, Ronald. *Domínio da vida*: aborto, eutanásia e liberdades individuais. Tradução de Jefferson Luiz Camargo. São Paulo: Martins Fontes, 2003.

DWORKIN, Ronald. *Freedom's Law*: the Moral Reading of the American Constitution. Cambridge: Harvard University Press, 1996.

DWORKIN, Ronald. Hard Cases. *In*: DWORKIN, Ronald. *Taking Rights Seriously.* Cambridge: Harvard University Press, 1977.

DWORKIN, Ronald. In Praise of Theory. *In*: DWORKIN, Ronald. *Justice in Robes.* Cambridge: Harvard University Press, 2006.

DWORKIN, Ronald. Introduction: The Moral Reading and the Majoritarian Premise. *In*: DWORKIN, Ronald. *Freedom's Law*: The Moral Reading of the American Constitution. Cambridge: Harvard University Press, 1996.

DWORKIN, Ronald. Is Law a System of Rules?. *In*: DWORKIN, Ronald (Ed.). *Philosophy of Law.* Oxford: Oxford University Press, 1971.

DWORKIN, Ronald. *Justice for Hedgehogs.* Cambridge: The Belknap Press, 2011.

DWORKIN, Ronald. *Justice in Robes.* Cambridge: Harvard University Press, 2006.

DWORKIN, Ronald. Law, Philosophy and Interpretation. *Archiv für Rechts – und Sozialphilisophie,* v. 80, n. 4, 1994.

DWORKIN, Ronald. *Law's Empire.* Cambridge: Harvard University Press, 1986.

DWORKIN, Ronald. Moral Pluralism. *In*: DWORKIN, Ronald. *Justice in Robes.* Cambridge: Harvard University Press, 2006.

DWORKIN, Ronald. Must our Judges be Philosophers?: Can they be Philosophers?. *New York Council for the Humanities,* New York, 2000.

DWORKIN, Ronald. *O império do direito.* Tradução de Jefferson Luiz Camargo. São Paulo: Martins Fontes, 1999.

DWORKIN, Ronald. Rights as Trumps. *In*: WALDRON, Jeremy (Ed.). *Theories of Rights.* Cambridge: Oxford University Press, 1984.

DWORKIN, Ronald. *Sovereign Virtue*: the Theory and Practice of Equality. Cambridge; London: Harvard University Press, 2000.

DWORKIN, Ronald. *Taking Rights Seriously*. Cambridge: Harvard University Press, 1980.

DWORKIN, Ronald. The Model of Rules. *In*: DWORKIN, Ronald. *Taking Rights Seriously*. Cambridge: Harvard University Press, 1977.

DWORKIN, Ronald. The Moral Reading and the Majoritarian Premise. *In*: DWORKIN, Ronald. *Freedom's Law*: the Moral Reading of the American Constitution. Cambridge: Harvard University Press, 1996.

EAGLETON, Terry. Deconstruction and Human Rights. *In*: JOHNSON, Barbara (Ed.). *Freedom and Interpretation*: the Oxford Amnesty Lectures. New York: Basic Books, 1992.

EKMEKDJAN, Miguel Angel. *Manual de la Constitución argentina*. Buenos Aires: De Palma, 2002.

ELKINS, Zachary; GINSBURG, Tom; MELTON, James. *The Endurance of National Constitutions*. Cambridge: Cambridge University Press, 2009.

ELLIS, Evelyn (Ed.). *The Principle of Proportionality in the Laws of Europe*. Oxford: Hart, 1999.

ELSTER, Jon. Constitutional Bootstrapping in Philadelphia and Paris. *In*: ROSENFELD, Michel. *Constitutionalism, Identity, Difference and Legitimacy: Theoretical Perspectives*. Durham: Duke University Press, 1994.

ELSTER, Jon. Forças e mecanismos de elaboração da Constituição. Tradução de Eliana Valadares Santos. *In*: BIGONHA, Antônio Alpino; MOREIRA, Luiz (Org.). *Limites do controle de constitucionalidade*. Rio de Janeiro: Lumen Juris, 2009.

ELSTER, Jon. *La democracia deliberativa*. Tradución de José Maria Lebron. Barcelona: Gedisa, 2001

ELSTER, Jon. *Ulisses desatado*: estudios de precompromiso y restricciones. Tradución de Jordi Mundo. Barcelona: Gedisa, 2002.

ELSTER, Jon. *Ulysses and the Sirens*: Studies in Rationality and Irrationality. Cambridge: Cambridge University Press, 1979.

ELY, John Hart. *Democracy and Distrust*: a Theory of Judicial Review. Cambridge: Harvard University Press, 1980.

ELY, John Hart. The Wages of the Crying Wolf: a Comment on *Roe v. Wade*. *Yale Law Journal*, v. 82, n. 5, 1973.

ESKRIDGE, William. *A Republic of Statutes*: the new American Constitution. New Haven: Yale Law University, 2010.

ESKRIDGE, William. N.; FEREJOHN, John. Super-Statutes. *Duke Law Journal*, n. 50, p. 1215-1276, 2010.

ESMEIN, A. *Éléménts de droit constitutionnel français et comparé*. 6e. éd. Paris: Sirey, 1914.

ESPÍNDOLA, Ruy Samuel. *Conceito de princípios constitucionais*: elementos teóricos para uma formulação dogmática adequada. 1999.

FACHIN, Edson (Coord.). *Repensando os fundamentos do direito civil brasileiro contemporâneo*. Rio de Janeiro: Renovar, 2000.

FACHIN, Edson. *Teoria crítica do direito civil*. Rio de Janeiro: Renovar, 2000.

FAORO, Raymundo. *Assembléia constituinte*: a legitimidade resgatada. Rio de Janeiro: Globo, 1981.

FAORO, Raymundo. Assembléia constituinte: a legitimidade resgatada. *In*: FAORO, Raymundo. *A república inacabada*. Rio de Janeiro: Globo, 2007.

FAORO, Raymundo. Constituinte ou congresso com poderes constituintes. *In*: FAORO, Raymundo *et al*. *Constituição e constituinte*. São Paulo: Revista dos Tribunais, 1987.

FAORO, Raymundo. *Os donos do poder*. 9. ed. São Paulo: Globo, 1991. 2 v.

FARIA, José Eduardo. Estado, sociedade e direito. *In*: FARIA, José Eduardo; KUNTZ, Rolf. *Qual o futuro dos direitos?*: Estado, mercado e justiça na reestruturação capitalista. São Paulo: M. Limonad, 2001.

FARIA, José Eduardo. *O direito na economia globalizada*. São Paulo: Malheiros, 1999.

FARIAS, Edilsom Pereira de. *Colisão de direitos*: a honra, a intimidade, a vida privada e a imagem *versus* a liberdade de expressão e informação. Porto Alegre: S.A. Fabris, 1996.

FASSBENDER, Bardo. We the Peoples of the United Nations: Constituent Power and Constitutional Form in International Law. *In*: LOUGHLIN, Martin; WALKER, Neil (Ed.). *The Paradox of Constitutionalism*: Constituent Power and Constitutional Form. Oxford: Oxford University Press, 2007.

FASSÒ, Guido. Jusnaturalismo. *In*: BOBBIO, Norberto; MATTEUCCI, Nicola; PASQUINO, Gianfranco (Org). *Dicionário de política*. Tradução de Carmen C. Varriale *et al*. 11. ed. Brasília: Ed. UnB, 1998.

FAUSTO, Boris. *História do Brasil*. 10. ed. São Paulo: EDUSP, 2002.

FAVOREU, Louis (Dir.). *Cours constitutionnelles européennes et droits fondamentaux*: actes du 2e. Colloque d'Aix-en-Provence, 19-21 février 1981. Paris; Aix-en-Provence: Economica; Presses Universitaires D'Aix-Marseille, 1982.

FAVOREU, Louis. *As cortes constitucionais*. Tradução de Dunia Marinho Silva. São Paulo: Landy, 2004.

FAVOREU, Louis. La constitutionalization du droit. *In*: AA. VV. *L'unité du droit*: mélanges en hommage à Roland Drago. Paris: Economica, 1996.

FAVOREU, Louis; PHILIP, Loïc. *Les grandes décisions du Conseil Constitutionnel*. 10e. éd. Paris: Dalloz, 1999.

FEATHERSTONE, Kevin. Jean Monet and the Democratic Deficit of the European Union. *Journal of Common Market Studies*, v. 32, n. 2, 1994.

FELDENS, Luciano. *A Constituição penal*: a dupla face da proporcionalidade no controle das leis penais. Porto Alegre: Livraria do Advogado, 2005.

FELDMAN, Stephen M. *American Legal Thought from Pre-Modernism to Postmodernism*: an Intellectual Voyage. New York: Oxford University Press, 2000.

FERNADES, Bernardo Gonçalves; PEDRON, Flávio Quinaud. *O poder judiciário e(m) crise*: reflexões de teoria da constituição e teoria geral do processo sobre o acesso à Justiça e as recentes reformas do poder judiciário à luz de: Ronald Dworkin, Klaus Günther e Jürgen Habermas, Bernardo Gonçalves. Rio de Janeiro: Lumen Juris, 2008.

FERNANDES, Bernardo Gonçalves. *Curso de direito constitucional*. Rio de Janeiro: Lumen Juris, 2010.

FERNANDES, Florestan. Quem paga o pacto?. *In*: FERNANDES, Florestan. *Que tipo de República*. 2. ed. São Paulo: Globo, 2007.

FERNANDEZ, Eusebio. *Teoría de la justicia y derechos humanos*. Madrid: Debate, 1991.

FERRAJOLI, Luigi. O Estado de direito entre passado e futuro. *In*: COSTA, Pietro; ZOLO, Danilo (Org.). *Estado de direito*: história, teoria, crítica. Tradução de Carlo Alberto Dastoli. São Paulo: Martins Fontes, 2006.

FERRARA, Francesco. *Interpretação e aplicação das leis*. 2. ed. São Paulo: Saraiva, 1937.

FERRARI, Regina Maria Macedo Nery. *Direito municipal*. 2. ed. São Paulo: Revista dos Tribunais, 2005.

FERRARI, Sérgio. *Constituição estadual e federação*. Rio de Janeiro: Lumen Juris, 2003.

FERRAZ, Ana Cândida da Cunha. *O poder constituinte do Estado-Membro*. São Paulo: Revista dos Tribunais, 1979.

FERRAZ, Ana Cândida da Cunha. *Processos informais de mudança da Constituição*. São Paulo: M. Limonad, 1986.

FERRAZ, Leonardo de Araújo. *Da teoria à crítica*: princípio da proporcionalidade: uma visão com base nas doutrinas de Robert Alexy e Jürgen Habermas. Belo Horizonte: Dictum, 2009.

FERREIRA FILHO, Manoel Gonçalves. *Comentários à Constituição Federal brasileira de 1988*. 2. ed. São Paulo: Saraiva, 1997. v. 1.

FERREIRA FILHO, Manoel Gonçalves. *O poder constituinte*. 3. ed. São Paulo: Saraiva, 1999.

FERREIRA FILHO, Manoel Gonçalves. O sistema financeiro nacional: limitação de juros: comentários ao art. 192. *In*: FERREIRA FILHO, Manoel Gonçalves. *Direito constitucional econômico*. São Paulo: Saraiva, 1990.

FERREIRA, Waldemar. *História do direito constitucional brasileiro*. Brasília: Senado Federal, 2003.

FERRER MAC-GREGOR, Eduardo. Interpretación conforme y control difuso de convencionalidad. El nuevo paradigma para el juez mexicano. *In*: BOGDANDY, Armin von; PIOVESAN, Flávia; ANTONIAZZI, Mariela Morales (Coord.). *Estudos avançados de direitos humanos*: democracia e integração jurídica: emergência de um novo direito público. Rio de Janeiro: Elsevier, 2013.

FERRERES COMELLA, Victor. *Justicia constitucional y democracia*. Madrid: Centro de Estudios Políticos y Constitucionales, 2007.

FIGUEIREDO, Argelina; LIMONGI, Fernando. *Executivo e Legislativo na nova ordem constitucional*. Rio de Janeiro: FGV, 1999.

FINNIS, John. *Natural Law and Natural Rights*. Oxford: Claredom Press, 1980.

FIORAVANTI, Maurizio. *Constitución*: de la antigüedad a nuestros días. Traducción de Manuel Martinez Neira. Madrid: Trotta, 2001.

FIORAVANTI, Maurizio. *Constituzione e popolo sovrano*: la Costituzione Italiana nella storia del costituzionalismo moderno. Bologna: Il Mulino, 1998.

FIORAVANTI, Maurizio. *Los derechos fundamentales*: apuntes de historia de las Constituciones. Traducción de Manuel Martínez Neira. Madrid: Trotta, 1998.

FLEISCHER, David. Perfil sócio-econômico e político da constituinte. *In*: GURAN, Milton (Coord.). *O processo constituinte 1987-1988*. Brasília: AGIL, 1988.

FLORES-VALDÉS, Joaquin Arce y. *Los princípios generales del derecho y su formulación constitucional*. Madrid: Civitas, 1990.

FORST, Rainer. The Rule of Reasons: Three Models of Deliberative Democracy. *Ratio Juris*, v. 14, n. 4, 2001.

FORSTHOFF, Ernst. Problemas constitucionales del estado social. *In*: FORSTHOFF, Ernst; ABENDROTH, Wolfgang; DOEHRING, Karl. *El Estado social*. Traducción de José Puente Egido. Madrid: Centro de Estudios Constitucionales, 1986.

FOUCAULT, Michel. *Les mots e les choses*: une archéologie des sciences humaines. Paris: Gallimard, 1966.

FRANÇA, R. Limongi. *A irretroatividade das leis e o direito adquirido*. 4. ed. São Paulo: Revista dos Tribunais, 1994.

FRANCISCO, José Carlos. Bloco de constitucionalidade e recepção dos tratados internacionais. *In*: TAVARES, André Ramos; LENZA, Pedro; LORA ALARCÓN, Pietro de Jesus (Coord.). *Reforma do Judiciário*: analisada e comentada: Emenda Constitucional 45/2004. São Paulo: Método, 2005.

FRANCO, Afonso Arinos de Mello. *Curso de direito constitucional brasileiro*. Rio de Janeiro: Forense, 1960. 2 v.

FRANCO, Afonso Arinos de Mello. *Direito constitucional*: teoria da Constituição: as Constituições do Brasil. 2. ed. Rio de Janeiro: Forense, 1981.

FRANGI, Marc. *Constitution et droit privé*. Paris: Economica, 1992.

FRASER, Nancy. Redistribuição, reconhecimento e participação: por uma concepção integral da Justiça. *In*: SARMENTO, Daniel; IKAWA Daniela; PIOVESAN, Flávia (Coord.). *Igualdade, diferença e direitos humanos*. Rio de Janeiro: Lumen Juris, 2010.

FREEMANN, S. Democracia e controle jurídico da constitucionalidade. *Lua Nova – Revista de Cultura e Política*, n. 32, 1994.

FREITAS, Juarez. *A interpretação sistemática do direito*. 2. ed. São Paulo: Malheiros, 1995.

FREITAS, Juarez. *A substancial inconstitucionalidade da lei injusta*. Petrópolis: Vozes, 1989.

FRIEDMAN, Barry. The Birth of an Academic Obsession: the History of the Countermajoritarian Difficulty, Part Five. *Yale Law Journal*, v. 112, n. 2, p. 153-259, Nov. 2002.

FRIEDMAN, Barry. The Politics of Judicial Review. *Texas Law Review*, v. 84, n. 2, p. 257-337, Dec. 2005.

FRIEDMAN, Barry. *The Will of the People*: How Public Opinion Has Influenced the Supreme Court and Shaped the Meaning of the Constitution. New York: Farrar, Straus and Giroux, 2009.

FULLER, Lon L. The Forms and Limits of Adjudication. *Harvard Law Review*, n. 92, 1978.

FURTADO, Celso. *O Brasil pós-"milagre"*. Rio de Janeiro: Paz e Terra, 1981.

FUSTEL DE COULANGES. *A cidade antiga*. Tradução de Fernando de Aguiar. 4. ed. São Paulo: Martins Fontes, 1998.

GABBA, Francesco. *Teoria della retroatività delle legge*. 3. ed. Milano; Roma; Napoli: UTET, 1891.

GADAMER, Hans-Georg. *Verdade e método*. Tradução de Flávio de Paula Meurer. 2. ed. Petrópolis: Vozes, 1998.

GALLUPO, Marcelo Campos. *Igualdade e diferença*: Estado Democrático de Direito a partir do pensamento de Habermas. Belo Horizonte: Mandamentos, 2002.

GALSTON, William A. Diversity, Toleration, and Deliberative Democracy: Religious Minorities and Public Schooling. *In*: MACEDO, Stephen (Ed.). *Deliberative Politics*: Essays on Democracy and Disagreement. New York: Oxford University Press, 1999.

GARBAUM, Stephen. O novo modelo de constitucionalismo da comunidade britânica. Tradução de Adauto Vilela. *In*: BIGONHA, Antonio Carlos Alpino; MOREIRA, Luiz (Org.). *Legitimidade da jurisdição constitucional*. Rio de Janeiro: Lumen Juris, 2010.

GARCÍA DE ENTERRÍA, Eduardo. *La Constitución como norma y el Tribunal Constitucional*. 3. ed. Madrid: Civitas, 1984.

GARCIA, Emerson. *Conflito entre normas constitucionais*: esboço de uma teoria geral. Rio de Janeiro: Lumen Juris, 2008.

GARDNER, James A.; ROSSI, Jim (Ed.). *New Frontiers of State Constitutional Law*. New York: Oxford University Press, 2010.

GARGARELLA, Roberto. *Crítica de la Constitución*: sus zonas oscuras. Buenos Aires: Capital Intelectual, 2004.

GARGARELLA, Roberto. *La justicia frente al gobierno*. Barcelona: Ariel, 1996.

GARGARELLA, Roberto. *Las teorías de la justicia después de Rawls*. Barcelona: Paidós, 1999.

GASPARI, Elio. *A ditadura envergonhada*. São Paulo: Companhia das Letras, 2002.

GASPARI, Elio. *A ditadura escancarada*. São Paulo: Companhia das Letras, 2002.

GAUDEMET, Jean. *Institutions de l'antiquité*. Paris: Sirey, 1967.

GENGEMBRE. La contre-révolution et le refus de la Constitution. *In*: TROPER, Michel; JAUME, Lucien (Org.). *1789 et l'Invention de la Constitution*. Paris: L.G.D.J., 1994.

GHETTI, Pablo Sanges. Da teoria da Constituição ao desafio da legitimidade: a trajetória de radicalização do poder constituinte na obra de Carl Schmitt. *In*: MAIA, Antonio Cavalcanti *et al*. (Org.). *Perspectivas atuais da filosofia do direito*. Rio de Janeiro: Lumen Juris, 2005.

GIDDENS, Anthony. *O mundo em descontrole*. Tradução de Maria Luiza de A. Borges. São Paulo: Record, 2000.

GINSBURG, Tom. The Global Spread of Constitutional Review. *In*: WHITTINGTON, Keith E.; KELEMEN, R. Daniel; CALDEIRA, Gregory A. (Ed.). *The Oxford Handbook of Law and Politics*. Oxford: Oxford University Press, 2008.

GIORGIANNI, Michele. O direito privado e as suas atuais fronteiras. *Revista dos Tribunais*, v. 87, n. 747, p. 35-55, jan. 1998.

GÓES E VASCONCELOS, Zacarias de. Da natureza e limites do poder moderador. *In*: OLIVEIRA, Cecília Helena de Salles (Org.). *Zacarias de Góes e Vasconcelos*. São Paulo: Ed. 34, 2002.

GOMES, Ângela Maria de Castro. *A invenção do trabalhismo no Brasil*. 2. ed. Rio de Janeiro: Relume-Dumará, 1994.

GOMES, Fábio Rodrigues. A constitucionalização do direito do trabalho. *In*: SOUZA NETO, Cláudio Pereira de; SARMENTO, Daniel (Org.). *A constitucionalização do direito*: fundamentos teóricos e aplicações específicas. Rio de Janeiro: Lumen Juris, 2007.

GOMES, Joaquim Benedito Barbosa. *Ação afirmativa e princípio constitucional da igualdade*: a experiência dos EUA. Rio de Janeiro: Renovar, 2001.

GOMES, José Jairo. *Direito eleitoral*. Belo Horizonte: Del Rey, 2008.

GOMES, Laurentino. *1808*: como uma rainha louca, um príncipe medroso e uma corte corrupta enganaram Napoleão e mudaram a história de Portugal e do Brasil. São Paulo: Planeta, 2007.

GORENDER, Jacob. *Combate nas trevas*: a esquerda brasileira: das ilusões perdidas à luta armada. São Paulo: Ática, 1987.

GOUVEIA, Marco Maselli. *O controle judicial das omissões administrativas*. Rio de Janeiro: Forense, 2003.

GOYARD-FABRE, Simone. L'idée de représentation à l'époque de la Révolution Française. *Études françaises*, v. 25, n. 2/3, 1989.

GRAHAM, Richard. *Clientelismo e política no Brasil do século XIX*. Rio de Janeiro: Ed. UFRJ, 1997.

GRAU, Eros Roberto. *A ordem econômica na Constituição de 1988*. 2. ed. São Paulo: Revista dos Tribunais, 1991.

GRAU, Eros Roberto. *A ordem econômica na Constituição de 1988*: interpretação e crítica. São Paulo: Revista dos Tribunais, 1990.

GRAU, Eros Roberto. *Ensaio e discurso sobre a interpretação*: aplicação do direito. São Paulo: Malheiros, 2002.

GRAU, Eros Roberto. Resenha do prefácio da 2ª edição. *In*: COUTINHO, Jacinto Nelson de Miranda (Org.). *Canotilho e a Constituição dirigente*. Rio de Janeiro: Renovar, 2003.

GREY, Thomas. Freestanding Legal Pragmatism. *In*: DICKSTEIN, Morris (Ed.). *The Revival of Pragmatism*. Durham; London: Duke University Press, 1998.

GREY, Thomas. What is good in Legal Pragmatism. *In*: BRINT, M.; WEAVER, W. (Ed.). *Pragmatism in Law and Society*. San Francisco: Westview Press, 1991.

GRIMM, Dieter. A Europa precisa de uma Constituição?. *In*: GRIMM, Dieter. *Constituição e política*. Tradução de Geraldo de Carvalho. Belo Horizonte: Del Rey, 2006.

GRIMM, Dieter. Condiciones y consecuencias del nacimiento del constitucionalismo moderno. *In*: GRIMM, Dieter. *Constitucionalismo y derechos fundamentales*. Traducción de Raúl Sanz Burgos y José Luis Muños de Baena Simon. Madrid: Trotta, 2006.

GRIMM, Dieter. *Constitución y derechos fundamentales*. Traducción de Raúl Sanz Burgos y José Luis Muños de Baena Simon. Madrid: Trotta, 2006.

GRIMM, Dieter. *Constituição e política*. Belo Horizonte: Del Rey, 2006.

GRIMM, Dieter. Jurisdição constitucional e democracia. *Revista de Direito do Estado – RDE*, n. 4, p. 3-22, out./dez. 2006.

GRIMM, Dieter. Proportionality in Canadian and German Constitutional Jurisprudence. *University of Toronto Law Journal*, n. 57, 2007.

GRIMM, Dieter. The Achievement of Constitutionalism and its Prospects in a Changed World. *In*: DOBNER, Petra; LOUGHLIN, Martin. *The Twilight of Constitutionalism?*. New York: Oxford University Press, 2010.

GRIMM, Dieter. Una costituzione per l'Europa?. *In*: ZAGREBELSKY, Gustavo; PORTINARO, Pier Paolo; LUTHER, Jörg (Org.). *Il futuro della Costituzione*. Torino: Einaudi, 1996.

GUASTINI, Riccardo. A constitucionalização do ordenamento jurídico e a experiência italiana. Tradução de Enzo Bello. *In*: SOUZA NETO, Cláudio Pereira de; SARMENTO, Daniel (Org.). *A constitucionalização do direito*: fundamentos teóricos e aplicações específicas. Rio de Janeiro: Lumen Juris, 2007.

GUASTINI, Riccardo. *Das fontes às normas*. Tradução de Edson Bini. São Paulo: Quartier Latin, 2005.

GUEDES, Marco Aurélio Peri. *Estado e ordem econômica e social*: a experiência constitucional da República de Weimar e a Constituição brasileira de 1934. Rio de Janeiro: Renovar, 1998.

GUERRA FILHO, Willis Santiago. *Dos direitos humanos aos direitos fundamentais*. Porto Alegre: Livraria do Advogado, 1997.

GÜNTHER, Klaus. *Teoria da argumentação no direito e na moral*: justificação e aplicação. Tradução de Cláudio Molz. São Paulo: Landy, 2004.

GUTMANN, Amy; THOMPSON, Dennis. *Democracy and Disagreement*. Cambridge; London: The Belknap Press, 1996.

HÄBERLE, Peter. El Estado Constitucional Europeo: cuestiones constitucionales. *Revista Mexicana de Derecho Consitucional*, n. 2, 2000.

HÄBERLE, Peter. *Hermenêutica constitucional*: a sociedade aberta dos intérpretes da Constituição: contribuição para a interpretação pluralista e "procedimental" da Constituição. Porto Alegre: S.A. Fabris, 1997.

HÄBERLE, Peter. *Le libertà fondamentali nello Stato Costituzionale*. Traduzione Alessandro Fusillo e Romolo W. Rossi. Roma: La Nuova Italia Scientifica, 1993.

HÄBERLE, Peter. *Libertad, igualdad, fraternidad*: 1789 como histórica, actualidad y futuro del Estado Constitucional. Traducción de Ignacio Gutiérrez Gutiérrez. Madrid: Trotta, 1998.

HÄBERLE, Peter. *Pluralismo y Constitución*: estudios de teoría constitucional de la sociedad abeirta. Traducción de Emilio Mikunda. Madrid: Tecnos, 2002.

HABERMAS, Jürgen. Cidadania e identidade nacional. *In*: HABERMAS, Jürgen. *Direito e democracia*: entre facticidade e validade. Rio de Janeiro: Tempo Brasileiro, 1997. v. 2.

HABERMAS, Jürgen. *Consciência moral e agir comunicativo*. Rio de Janeiro: Tempo Brasileiro, 1989.

HABERMAS, Jürgen. *Direito e democracia*: entre facticidade e validade. Tradução de Flávio Siebeneichler. Rio de Janeiro: Tempo Brasileiro, 1997. 2 v.

HABERMAS, Jürgen. *Entre naturalismo e religião*: estudos filosóficos. Tradução de Flávio Beno Siebeneichler. Rio de Janeiro: Tempo Brasileiro, 2005.

HABERMAS, Jürgen. O Estado democrático de direito: uma amarração paradoxal de princípios contraditórios?. *In*: HABERMAS, Jürgen. *Era das transições*. Tradução de Flávio Beno Siebeneichler. Rio de Janeiro: Tempo Brasileiro, 2003.

HABERMAS, Jürgen. O Estado-Nação europeu frente aos desafios da globalização o passado e o futuro da soberania e da cidadania. *Novos Estudos – CEBRAP*, n. 43, p. 87-101, nov. 1995.

HABERMAS, Jürgen. Paradigms of Law. *In*: ROSENFELD, Michel; ARATO, Andrew. *Habermas on Law and Democracy*: Critical Exchanges. Berkeley: University of California Press, 1998.

HABERMAS, Jürgen. Popular Sovereignty as Procedure. *In*: BOHMAN, James; REHG, William (Ed.). *Deliberative Democracy*: Essays on Reason and Politics. Cambridge: The MIT Press, 1997.

HABERMAS, Jürgen. Religião na esfera pública: pressuposições cognitivas para o "uso público da razão" de cidadãos seculares e religiosos. *In*: HABERMAS, Jürgen. *Entre naturalismo e religião*: estudos filosóficos. Rio de Janeiro: Tempo Brasileiro, 2007.

HABERMAS, Jürgen. Será que a Europa precisa de uma Constituição?. *In*: HABERMAS, Jürgen. *Era das transições*. Tradução de Fábio Siebeneichler. Rio de Janeiro: Tempo Brasileiro, 2003.

HABERMAS, Jürgen. Soberania popular como procedimento. *Novos Estudos – CEBRAP*, n. 26, mar. 1990.

HABERMAS, Jürgen. The Postnational Constellation and the Future of Democracy. *In*: HABERMAS, Jürgen. *The Postnational Constellation*: Political Essays. Cambridge: The MIT Press, 2001.

HABERMAS, Jürgen. Três modelos normativos de democracia. *Lua Nova – Revista de Cultura e Política*, n. 36, 1995.

HABERMAS, Jürgen. Una Costituzione per l'Europa: osservazioni su Dieter Grimm. *In*: ZAGREBELSKY, Gustavo; PORTINARO, Pier Paolo; LUTHER, Jörg (Org.). *Il futuro della Costituzione*. Torino: Einaudi, 1996.

HAMILTON, Alexander; MADISON, James; JAY, John. *O federalista*. Campinas: Russel, 2003.

HAMILTON, Alexander; MADISON, James; JAY, John. *O federalista*: textos selecionados por Francisco C. Weffort. São Paulo: Abril Cultural, 1973. (Os pensadores, n. 78).

HAMILTON, Alexander; MADISON, James; JAY, John. The Federalist. *Great Books of the Western World*, Chicago, n. 43, 1972.

HART, Herbert. A teoria do direito norte-americano pelos olhos ingleses: o pesadelo e o nobre sonho. *In*: HART, Herbert. *Ensaios sobre teoria do direito e filosofia*. Tradução de José Garcez Ghirardi e Lenita Maria Rimoli Esteves. Rio de Janeiro: Elsevier, 2010.

HART, Herbert. *Law, Liberty and Morality*. Stanford: Stanford University Press, 1963.

HART, Herbert. *O conceito de direito*. Tradução de A. Ribeiro Mendes. 3. ed. Lisboa: Fundação Calouste Gulbenkian, 1996.

HART, Herbert. Pós-Escrito. *In*: HART, Herbert. *O conceito de direito*. Tradução de A. Ribeiro Mendes. Lisboa: Fundação Calouste Gulbenkian, 2001.

HART, Herbert. *The Concept of Law*. Oxford: Clarendon Press, 1998.

HAYEK, Friedrich August von. *Direito, legislação e liberdade*. São Paulo; Brasília: Visão; UnB, 1985.

HAYEK, Friedrich August von. *The Road to Serfdom*. Chicago: The University of Chicago Press, 1995.

HELLER, Herman. Démocratie politique et homogénéité sociale. *Revue Cités*, n. 6, mai 2001.

HELLER, Herman. *Teoría del Estado*. Granada: Comares, 2004.

HELLER, Herman. *Teoría del Estado*. Tradução de Luis Tobio. México: Fondo de Cultura Económica, 1998.

HENKIN, Louis. Infallibility under Law: Constitutional Balancing. *Columbia Law Review*, n. 78, 1978.

HENKIN, Louis. *The Age of Rights*. New York: Columbia University Press, 1990.

HERRERA FLORES, Joaquín. *Los derechos humanos como productos culturales*. Madrid: Catarata, 2005.

HERRERA, Carlos Miguel. Estado, Constituição e direitos sociais. *In*: SOUZA NETO, Cláudio Pereira de; SARMENTO, Daniel (Coord.). *Direitos sociais*: fundamentos, judicialização e direitos sociais em espécie. Rio de Janeiro: Lumen Juris, 2008.

HESPANHA, António Manuel. *O caleidoscópio do direito*: o direito e a justiça nos dias de hoje. Coimbra: Almedina, 2004.

HESPANHA, António Manuel. *Panorama histórico da cultura jurídica européia*. Lisboa: Publicações Europa-América, 1997.

HESSE, Konrad. *A força normativa da Constituição*. Tradução de Gilmar Ferreira Mendes. Porto Alegre: S.A. Fabris, 1991.

HESSE, Konrad. Concepções modernas e a interpretação dos direitos humanos. Tradução de Peter Naumann. *In*: CONFERÊNCIA NACIONAL DA ORDEM DOS ADVOGADOS DO BRASIL. 15., 1994, *Anais*..., 1994.

HESSE, Konrad. *Elementos de direito constitucional da República Federal da Alemanha*. Tradução de Luís Afonso Heck. Porto Alegre: S.A. Fabris, 1998.

HESSE, Konrad. La interpretación de la Constitución. *In*: HESSE, Konrad. *Escritos de derecho constitucional*. Traducción de Pedro Cruz Villalón. 2. ed. Madrid: Centro de Estudios Constitucionales, 1992.

HESSE, Konrad. Límites de la mutación constitucional. *In*: HESSE, Konrad. *Escritos de derecho constitucional*. Traducción de Pedro Cruz Villalón. 2. ed. Madrid: Centro de Estudios Constitucionales, 1992.

HEUN, Werner. *The Constitution of Germany*: a Contextual Analysis. Oxford: Oxford University Press, 2011.

HIRSCHL, Ran. *Towards Juristocracy*: the Origins and Consequences of the new Constitutionalism. Cambridge: Harvard University Press, 2004.

HIRSHL, Ran. *Constitutional Theocracy*. Cambridge: Harvard University Press, 2010.

HOBBES, Thomas. *Leviatã*: ou matéria, forma e poder de um Estado eclesiástico e civil. Tradução de João Paulo Monteiro e Maria Beatriz Nizza da Silva. São Paulo: Abril Cultural, 1974.

HOBBES, Thomas. *Leviathan*: or the Matter, Form and Power of a Commonwealth Ecclesiastical and Civil. Oxford: Basil Blackwell, 1946.

HOECKE, Mark van. Judicial Review and Deliberative Democracy: a Circular Model of Law Creation and Legitimation. *Ratio Juris*, v. 14, n. 4, dez. 2001.

HÖFFE, Otfried. *A democracia no mundo de hoje*. Tradução de Tito Lívio Cruz Romão. São Paulo: Martins Fontes, 2005.

HÖFFE, Otfried. *Kategorische Rechtsprinzipien*: ein Kontrapunkt der Moderne. Frankfurt: Surkamp, 1990.

HOGG, Peter W. *Constitutional Law of Canada*. 7th ed. Toronto: Carswell, 2007.

HOLMES, Oliver Wendell. The Path of Law. *In*: KENNEDY, David; FISHER III, William W. *The Canon of American Legal Thought*. Princeton: Princeton University Press, 2006.

HOLMES, Stephen. El precompromiso y la paradoja de la democracia. *In*: ELSTER, Jon; SLAGSTAD, Rune (Ed.). *Constitucionalismo y democracia*. Traducción de Mónica Utrilla de Neira. México: Fondo de Cultura Económica, 1999.

HOLMES, Stephen. Precommitment and the Paradox of Democracy. *In*: ELSTER, Jon; SLAGSTAD, Rune (Ed.). *Constitutionalism and Democracy*. Cambridge: Cambridge University Press, 1988. (Studies in Rationality and Social Change).

HOLMES, Stephen; SUNSTEIN, Cass R. The Politics of Constitutional Revision in Eastern Europe. *In*: LEVINSON, Sanford (Ed.). *The Theory and Practice of Constitutional Amendment*. Princeton: Princeton University Press, 1995.

HORTA, Raul Machado. Autonomia do Estado no direito constitucional brasileiro. *In*: HORTA, Raul Machado. *Estudos de direito constitucional*. Belo Horizonte: Del Rey, 1995.

HORTA, Raul Machado. Constituição e ato das disposições constitucionais transitórias. *In*: HORTA, Raul Machado. *Estudos de direito constitucional*. Belo Horizonte: Del Rey, 1995.

HORTA, Raul Machado. Constituição e direito adquirido. *In*: HORTA, Raul Machado. *Estudos de direito constitucional*. Belo Horizonte: Del Rey, 1995.

HORTA, Raul Machado. Constituição e direito adquirido. *Revista de Informação Legislativa*, v. 28, n. 112, out./dez. 1991.

HORTA, Raul Machado. Natureza do poder constituinte do Estado-Membro. *In*: HORTA, Raul Machado. *Estudos de direito constitucional*. Belo Horizonte: Del Rey, 2005.

HORTA, Raul Machado. Reflexões sobre o poder constituinte. *In*: HORTA, Raul Machado. *Estudos de direito constitucional*. Belo Horizonte: Del Rey, 2005.

IGLESIAS, Francisco. *Trajetória política do Brasil 1500-1964*. São Paulo: Companhia das Letras, 1993.

IRTI, Natalino. *L'età della decodificazione*. Milano: Giuffrè, 1979.

JACKSON, Vicki C.; TUSHNET, Mark V. *Comparative Constitutional Law*. New York: Foundation Press, 1999.

JACOBSOHN, Gary Jeffrey. *Apple of God*: Constitutionalism in Israel and the United States. Princeton: Princeton University Press, 1993.

JACOBSON, Arthur J.; SCHLINK, Bernhard (Ed.). *Weimar*: a Jurisprudence of Crisis. Translation by Belinda Cooper. Berkeley: University of California Press, 2002.

JACQUES, Paulino. *A Constituição explicada*. Rio de Janeiro: Forense, 1970.

JACQUES, Paulino. *Curso de direito constitucional*. Rio de Janeiro: Forense, 1970.

JAMESON, Fredric. The Politics of Theory: Ideological Positions in the Postmodernism Debate. *In*: JAMESON, Fredric. *The Ideologies of Theory*: Essays 1971-1986. Minneapolis: University of Minneapolis Press, 1998. v. 2.

JARDIM, Torquato. Mas qual Constituição?. *Revista de Informação Legislativa*, n. 96, 1987.

JAYASURIYA, Kanishka. Globalization, Sovereignty, and the Rule of Law: From Political to Economic Constitutionalism?. *Constellations*, v. 8, n. 4, p. 442-460, Dec. 2001.

JELLINEK, Georg. *Teoría general del Estado*. Traducción de Fernando de los Ríos Urruti. México: Fondo de Cultura Económica, 2000.

JHERING, Rudolf von. *A finalidade do direito*. Campinas: Bookseller, 2002.

JOBIM, Nelson de Azevedo. A constituinte vista por dentro: vicissitudes, superação e efetividade de uma história real. *In*: SAMPAIO, José Adércio Leite (Coord.). *Quinze anos de Constituição*. Belo Horizonte: Del Rey, 2004.

JOHNSON III. Ollie A. Representação racial e política no Brasil: parlamentares negros no Congresso Nacional (1983-1999). *Estudos Afro-Asiáticos*, n. 38, 2000.

KANT, Emmanuel. A paz perpétua: um projeto filosófico. *In*: KANT, Emmanuel. *A paz perpétua e outros opúsculos*. Tradução de Artur Mourão. Lisboa: Edições 70, 1995.

KAUFMANN, Arthur. *La filosofía del derecho en la posmodernidad*. Traducción de Luis Villar Borda. 2. ed. Bogotá: Temis, 1998.

KAUFMANN, Roberta Fragoso Meneses. *Ação afirmativa à brasileira*: necessidade ou mito. Porto Alegre: Livraria do Advogado, 2008.

KAVANAGH, Aileen. A New Supreme Court for the United Kingdom: Some Reflections on Judicial Independence, Activism and Transparency. *Oxford Legal Studies Research Paper*, n. 58, 2010.

KELSEN, Hans. *A democracia*. São Paulo: Martins Fontes, 2000.

KELSEN, Hans. *Jurisdição constitucional*. Tradução de Alexandre Krug *et al*. São Paulo: Martins Fontes, 2003.

KELSEN, Hans. *Teoria geral do direito e do Estado*. Tradução de Luiz Carlos Borges. São Paulo: Martins Fontes, 2000.

KELSEN, Hans. *Teoria geral do direito e do Estado*. Tradução de Luiz Carlos Borges. São Paulo: Martins Fontes, 1998.

KELSEN, Hans. *Teoria pura do direito*. 3. ed. Tradução de João Baptista Machado. Coimbra: Arménio Amado, 1974.

KELSEN, Hans. *Teoria pura do direito*. 6. ed. Tradução de João Baptista Machado. São Paulo: Martins Fontes, 1999.

KINZO, Maria D'Alva Gil. O quadro partidário e a constituinte. *In*: LAMOUNIER, Bolívar (Org.). *De Geisel a Collor*: o balanço da transição. São Paulo: IDESP, 1990.

KLUG, Heinz. South Africa: from Constitutional Promise to Social Transformation. *In*: GOLDSWORTHY, Jeffrey Denys (Ed.). *Interpreting Constitutions*: a Comparative Study. New York: Oxford University Press, 2006.

KLUG, Heinz. *The Constitution of South Africa*: a Contextual Analysis. Oxford: Hart Publishing, 2010.

KOMMERS, Donald D.; FINN, John E.; JACOBSOHN, Gary J. *American Constitutional Law*. Lanham: Rowman & Littlefield Publishers, 2004. v. 1, Governmental Powers and Democracy.

KOMMERS, Donald P. Germany: Balancing Rights and Duties. *In*: GOLDSWORTHY, Jeffrey Denys (Ed.). *Interpreting Constitutions*: a Comparative Study. New York: Oxford University Press, 2006.

KORIOTH, Stefan. Introduction. *In*: JACOBSON, A. J.; SCHLINK, Bernard (Ed.). *Weimar*: a Jurisprudence of Crisis. Berkeley; Los Angeles: University of California Press, 2002.

KOSELLECK, Reinhart. *Futuro passado*: contribuição à semântica dos tempos históricos. Tradução de Wilma Patrícia Maas e Carlos Almeida Pereira. Rio de Janeiro: Contraponto, 2006.

KOUTNATZIS, Stylianos-Ioannis G. Social Rights as a Constitutional Compromise: Lessons from Comparative Experience. *Columbia Journal of Transnational Law*, v. 44, 2005.

KRAMER, Larry D. *The People by Themselves*: Popular Constitutionalism and Judicial Review. New York: Oxford University Press, 2004.

KRELL, Andréas J. Controle judicial dos serviços públicos básicos na base dos direitos fundamentais sociais. *In*: SARLET, Ingo Wolfgang (Org.). *A Constituição concretizada*: construindo pontes com o público e o privado. Porto Alegre: Livraria do Advogado, 2000.

KRELL, Andréas J. *Direitos sociais e controle judicial no Brasil e na Alemanha*: os (des)caminhos de um direito constitucional comparado. Porto Alegre: S.A. Fabris, 2002.

KRIELE, Martin. *Introducción a la teoría del Estado*: fundamentos históricos de la legitimidad del Estado constitucional democrático. Tradução de Eugenio Bulygin. Buenos Aires: Depalma, 1980.

KROL, Heloisa da Silva. Limites materiais ao poder constituinte originário: uma releitura da teoria constitucional a partir da noção de direitos humanos universais. *Revista dos Tribunais*, v. 96, n. 861, 2007.

KROL, Heloisa da Silva. *Reforma constitucional*: fundamentos e limites no cenário democrático-constitucional. 2007. Dissertação (Mestrado em Direito) – Universidade Federal do Paraná, Curitiba, 2007.

KRULIC, Joseph. L'idée de peuple dans la tradition constitutionnelle française. *Sens Public*, fev. 2007.

KUMM, Mathias. The Cosmopolitan Turn in Constitutionalism. *In*: DUNOFF, Jeffrey L.; TRACHTAN, Joel P. *Ruling the world?*: Constitutionalism, International Law and Global Governance. New York: Cambridge University Press, 2009.

KYMLICKA, Will. *Multicultural Citizenship*: a Liberal Theory of Minority Rights. New York: Oxford University Press, 1995.

KYMLICKA, Will. *Politics in the Vernacular*: Nationalism, Multiculturalism and Citizenship. New York: Oxford University Press, 2001.

LACROIX, Justine. Le "national-souverainisme" en France et en Grande-Bretagne. *Revue Internationale de Politique Comparée*, v. 9, n. 3, 2002.

LAFER, Celso. *A internacionalização dos direitos humanos*: Constituição, racismo e relações internacionais. Barueri: Manole, 2005.

LAFER, Celso. *A reconstrução dos direitos humanos*: um diálogo com o pensamento de Hannah Arendt. São Paulo: Companhia das Letras, 1988.

LAMBERT, Édouard. *Le gouvernement des juges et la lutte contre la législation sociale aux États-Unis*: l'expérience américaine du contrôle judiciaire de la constitutionnalité des lois. Paris: Dalloz, 2005.

LARENZ, Karl. *Derecho justo*: fundamentos de ética jurídica. Traducción de Luis Díez-Picazo. Madrid: Civitas, 1985.

LARENZ, Karl. *Metodología de la ciencia del derecho*. Traducción de M. Rodríguez Molinero. 2. ed. Barcelona: Ariel, 2001.

LARMORE, Charles. *The Morals of Modernity*. Cambridge: Cambridge University Press, 1996.

LASSALE, Ferdinand. *A essência da Constituição*. 2. ed. Tradução de Walter Stonner. Rio de Janeiro: Liber Juris, 1988.

LEAL, Victor Nunes. A divisão de poderes no quadro político da burguesia. *Revista de Ciência Política*, n. 20, p. 127-142, 1977.

LEAL, Victor Nunes. *Coronelismo, enxada e voto*: o município e o regime representativo no Brasil. 6. ed. São Paulo: Alfa-Omega, 1993.

LEITER, Brian. Legal Realism. *In*: PATTERSON, Denis (Ed.). *A Companion to Philosophy and Legal Theory*. Malden: Blackwell Publishing, 1999.

LEIVAS, Paulo Gilberto Cogo. *Teoria dos direitos fundamentais sociais*. Porto Alegre: Livraria do Advogado, 2006.

LENIN, Vladimir. As tarefas democráticas do proletariado revolucionário. *In*: LENIN, Vladimir. *A questão da constituinte*. Contagem: História, 1979.

LENIN, Vladimir. Declaração sobre a dissolução da Assembléia Constituinte na reunião do comitê executivo central de toda a Rússia. *In*: LENIN, Vladimir. *A questão da constituinte*. Contagem: História, 1979.

LENZA, Pedro. *Direito constitucional esquematizado*. 14. ed. São Paulo: Saraiva, 2010.

LEONELLI, Domingos; OLIVEIRA, Dante de. *Diretas já*: 15 meses que abalaram a ditadura. Rio de Janeiro: Record, 2004.

LESSA, Renato. A Constituição brasileira de 1988 como experimento de filosofia política: um ensaio. *In*: OLIVEN, Ruben George; RIDENTI, Marcelo; BRANDÃO Gildo Marçal. *A Constituição de 1988 na vida brasileira*. São Paulo: ANPOCS, 2008.

LEVINSON, Sanford (Ed.). *Responding to Imperfection*: the Theory and Practice of Constitutional Amendment. Princeton: Princeton University Press, 1995.

LEVINSON, Sanford. *Constitutional Faith*. Princeton: Princeton University Press, 1988.

LIJPHART, Arend. *Patterns of Democracy*: Government Forms and Performance in Thirty-Six Countries. New Haven: Yale University Press, 1999.

LIMA, Martonio Mont'Alverne Barreto. Jurisdição constitucional: um problema da teoria da democracia política. *In*: SOUZA NETO, Cláudio Pereira de *et al*. *Teoria da Constituição*: estudos sobre o lugar da política no direito constitucional. Rio de Janeiro: Lumen Juris, 2003.

LIMA, Martonio Mont'Alverne Barreto. Subdesenvolvimento e constituição dirigente: uma possível abordagem materialista. *In*: LIMA, Martonio Mont'Alverne Barreto; BELLO, Enzo (Org.). *Direito e marxismo*. Rio de Janeiro: Lumen Juris, 2010.

LIMA, Viviane Nunes Araújo. *A saga do zangão*: uma visão sobre o direito natural. 1994. Dissertação (Mestrado) – Pontifícia Universidade Católica – PUC, Rio de Janeiro, 1994.

LIMA, Viviane Nunes Araújo. *A saga do zangão*: uma visão sobre o direito natural. Rio de Janeiro: Renovar, 2000.

LIMONGI, Fernando. O poder executivo na Constituição de 1988. *In*: OLIVEN, Ruben George, RIDENTI, Marcelo; BRANDÃO, Gildo Marçal. *A Constituição de 1988 na vida brasileira*. São Paulo: ANPOCS, 2008.

LLEWELLYN, Karl. *The Bramble Bush*: some Lectures on Law and its Study. New York: Columbia University School, 1930.

LOCKE, John. *Segundo tratado sobre o governo*: ensaio relativo à verdadeira origem, extensão e objetivo do governo civil. Tradução de E. Jacy Monteiro. São Paulo: Abril Cultural, 1973. (Os pensadores).

LOEWENSTEIN, Karl. *Brazil under Vargas*. New York: The Macmillan Company, 1942.

LOEWENSTEIN, Karl. *Teoría de la Constitución*. Traducción de Alfredo Gallego Anabidarte. Barcelona: Ariel, 1986.

LOPES, José Reinaldo de Lima. *Direitos sociais*: teoria e prática. São Paulo: Método, 2006.

LOPES, José Reinaldo de Lima. Mudança social e mudança legal: os limites do Congresso Constituinte de 1987. *Revista de Informação Legislativa*, n. 94, 1987.

LOPES, José Reinaldo de Lima. *O direito na história*: lições introdutórias. 2. ed. rev. São Paulo: M. Limonad, 2002.

LOPES, Júlio Aurélio Vianna. *A carta da democracia*: o processo constituinte da ordem pública de 1988. Rio de Janeiro: Topbooks, 2008.

LOPES, Maurício Antonio Ribeiro. *Poder constituinte reformador*. São Paulo: Revista dos Tribunais, 1993.

LOPES, Maurício Antonio Ribeiro. *Poder constituinte reformador*: limites e possibilidades da revisão constitucional brasileira. São Paulo: Revista dos Tribunais, 1993.

LOPEZ, Adriana; MOTA, Carlos Guilherme. *História do Brasil*: uma interpretação. São Paulo: SENAC, 2008.

LÖSING, Norbert. *La jurisdicionalidad constitucional en latinoamerica*. Tradução de Marcela Anzola Gil. Madrid: Dykinson, 2002.

LOSURDO, Domenico. *Democracia ou bonapartismo*: triunfo e decadência do sufrágio universal. Tradução de Luiz Sérgio Henriques. Rio de Janeiro; São Paulo: UFRJ; Unesp, 2004.

LOUGHLIN, Martin. Constituent Power Subverted: from English Constitutional Argument to British Constitutional Practice. *In*: LOUGHLIN, Martin; WALKER, Neil (Ed.). *The Paradox of Constitutionalism*: Constituent Power and Constitutional Form. Oxford: Oxford University Press, 2007.

LOUGHLIN, Martin. What is Constitutionalization?. *In*: DOBNER, Petra; LOUGHLIN, Martin (Ed.). *The Twilight of Constitutionalism*?. New York: Oxford University Press, 2010.

LUCA, Tânia Regina de. Direitos sociais no Brasil. *In*: PINSKY, Jayme; PINSKY, Carla Bassanezi. *História da cidadania*. São Paulo: Contexto, 2003.

LUCAS VERDÚ, Pablo. *El sentimiento constitucional*. Madrid: Réus, 1985.

LUCAS VERDÚ, Pablo. *La lucha contra el positivismo jurídico en la República de Weimar*: la teoría constitucional de Rudolf Smend. Madrid: Tecnos, 1987.

LUCAS VERDÚ, Pablo. *O sentimento constitucional*. Tradução de Agassiz Almeida Filho. Rio de Janeiro: Forense, 2006.

LUCAS VERDÚ, Pablo. Reflexiones en torno e dentro del concepto de Constitución: la Constitución como norma e como integración política. *Revista de Estudios Políticos*, n. 83, 1994.

LUCHAIRE, François. Procédures et techniques de protection des droits fondamentaux: Conseil Constitutionnel français. *In*: FAVOREU, Louis (Dir.). *Cours constitutionnelles européennes et droits fondamentaux*: actes du 2e. Colloque d'Aix-en-Provence, 19-21 février 1981. Paris; Aix-en-Provence: Economica; Presses Universitaires D'Aix-Marseille, 1982.

LUHMANN, Niklas. La Costituzione como acquizione evolutiva. *In*: ZAGREBELSKY, Gustavo; PORTINARO, Pier Paolo; LUTHER, Jörg (Org.). *Il futuro della Costituzione*. Torino: Einaudi, 1996.

LUTZ, Donald S. Toward a Theory of Constitutional Amendment. *In*: LEVINSON, Sanford (Ed.). *Responding to Imperfection*: the Theory and Practice of Constitutional Amendment. Princeton: Princeton University Press, 1995.

LYNCH, Christian Edward Cyril; SOUZA NETO, Cláudio Pereira de. O constitucionalismo da inefetividade: a Constituição de 1891 no cativeiro do Estado de Sítio. *In*: ROCHA, Cléa Carpi da (Org.). *As Constituições brasileiras*: notícia, história e análise crítica. Brasília: OAB, 2008.

LYNCH, Christian Edward Cyrill. A voz do Leviatã pela boca de Behemoth: o estado de exceção, o poder moderador e o controle normativo de constitucionalidade como meios de expressão da unidade da soberania popular. *In*: MACEDO, Paulo Emílio Vauthier Borges de (Org.). *Direito e política*: Anais do II Congresso Brasileiro. Curitiba: Juruá, 2005.

LYNCH, Christian Edward Cyrill. *O momento monarquiano*: o poder moderador e o pensamento político imperial. 2007. Tese (Doutorado em Ciência Política) – Instituto Universitário de Pesquisas do Rio de Janeiro, Rio de Janeiro, 2007.

LYOTARD, Jean-François. *La condition postmoderne*: rapport sur le savoir. Paris: Les Éditions de Minuit, 1979.

MAcCORMICK, Neil. *Argumentação jurídica e teoria do direito*. Tradução de Waldéa Barcellos. São Paulo: Martins Fontes, 2006.

MACEDO JUNIOR, Ronaldo Porto. O decisionismo jurídico de Carl Schmitt. *Lua Nova – Revista de Cultura e Política*, n. 32, 1994.

MACHADO, Jónatas. A Constituição e os movimentos religiosos minoritários. *Boletim da Faculdade de Direito*, Coimbra, v. 52, 1996.

MAGNETTE, Paul. Vers une citoyenneté européenne directe?: Pratiques du droit de pétition dans l'Union Européenne. *Revue Internationale de Politique Comparée*, v. 9, n. 1, 2002.

MAIA, Antonio Cavalcanti. Nos vinte anos da Carta Cidadã. *In*: SOUZA NETO, Cláudio Pereira de; SARMENTO, Daniel; BINENBOJM, Gustavo (Org.). *Vinte anos da Constituição Federal de 1988*. Rio de Janeiro: Lumen Juris, 2009.

MAIA, Antônio Cavalcanti; MENEZES, Tarcísio. Republicanismo contemporâneo, Constituição e política. *In*: SARMENTO, Daniel (Org.). *Filosofia e teoria constitucional contemporânea*. Rio de Janeiro: Lumen Juris, 2009.

MAIA, Antonio Cavalcanti; SOUZA NETO, Cláudio Pereira de. Os princípios de direito e as perspectivas de Perelman, Dworkin e Alexy. *In*: PEIXINHO, Manoel Messias, GUERRA, Isabella Franco; NASCIMENTO FILHO, Firly (Org.). *Os princípios na Constituição de 1988*. Rio de Janeiro: Lumen Juris, 2001.

MANAÏ, Dominique. Equidade. *In*: ARNAUD, André Jean (Dir.). *Dicionário enciclopédico de teoria e de sociologia do direito*. Tradução de Vicente de Paula Barreto *et al*. Rio de Janeiro: Renovar, 1999.

MANGABEIRA UNGER, Roberto. *Democracy Realized*: the Progressive Alternative. New York: Verso, 1998.

MANGABEIRA, João. *Ruy*: o estadista da república. 3. ed. São Paulo: Martins, 1960.

MANILI, Pablo Luis. *El bloque de constitucionalidad*: la recepción del derecho internacional de los derechos humanos en el derecho constitucional argentino. Buenos Aires: La Ley, 2003.

MARENCO, André. Devagar se vai ao longe?: A transição para a democracia no Brasil em perspectiva comparada. *In*: MELO, Carlos Ranulfo; SÁEZ, Manuel Alcântara (Org.). *Democracia brasileira*: balanço e perspectivas para o século XXI. Belo Horizonte: Ed. UFMG, 2007.

MARINS, Leonardo. Limites ao princípio da simetria. *In*: SOUZA NETO, Cláudio Pereira de; SARMENTO, Daniel; BINENBOJM, Gustavo (Org.). *Vinte anos da Constituição Federal de 1988*. Rio de Janeiro: Lumen Juris, 2009.

MARSHALL, T. H. *Cidadania, classe social e status*. Rio de Janeiro: Zahar, 1967.

MARSHALL, T. H. *Class, Citizenship and Social Development*: Essays. Garden City: Doubleday, 1964.

MARTEL, Letícia de Campos Velho. *Devido processo legal substantivo*: razão abstrata, função e características de aplicabilidade: a linha decisória da Suprema Corte Estadunidense. Rio de Janeiro: Lumen Juris, 2005.

MARTÍNEZ-LARA, Javier. *Building Democracy in Brazil*: the Politics of Constitutional Change, 1985-1995. New York: St. Martin Press, 1996.

MARTÍN-RETORTILLO, Lorenzo; OTTO Y PARDO, Ignácio de. *Derecehos fundamentales y Constitución*. Madrid: Civitas, 1988.

MARTINS, Waldemar Ferreira. *História do direito constitucional brasileiro*. Brasília: Senado Federal, 2003.

MARX, Karl. A questão judaica. *In*: MARX, Karl. *Manuscritos econômicos e filosóficos*. Tradução de Alex Martins. São Paulo: Martin Claret, 2001.

MARX, Karl. O 18 Brumário de Luís Bonaparte. *In*: MARX, Karl. *Manuscritos econômico-filosóficos e outros textos escolhidos*. São Paulo: Abril Cultural, 1978. (Os pensadores).

MATTEUCCI, Nicola. Contratualismo. *In*: BOBBIO, Norberto; MATTEUCCI, Nicola; PASQUINO, Gianfranco (Org). *Dicionário de política*. Tradução de Carmen C. Varriale *et al*. 11. ed. Brasília: Ed. UnB, 1998.

MATTEUCCI, Nicola. *Organización del poder y libertad*. Traducción de Francisco Javier Ansuátegui y Manuel Martinez Neira. Madrid: Trotta, 1998.

MATTOS, Marcelo Badaró. *O sindicalismo brasileiro após 1930*. Rio de Janeiro: Zahar, 2003.

MAUÉS, Antonio G. M. Constituição e pluralismo vinte anos depois. *In*: SOUZA NETO, Cláudio Pereira de; SARMENTO, Daniel; BINENBOJM, Gustavo (Org.). *Vinte anos da Constituição Federal de 1988*. Rio de Janeiro: Lumen Juris, 2009.

MAUÉS, Antonio G. M. *Poder e democracia*: o pluralismo político na Constituição de 1988. Porto Alegre: Síntese, 1999.

MAULIN, Éric. Carré de Malberg et le droit constitutionnel de la Révolution Française. *Annales Historiques de La Révolution Française*, n. 328, 2001.

MAUS, Ingeborg (Org.). *O Judiciário como superego da sociedade*. Tradução de Geraldo de Carvalho e Gercélia Batista de Oliveira Mendes. Rio de Janeiro: Lumen Juris, 2010.

MAUS, Ingeborg. O Judiciário como superego da sociedade: a jurisdição na "sociedade órfã de pai". *In*: MAUS, Ingeborg (Org.). *O Judiciário como superego da sociedade*. Tradução de Geraldo de Carvalho e Gercélia Batista de Oliveira Mendes. Rio de Janeiro: Lumen Juris, 2010.

MAUS, Ingeborg. O Judiciário como superego da sociedade: a jurisdição na "sociedade órfã de pai". *Novos Estudos – CEBRAP*, n. 58, p. 183-202, nov. 2000.

MAXIMILIANO, Carlos. *Hermenêutica e aplicação do direito*. 16. ed. Rio de Janeiro: Forense, 1997.

MAZZUOLI, Valério de Oliveira. *O controle jurisdicional da convencionalidade das leis*. São Paulo: Revista dos Tribunais, 2009.

MCILWAIN, Charles Howard. *Constitutionalism*: Ancient and Modern. Ithaca: Cornell University Press, 1947.

MEDINA, Damares. *Amicus Curiae*: amigo da corte ou amigo da parte?. Saraiva: São Paulo, 2010.

MEIRELLES, Hely Lopes. *Direito municipal brasileiro*. São Paulo: Malheiros, 1993.

MELLO FILHO, José Celso de. *Constituição Federal anotada*. São Paulo: Saraiva, 1986.

MELLO, Celso Duvivier de Albuquerque. O §2º do art. 5º da Constituição Federal. *In*: TORRES, Ricardo Lobo (Org.). *Teoria dos direitos fundamentais*. Rio de Janeiro: Renovar, 1999.

MELLO, Cláudio Ari. *Democracia constitucional e direitos fundamentais*. Porto Alegre: Livraria dos Advogados, 2004.

MELLO, Patrícia Perrone Campos. *Precedentes*: o desenvolvimento judicial do direito no constitucionalismo contemporâneo. Rio de Janeiro: Renovar, 2008.

MELO, Marcus André. *Reformas constitucionais no Brasil*: instituições políticas e processo decisório. Rio de Janeiro: Revan, 2002.

MELO, Marcus André. Republicanismo, liberalismo e racionalidade. *Lua Nova – Revista de Cultura e Política*, n. 55-56, 2002.

MENDES, Conrado Hübner. *Controle de constitucionalidade e democracia*. Rio de Janeiro: Elsevier, 2008.

MENDES, Conrado Hübner. *Direitos fundamentais, separação de poderes e deliberação*. São Paulo: Saraiva; FGV, 2011.

MENDES, Gilmar Ferreira. A proporcionalidade na jurisprudência do STF. *In*: MENDES, Gilmar Ferreira. *Direitos fundamentais e controle de constitucionalidade*. São Paulo: Celso Bastos, 1998.

MENDES, Gilmar Ferreira. *Controle de constitucionalidade*: aspectos jurídicos e políticos. São Paulo: Saraiva, 1990.

MENDES, Gilmar Ferreira. Controle de constitucionalidade: hermenêutica constitucional e a revisão de fatos e prognoses legislativas pelo órgão judicial. *In*: MENDES, Gilmar Ferreira. *Direitos fundamentais e controle de constitucionalidade*. São Paulo: Celso Bastos, 1998.

MENDES, Gilmar Ferreira. Introdução. *In*: HÄBERLE. Peter. *Hermenêutica constitucional*: a sociedade aberta dos intérpretes da Constituição: contribuição para a interpretação pluralista e "procedimental" da Constituição. Porto Alegre: S.A. Fabris, 1997.

MENDES, Gilmar Ferreira. *Jurisdição constitucional*. São Paulo: Saraiva, 1996.

MENDES, Gilmar Ferreira. Os limites da revisão constitucional. *Cadernos de Direito Constitucional e Ciência Política*, n. 21, 1997.

MENDES, Gilmar Ferreira; COELHO, Inocêncio Mártires; BRANCO, Paulo Gustavo Gonet. *Curso de direito constitucional*. São Paulo: Saraiva, 2007.

MENDONÇA, José Vicente dos Santos. Vedação do retrocesso: o que é e como perder o medo. *Revista de Direito da Associação dos Procuradores do Novo Estado do Rio de Janeiro*, v. 12, 2003.

MENDONÇA, Maria Luiza Vianna Pessoa de. *O princípio constitucional da irretroatividade da lei*. Belo Horizonte: Del Rey.

MENDONÇA, Paulo Roberto Soares. *A tópica e o Supremo Tribunal Federal*. Rio de Janeiro: Renovar, 2003.

MICHELMAN, Frank Isaac. *Brennan and Democracy*. Princeton: Princeton University Press, 1999.

MICHELMAN, Frank Isaac. Law's Republic. *Yale Law Journal*, v. 97, n. 8, p. 1493-1537, Jul. 1988.

MICHELMAN, Frank Isaac. Morality, Identity and "Constitutional Patriotism". *Ratio Juris*, v. 14, n. 3, p. 253-271, Sept. 2001.

MICHELMAN, Frank Isaac. Rawls on Constitutionalism and Constitutional Law. *In*: FREEMAN, Samuel Richard (Ed.). *The Cambridge Companion to Rawls*. Cambridge: Cambridge University Press, 2003.

MIRANDA, Jorge. *Manual de direito constitucional*. 2. ed. Coimbra: Coimbra Ed., 1988. v. 2.

MIRANDA, Jorge. *Manual de direito constitucional*. Coimbra: Coimbra Ed., 2001. v. 4.

MODESTO, Paulo. A reforma administrativa e o direito adquirido ao regime da função pública. *Revista Trimestral de Direito Público*, São Paulo, 1996.

MONTESQUIEU, Charles Louis de Secondat. *O espírito das leis*. São Paulo: Saraiva, 1987.

MONTESQUIEU, Charles Louis de Secondat. *O espírito das leis*. São Paulo: Nova Cultural, 1997. (Os pensadores, v. 1).

MONTESQUIEU, Charles Louis de Secondat. *O espírito das leis*. Tradução de Fernando Henrique Cardoso e Leôncio Martins Rodrigues. Brasília: Ed. UnB, 1995.

MORAES, Alexandre de. *Constituição do Brasil interpretada*. São Paulo: Atlas, 2002.

MORAES, Maria Celina Bodin de. A caminho de um direito civil-constitucional. *Revista de Direito Civil*, n. 65, p. 21-32, 1993.

MORAES, Maria Celina Bodin de. *Danos à pessoa humana*: uma leitura civil-constitucional dos danos morais. Rio de Janeiro: Renovar, 2003.

MORAES, Maria Celina Bodin de. *Na medida da pessoa humana*. Rio de Janeiro: Renovar, 2010.

MORAIS, Fernando. *Olga*. São Paulo: Companhia das Letras, 2008.

MORAVCSIK, Andrew. Le mythe du déficit démocratique européen. *Raisons Politiques*, v. 2, n. 10, 2003.

MOREIRA NETO, Diogo de Figueiredo. *A revisão constitucional brasileira*. Rio de Janeiro: Lumen Juris, 1993.

MOREIRA NETO, Diogo de Figueiredo. *Curso de direito administrativo*. Rio de Janeiro: Forense, 1992.

MOREIRA, Luiz. *A Constituição como simulacro*. Rio de Janeiro: Lumen Juris, 2007.

MOREIRA, Vital. Constituição e democracia. *In*: MAUÉS, Antonio G. M. (Org.). *Constituição e democracia*. São Paulo: M. Limonad, 2001.

MORO, Sérgio Fernando. *Legislação suspeita?*: o afastamento da presunção de constitucionalidade. Curitiba: Juruá, 1998.

MOTTA, Rodrigo Patto Sá. *Introdução à história dos partidos políticos brasileiros*. Belo Horizonte: Ed. UFMG, 1999.

MÜLLER, Friedrich. *Direito, linguagem, violência*: elementos de uma teoria constitucional, I. Porto Alegre: S.A. Fabris, 1995.

MÜLLER, Friedrich. *Discours de la méthode juridique*. Traduction de Olivier Jouanjar. Paris: PUF, 1996.

MÜLLER, Friedrich. *Fragmento (sobre) o poder constituinte do povo*. Tradução de Peter Naumann. São Paulo: Revista dos Tribunais, 2004.

MÜLLER, Friedrich. *Métodos de trabalho do direito constitucional*. Tradução de Peter Naumann. Porto Alegre: Síntese, 1999.

MÜLLER, Friedrich. *Métodos de trabalho do direito constitucional*. Tradução de Peter Naumann. 2. ed. São Paulo: M. Limonad, 2000.

MÜLLER, Friedrich. *Quem é o povo?*: A questão fundamental da democracia. São Paulo: M. Limonad, 1998.

MÜLLER, Jan-Werner. *Constitutional Patriotism*. Princeton: Princeton University Press, 2007.

MURPHY, Walter F.; FLEMING, James E.; BARBER, Sotirios A. *American Constitutional Interpretation*. New York: The Foundation Press, 1995.

NABUCO, Joaquim. *Minha formação*. Rio de Janeiro: Fundação Biblioteca Nacional, 1985.

NASCIMENTO, Rogério José Bento Soares do. A ética do discurso como justificação dos direitos fundamentais na obra de Jürgen Habermas *In*: TORRES, Ricardo Lobo (Org.). *Legitimação dos direitos humanos*. Rio de Janeiro: Renovar, 2002.

NASCIMENTO, Rogério José Bento Soares do. *Abuso do poder de legislar*: controle judicial da legislação de urgência no Brasil e na Itália. Rio de Janeiro: Lumen Juris, 2004.

NEGRI, Antonio. *O poder constituinte*: ensaio sobre as alternativas da modernidade. Tradução de Adriano Pilatti. Rio de Janeiro: DP&A, 2002.

NEUMAN, Gerald L. Fédéralisme et citoyenneté aux États-Unis et dans l'Union européenne. *Critique Internationale*, v. 4, n. 21, 2003.

NEVES, Marcelo. *A constitucionalização simbólica*. 2. ed. São Paulo: Martins Fontes, 2007.

NEVES, Marcelo. Do consenso ao dissenso: o Estado Democrático de Direito a partir e além de Habermas. *In*: SOUZA, Jessé de (Org.). *Democracia hoje*: novos desafios para a teoria democrática contemporânea. Brasília: Ed. UnB, 2001.

NEVES, Marcelo. *Entre Hidra e Hércules*: princípio e regras constitucionais como diferença paradoxal do sistema jurídico. 2010. Tese (Concurso de Professor Titular de Direito Constitucional) – Universidade de Brasília, Brasília, 2010.

NEVES, Marcelo. *Entre Têmis e Leviatã*: uma relação difícil. São Paulo: Martins Fontes, 2006.

NEVES, Marcelo. *Teoria da inconstitucionalidade das leis*. São Paulo: Saraiva, 1988.

NEVES, Marcelo. *Transconstitucionalismo*. 2009. Tese (Concurso de Professor Titular de Direito Constitucional) – Universidade de São Paulo, São Paulo, 2009.

NEVES, Marcelo. *Transconstitucionalismo*. São Paulo: Martins Fontes, 2009.

NICOLAU, Jairo Marconi. *A história do voto no Brasil*. 2. ed. Rio de Janeiro: Zahar, 2004.

NOVELLI, Flávio Bauer. Norma constitucional inconstitucional: a propósito do art. 2º, §2º, da Emenda Constitucional nº 3/93. *Revista Forense*, n. 330, abr./jun. 1995.

NOZICK, Robert. *Anarquia, Estado e utopia*. Tradução de Ruy Jungmann. Rio de Janeiro: Zahar, 1994.

NUNES, Robério. Breve balanço dos direitos das comunidades indígenas: alguns avanços e retrocessos desde a Constituição de 1988. *In*: SOUZA NETO, Cláudio Pereira de; SARMENTO, Daniel; BINENBOJM, Gustavo (Org.). *Vinte anos da Constituição Federal de 1988*. Rio de Janeiro: Lumen Juris, 2009.

NUSSBAUM, Martha C. *From Disgust to Humanity*: Sexual Orientation and Constitutional Law. New York: Oxford University Press, 2010.

O'BRIAN, David M. *Constitutional Law and Politics*: Civil Rights and Civil Liberties. 4th ed. New York: W.W. Norton & Company, 2000.

O'DONNEL, Guillermo. Notes for the Study of Processes of Political Democratization in the Wake of the Bureaucratic-Authoritarian State. *In*: O'DONNEL, Guillermo. *Counterpoints*: Selected Essays on Authoritarianism and Democratization. Indiana: University of Notre Dame Press, 1999.

OLIVEIRA VIANNA, Francisco José de. *Instituições políticas brasileiras*. São Paulo: Edusp, 1987.

OLIVEIRA VIANNA, Francisco José de. *O idealismo na Constituição*. 3. ed. São Paulo: Companhia Editora Nacional, 1939.

OLIVEIRA VIANNA, Francisco José de. *O idealismo na Constituição*. Rio de Janeiro: Ed. Terra do Sol, 1927.

OLIVEIRA, Fábio Corrêa Souza de. *Morte e vida da Constituição dirigente*. Rio de Janeiro: Lumen Juris, 2010.

OLIVEIRA, Fábio Corrêa Souza de. *Por uma teoria dos princípios*: o princípio constitucional da razoabilidade. Rio de Janeiro: Lumen Juris, 2003.

ORDEM DOS ADVOGADOS DO BRASIL. *Anais da VIII Conferência Nacional da Ordem dos Advogados do Brasil.* Manaus: OAB, 1980.

OSÓRIO, Fábio Medina. Existe uma supremacia do interesse público sobre o privado no direito administrativo brasileiro?. *Revista de Direito Administrativo – RDA,* n. 220, p. 69-107, abr./jun. 2000.

PAULUS, Andreas. The International Legal System as a Constitution. *In:* DUNOFF, Jeffrey L.; TRACHTMAN, Joel P. (Ed.). *Ruling the World?:* Constitutionalism, International Law and Global Governance. Oxford: Cambridge University Press, 2009.

PECES BARBA, Gregorio. *Curso de derechos fundamentales:* teoría general. Madrid: Universidad Carlos III; Boletin Oficial del Estado, 1999.

PECH, Laurent. *L'Union européenne:* entre déficit démocratique et "nouvelle gouvernance". Montréal: Université du Québec à Montréal, 2002.

PELLEGRINO, Carlos Roberto. Compromisso constituinte. *Revista de Informação Legislativa,* n. 96, 1987.

PEÑA, Guilherme. *Direito constitucional:* teoria da Constituição. Rio de Janeiro: Lumen Juris, 2003.

PEREIRA, Ana Cristina Paulo. *Direito institucional e material do Mercosul.* Rio de Janeiro: Lumen Juris, 2001.

PEREIRA, Anthony W. *Ditadura e repressão*: o autoritarismo e o Estado de Direito no Brasil, no Chile e na Argentina. São Paulo: Paz e Terra, 2010.

PEREIRA, Jane Reis Gonçalves. Apontamentos sobre a aplicação das normas de direito fundamental nas relações jurídicas entre particulares. *In*: BARROSO, Luís Roberto (Org.). *A nova interpretação constitucional*: ponderação, direitos fundamentais e relações privadas. Rio de Janeiro: Renovar, 2003.

PEREIRA, Jane Reis Gonçalves. *Interpretação constitucional e direitos fundamentais.* Rio de Janeiro: Renovar, 2006.

PEREIRA, Jane Reis Gonçalves. Os imperativos da proporcionalidade e da razoabilidade: um panorama da discussão atual e da jurisprudência do STF. *In*: SARMENTO, Daniel; SARLET, Ingo Wolfgang (Org.). *Direitos fundamentais no Supremo Tribunal Federal*: balanço e crítica. Rio de Janeiro: Lumen Juris, 2011.

PEREIRA, Osny Duarte. *Constituinte:* anteprojeto da Comissão Afonso Arinos. Brasília: Ed. UnB, 1987.

PERELMAN, Chaïm. *Ética e direito.* Tradução de Maria Ermantina Galvão. São Paulo: Martins Fontes, 1996.

PERELMAN, Chaïm. La motivation des décisions de justice: essai de synthèse. *In:* PERELMAN, Chaïm; FORIERS, Paul. *La motivation des décisions de justice.* Bruxelles: Émile Bruylant, 1978.

PERELMAN, Chaïm. *Lógica jurídica:* nova retórica. Tradução de Verginia K. Pupi. São Paulo: Martins Fontes, 1998.

PERELMAN, Chaïm. O razoável e o dessarrazoado em direito. *In:* PERELMAN, Chaïm. *Ética e direito.* Tradução de Maria Ermantina Galvão. São Paulo: Martins Fontes, 2000.

PERELMAN, Chaïm. *Retóricas.* Tradução de Maria Ermantina Galvão. São Paulo: Martins Fontes, 1997.

PERELMAN, Chaïm; OLBRECHTS-TYTECA, Lucie. *Tratado da argumentação.* São Paulo: Martins Fontes, 1996.

PÉREZ LUÑO, Antonio Enrique. *La seguridad jurídica.* 2. ed. Barcelona: Ariel, 1994.

PERLINGIERI, Pietro. *Il diritto civile nella legalità costituzionale.* Napoli: Edizioni Scinetifiche Italiane, 1991.

PERNICE, Ingolf. Multilevel Constitutionalism in the European Union. *European Law Review,* v. 27, n. 5, p. 511-529, Oct. 2002.

PERTENCE, José Paulo Sepúlveda. Voto de liderança. *Revista de Direito Público,* n. 76, 1985.

PETERS, Anne. Compensatory Constitutionalism: the Function and Potential of Fundamental International Norms and Structures. *Leiden Journal of International Law,* v. 19, n. 3, p. 579-610, 2006.

PETTIT, Philip. *Republicanism:* a Theory of Freedom and Government. Oxford: Oxford University Press, 1996.

PIÇARRA, Nuno. *A separação de poderes como doutrina e princípio constitucional.* Coimbra: Coimbra Ed., 1989.

PICKERILL, J. Mitchell. *Constitutional Deliberation in Congress*: the Impact of Judicial Review in a Separated System. Durham: Duke University Press, 2004.

PILATTI, Adriano. *A constituinte de 1987-1988*: progressistas, conservadores, ordem econômica e regras do jogo. Rio de Janeiro: Lumen Juris, 2008.

PILATTI, Adriano. O princípio republicano na Constituição de 1988. *In*: PEIXINHO, Manoel Messias, GUERRA, Isabella Franco; NASCIMENTO FILHO, Firly (Org.). *Os princípios na Constituição de 1988*. Rio de Janeiro: Lumen Juris, 2001.

PIMENTA BUENO, José Antônio. Direito público brasileiro e a análise da Constituição do Império. *In*: KUGELMAS, Eduardo (Org.). *José Antônio Pimenta Bueno, Marquês de São Vicente*. São Paulo: Ed. 34, 2002.

PIMENTA BUENO, José Antônio. *Direito público brasileiro e análise da Constituição do Império*. Ministério da Justiça e Negócios interiores: Serviços de Documentação, 1958.

PINTO FERREIRA, Luiz. As emendas à Constituição, as cláusulas pétreas e o direito adquirido. *Revista Latino Americana de Estudos Constitucionais*, n. 1, 2003.

PINTO FERREIRA, Luiz. *Comentários à Constituição brasileira*. São Paulo: Saraiva, 1989. v. 1.

PINTO, Ricardo Leite. Uma introdução ao neo-republicanismo. *Análise Social*, v. 36, 2001.

PINZANI, Alesssandro. Republicanismo(s), democracia, poder. *Veritas*, v. 52, n. 1, 2007.

PIOVESAN, Flávia. *Direitos humanos e justiça internacional*. 7. ed. São Paulo: Saraiva, 2006.

PIOVESAN, Flávia. *Direitos humanos e o direito constitucional internacional*. 7. ed. rev. ampl. atual. São Paulo: Saraiva, 2006.

PIOVESAN, Flávia. *Direitos humanos e o direito constitucional internacional*. 9. ed. rev. ampl. atual. São Paulo: Saraiva, 2008.

PIOVESAN, Flávia. *Proteção judicial contra omissões legislativas*: ação direta de inconstitucionalidade por omissão e mandado de injunção. 2. ed. São Paulo: Revista dos Tribunais, 2003.

PIRES, Francisco Lucas. *Introdução do direito constitucional europeu*: seu sentido, problemas e desafios. Coimbra: Almedina, 1997.

POGREBINSCHI, Thamy. *Judicialização ou representação?*: política, direito e democracia no Brasil. Rio de Janeiro: Campus, 2011.

POGREBINSCHI, Thamy. *Pragmatismo*: teoria social e política. Rio de Janeiro: Relume-Dumará, 2005.

POGREBINSCHI, Thamy; EISENBERG, José. Pragmatismo, direito e política. *Novos Estudos – CEBRAP*, n. 62, p. 107-121, mar. 2002.

POLLETTI, Ronaldo. *Controle de constitucionalidade das leis*. Rio de Janeiro: Forense, 1985.

PONTES DE MIRANDA, Francisco Cavalcanti. *Comentários à Constituição de 1967 com a Emenda n. 1, de 1969*. 3. ed. Rio de Janeiro: Forense, 1987.

PONTES DE MIRANDA, Francisco Cavalcanti. *Comentários ao Código de Processo Civil*. Rio de Janeiro: Forense, 1975. v. 6.

PORTO, Walter Costa. *O voto no Brasil*: da colônia à 6ª República. 2. ed. Rio de Janeiro: Topbooks, 2002.

POSNER, Richard A. *A economia da justiça*. Tradução de Evandro Ferreira e Silva. São Paulo: Martins Fontes, 2010.

POSNER, Richard A. *How Judges Think?*. Cambridge: Harvard University Press, 2008.

POSNER, Richard A. *Law, pragmatism and democracy*. Cambridge: Harvard University Press, 2003.

POSNER, Richard A. Pragmatic Adjudication. *In*: DICKSTEIN, Morris (Ed.). *The Revival of Pragmatism*. Durham: Duke University Press, 1998.

POSNER, Richard A. Um manifesto pragmático. *In*: POSNER, Richard A. *Problemas de filosofia do direito*. Tradução de Jefferson Luiz Camargo. São Paulo: Martins Fontes, 2007.

POST, Robert. Protecting the Constitution from the People: Juricentric on Section Five Power. *Indiana Law Journal*, v. 78, 2003.

POST, Robert. Roe Rage: Democratic Constitutionalism and Backlash. *Harvard Civil Rights – Civil Liberties Law Review*, n. 42, 2007.

POST, Robert; SIEGEL, Reva. Originalism as a Political Practice: the Right's Living Constitution. *Fordham Law Review*, n. 75, 2006/2007.

POWE JUNIOR, Lucas A. *The Supreme Court and the American Elite*: 1789-2008. Cambridge: Harvard University Press, 2009.

PRADO JUNIOR, Caio. *Evolução política do Brasil*: colônia e império. 21. ed. São Paulo: Brasiliense, 1994.

PREFEITA do frevo quer acabar com o axé. *Istoé Gente*, 19 fev. 2001. Disponível em: <http://www.terra.com.br/istoegente/81/reportagem/prefeita_frevo_quer_acabar_axe.htm>. Acesso em: 10 abr. 2012.

PREUSS, Ulrich K. Constitutional Powermaking for the New Polity: some Deliberations on the Relationship Between the Constituent Power and the Constitution. *In*: ROSENFELD, Michael (Ed.). *Constitutionalism, Identity, Difference and Legitimacy*: Theoretical Perspectives. Durham: Duke University Press, 1994.

PRIETO SANCHÍS, Luís. *Justicia constitucional y derechos fundamentales*. Madrid: Trotta, 2003.

PRIETO SANCHÍS, Luis. Presupuestos ideológicos y doctrinales de la jurisdición constitucional. *In*: PRIETO SANCHÍS, Luis. *Justicia constitucional y derechos fundamentales*. Madrid: Trotta, 2003.

QUADROS, Fausto. *Direito da União Européia*. Coimbra: Almedina, 2004.

QUEM é quem na constituinte. *Folha de S. Paulo*, São Paulo, 19 jan. 1987.

QUINTANA, Linares. *Reglas para la interpretación constitucional*. Buenos Aires: Plus Ultra, 1987.

QUIROGA LAVIÉ, Humberto. *Curso de derecho constitucional*. Buenos Aires: De Palma, 1985.

RADBRUCH, Gustav. Cinco minutos de filosofia do direito. *In*: RADBRUCH, Gustav. *Filosofia do direito*. Tradução de L. Cabral de Moncada. 6. ed. Coimbra: Coimbra Ed., 1979.

RADBRUCH, Gustav. *Filosofia do direito*. Tradução de L. Cabral de Moncada. 6. ed. Coimbra: Coimbra Ed., 1979.

RAMOS, André de Carvalho. *Direitos humanos na integração econômica*: análise comparativa da proteção de direitos humanos e conflitos jurisdicionais na União Européia e Mercosul. Rio de Janeiro: Renovar, 2008.

RAMOS, André de Carvalho. Supremo Tribunal Federal e o direito internacional dos direitos humanos. *In*: SARMENTO, Daniel; SARLET, Ingo Wolfgang (Org.). *Direitos fundamentais no Supremo Tribunal Federal*: balanço e crítica. Rio de Janeiro: Lumen Juris, 2011.

RAMOS, André de Carvalho. *Teoria geral dos direitos fundamentais*. Rio de Janeiro: Renovar, 2005.

RAMOS, André de Carvalho. *Teoria geral dos direitos humanos na ordem internacional*. Rio de Janeiro: Renovar, 2005.

RAMOS, Elival da Silva. *A proteção aos direitos adquiridos no direito constitucional brasileiro*. São Paulo: Saraiva, 2003.

RAMOS, Graciliano. *Memórias do cárcere*. São Paulo: Record, 2008.

RAMOS, Saulo. *A Assembléia Constituinte*: o que pode e o que não pode: natureza, extensão e limitação dos seus poderes. Rio de Janeiro: Alhambra, 1987.

RAWLS, John. A idéia de razão pública revista. *In*: RAWLS, John. *O liberalismo político*. Tradução de Álvaro de Vita. São Paulo: Martins Fontes, 2001.

RAWLS, John. A idéia de razão pública revista. *In*: RAWLS, John. *O direito dos povos*. São Paulo: Martins Fontes, 2001.

RAWLS, John. *A Theory of Justice*. 20th print. Cambridge: The Belknap Press of Harvard University Press, 1994.

RAWLS, John. *A Theory of Justice*. Cambridge: The Belknap Press of Harvard University Press, 1971.

RAWLS, John. *A Theory of Justice*. Revised Ed. Cambridge: The Belknap Press of Harvard University Press, 1999.

RAWLS, John. *O liberalismo político*. Tradução de Álvaro de Vita. São Paulo: Martins Fontes, 2001.

RAWLS, John. *Uma teoria da justiça*. São Paulo: Martins Fontes, 1997.

REALE, Miguel. *Lições preliminares de direito*. 18. ed. São Paulo: Saraiva, 1991.

REALE, Miguel. *Nova fase do direito moderno*. São Paulo: Saraiva, 1990.

REALE, Miguel. Razões da constituinte congressual. *In*: REALE, Miguel. *De Tancredo a Collor*. São Paulo: Siciliano, 1992.

REALE, Miguel. *Teoria tridimensional do direito*. 4. ed. São Paulo: Saraiva, 1986.

REIS, José Carlos Vasconcellos dos. Interpretação evolutiva e raciocínio tópico no direito constitucional contemporâneo. *Revista de Direito do Estado*, v. 2, n. 6, 2007.

REZENDE, Antônio José Calhau de. Autonomia municipal e lei orgânica. *Cadernos da Escola do Legislativo*, v. 10, n. 15, 2008.

RIBEIRO, Ricardo Lodi. A *segurança jurídica do contribuinte*: legalidade, não-surpresa e proteção à confiança legítima. Rio de Janeiro: Lumen Juris, 2008.

ROBINSON, David. *The Judge as Political Theorist*: Contemporary Constitutional Review. Princeton: Princeton University Press, 2010.

RODRIGUES, Leda Boechat. *História do Supremo Tribunal Federal*. Rio de Janeiro: Civilização Brasileira, 1991.

RODRÍGUEZ DE SANTIAGO, José María. *La ponderación de bienes e intereses en el derecho administrativo*. Madrid: Marcial Pons, 2000.

ROLLEMBERG, Denise. Esquerdas revolucionárias e luta armada. *In*: FERREIRA, Jorge; DELGADO, Lucilia de Almeida Neves (Org.). *Brasil Republicano*: o tempo da ditadura: regime militar e movimentos sociais em fins do século XX. 2. ed. Rio de Janeiro: Civilização Brasileira, 2007. v. 4.

RORTY, Richard. *Objetivismo, relatividade e verdade*. Tradução de Marco Antônio Casanova. Rio de Janeiro: Relume-Dumará, 2002.

RORTY, Richard. Pragmatism and Law: a Response to David Luban. *In*: DICKSTEIN, Morris (Ed.). *The revival of pragmatism*. Durham: Duke University Press, 1998.

RORTY, Richard. Verdade sem correspondência com a realidade. *In*: MAGRO, Cristina; PEREIRA, Antônio Marcos (Org.). *Pragmatismo*: a filosofia da criação e da mudança. Belo Horizonte: Ed. UFMG, 2000.

ROSENFELD, Michel. *A identidade do sujeito constitucional*. Tradução de Menelick de Carvalho. Belo Horizonte: Mandamentos, 2003.

ROSENFELD, Michel. Habermas's Call for Cosmopolitan Constitutional Patriotism in an Age of Global Terror: a Pluralist Appraisal. *Constellations*, v. 14, n. 2, p. 159-181, June 2007.

ROSS, Alf. *Direito e justiça*. Tradução de Edson Bini. 2. ed. São Paulo: Edipro, 2007.

ROSS, Alf. On Self-Reference and a Puzzle in Constitutional Law. *Mind*, n. 78, 1969.

ROTHENBURG, Walter Claudius. Direito dos descendentes dos escravos: remanescentes das comunidades de Quilombos. *In*: SARMENTO, Daniel; IKAWA Daniela; PIOVESAN, Flávia (Coord.). *Igualdade, diferença e direitos humanos*. Rio de Janeiro: Lumen Juris, 2010.

ROTHENBURG, Walter Claudius. *Princípios constitucionais*. Porto Alegre: S.A. Fabris, 1999.

ROUANET, Sérgio Paulo. *Mal-estar na modernidade*. São Paulo: Companhia das Letras, 1993.

ROUBIER, Paul. *Le droit transitoire*. Paris: Dalloz, 1960.

ROUSSEAU, Dominique (Dir.). *La question prioritaire de constitutionnalité*. Paris: Gazette du Palais, Lextenso, 2010.

ROUSSEAU, Jean-Jacques. *Do contrato social*. São Paulo: Abril Cultural, 1978. (Os pensadores).

ROUYER, Muriel. Les promesses du constitutionnalisme. *Raisons Politiques*, n. 10, 2003.

ROYO, Javier Perez. *Curso de derecho constitucional*. 7. ed. Madrid: Marcial Pons, 2000.

RUBIO LLORENTE, Francisco. El constitucionalismo de los Estados Integrados de Europa. *In*: RUBIO LLORENTE, Francisco. *Constituciones de los Estados de la Unión Europea*. Madrid: Ariel, 1996.

RUIZ, Marta V. de. *Manual de la Constitución Nacional*. Buenos Aires: Heliasta, 1997.

SAGER, Lawrence G. *Justice in Plainclothes*: a Theory of American Constitutional Practice. New Haven: Yale University Press, 2004.

SAGÜÉS, Néstor Pedro. Obligaciones internacionales y control de convencionalidad. *Estudios Constitucionales*, v. 8, n. 1, p. 117-135, 2010.

SAJÓ, Andrés; LOSONCI, Vera. Rule by Law in East Central Europe: is the Emperor's New Suit a Straitjacket?. *In*: JACKSON, Vicki; TUSHNET, Mark (Ed.). *Comparative Constitutional Law*. New York: The Foundation Press, 1999.

SALDANHA, Nelson. *Formação da teoria constitucional*. Rio de Janeiro: Forense, 1983.

SALDANHA, Nelson. Liberalismo e Estado liberal. *Revista Forense*, v. 81, n. 291, p. 87-97, jul./set. 1985.

SAMPAIO, José Adércio Leite. *A Constituição reinventada pela jurisdição constitucional*. Belo Horizonte: Del Rey, 2002.

SAMPAIO, José Adércio Leite. Adeus aos métodos?: Hermenêutica, pragmática e argumentação constitucional. *In*: ROCHA, Fernando Luis Ximenes; MORAES, Filomeno (Coord.). *Direito constitucional contemporâneo*: estudos em homenagem a Paulo Bonavides. Belo Horizonte: Del Rey, 2005.

SAMPAIO, José Adércio Leite. *Direito adquirido e expectativa de direito*. Belo Horizonte: Del Rey, 2005.

SAMPAIO, José Adércio Leite. Mito e história da Constituição: prenúncios sobre a constitucionalização do direito. *In*: SOUZA NETO, Cláudio Pereira de; SARMENTO, Daniel (Org.). *A constitucionalização do direito*: fundamentos teóricos e aplicações específicas. Rio de Janeiro: Lumen Juris, 2007.

SAMPAIO, José Adércio Leite. Teoria e prática do poder constituinte: como legitimar ou desconstruir 1988: 15 anos depois. *In*: SAMPAIO, José Adércio Leite (Coord.). *Quinze anos de Constituição*. Belo Horizonte: Del Rey, 2004.

SAMPAIO, José Adércio Leite. Teorias constitucionais em perspectivas: em busca de uma Constituição pluridimensional. *In*: SAMPAIO, José Adércio Leite (Coord.). *Crise e desafio da Constituição*: perspectivas críticas da teoria e das práticas constitucionais brasileiras. Belo Horizonte: Del Rey, 2004.

SAMPAIO, Nelson de Souza. *O poder de reforma constitucional*. 3. ed. Belo Horizonte: Nova Alvorada Edições, 1995.

SANDEL, Michael. The Procedural Republic and the Unencumbered Self. *In*: GOODIN, Robert; PETTIT, Philip (Ed.). *Contemporary Political Philosophy*. Oxford: Blackwell Publishers, 1997.

SANTIAGO NINO, Carlos. Fundamentos del liberalismo igualitário. *In*: SANTIAGO NINO, Carlos. *Derecho moral y politica II*. Buenos Aires: Gedisa, 2007.

SANTIAGO NINO, Carlos. *Introducción al análisis del derecho*. Barcelona: Ariel, 1983.

SANTIAGO NINO, Carlos. *La constitución de la democracia deliberativa*. Traducción de Roberto P. Saba. Barcelona: Gedisa, 1997.

SANTIAGO NINO, Carlos. Sobre los derechos morales. *Doxa*, n. 7, 1990.

SANTOS, Alexandre Dantas Coutinho. *A harmonização entre os tratados internacionais de direitos humanos e o direito interno no sistema interamericano de proteção*. Monografia (Graduação em Direito) – Faculdade de Direito, Universidade do Estado do Rio de Janeiro, Rio de Janeiro, 2014.

SANTOS, Boaventura de Sousa. *Introdução a uma ciência pós-moderna*. São Paulo: Graal, 1989.

SANTOS, Boaventura de Sousa. Uma concepção multicultural dos direitos humanos. *Lua Nova – Revista de Cultura e Política*, n. 39, 1997.

SANTOS, Fabiano. *O Poder Legislativo no presidencialismo de coalizão*. Belo Horizonte: Ed. UFMG, 2003.

SANTOS, Gustavo Ferreira. Excesso de poder no exercício da função legislativa. *Revista de Informação Legislativa*, n. 140, 1998.

SANTOS, Rogério Dultra dos. Francisco campos e os fundamentos do constitucionalismo antiliberal no Brasil. *Dados – Revista de Ciências Sociais*, v. 50, n. 2, 2007.

SANTOS, Wanderlei Guilherme dos. *Cidadania e justiça*: a política social na ordem brasileira. Rio de Janeiro: Campus, 1979.

SARLET, Ingo Wolfgang (Org.). *A Constituição concretizada*: construindo pontes com o público e o privado. Porto Alegre: Livraria do Advogado, 2000.

SARLET, Ingo Wolfgang. A eficácia do direito fundamental à segurança jurídica: dignidade da pessoa humana, direitos fundamentais e proibição do retrocesso social no direito constitucional brasileiro. *In*: ROCHA, Cármen Lúcia Antunes (Org.). *Constituição e segurança jurídica*. Belo Horizonte: Fórum, 2004.

SARLET, Ingo Wolfgang. *A eficácia dos direitos fundamentais*: uma teoria geral dos direitos fundamentais na perspectiva constitucional. 10. ed. Porto Alegre: Livraria do Advogado, 2009.

SARLET, Ingo Wolfgang. A problemática dos direitos fundamentais sociais como limites materiais ao poder de reforma da Constituição. *In*: SARLET, Ingo Wolfgang (Org.). *Direitos fundamentais sociais*: estudos de direito constitucional, internacional e comparado. Rio de Janeiro: Renovar, 2003.

SARLET, Ingo Wolfgang. Constituição e proporcionalidade: o direito penal e os direitos fundamentais entre a proibição do excesso e de insuficiência. *Revista da AJURIS*, n. 98, 2005.

SARLET, Ingo Wolfgang. Direitos fundamentais e direito privado: algumas considerações em torno da vinculação dos particulares aos direitos fundamentais. *In*: SARLET, Ingo Wolfgang (Org.). *A Constituição concretizada*: construindo pontes com o público e o privado. Porto Alegre: Livraria do Advogado, 2000.

SARLET, Ingo Wolfgang. Direitos fundamentais, reforma do judiciário e tratados internacionais de direitos humanos. *In*: CLÈVE, Clèmerson Merlin; SARLET, Ingo Wolfgang; PAGLIARINI, Alexandre Coutinho (Org.). *Direitos humanos e democracia*. Rio de Janeiro: Forense, 2007.

SARLET, Ingo Wolfgang; SARMENTO, Daniel. Reserva do possível e mínimo existencial. *In*: BONAVIIDES, Paulo; MIRANDA, Jorge; AGRA, Walber de Moura (Coord.). *Comentários à Constituição Federal de 1988*. Rio de Janeiro: Forense, 2009.

SARMENTO, Daniel (Org.). *Interesses públicos versus interesses privados*: desconstruindo o princípio da supremacia do interesse público. Rio de Janeiro: Lumen Juris, 2005.

SARMENTO, Daniel. A eficácia temporal das decisões no controle de constitucionalidade. *In*: SAMPAIO, José Adércio Leite; CRUZ, Álvaro Ricardo de Souza (Org.). *Hermenêutica e jurisdição constitucional*. Belo Horizonte: Del Rey, 2001.

SARMENTO, Daniel. A igualdade étnico-racial no direito constitucional brasileiro: discriminação "de facto", teoria do impacto desproporcional e ação afirmativa. *In*: SARMENTO, Daniel. *Livres e iguais*: estudos de direito constitucional. Rio de Janeiro: Lumen Juris, 2006.

SARMENTO, Daniel. *A ponderação de interesses na Constituição Federal*. Rio de Janeiro: Lumen Juris, 1999.

SARMENTO, Daniel. A proteção judicial dos direitos sociais. *In*: SOUZA NETO, Cláudio Pereira de; SARMENTO, Daniel (Coord.). *Direitos sociais*: fundamentos, judicialização e direitos sociais em espécie. Rio de Janeiro: Lumen Juris, 2008.

SARMENTO, Daniel. Dimensão objetiva dos direitos fundamentais: fragmentos de uma teoria. *Arquivos de Direitos Humanos*, n. 4, 2003.

SARMENTO, Daniel. Direito adquirido, emenda constitucional, democracia e reforma de previdência. *Arquivos de Direitos Humanos*, v. 6, 2004.

SARMENTO, Daniel. Direito adquirido, emenda constitucional, democracia e reforma de previdência. *In*: SARMENTO, Daniel. *Livres e iguais*: estudos de direito constitucional. Rio de Janeiro: Lumen Juris, 2006.

SARMENTO, Daniel. *Direitos fundamentais e relações privadas*. 2. ed. Rio de Janeiro: Lumen Juris, 2006.

SARMENTO, Daniel. *Direitos fundamentais e relações privadas*. Rio de Janeiro: Lumen Juris, 2003.

SARMENTO, Daniel. Interesses públicos versus interesses privados na perspectiva da teoria e da filosofia constitucional. *In*: SARMENTO, Daniel. *Livres e iguais*: estudos de direito constitucional. 2. tir. Rio de Janeiro: Lumen Juris, 2010.

SARMENTO, Daniel. Interpretação constitucional, pré-compreensão e capacidades institucionais do intérprete. *In*: SARMENTO, Daniel. *Por um constitucionalismo inclusivo*. Rio de Janeiro: Lumen Juris, 2010.

SARMENTO, Daniel. Interpretação constitucional, pré-compreensão e capacidades institucionais do intérprete. *In*: SOUZA NETO, Cláudio Pereira de; SARMENTO, Daniel; BINENBOJM, Gustavo (Org.). *Vinte anos da Constituição Federal de 1988*. Rio de Janeiro: Lumen Juris, 2009.

SARMENTO, Daniel. Nota técnica: a PEC 215/00 e as cláusulas pétreas. *Procuradoria Geral da República*, Rio de Janeiro, 03 set. 2013. Disponível em: <http://noticias.pgr.mpf.mp.br/noticias/noticias-do-site/copy_of_indios-e-minorias/portal_factory/copy_of_pdfs/nota-pec-215-final-1-1.pdf>.

SARMENTO, Daniel. O crucifixo nos tribunais e a laicidade do Estado. *In*: SARMENTO, Daniel. *Por um constitucionalismo inclusivo*: histórica constitucional brasileira, teoria da Constituição e direitos fundamentais. Rio de Janeiro: Lumen Juris, 2010.

SARMENTO, Daniel. O neoconstitucionalismo no Brasil: riscos e possibilidades. *In*: SARMENTO, Daniel (Org.). *Filosofia e teoria constitucional contemporânea*. Rio de Janeiro: Lumen Juris, 2009.

SARMENTO, Daniel. O neoconstitucionalismo no Brasil: riscos e possibilidades. *In*: SOUZA NETO, Cláudio Pereira de; SARMENTO, Daniel (Org.). *A constitucionalização do direito*: fundamentos teóricos e aplicações específicas. Rio de Janeiro: Lumen Juris, 2007.

SARMENTO, Daniel. Terras quilombolas e Constituição: a ADI 3.239 e o Decreto 4.887/03. *In*: SARMENTO, Daniel. *Por um constitucionalismo inclusivo*: história constitucional brasileira, teoria da Constituição e direitos fundamentais. Rio de Janeiro: Lumen Juris, 2010.

SARMENTO, Daniel. Ubiqüidade constitucional: os dois lados da moeda. *In*: SARMENTO, Daniel. *Livres e iguais*: estudos de direito constitucional. Rio de Janeiro: Lumen Juris, 2006.

SATHE, S. P. *Judicial Activism in India*. New Delhi: Oxford University Press, 2002.

SAVIGNY, Friedrich Carl von. Los fundamientos de la ciencia jurídica. *In*: SAVIGNY, Friedrich Carl von. *La ciencia del derecho*. Buenos Aires: Losada, 1949.

SAVIGNY, Friedrich Carl von. *Sistema de derecho romano actual*. 2. ed. Madrid: Centro Editorial de Górgora. v. 1.

SCALIA, Antonin. *A Matter of Interpretation*. Princeton: Princeton University Press, 1997.

SCHAUER, Frederick. Formalism: Legal, Constitutional, Judicial. *In*: WHITTINGTON, Keith E.; KELEMEN, R. Daniel; CALDEIRA, Gregory A. (Ed.). *The Oxford Handbook of Law and Politics*. Oxford: Oxford University Press, 2008.

SCHAUER, Frederick. *Playing by the Rules*: a Philosophical Examination of Rule-Based Decision-Making in Law and in Life. New York: Oxford University Press, 1991.

SCHAUER, Frederick. *Thinking Like a Lawyer*: a new Introduction to Legal Reasoning. Cambridge: Harvard University Press, 2009.

SCHIER, Paulo Ricardo. *Filtragem constitucional*: contribuindo para uma dogmática jurídica emancipatória. Porto Alegre: S.A. Fabris, 1999.

SCHMITT, Carl. *Constitutional Theory*. Durham: Duke University Press, 2008.

SCHMITT, Carl. *Dottrina della Costituzione*. Traduzione de Antonio Caracciolo. Milano: Giuffrè, 1984.

SCHMITT, Carl. I tre tipi di pensiero giuridico. *In*: SCHMITT, Carl. *Le categorie del "político"*. Bologna: Il Molino, 1972.

SCHMITT, Carl. *La defensa de la Constitución*. 2. ed. Traducción de Manuel Sanchez Sarto. 1998.

SCHMITT, Carl. *Legalidad y legitimidad*. Traducción de José Díaz García. Madrid: Aguillar, 1971.

SCHMITT, Carl. *Parlamentarisme et démocratie*. Paris: Éditions du Seuil, 1988.

SCHMITT, Carl. *Political Theology*: Four Chapters on the Concept of Sovereignty. Translation by George Schwab. Cambridge; London: The MIT Press, 1988.

SCHMITT, Carl. State Ethics and the Pluralist State. *In*: JACOBSON, Arthur; SCHLINK, Bernhard (Ed.). *Weimar*: a Jurisprudence of Crisis. Translation by Belinda Cooper. Berkeley: University of California Press, 2002.

SCHMITT, Carl. *Teologia política*. Tradução de Elisete Antoniuk. Belo Horizonte: Del Rey, 2006.

SCHMITT, Carl. *Teoría de la Constitución*. Traducción de Francisco Ayala. Madrid: Alianza, 1996.

SCHMITT, Carl. The Liberal Rule of Law. *In*: JACOBSON, Arthur; SCHLINK, Bernhard (Ed.). *Weimar*: a Jurisprudence of Crisis. Translation by Belinda Cooper. Berkeley: University of California Press, 2002.

SCHOLLES, Henrich. O princípio da proporcionalidade no direito constitucional e administrativo da Alemanha. *Interesse Público*, n. 2, 1999.

SCHWABE, Jürgen. *Cinqüenta anos de jurisprudência do Tribunal Constitucional Federal alemão*. Tradução de Beatriz Hennig *et al*. Montevideo: Konrad Adenauer Stiftung, 2005.

SCHWARZ, Roberto. As idéias fora do lugar. *In*: SCHWARZ, Roberto. *Ao vencedor as batatas*: forma literária e processo social nos inícios do romance brasileiro. São Paulo: Duas Cidades, 2000.

SCHWARZ, Roberto. *As idéias fora do lugar*. São Paulo: Duas Cidades, 1977.

SEGURA ORTEGA, Manuel. Reflexiones sobre los llamados "derechos morales". *Derechos y Libertades – Revista del Instituto Bartolomé de las Casas*, Madrid, ano 3, n. 6, fev. 1998.

SEN, Amartya. *Identity and Violence*: the Illusion of Destiny. New York: W.W Norton & Company, 2006.

SEN, Amartya. *The Idea of Justice*. Cambridge: The Belknap Press of Harvard University Press, 2009.

SEN, Amartya; WILLIAMS, Bernard (Ed.). *Utilitarianism and Beyond*. Cambridge: Cambridge University Press, 1982.

SENADO FEDERAL. Anais da Assembleia Constituinte. Brasília, Senado Federal, sessão de 1º fev. 1987.

SERNA, Pedro; TOLLER, Fernando. *La interpretación constitucional de los derechos fundamentales*: una alternativa a los conflictos de los derechos. Buenos Aires: La Ley, 2000.

SHAPIRO, Martin; SWEET, Alec Stone. *On Law, Politics and Judicialization*. New York: Oxford University Press, 2005.

SHARE, Donald; MAINWARING, Scott. Transição por transação: democratização no Brasil e na Espanha. *Dados*, v. 29, n. 2, 1986.

SIEDER, Rachel; SCHJOLDEN, Line; ANGELL, Alan (Ed.). *The Judicialization of Politics in Latin America*. New York: Palgrave Macmillan, 2005.

SIEGEL, Reva. Constitutional Culture, Social Movement Conflict and Constitutional Change: the Case of the De Facto ERA. *California Law Review*, n. 94, 2006.

SIEGEL, Reva. Gender and the United States Constitution. *In*: BAINES, Beverly; RUBIO-MARTIN, Ruth (Ed.). *The Gender of Constitutional Jurisprudence*. New York: Cambridge University Press, 2005

SIEYÈS, Emmanuel Joseph. *A constituinte burguesa*: o que é o Terceiro Estado?. Rio de Janeiro: Líber Juris, 1988.

SIEYÈS, Emmanuel Joseph. Opinion de Sieyès sobre las atribuciones y organización del Tribunal Constitucional: pronunciado en la Convención Nacional el 18 de Thermidor, año III de la República. *In*: SIEYÈS, Emmanuel Joseph. *De la revolución*. Traducción de Ramon Maiz. Madrid: Centro de Estudios Constitucionales.

SIEYÈS, Emmanuel Joseph. *Qu'est-ce que le Tier État?*. 2e. éd. Paris: PUF, 1989.

SILVA, Alexandre Garrido da. Minimalismo, democracia e expertise: o Supremo Tribunal Federal diante de questões políticas e científicas complexas. *Revista de Direito do Estado – RDE*, n. 12, p. 107-142, out./dez. 2008.

SILVA, Francisco Carlos Teixeira da. Crise da ditadura militar e o processo de abertura política no Brasil, 1974-1985. *In*: FERREIRA, Jorge; DELGADO, Lucilia de Almeida Neves (Org.). *Brasil Republicano*: o tempo da ditadura: regime militar e movimentos sociais em fins do século XX. 2. ed. Rio de Janeiro: Civilização Brasileira, 2007. v. 4.

SILVA, José Afonso da. A Constituição dos Estados Unidos do Brasil, de 1937. *In*: BONAVIDES, Paulo *et al*. *As Constituições brasileiras*: notícia, história e análise crítica. Brasília: OAB, 2008.

SILVA, José Afonso da. *Aplicabilidade das normas constitucionais*. 3. ed. São Paulo: Malheiros, 1998.

SILVA, José Afonso da. *Aplicabilidade das normas constitucionais*. 6. ed. São Paulo: Malheiros, 2003.

SILVA, José Afonso da. *Comentário contextual à Constituição*. São Paulo: Malheiros, 2005.

SILVA, José Afonso da. *Curso de direito constitucional positivo*. 5. ed. São Paulo: Revista dos Tribunais, 1989.

SILVA, José Afonso da. *Curso de direito constitucional positivo*. 17. ed. São Paulo, 2000.

SILVA, José Afonso da. Formação e transformação da social-democracia. *In*: GRAU, Eros Roberto; GUERRA FILHO, Willis Santiago (Org.). *Direito constitucional*: estudos em homenagem a Paulo Bonavides. São Paulo: Malheiros, 2001.

SILVA, José Afonso da. Influência do anteprojeto da comissão de estudos constitucionais sobre a Constituição de 1988. *In*: SILVA, José Afonso da. *Um pouco de direito constitucional comparado*. São Paulo: Malheiros, 2009.

SILVA, José Afonso da. Mutações constitucionais. *In*: SILVA, José Afonso da. *Poder constituinte e poder popular*. São Paulo: Malheiros, 2000.

SILVA, José Afonso da. *Poder constituinte e poder popular*. São Paulo: Malheiros, 2000.

SILVA, José Afonso da. Reforma constitucional e direito adquirido. *In*: SILVA, José Afonso da. *Poder constituinte e poder popular*. São Paulo: Malheiros, 2000.

SILVA, Paulo Thadeu Gomes da. *Poder constituinte originário e sua limitação material pelos direitos humanos*. Campo Grande: Solivros, 1999.

SILVA, Ricardo. Liberdade e lei no neo-republicanismo de Skinner e Pettit. *Lua Nova – Revista de Cultura e Política*, n. 74, 2008.

SILVA, Virgílio Afonso da. *Constitucionalização do direito*: os direitos fundamentais nas relações entre particulares. São Paulo: Malheiros, 2005.

SILVA, Virgílio Afonso da. *Direitos fundamentais*: conteúdo essencial, restrições e eficácia. São Paulo: Malheiros, 2009.

SILVA, Virgílio Afonso da. Integração e diálogo constitucional na América do Sul. *In*: BOGANDY, Armin Von; PIOVESAN, Flávia; ANTONIAZZI, Mariella Morales (Org.). *Direitos humanos, democracia e integração jurídica na América do Sul*. Rio de Janeiro: Lumen Juris, 2010.

SILVA, Virgílio Afonso da. Interpretação constitucional e sincretismo metodológico. *In*: SILVA, Virgílio Afonso da (Org.). *Interpretação constitucional*. Rio de Janeiro: Malheiros, 2005.

SILVA, Virgílio Afonso da. O proporcional e o razoável. *Revista dos Tribunais*, n. 798, 2002.

SILVA, Virgílio Afonso da. Princípios e regras: mitos e equívocos acerca de uma distinção. *Revista Latino Americana de Estudos Constitucionais*, n. 1, 2003.

SILVA, Virgílio Afonso da. Ulisses, as sereias e o constituinte derivado: sobre a inconstitucionalidade da dupla revisão e da alteração do quórum de 3/5 para aprovação de emendas constitucionais. *RDA*, n. 226, 2001.

SKIDMORE, Thomas. *Brasil*: de Getúlio a Castelo. 10. ed. Rio de Janeiro: Paz e Terra, 1992.

SKINNER, Quentin. *As fundações do pensamento político moderno*. Tradução de Renato Janine Ribeiro e Laura Teixeira Motta. São Paulo: Companhia das Letras, 1996.

SKINNER, Quentin. The Republican Ideal of Political Liberty. *In*: BOCK, G.; SKINNER, Q.; VIROLI, M. (Ed.). *Machiavelli and Republicanism*. Cambridge: University Press, 1993.

SLAUGHTER, Anne-Marie. Judicial Globalization. *Virginia Journal of International Law*, v. 40, n. 4, p. 1103-1124, 2000.

SMEND, Rudolf. *Constitución y derecho constitucional*. Tradução de José María Beneyto Pérez. Madrid: Centro de Estudios Constitucionales, 1985.

SONOBE, Itsuo. Human Rights and Judicial Review in Japan. *In*: BEATTY, David (Ed.). *Human Rights and Judicial Review*: a Comparative Perspective. Dodrecht: Martinus Nijhoff Publishers, 1994.

SOUZA NETO, Cláudio Pereira de et al. *Teoria da Constituição*: estudos sobre o lugar da política no direito constitucional. Rio de Janeiro: Lumen Juris, 2002.

SOUZA NETO, Cláudio Pereira de. A interpretação constitucional contemporânea entre o construtivismo e o pragmatismo. *In*: MAIA, Antônio Cavalcanti et al. (Org.). *Perspectivas atuais da filosofia do direito*. Rio de Janeiro: Renovar, 2005.

SOUZA NETO, Cláudio Pereira de. A segurança pública na Constituição Federal de 1988: conceituação constitucionalmente adequada, competências federativas e órgãos de execução das políticas. *Revista de Direito do Estado*, v. 8, 2007.

SOUZA NETO, Cláudio Pereira de. A teoria constitucional e seus lugares específicos: notas sobre o aporte reconstrutivo. *Revista de Direito do Estado*, v. 1, p. 89-104, 2006.

SOUZA NETO, Cláudio Pereira de. Deliberação democrática, constitucionalismo e cooperação democrática. *In*: SARMENTO, Daniel (Org.). *Filosofia e teoria constitucional contemporânea*. Rio de Janeiro: Lumen Juris, 2009.

SOUZA NETO, Cláudio Pereira de. Fundamentação e normatividade dos direitos fundamentais: uma reconstrução teórica à luz do princípio democrático. *In*: BARROSO, Luís Roberto (Org.). *A nova interpretação constitucional*: ponderação, direitos fundamentais e relações privadas. Rio de Janeiro: Renovar, 2003.

SOUZA NETO, Cláudio Pereira de. *Jurisdição constitucional, democracia e racionalidade prática*. Rio de Janeiro: Renovar, 2002.

SOUZA NETO, Cláudio Pereira de. Ponderação de princípios e racionalidade das decisões judiciais: coerência, razão pública, decomposição analítica e *standards* de ponderação. *Boletim Científico da Escola Superior do Ministério Público da União*, v. 15, 2005.

SOUZA NETO, Cláudio Pereira de. *Teoria constitucional e democracia deliberativa*. Rio de Janeiro: Renovar, 2006.

SOUZA NETO, Cláudio Pereira de. Verticalização, cláusula de barreira e pluralismo político: uma crítica consequencialista à decisão do STF na ADIN 3685. *Interesse público*, v. 37, 2006.

SOUZA NETO, Cláudio Pereira de; MENDONÇA, José Vicente Santos de. Fundamentalização e fundamentalismo na interpretação do princípio da livre iniciativa. *In*: SOUZA NETO, Cláudio Pereira de; SARMENTO, Daniel (Org.). *A constitucionalização do direito*: fundamentos teóricos e aplicações específicas. Rio de Janeiro: Lumen Juris, 2007.

SOUZA NETO, Cláudio Pereira de; MENDONÇA, José Vicente Santos de. Fundamentalização e fundamentalismo na interpretação do princípio da livre iniciativa. *Revista Latino Americana de Estudos Constitucionais*, v. 8, 2008.

SOUZA NETO, Cláudio Pereira; FERES JÚNIOR, João. Ação afirmativa: normatividade e constitucionalidade. *In*: SARMENTO, Daniel; IKAWA Daniela; PIOVESAN, Flávia (Coord.). *Igualdade, diferença e direitos humanos*. Rio de Janeiro: Lumen Juris, 2010.

SOUZA, Celina de. Federalismo e descentralização na Constituição de 1988: processo decisório, conflitos e alianças. *Dados – Revista de Ciências Sociais*, v. 44, n. 3, 2001.

SOUZA, Leomar Barros Amorim de. Os direitos humanos como limitações ao poder constituinte. *Revista de Informação Legislativa*, v. 28, n. 110, 1991.

SOUZA, Washington Peluso Albino de. Conflitos ideológicos na constituição econômica. *Revista Brasileira de Estudos Políticos*, n. 74/75, p. 17-39, jan./jul. 1992.

STAMATIS, Constantin M. *Argumenter en droit*: une théorie critique de l'argumentation juridique. Paris: Éditions Publisud, 1995.

STARCK, Christian. La suprematie de la Constitution et la justice constitutionnelle. *In*: STARCK, Christian. *La Constitution*: cadre et mesure du droit. Traduction de Fréderic Weill. Paris: Economica, 1994.

STEINER, Henry Steiner; ALSTON, Philip (Ed.). *International Human Rights in Context*. 2nd ed. New York: Oxford University Press, 2000.

STEINMETZ, Wilson Antônio. *A vinculação dos particulares aos direitos fundamentais*. São Paulo: Malheiros, 2004.

STEINMETZ, Wilson Antônio. *Colisão de direitos fundamentais e o princípio da proporcionalidade*. Porto Alegre: Livraria do Advogado, 2001.

STERN, Klaus. *Derecho del Estado de la República Federal Alemana*. Traducción de Javier Pérez Royo y Pedro Cruz Villalón. Madrid: Centro de Estudios Constitucionales, 1987.

STERN, Klaus. La Unión Europea, en el camino hacia una comunidad de derecho constitucional. *Revista de Derecho Político*, n. 70, 2007.

STOLLEIS, Michael. *The Law Under the Swastika*: Studies on Legal History in Nazi Germany. Translation by Thomas Dunlap. Chicago: The University of Chicago Press, 1998.

STRAUSS, David A. *The Living Constitution*. New York: Oxford University Press, 2010.

STRAUSS, Leo. *The Political Philosophy of Hobbes*: its Basis and its Genesis. Chicago: The University of Chicago Press, 1984.

STRECK, Lenio Luiz. A permanência do caráter compromissório (e dirigente) da Constituição brasileira e o papel da jurisdição constitucional: uma abordagem à luz da hermenêutica filosófica. *Revista do Instituto de Pesquisas e Estudos*, n. 39, p. 75-119, jan./abr. 2004.

STRECK, Lenio Luiz. Da proibição de excesso (*Übermassverbot*) à proibição de proteção deficiente (*Untermassverbot*): de como não há blindagem contra normas penais desproporcionais. *Revista do Instituto de Hermenêutica Jurídica*, n. 2, 2004.

STRECK, Lenio Luiz. *Hermenêutica jurídica e(m) crise*. 2. ed. Porto Alegre: Livraria do Advogado, 2000.

STRECK, Lenio Luiz. *Jurisdição constitucional e hermenêutica*. 2. ed. Rio de Janeiro: Forense, 2004.

STRECK, Lenio Luiz. O papel da jurisdição constitucional na realização dos direitos sociais-fundamentais. *In*: SARLET, Ingo Wolfgang (Org.). *Direitos fundamentais sociais*: estudos de direito constitucional, internacional e comparado. Rio de Janeiro: Renovar, 2003.

STRECK, Lenio Luiz. *Verdade e consenso*: Constituição, hermenêutica e teorias discursivas. Rio de Janeiro: Lumen Juris, 2006.

STRECK, Lenio Luiz. *Verdade e consenso*: Constituição, hermenêutica e teorias discursivas. 3. ed. Rio de Janeiro: Lumen Juris, 2009.

STRECK, Lenio Luiz; CATTONI DE OLIVEIRA, Marcelo Andrade; LIMA, Martonio Mont'Alverne Barreto. *A nova perspectiva do Supremo Tribunal Federal sobre o controle difuso*: mutação constitucional e limites de legitimidade da jurisdição constitucional. Disponível em: <http://www.mundojuridico.adv.br>. Acesso em: 12 ago. 2011.

STRUCHINER, Noel. *Direito e linguagem*: uma análise da textura aberta da linguagem e sua aplicação ao direito. Rio de Janeiro: Renovar, 2002.

STRUCHINER, Noel. *Para falar de regras*: o positivismo conceitual como cenário para uma investigação filosófica acerca dos casos difíceis do direito. 2005. Tese (Doutorado em Filosofia) – Pontifícia Universidade Católica do Rio de Janeiro, Rio de Janeiro, 2005.

STRUCHINER, Noel. Posturas interpretativas e modelagem institucional: a dignidade (contingente) do formalismo jurídico. *In*: SARMENTO, Daniel (Org.). *Filosofia e teoria constitucional contemporânea*. Rio de Janeiro: Lumen Juris, 2009.

SULLIVAN, Kathleen. Post-Liberal Judging: the Roles of Categorization and Balancing. *University of Colorado Law Review*, n. 63, 1992.

SUNSTEIN, Cass R. *A Constitution of Many Minds*. Princeton: Princeton University Press, 2009.

SUNSTEIN, Cass R. Beyond the Republican Revival. *Yale Law Jounal*, v. 97, n. 8, 1988.

SUNSTEIN, Cass R. *Designing Democracies*: What Constitutions Do?. Cambridge: Oxford University Press, 2001.

SUNSTEIN, Cass R. *Legal Reasoning and Political Conflict*. New York: Oxford University Press, 1996.

SUNSTEIN, Cass R. *One Case at a Time*: Judicial Minimalism on the Supreme Court. Cambridge: Harvard University Press, 1999.

SUNSTEIN, Cass R. *Radicals in Robes*: Why Extreme Right-Wing Courts are wrong for America. New York: Basic Books, 2005.

SUNSTEIN, Cass R.; VERMEULLE, Adrian. Interpretations and Institutions. *John M. Olin Law & Economics Working Paper*, n. 156. Disponível em: <http://www.law.uchicago.edu/Lawecon/index.htlm>.

SWEET, Alec Stone. All Things in Proportion?: American Rights Doctrine and the Problem of Balancing. *Emory Law Journal*, n. 60, 2011.

SWEET, Alec Stone. *Governing With Judges*: Constitutional Politics in Europe. Oxford: Oxford University Press, 2000.

SWEET, Alec Stone; MATHEWS Jud. Proportionality Balancing and Global Constitutionalism. *Columbia Journal of Transnational Law*, n. 47, 2009.

TÁCITO, Caio. Desvio de poder legislativo. *Revista Trimestral de Direito Público*, n. 1, 1993.

TATE, C. Neal; VALLINDER, Torbjörn (Ed.). *The Global Expansion of Judicial Power*. New York: New York University Press, 1995.

TAVARES, Ana Lucia Lyra. *A Constituição de 1934 e a representação profissional*. Rio de Janeiro: Forense, 1988.

TAVARES, Ana Lucia Lyra. A Constituição de 1988: subsídios para os comparatistas. *Revista de Informação Legislativa*, n. 109, jan./mar. 1991.

TAVARES, Marcelo Leonardo (Coord.). *A reforma da previdência social*: temas polêmicos e aspectos controvertidos. Rio de Janeiro: Lumen Juris, 2004.

TAVARES, Maria da Conceição; ASSIS, José Carlos. *O grande salto para o caos*: a economia política e a política econômica do regime autoritário. Rio de Janeiro: Zahar, 1985.

TAYLOR, Charles. A política do reconhecimento. *In*: TAYLOR, Charles *et al. Multiculturalismo*: examinando a política de reconhecimento. Tradução de Marta Machado, Lisboa: Instituto Piaget, 1998.

TAYLOR, Charles. Propósitos entrelaçados: o debate liberal-comunitário. *In*: TAYLOR, Charles. *Argumentos filosóficos*. Tradução de Adail Ubirajara Sobral. São Paulo: Loyola, 2000.

TAYLOR, Matthew M. *Judging Policy*: Courts and Policy Reform in Democratic Brazil. Stanford: Stanford University Press, 2008.

TEIXEIRA, J. H. Meirelles. *Curso de direito constitucional*. Rio de Janeiro: Forense Universitária, 1991.

TELLES JÚNIOR, Goffredo. *Carta aos brasileiros*: 1977: manifesto de repúdio da ditadura, e de exaltação do "Estado de Direito Já". São Paulo: J. de Oliveira, 2007.

TEPEDINO, Gustavo (Coord.). *Problemas de direito civil-constitucional*. Rio de Janeiro: Renovar, 2000.

TEPEDINO, Gustavo. Contornos constitucionais da propriedade privada. *In*: TEPEDINO, Gustavo. *Temas de direito civil*. Rio de Janeiro: Renovar, 1999.

TEPEDINO, Gustavo. Premissas Metodológicas para a Constitucionalização do direito civil. *In*: TEPEDINO, Gustavo. *Temas de direito civil*. Rio de Janeiro: Renovar, 1999.

TEPEDINO, Gustavo. *Temas de direito civil*. Rio de Janeiro: Renovar, 1999.

TEPEDINO, Gustavo. *Temas de direito civil*. Rio de Janeiro: Renovar, 2005. v. 2.

TEUBNER, Gunther. Costituzionalismo societario: alternative alla teoria costituzionale stato-centrica. *In*: TEUBNER, Gunther. *La cultura del diritto nell'epoca della globalizzazione*: l'emergere delle costituzioni civili. Traduzione Riccardo Prandini. Roma: Armando, 2005.

TEUBNER, Gunther. Fragmented Foundations: Societal Constitutionalism beyond the Nation State. *In*: DOBNER, Petra; LOUGHLIN, Martin. *The Twilight of Constitutionalism?*. London: Oxford University Press, 2010.

THAYER, James B. The Origin and Scope of the American Doctrine of Constitutional Law. *Harvard Law Review*, v. 7, n. 3, 1893.

TOLEDO, Cláudia. *Direito adquirido e Estado Democrático de Direito*. São Paulo: Landy, 2003.

TOLOMEI, Carlos Young. *A proteção do direito adquirido sob o prisma civil constitucional*. Rio de Janeiro: Renovar, 2005.

TORRES, Ricardo Lobo. A jurisprudência de valores. *In*: SARMENTO, Daniel (Org.). *Filosofia e teoria constitucional contemporânea*. Rio de Janeiro: Lumen Juris, 2009.

TORRES, Ricardo Lobo. *O direito ao mínimo existencial*. Rio de Janeiro: Renovar, 2009.

TRIBE, Laurence H. *American Constitutional Law*. 2nd ed. Minneola: The Foundation Press, 1988.

TRIBE, Laurence H. *The Invisible Constitution*. New York: Oxford University Press, 2008.

TRIBE, Laurence H. The Pointless Flight from Substance. *In*: TRIBE, Laurence H. *Constitutional Choices*. Cambridge: Harvard University Press, 1985.

TRIEPEL, Heinrick. *Derecho público y política*. Traducción de José Luis Carro. Madrid: Civitas, 1974.

TRIGUEIRO DO VALE, Osvaldo. *O Supremo Tribunal Federal e a instabilidade político-institucional*. Rio de Janeiro: Civilização Brasileira, 1976.

TROPER, Michel. Justice constitutionelle et démocratie. *In*: TROPER, Michel. *Pour une théorie juridique de L'État*. Paris: PUF, 1994.

TUSHNET, Mark V. *Taking the Constitution away from the Courts*. Princeton: Princeton University Press, 1999.

TUSHNET, Mark V. *Weak Courts, Strong Rights*: Judicial Review and Social Welfare Rights in Comparative Constitutional Law. Princeton: Princeton University Press, 2008.

TUSHNET, Mark V. *Why the Constitution Matters*. New Haven: Yale University Press, 2010.

TUSHNET, Mark. *Weak Courts, Strong Rights*: Judicial Review and Social Rights. Princeton: Princeton University Press, 2006.

TYRSENKO, Andreï. L'ordre politique chez Sieyès en l'an III. *Annales Historiques de La Révolution Française*, n. 319, 2000.

VÁZQUEZ, Rodolfo (Comp.). *Derecho y moral*: ensayos de un debate contemporáneo. Barcelona: Gedisa, 1998.

VEGA, Pedro de. *La reforma constitucional y la problemática del poder constituyente*. Madrid: Tecnos, 1988.

VELLOSO, Carlos Mário da Silva. *Temas de direito público*. Belo Horizonte: Del Rey, 1997.

VELLOSO, Zeno. *Controle jurisdicional de constitucionalidade*. 2. ed. Belo Horizonte: Del Rey, 2000.

VERMEULLE, Adrian. *Judging under Uncertainty*: an Institutional Theory for Legal Interpretation. Cambridge: Harvard University Press, 2006.

VERNANT, Jean-Pierre. *As origens do pensamento grego*. 8. ed. Rio de Janeiro: Bertrand Brasil, 1994.

VIANNA, Luiz Werneck et al. *A judicialização da política e das relações sociais no Brasil*. Rio de Janeiro: Revan, 1999.

VIANNA, Luiz Werneck. *Liberalismo e sindicato no Brasil*. 3. ed. São Paulo: Paz e Terra, 1989.

VIANNA, Luiz Werneck; BURGOS, Marcelo Baumann; SALLES, Paula Martins. Dezessete anos de judicialização da política. *Tempo Social – Revista de Sociologia da USP*, v. 19, n. 2, p. 39-85, nov. 2007.

VIEHWEG, Theodor. *Tópica e jurisprudência*. Brasília: Departamento de Imprensa Nacional, 1979.

VIEIRA, José Ribas (Org.). *A Constituição européia*: o projeto de uma nova teoria constitucional. Rio de Janeiro: Renovar, 2004.

VIEIRA, José Ribas. Preâmbulo. *In*: BONAVIDES, Paulo; MIRANDA, Jorge; AGRA, Walber de Moura. *Comentários à Constituição Federal de 1988*. Rio de Janeiro: Forense, 2009.

VIEIRA, Oscar Vilhena. *A Constituição e sua reserva de justiça*: um ensaio sobre os limites materiais ao poder de reforma. São Paulo: Malheiros, 1999.

VIEIRA, Oscar Vilhena. Globalização e Constituição Republicana. *In*: PIOVESAN, Flávia (Coord.). *Direitos humanos, globalização econômica e integração regional*: desafios do direito constitucional internacional. São Paulo: M. Limonad, 2002.

VIEIRA, Oscar Vilhena. *Supremo Tribunal Federal*: jurisprudência política. São Paulo: Revista dos Tribunais, 1994.

VIEIRA, Oscar Vilhena. *Supremo Tribunal Federal*: jurisprudência política. 2. ed. São Paulo: Malheiros, 2002.

VIEIRA, Oscar Vilhena. Supremocracia. *In*: SARMENTO, Daniel (Org.). *Filosofia e teoria constitucional contemporânea*. Rio de Janeiro: Lumen Juris, 2009.

VINAIXA, Rosário Huesa et al. *Instituciones de derecho comunitário*. Valencia: Tirant lo Blanch, 1996.

VIRGA, Pietro. *Diritto costituzionale*. 9. ed. Milano: Giuffrè, 1979.

VIROLI, Maurizio. *Republicanism*. New York: Hill and Wang, 2002.

VITA, Álvaro de. O lugar dos direitos na moralidade política. *Lua Nova – Revista de Cultura e Política*, n. 30, 1993.

WALDRON, Jeremy. *A dignidade da legislação*. Tradução de Luiz Carlos Borges. São Paulo: Martins Fontes, 2003.

WALDRON, Jeremy. A essência da oposição ao *judicial review*. *In*: BIGONHA, Antonio Carlos Alpino; MOREIRA, Luiz (Org.). *Legitimidade da jurisdição constitucional*. Rio de Janeiro: Lumen Juris, 2010.

WALDRON, Jeremy. Precommitment and Disagreement. *In*: ALEXANDER, Larry. *Constitutionalism*: Philosophical Foundations. Cambridge: Cambridge University Press, 1998.

WALKER, Neil. Post-Constituent Constitutionalism?: The Case of the European Union. *In*: LOUGHLIN, Martin; WALKER, Neil. *The Paradox of Constitutionalism*: Constituent Power and Constitutional Form. Oxford: Oxford University Press, 2007.

WALKER, Neil. The Idea of Constitutional Pluralism. *The Modern Law Review*, v. 65, n. 3, p. 317-359, May 2002.

WALUCHOW, W. J. *The Common Law Theory of Judicial Review*. New York: Cambridge University Press, 2007.

WALZER, Michael. The Communitarian Critique of Liberalism. *In*: WALZER, Michael. *Politics and Passion*: Toward a More Egalitarian Liberalism. New Haven: Yale University Press, 2004.

WARAT, Luis Alberto. A produção crítica do saber jurídico. *In*: PLASTINO, Carlos Alberto (Org.). *Crítica do direito e do Estado*. Rio de Janeiro: Graal, 1984.

WARAT, Luis Alberto. O outro lado da dogmática jurídica. *In*: ROCHA, Leonel Severo (Org.). *Teoria do direito e do Estado*. Porto Alegre: S.A. Fabris, 1994.

WEBER, Max. A "objetividade" do conhecimento nas ciências sociais. *In*: COHN, Gabriel (Org.). *Weber*. São Paulo: Ática, 1991.

WHITTINGTON, Keith E. *Constitutional Construction*: Divided Powers and Constitutional Meaning. Cambridge: Harvard University Press, 1999.

WIEACKER, Franz. *História do direito privado moderno*. Tradução de António M. Botelho Hespanha. 2. ed. Lisboa: Fundação Calouste Gulbenkian, 1967.

WOLKMER, Antônio Carlos. *Pluralismo jurídico*: fundamentos de uma nova cultura no direito. 2. ed. São Paulo: Alfa Omega, 1997.

WRÓBLEWSKY, Jerzy. *Constitución y teoría general de la interpretación jurídica*. Tradução de Arantxa Azurza. Madrid: Civitas, 1988.

ZAFFARONI, Eugenio Raúl. *Poder judiciário*: crise, acertos e desacertos. Tradução de Juarez Tavares. São Paulo: Revista dos Tribunais, 1995.

ZAGREBELSKY, Gustavo. *Il diritto mite*: legge diritti giustizia. Torino: Einaudi, 1992.

ZAGREBELSKY, Gustavo. *La crucifixión y la democracia*. Barcelona: Ariel, 1996.

ZAGREBELSKY, Gustavo. *La giustizia costituzionale*. Bologna: Il Mulino, 1978.

ZAGREBELSKY, Gustavo. *Manuale di diritto costituzionale*. Torino: UTET, 1988. 2 v.

ZAGREBELSKY, Gustavo. *Principî e voti*: la Corte Costituzionale e la politica. Torino: Einaudi, 2005.

ZAGREBELSKY, Gustavo. Su tre aspetti della ragionevolezza. *In*: AA. VV. *Il principio di ragionevolezza nella giurisprudenza della Corte Costituzionale*. Milano: Giuffrè, 1994.

ZIPPELIUS, Reinhold. *Teoria geral do Estado*. Tradução de Karin Praefke-Aires Coutinho. 3. ed. Lisboa: Fundação Calouste Gulbenkian, 1997.

ZUCCA, Lorenzo. *Constitutional Dilemmas*: Conflicts of Fundamental Legal Rights in Europe and the USA. New York: Oxford University Press, 2007.

ÍNDICE DE ASSUNTO

A

Ato
- Adicional de 1834 106
- Das Disposições Constitucionais Transitórias 367-368
- Institucional nº 1 139-140
- Institucional nº 2 141
- Institucional nº 3 141
- Institucional nº 4 142
- Institucional nº 5 .... 146, 147
- Institucional nº 13 147
- Institucional nº 14 147
- Normativo
- - Declaração de inconstitucionalidade 568

B

Bicameralismo federativo esposado 111
Bloco de constitucionalidade 47-48

C

Categorização 497-499
Cláusula
- Da reserva de plenário 461
- Pétrea 58
- - Interpretação 301
Comissão Afonso Arinos 157
Comunitarismo 211, 212
Concretização constitucional 424-425
Consequencialismo 428
Constitucionalismo 184
- Da efetividade 199
- Democrático
- - Fórmulas diferentes de recepção do Estado Social 84
- Liberal 23, 107, 184
- - Burguês 80-81
- - Moderno 72
- - Na França 76
- - Pilares 74
- - Versões mais influentes
- - - modelo inglês 74-76
- Multinível 93
- Norte-americano 78-79

- Popular 228
- Social 84, 117
Constituição 24, 194, 532
- Cesarista 66-67
- Classificação quanto à forma
- - Escritas ou dogmáticas 56
- - Não escritas ou históricas 56
- Compromissória 250-251
- Conceito ideal 184
- Contemporânea 43
- Dirigente 61, 195, 196
- Estatal 95
- Flexível 56
- Formal 53, 54, 188
- Garantia 61
- Heterônoma 67
- Ideal 55
- Imparcial 64
- Imperial
- - Caráter semirrígido 105
- Instrumental 54
- Limites ao poder reformador
- - Natureza
- - - circunstanciais 283, 291
- - - formais 283
- - - materiais 284, 293-294
- - - temporais 283-284, 291-292
- Material 54, 188
- Monista ou ortodoxa 63
- Nominal 65
- Normativa 65
- Outorgada 66
- Pluralista ou compromissória 63
- Popular 227
- Privada 93
- Promulgada 66
- Rígida 56
- Semântica 65
- Semirrígidas 56
- Simbólica 65
- Sintética 59
- Super-rígida 56
- Supremacia
- - Principais fundamentos 25

	página
- Teoria idealista	185
Controle	
- Construtivo de convencionalidade	53
- De constitucionalidade	30
- - No modelo norte-americano	31
- De convencionalidade das leis	52
- Destrutivo de convencionalidade	53
- Político	30
Construção constitucional	535
Convenção constitucional	354, 540
Coronelismo	114
Cosmopolitismo ético	89
Costume constitucional	538, 539
- Admissível	354
Crise do constitucionalismo dirigente	62
Critério de especialidade	510

D

Declaração de Manaus	156
Democracia	
- Na perspectiva habermasiana	222
Desconstitucionalização	554
Dinâmica constitucional	190-191
Direito	
- Comunitário	
- - Surgimento	89
- Constitucional	19
- Constitucionalização	
- - Fenômenos	
- - - constitucionalização-inclusão	44
- - - constitucionalização releitura	44, 46-47
- Intertemporal	547

E

Elemento sistemático	419
Empresas multinacionais	92
Equidade constitucional	542-543
Era da Descodificação	43
Escravidão	107-108
Estado	
- De Direito	215
- De exceção	189

F

Federalismo	303
Filosofia constitucional	206
Filtragem constitucional	44

G

Golpe	
- Da Maioridade	106

	página
- - Militar	139
- De Estado	272

H

Habeas corpus	112

I

Intentona Comunista	122
Interpretação	
- Constitucional	396
- Teleológica	420

J

Judicialização da política	34-35
Jurisprudência	
- Constitucional	
- - Evolução	345
- Dos Conceitos	397

L

Lacuna constitucional	534
Lei interpretativa	106
Lex mercatoria	92
Liberalismo	
- Contemporâneo	210
- Igualitário	207, 209
- - No Brasil	209-210
- Tradicional	207
Libertarianismo	214, 215
Lista de *consideranda*	130

M

Minimalismo judicial	225
Modelo republicano	217
Movimento "Diretas Já"	159
Multiculturalismo	212
Mutação constitucional	341
- Espécies	344
- Formas	345
- Mecanismo	344

N

Nação	249
Neoconstitucionalismo	88, 202, 203, 204, 205
Norma constitucional	363
- Classificação	372-373
- - Quanto ao seu objeto	375-376
- Tipologia	369

O

Ordenamento jurídico	23

P
Patriotismo constitucional 41-42
Plano
- Cohen 123
- Real 179
Poder
- Constituinte 243, 244, 260
- - Derivado 281
- - Ilimitado 253
- - Incondicionado 258
- - Indivisível 260, 261
- - Inicial 252
- - Originário 243
- - Permanente 262
- - Moderador 103
Política
- Do café com leite 115
- Do reconhecimento 212
- Dos Governadores 114, 116
Ponderação
- No campo jurídico 512-513
- - Características 521
- - Contextos 516
- - Origem e desenvolvimento 513-514
Pós-positivismo 201, 202
Pragmatismo 231, 426
- Características fundamentais
- - Antifundacionalismo 231
- - Consequencialismo 231
- - Contextualismo 231
- Jurídico 232
Preâmbulo 366
Princípio
- Da adequação 472
- Da correção funcional 446
- Da força normativa 442
- Da proporcionalidade 467, 471
- Da razoabilidade
- - Aspectos 487
- - Dimensões
- - - externa 487
- - - interna 486
- - Significados atribuídos 490-491
- Da simetria 335
- Da unidade da Constituição 439, 440
- De presunção de constitucionalidade dos atos normativos 460
- Privacidade decisional 300
Procedimentalismo 224

Q
Queremistas 131

R
Razoabilidade
- Dimensões básicas 492
Realismo 399
- Jurídico 398-399
República Velha
- Partidos políticos de expressão nacional 122
Republicanismo 216, 217
- Contemporâneo 218
- No Brasil 218
Revisão constitucional 321-322
Revolução
- De 1930 130
- Industrial
- - Condições de trabalho dos operários 81
- - Vitoriosa 139

S
Sentimento constitucional 40-41
Separação dos poderes 306
Sistema
- Constitucional brasileiro 388
- Jurídico contemporâneo 419
Situações constitucionais imperfeitas 565
Soberania popular 248, 249
Subprincípio
- Da necessidade 476
- Da proporcionalidade em sentido estrito 478
Sufrágio universal 134
Supremacia constitucional 24
- Imposição 26

T
Teoria
- Constitucional
- - Concepção procedimentalista 220
- - Concepção substancialista 220
- Do pré-compromisso 25
- Pura do Direito 187

U
Utilitarismo 428

V
Valor constitucional 391-392
Voto secreto 305

ÍNDICE DA LEGISLAÇÃO

página | página

C
Constituição Brasileira de 1824 .... 98, 105, 248, 250, 368
- art. 2º 104
- art. 3º 101
- art. 4º 101
- art. 5º 101
- art. 13 103
- art. 14 102
- art. 35 102
- art. 40 102
- art. 43 102
- art. 46 102
- art. 74 104
- art. 81 104
- art. 84 104
- art. 88 104
- art. 92 101
- art. 95 102
- art. 96 101
- art. 98 .... 101, 103
- art. 99 101
- art. 101 .... 101, 103
- art. 102 .... 102, 103
- art. 121 106
- art. 122 106
- art. 123 106
- art. 151 102
- art. 153 102
- art. 154 102
- art. 164 102
- art. 165 104
- art. 174 105
- art. 175 105
- art. 178 105
- art. 179 .... 101, 104, 105

Constituição Brasileira de 1891 .... 109, 110, 119, 120, 268, 269
- art. 1º 111
- art. 28
- - §1º 111
- art. 30 111
- art. 41
- - §1º 111
- art. 42 113
- art. 43 111
- art. 47 111
- - §2º 111
- art. 56 111
- art. 59
- - §1º 112
- art. 63 111
- art. 65
- - §2º 111
- art. 68 111
- art. 70 112
- art. 72 112
- art. 90 113
- - §4º 113

Constituição Brasileira de 1934 .... 118, 119, 121, 122, 268, 365
- art. 1º 116
- art. 5º 116
- - §3º 119
- art. 7º 120
- art. 10 119
- art. 11 116
- - §4º 116
- art. 22 119
- art. 23 119
- - §3º 120
- - §5º 120
- art. 52 119
- art. 82 120
- art. 83 120
- art. 89 119
- - §1º 119
- art. 91 119
- - inc. IV 120
- art. 113 120
- art. 119 121
- art. 121 121
- - §122 120
- art. 138 121
- art. 150 121

	página
- art. 178	121, 286, 322
- - §4º	122
- - §5º	122
- art. 179	120
Constituição Brasileira de 1937	67, 123, 124, 272
- art. 3º	124
- art. 13	127
- art. 15	124, 127
- art. 16	124
- art. 20	124
- art. 21	124
- art. 22	124
- art. 38	126
- art. 39	
- - §2º	126
- art. 46	126
- art. 47	126
- art. 49	126
- art. 50	125, 126
- art. 56	126
- art. 61	126
- art. 73	124, 125
- art. 74	124, 125
- art. 76	125
- art. 80	125
- art. 82	126
- art. 84	126
- art. 97	126
- art. 96	126
- art. 98	126
- art. 122	126
- art. 137	127
- art. 139	126, 127
- art. 140	127
- art. 166	125
- art. 167	125
- art. 170	128
- art. 172	126
- art. 174	127
- art. 176	124
- art. 177	128
- art. 178	124
- art. 180	124, 128
- art. 181	124
- art. 186	124
- art. 187	124
Constituição Brasileira de 1946	131, 132, 135, 297, 317, 465
- art. 5º	133
- art. 6º	133
- art. 15	133

	página
- art. 16	133
- art. 28	133
- art. 36	
- - §1º	133
- - §2º	133
- art. 56	133
- art. 57	133
- art. 58	133
- art. 60	133
- art. 79	133
- - §1º	136
- art. 81	136
- art. 82	134
- art. 94	
- - inc. IV	134
- - inc. V	134
- art. 98	134
- art. 99	134
- art. 103	134
- art. 105	134
- art. 141	134
- art. 146	135
- art. 147	135
- art. 157	134
- art. 158	134
- art. 163	135
- art. 164	135
- art. 168	
- - inc. I	135
- - inc. II	135
- art. 174	135
- art. 217	135
Constituição Brasileira de 1967	142, 144, 272
- art. 8º	144
- - §2º	144
- art. 13	335
- - §1º	144
- art. 16	144
- - §1º	144
- art. 29	144
- art. 41	144
- - §2º	144
- - §4º	144
- art. 43	
- - §1º	144
- art. 50	145
- art. 58	144
- art. 76	
- - §2º	144
- art. 77	
- - §1º	144

	página
- - §3º	144
- art. 79	
- - §1º	144
- - §2º	144
- art. 146	144
- art. 150	144, 145
- art. 151	145
Constituição Brasileira de 1969	148, 150, 305, 318
- art. 13	
- - §2º	150
- - §6º	149
- art. 32	149
- art. 35	
- - inc. V	149
- art. 39	149
- art. 47	150
- art. 48	150
- art. 55	149
- art. 57	149
- art. 75	
- - §3º	149
- art. 81	
- - inc. V	149
- art. 118	149
- art. 156	149
- art. 157	149
- art. 160	
- - §4º	149
- - §8º	149
- - §11º	149
- art. 182	150
- art. 189	150
Constituição Chilena de 1980	67
Constituição da Espanha de 1978	273
Constituição da Polônia de 1935	124
Constituição da República Federativa do Brasil de 1988	19, 24, 27, 29, 44, 54, 60, 61, 62, 63, 64, 65, 66, 98, 170, 171, 173, 175, 182, 198, 199, 212, 213, 216, 255, 256, 265, 272, 282, 284, 280, 297, 298, 301, 304, 307, 309, 310, 315, 316, 320, 324, 329, 337, 338, 350, 353, 358, 363, 365, 379, 387, 403, 414, 430, 441, 442, 443, 455, 469, 495, 514, 515, 519, 533, 541, 548, 551, 554, 556, 557, 559, 562, 565
- art.1º	251, 452
- - inc. III	311, 362
- art. 3º	62, 172, 215
- - inc. I	431
- - inc. II	480
- - inc. III	473
- art. 4º	
- - inc. II	172

	página
- art. 5º	215, 309, 312, 313, 356, 372, 427
- - §1º	172, 325, 377, 393, 442, 445
- - §2º	48, 172, 312, 470, 527
- - §3º	50, 51, 53, 281, 324, 325, 454, 509, 527, 528
- art. 6º	378, 429
- art. 7º	
- - inc. IV	426, 552
- art. 14	
- - §3º	362
- - §4º	255
- - §5º	570
- - §7º	421, 570
- art. 15	305
- art. 16	310, 311, 420
- art. 17	312
- - §2º	362
- art. 19	
- - inc. I	367, 539
- - inc. III	472
- art. 25	327
- - §2º	339
- art. 27	
- - §1º	388, 525
- art. 29	327, 330, 338, 339
- art. 34	
- - inc.VII	329
- art. 35	
- - inc. VI	524
- art. 37	
- - inc. III	25
- - inc. VII	444
- - inc. IX	439
- art. 45	362
- - §1º	255
- art. 47	49, 57, 289
- art. 49	49
- - inc. I	324
- art. 53	
- - §2º	388, 525
- art. 55	
- - §2º	333
- art. 58	175
- - §3º	441
- art. 60	57, 281, 289, 323
- - §1º	57
- - §2º	57, 289
- - §3º	325
- - §4º	58, 172, 302, 311, 314, 317, 326, 358, 369, 377, 570
- art. 61	57
- - §2º	289

	página
- art. 65	290, 291
- art. 66	
- - §1º	30
- art. 68	537
- art. 69	289
- art. 82	372
- art. 84	
- - inc. VIII	324, 325
- art. 86	
- - §2º	334
- art. 93	
- - inc. IX	312
- art. 94	416, 544
- art. 97	461
- art. 100	25
- art. 102	405
- - §2º	409
- art. 103-A	409
- art. 115	416, 544
- art. 125	
- - §1º	328
- art. 129	
- - §3º	544
- art. 131	372
- art. 134	
- - §1º	534
- art. 142	
- - §2º	440
- art. 150	
- - inc. III	387
- art. 156	
- - §1º	410
- art. 170	62, 64, 373
- art. 173	175
- art. 174	58
- art. 175	58
- art. 176	58
- art. 177	58
- art. 192	180
- - §3º	180, 445
- art. 207	377
- art. 208	509
- - §1º	509
- art. 215	172, 214, 441
- art. 216	172, 214, 441
- - §1º	212
- art. 220	495
- art. 225	172
- art. 226	377
- - §3º	346

	página
- art. 227	
- - §2º	529
- - §6º	552, 553
- art. 231	309, 441
- art. 244	529
Constituição da União das Repúblicas Socialistas Soviéticas de 1936	
- art. 1º	63
- art. 2º	63
Constituição da Venezuela de 1999	67
Constituição do México de 1917	268
Constituição Francesa de 1791	246, 250, 267
Constituição Francesa de 1793	
- art. 28	28
Constituição Francesa de 1814	101
Constituição Francesa de 1852	67
Constituição Francesa de 1958	271, 366, 554
Constituição Portuguesa de 1933	124
Constituição Portuguesa de 1976	62, 63, 268, 318
Constituição Russa de 1918	268
Constituição Sul-africana de 1996	272

D

Decreto nº 4.887/2003	353
Decreto nº 6.949/2009	326, 528
Decreto nº 58.198/1966	143
Decreto-Legislativo nº 186/2008	326, 528
Decreto-Lei nº 37, de 2 de novembro de 1937	129
Decreto-Lei nº 972/1969	455
Decreto-Lei nº 1.202/1939	128
Decreto-Lei nº 1.593/1977	478
Decreto-Lei nº 7.586/1945	130

E

Emenda Constitucional nº 2/1992	177, 322
Emenda Constitucional nº 3/1993	304, 312
Emenda Constitucional nº 4/1961	137, 138
Emenda Constitucional nº 5/2004	320
Emenda Constitucional nº 6/1963	138
Emenda Constitucional nº 9/1964	141
Emenda Constitucional nº 10/1964	141
Emenda Constitucional nº 14/1996	509
Emenda Constitucional nº 15/1980	153
Emenda Constitucional nº 15/1996	303
Emenda Constitucional nº 16/1965	33, 141
Emenda Constitucional nº 16/1997	180, 570
Emenda Constitucional nº 18/1965	141
Emenda Constitucional nº 19/1998	180, 410
Emenda Constitucional nº 20/1998	180, 304, 310
Emenda Constitucional nº 22/1982	153
Emenda Constitucional nº 26/1985	158, 169, 258

página
Emenda Constitucional nº 29/2000 410
Emenda Constitucional nº 30/2000 307
Emenda Constitucional nº 32/2001....180, 355, 533, 536
Emenda Constitucional nº 39/2002 410
Emenda Constitucional nº 40/2003 180
Emenda Constitucional nº 41/2005 .... 308, 311, 459
Emenda Constitucional nº 42/2003 410
Emenda Constitucional nº 45/2004 .... 50, 51, 53, 304, 307, 324, 325, 357, 534, 544
Emenda Constitucional nº 47/2005 459
Emenda Constitucional nº 52/2006 310
Emenda Constitucional nº 58/2009 411
Emenda Constitucional nº 59/2009 510
- art. 6º 510

L

Lei Complementar nº 101/2000 180
Lei Complementar nº 135/2010 463
Lei nº 9/1945 130
Lei nº 1.060/1950 566
Lei nº 3.524/2000 472

página
Lei nº 5.250/1967 559
Lei nº 7.716/1989
- art. 20 496
Lei nº 7.783/1989 444
Lei nº 7.871/1989 566
Lei nº 8.024/1990 427
Lei nº 8.039/1990 516
Lei nº 8.245/1991 429
Lei nº 9.099/1995 .... 459, 484
Lei nº 9.296/1996 517
Lei nº 9.868/1999 .... 404, 458
- art. 11
- - §2º 568
Lei nº 9.882/1999 .... 404, 458, 562
Lei nº 10.628/2002 411
Lei nº 11.430/2006 .... 413, 484

M

Medida Provisória nº 168/1990 .... 176, 427

R

Resolução nº 215/1945 132

ÍNDICE ONOMÁSTICO

A

Aarnio, Aulis 489
Ackerman, Bruce 274, 296, 350
Alexy, Robert ... 380, 388, 481, 502, 507, 508, 520, 524
Almeida, José Américo de 123
Andrada, Antônio Carlos de 100
Ávila, Humberto 364, 386, 387, 388, 392, 485, 487, 543

B

Bachof, Otto 255, 503
Barbosa, Ruy 110, 370
Barcellos, Ana Paula de 388
Barros, Suzana de Toledo 485
Barroso, Luís Roberto 29, 198, 256, 267, 311, 345, 375, 376, 377, 378, 438, 440, 485, 556, 559
Bercovici, Gilberto 230
Binenbojm, Gustavo 465
Bodin, Jean 247
Bonavides, Paulo 379
Borges, José Souto Maior 506
Brandão, Rodrigo 313
Bryce, James 56
Burdeau, Georges 344
Burke, Edmund 268
Bustamante, Thomas R. 487, 488

C

Cabral, Bernardo 165, 166
Campos, Francisco 123, 124, 190, 297, 317
Campos, José Joaquim Carneiro 100
Canaris, Claus Wilhelm 424
Canotilho, José Joaquim Gomes............ 62, 196, 197, 236, 278, 423, 440, 477, 509
Cappelletti, Mauro 392
Cardoso, Benjamim 514
Cardoso, Fernando Henrique Cardoso 179
Cavalcanti, Holanda 107
Cittadino, Gisele Guimarães 213
Clève, Clèmerson Merlin 198
Comparato, Fábio Konder 320
Constant, Benjamin 184
Cooley, Thomas 370

D

Dau-Lin, Hsü 344

Diniz, Maria Helena 373
Dworkin, Ronald 208, 228, 229, 356, 380, 383, 432, 500, 502, 503, 526

E

Ekmekdjan, Miguel Angel 506
Elster, Jon 267
Ely, John Hart 221, 300

F

Fachin, Edson 45
Faoro, Raimundo 156
Ferrari, Regina Nery 338
Ferraz, Anna Cândida Cunha 345
Ferreira Filho, Manoel Gonçalves 554
Fioravanti, Maurizio 36, 72
Franco, Afonso Arinos de Mello 157
Freitas, Juarez 506

G

Gabba, Francesco 549
Gaspari, Elio 147
Geisel, Ernesto 150
Grau, Eros Roberto 381
Guerra Filho, Willis Santiago 485
Günther, Klaus 388, 499, 501, 503

H

Haberle, Peter 253, 403, 432
Habermas, Jürgen 221, 222, 223, 224, 300, 385, 388, 499, 501, 503
Hart, Herbert 399, 400
Hayek, Friedrich A. 214, 215
Heck, Philipp 398
Heller, Herman 191, 192
Hesse, Konrad 193, 194, 421, 424, 438, 440, 499
Hobbes, Thomas 72, 266
Holmes, Oliver Wendell 399, 514
Horta, Raul Machado 329
Hughes, Charles Evan 348

J

Jackson, Vicki C. 456
Jellinnek, Georg 344, 476

	página
K	
Kelsen, Hans	31, 37, 187, 199, 201, 263, 264, 380, 399
Kramer, Larry D.	229, 437
L	
Langdell, Harvard Christopher C.	399
Lassale, Ferdinand	54, 105, 185, 191, 193, 254
Leal, Victor Nunes	146
Lima, Mont'Alverne Barreto	230
Lins, Evandro	146
Locke, John	73
Loewenstein, Karl	40, 65, 344
Lyotard, François	235
M	
Maia, Antônio Cavalcanti	216
Marx, Karl	237, 253
Meirelles, Hely Lopes	338
Mello, Celso Duvivier de Albuquerque	49
Mello, Fernando Collor de	176, 177
Mendes, Gilmar Ferreira	447, 459, 485
Menezes, Tarcísio	216
Miranda, Jorge	54
Monteiro, Zacarias de Góes	104
Moraes, Maria Celina Bodin de	45
Moreira, Luiz	230
Müller, Friedrich	193, 194, 414
N	
Neves, Marcelo	65, 95
Nozick, Robert	214
O	
Oliveira, Armando Salles de	123
Oliveira, Fábio Corrêa Souza de	485
Oliveira Vianna, Francisco José de	186, 457
P	
Pereira, Jane Reis Gonçalves	392, 477, 518
Perelman, Chaïm	488, 533
Piovesan, Flávia	48, 325, 528
Pontes de Miranda, Francisco Cavalcanti	370, 554
Posner, Richard A.	231, 232
Pound, Roscoe	514
Prestes, Carlos Luís	122
Preuss, Ulrich K.	269
Q	
Quintana, Linares	415

	página
Quiroga Lavié, Humberto	486
R	
Radbruch, Gustav	488
Rawls, John	207, 208, 209, 300, 449, 450, 451, 489, 506, 507
Reale, Miguel	430
Rorty, Richard	231
S	
Sagüés, Néstor Pedro	53
Salgado, Plínio	123
Sampaio, José Adércio Leite	485
Sarlet, Ingo Wolfgang	313, 529
Sarney, José	168, 176
Savigny, Friedrich Carl von	419, 420
Schauer, Frederick	521
Schmitt, Carl	37, 189, 250, 254, 263, 297, 376, 545, 554
Schwartz, Roberto	107
Sen, Amartya	208
Sieyès, Emmanuel	245, 247, 249, 251, 253, 262
Silva, Carlos Medeiros da	139, 143
Silva, José Afonso da	198, 199, 329, 321, 329, 338, 371, 372, 373, 374, 375, 376, 554
Silva, Virgílio Afonso da	374, 485, 486, 499, 518
Smend, Rudolf	190, 191
Steinmetz, Wilson	485
Streck, Lenio	422
Sunstein, Cass	225, 226, 453
T	
Taylor, Charles	213
Tepedino, Gustavo	45
Teubner, Gunther	93
Thayer, James	461
Trindade, Antônio Augusto Cançado	48
Tushnet, Mark V.	228, 229, 437
V	
Vargas, Getúlio	123, 124, 130, 136
Vieira, Oscar Vilhena	313
Viewheg, Theodor	423
W	
Waldron, Jeremy	227, 228, 299, 437
Warat, Luis Alberto	198
Z	
Zagrebelsky, Gustavo	487